水下重磁探测系统
研发及理论探索

Development and Theoretical Exploration of
Underwater Gravity and Magnetic Detection System

陈 洁 主编

科学出版社
北京

内 容 简 介

本书是国家重点研发计划"深水油气近海底重磁高精度探测关键技术"项目(2016YFC0303000)研究成果和中国地质调查成果,主要描述了研制水下动态重力测量和水下三分量磁力测量的设备系统,探索水下重磁测量的技术体系,建立水下重磁理论,利用近海底的重力测量和三分量磁力测量成果构建区域的三维立体重磁场,可以解决深水及复杂油气构造、超深水和极地等环境下油气勘探与开发等问题。本书不但能够提供认识海洋的地球物理依据,获得海洋地球物理环境中重力场、磁场的基础数据,而且为海洋地质研究、深水及复杂油气构造环境下的油气勘探开发等领域提供了更加高效、精准的探测手段。

本书可供海洋地球物理和海洋地球物理环境、透明海洋等大数据、海洋地球科学,以及海洋地质、深水及复杂油气构造环境下油气勘探开发等领域的工程技术人员和专家学者参考使用。

图书在版编目(CIP)数据

水下重磁探测系统研发及理论探索=Development and Theoretical Exploration of Underwater Gravity and Magnetic Detection System / 陈洁主编. —北京:科学出版社,2023.6
ISBN 978-7-03-074470-8

Ⅰ. ①水… Ⅱ. ①陈… Ⅲ. ①水下探测–目标探测 Ⅳ. ①U675.7

中国版本图书馆 CIP 数据核字(2022)第 248746 号

责任编辑:万群霞 / 责任校对:王萌萌
责任印制:师艳茹 / 封面设计:无极设计

科学出版社 出版
北京东黄城根北街 16 号
邮政编码:100717
http://www.sciencep.com

北京九天鸿程印刷有限责任公司 印刷
科学出版社发行 各地新华书店经销

*

2023 年 6 月第 一 版　开本:787×1092 1/16
2023 年 6 月第一次印刷　印张:39 3/4
字数:940 000

定价:548.00 元
(如有印装质量问题,我社负责调换)

本书编辑委员会

主　　编：陈　洁

副 主 编：何水原　朱砚梨　廖开训

编委成员：（按姓氏笔画排序）

王　一	王　昊	王　俊	王田野	车　振	方　圆
邓凯亮	任　翀	杜劲松	李　雨	李　凯	李　涛
李　鹏	李苏芘	李晨昊	李淑玲	杨昌茂	佘以军
张开东	张家发	陈　欣	陈　超	周智文	孟小红
胡童颖	姚长利	曹平军	曹聚亮	温　泉	蔡体菁
蔺本浩	廖开训	熊　雄	熊志明	潘星辰	

主 编 简 介

陈洁　女，二级教授级高级工程师，获中国科学院地质地球物理研究所理学博士学位，固体地球物理专业；中国地质大学、海军工程大学、中山大学兼职教授，博士生导师，中国地球物理相关的安全和信息委员会的委员或理事；全国海洋地球物理学科学传播专家团队副团长，广东省科普大使，"十三五"国家重点研发计划"深水油气近海底重磁高精度探测关键技术"的项目长。

1984~1988 年 6 月，在江汉石油学院任教，开设并主讲《地震地层学》，独立开课，系优秀教师，教学评议连续两年在物探系及江汉石油学院位列前茅。

1988 年调入胜利油田地质科学研究院，在胜利油田工作的十五年间，发现了滨南、利津深层油田，上报控制储量近 5000 万 t，成功部署探井百余口，相应成果获得中国石油化工集团有限公司"科学技术进步奖"一等奖。

2003 年，作为特殊引进人才，调入国土资源部广州海洋地质调查局，带队 863 计划国家重大项目——"深水油气综合地球物理采集处理及联合解释技术"课题，首次构架了深水油气调查勘探的技术框架，建立了"海域石油和天然气地球物理调查规范"，形成了一系列拥有自主知识产权的技术成果，"深水油气地球物理综合调查技术及其应用"获得中国海洋咨询协会与国家海洋局颁发的"海洋工程科学技术奖"一等奖；编制的南海重力测量图件、磁力测量图件收录于《南海地质地球物理图系（1∶200 万）》，该书入选中国地质学会"新一代高精度南海地质地球物理图系编制"项目，该项目被评为 2016 年度地质科技十大进展。

从 2013 年开始，白手起家，组织 20 多个不同领域的专家团队，主持制定行业标准《海洋重力测量技术规范》(DZ/T 0356—2020)、《海洋磁力测量技术规范》(DZ/T 0357—2020)、《海洋地质调查导航定位规程》(DZ/T 0360—2020)、《海洋热流测量技术规程》(DZ/T 0359—2020)、《海洋地震测量技术规范 第一部分：二维地震测量》(DZ/T 0358.1—2020)和《海洋地震测量技术规范 第 2 部分：三维地震测量》(DZ/T 0358.2—2020)五项海洋地球物理测量的 6 个标准。第一次建立了海洋地球物理测量标准系列，规范了海洋地球物理从采集、处理到解释、评价等不同阶段的技术要求，填补了具有战略性、基础性、公益性调查工作的空白。这些标准的制定得到了海军的大力支持，成为军民融合测量体系建设的重要组成。

2016 年，作为第一期国家重点研发计划"深水油气近海底重磁高精度探测关键技术"

项目的项目长，带领项目组全体成员，打破西方发达国家的技术封锁，攻克水下重磁领域的三大难关，取得该技术在我国零的突破。成果不仅对深水油气资源调查起到关键作用，在国防海战场环境信息体系建设中也起到重要作用。本项目不但成功实施而且海试成功，为海防填补了水下重磁信息体系的空白。以作者的名义获得的授权专利：一种水下拖曳式高精度重磁探测系统及方法(专利号：ZL 2018 1 0764190.2)等 2 项发明专利和 4 项实用新型专利。样机名称为"探海谛听"。

出版了《南海地球物理图集》《深水油气综合地球物理勘探技术文集》《深海探宝之采集技术与装备》专著 3 部，出版《1∶200 万南海空间重力异常图》《1∶200 万南海布格重力异常图》《1∶200 万南海磁力异常图》专业图 3 幅，公开发表论文 60 余篇。

前言

刘光鼎先生曾说"科学发展观"就是"实事求是"加上按照科学规律办事，强调大局观、全局观，强调"理论、方法、仪器装备并举"，强调大海胸怀，扬长避短、海纳百川。作者谨记恩师教诲，本书内容所依托的项目为国家重点研发计划"深海关键技术与装备"重点专项"深水油气近海底重磁高精度探测关键技术"项目(2016YFC0303000)，就是继承刘光鼎先生的思想，针对水下重力场、磁场等地球物理空间认知的空白领域，研制水下重磁探测系统，以期获得客观真实的第一手基础数据，实事求是地解决问题，探索水下重力场、磁场的表达模型，探寻水下重力场、磁场的科学规律。

海洋占据地球表面积的70%以上，与人类繁衍、生存、发展等息息相关，海洋环境是人类和其他生物共享的空间，海洋油气、海洋水合物、海洋矿产等是人类赖以生存的能源基础，研究海洋是人类对地球基础科学的巨大贡献。然而"上天容易，下海难"，由于海水这样一层介质的存在，特别是由于海水物理性质、化学组分的分布不均，海水运动状态和能量的变化难以准确估摸，从而影响人类对海洋的认知，其中人类对深海地球物理更是知之甚少。深海重力场和磁场是地球物理场中的一部分，深海重力场和磁场研究是认识海洋的重要手段。

地球是一个有活力的星球，本身具有重力场和磁场，人类的全部活动都处于这些场的包围中，对重力场、磁场的研究一直是海洋、航空航天、资源探测等领域的重要方向。时至今日，我国海洋重磁场调查基本上都是在船载、航空、航天测量方面，测量的是水面以上的空间环境，因此，在这个空间的重磁场理论、调查与勘探技术已相当成熟，而我国对深海水下重磁场信息体系的建设则几乎空白。

20世纪60年代，美国的俄亥俄级核潜艇上就内置了重力仪和重力梯度仪。贝尔实验室研发了重力梯度仪导航系统(GGNS)和重力辅助惯性导航系统(GAINS)。洛克希德·马丁公司研制的通用重力模块(UGM)包括两种重力传感器：一个重力仪和三个重力梯度仪。美国重力水下导航的精度能够达到30m，磁力水下导航精度也在500m之内。这反映了美国在水下重磁场研究的绝对领先地位，但却很难搜索到更多详细的相关文献。

本书中的相关研究旨在形成对深海近海底的重力场和磁场的研究能力，研制水下动态重力测量和水下三分量磁力测量的设备系统，探索水下重磁测量的技术体系，建立水下重磁理论，利用近海底的重力测量成果和三分量磁场测量成果来解决深水及复杂油气构造、超深水和极地等环境下的油气勘探与开发问题。

本书内容所依托的项目"深水油气近海底重磁高精度探测关键技术"由中国地质调查局广州海洋地质调查局(简称广海局)牵头，联合中国船舶重工集团公司第七一〇研究所(简称七一〇所)、中国地质大学(北京)(简称北京地大)、国防科技大学、东南大学、海军海洋测绘研究所、中国地质大学(简称武汉地大)、吉林大学、西安虹陆洋机电设备有限公司(简称虹陆洋公司)等单位，实现了"产、学、研、用"的强强联合，力图为国家深海地球物理场的测量与相关研究探索出一条新路。北京地大孟小红团队和武汉地大陈超、杜劲松团队负责海洋水下位场处理转换理论和方法技术研究；国防科技大学曹聚亮团队负责水下动态重力测量系统研究；七一〇所磁学研究中心杨昌茂团队、吉林大学赵静团队和虹陆洋公司连艳红团队负责水下三分量磁力测量系统研制；广海局何水原团队和七一〇所任妯、高频团队完成深海拖曳系统研制与海上测试工作；广海局陈洁团队和北京地大李淑玲团队负责水下重磁的原始数据整理和处理、信息提取、油气勘探要素反演技术的研究工作；东南大学蔡体菁团队负责三分量磁力仪捷联姿态测量系统的姿态算法研究；海军海洋测绘研究所邓凯亮团队负责近海底海洋重磁测量数据质量内外符合评估技术的研究。中国地质调查局及其下属的广海局给予了极大的支持，投入了两倍于项目经费的硬件支撑，项目硬件系统才能开展研发；无偿的海试机会，才能将我国第一次深海重磁探测的尝试最终打磨成为国之重器。我国在海洋地球科学创新，进军深空、深地、深海、深蓝的道路上，中国地质调查局广海局成为科研人员最坚实的后盾，科学家们才能占领一个个科学高地。

通过项目负责人陈洁和各团队的努力，本项目广海局已获得授权的专利情况如下：一种水下拖曳式高精度重磁探测系统及方法（专利号：ZL 2018 1 0764190.2）等2项发明专利和4项实用新型专利，其他合作单位获得了相关发明专利共10项。自主研发深水重磁勘探拖曳系统样机——"探海谛听"，2018年8月中旬，在青岛海洋科学与技术试点国家实验室，研究团队针对其水下净浮力和姿态进行了初步水池测试，2018年9月和2019年10月分别完成两次湖泊测试，2018年11月和2019年11月分别完成两次海试试验与验收，最深探测深度达到2120.2m。此项成果不但提供了认识海洋的地球物理依据，获得海洋地球物理环境中重力场、磁场的基础数据，成为透明海洋中地球物理空间的研究基础，也进一步更新了海洋地球科学研究的成果，而且为海洋地质研究、深水和复杂油气构造环境下油气勘探开发等领域提供了更加高效、精准的探测手段和成果；同时打破了国外相关技术的封锁，填补了我国海洋水下重磁深海近海底探测领域的空白。

本书再现了项目的研究过程，由于是国内的首次尝试，没有前人成果可以借鉴，只能摸索前行。作者团队自主研发的"探海谛听"是我国自主研发的新型设备，第一次功能性海试和验收海试均无设备异常，能够采集到有效数据，这款新设备研发成功，实现了我国近海底重磁探测技术从无到有的飞跃。

第一章介绍海洋介质的物理属性，分析其对重磁场影响的基本理论和计算方法，最后结合海浪模型，构建海浪波高与海水流速场，计算与分析海浪重力场与磁场的响应。

第二章阐述了高精度水下重磁勘探数据稳定向下延拓的方法，延拓前需校正的内容，以及约束延拓构建海域区域场技术。

第三章介绍的水下动态重力测量系统是在航空捷联重力系统的基础上研制而成，详细介绍了捷联式水下动态重力测量系统的设计、研制和试验情况。

第四章介绍水下三分量磁力仪的定位定向方法和捷联姿态测量系统的姿态算法研究，详细设计、研制和试验情况。

第五章介绍深水重磁勘探拖曳系统的详细研发工作，包括研制近海底的两级拖曳系统，实现拖体水下自动定深及姿态稳定技术，高精度重力仪及三分量磁力仪适配搭载技术研究，水下重磁数据采集传输技术，深水油气近海底重磁高精度探测海上应用试验方法研究。

第六章介绍研发的整套水下重磁测量系统(探海谛听)在2018年和2019年海上试验及数据采集的情况，包括两次海试工区的自然地理环境、作业船舶的工作能力、作业流程、现场成果等。

第七章介绍水下重力场、磁场数据的整理、处理、解释问题，重磁界面反演方法的研究，并对海上实测数据进行处理，获得处理结果。

第八章介绍近海底重磁数据的误差分析，数据内符合和外符合评价方法的研究，对海上实测数据进行评估和在海洋水下位场转换理论与方法技术应用等情况。

本书依托的项目在申报、实施、结题过程中得到了项目组成员、合作方及其他社会各界人士的大力支持，感谢大家的辛勤付出。感谢中国地质大学(北京)和中国地质大学的孟小红、陈超、杜劲松团队提供了海洋重磁场相关理论研究的资料，编写成为本书第一章、第二章和第八章的部分内容；李淑玲和姚长利团队提供的数据整理、处理及反演的相关资料，编写成本书第七章的部分内容。感谢国防科技大学曹聚亮、张开东、熊志明团队提供的水下重力测量系统研究资料，编写成本书第三章、第八章的部分内容。感谢七一〇所磁学中心杨昌茂、曹平军提供的三分量磁力系统研究资料，编写成本书第四章、第八章的部分内容；任翀、温泉团队提供的拖体研究资料，编写成本书第五章的部分内容；感谢吉林大学赵静、王一、李苏芃团队提供的三分量磁力误差测量的研究资料，感谢东南大学蔡体菁团队提供了三分量算法的研究资料，汇编成本书第四章的相关内容；感谢中国人民解放军海军海洋测绘研究所邓凯亮、陈欣团队提供的数据内符合评价研究资料，编写成第八章的部分内容；感谢广海局为设备提供的海上试验平台和船期；感谢海洋技术方法研究所所长肖波为海上试验提供的人力、物力的支持；感谢规范化海试项目组张汉泉、牟泽霖团队对海上试验的支持；感谢海洋地质四号船团队为海上试验做出的贡献；感谢何水原、廖开训、李鹏、朱砚梨团队提供的海上试验资料并编写本书第六章内容；感谢李鹏、任翀等为项目申请付出的努力。感谢何水原、廖开训、李鹏为项目的实施进行的积极管理，使项目得以顺利完成。感谢在本书编写过程中，各子课题组负责人认真汇总本课题的相关内容，何水原、朱砚梨、王昊、胡童颖、廖开训等为本书编辑付出大量的工作和努力；感谢对本书提出宝贵意见的各位同事和领导，特别感谢沈章洪、闫江梅和董庆亮对本书原稿提出的宝贵意见。

由于水平有限，本书在编写过程中难免出现不妥和疏漏之处，敬请读者不吝指正，读者可以通过下面邮箱直接与我联系。

陈 洁

chenjgz@126.com

2022年10月21日

目录

前言

第一章 海洋环境的重磁场响应及其对测量的影响 ········· 1
  第一节 海洋介质的物理属性与运动理论 ········· 1
    一、海洋介质的物理属性 ········· 1
    二、海洋介质运动的基本理论 ········· 6
  第二节 海洋介质多尺度时空运动重磁场响应的基本理论 ········· 13
    一、重力场响应理论 ········· 13
    二、磁场响应理论 ········· 14
    三、重力场响应的计算方法 ········· 17
    四、磁场响应计算方法 ········· 23
  第三节 海浪的仿真模拟 ········· 28
    一、海浪描述的基本参数 ········· 28
    二、海浪频谱 ········· 29
    三、海浪的仿真模拟方法 ········· 35
    四、海浪的仿真模拟实验 ········· 38
  第四节 基于海浪模型的磁力响应特征 ········· 47
    一、海浪磁力响应的计算方法 ········· 48
    二、静态测量状态下海浪的磁力响应特征 ········· 55
    三、动态测量状态下海浪的磁场响应特征 ········· 63
    四、海浪影响的消除方法 ········· 67

第二章 海洋水下位场转换理论与方法技术 ········· 68
  第一节 稳定向下延拓的方法 ········· 68
    一、波数域迭代法 ········· 69
    二、泰勒级数迭代法 ········· 70
    三、水平导数迭代法 ········· 70
    四、3 阶 Adams-Bashforth 公式法 ········· 71
    五、等效源法 ········· 72
    六、稳定向下延拓算法模型试验 ········· 73
  第二节 约束向下延拓算法研究 ········· 79
    一、约束延拓原理 ········· 79
    二、约束向下延拓算法模型实验 ········· 81
    三、曲面延拓模型实验 ········· 84
  第三节 延拓前各项校正 ········· 85
    一、正常场校正 ········· 86
    二、高度校正 ········· 86
    三、测点自由空间的重力异常 ········· 87

四、中间层校正 ·· 88
　　五、水体校正 ·· 88
第三章　水下动态重力测量系统 ·· 92
　第一节　概述 ··· 92
　第二节　捷联式重力仪测量的数学模型及误差 ··· 94
　　一、捷联式重力测量的数学模型 ··· 94
　　二、水下重力测量的误差模型 ··· 95
　　三、重力传感器误差的特性分析 ··· 95
　　四、姿态测量误差的特性分析 ··· 96
　　五、系统位置误差的影响分析 ··· 97
　　六、速度误差的影响分析 ·· 98
　　七、加速度误差的影响分析 ·· 99
　　八、时间同步误差的影响 ·· 99
　　九、偏心改正误差的影响 ·· 100
　　十、误差分配 ··· 100
　第三节　设计方案 ·· 101
　　一、功能 ·· 101
　　二、总体设计框图 ·· 101
　　三、组成 ·· 102
　　四、重力仪对外接口 ·· 109
　第四节　重力仪结构设计 ·· 111
　　一、设计原则 ··· 111
　　二、相关规定 ··· 111
　　三、IMU 组件结构设计 ··· 112
　　四、传感器箱温控部分结构设计 ·· 112
　　五、电气箱结构设计 ·· 113
　　六、空气环境工作条件下外温控结构设计 ·· 114
　　七、系统整体装配关系 ·· 114
　　八、接口部分结构设计 ·· 114
　　九、结构设计确认方法 ·· 115
　第五节　系统热分析 ··· 116
　　一、热分析目标 ··· 116
　　二、系统结构布局 ·· 117
　　三、设备在水面工作状态的热分析仿真 ··· 117
　　四、设备在水下工作状态的热分析仿真 ··· 124
　第六节　电气系统设计 ·· 130
　　一、电气功能模块的划分 ·· 130
　　二、数据采集与导航计算机 ··· 130
　　三、二次电源组件 ·· 144
　第七节　软件设计 ·· 147
　　一、FPGA 软件及固件设计 ··· 147
　　二、数据记录软件设计 ·· 161

三、数据处理软件 ··· 165
第八节　水下重力测量算法设计 ··· 168
　　一、算法设计 ··· 168
　　二、SINS/DVL 组合导航运算 ·· 173
第九节　关键技术解决方案 ·· 177
　　一、水下动态重力仪的环境适应性改进 ······································· 177
　　二、水下高精度测速定位和垂直加速度测量技术 ·························· 179
　　三、捷联式重力测量数据处理方法 ··· 180
第十节　水下动态重力测量系统质量保证计划 ·································· 191
　　一、可靠性方案 ··· 191
　　二、维修性方案 ··· 193
　　三、综合保障方案 ·· 195
　　四、测试性方案 ··· 196
　　五、安全性措施 ··· 196
　　六、环境适应性方案 ··· 196
　　七、标准化方案 ··· 197
　　八、电磁兼容性方案 ··· 197
　　九、人-机-环设计 ··· 198
第十一节　捷联式水下动态重力测量系统试验 ·································· 199
　　一、湖泊试验 ··· 199
　　二、海上试验 ··· 212

第四章　水下三分量磁力测量系统 ·· 213
第一节　概述 ··· 213
第二节　技术方案 ··· 214
　　一、磁通门传感器技术研究 ··· 214
　　二、磁通门传感器误差补偿技术研究 ·· 216
　　三、载体磁干扰补偿技术研究 ·· 218
　　四、高精度磁力仪采集控制记录系统研制 ··································· 222
　　五、主要器件选用计划 ··· 222
第三节　详细技术设计 ·· 223
　　一、基架结构 ··· 224
　　二、磁通门传感器 ·· 226
　　三、数采通信模块 ·· 228
　　四、串口转网口模块 ··· 235
　　五、上位机设计及使用 ··· 235
第四节　水下三分量磁力仪的定位定向方法 ······································ 241
　　一、坐标系与坐标转换 ··· 241
　　二、水下自主无源定位 ··· 243
　　三、水下初始对准 ·· 248
第五节　三分量磁力仪的捷联姿态测量系统的姿态算法研究 ············· 257
　　一、水下姿态计算 ·· 257
　　二、姿态测量系统试验研究 ··· 260

  三、室内外试验姿态算法验证……266
  四、结论……270
 第六节 水下三分量磁力探测系统的软件设计与开发……270
  一、软件需求……271
  二、运行环境……271
  三、三分量磁力测量软件系统设计……275
 第七节 方案评价及风险分析……282
 第八节 水下三分量磁力探测系统的质量范围……282
 第九节 水下三分量磁力测量系统的试验验证……289
  一、水布垭湖试……290
  二、海上试验……293

第五章 深水重磁勘探载体系统……294
 第一节 概况……294
  一、概述……294
  二、关键技术……294
 第二节 技术要求……295
  一、工作原理……295
  二、工作过程……295
  三、基本技术指标……296
 第三节 流体动力特性数值仿真……296
  一、数值水洞技术简介……296
  二、利用数值水洞进行黏性类流体动力参数数值仿真的方法……296
  三、附加质量数值仿真方法……298
 第四节 航行器外形及主要参数……299
  一、流体动力外形……299
  二、主要外形参数……299
 第五节 网格模型……300
 第六节 计算结果及分析……302
  一、坐标系定义……302
  二、参数定义……303
  三、计算结果及数据处理……304
 第七节 系统组成……341
 第八节 拖体结构设计……341
  一、总体设计……341
  二、定深拖体……343
  三、探测拖体……349
  四、定深拖体密封舱……355
  五、探测拖体密封舱……358
  六、重力仪密封舱……360
  七、磁力仪密封舱……363
 第九节 电控系统……369
  一、总体电控系统设计……369

二、母船设备 ……………………………………………………………………… 370
　　三、密封舱电气连接与组成 ……………………………………………………… 372
　　四、供电系统 ……………………………………………………………………… 384
　　五、轻质复合缆与电滑环 ………………………………………………………… 386
第十节　传感器选型 ……………………………………………………………………… 387
　　一、离底高度计 …………………………………………………………………… 387
　　二、深度传感器 …………………………………………………………………… 388
　　三、姿态仪 ………………………………………………………………………… 388
　　四、多普勒测速仪 ………………………………………………………………… 389
　　五、光信标与无线电信标机 ……………………………………………………… 389
　　六、声学释放器和甲板单元 ……………………………………………………… 390
第十一节　舵机设计 ……………………………………………………………………… 391
　　一、舵机整体结构 ………………………………………………………………… 391
　　二、零部件设计选型 ……………………………………………………………… 392
　　三、控制模块 ……………………………………………………………………… 396
第十二节　拖曳运动仿真 ………………………………………………………………… 400
　　一、拖曳运动仿真目的 …………………………………………………………… 400
　　二、多学科联合仿真方法 ………………………………………………………… 400
　　三、拖体流体参数计算 …………………………………………………………… 401
　　四、缆索建模方法 ………………………………………………………………… 401
　　五、拖体受力分析 ………………………………………………………………… 402
　　六、拖曳系统多体动力学建模 …………………………………………………… 403
　　七、拖体受到的流体动力计算 …………………………………………………… 404
　　八、探测拖体的设计 ……………………………………………………………… 405
　　九、探测拖体的控制律 …………………………………………………………… 405
　　十、拖曳运动多学科联合仿真模型 ……………………………………………… 405
　　十一、仿真步长选取 ……………………………………………………………… 406
　　十二、仿真试验规划 ……………………………………………………………… 407
　　十三、仿真试验结果 ……………………………………………………………… 407
　　十四、试验数据分析 ……………………………………………………………… 413
　　十五、系统评估及设计建议 ……………………………………………………… 414
第十三节　测试试验 ……………………………………………………………………… 414
　　一、实验室检测的基本方案 ……………………………………………………… 414
　　二、通用测试 ……………………………………………………………………… 415
第十四节　六性设计要求 ………………………………………………………………… 417
　　一、可靠性设计 …………………………………………………………………… 417
　　二、可维修性设计 ………………………………………………………………… 421
　　三、安全性设计 …………………………………………………………………… 422
　　四、环境适应性设计 ……………………………………………………………… 423
　　五、测试性设计 …………………………………………………………………… 424
　　六、保障性设计 …………………………………………………………………… 425
第十五节　工艺设计要求 ………………………………………………………………… 425
　　一、工艺文件的编制原则 ………………………………………………………… 426

二、主要工艺流程 426
三、主要工艺方法 426
四、主要检测、试验项目和实施方案 426
五、生产本产品需增添的主要设备 426
六、产品的工艺质量保证措施和特殊的安全、环保措施 426
七、关键工序的工艺措施 426
八、工艺准备完成的形式和要求 427
九、工艺文件的标准化、通用化要求 427
十、工艺资料的管理和归档要求 427

第十六节 标准化设计 427
一、尺寸 427
二、结构 427
三、热设计 427
四、电气元件 427
五、屏蔽 428
六、印制板 428
七、电源 428
八、安全 428
九、接口 428
十、互换性 428
十一、环境条件 428

第十七节 水池测试 428
一、试验性质与目的 428
二、试验过程 429
三、试验结果 431

第十八节 湖上试验 431
一、试验性质与目的 432
二、试验过程 432
三、试验结果 433
四、试验结论 435

第六章 近海底重磁探测海上测试 436

第一节 近海底重磁探测海上试验方案 436
一、测试性质和目的 436
二、测试内容 436
三、设备状态与指标 436
四、海上测试区域 439
五、实施时间 439
六、海上测试方法与步骤 440
七、测试结果 440
八、海上测试安全 441

第二节 近海底重磁探测海上试验规程 441
一、范围 441
二、引用与参考文件 442

三、总则……442
四、海上作业……442
五、数据资料整理……444
第三节　第一次海上近海底重磁探测试验……444
一、探测性质与目的……445
二、探测整体情况……445
三、探测结果……448
第四节　第二次海上近海底重磁探测……452
一、探测性质和目的……452
二、探测整体情况……452
三、探测结果……455

第七章　近海底重磁场数据处理解释……463
第一节　水上载体高分辨率磁测数据的去噪方法……463
一、水上高分辨率磁测数据的去噪方法……463
二、磁力测量系统误差来源……465
三、全最小二乘求解算法……467
四、随机磁干扰补偿与校正……470
五、姿态坐标系与磁场坐标系的归一化……473
六、载体磁干扰补偿技术研究……476
第二节　水下重磁数据校正技术研究与软件开发……480
一、水下重磁测量影响因素分析……480
二、水下重力数据的整理和校正……483
三、水下磁测三分量数据校正……489
四、水下重磁数据校正软件研发……491
五、重力数据校正项目的实现……495
六、磁力数据校正项目的实现……498
第三节　地磁日变校正方法研究与模型构建……500
一、地磁台站日变观测数据分析……500
二、定性规律分析……501
三、定量规律分析……506
四、地磁日变校正方法研究……508
五、数据测试分析……508
第四节　重磁弱信号提取与增强方法研究……510
一、弱信号提取方法……510
二、构造增强技术……516
第五节　重磁界面反演方法研究……520
一、复杂构造区三维变密度约束反演……520
二、变磁性界面迭代反演……524
三、全球海表与海底主磁场分布特征及两者之间的差异性……527
第六节　海试数据整理与处理试验……528
一、海试数据的总体情况……528
二、重力数据整理与处理……529

三、海试三分量磁数据整理与处理 ································· 532

第八章　数据分析评估与应用 ································· 535

第一节　数据质量评价的误差分析 ································· 535
一、近海底重磁各项误差分析与改正 ································· 535
二、近海底重磁测量数据滤波技术分析 ································· 540

第二节　近海底重磁测量数据内符合质量评估 ································· 549
一、交叉点不符值质量评估 ································· 550
二、重复测线质量评估 ································· 550

第三节　近海底重磁测量数据的外符合质量研究 ································· 552
一、球面解向上延拓模型 ································· 552
二、考虑地形高一阶项影响的延拓模型 ································· 553
三、基于移去-恢复技术考虑地形效应的延拓模型 ································· 554
四、基于超高阶位模型考虑地形改正的延拓模型 ································· 554
五、基于点质量方法顾及地形效应的延拓模型 ································· 556
六、数值计算与分析 ································· 556

第四节　近海底海洋重磁实测数据评估 ································· 559
一、2018 年近海底重磁实测成果数据分析与质量评估 ································· 559
二、2019 年近海底重磁实测成果的数据质量评估 ································· 574

第五节　近海底重磁探测数据的应用 ································· 596
一、近海底重磁探测数据一 ································· 596
二、近海底重磁探测数据二 ································· 602

主要参考文献 ································· 614

第一章 海洋环境的重磁场响应及其对测量的影响

与地面、海面、航空及空间重磁测量环境不同,深海水下重磁测量是在地球海洋介质内部进行的物理场测量,海洋物理环境(包括海浪、潮汐与洋流等)对水下重力场与磁场(简称重磁场)测量将不可避免地产生影响。海水温度、盐度的不均匀分布及海浪、潮汐与洋流等海洋物理过程均会产生引力效应和电磁效应。因此,需要分析深海水下海洋物理环境的重磁场响应及其对深海重磁测量的影响,从而为深海重磁测量的工作设计与数据采集、测量数据的环境效应改正处理奠定理论基础,以获取高精度的海洋重磁异常数据,进而提升针对海洋油气资源的重磁勘探能力。

本章通过仿真模拟,研究海浪等海水运动的重磁场响应特征,包括三维水下空间的分布特征、波数域与时间域频谱特征,从而为水下重磁测量的施工设计提供优化方案,并为数据采集与后期数据处理提供相关参数。

第一节 海洋介质的物理属性与运动理论

海洋介质即海水,是一种常见的流体,其运动形式是极其复杂的,生活中常见的有潮汐、洋流、内波、海浪、海啸和由舰船与拖体等运动扰动引起的尾迹等不同的海水运动形式。对海水不同运动形式的研究在通常情况下属于流体力学的范畴。在流体力学中,一般将流体看作理想流体和非理想流体,其中理想流体是指无黏性、无热传导、无质量扩散及不可压缩的流体。对于理想流体,若流体是无旋运动的,则通常可以用水流速度势来描述,若是有旋运动,则通常可以用涡量来描述;而对于非理想流体,通常用流体力学的基本方程组来描述。对于做随机运动的海水,如由风驱动引起的海浪,除用流体力学的研究方法进行研究外,还可以通过观测资料得到的具有统计意义的海浪谱方法对海浪的随机粗糙表面进行建模和研究。拥有不同物理属性的流体,其运动状态也不同。因此,本章首先介绍海洋介质的物理属性,然后给出海洋介质运动的基本理论。

一、海洋介质的物理属性

海洋介质的物理属性较多,本节主要介绍密度、盐度、压缩性、扩散性、黏性、磁导率、介电常数和电导率 8 个重要参数。

(一)海水的密度

流体的密度与流体的压缩性具有密切关系,它表征的是流体在流场空间某点处所拥有质量的密集程度。通常同一时刻的流场在不同位置的密度是不同的,海水中某位置 (x, y, z) 处的密度可以表示为

$$\rho(x,y,z) = \lim_{\delta v \to 0} \frac{\delta_\mathrm{m}}{\delta_\mathrm{v}} \tag{1.1}$$

式中，δ_v 为流场中围绕指定点的微元体积；δ_m 为包含在微元体积中的质量，kg/m³ 或 g/cm³。

海水的密度除与温度、盐度及压力有关外，还与海水的深度有关，这是由于强大的水压使分子稍紧凑，密度将变大，所以海水密度的垂直分布规律是从表层向深层逐渐增加。总之，$\frac{1}{1000}$ 的密度增加量可以由下述增量之一所引起：①温度下降 5℃（如在盐度为 36‰ 和一个标准大气压之下，温度由 17℃ 下降至 12℃）；②盐度增加 1.2‰；③压力升高 2×10^6 Pa。

有关资料显示，海水的密度状况是决定海流运动最重要的因子之一，存在的密度流就是洋流。在常温、一个标准大气压下，一定海域范围内的海水密度可以看作常量，大约为 1.025×10^3 kg/m³。

(二) 海水的盐度

最初，将盐度定义为 1kg 海水中溶解的盐的克数。但是，氯化物在蒸发过程中会遗失，因此国际海水勘测委员会于 1889 年成立了一个专门小组，该小组提议将盐度定义为：当所有碳酸盐转化为氧化物，溴、碘被氯取代，所有有机物质被彻底氧化时，1kg 海水中所溶解的固体物质的克数即为盐度。

因为上述盐度的定义难以在实际科研中应用，而盐度直接取决于海水中氯的含量，并且氯元素可以采用简单的化学分析进行精确测量，所以丹麦海洋学家克纽森等将盐度重新定义为

$$S = 0.03 + 1.805\text{Cl} \tag{1.2}$$

式中，S 与 Cl 分别为盐度与氯度，氯度定义：把 0.3285234kg 海水样品中的卤素全部沉淀所需的银元素的质量 (g)。

随着测量技术和精度的日益提高，发现式 (1.2) 并不精确。1964 年，联合国教科文组织和其他国际组织指定了一个"海洋图表和标准联合工作组 (Joint Panel on Oceanographic Tables and Standards)"，得出一个更精确的定义：

$$S = 1.80655\text{Cl} \tag{1.3}$$

当盐度 S=35‰，式 (1.3) 与式 (1.2) 的结果相同。采用式 (1.3) 的同时，海洋学家已经开始使用电导率仪表来测量盐度。电导率仪表非常精确，与化学分析法测量氯度相比更加简单易用。结果，海洋图表和标准联合工作组推荐盐度与海水电导率的关系式如下：

$$S = -0.08996 + 28.29729 R_{15} + 12.80832 R_{15}^2 - 10.67869 R_{15}^3 \\ + 5.98624 R_{15}^4 - 1.32311 R_{15}^5 \tag{1.4}$$

$$R_{15} = \frac{C(S,15,0)}{C(35,15,0)} \tag{1.5}$$

式中，$C(S,15,0)$ 为海水样品在一个标准大气压下、温度为 15℃ 时的电导率；$C(35,15,0)$ 为标准"哥本哈根"海水的电导率。电导法的优点较多，操作简单便捷，速度快，并且

精度有所提高。不过它还存在一些缺点：首先其定义是建立在海水组成恒定的基础上，是近似值；其次，定义中所采用的采样均为表层，不能反映深层海水的情况。

20 世纪 70 年代初期，精确电导仪已能用于不同水深的测量。为了评价盐标，海洋图表和标准联合工作组于 1978 年推荐盐度仅用电导率定义，避开与氯度之间的关系。所有具有相同电导率的海水样品具有相同的盐度。现在，1978 年实用盐度（2‰≤S≤42‰）成为官方定义，其表达式如下：

$$S = 0.0080 - 0.1692K_{15}^{0.5} + 25.3851K_{15} + 14.0941K_{15}^{1.5} \\ - 7.0261K_{15}^2 + 2.7081K_{15}^{2.5} \tag{1.6}$$

$$K_{15} = \frac{C(S,15,0)}{C(\text{KCl},15,0)} \tag{1.7}$$

式中，$C(\text{KCl}, 15, 0)$ 为标准氯化钾溶液在 15℃和 1 个标准大气压（101325Pa）时的电导率。标准氯化钾溶液指 1kg 溶液中含有 32.4356g 氯化钾。

Lewis（1980）给出了计算其他温度（2℃≤T≤35℃）的盐度方程：

$$S = 0.0080 - 0.1692K_T^{0.5} + 25.3851K_T + 14.0941K_T^{1.5} \\ - 7.0261K_T^2 + 2.7081K_T^{2.5} + \Delta S \tag{1.8}$$

$$K_T = \frac{C(S,T,0)}{C(\text{KCl},T,0)} \tag{1.9}$$

$$\Delta S = \left[\frac{T-15}{1+0.0162(T-15)}\right] \times (0.0005 - 0.0056R_T^{0.5} \\ - 0.0066R_T - 0.0375R_T^{1.5} + 0.636R_T^2 - 0.0144R_T^{2.5}) \tag{1.10}$$

（三）海水的压缩性

当流体质点所处外部环境的压力和温度改变时，质点的体积或密度也随之改变的性质称为流体的压缩性。单位压强所引起流体的体积变化率称为压缩性系数，可以表示为

$$k = \frac{\delta V/V}{\delta p} \tag{1.11}$$

式中，δp 为压强增量；$\delta V/V$ 为流体的体积变化率。

真实流体均是可压缩的，其密度不仅是位置(x, y, z)的函数，还是时间 t 的函数。对于均匀流体，若将其视为不可压缩流体来处理，则流体密度是不随时间改变的常量，即 $d\rho/dt=0$。通常情况下，海水的压缩性随温度、盐度、压力的增加而减小，而且液体比气体的压缩性要小得多，在相当大的压力范围内，液体的密度几乎是常数，即液体的压缩系数比较小，约为 4×10^{-5}。因此海洋学中常将海水看作不可压缩的流体来处理。

(四)海水的扩散性

在常温常压下,由于流体中的分子做无规则运动,当静止流体的浓度分布不均匀时,存在浓度高的流体团体中的分子向浓度低的流体团体中运动的微观物理机制,这使不同浓度的各层流体之间不停地交换质量,最终不同流体层内的质量都趋于均匀化。这种分子运动具有质量输运性质,宏观上称为扩散现象。由于受蒸发和降水的影响比较大,地球上海水的盐度沿经线的变化是很大的,但沿纬线的变化却不是很大,例如,大西洋平均盐度为 34.90‰、印度洋为 34.76‰、太平洋为 34.62‰,所以在同一海域,很大深度范围内的海水盐度大体是相当的。因此,在同一海域内,海水的扩散性可以忽略不计。

(五)海水的黏性

处于静止状态的流体不能抵抗剪切力,在任何微小剪切力的作用下都将发生任意大的变形,因此流体不能保持一定形状。当流体受剪切力使其变形速度增大时,流体将表现出抵抗这种变形的能力,但当外力消失,变形就会恢复,流体的抵抗力也随之消失。这种当流体受剪切力作用而存在抵抗变形的特性称为流体的黏性。假定做平行直线运动的相邻流体层,某一流体层以速度 u_x 沿 x 轴方向做直线运动,相邻流体层之间的剪切力为 σ_{yx},沿流体法线 y 轴方向的速度梯度采用 $\mathrm{d}u_x/\mathrm{d}y$ 表示,则流体的黏度 η 可以定义为

$$\eta = \sigma_{yx} / (\mathrm{d}u_x/\mathrm{d}y)$$

其单位为 $\mathrm{N\cdot s/m^2}$ 或 $\mathrm{Pa\cdot s}$。

实验数据显示的海水黏度 η 随温度的升高而减小,但变化范围并不是很大。当温度约为 21℃时,海水的黏度大约为 $1\times 10^{-3}\mathrm{N\cdot s/m^2}$ 或 $1\mathrm{Pa\cdot s}$,因此海洋学中常将海水看作无黏性的流体。

(六)海水的磁导率

磁导率表征的是介质磁性强弱的物理量,通常使用 μ 表示,单位为 H/m。磁导率 μ 等于磁感应强度 B 与磁场强度 H 之比,或等于真空磁导率 μ_0 与相对磁导率 μ_r 的乘积,或等于真空磁导率 μ_0 与磁化率 κ 之和:

$$\mu = B/H = \mu_0\mu_r = \mu_0(1+\kappa) \tag{1.12}$$

一般而言,磁性材料的相对磁导率 μ_r 比 1 略大,而像铁之类的强磁性材料的相对磁导率 μ_r 则很大,能够达到 5000～10000。物理上海水中的相对磁导率可以认为等于空气中的相对磁导率,即等于 1,所以海水的磁导率和磁化率分别为

$$\mu = \mu_0 = 4\pi\times 10^{-7}\mathrm{H/m}, \quad \kappa = 0 \tag{1.13}$$

(七)海水的介电常数

介电常数是指物质保存电荷的能力,又称电容率,是表征电介质或绝缘材料电性能

的一个重要数据，常用 ε 表示，单位为法拉每米（F/m）。介质在外加电场的作用下将产生极化电荷而削弱电场，在相同的原电场中，真空电场与某一介质电场的比值称为相对介电常数，又称相对电容率 ε_r；而介质的介电常数 $\varepsilon = \varepsilon_r \cdot \varepsilon_0$，其中，$\varepsilon_0$ 为真空绝对介电常数，即 $\varepsilon_0 = 1/(36\pi) \times 10^{-9}$F/m。

有关实验数据显示，当温度为 25℃时，海水和淡水的相对介电常数都大约是 80，但当外界电磁场的频率发生变化时，海水的介电常数也会变化。研究表明，常温下从低频到高频海水的介电常数会变小，其原因是水分子产生的极化作用。另一个影响海水介电常数的因素是温度，当温度为 17℃时，标准海水和淡水的低频相对介电常数都大约是 81.5，海水的介电常数随温度的升高而减小，而且温度变化对介电常数的影响要比频率变化对介电常数的影响大。海水的盐度也影响海水的介电常数，随着盐度的增加，海水的介电常数减小。

(八) 海水的电导率

电导率是表征物质传导电流强弱的一种可以测量的物理量。电导率是电阻率的倒数，欧姆定律定义为电流密度和电场强度的比值，即 $\sigma = J/E$，在国际单位制中的单位为西门子每米（S/m）。

影响物质电导率的因素主要有两个：一个是温度，金属和水溶液的电导率随温度的升高而减小，半导体的电导率随温度的升高而增加；另一个是掺杂程度，掺杂程度可在使半导体和水溶液中形成高电导率，这里掺杂程度对水溶液而言即为浓度。液体介质的定义与固体一样，但海水的电导率要复杂得多。海水的固有电阻因温度、盐度及组成其各种粒子的比例会不同，电导率值的范围在 1~5S/m。而盐度对电导率的影响极大，纯水的电导率比较低，在 10^{-5}S/m 的量级上，若将一定的食盐溶解于纯水中，则其电导率会显著增大，如浓度为 5%的食盐水的电导率是纯水电导率的 64 万倍。有研究测定纯食盐水的电导率，结果表明浓度为 5%的溶液其电导率值为 6.45S/m，浓度为 20%的溶液其电导率值为 18.8S/m。

固体导体电阻率的测量可以运用欧姆定律和电阻定律，而电解质溶液电导率的测量则通常将交流电压作用于电导池的两电极板上，由测量到的电导池常数和两电极板之间的电导而求得电导率。

Accerboni 和 Mosetti（1967）归纳了一个海水电导率与温度和盐度有关的经验公式：

$$\sigma = \left(A + B\frac{T^{1+k}}{\lambda + T^k}\right)\frac{S}{1+S^h}\mathrm{e}^{-\zeta S}\mathrm{e}^{-\xi(S-S_0)(T-T_0)} \tag{1.14}$$

式中，σ 为电导率（S/m）；S 为盐度（‰）；T 为温度（℃）；其他项均为常数，A=0.2193，B=0.012842，k=0.032，λ=0.0029，h=0.1243，ζ=0.00978，T_0=20，ξ=0.0000165，S_0=35‰。若取 T=10℃、S=30‰，则海水的电导率值为 3.32S/m。从图 1.1 可以看出，盐度对海水电导率的影响极大，随着盐度的增加，其电导率随温度变化的斜率逐渐变大。

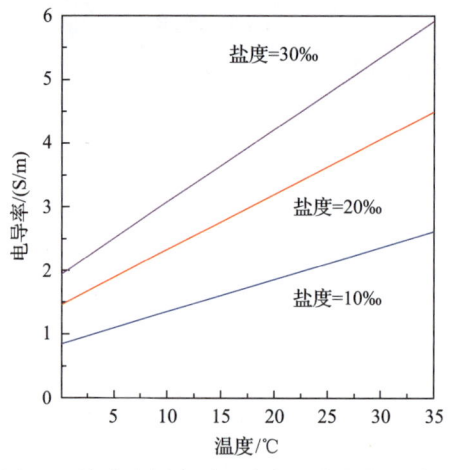

图 1.1　海水电导率随温度与盐度变化的关系

另外，实验表明，随着压力的增加电导率将减小，不过减小的数值却很小。通常，可以取值 4～5S/m 作为海水的电导率值。

二、海洋介质运动的基本理论

海水是流体，其运动必须服从流体运动的基本规律。与刚体一样，流体也必须满足牛顿第二定律，由此可以建立流体的运动方程。在计算海水运动时，还需要考虑质量和盐量守恒、动量守恒、角动量守恒和能量守恒定律，以及由此建立的相应方程。

由质量守恒可以导出连续方程，由盐量守恒可以导出盐扩散方程，由能量守恒可以导出热平衡方程，由机械能守恒可以导出波动方程，由动量守恒可以导出欧拉方程、纳维-斯托克斯方程(Navier-Stokes 方程，简称 N-S 方程)和雷诺方程，由角动量守恒可以导出涡动守恒方程，这些方程均可用于研究海水的运动。由于本书更关注海水的运动，因此仅讨论连续方程与动量方程及其求解问题。

(一)海水动力过程中的主要作用力

海水动力方程中起主要作用的力为重力与引潮力、浮力、风应力和惯性力，而其他力如大气压力、由地震影响所引起的力等作用相对较小。

1. 重力与引潮力

重力是主要作用力。重力产生压力，海洋中各处的重力是不同的，所以压力也不同，从而在同一水平面上产生了横向的压强梯度力。太阳、月亮相对于地球位置的周期性运动，就产生了潮汐、潮流和海洋内部的潮混合。

2. 浮力

如果微团与周围流体的密度存在差异，流体团就会受到向上或向下的力。例如，当冷空气吹过海水表面时，冷却了海水，使之密度增加，从而导致其下沉。

3. 风应力

吹过海表的风将水平动量传给海洋。风把海水按照一定方向拖拽，所引起的扰动搅动了上层海水，混合层和波浪由此产生。

4. 惯性力

流体微团做曲线运动或在旋转坐标系中运动时可产生惯性力。因此，在描述旋转系统中的惯性运动时，必须加上惯性力。一个做匀速直线运动的物体，在旋转坐标系中看来是在做曲线运动，实际上此时已经有一个惯性力在起作用。这个力称为科氏力（地转偏向力）。利用固定在地球上的坐标系研究流体运动，科氏力是主要作用力之一，但并不是任何时候都要考虑科氏力。

(二) 连续方程

在流体力学中描述流动运动的方法有两种，即拉格朗日方法和欧拉方法。欧拉形式的连续方程常采用如图 1.2 所示的控制体。

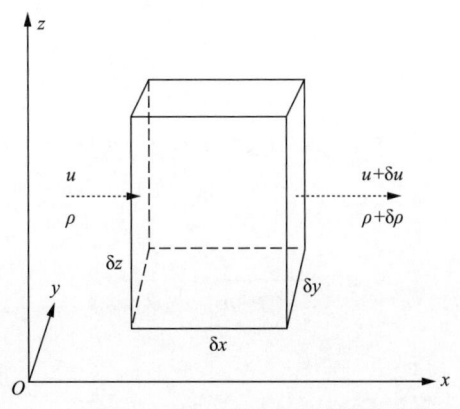

图 1.2 欧拉形式的连续方程常采用的控制体

控制体左侧质量流入为 $\rho u \delta y \delta z$，右侧质量流出为 $\rho u \delta y \delta z + \dfrac{\partial(\rho u \delta y \delta z)}{\partial x}\delta x$，进入控制体的质量增量为两者的差值，即 $-\dfrac{\partial(\rho u)}{\partial x}\delta x \delta y \delta z$。考虑三维空间，进入控制体的质量增量为 $-\left[\dfrac{\partial(\rho u)}{\partial x}+\dfrac{\partial(\rho v)}{\partial y}+\dfrac{\partial(\rho w)}{\partial z}\right]\delta x \delta y \delta z$。另外，控制体中的质量增量可以表达为 $\dfrac{\partial \rho}{\partial t}\delta x \delta y \delta z$。所以，$\dfrac{\partial \rho}{\partial t}\delta x \delta y \delta z + \left[\dfrac{\partial(\rho u)}{\partial x}+\dfrac{\partial(\rho v)}{\partial y}+\dfrac{\partial(\rho w)}{\partial z}\right]\delta x \delta y \delta z = 0$，则有

$$\frac{\partial \rho}{\partial t}+\frac{\partial(\rho u)}{\partial x}+\frac{\partial(\rho v)}{\partial y}+\frac{\partial(\rho w)}{\partial z}=0 \tag{1.15}$$

展开可以得到

$$\frac{\partial \rho}{\partial t}+u\frac{\partial \rho}{\partial x}+v\frac{\partial \rho}{\partial y}+w\frac{\partial \rho}{\partial z}+\rho\frac{\partial u}{\partial x}+\rho\frac{\partial v}{\partial y}+\rho\frac{\partial w}{\partial z}=0$$

其中，前4项为质点导数，即

$$\frac{\mathrm{D}\rho}{\mathrm{D}t} = \frac{\partial \rho}{\partial t} + u\frac{\partial \rho}{\partial x} + v\frac{\partial \rho}{\partial y} + w\frac{\partial \rho}{\partial z} = \frac{\partial \rho}{\partial t} + \vec{V} \cdot \nabla(\rho) \quad (1.16)$$

所以连续方程可以写为

$$\frac{1}{\rho}\frac{\mathrm{D}\rho}{\mathrm{D}t} + \frac{\partial u}{\partial x} + \frac{\partial v}{\partial y} + \frac{\partial w}{\partial z} = 0 \quad (1.17)$$

式(1.15)~式(1.17)中，u、v 与 w 分别为速度矢量 $\vec{V}$ 在三个坐标轴 x、y 与 z 轴方向的分量；ρ 为密度；t 为时间。

(三) 动量方程

1. 压强梯度力

由于压力差，在 x 方向控制体的受力为 $\delta F_x = [p-(p+\delta p)]\delta y \delta z = -\delta p \delta y \delta z$，但是 $\delta p = \frac{\partial p}{\partial x}\delta x$，所以 $\delta F_x = -\frac{\partial p}{\partial x}\delta x \delta y \delta z = -\frac{\partial p}{\partial x}\delta \tau$，其中，$\delta \tau$ 为控制体的体积。等式两边同时除以控制体中的质量 δm，可得到 x 方向的加速度，即

$$a_x = -\frac{\partial p}{\partial x}\frac{\delta \tau}{\delta m} = -\frac{1}{\rho}\frac{\partial p}{\partial x} \quad (1.18)$$

考虑三维问题，即可得到

$$\vec{a} = -\frac{1}{\rho}\nabla p \quad (1.19)$$

2. 科氏力

由于固定在地球上的坐标系是旋转的非惯性系，所以在运动方程中存在科氏力项。在推导方程时，总是采用单位质量流体所受的力，故旋转坐标系中流体微团的加速度可以写为

$$\vec{a}_{\text{固定坐标系}} = \left(\frac{\mathrm{d}\vec{V}}{\mathrm{d}t}\right)_{\text{固定坐标系}} = \left(\frac{\mathrm{d}\vec{V}}{\mathrm{d}t}\right)_{\text{地转坐标系}} + 2\vec{\Omega}\times\vec{V} + \vec{\Omega}\times(\vec{\Omega}\times\vec{R}) \quad (1.20)$$

式中，$\vec{R}$ 为地球半径矢量；$\vec{\Omega}$ 为地球自转角速度；$\vec{V}$ 为固定在地球上的坐标系中所观测到的相对速度；$2\vec{\Omega}\times\vec{V}$ 为科氏加速度；$\vec{\Omega}\times(\vec{\Omega}\times\vec{R})$ 为向心加速度。

3. 重力

重力是万有引力与惯性离心力的合力。考虑到地球的质量、形状和自转理论，正常重力就是在地球最佳拟合的椭球面上预测的重力加速度值。国际大地测量与地球物理联

合会推荐的最新椭球面是 1980 年大地测量参考系统(1980 Geodetic Reference System，GRS80)。计算这个椭球面上的理论重力值的索米扬那精确公式(Hinze et al., 2005)为

$$g_0 = \frac{g_e(1 + k\sin^2 B)}{\sqrt{1 + e^2\sin^2 B}} \tag{1.21}$$

式中，B 为大地纬度；g_e 为赤道处的正常重力，在参考椭球面上其值为 978032.67715mGal (1Gal=10^{-2}m/s^2)。此外，有

$$k = \beta - \alpha - \alpha\beta = 0.001931851353 \tag{1.22}$$

$$e^2 = \alpha^2 - 2\alpha = 0.0066943800229 \tag{1.23}$$

式中，α 与 β 分别为地球的几何扁率与重力扁率；e 为一阶数值偏心率。

大地高度为 h(m)处的正常重力值可以采用下式计算：

$$g_0(B, h) = g_0 - (0.3087691 - 0.004398\sin^2 B)h + 7.2125 \times 10^{-8} h^2 \tag{1.24}$$

极地与赤道之间的正常重力差值为 0.01374m/s^2。在赤道处，正常重力随高度的变化率最大，地表与深度 10km 处的正常重力差值为 0.030945m/s^2。因此，在考虑大尺度尤其是全球性问题时，本书考虑了重力的变化，而在考虑局部问题时，将重力视为常量，取值为研究区正常重力的平均值。

4. N-S 方程

根据牛顿第二定律，考虑到压强梯度力、科氏力、重力和摩擦力，可得 N-S 方程(实质上是欧拉方程，因为未考虑流体的黏性)：

$$\frac{d\vec{V}}{dt} = -\frac{1}{\rho}\nabla p - 2\vec{\Omega} \times \vec{V} + \vec{g} + \frac{1}{3}\frac{\mu}{\rho}\nabla\Theta + \frac{\mu}{\rho}\Delta\vec{V} \tag{1.25}$$

式中，$\Theta = \nabla \cdot \vec{V}$；$\mu$ 为分子摩擦系数，是由不同层间分子动量交换所引起的。$\frac{1}{3}\frac{\mu}{\rho}\nabla\Theta$ 项与其他项相比很小，所以可以将上式简化为

$$\frac{d\vec{V}}{dt} = -\frac{1}{\rho}\nabla p - 2\vec{\Omega} \times \vec{V} + \vec{g} + \frac{\mu}{\rho}\Delta\vec{V} \tag{1.26}$$

式中，$\vec{g}$ 为重力加速度；$\frac{\mu}{\rho}\Delta\vec{V}$ 为摩擦力；$\vec{\Omega}$ 为地球转动的角速度，即每日 2π 或等于 7.292×10^{-5}s^{-1}。

式(1.26)表明，加速度等于压强梯度力、科氏力、重力和摩擦力之和。

5. Boussinesq 近似与海水的不可压缩性

Boussinesq(1842～1929)指出：计算压力过程中与重力加速度值相乘时，可以安全地

假定海水的密度为常量。此近似可以极大地简化运动方程。该近似条件如下。

(1)与声速相比,流速很小,这就保证了流速不会改变密度,因为当流速接近声速时,速度场可以引起密度改变,如冲出波可以改变密度。

(2)波速或扰动的速度与声速相比很小,在不可压缩流体中声速无穷大,因此在讨论声速时,必须假定流体是可压缩的。

(3)运动的垂向尺度与 c^2/g(其中 c 和 g 分别为声速和重力加速度)相比很小,这就保证了当压力随深度增加时,由压力增加引起的密度增量很小。

以上 3 条在海洋中完全符合,所以可以认为流体是不可压缩的,因而对于不可压缩流体,其连续性方程变为

$$\frac{\partial u}{\partial x}+\frac{\partial v}{\partial y}+\frac{\partial w}{\partial z}=0 \tag{1.27}$$

(四)运动方程求解

式(1.26)和式(1.27)实际上构成了一个由 4 个方程组成的方程组,其中 3 个是运动方程,1 个是连续方程。现在有 u、v、w 和 ρ 4 个未知量,如果摩擦力已知,似乎就可以求解了。不过还需要 u、v、w 和 ρ 的边界条件。

1. 边界条件与方程求解

在流体力学中,通常假设:①在固体边界上没有法向速度,即流体不可穿过固体壁面;②在固体边界上也没有切向速度,即流体在固壁上没有滑动。

我们期望这 4 个方程再加上边界条件能够解出 4 个未知量,但事实上,即使对一个十分简单的流动也难以得到解析解。迄今为止,对于存在摩擦项的方程还没有精确解,而即使方程不含摩擦项,也几乎很难具有精确解。由于几乎不可能对这些方程进行求解,所以必须简化方程。随着现代高速电子计算机的出现,在理论研究方法的基础上出现了另一种研究流体运动规律的方法,即计算流体力学(简称 CFD)。CFD 是通过对理论研究方法中的数学模型以积分和微分形式进行离散的代数运算,这样就可以得到某一特定流体运动区域内在特定边界条件和参数特定取值下的离散数值解。

对于 N-S 方程组,目前常见的简化方程可以归纳如下。

(1)若忽略流体的黏性,则简化为欧拉方程组;进一步,若假定流体运动是无旋的,即 $\vec{V}=-\nabla\varphi$,则简化为势位或全势位方程组;若进一步假设流体是不可压缩的,即 $\nabla\vec{V}=0$,则简化为拉普拉斯方程。

(2)不可压缩的 N-S 方程组。

(3)若通过雷诺数的平均值来处理湍流模型,则简化为雷诺方程组;进一步地,限制黏性对体积元法向方向的影响,则简化为薄层雷诺方程组;若进一步引入普朗特边界假设,则简化为边界层方程组。

根据以上 N-S 方程组的简化形式可以知道,如果所研究的流体是理想流体且其做无旋运动,那么流体流动形式的速度势 φ 将满足拉普拉斯方程,即 $\nabla^2\varphi=0$,通过求解拉

普拉斯方程可以得到不定解的速度势表达式。如果再知道速度势所满足的相关边界条件，那么就能够得到速度势的唯一解，从而通过求解速度势的梯度 $\vec{V}=-\nabla\varphi$ 来得到流体流动的速度场。

2. 罗斯贝数

对于式(1.26)的三项科氏力，在研究小尺度问题时可以不予考虑。大尺度运动是指那些显著受到地球自转影响的运动。对于一个特定现象，表示旋转影响程度的一个重要参数即是罗斯贝数。令 L 为运动的特征长度，U 为运动的水平特征速度，则流体元以速度 U 运动，经过 L 距离所需的时间为 L/U。如果这一时间远小于地球自转的周期，那么在运动的时间尺度内，流体几乎不能感觉到地球的自转。如果需要考虑自转，那么有

$$\frac{L}{U} \geqslant \frac{1}{\Omega} \tag{1.28}$$

所谓"不能感觉到地球自转"的影响与科氏力可以忽略是等价的，那么要求：

$$\frac{L}{U} \geqslant \frac{1}{2\Omega \sin B} = \frac{1}{f} \tag{1.29}$$

或等价为

$$R_o = \frac{U}{2L\Omega \sin B} = \frac{U}{fL} \leqslant 1 \tag{1.30}$$

式(1.29)和式(1.30)中，R_o 为罗斯贝数，无量纲；f 为科里奥利频率。一般地，将罗斯贝数量级为 0.1、1、10 的运动尺度分别叫作大、中、小尺度。在判别运动尺度时，式(1.30)比式(1.29)更加可靠。

特征速度越小，就可以把具有较小 L 的运动看作大尺度运动。例如，湾流的速度量级为 0.1m/s，尽管其特征水平尺度为 100 km 量级，但其罗斯贝数却为 0.07，所以属于大尺度运动。

若以特征速度 $U=1$m/s 估计不同纬度下的尺度(表 1.1)，对于大、中、小三种尺度有

$$\begin{cases} L_{大} = \dfrac{10}{2\Omega \sin B} \\ L_{中} = \dfrac{1}{2\Omega \sin B} \\ L_{小} = \dfrac{0.1}{2\Omega \sin B} \end{cases} \tag{1.31}$$

从表 1.1 可以看出，一般情况下，特别是在中纬度海域，大、中、小尺度分别具有 100 km、10 km、1km 的量级。

表 1.1　U=1m/s 时不同纬度海域的尺度

纬度/(°)	大尺度/km	中尺度/km	小尺度/km
0	∞	∞	∞
10	390	39	3.9
20	200	20	2
30	137	13.7	1.37
40	107	10.7	1.07
50	89.5	8.95	0.895
60	79.2	7.92	0.792
70	73	7.3	0.73
80	69.6	6.96	0.696
90	68.6	6.86	0.686

（五）主要的海水运动形式

海水水体及海洋中的各种组成物质构成了对人类生存和发展具有重要意义的海洋环境。海水运动是海洋环境的核心内容。海水的运动形式包括海浪、潮汐和洋流等。

1. 海浪

海浪是发生在海洋中的一种波动现象，有风浪和涌浪之分。风浪是指在风的直接作用下产生的水面波动。涌浪是指风停止之后或风速、风向突变区域内存在下来的波浪和传出风区的波浪。与此相关的还有近岸浪，是指由外海的风浪或涌浪传到海岸附近，受地形作用而改变波动性质的海浪。

"无风不起浪"和"无风三尺浪"这样的说法都没有错，事实上海面有风或无风都会出现波浪。无风的海面也会出现涌浪和近岸浪，实际上它们均是由别处的风引起的海浪传播而来，这大概就是常说的"无风也起浪"。

广义的海浪，还包括天体引力、海底地震、火山爆发、塌陷滑坡、大气压力变化和海水密度分布不均匀等外力和内力作用下形成的海啸、风暴潮和海洋内波等。它们都会引起海水的巨大波动，这就是海上的"无风也起浪"。

海浪是海面起伏形态的传播，是水质点离开平衡位置做周期性振动，并且向一定方向传播而形成的一种波动。水质点的振动能够形成动能，海浪起伏能够产生势能，这两种能量的累计数量是惊人的。在全球海洋中，仅风浪和涌浪的总能量就相当于到达地球外侧太阳能量的一半。海浪的能量沿着海浪传播的方向滚滚向前。因而，海浪实际上又是能量的波形传播。海浪的波动周期从零点几秒到数小时以上，波高从几毫米到几十米，波长从几毫米到数千千米。

2. 潮汐

潮汐是由于日、月引潮力的作用，使固体地球、水圈和大气圈中产生周期性运动和变化的总称。固体地球在日、月引潮力作用下引起的弹性-塑性形变，称为固体潮汐，简称固体潮或地潮。海水在日、月引潮力作用下引起海面的周期性升降、涨落和进退，称为海洋潮汐，简称海潮。大气各要素（如气压场、大气风场、地球磁场等）在日、月引潮力的作用下而产生的周期性变化称为大气潮汐，简称大气潮。其中，由太阳引起的大气潮汐称为太阳潮，由月球引起的则称为太阴潮。因为月球与地球的距离比太阳近，所以月球的引潮力相比太阳的要大。对海洋而言，太阴潮比太阳潮显著。

固体潮、海潮和大气潮都是因日、月对地球各处引力不同而引起的，三者之间互有影响。大洋底部地壳的弹性-塑性潮汐形变会引起相应的海潮，即对海潮来说，存在着固体潮的影响；而海潮引起的海水质量迁移改变着地壳所承受的负载，使地壳发生可复的变曲。大气潮在海潮之上，它作用于海面上引起其附加的振动，使海潮的变化更趋复杂。作为完整的潮汐科学，其研究对象应该将固体潮、海潮和大气潮作为一个统一的整体。但是，由于海潮现象十分明显，且与人们的生活、经济活动、交通运输等关系密切，因而习惯上将潮汐一词狭义地理解为海洋潮汐。

3. 洋流

海流是海洋中除由引潮力引起的潮汐运动外，海水沿一定途径的大规模流动。引起海流运动的因素可以是风，也可以是因热盐效应所引起的海水密度分布不均。前者表现为作用于海面的风应力，后者表现为海水中的水平压强梯度力。加上地转偏向力的作用，便造成海水既有水平流动，又有垂直流动。由于海岸和海底的阻挡和摩擦作用，海流在近海岸和接近海底处的表现与在开阔海洋上相比有很大的区别。

第二节　海洋介质多尺度时空运动重磁场响应的基本理论

本节首先介绍海洋介质多尺度时空运动的重力场响应理论和磁（电）场响应理论，然后介绍在已知流速场和其他物性参数的条件下计算重力场和磁（电）场响应的方法，旨在为后续章节基于流速场模型或实测数据计算重力场和磁（电）场响应提供理论基础和计算方法。

一、重力场响应理论

如图 1.3 所示，海洋介质多尺度时空运动引起重力场变化的本质是海洋介质的质量随时间存在变化，主要体现为两种形式：一是海表随时间的起伏变化；二是海表以下的海水密度随时间的变化。

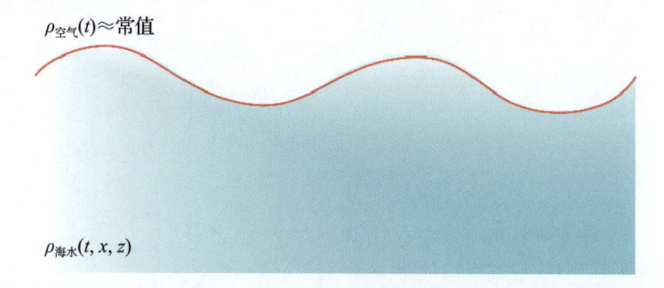

$\rho_{空气}(t) \approx 常值$

$\rho_{海水}(t, x, z)$

图 1.3　海洋介质多尺度时空运动引起重力场变化的质量变化形式

因此，海洋介质多尺度时空运动引起重力场变化的机制为相对于海水平均密度的密

度异常引起的引力异常在垂直方向的投影，重力异常响应（δg）的本构方程为

$$\delta g(t,\vec{r}) = G \iiint_V \frac{\partial \left[\frac{\delta \rho(t,\vec{r}')}{\vec{r}' - \vec{r}} \right]}{\partial \eta} dv \tag{1.32}$$

式中，G 为万有引力常数；$\delta \rho$ 为海水差异密度；$\vec{r}$ 为计算点坐标；$\vec{r}'$ 为场源坐标；t 为时间；V 为场源即海水空间范围；dv 为积分体积元；η 为铅垂线方向即大地水准面的内法线方向。

值得注意的是，对于海表的起伏变化，其差异密度为海水与上方大气的密度差异，而对于海表以下的差异密度为海水实际密度与海水正常密度之差。根据第二章的相关内容，选取海水的正常密度为 1025kg/m^3。

二、磁场响应理论

在海洋以上及其内部空间，实际的地磁场可以写为四部分之和，即

$$\vec{B}_T(\vec{r},t) = \vec{B}_m(\vec{r},t) + \vec{B}_l(\vec{r},t) + \vec{B}_e(\vec{r},t) + \vec{B}_s(\vec{r},t) \tag{1.33}$$

式中，$\vec{B}_m(\vec{r},t)$ 为地球液态金属外核磁流体运动而产生的磁场；$\vec{B}_l(\vec{r},t)$ 为岩石圈被现今地磁场磁化而产生的感应磁化场及被过去地磁场磁化而经历各种地质运动和动力学作用残留至今的剩余磁化场；$\vec{B}_e(\vec{r},t)$ 为地球外源磁场，主要由电离层和磁层的各种电流体系产生；$\vec{B}_s(\vec{r},t)$ 为外源磁场变化在地球内部（包括海洋、岩石圈与地幔等）产生感应电流而产生的磁场。

由于主磁场的磁场幅度大，在地表的空间分布尺度大且随时间的变化相比较缓，因此可以视为其不随时间而变化，而且在考虑小尺度问题时假定其方向和强度不存在变化，相反在考虑大尺度问题时则需要考虑其方向与强度的空间变化。相比主磁场而言，其他三种磁场之和幅度甚小，所以一般可忽略不计。

在地磁场中运动的导电介质所产生的感生电磁场在标准国际单位制下所满足的 Maxwell 微分方程如下：

$$\nabla \cdot \vec{D} = \rho \tag{1.34}$$

$$\nabla \cdot \vec{B}_0 = 0 \tag{1.35}$$

$$\nabla \times \vec{E} = -\frac{\partial \vec{B}_0}{\partial t} \tag{1.36}$$

$$\nabla \times \vec{B}_0 = \mu \left(\vec{J} + \rho \vec{V} + \frac{\partial \vec{D}}{\partial t} + \nabla \times \vec{P} \times \vec{V} \right) \tag{1.37}$$

式（1.34）～式（1.37）中，电位移矢量 $\vec{D} = \varepsilon_0 \vec{E} + \vec{P}$；电极化强度 $\vec{P} = \varepsilon_0 (\varepsilon_r - 1)(\vec{E} + \vec{V} \times \vec{B}_0)$，$\varepsilon_0$ 为真空介电常数，ε_r 为介质相对介电常数；ρ 为介质中自由电荷体密度；$\vec{V}$ 为介质运

动速度；$\vec{E}$ 为感应电场；总磁场 $\vec{B}_0 = \vec{B}_T + \vec{B}$，$\vec{B}_T$ 为式(1.33)中的地磁场，$\vec{B}$ 为导电介质切割地磁场产生的感应磁场；式(1.37)等式右边的 $\dfrac{\partial \vec{D}}{\partial t}$ 为位移电流密度；$\rho \vec{V}$ 为运动介质带动自由电荷所引起的平移电流密度；$\nabla \times \vec{P} \times \vec{V}$ 为介质的极化电流密度；$\vec{J}$ 为介质中的传导电流密度，且传导电流密度 $\vec{J} = \sigma(\vec{E} + \vec{V} \times \vec{B}_0)$，$\sigma$ 为介质的电导率。

为了求解在地磁场中运动的介质在各个区域中的电磁场问题，必须知道介质与空气分界面上所满足的电磁场边界条件。假定介质的电磁参数为 ε、μ、σ，介质区域边界处的电磁场为 $\vec{B}_2$、$\vec{H}_2$、$\vec{D}_2$、$\vec{E}_2$；空气的电磁参数为 ε_0、μ_0，空气区域边界处的电磁场为 $\vec{B}_1$、$\vec{H}_1$、$\vec{D}_1$、$\vec{E}_1$，且 $\vec{J}_S$ 和 ρ_S 分别为边界面处的电流面密度和电荷面密度，边界处由介质指向空气的法向单位矢量为 $\vec{e}_n$，则电磁场边界条件为

$$\vec{e}_n \times (\vec{H}_1 - \vec{H}_2) = \vec{J}_S \tag{1.38}$$

$$\vec{e}_n \times (\vec{E}_1 - \vec{E}_2) = \vec{0} \tag{1.39}$$

$$\vec{e}_n \cdot (\vec{D}_1 - \vec{D}_2) = \rho_S \tag{1.40}$$

$$\vec{e}_n \cdot (\vec{B}_1 - \vec{B}_2) = 0 \tag{1.41}$$

对于海水而言，由于海水的电导率为 3～5S/m，故式(1.37)右边的平移电流、极化电流远小于传导电流，故可以将它们忽略。又由于 B 远小于 B_T，且 B_T 近似为 B_m（此处用 F 表示）。因此，可以将上述 Maxwell 微分方程组和边界条件简化为

$$\nabla \cdot \vec{D} = \rho \tag{1.42}$$

$$\nabla \cdot \vec{B} = 0 \tag{1.43}$$

$$\nabla \times \vec{E} = -\dfrac{\partial \vec{B}}{\partial t} \tag{1.44}$$

$$\nabla \times \vec{B} = \mu\sigma(\vec{E} + \vec{V} \times \vec{F}) + \mu\varepsilon \dfrac{\partial \vec{E}}{\partial t} \tag{1.45}$$

$$\vec{e}_n \times (\vec{H}_1 - \vec{H}_2) = \vec{0} \tag{1.46}$$

$$\vec{e}_n \times (\vec{E}_1 - \vec{E}_2) = \vec{0} \tag{1.47}$$

$$\vec{e}_n \cdot (\vec{D}_1 - \vec{D}_2) = \rho_S \tag{1.48}$$

$$\vec{e}_n \cdot (\vec{B}_1 - \vec{B}_2) = 0 \tag{1.49}$$

由 Maxwell 方程组和矢量恒等式 $\nabla \times (\nabla \times \vec{B}) = \nabla(\nabla \cdot \vec{B}) - \nabla^2 \vec{B}$、$\nabla \times (\vec{V} \times \vec{F}) = (\vec{F} \cdot \nabla)\vec{V} + (\nabla \cdot \vec{F})\vec{V} - (\vec{V} \cdot \nabla)\vec{F} - (\nabla \cdot \vec{V})\vec{F}$ 及不可压缩性海水运动的连续方程，可以推导并建立运动海水切割地磁场所产生磁感应强度的波动方程如下。

(1) 空气中：

$$\frac{1}{\mu}\nabla^2 \vec{B} - \sigma\frac{\partial \vec{B}}{\partial t} - \varepsilon\frac{\partial^2 \vec{B}}{\partial t^2} = 0 \tag{1.50}$$

(2) 海水中：

$$\frac{1}{\mu}\nabla^2 \vec{B} - \sigma\frac{\partial \vec{B}}{\partial t} - \varepsilon\frac{\partial^2 \vec{B}}{\partial t^2} = -\sigma\left[(\vec{F} \cdot \nabla)\vec{V} + (\nabla \cdot \vec{F})\vec{V} - (\vec{V} \cdot \nabla)\vec{F}\right] \tag{1.51}$$

若在局部区域，$\vec{F}$ 可以看作是常矢量，即地磁场的散度和旋度均为零，则式(1.50)和式(1.51)可以写成：

(1) 空气中：

$$\frac{1}{\mu}\nabla^2 \vec{B} - \sigma\frac{\partial \vec{B}}{\partial t} - \varepsilon\frac{\partial^2 \vec{B}}{\partial t^2} = 0 \tag{1.52}$$

(2) 海水中：

$$\frac{1}{\mu}\nabla^2 \vec{B} - \sigma\frac{\partial \vec{B}}{\partial t} - \varepsilon\frac{\partial^2 \vec{B}}{\partial t^2} = -\sigma(\vec{F} \cdot \nabla)\vec{V} \tag{1.53}$$

通过以上分析，只要知道海水运动的速度场，那么运动海水切割地磁场产生的感应磁场在空气和海水中的分布规律，就可以通过求解微分方程式(1.52)或式(1.53)并结合在海面上的电磁场边界条件来得到。

更进一步，在典型的海水波动频率上，位移电流相对于传导电流来说很小，可以忽略。因此，式(1.50)、式(1.51)与式(1.52)可以写为

(1) 空气中：

$$\nabla^2 \vec{B} - \sigma\mu\frac{\partial \vec{B}}{\partial t} = 0 \tag{1.54}$$

(2) 海水中：

$$\nabla^2 \vec{B} - \sigma\mu\frac{\partial \vec{B}}{\partial t} = -\sigma\mu\left[(\vec{F} \cdot \nabla)\vec{V} + (\nabla \cdot \vec{F})\vec{V} - (\vec{V} \cdot \nabla)\vec{F}\right] \tag{1.55}$$

或

$$\nabla^2 \vec{B} - \sigma\mu\frac{\partial \vec{B}}{\partial t} = -\sigma\mu(\vec{F} \cdot \nabla)\vec{V} \tag{1.56}$$

三、重力场响应的计算方法

由图 1.4 可知，海洋介质多尺度时空质量运动可以简化为密度界面起伏随时间变化的模型（如海浪、内波、潮汐、海面航行船只的尾迹及海啸）与三维密度随时间变化的模型（如海流与海洋介质中拖体的尾迹）。因此，可以采用空间域规则形体逼近正演方法和波数域正演方法计算重力场响应。对于小尺度海洋介质运动，可以在笛卡儿直角坐标系内进行表达与处理。但是，对于大尺度海洋介质运动，需要考虑实际地球的曲率，因而需要在大地坐标系内进行表达与处理。

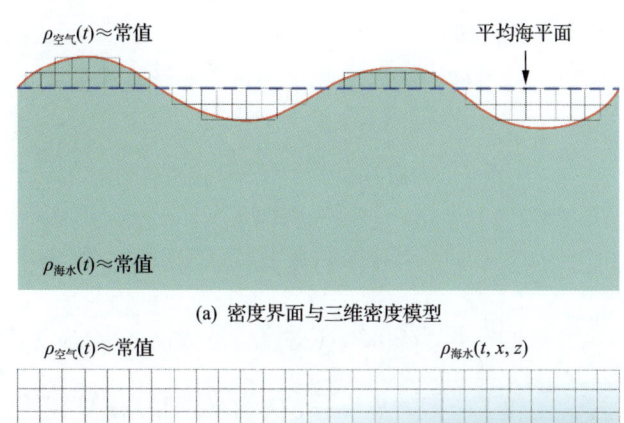

(a) 密度界面与三维密度模型

(b) 采用直立棱柱体逼近的垂向剖面示意图

图 1.4 海洋介质多尺度时空质量运动随时间变化的模型

（一）基于直角坐标系的计算方法

1. 空间域直立长方体逼近法

在实际工作中，根据具体情况可将密度界面或三维密度结构视为规则几何形体（如球体、圆柱体、铅垂台阶、无限水平层、直立或水平薄板、截头圆锥和直立长方体等）的逼近。通常采用的几何单元为直立长方体（图 1.5），所以下面重点介绍直立长方体重力异常的表达式。

建立如图 1.5 所示的空间直角坐标系，即 X 轴指向地理北极、Y 轴指向地理东、Z 轴垂直向下即大地水准面内法线方向，XOY 平面一般假定为平均海平面。设长方体剩余密度为 ρ，形体参数如图所示。

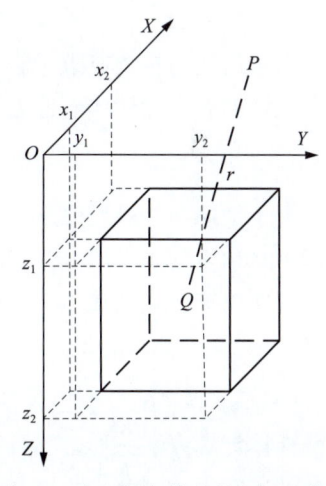

图 1.5 直立长方体及其坐标示意图

该长方体在其外任意点 $P(x_0, y_0, z_0)$ 处产生的重力异常 $\delta g(x_0, y_0, z_0)$ 为(Nagy, 1966)

$$\delta g(x_0, y_0, z_0) = -G\rho \left\| \left| (x-x_0)\ln\left[(y-y_0)+r\right] + (y-y_0)\ln\left[(x-x_0)+r\right] \right. \right. \\ \left. \left. + (z-z_0)\arctan\frac{(z-z_0)r}{(x-x_0)(y-y_0)} \right|_{x_1}^{x_2} \right|_{y_1}^{y_2} \Big|_{z_1}^{z_2} \tag{1.57}$$

式中，G 为万有引力常数；$r = \sqrt{(x-x_0)^2 + (y-y_0)^2 + (z-z_0)^2}$。

2. 波数域密度界面正演方法

Parker 于 1973 年提出波数域密度界面起伏的重力异常理论公式：

$$F(\delta g) = -2\pi G\rho \mathrm{e}^{\left(-|\vec{k}|z_0\right)} \sum_{n=1}^{\infty} \frac{|\vec{k}|^{n-1}}{n!} F(h^n) \tag{1.58}$$

式中，δg 为重力异常；$F(\delta g)$ 为重力异常的频谱；ρ 为界面上下物质的密度差；h 为界面起伏；$|\vec{k}| = 2\pi\sqrt{\left(\frac{m}{Ms}\right)^2 + \left(\frac{n}{Nt}\right)^2}$ 为角频率(波数)，m 和 n 分别为 X 和 Y 方向的格网点距数，M 和 N 分别为沿 X 和 Y 方向的总点数，s 和 t 分别为沿 X 和 Y 方向的格网点距。

3. 波数域三维密度正演方法

对于三维密度结构的重力异常波数域正演问题，可以采用三种方案。

(1) 首先采用规则形体在空间域进行逼近，然后在正演计算时采用规则形体的波数域正演公式。

(2) 首先将三维密度结构切割成多层水平密度层，层内密度具有横向变化，然后采用 Parker 正演公式进行计算。

(3) 直接采用三维傅里叶变化，在波数域正演计算三维密度结构在场源以外空间中的重力异常分布。

由于时间与精力有限，暂未应用三维密度重力异常正演的波数域快速算法，而仅采用空间域的直立棱柱体逼近方法。

(二) 基于大地坐标系的计算方法

由于地球在一级近似下为旋转椭球体，因此在大地坐标系中进行正演计算最为合理。类似于直角坐标系中的直立长方体单元，在大地坐标系中最直观、最简单的剖分单元即为椭球面棱柱体，其几何示意图见图 1.6。

1. 空间域正演方法

Roussel 等(2015)给出了椭球面棱柱体在其以外空间产生重力场的计算方法，但与球面棱柱体计算方法一样，当计算点距场源较近时的计算精度较低，若给定精度，所需计算量则非常大。因此，本书在考虑大尺度问题时，采用球冠体积分正演计算方法，对于剖分的每个椭球面棱柱体，采用地心距相等的球面棱柱体替代。

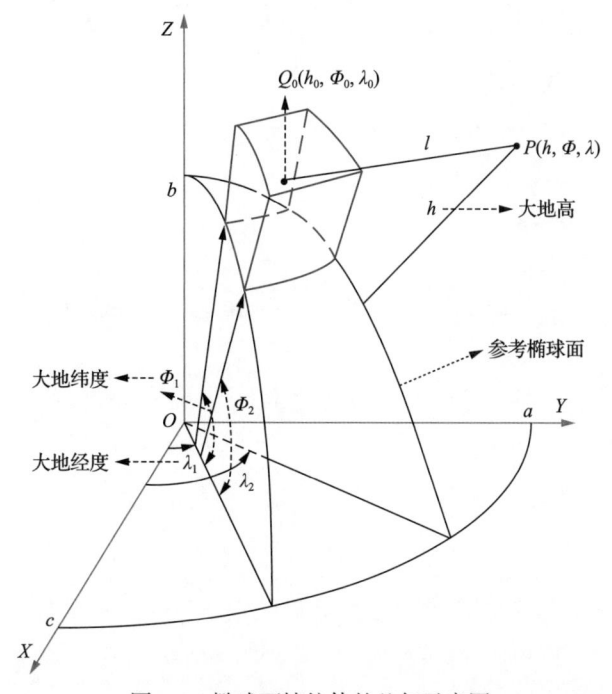

图 1.6　椭球面棱柱体的几何示意图

如图 1.7 所示为一个等厚且物质密度分布均匀的球冠层，根据牛顿万有引力定律有

$$u(r,r_1,r_2,\Psi_C) = G\rho \int_0^{2\pi}\int_0^{\Psi_C}\int_{r_1}^{r_2} \frac{r'^2 \sin\Psi' \mathrm{d}r' \mathrm{d}\Psi' \mathrm{d}\alpha'}{l} \tag{1.59}$$

式中，l 为计算点 $P(r,\Psi=0)$ 与积分单元 $P'(r',\Psi',\alpha')$ 之间的距离，即

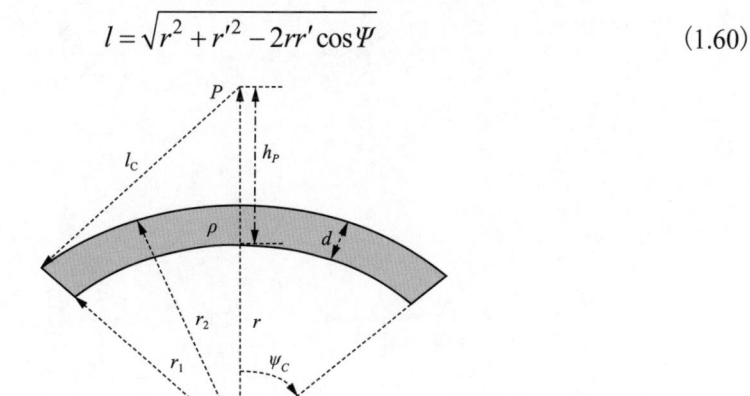

$$l = \sqrt{r^2 + r'^2 - 2rr'\cos\Psi} \tag{1.60}$$

图 1.7　球冠层的几何示意图

对式(1.59) α' 积分，有

$$u(r,r_1,r_2,\Psi_C)=2\pi G\rho\int_0^{\Psi_C}\int_{r_1}^{r_2}\frac{r'^2\sin\Psi'\mathrm{d}r'\mathrm{d}\Psi'}{\sqrt{r^2+r'^2-2rr'\cos\Psi'}} \quad (1.61)$$

再对球冠张角 Ψ' 积分，有

$$u(r,r_1,r_2,\Psi_C)=\frac{2\pi G\rho}{r}\int_{r_1}^{r_2}\left(\sqrt{r^2+r'^2-2rr'\cos\Psi_C}-|r-r'|\right)r'\mathrm{d}r' \quad (1.62)$$

最后对 r' 积分，有

$$\begin{aligned}u(r,r_1,r_2,\Psi_C)=2\pi G\rho\Bigg\{&\left[\frac{1}{3r}l_C'^3+\frac{1}{2}l_C'\cos\Psi_C(r'-r\cos\Psi_C)\right.\\&\left.+\frac{1}{2}r^2\cos\Psi_C\sin^2\Psi_C\ln(l_C'+r'-r\cos\Psi_C)\right]\Bigg|_{r'=r_1}^{r'=r_2}\\&+\left(\frac{1}{3r}r'^3-\frac{1}{2}r'^2\right)\Bigg|_{r'=r_1}^{r'=r_2}\begin{cases}+1,r\geqslant r_2\\-1,r\leqslant r_1\end{cases}\Bigg\}\end{aligned} \quad (1.63)$$

式中，

$$l_C'=\sqrt{r^2+r'^2-2rr'\cos\Psi_C}$$

式(1.63)的重力位对径向求导，可得球冠层物质对极轴上方某点的重力影响：

$$\begin{aligned}\delta g(r,r_1,r_2,\Psi_C)=2\pi G\rho\Bigg\{&\left[-\frac{1}{3r^2}l_C'^3+\frac{1}{r}l_C'(r-r'\cos\Psi_C)-\frac{1}{2}l_C'\cos^2\Psi_C\right.\\&+\frac{1}{2}\cos\Psi_C(r-r'\cos\Psi_C)\frac{r-r'\cos\Psi_C}{l_C'}\\&+r\cos\Psi_C\sin^2\Psi_C\ln(l_C'+r'-r\cos\Psi_C)\\&\left.+\frac{1}{2}r^2\cos\Psi_C\sin^2\Psi_C\frac{r-(l_C'+r')\cos\Psi_C}{l_C'(l_C'+r'-r\cos\Psi_C)}\right]\\&-\frac{r'^3}{3r^2}\Bigg\}\Bigg|_{r'=r_1}^{r'=r_2}\begin{cases}+1,\ r\geqslant r_2\\-1,\ r\leqslant r_1\end{cases}\end{aligned} \quad (1.64)$$

如果 $\Psi_C=\pi$，那么

$$\delta g(r,r_1,r_2)=-\frac{4\pi G\rho}{3r^2}\begin{cases}r_2^3-r_1^3,\ r\geqslant r_2\\0,\qquad r\leqslant r_1\end{cases} \quad (1.65)$$

令 $d=r_2-r_1$，若 $r_2\approx r$，$r_1\approx r$，则有

$$\delta g(r,r_1,r_2)=-4\pi G\rho d\frac{r_2^2+r_1r_2+r_1^2}{3r^2}\approx-4\pi G\rho d \quad (1.66)$$

若将球面按经纬度进行剖分，则由北极点至南极点各纬圈的余纬分别为 Ψ_{C_1}，

$\Psi_{C_2}, \cdots, \Psi_{C_N}$；$N = \pi / \Delta\Psi_C$；$M = 2\pi / \Delta\lambda$；其中，$N$ 与 M 分别为纬度与经度方向的网格剖分个数，$\Delta\Psi_C$ 与 $\Delta\lambda$ 分别为纬度与经度方向的网格剖分大小。

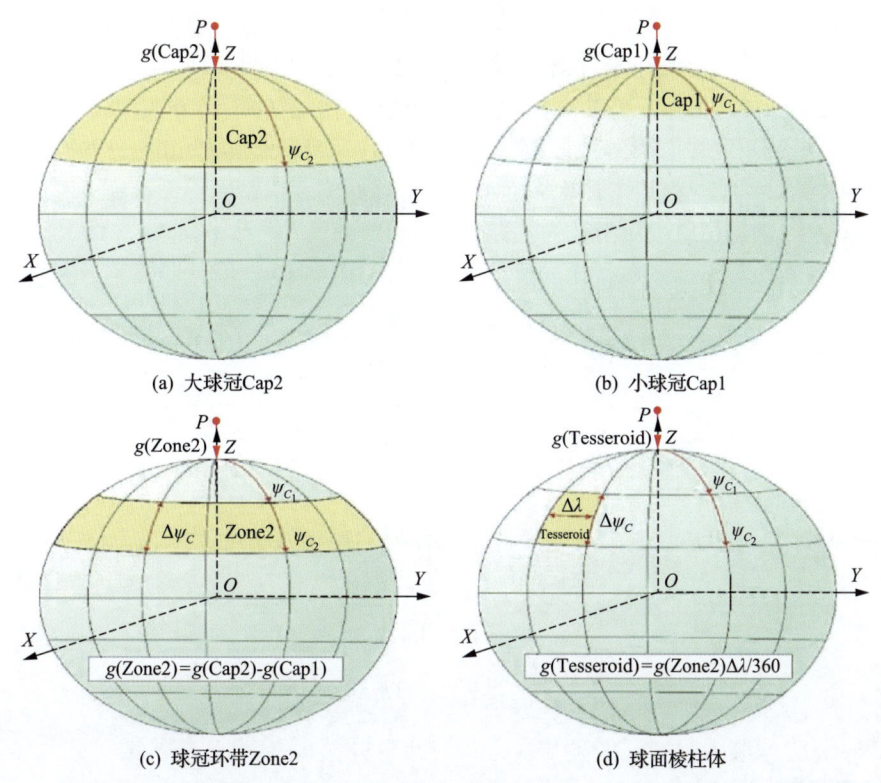

(a) 大球冠Cap2

(b) 小球冠Cap1

(c) 球冠环带Zone2

(d) 球面棱柱体

图 1.8 按经纬度剖分的单元物质对极轴上方某点引力效应的计算示意图

若要计算图 1.8(d) 中按经纬度剖分的单元物质（黄色，即 Tesseroid 单元体）对极轴上方某点的引力效应，则应按该单元体的密度与层厚计算图 1.8(a) 中与图 1.8(b) 中的球冠域对极轴上方某点的引力效应，两者相减即可得到如图 1.8(c) 中所示黄色区域对极轴上方某点的引力效应，然后将该引力效应除以经度方向的网格剖分个数，即可得到图 1.8(d) 中按经纬度剖分的单元物质对极轴上方某点的引力效应：

$$\Delta g\left(r, r_{1_{i,j}}, r_{2_{i,j}}, \rho_{i,j}, \psi_{C_i}\right) = \frac{\delta g\left(r, r_{1_{i,j}}, r_{2_{i,j}}, \rho_{i,j}, \Psi_{C_i}\right) - \delta g\left(r, r_{1_{i,j}}, r_{2_{i,j}}, \rho_{i,j}, \Psi_{C_{i-1}}\right)}{M} \quad (1.67)$$

式中，$i = 1, 2, \cdots, N$；$\psi_{C_0} = 0$。则全球物质对极轴上方某点的引力效应为

$$\Delta g(r) = \sum_{i=1}^{N}\sum_{j=1}^{M} \frac{\delta g\left(r, r_{1_{i,j}}, r_{2_{i,j}}, \rho_{i,j}, \Psi_{C_i}\right) - \delta g\left(r, r_{1_{i,j}}, r_{2_{i,j}}, \rho_{i,j}, \Psi_{C_{i-1}}\right)}{M} \quad (1.68)$$

若待计算点 P 不位于极轴，则需要对密度分布或界面起伏模型进行模型重构，如图 1.9 所示，具体坐标变换与模型重构参见杜劲松等(2012)、周聪等(2010)及安玉林等(2015)的相关工作。

值得说明的是，采用式(1.67)计算的万有引力方向是地心方向，而实际重力方向应该是大地水准面内法线方向或近似为参考椭球面内法线方向。因此，对于计算值还需要进行投影。

2. 球谐域正演方法

基于大地坐标系的正演计算也可以在波数域进行，即采用椭球谐分析理论(Petrovskaya and Vershkov, 2013)。但是，基于椭球谐分析的正演方法比较复杂，因此本书采用基于球谐分析的重力效应正演计算方法[如 Wieczorek 和 Phillips(1998)]。

如图 1.10 所示，一个相对于半径为 R 的参考球面的起伏密度界面 $h(\theta',\phi')$，其异常密度为 $\Delta\rho(\theta',\phi')$，则该物质层对半径为 r 的球面上的任一点 $P(r,\theta,\phi)\{r \geqslant R + \max[h(\theta',\phi')]\}$ 产生的重力异常为

$$\delta g_{\text{ext}}(r,\theta,\phi) = \frac{G}{R^2} \sum_{ilm} (l+1) \left(\frac{R}{r}\right)^{l+2} C_{ilm}^{+} Y_{ilm}(\theta,\phi) \tag{1.69}$$

$$C_{ilm}^{+} = \frac{4\pi R^3}{(2l+1)} \sum_{n=1}^{l+3} \frac{(\Delta\rho \cdot h^n)_{ilm}}{R^n n!} \frac{\prod_{j=1}^{n}(l+4-j)}{l+3} \tag{1.70}$$

式中，G 为万有引力常数；$(\Delta\rho \cdot h^n)_{ilm}$ 为 $\Delta\rho \cdot h^n$ 的球谐展开系数；$Y_{ilm}(\theta,\phi)$ 为球谐函数，即

$$Y_{ilm}(\theta,\phi) = \begin{cases} \overline{P}_l^m \cdot \cos(m\lambda), & i = 0 \\ \overline{P}_l^m \cdot \sin(m\lambda), & i = 1 \end{cases}$$

其中，l 与 m 为球谐函数展开的阶与次；$\overline{P}_l^m$ 为归一化的缔合勒让德函数。重力异常的球谐展开系数为

$$C_{ilm}^{+} = \begin{cases} \overline{C}_l^m, & i = 0 \\ \overline{S}_l^m, & i = 1 \end{cases}$$

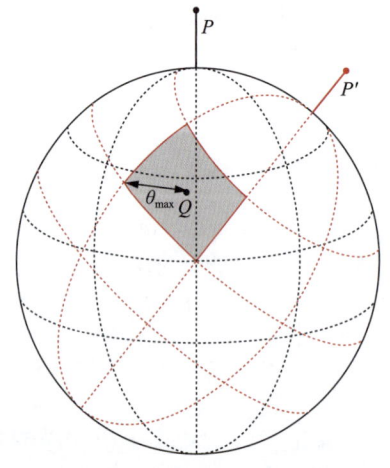

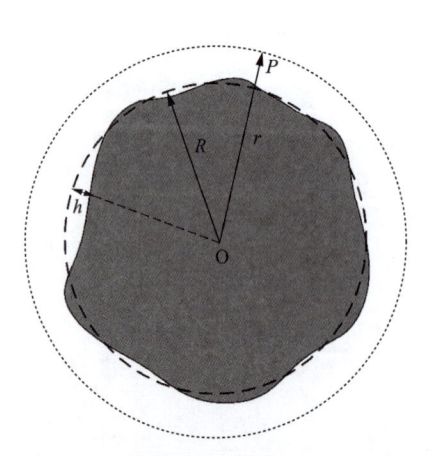

图 1.9　模型重构示意图　　图 1.10　单层起伏界面的几何示意图

通常为了便于与星体重力场模型进行对比，将式(1.69)与式(1.70)改写成：

$$\delta g_{\text{ext}}(r,\theta,\phi) = \frac{GM}{R^2}\sum_{ilm}(l+1)\left(\frac{R}{r}\right)^{l+2} C_{ilm}^+ Y_{ilm}(\theta,\phi) \tag{1.71}$$

$$C_{ilm}^+ = \frac{4\pi R^3}{M(2l+1)}\sum_{n=1}^{l+3}\frac{(\Delta\rho \cdot h^n)_{ilm}}{R^n n!}\frac{\prod_{j=1}^{n}(l+4-j)}{l+3} \tag{1.72}$$

式中，M 为星体的总质量。

同理，可以得到该起伏物质层对半径为 r 的球面上的任一点 $Q(r,\theta,\phi)\{r \leqslant R + \min[h(\theta',\phi')]\}$ 产生的重力异常为

$$\delta g_{\text{in}}(r,\theta,\phi) = -\frac{GM}{r^2}\sum_{ilm}l\left(\frac{r}{R}\right)^{l+1} C_{ilm}^- Y_{ilm}(\theta,\phi) \tag{1.73}$$

$$C_{ilm}^- = \frac{4\pi R^3}{M(2l+1)}\sum_{n=1}^{\infty}\frac{(\Delta\rho \cdot h^n)_{ilm}}{R^n n!}\frac{\prod_{j=1}^{n}(l+j-3)}{l-2} \tag{1.74}$$

若异常密度 $\Delta\rho(\theta',\phi') = \Delta\rho$ 为常数，则式（1.72）与式（1.74）为

$$C_{ilm}^+ = \frac{4\pi \cdot \Delta\rho \cdot R^3}{M(2l+1)}\sum_{n=1}^{l+3}\frac{(h^n)_{ilm}}{R^n n!}\frac{\prod_{j=1}^{n}(l+4-j)}{l+3} \tag{1.75}$$

$$C_{ilm}^- = \frac{4\pi \cdot \Delta\rho \cdot R^3}{M(2l+1)}\sum_{n=1}^{\infty}\frac{(h^n)_{ilm}}{R^n n!}\frac{\prod_{j=1}^{n}(l+j-3)}{l-2} \tag{1.76}$$

当计算外部重力异常时，要求计算点高于起伏的最高点，即 $r \geqslant R + \max[h(\theta',\phi')]$；同理当计算内部重力异常时，要求计算点低于起伏的最低点，即 $r \leqslant R + \min[h(\theta',\phi')]$。对于正演重力场的 0 阶分量，$\Delta\rho \cdot h^n$ 需展开到 3 次，对于 1 阶分量需展开到 4 次，由此类推对于 l 阶分量，则需要展开至 $l+3$ 次。该算法的计算收敛性取决于

$$\eta = \frac{\max[h(\theta',\phi')]}{R} \tag{1.77}$$

若 $\eta \to 0$，则 $\eta^n \to 0$ 更快，那么计算的收敛性加速，此时对起伏界面采用低次展开（如压缩质面法）即可获得较高的精度。

四、磁场响应计算方法

海洋介质多尺度时空运动的磁（电）场响应主要结合电磁场边界条件［式（1.46）～式（1.49）］通过求解式（1.54）～式（1.56）所得。闫晓伟等（2011）、高胜峰等（2015）则假设地磁场及海浪的感应磁场随时间不发生变化，并且忽略位移电流，因而将方程式（1.45）简化为 $\nabla \times \vec{B} = \mu\sigma\vec{V} \times \vec{F}$，进而采用毕奥-萨伐尔定律，运用积分法计算海浪的感应磁场。

但是，此过程忽略了感生电压，而实际感应磁场随时间是变化的。因此，本书主要采用时域有限差分方法(董浩, 2013)和积分法(Kuvshinov, 2008)计算式(1.54)~式(1.56)。

在频率域求解方程式(1.56)，对其做如下傅里叶变换，即

$$F(\omega) = \int_{-\infty}^{\infty} f(t) \mathrm{e}^{-\mathrm{i}\omega t} \mathrm{d}t \tag{1.78}$$

得到频率域方程：

$$\nabla^2 \vec{B} - \mathrm{i}\omega\mu\sigma\vec{B} = -\sigma\mu(\vec{F}\cdot\nabla)\vec{V} \tag{1.79}$$

使用有限差分法求解方程(1.79)，首先使用经典的交错网格采样对电磁场进行空间离散。使用规则的六面体单元将研究区域离散化，将电场 $\vec{E}$ 定义在六面体单元的面中心，磁场 $\vec{B}$ 定义在单元棱边的中点，如图1.11所示。

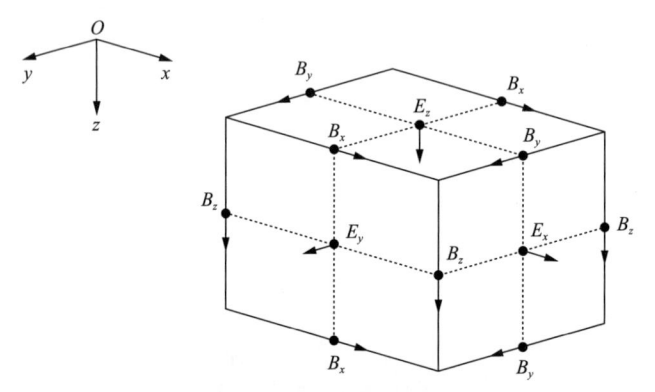

图1.11 电磁场的交错采样

为了导出有限差分离散方程，首先将式(1.79)左端的拉普拉斯算子展开，写成分量形式：

$$\begin{aligned}\nabla^2 \vec{B} &= \nabla^2 B_x \vec{i} + \nabla^2 B_y \vec{j} + \nabla^2 B_z \vec{k} \\ &= \left(\frac{\partial^2 B_x}{\partial x^2} + \frac{\partial^2 B_x}{\partial y^2} + \frac{\partial^2 B_x}{\partial z^2}\right)\vec{i} + \left(\frac{\partial^2 B_y}{\partial x^2} + \frac{\partial^2 B_y}{\partial y^2} + \frac{\partial^2 B_y}{\partial z^2}\right)\vec{j} + \left(\frac{\partial^2 B_z}{\partial x^2} + \frac{\partial^2 B_z}{\partial y^2} + \frac{\partial^2 B_z}{\partial z^2}\right)\vec{k}\end{aligned} \tag{1.80}$$

再将式(1.79)右端展开：

$$\begin{aligned}(\vec{F}\cdot\nabla)\vec{V} &= \left(F_x\frac{\partial}{\partial x} + F_y\frac{\partial}{\partial y} + F_z\frac{\partial}{\partial z}\right)(\vec{i}V_x + \vec{j}V_y + \vec{k}V_z) \\ &= \vec{i}\left(F_x\frac{\partial V_x}{\partial x} + F_y\frac{\partial V_x}{\partial y} + F_z\frac{\partial V_x}{\partial z}\right) + \vec{j}\left(F_x\frac{\partial V_y}{\partial x} + F_y\frac{\partial V_y}{\partial y} + F_z\frac{\partial V_y}{\partial z}\right) \\ &\quad + \vec{k}\left(F_x\frac{\partial V_z}{\partial x} + F_y\frac{\partial V_z}{\partial y} + F_z\frac{\partial V_z}{\partial z}\right)\end{aligned} \tag{1.81}$$

因此，式(1.79)整体可写成如下分量形式：

$$\frac{\partial^2 B_x}{\partial x^2}+\frac{\partial^2 B_x}{\partial y^2}+\frac{\partial^2 B_x}{\partial z^2}-\mathrm{i}\omega\mu\sigma B_x=-\mu\sigma\left(F_x\frac{\partial V_x}{\partial x}+F_y\frac{\partial V_x}{\partial y}+F_z\frac{\partial V_x}{\partial z}\right) \quad (1.82)$$

$$\frac{\partial^2 B_y}{\partial x^2}+\frac{\partial^2 B_y}{\partial y^2}+\frac{\partial^2 B_y}{\partial z^2}-\mathrm{i}\omega\mu\sigma B_y=-\mu\sigma\left(F_x\frac{\partial V_y}{\partial x}+F_y\frac{\partial V_y}{\partial y}+F_z\frac{\partial V_y}{\partial z}\right) \quad (1.83)$$

$$\frac{\partial^2 B_z}{\partial x^2}+\frac{\partial^2 B_z}{\partial y^2}+\frac{\partial^2 B_z}{\partial z^2}-\mathrm{i}\omega\mu\sigma B_z=-\mu\sigma\left(F_x\frac{\partial V_z}{\partial x}+F_y\frac{\partial V_z}{\partial y}+F_z\frac{\partial V_z}{\partial z}\right) \quad (1.84)$$

由以上方程可以看出，在 $\vec{B}$ 每个分量的采样点，需要 $\vec{F}$ 的三个分量均有定义，需要 $\vec{V}$ 对应分量沿三个方向的一阶导数均有定义，因此 $\vec{F}$ 和 $\vec{V}$ 在图 1.12 单元中的采样可以分别按照图 1.12(a) 和图 1.12(b) 的方式进行定义（$\vec{V}$ 与 $\vec{B}$ 的采样方式相同）。

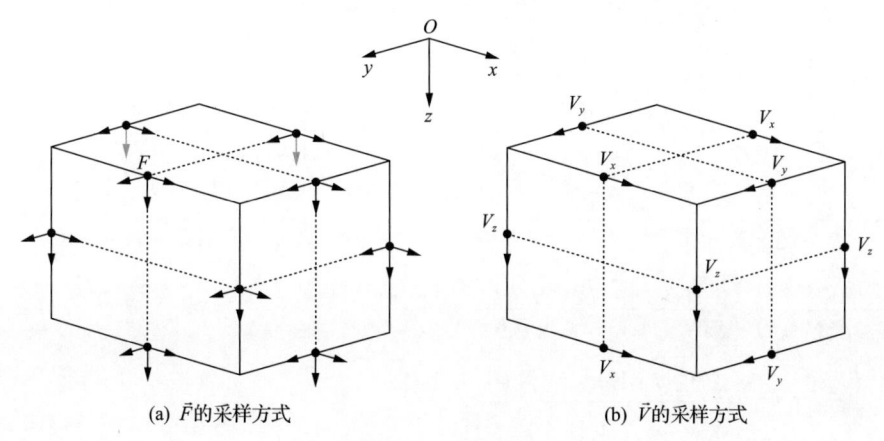

(a) $\vec{F}$ 的采样方式 (b) $\vec{V}$ 的采样方式

图 1.12 采样方式

基于中心差分公式，使用差分来代替式(1.82)~式(1.84)中的微分，可直接写出对应的有限差分离散形式：

$$\left[\frac{B_x(i+1,j,k)-B_x(i,j,k)}{\Delta x(i+1)+\Delta x(i)}-\frac{B_x(i,j,k)-B_x(i-1,j,k)}{\Delta x(i)+\Delta x(i-1)}\right]\frac{2}{\Delta x(i)}$$

$$+\left[\frac{B_x(i,j+1,k)-B_x(i,j,k)}{\Delta y(j)}-\frac{B_x(i,j,k)-B_x(i,j-1,k)}{\Delta y(j-1)}\right]\frac{2}{\Delta y(j)+\Delta y(j-1)}$$

$$+\left[\frac{B_x(i,j,k+1)-B_x(i,j,k)}{\Delta z(k)}-\frac{B_x(i,j,k)-B_x(i,j,k-1)}{\Delta z(k-1)}\right]\frac{2}{\Delta z(k)+\Delta z(k-1)}-\mathrm{i}\omega\bar{\mu}_x\bar{\sigma}_x B_x(i,j,k)$$

$$=-\bar{\mu}_x\bar{\sigma}_x\left[\begin{array}{l}F_x(i,j,k)\dfrac{V_x(i+1,j,k)-V_x(i-1,j,k)}{\Delta x(i)+0.5\left(\Delta x(i+1)+\Delta x(i-1)\right)}\\+F_y(i,j,k)\dfrac{V_x(i,j+1,k)-V_x(i,j-1,k)}{\Delta y(j)+\Delta y(j-1)}\\+F_z(i,j,k)\dfrac{V_x(i,j,k+1)-V_x(i,j,k-1)}{\Delta z(k)+\Delta z(k-1)}\end{array}\right] \quad (1.85)$$

$$\left[\frac{B_y(i+1,j,k)-B_y(i,j,k)}{\Delta x(i)}-\frac{B_y(i,j,k)-B_y(i-1,j,k)}{\Delta x(i-1)}\right]\frac{2}{\Delta x(i)+\Delta x(i-1)}$$

$$+\left[\frac{B_y(i,j+1,k)-B_y(i,j,k)}{\Delta y(j+1)+\Delta y(j)}-\frac{B_y(i,j,k)-B_y(i,j-1,k)}{\Delta y(j)+\Delta y(j-1)}\right]\frac{2}{\Delta y(j)}$$

$$+\left[\frac{B_y(i,j,k+1)-B_y(i,j,k)}{\Delta z(k)}-\frac{B_y(i,j,k)-B_y(i,j,k-1)}{\Delta z(k-1)}\right]\frac{2}{\Delta z(k)+\Delta z(k-1)}-\mathrm{i}\omega\bar{\mu}_y\bar{\sigma}_y B_y(i,j,k)$$

$$=-\bar{\mu}_y\bar{\sigma}_y\left[\begin{array}{l}F_x(i,j,k)\dfrac{V_y(i+1,j,k)-V_y(i-1,j,k)}{\Delta x(i)+\Delta x(i-1)}\\ +F_y(i,j,k)\dfrac{V_y(i,j+1,k)-V_y(i,j-1,k)}{\Delta y(j)+0.5\bigl(\Delta y(j+1)+\Delta y(j-1)\bigr)}\\ +F_z(i,j,k)\dfrac{V_y(i,j,k+1)-V_y(i,j,k-1)}{\Delta z(k)+\Delta z(k-1)}\end{array}\right] \tag{1.86}$$

$$\left[\frac{B_z(i+1,j,k)-B_z(i,j,k)}{\Delta x(i)}-\frac{B_z(i,j,k)-B_z(i-1,j,k)}{\Delta x(i-1)}\right]\frac{2}{\Delta x(i)+\Delta x(i-1)}$$

$$+\left[\frac{B_z(i,j+1,k)-B_z(i,j,k)}{\Delta y(j)}-\frac{B_z(i,j,k)-B_z(i,j-1,k)}{\Delta y(j-1)}\right]\frac{2}{\Delta y(j)+\Delta y(j-1)}$$

$$+\left[\frac{B_z(i,j,k+1)-B_z(i,j,k)}{\Delta z(k+1)+\Delta z(k)}-\frac{B_z(i,j,k)-B_z(i,j,k-1)}{\Delta z(k)+\Delta z(k-1)}\right]\frac{2}{\Delta z(k)}-\mathrm{i}\omega\bar{\mu}_z\bar{\sigma}_z B_z(i,j,k)$$

$$=-\bar{\mu}_z\bar{\sigma}_z\left[\begin{array}{l}F_x(i,j,k)\dfrac{V_z(i+1,j,k)-V_z(i-1,j,k)}{\Delta x(i)+\Delta x(i-1)}\\ +F_y(i,j,k)\dfrac{V_z(i,j+1,k)-V_z(i,j-1,k)}{\Delta y(j)+\Delta y(j-1)}\\ +F_z(i,j,k)\dfrac{V_z(i,j,k+1)-V_z(i,j,k-1)}{\Delta z(k)+0.5\bigl(\Delta z(k+1)+\Delta z(k-1)\bigr)}\end{array}\right] \tag{1.87}$$

式中，(i,j,k) 为采样点编号（注意与公式中的虚数单位、3个方向的单位向量加以区分）。对模型的离散化一般是对每个六面体单元给定电性参数值（σ 和 μ），而以上离散式需要单元棱边中点处的电性参数值，因此需要定义平均值。最直观的方式是取共享该棱边相邻 4 个单元电性参数的体积加权平均值，以电导率 σ 为例，式(1.82)~式(1.84)中三个方向的平均电导率定义为

$$\bar{\sigma}_x=\frac{\sigma_{i,j,k}\cdot V_{i,j,k}+\sigma_{i,j-1,k}\cdot V_{i,j-1,k}+\sigma_{i,j,k-1}\cdot V_{i,j,k-1}+\sigma_{i,j-1,k-1}\cdot V_{i,j-1,k-1}}{V_{i,j,k}+V_{i,j-1,k}+V_{i,j,k-1}+V_{i,j-1,k-1}} \tag{1.88}$$

$$\bar{\sigma}_y=\frac{\sigma_{i,j,k}\cdot V_{i,j,k}+\sigma_{i-1,j,k}\cdot V_{i-1,j,k}+\sigma_{i,j,k-1}\cdot V_{i,j,k-1}+\sigma_{i-1,j,k-1}\cdot V_{i-1,j,k-1}}{V_{i,j,k}+V_{i-1,j,k}+V_{i,j,k-1}+V_{i-1,j,k-1}} \tag{1.89}$$

$$\bar{\sigma}_z = \frac{\sigma_{i,j,k} \cdot V_{i,j,k} + \sigma_{i-1,j,k} \cdot V_{i-1,j,k} + \sigma_{i,j-1,k} \cdot V_{i,j-1,k} + \sigma_{i-1,j-1,k} \cdot V_{i-1,j-1,k}}{V_{i,j,k} + V_{i-1,j,k} + V_{i,j-1,k} + V_{i-1,j-1,k}} \quad (1.90)$$

式中，$V_{i,j,k} = \Delta x(i) \cdot \Delta y(j) \cdot \Delta z(k)$ 为单元体积。磁导率 μ 的平均定义方式类似。

如果直接使用式(1.85)～式(1.87)的形式来获得最终的整体线性系统方程，那么其系数矩阵的非零元分布关于对角线对称，但不能确保位置对称的元素数值也相等，即不能保证系数矩阵是对称阵。为了使其对称以便于求解，需将方程式(1.85)～式(1.87)左右两端同时乘以尺度因子，以式(1.85)为例，两端同乘以 $V_{xx} = \Delta x(i) \cdot [\Delta y(j) + \Delta y(j-1)] \cdot [\Delta z(k) + \Delta z(k-1)]/4$ 后，其左端可写成：

$$\begin{aligned} & C_0 B_x(i,j,k) + C_1 B_x(i+1,j,k) + C_2 B_x(i-1,j,k) + C_3 B_x(i,j+1,k) \\ & + C_4 B_x(i,j-1,k) + C_5 B_x(i,j,k+1) + C_6 B_x(i,j,k-1) \end{aligned} \quad (1.91)$$

式中，

$$\begin{aligned} C_0 = & -\mathrm{i}\omega\bar{\mu}_x\bar{\sigma}_x\Delta x(i) \cdot [\Delta y(j) + \Delta y(j-1)] \cdot [\Delta z(k) + \Delta z(k-1)]/4 \\ & - (C_1 + C_2 + C_3 + C_4 + C_5 + C_6) \end{aligned} \quad (1.92)$$

$$C_1 = \frac{[\Delta y(j) + \Delta y(j-1)] \cdot [\Delta z(k) + \Delta z(k-1)]}{2[\Delta x(i+1) + \Delta x(i)]} \quad (1.93)$$

$$C_2 = \frac{[\Delta y(j) + \Delta y(j-1)] \cdot [\Delta z(k) + \Delta z(k-1)]}{2[\Delta x(i) + \Delta x(i-1)]} \quad (1.94)$$

$$C_3 = \frac{\Delta x(i) \cdot [\Delta z(k) + \Delta z(k-1)]}{2\Delta y(j)} \quad (1.95)$$

$$C_4 = \frac{\Delta x(i) \cdot [\Delta z(k) + \Delta z(k-1)]}{2\Delta y(j-1)} \quad (1.96)$$

$$C_5 = \frac{\Delta x(i) \cdot [\Delta y(j) + \Delta y(j-1)]}{2\Delta z(k)} \quad (1.97)$$

$$C_6 = \frac{\Delta x(i) \cdot [\Delta y(j) + \Delta y(j-1)]}{2\Delta z(k-1)} \quad (1.98)$$

类似地，可以将式(1.86)和式(1.87)的各个系数也表示出来。这样可将区域内所有磁场 B 分量的方程都写出来，并合并为一个整体，以矩阵形式表示如下：

$$\mathbf{Ab} = \begin{bmatrix} A_{xx} & A_{xy} & A_{xz} \\ A_{yx} & A_{yy} & A_{yz} \\ A_{zx} & A_{zy} & A_{zz} \end{bmatrix} \begin{bmatrix} B_x \\ B_y \\ B_z \end{bmatrix} = \mathbf{rhs} \quad (1.99)$$

式中，$A_{ij}(i,j=x,y,z)$ 表示 i 分量与 j 分量的耦合系数；$\bar{F}$ 和 $\bar{V}$ 场包含在右端项 **rhs** 中。由于离散的是拉普拉斯算子，所以其中并没有混合偏导项；从分量方程式(1.82)~式(1.84)中也可以看出，磁场 B 的不同分量之间相互独立，因此方程式(1.99)可进一步简写为

$$A\mathbf{b} = \begin{bmatrix} A_{xx} & & \\ & A_{yy} & \\ & & A_{zz} \end{bmatrix} \begin{bmatrix} B_x \\ B_y \\ B_z \end{bmatrix} = \mathbf{rhs} \tag{1.100}$$

系数矩阵 A 是一个大型、稀疏、对称的复矩阵。每行最多只有 7 个非零元，只有对角元是复数，因此不是厄米特(Hermitian)矩阵。图 1.13 展示了一个 4×4×4 网格的系数矩阵的稀疏结构(即非零元位置)。

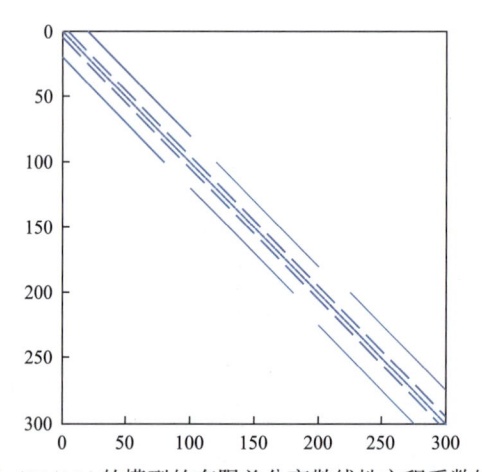

图 1.13　网格数为 4×4×4 的模型的有限差分离散线性方程系数矩阵 A 的稀疏结构

要求解大型线性方程式(1.100)，可使用 Krylov 迭代解法，如拟最小残差法(QMR)和稳定的双共轭梯度法(BiCGStab)，以最大限度地节约内存消耗；也可使用基于矩阵分解的直接解法。目前科学计算领域有许多性能优良且免费的矩阵直接求解器软件包，如 MUMPS 和 PARDISO，它们都针对大规模稀疏矩阵做了高度优化。

综上所述，只要频率域的 F 场和 V 场的空间分布已知，便可以通过有限差分法数值求解方程式(1.85)~式(1.87)，以获取频率域磁场 B 的空间分布，再通过反傅里叶变换可以进一步获得时间域的磁场。

第三节　海浪的仿真模拟

本节首先介绍海浪模型(包括海浪谱与建模方法)，然后结合海水运动方程与海浪谱，构建海浪波高与海水流速场。

一、海浪描述的基本参数

在数学中，二维波动的一般表达式为 $y=f(x-ct)$，式中，c 为波速。若 $y=f(x)$ 为正弦

曲线，则称为简谐前进波，其方程一般写为 $y=a\sin(kx-\omega t+\varepsilon)$，其中 a 为波幅或浪高，k 为角波数，ω 为角频率，ε 为初始相位。

图 1.14 中海浪波动的相关参数含义分别为：波高 h，波峰到波谷的垂直距离；波幅或浪高 $a=h/2$；波长 λ 为相邻两个波峰（或波谷）之间的水平距离；角波数 $k=2\pi/\lambda$ 为 2π 长度内所含波的个数；周期 T 为波传播一个波长所需要的时间；频率 $f=1/T$；角频率 $\omega=2\pi/T=2\pi f$ 为 $2\pi s$ 内振动的次数；波速 $c=\omega/k=\lambda/T$，又称为相速度；波浪陡度 $\eta=h/\lambda$；初始相位为 ε；波倾角 $i=\mathrm{d}y/\mathrm{d}x=ak\cos(kx-\omega t+\varepsilon)$。

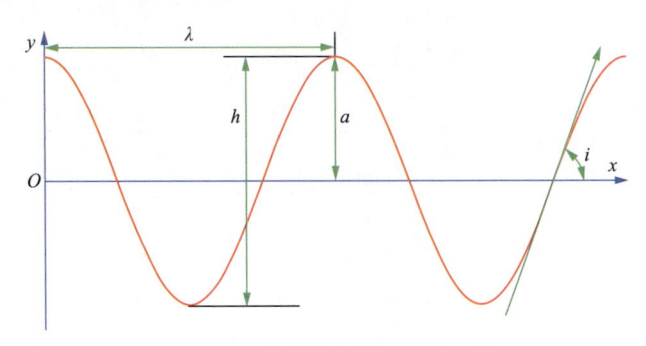

图 1.14 简谐前进波几何示意图

二、海浪频谱

海浪模型的建立是海浪模拟的基础，目前常用的建模方法分为基于流体力学、基于海浪谱、基于动力模型和基于几何造型共四种。由于海浪的复杂性和随机性，可将流体波动理论和实验观测资料结合起来，利用随机过程和统计学来研究海浪越来越显得具有其必要性。20 世纪 50 年代初，Pierson 最先运用 Rice 关于无线电噪声相关理论中的谱方法来研究海浪，从那以后利用从随机过程统计得到的海浪谱描述海浪成为主要的研究途径之一。其主要原理是实际的海浪模型可以将海浪波高抽象为各种随机成分之和，如果各成分之间是相互独立的，那么得到的是线性模型；而如果各种随机成分之间具有互相作用的高阶分量，那么得到的是非线性模型。通过这种方法得到的波高能量是关于频率的函数，称为能量谱，即为海谱。海谱有许多分类标准，可以根据海浪的成长状态分为稳态和非稳态海谱，也可以根据海浪内部受力的差异分为重力和张力海谱。

（一）海浪频谱简介

利用谱以随机过程描述海浪成为主要的研究途径（丁绍洁，2008）。至今已经提出多种描述海浪的方式（海浪模型），如朗盖脱-赫金斯模型和广义傅里叶变换模型等。这些模型都把海浪看作平稳的正态过程，而且具有各态历经性（李苏军等，2008）。把无限个随机的余弦波叠加起来以描述一个定点的波面，于固定点观测到的实际海浪的波剖面可以表示为

$$\varsigma(t)=\sum_{n=1}^{\infty}a_n\cos(\omega_n t+\varepsilon_n) \tag{1.101}$$

式中，a_n 与 ω_n 分别为组成波的振幅和角频率；ε_n 为在 $0\sim 2\pi$ 均匀分布的随机相位。其数

学期望(E)和方差(D)为每个组成波的期望和方差值的总和，所以有

$$E\{\varsigma(t)\} = 0 \tag{1.102}$$

$$D\{\varsigma(T)\} = E\{\varsigma^2(t)\} = \frac{1}{2}\sum_{n=1}^{\infty}a_n^2 \tag{1.103}$$

式(1.102)和式(1.103)描述了每个正弦波的方差比例与波动的平均能量，以及总的方差比例与所有正弦波的总能量。合成波动的组成方差以不同的角频率 ω 按一定的方式分布着，有的频率对应的方差大，有的频率对应的方差小，对应方差的大小取决于频率所对应的波动振幅的大小。

如果角频率 ω 是按近似连续分布的，那么无论角频率区间 $\Delta\omega$ 是如何得小，总对应一个组成方差的部分和，当 n 很大时，便可得合成波方差与能谱的关系。设波面的方差谱为 $S(\omega)$，则方差为

$$D[\varsigma(T)] = \int_0^{\infty} S(\omega)\mathrm{d}\omega \tag{1.104}$$

这表明总方差等于海浪能谱的积分。

波剖面的协方差为

$$R(\tau) = E\{\varsigma(t)\varsigma(t+\tau)\} \tag{1.105}$$

经过计算可得

$$R(\tau) = \frac{1}{2}\sum_{n=1}^{\infty}a_n^2\cos(\omega_n\tau) \tag{1.106}$$

进而可以导出，即

$$R(\tau) = \int_0^{\infty} S(\omega)\cos(\omega\tau)\mathrm{d}\tau \tag{1.107}$$

经过傅里叶变换，可得由协方差确定的能谱表达式：

$$S(\omega) = \frac{4}{\pi}\int_0^{\infty} R(\tau)\cos(\omega\tau)\mathrm{d}\tau \tag{1.108}$$

式(1.108)为研究海浪能谱的基本表达式，能谱描述了不同频率波动所对应的能量分布情形，描述了海浪的内部结构(蔡烽等，2008)。

由海浪理论可知，S 为频率间隔为 $\Delta(\omega)$ 内的平均能量。海浪的总能量由各组成波提供，函数 $S(\omega)$ 则给出不同频率间隔内的组成波所提供的能量，所以 $S(\omega)$ 为海浪能量相对于组成波频率的分布(皮学贤等，2007)。如果取 $\Delta(\omega)=1$，式(1.108)便代表单位频率间隔内的能量，即能量密度，故 $S(\omega)$ 称为能量谱。因它给出了能量相对于频率的分布，所以又称频谱。从理论上讲，海浪谱的频率分布在 0~∞范围内，而实际上海浪频率的显

著部分仅集中在一定的频带内(罗玉，2008)。

能量谱可以通过角频率 ω 表示，也可以通过频率 f 表示为 $S(f)$，也可采用角波数 k 表示为 $S(k)$。设角频率间隔 $d\omega$ 对应的频率 f 间隔为 df，对应的波数 k 间隔为 dk，这些间隔内的能量是相同的，故满足：

$$S(\omega)d\omega = S(f)df = S(k)dk \tag{1.109}$$

注意，式(1.101)仅能表示某一固定点的波高，但不能反映海浪内部相对于波传播方向的结构，也不足以描述大面积内的波高。为此，可以将式(1.101)扩展为一维沿 X 轴方向传播的波高和二维沿 X 轴夹角为 θ 方向传播的波高，并且将它们表示成指数的形式如下。

一维波高：

$$z(x,t) = \mathrm{Re}\left[\sum_{m=1}^{\infty} a_m e^{j(\omega_m t - k_m x + \varepsilon_m)}\right] \tag{1.110}$$

二维波高：

$$z(x,y,t) = \mathrm{Re}\left\{\sum_{m=1}^{\infty}\sum_{n=1}^{\infty} a_{m,n} e^{j(\omega_m t - k_m \cos\theta_n x - k_m \sin\theta_n y + \varepsilon_{m,n})}\right\} \tag{1.111}$$

通常每个波的相位速度与该波的波数具有函数关系，而不是一个常数，所以当波浪传播时，频率不同的波将以不同的速度行进，这种整个波浪的形态将随时间的推移而不断变化的现象，称为弥散或色散现象，由此得到的角频率和角波数的函数关系称为弥散或色散关系，即 $\omega = f(k)$。

对于浅海深度为 h 的海洋，如果不考虑海浪之间的非线性作用，角频率 ω 和角波数 k 满足色散关系：

$$\omega^2 = kg\left(1 + \frac{k^2}{k_*^2}\right)\tanh(kh) \tag{1.112}$$

当深度 $h \to \infty$ 时：

$$\omega^2 = kg\left(1 + k^2/k_*^2\right) \tag{1.113}$$

式中，$k_*^2 = g\rho/\tau$，其中 g 为重力加速度，ρ 为海水密度，τ 为海面张力。k_* 的计算值约为 3.63rad/cm。

由式(1.106)与式(1.107)可知，式(1.111)的振幅满足

$$\sum_{\omega}^{\omega+\Delta\omega}\sum_{\theta}^{\theta+\Delta\theta} \frac{1}{2} a_{m,n}^2 = S(\omega,\theta)\Delta\omega\Delta\theta \tag{1.114}$$

式中，$S(\omega,\theta)$ 为能量密度；$S(\omega,\theta)\Delta\omega\Delta\theta$ 为频率间隔 $\omega \sim \omega + \Delta\omega$ 与方向间隔 $\theta \sim \theta + \Delta\theta$ 内

各组成波提供的能量。$S(\omega,\theta)$ 是一个能够反映海洋内部方向结构的能谱，所以通常称为方向谱，也称为二维海谱。风浪由风产生，故沿与风向相反方向组成的波能量是很小的，绝大部分能量分布在方向为 0°～±90°的组成波。而如果考虑的是涌浪，那么在 0°～±180°整个范围内均可出现组成波。

类似于关系式(1.109)，对于考虑方向函数的影响，其转换关系变为

$$S(k,\theta)k\Delta k\Delta\theta = S(k_x,k_y)\Delta k_x\Delta k_y = S(\omega,\theta)\Delta\omega\Delta\theta \tag{1.115}$$

(二) 经典海浪频谱

迄今对海浪频谱的研究有很多，原因是比较容易对其进行观测与分析，并且足以用来研究很多有关的理论与应用问题。目前已经提出了很多频谱，包括 1953 年劳曼提出的 Neumann 谱(Doyle，2002)，1959 年 Bretschneider 提出的布氏谱(二参数谱)，1964 年根据北大西洋实测材料提出的 Pierson-Moscowitz 谱(P-M 单参数谱)，1965 年 Scott 对于充分发展的海浪所提出的 Scott 谱。1968～1969 年，包含英国、荷兰、美国、德国等国家的有关单位进行了"联合北海波浪计划"，此次计划的实施得到了 JONSWAP 谱。1981 年，美国 Huang 等基于理论研究和美国航空航天局(NASA)Wallops 飞行中心风浪流水槽的实验资料提出了 Wallops 谱，这是一个通用的二参数谱。他们还认为 Wallops 适用于波浪发展、成熟和衰减的各个阶段。我国对海浪谱的研究开始于 20 世纪 50 年代末，1960 年文圣常教授采用劳曼一般式导出普通风浪谱。1966 年，国家科学技术委员会海洋组海浪预报方法研究组利用海浪要素的概率密度函数建立了能量平衡方程式，并与海浪谱结合于 1973 年提出所谓的"会战法"。

虽然 P-M 谱属于经验谱，但它所依据的资料比较充分，分析方法也较为合理，使用起来也极为方便，而且可以直接进行积分，自 20 世纪 60 年代中期以后，在海洋工程和船舶工程中得到了广泛应用。

1964 年，Pierson 和 Moscowitz 依据 Moscowitz 大量观测的数据资料，得到了一维的 P-M 谱，采用 ω 表示的有因次谱公式为

$$S(\omega) = \frac{\alpha g^2}{\omega^5}\exp\left[-\beta\left(\frac{g}{U_{19.5}\omega}\right)^4\right] \tag{1.116}$$

式中，无因次常数 $\alpha = 8.1\times 10^{-3}$，$\beta = 0.74$；$U_{19.5}$ 为海面上 19.5m 处的风速。该谱代表了充分成长的海浪谱，因其资料充分而逐步取代了 Neumann 谱。

根据式(1.115)频谱的转换关系和海面的色散关系，可以将式(1.116)改写到波数空间，其关系式为

$$S(k) = \frac{\alpha}{2k^3}\exp\left(-\frac{\beta g^2}{k^2 U_{19.5}^4}\right) \tag{1.117}$$

对式(1.116)与式(1.117)进行求导并令导数为零，可以求出 P-M 谱所对应的峰值波数、峰值波长、峰值角频率和峰值周期分别为

$$k_p = \left(\frac{2\beta}{3}\right)^{0.5} \frac{g}{U_{19.5}^2} \tag{1.118}$$

$$\lambda_p = \frac{2\pi}{k} = \frac{\pi U_{19.5}^2}{g}\left(\frac{6}{\beta}\right)^{0.5} \tag{1.119}$$

$$\omega_p = \left(\frac{4\beta}{5}\right)^{0.25} \frac{g}{U_{19.5}} \tag{1.120}$$

$$T_p = \frac{2\pi}{\omega_p} = \left(\frac{20}{\beta}\right)^{0.25} \frac{\pi U_{19.5}}{g} \tag{1.121}$$

一般在海浪谱分析中测量风速时都选定在离海面 10m 处，即所测得风速为 U_{10}，所以经常用到在任意高度处的风速 U_z 与 U_{10} 的转换公式，其表达形式如下：

$$U_z = U_{10}\left(1 + \frac{\sqrt{C_{10}}}{\kappa}\ln\frac{z}{10}\right) \tag{1.122}$$

式中，$C_{10} = 0.5\sqrt{U_{10}} \times 10^{-3}$ 为 U_{10} 对应的阻力系数；$\kappa = 0.4$ 为 Kappa 常数。

图 1.15 为 $U_{19.5}$ 在 10m/s、12m/s 与 15m/s 情况下的 P-M 功率谱，从图中可以看出，该谱虽然理论上包括所有频率，但谱的显著部分集中于一小频率段内；当风速 $U_{19.5}$ 增加时，谱曲线与横轴围成的面积增大，谱的显著部分频带变宽，对应风浪的波高与周期都会增加，而且谱的谱峰频率向低频率的方向推移。

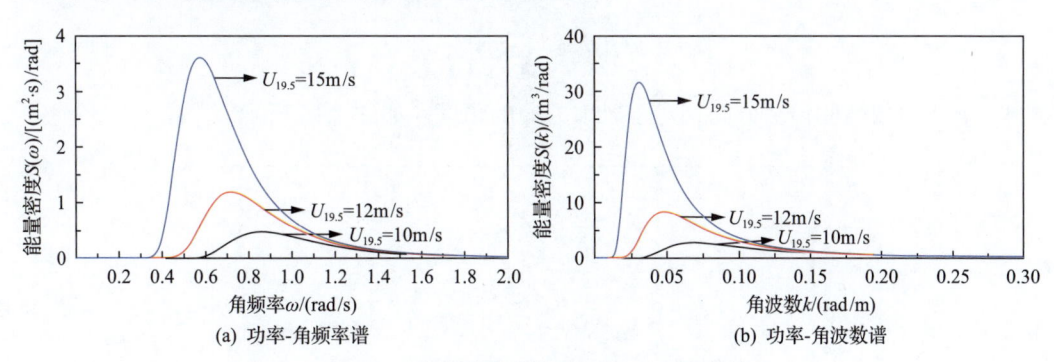

(a) 功率-角频率谱　　(b) 功率-角波数谱

图 1.15　在不同风速情况下的 P-M 功率谱

(三)方向频谱函数

在 20 世纪 50 年代，海浪方向谱开始应用于预报及船体运动等问题，自 60 年代起，对此种谱的研究才得到日益广泛的注意。但迄今已提出的方向谱远较频谱少，主要原因

是其观测方法和资料处理比得到频谱更为困难，因为考虑到了方向的因素，属于二维的问题。现今取得方向谱的主要手段为观测，一个固定点的波面记录 $\varsigma(t)$，显然不能分辨组成波的方向，而需要某一时刻在一定空间范围内的波面 $\varsigma(x,y)$，然后依次进行谱估计。其中，比较常用的 SWOP（stereo wave observation project）方向谱是 Chase 等（1957）在分析北大西洋在风速 7~11m/s 及风作用时间为 14h 情形下取得的航空立体摄影记录后得到的，对于二维海谱最后可化为

$$S(\omega,\theta) = S(\omega)G(\omega,\theta) \tag{1.123}$$

式中，$G(\omega,\theta)$ 为方向谱函数，

$$G(\omega,\theta) = \frac{1 + p\cos 2\theta + q\cos 4\theta}{\pi} \tag{1.124}$$

$$p = 0.5 + 0.82 e^{-\frac{\omega^4}{2\omega_p^4}} \tag{1.125}$$

$$q = 0.32 e^{-\frac{\omega^4}{2\omega_p^4}} \tag{1.126}$$

式中，ω_p 为一维海谱 $S(\omega)$ 的谱峰频率；θ 为组成波的传播方向相对于风力方向的角度。

其实上面求方向谱的工作量十分巨大，为了方便解释由风引起的各向异性，考虑方向谱函数 $G(\omega,\theta)$ 的选取只需选择满足 $\int_{-\pi}^{\pi} G(\omega,\theta)\mathrm{d}\theta = 1$，所以有些学者建议选择方向谱函数只是 θ 的函数，即 $G(\theta)$。

国际船模试验池会议（ITTC）与国际船舶结构会议（ISSC）建议的方向谱函数分别为

$$G(\theta) = \frac{2}{\pi}\cos^2\theta \tag{1.127}$$

$$G(\theta) = \frac{8}{3\pi}\cos^4\theta \tag{1.128}$$

式中，θ 为组成波的传播方向相对于风力方向的角度。如图 1.16 所示。

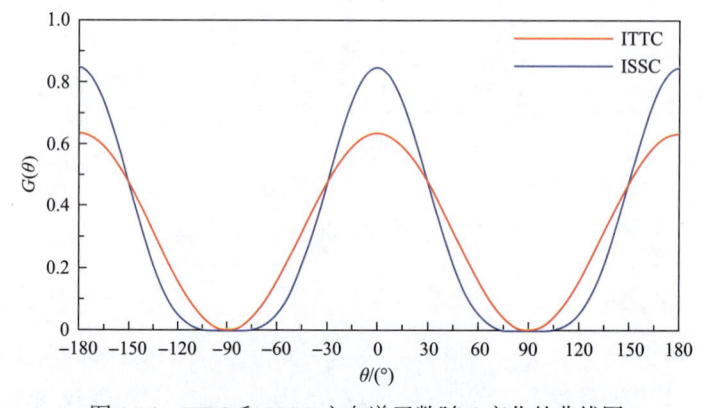

图 1.16 ITTC 和 ISSC 方向谱函数随 θ 变化的曲线图

以 P-M 谱为例，$-\pi/2 \leq \theta \leq \pi/2$，由式(1.124)~式(1.126)得到的二维海谱可以分别表示为

$$S_{\text{ITTC}}(\omega,\theta) = \frac{8.1\times 10^{-3}g^2}{2\omega^5}e^{-0.74\left(\frac{g}{\omega U_{19.5}}\right)^4} \cdot \frac{2}{\pi}\cos^2\theta \qquad (1.129)$$

$$S_{\text{ISSC}}(\omega,\theta) = \frac{8.1\times 10^{-3}g^2}{2\omega^5}e^{-0.74\left(\frac{g}{\omega U_{19.5}}\right)^4} \cdot \frac{8}{3\pi}\cos^4\theta \qquad (1.130)$$

图 1.16 给出了方向谱函数 ITTC 和 ISSC 随 θ 变化的曲线图，从图中可以看到极大值点为 $n\pi$（n 为整体），极小值点为 $n\pi/2$（n 为整体），这也说明当组成波的传播方向与风向垂直时，能量分布达到最小值，而与风向相同时，能量分布达到最大值。相比于 ITTC 方向谱，两者的大部分特性都相同，只不过 ISSC 方向谱曲线更加陡峭，这说明该谱的能量更加集中于波浪的主向附近。

同时，图 1.17 给出当 $U_{19.5}$=15m/s 时，方向谱函数 ITTC 和 ISSC 所对应的二维海浪 P-M 功率谱密度在 ω 和 θ 面上的分布图，可知 ISSC 相对于 θ 的能量比 ITTC 的更集中。

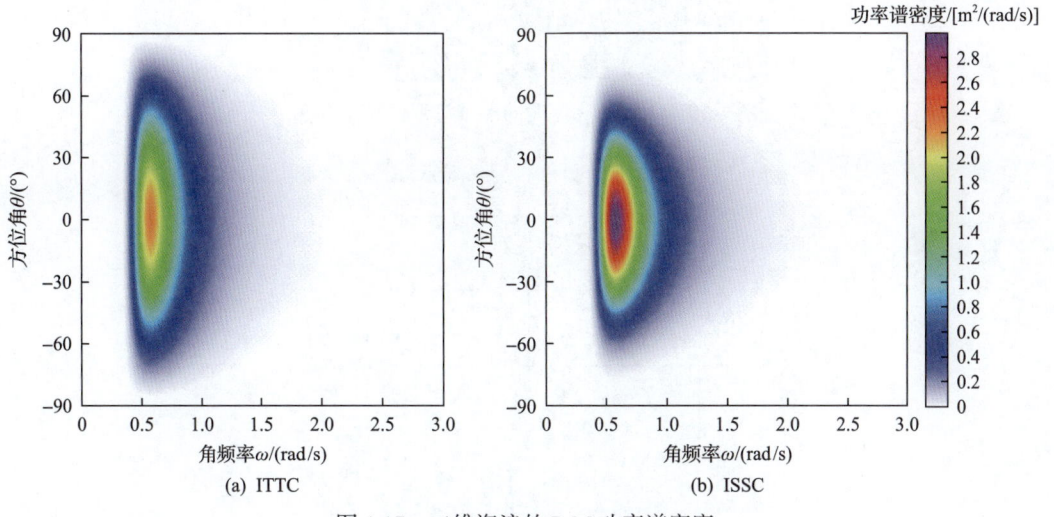

(a) ITTC

(b) ISSC

图 1.17 二维海浪的 P-M 功率谱密度

三、海浪的仿真模拟方法

基于海浪谱反演海浪的方法较多，如 Longuest-Higgins 线性叠加法、蒙特卡罗法。在 Longuest-Higgins 海浪模型中，利用具有各态历经性的平稳随机过程描述海浪，将波动看作由无限多个振幅不同、频率不同、初相位不同且传播方向不同的余弦波叠加而成。可以将海浪谱 $S(\omega_m)$ 和 $S(\omega_m,\theta_n)$ 的离散形式表示为

$$\begin{cases} a_m = \sqrt{2S(\omega_m)\Delta\omega} \\ a_{m,n} = \sqrt{2S(\omega_m,\theta_n)\Delta\omega\Delta\theta} \end{cases} \qquad (1.131)$$

考虑 $k_*^2 = g\rho/\tau = 363 \text{ rad/m}$ 是个比较大的数，因此可以将式(1.112)写成如下的形式：

$$\omega_m = \begin{cases} \sqrt{gk_m \tanh(k_m h)}, & \text{海水有限深}(h) \\ \sqrt{gk_m}, & \text{海水无限深} \end{cases} \quad (1.132)$$

如图 1.18 所示，假定一维海浪由均匀恒定方向的风驱动沿 X 轴方向运动，Z 轴垂直海面向下；假定引起二维海浪的非均匀风速的主风方向与 X 轴成 α 角度，如图 1.19 所示，Z 轴垂直水面向下。

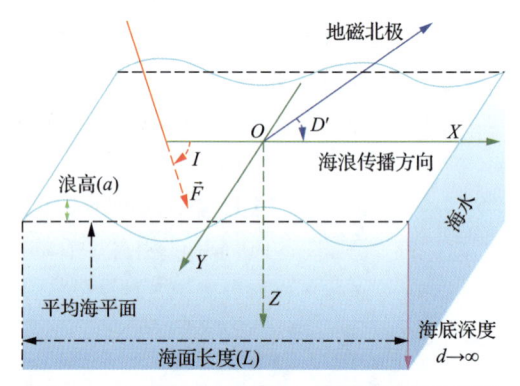

图 1.18　无限海底深度的一维海浪模型示意图

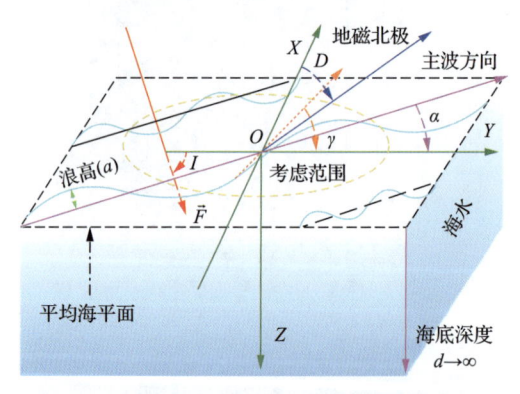

图 1.19　无限海底深度的二维海浪模型示意图

根据多向海浪频谱反演海浪的方法（丁平兴和侯伟，1992），即可得到单点、一维与二维海浪波面公式如下：

$$\xi(t) = \sum_{i=1}^{M} \sqrt{2S(\omega_i)\Delta\omega} \cos(\omega_i t + \varepsilon_i) \quad (1.133)$$

$$\xi(x,t) = \sum_{i=1}^{M} \sqrt{2S(\omega_i)\Delta\omega} \cos(k_i x - \omega_i t + \varepsilon_i) \quad (1.134)$$

$$\xi(x,y,t) = \sum_{i=1}^{M}\sum_{j=1}^{N}\sqrt{2S(\omega_i,\theta_j)\Delta\omega\Delta\theta} \\ \times \cos(k_i x\cos\theta_j + k_i y\sin\theta_j - \omega_i t + \varepsilon_{ij}) \tag{1.135}$$

式中，k_i 为角波数；x 与 y 为平面位置坐标；t 为时间，ε_i 与 ε_{ij} 均为 $[0,2\pi]$ 内均匀分布的随机相位数；$\theta \in [\theta_{\min},\theta_{\max}]$ 为海浪的方向分布，仅需满足 $\int_{\theta_{\min}}^{\theta_{\max}} G(\omega,\theta)\mathrm{d}\theta = 1$；$S(\omega,\theta)$ 为海浪方向谱。

根据深水线性波动理论，海水相应的速度分布为

$$\vec{V}(x,z,t) = \mathrm{Re}\sum_{i=1}^{M}\sqrt{2S(\omega_i)\Delta\omega}\exp^{-k_i z}\omega_i\left(\mathrm{j}\vec{i}l - \vec{k}\right) \\ \times \exp\left[\mathrm{j}(k_i x - \omega_i t + \varepsilon_i)\right] \tag{1.136}$$

即

$$V_x(x,z,t) = \sum_{i=1}^{M}\sqrt{2S(\omega_i)\Delta\omega}\exp^{-k_i z}\omega_i\sin(k_i x - \omega_i t + \varepsilon_i) \tag{1.137}$$

$$V_z(x,z,t) = -\sum_{i=1}^{M}\sqrt{2S(\omega_i)\Delta\omega}\exp^{-k_i z}\omega_i\cos(k_i x - \omega_i t + \varepsilon_i) \tag{1.138}$$

及

$$\vec{V}(x,y,z,t) = \mathrm{Re}\sum_{i=1}^{M}\sum_{j=1}^{N}\sqrt{2S(\omega_i,\theta_j)\Delta\omega\Delta\theta}\exp^{-k_i z}\omega_i \times \left(\mathrm{j}\vec{i}\cos\theta_j + \mathrm{j}\vec{j}\sin\theta_j - \vec{k}\right) \\ \times \exp\left[\mathrm{j}(k_i x\cos\theta_j + k_i y\sin\theta_j - \omega_i t + \varepsilon_{ij})\right] \tag{1.139}$$

即

$$V_x(x,y,z,t) = \sum_{i=1}^{M}\sum_{j=1}^{N}\sqrt{2S(\omega_i,\theta_j)\Delta\omega\Delta\theta}\exp^{-k_i z}\omega_i \\ \times \cos\theta_j\sin(k_i x\cos\theta_j + k_i y\sin\theta_j - \omega_i t + \varepsilon_{ij}) \tag{1.140}$$

$$V_y(x,y,z,t) = \sum_{i=1}^{M}\sum_{j=1}^{N}\sqrt{2S(\omega_i,\theta_j)\Delta\omega\Delta\theta}\exp^{-k_i z}\omega_i \\ \times \sin\theta_j\sin(k_i x\cos\theta_j + k_i y\sin\theta_j - \omega_i t + \varepsilon_{ij}) \tag{1.141}$$

$$V_z(x,y,z,t) = -\sum_{i=1}^{M}\sum_{j=1}^{N}\sqrt{2S(\omega_i,\theta_j)\Delta\omega\Delta\theta}\exp^{-k_i z}\omega_i \\ \times \cos(k_i x\cos\theta_j + k_i y\sin\theta_j - \omega_i t + \varepsilon_{ij}) \tag{1.142}$$

式中，$j^2=-1$；$\vec{i}$、$\vec{j}$与$\vec{k}$分别为X、Y与Z方向的单位矢量。

四、海浪的仿真模拟实验

理论上，海浪频谱的分布范围为$0\sim\infty$，但是其主要能量集中于某一频段，所以可以选取某一频段中的有限谐波进行仿真，如此可在满足计算精度的前提下提高计算效率。

对海浪仿真的思想：先对特定的仿真频段进行离散化，然后根据离散的海浪谱确定各个特定频率下的幅值，最后进行叠加即可得到随机海浪模型。其中，离散化具有两种方法，即能量等分法和频率等分法，由于后者便于计算，因此选择频率等分法。

(一) 单点海浪

由式(1.133)可知，对于单点海浪，需要设置的参数包括海浪谱、频段范围及频率间隔。此处，选择 P-M 谱，$U_{19.5}=10$m/s，根据图 1.15 设置频段范围为 $0\sim3$rad/s，频率间隔分别设置为 0.5rad/s、0.1rad/s、0.05rad/s、0.01rad/s、0.001rad/s，时间间隔为 1s，根据式(1.133)计算得到单点海浪波动如图 1.20 所示。可知，随着频率间隔减小，一方面波动

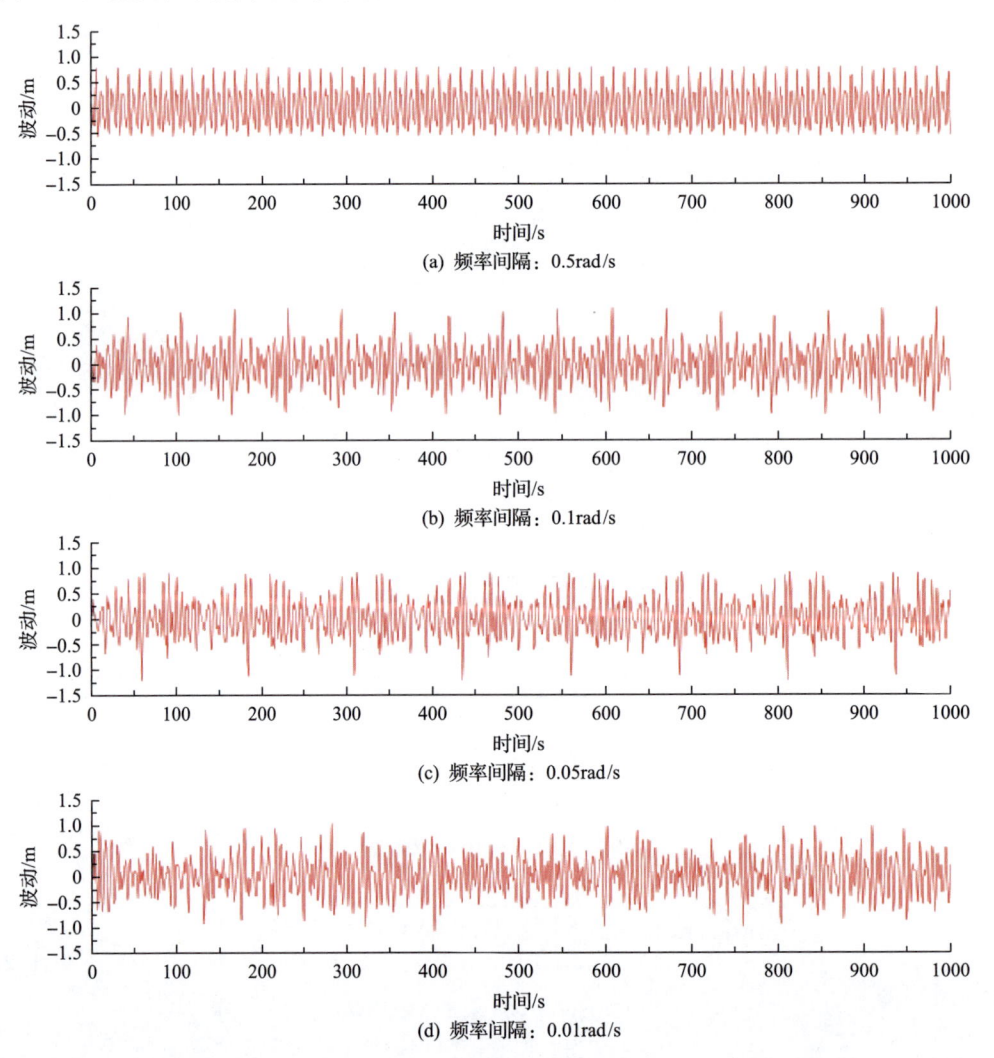

(a) 频率间隔：0.5rad/s

(b) 频率间隔：0.1rad/s

(c) 频率间隔：0.05rad/s

(d) 频率间隔：0.01rad/s

(e) 频率间隔：0.001rad/s

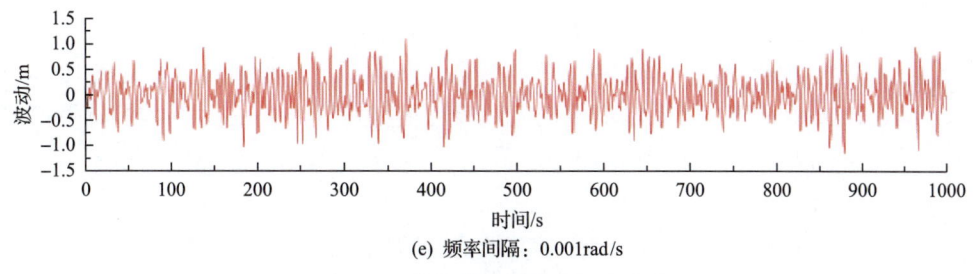

图 1.20　仿真模拟的单点海浪波动

幅度具有微小变化，另一方面高频成分也越来越丰富。由于 5 次计算中每次产生的随机初始相位不同，因此波形也不相同。

(二) 一维海浪

对于一维海浪，依然采用 P-M 谱，$U_{19.5}$=10m/s，根据经典海浪频谱图 1.15 设置频段范围为 0～3rad/s，频率间隔设置为 0.01rad/s，剖面间隔为 1m。根据式(1.134)计算得到一维海浪在 0s、100s 与 200s 的波动如图 1.21 所示，可见波幅约为 1.5m，波高约为 3.0m；根据式(1.136)～式(1.138)计算得到一维海浪在 100s 的海水运动速度如图 1.22 所示，可见远离海面，水流速度按照指数规律衰减，而且波长越长，衰减越慢。因此，长波长的海浪所影响的海水深度范围较大。

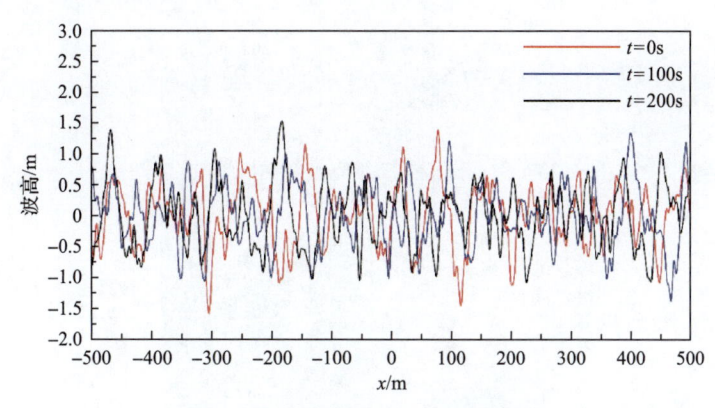

图 1.21　仿真模拟的一维海浪波动

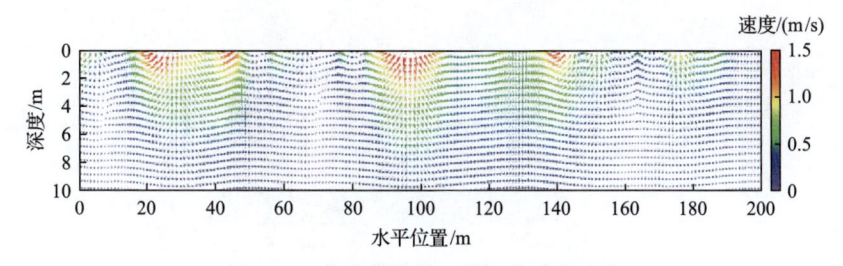

图 1.22　仿真模拟的一维海浪水流速度

(三) 二维海浪

对于二维海浪，依然采用 P-M 谱，方向谱函数采用 ISSC 提议的公式，$U_{19.5}$=10m/s，根据图 1.17 设置频段范围为 0～3rad/s，频率间隔设置为 0.01rad/s，方向角范围为–90°～+90°，主浪方向为 45°，方位角间隔为 1°，根据式(1.135)计算得到二维海浪在 100s 的海面波动如图 1.23(立体图)与图 1.24(平面图)所示，根据式(1.139)～式(1.142)计算得到二维海浪在 100s 的海水运动速度如图 1.25 所示。计算时，平面采样间隔为 1m×1m，深度采样间隔为 0.5m。

图 1.26 是在空间不同采样间隔情况下的二维海浪仿真模拟图(P-M 海浪谱，ISSC 方向谱，$U_{19.5}$=10m/s，主风向为 0°，观测时刻为 10s)，可见随着采样间隔的增加，许多短波长的海浪成分未被采集，因此模拟海浪的波幅逐渐降低，这意味着在实际海浪模拟时，需要根据其功率谱选择合适的空间采样间隔，时间采样间隔也遵循同样的道理。

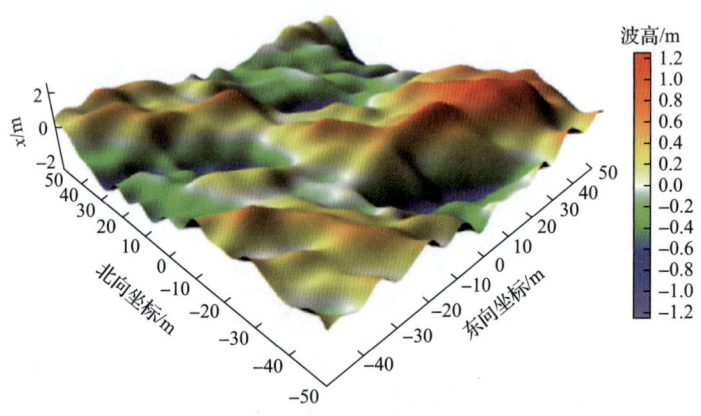

图 1.23　仿真模拟的二维海浪海面波动(立体图)

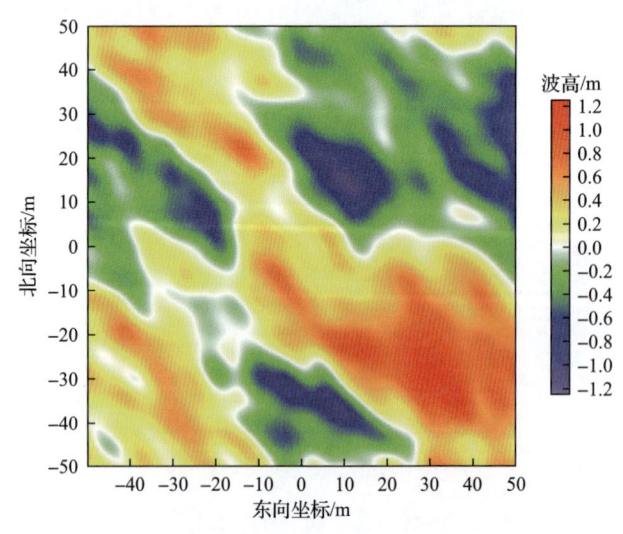

图 1.24　仿真模拟的二维海浪海面波动(平面图)

第一章 海洋环境的重磁场响应及其对测量的影响

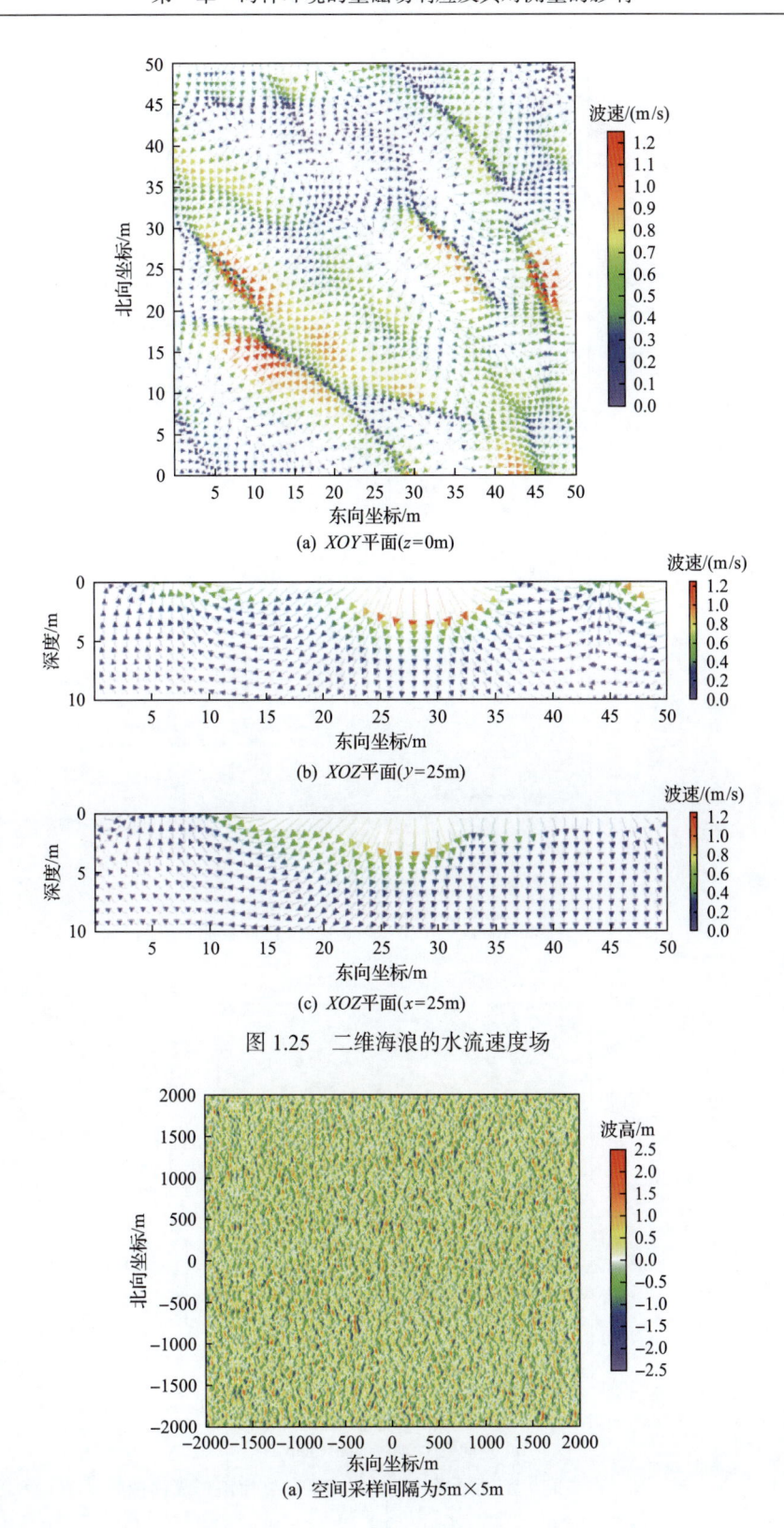

(a) XOY平面(z=0m)

(b) XOZ平面(y=25m)

(c) XOZ平面(x=25m)

图1.25 二维海浪的水流速度场

(a) 空间采样间隔为5m×5m

(b) 空间采样间隔为10m×10m

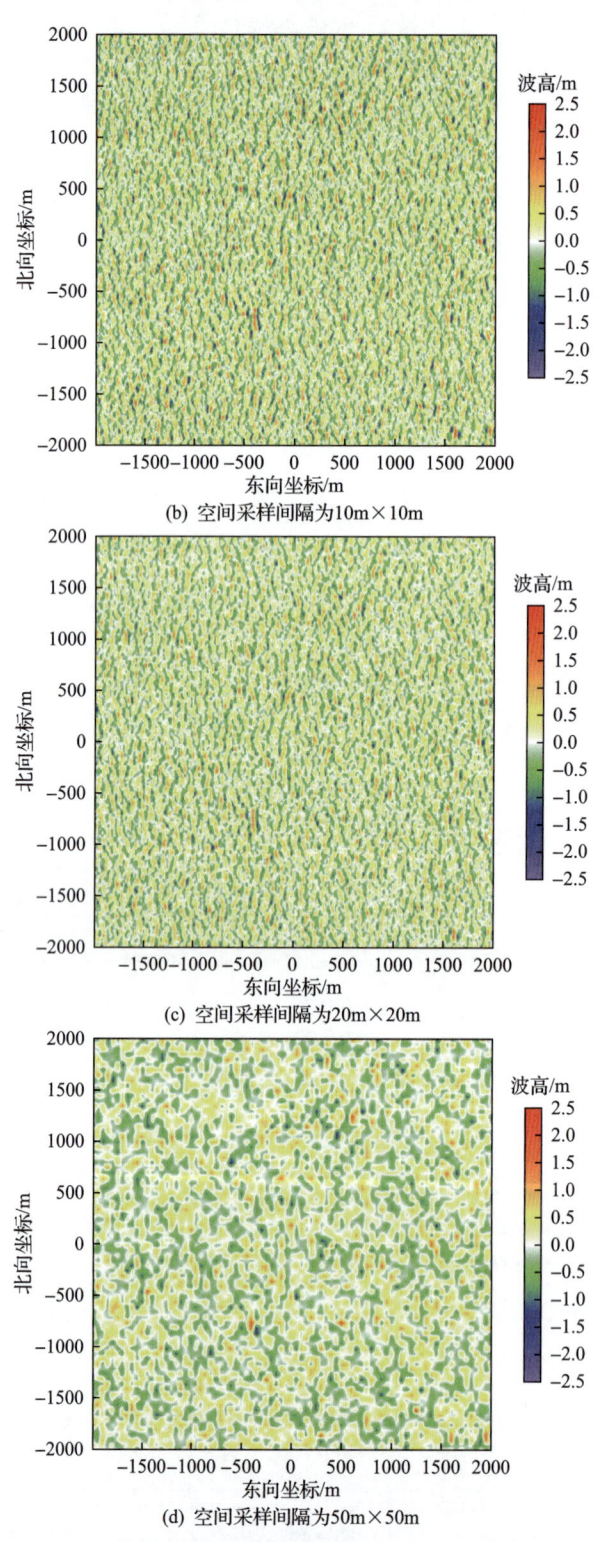

(c) 空间采样间隔为20m×20m

(d) 空间采样间隔为50m×50m

图 1.26 在空间上不同采样间隔情况下的二维海浪仿真模拟图

P-M 海浪谱，ISSC 方向谱，$U_{19.5}$=10m/s，主风向为 0°，观测时刻为 10s

为了了解在不同风速情况下的海浪波动,此处计算了 $U_{19.5}$ 分别在 5m/s、10m/s、15m/s、20m/s、25m/s、30m/s、35m/s、40m/s 情况下的模拟海浪,如图 1.27 所示。其中,空间

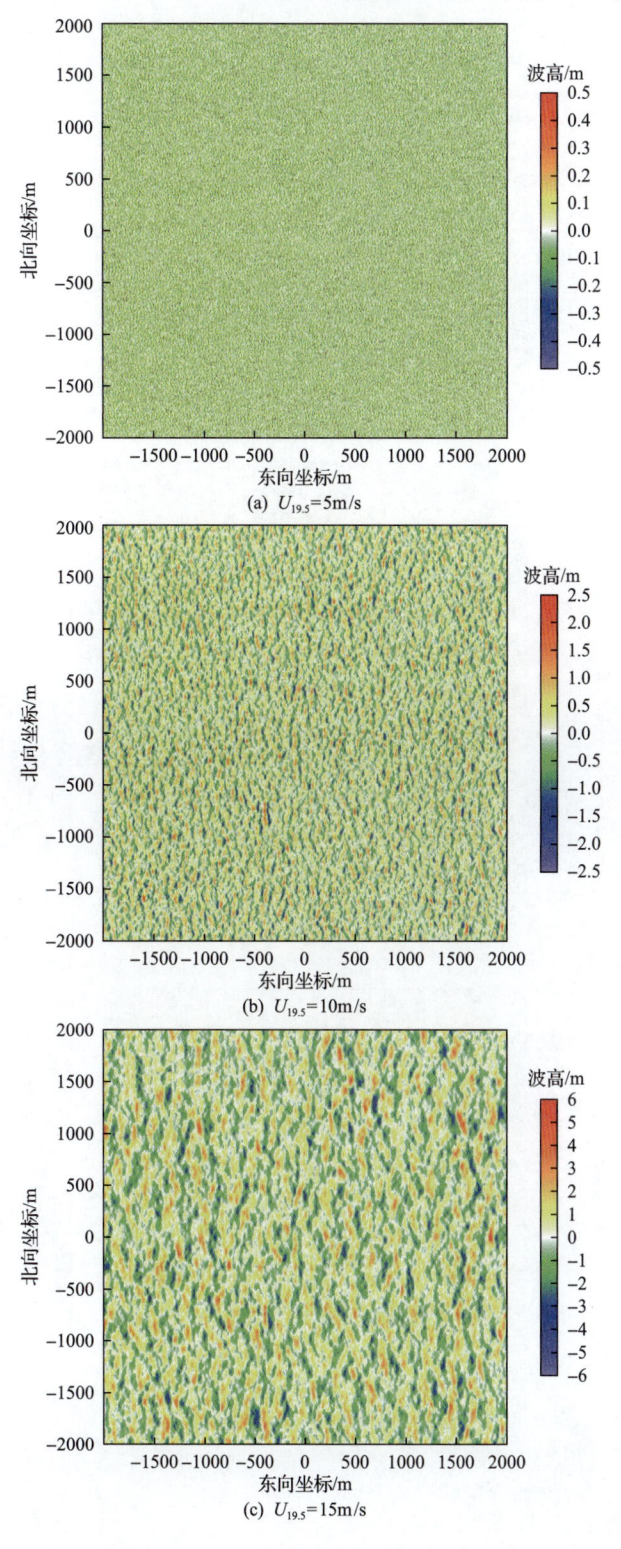

(a) $U_{19.5}$=5m/s

(b) $U_{19.5}$=10m/s

(c) $U_{19.5}$=15m/s

(d) $U_{19.5}=20$m/s

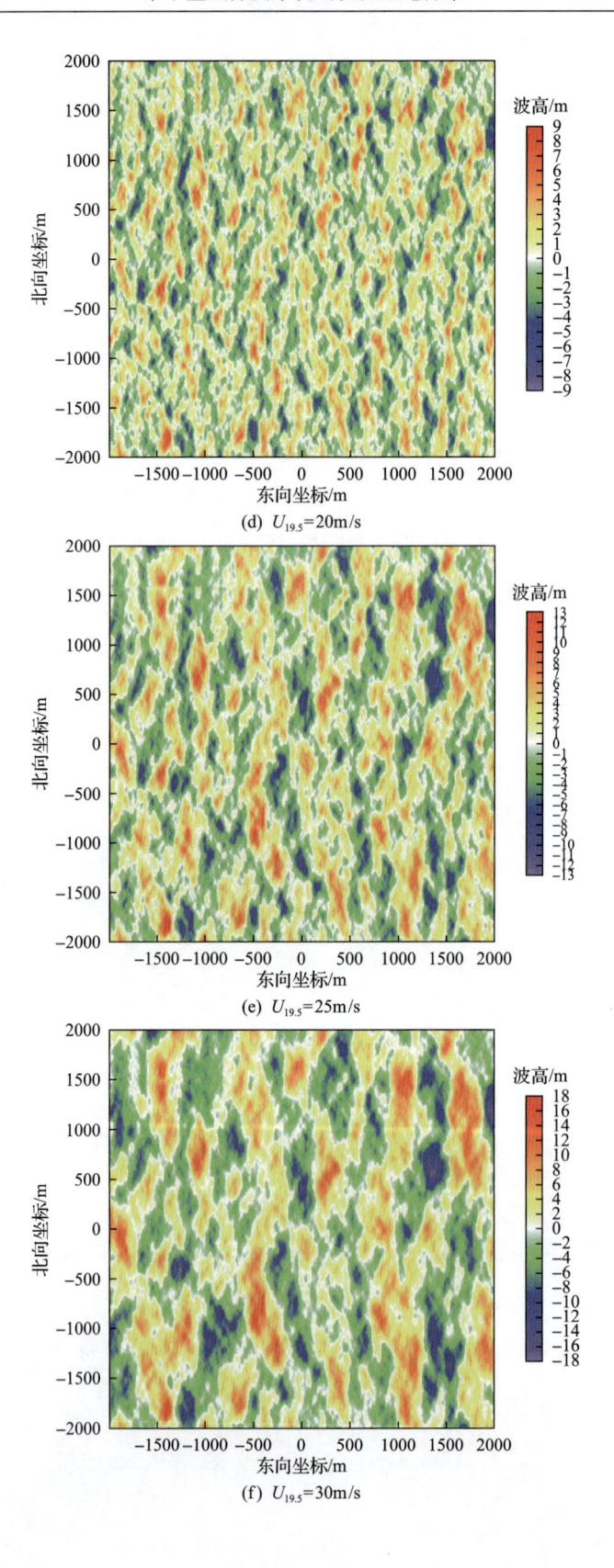

(e) $U_{19.5}=25$m/s

(f) $U_{19.5}=30$m/s

(g) $U_{19.5}=35$m/s

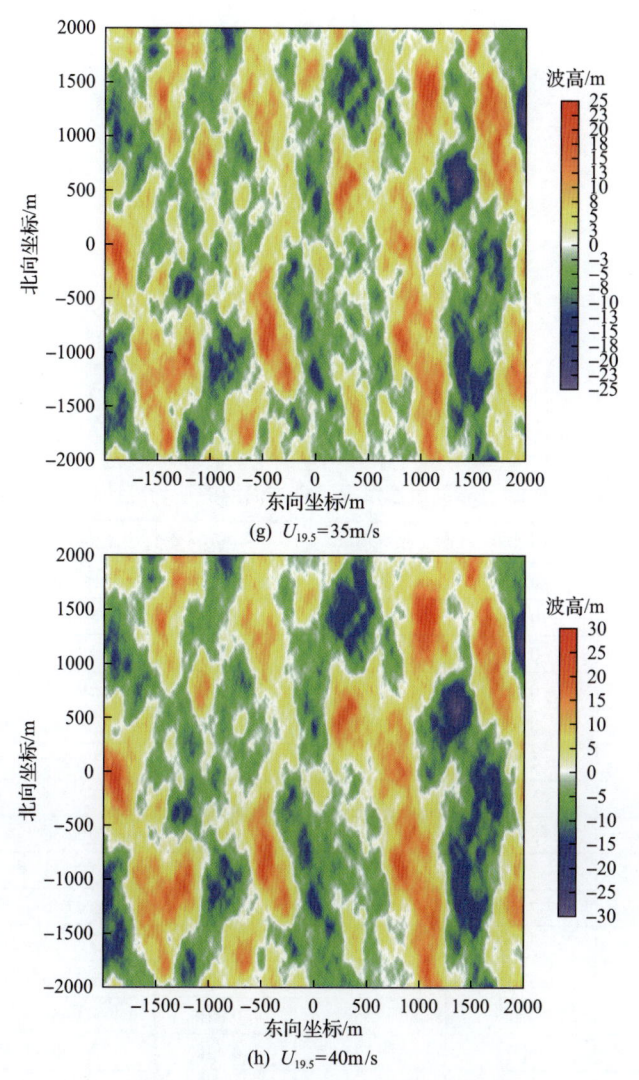

(h) $U_{19.5}=40$m/s

图 1.27 不同风速情况下模拟的海浪

P-M 海浪谱，ISSC 方向谱，空间采样间隔为 5m×5m，主风向为 0°，观测时刻为 10s

采样间隔为 5m×5m，其他参数与图 1.26 的相同。从图中可以看出，随着风速的增加，波幅与波高逐渐增加，而且波长也逐渐增加。

根据线性海浪理论，海浪的仿真结果应该在整体统计特征上表现为上下对称、均值为零，其正态性偏度和峰度分别应为 0 和 3。对图 1.24 的仿真数据进行统计，得到最小值、最大值、平均值、标准差、峰度和偏度见表 1.2。由统计数据（表 1.2）可见，海浪仿真结果的统计特征与理论统计特征吻合，随着风速增加，效果逐渐变差，这是因为在空间采样范围一定的情况下长波长波分的随机采样减少。其中，峰度用于描述分布形态的陡缓程度，若峰度为 3 则为标准正态分布，而偏度用于描述统计数据分布的非对称程度，样本的峰度（bk）与偏度（SK）的计算公式分别如下：

$$\mathrm{bk} = \frac{\frac{1}{n}\sum_{i=1}^{n}(x_i-\overline{x})^4}{\left[\frac{1}{n}\sum_{i=1}^{n}(x_i-\overline{x})^2\right]^2} \tag{1.143}$$

$$\mathrm{SK} = \frac{\frac{1}{n}\sum_{i=1}^{n}(x_i-\overline{x})^3}{\left[\frac{1}{n}\sum_{i=1}^{n}(x_i-\overline{x})^2\right]^{\frac{3}{2}}} \tag{1.144}$$

式中，x_i 为数据样本；n 为样本个数。

表 1.2 不同风速情况下模拟海浪的波动统计表

$U_{19.5}$/(m/s)	海况	最小值/m	最大值/m	平均值/m	标准差/m	峰度	偏度
2	1	−0.007	+0.008	+0.000	±0.002	2.989	−0.002
3	2	−0.139	+0.132	+0.000	±0.029	2.988	−0.002
4	2	−0.339	+0.347	+0.000	±0.072	2.999	+0.001
5	3	−0.637	+0.621	+0.000	±0.125	3.006	+0.001
6	3	−0.902	+0.906	+0.000	±0.186	3.009	−0.003
7	4	−1.288	+1.252	+0.000	±0.257	3.010	−0.005
8	4	−1.724	+1.634	+0.000	±0.338	3.004	−0.004
9	4	−2.135	+2.035	−0.000	±0.430	2.993	−0.004
10	4~5	−2.456	+2.564	−0.000	±0.533	2.987	+0.001
11	5	−2.858	+2.997	−0.001	±0.646	2.991	+0.013
12	5	−3.255	+3.836	−0.001	±0.770	3.001	+0.028
13	5~6	−3.815	+4.678	−0.001	±0.905	3.007	+0.039
14	6	−4.547	+5.459	−0.001	±1.051	3.000	+0.045
15	6~7	−5.214	+6.145	−0.001	±1.208	2.978	+0.045
16	6~7	−5.773	+6.722	+0.001	±1.357	2.952	+0.044
17	7	−6.243	+7.183	+0.003	±1.551	2.930	+0.045
18	7	−6.817	+7.524	+0.005	±1.736	2.917	+0.047
19	7	−7.497	+7.748	+0.008	±1.930	2.914	+0.051
20	7	−8.087	+8.556	+0.011	±2.136	2.917	+0.053
21	7~8	−8.848	+9.514	+0.014	2.356	2.920	+0.054
22	8	−9.823	+10.403	+0.017	2.591	2.919	+0.053
23	8	−10.786	+11.211	+0.020	2.841	2.911	+0.053
24	8	−11.738	+11.936	+0.023	3.106	2.898	+0.055
25	8	−12.723	+12.594	+0.026	±3.382	2.882	+0.060
26	8	−13.701	+13.198	+0.029	3.670	2.865	+0.067
27	8~9	−14.672	+13.886	+0.031	3.966	2.850	+0.075
28	9	−15.629	+14.933	+0.032	4.269	2.837	+0.084
29	9	−16.578	+15.960	+0.031	4.581	2.828	+0.093
30	9	−17.862	+16.953	+0.030	±4.899	2.821	+0.100

为了方便为后续海浪模拟提供空间采样间隔、时间采样间隔及时空范围方面的依据，同时计算了 $U_{19.5}$ 在 5m/s、7m/s、11m/s、14m/s、17m/s、22m/s、28m/s 情况下的 P-M 海浪谱即功率-频率谱和功率-波数谱，如图 1.28 所示。

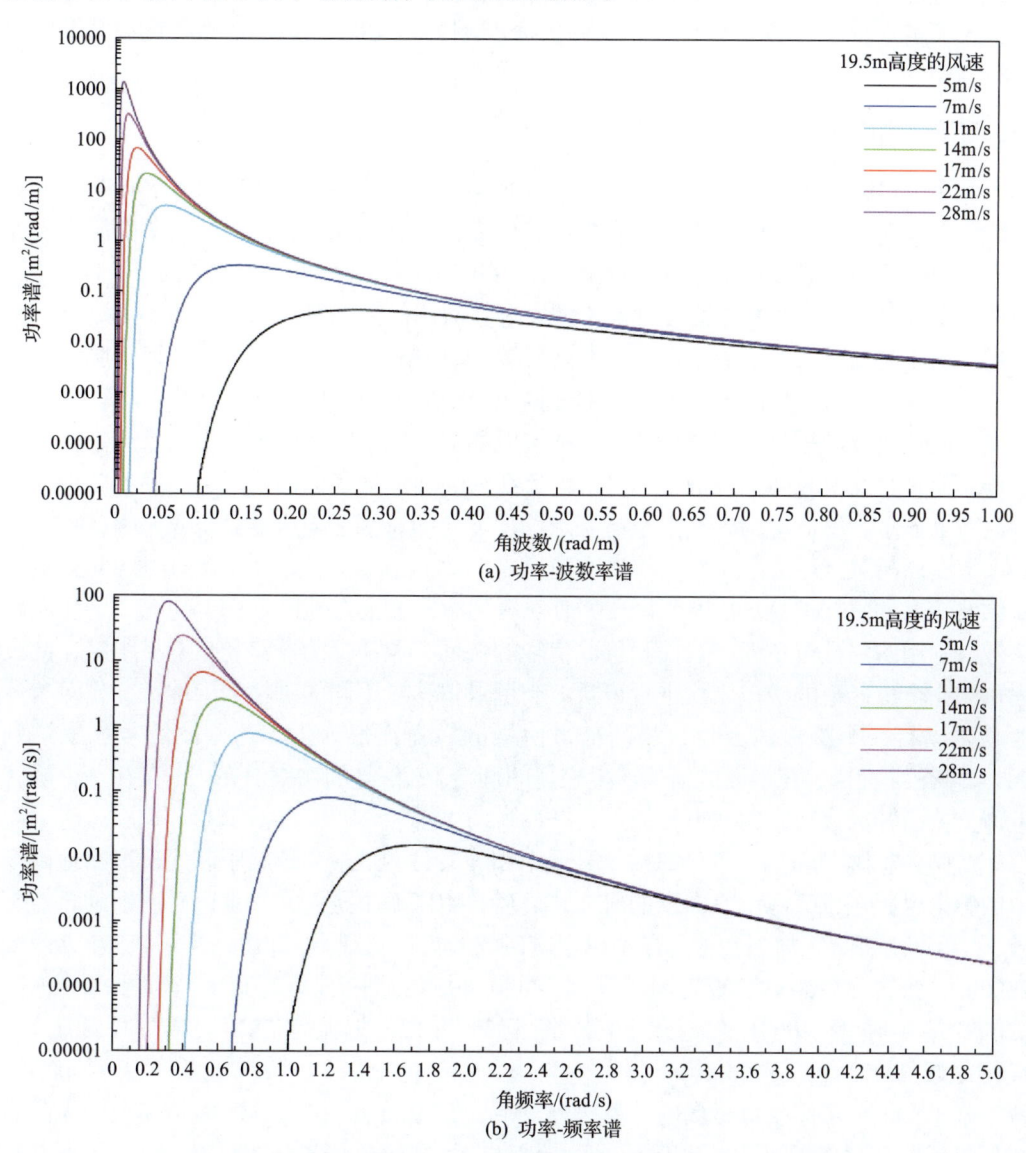

图 1.28 不同风速情况下 P-M 海浪谱的功率-频率谱和功率-波数谱

第四节 基于海浪模型的磁力响应特征

海洋中的各种盐类几乎是完全电离的，使海水含有大量的离子而成为导体。法拉第早在 1832 年就指出在地磁场中流动的海水，就像在磁场中运动的金属导体一样，也会产生感应电动势。1851 年，渥拉斯顿在横过英吉利海峡的海底电缆上，检测到和海水潮汐周期相同的电位变化,证实了法拉第的预言。从20世纪60年代开始,国际上一些著名的地球物理学家和海洋地质学家对海水运动产生电磁场的理论研究、仪器研制及海上实验做了大量的工作。本章主要针对海浪这种表层海水的运动,首先推导其磁力响应的解析公式,进而计算分析响应特征,从而为海洋磁力测量的环境效应消除策略提供理论基础。

一、海浪磁力响应的计算方法

Weaver(1965)等在理论上推导出海洋表面波产生的磁场结果,Maclure等(1964)测量了由海洋表面波产生的磁场,磁场值在几个纳特。Hitchman等(2000)记录了由海洋表面波产生的磁信号,通过数据分析显示出,在50h的测量时间内,频谱在12.5~14s的磁场峰值发生移动,这些数据是在远离南澳大利亚海岸的南部海洋中测得的,探测点所在位置的海洋波动是由远处的暴风引起的。Podney(1975)理论上推导出在平坦、层状的海洋中行进的海波所产生的电磁场由三部分构成:横向电场、横向磁场和静电场。海水速度在与波传播方向垂直平面的分量产生横向电场部分;正常平面内速度分量产生的横向磁场部分,它在海表面上方消失;竖直电流在海表面的堆积电荷所产生的静电场部分。理论结果显示,海面上的磁场大小与海水深度方向的海水平均速度大小成比例;场强随海水深度以指数规律衰减;磁场梯度噪声谱是有效的信号谱,它在一个有效的测量点可提供波浪谱的直接信息。Lilley等(2004)观测到海洋涌浪在地磁场中运动有一个感应磁信号,利用磁强计可在海洋表面测量此信号的特征,漂浮探测器路径被卫星跟踪,此过程也能完全由船上的磁记录仪进行记录。当记录仪移过不同的磁性岩层地区,相对参考背景磁场有一个缓慢的变化,高频信号由强的海洋涌浪产生。这些波信号强度达到5nT(峰-谷),支持了几米高的涌浪产生磁场的理论。磁信号的功率谱在13s存在一个峰,近似支持已知的该地区的涌浪特征。

在国内,陈芸和吴晋声(1992)、吴晋声和陈芸(1991)最早开展了利用海浪在地磁场中的感生电磁场推算海浪方向谱的研究;之后,由于军事及海底大地电磁勘探的日益需求,大量学者开展了海浪在地磁场中感生电磁场的模拟与观测,如唐劲飞等(2001, 2002a, 2002b)、张自力(2006, 2009)、张自力等(2006, 2008)、张海滨(2008)、李洪平和张海滨(2008)、还迎春等(2009)、吕金库(2012)、张杨等(2012)、迟铖等(2014)、朱晓健(2015)、代佳龙等(2017)。

基于海浪流场感生电磁场的计算比较复杂,而Longuest-Higgins海浪模型由无限多个振幅不同、频率不同、初相位不同且传播方向不同的余弦波叠加而成,可以推导其解析解,因此这里主要分析基于Longuest-Higgins海浪模型和海浪谱来分析海浪在地磁场中感生电磁场的时空特征。

海浪产生的电磁场在20世纪60~70年代是物理海洋学家研究的一个热点问题,其研究的出发点是海洋学领域,计算模型比较复杂,影响因素多,计算结果与实际测量结果的出入比较大。目前常用的比较成功的模型是Weaver等(1965)建立的,该模型计算了海浪产生的磁场。出于对近海底磁力测量工作的需要,且海浪产生的电磁场是一种电磁噪声,故只要考虑海浪运动的主要因素即可,所以Weaver建立的模型适合本书研究的目标,在此模型基础上建立的一维与二维海浪数学模型分别如图 1.18 与图 1.19 所示。

建立一个直角坐标系,平均海平面为 $z=0$,Z 轴指向海底(正方向),X 轴指向地理北,X 与 Y、Z 组成右手螺旋关系,得到地磁场矢量的表达式为

$$\vec{F} = F(\cos I \cos D \vec{i} - \cos I \sin D \vec{j} + \sin I \vec{k}) \tag{1.145}$$

式中,$\vec{i}$、$\vec{j}$、$\vec{k}$ 为三个坐标轴的单位矢量;I 为地磁倾角;D 为地磁偏角;F 为地磁场大小。

假设海水是不可压缩的无旋流体,充满 $z>0$ 的半空间,海水电导率为 σ,因此可以在包含海水速度的电磁场 Maxwell 方程中引入一个速度势函数 φ,其满足拉普拉斯方程:

$$\nabla^2 \varphi = 0 \tag{1.146}$$

海水运动产生的感应电场为 $\vec{E}' = \vec{V} \times (\vec{F} + \vec{B})$,其中 $\vec{B}$ 为海水波动产生的磁感应强度。因为该磁场远小于地磁场,所以可近似为

$$\vec{E}' = \vec{V} \times \vec{F} \tag{1.147}$$

而场矢量 $\vec{E}$、$\vec{B}$ 满足 Maxwell 方程:

$$\nabla \times \vec{E} = -\partial \vec{B} / \partial t \tag{1.148}$$

$$\nabla \times \vec{B} = \mu \vec{J} + \mu \varepsilon (\partial \vec{E} / \partial t) \tag{1.149}$$

式中,$\vec{J} = \sigma(\vec{E} + \vec{V} + \vec{F})$ 为传导电流。

由 Maxwell 方程可知,$\vec{E}$、$\vec{B}$ 和 $\vec{V}$ 应是线性的,从简单模型出发,假定海洋表面海水的波浪为平面简谐波,具有角频率 ω,因此 φ 以 $e^{j\omega t}$ 的形式随时间变化。对于真实的有限深度的海洋,若研究的波浪长度不是很大,则假定海水占据 $z>0$ 的半空间是可行的。这种模型适合的波浪周期不能太大,实际的波浪周期一般都小于 10min,典型的波浪周期在 10~20s 的范围内。在自由海表面,波幅 a 比波长要小很多(此时海平面可近似为 $z=0$),则方程式(1.146)符合表面波浪在 x 方向的解(叶安乐等,1990)为

$$\varphi = \left(\frac{ag}{\omega}\right) \exp(j\omega t - jkx - kz) \tag{1.150}$$

式中,$k=\omega^2/g$(g 为重力加速度)。可得海水流速:

$$\vec{V} = -a\omega(j\vec{i} + \vec{k}) \exp(j\omega t - jkx - kz) \tag{1.151}$$

式(1.150)代表纯重力波动,严格地说,除重力外还有一个磁场力 $\vec{J} \times \vec{F}$ 作用在流体上,尽管该磁场力在高导电的流体中很重要,但在海水中可完全忽略。

由于速度是一个简谐波函数,且只随时间 t 和坐标 x 变化,很明显由 $\vec{V}$ 引起的电磁场也具有一个简谐波函数的形式,电场、磁场的幅值随深度 z 变化,所以电场、磁场矢

量可以写为

$$\vec{B} = \vec{b}(z)\exp(j\omega t - jkx)$$
$$\vec{E} = \vec{e}(z)\exp(j\omega t - jkx) \quad (1.152)$$

式中，$\vec{b}$ 为磁感应强度振幅矢量；$\vec{e}$ 为电场强度振幅矢量。对式(1.148)两边取散度，得 $\nabla \cdot \vec{B} = 0$，再利用 $\vec{b} = b_x \vec{i} + b_y \vec{j} + b_z \vec{k}$，推导可得

$$\frac{\mathrm{d}b_z}{\mathrm{d}z} = jkb_x \quad (1.153)$$

对式(1.149)两边取旋度，电场 E 的旋度由式(1.148)等号右端表达式替换再利用：

$$\nabla \times (\nabla \times \vec{B}) = \nabla(\nabla \cdot \vec{B}) - \nabla^2 \vec{B} = -\nabla^2 \vec{B}$$
$$\nabla \times (\vec{V} \times \vec{F}) = -kF(j\cos I \cos\theta + \sin I)\vec{V} \quad (1.154)$$

忽略位移电流效应，即 $\varepsilon \dfrac{\mathrm{d}\vec{E}}{\mathrm{d}t} = 0$，海水、空气中的磁导率都为 μ，且令 $A = akF(\sin I + j\cos I \cos D)$，$\gamma = \mu\sigma\omega$，由 $\vec{B} = \vec{b}(z)\exp(j\omega t - jkx)$，可得

$$\frac{\mathrm{d}^2 \vec{b}}{\mathrm{d}z^2} = (k^2 + j\gamma)\vec{b} - A\gamma(j\vec{i} + \vec{k})\mathrm{e}^{-kz} \quad (1.155)$$

对于 $z<0$（空气中），$\sigma = 0$，$\gamma = 0$，式(1.155)可简化为

$$\frac{\mathrm{d}^2 \vec{b}}{\mathrm{d}z^2} = k^2 \vec{b} \quad (1.156)$$

注意方程式(1.155)是由海水运动导致的结果，所以应有 $b_y = 0$，b_z 应该满足：

$$\frac{\mathrm{d}^2 b_z}{\mathrm{d}z^2} = (k^2 + j\gamma)b_z - A\gamma \mathrm{e}^{-kz} \quad (1.157)$$

式(1.157)的解在当 $z\to\infty$ 时应为零，所以有

$$b_z = P\mathrm{e}^{[-z(k^2 + j\gamma)^{\frac{1}{2}}]} - jA\mathrm{e}^{-kz} \quad (1.158)$$

式中，P 为常数，由边界条件确定。

对于 $z<0$，由式(1.156)可得

$$\frac{\mathrm{d}^2 b_z}{\mathrm{d}z^2} = k^2 b_z \quad (1.159)$$

因为没有外部场源，要求式(1.159)的解在 $z\to -\infty$ 时消失，所以有

$$b_z = Q\mathrm{e}^{kz} \quad (1.160)$$

式中，Q 是常数，由边界条件确定。根据场的唯一性，b_z 及 $\mathrm{d}b_z/\mathrm{d}z$ 在 $z=0$ 处应连续，可以解得

$$P = \frac{2jkA}{k+(k^2+j\gamma)^{\frac{1}{2}}} \tag{1.161}$$

$$Q = \frac{A}{\gamma}[k-(k^2-j\gamma)^{\frac{1}{2}}]^2 \tag{1.162}$$

令 $\beta = \gamma/k^2 = \dfrac{\mu\sigma g^2}{\omega^3}$，有

对于 $z>0$，可得到

$$b_z = jA\left\{\frac{2}{1+(1+j\beta)^{\frac{1}{2}}}\cdot \mathrm{e}^{[-kz(1+j\beta)^{\frac{1}{2}}]} - \mathrm{e}^{-kz}\right\} \tag{1.163}$$

由式(1.153)得

$$b_x = -A\left\{\frac{2(1+j\beta)^{\frac{1}{2}}}{1+(1+j\beta)^{\frac{1}{2}}}\cdot \mathrm{e}^{[-kz(1+j\beta)^{\frac{1}{2}}]} - \mathrm{e}^{-kz}\right\} \tag{1.164}$$

对于 $z<0$，同样得到

$$b_x = \frac{jA}{\beta}[1-(1+j\beta)^{\frac{1}{2}}]\mathrm{e}^{kz} \tag{1.165}$$

$$b_z = \frac{-A}{\beta}[1-(1+j\beta)^{\frac{1}{2}}]\mathrm{e}^{kz} \tag{1.166}$$

式(1.163)~式(1.166)为此理论模型的精确解，完整的磁场表达式可以利用式(1.163)~式(1.166)代替式(1.152)中的 $\vec{b}(z)$ 得到。

但是，求解式(1.163)~式(1.166)的解析结果是比较困难的。对于短周期的波浪(周期小于 60s)，可得到近似的解析结果。短周期时，β 是很小的，可忽略 β 的高次项，利用 $(1+j\beta)^{\frac{1}{2}} = 1 + \frac{1}{2}j\beta + o(\beta^2)$ 及 $\mathrm{e}^{-\frac{j\beta kz}{2}}$ Taylor 展开式的前两项，则对于 $z>0$(海水中)，有

$$b_z = \frac{1}{4}\beta A(2kz+1)\mathrm{e}^{-kz} \tag{1.167}$$

$$b_x = \frac{1}{4}j\beta A(2kz-1)\mathrm{e}^{-kz} \tag{1.168}$$

对于z<0(空气中)，有

$$b_z = \frac{1}{4}\beta A e^{kz} \tag{1.169}$$

$$b_x = -\frac{1}{4}j\beta A e^{kz} \tag{1.170}$$

所以，对于海水中短周期的波浪，磁感应强度各分量表达式如下：

或

$$\begin{aligned}B_x &= \frac{1}{4}j\beta A(2kz-1)e^{j\omega t-jkx-kz}\\ B_x &= \frac{1}{4}\beta A(2kz-1)e^{-kz}\cdot e^{j\left(\omega t-kx+\frac{\pi}{2}\right)}\end{aligned} \tag{1.171}$$

或

$$\begin{aligned}B_z &= \frac{1}{4}\beta A(2kz+1)e^{j\omega t-jkx-kz}\\ B_z &= \frac{1}{4}\beta A(2kz+1)e^{-kz}\cdot e^{j(\omega t-kx)}\end{aligned} \tag{1.172}$$

$$B_x = -\frac{1}{4}j\beta A e^{j\omega t-jkx+kz} \tag{1.173}$$

$$B_z = \frac{1}{4}\beta A e^{j\omega t-jkx+kz} \tag{1.174}$$

式(1.171)与式(1.172)对应z>0，式(1.173)与式(1.174)对应z<0。对于长周期的波浪只能利用式(1.163)～式(1.166)进行求解。

进一步地，将A与β代入式(1.171)～式(1.174)，可得

$$B_x = \begin{cases} \dfrac{\mu\sigma a\omega}{2}\left(-z+\dfrac{1}{2k}\right)e^{-kz}\sqrt{F_x^2+F_z^2}\cos(kx-\omega t+\varphi_1), & z>0 \\ \dfrac{\mu\sigma a\omega}{2}\dfrac{1}{2k}e^{kz}\sqrt{F_x^2+F_z^2}\cos(kx-\omega t+\varphi_1), & z<0 \end{cases} \tag{1.175}$$

$$B_z = \begin{cases} \dfrac{\mu\sigma a\omega}{2}\left(-z-\dfrac{1}{2k}\right)e^{-kz}\sqrt{F_x^2+F_z^2}\cos(kx-\omega t-\varphi_2), & z>0 \\ -\dfrac{\mu\sigma a\omega}{2}\dfrac{1}{2k}e^{kz}\sqrt{F_x^2+F_z^2}\cos(kx-\omega t-\varphi_2), & z<0 \end{cases} \tag{1.176}$$

式中，

$$\begin{cases} \varphi_1 = \arctan\dfrac{F_x}{F_z} \\ \varphi_2 = \dfrac{\pi}{2}-\varphi_1 \end{cases}$$

同理，可以推导得到二维海浪的磁场响应如下：

$$B_x = \begin{cases} \dfrac{\mu\sigma a\omega}{2}\left(-z+\dfrac{1}{2k}\right)\mathrm{e}^{-kz}\sqrt{F_x^2\cos^2\theta+F_y^2\sin^2\theta+F_z^2} \\ \times\cos[kx\cos\theta+ky\sin\theta-\omega t+\varphi_1(\theta)]\cos\theta,\ z>0 \\ \dfrac{\mu\sigma a\omega}{2}\dfrac{1}{2k}\mathrm{e}^{kz}\sqrt{F_x^2\cos^2\theta+F_y^2\sin^2\theta+F_z^2} \\ \times\cos[kx\cos\theta+ky\sin\theta-\omega t+\varphi_1(\theta)]\cos\theta,\ z<0 \end{cases} \quad (1.177)$$

$$B_y = \begin{cases} \dfrac{\mu\sigma a\omega}{2}\left(-z+\dfrac{1}{2k}\right)\mathrm{e}^{-kz}\sqrt{F_x^2\cos^2\theta+F_y^2\sin^2\theta+F_z^2} \\ \times\cos[kx\cos\theta+ky\sin\theta-\omega t+\varphi_1(\theta)]\sin\theta,\ z>0 \\ \dfrac{\mu\sigma a\omega}{2}\dfrac{1}{2k}\mathrm{e}^{kz}\sqrt{F_x^2\cos^2\theta+F_y^2\sin^2\theta+F_z^2} \\ \times\cos[kx\cos\theta+ky\sin\theta-\omega t+\varphi_1(\theta)]\sin\theta,\ z<0 \end{cases} \quad (1.178)$$

$$B_z = \begin{cases} \dfrac{\mu\sigma a\omega}{2}\left(-z-\dfrac{1}{2k}\right)\mathrm{e}^{-kz}\sqrt{F_x^2\cos^2\theta+F_y^2\sin^2\theta+F_z^2} \\ \times\cos[kx\cos\theta+ky\sin\theta-\omega t-\varphi_2(\theta)],\ z>0 \\ -\dfrac{\mu\sigma a\omega}{2}\dfrac{1}{2k}\mathrm{e}^{kz}\sqrt{F_x^2\cos^2\theta+F_y^2\sin^2\theta+F_z^2} \\ \times\cos[kx\cos\theta+ky\sin\theta-\omega t-\varphi_2(\theta)],\ z<0 \end{cases} \quad (1.179)$$

式中，

$$\begin{cases} \varphi_1(\theta)=\arctan\dfrac{F_x\cos\theta+F_y\sin\theta}{F_z} \\ \varphi_2(\theta)=\dfrac{\pi}{2}-\varphi_1(\theta) \end{cases}$$

对于模拟的实际海浪情况，可以采用 Longuest-Higgins 线性叠加模型，由于不同频率海浪的叠加产生的感应海浪磁场等于各个不同频率海浪产生的感应海浪磁场的叠加，因此类似于式(1.133)~式(1.135)，可以推导得到一维海浪的磁场响应如下：

$$B_x(x,z,t) = \begin{cases} \dfrac{\mu\sigma}{4}\sqrt{F_x^2+F_z^2}\sum_{i=1}^{M}\dfrac{a_i\omega_i}{k_i}(-2zk_i+1)\mathrm{e}^{-k_iz} \\ \times\cos(k_ix-\omega_it+\varphi_1+\varepsilon_i),\ z>0 \\ \dfrac{\mu\sigma}{4}\sqrt{F_x^2+F_z^2}\sum_{i=1}^{M}\dfrac{a_i\omega_i}{k_i}\mathrm{e}^{k_iz} \\ \times\cos(k_ix-\omega_it+\varphi_1+\varepsilon_i),\ z<0 \end{cases} \quad (1.180)$$

$$B_z(x,z,t) = \begin{cases} -\dfrac{\mu\sigma\sqrt{F_x^2+F_z^2}}{4}\sum_{i=1}^{M}\dfrac{a_i\omega_i}{k_i}(2zk_i+1)\mathrm{e}^{-k_iz} \\ \times\cos(k_ix-\omega_it-\varphi_2+\varepsilon_i),\ z>0 \\ -\dfrac{\mu\sigma\sqrt{F_x^2+F_z^2}}{4}\sum_{i=1}^{M}\dfrac{a_i\omega_i}{k_i}\mathrm{e}^{k_iz} \\ \times\cos(k_ix-\omega_it-\varphi_2+\varepsilon_i),\ z<0 \end{cases} \quad (1.181)$$

同理，也可以推导得到二维海浪的磁场响应如下：

$$B_x(x,y,z,t) = \begin{cases} \dfrac{\mu\sigma}{4}\sum_{i=1}^{M}\sum_{j=1}^{N}\dfrac{a_{ij}\omega_i}{k_i}(-2zk_i+1)\mathrm{e}^{-k_iz}\sqrt{F_x^2\cos^2\theta_j+F_y^2\sin^2\theta_j+F_z^2} \\ \times\cos\left[k_ix\cos\theta_j+k_iy\sin\theta_j-\omega_it+\varphi_1(\theta_j)+\varepsilon_{ij}\right]\cos\theta_j,\ z>0 \\ \dfrac{\mu\sigma}{4}\sum_{i=1}^{M}\sum_{j=1}^{N}\dfrac{a_{ij}\omega_i}{k_i}\mathrm{e}^{k_iz}\sqrt{F_x^2\cos^2\theta_j+F_y^2\sin^2\theta_j+F_z^2} \\ \times\cos\left[k_ix\cos\theta_j+k_iy\sin\theta_j-\omega_it+\varphi_1(\theta_j)+\varepsilon_{ij}\right]\cos\theta_j,\ z<0 \end{cases} \quad (1.182)$$

$$B_y(x,y,z,t) = \begin{cases} \dfrac{\mu\sigma}{4}\sum_{i=1}^{M}\sum_{j=1}^{N}\dfrac{a_{ij}\omega_i}{k_i}(-2zk_i+1)\mathrm{e}^{-k_iz}\sqrt{F_x^2\cos^2\theta_j+F_y^2\sin^2\theta_j+F_z^2} \\ \times\cos\left[k_ix\cos\theta_j+k_iy\sin\theta_j-\omega_it+\varphi_1(\theta_j)+\varepsilon_{ij}\right]\sin\theta_j,\ z>0 \\ \dfrac{\mu\sigma}{4}\sum_{i=1}^{M}\sum_{j=1}^{N}\dfrac{a_{ij}\omega_i}{k_i}\mathrm{e}^{k_iz}\sqrt{F_x^2\cos^2\theta_j+F_y^2\sin^2\theta_j+F_z^2} \\ \times\cos\left[k_ix\cos\theta_j+k_iy\sin\theta_j-\omega_it+\varphi_1(\theta_j)+\varepsilon_{ij}\right]\sin\theta_j,\ z<0 \end{cases} \quad (1.183)$$

$$B_z(x,y,z,t) = \begin{cases} -\dfrac{\mu\sigma}{4}\sum_{i=1}^{M}\sum_{j=1}^{N}\dfrac{a_{ij}\omega_i}{k_i}(2zk_i+1)\mathrm{e}^{-k_iz}\sqrt{F_x^2\cos^2\theta_j+F_y^2\sin^2\theta_j+F_z^2} \\ \times\cos\left[k_ix\cos\theta_j+k_iy\sin\theta_j-\omega_it-\varphi_2(\theta_j)+\varepsilon_{ij}\right],\ z>0 \\ -\dfrac{\mu\sigma}{4}\sum_{i=1}^{M}\sum_{j=1}^{N}\dfrac{a_{ij}\omega_i}{k_i}\mathrm{e}^{k_iz}\sqrt{F_x^2\cos^2\theta_j+F_y^2\sin^2\theta_j+F_z^2} \\ \times\cos\left[k_ix\cos\theta_j+k_iy\sin\theta_j-\omega_it-\varphi_2(\theta_j)+\varepsilon_{ij}\right],\ z<0 \end{cases} \quad (1.184)$$

式中，

$$\begin{cases} \varphi_1(\theta_j)=\arctan\dfrac{F_x\cos\theta_j+F_y\sin\theta_j}{F_z} \\ \varphi_2(\theta_j)=\dfrac{\pi}{2}-\varphi_1(\theta_j) \end{cases}$$

式中，a_i 与 a_{ij} 可以根据选取的海浪谱而定。

由式(1.180)~式(1.184)可以得到一维与二维海浪感应磁场的功率谱分别为

一维海浪感应磁场功率谱为

$$P(B_x) = \begin{cases} \dfrac{g\mu^2\sigma^2}{16}\left(F_x^2 + F_z^2\right)\dfrac{(-2zk+1)^2}{k}e^{-2kz}\dfrac{a^2}{\Delta k}, & z > 0 \\ \dfrac{g\mu^2\sigma^2}{16}\left(F_x^2 + F_z^2\right)\dfrac{1}{k}e^{2kz}\dfrac{a^2}{\Delta k}, & z < 0 \end{cases} \quad (1.185)$$

$$P(B_z) = \begin{cases} \dfrac{g\mu^2\sigma^2}{16}\left(F_x^2 + F_z^2\right)\dfrac{(2zk+1)^2}{k}e^{-2kz}\dfrac{a^2}{\Delta k}, & z > 0 \\ \dfrac{g\mu^2\sigma^2}{16}\left(F_x^2 + F_z^2\right)\dfrac{1}{k}e^{2kz}\dfrac{a^2}{\Delta k}, & z < 0 \end{cases} \quad (1.186)$$

二维海浪感应磁场功率谱为

$$P(B_x) = \begin{cases} \dfrac{g\mu^2\sigma^2}{16}\left(F_x^2\cos^2\theta + F_y^2\sin^2\theta + F_z^2\right)\cos^2\theta\dfrac{(-2zk+1)^2}{k}e^{-2kz}\dfrac{a^2}{\Delta k\Delta\theta}, & z > 0 \\ \dfrac{g\mu^2\sigma^2}{16}\left(F_x^2\cos^2\theta + F_y^2\sin^2\theta + F_z^2\right)\cos^2\theta\dfrac{1}{k}e^{2kz}\dfrac{a^2}{\Delta k\Delta\theta}, & z < 0 \end{cases} \quad (1.187)$$

$$P(B_y) = \begin{cases} \dfrac{g\mu^2\sigma^2}{16}\left(F_x^2\cos^2\theta + F_y^2\sin^2\theta + F_z^2\right)\sin^2\theta\dfrac{(-2zk+1)^2}{k}e^{-2kz}\dfrac{a^2}{\Delta k\Delta\theta}, & z > 0 \\ \dfrac{g\mu^2\sigma^2}{16}\left(F_x^2\cos^2\theta + F_y^2\sin^2\theta + F_z^2\right)\sin^2\theta\dfrac{1}{k}e^{2kz}\dfrac{a^2}{\Delta k\Delta\theta}, & z < 0 \end{cases} \quad (1.188)$$

$$P(B_z) = \begin{cases} \dfrac{g\mu^2\sigma^2}{16}\left(F_x^2\cos^2\theta + F_y^2\sin^2\theta + F_z^2\right)\dfrac{(2zk+1)^2}{k}e^{-2kz}\dfrac{a^2}{\Delta k\Delta\theta}, & z > 0 \\ \dfrac{g\mu^2\sigma^2}{16}\left(F_x^2\cos^2\theta + F_y^2\sin^2\theta + F_z^2\right)\dfrac{1}{k}e^{2kz}\dfrac{a^2}{\Delta k\Delta\theta}, & z < 0 \end{cases} \quad (1.189)$$

由公式可知，海浪磁场效应的振幅随波数与频率存在变化，在某些频段功率增大，而在另一些频段功率会减小。

二、静态测量状态下海浪的磁力响应特征

由式(1.177)~式(1.179)可知，海浪的磁场响应与海水磁导率、电导率、波浪幅度及地磁场强度成正比。在海面以上，海浪的磁场响应随观测高度按照指数规律即 e^{kz}（$z<0$）衰减，且波长越长的海浪，衰减越慢；而在海面以下，海浪的磁场响应大小 B_x 或 B_y 与 B_z 随观测高度分别按照 $(-2kz+1)e^{-kz}$ 与 $(2kz+1)e^{-kz}$（$z>0$）的规律衰减，如图1.29所示。由图可见，当波浪波长较短时，磁场响应的垂直分量随 z 增加先由零值增大到最大值后再减小最后趋于零值，存在一个极值点，对应极大值的深度位置在海水中，其深度与波浪的波长密切相关；而磁场响应的水平分量随 z 增加先由零值减小到极小值后再增大到极大值后再减小最后趋于零值,存在两个极值点,一个在海面,另一个在海水中,极值点的深度位置也与波浪的波长密切相关,而且对$(-2kz+1)e^{-kz}$与$-(2kz+1)e^{-kz}(z>0)$求垂向导数可得到$k(2kz-3)e^{-kz}$与$k(2kz-1)e^{-kz}(z>0)$,再令其为0,则可得到海水中的极大值深度分别为$3/(2k)$与$1/(2k)$,所以一般水平分量最大值对应的深度为垂直分量最大值对应深度的3倍。

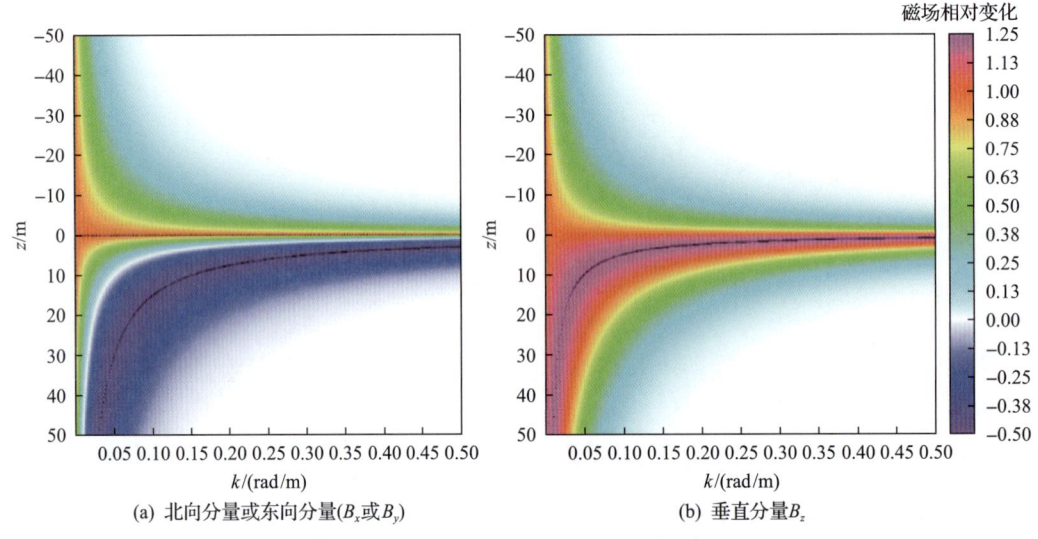

图1.29 不同波长海浪的磁场响应随深度 z 的衰减规律(黑点表示极点位置)

(a) 北向分量或东向分量(B_x或B_y)

(b) 垂直分量B_z

当海浪波长增加时,由水平分量与垂直分量在海水中极大值深度 $3/(2k)$ 与 $1/(2k)$ 可知,极大值的深度位置会加深,致使水平分量和垂直分量从海面到极大值位置随深度的变化非常缓慢,但是波长越长,极大值变得越小。这意味着波浪波长越长,在海水中磁场响应的影响范围越深,但是影响程度会减弱,而当波浪波长较短时磁场响应随波长的增加而增大。而且由$(-2kz+1)^2$与$(2kz+1)^2(z>0)$分析可知,若不考虑地磁场的影响,海浪在海水中磁场响应的垂直分量的能量要大于水平分量的能量;由水平分量与垂直分量随深度的变化速度$k(2kz-3)e^{-kz}$与$k(2kz-1)e^{-kz}(z>0)$可知,前者明显要大于后者。

为了分析海浪的磁场响应随海浪周期或波长的变化特征,采用P-M海浪谱,地磁场强度、倾角与偏角分别为44000nT、20°与10°,海水磁导率与电导率分别为$\mu=\mu_0=4\pi\times10^{-7}$H/m 与 4.5S/m,$U_{19.5}=28$m/s,观测深度为0~1000m,计算得到水平分量与垂直分量的功率-频率谱(图1.30)与功率-波数谱(图1.31)。可见,能量主要集中于某一频段范围,水平分量存在两个极值点,而垂直分量仅存在一个极值点;随着频率增大,极值点的位置逐渐向海面靠近,相反随着频率减小,极值点的位置快速加深。

由于近海底磁力测量的计划深度为1000m,因此计算了该深度在不同风速情况下的水平分量与垂直分量的功率-频率谱(图1.32),其他参数与图1.30和图1.31的一致。

可见,海浪的磁场能量随海况的增长而迅速地增加,随着海况的增长,中心频率逐渐向低频方向移动,这与海浪谱的分布特征是吻合的,而且海浪感应磁场的功率在1000m深度9级以上的海况才能达到$1nT^2/(rad/s)$量级,且垂直分量的功率略大于水平分量的功率,这是所设置的地磁场倾角和偏角较小的缘故。

假设主风向(即 $\alpha=0°$),计算得到水平分量与垂直分量的方向-频率谱,如图1.33所示。其中,观测深度为1000m,$U_{19.5}$=28m/s,其他参数与图1.30和图1.31的一致。可见,水平分量的能量小于垂直分量的能量,东向分量最小且存在两个极大值,方位约为±30°。

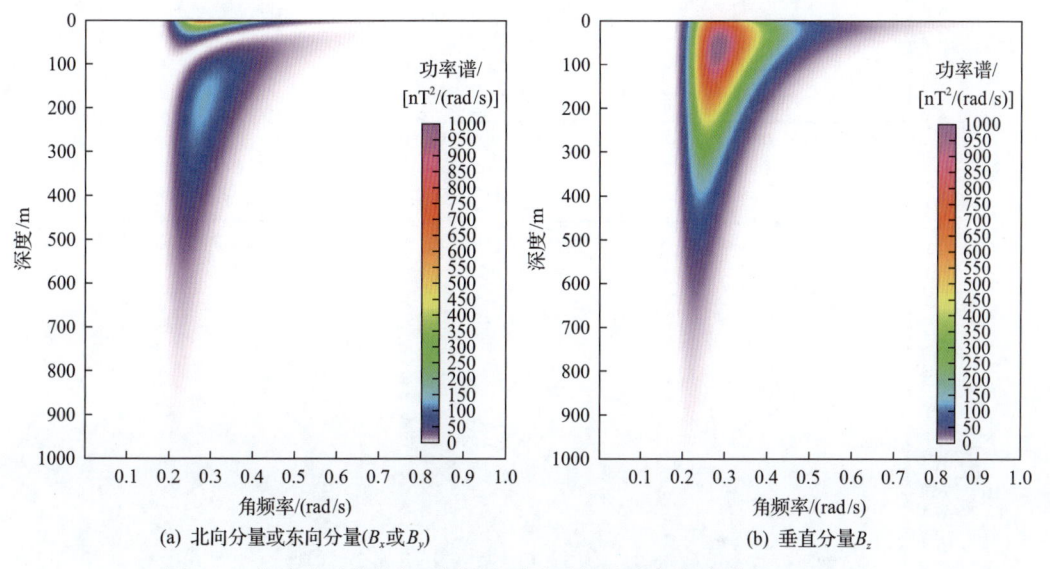

(a) 北向分量或东向分量(B_x或B_y)

(b) 垂直分量B_z

图1.30 海浪水平分量在不同深度感应磁场的功率-频率谱($U_{19.5}$=28m/s)

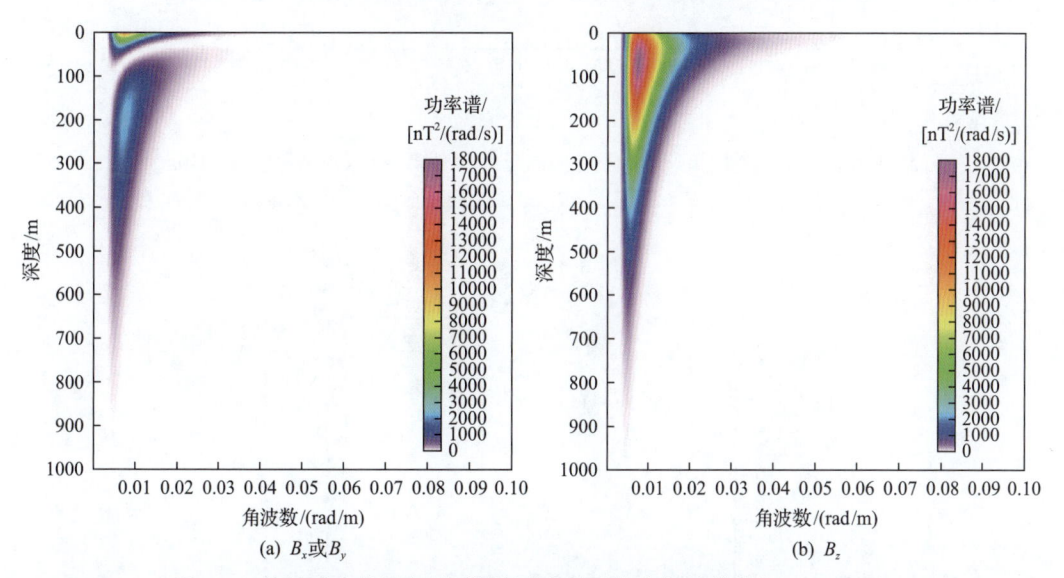

(a) B_x或B_y

(b) B_z

图1.31 海浪垂直分量在不同深度感应磁场的功率-波数谱($U_{19.5}$=28m/s)

(a) 北向或东向分量(B_x或B_y)

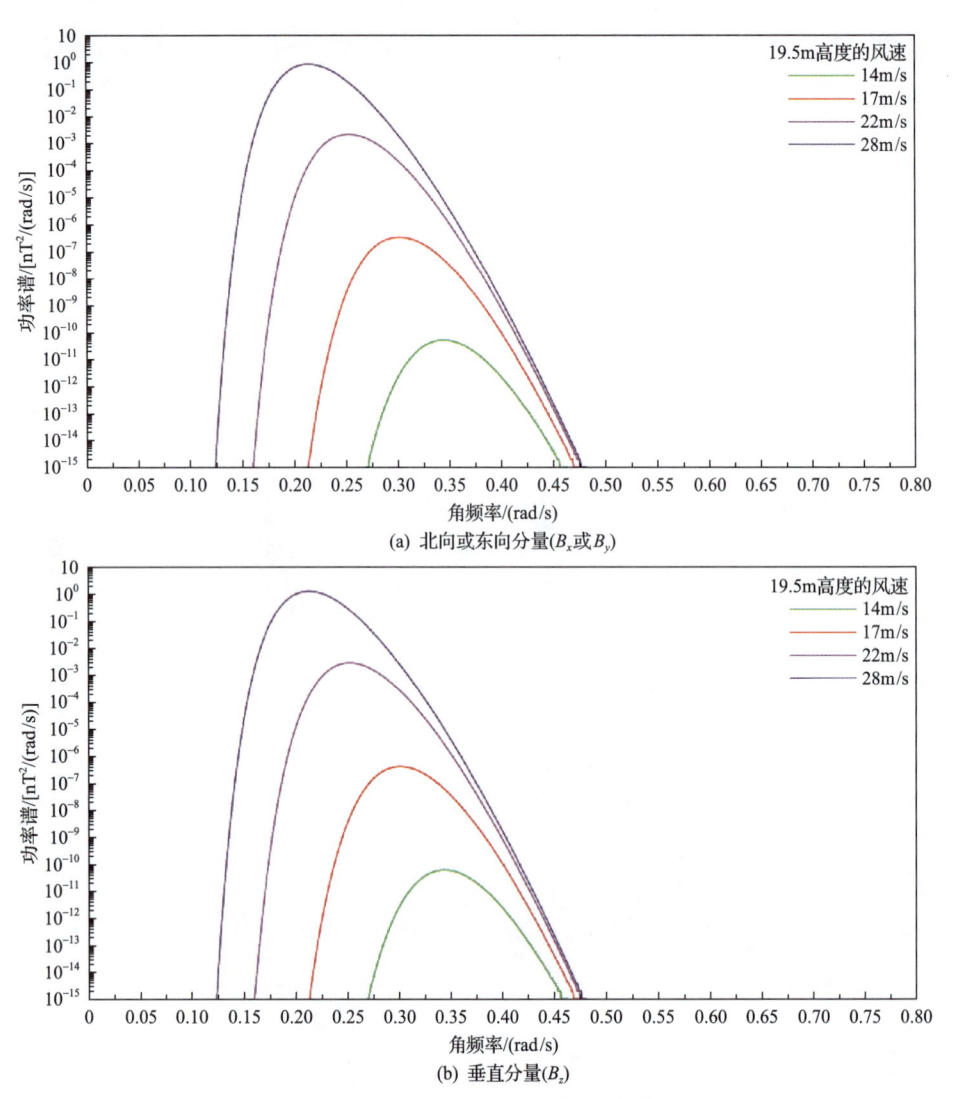

(b) 垂直分量(B_z)

图 1.32　海浪在不同风速情况下感应磁场的功率-频率谱（观测深度为 1000m）

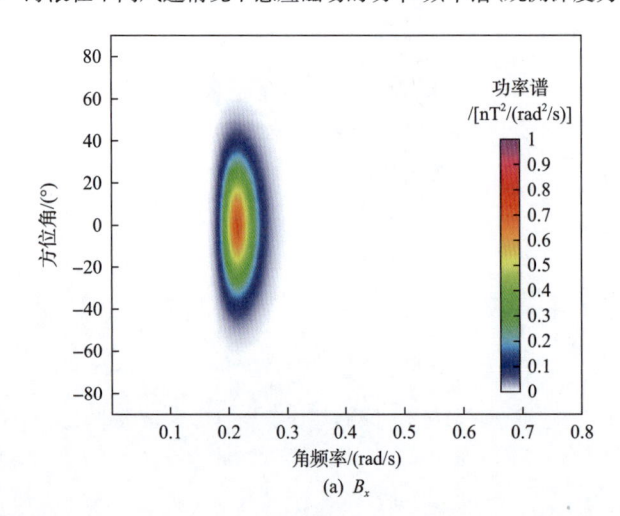

(a) B_x

(b) B_y

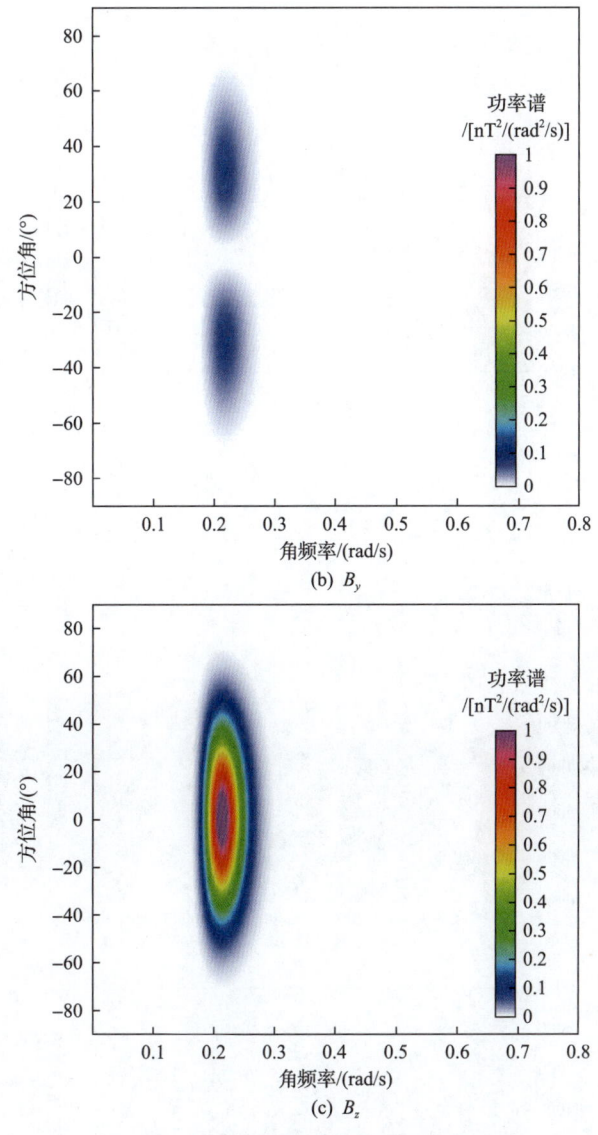

(c) B_z

图 1.33 二维海浪磁场三分量的方向谱

观测深度为 1000m，$U_{19.5}$=28m/s

  为了模拟实测海浪的磁场响应，采用 P-M 谱、ISSC 方向谱，主风向为 45°，观测深度为 1000m，$U_{19.5}$=28m/s，其他参数与图 1.30 和图 1.31 的一致，模拟了 10s 磁场响应的空间分布如图 1.34 所示，以及 (0m, 0m, 1000m) 处的磁场响应随时间的变化如图 1.35 所示，在不同风速下模拟的海洋磁场响应随时间变化如图 1.36 所示。其中，空间采样间隔为 10m×10m，时间采样间隔为 1s。

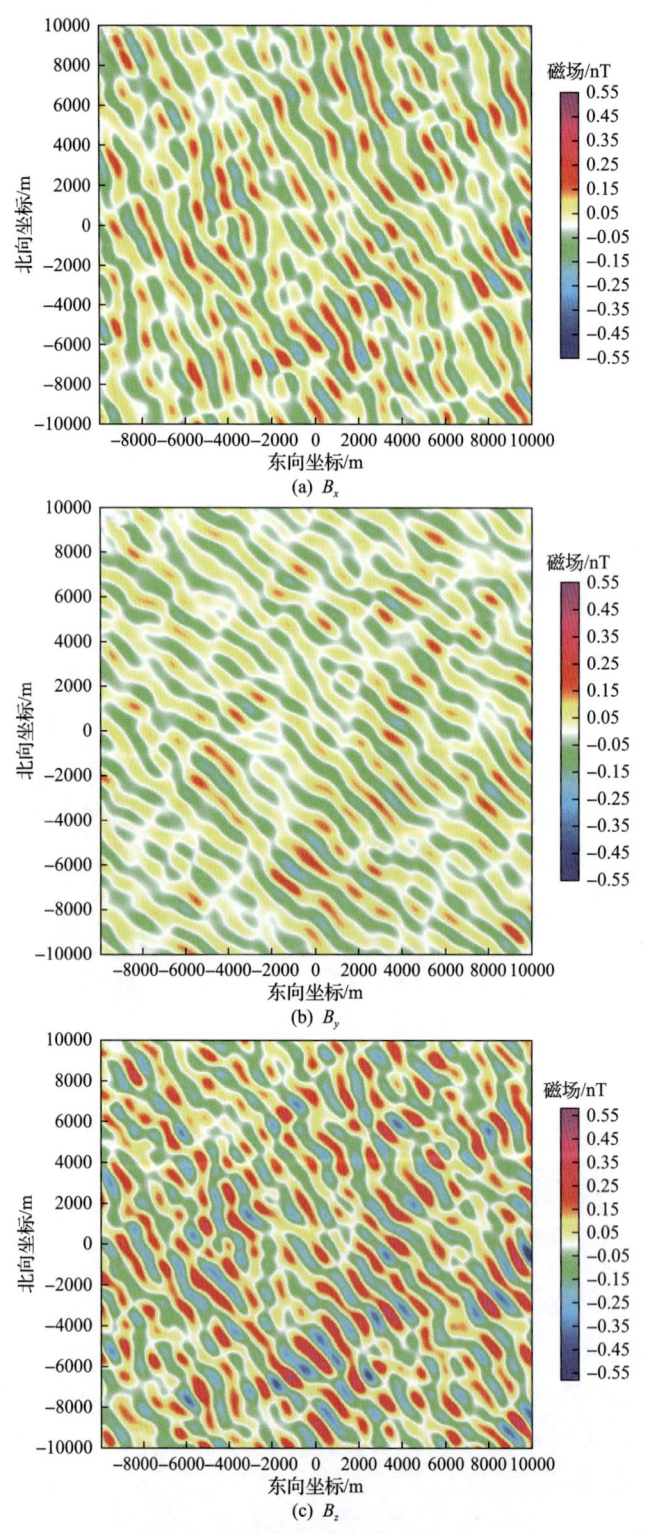

图1.34 模拟海洋磁场响应的空间分布

观测深度为1000m，$U_{19.5}$=28m/s，主风向为45°，t=10s

第一章　海洋环境的重磁场响应及其对测量的影响 · 61 ·

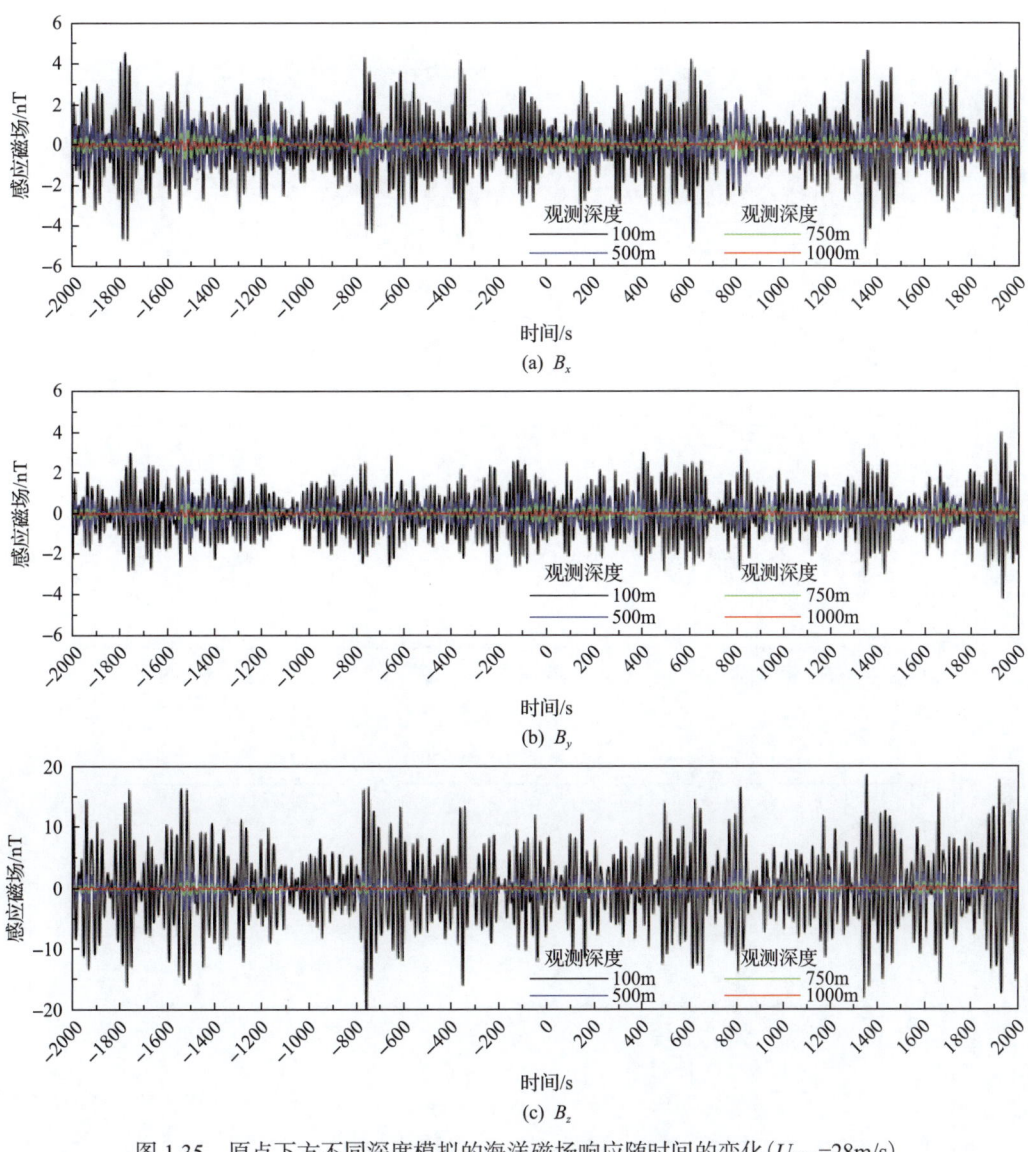

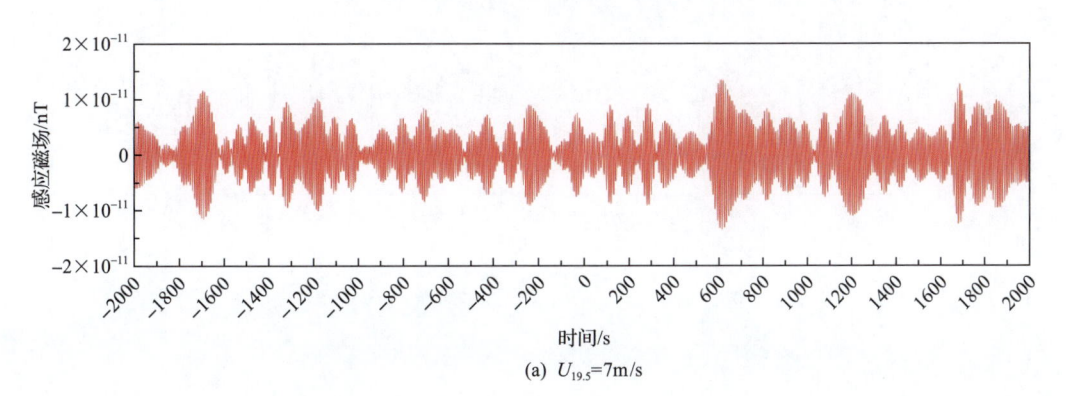

(a) B_x

(b) B_y

(c) B_z

图1.35　原点下方不同深度模拟的海洋磁场响应随时间的变化（$U_{19.5}$=28m/s）

(a) $U_{19.5}$=7m/s

(b) $U_{19.5}=11\text{m/s}$

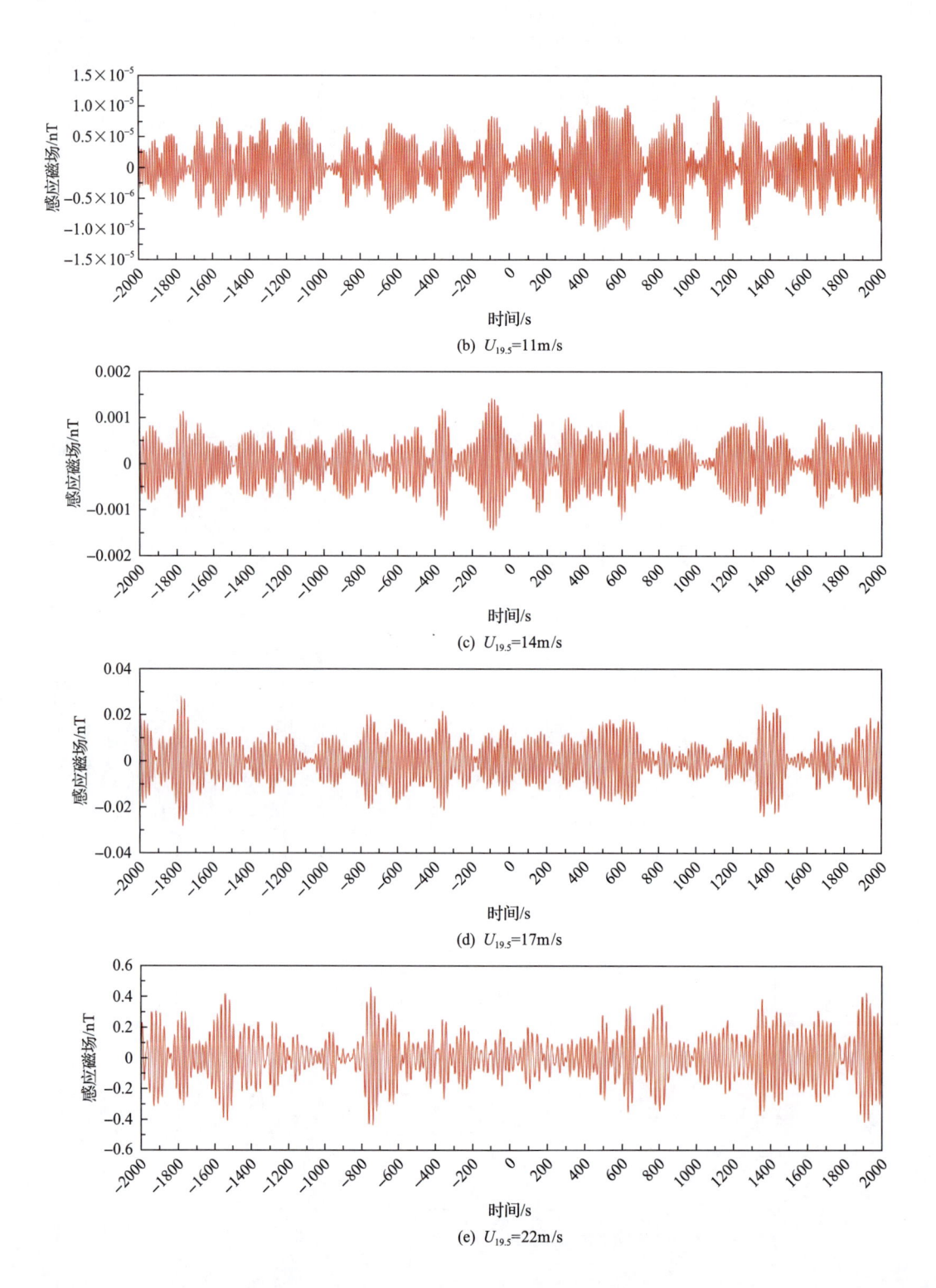

(c) $U_{19.5}=14\text{m/s}$

(d) $U_{19.5}=17\text{m/s}$

(e) $U_{19.5}=22\text{m/s}$

(f) $U_{19.5}=28$m/s

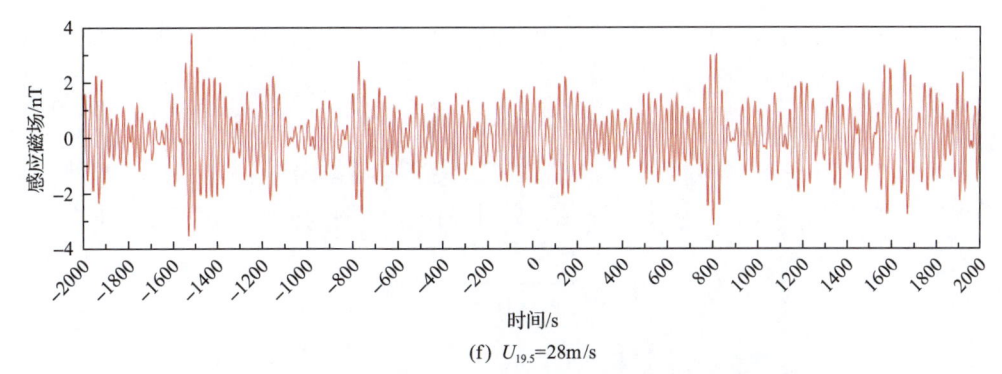

图 1.36　不同风速情况下模拟的海洋磁场响应随时间的变化

观测点位于原点下方 500m

三、动态测量状态下海浪的磁场响应特征

由于在实际的近海底磁力度测量中，母船拖着测量拖体按照测线行进，因此为了更加接近实际情况，主要分析动态测量状态下海浪的磁力响应特征。为简化运算，此处假设拖体按照某一固定方向(γ)与某一固定深度匀速(v)前行(图 1.19)，则拖体在 t 时刻的水平位置为

$$\begin{cases} x(t) = x_0(t_0) + v(t-t_0)\cos\gamma \\ y(t) = y_0(t_0) + v(t-t_0)\sin\gamma \end{cases} \tag{1.190}$$

式中，x_0 与 y_0 分别为拖体在 t_0 时刻的水平 X 轴坐标与 Y 轴坐标。

假设初始时间与初始水平位置分别为 0s 及 (0m, 0m)，将式(1.190)代入式(1.182)~式(1.184)，可以发现拖体携带磁力传感器所采集信号的角频率已经由 ω 变成为

$$\omega' = \omega\left[\frac{v\omega}{g}\cos(\theta-\gamma) - 1\right] \tag{1.191}$$

可以看出，拖体在运动状态下其磁力传感器采集的海浪感应磁场的信号发生了多普勒效应，即频带范围发生了变化，该效应主要由拖体航速、海浪传播方向与拖体航向之间夹角这两个因素决定。为了分析频带迁移方向，根据 $\omega' - \omega = \omega\left[\dfrac{v\omega}{g}\cos(\theta-\gamma) - 2\right]$，当 $\omega > \dfrac{2g}{v\cos(\theta-\gamma)}$ 时，频带 ω' 向高频迁移，当 $\omega < \dfrac{2g}{v\cos(\theta-\gamma)}$ 时，频带 ω' 向低频迁移。在实际工作中，我们希望频带 ω' 整体向高频迁移，这意味着需要 $v\cos(\theta-\gamma)$ 足够大，即要求航速足够大及航向与主风向一致。由式(1.191)还可以发现，ω' 是 ω 的二次函数，存在一个极小值点，即

$$\frac{d\omega'}{d\omega} = 2\cos(\theta-\gamma)\frac{v}{g}\omega - 1 = 0 \text{ 与 } \omega = \frac{g}{2v\cos(\theta-\gamma)} \tag{1.192}$$

此时，意味着频带 ω' 变得很窄，又由于探测信号无论在静止还是运动情况其总功率

不变，所以在此运动状态下采集的信号功率谱将变成频带很窄的尖峰，其位置为

$$\omega' = \frac{g}{4v\cos(\gamma-\theta)} \tag{1.193}$$

我们当然希望该位置向高频迁移，则要求航速足够小且航向与主风向垂直。显然，这个要求与前述要求相矛盾。为了解决该矛盾，并且寻找一个最佳的航速与航向，我们期望：

$$2\omega_{\max} > \frac{2g}{v\cos(\theta-\gamma)} > \omega_{\min} \tag{1.194}$$

即

$$\frac{g}{\omega_{\max}} < v\cos(\theta-\gamma) < \frac{2g}{\omega_{\min}} \tag{1.195}$$

例如，对于 $U_{19.5}$=10m/s 的情况，根据图 1.15 可知，可确定 $\omega_{\min}$=0.5 rad/s 与 $\omega_{\max}$ = 2 rad/s，假设航向与主风向一致，则 4.905m/s < v < 39.24 m/s。这意味着在实际工作中，需要事先根据海况估算海浪波动的频带范围，然后根据式(1.195)确定最佳航向与航速，但是航向需要尽量不垂直于海浪的传播方向，航速不能低于 $\dfrac{g}{\omega_{\max}\cos(\theta-\gamma)}$ 且不能大于 $\dfrac{2g}{\omega_{\min}\cos(\theta-\gamma)}$。

为了验证上述分析的正确性，我们开展了一些实际的模拟验证。采用 P-M 谱、ISSC 方向谱，航向与主风向均为 45°，观测深度为 1000m，$U_{19.5}$=28m/s，拖体沿主风向分别以 0kn、5kn、10kn 与 20kn 速度前行，模拟得到磁力传感器的测量结果如图 1.37 所示（采样率为 1Hz），功率谱如图 1.38 所示。

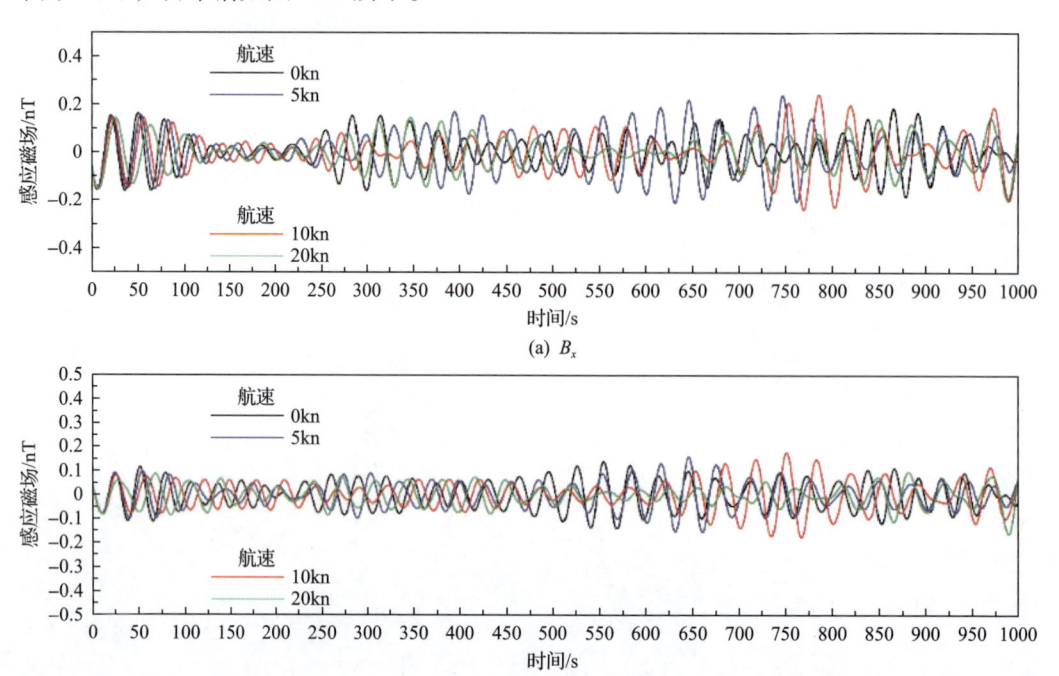

(a) B_x

(b) B_y

(c) B_z

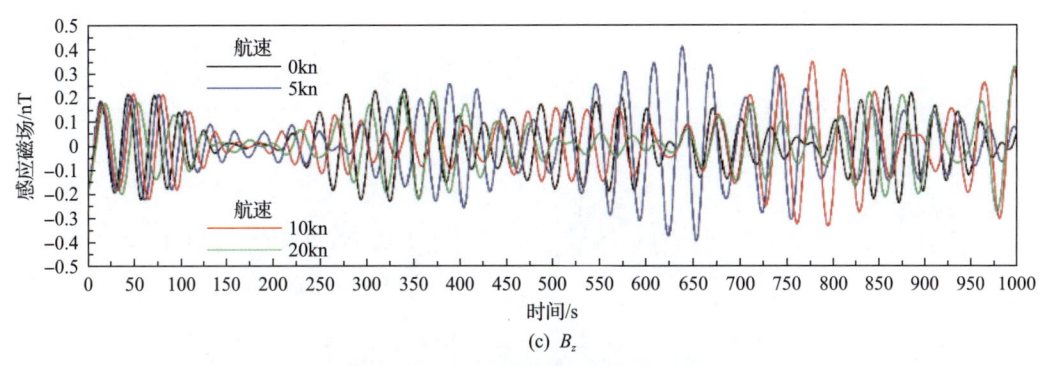

图 1.37 模拟动态测量状态下海浪的感应磁场

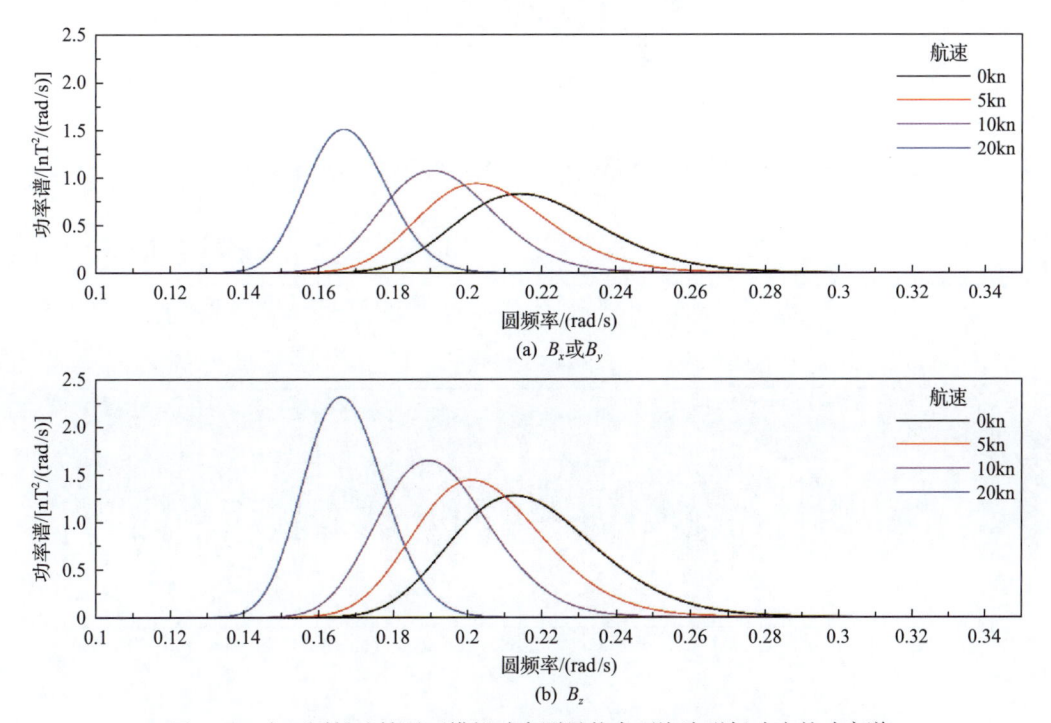

(a) B_x 或 B_y

(b) B_z

图 1.38 在不同航速情况下模拟动态测量状态下海浪磁场响应的功率谱

从图 1.38 中可以看出，随着载体运动速度的增加，磁探仪接收到的海浪磁场信号存在明显的多普勒效应。磁探仪静止条件下的采样信号能量主要集中在 0.18~0.26rad/s，而磁探仪在载体运动速度为 20kn 时接收信号的主要频段集中在 0.14~0.2rad/s，存在明显的频带变化和频率移动。

采用上述相同条件，拖体分别沿与主风向成 90°、60°、30°、15°与 0°方向且以 20kn 速度前行，模拟得到测点的磁场响应如图 1.39 所示（采样率为 1Hz），功率谱如图 1.40 所示。

从图 1.40 分析可知，当飞行方向与海浪传播方向接近时，海浪磁场信号的频率更加集中，频带范围更窄；随着飞行方向与海浪传播方向夹角的增大，海浪磁场信号的带宽变窄，并且明显向低频方向扩展。

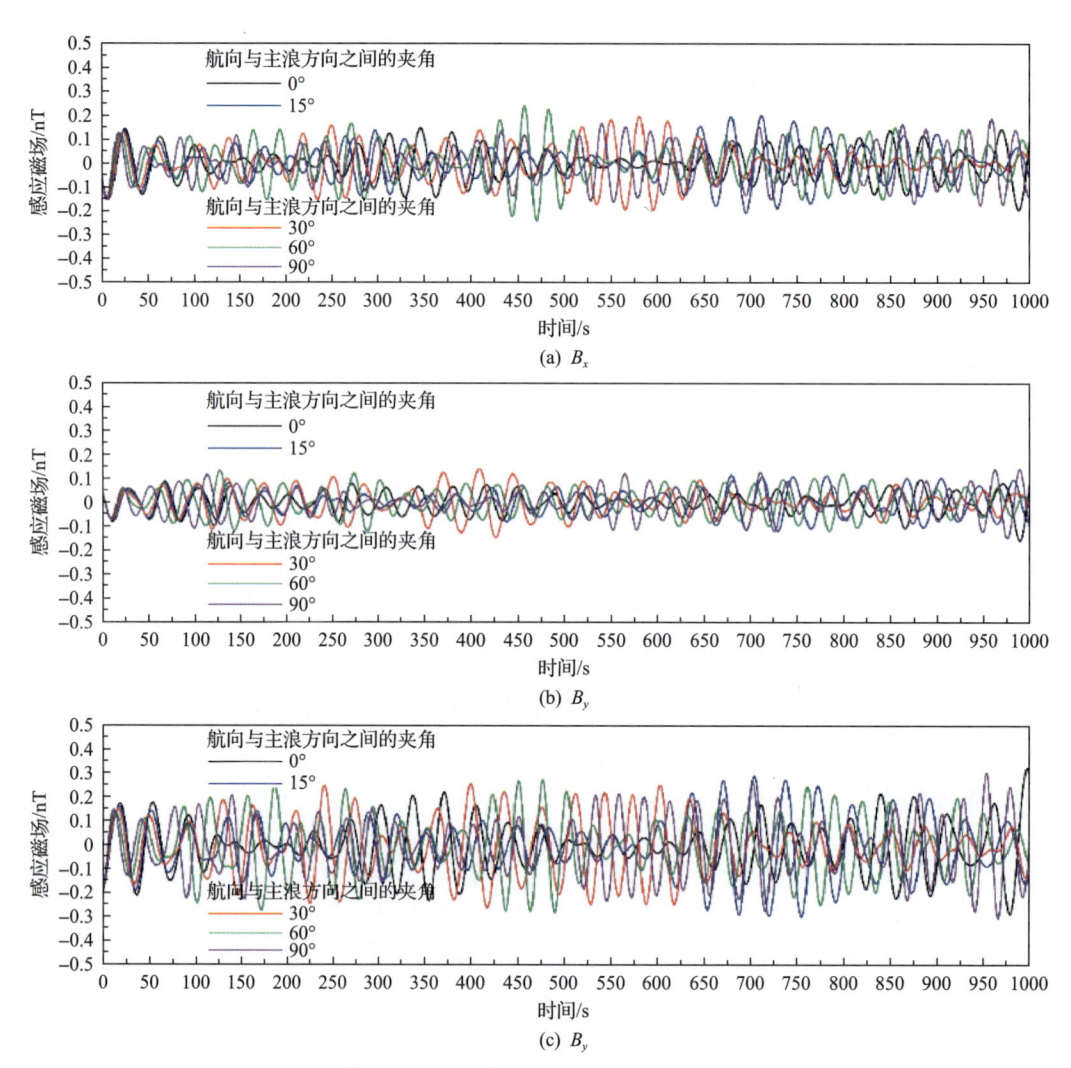

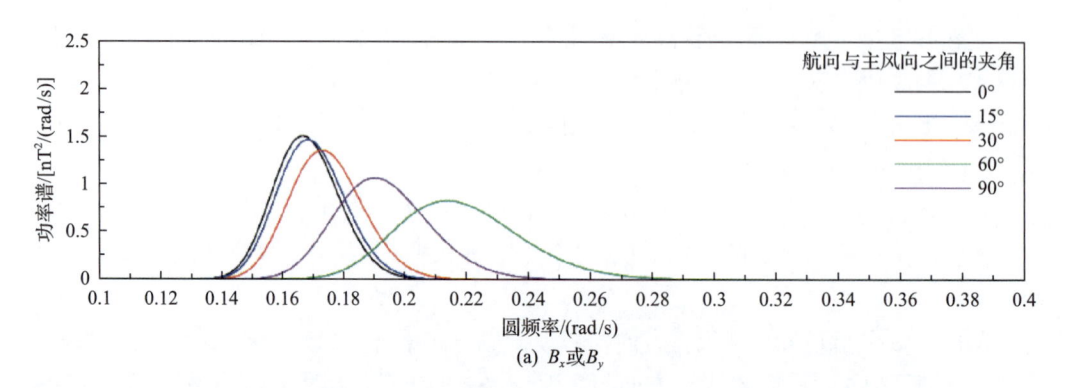

图 1.39 模拟动态测量状态下不同航向时海浪的磁场响应

(b) B_z

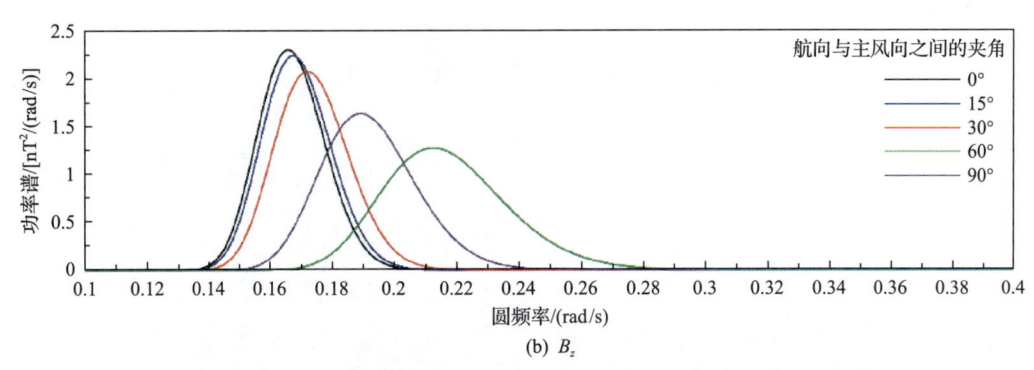

图 1.40 模拟动态测量状态下不同航向时海浪的磁场响应功率谱

四、海浪影响的消除方法

根据上述海浪磁场响应特征，现提出对其影响的消除方法（分为三个层面）如下。

(1) 根据预报海况等级与母船实测的海浪浪高，再根据海浪磁场响应特征，通过设定拖体深度，直接降低海浪对磁力测量的影响，因为在 8 级海况以下（不包括 8 级）时，海浪在 1000m 深度的感应磁场大小低于 1nT，所以完全可以忽略。

(2) 根据预报海况等级与母船实测的海浪浪高及海浪传播方向，再根据海浪磁场响应特征及拖体深度，通过调节航速与航向及采样率，可直接消除海浪感应磁场的影响；或者在已有采样率固定的情况下，通过设计滤波器，对重磁测量数据进行相应的低通滤波，也可以采用小波多尺度分解方法（王志刚，2011；朱兴乐等，2014）、基于 LMS 算法的自适应滤波（邓鹏和林春生，2009；孙华，2013）及其他方法（熊雄等，2015），以降低海浪的影响。

(3) 根据母船实测的海浪浪高数据与海水温盐数据、实测区的浮标数据，以及预报或实测的海浪等级及其主要传播方向，构建满足观测条件的二维时变海浪模型，再根据实时海浪模型计算实测点位的磁场响应，从而完成近海底磁力测量对海浪影响的校正处理。

第二章　海洋水下位场转换理论与方法技术

如何获得水下空间的重力场、磁场，通常采用的技术是利用水面船载的重力数据、磁力数据向下延拓。而这样的技术存在巨大问题，当从低精度向高精度数据拓展时，一则低精度数据不能囊括高精度信息，二则从数学角度由低到高无法收敛，不可靠。本章创造了利用船载重力场、磁场数据，结合少量水下重力、磁力数据，建立约束模型，构建起水下"探海谛听"采集的数据到水面这样的三维空间的重力场、磁场模型的原创技术。

高精度重磁勘探是深水及复杂油气构造、超深水和极地等环境下油气勘探与开发中不可或缺的一项技术手段。海洋重磁测量的目的是获取海底地质构造及其与油气和矿产资源相关的异常信息，从而深入研究海底地质结构及与油气资源相关的岩石、构造信息。建立深水环境下的重力场分布规律及地磁场总场与三分量磁场分布规律与模型，能够为水下重磁数据采集、处理与反演解释奠定理论基础。

构建海域的重力场模型，需要构建区域场与背景场。对于重力场和磁场而言，引起有意义重磁异常的地质构造在海底及其以下位置。因此，在海面测得的异常通常为幅值较小、频率较低的区域异常，而其中由勘探目标体引起的异常信息非常微弱。另外，重力异常随观测点和场源点之间距离的平方衰减。水下观测因靠近场源体，重力异常从海面至海底通常表现为异常幅值逐渐增大，异常中的高频成分逐渐增多，勘探目标体所引起的重力异常明显强于海面观测异常中的有用异常。磁力异常随观测点和场源点之间距离的三次方衰减，因此它比重力异常更容易受到观测位置的影响。实施水下重磁测量可使观测抵近勘探目标，获得更为详细可靠的海底重磁异常数据，构建更为精确的区域场模型。

水下空间的重磁场建模基于海底场源以外空间的位场理论，利用海底重磁测量且经过海水重磁效应校正后的重磁场数据，通过曲面向上延拓技术从海底延拓到海面形成水下空间的三维重磁场模型，其精度和分辨率高于通过传统水面重磁测量数据向下延拓获得的重磁数据体。在海底重磁测量范围有限的情况下，通过海底重磁测量对水面测量向下延拓结果进行标定和修正，也会得到精度和分辨率更高的数据体。

本章将介绍利用高精度水下重磁勘探数据约束延拓构建海域区域场，依次介绍稳定向下延拓的方法，延拓前需进行的校正内容。

第一节　稳定向下延拓的方法

位场延拓在磁力、重力资料处理中有重要的应用，最常用的位场延拓方法有等效源法和快速傅里叶变换法（FFT）。基于 FFT 的方法只适用于平面位场的向上延拓计算，而对于向下延拓的计算具有较强的不稳定性。本节首先比较五种现阶段常用的向下延拓方法——波数域迭代法、泰勒级数迭代法、水平导数迭代法、3阶Adams-Bashforth法和等效源法的优缺点，优选出相对稳定的向下延拓方法，并在此方法的基础上进行约束向下延拓算法的研究。

一、波数域迭代法

根据位场延拓理论，观测位场$u_0(x_1,y_1,z_0)$与向下延拓位场$u_0(x,y,z)$之间满足如下关系：

$$u_0(x,y,z) = \frac{h}{2\pi} \times \int_{-\infty}^{\infty}\int_{-\infty}^{\infty} \frac{u_0(x_1,y_1,z_0)}{[(x-\xi)^2+(y-\eta)^2+h^2]^{3/2}} dx_1 dy_1 \quad (2.1)$$

式中，h为向下延拓的距离。式(2.1)属于第一类弗雷德霍姆积分方程，具有实对称核，且可以表示为如下二维褶积形式：

$$u_0(x,y,z) = u_0(x,y,z_0) * \phi(x,y,h) \quad (2.2)$$

式中，

$$\phi(x,y,h) = h/[2\pi(x^2+y^2+h^2)^{3/2}] \quad (2.3)$$

对式(2.2)进行傅里叶变换：

$$U_0(u,v,z) = U_0(u,v,z_0) \cdot \Phi(u,v,h) \quad (2.4)$$

式中，$U_0(u,v,z_0)$、$U_0(u,v,z)$分别为观测位场和向下延拓位场的傅里叶变换，分别称为观测平面位场波谱和向下延拓平面位场波谱，其中u和v分别为不同方向的波数。式(2.4)中，

$$\Phi(u,v,h) = e^{h\cdot 2\pi\sqrt{u^2+v^2}} \quad (2.5)$$

称为延拓的波数域算子。对式(2.4)进行傅里叶逆变换即可得向下延拓位场，即

$$u_0(x,y,z) = \text{FFT}^{-1}[U_0(u,v,0) \cdot \Phi^{-1}(u,v,h)] \quad (2.6)$$

上述延拓过程可进行多次迭代以提高计算精度，形成波数域迭代方法，空间域迭代过程表示为

$$u_n(x,y,z) = u_{n-1}(x,y,z) + s[u_0(x,y,z_0) - u_{n-1}(x,y,z) * \phi(x,y,h)] \quad (2.7)$$

对公式(2.7)两边进行傅里叶变换，且取步长为1，可得波数域迭代公式：

$$U_n(u,v,z) = U_{n-1}(u,v,z) \cdot [1 - \Phi(u,v,z)] + U_0(u,v,z_0) \quad (2.8)$$

式(2.8)迭代过程一直进行到满足如下迭代终止准则：

$$\max |U_n(u,v,z) - U_{n-1}(u,v,z)| < \varepsilon \tag{2.9}$$

式中，ε 为设定的较小常数。

二、泰勒级数迭代法

根据对上述波数域迭代法的介绍，波数域向下延拓算子可写为式(2.5)，利用泰勒展开将其表示为

$$\Phi(u,v,h) = \sum_{n=0}^{\infty} \frac{\left(2\pi\sqrt{u^2+v^2}\cdot h\right)^n}{n!} \tag{2.10}$$

为了削弱该算子对数据中高频干扰的放大作用，可取前 N 项，截断形式为

$$\Phi(u,v,h) = \sum_{n=0}^{N} \frac{\left(2\pi\sqrt{u^2+v^2}\cdot h\right)^n}{n!} \tag{2.11}$$

利用该截断形式进行向下延拓，表示为

$$u_0(x,y,z) = \text{FFT}^{-1}\left[U_0(u,v,z_0)\cdot \sum_{n=0}^{N} \frac{\left(2\pi\sqrt{u^2+v^2}\cdot h\right)^n}{n!}\right] \tag{2.12}$$

引入迭代形式计算以进一步提高延拓计算的精度，此时观测面的一阶剩余谱表示为

$$\delta U_1(u,v,z_0) = U_0(u,v,z_0) - U_1(u,v,z_0) \tag{2.13}$$

将该剩余谱利用前述向下延拓的算法延拓至目标平面：

$$U_1(u,v,z) = U_0(u,v,z) + \delta U_1(u,v,z) \tag{2.14}$$

重复上述迭代修正过程，得到如下延拓公式：

$$\begin{cases} U_n(u,v,z) = U_0(u,v,z_0)\cdot \Phi + (1-\Phi)\cdot U_{n-1}(u,v,z) \\ U_0(u,v,z) = U_0(u,v,z_0)\cdot \Phi \end{cases} \tag{2.15}$$

式(2.15)迭代过程一直进行到满足形如式(2.9)的迭代终止准则。

三、水平导数迭代法

不同高度观测面上的重磁异常存在式(2.1)的关系，利用向上延拓和导数相结合，观测面 z 处的异常可表示为

$$u(x,y,z) = u(z,y,z_0) + \frac{\partial u(z,y,z_0)}{\partial z}h + \cdots + \frac{1}{m!}\frac{\partial^m u(z,y,z_0)}{\partial z^m}h^m \tag{2.16}$$

类似地，向上延拓运算的泰勒展开式可表示为

$$u(x,y,-z) = u(z,y,z_0) - \frac{\partial u(z,y,z_0)}{\partial z}h + \cdots + \frac{1}{m!}\frac{\partial^m u(z,y,z_0)}{\partial z^m}(-h)^m \tag{2.17}$$

该方法是通过垂直导数来进行向上和向下延拓操作，但垂直导数的计算会明显增大噪声的干扰，将式(2.16)和式(2.17)相加可得

$$u(x,y,z) = 2u(x,y,z_0) - u(x,y,-z) + \cdots + \frac{2}{(2l)!}\frac{\partial^{2l} u(x,y,z_0)}{\partial z^{2l}}h^{2l} \tag{2.18}$$

通过以上变换后，泰勒展开后的向下延拓公式变为向上延拓场值与垂直导数的结合，垂直导数幅值随导数阶次的增加而减小。垂直导数计算会增大噪声的干扰，为此采用拉普拉斯方程来计算异常的二阶和四阶垂直导数，即

$$\frac{\partial^2 u}{\partial z^2} = -\left(\frac{\partial^2 u}{\partial x^2} + \frac{\partial^2 u}{\partial y^2}\right) \tag{2.19}$$

水平导数是在空间域进行的，利用上述公式进行异常的向下延拓工作只需要计算异常的水平导数和向上延拓结果，这样可有效增强向下延拓的稳定性。

利用式(2.18)计算得到的延拓面异常可通过稳定向上延拓的方法反算其在原始观测面的异常，理论上来说两者应该是相等的。但是，由于前述计算利用了截断操作来提高稳定性，因此两者的计算值存在一定的偏差，可通过迭代过程来降低这个差值，迭代过程与前述泰勒级数迭代法类似。

四、3 阶 Adams-Bashforth 公式法

在物理上，重磁场不仅是横向连续变化的，还具有垂向连续变化的性质；其次，在数学上，重磁场存在横向和垂向导数。即使不具有调和函数的性质，其仍然满足微分定理。因此，对重磁场的垂直方向求偏导数，即对 z 进行差商，可得到重磁场的微分形式：

$$\begin{cases} u'(x,y,z) = f(z,u), & z \in [a,b] \\ u(x,y,z_0) = u_{z_0} \end{cases} \tag{2.20}$$

式中，$u'(x,y,z)$ 为重磁场的垂向一阶导数；$f(z,u)$ 为 u 与 z 的函数关系式；u_{z_0} 为 z_0 平面的场值。通过数值积分法和待定系数法，得到式(2.20)的多步法公式解，一般形式为

$$\sum_{i=0}^{l}\alpha_i u_i = h\sum_{j=0}^{k}\beta_j f_j \tag{2.21}$$

式中，f_j 为不同高度重磁场的垂向一阶导数；l 为高度间隔数；k 为垂向一阶导数高度间隔数；α_i 和 β_j 为多步线性解的系数，且满足：

$$\alpha_i = 1, \quad |a_0| + |\beta_0| \neq 0 \tag{2.22}$$

给定上述系数即可通过解线性方程组求出延拓场值，得到向下延拓公式的表达式为

$$\begin{aligned}u(x,y,z) = u(x,y,z_0) + h[&\beta_0 u'(x,y,z_0) + \beta_1 u'(x,y,z_0 - h) \\&+ \beta_2 u'(x,y,z_0 - 2h) + \cdots + \beta_n u'(x,y,z_0 - nh)]\end{aligned} \tag{2.23}$$

一般情况下，已知观测面上的重磁异常，可通过计算获得其垂向导数，重力异常的垂向导数向上延拓稳定且收敛，则不同高度的重磁垂向一阶导数为

$$\begin{cases} U'(u,v,z_0 - kh) = U'(u,v,z_0)\mathrm{e}^{-2\pi kh\sqrt{u^2+v^2}} \\ u'(u,v,z_0 - kh) = \mathrm{FFT}^{-1}[U'(u,v,z_0 - kh)] \end{cases} \tag{2.24}$$

式中，$U'(u,v,z_0)$为高度z_0处的频率域重磁异常的垂向导数，采用 3 阶公式进行计算，得到延拓计算表达式为

$$\begin{aligned}u(x,y,z_0 + h) = u(x,y,z_0) + h/12[&23u'(x,y,z_0) \\&- 16u'(x,y,z_0 - h) + 5u'(x,y,z_0 - 2h)]\end{aligned} \tag{2.25}$$

五、等效源法

为了建立实测位场信息与等效源的关系，可以将地下空间剖分为一系列立方体，这样可将问题转变为对线性方程的求解，其矩阵形式如下：

$$\boldsymbol{d}_{\mathrm{obs}} = \boldsymbol{k}\boldsymbol{m} \tag{2.26}$$

式中，$\boldsymbol{d}_{\mathrm{obs}} \in \mathbf{R}^M$为实际观测的位场数据；$\boldsymbol{m} \in \mathbf{R}^M$为待求模型参数，模型正演算子$\boldsymbol{k} \in \mathbf{R}^{M \times N}$。假设观测数据点与地下等效源剖分块体的个数分别为$M$、$N$，将等效源固定在深度$h$处，则方程式(2.26)可以表示为

$$\begin{aligned} d_1 &= k_{11}m_1 + k_{12}m_2 + k_{13}m_3 + \cdots + k_{1M}m_M \\ d_2 &= k_{21}m_1 + k_{22}m_2 + k_{23}m_3 + \cdots + k_{2M}m_M \\ &\vdots \\ d_i &= k_{i1}m_1 + k_{i2}m_2 + k_{i3}m_3 + \cdots + k_{iM}m_M \\ &\vdots \\ d_N &= k_{N1}m_1 + k_{N2}m_2 + k_{N3}m_3 + \cdots + k_{NM}m_M \end{aligned} \tag{2.27}$$

公式(2.27)中，每个剖分块体的正演算子如下：

$$k_{ij} = G \left\vert\!\left\vert\!\left\vert [(x_{mj} - x_{di})\ln(y_{mj} - y_{di} + \rho) + (y_{mj} + y_{di})\ln(x_{mj} - x_{di} + \rho) \right.\right.\right. \\ \left.\left.\left. - (z_{mj} - z_{di})\arctan\frac{(z_{mj} - z_{di})\rho}{(x_{mj} - x_{di})(y_{mj} - y_{di})} \right]\bigg\vert_{\mathrm{cx}_{j\mathrm{min}}}^{\mathrm{cx}_{j\mathrm{max}}}\bigg\vert_{\mathrm{cy}_{j\mathrm{min}}}^{\mathrm{cy}_{j\mathrm{max}}}\bigg\vert_{\mathrm{cz}_{j\mathrm{min}}}^{\mathrm{cz}_{j\mathrm{max}}}\right.\right.\right. \tag{2.28}$$

式中，G为万有引力常数；x_{di}、y_{di}与z_{di}为第i个观测点的坐标；积分限$(\mathrm{cx}_{j\mathrm{min}}, \mathrm{cx}_{j\mathrm{max}})$、

$(cy_{j\min}, cy_{j\max})$、$(cz_{j\min}, cz_{j\max})$ 分别对应 x_{mj}、y_{mj} 和 z_{mj}，为第 j 个剖分矩形块体最小与最大角点坐标，$\rho = [(x_{mj}-x_{di})^2 + (y_{mj}-y_{di})^2 + (z_{mj}-z_{di})^2]^{1/2}$，模型目标方程如下：

$$\phi_m = \alpha_s \int_v \{\zeta(r)[m(r)-m_0]\}^2 \mathrm{d}v + \alpha_x \int_v \left\{\frac{\partial \zeta(r)[m(r)-m_0]}{\partial x}\right\}^2 \mathrm{d}v \\ + \alpha_y \int_v \left\{\frac{\partial \zeta(r)[m(r)-m_0]}{\partial y}\right\}^2 \mathrm{d}v + \alpha_z \int_v \left\{\frac{\partial \zeta(r)[m(r)-m_0]}{\partial z}\right\}^2 \mathrm{d}v \tag{2.29}$$

式中，$\zeta(r)$ 为深度加权算子；$m(r)$ 为代求的模型参数；m_0 为参考模型；α_s、α_x、α_y 及 α_z 为各方程的权重系数，通常将大小设定为 $\alpha_s \ll 1$、$\alpha_z = \alpha_x = \alpha_y = 1$。将模型目标方程变换为矩阵形式为

$$\phi_m = m\boldsymbol{W}_m^\mathrm{T}\boldsymbol{W}_m m \\ \boldsymbol{W}_m^\mathrm{T}\boldsymbol{W}_m = \alpha_s(\boldsymbol{w}_s^\mathrm{T}\boldsymbol{w}_s) + \alpha_z(\boldsymbol{w}_z^\mathrm{T}\boldsymbol{w}_z) + \alpha_x(\boldsymbol{w}_x^\mathrm{T}\boldsymbol{w}_x) + \alpha_y(\boldsymbol{w}_y^\mathrm{T}\boldsymbol{w}_y) \tag{2.30}$$

同样，可以给出模型正演数据与真实观测数据误差方程的矩阵形式如下：

$$\phi_d = (\boldsymbol{km}-\boldsymbol{d}_{\mathrm{obs}})^\mathrm{T}(\boldsymbol{km}-\boldsymbol{d}_{\mathrm{obs}}) \tag{2.31}$$

六、稳定向下延拓算法模型试验

建立组合模型进行稳定延拓算法实验，模型由不同大小、不同埋深的两个长方体组成，其三维立体透视图见图 2.1，模型参数见表 2.1，理论观测数据点位间隔为 1m，初始观测面高度为 10m，异常体以外的空间均视为无源，所以此处的延拓可延伸至地下空间，进行 10 倍点距的延拓实验。

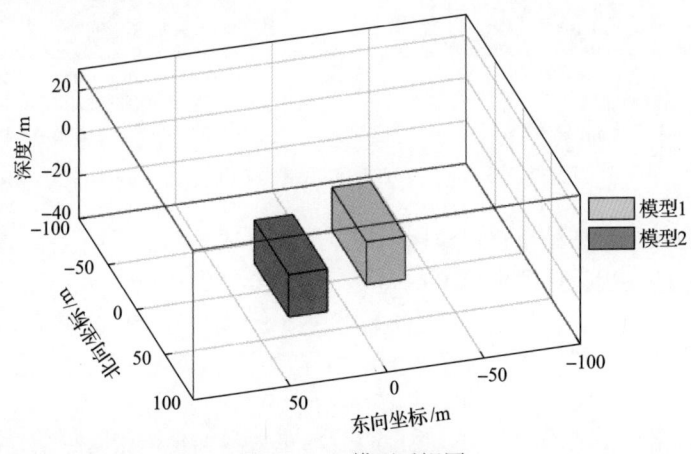

图 2.1　3D 模型透视图

表 2.1　模型参数表

模型序号	位置/m	大小/m	密度/(g/cm^3)	磁化率/(A/m)(5000nT)	磁倾角/偏偏角/(°)
模型 1	(−20,0,−20)	20×80×20	1.5	1	90°/0°
模型 2	(20,0,−30)	20×80×20	3.2	1	90°/0°

图 2.2(a) 和图 2.2(c) 分别为初始观测面 0m 高度处的理论重力与磁异常，图 2.2(b) 和图 2.2(d) 分别为 10m 高度处的理论加噪异常，对图 2.2(b) 和图 2.2(d) 所示数据进行 10 倍点距的精确延拓，理论上得到的结果应该分别与图 2.2(a) 和图 2.2(c) 的数据相同。对加噪异常数据进行上述五种方法——波数域迭代法、泰勒级数迭代法、水平导数迭代法、3 阶 Adams-Bashforth 公式法、等效源法（简称 3 阶 AB 法）的向下延拓计算，结果如图 2.3 所示。

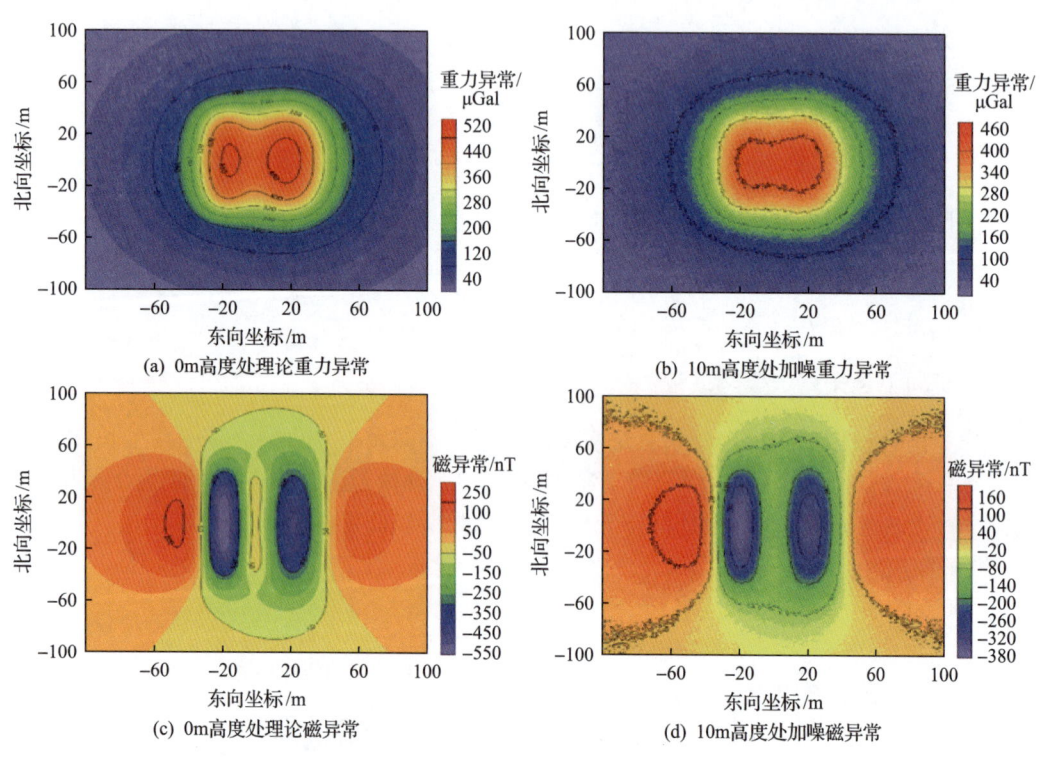

(a) 0m高度处理论重力异常
(b) 10m高度处加噪重力异常
(c) 0m高度处理论磁异常
(d) 10m高度处加噪磁异常

图 2.2　模型理论在不同深度观测面的重磁异常

通过对重力数据延拓结果进行对比发现，所有方法的向下延拓结果中，其浅部异常均得到一定程度的突出，体现出与 0m 高度处理论异常的相似性。但其中水平导数法的延拓结果异常形态与理论值相差较大，3 阶段 AB 公式法的延拓结果幅值的削弱现象最为明显，波数域迭代法结果虽受噪声影响，但异常形态与幅值都与理论值相近，等效源法的效果相对最好，受噪声的影响小。

通过对磁数据延拓结果的对比，也能得出与重力数据延拓相同的结论，如图 2.4 所示。由于磁数据对距离的敏感度高于重力数据，所以当延拓相同高度时，水平导数法与泰勒级数迭代法延拓无法得到与理论值相似的结果。3 阶 AB 法的幅值削弱现象依然明显，波数域迭代法与等效源法相对稳定。

针对 3 阶 AB 公式法对于幅值的削弱，项目组又测试了 4 阶、5 阶 AB 公式法延拓 10 倍点距的效果，延拓结果如图 2.5 所示。从图中可以看出，进一步提高 AB 法的阶数

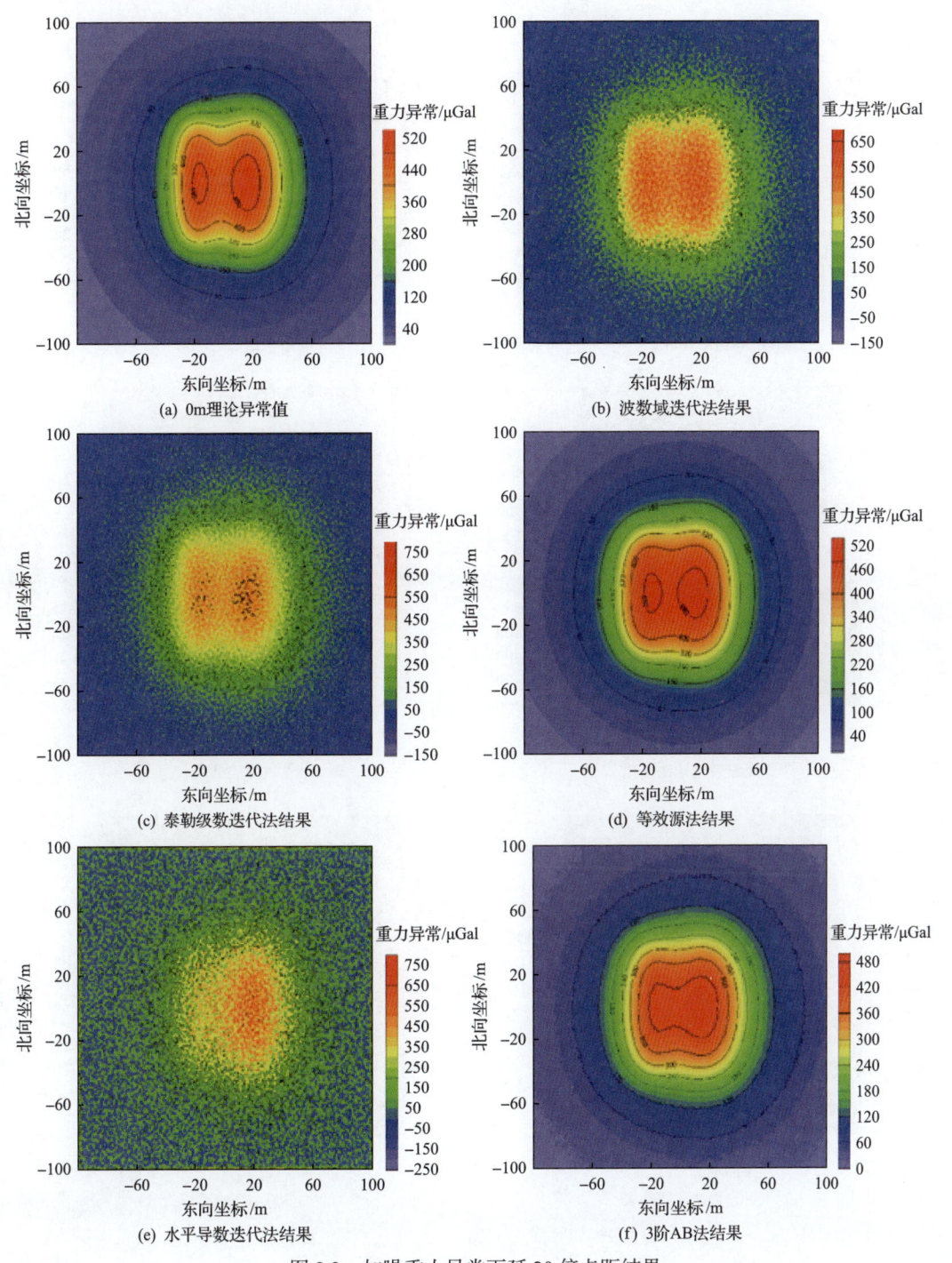

(a) 0m 理论异常值

(b) 波数域迭代法结果

(c) 泰勒级数迭代法结果

(d) 等效源法结果

(e) 水平导数迭代法结果

(f) 3阶AB法结果

图 2.3　加噪重力异常下延 20 倍点距结果

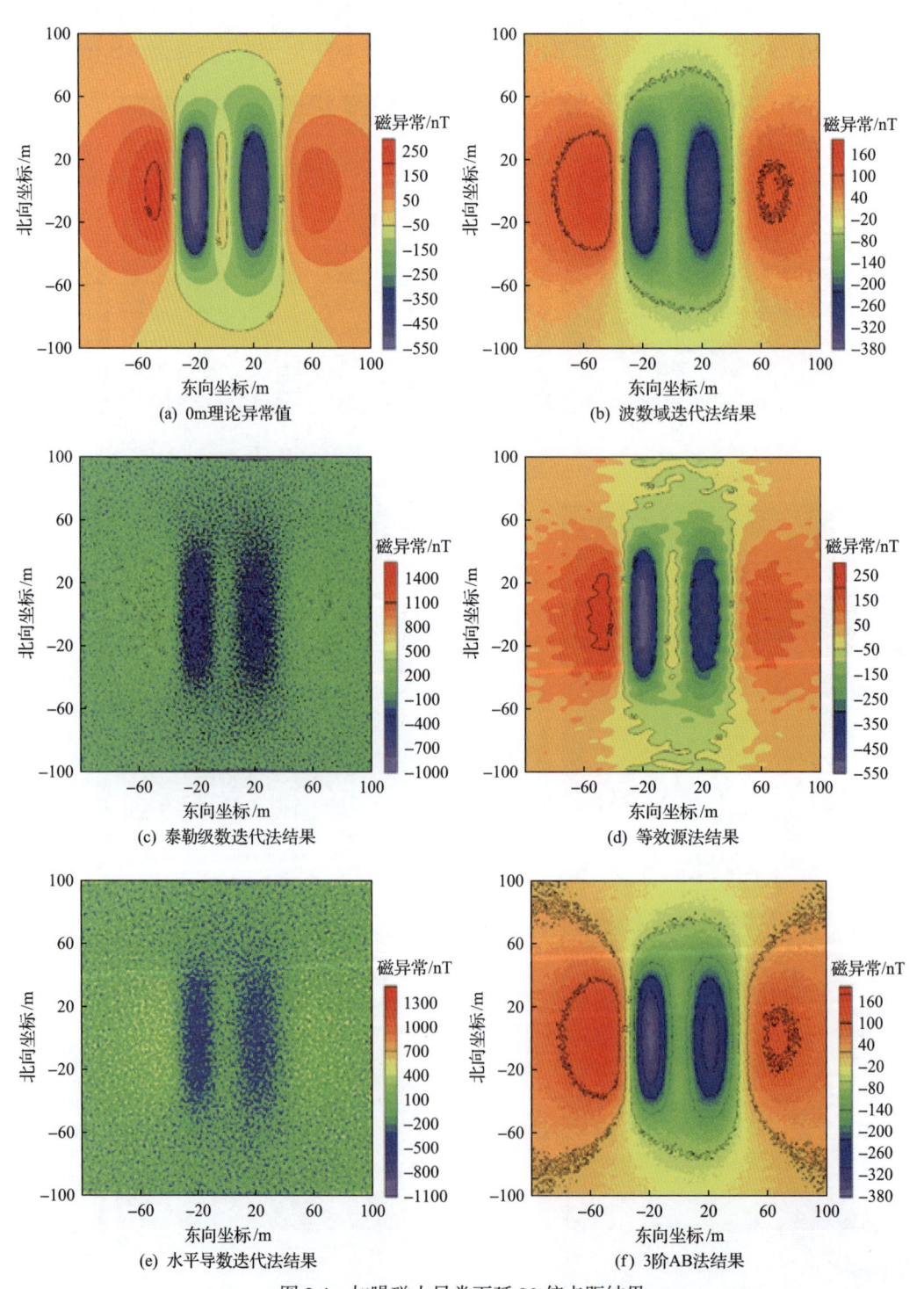

图 2.4 加噪磁力异常下延 20 倍点距结果

(a) 4阶AB公式法重力异常延拓　　(b) 4阶AB法磁异常延拓

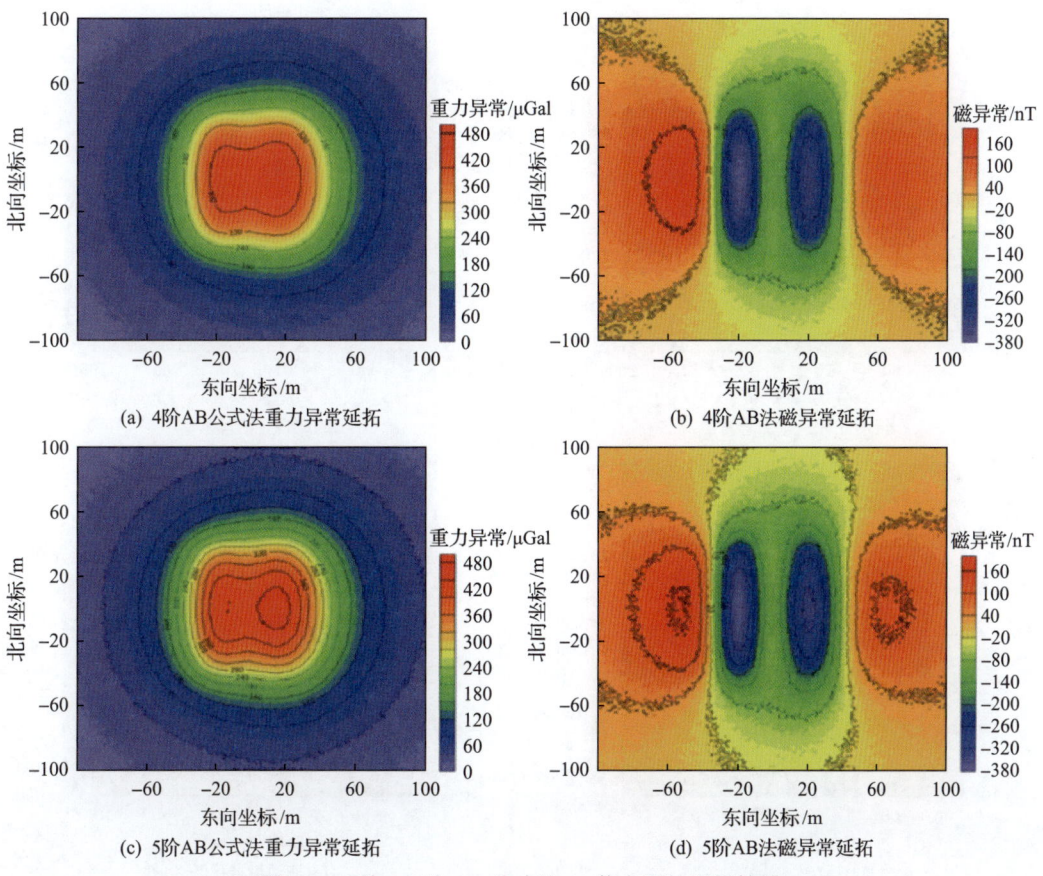

(c) 5阶AB公式法重力异常延拓　　(d) 5阶AB法磁异常延拓

图 2.5　4 阶、5 阶 AB 公式法 10 倍点距的延拓结果

并不能够显著减弱幅值的衰减作用，4 阶、5 阶的结果与 3 阶的差异并不大。因此，后续约束延拓不考虑该方法的进一步应用。

当延拓深度增大时，由于场源信号随观测高度的增加而衰减，其中高频信号衰减得更为明显，所以在观测面上无法体现或被测量，现将延拓深度增大到 30 倍点距见图 2.6，在 0m 处图 2.6(c) 和图 2.6(d) 能清晰分辨出异常由双块体构成，但在相同模型的条件

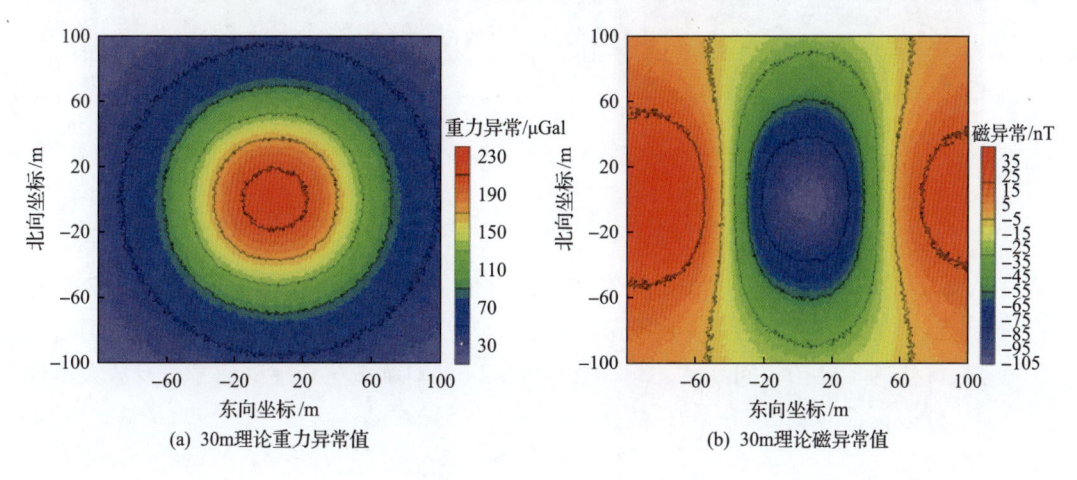

(a) 30m理论重力异常值　　(b) 30m理论磁异常值

(c) 0m理论重力异常值

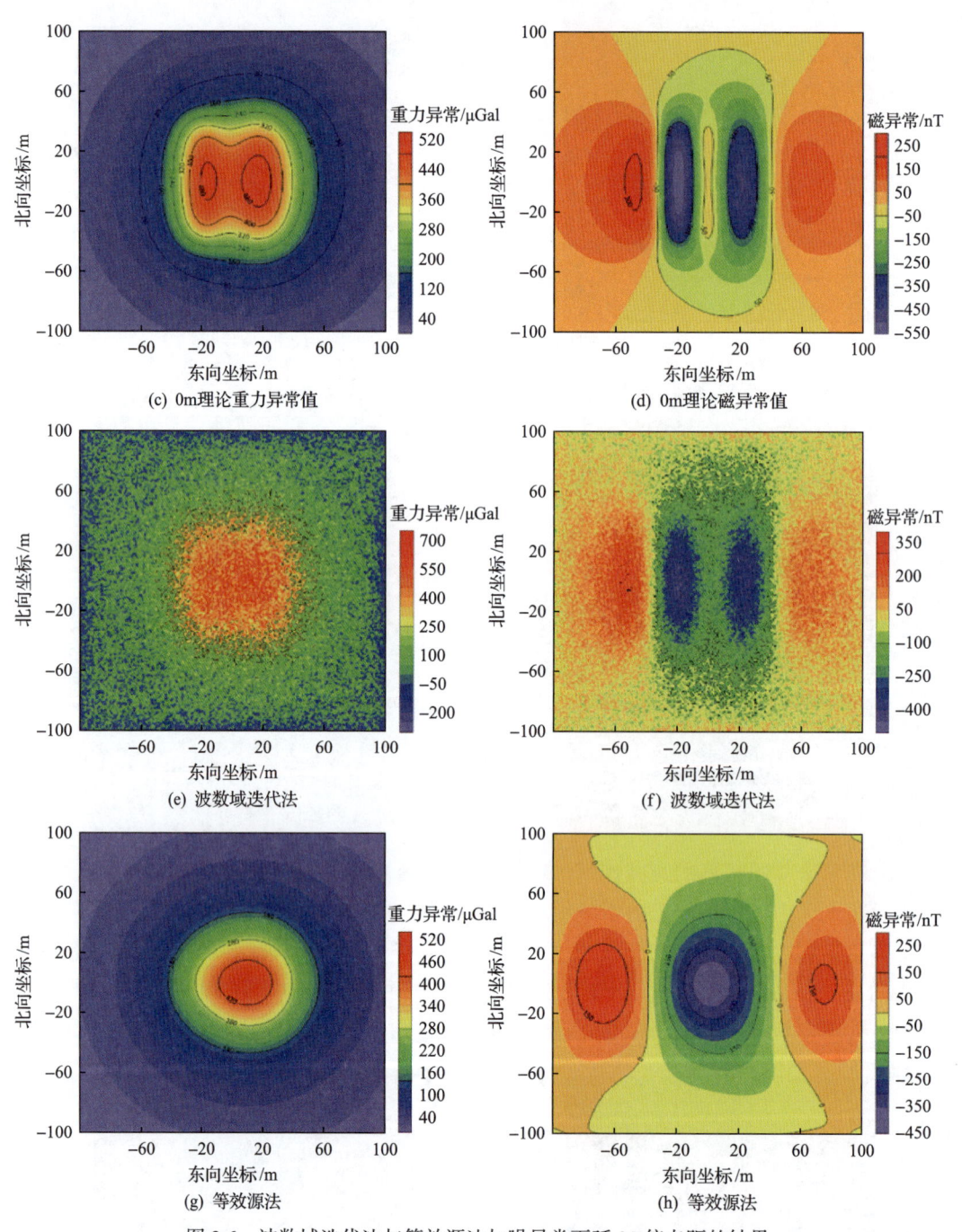

(d) 0m理论磁异常值

(e) 波数域迭代法

(f) 波数域迭代法

(g) 等效源法

(h) 等效源法

图 2.6 波数域迭代法与等效源法加噪异常下延 30 倍点距的结果

下，图 2.6(c) 和图 2.6(d) 中的重力异常和磁异常信号无法在 30 倍点距以上的图 2.6(a) 和图 2.6(b) 中体现，导致利用波数域迭代法向下延拓 30 倍点距[图 2.6(e) 和图 2.6(f)]及利用等效源法向下延拓相同高度[图 2.6(g) 和图 2.6(h)]都无法让衰减信号得以放大重现，因此需研究以深部实测值作为约束数据来约束向下延拓方法。

综合比较上述所有方法的延拓效果，后续约束延拓拟在相对稳定的、延拓效果较好的等效源法的基础上进行展开。

第二节　约束向下延拓算法研究

在实际的海上测量环境中，船测数据采集面通常与异常源之间的距离很大，由于场源信号随观测高度的增加而衰减，所以高频信号衰减得更为明显，衰减信号在观测面难以被探测从而丢失信息，通过前面章节的分析可知，利用泰勒级数迭代法向下延拓30倍点距和利用等效源法向下延拓相同高度都无法让衰减信号得以放大重现，所以需要以深部实测值作为约束数据实施约束向下延拓。

一、约束延拓原理

当延拓距离过大，深部的场源信息在上界面严重衰减导致难以观测时，可以利用界面下空间的实测值作为约束点(图 2.7)。但下界面测点并不一定匹配测网，所以首先需要根据坐标插值到与上界面观测网格相同的网格点位置上，假设某约束点坐标为 (x_{ck}, y_{ck}, z_{ck})，观测值为 d_{ck}。

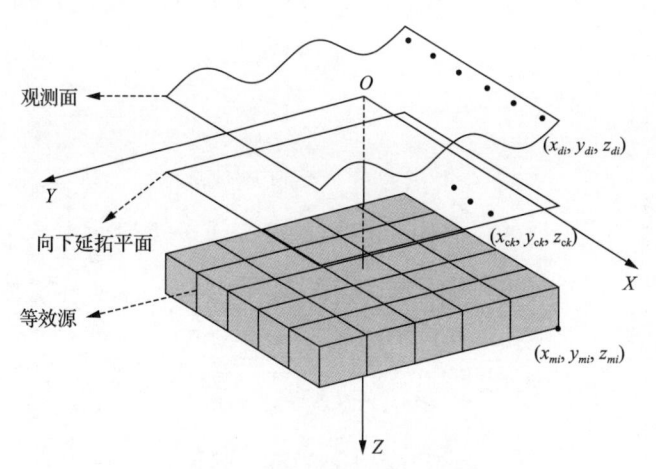

图 2.7　等效源向下延拓的示意图

其在网格中的位置如图 2.8 所示，与之距离最近的角点坐标为 (x_{dj}, y_{dj}, z_{ck})，两点间距离 $l=\sqrt{(x_{ck}-x_{dj})^2+(y_{ck}-y_{dj})^2}$，而该网格中的最大距离为 L，如图 2.8 所示，则可以得到插值公式：

$$\begin{cases} x_{ck} = x_{dj} \\ y_{ck} = y_{dj} \\ d_{ck} = d_{ck} * \cos(l\pi/2L) \end{cases} \quad (2.32)$$

在拟合观测面位场数据时，将插值完成后的约束点也代入方程组中进行等效源求解，相当于同时拟合两个界面的数据来构建等效源，方法如式(2.33)所示：

$$\begin{aligned}
d_1 &= k_{11}m_1 + k_{12}m_2 + k_{13}m_3 + \cdots + k_{1M}m_M \\
d_2 &= k_{21}m_1 + k_{22}m_2 + k_{23}m_3 + \cdots + k_{2M}m_M \\
&\vdots \\
d_i &= k_{i1}m_1 + k_{i2}m_2 + k_{i3}m_3 + \cdots + k_{iM}m_M \\
&\vdots \\
d_N &= k_{N1}m_1 + k_{N2}m_2 + k_{N3}m_3 + \cdots + k_{NM}m_M \\
d_{c1} &= k_{N+11}m_1 + k_{N+12}m_2 + k_{N+13}m_3 + \cdots + k_{N+1M}m_M \\
&\vdots \\
d_{ck} &= k_{N+k1}m_1 + k_{N+k2}m_2 + k_{N+k3}m_3 + \cdots + k_{N+kM}m_M
\end{aligned} \quad (2.33)$$

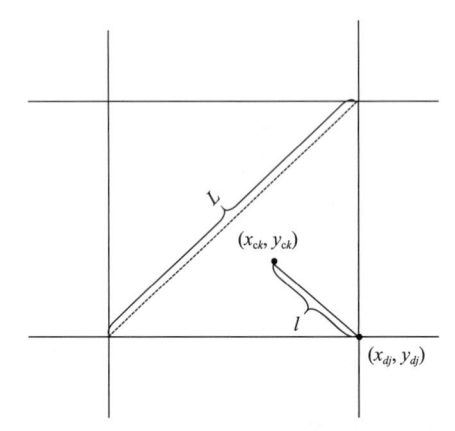

图 2.8 约束点插值示意图

相应地,加入约束点后的正演算子式(2.28)变为公式(2.34):

$$k_{ij} = G\sigma \, \|\|[(x_{mj} - x_{ck})\ln(y_{mj} - y_{ck} + \rho) + (y_{mj} + y_{dk})\ln(x_{mj} - x_{ck} + \rho) \\
- (z_{mj} - z_{ck})\arctan\frac{(z_{mj} - z_{ck})\rho}{(x_{mj} - x_{ck})(y_{mj} - y_{ck})}]\Big|_{cx_{j\min}}^{cx_{j\max}}\Big|_{cy_{j\min}}^{cy_{j\max}}\Big|_{cz_{j\min}}^{cz_{j\max}} \quad (2.34)$$

式中,x_{ck}、y_{ck} 与 z_{ck} 为第 k 个约束点的坐标;积分限 $(cx_{j\min}, cx_{j\max})$、$(cy_{j\min}, cy_{j\max})$、$(cz_{j\min}, cz_{j\max})$ 分别对应 x_{mj}、y_{mj} 和 z_{mj},为第 j 个剖分矩形块体最小与最大角点坐标;$\rho = [(x_{mj} - x_{ck})^2 + (y_{mj} - y_{ck})^2 + (z_{mj} - z_{ck})^2]^{1/2}$。

求解公式(2.33)是典型的不适定问题,在此引入 Tikhonov 正则化的方法,其原理是在目标函数中加入正则化项 λ,从而使方程结果具有唯一性,则目标函数为

$$m = \arg\min\left\{\|km - d_{\mathrm{obs}}\|_2^2 + \lambda\|W_m m\|_2^2\right\} \quad (2.35)$$

由公式(2.30)可知,W_m 代表模型参数各个方向的梯度矩阵之和,目标函数式(2.35)为 Tikhonov 一阶泛函,可得到矩阵运算解的表达式为

$$\boldsymbol{m} = (\boldsymbol{k}^{\mathrm{T}}\boldsymbol{k} + \lambda \boldsymbol{W}_m^{\mathrm{T}}\boldsymbol{W}_m)^{-1}\boldsymbol{k}^{\mathrm{T}}\boldsymbol{d}_{\mathrm{obs}} \quad (2.36)$$

求取合适的 λ 对最终结果尤为重要，本书采用广义交叉验证的方法（GCV）进行计算，公式如下：

$$V(\lambda) = \frac{\left\| [I - k(k^\mathrm{T}k + \lambda W_m^\mathrm{T}W_m)^{-1}k^\mathrm{T}]d_\mathrm{obs} \right\|^2}{\left\{ N - \mathrm{tr}[k(k^\mathrm{T}k + \lambda W_m^\mathrm{T}W_m)^{-1}k^\mathrm{T}] \right\}^2} \tag{2.37}$$

式中，N 为观测数据总点数；$k(k^\mathrm{T}k + \lambda W_m^\mathrm{T}W_m)^{-1}k^\mathrm{T}]d_\mathrm{obs}$ 采用共轭梯度法（CG）计算，为了求取分母中矩阵的迹，采用随机估计的方法，其原理是利用公式（2.38）对矩阵 A 求迹。

$$\mathrm{tr}(A) = u^\mathrm{T} A u \tag{2.38}$$

式中，u 为 -1 与 1 各 50% 概率的随机向量，所以可以得到公式（2.37）的近似表达式为

$$V(\lambda) = \frac{\left\| [I - k(k^\mathrm{T}k + \lambda W_m^\mathrm{T}W_m)^{-1}k^\mathrm{T}]d_\mathrm{obs} \right\|^2}{\left\{ N - u^\mathrm{T}k(k^\mathrm{T}k + \lambda W_m^\mathrm{T}W_m)^{-1}k^\mathrm{T}u \right\}^2} = \frac{\left\| d_\mathrm{obs} - k(k^\mathrm{T}k + \lambda W_m^\mathrm{T}W_m)^{-1}k^\mathrm{T}d_\mathrm{obs} \right\|^2}{\left\{ N - u^\mathrm{T}k(k^\mathrm{T}k + \lambda W_m^\mathrm{T}W_m)^{-1}k^\mathrm{T}u \right\}^2} \tag{2.39}$$

给出 λ 的取值范围（本书采用 $\ln 5 \sim \ln 25$）并代入公式（2.39）求得最小值所对应的 λ 值，将其作为后续计算的正则化参数。于是，可以得到第 n 次迭代的结果为

$$\begin{cases} (k^\mathrm{T}k + \lambda W_m^\mathrm{T}W_m)\Delta m = -k^\mathrm{T}(km_n - d_\mathrm{obs}) \\ m_{n+1} = m_n + \Delta m \end{cases} \tag{2.40}$$

利用共轭梯度法迭代求解公式（2.40），当 Δm 满足预设条件或达到迭代上限时迭代结束，m_n 为最终所求的模型参数。

二、约束向下延拓算法模型实验

约束延拓部分采用的模型与第一节中所用模型相同，模型由不同大小、不同埋深的两个长方体组成。理论观测数据点位间隔为 1m，初始观测面高度为 30m，以该处向下延拓 30 倍点距进行分析。

图 2.9(a) 为初始观测面 0m 高度处的理论重力异常，图 2.9(b) 为观测面 0m 高度处的理论磁异常，将图中测线位置的已知数据点作为约束点，利用等效源约束向下延拓方法将图 2.9(a) 和图 2.9(b) 的数据向下延拓 30 倍点距。

重力异常延拓结果如图 2.10 所示，无约束下延拓结果[图 2.10(a)]与理论值的幅值相同，但形态与理论值[图 2.9(a)]相差较大，将其延拓结果与理论值做差后[图 2.10(b)] 可以直观地看出，深部的高频信息未被放大体现，延拓按照单体异常的初始值放大后的信号与真实的双体异常做差后便出现高值偏差。

利用约束等效法的延拓结果[图 2.10(c)]能够更好地拟合理论数据，在幅值与异常形态上都与真实值高度相似，能够区分出异常由双体模型引起。从偏差图[图 2.10(d)] 也能清晰地看出，未加约束时无法体现的高频信息也得以恢复，得以抵消。

(a) 初始观测面0m高度处理论重力异常　　(b) 初始观测面0m高度处理论磁异常

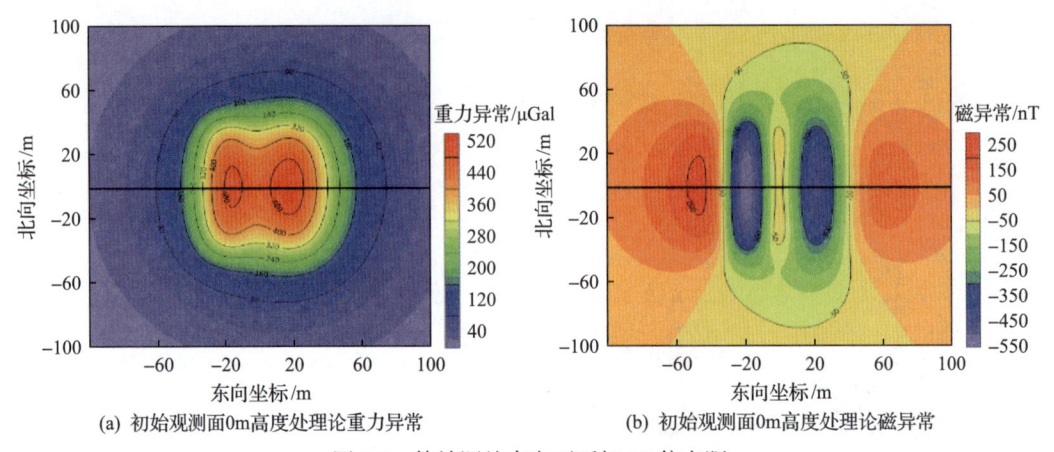

图 2.9　等效源约束向下延拓 30 倍点距

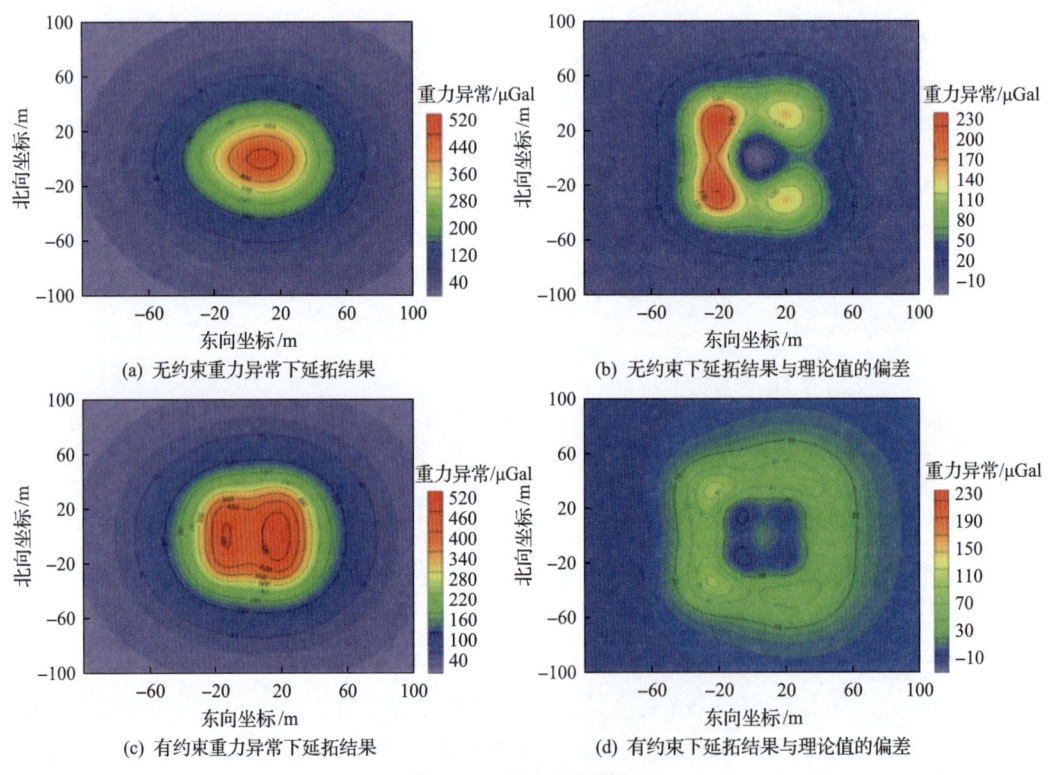

(a) 无约束重力异常下延拓结果　　(b) 无约束下延拓结果与理论值的偏差

(c) 有约束重力异常下延拓结果　　(d) 有约束下延拓结果与理论值的偏差

图 2.10　重力延拓结果

磁异常延拓结果如图 2.11 所示，与重力异常延拓结果的结论相同。利用深部实测数据进行约束的延拓结果更加接近理论值的幅值与形态，未加约束时无法体现出的信息也在约束后得以恢复，这使偏差[图 2.11(b)]中的高值偏差在图 2.11(d)中得以消除，体现出引入约束延拓的优势。

为了更加明显地展示约束延拓的优越性，在图 2.10 和图 2.11 的延拓结果中提取如图 2.9 所示的剖面进行对比。

(a) 无约束磁异常下延拓结果

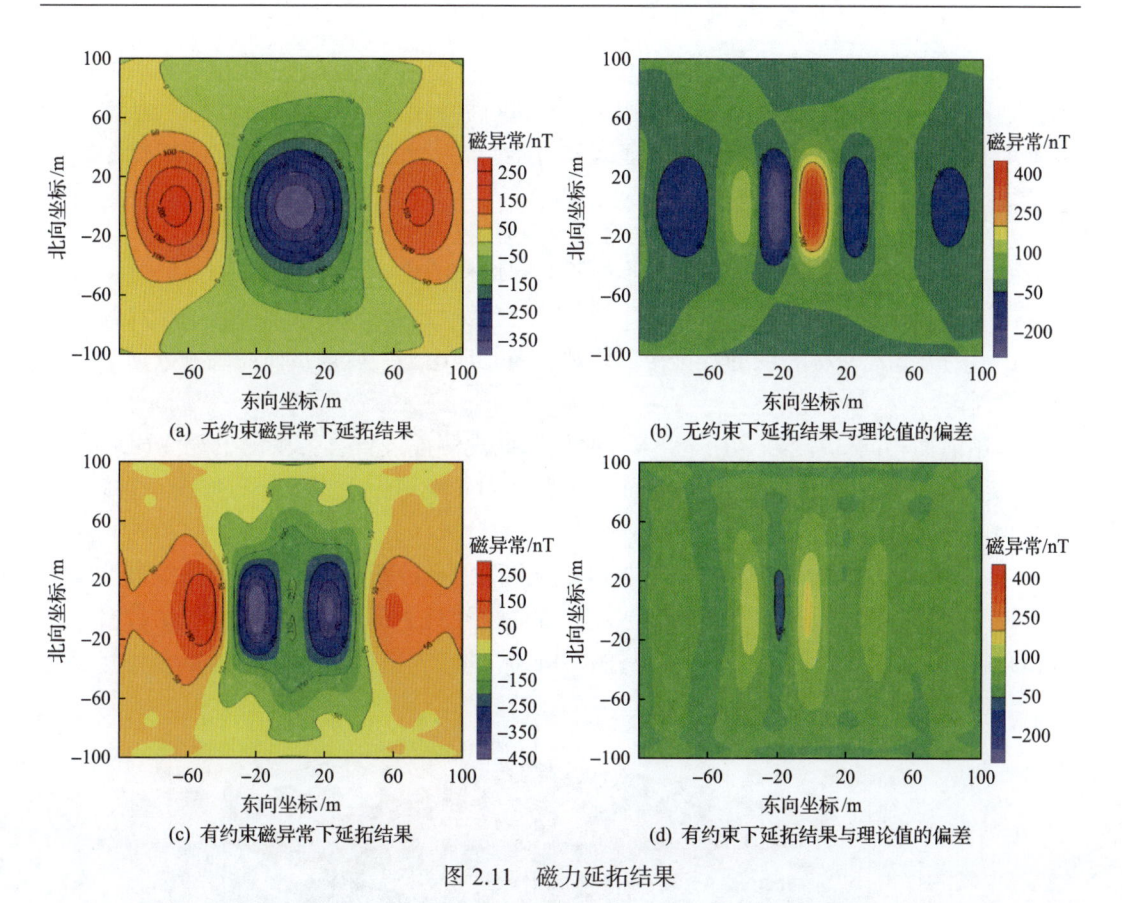

(b) 无约束下延拓结果与理论值的偏差

(c) 有约束磁异常下延拓结果

(d) 有约束下延拓结果与理论值的偏差

图 2.11　磁力延拓结果

对比结果如图 2.12 所示，图中蓝线为重、磁异常理论值，绿线为未加约束的延拓结

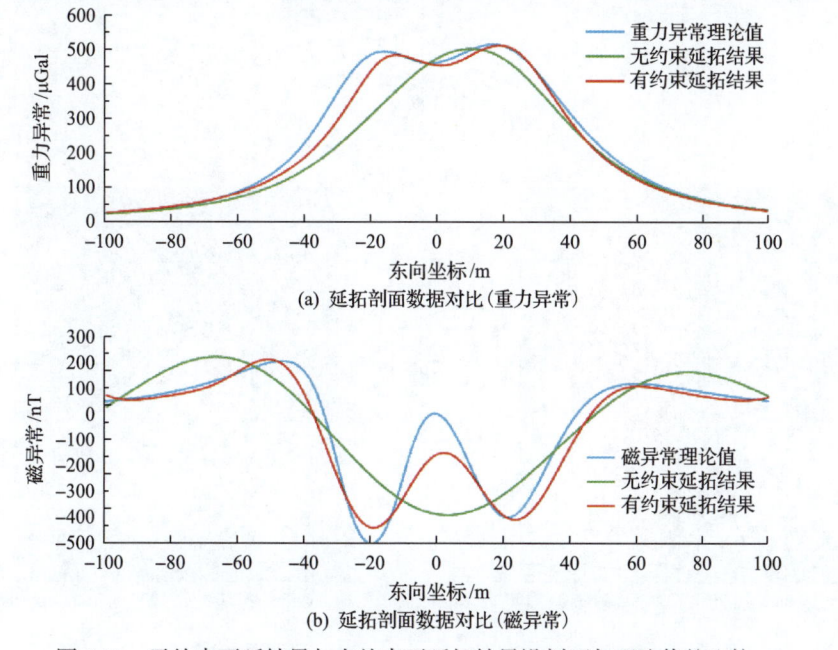

(a) 延拓剖面数据对比(重力异常)

(b) 延拓剖面数据对比(磁异常)

图 2.12　无约束下延结果与有约束下延拓结果沿剖面与理论值的比较

果，红线为加入约束后的延拓结果。通过该对比可以更清晰地看出，在没有约束的情况下，延拓结果无法将已经衰减的信号通过延拓进行放大恢复。引入约束之后，从整体上改善了下延拓结果幅值的削弱效应，能区分出异常，从而提升了延拓计算的精确度。

三、曲面延拓模型实验

由于海洋的水下测量环境多变，不能长时间保持测线处于同一水深测量，所以测量的数据通常是曲面而非平面观测数据，等效源延拓法因为是利用异常拟合出等效源，再通过正演的方式让目标高度的数据得以体现，因此理论上可以满足曲面观测数据的拟合及曲面延拓。

采用前面相同的模型，在模型上方采用曲面观测面进行重力观测，观测面形态如图 2.13 所示，图中红色与蓝色渐变面分别为上、下观测界面深度分布如图 2.14(a) 和图 2.14(d) 所示。

上、下界面观测的理论数据如图 2.14(b) 和图 2.14(e) 所示，用等效源法拟合下界面起伏观测的数据[图 2.14(c)]后得到等效层，再按照[图 2.14(d)]中的界面起伏数据，进行相同起伏程度的向上延拓，所得结果[图 2.14(f)]与理论值[图 2.14(e)]的拟合程度高，

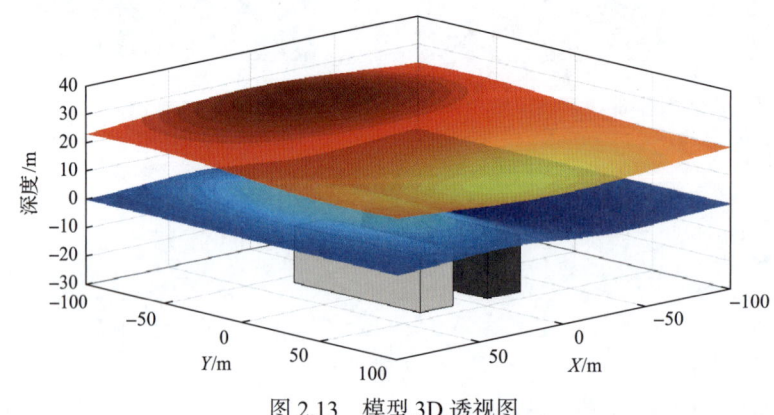

图 2.13 模型 3D 透视图

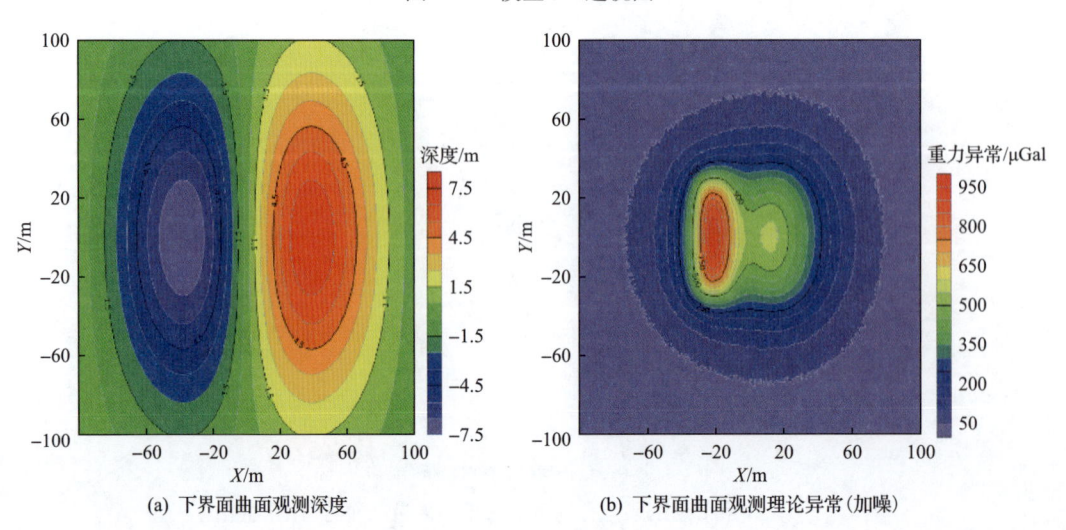

(a) 下界面曲面观测深度

(b) 下界面曲面观测理论异常（加噪）

(c) 等效源拟合下界面观测异常

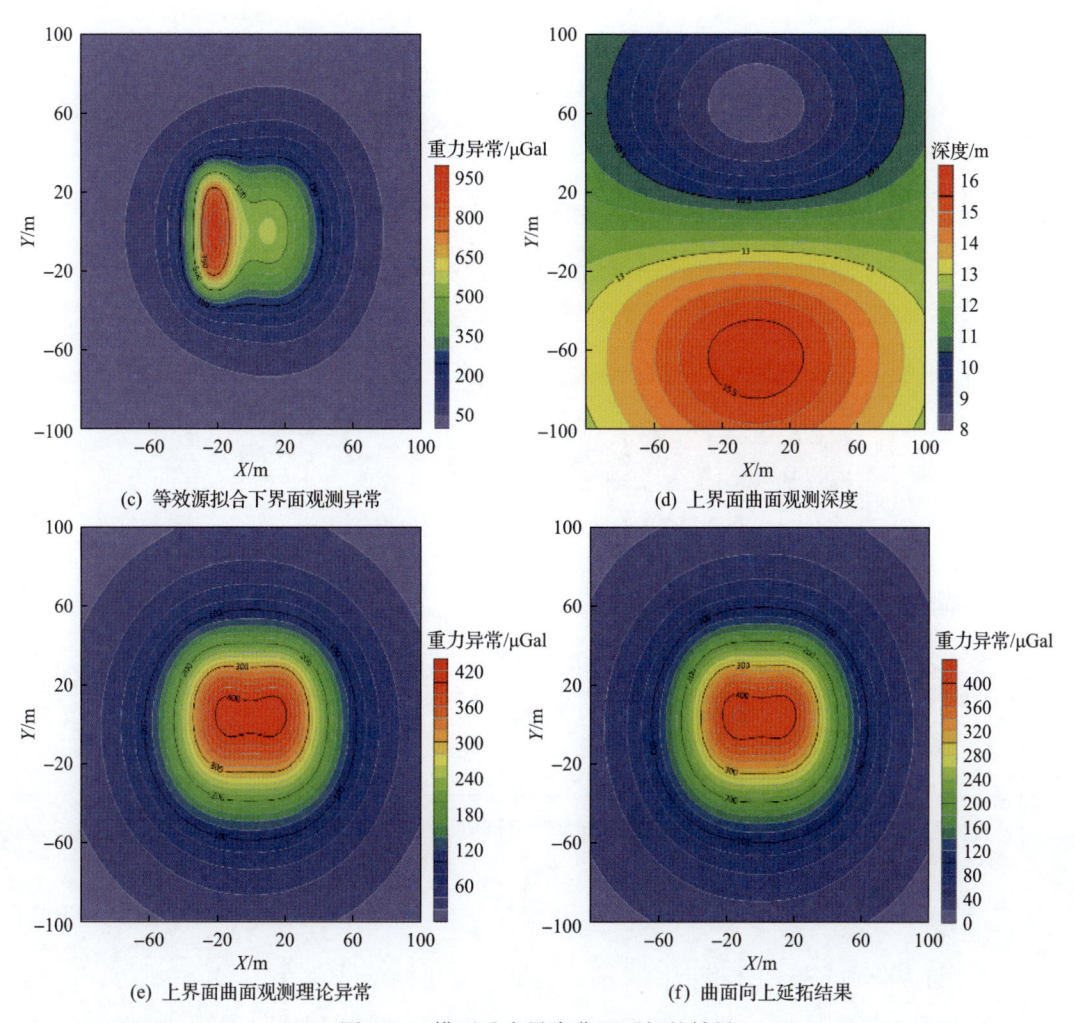

(d) 上界面曲面观测深度

(e) 上界面曲面观测理论异常

(f) 曲面向上延拓结果

图 2.14 模型重力异常曲面延拓的结果

说明等效源法可以实现对起伏观测面的观测数据进行曲面的稳定延拓。

第三节 延拓前各项校正

在实际的海洋测量当中，由于水体对磁法勘探的影响不大，所以此处只讨论重力勘探的情况。水面与水下的重力勘探必须进行相同量的校正，并且要将水体的重力异常消除掉再进行向下延拓，此后再将消除的水体异常部分补偿回最终结果，才能使延拓结果与水下测量数据呈现出较好的匹配效果，具体的校正项如下。

仪器所测得的数据理论上经过了各项仪器的校正，已经消除了由传感器自身引起的影响（零漂改正）、动态测量的影响（天向加速度改正、厄特沃什改正）、瞬时水体的影响（潮汐影响改正）。校正后测点所受影响如图 2.15 所示。

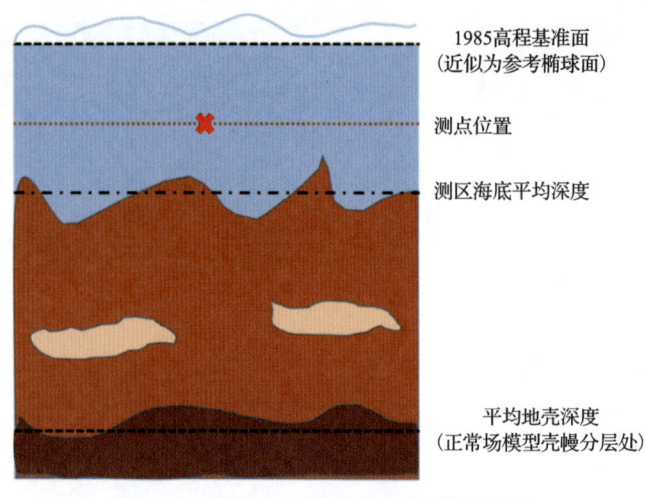

图 2.15 测点重力值理论地质环境示意图

一、正常场校正

此次延拓处理采用的是水下的空间重力异常，其理论上首先经过了正常场校正，海洋重力勘探直接使用的是式(2.41)的正常场公式进行计算：

$$g_0 = g_e \frac{1 + k \sin^2 \theta}{\sqrt{1 - e^2 \sin^2 \theta}}$$
$$k = \frac{b g_e}{a g_p} - 1 \tag{2.41}$$

式中，a 与 b 分别为椭球体模型的长轴与短轴；g_e 为椭球体赤道上的正常重力；g_p 为极点处得到的正常重力；θ 为地理纬度。选用 CGCS2000 椭球提供的椭球参数，可得正常场公式(2.42)，即

$$g_{正i} = 978032.53349 \times \frac{1 + 0.00193185297052 \sin^2 \theta}{\sqrt{1 - 0.0066943800229 \sin^2 \theta}}$$
$$k = \frac{b g_e}{a g_p} - 1 \tag{2.42}$$

测点在经过正常场校正后所受到的影响等同于从测点处所受所有影响中剥离掉椭球体模型所产生的影响，如图 2.16 所示。

二、高度校正

传统海洋测量以船测为主，由于远海海面就是大地水准面，高度起伏非常小，故通常不需要进行高度校正，而水下测量相对于高程基准面深度可达几百米甚至数千米，故必须考虑高度校正。根据斯托克斯定理，依据选择的椭球体模型推导出场源处随高度变

化重力位的公式(2.43)，即

$$g_h = \frac{2g_e}{a}[1 + f + m + (-3f + 2.5m)\sin^2\theta] \times H + \frac{3g_e H^2}{a^2} \quad (2.43)$$

$$m = \frac{\omega^2 a^2 b}{GM}$$

式中，f 为参考椭球体的扁率；G、M 为地心引力常数；H 为相对参考椭球面的大地高。

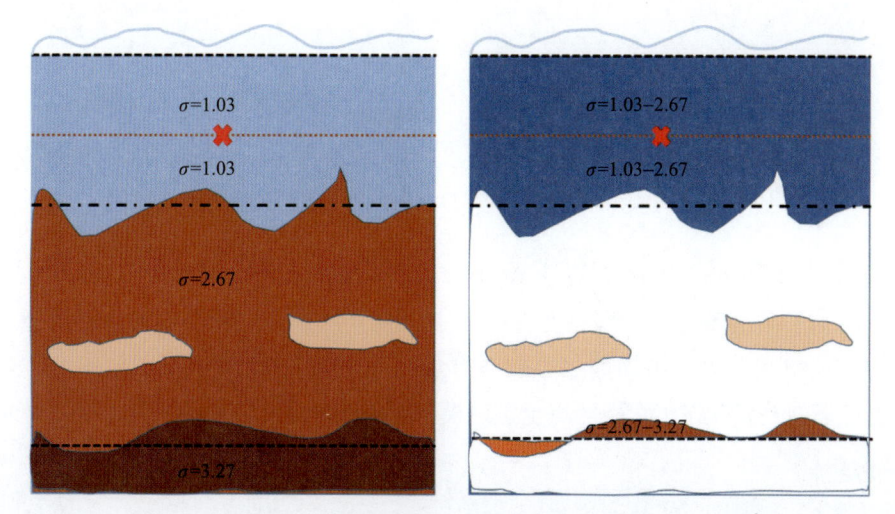

图 2.16　测点重力值的正常重力校正结果示意图(单位：g/cm³)

高度改正计算公式由正常重力公式推导而得，因此两者采用的参考椭球必须一致，将 CGCS2000 椭球参数代入公式(2.44)得

$$g_h = -[0.3087691 - 0.0004398\sin^2\theta] \times H + 7.212 \times H + 7.2125 \times 10^{-8} H^2 \quad (2.44)$$

而实际上水下探测体的位置应该位于椭球体的表面内，但现阶段没有查阅到对椭球表面以下场源内部高度变化影响的改正，由于深入源体以内距离 H 相对于椭球体的半径很小，根据场源边界效应，在场源表面附近高度的改正公式持续有效，所以依然采取公式(2.44)进行改正。

三、测点自由空间的重力异常

按照《海洋调查规范 第 8 部分：海洋地质地球物理调查规范》(GB/T 12763.8—2007)的定义，测点自由空间的重力异常计算由绝对重力值进行正常场改正和高度改正所得，即

$$\Delta g_{if} = g_i - (g_{正i} + g_h) \quad (2.45)$$

式中，g_i 为测点测量重力值；$g_{正i}$ 为测点正常场重力值；g_h 为测点高度改正值。测点位置上的空间异常值包含重力影响的理论模型如图 2.17 所示。

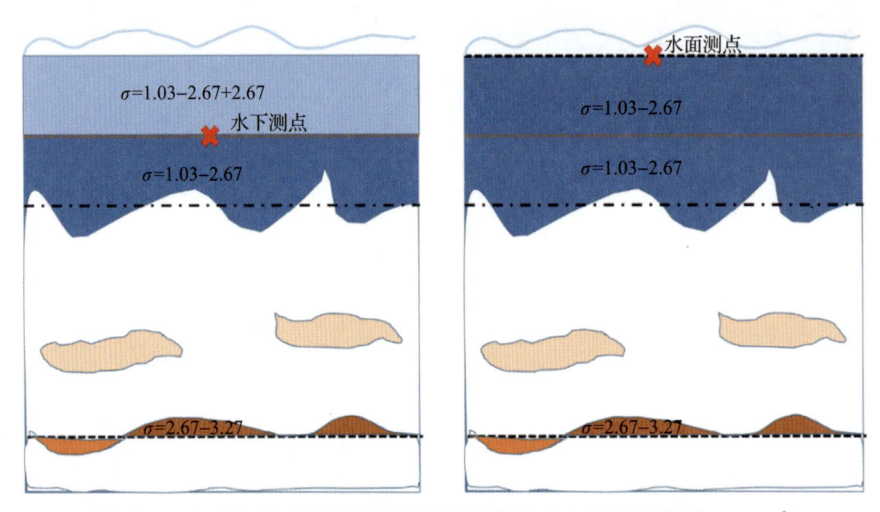

图 2.17　水下与水上测点处空间重力异常的理论环境图(单位：g/cm³)

可将椭球体视为地幔深度以下密度为 $3.27\times10^3\,\mathrm{kg/m^3}$，地幔以上密度为 $2.67\times10^3\,\mathrm{kg/m^3}$ 的同心圆椭球体。实际位置在模型中，测点位置处的真实正常场除受椭球体引力外，还同时受测点以上至椭球体表面一层密度为 $2.67\times10^3\,\mathrm{kg/m^3}$ 的岩石影响。所以水面与水下校正的差异就在于水下测点至椭球模型表面距离内填充的那一层岩石的影响。

四、中间层校正

由上述研究可知，出现延拓差值的原因是水下与水面处的空间重力值校正项不一致，水下数据比水面数据多了一层密度为 $2.67\times10^3\,\mathrm{kg/m^3}$ 的岩石填充，所以要利用中间层校正将其去除掉。中间层校正公式为

$$\Delta g_\sigma = -0.0419\cdot\sigma\cdot H \tag{2.46}$$

当测点高于总基点时 H 取正号，反之取负号，原因是在计算重力异常值时，用相对重力值与中间层校正值等"相加"，这样在采用上述高程符号时，能够实现测点低于总基点时去除中间层的影响。

五、水体校正

经研究发现，海水对于磁法勘探的影响不大，但作为密度层会对重力勘探产生影响。为了验证水层对重力延拓数据的影响，构建如图 2.18 所示的模型，图中蓝色部分模拟海水，黄色部分模拟水中地形，红色与绿色块体为地形中的异常体。

将 0m 处观测到的重力异常中加入 30%随机噪声，其异常形态如图 2.19(a)所示，水下数据由图 2.19(d)中的深度变化曲面所测得，其异常形态如图 2.19(b)所示。

水面、水下理论数据中除噪声外，水面数据比水下数据还多包含一套观测面以上的水体数据，如图 2.19(c)所示，将图 2.19(a)中的理论值分别进行水体重力异常保留及去除校正后均按照图 2.19(d)中的深度分别进行曲面向下延拓。

第二章 海洋水下位场转换理论与方法技术

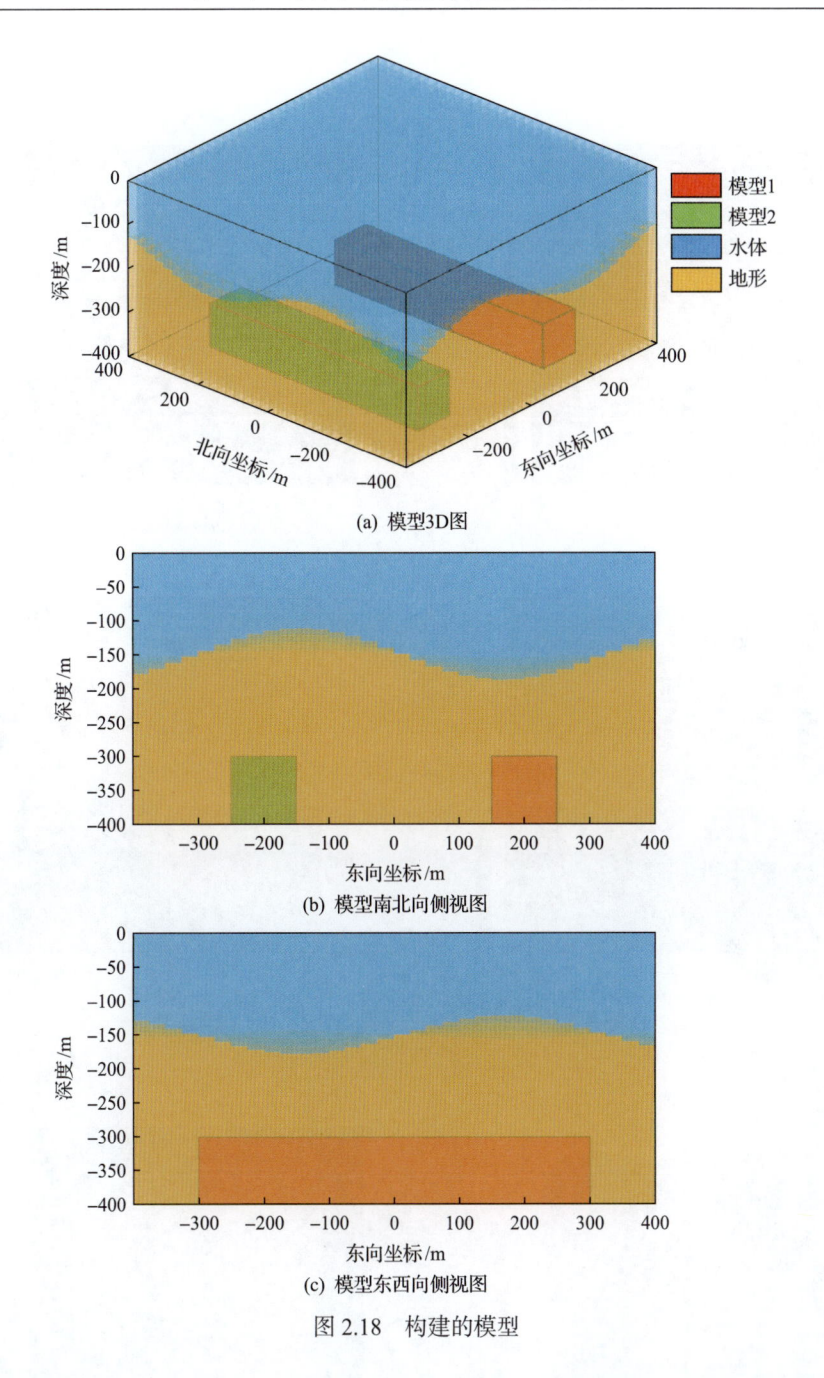

(a) 模型3D图

(b) 模型南北向侧视图

(c) 模型东西向侧视图

图 2.18 构建的模型

延拓结果如图 2.20(a)和图 2.20(b)所示,将延拓结果调整到与水下理论值相同的范围内,可以清晰地看到未进行水体校正的延拓结果与真实值相差很大,而进行水体校正后的延拓结果能更加准确地拟合真实值,提取图 2.19(b)中的测线数据进行比较,也能直观地发现经过水体校正后的延拓结果(绿线)能更好地拟合真实值(蓝线)。经研究后发现,水体重力异常需要在延拓时进行消除才能使结果更加精确。

(a) 水面观测重力异常（加噪）

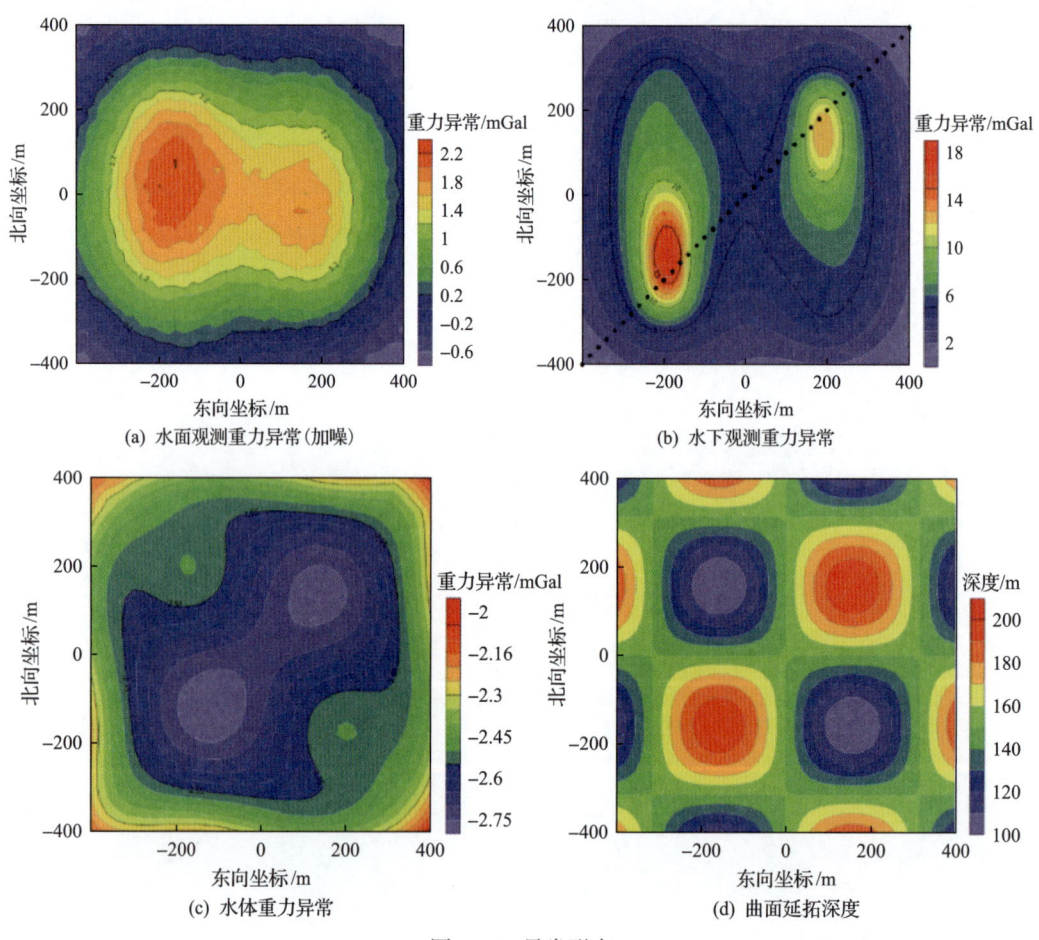

(b) 水下观测重力异常

(c) 水体重力异常

(d) 曲面延拓深度

图 2.19　异常形态

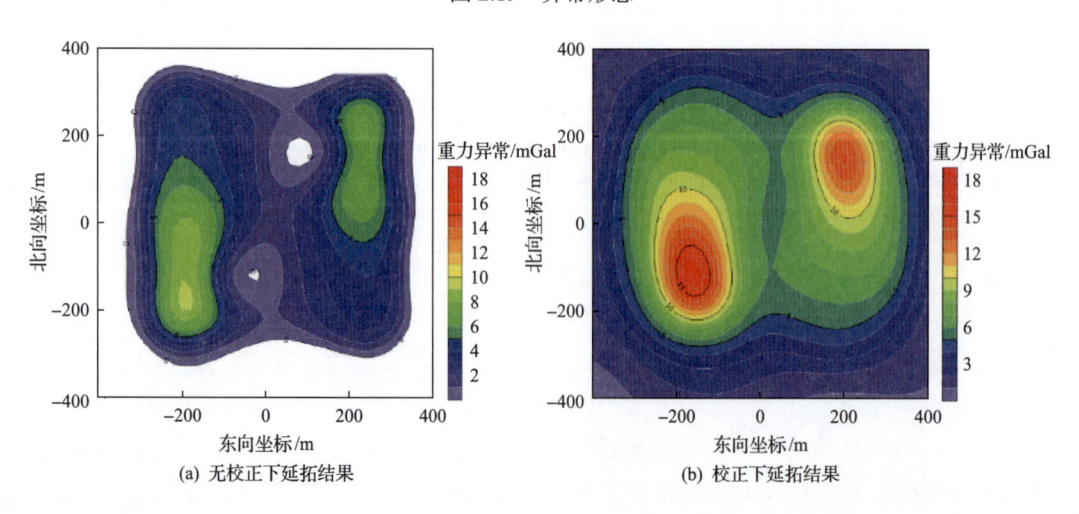

(a) 无校正下延拓结果

(b) 校正下延拓结果

(c) 水层校正前后测线延拓结果对比

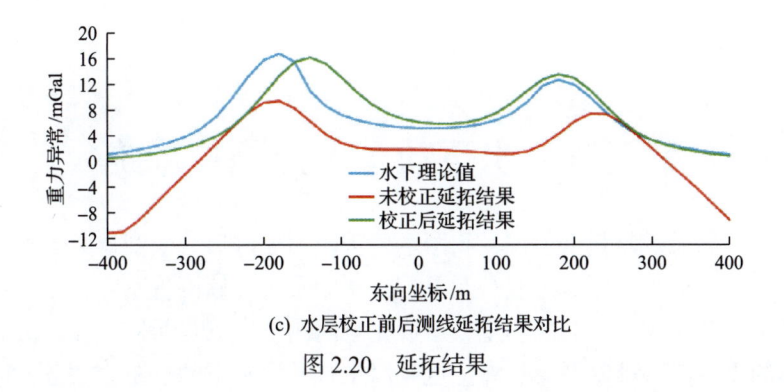

图 2.20 延拓结果

第三章 水下动态重力测量系统

"十三五"之前，船载重力仪，我国主要依赖国外进口。船载重力仪主要为机械平台式，安装在船中重心，测量过程需要平稳，从船码头开始测量基点，测量结束回到码头再次测量基点，完成一个航次测量，形成完整的测量数据。所以，在以机械平台式重力仪为基础的重力仪，难以平稳下海，也难以正常开展水下动态重力测量。捷联式航空重力仪与机械平台式重力仪不同，它采用"数字平台"，利用卫星导航定位获得捷联式重力测量数据。要实现重力仪下海，带有"数字平台"的捷联式航空重力仪具有重要的借鉴意义。本章主要研究如何在捷联式航空重力仪的基础上，研制出能够进行水下动态测量的重力仪，并对重力仪的水下适应性展开研究（如利用水下超短基线定位、高度计、多普勒测速仪组合定位代替卫星定位等），内容包括水下高精度测速定位和垂直加速度测量等技术的原始创新。

第一节 概 述

重力场描述了地球的基本物理特征之一，精确测定地球重力场对于深入研究地球科学、推动国民经济发展、支撑国防科技发展具有非常重要的意义。地球重力场的精确测定，可以为地球科学相关领域的研究发展提供基础信息来源。针对深水近海底油气资源探测的需求，依托对捷联式航空重力仪以往的研究基础，开展捷联式水下重力测量方法、重力仪工程设计等水下环境适应性研究，研究水下重力测量方法，利用重力传感器和姿态传感器的原始数据进行惯性导航解算，同时利用超短基线水声定位、多普勒测速、测深仪等传感器数据作为观测量，构建组合导航系统，突破水下高精度测速定位和垂直加速度计测量技术、水下动态重力测量惯性初始对准方法、惯性/多普勒安装关系标定方法、数据滤波方法等关键技术，完成数据处理软件的开发。研制水下动态重力测量系统样机，进行海上应用试验。

1. 本章用到的术语

重力测量系统(gravimetry system)：实施重力测量的设备，由硬件和软件系统组成。

水下重力测量(underwater gravimetry)：以水下航行器为载体，在运动状态中使用动态重力测量系统对地球重力场进行测量的行为。

捷联式重力仪(strapdown gravimeter)：采用捷联式惯性导航技术的重力仪。

比力(specific force)：重力传感器输出值，含重力加速度信号和其他运动加速度的影响。

多普勒测速仪(Doppler velocity log, DVL)：一种利用多普勒效应原理制成的自主测速设备，既可测量对地的绝对速度，又可测量对水层的相对速度，再结合惯导系统和相关滤波算法进行潜器在水下航行的航迹推算，进行水下导航。

全球导航卫星系统(global navigation satellite system，GNSS)：全球导航卫星系统能在地球表面或近地空间的任何地点为用户提供全天候的三维坐标、速度及时间信息的空基无线电导航定位系统。除美国 GPS、俄罗斯 GLONASS、欧盟 GALILEO、中国北斗卫星导航系统 4 大全球系统外，还包括区域系统和增强系统。

超短基线水声定位系统(ultra short baseline position system，USBL)：这是一种水下定位技术，由发射换能器、应答器、接收基阵组成。通过测定声单元的相位差来确定换能器到目标的相对方位角，换能器与目标的距离可通过测定声波传播的时间，再用声速剖面修正波束线，最终确定声基阵与水下拖体目标的相对距离，从而确定目标的相对位置。

惯性测量单元(inertial measurement unit，IMU)：由陀螺、加速度计和辅助电子线路组成，可测量载体的转动角度、角速度和线加速度等信息的装置。

垂直加速度(vertical acceleration)：载体运动产生的垂直方向的加速度。

水平加速度(horizontal acceleration)：载体运动产生的水平方向的加速度。

厄特沃什改正(EötVös correction)：为消除载体运动产生的重力离心力分量变化的影响所加入的改正。

2. 技术指标要求

本书设计的水下重力测量指标是获取水下重力测线交叉点的精度指标，具体如下。

(1) 水下重力异常测量精度：<2mGal。

(2) 动态测量范围：±2g。

(3) 深度测量精度：≤0.01%量程。

(4) 测速精度：0.4%±2mm/s。

(5) 稳态功耗：小于 250W。

3. 主要指标参数分析

水下动态重力测量的指标分为总体指标和重力仪的指标。总体技术指标是水下重力测量系统最终所获得的网格重力数据的精度指标，其误差传递如图 3.1 所示。

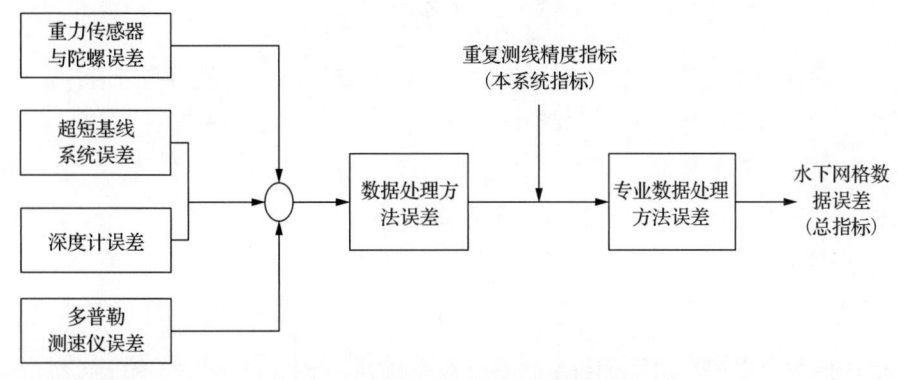

图 3.1 总体技术指标的误差传递图

水下重力测量仪的误差一方面来自传感器的测量误差，如重力传感器、陀螺、多普勒测速仪、深度计及超短基线系统的测量误差，另一方面来自数据处理过程中所带来的方法误差。

第二节　捷联式重力仪测量的数学模型及误差

捷联式重力仪是在捷联式航空重力仪的基础上，针对水下重力测量环境和条件需求，对壳体、温控系统、减震系统及数据采集系统进行优化、适应、改进，以满足水下测量的需要。

一、捷联式重力测量的数学模型

要描述捷联式重力仪的测量原理，首先要建立导航参考坐标系。

惯性坐标系（i系）：以地球质心为坐标原点，X轴在赤道平面内指向春分点，Z轴垂直于赤道面，与地球自转轴重合，指向北极，Y轴方向是使该坐标系成为右手直角坐标系的方向。

地心地固坐标系（e系）：以地心为坐标原点，X轴在赤道平面内指向本初子午线，Z轴垂直于赤道面，与地球自转轴重合，指向北极，Y轴方向是使该坐标系成为右手直角坐标系的方向。

当地地理坐标系（n系）：以载体质心为坐标原点，X轴为参考椭球面的北向，Y轴为参考椭球面的东向，Z轴为参考椭球面的法向且指向地心，本书采用北-东-地（N-E-D）坐标系。

载体坐标系（b系）：以载体质心为坐标原点，X轴为载体的对称轴指向载体的前方，Y轴垂直于主对称面指向右方，Z轴在载体的主对称面内垂直于X轴并指向使载体坐标系成为右手直角坐标系的方向，与北-东-地（N-E-D）当地地理坐标系相对应的是前-右-下（F-R-D）载体坐标系。

捷联式重力仪测量的数学模型在n系下表示如下：

$$\delta \boldsymbol{g}^n = \dot{\boldsymbol{v}}_e^n - \boldsymbol{C}_b^n \boldsymbol{f}^b + \left(2\boldsymbol{\omega}_{ie}^n + \boldsymbol{\omega}_{en}^n\right) \times \boldsymbol{v}_e^n - \boldsymbol{\gamma}^n \tag{3.1}$$

式中，$\dot{\boldsymbol{v}}_e^n$为载体的加速度；$\boldsymbol{v}_e^n$为载体的速度；$\boldsymbol{f}^b$为加速度计的比力测量值；$\boldsymbol{C}_b^n$为b系与n系之间的方向余弦矩阵；$\boldsymbol{\omega}_{ie}^n$为地球自转角速度在$n$系下的投影；$\boldsymbol{\omega}_{en}^n$为$n$系相对$e$系的角速度在$n$系下的投影；$\boldsymbol{\gamma}^n$为正常重力矢量；$\delta\boldsymbol{g}^n$为重力扰动矢量。

在水下重力测量中，式(3.1)中右边各参数根据数据来源可分为两类：一类可由深度计和多普勒测速仪直接测量或间接计算得到，包括载体的速度$\boldsymbol{v}_e^n$、加速度$\dot{\boldsymbol{v}}_e^n$、正常重力矢量$\boldsymbol{\gamma}^n = [0\ 0\ \gamma]^T$、地球自转和载体运动所引起的哥氏加速度和离心加速度$\left(2\boldsymbol{\omega}_{ie}^n + \boldsymbol{\omega}_{en}^n\right) \times \boldsymbol{v}_e^n$；另一类由惯导系统测得，包括$b$系下的比力$\boldsymbol{f}^b$、方向余弦矩阵$\boldsymbol{C}_b^n$。

标量重力测量仪考虑式(3.1)中重力扰动的垂向分量，即

$$\delta g_{\mathrm{D}} = \dot{v}_{\mathrm{D}} - f_{\mathrm{D}} + \left(2\omega_{ie}\cdot\cos B + \frac{v_{\mathrm{E}}}{R_{\mathrm{N}}+h}\right)\cdot v_{\mathrm{E}} + \frac{v_{\mathrm{N}}^2}{R_{\mathrm{M}}+h} - \gamma \tag{3.2}$$

式中，δg_{D} 为重力扰动矢量在垂直方向的分量；$\dot{v}_{\mathrm{D}}$ 为运动加速度在垂直方向的分量；v_{N}、v_{E} 分别为速度的北向、东向分量；f_{D} 为比力在垂直方向的分量；R_{M}、R_{N} 为子午圈半径和卯酉圈半径；B、h 分别为纬度和高度；ω_{ie} 为地球自转角速率；γ 为正常重力。

二、水下重力测量的误差模型

由式(3.1)推算可得到矢量重力测量的误差模型为

$$\mathrm{d}\delta\boldsymbol{g}^n = \delta\dot{\boldsymbol{v}}_e^n - \left[\boldsymbol{f}^n\times\right]\boldsymbol{\psi} - \boldsymbol{C}_b^n\delta\boldsymbol{f}^b + (2\boldsymbol{\omega}_{ie}^n + \boldsymbol{\omega}_{en}^n) \\ \times\delta\boldsymbol{v}_e^n - [\boldsymbol{v}_e^n\times](2\delta\boldsymbol{\omega}_{ie}^n + \delta\boldsymbol{\omega}_{en}^n) - \delta\boldsymbol{\gamma}^n \tag{3.3}$$

式中，$\mathrm{d}\delta\boldsymbol{g}^n$ 为重力扰动矢量的测量误差；$\boldsymbol{\psi}$ 为姿态测量误差；$\boldsymbol{f}^n$ 为 n 系下的比力测量值；$\delta\boldsymbol{f}^b$ 为重力传感器的测量误差；$\delta\dot{\boldsymbol{v}}_e^n$、$\delta\boldsymbol{v}_e^n$ 分别为载体的运动加速度、速度测量误差；$\delta\boldsymbol{\omega}_{ie}^n$、$\delta\boldsymbol{\omega}_{en}^n$ 分别为角速度计算误差；$\delta\boldsymbol{\gamma}^n$ 为正常重力计算误差。

式(3.3)给出的误差模型是一种理想情况，对于实际系统还必须考虑时间同步误差和偏心改正误差。时间同步误差主要来源于深度计、多普勒测速仪与重力传感器和陀螺数据采集时的不同步。偏心改正误差主要来源于深度计、多普勒测速仪与重力传感器在空间上的不一致。

有文献分析了在时间不同步情况下的误差模型，即

$$\mathrm{d}\delta\boldsymbol{g}^n = \delta\dot{\boldsymbol{v}}_e^n - [\boldsymbol{f}^n\times]\boldsymbol{\psi} - \boldsymbol{C}_b^n\delta\boldsymbol{f}^b + (2\boldsymbol{\omega}_{ie}^n + \boldsymbol{\omega}_{en}^n)\times\delta\boldsymbol{v}_e^n \\ -[\boldsymbol{v}_e^n\times](2\delta\boldsymbol{\omega}_{ie}^n + \delta\boldsymbol{\omega}_{en}^n) - \delta\boldsymbol{\gamma}^n + (\dot{\boldsymbol{C}}_b^n\boldsymbol{f}^b + \boldsymbol{C}_b^n\dot{\boldsymbol{f}}^b)\mathrm{d}T \tag{3.4}$$

式中，$\mathrm{d}T$ 为时间同步误差。

由式(3.4)可知，测量误差主要来自重力传感器的测量误差 $\delta\boldsymbol{f}^b$、姿态测量误差 $\boldsymbol{\psi}$、载体加速度测量误差 $\delta\dot{\boldsymbol{v}}_e^n$、因深度计测深与多普勒测速仪误差所带来的速度与位置误差、时间同步误差及偏心改正误差。误差分配的前提是对误差特性的分析，下面对每项误差的特性进行分析，并结合项目的技术指标要求给出误差分配方案。

三、重力传感器误差的特性分析

由式(3.4)可知，重力传感器对测量误差的影响为 $\boldsymbol{C}_b^n\delta\boldsymbol{f}^b$，即传感器误差 $\delta\boldsymbol{f}^b$ 通过载体姿态矩阵 $\boldsymbol{C}_b^n$ 投影到当地地理坐标系。对于水下重力测量，在测区要求载体保持水平匀速直线运动，以南北方向航行为例，此时姿态矩阵 $\boldsymbol{C}_b^n$ 约为单位阵，即误差影响可简化为 $\delta\boldsymbol{f}^b$，也就是说重力传感器的测量误差不加衰减地直接传递到最终的重力扰动矢量的测量误差上。

四、姿态测量误差的特性分析

由式(3.4)可知，姿态测量误差的影响为$[f^n\times]\psi$，将其展开可得

$$[f^n\times]\psi = \begin{bmatrix} \psi_D f_E - \psi_E f_D \\ \psi_N f_D - \psi_D f_N \\ \psi_E f_N - \psi_N f_E \end{bmatrix} \tag{3.5}$$

式中，ψ_N、ψ_E、ψ_D分别为沿北、东、地三个轴的姿态误差角；f_N、f_E、f_D分别为沿北、东、地三个轴的比力观测值。

由式(3.5)可知，姿态误差对重力仪测量精度的影响不仅与姿态误差的大小有关，还与比力的大小有关。动态下的比力测量公式为

$$f^n = \dot{v}_e^n + \left(2\omega_{ie}^n + \omega_{en}^n\right) \times v_e^n - g \tag{3.6}$$

由式(3.6)可以看出，比力包含三部分：载体的运动加速度$\dot{v}_e^n$、哥氏加速度$2\omega_{ie}^n \times v_e^n$、离心加速度$\omega_{en}^n \times v_e^n$和重力加速度$g$。

在水平匀速直线运动状态，哥氏加速度和离心加速度近似为常值，其幅值一般小于0.01m/s^2。重力加速度的垂直分量约为9.8m/s^2，水平分量一般小于0.001m/s^2，可以忽略不计。

在测量阶段，载体的运动加速度主要包括两部分：一是由载体内部电机引起的高频振动，其周期小于1s，在水下重力测量系统中，需要采用减振系统来消除/削弱高频震动；二是由水流紊流所引起的加速度，其周期大于1s。

由式(3.5)可知，在水平匀速直线运动阶段，有$f_D \approx g \gg f_N, f_E$，此时式(3.5)为

$$[f^n\times]\psi \approx \begin{bmatrix} -\psi_E f_D \\ \psi_N f_D \\ 0 \end{bmatrix} \tag{3.7}$$

由式(3.7)可知，若载体保持水平匀速直线运动，由于重力加速度的放大作用，姿态误差主要对水平分量造成影响，而对垂直分量的影响很小。

水平姿态误差角ψ主要是由陀螺的漂移b_g引起的，可近似表示为

$$\psi = \frac{b_g}{\omega_s}\sin\omega_s t \tag{3.8}$$

式中，$\omega_s = \sqrt{g/R} \approx 1.24\times 10^{-3}/\text{s}$为舒勒频率；$g$为重力值；$R$为地心距。

假设经过滤波周期为200s的低通滤波器后，载体的水平加速度为0.01m/s^2，若要使重力扰动垂直分量的误差小于$0.5\times 10^{-5}\text{m/s}^2$，水平姿态误差角$\psi$应小于56″，则可估算出对陀螺精度的要求为

$$b_g < \omega_s \cdot \psi_{E或N} \approx 0.07°/\text{h} \tag{3.9}$$

目前，国内高精度光学陀螺的精度优于 0.003°/h，由式(3.1)可知完全满足重力标量测量的要求，那么由姿态误差引起的水下重力扰动测量误差小于 0.1mGal。

五、系统位置误差的影响分析

载体位置测量误差引起两项计算误差：一是厄特沃什改正计算误差，二是正常重力的计算误差。

(一) 厄特沃什改正计算误差

由位置误差引起的重力测量误差为

$$d\delta g_p^n = [v_e^n \times](2\delta\omega_{ie}^n + \delta\omega_{en}^n) \tag{3.10}$$

根据式(3.10)，首先分析自转角速度误差 $\delta\omega_{ie}^n$ 的量级。以纬度误差为 10m 为例，此时 $\delta L = 1.5679 \times 10^{-6}$，$|\delta\omega_{ie}^n| = \omega_{ie} \cdot \delta L = 1.1433 \times 10^{-10}$，完全可以忽略不计。

其次，分析当地地理坐标系相对地球坐标系的角速度的误差 $\delta\omega_{en}^n$。以纬度、高度误差都为 10m 为例，位置误差除以 $(R_N + h)^2$ 得到衰减，量级为 10^{-13}，完全可以忽略不计。

(二) 正常重力的计算误差

在当地地理坐标系中，正常重力模型是大地纬度 B 和高度 h 的函数，可以由式(3.1)表示，即

$$\gamma = \frac{\gamma_0}{(1 + h/R_0)^2} \tag{3.11}$$

式中，$\gamma_0 = 9.780318(1 + 5.3024 \times 10^{-3} \sin^2 B - 5.9 \times 10^{-6} \sin^2 2B)\text{m/s}^2$；$R_0 = \sqrt{R_M R_N}$（$R_N$ 和 R_M 分别为卯酉圈和子午圈半径）

高度误差对正常重力的影响可以由式(3.12)表示，即

$$\frac{d\gamma}{dh} \approx -3.0877 \times 10^{-6} / \text{s}^2 \tag{3.12}$$

因此，1m 的高度测量误差将引起约 $0.3 \times 10^{-5} \text{m/s}^2$ 的正常重力计算误差，目前使用深度计的精度指标为全量程的 0.01%，考虑其 7000m 的量程，造成的高度误差约为 0.7m。另外，考虑捷联惯性导航系统(SINS)/DVL 组合导航累计误差约为 3m(单次测量作业)。那么，高度误差造成的重力扰动误差约为 1.1mGal。

考察高度为 0m 时，若纬度方向有 10m 和 100m 的定位误差，则正常重力的计算误差见图 3.2。从图中可以看出，即使存在 100m 的纬度误差，由此引起的正常重力计算误差也不超过 $0.1 \times 10^{-5} \text{m/s}^2$。在水下重力测量中，位置信息是通过 USBL/GPS 得到的。这

是因为组合导航系统的位置误差是与同航行里程相关的，当使用精度优于 0.03°/h 的陀螺，零偏优于 50mGal 的加表，测速精度为 0.5%V±5mm/s 的多普勒测速仪时，其位置精度优于总里程的 0.2%。虽然水下重力测量系统中使用的陀螺精度优于 0.003°/h，加表零偏优于 10mGal，多普勒测速仪精度为 0.12%V±1mm/s，预期的测量精度应远高于总里程的 0.2%，但也随航行里程积累。当位置误差过大时，需要利用 USBL/GPS 的位置对组合导航的位置进行更新，因此组合导航的位置精度不会超过 USBL/GPS 的位置精度。

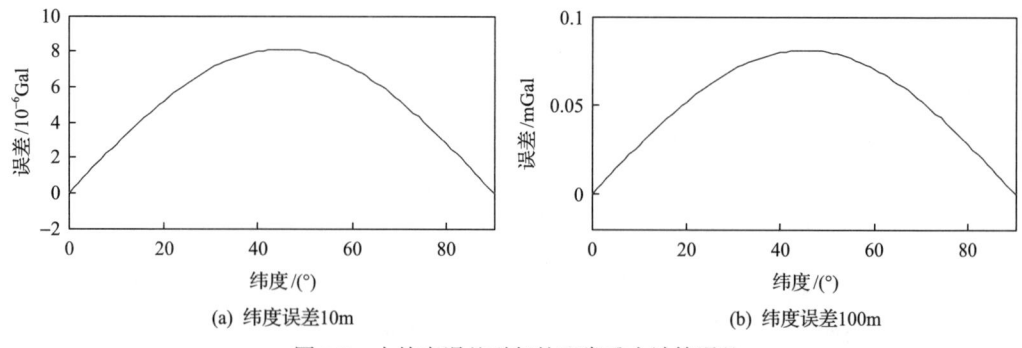

图 3.2 由纬度误差引起的正常重力计算误差

考虑超短基线系统的定位精度为测量距离的 0.25%，在船和拖体距离为 4km 的情况下，测量误差为 10m。同时考虑 GPS 单点测量的位置精度为米级，水下 20m 以内的定位精度是可以达到的，那么由位置误差导致的重力测量误差可以忽略。

六、速度误差的影响分析

由式(3.4)可知，载体速度测量误差引起的重力测量计算误差可表示为

$$\mathrm{d}\delta g_v^n = (2\boldsymbol{\omega}_{ie}^n + \boldsymbol{\omega}_{en}^n) \times \delta \boldsymbol{v}_e^n \tag{3.13}$$

由式(3.13)可以估算由速度误差引起的厄特沃什改正。假定纬度为 45°，沿东北方向水平前进，即方位角为 45°，则由速度误差引起的厄特沃什改正误差如表 3.1 所示。

表 3.1 速度测量误差对厄特沃什改正的影响　　　　　　　　　（单位：mGal）

速度/kn	速度误差				
	0.005m/s	0.01m/s	0.05m/s	0.1m/s	0.3m/s
6	0.036	0.073	0.369	0.738	2.214
8	0.037	0.074	0.370	0.741	2.223
10	0.037	0.074	0.372	0.744	2.233
12	0.037	0.074	0.373	0.747	2.242
14	0.037	0.075	0.375	0.75	2.252

假设测量作业时船速为 10kn，即速度约为 5m/s，所选用 DVL 的测速误差为 0.12%V±1mm/s，约为 0.007m/s，那么由多普勒测速仪测速造成的误差约为 0.05mGal。但这仅是 DVL 测速误差可能导致的测量误差，未考虑组合导航后的误差，此外最后的

速度误差还同惯性器件的姿态有一定关系。在 DVL 前-右-下坐标系(m 系)下载体运动的速度可以表示为 $\boldsymbol{v}_{\mathrm{DVL}}^{d} = [v_x \quad v_y \quad 0]^{\mathrm{T}}$，其中，$v_x$ 为 DVL 测量的前向速度，v_y 为 DVL 测量的右向速度，将测速仪坐标系(d 系)与载体坐标系(b 系)之间的安装角记为 $\boldsymbol{\varphi} = [\phi \quad \theta \quad \Psi]^{\mathrm{T}}$，分别对应滚动角、俯仰角和航向角，那么由 d 系转到 b 系的方向余弦矩阵可以由 3 次欧拉角 Ψ、θ、ϕ 的转动计算表示。于是，n 系下理想的载体运动速度可以表示为 $\boldsymbol{v}_{\mathrm{DVL}}^{n} = \boldsymbol{C}_{b}^{n} \boldsymbol{C}_{d}^{b} \boldsymbol{v}_{\mathrm{DVL}}^{d}$。通过分析可以发现最终的速度误差 $\mathrm{d}\boldsymbol{v}_{\mathrm{DVL}}^{n}$ 与载体速度 v、姿态误差 Ψ、测速仪安装俯仰角误差 $\mathrm{d}\theta$、航向角误差 $\mathrm{d}\Psi$ 和刻度因子误差 $\mathrm{d}k_{\mathrm{dvl}}$ 有关，所以实际情况下由速度导致的测量误差还会加大，因此考虑由速度造成的重力扰动误差综合为 0.1mGal。

七、加速度误差的影响分析

运动载体加速度的估计误差直接影响着重力信号的提取精度，预期使用由深度计、多普勒测速仪、超短基线定位及捷联惯导构成的组合导航系统得到的天向速度并对其进行差分得到天向加速度。目前的研究表明，在地面低动态情况下，多普勒测速仪与捷联惯导组成的重力测量系统同 GNSS 与捷联惯导组成的重力测量系统具有相当的精度(DVL/SINS 均方根为 1.17mGal；GNSS/SINS 均方根为 1.22mGal)。考虑水下测量情况的复杂性，由加速度测量造成的误差应适当放大，为 1.4mGal。

八、时间同步误差的影响

时间同步误差带来的重力扰动测量误差记为

$$\mathrm{d}\delta \boldsymbol{g}_{\mathrm{sync}}^{n} = \left(\dot{\boldsymbol{C}}_{b}^{n} \boldsymbol{f}^{b} + \boldsymbol{C}_{b}^{n} \dot{\boldsymbol{f}}^{b} \right) \mathrm{d}T \tag{3.14}$$

由式(3.14)可知，时间同步误差的影响与动态环境有关。在山东某地飞行试验所处的飞行动态环境下(飞行速度 60m/s)，滤波周期为 160s 时，1ms 的时间同步误差引起的重力测量误差如图 3.3 所示。从图中可以看出，1ms 的时间同步误差引起的重力水平方

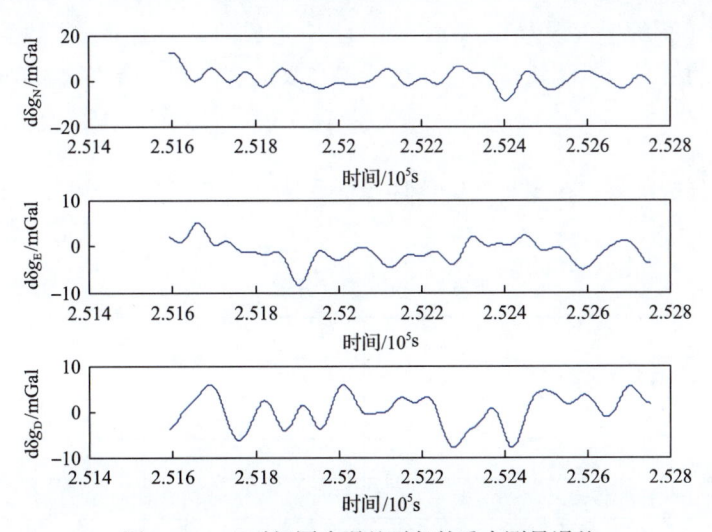

图 3.3 1ms 时间同步误差引起的重力测量误差

向上的测量误差最大可达到13mGal，引起垂向上的测量误差最大可达到8mGal。为了使垂向上的测量误差小于 1mGal，时间同步误差要小于 125μs。由于前期所设计的硬件同步方案可使时间同步误差优于 1μs，因此时间同步所带来的误差小于 0.02mGal，完全可以忽略不计。

九、偏心改正误差的影响

前面讨论重力测量的数学模型及误差模型时，始终默认捷联惯导系统和其他传感器在空间上是一致的，而在实际作业中，多普勒测速仪与深度计需要安装在拖体外部，而惯导系统安装在拖曳承压舱内部，因此捷联惯导系统和多普勒测速仪与深度计所测得的是两个不同点的位置、速度和加速度。在进行数据处理时，需要首先将多普勒测速仪与深度计的测量值归算到重力传感器的位置，这一过程称为"偏心改正"。

下面分析由偏心改正引起的速度误差，设 $\boldsymbol{\omega}_{nb}^b = [\omega_{nbx}^b \quad \omega_{nby}^b \quad \omega_{nbz}^b]^T$，则偏心改正的速度误差可以表述为

$$\boldsymbol{\omega}_{nb}^b \times \boldsymbol{l}^b = \begin{bmatrix} 0 & -\omega_{nbz}^b & \omega_{nby}^b \\ \omega_{nbz}^b & 0 & -\omega_{nbx}^b \\ -\omega_{nby}^b & \omega_{nbx}^b & 0 \end{bmatrix} \begin{bmatrix} l_x^b \\ l_y^b \\ l_z^b \end{bmatrix} \tag{3.15}$$

式中，$\boldsymbol{\omega}_{nb}^b = [\omega_{nbx}^b \quad \omega_{nby}^b \quad \omega_{nbz}^b]^T$ 为旋转角速度；$\boldsymbol{l}^b = [l_x^b \quad l_y^b \quad l_z^b]^T$ 为偏心改正矢量。

在实际测线过程中，滚动角运动不超过 5°/s。而俯仰角运动在测线过程中的整体幅值小于滚动角运动，且更为平稳。但由于角速度的不平稳性，杆臂误差也会发生变化，当偏心改正大小为1m时，由式(3.1)可知，速度误差大小为

$$5°/s \times \frac{\pi}{180} \times 1 \approx 0.087 \text{m/s} \tag{3.16}$$

由式(3.1)求得的速度误差 0.087m/s 可知，它造成的重力测量误差约为 0.7mGal，考虑当前分米级的偏心矢量测量精度，在进行偏心改正后，剩余误差约为 0.1mGal。

十、误差分配

综合上述分析结果，在现有关键器件指标和技术水平下，水下重力测量仪技术指标分配见表3.2。

表 3.2 技术指标分配 （单位：10^{-5}m/s^2）

	重力扰动
重力传感器	0.50
姿态误差	0.10
正常重力	1.10
厄特沃什改正	0.10
载体加速度	1.40

	续表
	重力扰动
时间同步	0
偏心改正	0.10
综合误差	1.86

第三节 设 计 方 案

一、功能

水下重力测量系统应具有以下功能：①比力测量（利用重力传感器测量载体运动的三维比力值）；②姿态测量；③惯性导航；④组合导航；⑤数据同步记录与数据导出；⑥状态监测。

二、总体设计框图

水下动态重力测量系统的组成如图 3.4 所示，除拖体外，主要包括重力传感器系统、姿态测量系统、减振系统、温控系统、定位测速与加速度提取系统（GPS 接收机、多普勒测速仪、超短基线水声定位系统和水压深度计）、数据采集存储及监控系统和水下重力测量数据处理软件。

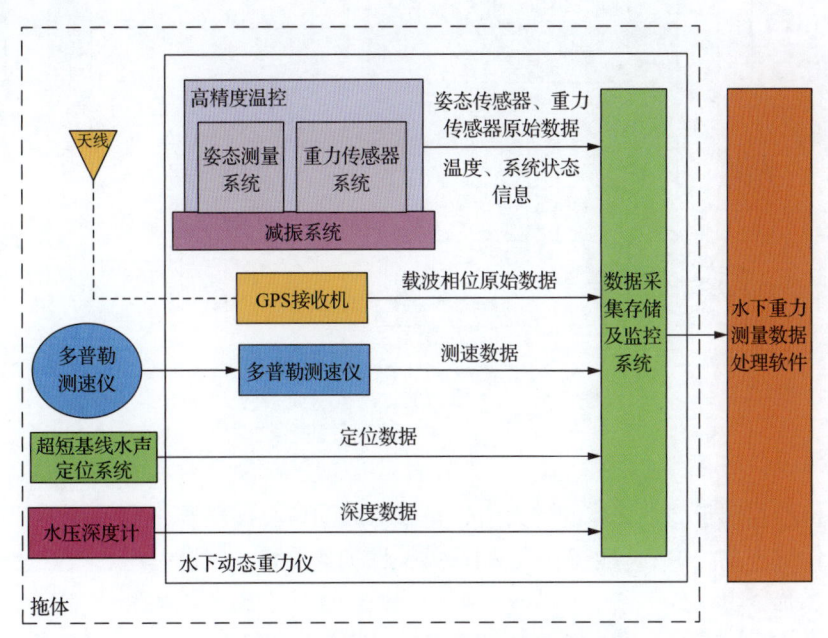

图 3.4 水下动态重力测量系统结构图

水下动态重力测量系统的研究内容围绕航空动态重力测量与水下动态重力测量在测量环境、测量条件及数据处理等方面的差异展开。

(1) 水下动态重力仪的环境适应性改进：解决重力仪入水问题。

（2）测速定位与加速度提取方法改进：解决高精度位置、速度和加速度的获取问题。

（3）水下动态重力数据处理方法：解决水下高精度初始对准、组合导航中传感器安装关系标定问题。

（4）水下动态重力仪试验方法：递进验证仪器适应性改进方案和水下重力测量数据处理方法的正确性。

三、组成

水下动态重力测量系统由两个大的功能模块构成：硬件模块和数据处理模块。其中硬件模块包括重力传感器、姿态测量传感器、DVL、深度计、超短基线水声定位模块、GNSS 接收机、温控系统、二次电源及承压舱等，如图 3.5 所示。数据处理系统包括数据预处理软件和重力解算处理软件。

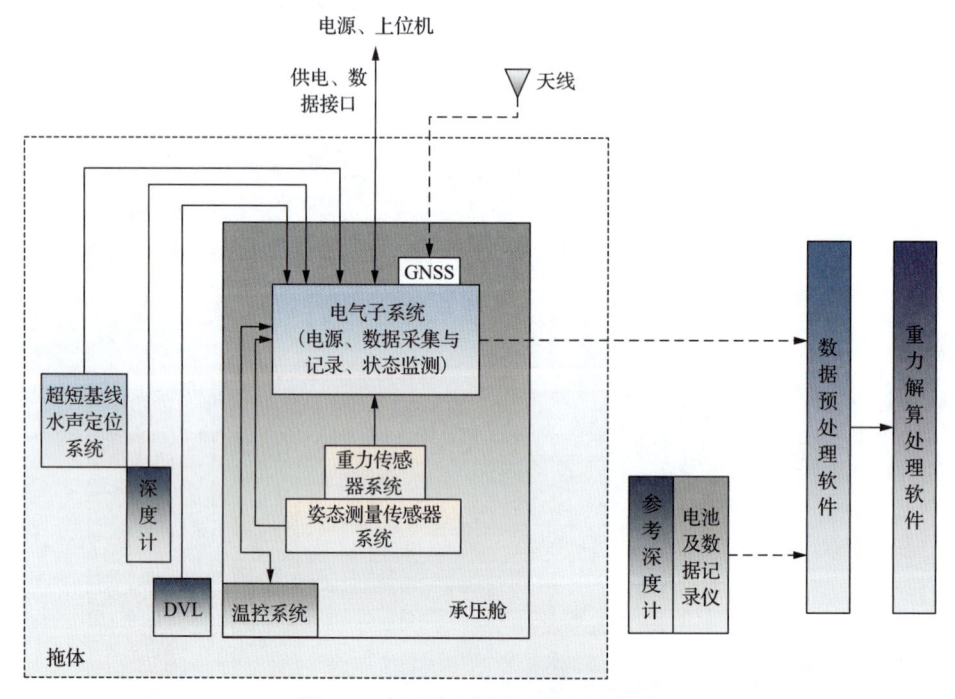

图 3.5 水下重力测量系统组成结构

（一）重力传感器

重力传感器用于测量载体的比力值，是重力仪的核心传感器。

重力传感子系统由三只正交安装的石英挠性加速度计、安装基座、模数转换电路、温度控制系统等组成。

加速度计是国产高精度石英挠性加速度计。模数转换电路采用 I/F 转换原理，将加速度计输出的电流信号直接转换成脉冲频率信号。

重力传感器作为重力仪的核心传感器，其分辨率、精度和稳定性是影响系统整体精度的重要因素，由于石英挠性加速度计的测量精度主要受温度的影响，而采用温度补偿的方案难以达到重力测量的精度要求，因此需要对加速度计进行精密温度控制，采用二级温控方案，以确保加速度计工作温度的稳定。

电气系统传感器模块的主要功能是获取载体的角速度、比力、位置、速度和加速度信息及系统内部的温度信息。包含的组件主要包括嵌入式三轴光纤陀螺组合、石英挠性加速度计组合、I/F 转换电路、卫星接收机、温度采集电路等。

1. 加速度计组合

加速度计用于测量载体的比力信息，系统中共配置三只加速度计，正交安装，其技术指标见表 3.3。

表 3.3 石英挠性加速度计的技术指标

项目	单位	指标
测量范围	g	$-5 \sim +5$
偏值(K_0)	mg	$\leqslant 5$
标度因数 K_1	mA/(KHz)	$1.5 \sim 2.5$
二阶非线性系数 K_2	g/g²	1×10^{-5}
失准角	rad	1.5×10^{-4}
阈值	μg	1
偏值稳定性(3h)	μg	3
偏值稳定性(24h)	μg	5
偏值重复性	μg	15
标度因数重复性	ppm	10
偏值温度系数(55～65℃)	μg/℃	20
标度因数温度系数(55～65℃)	ppm/℃	25
通断滞后误差	μg	20
电噪声	mV	12
超调量	%	40
半振荡次数	次	3
谐振频率	Hz	$\geqslant 400$

2. I/F 转换电路

I/F 转换电路的主要功能是将石英挠性加速度计输出的电流信号转换为数字脉冲信号，系统选用航天 33 所研制的 I/F 转换电路板，一块电路板含 3 个转换通道，即三只加速度计配一块 I/F 转换电路板。

所选用 I/F 转换电路板的主要性能指标如下。

(1) 输入电流范围：$-10 \sim 10$ mA。

(2) 零位：$\leqslant 0.1$ Hz。

(3) 零位漂移：$\leqslant 0.3$ Hz。

(4) 零位稳定性：$\leqslant 0.1$ Hz。

(5) 标度因数：(51.2±5.12)kHz/mA。

(6) 标度因数非线性度：≤5×10^{-5}(±0.2～±10mA)。

(7) 标度因数稳定性：≤5×10^{-5}。

(8) 标度因数温度系数：≤6ppm(1ppm=10^{-6})。

(9) 工作温度：-20～+70℃。

(二) 姿态传感器

姿态测量子系统的功能是测量重力传感器相对于当地地理坐标系的姿态，以便将重力传感器的输出投影到当地地理坐标系。对于标量重力测量，姿态误差通过水平加速度耦合到最终的测量误差中，因此提高姿态测量精度有利于提高系统的动态性能。

姿态传感子系统由三只正交安装的高精度光纤陀螺、安装基座等构成。对于捷联式重力仪，载体的姿态确定是根据陀螺的输出和加速度计的输出信号，并综合 DVL、深度计、超短基线水声定位模块所提供的观测量信息，通过组合导航方式得到。

光纤陀螺的主要性能指标如下。

(1) 零偏稳定性：≤0.005º/h(1σ[①]，100s)。

(2) 零偏重复性：≤0.002。

(3) 标度因数不对称性：≤5ppm。

(4) 标度因数非线性度：≤5ppm。

(5) 标度重复性：≤5ppm。

(三) 多普勒测速仪

拟选用 Sonardyne Type 8275 型或同等精度的多普勒测速仪。Sonardyne Type 8275 DVL 外形如图 3.6 所示，主要技术指标见表 3.4。

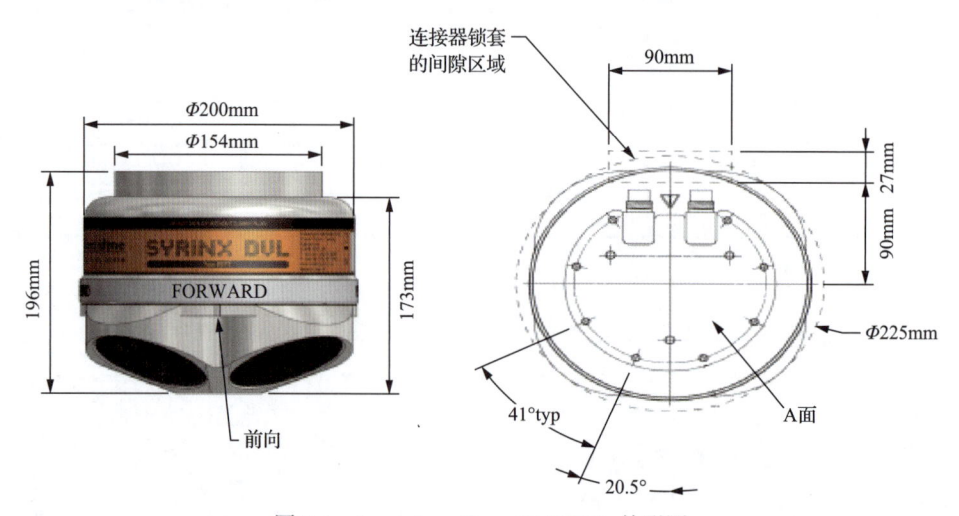

图 3.6　Sonardyne Type 8275 DVL 外形图

[①] 1σ 表示 1 倍置信区间。

表 3.4 Sonardyne Type 8275 DVL 主要技术指标

型号		Type 8275
工作频率/kHz		600
对底速度精度/(cm/s)	标准差@ 1m/s*	±0.22
长时间精度/(cm/s)		±12%±0.1
最小/最大工作高度/m		0.4/175
速度范围/(m/s)		>10
速度分辨率/(cm/s)		0.01
数据输出频率/Hz		25(max)
最大发射源带宽(dB re 1uPa @ 1m)		217dB
对水速度	精度/(cm/s)	±0.2%±0.1cm/s
	水层	可选择的
	最小/最大工作范围/m	0.5/70
传感器	温度/℃	−5~40
	俯仰/横滚(可选择)/(°)	±0.5
	压强(可选择)	±0.1%(全量程)
配置	阵列	4 波束阵列 @ 30°波束角度
通信与存储	通信接口	双 RS232,多端口以太网(TCP & UDP)
	触发输入	3~12V 可配置的上升或下降沿
	内部存储/GB	32(容量)
输出	输出电报	PD0, PD3, PD4, PD6, PD13
		SDDBT
		同步电报输出
电源	电压范围(DC 输入)/V	24(±10%)
	平均功率(典型)/W	10
环境适应性	深度范围/m	3000/4000/6000
	工作温度/℃	−5~55
	存储温度/℃	−20~55
机械结构		铝(3000m)/钛(4000m/6000m)
维度(高度×最大直径)/mm		196×225(4000, 6000)
(空气中质量/水中质量)/kg		12.0/4(4000m 版本)

*标准偏差是指在 20~30m 水深测量的单波束真实水平速度精度

DVL 与重力仪之间的位置和姿态相对固定,标定与测量过程中相对姿态的变化不超过 0.01°。

(四)深度计

选用 Parosicentific 8CB 系列深度计,如图 3.7 所示。

性能参数
重复性：≤±0.01%全量程
最大压强：1.2倍全量程
热灵敏度：<0.0008%全量程/温度

电气参数
输入电压：+6VDC—+16VDC
电流损耗：静态电流16.5mA,最大32 mA@+6VDC
输出信号：RS-232符合EIA/TIA标准
　　　　　RS-485符合EIA/TIA标准

环境特征
重量：净重最大2.94lb(1.33kg)
材质：不锈钢

Series 8CB(0～7000 m)

图 3.7　Parosicentific 8CB 7000 型外形图及其主要技术指标

系统中有包含两台深度计，一台安装在拖体上，与重力仪之间的位置和姿态相对固定，用于测量重力仪的实时深度信息。另一台作为参考深度计，在执行测试任务前安放在测区内或测区附近海底。

(五) 超短基线水声定位系统

选用广州海洋地质调查局现有的 Sonardyne 公司的 Range2 Pro USBL 系统。其系统结构示意图见图 3.8，主要技术指标见表 3.5。

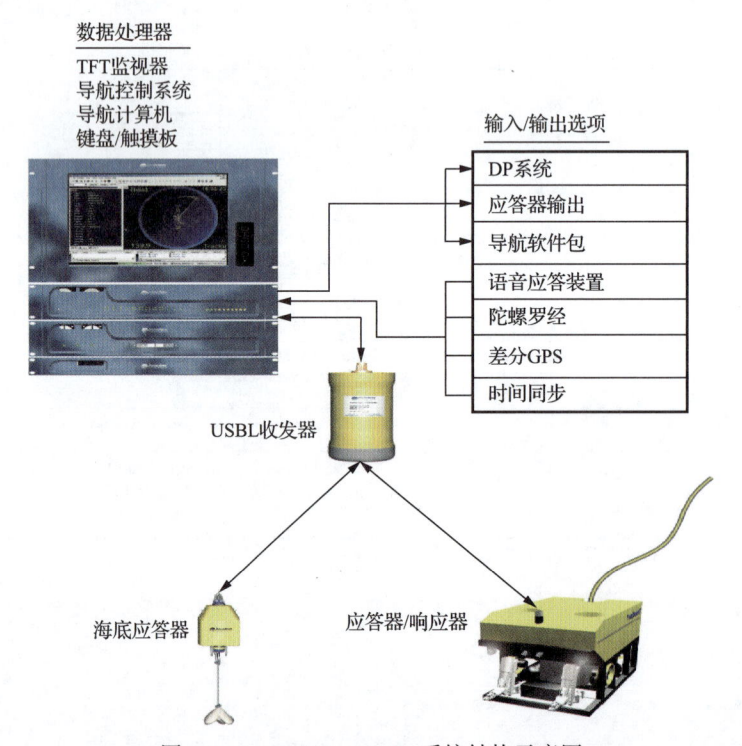

图 3.8　Range2 Pro USBL 系统结构示意图

表 3.5 Range2 Pro USBL 水听器主要技术指标

型号	Type 8021	Type 8023	Type 8024
运行频率	MF（18～36kHz）		HF（35～55kHz）
电气参数			
电压	36～72V（DC）		
最大功率	25W（连续）		
通信			
协议	RS485		
波特率	可切换		
工作范围	最大 7000m（22900ft）		最大 500m（1640ft）
覆盖范围	±90°	对于在深水作业时噪声较大的船只，±50°最优	±90°
范围精度	优于 0.2m（0.7ft）		集成姿态传感器倾斜范围的±2.5% 外部姿态传感器倾斜范围的±0.5%
定位重复性	所有收发器经过测试都优于倾斜距离的 0.1%		
重量			
空气中	28kg（61.7lb）	41kg（90.4lb）	10kg（22lb）
在水中	13.5kg（29.8lb）	20kg（44.1lb）	2.2kg（4.9lb）
最大尺寸			
直径	225mm（8.9in）	300mm（11.8in）	145mm（5.7in）
高度	456mm（18.0in）	486mm（19.1in）	500mm（19.7in）

（六）GNSS 接收机

GNSS 接收机在系统中的功能是测量载体的位置、速度信息并提取加速度信息，并为系统提供高精度时间基准，用于船载试验和对 DVL 的标定。

选用 Trimble BD930 嵌入式 GNSS 接收机。该接收机基于 220 通道 Trimble Maxwell™ 6 芯片组设计，包含以下频点。

(1) GPS: L1 C/A, L2E, L2C, L5。

(2) BeiDou: B1, B2。

(3) GLONASS: L1 和 L2 C/A, L3 CDMA。

(4) Galileo: E1, E5A, E5B, E5AltBOC。

(5) QZSS: L1 C/A, L1 SAIF, L2C, L5。

(6) SBAS: L1 C/A, L5。

其主要技术参数和结构尺寸如表 3.6～表 3.8 所示。

表 3.6　Trimble BD930 定位精度

性能		规格或精度
初始化时间		通常<10s
初始化精度		>99.9%
工作状态	单基线 RTK（<30km）	0.008m+1ppm(水平)
		0.15m+1ppm(垂直)
	DGPS	0.25m+1ppm(水平)
		0.5m+1ppm(垂直)
	SBAS	0.5m(水平)
		0.85m(垂直)

表 3.7　Trimble BD930 的物理和电气性能

性能	规格
尺寸($L×M×H$)/mm	51×41×7
功率	3.3V(DC)，可浮动 5%/3%
	通常 1.7W(L1/L2 GPS+L1/L2 GLONASS)
	通常 2.2W(L1/L2/L5 GPS/GLONASS/Beidou/Galileo)
重量	30g
连接器	I/O: 80 针窄间距插座(AXK780327G)
	松下 AXK880125WG 所需的配套连接器(额定 50 次循环)
	天线: MMCX 插座(额定 500 次循环)
天线 LNA 功率输出	输出电压：3.3～5V(DC)
	电流额定值：200mA
	最大电流 400mA
所需最低 LNA 增益	28.5dB

表 3.8　Trimble BD930 的使用环境

性能	规格
温度	工作温度：–40～80℃(–40～176℉)
	存储温度：–55～85℃(–67～185℉)
振动	MIL810F
	随机 6.2gRMS 正常工作
	随机 8gRMS 极限工作
机械振动	MIL810D
	+/–40g 正常工作
	+/–75g 极限工作
工作湿度	在+60℃(140℉)温度下的湿度值为 5%～95%且不凝结

(七)数据采集

数据采集子系统包括硬件和软件两部分，主要任务是对陀螺、加速度计的脉冲信号进行计数/锁存、存储，记录 DVL、深度计、超短基线水声定位、GNSS 的原始测量信息，同时对系统的状态进行监控，如陀螺状态、温度信息等。同时由于重力测量中需要保证 DVL、深度计、超短基线水声定位、GNSS 和陀螺、加速度计数据在时间上是一致的，因此该系统要具有时间同步功能。

由于需要记录大量的原始数据，因此要求该系统具有足够大的容量。各种信息的重要等级是不同的，如陀螺、加速度计的信息不允许出现丢帧；而温度信息可根据需要进行查询，以确保软件的稳定可靠。

(八)温控系统

为保证重力仪的测量精度，降低重力传感器及数据采集电路受环境温度的影响，重力仪采用多级温度控制，其中第一级温度控制的对象为传感器单元箱体内部。重力传感器(加速度计)在一级温控的基础上再进行两级温控。重力传感器数据采集电路 I/F 板在一级温控的基础上再进行一级温控。各级温度控制的控制温度及其精度见表 3.9。

表 3.9　温控系统控制精度信息表

温控对象	温控级别	温度点/℃	温控精度/℃
传感器单元箱体内侧	一级	40	±1
加速度计组合壳体内侧	二级	45	±0.1
加速度计组合表头	三级	48	±0.02
I/F 转换电路板	二级	50	±0.1

四、重力仪对外接口

(1)电源(电源一：温控系统；电源二：电气系统)。

(2)DVL 接口。

(3)深度计接口(8 针，电源，RS232、RS485，BURTON CONNECTOR #5507-1508 00X 线缆)。

(4)主通信口，含状态监测接口(RS422)、数据上传口(网络)、对外通信接口(超短基线水下定位系统接口，水下 POS 系统等)。

(5)GNSS 接口(船载测试时使用，水下测量时不用)

电源接口、对外网络接口、对外串口及同步接口、备用接口的定义见表 3.10~表 3.13。

表 3.10　电源接口定义(MCBH6M/MCIL6F)

针脚序号	定义	备注
1	DC27V+	重力仪电气
2	DC27V+	重力仪温控

续表

针脚序号	定义	备注
3	DC27V+	重力仪温控
4	DC27V–	重力仪电气
5	DC27V–	重力仪温控
6	DC27V–	

注："+"表示接正极；"–"表示接地。

表3.11　对外网络接口定义（MCBH8M/MCIL8F）

针脚序号	定义	备注
1	TX_D1+	发送数据+
2	TX_D1–	发送数据–
3	RX_D2+	接收数据+
4	BI_D3+	双向数据+
5	BI_D3–	双向数据–
6	RX_D2–	接收数据–
7	BI_D4+	双向数据+
8	BI_D4–	双向数据–

表3.12　对外串口及同步接口定义（MCBH16M/MCIL16F）

针脚序号	定义	备注
1	TX+	RS422-1 发送数据+
2	TX–	RS422-1 发送数据–
3	RX+	RS422-1 接收数据+
4	RX–	RS422-1 接收数据+
5	TX+	RS422-2 发送数据–
6	TX–	RS422-2 发送数据–
7	RX+	RS422-2 接收数据+
8	RX–	RS422-2 接收数据–
9	TX	RS232-1 发送数据
10	RX	RS232-1 接收数据
11	GND	地
12	TX	RS232-2 发送数据
13	RX	RS232-2 接收数据
14	GND	地
15	PPS+	PPS 信号+
16	PPS–	PPS 信号–

表 3.13　备用接口定义（MCBH12M/MCIL12F）

针脚序号	定义	备注
1	RX+	RS422-1 接收数据+
2	RX−	RS422-1 接收数据+
3	RX+	RS422-2 接收数据+
4	RX−	RS422-2 接收数据−
5	RX+	RS422-3 接收数据+
6	RX−	RS422-3 接收数据−
7	RX	RS232-1 接收数据
8	GND	地
9	RX	RS232-2 接收数据
10	GND	地
11	RS485_A	温控 RS485 通信口
12	RS485_B	温控 RS485 通信口

第四节　重力仪结构设计

一、设计原则

系统围绕重力测量传感器和姿态测量传感器为核心进行设计，以最小化外径为设计目标。设计时必须满足陀螺、加速度计、I/F 板、温控、电气箱等功能组件的安装要求，并优化系统内部振动、密封、电磁兼容和散热等性能指标。

系统内部采用模块化方案进行，首先将 IMU 组件按最小化目标设计，其余模块的外形尺寸根据 IMU 组件来确定。在三维实体模型设计初步完成后，进行全面的仿真和优化设计，对模块结构件的局部尺寸进行调整，以提高系统结构的性能指标。

二、相关规定

（一）设计流程及阶段划分

系统结构件设计按图 3.9 的流程进行。系统结构设计的总体任务按图 3.10 的阶段进行划分。

（二）校核原则

零件强度校核以有限元仿真结果为依据，最大内应力不超过材料屈服强度，最大变形不超过塑性变形，一般规定为材料长度的 0.2%。

零件刚度校核针对主要零件，以有限元仿真结果为依据，其一阶谐振频点应高于振动测试最高频率的 1.3 倍以上。按要求，系统各主要零件的频点应在 850Hz 以上。

图 3.9　结构件设计流程　　　　图 3.10　系统结构设计阶段划分

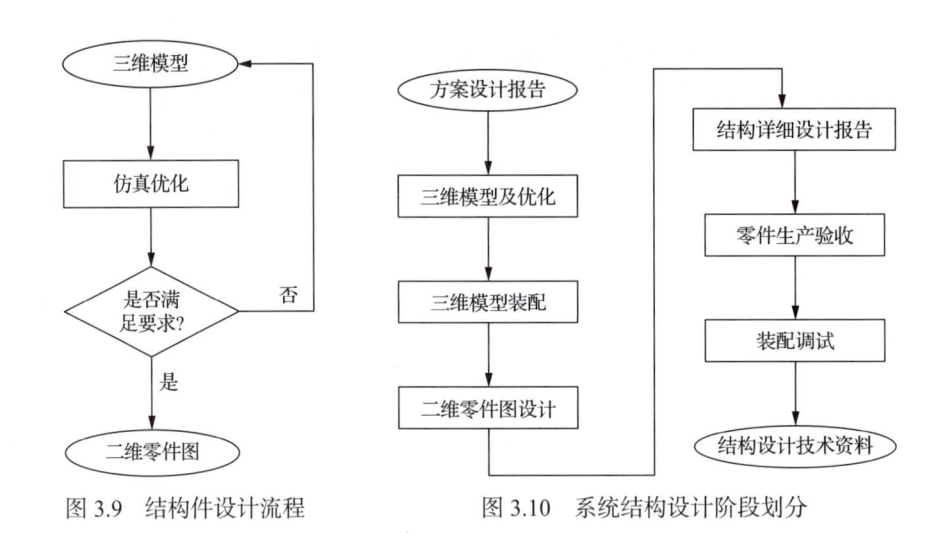

根据以往的设计经验，对系统中与 IMU 相关的三个重要零件(承压舱、陀螺安装框架、加表安装座)进行全面的强度校核；对其他的主要零件(密封罩、电气安装罩等)进行刚度校核。在以往的校核结果中，刚度满足要求的零件其强度有足够的冗余度。

三、IMU 组件结构设计

重力仪采用 IMU 组件和原航空重力仪组件，主要工作是将原重力仪的部分结构、电气和软件系统针对水下应用的需求进行适应性改进，以实现水下重力测量的目标。所采用的 IMU 组件结构图如图 3.11 所示。

四、传感器箱温控部分结构设计

IMU 组件需要在一个恒定的温度环境才能保证其精度，需要在承压舱内壁加保温层，传感器温控示意图如图 3.12 所示。IMU 组件的最大轮廓为 $\varPhi 285mm$，单边需要加 10mm 保温层，承压舱内径为 $\varPhi 310mm$。

图 3.11　IMU 组件结构图　　　　图 3.12　传感器温控示意图

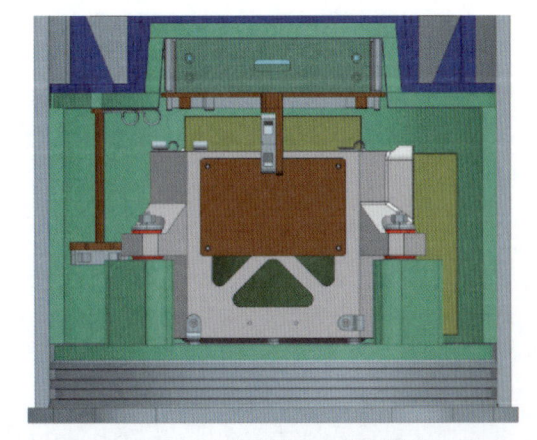

五、电气箱结构设计

电器箱由温控组件、电路板组件、I/F 组件和电器箱箱体(简称"箱体")组成,主要设计任务是对电气箱内部器件布局及元器件散热进行设计。

1. 材料选用

电气箱材料选用牌号为 2A12 的硬铝,热处理按 CZ 状态。

2A12 属高强度硬铝,可进行热处理强化,常采用阳极氧化或表面涂漆等方法进行保护,主要用于制作各种高负荷、工作温度在 150℃以下的零件和构件,是变形铝合金中应用范围最广的牌号之一。

2A12 硬铝 CZ 状态的力学及物理性能指标如下。

(1) 抗拉强度:$\sigma b=4.2\times10^8$Pa。

(2) 屈服强度:$\sigma(0.2)=2.8\times10^8$Pa。

(3) 延伸率:$\delta 5=10\%$。

(4) 线膨胀系数:$\alpha=2.29\times10^{-5}$/℃(常温)。

(5) 密度:$\rho=2780$kg/m³。

2. 三维模型设计

承压舱内径为 Φ310mm,电气箱部分在承压舱内的内部高度为 113mm,整个电气箱大小为 Φ310mm×113mm。

电气箱整体外形图如图 3.13 所示,箱体上盖与承压舱上盖贴合在一起,以保证电气箱上盖上元器件的热量能够通过两块结构件导出去,电气箱底板在保证内部组件安装的前提下,尽量加大电气箱的内部空间,电气箱内部热量通过空气传递到承压舱侧壁,再通过承压舱侧壁导入海水中。其整体爆炸图如图 3.14 所示。

图 3.13 电气箱整体外形图   图 3.14 电气箱整体爆炸图

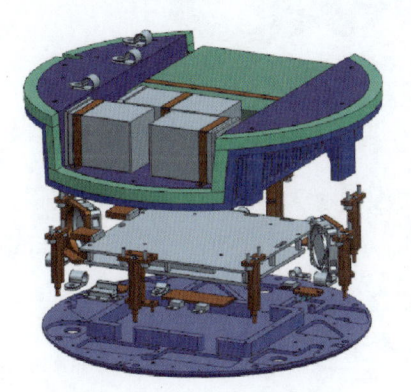

框架结构参数如下。

重量:2kg。

外形尺寸:Φ309mm×113mm。

安装方式:8 个支撑柱安装在承压舱上盖上。

外形尺寸：Φ309mm×113mm。

3. 二维工程图纸

电器箱经过仿真分析，满足设计要求，由三维模型转换为二维图纸，并按照国标要求进行修改和标注，最终完成可用于生产的工程图纸。

六、空气环境工作条件下外温控结构设计

水下重力仪针对水下工作环境而设计，壳体的散热主要靠海水传导实现，当在实验室进行调试或在船上进行测试时，重力仪就处于空气环境条件下，其存在壳体散热不足，壳体内部温升过高的问题。因此针对该问题，设计了外置式半导体制冷温控系统，用于解决下水前重力仪的散热问题。

1. 三维模型设计

温控组件安装在重力仪顶盖上，由多边形导热铝板、半导体致冷器(TEC)器件、发泡材料、铝型材散热器、散热器压板、散热风扇、温度开关、N-MOS管、电源开关、电源指示灯等组件构成。外温控外形图和爆炸图分别如图3.15和图3.16所示。

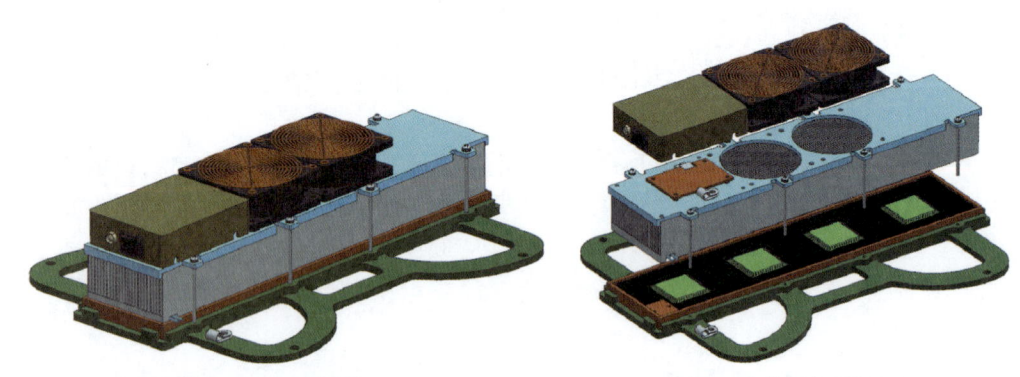

图3.15 外温控外形图　　图3.16 外温控爆炸图

2. 材料选用

外温控材料选用牌号为2A12的硬铝，热处理按CZ状态。

2A12硬铝CZ状态的力学及物理性能指标与电气箱体材料相同。

七、系统整体装配关系

系统在三维设计平台的基础上确定装配关系。系统总装如图3.17所示。

八、接口部分结构设计

1. 内装器件列表

系统接口设计主要针对外购件和电路板，系统相关安装尺寸由表3.14所列器件的选型结果确定，如选型结果有更改则需要对结构进行核对和调整，详细接口按相关技术标准。

第三章　水下动态重力测量系统

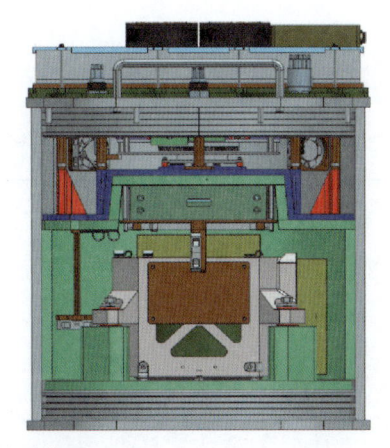

图 3.17　系统总装图

表 3.14　内部安装接口器件表

序号	名称	代号/型号	数量
1	加速度计	JN-06AST	3
2	光纤陀螺	F120HA	3
3	电源接插件	MCBH6M/MCIL6F	1
4	网口接插件	MCBH8M/MCIL8F	1
5	通信接插件	MCBH16M/MCIL16F	1
6	备用接插件	MCBH12M/MCIL12F	1
7	内部接插件	J30-25ZK/J30-25TJL	1
8	内部接插件	J30-21ZK/J30-21TJL	1
9	内部接插件	J30-15ZK/J30-15TJL	1
10	内部接插件	J30J-9TJL/J30J-9ZKW	1
11	内部接插件	J30J-21TJL/J30J-21ZKW	1
12	内部接插件	J30J-15TJL/J30J-15ZKW	1

2. 系统安装接口

外形尺寸：340mm×340mm×350mm（不含接插件）。

安装接口：4 个 M10 螺钉。

九、结构设计确认方法

1. 强度和刚度设计确认

系统主要零件设计结果是通过强度校核和刚度校核来确认是否满足设计要求的，具体校核结果见组件的详细设计内容。

2. 系统设计重量确认

系统结构件设计重量见表 3.15。

表 3.15　系统主要结构件设计重量汇总表

序号	名称	重量/kg	数量	总重量/kg
1	电气箱	3.00	1	3.00
2	IMU	4.39	1	4.39
3	隔热与屏蔽	1.98	1	1.98
4	承压舱	36.86	1	36.86
5	标准件(预计)	0.50	1	0.50
6	其他(预计)	0.50	1	0.50
合 计				47.23

第五节　系统热分析

一、热分析目标

本节主要分析重力仪在空气环境和水下环境中传感器箱和电气箱的温度场分布和变化情况,为温控系统设计提供指导参数。

(一) 系统仿真输入

设备工作环境条件如下。
(1)设备工作在空气中,环境温度为 30℃。
(2)海底 2000m 下环境温度为 4℃。
系统内部总损耗 60W,损耗分布如下。
(1)数据处理板总损耗 15W,其中处理芯片 9W,其余 3 个芯片各 2W。
(2)二次电源板总损耗 15W。
(3)OPA 459 总损耗 30W,每个损耗 15W,共 2 个。
(4)传感器箱内部损耗共 8W。
外壳材料属性及其他参数如下。
(1)外壳材料为钛合金 TC4,材料导热系数为 7.8W/(m·K)。
(2)内部安装 2 个风扇,暂定风扇型号 ME40101V1-000C-A99。
(3)电气箱与传感器箱之间隔热材料的导热系数为 0.01W/(m·K)。
此外,设备在水面工作状态的热分析仿真输入还包括 TEC 输入如下。
(1)TEC 型号选用 TEC1-7107,工作电流为 5A。
(2)TEC 下方导热板为铜板,上方型材散热器为 Al 6063-T5。
(3)TEC 上方风扇的工作风量为 50CFM,风压为 45Pa。

(二)热评估输出

水面仿真如下。
(1)上盖温度分布。
(2)侧壁温度分布。
(3)电气箱内部空气温度分布。
(4)系统整体热量传导网络分布。
(5)顶盖增加 TEC 方案热分析对比。

水下仿真如下。
(1)上盖温度分布。
(2)侧壁温度分布。
(3)电气箱内部空气温度分布。
(4)系统整体热量传导网络分布。
(5)海水中传感器箱内自然温升分布及系统热量传导网络。
(6)海水中三级温控加热膜功率评估。

二、系统结构布局

系统结构布局图如图 3.18 所示，主要包括上盖密封、Al 板、隔热材料、底盖四大部分。上盖采用密封圈密封，上盖厚度为 26mm；Al 板与处理器的散热器接触，需考虑其与侧壁存在的间隙热阻，厚度为 10mm；侧壁厚度为 10mm；底盖厚度为 26mm。

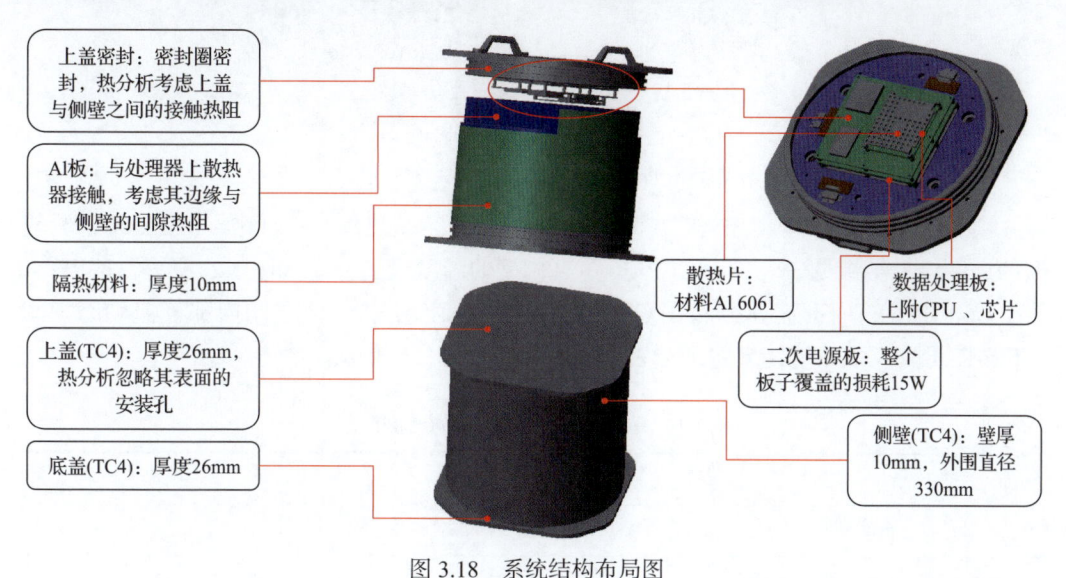

图 3.18 系统结构布局图

三、设备在水面工作状态的热分析仿真

(一)ICEPAK 热仿真模型输入的详细说明

(1)ICEPAK 实体三维仿真模型如图 3.19 所示，主体外部结构与实体三维模型相同，

上、下盖和侧壁材料为钛合金,导热系数设置为 7.6W/(m·K)。

(2)系统内部下方为传感器箱,上部分为电气箱,上、下部分以隔热材料隔开,隔热材料为三元乙丙橡胶,导热系数设置为 0.25W/(m·K),传感器箱的热量不会向下传导。

(3)传感器箱内部的 OPA 549 导热板和数据处理板下方的导热板材料为 Al-6061_T6,导热系数为 173W/(m·K)。

(4)根据电气要求,电气箱内放置 2 个风扇,由于结构空间的限制,暂定风扇型号为 ME40101V1-000C-A99,根据风扇的相关参数设置风量、风压,忽略风扇功率。

(5)仿真模型中,上、下盖密封处圆周与侧壁之间留有空气间隙,圆周与侧壁不进行热传导,但是侧壁圆周上、下平面与上、下盖直接接触(软件限制,不能设置接触热阻),所以会有热传导现象。

(6)数据处理板下方散热片与侧壁之间留有一定间隙,保证其不会有热传导现象。

图 3.19 ICEPAK 实体三维仿真模型

(二)ICEPAK 无 TEC 热仿真的结果

项目组对主体结构 ICEPAK 在无 TEC 条件下进行了热仿真,其中,ICEPAK 仿真模型的温度汇总结果见表 3.16,ICEPAK 仿真模型的温度云图分布如图 3.20 所示,ICEPAK 仿真模型电气箱内部流速分布图(Y 切面)如图 3.21 所示,电气箱内部气流动态图和 ICEPAK 仿真模型热量传导明细分别如图 3.22 和图 3.23 所示。

表 3.16 ICEPAK 仿真模型的温度汇总

名称	温度/℃	温升/℃
顶盖板最高温度	71	41
电器箱内空气的平均温度	71	41
侧壁最高温度	65.5	35.5
传感器箱内空气的平均温度	50.6	20.6
环境温度	30	—

(a) 外表面温度分布云图

(b) 侧壁温度分布云图

(c) 二次电源板与信号转接板之间切面空气的温度分布云图

(d) 垂直轴中心切面空气的温度分布云

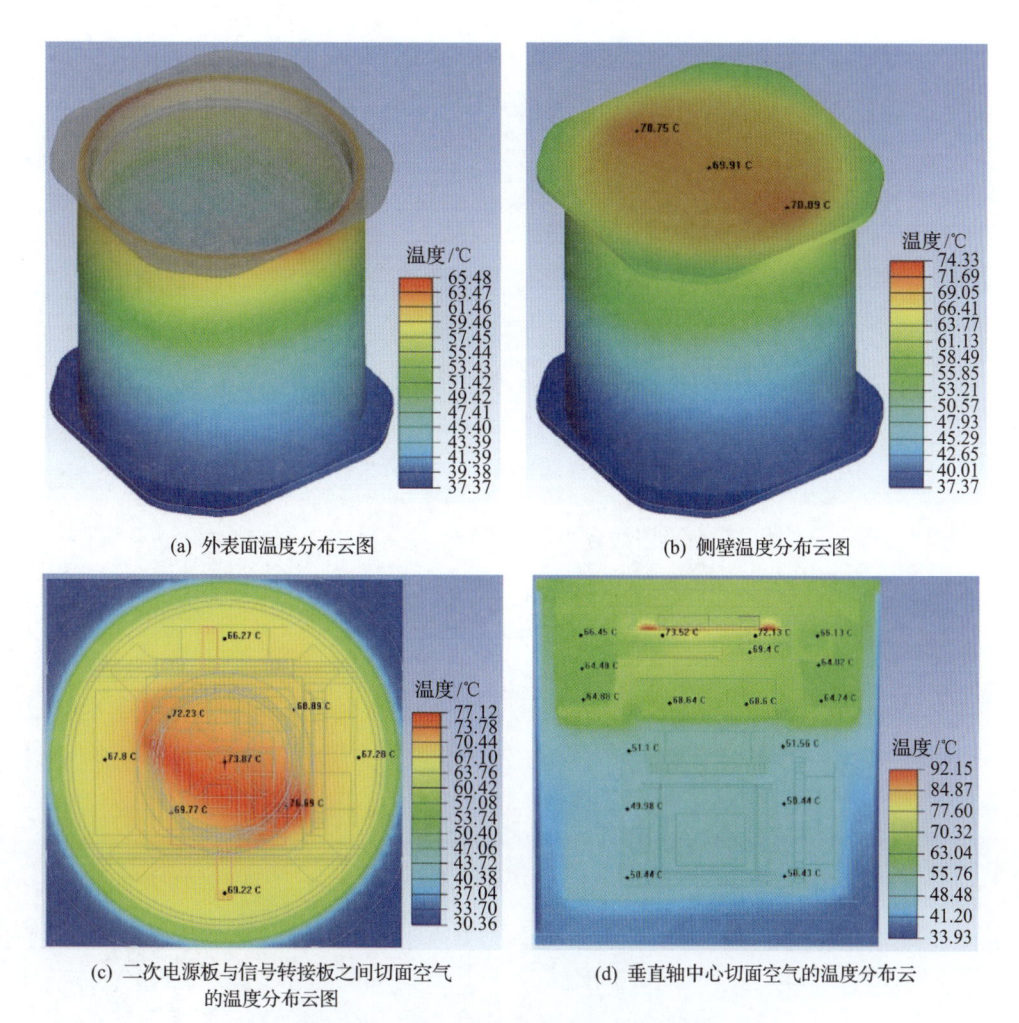

图 3.20 ICEPAK 仿真模型的温度云图分布

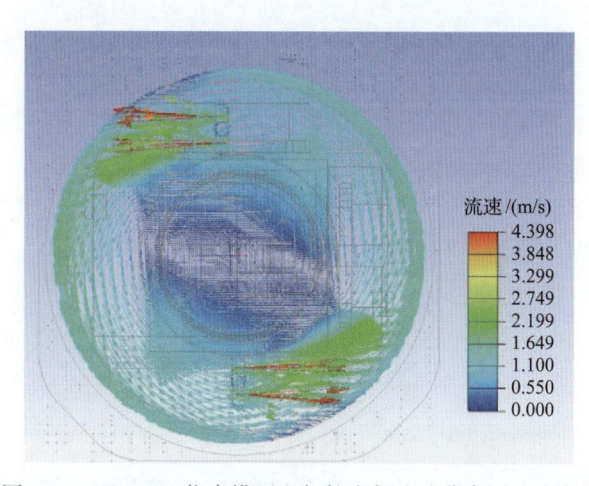

图 3.21 ICEPAK 仿真模型电气箱内部流速分布图（Y 切面）

图 3.22　电气箱内部气流动态图

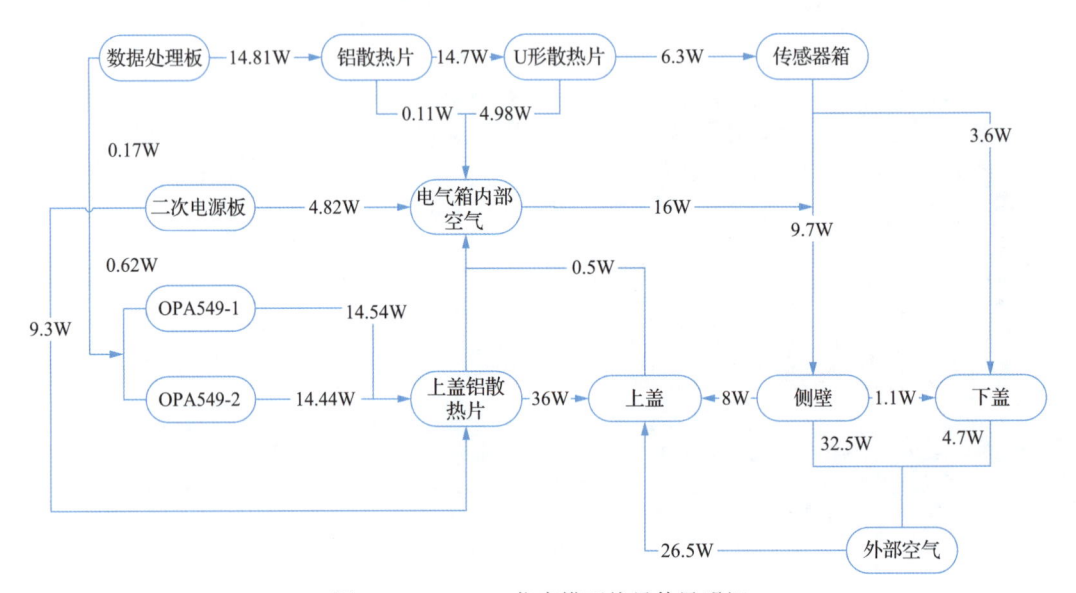

图 3.23　ICEPAK 仿真模型热量传导明细

(三)ICEPAK+TEC 热仿真模型输入的详细说明

(1)主体建模及属性设计输入与以上相同。

(2)TEC 操作界面如图 3.24 所示,型号为 TEC1-7101,输入电流为 5A,采用软件自带 TEC 输入,输入相关参数,得到 TEC 热面热量方程为 $P=P_0(W)+0.142T(℃)$,冷面热量方程为 $P=P_0-0.142T$。

(3)风扇输入线性 PQ 曲线,最高工作流量为 100cfm($2.8m^3/min$),最高静压为 220Pa。ICEPAK+TEC 实体三维仿真模型如图 3.25 所示。

(四)ICEPAK+TEC 热仿真的结果

项目组对主体结构 ICEPAK 在有 TEC 的条件下进行了热仿真,其中,仿真模型的温度汇总见表 3.17,ICEPAK+TEC 仿真模型的温度云图分布如图 3.26 所示,TEC 模块的温度云图见图 3.27，TEC 模块的气流分布和 ICEPAK+TEC 仿真模型热量传导明细分别如图 3.28 和图 3.29 所示。

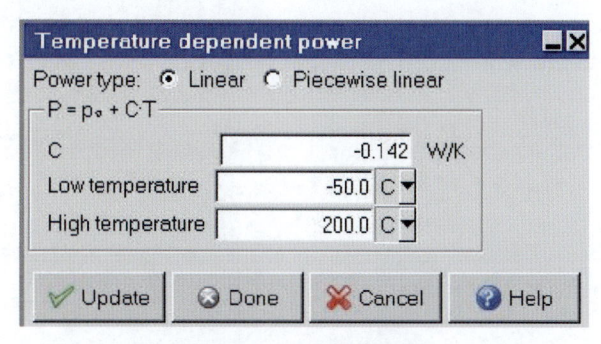

图 3.24 TEC 操作界面

图 3.25 ICEPAK+TEC 实体三维仿真模型

表 3.17 ICEPAK+TEC 仿真模型的温度汇总

名称	温度/℃	温升/℃
顶盖板最高温度	30	0
电器箱内空气的平均温度	41.5	11.5
侧壁最高温度	38	8
传感器箱内空气的平均温度	43.5	13.5
环境温度	30	—

(a) 外表面温度云图分布　　　　　　　　(b) 侧壁温度云图分布

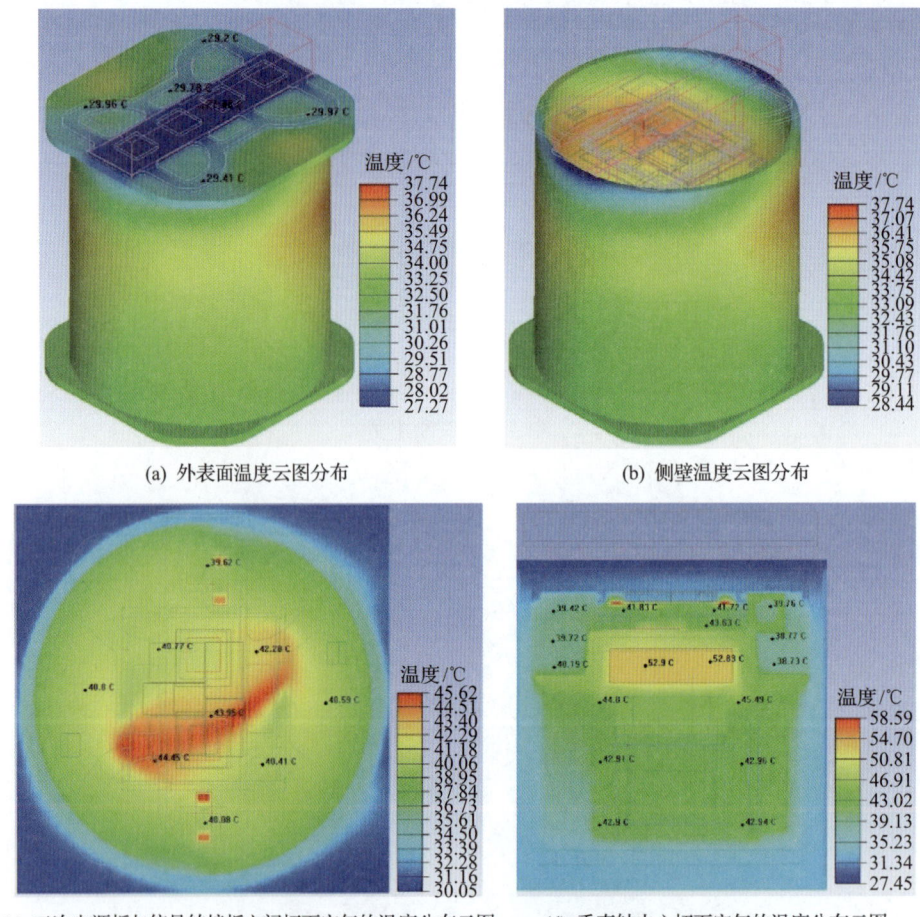

(c) 二次电源板与信号转接板之间切面空气的温度分布云图　　(d) 垂直轴中心切面空气的温度分布云图

图 3.26　ICEPAK+TEC 仿真模型的温度云图分布

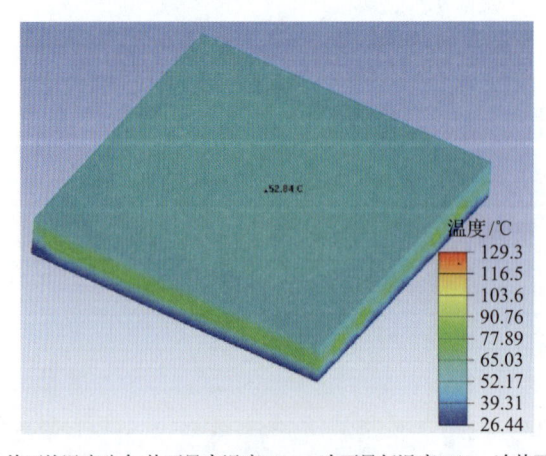

(a) TEC冷热面的温度分布(热面最高温度53℃，冷面最低温度27℃，冷热面温差26℃)

第三章　水下动态重力测量系统

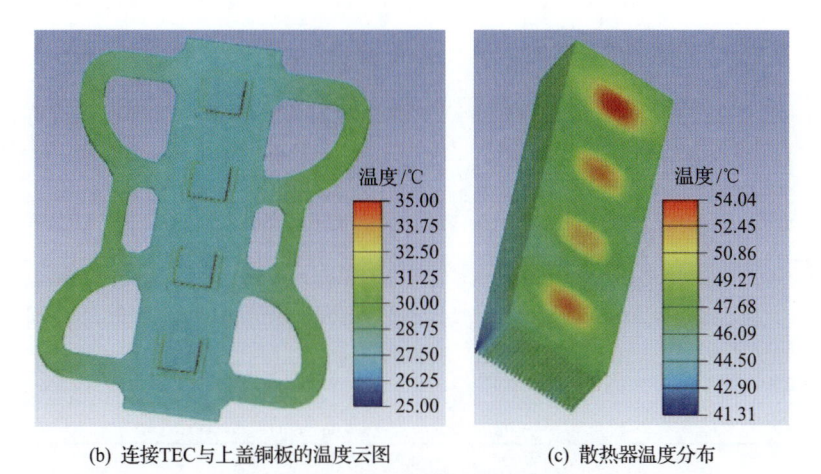

(b) 连接TEC与上盖铜板的温度云图　　(c) 散热器温度分布

图 3.27　TEC 模块的温度云图

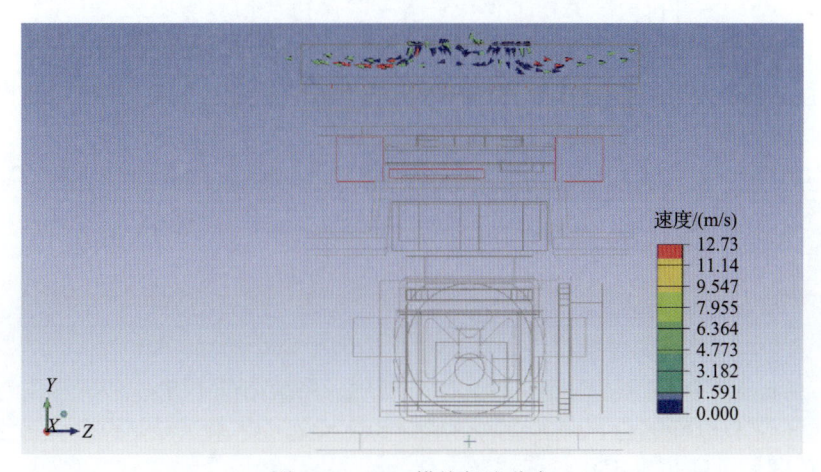

图 3.28　TEC 模块气流分布

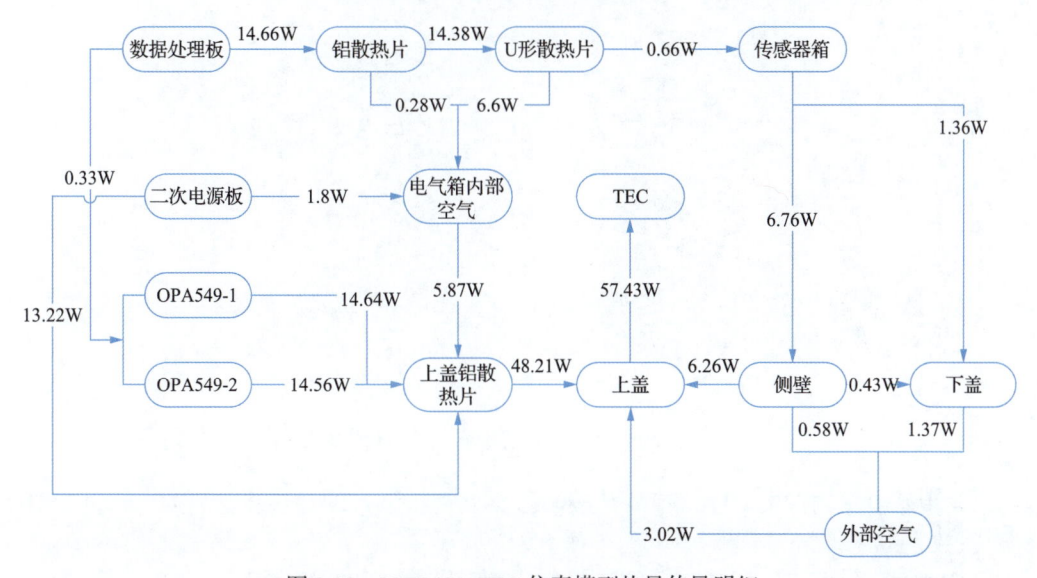

图 3.29　ICEPAK+TEC 仿真模型热量传导明细

(五)设备在水面工作状态的热分析仿真结论

项目组通过仿真软件,对设备的水面工作状态进行热分析,分析结果见表3.18。

表3.18 两种仿真模型的仿真结果对比

名称	无TEC仿真温升/℃	TEC方案仿真温升/℃	温度降低幅度/℃
顶盖板最高温度	71	30	41
电器箱内空气的平均温度	71	41.5	30
侧壁最高温度	65.5	38	27
传感器箱内空气的平均温度	50.6	43.5	7
环境温度		30	

(1)增加TEC方案后,电器箱内的平均温升降低7.5℃。

(2)TEC结构设计可以按照以上描述的方案,风扇选型及散热器结构决定了TEC的散热效果,建议选择风扇的工作风量为80cfm左右,风扇压力可以在100Pa左右。

(3)TEC风扇安装在散热器上,建议对散热器以吹风方式散热。(根据热设计经验,此工况的吹风效果优于抽风效果)。

四、设备在水下工作状态的热分析仿真

(一)Flotherm热仿真模型输入的详细说明

(1)由于软件的局限性,将主体外壳结构等效实体三维模型简化成方形结构,整体外表面积不变,上、下盖和侧壁材料为钛合金,导热系数设置为7.6W/(m·K)。

(2)Flotherm实体三维仿真模型如图3.30所示,系统内部下方为传感器箱,上部为电气箱,上、下部分以隔热材料隔开,隔热材料为三元乙丙橡胶,导热属性设置为0.25W/(m·K),传感器箱的热量不会向下传导。

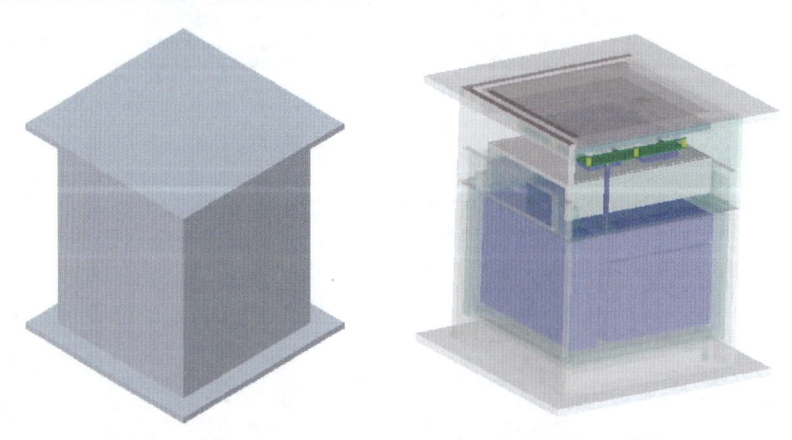

图3.30 Flotherm实体三维仿真模型

(3)传感器箱内部的OPA 549导热板和数据处理板下方的导热板材料为Al-6061_T6,导热系数为173W/(m·K)。

(4)根据电气要求,电气箱内放置2个风扇,由于结构空间的限制,暂定风扇型号为

ME40101V1-000C-A99，根据风扇的相关参数设置风量、风压，忽略风扇功率。

（5）仿真模型中，上、下盖密封处圆周与侧壁之间留有空气间隙，圆周与侧壁不进行热传导，但是侧壁圆周上、下平面与上、下盖直接接触，会有热传导现象。

（6）数据处理板下方散热片与侧壁之间留有一定间隙，保证其不会有热传导现象。

（7）传感器箱内 IMU 简化建模，附加热耗。

（二）Flotherm 热仿真结果（空气 30℃）

项目组在模拟空气 30℃的条件下进行仿真，仿真模型的温度汇总结果见表 3.19。Flotherm 仿真模型温度云图分布和热量传导明细（空气 30℃）分别如图 3.31 和图 3.32 所示。

表 3.19　Flotherm 仿真模型的温度汇总（空气 30℃）

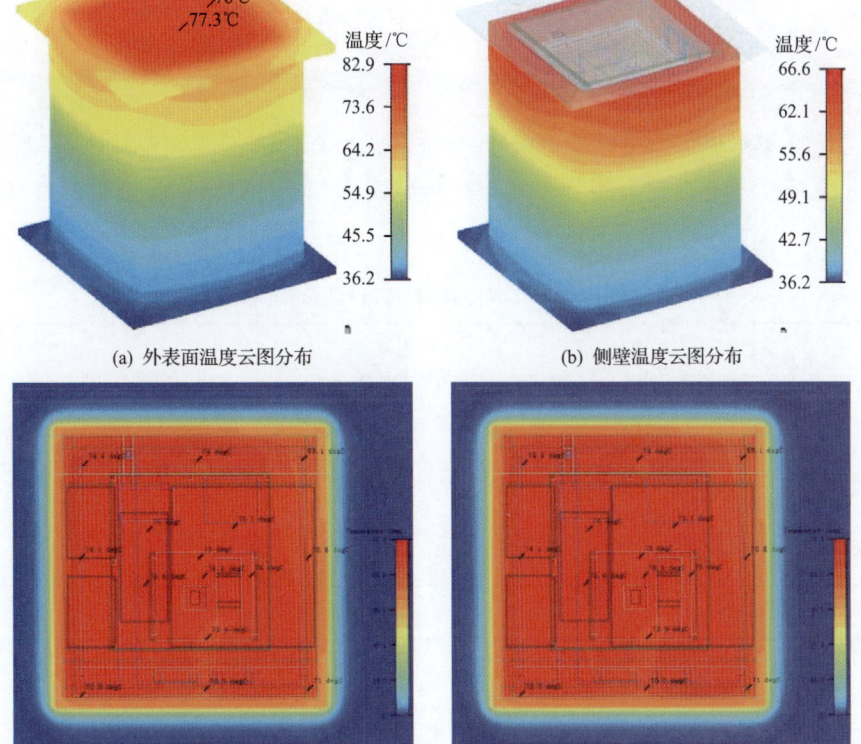

名称	温度/℃	温升/℃
顶盖板最高温度	77	47
电器箱内空气的平均温度	74	44
侧壁最高温度	69	39
传感器箱内空气的平均温度	52	22
环境温度	30	—

(a) 外表面温度云图分布　　(b) 侧壁温度云图分布

(c) 二次电源板与信号转接板之间切面空气的温度分布云图　　(d) 垂直轴中心切面空气的温度分布云图

图 3.31　Flotherm 仿真模型的温度云图分布（空气 30℃）

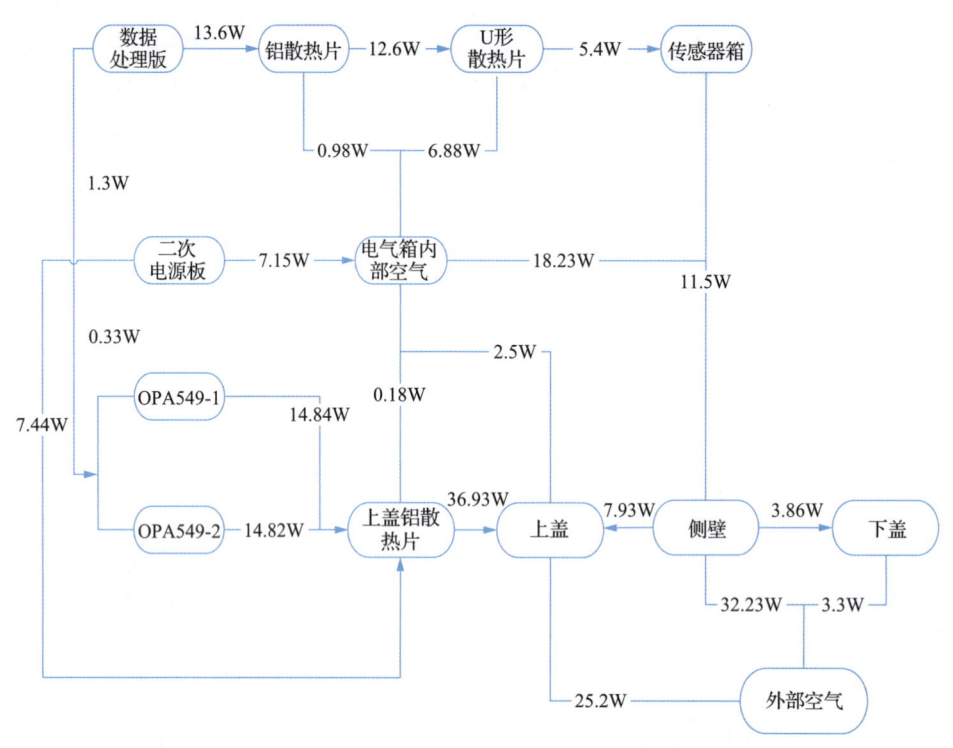

图 3.32　Flotherm 仿真空气 30℃模型的热量传导明细(30℃)

(三)Flotherm 热仿真的结果(海底 4℃)

项目组在模拟海底 4℃的条件下进行仿真,仿真模型的温度汇总结果见表 3.20。Flotherm 仿真模型的温度云图分布和热量传导明细(海底 4℃)分别如图 3.33 和图 3.34 所示。

表 3.20　Flotherm 仿真模型温度汇总(海底 4℃)

名称	温度/℃	温升/℃
顶盖板最高温度	20	16
电器箱内空气的平均温度	14.5	10.5
侧壁最高温度	10.7	6.7
传感器箱内空气的平均温度	7.4	3.4
环境温度	4	—

(四)Flotherm 热仿真的结果(海底 4℃+加热膜 200W)

项目组在模拟海底 4℃和加热膜 200W 的条件下进行仿真,仿真模型的温度汇总结果见表 3.21。Flotherm 仿真模型的温度云图分布(海底 4℃+加热膜 200W)如图 3.35 所示。

第三章 水下动态重力测量系统

(a) 外表面温度云图分布

(b) 侧壁温度云图分布

(c) 二次电源板与信号转接板之间切面空气的温度分布云图

(d) 垂直轴中心切面空气的温度分布云图

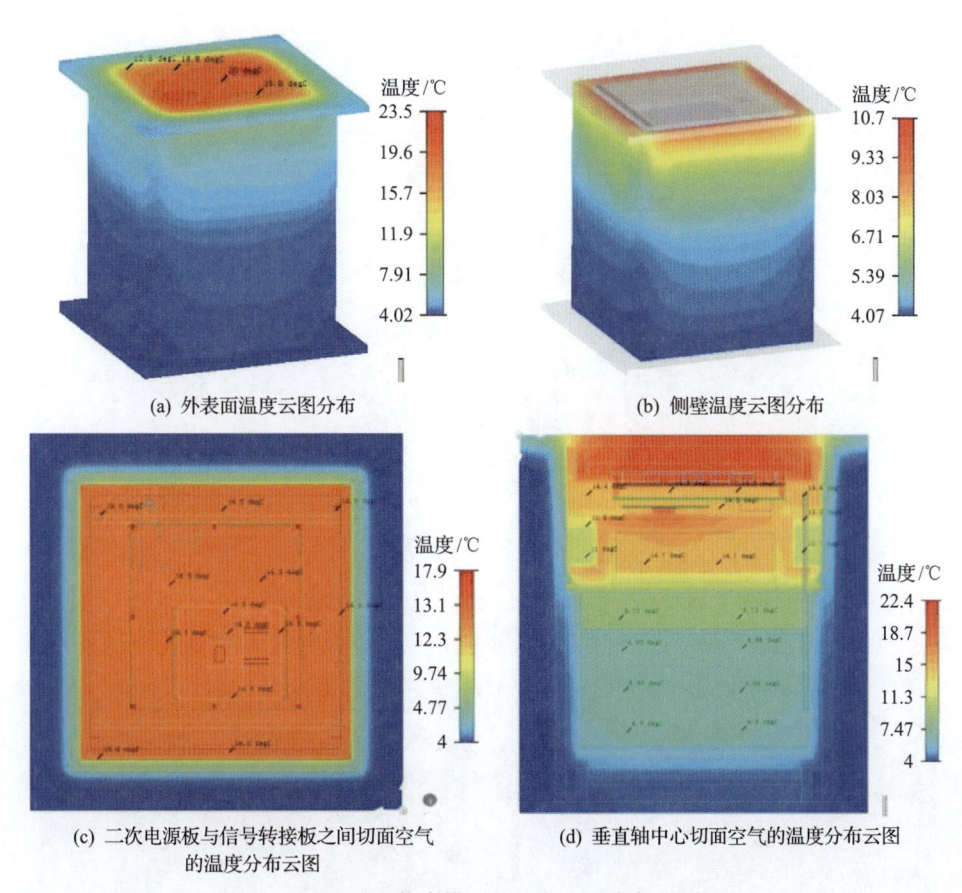

图 3.33 Flotherm 仿真模型的温度云图分布(海底 4℃)

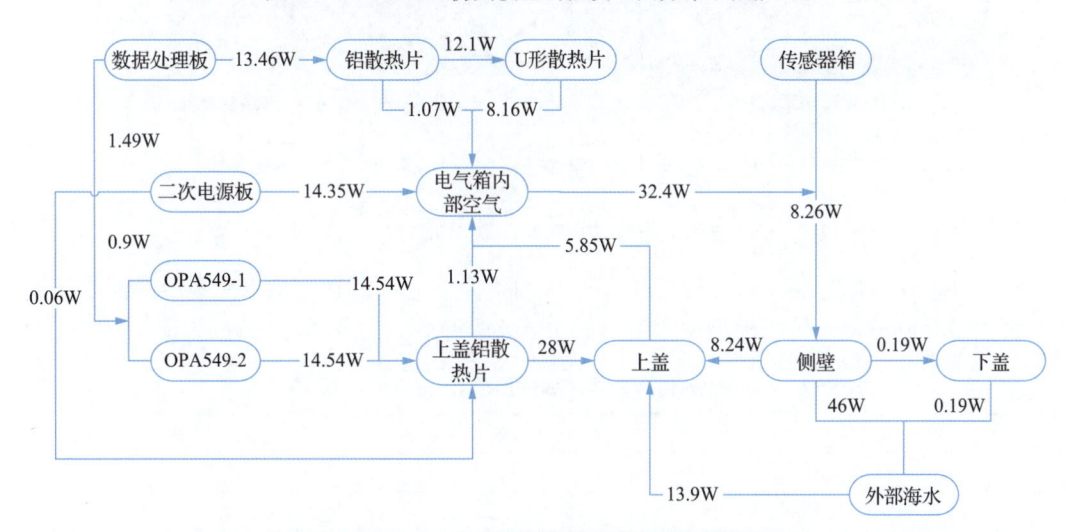

图 3.34 Flotherm 仿真模型的热量传导明细(海底 4℃)

表 3.21　Flotherm 仿真海底 4℃+加热膜 200W 的模型温度汇总

名称	温度/℃	温升/℃
顶盖板最高温度	27.2	23.2
电器箱内空气平均温度	24	20
侧壁最高温度	16.4	12.4
传感器箱内空气平均温度	36.5	32.5
环境温度	4	—

(a) 外表面温度云图分布　　(b) 侧壁温度云图分布

(c) 二次电源板与信号转接板之间切面空气的温度分布云图　　(d) 垂直轴中心切面空气的温度分布云图

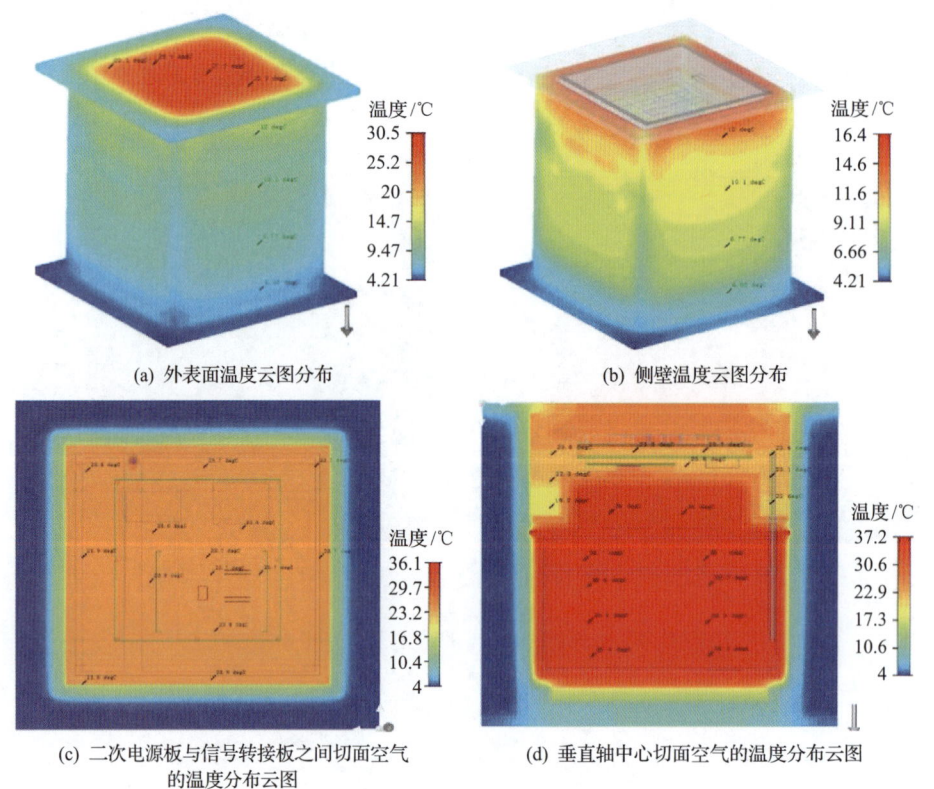

图 3.35　Flotherm 仿真模型的温度云图分布(海底 4℃+加热膜 200W)

（五）Flotherm 热仿真的结果(海底 4℃+加热膜 300W)

项目组在模拟海底 4℃和加热膜 300W 的条件下进行仿真，仿真模型温度汇总结果见表 3.22。Flotherm 仿真模型的温度云图分布(海底 4℃+加热膜 300W)如图 3.36 所示。

表 3.22　Flotherm 仿真的模型温度汇总(海底 4℃+加热膜 300W)

名称	温度/℃	温升/℃
顶盖板最高温度	28	24
电器箱内空气的平均温度	25.4	21.4
侧壁最高温度	18.5	14.5
传感器箱内空气的平均温度	42.7	38.7
环境温度	4	—

(a) 外表面温度云图分布

(b) 侧壁温度云图分布

(c) 二次电源板与信号转接板之间切面空气的温度分布云图

(d) 垂直轴中心切面空气的温度分布云图

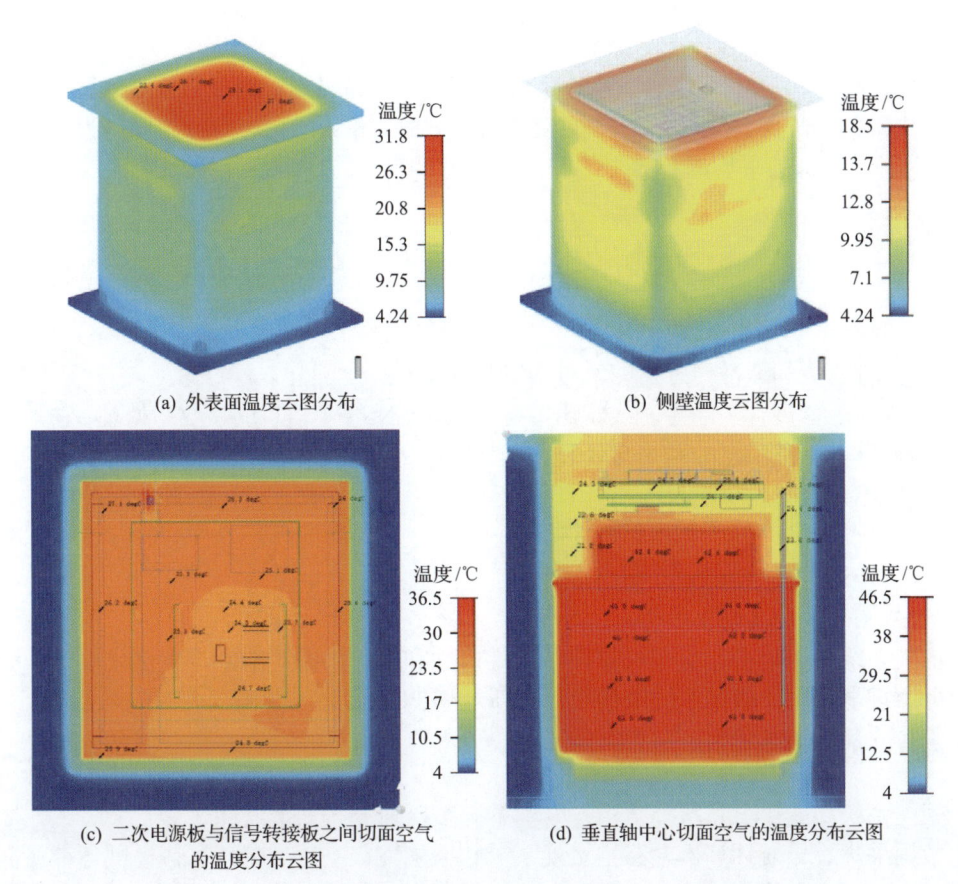

图 3.36 Flotherm 仿真模型的温度云图分布(海底 4℃+加热膜 300W)

四种工况下的 Flotherm 仿真模型仿真结果对比见表 3.23。

表 3.23 四种工况下的 Flotherm 仿真模型仿真结果对比　　　　　(单位：℃)

工况	环境温度	顶盖板最高温度	电器箱内空气的平均温度	侧壁最高温度	传感器箱内空气的平均温度
空气中 30℃	30	77	74	69	52
海水中 4℃	4	20	14.5	10.7	7.4
海水中 4℃+200W 加热膜	4	27.2	24	16.4	36.5
海水中 4℃+300W 加热膜	4	28	25.4	18.5	42.7

设备在水下工作状态的热分析仿真结论。

(1)在 30℃空气中工作时，其电器箱内部的平均温升 44℃，顶盖吸收热量 37W，侧壁吸收热量 37W。从热量传导明细图可以看出，在顶盖增加 TEC 散热方案，可降低电器箱内部空气的温升，保证电器箱内平均空气的温度不超过 55℃。

(2)30℃空气中工作时，传感器箱内的平均自然温升为 22℃。

(3)在海下 2000m 工作时，其电器箱内部空气的平均温升为 10.5℃，可去掉 TEC 散热结构；而传感器箱内的平均温升为 3.4℃，需用加热膜加热，控制其内部温升达到设计值。

(4) 在海下 2000m 工作时，在传感器箱内壁启动加热膜，当加热膜总热耗为 200W 时，其内部的平均温升为 32℃，同时电器箱内的平均温升为 20℃；当加热膜总热耗为 300W 时，其内部的平均温升为 38.7℃，同时电器箱内的平均温升为 21.4℃。

第六节　电气系统设计

电气系统主要完成以下功能。
(1) 完成重力和惯性传感器的信号采集与处理。
(2) DVL、深度计、超短基线水声定位系统、GNSS 等信息的接收与处理。
(3) 温度等状态信息的采集与处理。
(4) 数据记录与底层组合导航计算平台。
(5) 系统二次电源。
(6) 对外通信接口。
(7) 数据和状态实时上传等。

电气系统基于小型化、高可靠性、易维修性和可扩展性等原则进行优化设计。利用现有的原理电路图，根据系统结构尺寸重新规划 PCB 板图。

一、电气功能模块的划分

根据系统功能要求和系统结构，电气系统主要划分为三个组件。

数据采集及导航计算机电路：实现系统数据采集，进行导航计算，提供各种所需接口，具备一定的自检和故障自定位能力，能够与上层计算机进行交互。

I/F 转换板：对加速度计信号进行电流/频率信号转换，将系统比力信号转换为脉冲信号。

二次电源模块组：生成系统多种工作电源，能够受控于上层计算机。

二、数据采集与导航计算机

(一) 功能

数据采集板用于 I/F 脉冲信号、陀螺串口信号、系统温度、DVL、深度计、超短基线水声定位系统、GNSS 等信息的采集，并完成时间同步、滤波处理、等效转动矢量计算和比力方程中的划摇等动态误差补偿等功能，采集的原始数据通过 PCIE 接口发送到嵌入式计算机。

该板卡是一款采用新一代超低功耗 Intel® Atom™ E6xx 系列处理器的嵌入式 CPU 模块，主频包含 600MHz～1.6GHz，在板可集成高达 2GB 的 DDR2 800MHz，其内部集成 GMA600 图形加速器，具有优异的 2D/3D 图像显示性能，支持独立双显，支持高清视频解码格式和视频压缩格式，支持 Intel VT-X 虚拟化技术，支持 Intel 超线程技术(2 线程)，采用开放式 PCI-Express 标准的处理器至芯片组接口，I/O 灵活性得到极大提升。

该板卡具有小体积、超低功耗、抗恶劣环境、坚固设计、功能丰富，支持多种总线扩展，支持多种操作系统，如 Linux、VxWorks、Windows、DOS 等。Intel® PCH EG20T

整合了 CanBus、I2C、SPI、SDIO、SATA、千兆网、UART、USB 等各式各样的 I/O。丰富的功能及高可靠性，使之成为新一代嵌入式系统平台的理想选择，性能特点如下。

(1) Intel® Atom E6xx 600M～1.6GHz，512K 二级缓存、24K 数据和 32K 指令一级缓存。
(2) Intel® Platform controller Hub EG20T。
(3) 表贴内存，最大至 2G DDR2，800MHz，板载 1GB。
(4) 支持独立双显；支持 18/24Bit LVDS & VGA。
(5) 1 路 1000 BaseT 以太网(Base on IEEE 10/100/1000 BASE-T standard)。
(6) 2 个 SATA 接口，其中一个板载 4GB 的 SLC SSD，可扩展到 32GB。
(7) 6 个 USB 2.0 Host ports。
(8) 可扩展音频接口。
(9) PS/2 键盘及 PS/2 鼠标。
(10) 4 路高速串口。
(11) 8 个 GPIO。

E6xx 处理器的高集成性能优化了材料清单并节省了主板的使用面积,其主要特征如下。

(1) 采用 45nm 生产工艺，小于 5W 的超低功耗，512K 二级缓存、24K 数据和 32K 指令一级缓存。
(2) 支持高达 2GB 的 DDR2 800MT/s 内存技术。
(3) 集成 Intel GMA600 2D/3D 图形引擎。
(4) 集成 32bit 单通道内存控制器。
(5) 高清视频编码和解码(MPEG4、H.264、WMV、VC1)。
(6) 高清音频接口。
(7) 4×PCI Express 插槽。
(8) LPC、SPI 闪存、GPIO、SMBus。

Intel 平台控制器(PCH)EG20T 提供了丰富的 I/O 模块，以满足各种嵌入式应用的需要，其中包括以下模块。

(1) 6×USB 2.0 主机，1×USB 2.0 客户端。
(2) 2 个 SATA。
(3) 1 路 1000 BaseT 以太网。
(4) 1×CAN、4×UART、12×GPIO、2×SDIO。
(5) SPI、I2C。

电路板结构尺寸图如图 3.37 所示，该模块是一个 10cm×8cm 的板卡，10 层 PCB LAYOUT 设计，板载内存和 SSD 硬盘通过 PCIE 挂接一个高性能 FPGA，扩展出 88 路通用 I/O，可以根据实际需求配置各种功能，左右两边是各 100Pins(Pins 为引脚数)、1.27mm 间距的接插件，上、下两边分别是 66Pins、2.0mm 间距的接插件，可分别引出一些调试时常用的信号和以后升级扩展时使用的信号。

操作系统选用美国 WindRiver 公司推出的 VxWorks 实时操作系统，VxWorks 是一个运行在目标机上的高性能、可裁剪的嵌入式实时操作系统，由于其良好的可靠性和卓越的实时性被广泛地应用在通信、军事、航空、航天等高精尖技术且对实时性要求极高的领域中，如卫星通信、军事演习、弹道制导、飞机导航等。同时，WindRiver 公司提供了强大的嵌入式集成开发平台 Tornado 等，利用 Tornado 等开发工具的强大支持，可以方便地开发自己的产品。

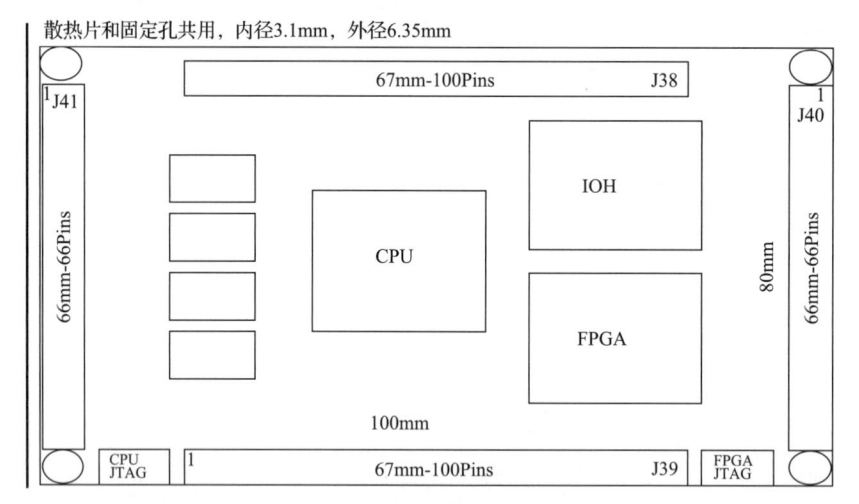

图 3.37　电路板结构尺寸图

VxWorks 是目前嵌入式系统领域中使用最广泛、市场占有率最高的系统。它支持多种处理器，如×86、i960、Sun Sparc、Motorola MC68xxx、MIPS RX000、Power PC、ARM、StrongARM 等。VxWorks 实时操作系统的特点主要有以下几个方面。

(1) 良好的实时性和稳定性。
(2) 高效的任务管理。
(3) 灵活的任务间通信。
(4) 微秒级的中断处理。
(5) 方便移植、构建 VxWorks 板支持包(BSP)。
(6) 支持多种标准。
(7) 丰富的网络功能。

数据采集板基于 Xilinx 公司的 Spartan-6、XC6SLX100T 建立数据采集系统。FPGA 数据采集板在结构上可分为数据采集接口板和 FPGA 核心板两块电路板，FPGA 核心板通过接插件安装在接口板的正面。FPGA 核心板包含 FPGA 芯片及其外围电路。数据采集接口板用于提供对外接口，可根据用户的需求进行调整。采用这种结构可极大地提高 FPGA 核心板的复用性，降低研发成本，提高可靠性。

FPGA 数据采集板的主要功能如下。

1. 计数器功能

加速度计的输出经 I/F 板转换后得到的是脉冲信号，FPGA 数据采集板的一项基本功能是对加速度计的脉冲信号进行计数，得到与角速度和比力信息相关的数字量。

在 FPGA 内部，陀螺、加速度计脉冲信号的采样频率为 2kHz。

2. 低通滤波功能

在采样得到的陀螺、加速度计原始信号中含有高频噪声，因此需要对原始信号进行数字低通滤波。为减小上位机（嵌入式计算机）数据处理的压力，低通滤波功能需在 FPGA 中实现。设计截止频率为 300Hz 的 FIR 数字低通滤波器，同时对陀螺、加速度计 2kHz 的采样数据进行低通滤波，为保证陀螺、加速度计信号滤波的延迟时间一致，FIR 滤波器需设计成线性相位滤波器。

3. 五子样补偿算法

等效转动矢量圆锥补偿和划摇补偿算法的计算频率高、计算量大，所以为减小上位机的计算量，需要在底层 FPGA 利用硬件进行计算。

将每 4 个滤波后间隔时间为 0.5ms 的采样序列相加，成为间隔时间为 2ms 的采样序列。采用五子样算法进行等效转动矢量计算和比力方程的划摇误差补偿。然后输出间隔为 10ms 的陀螺、加速度计采样值及圆锥误差和划摇误差补偿量。

通过五子样补偿算法，将 2kHz 的原始数据转换为 100Hz 数据，极大地减小了数据存储量。

4. 时间同步

如前所述，重力测量利用的是来自惯性测量单元 IMU、DVL、深度计等不同传感器的测量信号，如果在数据采集时不进行同步处理，1ms 的时间同步误差所引起的测量误差最大可达到 20mGal，为了使测量误差小于 1mGal，要求时间同步误差小于 50μs。

采用 FPGA 硬件方案实现多个传感器信号的同步采集。基本原理是采用锁相环技术将 2kHz 采样时钟与 PPS 秒脉冲信号进行时间同步，得到与 PPS 对齐的 2kHz 采样时钟，其效果如图 3.38 所示。同时，通过接收 GNSS 的定位数据可以提取 GNSS 的绝对时间，并可将 2kHz 采样时钟的每个采样时刻都打上绝对时间戳。

该方案的时间同步精度优于 1μs，完全可以满足本设计的需求。该技术方案已获得国家发明专利，并在多个项目中得以应用，说明该方案是成熟可靠的。

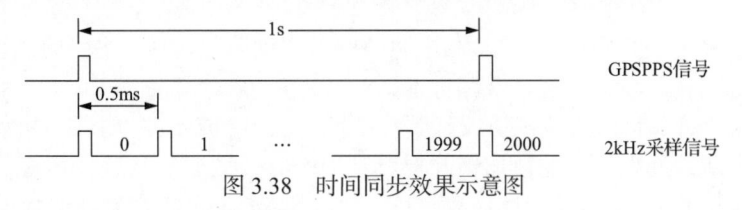

图 3.38 时间同步效果示意图

5. I/F 脉冲信号采集与预处理模块

对 I/F 板脉冲信号的计数、锁存、滤波同样由 FPGA 内部逻辑实现，其功能逻辑如图 3.39 所示。

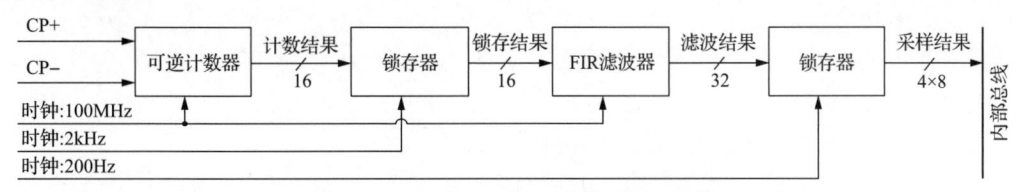

图 3.39 加速度计 I/F 输出信号采集逻辑

4×8 表示 4 位×8 段

I/F 输出信号的隔离电路原理如图 3.40 所示。

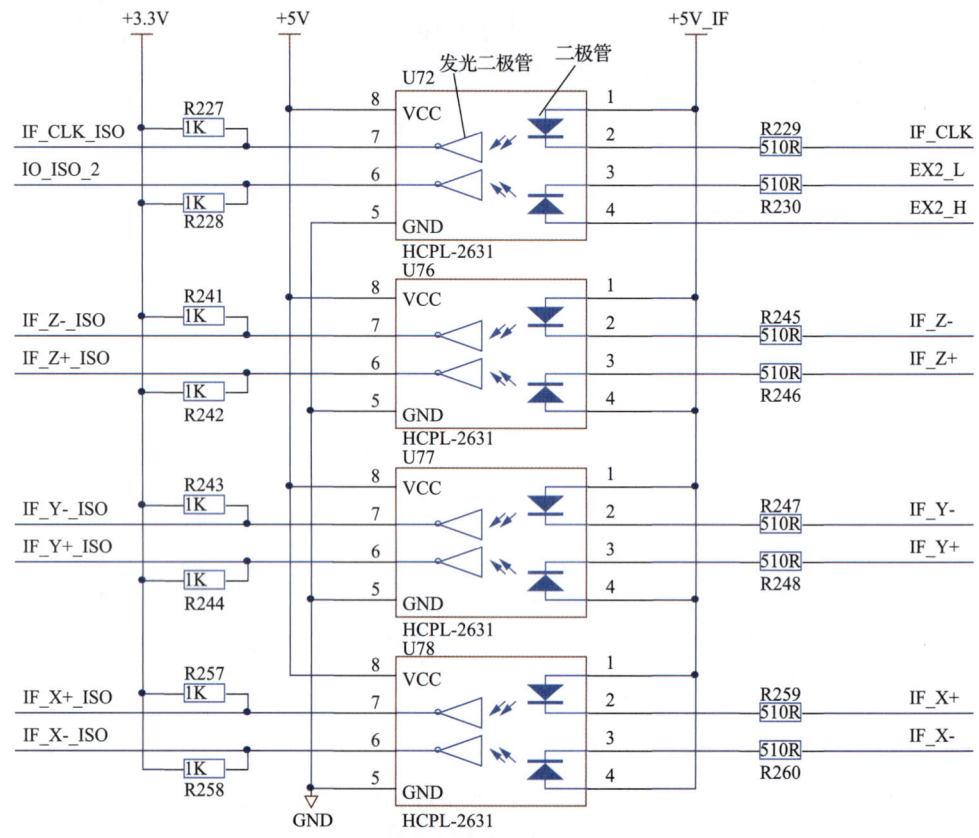

图 3.40 加速度计 I/F 输出信号隔离电路原理图

1K 指 1kΩ；510R 指 510Ω

6. 异步串行口通信模块

串行通信模块由 FPGA、光耦、专用通信接口驱动芯片构成，主要为系统提供最多 7 路的 UART 通信接口。其中包括 2 路标准 RS-232 串口和 3 路标准 RS-422 串口，另外几路根据不同需要可以将电气输出协议配置为 2 路 RS-232 或 1 路 RS-422 协议。FPGA 响应串口接收中断，处理接收的数据帧并提取其中的有效数据，然后将其按一定的数据结构存入双口 RAM 供内核 CPU 处理。内核 CPU 将需要通过串口发送的数据结构存入发送双口 RAM 中，并向通信模块发送中断，串口通信模块响应中断并及时取得新的数据，然后根据数据结构中的数据信息，按照相应的串口通信帧格式发送数据。串行通信模块结构如图 3.41 所示。串行通信模块隔离与驱动部分的电路原理如图 3.42～图 3.44 所示。

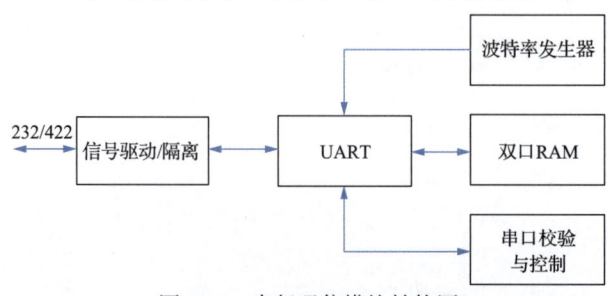

图 3.41 串行通信模块结构图

第三章 水下动态重力测量系统

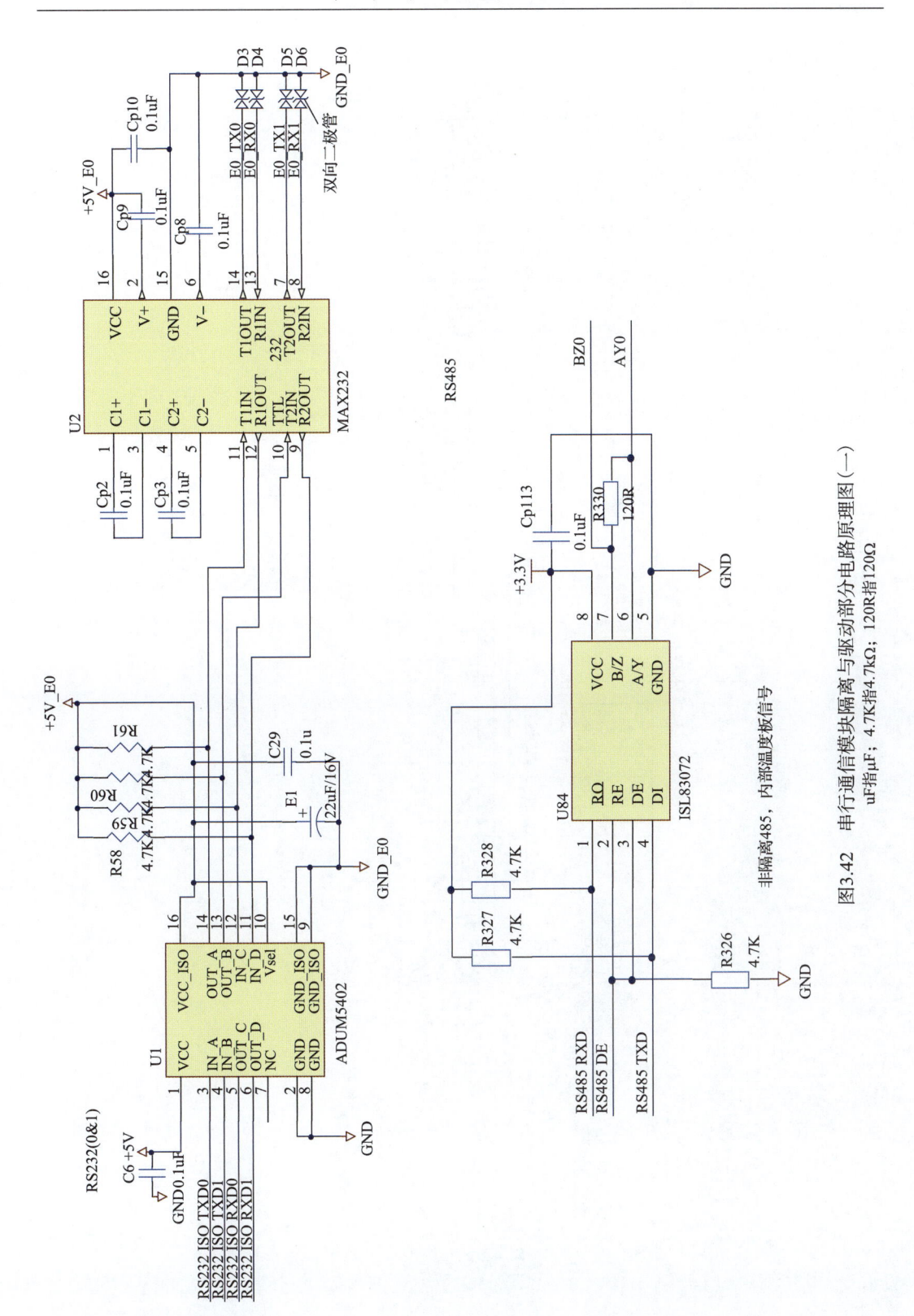

图3.42 串行通信模块隔离与驱动部分电路原理图（一）
uF指μF；4.7K指4.7kΩ；120R指120Ω

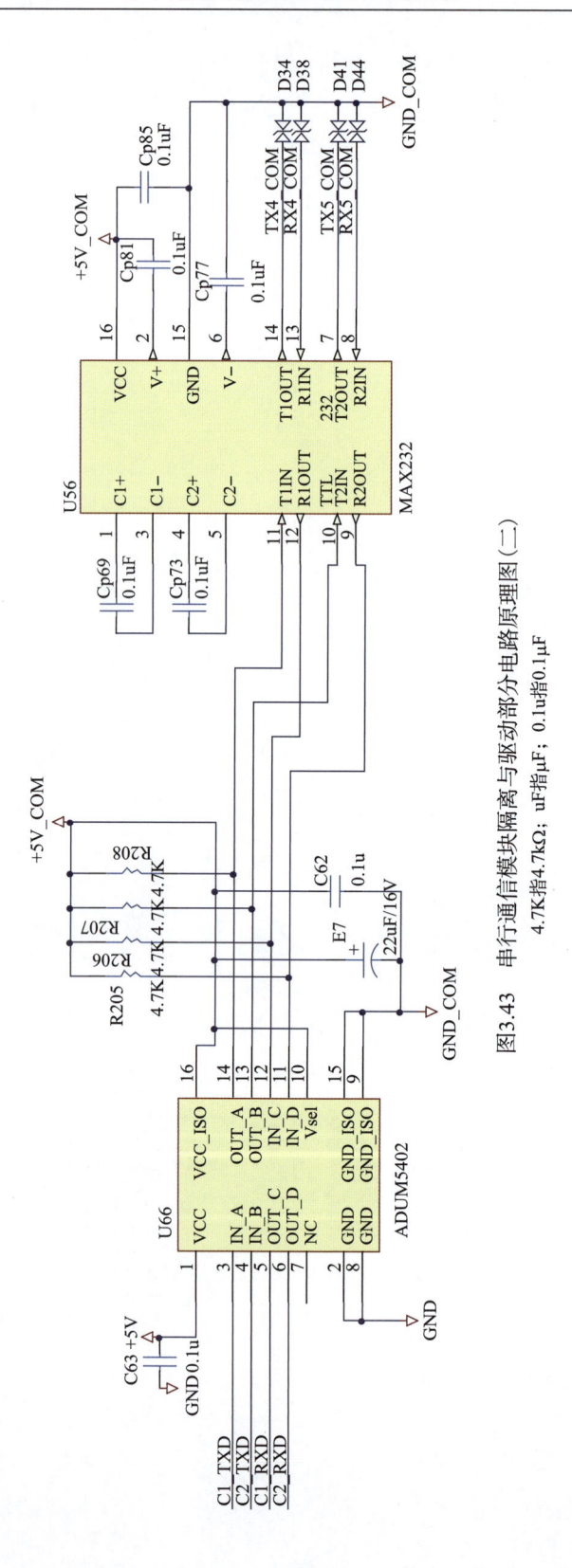

图3.43 串行通信模块隔离与驱动部分电路原理图(二)
4.7K指4.7kΩ; uF指μF; 0.1u指0.1μF

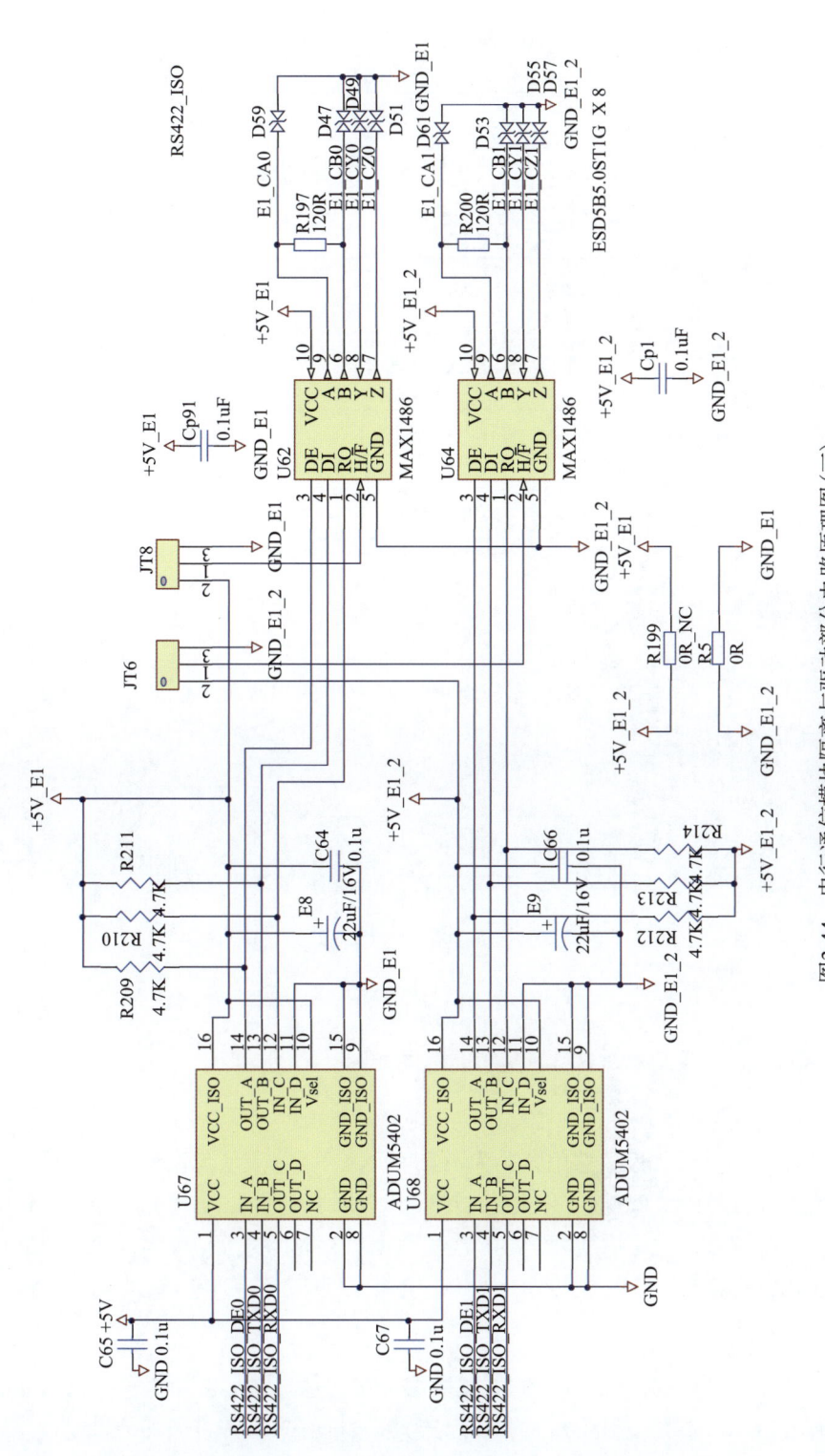

图3.44 串行通信模块隔离与驱动部分电路原理图（三）
4.7K指4.7kΩ；0.1u指0.1μF；uF指μF；120R指120Ω；0R指0Ω

图中采用的数字隔离芯片为 ADUM5402，该芯片为自带隔离 DC/DC 转换器的双向四通道隔离器，其功能示意图如图 3.45 所示。

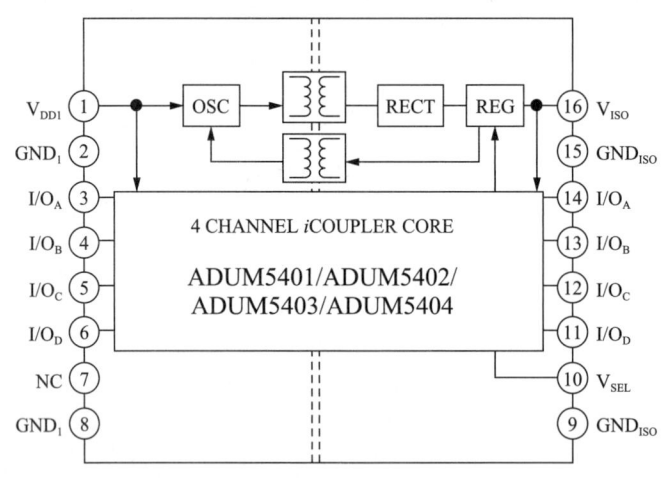

图 3.45　ADUM5402 功能示意图

7. 网络通信模块

网络通信模块由 FPGA、PHY 控制芯片、变压器芯片构成，通过系统底板与外部相连，用于外部调试。网络接口的核心部分由 FPGA 自带的以太网 MAC 模块构成，外部接口芯片用于信号的物理层驱动。网络通信模块结构如图 3.46 所示。

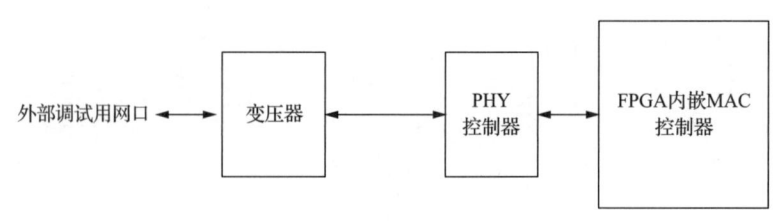

图 3.46　网络通信模块结构图

PHY 控制芯片采用 AM79C874，其功能框图如图 3.47 所示。

8. 板载电子硬盘

为记录原始测量数据，板上选用容量为 4GB 的 NAND 电子硬盘作为数据记录载体，具体型号为 SST85LD1004T，该芯片支持 SATA 和 IDE 接口，3.3V 电源，最大工作电流为 220mA，功耗较低，读写周期大于 10^8 次，数据保存时间大于 10 年，读写速度可达 20MB/s，LBGA 封装，其结构框图见图 3.48，电路原理图见图 3.49。

9. 通用 I/O 模块

通用 I/O 模块负责完成外部输入的 6 路数字 I/O 信号与 FPGA 所需输入信号间的光电隔离转换，FPGA 内部构造的硬件对外部信号输入进行采集并将采集结果通过总线逻辑间的数据传给内核 CPU 进行处理。

图3.47 AM79C874功能框图

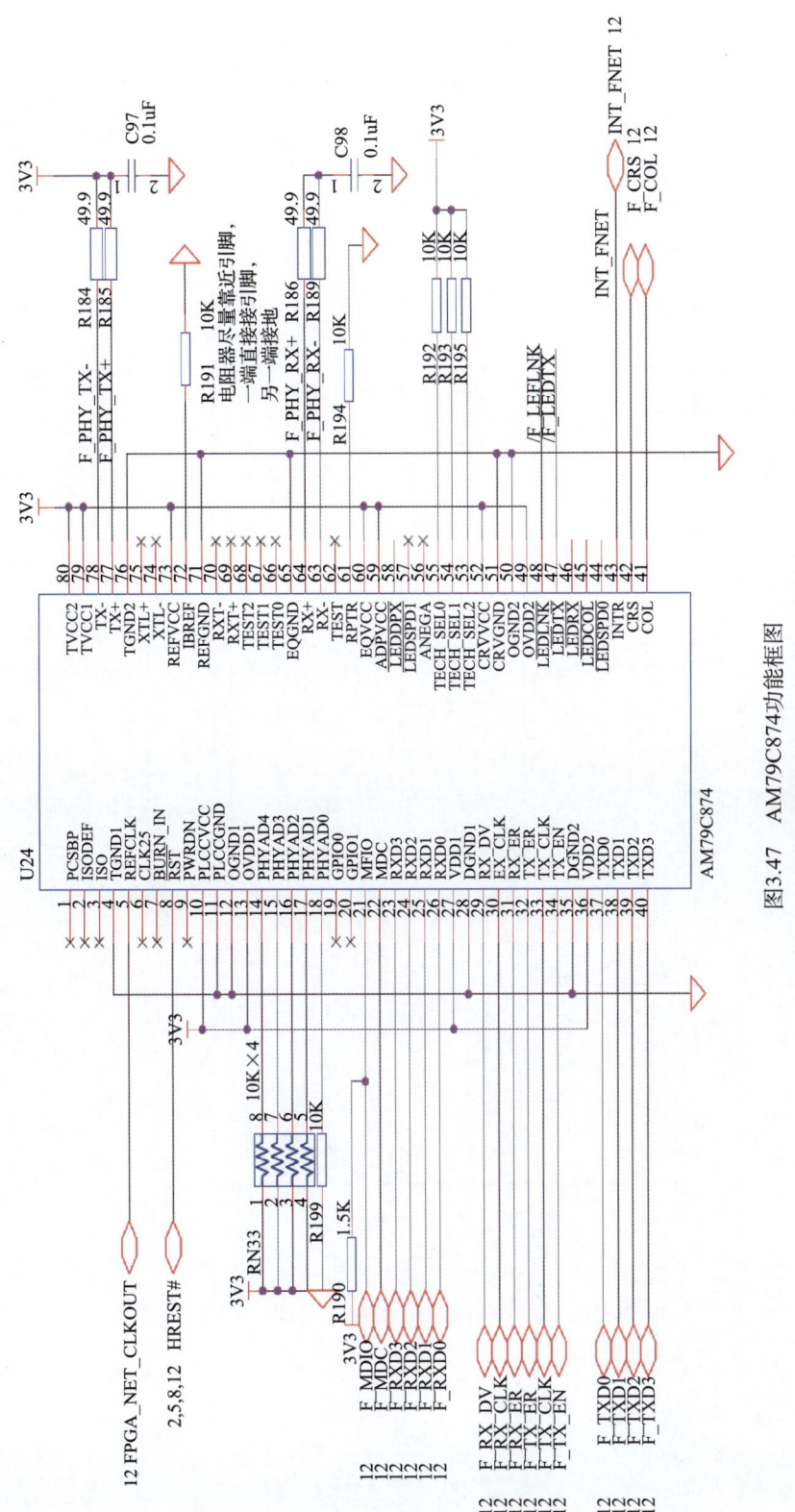

49.9指49.9Ω；10K×4指4个10kΩ的电阻；10K指10kΩ

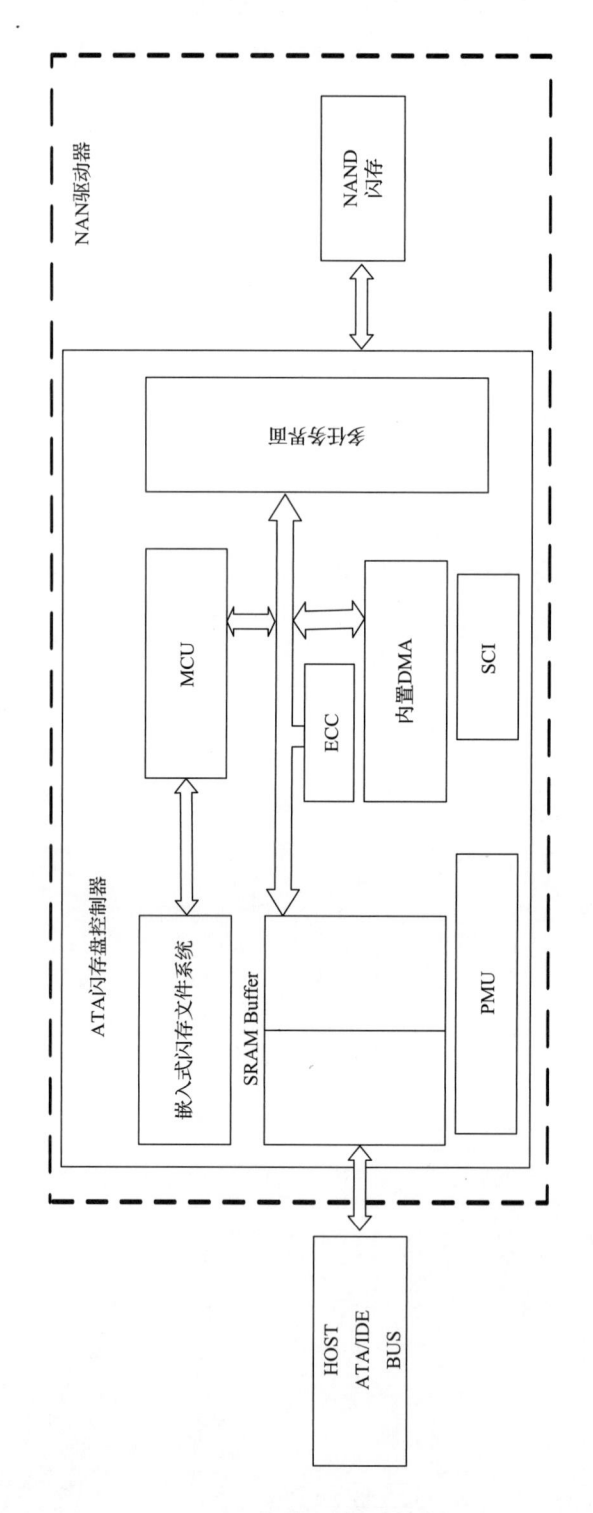

图3.48　SST85LD1004T结构框图

图3.49 板载电子硬盘电路原理图

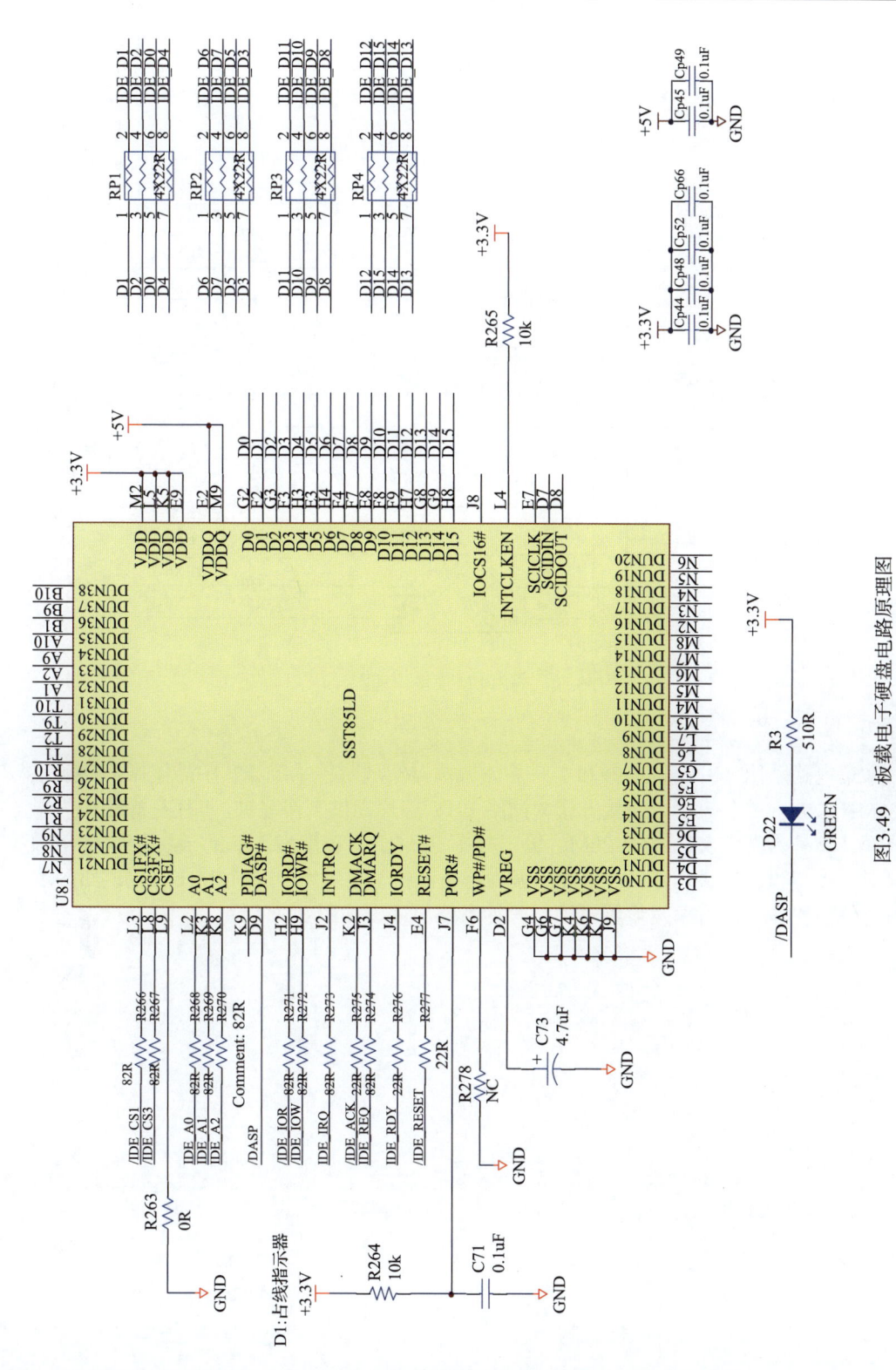

10k指10kΩ；uF指μF；4X22R指4个22Ω的电阻；82R指82Ω；NC指电阻未连接

6 路数字 I/O 信号中 EX1_L、EX2_L 分别接 GNSS 的 1PPS 信号的阴极和阳极，其他为备用接口。通用 I/O 模块光电隔离转换的原理如图 3.50 所示。

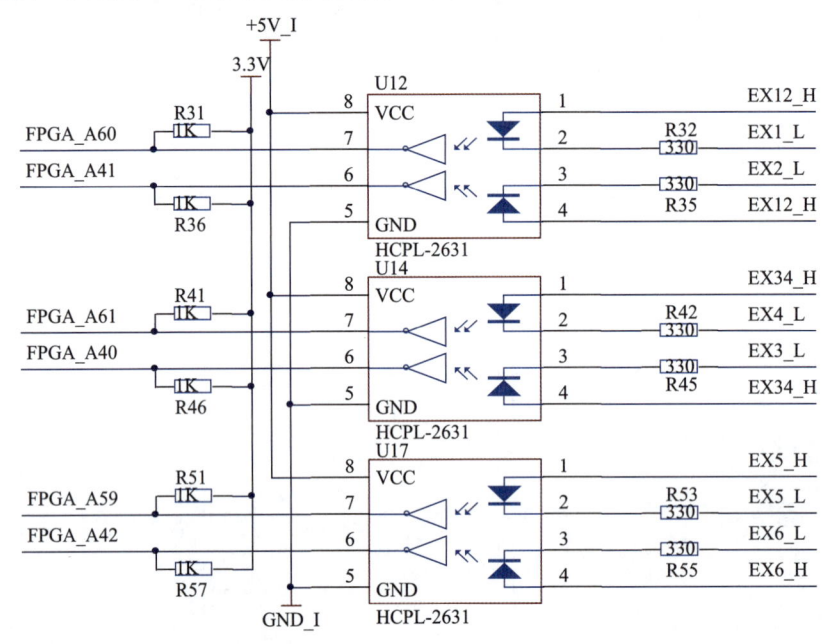

图 3.50 通用 I/O 模块原理图

10. 时钟系统

采集电路采用 2 片有源晶振和 1 只晶体振荡器实现时钟系统。其中晶体振荡器频率为 25MHz（50ppm），按标准连接方式为网络 PHY 芯片提供工作时钟。1 片有源晶振为温补晶振，型号为 TC75NAGLH-20M，输出频率 20MHz，精度±2.5ppm，经 ICS501 倍频后为 FPGA 提供主时钟。另一片有源晶振为普通晶振，频率为 29.4912MHz，提供给异步串行通信模块作为波特率发生器时钟。时钟系统原理图如图 3.51 所示。

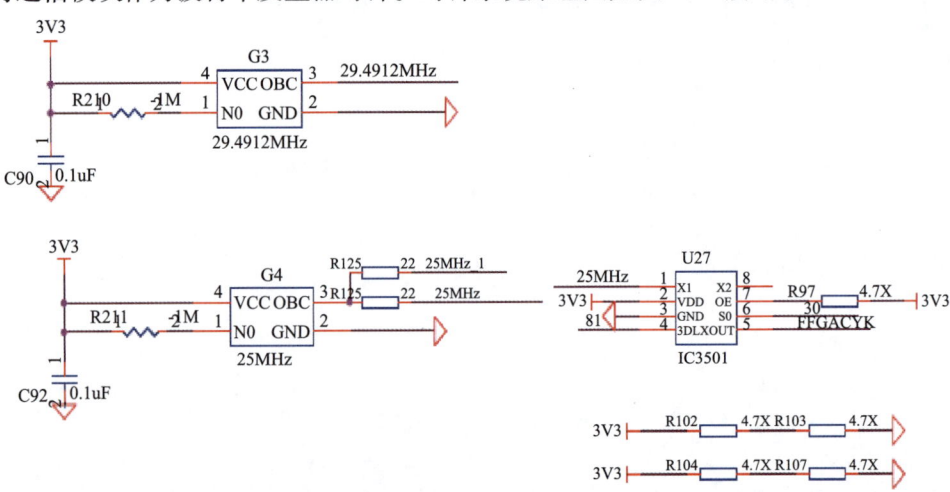

图 3.51 时钟系统原理图
1M 指 1MΩ；uF 指μF；4.7X 指 4.7kΩ

其中时钟倍频芯片 ICS501 原理图如图 3.52 所示。

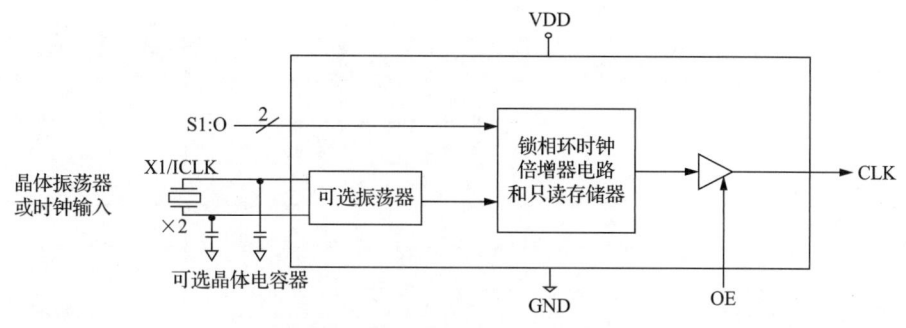

图 3.52 时钟倍频芯片 ICS501 原理图

ICS501 功能跳线选择列表见表 3.24。

表 3.24 ICS501 功能跳线列表

S1	S0	CLK
0	0	4×输入
0	M	5.3125×输入
0	1	5×输入
M	0	6.25×输入
M	M	2×输入
M	1	3.125×输入
1	0	6×输入
1	M	3×输入
1	1	8×输入

注：0=直接接地；1=直接连接 VDD；M=未连接。

11. 时钟管理模块

时钟管理模块完成系统主时钟、温补晶振时钟和 GNSS 时钟及其 1PPS 信号之间的同步，得到系统基准时钟信号，为陀螺脉冲计数、2kHz 和 200Hz 采样结果等模块提供高精度时钟基准，绝对时间误差小于 100ns，相对时间误差小于 10ns。时钟同步模块主要在 FPGA 内部构建。当没有外部 GNSS 信号时，时钟同步模块完成系统主时钟、温补晶振时钟间的时钟同步，得到的系统基准时钟精度取决于温补晶振的精度。

(二) 测试点及接口定义

FPGA 数据采集板测试点见表 3.25。

(三) 对外接口极限的电气参数

对外连接器的部分信号直接连接到重力仪之外，使用时应考虑其驱动器件的极限耐受能力，具体参数见表 3.26。

表 3.25　测试点列表

序号	标号	网络标号	备注
1	T1	+5V_I	数字电源
2	T7	GND_I	数字电源地
3	T2	3.3V	接口电源
4	T8	GND_I	数字电源地
5	T3	+5V_E	通信隔离电源
6	T9	GND_E	通信隔离电源地
7	T4	+5V_G	陀螺电源
8	T10	GND_G	陀螺电源地
9	T5	IO_1	非隔离 I/O
10	T11	IO_2	非隔离 I/O
11	T6	IO_3	非隔离 I/O
12	T12	+5V_IF	I/F 电源

表 3.26　对外接口极限的电气参数

类型	参数	极限值
RS-232	端口耐压	±25V
RS-422	端口耐压	+8～+12.5V
CAN	端口耐压	27～+32V
非隔离 I/O	端口耐压	0.2～+3.45V
高速隔离 I/O	隔离漏流	<1μA(5s，DC 3kV，25℃)
	反向输入耐压	5V
	输出耐压	0.3～+7V
	输出电流	50mA

三、二次电源组件

水下重力仪电源系统总体框图见图 3.53。水下重力仪电源总体包括二次电源板、外风扇电源板。二次电源板负责总体部件的供电，如加速度计供电、陀螺供电、主处理板供电。外风扇电源板负责外风扇和温控器的供电。

二次电源板负责给整个系统供电，过电流为 5A，通过 50 针接插件给二次电源板供电，经 5A 滤波器。5A 滤波器为二次电源板上的 DCDC 模块滤波。

二次电源板通过双排针接插件与信号转接板相连。板间距为 11mm。电源板连接器型号为 TSW-125-07LD，图 3.54 为前视图，电源板安装时 TOP 层朝下，通过底层的 50 针接插件引出信号。

二次电源正视结构尺寸图如图 3.55 所示，二次电源板的底边长度为(160±0.5)mm，孔间距为(151±0.1)mm，二次电源板的宽度可根据电源模块的最佳布局加以确定。

图 3.53　电源系统总体框图

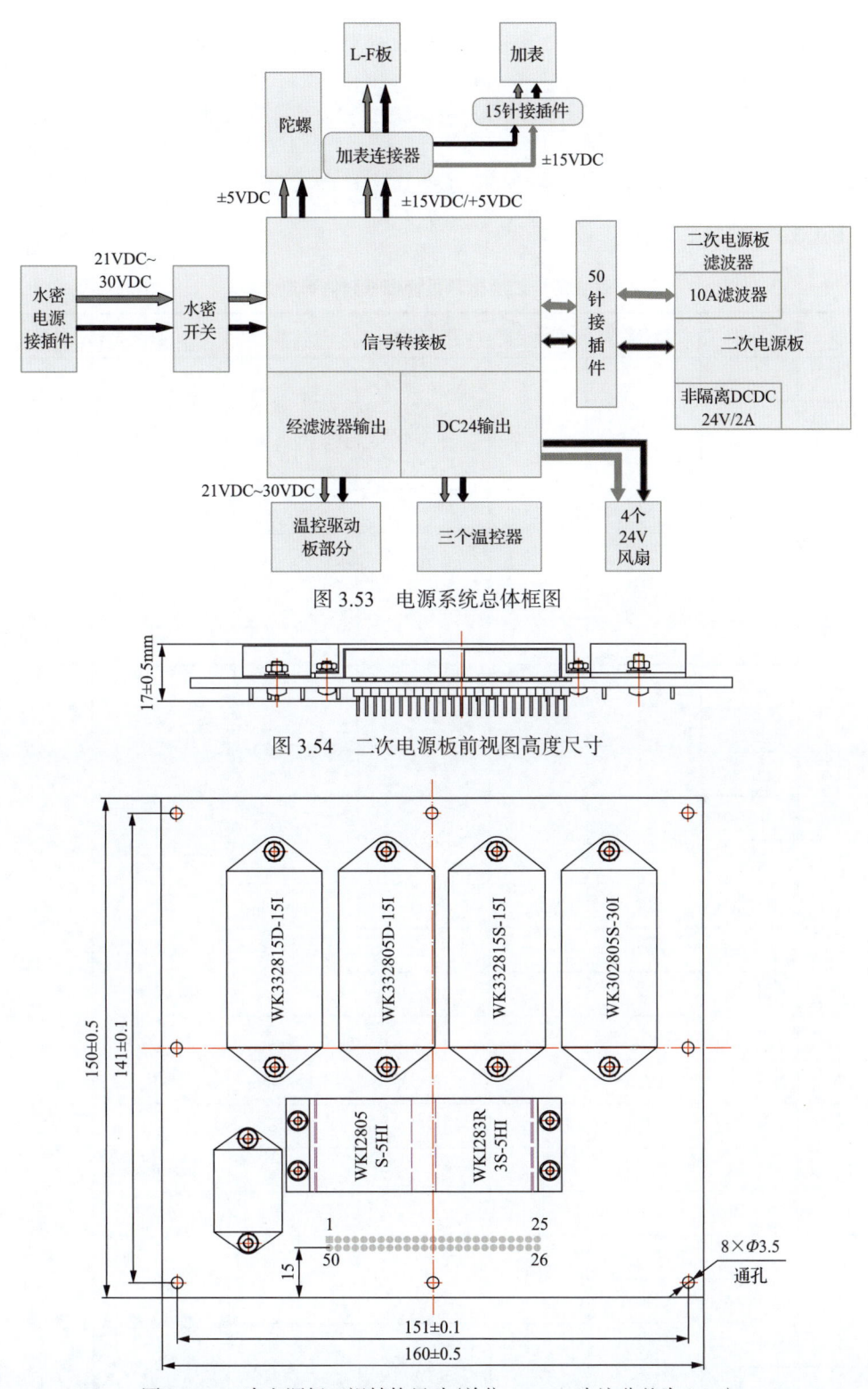

图 3.54　二次电源板前视图高度尺寸

图 3.55　二次电源板正视结构尺寸(单位：mm，未注公差为±0.3)

电源板连接器型号同上，二次电源板管脚排列顺序图如图 3.56 所示。

图 3.56 二次电源板管脚排列顺序图

接点定义见表 3.27。

表 3.27 二次电源板管脚排列信号定义

序号	引脚	信号	额定电流	瞬态电流	纹波	说明	处理方式
1	1、50	Vin+	10A	10A		电源输入（DC28V±20%）	
2	2、49						
3	3、48						
4	4、47	NC					
5	5、46	Vin-				电源输入地	
6	6、45						
7	7、44						
8	8、43						
9	9、42						
10	10、41						
11	11、40						
12	12、39						
13	14、37	−15V_A	200mA	300mA	<20mVp-p	加速度计电源	
14	15、36	GND_A					
15	16、35	+15V_A	200mA	300mA	<15mVp-p		
16	17、34	GND_A5					
17	18、33	+5V_A5	150mA	300mA	<20mVp-p		
18	19、32	−5V_G	1.4A		<20mVp-p	陀螺电源	
19	20、31	GND_G					
20	21、30	NC					
21	22、29	GND_I				数字电源	
22	23、28	GND_I					
23	24、27	+5V_I	3A	6A	<20mVp-p		
24	25、26	+5V_I					

第七节 软 件 设 计

一、FPGA 软件及固件设计

(一) FPGA 系统的组织结构

1. FPGA 设计的系统结构

重力仪的 FPGA 系统设计选用的是 Spartan-6 XC6SLX100T 芯片来实现的,嵌入式处理选用的是其软核,整个 FPGA 设计的系统结构如图 3.57 所示。

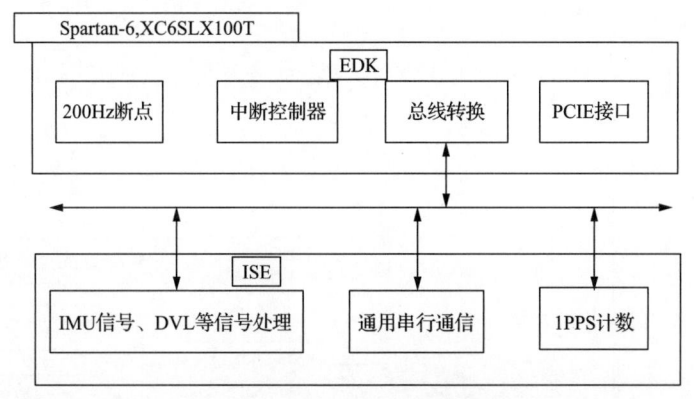

图 3.57 FPGA 设计的系统结构

2. FPGA 设计实现的主要功能

1) 信号采集

(1) 陀螺信号采集。

(2) 加速度计、I/F 信号采集和计数。

(3) DVL、深度计等信号采集。

(4) 1PPS 信号的去抖、采集和计数。

(5) 采样脉冲频率:4kHz。

2) 4kHz 采样脉冲的生成与同步

解决了系统时钟在长时间运行过程中产生漂移的问题,具体算法思想是利用 1PPS(秒脉冲)信号触发 FPGA 的采样时刻,使 4kHz 采集脉冲与 1PPS 秒脉冲信号的上升沿对齐。

3) 信号滤波

(1) 用 8 通道 32 位数字滤波器实现对陀螺信号、I/F 信号计数和 DVL 等信号的滤波。

(2) 数字滤波器利用 4kHz 采样脉冲生成同步 200Hz(5ms 产生一次中断)中断信号,软核根据 200Hz 中断信号对 1PPS 计数、滤波后的 IMU 计数和 DVL 及通过串口接收的 GNSS 数据做相应的出口,并发送到 PCIE 中供导航计算机使用和分析。

4)通用串行异步通信

(1)实现 8 路通用串行异步通信。

(2)8 路串行口自动接收。最长支持 252 字节的数据接收，并且在帧空闲时产生中断（连续三个字节没有接收数据就触发中断）。

(3)8 路串行口自动发送。最长支持 255 字节的数据自动发送。

(4)可设置任意波特率。

(5)每一个串行口的收发通道可单独设置成不同的波特率。

5)FPGA 与导航计算机的数据交换

采用中断方式，利用 PCIE 与主处理器的并行双向数据交换。

3. FPGA 程序的模块构成

FPGA 系统采用的是自上而下的模块化设计思想，程序中的模块构成如图 3.58 所示。

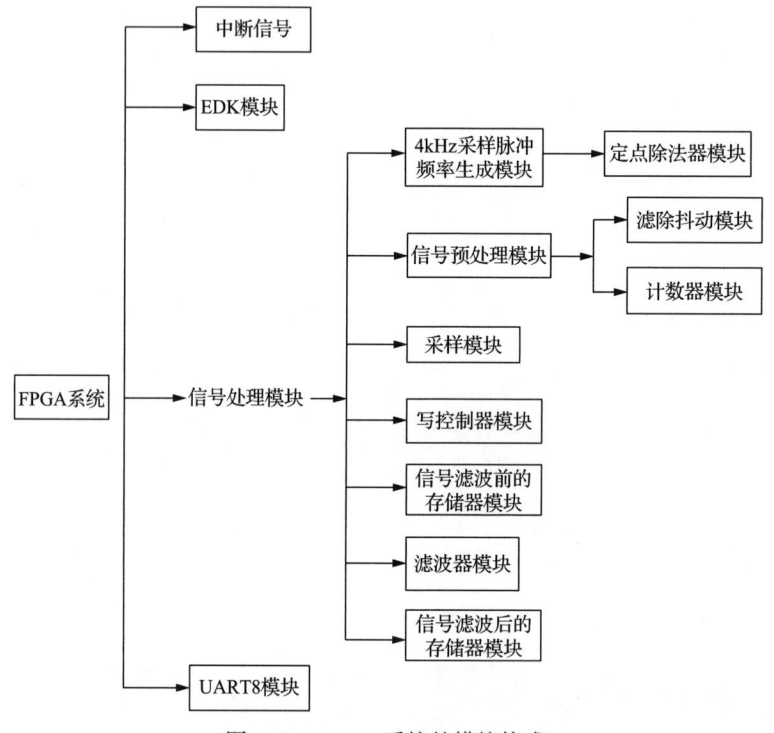

图 3.58 FPGA 系统的模块构成

4. FPGA 程序的逻辑

FPGA 设计的主要逻辑关系如图 3.59 所示。

(二)EDK 模块的设计说明

1. EDK 模块描述

EDK 是内嵌于 FPGA 中的可编程嵌入式开发系统，EDK 设计分为两部分，一部分是 Xilinx ISE(版本 13.4)软件开发，实现所有的专用逻辑功能；另一部分由 Xilinx Platform

Studio(版本 13.4)软件开发,采用无操作系统(选择 standalone 模式)模式,编程环境为 C 语言,实现 FPGA 采集数据与导航计算机(COM1400)的数据交换。

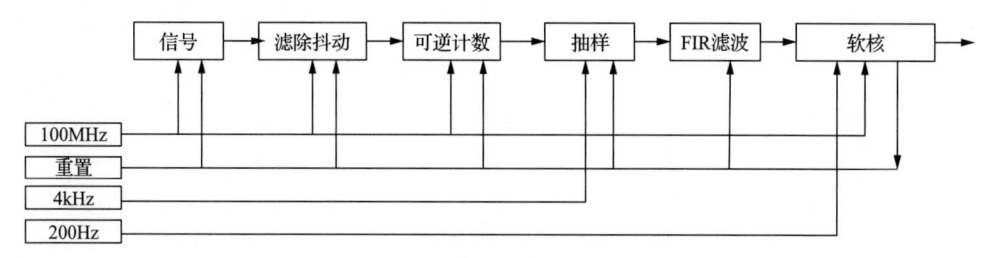

图 3.59　FPGA 程序逻辑

在 FPGA 的 EDK 模块中,选择 PowerPC 硬核处理器(standalone 模式)和 PLB 控制总线,PowerPC 上总共挂载了两个 BRAM 和一个 UARTLITE 模块,两个 Bram 存储空间大小分别为 64KB 和 16KB,UARTLITE 的 Tx 和 Rx 的最大存储深度为 16byte,波特率设置为 38400baud/s。

2. 功能

该模块的主要功能是提取 FPGA 中采集的 IMU 或接收的 GNSS 数据并做出相应处理,处理完数据后将其存放于双端口 RAM 中供导航计算机读取使用。

3. 性能

PowerPC 时钟频率:200MHz。

控制总线:PLB,总线宽度为 32bit。

Uartlite 模块的波特率:38400baud/s。

存储空间:64KB+16KB。

4. 输入项

sys_clk

reset

IDT70261_DQ

IDT70261_INTR

uart_receive_interrupt_INTR0

uart_receive_interrupt_INTR1

uart_receive_interrupt_INTR2

uart_receive_interrupt_INTR3

uart_receive_interrupt_INTR4

uart_receive_interrupt_INTR5

BRAM_Din_pin

5. 输出项

sys_rst

IDT70261_DQ

IDT70261_A

IDT70261_CEN

IDT70261_OEN

IDT70261_RNW

BRAM_Clk_pin

BRAM_Rst_pin

BRAM_En_pin

BRAM_WEN_pin

BRAM_Addr_pin

BRAM_Dout_pin

6. 存储分配

PowerPC 总共挂载了 2 个 BRAM，存储空间大小分别是 64KB 和 16KB。EDK 模块的地址分配见表 3.28。

表 3.28　EDK 模块的地址分配

名称	功能	地址空间	大小/KB
xps_bram_if_cntlr_boot	程序代码	0xFFFF0000～0xFFFFFFFF	64
xps_bram_if_cntlr_0	数据区	0Xf0000000～0x00003FFF	16
xps_mch_asyn_emc	双端口 RAMIDT70261 接口	0x30000000～0x30007FFF	32
Xps_int_0	PLB 控制地址	0x85000000～0x8500FFFF	64
xps_bram_if_cntlr_emc	内部逻辑总线接口	0x40000000～0x4000FFFF	64
Xps_uartlite_0	Uartlite 寄存器地址	0x86000000～0x8600FFFF	64

其中，内部逻辑总线接口和双端口 RAM（IDT70261）接口地址具体分配见表 3.29 和表 3.30 所示。

表 3.29　内部逻辑总线接口的地址分配

模块	地址空间(16 进制) A15:A11	地址空间(16 进制) A10:A0	总地址	备注
Uart_simple_receive_Bram0	00	000～7FFH	40000000～400007FFH	A、B 区各 256KB
Uart_simple_receive_Bram1	01	000～7FFH	40000800～40000FFFH	
Uart_simple_receive_Bram2	02	000～7FFH	40001000～400017FFH	
Uart_simple_receive_Bram3	03	000～7FFH	40001800～40001FFFH	

续表

模块		地址空间(16进制)			备注
		A15:A11	A10:A0	总地址	
Uart_simple_receive_Bram4		04	000~7FFH	40002000~400027FFH	A、B 区各 256KB
Uart_simple_receive_Bram5		05	000~7FFH	40002800~40002FFFH	
Uart_simple_receive_Bram6		06	000~7FFH	40003000~400037FFH	
Uart_simple_receive_Bram7		07	000~7FFH	40003800~40003FFFH	
block_bram_imu_beforefilter		10	000~FFFH	40008000~400087FFH	A、B 区各 1KB
block_bram_imu_afterfilter		11		40008800~40008FFFH	
串行口 0 发送	波特率 NCO			4000B000~4000B003	
	数据 FIFO			4000B004~4000B007	
串行口 1 发送	波特率 NCO			4000B008~4000B00B	
	数据 FIFO			4000B00C~4000B00F	
串行口 2 发送	波特率 NCO			4000B010~4000B013	
	数据 FIFO			4000B014~4000B017	
串行口 3 发送	波特率 NCO			4000B018~4000B01B	
	数据 FIFO			4000B01C~4000B01F	
串行口 4 发送	波特率 NCO			4000B020~4000B023	
	数据 FIFO			4000B024~4000B027	
串行口 5 发送	波特率 NCO			4000B028~4000B02B	
	数据 FIFO			4000B02C~4000B02F	
串行口 6 发送	波特率 NCO			4000B030~4000B033	
	数据 FIFO			4000B034~4000B037s	
串行口 3 发送	波特率 NCO			4000B038~4000B03B	
	数据 FIFO			4000B03C~4000B03F	
串行口 0 接收波特率 NCO				4000B080~4000B083	
串行口 1 接收波特率 NCO				4000B084~4000B087	
串行口 2 接收波特率 NCO				4000B088~4000B08B	
串行口 3 接收波特率 NCO				4000B08C~4000B08F	
串行口 4 接收波特率 NCO				4000B090~40009003	
串行口 5 接收波特率 NCO				4000B094~4000 B097	
串行口 6 接收波特率 NCO				4000 B098~4000B09B	
串行口 7 接收波特率 NCO				4000B09C~4000B09F	
self_test_flag		18	02C~2FH	4000C02C~4000C02FH	Addr [15:11] == 5'h18 Addr[10:2] == 9'h00B

续表

模块	地址空间(16 进制)			备注
	A15:A11	A10:A0	总地址	
en_gyrox	18	030~033	4000C030~4000C033H	Addr[10:2] == 9'h00C
en_gyroy	18	034~037	4000C034~4000C037H	Addr[10:2] == 9'h00D
en_gyroz	18	038~03B	4000C038~4000C03BH	Addr[10:2] == 9'h00E
en_accx	18	03C~03FH	4000C03C~4000C03FH	Addr[10:2] == 9'h00F
en_accy	18	040~043H	4000C040~4000C043H	Addr[10:2] == 9'h010
en_accz	18	044~047H	4000C044~4000C047H	Addr[10:2] == 9'h011
en_odo	18	048~4BH	4000C048~4000C04BH	Addr[10:2] == 9'h012
en_rotate	18	04C~4FH	4000C04C~4000C04FH	Addr[10:2] == 9'h013
串行口 0 接收时起始时间			4000C060	
串行口 1 接收时起始时间			4000C064	
串行口 2 接收时起始时间			4000C068	
串行口 3 接收时起始时间			4000C06C	
串行口 4 接收时起始时间			4000C070	
串行口 5 接收时起始时间			4000C074	
串行口 6 接收时起始时间			4000C078	
串行口 7 接收时起始时间			4000C07C	
IMU 第一次锁存时间			4000C080	
Led			4000C084	

表 3.30 双端口 RAM 接口地址分配

名称	地址空间	功能
双端口 RAM(IDT70261)接口地址具体分配	0x30005F00~0x30005F1F 0x30005F20~0x30005F3F 0x30005F40~0x30005F4F	上行数据的状态信息
	0x30004000~0x30004013 0x30004014~0x30004027 0x30004028~0x3000403B	原始 IMU 数据 (IMURaw)
	0x30004040~0x3000407F 0x30004080~0x300040BF 0x300040C0~0x300040FF	滤波后的 IMU 数据(IMURawPost)
	0x30004100~0x3000417F 0x30004180~0x300041FF 0x30004200~0x30004280	IMUTemp
	0x30004280~0x3000428F 0x30004290~0x3000429F 0x300042A0~0x300042AF	OdO 原始数据 (OdO)Raw

续表

名称	地址空间	功能
双端口 RAM（IDT70261）接口地址具体分配	0x300042B0~0x300042BF 0x300042C0~0x300042CF 0x300042D0~0x300042DF	滤波后的 OdO 数据（OdOawPost）
	0x300042E0~0x300042EF 0x300042F0~0x300042FF 0x30004300~0x3000430F	转台的原始数据 （RotTabRaw）
	0x30004310~0x3000432F 0x30004330~0x3000434F 0x30004350~0x3000436F	滤波后的转台数据（RotTabRawPost）
	0x30004380~0x300043FF 0x30004400~0x3000447F 0x30004480~0x300044FF	InitNav
	0x30004380~0x300043FF 0x30004400~0x3000447F 0x30004480~0x300044FF	系统模式控制 （SysModeCtrl）
	0x30004530~0x3000458F 0x30004590~0x300045EF 0x300045F0~0x3000464F	GNSS 导航数据 （GPSPVT）
	0x30007FF0~0x30007FF3 0x30007FF4~0x30007FF7 0x30007FFC~0x30007FFF	Interupt 写中断地址

7. 限制条件

(1) 程序代码和数据的存储空间分别是 64KB 和 16KB，在编写代码时不要超过它们的分配空间。

(2) 中断响应时间不要超过 0.25ms。

(3) 总线上的中断优先级最多只能设置 8 个。

(4) PowerPC 硬件只能选择硬件接口，不能根据设计需求对它再进行设计。

8. 测试要点

(1) FPGA 配置好后能否对 FPGA 和 PowerPC 硬核进行复位。

(2) 读取内部逻辑总线的地址是否正确，以及是否为设计时分配的存储信息。

(3) 200Hz 中断响应时间是否满足使用需求。

(4) 在 200Hz 中断响应程序中能否将要处理的程序送到双端口 RAM 中。

(三) 信号处理模块的设计说明

1. 信号处理模块描述

信号处理模块主要是对 IMU 信号、DVL 信号和 1PPS 信号的采集和计数，并以 4kHz 的采样脉冲抽样 IMU 计数、DVL 计数和 1PPS 计数，抽样后的 IMU 计数和 DVL 计数经滤波器模块滤波后存储到分配的 BRAM 空间中（滤波前的 IMU 计数、DVL 计数和 1PPS 计数也存储到分配的 BRAM 空间中）。

2. 功能

(1) 滤除 IMU 信号、DVL 信号和 1PPS 信号毛刺。

(2) IMU 信号、DVL 信号和 1PPS 信号的预处理。

(3) 生成 4kHz 采样脉冲频率, 并与 1PPS 和系统时钟同步。

(4) 采样 IMU 信号、DVL 信号和 1PPS 信号。

(5) 将采样的 IMU 信号、DVL 信号和 1PPS 信号存储到分配的存储空间里。

(6) 对 IMU 信号、DVL 信号进行滤波, 并生成与 4kHz 采样脉冲同步的 200Hz 中断信号给 PowerPC。

(7) 将滤波结果存储到分配的相应地址空间中。

3. 性能

(1) 实时处理信息。

(2) 滤除信号因毛刺而引起的干扰。

(3) 4kHz 采样脉冲与系统时钟同步, 且在大于 4h 的工作中不产生漂移。

(4) 200Hz 中断与 4kHz 采样脉冲同步, 在大于 4h 的工作中不产生漂移。

(5) 滤除 IMU 信号中的抖动角速度信号和噪声干扰。

4. 输入项

```
sysclk
sysrst
psinx,pcosx
psiny,pcosy
psinz,pcosz
acc_upx, acc_downx
acc_upy, acc_downy
acc_upz, acc_downz
acc_up_forth, acc_down_forth
odo_pilse,odo_dir
one_pps
BRAM_Clk_pin
BRAM_EN_pin
BRAM_Addr_pin
```

5. 输出项

```
BRAM_Din_pin
Intr_200Hz_afterfilter
```

```
clk_out
```

6. 信号处理模块的模块构成

FPGA 设计从系统到各个模块都是采用自上而下的模块化设计，直到最底层，因此信号处理模块的设计也有相应的模块构成，其具体构成如图 3.60 所示。

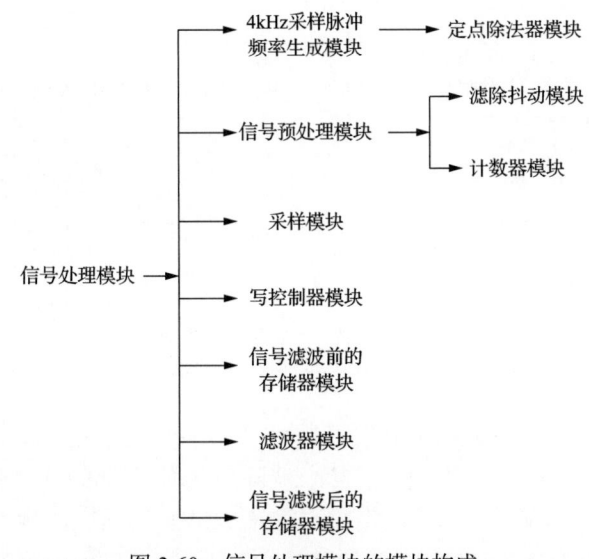

图 3.60　信号处理模块的模块构成

7. 流程逻辑

信号处理模块的总流程图如图 3.61 所示。

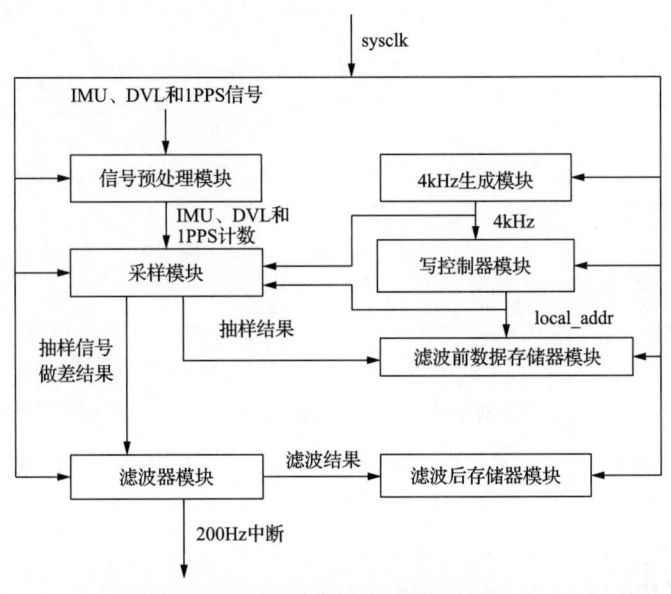

图 3.61　信号处理模块的总流程图

8. 信号处理模块中各个模块的设计

1) 4kHz 采样脉冲生成模块

4kHz 采样脉冲是通过 40 位定点除法器、48 为数控振荡器、系统时钟和 1PPS 秒脉冲生成的，它的总体框图如图 3.62 所示。

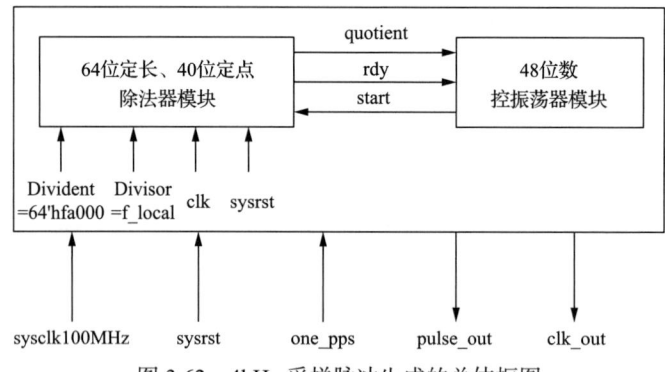

图 3.62 4kHz 采样脉冲生成的总体框图

由图 3.62 可知，系统时钟和 1PPS 的硬同步是由 64 位定长、40 定点除法器和 48 位数控振荡器实现的。其中，定点除法器中被除数的值为 hfa000（该值的来源公式为 divident=f(out)*2^8，f(out)=4000），除数的值为 f_local（该值是实际测量的本地时钟频率，在复位时，该值为 32'h5F5E100 即 100000000Hz），通过 start（1PPS 的上升沿信号）信号驱动除法器工作，而数控振荡器又使用除法器的 rdy（除法器计算完成）信号和 quotient（被除数和除数相除的商值）生成 4kHz 采样脉冲频率。

(1) 数控振荡器。

① 输入和输出：

```
input: sysclk 100MHz
sysrst
       one_pps
output: clk_out
pulse_out
```

② 数控振荡器的流程逻辑图。

数控振荡器的流程逻辑如图 3.63 所示。由图可知，数控振荡器主要完成的工作如下。

A. 取 1PPS 信号的上升沿有效信号 one_pps_pulse。

B. 测量本地系统时钟频率 f_local，在复位情况下，f_local=100000000。

C. 生成 4kHz 采样脉冲频率即 pulse_out。

(2) 定点除法器。

① 输入和输出。

输入信号: `clk,reset`

start
       [63:0] divident
[63:0] divisor
输出信号： [63:0] quotient
        rdy
       error

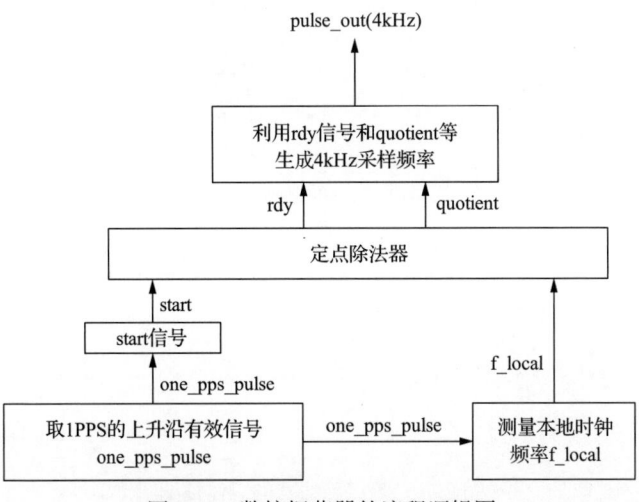

图 3.63 数控振荡器的流程逻辑图

② 定点除法器的总体框图。

定点除法器是由 5 个多路复用器、1 个加减法器和 9 个寄存器构成的，并通过状态机控制完成定点除法运算，它的总体框图如图 3.64 所示。

2）陀螺预处理模块

陀螺预处理模块主要对陀螺、加速度计、DVL 和 1PPS 信号做滤除抖动和计数预处理，主要由以下子模块构成。

（1）滤除抖动模块。

由于数字信号在传输过程中很容易受到外界干扰，若不滤除这些干扰很容易引起 FPGA 采集的信号发生错误，因此在信号处理前要先滤除因抖动而产生的错误信号。

主要逻辑设计思想是连续 16 个系统时钟上升沿收到的都是 0 或 1 才是 FPGA 真正要采集的 0 或 1 数据。

（2）陀螺、DVL 和加速度计计数模块。

陀螺、加速度计、DVL 和 1PPS 计数的核心逻辑思想见表 3.31～表 3.33。

3）4kHz 采样模块

4kHz 采样模块主要是利用 4kHz 采样脉冲频率（0.25ms 采样一次）采样陀螺、加表、DVL 和 1PPS 计数，并通过 local_addr 将 local_dout 存储到 block_bram_imu block_bram_imu_beforefilter。再将陀螺、加速度计和 DVL 采样信号经做差后送到 usefir8 模块端口。

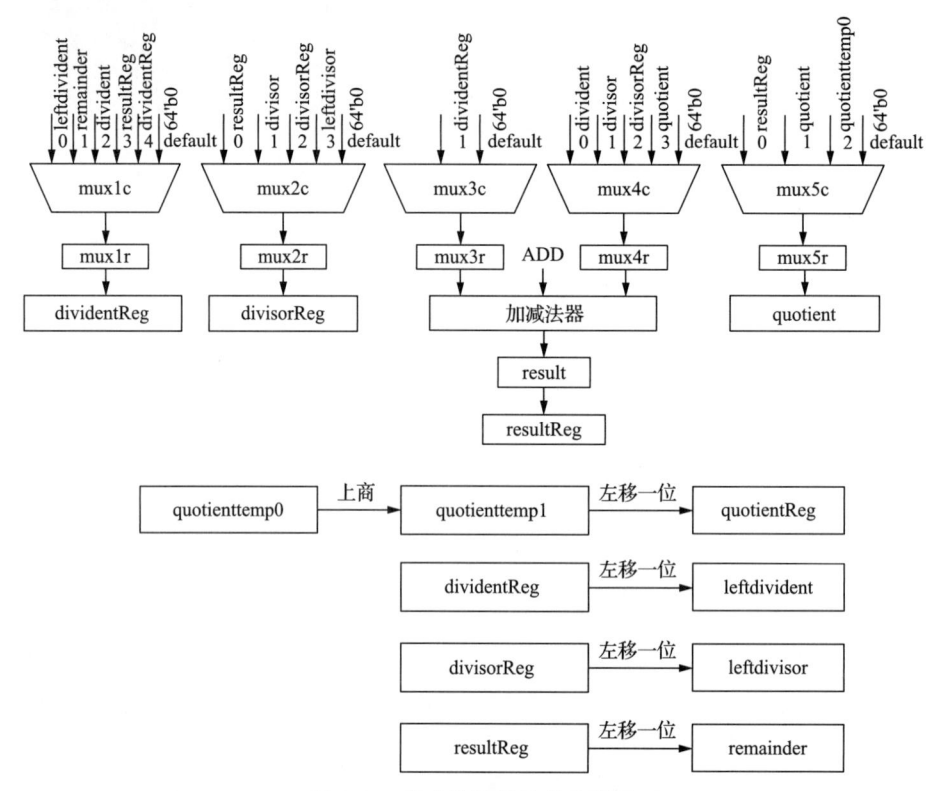

图 3.64 定点除法器的总体框图

表 3.31 陀螺计数逻辑

	↑	↓	0	1
↑	×	×	−	+
↓	×	×	+	−
0	+	−	×	×
1	−	+	×	×

表 3.32 加速度计计数逻辑

	↓	0	1
↑	×	+	+
0	−	×	×
1	−	×	×

表 3.33 1PPS 和 DVL 计数逻辑

	↓	0	1
0	−	×	×
1	+	×	×

4) usefir8 模块

该模块的主要功能是对抽样后的陀螺、加表和 DVL 的数据进行数字滤波，并通过 4kHz 采样脉冲频率产生 200Hz 中断信号送到 EDK 中，EDK 根据这个中断信号提取用户需要的信息。

5) 存储滤波前的陀螺、加表、DVL 和 1PPS 数据 BRAM 模块

该模块的主要功能是将抽样后滤波前的陀螺、加表、DVL 和 1PPS 数据存放在该 BRAM 中，供用户在需要时提取。

6) 存储滤波前的陀螺、加表和 DVL 数据 BRAM 模块

该模块的主要功能是将抽样并滤波后的数据存放在该 BRAM 中，供用户提取。

7) 写数据控制器模块

写控制器模块主要控制抽样后的相关数据(未经滤波器滤波的数据)并存储到分配的存储器中。

该模块用状态机实现，状态机一共有两个当前状态：cstate0 和 cstate1，两个下一时刻状态分别为 nstate0 和 nstate1。其中，复位后 cstate0 和 cstate1 的初始值分别为 1 和 0，addr=3′h7，nclk_counter_end=1。

下面的执行都是在系统时钟上升沿发生的前提下执行的。

当 cstate0=1 且 start=0 或 cstate1=1 且 nclk_counter_end=0 时，nstate0=1，否则 nstate0=0。

当 cstate0=1 且 start=1 或 cstate1=1 且 nclk_counter_end=1 时，nstate1=1，否则 nstate1=0。

当 cstate1=1 时，addr=addr+1。

当 cstate0=1 且 start=0 时，addr =3′h7。

9. 存储分配

信号处理模块中的相应数据存储见表 3.28。

10. 限制条件

(1) FPGA 芯片的 BRAM 空间有限，只有 18KB×68 个。
(2) 系统时钟的误差率是 10^{-6}，影响 FPGA 长时间的运行精度。

11. 测试要点

(1) 4kHz 采样脉冲时序与 1PPS 和系统时钟同步。
(2) IMU 信号、1PPS 信号和 DVL 信号的抽样结果。
(3) 抽样后的数据是否存储到分配的存储空间。
(4) 滤波效果。
(5) 200Hz 中断时序与 4kHz 是否同步。
(6) 滤波后数据存储的地址是否与分配的空间一致。

(四)通用串行异步通信(uart)模块的设计说明

1. uart 描述

uart 模块是利用 FPGA 硬件逻辑资源实现的通信功能,能够自动收发数据。每一个串行口的接收与发送波特率设置可单独进行。默认的波特率为 115200baud/s。

波特率设置通过 NCO 寄存器实现,每一个波特率 NCO(数字振荡器)寄存器都是 32bit,无符号数。NCO 寄存器值与波特率的关系如下:

$$NCO \text{ 寄存器值} = \frac{115200}{29491200} \times 2^{32} = 16777216 = 0x01000000H$$

对于接收端的波特率设置,需要按照上述方法计算 NCO 值后乘以 16,即接收端需要 16 倍波特率的接收时钟。

在每一个串行口接收实际使用地址空间 256byte 中,前 254byte 用于存放接收数据,最后两个字节用于存放数据长度。

串行口自动接收数据的工作过程如下。当没有数据时,处于等待状态,存放地址计数器清"0"。当接收第一个数据时,数据被存放到相对地址"0"的空间,后面每 1byte 的数据被接收后,就依次存放到按照字节递增的连续地址空间。当经历连续 3byte 时间后仍然没有接收到数据,则认为一帧数据结束,此时将帧长度存放到相对地址为 3FFE～3FFF 的空间,并产生中断信号。

一帧数据结束后产生中断信号的时间延迟为 33/波特率(秒)。举例:

$$33/115200 = 286\mu s$$

串行口自动发送的工作过程:首先在对应的待发送数据缓冲区写入需要发送的数据,即立刻启动一次数据发送过程。FIFO 的数据深度为 2047byte。

每次启动发送数据前可以更改波特率。

2. 功能

(1)接收数据。

(2)发送数据。

(3)可任意单独设置每个串口的波特率。

3. 性能

(1)采用 A、B 区的设计思想,提高数据接收的可靠性。

(2)每个串口接收数据的最大长度是 254byte。

(3)每个串口发送数据的最大长度是 255byte。

4. 输入项

sysclk

clk29_4912MHz

sysrst

BRAM_CLK_pin

BRAM_Rst_pin

BRAM_EN_pin

BRAM_WEN_pin

BRAM_Addr_pin

BRAM_Dout_pin

rx

5. 输出项

BRAM_Din_pin

Uart_receive_interrupt

tx

6. 存储分配

通用串口异步通信模块的存储分配见表 3.28。

7. 限制条件

(1) 所有相关地址区域只支持 32 位方式读写。

(2) 每个串口接收数据的最大长度是 255byte。

(3) 每个串口发送数据的最大长度是 255byte。

8. 测试要点

(1) 实现每个串口的数据接收，且时序正确。

(2) 实现每个串口的数据发送，且时序正确。

(3) 可对每个串口的波特率进行任意设置。

二、数据记录软件设计

本节说明对重力数据采集软件系统的设计，包括程序系统的基本处理流程、程序系统的组织结构、模块划分、功能分配、接口设计、运行设计、数据结构设计和安全性设计等。软件针对重力测量仪而开发，用以完成系统数据的采集和保存。采集的数据主要包括 IMU 数据、GNSS、DVL、USBL、DG(Deep Gauge)、时间同步数据。

(一) 需求分析

根据重力测量系统对数据采集的要求，数据采集软件的功能需求如下。

(1) 准确无误地读取陀螺、加速度计等传感器的前端测量数据，且不丢失帧数据。

(2) 解析 DVL 数据、USBL 数据、DG 数据、GNSS 卫星导航数据和 IMU 数据的时间，保证它们的时间和 GNSS 的 UTC(universal time coordinated)时间及 IMU 数据的全局时间同步对齐。

(3) 对读取的 IMU 数据、GNSS 卫星导航数据、DVL 数据、USBL 数据、DG 数据进行存储，以便于后续的离线数据分析和处理。

(4) 所有数据文件可根据实时计算机的系统时间命名。例如，IMU 数据文件命名为：IMUnnyyrrss.data(nn 表示年，yy 表示月，rr 表示日，ss 表示小时)。

(5) 由于存储数据量较大，所以数据采集过程中需要根据软件的工作时间对数据文件进行转存。开机启动时生成一个新的 IMU 数据文件，以上述命名规则对数据文件命名，当测量时间超过 24h，则生成一个新的数据文件。

(6) 数据采集软件要能够实现同时进行数据采集和数据向外拷贝的功能，而且拷贝过程中不能丢失帧数据。

(二) 软件总体设计

1. 软件工作流程图

根据上述对软件功能的分析，软件工作流程图如图 3.65 所示。

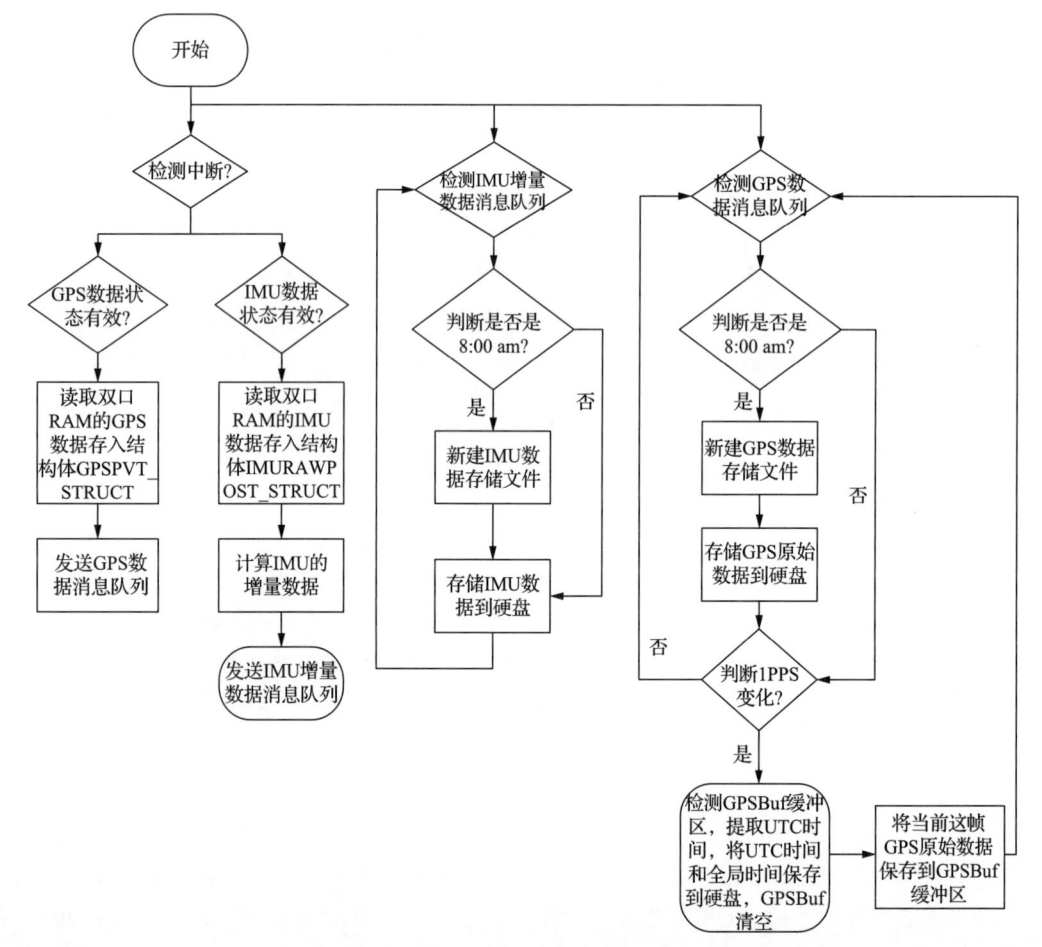

图 3.65　水下重力软件工作流程图

2. 软件结构及调用关系

1) 软件结构

本样机数据采集软件主要通过 VXWORKS 编程的任务调度机制、中断机制、消息队列机制实现软件功能，这样有利于提高软件的运行效率，保证系统的实时性。

将样机数据采集软件结构划分为三级，如图 3.66 所示。软件主函数承担了管理模块的角色，主要包含以下功能。

（1）创建 IMU 数据存储任务进程、GNSS 卫星导航数据存储任务进程、DVL 数据存储任务进程、USBL 数据存储任务进程、深度计数据存储任务进程。

（2）创建 IMU 数据消息队列、GNSS 卫星导航数据消息队列、DVL 数据消息队列、USBL 数据消息队列、深度计数据消息队列。

（3）关联中断处理函数。

（4）创建清中断任务。

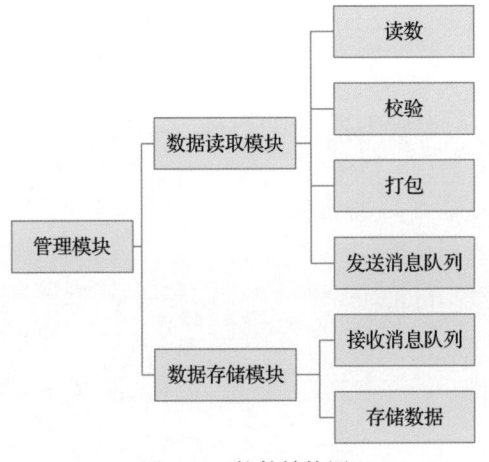

图 3.66 软件结构图

2) 样机软件调用关系

总体来看，管理层程序处于主动调用地位，数据读取模块和数据存储模块处于被调动地位，数据读取和数据存储模块之间通过消息队列实现数据传递。具体的函数调用关系，如图 3.67 所示。

（三）接口及数据结构设计

1. 外部接口

说明本系统同外界所有接口的安排包括：软件与硬件之间的接口关系、本系统与各支持软件之间的接口关系。

陀螺、加速度计脉冲均通过计数板高速口采集。

温度数值通过计数板采集。

GNSS、DVL、USBL、深度计信号接入计数板的串口。

FPGA 程序与本系统软件采用双端口 RAM 实现数据传输。

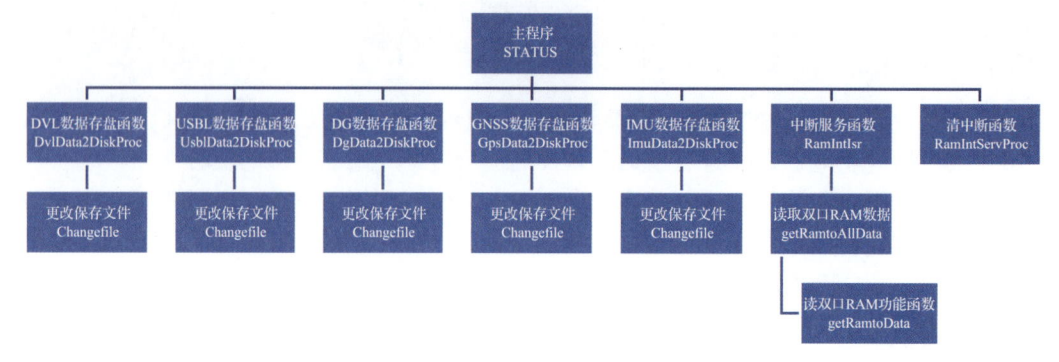

图 3.67 软件调用关系

2. 内部接口

说明本系统之内的各个系统元素之间接口的安排。

数据传输通过定义相同的数据结构来实现。

数据保存与高速数据接收之间采用双缓冲区的形式和消息队列实现。

3. 数据结构

本软件系统用到的主要数据结构有 IMU 采集数据（ImuData）、IMU 存盘数据（Imu_Dvl_Send）、GNSS 初始采集数据、GNSS 存盘数据（DvlData）。每个结构体中均包含相应的状态信息、时标信息（如果需要）。

下面列出主要数据结构的定义。

1) IMU 初始采集数据（ImuData）

```
typedef struct{
long Timer;//时钟
unsigned char bFrmID;/*帧号.Transmission frame ID.*/
double Gyro[3];   /*陀螺输出.Gyro outputs.*/
double    Acc[3]; /*加表输出.*/
double d_Angle[4];   /*补偿之后的角增量输出. */
double    d_Velocity[4];   /*补偿之后的速度增量输出.*/
double    Crystal; /*晶振.*/
double    Yuliu[6];/*预留*/
}ImuData _STRUCT;
```

2) IMU 存盘数据（Imu_Dvl_Send）

```
typedef struct{
    unsigned long globTime;  /*全局时间*/
    double Acc[4];        /* 加表 5ms 采样连续增量输出*/
    double Gyro[3];         /* 陀螺 5ms 采样连续增量输出*/
}IMU_DVL_SAVE_STRUCT;
```

3) GNSS 初始采集数据

```
typedef struct{
unsigned char pps;            /*1PPS数据校验位*/
unsigned char length;         /*gps数据长度*/
unsigned char gTime[4];       /*全局时间*/
unsigned char data[31];       /*gps数据*/
unsigned char b_frmd;
unsigned char count;          /*和校验位*/
unsigned char  valid;
}GPSPVT_STRUCT;               /*GPS数据结构体更改于0911 */
```

4) GNSS 存盘数据

```
typedef struct{
    unsigned char data[900];   /*GPS原始数据结构体*/
      }GPS_SAVE_STRUCT;        /*存盘 GPS 数据结构体*/
```

4. 运行设计

根据需求分析，数据采集和数据导出要同时进行。当二者同时进行时最消耗处理器资源，要实现不丢失一帧数据的目标，必须为数据准备足够大的缓存空间。根据估计，在数据量最大时需要占用的缓存空间见表 3.34。

表 3.34　存储空间预估

数据类型	堆栈占用量/KB	内存占用量/KB
IMU 数据获取 (200Hz)	5	10000
GPS 卫星导航数据获取 (1Hz)	8	10000

三、数据处理软件

数据处理软件用于对各传感器所获取的原始数据进行处理，得到网格化的重力异常。对于水下重力测量数据处理软件的主要模块如下。

(1) 陀螺、加速度计误差补偿。

(2) 惯性导航计算。

(3) 惯性/GNSS 组合导航滤波。

(4) 惯性/DVL/深度计/水声定位组合导航滤波。

(5) 载体加速度计算。

(6) 低通滤波。

(7) 系统误差校正。

数据处理软件用于采集通过光缆传输的重力仪数据、DVL 数据及深度计数据，同时接收超短基线系统的数据，其中所有数据经过时间同步监测重力仪工作状态，数据处理软件预期实现的功能与特点如下。

（1）监测重力仪数据采集功能是否正常，数据采集是否连续并对重力仪数据进行采集。

（2）监测 DVL 是否正常并采集 DVL 数据。

（3）进行组合导航解算，显示当前拖体的位置信息及拖体姿态。

（4）接收超短基线数据。

（5）具有异常状态报警及记录功能。

（6）通过高度、重力仪姿态变化实时评估测线质量。

根据重力仪的工作原理及特性，其数据处理的流程如图 3.68 所示。

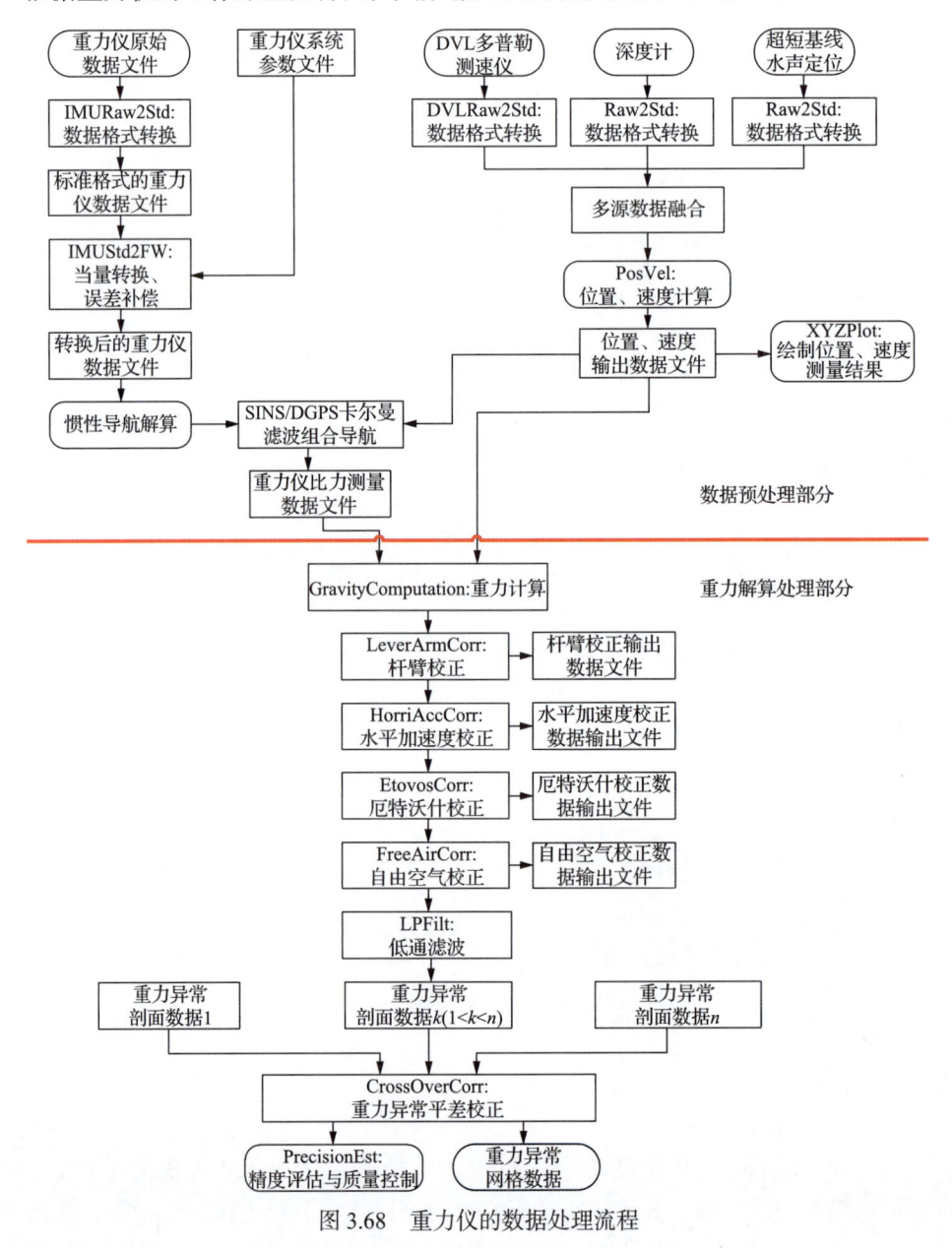

图 3.68 重力仪的数据处理流程

数据处理软件通过光缆数据传输实现监控与数据记录，遥测监控软件架构如图 3.69 所示，主要包括 4 个模块。图 3.70 为遥测监控软件的工作界面示意图。

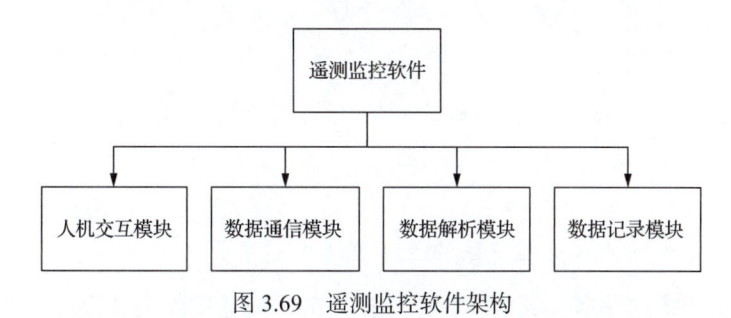

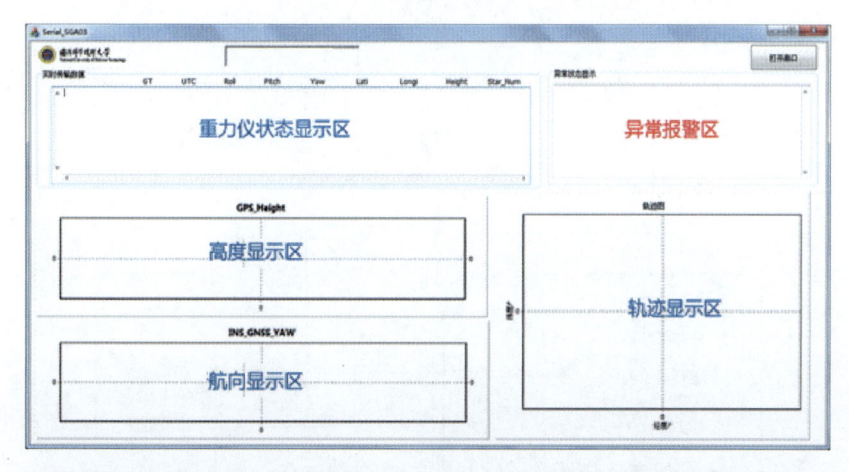

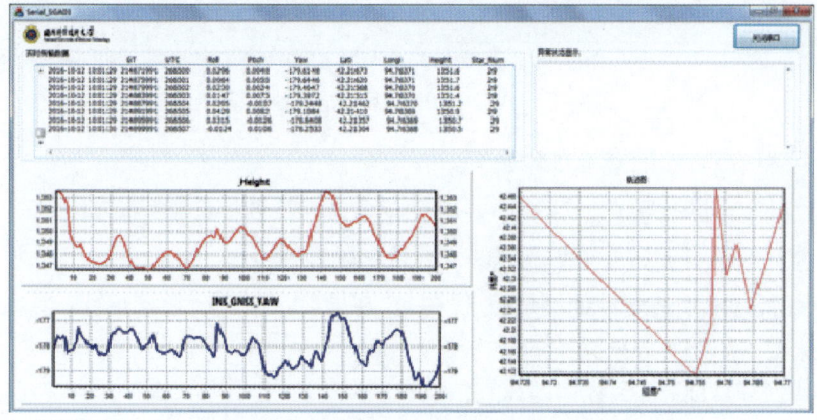

图 3.69　遥测监控软件架构

图 3.70　遥测监控软件工作界面示意图

(1) 人机交互模块：提供可视化交互界面，显示重力仪回传状态数据，包括系统全局时间、重力仪姿态数据；绘制 200s 内航向、高度的变化情况，绘制航行轨迹；当重力仪系统出现异常状态时能够实时报警。

(2) 数据通信模块：负责将重力仪的数据发送到上位机并存储。

(3) 数据解析模块：负责根据数据协议对回传数据进行解析，打上本地时间戳后提供给人机交互模块及数据记录模块。

（4）数据记录模块：在显示监控信息的同时，在本机以文件形式记录重力仪状态数据，为后续数据处理提供参考信息。

第八节　水下重力测量算法设计

一、算法设计

（一）DVL/DG/INS 组合导航算法的流程设计

将 DVL 提供的水平载体速度与深度计提供的垂向速度作为观测量，与 INS 组成组合导航系统，系统结构如图 3.71 所示。

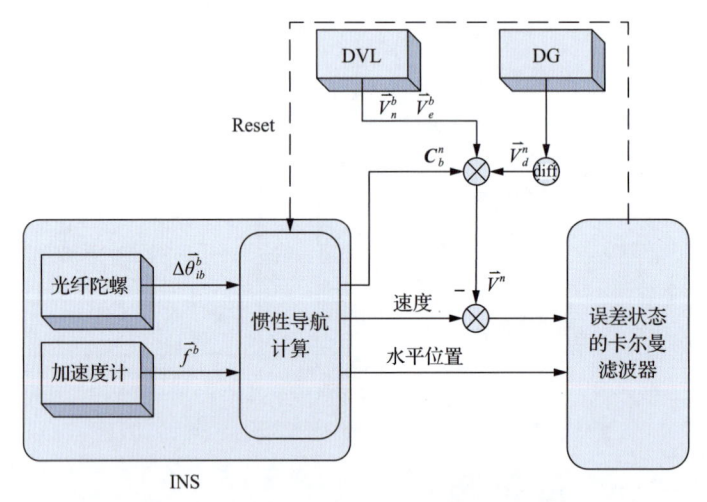

图 3.71　DVL/DG/INS 组合导航系统结构

基于位置更新方法的基本步骤如下。

（1）对加速度计误差 δf^b、陀螺误差 $\delta \omega_{ib}^b$ 及导航系下的捷联惯导误差进行建模。根据这些误差模型得到用于卡尔曼滤波的误差模型系统方程。

（2）利用陀螺、加速度计的测量值 f_{ib}^b 和 ω_{ib}^b 在导航系中进行惯导解算，得到惯导输出的位置、速度、姿态和导航系下的比力测量值。

（3）利用 DVL/DG 得到载体的速度信息。

（4）以速度作为观测量对卡尔曼滤波进行更新，得到惯导系统的位置误差、速度误差、姿态误差及加速度计零偏的估计，同时利用估计的位置误差、速度误差和姿态误差对惯导解算进行反馈校正，并利用估计的加速度计零偏通过式（3.17）对惯导输出的比力测量值 f^n 进行补偿，得到当地地理坐标系 n 下的比力测量值 $\tilde{f}^n$。

$$\tilde{f}^n = f^n - b_a \tag{3.17}$$

（5）通过对 DVL/DG 得到的载体速度信息进行差分可知载体的运动加速度。利用组合导航的位置、速度信息可计算哥氏加速度、离心加速度和正常重力值。

(6) 根据式(3.18)直接求差可计算出重力扰动值 $\delta\boldsymbol{g}^n$。

$$\delta\boldsymbol{g}^n = \dot{\boldsymbol{v}}_e^n - \boldsymbol{C}_b^n \boldsymbol{f}^b + \left(2\boldsymbol{\omega}_{ie}^n + \boldsymbol{\omega}_{en}^n\right) \times \boldsymbol{v}_e^n - \boldsymbol{\gamma}^n \tag{3.18}$$

在导航系中，INS 的误差动态方程为

$$\delta\dot{\boldsymbol{p}} = \delta\boldsymbol{v} \tag{3.19}$$

$$\delta\dot{\boldsymbol{v}} = [\boldsymbol{f}^n \times]\boldsymbol{\psi} + \boldsymbol{C}_b^n \delta\boldsymbol{f}^b - \left(2\boldsymbol{\omega}_{ie}^n + \boldsymbol{\omega}_{en}^n\right) \times \delta\boldsymbol{v} - \left(2\delta\boldsymbol{\omega}_{ie}^n + \delta\boldsymbol{\omega}_{en}^n\right) \times \boldsymbol{v} - \delta\boldsymbol{g}^n \tag{3.20}$$

$$\dot{\boldsymbol{\psi}} = -\boldsymbol{\omega}_{in}^n \times \boldsymbol{\psi} + \delta\boldsymbol{\omega}_{in}^n - \boldsymbol{C}_b^n \delta\boldsymbol{\omega}_{ib}^b \tag{3.21}$$

式(3.17)～式(3.21)分别为位置误差的微分方程、速度误差的微分方程、姿态误差的微分方程。导航系中的位置、速度、姿态误差分别为 $\delta\boldsymbol{p} = [\delta p_n, \delta p_e, \delta p_d]^T$、$\delta\boldsymbol{v} = [\delta v_n, \delta v_e, \delta v_d]^T$、$\boldsymbol{\psi} = [\psi_n, \psi_e, \psi_d]^T$；地球自转角速度在当地地理坐标系下的投影为 $\boldsymbol{\omega}_{ie}^n$；当地地理坐标系 n 相对于地球坐标系 e 的旋转角速度在 n 系下的投影为 $\boldsymbol{\omega}_{en}^n$；当地地理坐标系 n 相对于惯性坐标系 i 的旋转角速度在 n 系下的投影为 $\boldsymbol{\omega}_{in}^n$；载体坐标系 b 相对于惯性坐标系 i 的旋转角速度在 b 系下的投影为 $\boldsymbol{\omega}_{ib}^b$；$[\boldsymbol{f}^n \times]$ 为 $\boldsymbol{f}^n$ 的斜对称矩阵，加速度计测量误差为 $\delta\boldsymbol{f}^b$，陀螺测量误差为 $\delta\boldsymbol{\omega}_{ib}^b$。导航系中的重力加速度误差不考虑重力加速度误差 $\delta\boldsymbol{g}^n$，并选取状态矢量 $\boldsymbol{X}(t) = [\delta\boldsymbol{p}; \delta\boldsymbol{v}; \boldsymbol{\psi}]$，则系统误差方程可以写成状态方程的形式：

$$\dot{\boldsymbol{X}}(t) = \begin{bmatrix} PP & PV & PA \\ VP & VV & VA \\ AP & AV & AA \end{bmatrix} \boldsymbol{X}(t) + \begin{bmatrix} 0 & 0 \\ \boldsymbol{C}_b^n & 0 \\ 0 & -\boldsymbol{C}_b^n \end{bmatrix} \begin{bmatrix} \delta\boldsymbol{f}^b \\ \delta\boldsymbol{\omega}_{ib}^b \end{bmatrix} \tag{3.22}$$

同时考虑惯性器件的零偏，暂时不考虑加速度计和陀螺的刻度因子误差。选取状态矢量 $\boldsymbol{X}(t) = [\delta\boldsymbol{p}, \delta\boldsymbol{v}, \boldsymbol{\psi}, \boldsymbol{b}_a, \boldsymbol{b}_g]^T$，系统状态方程可由式(3.22)扩展为式(3.23)，简化形式为式(3.24)：

$$\begin{bmatrix} \delta\dot{\boldsymbol{p}} \\ \delta\dot{\boldsymbol{v}} \\ \dot{\boldsymbol{\psi}} \\ \dot{\boldsymbol{b}}_a \\ \dot{\boldsymbol{b}}_g \end{bmatrix} = \begin{bmatrix} PP & PV & PA & 0 & 0 \\ VP & VV & VA & \boldsymbol{C}_b^n & 0 \\ AP & AV & AA & 0 & -\boldsymbol{C}_b^n \\ 0 & 0 & 0 & 0 & 0 \\ 0 & 0 & 0 & 0 & 0 \end{bmatrix} \begin{bmatrix} \delta\boldsymbol{p} \\ \delta\boldsymbol{v} \\ \boldsymbol{\psi} \\ \boldsymbol{b}_a \\ \boldsymbol{b}_g \end{bmatrix} + \begin{bmatrix} 0 & 0 \\ \boldsymbol{C}_b^n & 0 \\ 0 & -\boldsymbol{C}_b^n \\ 0 & 0 \\ 0 & 0 \end{bmatrix} \begin{bmatrix} \boldsymbol{\varepsilon}_a \\ \boldsymbol{\varepsilon}_g \end{bmatrix} \tag{3.23}$$

$$= \boldsymbol{A}(t)\boldsymbol{X}(t) + \boldsymbol{B}(t)\boldsymbol{U}(t)$$

利用 DVL 建立水平速度的观测方程为

$$\begin{aligned} Z &= \tilde{V}_{INS}^n - \tilde{V}_{DVL}^n = V^n + \delta V_{INS}^n - (1 - \boldsymbol{\Psi} \times) \boldsymbol{C}_b^n V_{DVL}^b \\ &= V^n + \delta V_{INS}^n - V^n + \boldsymbol{\Psi} \times V_{DVL}^n \\ &= \delta V_{INS}^n - V_{DVL}^n \times \boldsymbol{\Psi} \\ &= \boldsymbol{H}\boldsymbol{X}(t) + \boldsymbol{v}(t) \end{aligned} \tag{3.24}$$

利用 DG 建立垂向速度的观测方程为

$$\begin{aligned} Z &= \tilde{V}_{dINS}^n - \tilde{V}_{dDG}^n \\ &= \boldsymbol{H}\boldsymbol{X}(t) + \boldsymbol{v}(t) \end{aligned} \tag{3.25}$$

则有式 (3.26) 的观测矩阵：

$$\boldsymbol{H} = \begin{bmatrix} & 0 & 0 & -V_{eDVL}^n & & \\ \boldsymbol{0}_{3\times3} & \boldsymbol{I}_{3\times3} & 0 & 0 & V_{nDVL}^n & \boldsymbol{0}_{3\times3} & \boldsymbol{0}_{3\times3} \\ & 0 & 0 & 0 & & \end{bmatrix} \tag{3.26}$$

（二）DVL/INS 相对安装关系标定

初始对准后，SINS/DVL 组合导航定位误差主要取决于 IMU/DVL 之间的安装角偏差、DVL 标度因数及方位角的误差。在进行精度试验前，首先进行 IMU/DVL 之间安装角偏差和 DVL 标度因数标定。标定方法有很多，标定的目的是获取 DVL 标度因数和安装角偏差参数。根据采用惯性器件的精度及组合导航算法，同时标定时长的最短时间大约为 30min，所以组合导航方位角误差对定位精度的影响较小，并且在载体航行时，由于侧向速度很小，近似于 0，因此滚动安装角对定位精度的影响很小，在此忽略不计。因此在标定时间段内，认为组合导航定位误差主要由 DVL 标度因数、DVL 和 IMU 方位安装角误差及俯仰安装角误差引起。

系统在完成对准后进入 SINS/DVL 组合导航状态，并接收 GNSS 信号，进行第一次 GNSS 校准，即采用 GNSS 位置信息对组合导航进行位置重置，记录组合导航的位置信息和 GNSS 的位置信息并作为第一个校准点的信息，然后以一定的速度匀速直航，当航行的距离为 10km 时，开始第二次接收 GNSS，进行第二次校准。根据第一个校准点和第二个校准点记录 GNSS 的位置信息和组合导航的位置信息，计算 DVL 标度因数、DVL 和 IMU 方位安装角及俯仰安装角。参数标定示意图如图 3.72 所示。

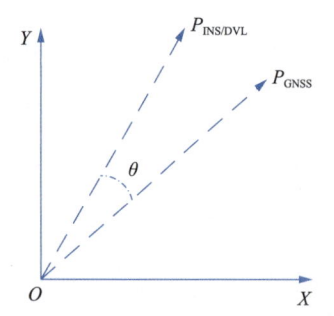

图 3.72　DVL/INS 参数标定示意图

O 表示第一个校准点，$P_{INS/DVL}$ 为 SINS/DVL 组合导航得到的平面位置，P_{GNSS} 为 GNSS 得到的平面位置。$P_{INS/DVL}$ 和 P_{GNSS} 之间的长度变化为 DVL 标度因数误差，$P_{INS/DVL}$ 和 P_{GNSS} 之间的夹角 θ 为方位安装角偏差，$P_{INS/DVL}$ 和 P_{GNSS} 之间计算的高程差与航程之

比为俯仰角安装误差。

(三) INS 对准方案

对准是捷联式重力测量较关键的环节，尤其是针对水下移动的载体应用而言。

入水后对准，控制拖缆长度，利用 GPS/超短基线提供位置信息，多普勒测速仪提供速度信息，在匀速直航或准静止条件下对准。对准结束后，拖缆延长至正常长度。

具体方法是采取惯性系对准的基本原理及其优化方法进行对准。由于水下航行器受风浪的影响，使捷联惯导系统测量的地球自转角速度 ω_{ie} 和重力加速度 g 受到严重干扰，并且干扰角速度要比地球自转角速度高出数个量级，所以在这种情况下，不能直接采用地球自转角速度作为参考信息。虽然航行器基座的大幅摇摆使惯导加速度计测量的重力加速度也受到扰动加速度的干扰，但这些干扰加速度一般为谐波形式且幅值小于重力加速度幅值，因此通过平滑处理后仍能从加速度计的输出中提取出重力加速度信息，故地球重力加速度仍可直接作为初始对准的参考信息。在静基座下，一般以地球重力加速度在地理坐标系中的投影 g^n 作为参考量，显然 g^n 中不包含地球自转角速度的信息。由于在大幅摇摆基座下，需取 g 在某个坐标系中的投影，使 g 在该坐标系中的投影分量包含地球自转角速度的信息。如果在惯性坐标系中观察地球重力加速度，那么其运动轨迹构成一个圆锥面，因此若取 g 在惯性坐标系的投影，则其投影分量就包含地球自转角速度的信息，如图 3.73 所示。惯性系对准的基本思想是：以惯性坐标系中的重力加速度为参考矢量，利用陀螺和加速度计的输出计算初始姿态矩阵的粗略估计值。

在动基座对准的情况下，如果是长时间对准，只要载体速度和位置无太大变化，那么运动对方位对准的影响较小；若要在动基座下短时间内提高方位对准的精度就必须引入外界辅助措施以测量惯组的运动，对运动量进行补偿，降低或消除运动的影响，并且辅助设备还必须具有一定的测量精度。Wu 等把惯性系对准方法加以改进，对准问题被转化为一个用矢量序列连续计算姿态的问题，同时把该方法定义为"优化对准"方法。该方法无需粗对准阶段，对于任意初始姿态都有效，并且已经在 GPS 辅助(GPS 提供导航系下的位置和速度信息)

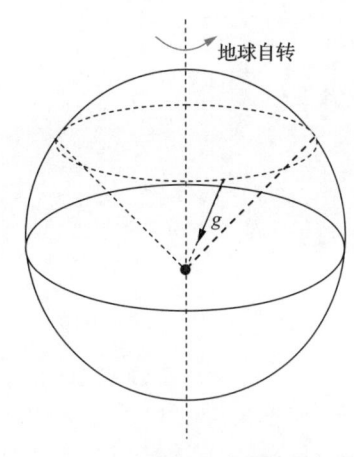

图 3.73　g 在惯性系中的投影包含地球自转角速度的信息

的飞行对准中进行了实验验证。DVL 辅助的难点在于 DVL 提供的是载体系下的速度而没有准确的位置信息。但在目前情况下，水下拖曳测量的辅助设备为 DVL/DG/USBL，这些传感器联合起来就可以提供一个位置精度达到米级且速度精度达到分米级的速度信息，这样就解决了对准的相关问题。

(四) 测速仪测速误差模型

考虑到实际应用中不可避免地会存在误差，设捷联式重力仪系统解算的姿态误差角为 φ，测速仪安装角误差为 $\varepsilon = \begin{bmatrix} \delta\phi_d & \delta\theta_d & \delta\psi_d \end{bmatrix}^T$，测速仪标度因数误差为 δk_{VEL}，考虑

上述误差均存在的情况下，n 系下载体速度可以表示为

$$\tilde{v}_{\text{VEL}}^n = \tilde{C}_b^n \tilde{C}_m^b \tilde{v}_{\text{VEL}}^m = \left[I - (\boldsymbol{\varphi} \times)\right] C_b^n \left[I - (\boldsymbol{\varepsilon} \times)\right] C_m^b (1 + \delta k_{\text{VEL}}) v_{\text{VEL}}^m \tag{3.27}$$

将式(3.27)右边展开，有

$$\tilde{v}_{\text{VEL}}^n = \left[I - (\boldsymbol{\varphi} \times)\right] C_b^n \begin{bmatrix} \cos(\theta_d + \delta\theta_d)\cos(\psi_d + \delta\psi_d) \\ \cos(\theta_d + \delta\theta_d)\sin(\psi_d + \delta\psi_d) \\ -\sin(\theta_d + \delta\theta_d) \end{bmatrix} (1 + \delta k_{\text{VEL}}) v_d \tag{3.28}$$

再次展开式(3.28)并忽略高阶小量进行化简，于是得到式(3.30)，即

$$\tilde{v}_{\text{VEL}}^n = v_{\text{VEL}}^n - (\boldsymbol{\varphi} \times) v_{\text{VEL}}^n + \delta k_{\text{VEL}} v_{\text{VEL}}^n + v_d C_b^n \begin{bmatrix} -\cos\psi_d \sin\theta_d & -\cos\theta_d \sin\psi_d \\ -\sin\theta_d \sin\psi_d & \cos\theta_d \cos\psi_d \\ -\cos\theta_d & 0 \end{bmatrix} \begin{bmatrix} \delta\theta_d \\ \delta\psi_d \end{bmatrix} \tag{3.29}$$

进而，速度误差 δv_{VEL}^n 可以表示为

$$\delta v_{\text{VEL}}^n = \tilde{v}_{\text{VEL}}^n - v_{\text{VEL}}^n = -(\boldsymbol{\varphi} \times) v_{\text{VEL}}^n + \delta k_{\text{VEL}} v_{\text{VEL}}^n + v_d C_b^n M_\alpha \delta\boldsymbol{\alpha} \tag{3.30}$$

式中，

$$M_\alpha = \begin{bmatrix} -\cos\psi_d \sin\theta_d & -\cos\theta_d \sin\psi_d \\ -\sin\theta_d \sin\psi_d & \cos\theta_d \cos\psi_d \\ -\cos\theta_d & 0 \end{bmatrix}$$

$$\delta\boldsymbol{\alpha} = \begin{bmatrix} \delta\theta_d \\ \delta\psi_d \end{bmatrix}$$

通过对式(3.30)分析，可以清楚地发现速度误差 δv_{VEL}^n 与载体速度 v_d、姿态误差 $\boldsymbol{\varphi}$、测速仪安装俯仰角误差 $\delta\theta_d$、航向角误差 $\delta\psi_d$ 和刻度因子误差 δk_{VEL} 有关，而与测速仪安装滚动角误差 $\delta\phi_d$ 无关。

比力测量的误差主要来自重力传感器的测量误差和数学平台计算的姿态误差。虽然标量重力测量受水平姿态误差的影响较小，但是高精度水平姿态的保持有助于提高组合导航解算中速度、位置信息的精度，因此测量过程中惯导系统的初始对准和姿态的保持就显得非常重要。随着近些年高精度加速度计、陀螺制作工艺的提高和对捷联惯导算法的深入研究，器件精度水平、对准技术和姿态保持技术均有较大提升，所以短时间内重力测量对传感器和姿态的精度要求可以得到满足。

如果只采用 SINS 和多普勒测速仪组合的方法进行重力测量，那么多普勒测速仪只能提供载体的速度信息，组合导航中只有速度观测量而没有位置观测量，组合导航的位置信息只有靠速度的积分获取，这就不可避免地导致位置误差逐渐发散。

推导分析位置精度对重力测量的影响，有

$$\mathrm{d}\delta \boldsymbol{g}_{\text{pos}}^n = [\boldsymbol{v}^n \times]\left(2\delta \boldsymbol{\omega}_{ie}^n + \delta \boldsymbol{\omega}_{en}^n\right) \tag{3.31}$$

式中，

$$\delta \boldsymbol{\omega}_{ie}^n = \begin{bmatrix} -\omega_{ie}\sin L & 0 & \omega_{ie}\cos L \end{bmatrix}^{\mathrm{T}} \cdot \delta L$$

$$\delta \boldsymbol{\omega}_{en}^n = \left[-\frac{v_{\text{E}} \cdot \delta h}{(R_N + h)^2} \quad \frac{v_{\text{N}} \cdot \delta h}{(R_M + h)^2} \quad \frac{v_{\text{E}} \cdot \tan L \cdot \delta h}{(R_N + h)^2} - \frac{v_{\text{E}} \cdot \sec^2 L \cdot \delta L}{R_N + h}\right]^{\mathrm{T}}$$

取 $v_{\text{N}} = 10\text{m/s}, v_{\text{E}} = 10\text{m/s}$，可以根据式(3.32)计算得出 300m 纬度误差造成的重力异常误差不会大于 0.2mGal，因此纬度方向的误差基本不会对重力结果产生较大影响。

由正常重力计算式可得，高度误差对正常重力计算的影响为

$$\frac{\mathrm{d}\gamma}{\mathrm{d}h} = -3.086 \times 10^{-6} / \text{s}^2 \tag{3.32}$$

由式(3.1)可知，高度通道上 1m 的误差就会引起大约 0.3mGal 的正常重力计算误差，因此高度通道对重力测量的影响不可忽视。在 SINS/GNSS 重力测量数据处理的方法中，高度值由差分 GNSS 获得，误差相对较小。但是在 SINS/DVL 组合导航计算中，高度数据由 n 系中的垂向速度积分而来，因此不可避免地存在累积误差。如果组合导航结果中高度方向上的误差较大，那么需要采用适当方法对高度结果进行校正，这样在提高导航定位精度的同时，也相应提高了重力测量的精度。

GNSS 在传统重力测量方法中扮演着重要角色，主要作用包括提供对载体位置、速度、姿态信息的高精度估计，求解加速度信息，计算各项与运动学参数相关的误差修正项等。同样在前面的分析中，测速仪与 SINS 进行组合导航计算也可以给出位置、速度等信息，根据已有信息对导航参数和各项误差进行计算，以满足重力异常计算的需求。

二、SINS/DVL 组合导航运算

(一) INS/DVL 组合导航系统模型

将 DVL 提供的载体速度作为观测量，与 INS 组成组合导航系统，系统的结构如图 3.74 所示。

选取北-天-东(N-U-E)地理坐标系作为导航参考坐标系，记为 n 系。取系统状态为三个姿态误差角 φ_N、φ_U、φ_E 和两个速度误差 δV_N、δV_E，则状态矢量记为式(3.33)：

$$\boldsymbol{X} = \begin{bmatrix} \varphi_N & \varphi_U & \varphi_E & \delta V_N & \delta V_E \end{bmatrix} \tag{3.33}$$

姿态误差方程和速度误差方程分别为式(3.34)和式(3.35)：

$$\dot{\boldsymbol{\varphi}} = -\boldsymbol{\omega}_{in}^n \times \boldsymbol{\varphi} + \delta \boldsymbol{\omega}_{in}^n - \boldsymbol{C}_b^n \boldsymbol{\omega}_{ib}^b \tag{3.34}$$

$$\delta \dot{v}^n = f^n \times \varphi + C_b^n \delta f^b - \left(2\omega_{ie}^n + \omega_{en}^n\right) \times \delta v^n - \left(2\delta\omega_{ie}^n + \delta\omega_{en}^n\right) \times v^n \tag{3.35}$$

式中，$\delta\omega_{ib}^b$、δf^b 分别为陀螺和加速度计的误差噪声。

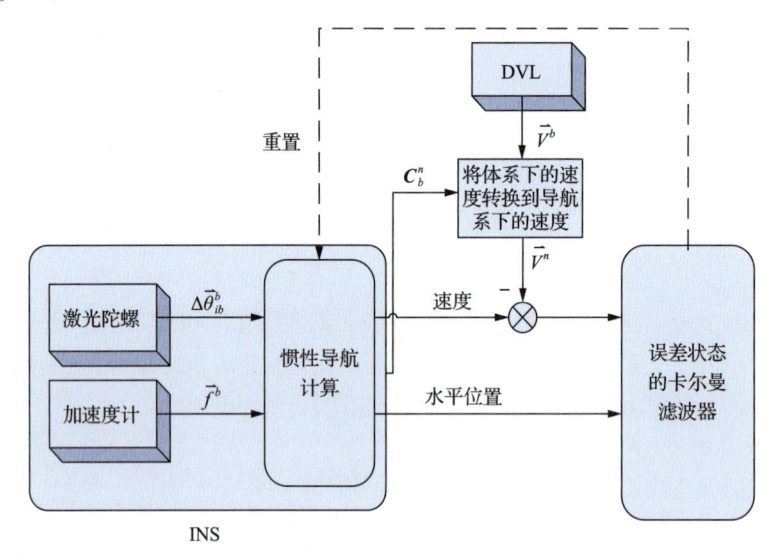

图 3.74　INS/DVL 组合导航系统框图

记系统状态方程为式(3.36)：

$$\dot{X}(t) = F(t)X(t) + \Gamma(t)W(t) \tag{3.36}$$

转移矩阵为

$$F(t) = \begin{bmatrix} F_{11} & F_{12} \\ F_{21} & F_{22} \end{bmatrix} \tag{3.37}$$

式中各矩阵块表示如下，即

$$F_{11} = \begin{bmatrix} 0 & \dfrac{-V_n}{R_n + h} & -\dfrac{V_e \tan L}{R_e + h} - \omega_{ie} \sin L \\ \dfrac{V_n}{R_n + h} & 0 & \omega_{ie} \cos L + \dfrac{V_e}{R_e + h} \\ \dfrac{V_e \tan L}{R_e + h} + \omega_{ie} \sin L & -\omega_{ie} \cos L - \dfrac{V_e}{R_e + h} & 0 \end{bmatrix}$$

$$F_{12} = \begin{bmatrix} 0 & \dfrac{1}{R_e + h} \\ 0 & \dfrac{\tan L}{R_e + h} \\ \dfrac{-1}{R_n + h} & 0 \end{bmatrix}$$

$$F_{21} = \begin{bmatrix} 0 & -f_e & f_u \\ -f_u & f_n & 0 \end{bmatrix}$$

$$F_{22} = \begin{bmatrix} \dfrac{-V_u}{R_n + h} & -2\omega_{ie}\sin L - 2\dfrac{V_e \tan L}{R_e + h} \\ \dfrac{V_e \tan L}{R_e + h} + 2\omega_{ie}\sin L & \dfrac{V_n \tan L}{R_e + h} - \dfrac{V_u}{R_e + h} \end{bmatrix}$$

系统噪声输入矩阵为

$$\boldsymbol{\Gamma}(t) = \begin{bmatrix} \boldsymbol{\Gamma}_{11} & \boldsymbol{\Gamma}_{12} \\ \boldsymbol{\Gamma}_{21} & \boldsymbol{\Gamma}_{22} \end{bmatrix} \tag{3.38}$$

式中各矩阵块表示如下，即

$$\boldsymbol{\Gamma}_{11} = -\boldsymbol{C}_b^n$$

$$\boldsymbol{\Gamma}_{12} = \begin{bmatrix} 0 & 0 \\ 0 & 0 \\ 0 & 0 \end{bmatrix}$$

$$\boldsymbol{\Gamma}_{21} = \begin{bmatrix} 0 & 0 & 0 \\ 0 & 0 & 0 \end{bmatrix}$$

$$\boldsymbol{\Gamma}_{22} = \begin{bmatrix} C_b^n(1,1) & C_b^n(1,3) \\ C_b^n(3,1) & C_b^n(3,3) \end{bmatrix}$$

式中，$C_b^n(i,j)$ 为 $\boldsymbol{C}_b^n$ 的第 i 行、第 j 列元素。

观测方程为

$$\begin{aligned} \boldsymbol{Z} &= \tilde{V}_{\text{INS}}^n - \tilde{V}_{\text{DVL}}^n \\ &= V^n + \delta V_{\text{INS}}^n - V^n - \delta V_{\text{DVL}}^n \\ &= \delta V_{\text{INS}}^n - \delta V_{\text{DVL}}^n \times \boldsymbol{\varphi} \\ &= \boldsymbol{H}\boldsymbol{X}(t) + \boldsymbol{v}(t) \end{aligned} \tag{3.39}$$

式中，$v(t)$ 为观测噪声。由于 DVL 天向测速误差较大，通常只取北向、东向速度作为观测量，并忽略天向噪声的影响。则有

$$\boldsymbol{H} = \begin{bmatrix} -(V_{\text{DVL}}^n \times)_1 & \boldsymbol{I}_{2\times 2} \\ -(V_{\text{DVL}}^n \times)_3 & \end{bmatrix} \tag{3.40}$$

式中，$(\cdots)_i$ 为取矩阵的第 i 行。

(二) 实航试验及结果分析

为验证算法的有效性，在某河进行了船载实验，系统设备的安装情况如图 3.75 所示。

图 3.75 设备在试验船上的安装示意图

实验船上装有两套 GPS 系统，其中一套作为位置基准参考，用来计算组合导航系统的导航定位误差；另一套作为备用，与组合导航系统直连，在某些情况下可对组合导航系统进行有源 GNSS 校准。多普勒测速仪固定在三脚架底端，三脚架固定在船舷一侧，安装稳定、可靠，IMU 与 DVL 的安装如图 3.76 所示。

图 3.76 IMU 与 DVL 的安装固定

IMU 由 3 个随机漂移为 $0.01°/h(1\sigma)$ 的环形激光陀螺和 3 个零偏为 $5\times10^{-5}g(1\sigma)$ 的石英加速度计构成，采样频率为 200Hz。DVL 可提供三个轴向速度，测速精度为 ±0.5%，更新频率为 1Hz。GPS 提供参考基准位置，位置精度为 10m，更新频率为 1Hz。

试验前，需对 IMU/DVL 的安装角偏差和 DVL 标度因数进行标定。为考察改进的模糊自适应滤波 INS/DVL 组合导航算法的定位精度，试验船以 4~5m/s 的速度行驶，利用船载试验平台，分别采用常规卡尔曼滤波算法与模糊自适应滤波算法进行试验。如图 3.77 所示为整个航行过程中某时间段内载体的运动轨迹(相对位置变化)，*标记处为起始位置。图 3.78 为此段航行时间内采用两种算法各自对应的北向位置误差、绝对位置误差对比图。

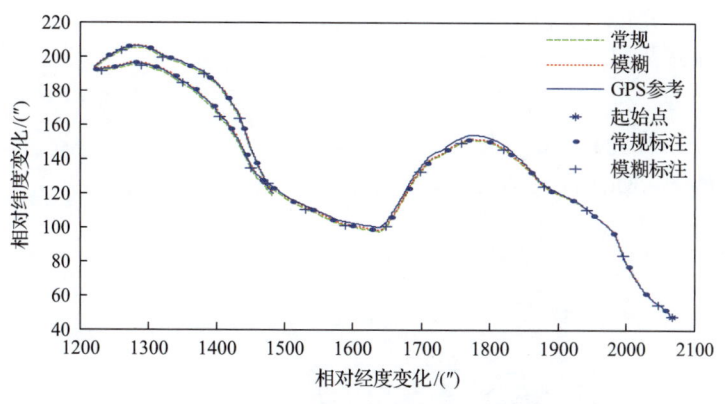

图 3.77　船载组合导航系统运动轨迹

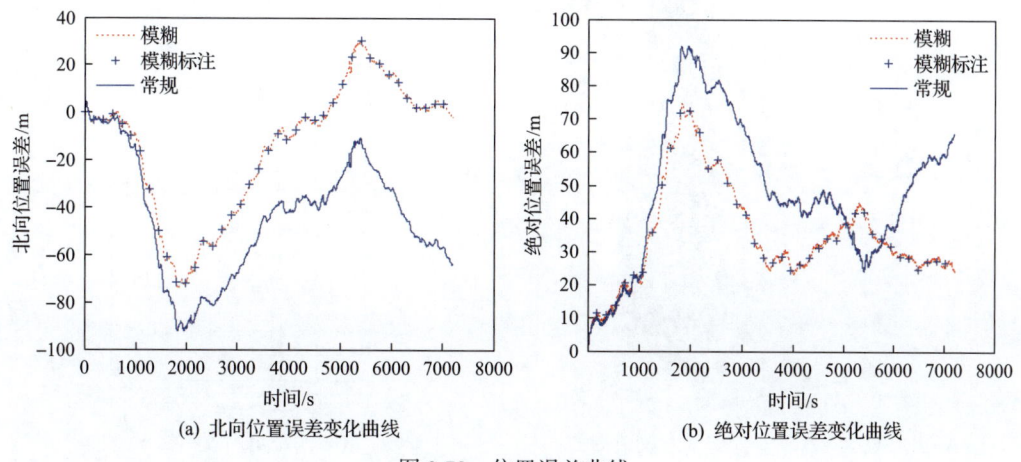

图 3.78　位置误差曲线

结合船载组合导航系统的运动轨迹可以看出，在 2h 左右的航行时间内，采用模糊自适应滤波算法最终定位误差为 23.85m，常规卡尔曼滤波算法最终定位误差为 65.58m，与 DVL 标称精度相当。

第九节　关键技术解决方案

水下动态重力测量涉及的关键技术包括捷联式重力仪水下适应性改进及水下载体位置、速度和加速度的测量。前者需解决现有航空型重力仪的入水问题，完成捷联式重力仪的水下适应性改进。后者需解决在水下无法采用全球定位系统的情况下如何实现对水下载体的位置、速度和加速度的高精度测量，以保证重力测量厄特沃什改正、垂直加速度改正的精度。

一、水下动态重力仪的环境适应性改进

水下测量环境与航空测量环境的差异大，需对航空重力仪设计方案进行水下环境适

应性改进，形成水下动态重力测量系统样机。

主要包括系统外形的设计改进、拖体平稳性需求分析、精密温控系统与减振系统改进、数据采集存储及监控系统改进设计等工作。

如图 3.79 所示，航空型重力仪的系统外形为长方体，以便将系统安装固定在测量飞机机舱的滑轨上。为将水下重力仪安装在密封抗压球壳中，系统外形需改为圆柱体，改进后的系统结构图，如图 3.80 所示。重力仪水下适应性改进流程图见图 3.81。

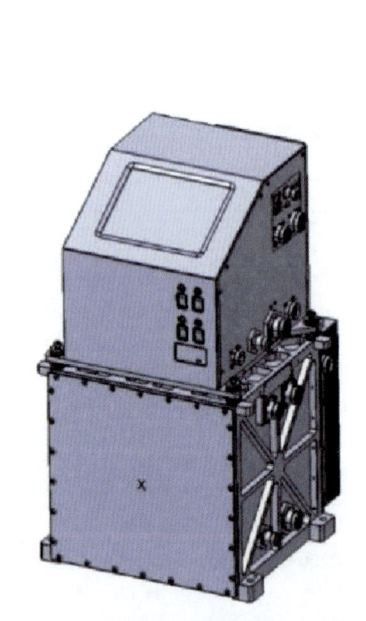

图 3.79　SGA-WZ02 型航空重力仪结构图 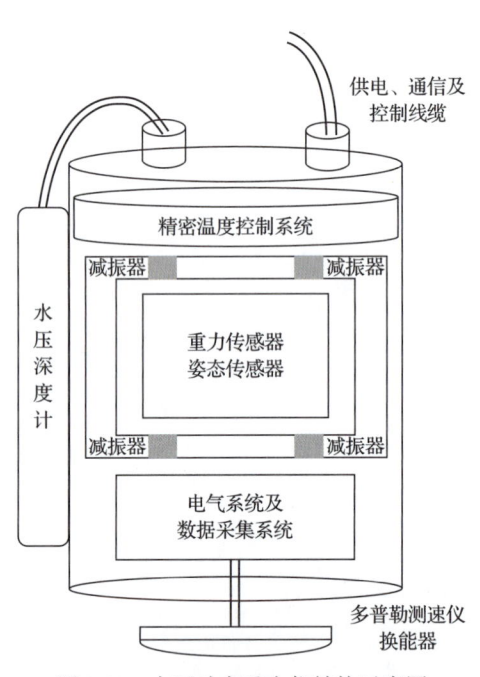　　图 3.80　水下动态重力仪结构示意图

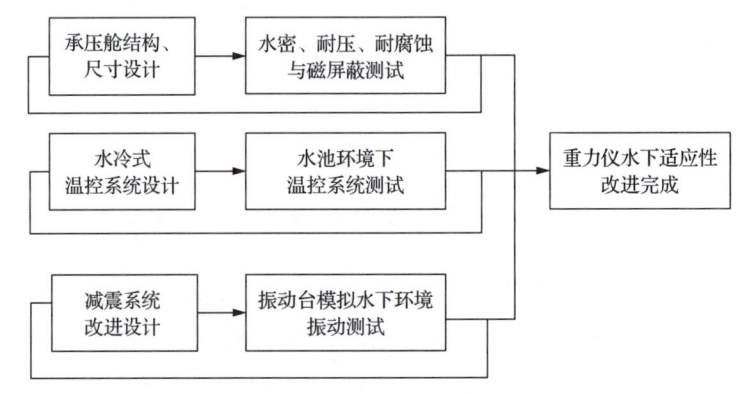

图 3.81　重力仪水下适应性改进流程图

(一)拖体平稳性需求分析

姿态测量精度，特别是水平姿态测量精度对重力测量精度有很大影响，根据捷联式重力测量误差方程，重力测量精度与水平姿态误差的关系为

$$\delta g_D = f_E \delta\gamma - f_N \delta\theta \tag{3.41}$$

由式(3.41)可知，当测量拖体在水平方向出现摆动，姿态、深度变化过大时，重力测量误差将显著增大，因此测量载体的平稳性是重力测量精度的重要保证。

航空重力测量中，为保证测量精度，对飞机的飞行平稳性有明确的要求：2min 内，飞行高度变化小于±5m、飞行速度变化小于 2m/s、航向角变化小于±2°、横滚角变化小于±1.5°及俯仰角变化小于±0.5°。为保证水下重力测量精度达到指标，需要根据水下动态重力测量的精度需求对水下重力测量拖体的平稳性提出明确需求，以此指导拖体设计、制造。

(二) 精密温控系统与减振系统改进

国防科技大学 SGA-WZ02 型航空重力仪的减震器及温控系统如图 3.82 所示，航空型重力仪的高精度温控系统可同时实现升温和降温，降温为风冷式，需要与外界空气进行热交换。在航空测量环境下，减振器主要用于减弱垂直方向的振动。

图 3.82 国防科技大学 SGA-WZ02 型航空重力仪的减震器及温控系统

水下重力仪安装在圆柱形耐压舱中，空间狭小且密闭，散热方式需由风冷改为水冷，通过与外部海水进行热交换实现散热。减振系统主要用于减弱外界的高频振动。

(三) 数据采集存储及监控系统

重力仪入水和回收的过程费时且危险系数高，研制状态监测系统能够接收重力仪回传信息以监控设备的工作状态。当监测到系统出现故障时，通过下发指令使系统恢复正常工作。此外，可将采集数据回传到母船，在测量作业的同时对已采集的重力数据进行初步分析以指导后续作业。

二、水下高精度测速定位和垂直加速度测量技术

利用超短基线水声定位、多普勒测速仪、深度计等组成综合测量系统，以组合导航理论为基础，设计水下组合导航滤波器，对重力仪、多普勒测速仪、水声定位及测深仪等多源观测信息进行有效融合，实现对水下位置、速度和加速度的高精度测量。

水下动态重力测量的原理与航空重力测量基本一致，系统主要分为水下动态重力仪和载体位置、速度和加速度测量系统两部分，对前者测得的比力信息进行厄特沃什改正、

加速度计改正、正常重力改正等后可得到所需的重力异常信息。水下动态重力仪将以航空重力仪为基础,开展水下环境的适应性改进设计。与航空重力测量不同,由于在水下无法接收无线电信号,所以水下动态重力测量不能使用全球卫星定位系统来测量载体的位置、速度和加速度,此设计将利用超短基线水声定位、多普勒测速、深度计等传感器组成综合测量系统,设计组合导航滤波算法,实现对水下载体位置、速度和加速度的高精度测量。

重力数据处理中的厄特沃什改正项、水平加速度改正项和垂直加速度改正项的计算需精确地测定水下重力仪的位置、速度。重力传感器和姿态传感器的原始数据可进行惯性导航解算,将超短基线水声定位、多普勒测速、深度计等传感器数据作为观测量,构建组合导航系统,实现高精度水下测速定位,组合导航系统结构图见图 3.83。

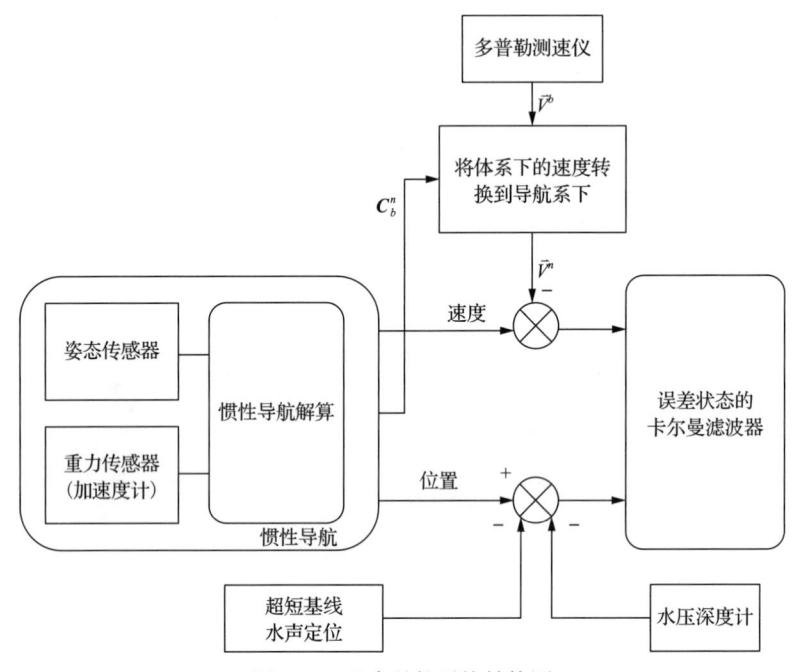

图 3.83 组合导航系统结构图

三、捷联式重力测量数据处理方法

(一)捷联式重力测量的数据处理技术

捷联惯导初始对准的目的是获得起点导航坐标系 n 系与载体坐标系 b 系的相对姿态关系 C_b^n。在静基座对准过程中(包括粗对准过程和精对准过程),载体相对地面保持静止,C_b^n 是一个常值,采用地球自转角速度 ω_{ie} 和重力加速度 g 作为参考信息,通过调平过程能粗略估计出水平姿态角(横滚角、俯仰角),通过罗经对准过程能粗略估计出航向角,再经过精对准过程中零速观测的卡尔曼滤波,就能够获得精度满足组合导航要求的 C_b^n 值。

在动基座对准和行进间对准中,载体不能相对地面保持静止,C_b^n 为变量,无法通过调平和罗经对准计算进行粗对准,且不能进行零速观测的精对准。在动基座对准和行进间对准时,载体晃动所产生的角速度远大于地球自转角速度 ω_{ie},前者通常高出后者几个数量级,完全掩盖了这个重要的外部参考信息,这使捷联惯导系统无法测量地球自转角速度 ω_{ie},因此静态对准使用的方法无法解决动态对准问题。这就需要引入解决动态对准的方法——惯性系对准,虽然载体晃动所产生的干扰加速度对加速度计测得的重力加速度 g 也有影响,但这些干扰加速度相对重力加速度 g 来说幅值较小,且为谐波形式,通过平滑处理仍能从捷联惯导的加速度计输出中提取重力加速度信息 g。因此,重力加速度 g 仍然可以作为对准的参考信息,现在需要寻找另一个重要的参考信息——地球自转角速度 ω_{ie},静态对准中,一般将重力加速度投影在导航坐标系下,现在将重力加速度投影到惯性系下,可以发现其运动轨迹构成一个圆锥面。其中不仅包含重力加速度信息,还包含地球自转角速度信息 ω_{ie}。综上所述,惯性系对准主要是将重力加速度 g 投影在惯性系中,以惯性系中的重力加速度 g 为参考矢量,利用捷联惯导系统陀螺和加速度计的输出,计算初始姿态矩阵 $\boldsymbol{C}_b^n$ 的粗略估计值。

通过上述分析可以发现,为了提高惯性系对准的精度和可靠性,要尽量减小载体的运动加速度,最理想的状态是运动加速度为零,这样能够更精确地将重力加速度 g 从捷联惯导的加速度计输出中提取出来。因此,可以选择测量船沿直线匀速航行一段距离的行进间对准方案来进行惯性系动基座对准,这样在航向和垂直于航向的侧向上能够尽量减小载体的运动加速度,同时基于二级拖体 ROV 的水下动态重力测量方案能够有效隔离母船的干扰加速度,使载体大致处于悬浮状态,减小了天向的运动加速度,从而为提取重力加速度 g 提供了较好的条件。

1. 姿态矩阵分析

首先进行坐标系的定义。

n 系:导航坐标系,坐标系原点位于捷联惯导系统 IMU 测量中心在大地水准面上的投影,X_n 指向地理真北,Y_n 指向地理东,Z_n 垂直于参考椭球面且指向地球内部,即北-东-地(N-E-D)。

b 系:载体坐标系,坐标系原点位于捷联惯导系统 IMU 测量中心,X_b 为载体对称轴且指向载体前方,Y_b 垂直于主对称面且指向右方,Z_b 垂直向下,三轴构成右手坐标系,即前-右-下,相应的三个姿态角为横滚角、俯仰角和航向角。

由于研究内容涉及惯性系动基座对准方法和水下 DVL 标定问题,因此除静态对准方法使用的惯性系 i 系、地心地固坐标系 e 系、导航坐标系 n 系、载体坐标系 b 系外,还定义了以下坐标系。

e_0 系:对准初始时刻的地心地固坐标系 e 系,相对于惯性空间不动。

i_{e_0} 系:对准初始时刻的载体坐标系 e_0 系相对于惯性空间凝固得到,等同于 e_0 系。

n_0 系:对准初始时刻的导航坐标系,相对于地球表面固定不动,不随载体在地球表面的运动而运动,但是随地球转动。

i_{n_0} 系:对准初始时刻的导航坐标系 n_0 系相对于惯性空间凝固得到,相对惯性空间不动。

b_0 系：对准初始时刻的载体坐标系 b 系，不随载体的转动而转动。

i_{b_0} 系：对准初始时刻的载体坐标系 b_0 系相对于惯性空间凝固得到，相对惯性空间不动。

d 系：DVL 测量坐标系，坐标系原点位于 DVL 的测量中心，X_d 为 DVL 对称轴且指向 DVL 前方，Y_d 垂直于 DVL 主对称面且指向右方，Z_d 垂直向下，三轴构成右手坐标系，即 DVL 的前-右-下坐标系。

在动基座对准中，C_b^n 虽然是变量，但将初始时刻的 C_b^n 相对惯性系凝固可以得到 $C_{i_{b_0}}^{i_{n_0}}$，这是一个定值。根据方向余弦矩阵的链式法可将 C_b^n 分解为

$$C_b^n = C_{i_{n_0}}^n C_{i_{b_0}}^{i_{n_0}} C_b^{i_{b_0}} \tag{3.42}$$

分析公式(3.42)右侧各项的方向余弦矩阵。

对 $C_{i_{n_0}}^n$ 应用链式法可拆分成如下方向余弦矩阵的连乘：

$$C_{i_{n_0}}^n = C_e^n C_{e_0}^e C_{i_{n_0}}^{e_0} \tag{3.43}$$

式中，$C_{e_0}^e$ 为 e 系从对准初始时刻 t_0 到对准结束时刻 t 地球绕自转轴转动的角度；C_e^n 为将地心地固坐标系 e 系转化为导航坐标系 n 系的方向余弦矩阵；$C_{i_{n_0}}^{e_0}$ 为对准初始时刻导航坐标系与初始时刻地心地固坐标系之间的转换关系矩阵，可由对准初始时刻载体位置的纬度 L_0 和经度 λ_0 确定。

在已知载体精确位置信息（纬度 L 和经度 λ）的情况下，C_e^n 可按下面的顺序旋转得到：首先将 e 系沿 Z 轴旋转 λ，再沿 Y 轴旋转 $-\left(L+\dfrac{\pi}{2}\right)$，可得 C_e^n 的值如式(3.44)所示，即

$$C_e^n = \begin{bmatrix} -\sin L \cos \lambda & -\sin L \sin \lambda & \cos L \\ -\sin \lambda & \cos \lambda & 0 \\ -\cos L \cos \lambda & -\cos L \sin \lambda & -\sin L \end{bmatrix} \tag{3.44}$$

令 $\Delta t = t - t_0$，则 $C_{e_0}^e$ 可以表示为式(3.45)，即

$$C_{e_0}^e = \begin{bmatrix} \cos(\omega_{ie}\Delta t) & \sin(\omega_{ie}\Delta t) & 0 \\ -\sin(\omega_{ie}\Delta t) & \cos(\omega_{ie}\Delta t) & 0 \\ 0 & 0 & 1 \end{bmatrix} \tag{3.45}$$

$C_{i_{n_0}}^{e_0}$ 矩阵表示为式(3.46)，即

$$C_{i_{n_0}}^{e_0} = \left[C_{e_0}^{i_{n_0}}\right]^T = \begin{bmatrix} -\sin L_0 \cos \lambda_0 & -\sin L_0 \sin \lambda_0 & \cos L_0 \\ -\sin \lambda_0 & \cos \lambda_0 & 0 \\ -\cos L_0 \cos \lambda_0 & -\cos L_0 \sin \lambda_0 & -\sin L_0 \end{bmatrix}^T \tag{3.46}$$

$C_b^{i_{b_0}}$ 为 b 系与 i_{b_0} 系之间的转换关系。从中可以看出，$C_b^{i_{b_0}}(t_0)=I_3$，因为捷联惯导系统的陀螺输出为载体相对于惯性空间转动的角度，所以可以用陀螺输出量更新 $C_b^{i_{b_0}}$，见式(3.47)。

$$\dot{C}_b^{i_{b_0}} = C_b^{i_{b_0}}\left[\omega_{ib}^b \times\right] \tag{3.47}$$

在对惯导输出的陀螺数据进行处理时，具体的更新方式如下。

设陀螺输出角增量为 $\Delta\theta$，采用双子样计算等效旋转矢量 $\Delta\theta_{ib}^b$，计算公式为式(3.48)，即

$$\Delta\theta_{ib}^b = \Delta\theta_1 + \Delta\theta_2 + \frac{2}{3}\Delta\theta_1 \times \Delta\theta_2 \tag{3.48}$$

利用"捷联惯导姿态更新的等效旋转矢量算法"进行姿态更新计算：

$$Q(t_{k+1}) = Q(t_k) \otimes q(h) \tag{3.49}$$

式中，$Q(t_{k+1})$ 和 $Q(t_k)$ 分别为更新后和更新前的姿态四元数；$q(h)$ 为本更新周期内载体姿态变化四元数，可由旋转矢量 $\Delta\theta_{ib}^b$ 计算得到，如式(3.50)所示，即

$$q(h) = \begin{bmatrix} \cos\dfrac{\left\|\Delta\theta_{ib}^b\right\|}{2} \\ \sin\dfrac{\left\|\Delta\theta_{ib}^b\right\|}{2}\dfrac{\Delta\theta_{ib}^b}{\left\|\Delta\theta_{ib}^b\right\|} \end{bmatrix} \tag{3.50}$$

通过以上分析可知，式(3.41)右侧各项除 $C_{i_{b_0}}^{i_{n_0}}$ 待求外，其余各项可根据陀螺输出、GNSS 输出的位置信息和时间信息计算得到。因此，只要求得 $C_{i_{b_0}}^{i_{n_0}}$，便可得到 C_b^n，而且易知对准初始时刻 $C_b^n(t_0) = C_{i_{b_0}}^{i_{n_0}}(t_0)$。

2. DVL 速度辅助惯导动基座粗对准

观察公式(3.42)右侧，当只有 DVL 速度信息没有 GNSS 位置信息时，无法确定 $C_{i_{n_0}}^n$，因此将其拆分为 $C_{i_{n_0}}^n = C_{n_0}^n C_{i_{n_0}}^{n_0}$，选择在 n_0 系下进行 DVL 速度辅助惯导动基座对准，可以看出式(3.42)右侧 $C_b^{i_{b_0}}$ 项仍可以按照上节进行推导，推导 $C_{i_{n_0}}^{n_0}$ 和 $C_{n_0}^n$ 的表达式，$C_{i_{n_0}}^{n_0}$ 可以拆分为

$$C_{i_{n_0}}^{n_0} = C_e^{n_0} C_{e_0}^e C_{i_{n_0}}^{e_0} \tag{3.51}$$

式(3.51)右侧后两项 $C_{e_0}^e$ 和 $C_{i_{n_0}}^{e_0}$ 表达式见第八节推导，$C_e^{n_0}$ 可以表示为式(3.52)，即

$$\boldsymbol{C}_e^{n_0} = \boldsymbol{C}_{i_{n_0}}^{e_0\ \mathrm{T}} \tag{3.52}$$

对准过程时间较短，所以由位置变化引起的 $\boldsymbol{C}_{n_0}^{n}$ 变化可以忽略不计，认为 $\boldsymbol{C}_{n_0}^{n} \approx \boldsymbol{I}_3$。经过上述分析，根据时间、陀螺输出和 USBL 测量的位置初始值便可以计算上述矩阵。

将惯导系统相对惯性空间的速度微分方程在 i_{b_0} 系投影后得到

$$\dot{\boldsymbol{v}}_i^{i_{b_0}} = \boldsymbol{C}_b^{i_{b_0}} \boldsymbol{f}^b + \boldsymbol{C}_{i_{n_0}}^{i_{b_0}} \boldsymbol{C}_{n_0}^{n} \boldsymbol{g}_m^n \tag{3.53}$$

式中，$\boldsymbol{f}^b$ 为加速度计输出比力；$\boldsymbol{g}_m^n$ 为万有引力加速度。$\boldsymbol{g}_m^n$ 可表示为

$$\boldsymbol{g}_m^n = \boldsymbol{g}_l^n + \boldsymbol{\omega}_{ie}^n \times \left[\boldsymbol{\omega}_{ie}^n \times \boldsymbol{r}^n \right] \tag{3.54}$$

式中，$\boldsymbol{g}_l^n$ 为载体所在位置重力加速度在导航坐标系下的投影；$\boldsymbol{r}^n$ 为载体位置到地心的方向向量。载体相对于惯性系的速度初始值为

$$\boldsymbol{v}_i^{i_{b_0}}(0) = \boldsymbol{C}_{i_{n_0}}^{i_{b_0}} \boldsymbol{C}_{n_0}^{n} \boldsymbol{v}_r^n(t_0) + \boldsymbol{C}_b^{i_{b_0}} \boldsymbol{C}_d^{b} \boldsymbol{v}_e^d(t_0) \tag{3.55}$$

式中，$\boldsymbol{v}_r^n$ 为由地球自转所产生的载体相对于惯性空间的速度，表达式为式(3.56)，即

$$\begin{aligned} \boldsymbol{v}_r^n(t) &= \begin{bmatrix} 0 & \omega_{ie} R_\mathrm{E} \cos L & 0 \end{bmatrix}^\mathrm{T} \\ \boldsymbol{v}_r^n(0) &= \begin{bmatrix} 0 & \omega_{ie} R_\mathrm{E} \cos L_0 & 0 \end{bmatrix}^\mathrm{T} \end{aligned} \tag{3.56}$$

载体相对于惯性系的速度为

$$\boldsymbol{v}_i^{i_{b_0}} = \boldsymbol{C}_{i_{n_0}}^{i_{b_0}} \boldsymbol{C}_{n_0}^{n} \boldsymbol{v}_r^n + \boldsymbol{C}_b^{i_{b_0}} \boldsymbol{C}_d^{b} \boldsymbol{v}_e^d \tag{3.57}$$

将式(3.53)积分后等于式(3.57)减式(3.55)，可得

$$\begin{aligned} -\boldsymbol{C}_{i_{n_0}}^{i_{b_0}} \boldsymbol{C}_{n_0}^{n} \boldsymbol{v}_r^n(t_0) - \boldsymbol{C}_b^{i_{b_0}} \boldsymbol{C}_d^{b} \boldsymbol{v}_e^d(t_0) = & \int_{t_0}^{t} \boldsymbol{C}_b^{i_{b_0}} \boldsymbol{f}^b \mathrm{d}t + \int_{t_0}^{t} \boldsymbol{C}_{i_{n_0}}^{i_{b_0}} \boldsymbol{C}_{n_0}^{n} \boldsymbol{g}_m^n \mathrm{d}t \\ & - \boldsymbol{C}_{i_{n_0}}^{i_{b_0}} \boldsymbol{C}_{n_0}^{n} \boldsymbol{v}_r^n(t) - \boldsymbol{C}_b^{i_{b_0}} \boldsymbol{C}_d^{b} \boldsymbol{v}_e^d(t) \end{aligned} \tag{3.58}$$

将式(3.58)中含有 $\boldsymbol{C}_{i_{n_0}}^{i_{b_0}}$ 的项放到等式的同一侧，并提出 $\boldsymbol{C}_{i_{n_0}}^{i_{b_0}}$，然后将 $\boldsymbol{C}_{n_0}^{n} \approx \boldsymbol{I}_3$ 代入得到式(3.59)，即

$$\boldsymbol{C}_{i_{n_0}}^{i_{b_0}} \left[\boldsymbol{C}_{n_0}^{i_{n_0}} \boldsymbol{v}_r^n(t) - \boldsymbol{C}_{n_0}^{i_{n_0}} \boldsymbol{v}_r^n(t_0) - \int_{t_0}^{t} \boldsymbol{C}_{n_0}^{i_{n_0}} \boldsymbol{g}_m^n \mathrm{d}t \right] = \boldsymbol{C}_b^{i_{b_0}} \boldsymbol{C}_d^{b} \boldsymbol{v}_e^d(t_0) - \boldsymbol{C}_b^{i_{b_0}} \boldsymbol{C}_d^{b} \boldsymbol{v}_e^d(t) + \int_{t_0}^{t} \boldsymbol{C}_b^{i_{b_0}} \boldsymbol{f}^b \mathrm{d}t \tag{3.59}$$

设

$$\begin{aligned} V_1(t) &= \boldsymbol{C}_{n_0}^{i_{n_0}} \boldsymbol{v}_r^n(t) - \boldsymbol{C}_{n_0}^{i_{n_0}} \boldsymbol{v}_r^n(t_0) - \int_{t_0}^{t} \boldsymbol{C}_{n_0}^{i_{n_0}} \boldsymbol{g}_m^n \mathrm{d}t \\ V_2(t) &= \boldsymbol{C}_b^{i_{b_0}} \boldsymbol{C}_d^{b} \boldsymbol{v}_e^d(t_0) - \boldsymbol{C}_b^{i_{b_0}} \boldsymbol{C}_d^{b} \boldsymbol{v}_e^d(t) + \int_{t_0}^{t} \boldsymbol{C}_b^{i_{b_0}} \boldsymbol{f}^b \mathrm{d}t \end{aligned} \tag{3.60}$$

则根据式(3.60)有 $C_{i_{n_0}}^{i_{n_0}}V_1(t)=V_2(t)$,据此可以计算 $C_{i_{n_0}}^{i_{b_0}}$ 的估计值。

3. DVL 速度辅助捷联惯导动基座精对准

捷联惯导的姿态误差与外部观测量的选择无关,不管外部传感器是 GNSS 还是 DVL,本节捷联惯导姿态误差微分方程的推导过程和形式与 GNSS 辅助对准相同,即 $\dot{\boldsymbol{\theta}} = \boldsymbol{C}_b^{i_{n_0}} \delta\boldsymbol{\omega}_{ib}^b$,下面推导 DVL 速度信息辅助捷联惯导在惯性系下精对准的速度误差微分方程。

将捷联惯导速度微分方程投影在 n_0 系下的表达式为

$$\dot{\boldsymbol{v}}_e^{n_0} = \boldsymbol{C}_{i_{n_0}}^{n_0} \boldsymbol{C}_{i_{b_0}}^{i_{n_0}} \boldsymbol{C}_b^{i_{b_0}} \boldsymbol{f}^b - 2\boldsymbol{\omega}_{ie}^{n_0} \times \boldsymbol{v}_e^{n_0} + \boldsymbol{C}_n^{n_0} \boldsymbol{g}_l^n \tag{3.61}$$

含有误差的速度微分方程在 n_0 系下的投影表达式为

$$\dot{\tilde{\boldsymbol{v}}}_e^{n_0} = \boldsymbol{C}_{i_{n_0}}^{n_0} \tilde{\boldsymbol{C}}_{i_{b_0}}^{i_{n_0}} \boldsymbol{C}_b^{i_{b_0}} \tilde{\boldsymbol{f}}^b - 2\boldsymbol{\omega}_{ie}^{n_0} \times \tilde{\boldsymbol{v}}_e^{n_0} + \boldsymbol{C}_n^{n_0} \boldsymbol{g}_l^n \tag{3.62}$$

令 $\delta\boldsymbol{f}^b = \tilde{\boldsymbol{f}}^b - \boldsymbol{f}^b$,$\delta\dot{\boldsymbol{v}}_e^{n_0} = \dot{\tilde{\boldsymbol{v}}}_e^{n_0} - \dot{\boldsymbol{v}}_e^{n_0}$,由式(3.63)减式(3.62)可得

$$\begin{aligned}\delta\dot{\boldsymbol{v}}_e^{n_0} &= \dot{\tilde{\boldsymbol{v}}}_e^{n_0} - \dot{\boldsymbol{v}}_e^{n_0} \\ &= \left(\boldsymbol{C}_{i_{n_0}}^{n_0} \tilde{\boldsymbol{C}}_{i_{b_0}}^{i_{n_0}} \boldsymbol{C}_b^{i_{b_0}} \tilde{\boldsymbol{f}}^b - \boldsymbol{C}_{i_{n_0}}^{n_0} \boldsymbol{C}_{i_{b_0}}^{i_{n_0}} \boldsymbol{C}_b^{i_{b_0}} \boldsymbol{f}^b\right) - 2\boldsymbol{\omega}_{ie}^{n_0} \times \left(\tilde{\boldsymbol{v}}_e^{n_0} - \boldsymbol{v}_e^{n_0}\right) \\ &= \left[\boldsymbol{C}_{i_{n_0}}^{n_0}(\boldsymbol{I} - \boldsymbol{\theta}\times)\boldsymbol{C}_{i_{b_0}}^{i_{n_0}} \boldsymbol{C}_b^{i_{b_0}}\left(\delta\boldsymbol{f}^b + \boldsymbol{f}^b\right)\right] - \boldsymbol{C}_{i_{n_0}}^{n_0} \boldsymbol{C}_{i_{b_0}}^{i_{n_0}} \boldsymbol{C}_b^{i_{b_0}} \boldsymbol{f}^b - 2\boldsymbol{\omega}_{ie}^{n_0} \times \delta\boldsymbol{v}_e^{n_0} \\ &= \boldsymbol{C}_{i_{n_0}}^{n_0} \boldsymbol{C}_{i_{b_0}}^{i_{n_0}} \boldsymbol{C}_b^{i_{b_0}} \delta\boldsymbol{f}^b - \boldsymbol{C}_{i_{n_0}}^{n_0}(\boldsymbol{\theta}\times)\boldsymbol{C}_{i_{b_0}}^{i_{n_0}} \boldsymbol{C}_b^{i_{b_0}} \boldsymbol{f}^b - 2\boldsymbol{\omega}_{ie}^{n_0} \times \delta\boldsymbol{v}_e^{n_0}\end{aligned}$$

进一步得到式(3.63),即

$$\boldsymbol{M}_1\boldsymbol{\theta} + \boldsymbol{M}_2\delta\boldsymbol{v}_e^{n_0} + \boldsymbol{M}_3\delta\boldsymbol{f}^b \tag{3.63}$$

建立六状态卡尔曼滤波器,选择滤波器的状态为 $\boldsymbol{x} = \begin{bmatrix} \alpha' & \beta' & \gamma' & \delta v_N^{n_0} & \delta v_E^{n_0} & \delta v_D^{n_0} \end{bmatrix}^T$,系统噪声为 $\boldsymbol{w} = \begin{bmatrix} \delta\boldsymbol{\omega}_{ib}^b & \delta\boldsymbol{f}^b \end{bmatrix}^T$,则滤波器状态方程为式(3.64),即

$$\begin{gathered}\dot{\boldsymbol{x}} = \boldsymbol{F}\boldsymbol{x} + \boldsymbol{G}\boldsymbol{w} \\ \boldsymbol{F} = \begin{bmatrix} \boldsymbol{0}_{3\times3} & \boldsymbol{0}_{3\times3} \\ \boldsymbol{M}_1 & \boldsymbol{M}_2 \end{bmatrix}, \quad \boldsymbol{G} = \begin{bmatrix} \boldsymbol{C}_b^{i_{b_0}} & \boldsymbol{0}_{3\times3} \\ \boldsymbol{0}_{3\times3} & \boldsymbol{M}_3 \end{bmatrix} \\ \boldsymbol{M}_1 = \boldsymbol{C}_{i_{n_0}}^{n_0}\left(\boldsymbol{C}_{i_{b_0}}^{i_{n_0}} \boldsymbol{C}_b^{i_{b_0}} \boldsymbol{f}^b\right)\times\boldsymbol{\theta}, \quad \boldsymbol{M}_2 = -\left(2\boldsymbol{\omega}_{ie}^{n_0}\times\right) \\ \boldsymbol{M}_3 = \boldsymbol{C}_{i_{n_0}}^{n_0} \boldsymbol{C}_{i_{b_0}}^{i_{n_0}} \boldsymbol{C}_b^{i_{b_0}}\end{gathered} \tag{3.64}$$

设 DVL 测量得到的载体对地速度在 n_0 系下的投影为 $\boldsymbol{v}_{ed}^{n_0}$,当 DVL 的安装误差和标

度因数已标定补偿时，仅考虑载体当前姿态矩阵的误差，含误差的 DVL 输出在 n_0 系下的投影为

$$\tilde{v}_{ed}^{n_0} = C_{i_{n_0}}^{n_0} C_{i_{b_0}}^{i_{n_0}} (I + \theta \times) C_b^{i_{b_0}} C_d^b v_{ed}^d \tag{3.65}$$

由式(3.62)减式(3.61)的结果作为滤波器的外部观测量建立滤波观测方程，即

$$\begin{aligned}
\tilde{v}_e^{n_0} - \tilde{v}_{ed}^{n_0} &= \left(v_e^{n_0} + \delta v_e^{n_0}\right) - \tilde{v}_{ed}^{n_0} \\
&= v_e^{n_0} + \delta v_e^{n_0} - C_{i_{n_0}}^{n_0} C_{i_{b_0}}^{i_{n_0}} (I + \theta \times) C_b^{i_{b_0}} C_d^b v_{ed}^d \\
&= v_e^{n_0} + \delta v_e^{n_0} - C_{i_{n_0}}^{n_0} C_{i_{b_0}}^{i_{n_0}} C_b^{i_{b_0}} C_d^b v_{ed}^d - C_{i_{n_0}}^{n_0} C_{i_{b_0}}^{i_{n_0}} (\theta \times) C_b^{i_{b_0}} C_d^b v_{ed}^d \\
&= \delta v_e^{n_0} - C_{i_{n_0}}^{n_0} C_{i_{b_0}}^{i_{n_0}} (\theta \times) C_b^{i_{b_0}} C_d^b v_{ed}^d \\
&= \delta v_e^{n_0} + C_{i_{n_0}}^{n_0} C_{i_{b_0}}^{i_{n_0}} \left(C_b^{i_{b_0}} C_d^b v_{ed}^d\right) \times \theta
\end{aligned}$$

上式化简得式(3.66)，即

$$\tilde{v}_e^{n_0} - \tilde{v}_{ed}^{n_0} = \delta v_e^{n_0} + M_4 \theta \tag{3.66}$$

滤波器观测方程为式(3.62)，即

$$\begin{aligned}
z &= \tilde{v}_e^{n_0} - \tilde{v}_{ed}^{n_0} = Hx + v, \quad H = \begin{bmatrix} M_4 & I_3 \end{bmatrix} \\
M_4 &= C_{i_{n_0}}^{n_0} C_{i_{b_0}}^{i_{n_0}} \left(C_b^{i_{b_0}} C_d^b v_{ed}^d\right) \times
\end{aligned} \tag{3.67}$$

(二) 重力仪与多普勒测速仪安装关系标定

重力仪与多普勒测速仪的安装关系标定精度对组合导航的精度有很大影响。下潜前，可在水面利用 GNSS 对重力仪与多普勒测速仪的安装关系进行标定。下潜后，只能使用 USBL 的位置信息对两者之间的安装关系进行标定。

1. 传统 GNSS 辅助标定 DVL 方法

DVL 测量的速度在导航坐标系上的投影为

$$v_{\text{DVL}}^n = C_b^n C_d^b v_{\text{DVL}}^d \tag{3.68}$$

船用水面组合导航系统中 DVL 的标定主要依赖于 GNSS 提供的外部速度参考信息，利用 INS/GNSS 组合导航精度较高的优点，以其组合导航结果提供的 n 系下的速度 v^n 和 b 系与 n 系之间的方向余弦矩阵 C_b^n，可得载体系下的速度真值为 $v_{\text{ture}}^b = C_n^b v^n$。将公式(3.68)两边同时乘以矩阵 C_n^b 得到公式(3.69)，根据计算得到的 v_{ture}^b 和 DVL 测量得到的 v_{DVL}^n 两个序列求取它们之间的转换关系，此转换关系中便包含待求的 DVL 标定参

数——安装角误差和刻度因子误差，可以用最小二乘法来估计 v_{ture}^b 和 v_{DVL}^n 两个点列之间的转换关系。

$$C_n^b v^n = C_d^b v_{\text{DVL}}^d \tag{3.69}$$

下面建立 DVL 误差标定模型。假设 DVL 刻度因子为 k，安装角误差补偿值为 $\eta = [\varepsilon_x \quad \varepsilon_y \quad \varepsilon_z]^T$，可以认为 k 和 η 均为常值小量，则 DVL 测得的 d 系下的速度经过误差补偿和坐标系转换之后在 b 系下的真值可以表示成公式(3.71)的形式，即

$$v_{\text{ture}}^b = (I - \eta) \times k v_{\text{DVL}}^d \tag{3.70}$$

假设 DVL 只输出前向速度，另外两个方向的速度输出为 0，因此 DVL 数据形式为 $v_{\text{DVL}}^d = [v_{\text{DVL},x}^d \quad 0 \quad 0]^T$，将公式(3.70)在 b 系下展开成前-右-下的三分量形式，即

$$C_n^v v_n = \begin{bmatrix} v_x^b \\ v_y^b \\ v_z^b \end{bmatrix} = k \begin{bmatrix} 1 & \varepsilon_z & -\varepsilon_y \\ -\varepsilon_z & 1 & \varepsilon_x \\ \varepsilon_y & -\varepsilon_x & 1 \end{bmatrix} \begin{bmatrix} v_{\text{DVL},x}^d \\ 0 \\ 0 \end{bmatrix} = k \begin{bmatrix} v_{\text{DVL},x}^d \\ -\varepsilon_z v_{\text{DVL},x}^d \\ \varepsilon_y v_{\text{DVL},x}^d \end{bmatrix} \tag{3.71}$$

从式(3.71)可以看出，我们能估计出刻度因子误差、俯仰角安装角误差和航向角安装角误差，但横滚角安装角误差无法估计。实际使用时，横滚角安装误差很小可忽略不计，这样便于简化标定计算过程。

2. USBL 位置辅助标定 DVL 方法

在水下重力测量中，重力仪选用 DVL 的测速精度高、声波发射频率高、有效射程短。当重力仪的对底深度超过 DVL 标称有效射程时，由于 DVL 达不到标称精度，重力仪将无法正常工作，所以重力仪到达工作深度之后才能进行 DVL 标定，因此无法采用水面 GNSS 辅助对准方法。水下标定 DVL 时无法获得载体在导航系下的速度观测值，但可以通过 USBL 测量载体的位置信息，因此考虑使用 USBL 位置观测信息辅助标定 DVL 测量误差。

利用积分运算从速度辅助标定模型推导位置辅助标定模型，将公式(3.70)两边同时积分可得

$$\int C_n^b v^n \mathrm{d}t = \int C_d^b v_{\text{DVL}}^d \mathrm{d}t \tag{3.72}$$

由于刻度因子 k 和安装角误差补偿值 η 可以当作常值，所以 C_d^b 也为常值，将 C_d^b 从积分号中提取出来，并对式(3.72)左侧进行分部积分运算，即能够在公式中体现出位置信息，有

$$C_n^b p^n - \int p^n \dot{C}_n^b \mathrm{d}t = C_d^b \int v_{\text{DVL}}^d \mathrm{d}t \tag{3.73}$$

式中，p^n 可由 USBL 提供，C_n^b 和 $\dot{C}_n^b$ 可由惯导系统提供，$\dot{C}_n^b$ 为 C_n^b 的微分；同样使用最小二乘法估计 C_d^b，p^n 为导航系下的位置。下面详细阐述 USBL 位置信息辅助标定的离散化计算过程。

（1）以 SINS/USBL 组合导航滤波周期 1s 为一个计算单位，计算每秒公式(3.73)中各项的增量。

（2）其中，C_n^b 采用组合导航系统每秒的输出值，p^n 等于当前位置相对于上一秒位置的变化量(m)，式(3.73)中各主要项的更新方式如式(3.74)~式(3.76)所示：

$$p^n = \begin{bmatrix} R_N \Delta \text{Lati} & R_L \Delta \text{Longi} & 0 \end{bmatrix}^T \tag{3.74}$$

式中，ΔLati 为维度差；ΔLongi 为经度差。

$$p^n = C_n^b \begin{bmatrix} \omega_{bn}^n \times \end{bmatrix} = C_n^b \begin{bmatrix} \left(\omega_{in}^n - \omega_{ib}^n\right) \times \end{bmatrix} = C_n^b \begin{bmatrix} \left(\omega_{in}^n - C_n^b \omega_{ib}^b\right) \times \end{bmatrix} \tag{3.75}$$

$$\int v_{\text{DVL}}^d \mathrm{d}t = v_{\text{DVL}}^d \tag{3.76}$$

（3）公式(3.74)中各项以分量形式表达出来之后，列写其分量形式如下所示：

$$\begin{bmatrix} Cp_x^b \\ Cp_y^b \\ Cp_z^b \end{bmatrix} = k \begin{bmatrix} 1 & \varepsilon_z & -\varepsilon_y \\ -\varepsilon_z & 1 & \varepsilon_x \\ \varepsilon_y & -\varepsilon_x & 1 \end{bmatrix} \begin{bmatrix} \int v_{\text{DVL},x}^d \\ 0 \\ 0 \end{bmatrix} = k \begin{bmatrix} v_{\text{DVL},x}^d \\ -\varepsilon_z v_{\text{DVL},x}^d \\ \varepsilon_y v_{\text{DVL},x}^d \end{bmatrix} \tag{3.77}$$

式中，代表 Cp^b 公式(3.73)左侧所有项，以式(3.79)求解每秒标定参数的估计值，然后利用最小二乘法估计出 DVL 的各项标定参数。

（三）惯导系统与 DVL 组合导航方法

1. 惯导系统/DVL 组合导航状态方程

由于惯导系统的高度通道是发散的，在此不予讨论，在实际操作中将使用高精度水压深度计测量载体的深度信息，本节仅研究水平通道问题。根据捷联惯导系统误差状态选取原则：位置误差与速度误差相关，当没有独立的位置参考信息时，应去掉位置误差状态，DVL 只为组合导航系统提供了载体速度信息的外部观测量，综上所述，选取惯导系统误差状态如式(3.79)所示，即

$$x = \begin{bmatrix} \delta\varphi & \delta\theta & \delta\psi & \delta v_N & \delta v_E \end{bmatrix}^T \tag{3.78}$$

列写状态方程如下：

$$\dot{x} = \begin{bmatrix} F_{11} & F_{12} \\ F_{21} & F_{22} \end{bmatrix} x + Gu \tag{3.79}$$

式中，

$$F_{11}=\begin{bmatrix} 0 & -\Omega\sin L-\dfrac{v_E\tan L}{R_E} & \dfrac{v_N}{R_N} \\ \Omega\sin L+\dfrac{v_E\tan L}{R_E} & 0 & \Omega\cos L+\dfrac{v_E}{R_E} \\ -\dfrac{v_N}{R_N} & -\Omega\cos L-\dfrac{v_E}{R_E} & 0 \end{bmatrix},\ F_{12}=\begin{bmatrix} 0 & \dfrac{1}{R_E} \\ -\dfrac{1}{R_N} & 0 \\ 0 & -\dfrac{\tan L}{R_E} \end{bmatrix}$$

$$F_{21}=\begin{bmatrix} 0 & -f_D & f_E \\ f_D & 0 & -f_N \end{bmatrix},\ F_{22}=\begin{bmatrix} \dfrac{v_D}{R_N} & -2\Omega\sin L-\dfrac{2v_E\tan L}{R_E} \\ 2\Omega\sin L+\dfrac{v_E\tan L}{R_E} & \dfrac{\tan L\, v_N+v_D}{R_E} \end{bmatrix}$$

$$G=\begin{bmatrix} -c_{11} & -c_{12} & -c_{13} & 0 & 0 \\ -c_{21} & -c_{22} & -c_{23} & 0 & 0 \\ -c_{31} & -c_{32} & -c_{33} & 0 & 0 \\ 0 & 0 & 0 & c_{11} & c_{12} \\ 0 & 0 & 0 & c_{21} & c_{22} \end{bmatrix},\ u=\begin{bmatrix} \delta\omega_{ib,x}^b & \delta\omega_{ib,y}^b & \delta\omega_{ib,z}^b & \delta f_x^b & \delta f_y^b \end{bmatrix}^T$$

2. 惯导系统/DVL 组合导航量测方程

惯导解算速度和 DVL 测量速度在 n 系下的速度差为

$$\begin{aligned}
\tilde{v}_{SINS}^n-\tilde{v}_{DVL}^n &= \left(v_{SINS}^n+\delta v_{SINS}^n\right)-\left(v_{DVL}^n+\delta v_{DVL}^n\right) \\
&= \delta v_{SINS}^n-\delta v_{DVL}^n = \delta v_{SINS}^n-v_{DVL}^n\times\psi \\
&= \begin{bmatrix}\delta v_N \\ \delta v_E \\ \delta v_D\end{bmatrix}-\begin{bmatrix} 0 & -v_{DVL,D}^n & v_{DVL,E}^n \\ v_{DVL,D}^n & 0 & -v_{DVL,N}^n \\ -v_{DVL,E}^n & v_{DVL,N}^n & 0 \end{bmatrix}\begin{bmatrix}\delta\varphi \\ \delta\theta \\ \delta\psi\end{bmatrix} \\
&= \begin{bmatrix} \delta v_N+\delta v_{DVL,D}^n-\delta\psi\, v_{DVL,E}^n \\ \delta v_E-\delta v_{DVL,D}^n+\delta\psi\, v_{DVL,N}^n \\ \delta v_D+\delta v_{DVL,E}^n-\delta\theta\, v_{DVL,N}^n \end{bmatrix}
\end{aligned} \quad (3.80)$$

由式(3.62)可知，系统的量测方程如式(3.81)所示：

$$z=\begin{bmatrix}\left(\tilde{v}_{SINS}^n-\tilde{v}_{DVL}^n\right)_N \\ \left(\tilde{v}_{SINS}^n-\tilde{v}_{DVL}^n\right)_E\end{bmatrix}=\begin{bmatrix} 0 & v_{DVL,D}^n & -v_{DVL,E}^n & 1 & 0 \\ -v_{DVL,D}^n & 0 & v_{DVL,N}^n & 0 & 1 \end{bmatrix}x \quad (3.81)$$

(四) 惯导系统与 USBL 组合导航方法

1. 惯导系统/USBL 组合导航状态方程

USBL 输出的是载体的位置信息：纬度 L、经度 λ 和高度 h，只考虑水平通道，选取

惯导系统误差状态如式(3.82)所示，即

$$x = \begin{bmatrix} \delta\varphi & \delta\theta & \delta\psi & \delta v_N & \delta v_E & \delta L & \delta\lambda \end{bmatrix}^T \qquad (3.82)$$

列写状态方程如下，即

$$\dot{x} = \begin{bmatrix} F_{11} & F_{12} & F_{13} \\ F_{21} & F_{22} & F_{23} \\ F_{31} & F_{32} & F_{33} \end{bmatrix} x + Gu \qquad (3.83)$$

式中，

$$F_{11} = \begin{bmatrix} 0 & -\Omega\sin L - \dfrac{v_E \tan L}{R_E} & \dfrac{v_N}{R_N} \\ \Omega\sin L + \dfrac{v_E \tan L}{R_E} & 0 & \Omega\cos L + \dfrac{v_E}{R_E} \\ -\dfrac{v_N}{R_N} & -\Omega\cos L - \dfrac{v_E}{R_E} & 0 \end{bmatrix}, \quad F_{12} = \begin{bmatrix} 0 & \dfrac{1}{R_E} \\ -\dfrac{1}{R_N} & 0 \\ 0 & -\dfrac{\tan L}{R_E} \end{bmatrix}$$

$$F_{13} = \begin{bmatrix} -\Omega\sin L & 0 \\ 0 & 0 \\ -\Omega\cos L - \dfrac{v_E}{R_E \cos^2 L} & 0 \end{bmatrix}, \quad F_{21} = \begin{bmatrix} 0 & -f_D & f_E \\ f_D & 0 & -f_N \end{bmatrix}$$

$$F_{22} = \begin{bmatrix} \dfrac{v_D}{R_N} & -2\Omega\sin L - \dfrac{2 v_E \tan L}{R_E} \\ 2\Omega\sin L + \dfrac{v_E \tan L}{R_E} & \dfrac{\tan L v_N + v_D}{R_E} \end{bmatrix}$$

$$F_{23} = \begin{bmatrix} -2\Omega\cos L v_E - \dfrac{v_E^2}{R_E \cos^2 L} & 0 \\ 2\Omega\cos L v_N + \dfrac{v_E v_N}{R_E \cos^2 L} - 2\Omega\sin L v_D & 0 \end{bmatrix}, \quad F_{31} = \begin{bmatrix} 0 & 0 & 0 \\ 0 & 0 & 0 \end{bmatrix}, \quad F_{32} = \begin{bmatrix} \dfrac{1}{R_N} & 0 \\ 0 & \dfrac{1}{R_E \cos L} \end{bmatrix}$$

$$F_{33} = \begin{bmatrix} 0 & 0 \\ \dfrac{v_E \tan L}{R_E \cos L} & 0 \end{bmatrix}, \quad G = \begin{bmatrix} -c_{11} & -c_{12} & -c_{13} & 0 & 0 \\ -c_{21} & -c_{22} & -c_{23} & 0 & 0 \\ -c_{31} & -c_{32} & -c_{33} & 0 & 0 \\ 0 & 0 & 0 & c_{11} & c_{12} \\ 0 & 0 & 0 & c_{21} & c_{22} \\ 0 & 0 & 0 & 0 & 0 \\ 0 & 0 & 0 & 0 & 0 \end{bmatrix}$$

$$u = \begin{bmatrix} \delta\omega_{ib,x}^b & \delta\omega_{ib,y}^b & \delta\omega_{ib,z}^b & \delta f_x^b & \delta f_y^b \end{bmatrix}^T$$

2. 惯导系统/USBL 组合导航量测方程

以惯导解算位置结果与 USBL 测量结果之差作为载体位置信息的外部观测量，建立系统的量测方程如式(3.85)所示，即

$$z = \begin{bmatrix} \tilde{L}_{\text{SINS}} - L_{\text{USBL}} \\ \tilde{\lambda}_{\text{SINS}} - \lambda_{\text{USBL}} \end{bmatrix} = \begin{bmatrix} \delta L \\ \delta \lambda \end{bmatrix} = \begin{bmatrix} \mathbf{0}_{2\times 5} & \mathbf{I}_2 \end{bmatrix} x \tag{3.84}$$

(五)低通滤波方法

原始的重力测量结果中含有大量高频噪声，需进行低通滤波得到有效的重力数据，常用的低通滤波方法包括有限冲激响应滤波器、无限冲激响应滤波器等。有限冲激响应滤波器(finite impluse filter，FIR)的优势是可以设计成具有精确的线性相位且系统总是稳定的，缺陷是为了实现频率过渡带和阻带的快速衰减效果，通常需要设计很高的滤波器阶数。无限冲激响应滤波器(infinite impluse filter，IIR)的优势是仅通过较少量的滤波器阶数就能实现强衰减效果，不足是相位的非线性和潜在的不稳定性。两种方法都能很好地滤除重力数据的高频噪声。

第十节 水下动态重力测量系统质量保证计划

一、可靠性方案

产品质量是产品性能和产品可靠性两方面的综合体现。为了满足本产品可靠性指标的要求，必须开展可靠性设计，使质量控制贯穿于产品研制开发的全过程。

(一)可靠性设计目标

平均故障工作时间(MTBF):5000h(连续工作时间大于 6 个月)。

(二)可靠性数学模型

1. 失效分析

重力测量仪是由精密机械、机电器件和电子元件组成的系统。根据《电子设备可靠性预计手册》(GJB299C—2006)及其他有关可靠性资料，电子设备的失效按指数分布。

指数分布：

可靠度函数 $R(t) = e^{-\lambda t}$，累积失效分布函数 $F(t) = 1 - e^{-\lambda t}$，失效密度函数 $f(t) = \lambda e^{-\lambda t}$，失效率函数 $\lambda(t) = \lambda$。

2. 串联系统的可靠度计算

指数分布单元串联构成的系统，其寿命分布仍然是指数分布，系统的失效率为几个

单元失效率之和，即

$$\lambda_s = \sum \lambda_i, \quad i = 1, \cdots, n \tag{3.85}$$

式中，λ_s 为系统失效率；$\sum$ 为失效率总数；n 为系统总数；i 为可靠性数。

(三)可靠性分配

根据可靠性设计的要求，向各分系统分配可靠性指标要求。在初样机研制阶段对可靠性指标做粗略分配，见表 3.35。在型号研制阶段，需进一步修正可靠性分配指标，并按《装备研制与生产的可靠性通用大纲》(GJB 450—88)中 5.2.2 条规定。

表 3.35 可靠性指标预测与分配

功能单元名称	工作失效率/10^{-6}	数量	总工作失效率/10^{-6}	MTBF/h
传感器单元		1	86	11628
光学陀螺	3	60	16667	6667
加速度计	3	15	66667	11111
I/F 电路	1	8	125000	50000
台体	1	3	333333	100000
温控系统			30	33333
加速度计一级温控系统	10	1	10	100000
加速度计二级温控系统	10	1	10	100000
外温控系统	10	1	10	100000
系统结构			14	71429
承压舱	2	1	2	500000
减震器	1	4	4	250000
内部结构件	0.5	16	8	125000
电子箱			60	16667
数据采集板	15	15	66667	66667
二次电源	10	10	100000	100000
信号转接板	10	10	100000	100000
接插件	1	14	14	71429
系统 MTBF				5587

(四)可靠性保障措施

研制过程中，系统的可靠性设计控制措施如下。

(1)元器件选择。主要集成电路选用工业级或以上级别，要符合元器件优选系列。

(2)降额使用。集成电路降额系数 0.7，电阻器件降额系数 0.65，电容器件降额系数

0.45。

(3) 加强对关键、重要元部件的筛选，保证系统工作的可靠性。

(4) 采取有效的可靠性技术保障措施。一是采用 EDA（电子设计自动化）开发手段，保证产品开发的设计质量，如机械设计、逻辑电路设计、PCB 板布线等开发工作均采用 EDA 方式；二是采用较好的调试、检验、试验设备仪器来保障产品的质量。

(5) 加强技术协调与技术状态控制。在系统研制的过程中，有大量的技术问题需要协调解决，需要通过协调和对接试验来充分暴露存在的问题并对此加以解决。因此，在研制过程中应严格按照技术协调的规定程序进行适时处理，并将协调的结果适时准确地反映到设计资料中去，使产品的技术状态真正处于受控状态。

二、维修性方案

（一）维修性指标

平均修复时间（MTTR）：小于 15 天。

（二）维修性指标分配

在进行初步设计时，其固有特性未知，分配应以涉及的每个功能层次上各部分的相对复杂性为基础，在许多场合，可按系统故障率的分配模型来分配各系统的 MTTR 值，即

$$\mathrm{MTTR}_i = \frac{\mathrm{MTTR}_s \sum_{i=1}^{n} \lambda_i}{n \lambda_i} \tag{3.86}$$

式中，MTTR_s 为整机的平均修复时间；MTTR_i 为第 i 个系统的平均修复时间；n 为整机的系统数。

需要指出的是，MTTR 值不仅与系统的故障率有关，还与系统的故障检测、隔离方式、可达性、测试性、可更换性及调整性等因素有关，在进行工程样机设计时还需根据这些因素进行加权分析，以得出与实际情况更为符合的分析结果。所以可以进一步采用按故障率和设计特性的综合加权分配法。此方法分配模型如下：

$$\mathrm{MTTR}_i = \beta_i \mathrm{MTTR}_s \tag{3.87}$$

$$\beta_i = \frac{K_i \cdot \bar{\lambda}}{\bar{K} \lambda_i} \tag{3.88}$$

$$\bar{K} = \frac{\sum_{i=1}^{n} K_i}{n} \tag{3.89}$$

$$\bar{\lambda} = \frac{\sum_{i=1}^{n} \lambda_i}{n} \tag{3.90}$$

$$K_i = \sum_{i=1}^{m} K_{ij} \tag{3.91}$$

式(3.87)~式(3.91)中，$\bar{\lambda}$ 为各系统的平均故障率；β_i 为修复时间综合加权系数；$\bar{K}$ 为各系统加权因子平均值；K_i 为第 i 个系统的维修性加权因子，其与系统的故障检测、隔离方式、可达性、测试性、可更换性及调整性等因素有关，维修性越差，K_i 越大，加权因子数值需根据装备结构类型，统计分析得出（$i=1,2,3,\cdots,n$）；K_{ij} 为系统 i 的第 j 项加权因子，可根据系统实际情况查找《维修性分配与预计手册》（GJBZ-57—94）；m 为加权因子项数。

表 3.36 为四种维修性加权因子参考值（$K_i = \sum_{i=1}^{4} K_{ij}$，适用于机电设备）。

表 3.36 考虑四种维修性加权因子时的参考值

故障检测与隔离因子（K_{i1}）			可达性因子（K_{i2}）		
类型	K_{i1}	说明	类型	K_{i2}	说明
自动	1	使用设备内部计算机检测故障部位	好	1	更换故障单元时无须拆除遮盖物
半自动	2	人工控制机内检测电路进行故障定位	较好	2	能快速拆除遮盖物
人工	5	用机外轻便仪在机内设定的检测孔检测	差	4	拆除阻挡、遮盖物需上、下螺钉
人工	10	机内无设定的检测孔，需人工逐点寻迹	很差	8	除上、下螺钉外并需两人以上移动阻挡、遮盖物
可更换性因子（K_{i3}）			可调整性因子（K_{i4}）		
类型	K_{i3}	说明	类型	K_{i4}	说明
插拔	1	可更换单元的插件	不调	1	更换故障单元后无须调整
卡扣	2	可更换单元是模块，更换时打开卡扣	微调	3	利用机内调整元件进行调整
螺钉	4	可更换单元的连接件	联调	5	须与其他电路一起联调
焊接	6	要换时要进行焊接			

（三）各系统的平均修复时间（MTTR）

按照故障率和设计特性的综合加权分配法的维修性分配模型，可以计算出各系统的 MTTR，见表 3.37。

表 3.37 重力仪各系统 MTTR 预计值

功能单元名称	工作失效率/10^{-6}	数量	总工作失效率/10^{-6}	故障检测与隔离因子	可达性因子	可更换性因子	可调整性因子	维修性加权因子（K）	各系统 MTTR/d
系统			179					129	
传感器单元		1	86					46	
光学陀螺	20	3	60	1	4	4	5	14	5

续表

功能单元名称	工作失效率/10^{-6}	数量	总工作失效率/10^{-6}	故障检测与隔离因子	可达性因子	可更换性因子	可调整性因子	维修性加权因子(K)	各系统MTTR/d
加速度计	5	3	15	1	4	4	5	14	19
I/F 电路	8	1	8	1	4	4	1	10	26
台体	3	1	3	1	4	2	1	8	56
温控系统			30					28	
加速度计一级温控系统	10	1	10	1	4	4	1	10	21
加速度计二级温控系统	10	1	10	1	4	4	1	10	21
外温控系统	10	1	10	1	2	4	1	8	17
系统结构			14					26	
承压舱	2	1	2	1	1	6	1	9	94
减震器	1	4	4	1	1	4	1	7	36
内部结构件	0.5	16	8	1	4	4	1	10	26
电子箱			49					29	
数据采集板	15	1	15	3	2	4	1	10	14
二次电源	10	1	10	2	2	2	1	6	12
信号转接板	10	1	10	3	2	2	1	8	17
接插件	1	14	14	1	2	1	1	5	7
整机 MTTR/d					15				

(四)维修性设计措施

为了保证重力仪的可维修性,在设计过程中采取如下措施。

(1)二次电源、嵌入式计算机、FPGA 数据采集板等电路板都设计成可插拔板卡的形式。设计安装位置时考虑方便维修和更换。

(2)包括外购和自研的所有电路板都配备有备件板。

(3)自研的电路板上设计了足够的检测孔,以便于迅速判别故障。

(4)所有的接插件采取防插错设计,降低了对维修人员的要求。

(5)数据采集软件设计自检功能,利用所采集的数据判断系统是否正常。

三、综合保障方案

在设计阶段,采取了如下保障性设计。

(1)重力仪在包装、运输、储存过程中采用军用包装箱,其具有防振动、防冲击、防水功能,确保了系统安全。

(2)在设计过程中对器件、配件的选型充分考虑元器件、配件的持续供货情况，产品选用的器件供货期至少 7 年，可以保证长期和批量供货。

四、测试性方案

在设计阶段，采取如下的测试性设计。

(1)系统可整体标定。由于重力仪的测量精度与环境因素（主要是温度）相关，因此为了保证重力仪的测量精度，应保证系统在标定过程中与实际使用的环境条件一致，这就要求系统能整体安装到三轴转台上。为此，根据三轴测试转台的尺寸、载荷能力等指标，对系统的外形尺寸、重量分配进行了优化设计，并设计了标定用转接板以满足标定需求。

(2)嵌入式计算机、FPGA 数据采集板等板卡内有故障诊断电路和软件，上电可进行功能性检查。

(3)在板卡上设计有足够的检测孔或检测接口，便于在线检测。

(4)设计有专用的调试接口，可接收对用户不可见的系统内部参数信息，便于对系统进行测试。

五、安全性措施

对于电子设备而言，安全性历来被确定为最重要的性能之一，不安全的产品不但不能完成规定的功能，还有可能发生严重事故，为了保证产品具有相当高的安全性，安全性设计非常重要。安全设计的内容主要是防止触电和燃烧。

在设计阶段，采取如下安全性措施。

(1)电气箱内部的最高电压为 28V 的直流电压。

(2)对用户可见的所有接插件采用防插错设计，保证安装不会出错。

(3)电源开关都配备有保险，进行过流保护。

(4)内部线缆、接插件可通过颜色、标签等措施进行标识，防止接错。

(5)对电气箱内部的发热器件通过导热、风扇等措施进行降温，防止过热。

(6)加大绝缘电阻，采取的措施：尽量拉开各绝缘体或线之间的距离；对板卡进行去湿、"三防"处理；将板卡输出/输入插座上的逻辑地与机壳地分开，由系统统一处理。

(7)系统外形设计时对直角部分都进行了倒角处理，防止对用户身体的伤害。

六、环境适应性方案

参照国军标对军用设备环境适应性指标和系统设计任务书的要求，对电气系统的温度、湿度、冲击振动等承受力进行相应设计。

1. 温度适应性设计

采取以下措施保证电气系统的温度适应性。

(1)传感器箱体内部采用加热方式进行温度控制，将其温度控制在常温 40℃。其加热的功率满足系统可在 0~35℃范围内进行正常工作。

(2)电气箱内部的发热元件靠近或贴紧外壳安装，直接通过外壳散热，缩短散热路径，增强散热效果。

(3)对于芯片等发热量大且通过外壳散热还不能达到效果的器件,可通过风扇进行散热。

(4)尽量采用军品器件,少数无军品的元器件采用工业品以上的器件筛选后替代。

(5)采用数字电路,减少元件数量,增强电路的可靠性。

2. 潮湿环境适应性设计

采取以下措施保证电气系统的潮湿环境适应性。

(1)三防漆处理。印制板的焊点、元器件等对潮热和霉菌敏感的组件、零件的暴露表面必须使用三防漆进行保护性涂覆。涂覆三防漆要求在专用的三防漆涂覆箱内进行,涂覆完毕的电路板要求三防漆涂层均匀、无气泡,具有一定的光泽度。但对发热量较大的器件禁止涂覆三防漆,以免影响其散热性能。

(2)传感器箱采用全密封设计,保证了其对潮湿环境的适应能力。

(3)电气箱二次电源模块采取真空浸漆处理,增强绝缘能力。

(4)外部接插件采用防水接插件,增强系统外壳的密封性。

3. 抗冲击振动设计

采取以下措施保证系统的抗冲击振动。

(1)系统的安装底座可安装减振橡胶垫。

(2)采用2mm厚的电路基板,增强电路板强度。

(3)增加电路板固定螺丝,增加加强筋等结构件。

(4)对大质量的电容、电感、散热器,采用黏接加固、结构加固、灌封加固等工艺进行处理。

(5)在显示屏的安装接触面加装减振橡胶垫。

(6)采用军品接插件,多点接触,增强可靠性。

七、标准化方案

在系统设计时,采取的标准化措施:选用温度控制器的尺寸采用工业标准,方便系统维护及升级;选用加速度计的外形尺寸为通用标准,便于选用不同厂家的加速度计;系统各类接插件选用标准接插件,以便测量系统的集成。

八、电磁兼容性方案

(一)电磁兼容性要求

根据海军水面舰艇和潜艇对加装设备的要求,重力仪应满足《军用设备和分系统电磁发射和敏感度要求》(GJB151B—2013)中的相关标准,具体如下。

电源线传导发射:CE101 25Hz~10kHZ。

电源线传导发射:CE102 10kHZ~10MHz。

磁场辐射发射:RE101 25Hz~100kHz。

电场辐射发射:RE102 2MHz~1GHz。

(二)电磁辐射分析

重力仪传感器箱内的主要干扰源包括加热器件、无刷风扇、陀螺高压/中压电源、陀螺控制电路等,内部受干扰体主要包括陀螺本体、加速度计表头、I/F板、温度采集板等。电气箱内部的电气设备较多,主要干扰源包括二次电源板、FPGA板、嵌入式计算机板等工作频率较高的设备。受干扰体主要包括温度控制器、功率放大器等抗干扰能力较弱的数模混合电路。

干扰源和受干扰体的主要耦合途径是传导干扰和共享负载电路。设计中,应将干扰源和干扰受体尽量隔离,消除干扰的耦合途径,同时尽量降低干扰源的辐射,提高干扰受体的抗干扰能力。

(三)电磁兼容性设计

通过电磁兼容性设计,一方面要降低系统内部干扰源对受干扰体电磁辐射的影响,保证系统正常工作,提高测量精度。另一方面要减小对载体电磁辐射的影响,满足载体对电磁兼容性的要求。

电磁兼容性设计基于以下三个方面:隔离、去耦、屏蔽。电磁兼容性设计从设计阶段开始,贯穿于电路原理图设计、印制板图设绘、元器件选用、印制板安装引线等一系列环节,本系统主要采用下列措施。

(1)电源输入采用军用滤波器进行隔离,以减小系统电源线传导发射对载机的影响。

(2)对系统内部的电磁干扰源进行屏蔽,减小对受干扰体的影响。将电气箱、二次电源、FPGA板、嵌入式计算机板置于数据采集模块盒内,进行屏蔽处理。

(3)对抗干扰能力较多的数模混合电路,如I/F板、功率放大器等加装屏蔽盒,以减小外界对其的影响。

(4)为减小系统的电磁辐射,传感器箱采用密封设计,从整体上进行屏蔽。为了保证屏蔽效果,各个安装盖箱体设计了凹槽。

(5)各种连接电缆进行屏蔽处理。

(6)接口电路采用光电隔离,减少子系统之间、内外系统之间的耦合,提高抗干扰能力。

(7)按照电磁兼容的要求设计电路板。例如,数字地和模拟地分开,使用多层印制电路板,优化电路板走线,逻辑器件远离时钟、振荡器等器件等。

(8)关键电路就近安装,缩短引线距离,提高抗干扰能力。

(9)系统外壳接地,增强电磁屏蔽效果。

九、人-机-环设计

为了保证重力仪系统有良好的人机交互体验,在设计时采取如下措施。

(1)为方便搬运、安装重力仪,在重力仪左右两侧设计了提手,提手的外形、尺寸充分考虑了实际操作的方便。在提手上安装了橡胶套,搬运更加省力。

(2)温控系统综合考虑水面和水下工作状态,提高系统的环境使用能力。

(3)设计有远程状态监测单元,便于实时了解系统的工作状态。

第十一节　捷联式水下动态重力测量系统试验

完成传感器精度评估、密封承压舱加压试验、水面测量试验、水下测量试验、海试试验等，完成相关测试和试验任务，完成试验数据的分析与评估工作。

将水下重力仪的试验分为 6 个阶段，逐步对重力仪性能进行验证。

(1)传感器精度评估：在实验室静态条件下，采集重力传感器及姿态传感器测量数据，分析精度能否达到指标要求。

(2)密封承压舱加压试验：在实验室条件下，根据设计的入水深度大于 2000m 的指标，对设计的密封承压舱进行加压和水密试验。

(3)水面测量试验：在内湖进行水面船载试验，验证重力仪能否正常采集数据，并对重力测量精度进行评估。

(4)水下测量试验：在内湖进行水下试验，将重力仪安装于拖体后进行拖曳重力测量，验证水下测速、定位、加速度测量、姿态测量及拖体平稳性等精度是否达到设计指标。

(5)海试试验：按照设计深度进行水下重力测量试验，评估水下动态重力测量精度指标。

一、湖泊试验

完成设备研制，经过包括水池测试在内的实验室测试检验合格后，需要进行湖泊试验，本部分主要内容包括水下动态重力测量系统湖泊测试的要求、实际测试情况和结果。

(一)测试目的

在完成水下动态重力仪的系统改进后，对水下动态重力仪开展湖试，主要目的是开展基于两级拖体的水下重力测量系统多传感器联调，对水下动态重力仪进行功能性和环境适应性测试，并评估水下重力测量的作业流程和仪器精度。

(二)测试内容

测量水下动态重力仪水下运作的性能，为仪器的海试作业做准备。测试内容包括以下方面。

1. 传感器联调

重力仪与拖体上的其他传感器通电联调，检查仪器工作状态，通信是否正常。

2. 水下测试

将拖体吊入水中，测量水下动态重力仪的运作性能，对 DVL、深度计等传感器进行同步采集，为仪器的海试作业做准备。

3. 精度评估

采用重复线内符合精度评估方法评估重力仪的测量精度。

(三)测试过程

设备分别于 2018 年 8~9 月和 2019 年 10 月两次湖泊测试，每次测试大致过程如下。

(1) 将水下动态重力仪安装在拖体上,保证传感器之间的接线正确后,通电调试,检查重力仪工作是否正常,其他传感器与重力仪之间的通信是否正常。

(2) 通电预热,使重力仪达到稳定工作状态。

(3) 保证各传感器工作正常后,同步采集重力仪及其他传感器的数据。然后将拖体放入水下,检查数据采集是否正常。

(4) 控制拖体在固定深度(50m)以 2~3kn 的速度匀速进行重复线测量。对数据进行分析研究,对水下动态重力仪系统的性能进行评估。

(四) 评价方法

每条重复线测试数据的内符合精度计算公式:

$$\varepsilon_j = \pm\sqrt{\frac{\sum_{i=1}^{n}\delta_{ij}^2}{n}}, \quad j=1,2,\cdots,m \tag{3.92}$$

在式(3.92)中,

$$\delta_{ij} = F_{ij} - F_i, \quad i=1,2,\cdots,n; j=1,2,\cdots,m$$

$$F_i = \frac{\sum_{i=1}^{n}F_{ij}}{m}, \quad i=1,2,\cdots,n$$

式中,ε_j 为第 j 条重复线的内符合精度;δ_{ij} 为第 j 条重复线上第 i 个测点的观测值与该点上各重复线观测值的平均值之差;n 为重复线公共段观测点的总数;m 为重复线的总条数。

所有测线总的内符合精度计算公式:

$$\varepsilon = \pm\sqrt{\frac{\sum_{j=1}^{m}\sum_{i=1}^{n}\delta_{ij}^2}{m\times n}} \tag{3.93}$$

(五) 测试结果

将设备安装在拖体上,通电预热,使系统达到稳定工作状态后,进行拖曳测量,并采集重力仪、DVL、深度计的测量数据。

2018 年湖试实验从上午 8 点开始至 14 点结束,拖体姿态的数据来源于拖体上的姿态仪 ISA500,整个实验阶段的姿态角变化如图 3.84 所示。

上午 9:30~13:20 为探测拖体定深航行时间段,选取此时间段的姿态角画图,定深航段拖体姿态角的变化图(ISA500)如图 3.85 所示。

定深航段拖体的速度和升沉变化图如图 3.86 和图 3.87 所示。

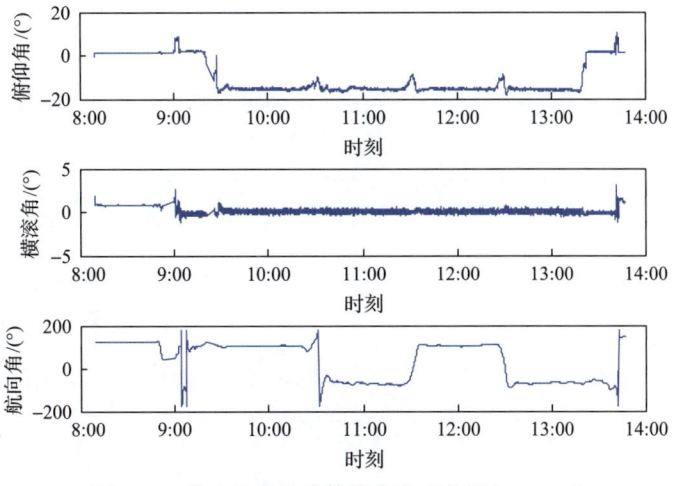

图 3.84　整个航段的拖体姿态角变化图(ISA500)

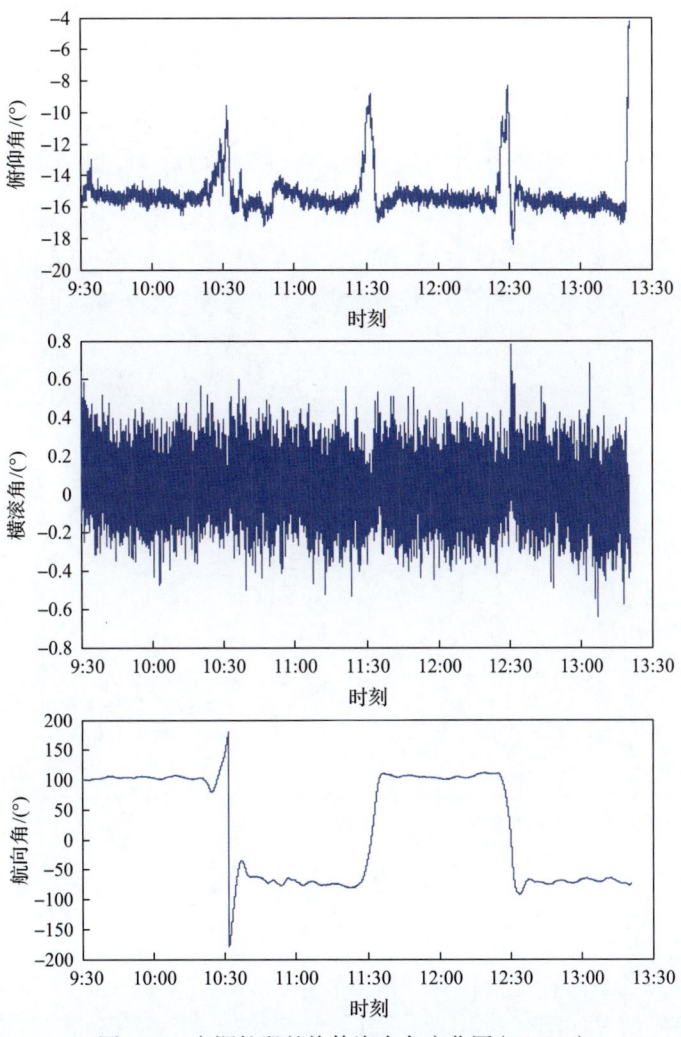

图 3.85　定深航段的拖体姿态角变化图(ISA500)

图 3.86　定深航段的拖体速度变化图

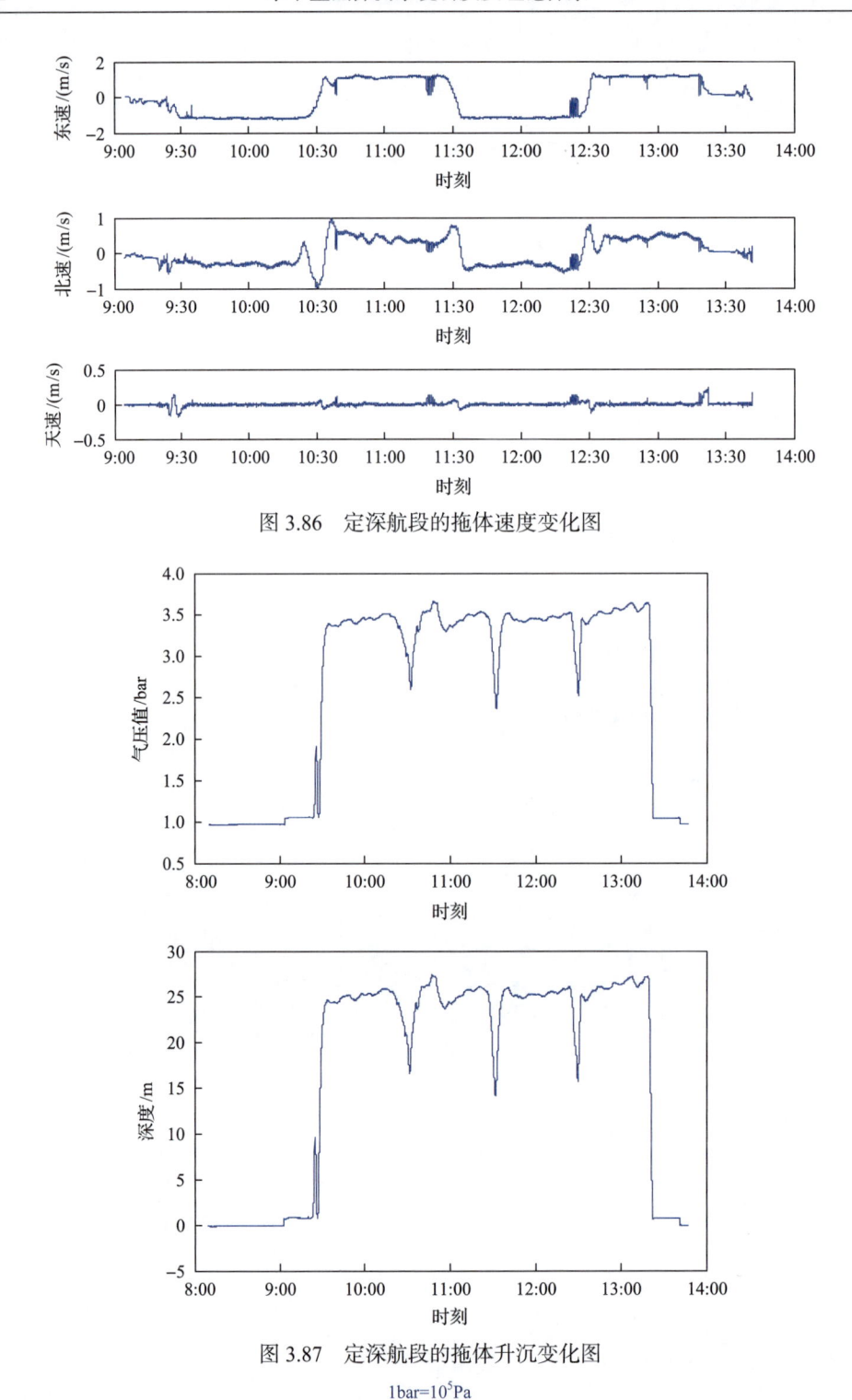

图 3.87　定深航段的拖体升沉变化图

1bar=10⁵Pa

将深度信息与姿态信息进行整合，拖体姿态和深度比对图见图 3.88；将拖体定深航行分为四段，分段情况如图 3.89 所示。第一、二、三、四段航程的姿态角与深度比对图见图 3.90～图 3.93。

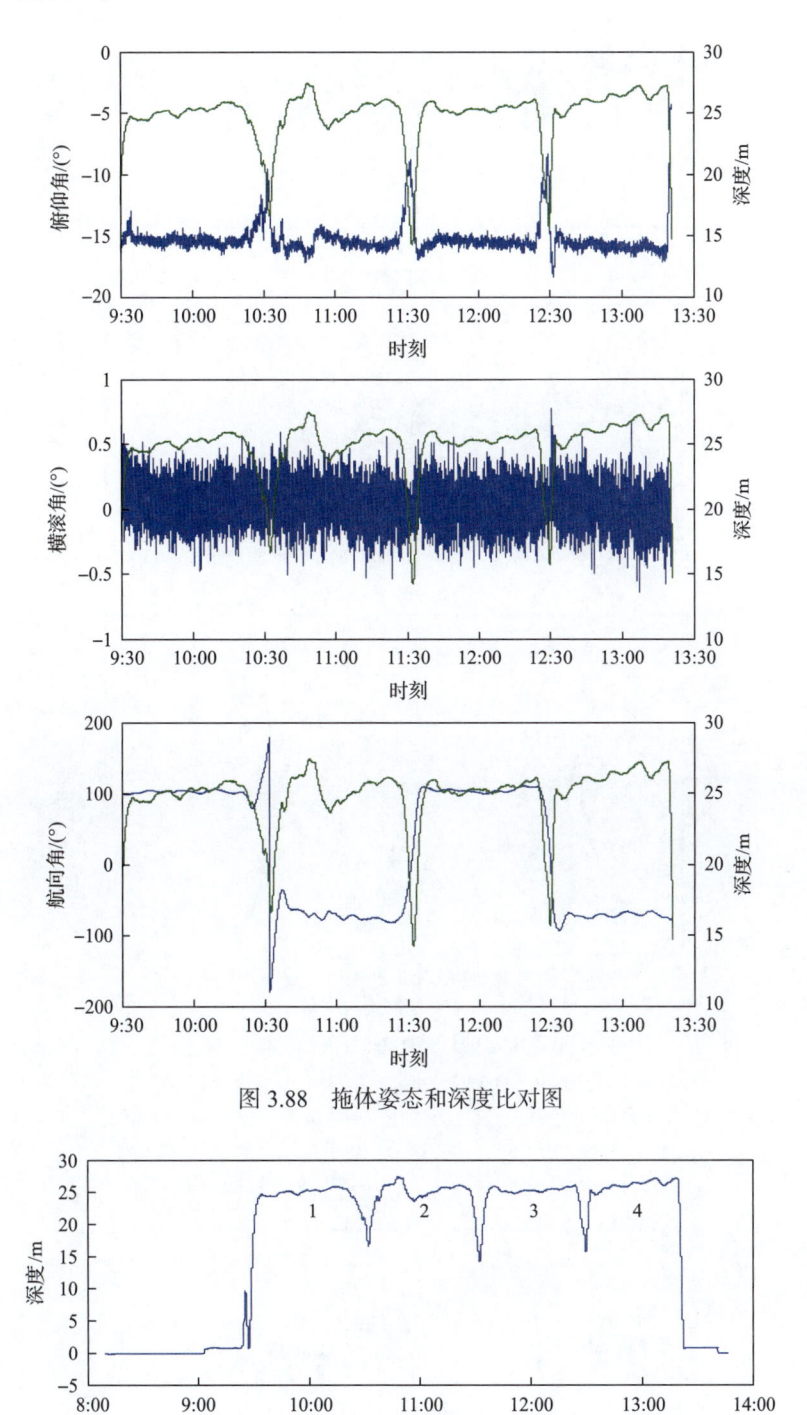

图 3.88　拖体姿态和深度比对图

图 3.89　四段航程的分段情况

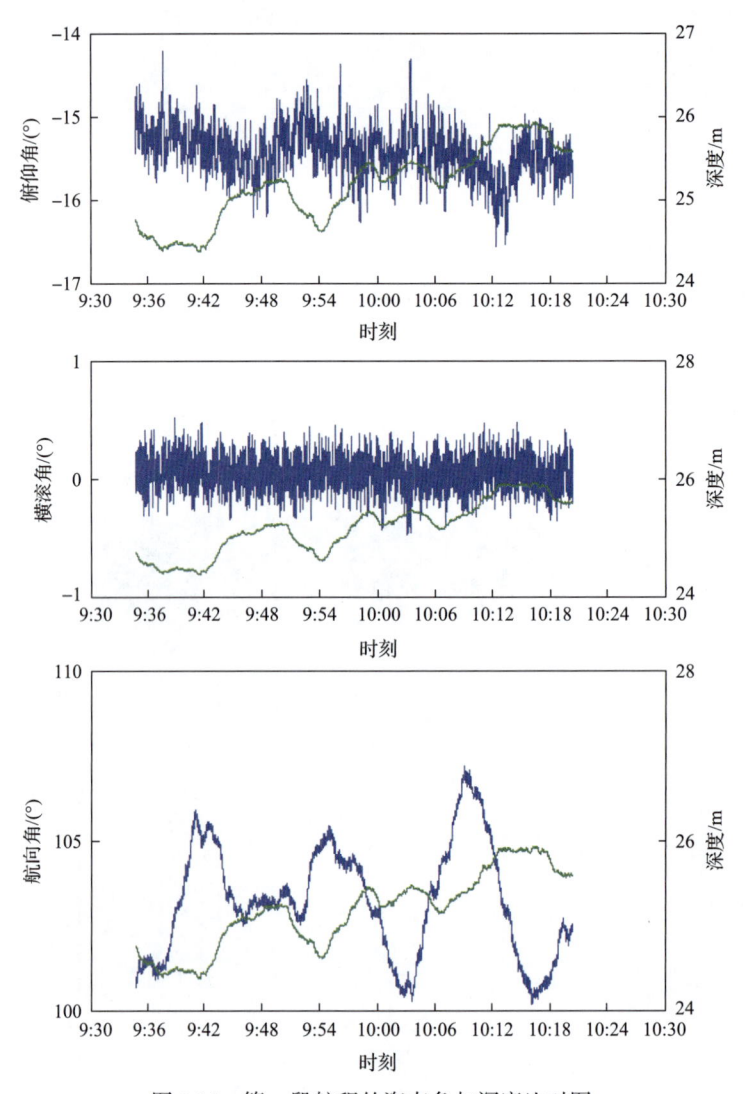

图 3.90 第一段航程的姿态角与深度比对图

俯仰角：标准差为 0.2917°；最小值为−16.5642°；最大值为−14.2145°
横滚角：标准差为 0.1313°；最小值为−0.4764°；最大值为 0.5147°
航向角：标准差为 1.6579°；最小值为 100.1662°；最大值为 107.1688°
深度：标准差为 0.4471m；最小值为 24.3712m；最大值为 25.9212m

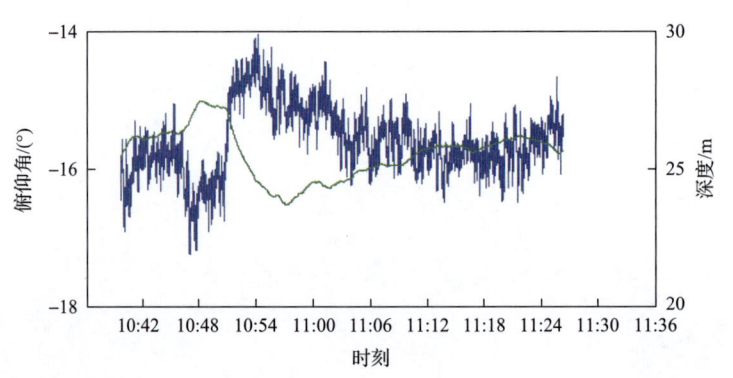

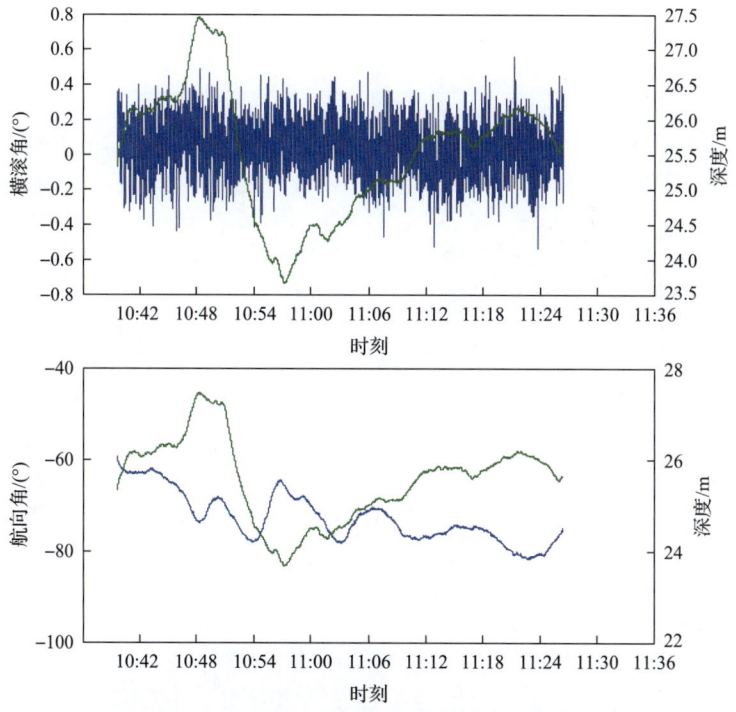

图 3.91　第二段航程的姿态角与深度比对图

俯仰角：标准差为 0.5098°；最小值为−17.2450°；最大值为−14.0580°
横滚角：标准差为 0.1393°；最小值为−0.5334°；最大值为 0.5574°
航向角：标准差为 5.3839°；最小值为−81.8456°；最大值为−59.3560°
深度：标准差为 0.8989m；最小值为 23.6574m；最大值为 27.4610m

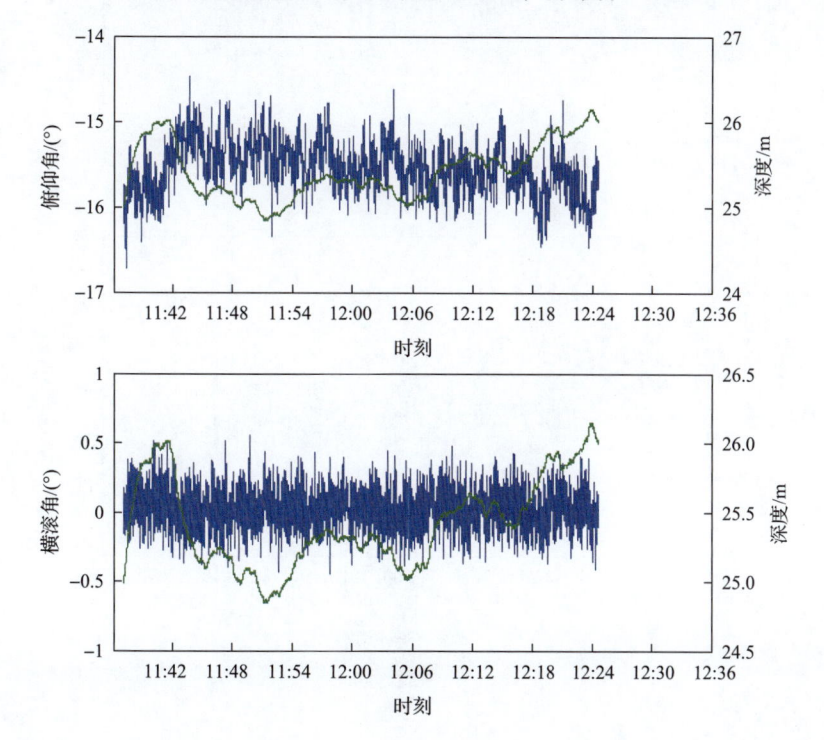

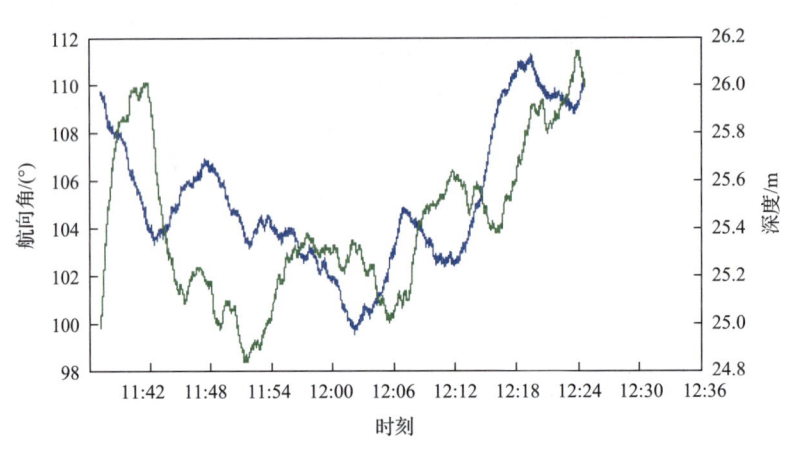

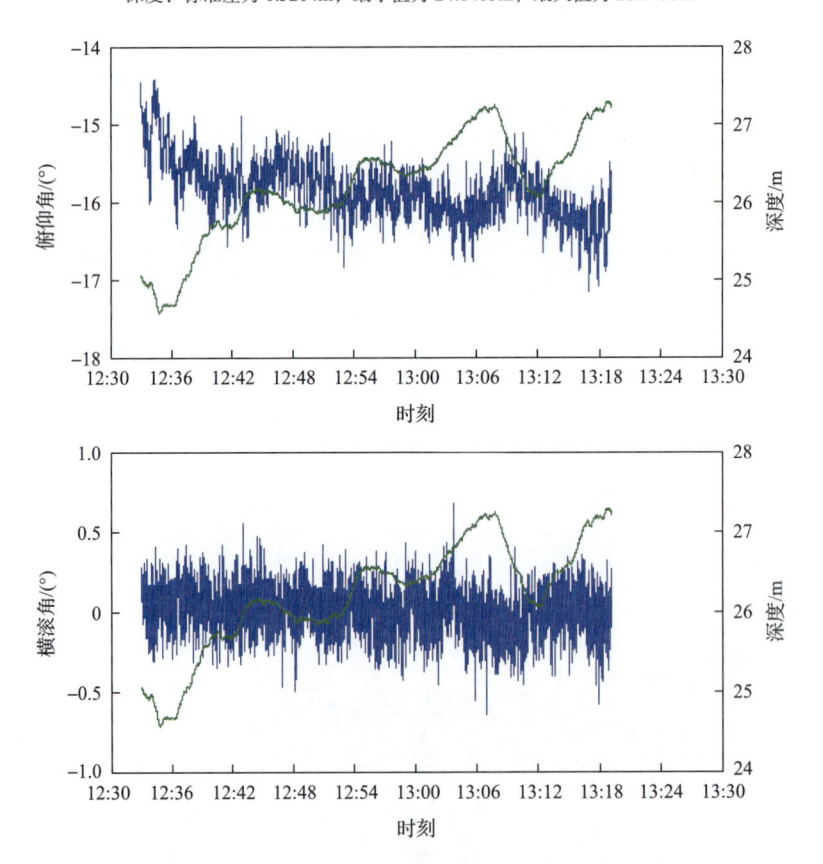

图 3.92　第三段航程的姿态角与深度比对图

俯仰角：标准差为 0.2997°；最小值为 −16.7213°；最大值为 −14.4670°
横滚角：标准差为 0.1375°；最小值为 −0.4456°；最大值为 0.5547°
航向角：标准差为 2.9312°；最小值为 99.5281°；最大值为 111.3043°
深度：标准差为 0.3214m；最小值为 24.8403m；最大值为 26.1455m

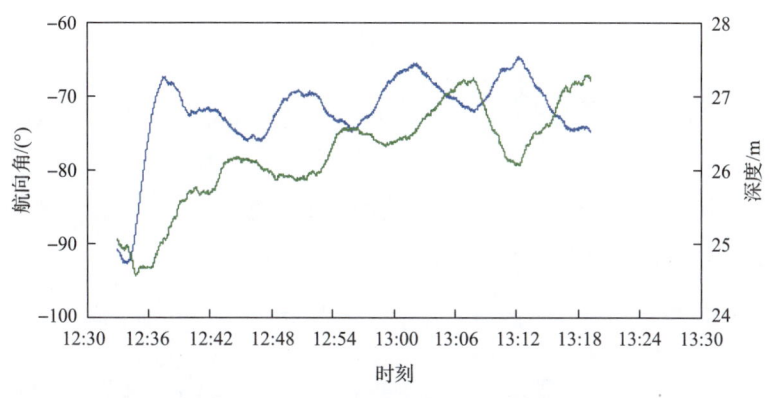

图 3.93 第四段航程的姿态角与深度比对图

俯仰角：标准差为 0.3776°；最小值为-17.1545°；最大值为-14.4154°
横滚角：标准差为 0.1454°；最小值为-0.6412°；最大值为 0.6784°
航向角：标准差为 5.1465°；最小值为-92.6854°；最大值为-64.5593°
深度：标准差为 0.6600m；最小值 24.5650m；最大值为 27.2978m

四段航程的数据结果汇总见表 3.38。

表 3.38 各段数据结果汇总

姿态、深度	标号	标准差	最小值	最大值	极差
俯仰角/(°)	1	0.2917	−16.5642	−14.2145	2.3497
	2	0.5098	−17.2450	−14.0580	3.187
	3	0.2997	−16.7213	−14.4670	2.2543
	4	0.3776	−17.1545	−14.4154	2.7391
	平均值	0.3697	−16.9213	−14.2887	2.632525
横滚角/(°)	1	0.1313	−0.4764	0.5147	0.9911
	2	0.1393	−0.5334	0.5574	1.0908
	3	0.1375	−0.4456	0.5547	1.0003
	4	0.1454	−0.6412	0.6784	1.3196
	平均值	0.138375	−0.52415	0.5763	1.10045
航向角/(°)	1	1.6579	100.1662	107.1688	7.0026
	2	5.3839	−81.8456	−59.3560	22.4896
	3	2.9312	99.5281	111.3043	11.7762
	4	5.1465	−92.6854	−64.5593	28.1261
	平均值	3.779875			17.34863
深度/m	1	0.4471	24.3712	25.9212	1.55
	2	0.8989	23.6574	27.4610	3.8036
	3	0.3214	24.8403	26.1455	1.3052
	4	0.6600	24.5650	27.2978	2.7328
	平均值	0.58185	24.35848	26.70638	2.3479

在平稳航行阶段，拖体的深度变化比较稳定，深度标准差为 0.58185m；最大值与最小值之差为 2.3479m。定深航行阶段，俯仰角和横滚角相对比较稳定，标准差分别为 0.3697°和 0.138375°，极差分别为 2.632525°和 1.10045°；航向角变化很大，最小标准差在 1.7°左右。

2019 年湖试共进行一次往返测量，生成两条重复线：CX1 和 CX2。重力仪在测线 CX1 测量过程中的姿态、速度、位置曲线如图 3.94 和图 3.95 所示。

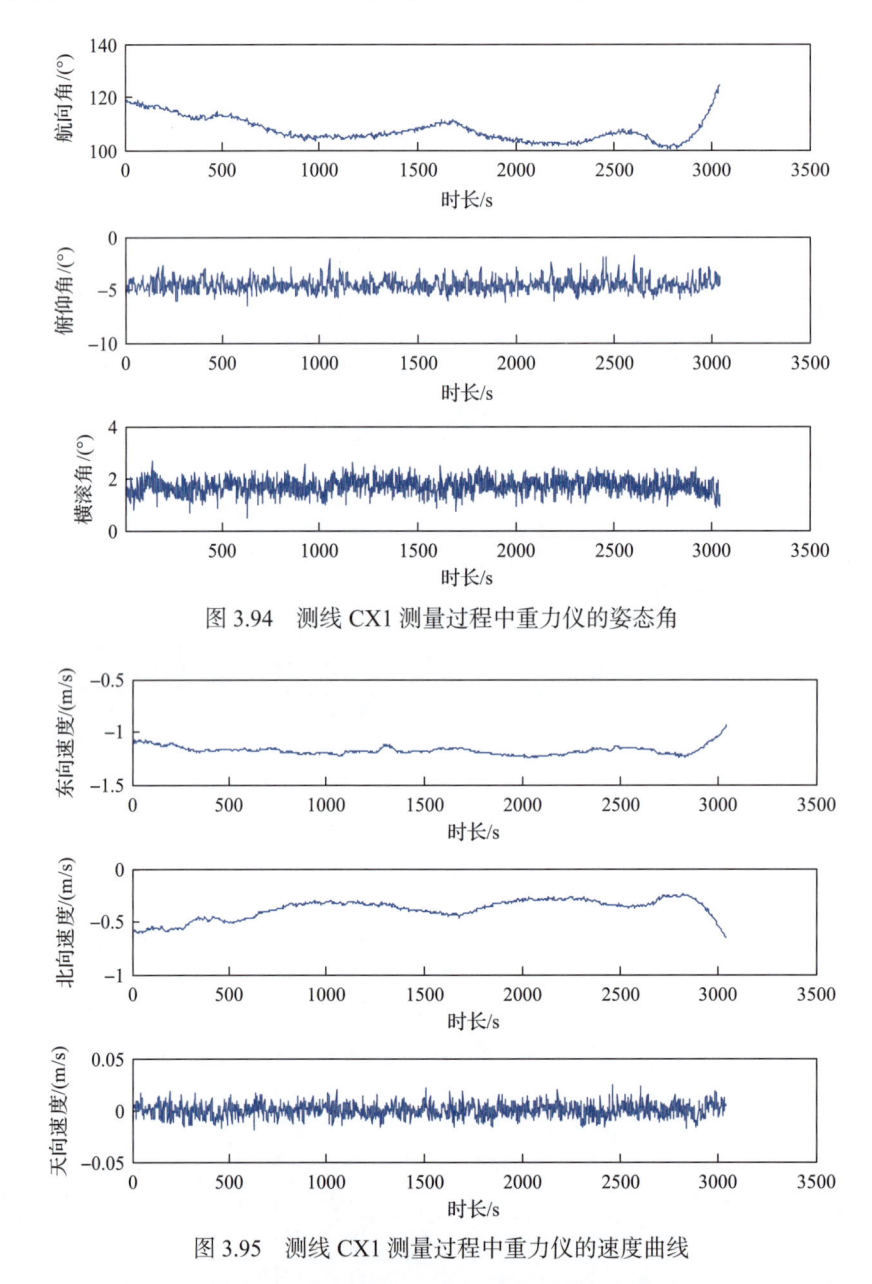

图 3.94　测线 CX1 测量过程中重力仪的姿态角

图 3.95　测线 CX1 测量过程中重力仪的速度曲线

重力仪在测线 CX2 测量过程中的姿态、速度曲线分别如图 3.96 和图 3.97 所示。两条测线的姿态、速度及深度的统计结果如表 3.39 所示。

图 3.96　测线 CX2 测量过程中重力仪的姿态角

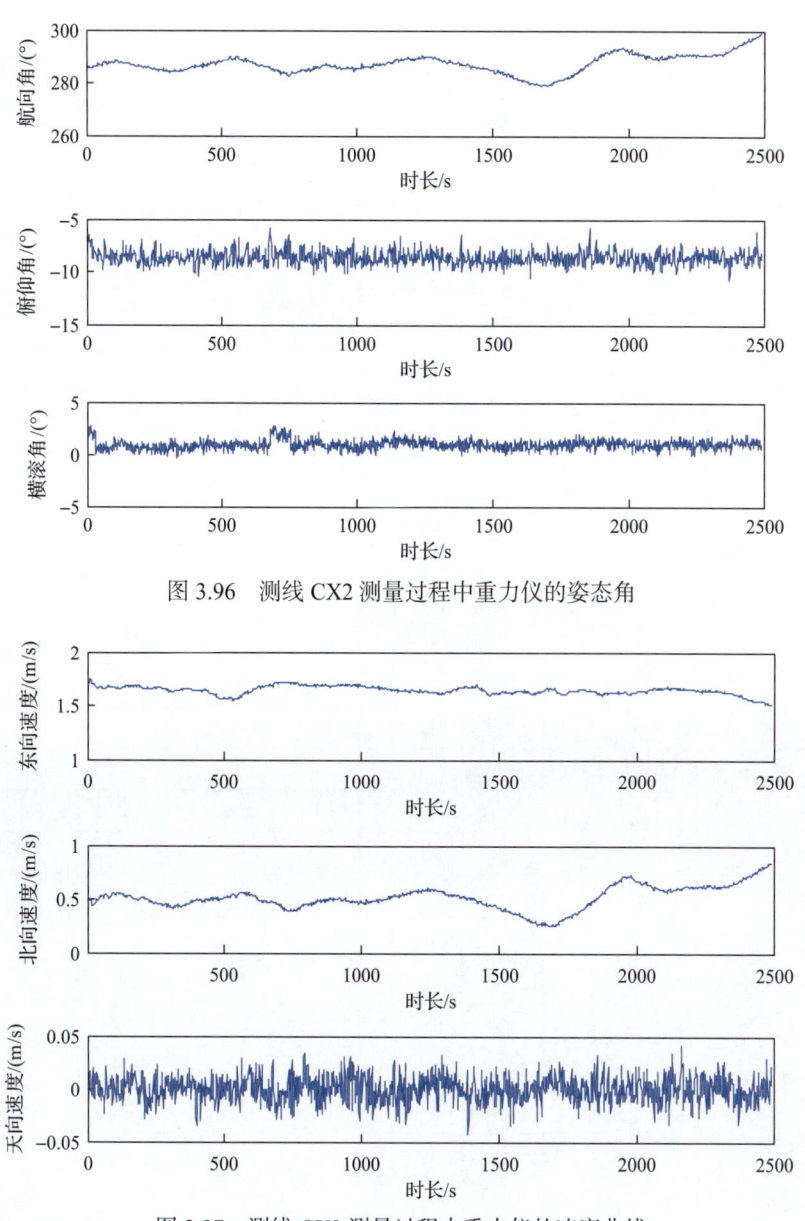

图 3.97　测线 CX2 测量过程中重力仪的速度曲线

通过表 3.39 的汇总数据，可以得出以下几点结论。

(1) 在平稳航行阶段，拖体的深度变化比较稳定，深度标准差最大为 0.21m；最大值与最小值之差最大为 1.09m。

(2) 定深航行阶段，俯仰角和横滚角相对比较稳定，标准差最大分别为 0.65°和 0.46°；航向角变化很大，最小标准差在 3.54°。

表 3.39 测线 CX1 与 CX2 的姿态、速度及深度的统计结果

测线		CX1	CX2
俯仰角/(°)	最小值	−6.61	−10.83
	最大值	−1.77	−5.78
	极差	4.84	5.05
	均值	−4.54	−8.64
	标准差	0.61	0.65
横滚角/(°)	最小值	0.46	−0.39
	最大值	2.65	2.78
	极差	2.19	3.17
	均值	1.68	0.94
	标准差	0.30	0.46
航向角/(°)	最小值	100.39	278.61
	最大值	124.55	298.86
	极差	24.16	20.25
	均值	107.49	287.32
	标准差	4.60	3.54
东向速度/(m/s)	最小值	−1.25	1.51
	最大值	−0.94	1.75
	极差	0.31	0.24
	均值	−1.18	1.65
	标准差	0.04	0.04
北向速度/(m/s)	最小值	−0.66	0.25
	最大值	−0.24	0.84
	极差	0.42	0.59
	均值	−0.38	0.52
	标准差	0.09	0.11
天向速度/(m/s)	最小值	−0.02	−0.04
	最大值	0.02	0.04
	极差	0.04	0.08
	均值	−1.41e-04	−7.77e-05
	标准差	6.4e-03	0.01
深度/m	最小值	−21.59	−24.40
	最大值	−20.81	−23.31
	极差	0.78	1.09
	均值	−21.24	−23.91
	标准差	0.18	0.21

(3) 速度的标准差最大约为 0.04m/s，拖体基本能保持匀速航行状态。
测线的轨迹如图 3.98 所示。

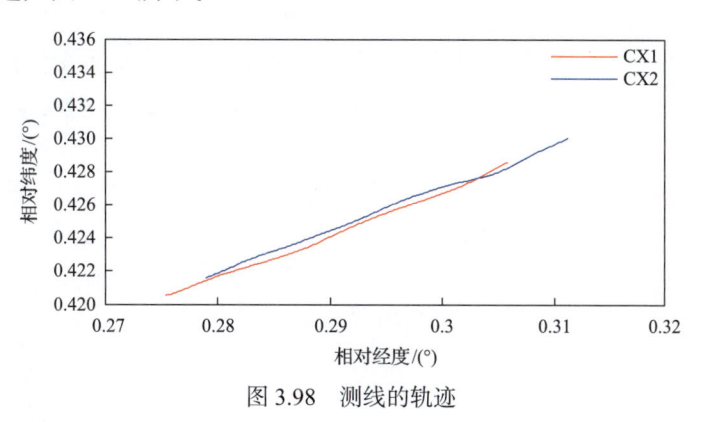

图 3.98 测线的轨迹

重力异常结果如图 3.99 所示，按照式(3.93)计算重复线内符合精度，精度统计结果见表 3.40，水下重力仪的内符合精度为 0.37mGal/250m。

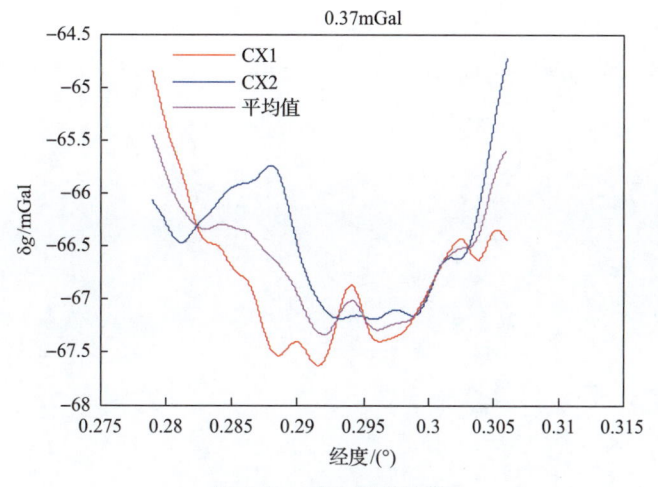

图 3.99 重力异常结果

表 3.40 精度统计

测线	最大值	最小值	平均值	RMS	总 RMS
CX1/mGal	0.61	−0.88	−0.16	0.37	0.37
CX2/mGal	0.88	−0.61	0.16	0.37	

(六)测试结论

通过上述试验，水下动态重力仪在湖试条件下的测试结果如下。
(1)重力仪原始数据正常。
(2)定深航行阶段拖体的深度变化在 1m 以内，俯仰角和横滚角的标准差在 1°以内。基本能满足水下重力测量的要求。
(3)通过重复测量生成重复线，采用重复线内符合精度评估仪器精度，水下重力测量的内符合精度为 0.37mGal。

二、海上试验

设备系统经过湖泊试验后，需要进行海上测试，以检验设备系统的各项功能和技术指标情况。本书项目研制的水下动态重力测量系统经过两次海上测试，第一次海试分别在 500m 水深处进行了功能性、精度评估试验，在 2000m 水深处进行了环境适应性试验。合计完成了 8 条测线，约 160km，过程设备工作正常，重复线补偿后内符合精度为 0.84mGal。第二次海试在 2000m 水深附近以走航方式采集水下动态重力，采集 10 条测线段，共计 120.7km，水下动态重力测量系统采集数据质量可靠，水下重力异常重复线补偿后内符合精度达到 0.97mGal。详细内容见第六章。

第四章 水下三分量磁力测量系统

第一节 概 述

国内三分量磁力仪主要用于静态测量，而动态测量误差都在 100nT 以上，测量数据不具备使用价值。中国海洋磁力测量方式在近 70 年内以总磁场测量为主，所用的磁力仪以质子旋进磁力仪为代表，而国外的三分量磁力仪在 2010 年以前对中国封锁，中国未见有效的海上三分量磁力测量实例。本章讲述了对三分量磁力传感器的选择与修正、姿态仪与三分量磁轴的同步等原始创新技术。实现水下三分量磁力探测可在距离海底较近的距离获取高精度、高分辨率的地磁场信息，为深水及复杂油气构造的勘探提供更加高效的探测手段。此次研究将实现国产磁力探测设备的典型应用，缩短与国外设备的差距，打破国外垄断，推动国产磁力探测设备的产业化应用。

本次主要研制水下三分量磁力测量系统，实现深水三分量动态测量。三分量磁力测量系统外形图见图 4.1。

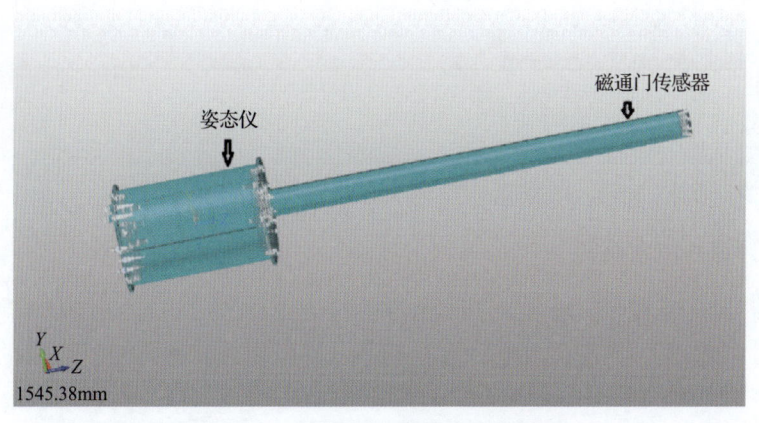

图 4.1　三分量磁力测量系统外形图

三轴磁通门磁力仪可提供地理坐标系下的磁场三分量和总磁场数据，但存在轴间非正交、各轴刻度因子不一致、零偏不一致、温度漂移、三轴非同时测量和运动噪声等多种误差，从而严重影响磁场的测量精度。本章研制的水下磁力三分量动态测量系统，通过三分量磁力仪的磁轴校准、高精度光纤陀螺捷联姿态测量系统与海洋磁力测量系统一体化方案，能有效解决动态条件下三分量磁场测量及高精度总磁场的合成问题。

本章主要讨论动态条件下磁场三分量合成总磁场的准确性问题。对磁通门磁力仪测量数据的误差和误差标定与补偿技术进行深入研究，解决误差标定与补偿技术中所涉及的理论和技术问题，满足深水油气近海底重磁高精度探测的需求。主要技术指标如下。

(1) 三分量磁力仪测量精度<20nT。
(2) 三分量磁力仪测量线性度<0.05%。
(3) 三分量磁力仪测量频响范围为 0～100Hz。
(4) 捷联惯性姿态测量系统的测量精度<0.01°。
(5) 数据采集精度<0.001%。

第二节　技　术　方　案

水下三分量磁力测量系统总体信号流程图见图 4.2。

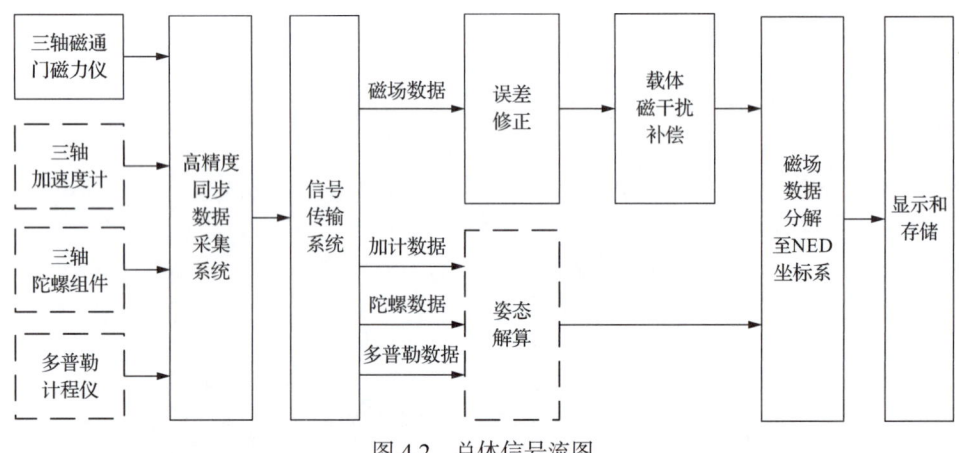

图 4.2　总体信号流图

本节主要从磁通门传感器技术研究、磁通门传感器误差修正技术研究、载体磁干扰补偿技术研究、高精度磁力仪采集控制记录系统研制等 4 方面开展。

一、磁通门传感器技术研究

磁通门传感器是利用具有高磁导率的磁芯在外磁场作用下的电磁感应现象测定外界磁场的仪器，它的基本原理基于软磁材料的非线性磁化特性。磁通门传感器主要包括磁通门探头、激励电路和信号提取电路三部分（图 4.3）。磁通门探头是磁通门传感器的重要

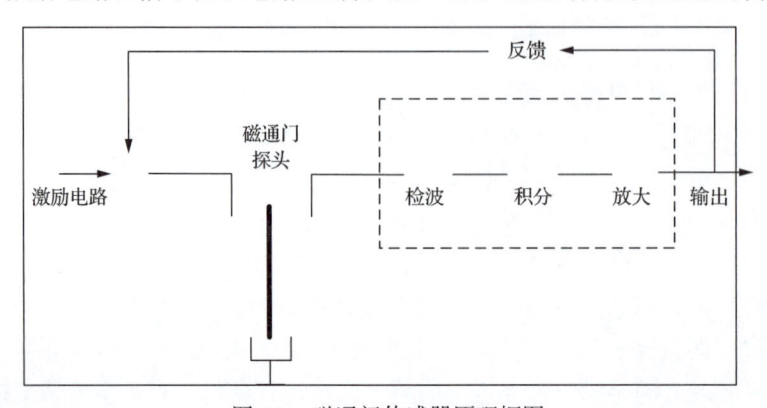

图 4.3　磁通门传感器原理框图

组成部分，它的敏感元件是由高磁导率、易饱和材料制成的磁芯，其有两个绕组线圈围绕该磁芯，一个是激励线圈，另一个是感应线圈。在交变激励信号的磁化作用下，磁芯的磁导率发生周期性饱和与非饱和变化，从而使缠绕在磁芯上的感应线圈感应输出与外界磁场大小成正比的信号。

由法拉第电磁感应定律可得，感应线圈上应产生的感应电动势为

$$e = 10^{-8} \frac{d}{dt}(W\mu HS) \tag{4.1}$$

式中，W 为感应线圈匝数；μ 为磁芯的磁导率；H 为激磁磁场强度；S 为磁芯的横截面积。

如果 S 和 W 不变，磁芯远离饱和工作状态，其磁导率 μ 近似为常数，这个物理模型中的感应电动势 e 将仅有激磁磁场强度 H 的变化做出贡献。如果激磁磁场强度为

$$H = H_m \cos(2\pi f_1 t) \tag{4.2}$$

式中，H_m 为激磁磁场强度幅值；f_1 为激磁电源频率。

那么公式(4.1)变为

$$e = 2\pi \times 10^{-8} f_1 \mu WSH_m \sin(2\pi f_1 t) \tag{4.3}$$

这就是理想变压器效应的数学模型。

由于磁芯磁化曲线的非线性，激磁磁场瞬时值的变化会引起磁导率 μ 的变化。因此实际变压器效应的数学模型为

$$e = 2\pi \times 10^{-8} f_1 \mu(t) WSH_m \sin 2\pi f_1 t - 10^{-8} \frac{d\mu(t)}{dt} WSH_m \cos(2\pi f_1 t) \tag{4.4}$$

激磁磁场瞬时值的方向呈周期性变化，但随之而变的磁芯磁导率 $\mu(t)$ 却无正负之分，所以 $\mu(t)$ 是偶函数。将 $\mu(t)$ 展开为傅里叶级数，可得

$$\mu(t) = \mu_{0m} + \mu_{2m}\cos(4\pi f_1 t) + \mu_{4m}\cos(8\pi f_1 t) + \mu_{6m}\cos(12\pi f_1 t) + \cdots \tag{4.5}$$

式中，μ_{0m} 为磁场直流分量的常值分量；$\mu_{2m}, \mu_{4m}, \mu_{6m}, \cdots$ 为 $\mu(t)$ 的各偶次谐波分量的幅值。

将式(4.5)代入公式(4.4)，得

$$\begin{aligned} e = 2\pi \times 10^{-8} f_1 \mu(t) WSH_m \Big[& \left(\mu_{0m} + \frac{1}{2}\mu_{2m}\right)\sin(2\pi f_1 t) + \frac{3}{2}(\mu_{2m} + \mu_{4m})\sin(6\pi f_1 t) \\ & + \frac{5}{2}(\mu_{4m} + \mu_{6m})\sin(10\pi f_1 t) + \frac{7}{2}(\mu_{6m} + \mu_{8m})\sin(14\pi f_1 t) + \cdots \Big] \end{aligned} \tag{4.6}$$

这就是磁芯的磁导率 μ 随激磁磁场 $H_m \cos(2\pi f_1 t)$ 而变化的变压器效应数学模型。将公式(4.6)与公式(4.3)比较可知，考虑磁芯磁导率 μ 的变化后，感应电动势 e 将出现奇次谐波分量。

任何一个变压器总是处在环境磁场中，所以变压器磁芯的外加磁场除激磁磁场外，

至少还包括环境磁场。如果考虑环境磁场实际施加在磁芯轴向的分量为 H_0 时，那么公式(4.4)变为

$$e = 2\pi \times 10^{-8} f_1 \mu(t) WSH_m \sin(2\pi f_1 t) - 10^{-8} \frac{d\mu(t)}{dt} WSH_m \cos(2\pi f_1 t) - 10^{-8} \frac{d\mu(t)}{dt} WSH_0 \quad (4.7)$$

当 H_0 比磁芯饱和磁场强度 H_s 和激磁磁场强度 H_m 都小得多时，它对磁芯磁导率 $\mu(t)$ 的影响可以忽略。此时，式(4.7)的前两项与式(4.4)相同，其末项为 H_0 引起的感应电动势 e 的增量为 $e(H_0)$，将式(4.5)代入，得

$$e(H_0) = -2\pi \times 10^{-8} f_1 WSH_m \left(2\mu_{2m} \sin(4\pi f_1 t) + 4\mu_{4m} \sin(8\pi f_1 t) + 6\mu_{6m} \sin(12\pi f_1 t) + \cdots\right) \quad (4.8)$$

从式(4.8)可以看出，只要磁芯磁导率随激磁磁场强度而变，感应电动势就会出现随环境磁场强度而变的偶次谐波增量 $e(H_0)$。当磁芯处于周期性过饱和工作状态时，$e(H_0)$ 将显著增大。因此，可以利用这一物理现象测量环境磁场的大小。

磁通门传感器主要技术指标如下。
(1)测量范围：–70000~+70000nT。
(2)线性度：0.005%。
(3)灵敏度：100μV/nT。
(4)噪声：＜10pT/$\sqrt{\text{Hz}}$ @1Hz。
(5)频率范围：0~100Hz。

二、磁通门传感器误差补偿技术研究

误差修正技术主要解决动态条件下磁场三分量合成总磁场过程中，受各种误差影响，总磁场测量精度无法保证的问题。从硬件和软件两个方面，通过实验室标定和现场校准等方式，解决三轴磁通门磁力仪各轴轴间非正交、零偏不一致、各轴刻度因子不一致、温度漂移、三轴非同时测量和运动噪声等多种途径产生的误差，提高三轴磁通门磁力仪的测量精度，解决制约高精度磁学发展的关键问题。

三分量磁通门磁力仪坐标系如图 4.4 所示，$Oxyz$ 坐标系是实际磁场坐标系(完全正交)，$Ox'y'z'$ 坐标系是测量磁场坐标系(非完全正交)。磁通门磁力仪在 $Ox'y'z'$ 坐标系中的测量值与 $Oxyz$ 坐标系中实际磁场值之间的关系见式(4.9)，即

$$\begin{bmatrix} Y_{x'} \\ Y_{y'} \\ Y_{z'} \end{bmatrix} = \boldsymbol{M}^{-1} \cdot \begin{bmatrix} B_x \\ B_y \\ B_z \end{bmatrix} + \begin{bmatrix} C_{x'} \\ C_{y'} \\ C_{z'} \end{bmatrix} + \begin{bmatrix} T_{x'} \\ T_{y'} \\ T_{z'} \end{bmatrix} \quad (4.9)$$

式中，Y 为磁力仪在 $Ox'y'z'$ 坐标系中的输出，即测量磁场；B 为实际磁场；C 为 3 个轴的零点漂移；T 为 3 个轴的温度漂移；矩阵 $\boldsymbol{M}$ 为从实际磁场坐标系 $Oxyz$ 到测量磁场坐标系 $Ox'y'z'$ 的转换矩阵。

如图 4.4 所示，令 z 轴与 z' 轴完全重合且 y' 轴在 Oyz 平面上，定义 θ_{31} 为 x' 轴与 x 轴的夹角，这是一个接近于零度的小角；θ_{32} 为 x' 轴 Oyz 平面上的投影与 z 轴的夹角，不限

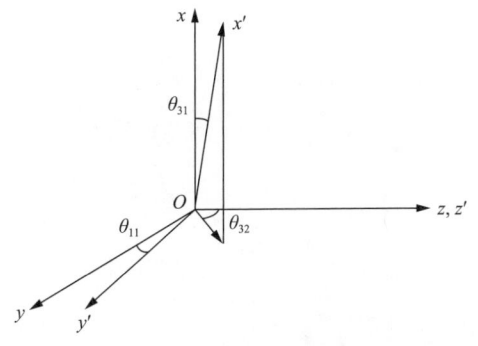

图 4.4 磁力仪坐标系示意图

制为小角；θ_{11} 为 y' 轴与 y 轴的夹角，这是接近于零度的小角。由此得转换矩阵为

$$\boldsymbol{M} = \begin{bmatrix} \cos\theta_{31} & 0 & 0 \\ \sin\theta_{31}\cos\theta_{32} & \cos\theta_{11} & 0 \\ \sin\theta_{31}\sin\theta_{32} & \sin\theta_{11} & 1 \end{bmatrix} \tag{4.10}$$

结合式(4.9)和式(4.10)，整理后得

$$B^2 = A_1 Y_{x'}^2 + A_2 Y_{y'}^2 + A_3 Y_{z'}^2 + D Y_{x'} Y_{y'} + E Y_{x'} Y_{z'} + F Y_{y'} Y_{z'} + G Y_{x'} + H Y_{y'} + I Y_{z'} + J \tag{4.11}$$

式中，$B^2 = B_x^2 + B_y^2 + B_z^2$，系数 A_1、A_2、A_3、D、E、F、G、H、I、J 由 $\boldsymbol{M}$、$\boldsymbol{C}$、$\boldsymbol{T}$ 确定。

采用该模型有两方面好处。首先，若对每个轴都完全不加以限制，则转换矩阵 $\boldsymbol{M}$ 中将包含 9 个未知数，未知数多于方程数，会产生多解，且无法根据实际情况从多个解中选出唯一的合理解。其次，磁轴与机械轴之间的夹角一般很小，因此这里认为 θ_{11}、θ_{31} 是小角，而 θ_{32} 为投影角，不一定为小角。

由于水下温度相对稳定，所以忽略温度漂移，则式(4.9)可写为

$$\begin{bmatrix} B_x \\ B_y \\ B_z \end{bmatrix} = \begin{bmatrix} \cos\theta_{31} & 0 & 0 \\ \sin\theta_{31}\cos\theta_{32} & \cos\theta_{11} & 0 \\ \sin\theta_{31}\sin\theta_{32} & \sin\theta_{11} & 1 \end{bmatrix} \begin{bmatrix} Y_{x'} - C_{x'} \\ Y_{y'} - C_{y'} \\ Y_{z'} - C_{z'} \end{bmatrix} \tag{4.12}$$

代入 $B^2 = B_x^2 + B_y^2 + B_z^2$，得

$$\begin{cases} \theta_{11} = \arcsin\left(\dfrac{F}{2}\right) \\ \theta_{31} = \arcsin\left[\dfrac{D - \dfrac{EF}{2}}{\sqrt{4-F^2}}\sqrt{1 + \dfrac{(4-F^2)E^2}{(2D-EF)^2}}\right] \\ \theta_{32} = \arctan\left(\dfrac{\sqrt{4-F^2}\,E}{2D-EF}\right) \end{cases} \tag{4.13}$$

$$\begin{cases} C_{x'}A_1 + C_{y'}\dfrac{F}{2} + C_{z'}\dfrac{D}{2} = -\dfrac{H}{2} \\ C_{x'}\dfrac{F}{2} + C_{y'}A_2 + C_{z'}\dfrac{E}{2} = -\dfrac{I}{2} \\ C_{x'}\dfrac{D}{2} + C_{y'}\dfrac{E}{2} + C_{z'}A_3 = -\dfrac{G}{2} \end{cases} \quad (4.14)$$

对式(4.11)进行拟合后，根据 A_1、A_2、A_3、D、E、F、G、H、I 等参数，再结合式(4.13)和式(4.14)，即可完成对磁场测量值的修正。

为确定相关参数的准确性，可按以下步骤操作。第一步，在计量站对磁通门磁力仪进行计量标定，确定磁力仪的零点漂移、各轴刻度因子和各轴轴间非正交等参数。测量零点漂移主要采用低频磁屏蔽筒，依据相关军用标准进行漂移量校准。刻度因子校准主要利用磁传感器计量装置——恒定弱磁场标准装置进行。通过对磁力仪各轴施加特定磁场，记录磁通门磁力仪的输出，参照相关计量标准，通过数据拟合获得各轴刻度因子和非正交度。

第二步，在地球磁场较均匀的地区，根据以上数学模型，利用软件通过最优化算法，找出相关参数，实现对磁力仪相关误差的软件修正。

三、载体磁干扰补偿技术研究

水下三分量磁力仪在工作过程中会受到拖体及其附属部件产生的固有磁场和感应磁场的干扰，为保证磁测精度，需要研究实时、高效和稳定的磁补偿系统以消除磁干扰。为此，通过测量和分析拖体磁干扰的类型和性质，建立磁干扰数学模型，并在此基础上利用补偿测量数据计算模型中的磁干扰系数，建立磁补偿算法，实现三分量磁测数据的实时补偿。

地磁场对于水下三分量测量系统而言是一个固定不变的矢量场，如果磁力仪在水下以测量点为中心进行全空间旋转，那么理论上测得的数据在三维空间中可以得到一个以测量点为球心的球面，球半径的长度即为地磁场矢量的大小。但因为拖体中铁磁性材料部件的存在会在地磁场的基础上叠加一个干扰磁场，该磁场可以看作与磁力仪坐标系固连的矢量场，这使测量数据所形成球面的球心偏离测量原点，此时原点到实际球心的矢量即为硬磁干扰场矢量。同时，由于拖体中材料的磁化率是各向异性的，被地磁场磁化后产生的软磁干扰场在三维正交轴上不尽相同，这使测量数据最终形成一个球心偏离原点且主轴与系统坐标系斜交的椭球面。为此本研究方案需要引入三分量磁力仪测量数据的椭球差理论，并结合补偿实验验证三分量磁干扰补偿方法。

首先，分析拖体固有磁场和感应磁场干扰的特征，以拖体上三分量传感器所在的三轴为空间直角坐标系的 x、y 及 z 轴建立拖体坐标系，固有磁场和感应磁场在该坐标系中分别表示为

$$\boldsymbol{H}_h = (H_{hx}, H_{hy}, H_{hz}) \quad (4.15)$$

$$\boldsymbol{H}_s = (H_{sx}, H_{sy}, H_{sz}) \quad (4.16)$$

拖体坐标系中的地磁场矢量记为 $\boldsymbol{H}_e = (H_{ex}, H_{ey}, H_{ez})$，拖体软磁材料的感应磁场系数记为 K，则感应磁场可表示为：$\boldsymbol{H}_s = K\boldsymbol{H}_e$。三分量磁传感器测量值表达式为

$$\boldsymbol{H}_m = \boldsymbol{H}_e + \boldsymbol{H}_s + \boldsymbol{H}_h = (\boldsymbol{I}_{3\times3} + K)\boldsymbol{H}_e + \boldsymbol{H}_h \tag{4.17}$$

进而地磁场可以表示为

$$\boldsymbol{H}_e = \boldsymbol{M}\boldsymbol{H}_m - \boldsymbol{M}\boldsymbol{H}_h$$
$$\boldsymbol{M} = (\boldsymbol{I}_{3\times3} + K)^{-1} \tag{4.18}$$

式(4.18)为拖体磁场干扰补偿算法公式，其中拖体感应磁场系数 K 和固有磁场 $\boldsymbol{H}_h$ 可以作为拖体磁场干扰补偿的参数。

地磁场测量的椭球体假设认为拖体在地磁场变化较小的水域运动，可以将地磁场矢量视为常量，表示为

$$\|\boldsymbol{H}_e\|^2 = \boldsymbol{H}_e^\mathrm{T}\boldsymbol{H}_e = (\boldsymbol{H}_m - \boldsymbol{H}_h)^\mathrm{T}\boldsymbol{M}^\mathrm{T}\boldsymbol{M}(\boldsymbol{H}_m - \boldsymbol{H}_h) \tag{4.19}$$

设矩阵 $\boldsymbol{A} = \boldsymbol{M}^\mathrm{T}\boldsymbol{M}/\|\boldsymbol{H}_e\|^2$，则式(4.19)表示为

$$(\boldsymbol{H}_m - \boldsymbol{H}_h)^\mathrm{T}\boldsymbol{A}(\boldsymbol{H}_m - \boldsymbol{H}_h) = 1 \tag{4.20}$$

式中，$\boldsymbol{A}$ 为一个对称矩阵，设为

$$\boldsymbol{A} = \begin{bmatrix} a & b/2 & d/2 \\ b/2 & c & e/2 \\ d/2 & e/2 & f \end{bmatrix} \tag{4.21}$$

式(4.20)为一个椭球方程，即传感器测量值 (H_{mx}, H_{my}, H_{mz}) 在椭球面上，椭球中心坐标为拖体的固有磁场 $\boldsymbol{H}_h = (H_{hx}, H_{hy}, H_{hz})$。

设三维椭球曲面方程为

$$a_1 x^2 + a_2 y^2 + a_3 z^2 + a_4 xy + a_5 xz + a_6 yz + a_7 x + a_8 y + a_9 z + a_0 = 0 \tag{4.22}$$

通过椭圆约束的最小二乘法对椭圆进行拟合求出椭圆方程参数，然后根据椭圆方程参数求出拖体的磁场干扰补偿参数。

由于拖体的固有磁场为椭球的中心坐标，可以利用关于椭球中心对称的 n 组测量值 $\{H_{mi1}, H_{mi2}\}$ 求取拖体的固有磁场 $\boldsymbol{H}_h$，计算公式为

$$H_h = \frac{1}{n}\sum_{i=1}^{n}(H_{mi1}, H_{mi2})/2 \tag{4.23}$$

当采样点均匀分布时，可以对测量数据求平均值估计椭球中心磁场：

$$H_h = \frac{1}{n}\sum_{i=1}^{n}H_{mi} \tag{4.24}$$

求出椭球中心磁场 H_h 后，令 $\boldsymbol{X} = \boldsymbol{H}_m - \boldsymbol{H}_h = [x, y, z]^T$，则式(4.20)变为

$$\boldsymbol{X}^T = \boldsymbol{A}\boldsymbol{X} = 1 \tag{4.25}$$

代入对称矩阵 $\boldsymbol{A}$ 的表达式(4.21)，$\boldsymbol{X}$ 三分量 (x, y, z) 满足以下关系：

$$ax^2 + bxy + cy^2 + dxz + eyz + fz^2 = 1 \tag{4.26}$$

式中，a、b、c、d、e、f 为互不影响的参数值。n 个传感器测量值 H_{mi} 对应 n 个 X_i，根据式(4.25)和式(4.26)可以得到 n 个线性方程组：

$$F(\boldsymbol{X}', \boldsymbol{\xi}) = \boldsymbol{X}^T \boldsymbol{A}\boldsymbol{X} - 1 = ax^2 + bxy + cy^2 + dxz + eyz + fz^2 - 1 = \boldsymbol{X}'\boldsymbol{\xi} \tag{4.27}$$

式中，$\boldsymbol{X}' = \begin{bmatrix} x^2 & xy & y^2 & xz & yz & z^2 & 1 \end{bmatrix}$；$\boldsymbol{\xi} = \begin{bmatrix} a & b & c & d & e & f & 1 \end{bmatrix}^T$。此时，矩阵 $\boldsymbol{A}$ 的求解转化为约束条件下的极值求解问题，即

$$\min_{\xi} \|F^2\| = \min_{\xi} \left(\boldsymbol{\xi}^T \boldsymbol{X}'^T \boldsymbol{X}' \boldsymbol{\xi} \right) \tag{4.28}$$
$$\text{s.t.} \quad 4ac - b^2 > 0$$

由最小二乘估计法求得估计值 $\hat{\xi}$，进而求出矩阵 $\boldsymbol{A}$。对称矩阵 $\boldsymbol{A} = \boldsymbol{U}^T \boldsymbol{S}_A \boldsymbol{U}$，式中，$\boldsymbol{U}$ 为正交矩阵；$\boldsymbol{S}_A$ 为由 $\boldsymbol{A}$ 的特征值组成的对角矩阵。因此，根据 $\boldsymbol{A}$ 的表达式 $\boldsymbol{A} = \boldsymbol{M}^T \boldsymbol{M} / \|\boldsymbol{H}_e\|^2$ 和拖体感应磁场系数 $\boldsymbol{K}$ 与 $\boldsymbol{M}$ 的关系式(4.18)可得到 $\boldsymbol{K}$ 的计算公式，即

$$\begin{cases} \boldsymbol{K} = \boldsymbol{M}^{-1} - \boldsymbol{I}_{3 \times 3} \\ \boldsymbol{M} = \|\boldsymbol{H}_e\| \boldsymbol{C}^T \sqrt{\boldsymbol{S}_A} \boldsymbol{U} \\ \|\boldsymbol{U}_e\| = \sqrt{\boldsymbol{H}_e^T \boldsymbol{H}_e} \end{cases} \tag{4.29}$$

根据补偿实验数据求出补偿参数 $\boldsymbol{H}_h$ 和 $\boldsymbol{K}$ 后，再将补偿参数代入拖体干扰补偿算法式(4.17)，对地磁场的测量值 $\boldsymbol{H}_m$ 进行拖体磁场干扰补偿，得到干扰补偿后的地磁场 $\boldsymbol{H}_e$。

主要技术指标如下。

补偿系统磁场的工作范围：$-100000 \sim +100000\text{nT}$。

各分量补偿精度：$\leqslant 10\text{nT}$（拖体各姿态角小于 $15°$）。

补偿时间：$6 \sim 8\text{min}$。

主要工作内容如下。

(1) 拖体磁场测试及特征分析。拖体磁场主要包括固有磁场和感应磁场两部分，固有磁场由组成拖体的硬磁材料受外磁场磁化后产生，由于硬磁材料具有高矫顽力和剩磁值，所以一经磁化可以保留较长时间而不易消失。由于磁传感器和硬磁材料都是固连在拖体上的，所以无论拖体姿态如何变化，固有磁场在磁传感器三个轴上的分量是恒定的。拖体的感应磁场由拖体的软磁材料被外磁场感应磁化后产生，由于软磁材料具有较低的矫顽力和较窄的磁滞回线，所以当外磁场改变时感应磁场也随之变化。感应磁场的大小及方向与拖体的姿态和位置有关。因此需要对制作完成的拖体进行磁场测试，并分析两部

分磁场的特征。

(2) 建立拖体磁干扰数学模型。将包含固有磁场的磁力仪整体进行全空间旋转,而后对所得到的传感器输出数据进行拟合校正,即可补偿固有磁场引起的误差。但实际上,因拖体姿态和位置而变化的感应磁场的存在,进行全空间旋转并对数据进行拟合校正的方法无法解决深海拖体自身的磁干扰问题。因此,需要在分析拖体磁干扰特征的基础上,建立固定磁场和感应磁场的数学模型,进而开展研究。

(3) 干扰磁场补偿算法研究。为了最终得出并补偿拖体在空间上的磁化矢量,将三轴空间上的磁测数据拟合成标准椭球面方程。在此过程中,需要在平差理论的基础上建立误差方程和校正算法,对椭球面进行拟合,再将实验数据代入算法中验证算法的可行性,进而得到由三分量磁测数据拟合得到的二次曲面一般方程表达式,该表达式是一个中心点在原点,主轴与坐标轴斜交的椭球面。为此,需要对该二次曲面方程进行系数平移,消除交叉项,得到中心点恢复到原点且三个主轴与笛卡儿坐标系一致的椭球面标准形式,即获得椭球面标准表达式和磁补偿系数,然后通过模拟实验验证磁补偿算法的实际效果,并完成补偿算法软件包。

拟采取的技术路线如下。

首先对拖体进行磁场测试,结合数学工具及有限元分析软件对其磁干扰特征进行分析,在此基础上建立其固定磁场和感应磁场的数学模型。开展仿真实验,设计适合水下拖体平台的干扰磁场补偿算法,并对补偿算法的有效性进行分析,结合实测的拖体磁场数据开发三分量磁干扰补偿软件。补偿软件开发完成后与承担单位的三分量磁测系统测控软件进行集成,开展联调试验,验证补偿算法的性能。分析实验结果并对补偿算法和软件进行优化,满足要求后进行海上试验,验证其实际补偿效果。技术路线如图 4.5 所示。

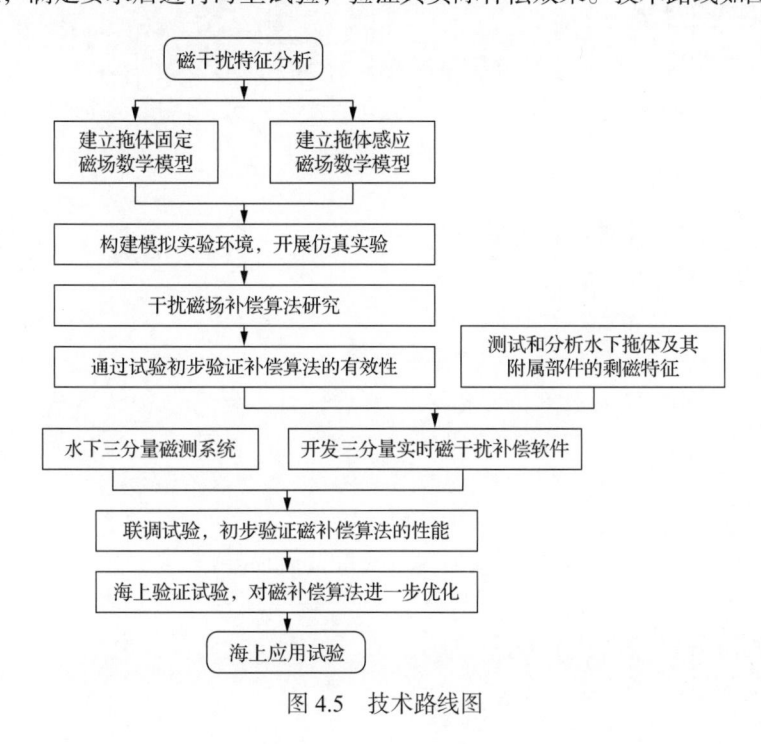

图 4.5 技术路线图

四、高精度磁力仪采集控制记录系统研制

仪器的采集精度直接决定系统的性能及关键性技术指标，也直接影响着数据分析结果的准确度和精细度。

磁力仪采集控制记录系统由水下控制主机、水上控制中心和显示控制软件三部分构成，系统整体框图如图 4.6 所示。

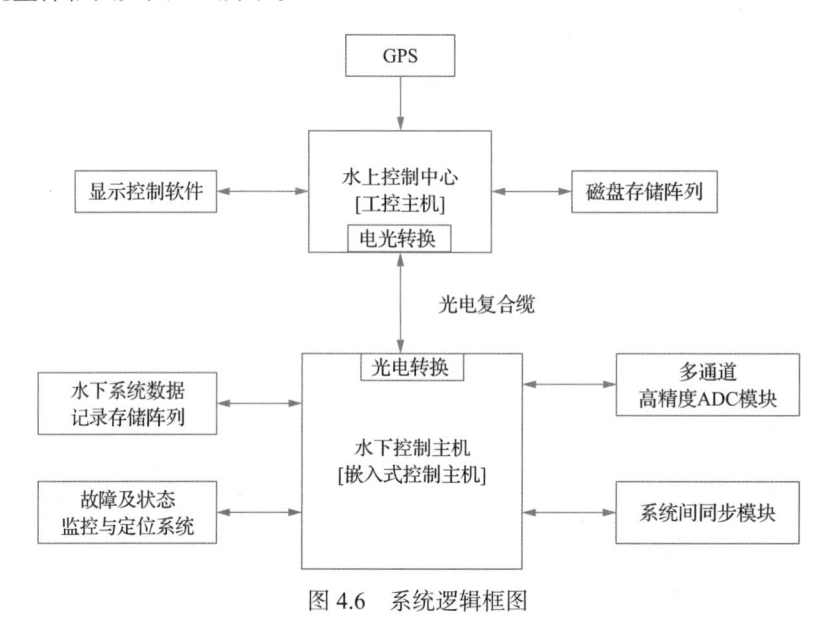

图 4.6 系统逻辑框图

本系统方案中采用的 ADC 芯片具有很高分辨率，在 2.5SPS 数据速率下可实现 7nVRMS 的信号测量，漂移也比同类解决方案低 80%。通过提供 24 位分辨率，连同集成、故障检测特性及快速数据速率和宽温度范围，可以最大限度地提升传感器的测量应用性能。

主要技术指标如下。

(1) 3 通道 32bit ADC 同步采集。
(2) 数据采集精度＜0.001%。
(3) 数据采集电压范围：±10.000V。
(4) 支持 1Hz、10Hz、20Hz、100Hz 采样频率。
(5) 数据无误码，实时上传，带 EMMC 存储，可连续记录 20 天数据。

五、主要器件选用计划

以自研为主，外购的主要器件为国产姿态仪。

经比较，拟选用航天九院十三所研制的光纤捷联惯导仪(姿态仪)，相关指标可以满足本次需求。

光纤捷联惯导仪主要指标如下。

(1) 姿态角精度 0.003°。

(2)航向角精度为 0.01°。

(3)尺寸为 180mm×172mm×172mm。

第三节　详细技术设计

三分量磁力测量系统的电气接口见图 4.7。

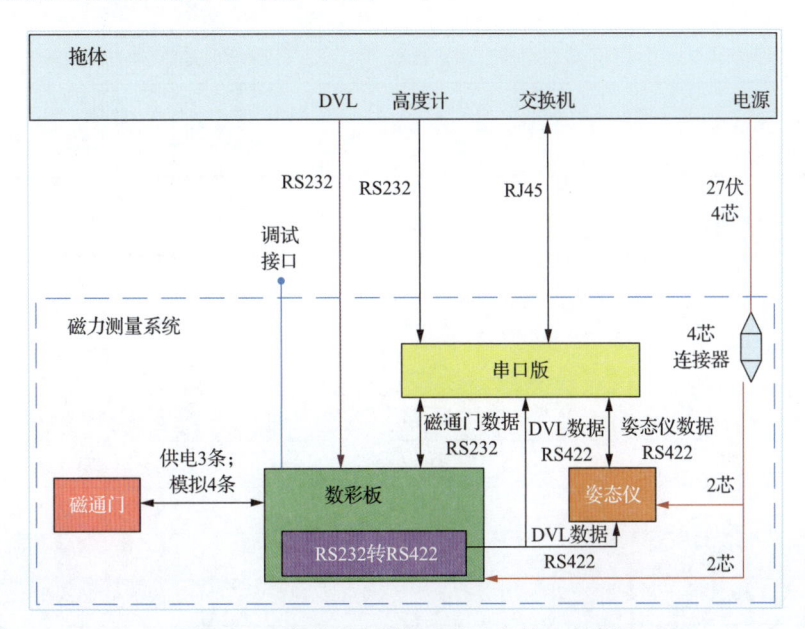

图 4.7　三分量磁力测量系统电气接口示意图

电源接口需求如下。

(1)电源：27～36V，功率不小于 100W。

(2)姿态仪：DC24～36V，30W。

(3)磁通门传感器：±12V，300mA。

(4)数采通信模块：DC9～17V，300mA。

三分量磁力测量系统与拖体之间通过 4 个接插件实现电气连接，具体针脚定义如下。

(1)6 芯供电插座。

针脚序号	定义	备注
1	DC27V+	磁力仪电气+
2	DC27V+	
3	DC27V+	
4	DC27V−	磁力仪电气地
5	DC27V−	
6	DC27V−	

(2)8 芯以太网插座。

针脚序号	定义	备注
1	TX_D1+	发送数据+
2	TX_D1–	发送数据–
3	RX_D2+	接收数据+
4	BI_D3+	双向数据+
5	BI_D3–	双向数据–
6	RX_D2–	接收数据–
7	BI_D4+	双向数据+
8	BI_D4–	双向数据–

(3) 16 芯通信插座。

针脚序号	定义	备注
1	TX+	RS422-1 发送数据+
2	TX–	RS422-1 发送数据–
3	RX+	RS422-1 接收数据+
4	RX–	RS422-1 接收数据+
5	TX+	RS422-2 发送数据–
6	TX–	RS422-2 发送数据–
7	RX+	RS422-2 接收数据+
8	RX–	RS422-2 接收数据–
9	TX	RS232-1 发送数据
10	RX	RS232-1 接收数据
11	GND	地
12	TX	RS232-2 发送数据
13	RX	RS232-2 接收数据
14	GND	地
15	PPS+	PPS 信号+
16	PPS–	PPS 信号–

(4) RS422-1 和 RS422-2 为预留接口。第四个接插件作为三分量磁力测量系统的调试接口，共包含 12 芯。

详细设计主要从基架结构、磁通门传感器、数采通信模块、串口转网口模块和软件等五个方面展开，具体如下。

一、基架结构

深海磁探是海洋矿产调查最基本也是最有效的方法。在深海磁探随海底地貌变化形成的精确磁场数值,对海底矿产的分析有重要帮助。深海磁探点的地理坐标、水面下深度、磁矢量的磁偏角、磁倾角、磁总量、探测体的航行方向等参数测量及其数值的精度,对深海磁探的数值后期处理极其重要。因此,有必要就上述参量进行研究,再结合光纤姿态仪的精度水平和定位基准设计磁探测基架结构,以实现上述的磁力信息测量。

光纤姿态仪的航向精度为 0.01°。定位基准有两个,即定位销定位和侧面定位,以此确定光纤姿态仪的坐标系定位系统。磁探测基架结构以光纤姿态仪的定位基准和精度水平及其产品性能为基准,将磁力仪的三磁轴调节到与光纤姿态仪的三轴相互平行和垂直的位置。

磁探测基架结构由基准板、方柱、悬梁、托架、磁轴调节、减震、定位机构等组成。其实现过程包含设计、加工、调试与检测、包装储存及运输等。

基准板是捷联惯导磁探基架基准的第一层结构。基准板保证姿态仪的基准与磁力仪的基准重合,保证磁力仪的三轴与姿态仪的三轴相互平行或垂直。基准板的结构是平板型。具体结构见图 4.8。

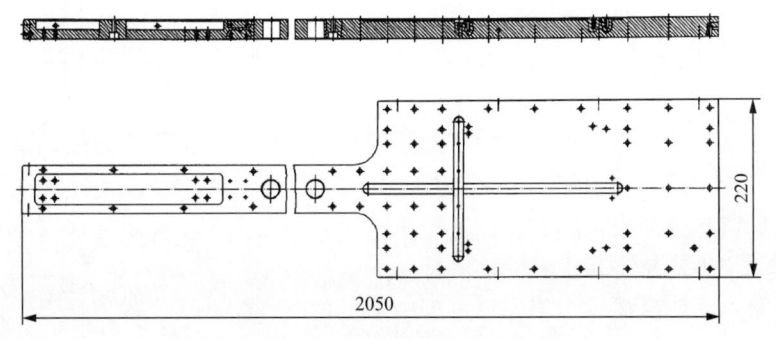

图 4.8 基准板(单位:mm)

方柱是基架基准的第二层结构。方柱中空,内部装有姿态仪,数采模块装配在方柱上部。方柱通过螺钉与基准板相连,以保证姿态仪正确安装在方柱内部。具体结构见图 4.9。

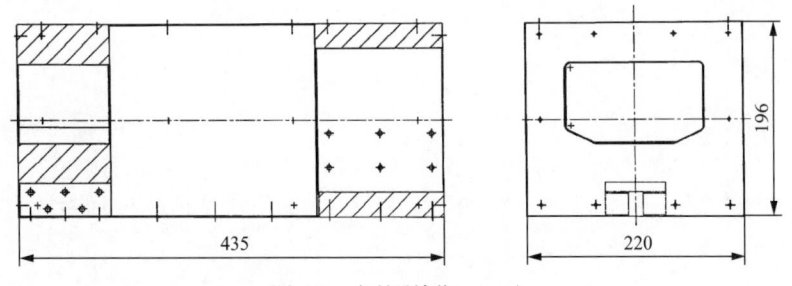

图 4.9 方柱(单位:mm)

悬梁是提高基架精度的重要结构。悬梁与基准板通过螺钉连接为一体,悬梁一端伸入方柱内部,悬梁上打有通孔。通孔结构使悬梁的内部应力更加复杂,同时悬梁上打有通孔,通孔结构使悬梁的内部应力分布得更加均衡,从而提高了悬梁的力学性能。

托架是基准板与外部零件配合的重要部分。托架通过螺钉与基准板相连,位于基准板下部。基准板通过柱销与外部零件相连,托架保证基准板与外部零件正确相连。其具体结构见图4.10。

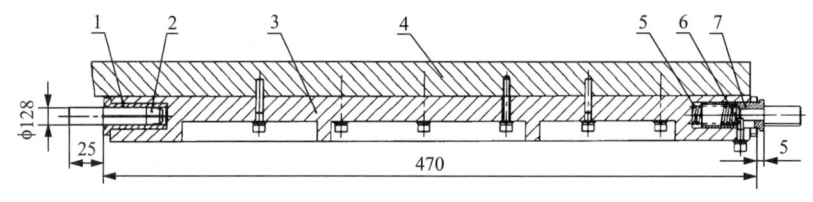

图 4.10 托架(单位:mm)

1.导套;2.导柱;3.托架;4.基准板;5.弹簧;6.限位螺钉;7.滑套

磁轴调节机构是保证磁轴与姿态仪坐标系平行的重要结构。姿态仪坐标系在装配后固定,磁轴为可调节结构。通过读取测试数据,可有针对性地对磁轴进行调节,以保证磁轴与姿态仪坐标系平行。

减震是消除装置在工作过程中震动的重要结构。由于基准板很长,在工作过程中形成悬臂梁结构,所以很容易发生震动,因此有必要在悬臂端添加防震结构。防震结构主要由与基准板相连的弹片组成,弹片在外部与基准板之间形成支撑,可有效消除震动。

定位机构是保证姿态仪坐标系稳定的重要结构。定位机构主要通过定位键实现定位功能,定位键与基准板上键槽通过螺钉紧固。姿态仪通过斜块压紧,与定位键保持平行,再通过调节螺钉与基准板紧固相连。定位机构保证了姿态仪坐标系与端面垂直,使磁轴可通过磁轴调节机构与姿态仪坐标系平行。

包装箱是保证装置在运输与保存过程中不发生破坏的重要装置。由于磁力测量系统内含姿态仪、磁通门传感器等精密部件,所以在运输与保存过程中需要考虑到精密部件不发生破坏的条件,因此对包装箱的强度等参数有相应的要求。

磁探测基架结构安装在水密舱内部,再整体安装到拖体上。

二、磁通门传感器

磁通门传感器主要包括磁探头和磁信号处理电路两部分。

(一)磁探头

磁通门传感器的核心技术是磁探头,因此磁通门传感器磁探头的质量决定了磁场测量的准确性。为了提高磁场测量的准确性,磁通门传感器磁探头采用以下技术方案。

磁通门传感器探头结构原理图如图4.11所示,磁通门传感器的探头内核由无磁铝壳、陶瓷骨架、坡莫合金磁芯组等部分组成,在激励功率放大器的作用下,由于坡莫合金B(磁感应强度)~H(磁场强度)特性曲线的非线性,在信号绕组两端将产生感应电动势,其增量的二次谐波电压与外磁场成正比,相位决定了外磁场的方向,因而测量该二次谐波电压的强度及相位即可测得外磁场的强度。为了保证探头的高性能,本磁通门传感器采用圆环形磁探头结构。选用磁芯材料时,应采用饱和磁感应强度B_s低、矫顽力低、高矩形比的坡莫合金,制造时应保证磁通门传感器内部的磁芯材料性能一致。

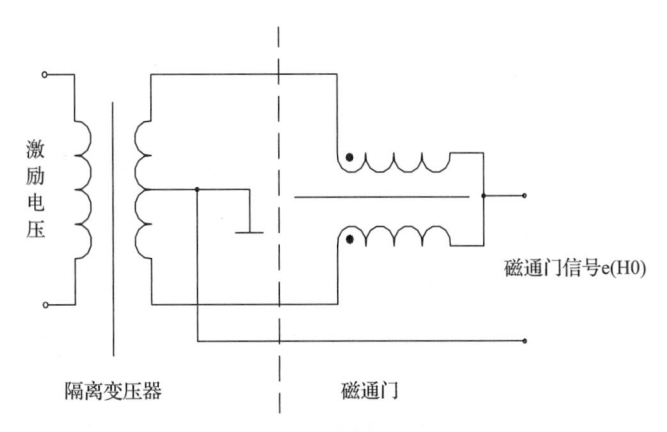

图 4.11 磁通门传感器探头结构原理图

这里采用的圆环形磁通门分量探头结构见图 4.12，它由直径为 27mm 的圆环形探头（含环形激励绕组）和外部感应线圈绕组（含外绕线骨架）组成。水平探头绕制了 X、Y 两个方向的感应线圈绕组、垂直探头只绕制 Z 方向的感应线圈绕组。它的主要特点是激励过程为闭合磁路，具有激励效率高、噪声漂移低的优点，测量、反馈线圈共用一组线圈可以简化工艺。圆环形骨架两边的线圈匝数、阻值、电感量、分布电容相等，两边的干扰（包括基波分量）可以抵消，从而提高磁通门传感器的灵敏度，降低噪声。

探头的环形骨架采用高温航空合金材料精密加工而成，其作用为支撑和保护坡莫合金薄带

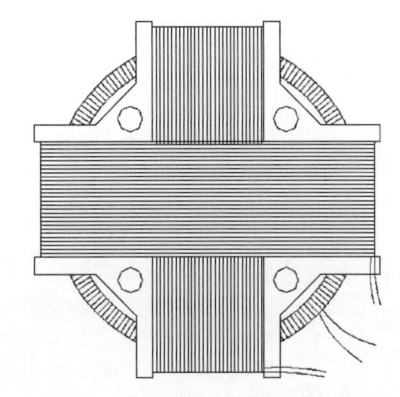

图 4.12 磁通门传感器探头结构图

磁芯，具有和磁芯相同的热膨胀系数，有利于提高传感器的稳定性。

探头外部的感应线圈骨架采用聚砜材料加工而成。

磁通门传感器磁探头在制造过程中，环形磁芯采用自动精密绕线机进行密绕的工艺，保证了激励信号的激励磁场和探头良好的工艺性；外部感应线圈同样采用紧密绕线的工艺，能够保证感应线圈的磁轴方向，外部感应线圈绕制多层保证了感应信号的强度。绕制激励线圈和外部感应线圈的材料均采用 0.1mm 的铜漆包线。

(二) 磁信号处理电路

在激励功率放大器的作用下，由于坡莫合金 $B\sim H$ 特性曲线的非线性，在信号绕组两端将产生感应电动势，其增量的二次谐波电压与外磁场成正比，相位决定了外磁场的方向，因而测量该二次谐波电压强度及相位即可测得外磁场的强度及方向。其工作原理如图 4.13 所示。由振荡器产生的 5kHz 振荡信号，经过功率放大器处理后驱动磁通门传感器磁探头，磁通门传感器磁探头产生二次谐波经过放大滤波，然后把信号送入相敏检波器中进行检波，最后经积分放大反馈给补偿线圈形成闭合的反馈补偿回路。积分放大器的输出电压就是磁场信号的输出电压，这样就完成了磁场-电压信号的转换，通过对电

压信号的测量就实现了对磁场信号的测量。

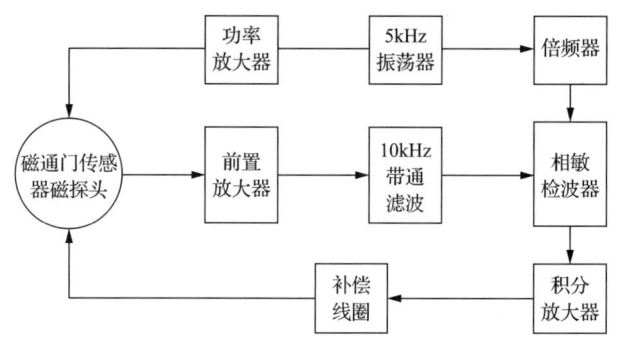

图 4.13　直流磁通门传感器信号处理电路

三、数采通信模块

（一）模块组成

数采通信模块的主要功能是实现海洋磁场信号的采集、处理、传输、存储等功能，其功能框图见图 4.14。

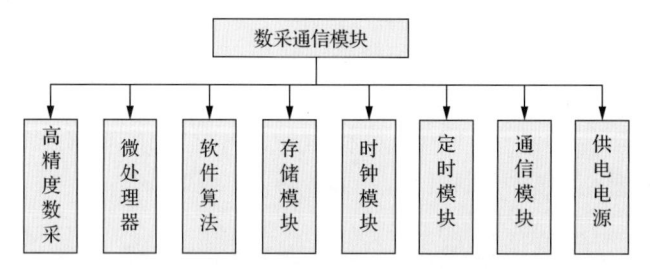

图 4.14　数采通信模块功能框图

整个硬件布局采用上下两层对接模式，上层主要为供电电源模块、通信模块、时钟模块、存储模块，下层为高精度数采模块和微处理器模块等，上下两层通过 2.54mm 间距的接插件对接。主要性能指标见表 4.1。

表 4.1　主要性能参数表

参数	范围
供电电压/V	27～36
工作电流/mA	<200
A/D 噪声/μV	<5
A/D 输入电压范围/V	−10.000～+10.000
A/D 采集精度/%	<0.001
采样频率/Hz	1、10、20、100 可设定
输出接口	RS232 RS232 转 RS422

数采模块的电气框图见图 4.15。

第四章 水下三分量磁力测量系统

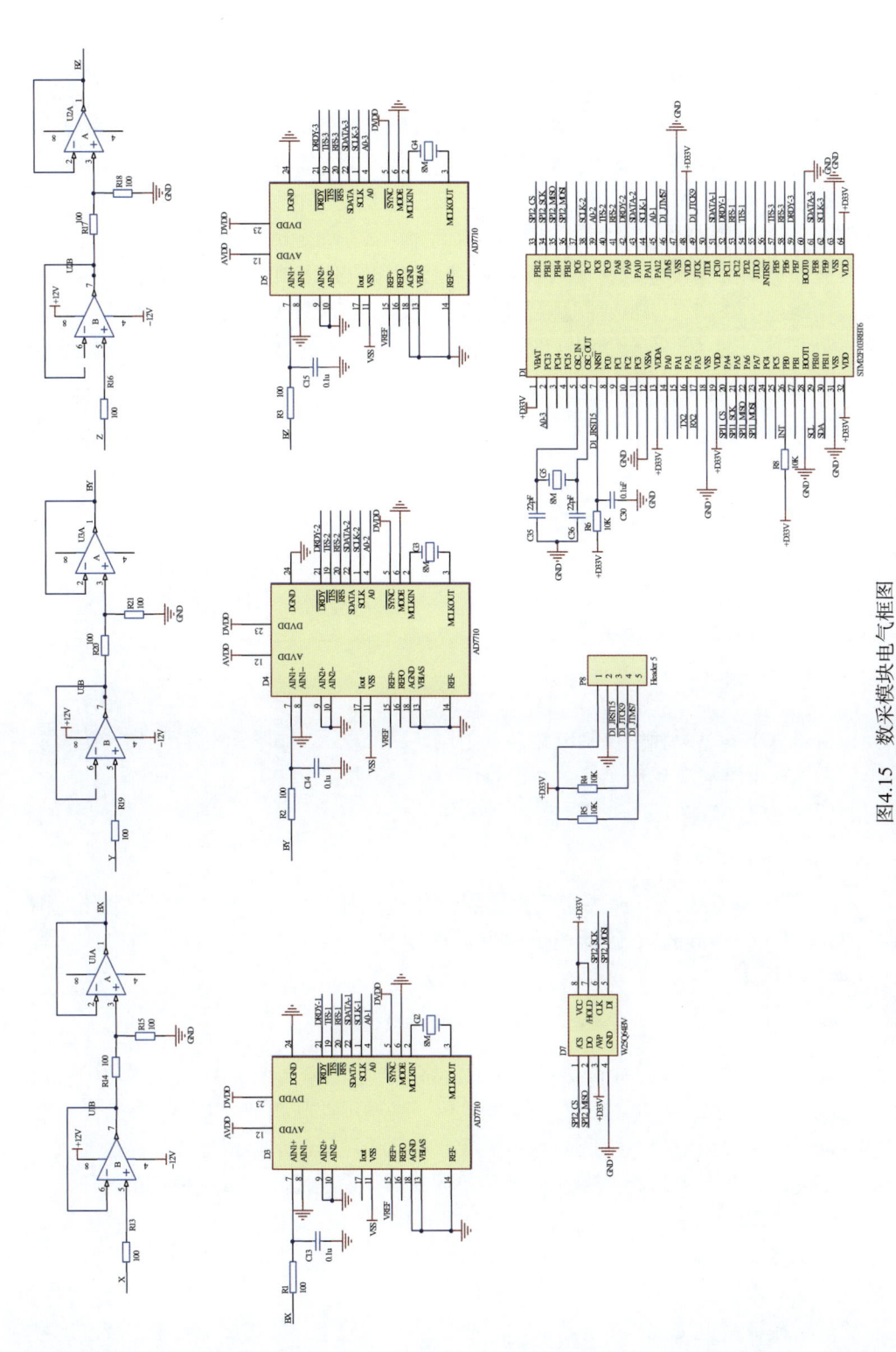

图4.15 数采模块电气框图

0.1u指0.1μF；10k指10kΩ；8M指晶振的频率值；100指100Ω；数字编号1~64为单片机的引脚编号

(二) 功能设计

1. 电源模块

为适应外部供电系统的要求，电源系统整体采用逐级降压模式，将外界提供的27～36V电压通过DC/DC模块转换为较低一级的电压。由于系统需要的电子元器件种类众多，各电子元器件的额定工作电压并不完全一致，所以需要设计电源变换电路。电源变换电路以减少电源种类、提高电源效率、减少电磁干扰、保证稳定可靠为原则。

电源变换电路的输出电源主要有±12V、±5V和3.3V。其中±12V电源为前置放大器、信号调理电路和三轴磁通门传感器供电；±5V电源为A/D数采模块供电，3.3V电源为微处理器、时钟、存储和串口通信等模块供电。所需电源转换模块的功能结构如图4.16所示。

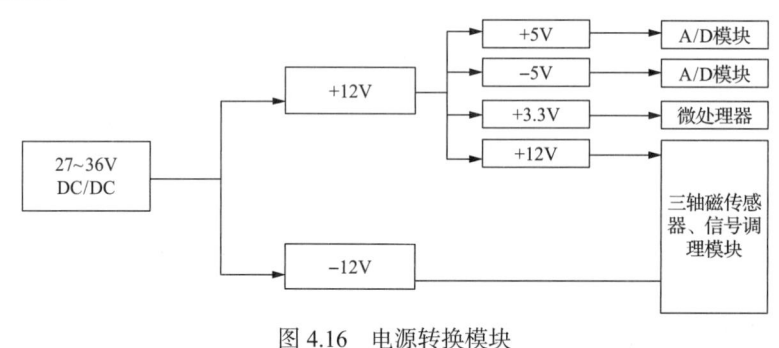

图 4.16　电源转换模块

模拟电路供电的电源和主控制电路及其附属电路的电源之间需要进行隔离，防止主控制电路和附属电路的高频数字信号对模拟信号产生干扰。

电源模块电气原理图见图4.17。

2. 信号调理电路设计

地磁场属于弱磁场，三轴磁通门传感器的供电电压$U=±12V$，当所测磁场范围B_T在-100000～$+100000$nT，磁通门传感器灵敏度$K=100μV/nT$时，则磁通门传感器输出的最大电压U_{max}为

$$U_{max} = K \times U \times B_T = 10V$$

为了使磁场分辨力达到0.1nT，同时保证传感器的输出电压在A/D采集模块的可接受电压范围内，运算放大器的选型应满足宽电压、高精度、高频响、低噪声等特点。运算放大器通常分为通用型和专用型，专用型又分为低噪声运放、精密运放、高速运放、低偏置电流运放、低漂移运放、低功耗/微功耗运放等。系统性能的重点是高精度和低噪声，因此运放的选择应围绕这两点。通常A/D转换电路的参考电压为2.5V，这样电路的放大倍数可选择$n=0.25$，把±10V的输入信号通过该调理电路调节为±2.5V，并作为A/D转换器的输入电压。

运放的增益带宽积(GBP)和压摆率(SR)也是两个比较重要的指标。对于正弦小信号放大时，单位增益带宽等于输入信号频率与该频率下最大增益的乘积，压摆率表示运放

能跟踪输入信号变化快慢的程度，它会影响电压信号的转换速度。

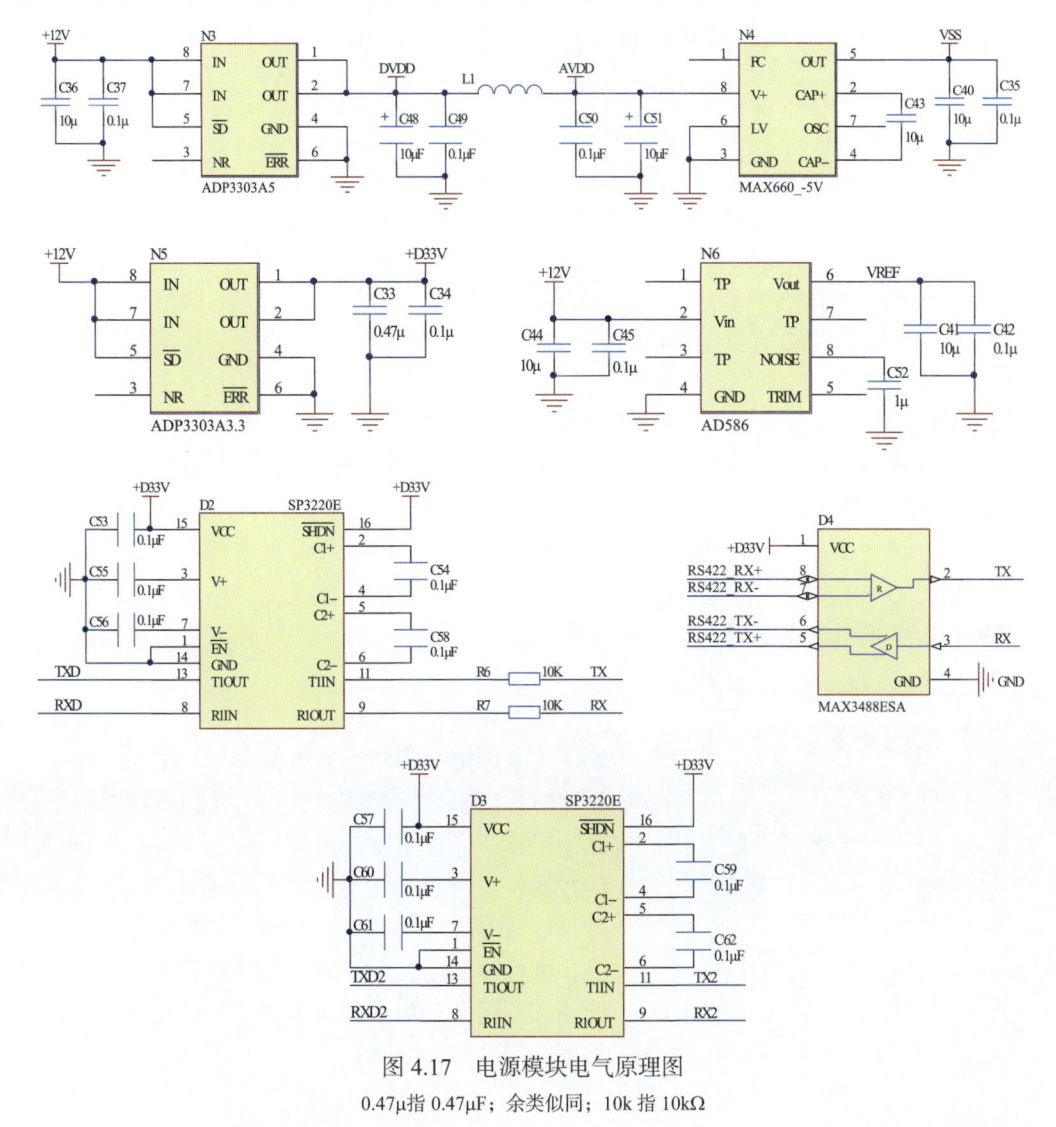

图 4.17 电源模块电气原理图

0.47μ 指 0.47μF；余类似同；10k 指 10kΩ

增益带宽积要求为

$$GBP > n \times f = 0.81 \text{MHz}$$

压摆率为

$$SR > 2.025 \times 10.8 \times 10^3 \text{V/s} = 0.02 \text{V/s}$$

AD 公司的 OP2177 是一款具有极高精度、极低失调电压及漂移、低输入偏置电流、低噪声的四路运算放大器，芯片本身噪声只有 $8\text{nV}/\sqrt{\text{Hz}}$，失调电压漂移最大为 $0.7\mu\text{V}/℃$，它的增益带宽积为 1.3MHz，压摆率为 $0.7\text{V}/\mu\text{s}$，芯片的输入电压为 2.5~15V，可工作温度在-40~125℃，适合工作在要求很严格的工作环境下。

3. 高精度数采模块设计

假设 A/D 采样速率需 $f \geqslant 10\text{kHz}$，这就要求所选的 A/D 模块转换一组数据需要的时间 T 为

$$T \leqslant 3/f = 30\mu s$$

为了使 A/D 模块能分辨 $\Delta B \leqslant 0.1\text{nT}$ 的磁场，则 A/D 模块的采样位数 N 最小为

$$2^{N-1} \geqslant Br/\Delta B, \ N \geqslant 21$$

A/D 转换芯片输出数字信号的最后两位通常是波动值，理论上 N 的取值可为 $N=24$，目前常见的 24 位 ADC 宣称是 24 位，但实际精度根本达不到 24 位，尤其是 Delta-sigma ADC 属于累加的方式。对于 32 位架构的 ADC 来说，目前市面上仅有的几款 32 位 ADC 中部分也仅是在数据位上拉伸，但实际精度并达不到 24 位有效位。而在近年出品的一款 ADC 中，其性能超越了大部分 32 位 ADC 器件性能，其实际有效位更是达到 26 位。这使 ADC 的转换精度达到了一个新的水平，也为我们更深层次地挖掘传感器性能提供了硬件支持。该方案中，我们选用 TI 的 ADS1263 作为系统的核心采集部件。

ADS1263 的数据采集电压范围为 ±2.5V，不能完全满足磁通门传感器的要求，所以需要进行数据采集电压范围扩展。也就是将磁通门传感器的 ±10V 输出信号通过调理电路，压缩为 ±2.5V 以内，供 ADS1263 的数据采集。

在本系统中，为保证三分量传感器采集的一致性，均采用独立采集控制方案，与 FPGA 处理器的高实时性同步控制器直接连接，如图 4.18 所示，以此来保证三通道采集时序的一致性。其差异也只体现在器件自身的一致性差异上。同时，该采集系统可接收外部同步采集频率或秒脉冲进行系统间同步，也可以输出多个采样频率或秒脉冲等同步信号给外部不同的采集系统进行同步，以此来保证各采集系统间的数据同步。

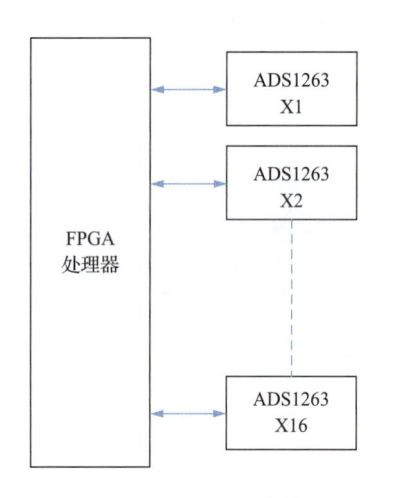

图 4.18 ADC 与 FPG 直接级联

4. 微处理器及通信接口电路

微处理器是整个系统的核心，它主要完成对数字信号的处理与控制，还要实现系统与其他硬件间的通信。它的选择首先要满足数据的处理速度和控制性能要求，处理数据的位数要达到 16 位以上。这里选用 STM32 系列的微处理器作为主控制器。STM32 系列是专门为要求高性能、低成本、低功耗的嵌入式应用设计的基于 ARM Cortex-M3 内核的微处理器，其增强型的时钟频率达到 70MHz 以上，它也是目前 32 位市场上功耗最低的产品。除此之外，它还有较多的外设接口。

微处理器的最小系统一般包括系统时钟电路、供电电源、复位电路，它们约占用 10 个 I/O 口，A/D 转换电路的控制约占用 20 个，通信接口电路约占用 4 个，仿真器接口电路约占用 5 个，微处理器本身具有特定功能的接口还有约 10 个，因此所选的微处理器大

概应有 64 个 I/O 口。

这里选的是 STM32F103RET6 微处理器。它是意法半导体推出的全新 STM32 互连型系列微控制器中性能较强的一款产品，它有 64 个引脚，最高主频高达 72MHz，I/O 口的数据传输速率能达到 18 MHz。供电电压为 3.3V。

该芯片还集成了各种高性能工业标准接口，它的标准外设包括 10 个定时器、2 个 12 位 A/D、2 个 12 位 D/A、2 个 I^{2}C 接口、5 个 USART 接口、3 个 SPI 端口和高质量数字音频接口 IIS。另外，STM32F103 还拥有全速 USB(OTG)接口、两路 CAN2.0B 接口及以太网 10/100 MAC 模块，且不同型号产品在引脚和软件上具有完美的兼容性，可以轻松适应更多的应用。

为了实现数据在不同硬件间的传输，还需要设计通信接口电路。

RS232 是 PC 机与通信中应用最广泛的一种串行接口，其传送距离最大约为 15m，最高速率为 20kb/s，并且 RS232 是为点对点(即只用一对收、发设备)通信而设计的。所以，RS232 只适合于本地低速通信使用，本书所选用的是 SIPEX 公司的 RS232 芯片 SP3220ESA。

RS422 由 RS232 发展而来，它是为了弥补 RS232 通信距离短、速率低的缺点，它定义了一种平衡通信接口，将传输速率提高到了 10Mb/s，传输距离延长到 1200m(速率低于 100kb/s)，并允许在一条平衡总线上连接最多 10 个接收器。它是一种单机发送、多机接收的单向、平衡传输规范。RS422 通过两对双绞线可以实现全双工工作收发且互不影响，这里选用的是 AD 公司的 RS422 芯片 ADM3488ESA。

5. 时钟模块

三轴磁场数据的采集需要与外部其他设备保持同步性，需接收外部设备发送的时钟同步信号，因此需要高精度时钟芯片来实现计时功能。

这里选用的是美信半导体公司的具有日历和实时时钟的数字化芯片 DS1629。它支持二线制串行数据传输协议，在总线上作为从器件，由主控 CPU 产生 IIC 串行通信信号，从而实现对从机的控制。它通常用于移动电话、工业控制、数据采集和其他需要定时控制的系统中，具有可编程、宽电压、低功耗等特性，可用于电池等低功耗系统中。

它的日历和时钟功能可提供年、月、周、日、时、分、秒的功能，它能自动将不同的月份转换为对应年的日期，能区分闰年，可设置为 12/24 小时制，它采用 32.768kHz 的晶振作为时钟源，可提供高精度的定时要求。

6. 存储模块

由于磁场采集系统需放置于海中并对三轴磁场进行采集，为了实现数据的后续回放、分析功能，需设计数据存储模块，选择方案有两种：小容量的储存芯片和大容量的 TF 卡。

如果要求数据存储速率为每秒保存 1 帧磁场数据和时钟数据，那么 1 帧数据需要的存储空间为

$$L \geqslant 10 \times 25 \times 8 \text{bit}$$

如果要求存储时间为 2 天，那么

$$t \geqslant 60 \times 24 \times 2$$

因此，所需的总存储空间为

$$S = L \times t \geqslant 6\text{Mb}$$

根据以上分析，对于小容量的储存芯片可选用 W25Q128FV 串行闪存芯片，它的存储空间为 128Mb，可编程页有 65535 页，每页的空间为 256byte，有 256byte 可同时被编程，它支持高达 104MHz 的 SPI 时钟频率，主要参数见表 4.2。

表 4.2 闪存芯片主要参数

参数	范围
供电电源/V	2.7～3.6
工作电流/mA	4
连续数据传输率/(Mb/s)	50
擦除/编程次数/次	100000

存储芯片所保存的数据为 16 进制格式，数据的可读性差，所以在需要回放数据时需要设计专用的数据读取程序，操作麻烦，因此在硬件系统中可预留能存储常见文本格式的存储模块。这里选用的是 TF 卡，它的最大存储容量可达到 32G 以上，当数据被存储为*.txt 格式后，在磁力测量系统被回收后可快速、直观地进行读取。

研制的数采通信模块见图 4.19。

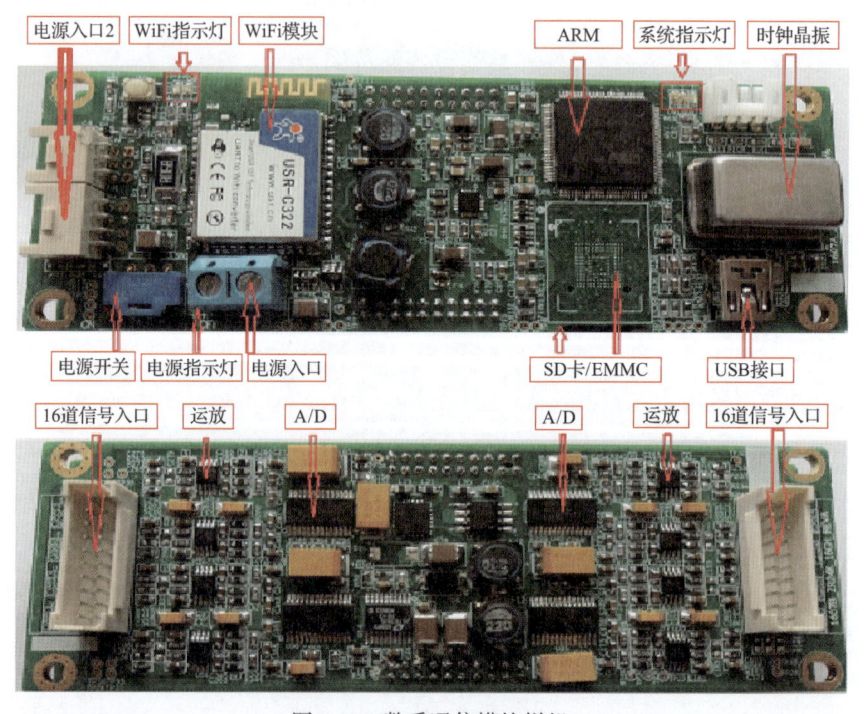

图 4.19 数采通信模块样机

四、串口转网口模块

串口转网口模块主要用于将数采模块、姿态仪、DVL 和高度计的串口数据打包后，转换成网口格式发送给船载上位机。串口转网口模块的工作示意图见图 4.20，串口设备将数据发送给串口转网口模块，模块将打包后的数据再发送给拖体搭载的交换机，经由光电复合缆传输至船载交换机，最终抵达船载上位机，上位机完成数据的解析、处理、显示和存储等工作。

船载上位机 ↔ 路由器/交换机 ←Internet光缆→ 路由器/交换机 ↔ 串口转网口模块 ↔ 串口设备

图 4.20 串口转网口模块的工作示意图

串口转网口模块选用 ST 公司的 STM32 系列微控制器作为主控芯片，搭配 TTL 转 RS232 和 TTL 转 RS422 芯片，完成上述功能。模块电气框图见图 4.21。研制的串口转网口模块见图 4.22。

五、上位机设计及使用

(一)上位机操作界面

上位机操作界面共包含串口设置、三轴磁场状态、姿态仪状态、存储设置 4 个界面，分别如图 4.23~图 4.26 所示。

(二)串口设置界面说明

在串口设置界面，有两个串口，一个负责接收磁场数据，一个负责接收姿态仪数据。所以只需选择对应的串口号即可实现通信设置，其他参数无须改变。

(三)三轴磁场状态界面说明

在三轴磁场状态界面，点击"启动广播模式"按钮后可开始接收磁场数据，点击"停止广播模式"按钮后可停止接收磁场数据。在接收磁场数据的过程中可点击"启动绘图"按钮方可显示当前接收的磁场数据图形，在停止广播模式后可设置三轴磁场的零点、灵敏度完成对时等功能，在该界面还会显示当前三轴磁场数据的存储情况。

(四)姿态仪状态界面说明

在姿态仪状态界面，在启动接收姿态仪数据之前，需在"经度""纬度""高度"对应的文本框内输入当前位置的信息，之后点击"设置启动位置"和"发送对准命令"按钮，可自动开始接收姿态仪数据，在该界面对应的文本框内会显示当前姿态仪测得的姿态信息。

(五)存储设置界面说明

在存储设置界面，点击"停止广播模式"按钮后方可操作该界面的按钮。由于磁

图4.21 串口转网口模块电气原理图

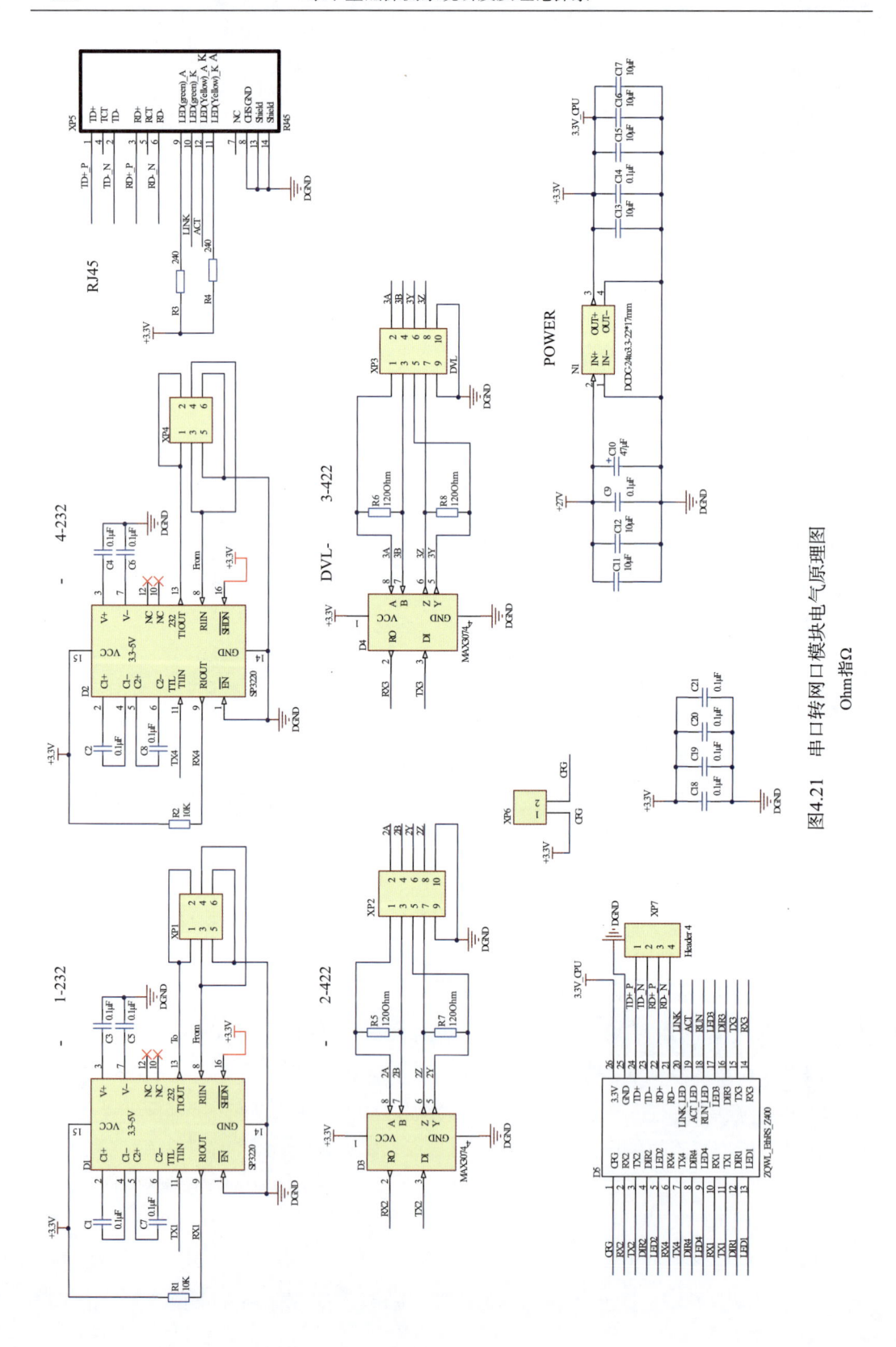

第四章 水下三分量磁力测量系统

图 4.22　串口转网口模块样机

图 4.23　串口设置界面

图 4.24　三轴磁场状态界面

图 4.25　姿态仪状态界面

图 4.26　存储设置界面

场采集系统内置的有 SD 卡存储方式和 flash 芯片存储方式,因此可同时选择相应的按钮,同时操作 SD 卡和存储芯片开展存储任务,存储芯片内的内容在点击"停止广播模式"按钮后方可进行读取,读取时间随存储内容的大小而定,在读取完成后会有提示。SD 卡的数据只能将卡取出后读取。在每点击"启动芯片存储"后不会清除以前存储的数据,只有在点击"清除芯片数据"和"清除所有数据"后才可完全清除芯片内的存储内容。

对于 SD 卡,每点击"启动 SD 卡存储"后都会在 SD 卡内重新生成一个文件并存储当前数据,文件名为点击该按钮时的时间值。

(六) 磁力测量系统上位机的使用方法

1) 上位机打开顺序
(1) 智嵌串口服务器配置软件 V113.exe。
(2) VCOMM 扩展串口。
(3) 磁场数据记录.exe。
(4) 姿态仪数据记录.exe。
(5) DVL 数据记录.exe。

2) 智嵌串口服务器配置软件 V113.exe 的操作方法

如图 4.27 所示,打开该软件后,只需点击"搜索设备"按钮,搜索成功后会在"设备 IP"栏显示网络接口的信息,之后不关闭该软件。

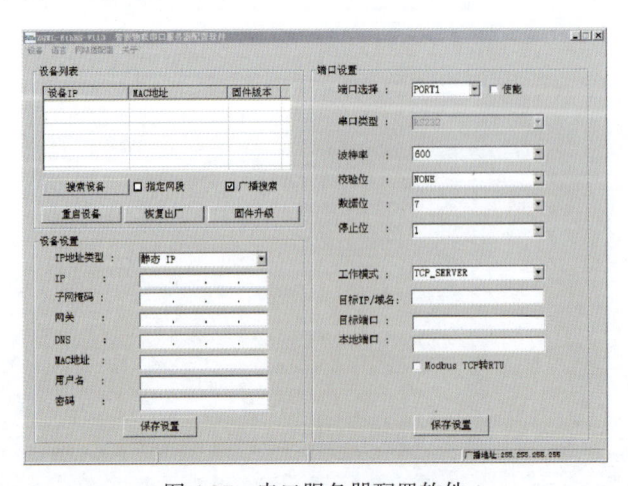

图 4.27　串口服务器配置软件

若无法识别设备 IP，则需检查本地连接是否连上，确保无误后，再次重复搜索设备智嵌 OMM 扩展串口软件的操作方法。

如图 4.28 所示，打开该软件将虚拟出以下四个虚拟串口，在"运行状态栏"显示"关闭"，证明虚拟串口设置成功。

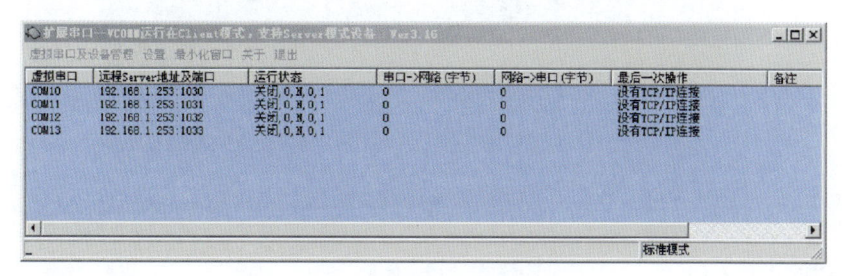

图 4.28　虚拟串口界面

若需重新虚拟另外的串口，则只需选择需要的串口号，IP 地址设置为 192.168.1.253，远程服务器监听端口号从 1030/1031/1032/1033/1034 依次进行选择，点击"确定"按钮即设置成功，如图 4.29 所示。

图 4.29　虚拟串口设置界面

3) 磁场数据记录.exe 的操作方法

打开该上位机，在"串口设置界面"只需选择串口 12，该端口用于磁场数据通信，波特率默认，然后点击"打开串口"按钮，若出现提示框，提示串口号不存在，则需检查网络设置是否正常，串口号是否虚拟成功。

点击"启动广播模式"按钮，上位机开始接收数据，并进行实时绘图。

在点击"停止广播模式"按钮后，可操作"设置对时""启动芯片存储""读取芯片数据""停止芯片存储""读取断电前数据""清除芯片数据"等按钮功能，点击对应的按钮后会给出相应的提示。如图 4.30 和图 4.31 所示。

4) 姿态仪数据记录.exe 的操作方法

打开该上位机，在"串口设置界面"只需选择串口 10，波特率默认，该端口用于姿态数据通信，然后点击"打开串口"按钮，若出现提示框，提示串口号不存在，则需检查网络设置是否正常，串口号是否虚拟成功。

图 4.30 磁场测试界面

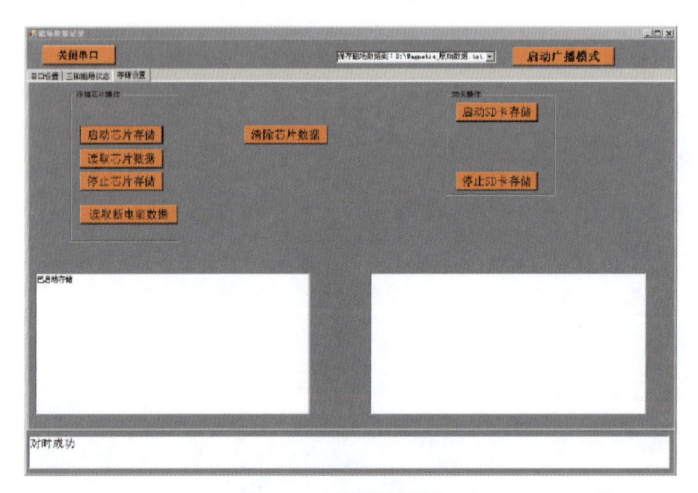

图 4.31 存储设置界面

点击"启动接收"按钮，上位机开始接收数据。

在确认数据能正常接收后，先在文本输入框内写入当地的经纬度和高度值，再依次点击"停止""设置启动位置""启动纯惯性导航""保存参数""发送对准命令"共 5 个按钮。

当在空白框内出现时间信息且计时达到 15min 后，姿态仪会输出正常数据，若姿态仪数据正常，则会在以下三个框内有相应的数据显示。

在确认数据正常后，可点击清空：D:\DVL_原始数据.txt 选项框，之后开始保存数据。

5) DVL 数据记录.exe 的操作方法

打开该上位机软件，在"串口设置界面"只需选择串口 11，波特率默认，然后点击"打开串口"按钮，若出现提示框，提示串口号不存在，可能串口设置不正常，这时需检查网络设置是否正常，串口号是否虚拟成功。

点击"启动接收"按钮，上位机开始接收数据，在确保数据接收正常后，可点击**清空：D:\DVL_原始数据.txt 选项框**，之后开始保存数据。

在上位机运行的过程中，尽量不操作这 5 个上位机软件，除非需要看某部分数据是否异常或查看磁场信息，在网络中断后，也可以不动这 5 个上位机软件，在网络连接正常后，上位机会自动运行。

第四节 水下三分量磁力仪的定位定向方法

为了完成深水油气勘探和海洋地质调查，需要进行高精度水下磁力测量。高精度磁力测量系统由高精度三轴磁力仪和高精度光纤陀螺姿态测量系统组成。三轴磁力仪测量空间三个方向上的磁力分量，高精度光纤陀螺姿态测量系统提供三轴磁力仪的测量姿态。本节介绍水下三分量磁力仪的定位定向方法。

一、坐标系与坐标转换

水下三分量磁力仪的定位定向要求定义一系列坐标系，并进行不同坐标系之间的测量量和计算量的变换。各坐标系定义如下所述。

（一）坐标系定义

水下三分量磁力仪在空间的位置和姿态需要用坐标系来描述，坐标系的使用通常取决于所研究的问题。常用的坐标系有地心惯性坐标系、地心固连坐标系、地理坐标系、载体坐标系、姿态仪坐标系和三分量磁力仪坐标系。

1. 地心惯性坐标系

惯性坐标系的原点和坐标轴的方向是任意的，只要它们处于静止或匀速直线运动状态就可以。为了便于研究地球上的运动载体，取惯性坐标系的原点为地球质心，用 $OX_iY_iZ_i$ 表示地心惯性坐标系的 X 轴、Y 轴和 Z 轴，在导航开始时，X_i 和 Y_i 轴在赤道平面内，Z_i 轴与地球自转轴重合，三个轴满足右手坐标系法则。导航开始后，地心惯性坐标系 $OX_iY_iZ_i$ 相对惯性空间保持固定方向，坐标原点随地球运动。

2. 地心固连坐标系

地心固连坐标系也称地球坐标系，坐标原点在地球质心，坐标系与地球固定，满足右手坐标系法则，用 $OX_eY_eZ_e$ 表示地心固连坐标系的 X 轴、Y 轴和 Z 轴。X_e 轴在赤道平面内，同时也在本初子午面内；Y_e 轴在赤道平面内，与 X_e 轴成 $90°$；Z_e 轴与地球自转轴重合。在导航开始时，地心惯性坐标系与地心固连坐标系重合。

3. 地理坐标系

地理坐标系也称当地大地垂线坐标系，大地垂线在任何地方都垂直于参考椭球。这里地理坐标系定义为东北天坐标系，坐标原点在地球质心，三个轴分别用 E、N、U 表示。N 轴指向大地北的方向，E 轴垂直于运载体所在的子午面，方向朝东，U 轴沿当地垂线通过水下三分量磁力测量系统质心方向向外。E、N 和 U 轴满足右手坐标系法则。

4. 载体坐标系

载体坐标系是固连于载体的正交坐标系，用 $X_bY_bZ_b$ 表示，载体坐标系原点在载体质心，Y_b 轴沿载体纵轴指向前方，即与载体纵轴重合；X_b 轴在 Y_b 轴的右侧 90°并与载体的纵倾轴(俯仰)重合；Z_b 轴朝上，与 X_b 轴和 Y_b 轴满足右手坐标系法则，Z_b 轴与偏航轴重合。

5. 姿态仪坐标系

姿态仪坐标系定义为姿态仪上正交安装的加速度计的输入轴坐标系，坐标系原点在加速度计组合体的质心，满足右手坐标系法则，用 $X_aY_aZ_a$ 表示。当姿态仪安装在载体上时，尽量使姿态仪坐标系 $X_aY_aZ_a$ 与载体坐标系 $X_bY_bZ_b$ 的坐标轴方向保持一致。导航前，姿态仪的安装误差需要标定。

6. 三分量磁力仪坐标系

三分量磁力仪坐标系定义为三分量磁力仪上正交安装的磁传感器的输入轴坐标系，坐标系原点在磁传感器组合体质心，用 $X_mY_mZ_m$ 表示。当三分量磁力仪与姿态仪安装在一起时，尽量使三分量磁力仪坐标系 $X_mY_mZ_m$ 与姿态仪坐标系 $X_aY_aZ_a$ 的坐标轴方向保持一致。导航前，需要标定三分量磁力仪的安装误差。

(二) 坐标变换

要获得水下磁力三分量在地理坐标系中的投影，需要进行一系列坐标变换。坐标变换分为正交变换和非正交变换，所有正交坐标系之间的变换都是正交变换，其变换矩阵也是正交矩阵，它们可以通过坐标系的旋转得到。

1. 地心惯性坐标系到地心固连坐标系的变换

地心惯性坐标系到地心固连坐标系的变换可通过绕 Z_i 轴旋转角度 $\omega_{ie}t$ 得到，其中 t 是从运动开始的时间。转换矩阵为

$$C_i^e = \begin{bmatrix} \cos\omega_{ie}t & \sin\omega_{ie}t & 0 \\ -\sin\omega_{ie}t & \cos\omega_{ie}t & 0 \\ 0 & 0 & 1 \end{bmatrix} \qquad (4.30)$$

2. 地心固连坐标系到地理坐标系的变换

地心固连坐标系到地理坐标系的变换可通过三次坐标轴旋转得到。首先绕 Z_e 轴正向旋转经度 λ，然后绕 Y 轴的新方向正向旋转 90°–L，再绕 Z 轴的新方向正向旋转 90°：

$$C_e^n = \begin{bmatrix} -\sin\lambda & \cos\lambda & 0 \\ -\sin L\cos\lambda & -\sin L\sin\lambda & \cos L \\ \cos L\cos\lambda & \cos L\sin\lambda & \sin L \end{bmatrix} \qquad (4.31)$$

3. 地理坐标系到载体坐标系的变换

地理坐标系到载体坐标系的变换可通过三次坐标轴旋转得到。首先，绕 Z 轴旋转 ψ 角(航向角)，然后绕 Y 轴的新方向正向旋转 φ 角(俯仰角)，最后绕 X 轴的新方向正向旋转 θ 角。

$$\boldsymbol{C}_n^b = \begin{bmatrix} \cos\theta\cos\psi - \sin\varphi\sin\theta\sin\psi & \cos\theta\sin\psi + \sin\varphi\sin\theta\cos\psi & -\cos\varphi\sin\theta \\ -\cos\varphi\sin\psi & \cos\varphi\cos\psi & \sin\varphi \\ \sin\theta\cos\psi + \sin\varphi\cos\theta\sin\psi & \sin\theta\sin\psi - \sin\varphi\cos\theta\cos\psi & \cos\varphi\cos\theta \end{bmatrix} \quad (4.32)$$

4. 载体坐标系到姿态仪坐标系的变换

一般情况下，在安装姿态仪时，能够做到姿态仪坐标系($X_a Y_a Z_a$)与载体坐标系($X_b Y_b Z_b$)基本保持一致，两个正交坐标系的方向相差很小。载体坐标系到姿态仪坐标系的变换可通过三次小角度的坐标轴连续旋转得到。首先，绕 Z 轴旋转 α，然后绕 X 轴的新方向旋转 β，再绕 Y 轴的新方向旋转 γ。类似式(4.32)的推导，考虑到 α、β 和 γ 都是小角度，忽略高阶量，故有

$$\boldsymbol{C}_b^a = \begin{bmatrix} 1 & \alpha & -\gamma \\ -\alpha & 1 & \beta \\ \gamma & -\beta & 1 \end{bmatrix} \quad (4.33)$$

式中，α、β 和 γ 将通过安装在载体的姿态仪给出。

5. 姿态仪坐标系到三分量磁力仪坐标系的变换

姿态仪坐标系和三分量磁力仪坐标系都是正交坐标系，为了得到地理坐标系上的磁力分量，需要把三分量磁力仪与姿态仪捆绑在一起。为了计算方便，通常把姿态仪坐标系和三分量磁力仪坐标系的坐标轴方向基本保持一致，使两个正交坐标系的方向相差很小。姿态仪坐标系($X_a Y_a Z_a$)到三分量磁力仪坐标系($X_m Y_m Z_m$)的变换可通过三次小角度的坐标轴连续旋转得到。类似式(4.32)的推导，考虑到 ϑ_1、ϑ_2 和 ϑ_3 都是小角度，忽略高阶量，故有

$$\boldsymbol{C}_a^m = \begin{bmatrix} 1 & \vartheta_3 & -\vartheta_2 \\ -\vartheta_3 & 1 & \vartheta_1 \\ \vartheta_2 & -\vartheta_1 & 1 \end{bmatrix} \quad (4.34)$$

二、水下自主无源定位

载体的水下定位有两种方式，一种是自主无源定位，主要依靠惯性导航系统并与计程仪和深度计组合。另一种是有源定位，主要依靠水声定位系统、水下 GPS 定位系统。

水下自主无源定位主要靠惯性导航系统。惯性导航系统可分为平台式和捷联式惯性导航系统。目前能够保持长时间(几天甚至几十天)、高精度的惯性导航系统有静电陀螺监控器/平台式惯性导航系统、静电陀螺导航仪、激光陀螺双轴旋转捷联惯导系统、激光陀螺单轴旋转捷联惯导系统。下面着重阐述适用于水下三分量磁力测量的长航时、高精度、低成本的激光陀螺单轴旋转捷联惯导系统/计程仪/深度计组合定位系统。

激光陀螺单轴旋转捷联惯导系统导航算法流程如图 4.32 所示。

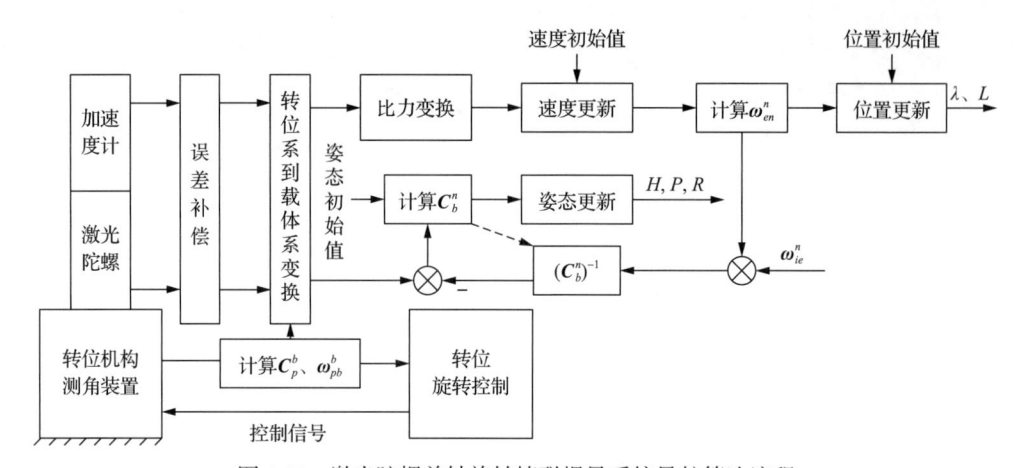

图 4.32 激光陀螺单轴旋转捷联惯导系统导航算法流程

激光陀螺单轴旋转捷联惯导系统的三个加速度计和三个激光陀螺仪与转位机构固联，加速度计和陀螺仪输出经误差补偿后投影到载体坐标系上，转位机构坐标系与载体坐标系的旋转角度由转位机构的测角装置给出。根据陀螺仪输出角速度、导航坐标系旋转角速度和地球角速度，计算出姿态矩阵。补偿后的加速度计值经姿态矩阵变换到导航坐标系上，消除了有害加速度，再积分就可得到速度和位置。激光陀螺单轴旋转惯性导航系统的姿态、速度和位置的计算方法，除转位机构坐标变换外，与捷联惯导姿态、速度和位置的计算方法一样。

（一）姿态算法

捷联姿态矩阵有多种方法进行计算，如欧拉角算法、方向余弦法和四元数法，其中四元数等效旋转矢量法是目前常用的方法，下面介绍该方法。

设 $t_n \sim t_{n+1}$ 载体坐标系的旋转四元数为 Δl，导航坐标系的四元数为 Δm，t_n 时刻和 t_{n+1} 时刻导航坐标系到载体坐标系的旋转四元数分别为 Q_n 和 Q_{n+1}，故有

$$Q_{n+1} = \Delta m^* \otimes Q_n \otimes \Delta l \tag{4.35}$$

写成向量形式为

$$\begin{bmatrix} q_0^P \\ q_1^P \\ q_2^P \\ q_3^P \end{bmatrix}_{n+1} = \begin{bmatrix} \Delta l_0 & -\Delta l_1 & -\Delta l_2 & -\Delta l_3 \\ \Delta l_1 & \Delta l_0 & \Delta l_3 & -\Delta l_2 \\ \Delta l_2 & -\Delta l_3 & \Delta l_0 & \Delta l_1 \\ \Delta l_3 & \Delta l_2 & -\Delta l_1 & \Delta l_0 \end{bmatrix} \begin{bmatrix} q_0^f \\ q_1^f \\ q_2^f \\ q_3^f \end{bmatrix}_n \tag{4.36}$$

$$\begin{bmatrix} q_0^f \\ q_1^f \\ q_2^f \\ q_3^f \end{bmatrix}_{n+1} = \begin{bmatrix} q_0^P & -q_1^P & -q_2^P & -q_3^P \\ q_1^P & q_0^P & q_3^P & -q_2^P \\ q_2^P & -q_3^P & q_0^P & q_1^P \\ q_3^P & q_2^P & -q_1^P & q_0^P \end{bmatrix} \begin{bmatrix} \Delta m_0 \\ -\Delta m_1 \\ -\Delta m_2 \\ -\Delta m_2 \end{bmatrix} \tag{4.37}$$

姿态矩阵与四元数之间的关系为

$$\boldsymbol{C}_b^n = \begin{bmatrix} C_{11} & C_{12} & C_{13} \\ C_{21} & C_{22} & C_{23} \\ C_{31} & C_{32} & C_{33} \end{bmatrix} = \begin{bmatrix} q_0^2 + q_1^2 - q_2^2 - q_3^2 & 2(q_1q_2 - q_0q_3) & 2(q_1q_3 + q_0q_2) \\ 2(q_1q_2 + q_0q_3) & q_0^2 - q_1^2 + q_2^2 - q_3^2 & 2(q_2q_3 - q_0q_1) \\ 2(q_1q_3 - q_0q_2) & 2(q_2q_3 + q_0q_1) & q_0^2 - q_1^2 - q_2^2 + q_3^2 \end{bmatrix} \quad (4.38)$$

根据式(4.32)和式(4.38)，有
俯仰角：

$$\varphi = \arcsin C_{32} \quad (4.39)$$

横滚角：

$$\theta = \arctan\left(-\frac{C_{31}}{C_{33}}\right) \quad (4.40)$$

航向角：

$$\psi = \arctan\left(-\frac{C_{12}}{C_{22}}\right) \quad (4.41)$$

已知四元数就能够通过式(4.38)～式(4.41)得到姿态角。

载体坐标系的旋转四元数 $\Delta \boldsymbol{l}$ 和导航坐标系的四元数 $\Delta \boldsymbol{m}$ 可采用旋转矢量法得到。假设 $\vec{\Phi}$ 是 $t_n \sim t_{n+1}$ 载体坐标系的旋转矢量，其大小为 $\Phi = |\vec{\Phi}|$。旋转矢量的微分方程为

$$\dot{\vec{\Phi}} = \vec{\omega} + \frac{1}{2}\vec{\Phi} \times \vec{\omega} + \frac{1}{\Phi^2}\left[1 - \frac{\Phi \sin \Phi}{2(1 - \cos \Phi)}\right]\vec{\Phi} \times (\vec{\Phi} \times \vec{\omega}) \quad (4.42)$$

考虑到姿态更新周期短，$\vec{\Phi}$ 是小量，故方程式(4.42)简化为

$$\dot{\vec{\Phi}} = \vec{\omega} + \frac{1}{2}\vec{\Phi} \times \vec{\omega} \quad (4.43)$$

设 $\vec{\Phi}$ 为 $[t_n, t_{n+1}]$ 时间内的旋转矢量，角速度 $\vec{\omega}$ 在时间间隔 $[t_n, t_{n+1}]$ 内做线性变化，即

$$\vec{\omega} = \vec{b}_0 + 2\vec{b}_1 \tau \quad (4.44)$$

令 $\Delta \vec{\theta}_1$、$\Delta \vec{\theta}_2$ 分别为时间间隔内 $\left[t_n, \dfrac{t_{n+1} + t_n}{2}\right]$ 和 $\left[\dfrac{t_{n+1} + t_n}{2}, t_{n+1}\right]$ 的角增量，则方程式(4.43)的解为

$$\vec{\Phi} = \Delta \vec{\theta}_1 + \Delta \vec{\theta}_2 + \frac{2}{3}\Delta \vec{\theta}_1 \times \Delta \vec{\theta}_2 \quad (4.45)$$

式中，角增量 $\Delta\bar{\theta}_1 = \int_{t_n}^{\frac{t_n+t_{n+1}}{2}} \bar{\omega}(\tau)d\tau$；$\Delta\bar{\theta}_2 = \int_{\frac{t_n+t_{n+1}}{2}}^{t_{n+1}} \bar{\omega}(\tau)d\tau$。式(4.45)称为旋转矢量微分方程式(4.42)的二子样解。

载体坐标系的旋转四元数 Δl 为

$$\Delta l = \begin{bmatrix} \cos\left(\dfrac{\Phi}{2}\right) \\ \dfrac{\Phi_{xb}}{\Phi}\sin\left(\dfrac{\Phi}{2}\right) \\ \dfrac{\Phi_{yb}}{\Phi}\sin\left(\dfrac{\Phi}{2}\right) \\ \dfrac{\Phi_{zb}}{\Phi}\sin\left(\dfrac{\Phi}{2}\right) \end{bmatrix} \tag{4.46}$$

导航坐标系的四元数 Δm 为

$$\Delta m = \begin{bmatrix} \cos\left(\dfrac{\omega h}{2}\right) \\ \dfrac{\omega_x}{\omega}\sin\left(\dfrac{\omega h}{2}\right) \\ \dfrac{\omega_y}{\omega}\sin\left(\dfrac{\omega h}{2}\right) \\ \dfrac{\omega_z}{\omega}\sin\left(\dfrac{\omega h}{2}\right) \end{bmatrix} \tag{4.47}$$

式中，ω_x、ω_y、ω_z 为导航坐标系的绝对角速度在其坐标系中的投影；h 为采样时间间隔；Δm 的共轭为

$$\Delta m^* = \begin{bmatrix} \cos\left(\dfrac{\omega h}{2}\right) & -\dfrac{\omega_x}{\omega}\sin\left(\dfrac{\omega h}{2}\right) & -\dfrac{\omega_y}{\omega}\sin\left(\dfrac{\omega h}{2}\right) & -\dfrac{\omega_z}{\omega}\sin\left(\dfrac{\omega h}{2}\right) \end{bmatrix}^T \tag{4.48}$$

式中，上标 T 为转置。

(二)速度算法

在地理坐标系(东北天坐标系)中，速度方程为

$$\dot{V}_E^n = f_E + \left(2U + \dfrac{V_E}{(R_\lambda + h)\cos\varphi}\right)V_N \sin\varphi \tag{4.49}$$

$$\dot{V}_N^n = f_N - \left(2U + \dfrac{V_E}{(R_\lambda + h)\cos\varphi}\right)V_E \sin\varphi \tag{4.50}$$

式中，V_E、V_N 分别为载体对地速度在地理坐标系中东向和北向上的投影；f_E、f_N 分别为加速度计比力在地理坐标系中东向和北向上的投影；U 为地球旋转角速度，R_λ 为参考椭球卯酉圈的曲率半径 $R_\lambda = \dfrac{R_e}{(1-e^2\sin^2\varphi)^{1/2}}$，其中 R_e 为地球赤道平面半径，e 为偏心率，φ 为地理纬度，h 为参考椭球上方的高度。在方程式(4.49)和方程式(4.50)中忽略了天向速度，即假定载体做水平运动。

(三) 位置算法

在地理坐标系(东北天坐标系)中，位置方程为

$$\dot\varphi = \frac{V_N}{R_\varphi + h} \quad (4.51)$$

$$\dot\lambda = \frac{V_E}{(R_\lambda + h)\cos\varphi} \quad (4.52)$$

式中，R_φ 为参考椭球子午圈的曲率半径，$R_\varphi = \dfrac{R_e(1-e^2)}{(1-e^2\sin^2\varphi)^{3/2}}$。

激光陀螺单轴旋转捷联惯导系统得到的姿态角、速度和位置都包含舒勒周期振荡、地球周期振荡和傅科周期振荡。引入计程仪速度作为外观测量，利用扩展卡尔曼滤波，估计出位置误差，经误差补偿，消除振荡，获得准确位置。

激光陀螺单轴旋转捷联惯导系统/计程仪组合系统的扩展卡尔曼滤波状态方程为

$$\dot X_{k+1} = \boldsymbol{\Phi}_{k+1/k} \boldsymbol{X}_k + \boldsymbol{\Gamma}_{k+1} \boldsymbol{W}_K \quad (4.53)$$

式中，$\boldsymbol{X}_k$ 为系统状态向量；$\boldsymbol{\Phi}_{k+1/k}$ 为状态转移矩阵；$\boldsymbol{\Gamma}_{k+1}$ 为系统的噪声转换矩阵；$\boldsymbol{W}_K$ 为噪声矩阵。

状态向量为

$$\boldsymbol{X} = [\delta V_E, \delta V_N, \delta L, \delta \lambda, \varphi_E, \varphi_N, \varphi_U, \delta G_x, \delta G_y, \delta G_z, \delta A_x, \delta A_y, v_E, v_N]^T \quad (4.54)$$

式中，δV_E、δV_N 分别为东向和北向速度和误差；δL、$\delta \lambda$ 分别为经度和纬度误差；φ_E、φ_N、φ_U 分别为捷联惯导数学平台的 3 个误差角；δG_x、δG_y 和 δG_z 分别为陀螺仪 X、Y、Z 轴的零位漂移；δA_x、δA_y 分别为加速度计 X 和 Y 轴的零位偏置；v_E 和 v_N 分别为计程仪的东向和北向海流误差。

$\boldsymbol{W}$ 噪声矩阵由陀螺仪和加速度计的白噪声组成：

$$\boldsymbol{W} = \left[w_{gx}, w_{gy}, w_{gz}, w_{ax}, w_{ay}\right]^T \quad (4.55)$$

状态转移矩阵：

$$\boldsymbol{\Phi}_{k+1/k} \approx \boldsymbol{E}_n + \boldsymbol{F}_k \cdot \Delta t \quad (4.56)$$

式中，E_n 为单位矩阵；F_k 为组合系统误差方程矩阵 $F=[f_{i,j}](i,j=1,\cdots,14)$，$f_{i,j}$ 非零项为

$$f_{1,7}=n_N,\quad f_{1,11}=C_{11},\quad f_{1,12}=C_{12},\quad f_{1,13}=C_{13},\quad f_{2,7}=-f_{1,6}=n_H,\quad f_{2,7}=-n_E$$

$$f_{2,11}=C_{21},\quad f_{2,12}=C_{22},\quad f_{2,13}=C_{23},\quad f_{3,2}=\frac{1}{R},\quad f_{4,1}=\frac{1}{R\cos L},\quad f_{4,3}=\frac{V_E\sin L}{R\cos^2 L}$$

$$f_{5,7}=-f_{7,5}=-\omega_N,\quad f_{5,8}=C_{11},\quad f_{5,9}=C_{12},\quad f_{5,10}=C_{13}$$

$$f_{5,6}=-f_{6,5}=-\omega_h=(U+\dot{\lambda})\sin L=U\sin L+\frac{V_E}{R}\tan L$$

$$f_{6,7}=-f_{7,6}=\omega_E,\quad f_{6,3}=-U\sin L,\quad f_{6,8}=C_{21},\quad f_{6,9}=C_{22},\quad f_{6,10}=C_{23}$$

$$f_{7,1}=\frac{1}{R}\tan L,\quad f_{7,3}=U\cos L+\frac{V_E}{R\cos^2 L},\quad f_{7,8}=C_{31},\quad f_{7,9}=C_{32},\quad f_{7,10}=C_{33}$$

式中，C_{ij} 为姿态矩阵元素；U 为地球旋转角速率；n_E、n_N、n_H 分别为东、北、天方向上的加速度计比力。

组合系统的扩展卡尔曼滤波观测方程为

$$Z_{k+1}=H_{k+1}X_{k+1}+V_{k+1} \tag{4.57}$$

式中，Z_{k+1} 为观测向量；H_{k+1} 为观测矩阵；V_{k+1} 为观测噪声矩阵。具体如下：

$$z=\begin{bmatrix} V_E-V_{E,L} \\ V_N-V_{N,L} \end{bmatrix}^T \tag{4.58}$$

式中，V_E 和 V_N 分别为激光陀螺单轴旋转捷联惯性导航系统得到的东向和北向速度；$V_{E,L}$ 和 $V_{N,L}$ 分别为计程仪输出的东向和北向速度。观测矩阵 $H_{k+1}=[h_{i,j}](i=1,2；j=1,\cdots,14)$ 中的非零项为：$h_{1,1}=1$，$h_{1,7}=-V_N$，$h_{1,13}=-1$，$h_{2,2}=1$，$h_{2,7}=V_E$，$h_{2,14}=-1$。

三、水下初始对准

水下载体导航的第一步是初始对准，捷联惯导系统初始对准的目的就是确定载体的姿态角。初始对准的精度直接决定整个导航系统的精度。初始对准分为初始粗对准和精对准。下面将阐述准静态初始对准、系泊状态初始粗对准和初始精对准。

（一）水下准静态初始对准

载体在深水处受水流影响会发生漂流，如果当地水流速度很小，可看作准静态，用静止方法进行初始对准。当载体处于水平平稳状态时，用解析粗对准方法能够得到较好的姿态对准精度。当载体存在较大的倾斜角时，就需要用特别的方法进行解决。

为了提高捷联姿态测量系统大失准角初始对准的对准精度，缩短对准时间，本书提出了一种改进的强跟踪容积卡尔曼滤波算法。构建捷联姿态测量系统大失准角非线性误差模型，在容积卡尔曼滤波算法的基础上，利用奇异值分解(SVD)代替容积卡尔曼滤波算法中的Cholesky分解，保证算法的稳定性；同时将强跟踪滤波与容积卡尔曼滤波结合，通过对预测协方差矩阵引入渐消因子，在线实时调整增益矩阵，提高算法的鲁棒性。

1. 误差方程

由于各种误差源的影响,姿态系统的计算导航坐标系 n' 与理想导航坐标系 n 系之间存在误差角,使用欧拉平台误差角来表示理想导航坐标系到计算导航坐标系之间的 3 个失准角,记为 $\boldsymbol{\alpha}=[\alpha_x,\alpha_y,\alpha_z]^\mathrm{T}$。以欧拉平台误差角表示的姿态系统非线性姿态误差方程为

$$\dot{\boldsymbol{\alpha}} = \boldsymbol{C}_\omega^{-1}\left[(\boldsymbol{I}-\boldsymbol{C}_n^{n'})\tilde{\boldsymbol{\omega}}_{in}^n + \boldsymbol{C}_n^{n'}\delta\omega_{in}^n - \boldsymbol{C}_b^{n'}\delta\omega_{ib}^b\right] \tag{4.59}$$

式中,$\boldsymbol{C}_\omega$ 为欧拉平台误差角微分方程的系数矩阵;$\boldsymbol{C}_n^{n'}$ 为 n 系至 n' 系的变换矩阵;$\boldsymbol{C}_b^{n'}$ 为状态转移矩阵;$\tilde{\boldsymbol{\omega}}_{in}^n$ 为 in 系相对于惯性系 i 的角速度在 n 系下的投影;$\delta\omega_{in}^n$ 为 $\tilde{\omega}_{in}^n$ 的计算误差;$\delta\omega_{ib}^b$ 为陀螺测量误差。其中,

$$\boldsymbol{C}_\omega^{-1} = \frac{1}{c\alpha_x}\begin{bmatrix} c\alpha_y c\alpha_x & 0 & s\alpha_y c\alpha_x \\ s\alpha_y s\alpha_x & c\alpha_x & -c\alpha_y s\alpha_x \\ -s\alpha_y & 0 & c\alpha_y \end{bmatrix} \tag{4.60}$$

式中,$s\alpha_i$、$c\alpha_i$ 分别为 $\sin\alpha_i$ 和 $\cos\alpha_i$($i=x,y,z$)。假设 $\delta\omega_{ib}^b$ 主要为常值漂移误差 ε^b 和零均值高斯白噪声 w_g^b,则式(4.59)改写为

$$\dot{\boldsymbol{\alpha}} = \boldsymbol{C}_\omega^{-1}\left[(\boldsymbol{I}-\boldsymbol{C}_n^{n'})\tilde{\boldsymbol{\omega}}_{in}^n + \boldsymbol{C}_n^{n'}\delta\omega_{in}^n - \boldsymbol{C}_b^{n'}\varepsilon^b\right] + \boldsymbol{C}_\omega^{-1}\boldsymbol{C}_b^{n'}w_g^b \tag{4.61}$$

实际上,由含误差项的导航解算速度微分方程减去理论上姿态系统速度微分方程经整理后可以得到姿态系统速度误差方程为

$$\begin{aligned}\delta\dot{v}^n &= \left[\boldsymbol{I}-(\boldsymbol{C}_n^{n'})^\mathrm{T}\right]\boldsymbol{C}_b^{n'}\tilde{f}_{sf}^b + (\boldsymbol{C}_n^{n'})^\mathrm{T}\boldsymbol{C}_b^{n'}\delta f_{sf}^b - (2\delta\omega_{ie}^n+\delta\omega_{en}^n)\times(\tilde{v}^n-\delta v^n)\\ &\quad -(2\tilde{\omega}_{ie}^n+\tilde{\omega}_{en}^n)\times\delta v^n + \delta\boldsymbol{g}^n\end{aligned} \tag{4.62}$$

式中,$\boldsymbol{I}$ 为单位矩阵;$\tilde{f}_{sf}^b$ 为加速度计测量值;δf_{sf}^b 为加速度计的测量误差;$\tilde{\omega}_{ie}^n$ 为计算的地球自转角速度;$\tilde{\omega}_{en}^n$ 为计算的位置速率;$\delta\omega_{ie}^n$、$\delta\omega_{en}^n$ 分别为 $\tilde{\omega}_{ie}^n$ 和 $\tilde{\omega}_{en}^n$ 的计算误差;δv^n 为速度误差;$\delta\boldsymbol{g}^n$ 为重力加速度误差。假设 δf_{sf}^b 主要为常值零偏 ∇^b 和零均值高斯白噪声 w_a^b,忽略重力加速度误差项 $\delta\boldsymbol{g}^n$,以及静止状态下的速度误差 $\tilde{v}^n$,则式(4.62)改写为

$$\delta\dot{v}^n = \left[I-(\boldsymbol{C}_n^{n'})^\mathrm{T}\right]\boldsymbol{C}_b^{n'}\tilde{f}_{sf}^b + (\boldsymbol{C}_n^{n'})^\mathrm{T}\boldsymbol{C}_b^{n'}\nabla^b - (2\tilde{\omega}_{ie}^n+\tilde{\omega}_{en}^n)\times\delta v^n + (\boldsymbol{C}_n^{n'})^\mathrm{T}\boldsymbol{C}_b^{n'}w_a^b \tag{4.63}$$

建立以欧拉平台失准角 α_x、α_y、α_z 和速度误差 δv_x、δv_y、δv_z 为状态向量的卡尔曼滤波方程,即

$$\begin{cases}\dot{\boldsymbol{X}} = \boldsymbol{F}(\boldsymbol{X})+\boldsymbol{G}\boldsymbol{W}\\ \boldsymbol{Z} = \boldsymbol{H}\boldsymbol{X}+\boldsymbol{V}\end{cases} \tag{4.64}$$

式中，状态向量为

$$X = \left[\alpha_x, \alpha_y, \alpha_z, \delta v_x, \delta v_y, \delta v_z\right] \tag{4.65}$$

系统噪声向量为

$$W = \left[w_{gx}^b, w_{gy}^b, w_{gz}^b, w_{ax}^b, w_{ay}^b, w_{az}^b\right] \tag{4.66}$$

式中，$F(X)$ 为状态转移矩阵；G 为系统噪声驱动阵；$H=[\mathbf{0}_{3\times3}, \mathbf{I}_{3\times3}]$ 为量测矩阵；V 为噪声矩阵测噪声。

2. 基于 Cubature 变换的容积卡尔曼滤波（CKF）算法

CKF 算法是基于高斯假设的贝叶斯估计框架，将非线性滤波归结为非线性函数与高斯概率密度乘积的积分求解问题，采用 $2n$ 个具有相同权值的容积点来实现非线性逼近，在每个滤波周期内进行时间更新和量测更新，具体算法如下。

1) 时间更新

假设已知 $k-1$ 时刻的后验密度函数 $p(x_{k-1}) = N(\hat{x}_{k-1}, P_{k-1})$，对误差协方差矩阵 P_{k-1} 进行 Cholesky 分解，即

$$P_{k-1} = S_{k-1} S_{k-1}^{\mathrm{T}} \tag{4.67}$$

选择 Cubature 点 $(i = 1, 2, \cdots, m, m = 2n)$

$$X_{i,k-1} = S_{k-1} \xi_i + \hat{x}_{k-1} \tag{4.68}$$

计算经状态方程传递后的 Cubature 点：

$$X_{i,k|k-1}^* = F(X_{i,k-1}) \tag{4.69}$$

估计 k 时刻的状态预测值：

$$\hat{x}_{k|k-1} = \frac{1}{m} \sum_{i=1}^{m} X_{i,k|k-1}^* \tag{4.70}$$

估计 k 时刻的状态误差协方差预测值：

$$P_{k|k-1} = \frac{1}{m} \sum_{i=1}^{m} X_{i,k|k-1}^* X_{i,k|k-1}^{*\mathrm{T}} - \hat{x}_{k|k-1} \hat{x}_{k|k-1}^{\mathrm{T}} + Q_{k-1} \tag{4.71}$$

2) 量测更新

对 $P_{k|k-1}$ 进行 Cholesky 分解，即

$$P_{k|k-1} = S_{k|k-1} S_{k|k-1}^{\mathrm{T}} \tag{4.72}$$

计算 Cubature 点 $(i = 1, 2, \cdots, m, m = 2n)$

$$X_{i,k|k-1} = S_{k|k-1} + \hat{x}_{k|k-1} \tag{4.73}$$

通过递归方程传递 Cubature 点，即

$$Z_{i,k|k-1} = H(X_{i,k|k-1}) \tag{4.74}$$

估计 k 时刻的观测预测值：

$$\hat{z}_{k|k-1} = \frac{1}{m} \sum_{i=1}^{m} Z_{i,k|k-1} \tag{4.75}$$

计算自相关协方差矩阵：

$$P_{zz,k|k-1} = \frac{1}{m} \sum_{i=1}^{m} Z_{i,k|k-1} Z_{i,k|k-1}^{\mathrm{T}} - \hat{z}_{k|k-1} \hat{z}_{k|k-1}^{\mathrm{T}} + R_{k-1} \tag{4.76}$$

计算互相关协方差矩阵：

$$P_{xz,k|k-1} = \frac{1}{m} \sum_{i=1}^{m} X_{i,k|k-1} Z_{i,k|k-1}^{\mathrm{T}} - \hat{x}_{k|k-1} \hat{z}_{k|k-1}^{\mathrm{T}} \tag{4.77}$$

估计卡尔曼增益：

$$K_k = P_{xz,k|k-1} P_{zz,k|k-1}^{-1} \tag{4.78}$$

求取 k 时刻状态估计值：

$$\hat{x}_k = \hat{x}_{k|k-1} + K_k(z_k - \hat{z}_{k|k-1}) \tag{4.79}$$

求取 k 时刻状态协方差误差估计值：

$$P_k = P_{k|k-1} - K_k P_{zz,k|k-1} K_k^{\mathrm{T}} \tag{4.80}$$

3. 基于奇异值分解(SVD)的 CKF 滤波算法

假设协方差矩阵由一组对应于该组特征值的特征向量组成，那么对于协方差矩阵 SVD 和 Cholesky 分解是等价的，特征值等价于奇异值。由于 SVD 数值计算的鲁棒性较强，因此可以提高 CKF 数值计算的稳健性。

假设矩阵 $A \in \mathbf{R}^{m \times n}(m \geq n)$，则 A 的奇异值分解可表示为

$$A = U \Lambda V^{\mathrm{T}} = U \begin{bmatrix} S & 0 \\ 0 & 0 \end{bmatrix} V^{\mathrm{T}} \tag{4.81}$$

式中，$U \in \mathbf{R}^{m \times n}$，$\Lambda \in \mathbf{R}^{m \times n}$，$V \in \mathbf{R}^{m \times n}$，$S = \mathrm{diag}(s_1, s_2, \cdots, s_r)$，$s_1 \geq s_2 \geq \cdots \geq s_r \geq 0$；$S$ 为矩阵 A 的奇异值；U 的列向量为 A 的左奇异向量；V 的列向量为 A 的右奇异向量。利

用 SVD 替换式(4.67)和式(4.72)并将其分别代入式(4.68)和式(4.73)即可得到基于 SVD 的 CKF 滤波算法。

4. 强跟踪 CKF 滤波算法

对于姿态系统大失准角初始对准，较大的初始误差和不准确的噪声统计增加了对准模型的不确定性，从而影响了 CKF 的滤波效果。在 CKF 的基础上引入 STF 框架，强跟踪 CKF 既能保持 STF 关于模型不确定的鲁棒性及其对系统状态突变的跟踪能力，而又无须计算雅可比矩阵，还具备更高的滤波精确度和数值稳定性。STF 通过预测协方差矩阵引入渐消因子，在线实时调整增益矩阵，强迫任意时刻的新息残差序列保持正交，从而保证滤波器对实际系统状态的跟踪。引入渐消因子后的预测协方差矩阵如下：

$$\boldsymbol{P}_{k|k-1} = \lambda_k \left(\frac{1}{m} \sum_{i=1}^{m} X_{i,k|k-1}^* X_{i,k|k-1}^{*\mathrm{T}} - \hat{x}_{k|k-1} \hat{x}_{k|k-1}^{\mathrm{T}} \right) + \boldsymbol{Q}_{k-1} \qquad (4.82)$$

式中，$\boldsymbol{Q}_{k-1}$ 为系统噪声矩阵；渐消因子为

$$\lambda_k = \max(1, \lambda_0) \qquad (4.83)$$

$$\lambda_0 = \frac{\mathrm{tr}[\boldsymbol{N}_k]}{\mathrm{tr}[\boldsymbol{M}_k]} \qquad (4.84)$$

求取渐消因子 λ_k 时为了避免计算雅可比矩阵，采用一种新的计算方法：

$$\boldsymbol{N}_k = \boldsymbol{V}_k - (\boldsymbol{P}_{xz,k|k-1}^e)^{\mathrm{T}} (\boldsymbol{P}_{k|k-1}^e)^{-1} \boldsymbol{Q}_{k-1} (\boldsymbol{P}_{k|k-1}^e)^{-1} \boldsymbol{P}_{xz,k|k-1}^e - \beta \boldsymbol{R}_k \qquad (4.85)$$

$$\boldsymbol{M}_k = \boldsymbol{P}_{zz,k|k-1}^e + \boldsymbol{N}_k - \boldsymbol{V}_k + (\beta-1)\boldsymbol{R}_k \qquad (4.86)$$

式中，上标 e 为未引入渐消因子；$\beta \geq 1$ 为弱化因子，避免有可能造成的过调节，能够使状态估计更加平滑；$\boldsymbol{V}_k$ 为协方差矩阵；$\boldsymbol{R}_k$ 为系统误差矩阵；ρ 为遗忘因子（取 $\rho = 0.95$），则

$$\boldsymbol{V}_k = \begin{cases} \boldsymbol{\eta}_1 \boldsymbol{\eta}_1^{\mathrm{T}}, & k=1 \\ \dfrac{(\rho \boldsymbol{V}_{k-1} + \boldsymbol{\eta}_k \boldsymbol{\eta}_k^{\mathrm{T}})}{(1+\rho)}, & k>1 \end{cases} \qquad (4.87)$$

式中，η_k 为当前时刻的残差。

强跟踪 CKF 滤波算法的具体实现步骤：计算式(4.77)、式(4.82)得到 $\boldsymbol{P}_{k|k-1}^e$、$\boldsymbol{P}_{xz,k|k-1}^e$ 和 $\boldsymbol{P}_{zz,k|k-1}^e$；根据式(4.83)~式(4.86)计算渐消因子 λ_k；引入渐消因子计算式(4.82)，用式(4.82)计算得到的 $P_{k|k-1}$ 重新计算式(4.72)~式(4.77)进行滤波更新。

5. 仿真试验

假设陀螺常值漂移为 0.01°/h，随机噪声为 0.001°/h；加速度计常值零偏为 0.5×10^{-4}g，

随机噪声为 0.05×10^{-4}g。系统状态初始值 $X_0=0$，初始方差矩阵 P_0 和系统噪声矩阵 Q_k 根据惯性仪表参数取值，量测噪声矩阵取 $R_k=\{(0.1\text{m/s})^2 \quad (0.1\text{m/s})^2 \quad (0.1\text{m/s})^2\}$。静基座捷联惯导系统所处纬度为 32.06°，经度为 118.78°。分别采用 CKF 和强跟踪 CKF 对姿态系统大失准角初始对准进行静基座仿真，系统不进行粗对准，直接进行精对准。每 0.1s 取一次数据，仿真时间为 600s。初始失准角 $\alpha(0)$ 选择了以下三种情况进行仿真：①$\alpha_x=\alpha_y=5°$，$\alpha_z=10°$；②$\alpha_x=\alpha_y=10°$，$\alpha_z=10°$；③$\alpha_x=\alpha_y=15°$，$\alpha_z=30°$。情况①的仿真结果如图 4.33 和图 4.34 所示；由于情况②和③的水平失准角估计误差仿真结果与情况①相似，这里只给出方位失准角估计误差曲线，分别如图 4.35 和图 4.36 所示。

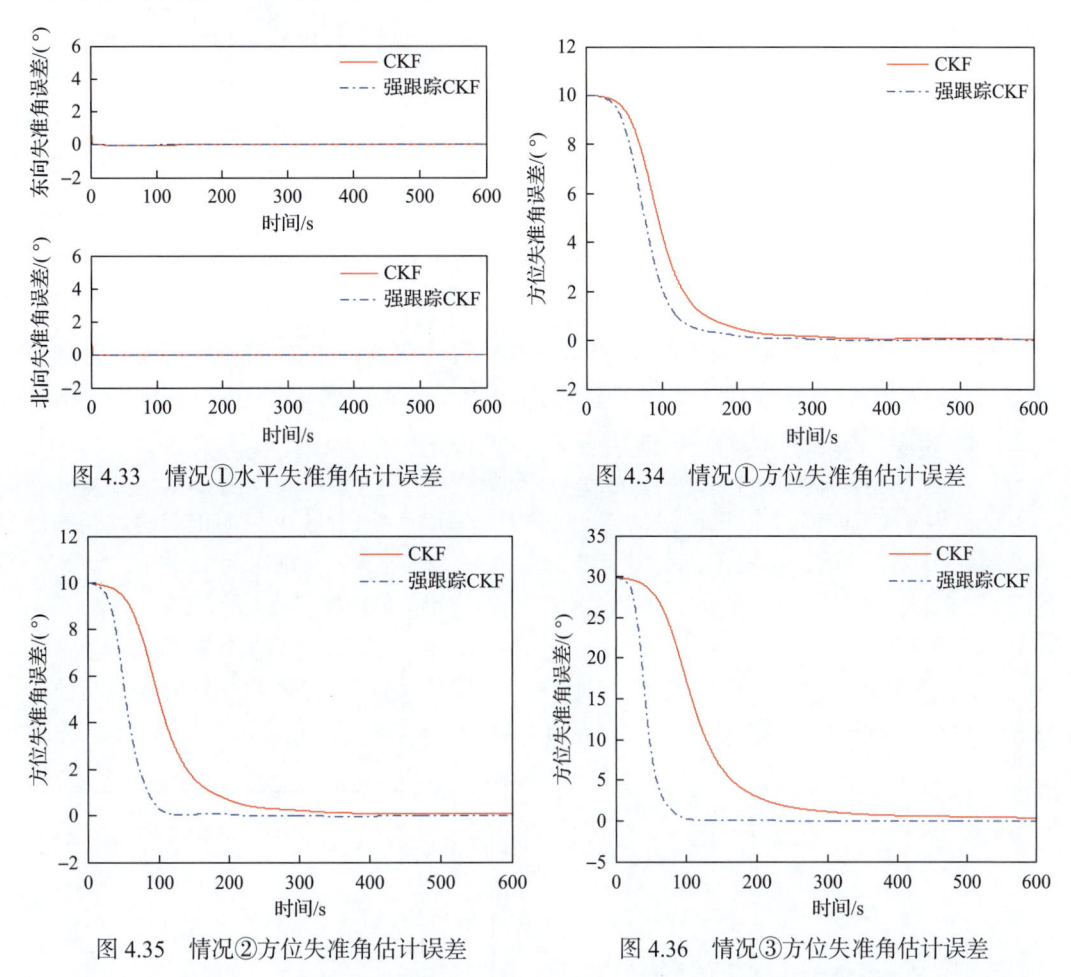

图 4.33　情况①水平失准角估计误差

图 4.34　情况①方位失准角估计误差

图 4.35　情况②方位失准角估计误差

图 4.36　情况③方位失准角估计误差

图 4.33 表明，在姿态系统失准角为大角度时，对水平失准角误差的估计，强跟踪 CKF 的收敛速度与 CKF 相当；图 4.34～图 4.36 表明对方位失准角误差的估计，强跟踪 CKF 的收敛速度明显快于 CKF，当失准角增大时，CKF 的收敛速度显著下降，而强跟踪 CKF 的收敛速度没有明显变化。上述 3 种情况的仿真结果如图 4.33~图 4.36 所示，其中失准角误差为 400~600s 的误差平均值。

由表 4.3 可知，在姿态系统大失准角的情况下，强跟踪 CKF 对失准角估计误差的估计精度略高于 CKF，对方位失准角误差的估计精度明显优于 CKF，且失准角越大，系统的非线性越强，强跟踪 CKF 的优势就越明显。

表 4.3　强跟踪 CKF 和 CKF 对准结果比较

初始失准角/(°)	失准角估计误差/(°)	CKF	强跟踪 CKF
5,5,10	东向	−0.0078	−0.0076
	北向	0.0029	0.0028
	方位	0.0728	0.0274
10,10,10	东向	−0.0080	−0.0075
	北向	0.0029	0.0029
	方位	0.1014	0.0076
15,15,30	东向	−0.0082	−0.0061
	北向	0.0065	0.0054
	方位	0.5094	0.0179

6. 实验室初始对准静态试验

把激光陀螺捷联惯性导航系统在三轴高精度转台上进行 SINS 静基座大失准角对准静态试验，如图 4.37 所示。激光陀螺仪精度为 0.01°/h，加速度计精度为 1×10^{-5}g。激光陀螺惯性导航系统的采样频率为 200Hz。

分别采用基于 Cubature 变换的容积卡尔曼滤波(CKF)、单渐消因子 CKF(SCKF)、多重渐消因子 CKF(MCKF)和改进的 CKF(SVD-MCKF)对 SINS 大失准角初始对准进行静基座初始对准试验，系统不进行粗对准，直接进行精对准。对准时间为 600s。初始对准结果如图 4.37～图 4.39 所示，四种情况姿态角的对准误差如表 4.4 所示。

由图 4.37、图 4.39 和图 4.40 可知，改进的 CKF 的收敛速度比 CKF 快了 100s。由表 4.3 可知，在静基座大失准角情况下，对水平角误差的估计，改进的 CKF 与其他三种方法精度相当；对方位角误差的估计，改进的 CKF 优于其他三种方法。

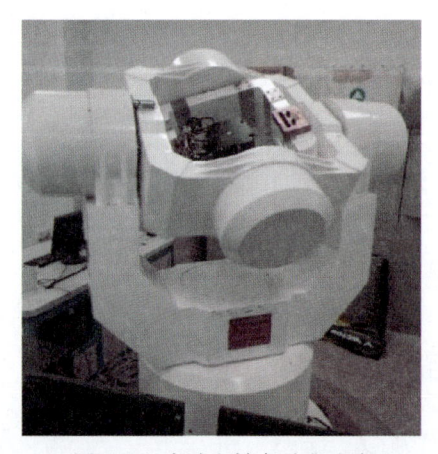

图 4.37　实验室转台对准试验

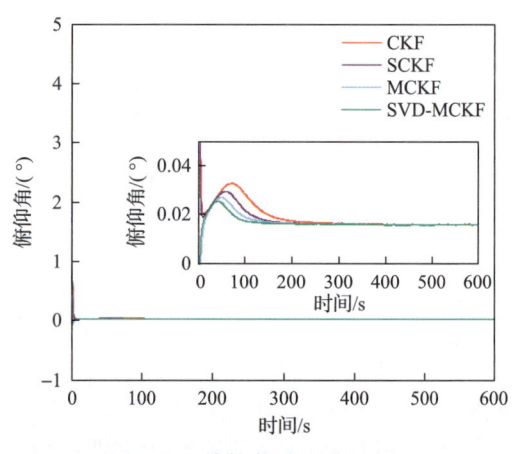

图 4.38　俯仰角对准误差

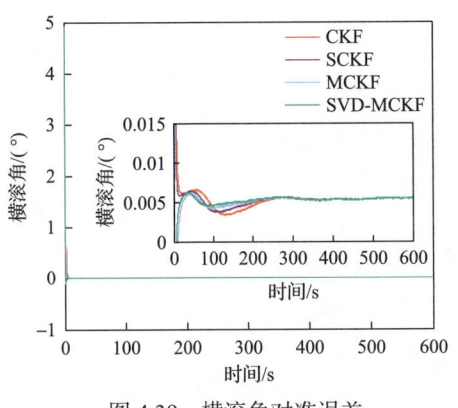

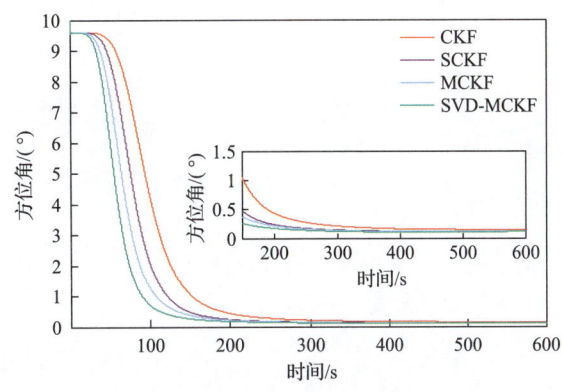

图 4.39　横滚角对准误差　　　　　图 4.40　方位失准角估计误差

表 4.4　转台准静态试验结果

对准误差	CKF	SCKF	MCKF	SVD-MCKF
俯仰角/(°)	0.0085	0.0085	0.0085	0.0085
横滚角/(°)	−0.0046	−0.0045	−0.0045	−0.0044
方位角/(°)	0.0886	0.0613	0.0585	0.0530

(二) 水下动态初始对准

1. 用惯性系凝固法

载体在水下浅水处受水流的影响做周期性摇摆运动，对于这种运动状况，可采用惯性系凝固法进行初始对准。为了阐述方便，引入如下坐标系：地心惯性坐标系 i，地心固连坐标系 e，地理坐标系 n，载体坐标系 b，这些坐标系的定义如前所述。$t=0$ 为初始对准时刻，$t=0$ 时刻凝固为惯性系的载体坐标系 i_{b0}。姿态矩阵 $\boldsymbol{C}_b^n$ 可由坐标系之间的转换矩阵给出，即

$$\boldsymbol{C}_b^n = \boldsymbol{C}_e^n \boldsymbol{C}_i^e \boldsymbol{C}_{i_{b0}}^i \boldsymbol{C}_b^{i_{b0}} \tag{4.88}$$

式中，$\boldsymbol{C}_i^e = \begin{bmatrix} \cos\omega_{ie}t & \sin\omega_{ie}t & 0 \\ -\sin\omega_{ie}t & \cos\omega_{ie}t & 0 \\ 0 & 0 & 1 \end{bmatrix}$，$\boldsymbol{C}_e^n = \begin{bmatrix} 0 & 1 & 0 \\ -\sin L & 0 & \cos L \\ \cos L & 0 & \sin L \end{bmatrix}$。取经度 λ 为零，不失一般性，$\boldsymbol{C}_b^{i_{b0}}(t=0) = \boldsymbol{I}$，$\boldsymbol{C}_b^{i_{b0}}(t)$ 可通过式 (4.88) 计算得到。

令 $V^{i_{b0}} = \int_0^{t_1} \boldsymbol{C}_i^{i_{b0}} f^i \mathrm{d}t \approx \boldsymbol{C}_i^{i_{b0}} \int_0^{t_1} -g^i \mathrm{d}t$，有

$$\boldsymbol{g}^i = \boldsymbol{C}_e^i \boldsymbol{C}_n^e \boldsymbol{g}^n = \begin{bmatrix} \cos\omega_{ie}t & -\sin\omega_{ie}t & 0 \\ \sin\omega_{ie}t & \cos\omega_{ie}t & 0 \\ 0 & 0 & 1 \end{bmatrix} \begin{bmatrix} 0 & -\sin L & \cos L \\ 1 & 0 & 0 \\ 0 & \cos L & \sin L \end{bmatrix} \begin{bmatrix} 0 \\ 0 \\ -g \end{bmatrix}$$

$$= \begin{bmatrix} \cos\omega_{ie}t & -\sin\omega_{ie}t & 0 \\ \sin\omega_{ie}t & \cos\omega_{ie}t & 0 \\ 0 & 0 & 1 \end{bmatrix} \begin{bmatrix} -g\cos L \\ 0 \\ -g\sin L \end{bmatrix} = \begin{bmatrix} -g\cos\omega_{ie}t\cos L \\ -g\sin\omega_{ie}t\cos L \\ -g\sin L \end{bmatrix}$$

令

$$V^i(t_1) = \begin{bmatrix} \dfrac{g}{\omega_{ie}} \sin\omega_{ie} t_1 \cos L \\ \dfrac{g}{\omega_{ie}} (1-\cos\omega_{ie} t_1)\cos L \\ gt_1 \sin L \end{bmatrix}$$

有

$$V^{i_{b0}}(t_1) = C_i^{i_{b0}} V^i(t_1) \tag{4.89}$$

$$V^{i_{b0}}(t_2) = C_i^{i_{b0}} V^i(t_2) \tag{4.90}$$

由式(4.89)和式(4.90)得

$$C_{i_{b0}}^i = \begin{bmatrix} (V^i(t_1))^{\mathrm{T}} \\ (V^i(t_2))^{\mathrm{T}} \\ (V^i(t_1)\times V^i(t_2))^{\mathrm{T}} \end{bmatrix}^{-1} \begin{bmatrix} (V^{i_{b0}}(t_1))^{\mathrm{T}} \\ (V^{i_{b0}}(t_2))^{\mathrm{T}} \\ (V^{i_{b0}}(t_1)\times V^{i_{b0}}(t_2))^{\mathrm{T}} \end{bmatrix} \tag{4.91}$$

惯性系凝固法对准适用于周期性摇摆运动的初始对准。

2. 精对准

在水下精对准阶段，用卡尔曼滤波器估计出理想坐标系和实际导航坐标系之间的小失准角。在动态情况下，在凝固惯性系初始对准的基础上，再进行卡尔曼滤波的动态精对准。

系统的状态方程和观测方程分别为

$$\dot{X} = F(X) + GW$$

$$Z = HX + V$$

状态量 X 为

$$X = [\phi_e \quad \phi_n \quad \phi_u \quad \delta V_e \quad \delta V_n \quad \delta L \quad \delta\lambda \quad \varepsilon_{gx} \quad \varepsilon_{gy} \quad \varepsilon_{gz} \quad \nabla_{ax} \quad \nabla_{ay} \quad \nabla_{az}]^{\mathrm{T}} \tag{4.92}$$

其中，13 个状态量分别对应的是三个姿态误差角、东向速度误差、北向速度误差、三个陀螺仪的零偏误差和三个加速度计的零偏误差。

系统的状态转移矩阵 F 为

$$F = \begin{bmatrix} F_{11} & F_{12} & F_{13} & -C_b^n & 0_{3\times 3} \\ F_{21} & F_{22} & F_{23} & 0_{2\times 3} & C_b^n \\ 0_{2\times 3} & F_{32} & F_{33} & 0_{2\times 3} & 0_{2\times 3} \\ 0_{6\times 3} & 0_{6\times 2} & 0_{6\times 2} & 0_{6\times 3} & 0_{6\times 3} \end{bmatrix} \tag{4.93}$$

式中，

$$F_{11} = \begin{bmatrix} 0 & \omega_{ie}\sin L + \dfrac{V_e \tan L}{R_N} & -\left(\omega_{ie}\cos L + \dfrac{V_e}{R_N}\right) \\ -\left(\omega_{ie}\sin L + \dfrac{V_e \tan L}{R_N}\right) & 0 & -\dfrac{V_n}{R_M} \\ \omega_{ie}\cos L + \dfrac{V_e}{R_N} & \dfrac{V_n}{R_M} & 0 \end{bmatrix}$$

$$F_{12} = \begin{bmatrix} 0 & -\dfrac{1}{R_M} \\ \dfrac{1}{R_N} & 0 \\ \dfrac{\tan L}{R_N} & 0 \end{bmatrix}, \quad F_{13} = \begin{bmatrix} 0 & 0 \\ -\omega_{ie}\sin L & 0 \\ \omega_{ie}\cos L + \dfrac{V_e}{R_N \cos^2 L} & 0 \end{bmatrix}, \quad F_{21} = \begin{bmatrix} 0 & -f_z^n & f_y^n \\ f_z^n & 0 & -f_x^n \end{bmatrix}$$

$$F_{22} = \begin{bmatrix} \dfrac{V_n \tan L}{R_N} & 2\omega_{ie}\sin L + \dfrac{V_e \tan L}{R_N} \\ -2\left(\omega_{ie}\sin L + \dfrac{V_e \tan L}{R_N}\right) & 0 \end{bmatrix}$$

$$F_{23} = \begin{bmatrix} 2\omega_{ie}V_n \cos L + \dfrac{V_e V_n \sec^2 L}{R_N} & 0 \\ -2\omega_{ie}V_e \cos L - \dfrac{V_e^2 \sec^2 L}{R_N} & 0 \end{bmatrix}, \quad F_{32} = \begin{bmatrix} 0 & \dfrac{1}{R_M} \\ \dfrac{\sec L}{R_N} & 0 \end{bmatrix}, \quad F_{33} = \begin{bmatrix} 0 & 0 \\ \dfrac{V_e \tan L \sec L}{R_N} & 0 \end{bmatrix}$$

噪声矩阵为

$$G = \begin{bmatrix} -C_b^n & 0_{3\times 3} \\ 0_{2\times 3} & C_b^n \\ 0_{8\times 3} & 0_{8\times 3} \end{bmatrix}$$

在系泊状态下，以当地的位置（纬度和经度）作为观测量，观测矩阵 H 为

$$H = \begin{bmatrix} 0_{2\times 5} & I_{2\times 2} & 0_{2\times 6} \end{bmatrix}$$

第五节　三分量磁力仪的捷联姿态测量系统的姿态算法研究

一、水下姿态计算

水下三分量磁力仪传感器和一个高精度光纤陀螺捷联姿态仪安装在一起，安装时三

分量磁力仪坐标系与姿态仪坐标系的坐标轴方向基本保持一致，它们之间的转换关系可用式(4.5)表示。要知道水下三分量磁力仪的姿态，就要首先得到姿态仪的姿态。姿态仪的捷联姿态解法同前面阐述的一样，可用式(4.6)～式(4.19)计算得到。要获得姿态仪更加准确的姿态角，就必须利用外部信息，如测速仪信息和深度计信息，利用扩展卡尔曼滤波估计姿态角的误差，经误差补偿输出更准确的姿态信息。下面阐述光纤陀螺捷联姿态仪/多普勒测速仪/深度计组合系统的姿态算法。

（一）误差方程

1. 姿态误差方程

光纤陀螺捷联姿态仪的姿态误差方程为

$$\dot{\boldsymbol{\phi}} = \boldsymbol{\phi} \times \boldsymbol{\omega}_{in}^n + \delta \boldsymbol{\omega}_{in}^n - \boldsymbol{C}_b^n ([\delta \boldsymbol{K}_g] + [\delta \boldsymbol{E}_g]) \boldsymbol{\omega}_{ib}^b - \boldsymbol{\varepsilon}^n \tag{4.94}$$

式中，$\delta \boldsymbol{K}_g = \mathrm{diag}[\delta K_{gx}, \delta K_{gy}, \delta K_{gz}]$ 为陀螺仪的标度因数；$\delta \boldsymbol{E}_g = \begin{bmatrix} 0 & \delta E_z & -\delta E_y \\ -\delta E_z & 0 & \delta E_x \\ \delta E_y & -\delta E_x & 0 \end{bmatrix}$

为陀螺仪的安装误差；$\boldsymbol{\omega}_{ib}^b$ 为陀螺仪的输出；$\boldsymbol{\varepsilon}^n = \begin{bmatrix} C_{11} & C_{12} & C_{13} \\ C_{21} & C_{22} & C_{23} \\ C_{31} & C_{32} & C_{33} \end{bmatrix} \begin{bmatrix} \varepsilon_x^b \\ \varepsilon_y^b \\ \varepsilon_z^b \end{bmatrix}$ 为陀螺仪的零偏

在导航系下的投影。

2. 速度误差方程

光纤陀螺捷联姿态仪的速度误差方程为

$$\delta \dot{\boldsymbol{V}}^n = -\boldsymbol{\phi}^n \times \boldsymbol{f}^n + \boldsymbol{C}_b^n ([\delta \boldsymbol{K}_a] + [\delta \boldsymbol{E}_a]) \boldsymbol{f}^b + \delta \boldsymbol{V}^n \times (2\boldsymbol{\omega}_{ie}^n + \boldsymbol{\omega}_{en}^n) + \boldsymbol{V}^n \times (2\delta \boldsymbol{\omega}_{ie}^n \delta \boldsymbol{\omega}_{en}^n) + \nabla^n \tag{4.95}$$

式中，$\delta \boldsymbol{K}_a = \mathrm{diag}[\delta K_{ax}, \delta K_{ay}, \delta K_{az}]$ 为加速度计的标度因数；$\delta \boldsymbol{E}_a = \begin{bmatrix} 0 & \delta E_{az} & -\delta E_{ay} \\ -\delta E_{az} & 0 & \delta E_{ax} \\ \delta E_{ay} & -\delta E_{ax} & 0 \end{bmatrix}$

为加速度计的安装误差；$\boldsymbol{f}^b$ 为加速度计的输出；$\nabla^n = \begin{bmatrix} C_{11} & C_{12} & C_{13} \\ C_{21} & C_{22} & C_{23} \\ C_{31} & C_{32} & C_{33} \end{bmatrix} \begin{bmatrix} \nabla_x^b \\ \nabla_y^b \\ \nabla_z^b \end{bmatrix}$ 为加速度计

零偏在导航系下的投影。

3. 位置误差方程

光纤陀螺捷联姿态仪的位置误差方程为

$$\delta \dot{\lambda} = \frac{\delta V_e}{(R_N + h)\cos L} + \delta L \frac{V_e \sin L}{(R_N + h)\cos^2 L} - \delta h \frac{V_e}{(R_N + h)^2 \cos L} \tag{4.96}$$

$$\delta \dot{L} = \frac{\delta V_n}{R_{\mathrm{M}} + h} - \delta h \frac{V_n}{(R_{\mathrm{M}} + h)^2} \tag{4.97}$$

$$\delta \dot{h} = \delta V_u \tag{4.98}$$

4. 多普勒测速仪误差模型

多普勒测速仪测的速度是对地速度 $V_l = \begin{bmatrix} V_{lE} & V_{lN} \end{bmatrix}$，测量方程为

$$\begin{aligned} V_{lE} &= V_l \sin K \\ V_{lN} &= V_l \cos K \end{aligned} \tag{4.99}$$

多普勒测速仪的测速误差方程为

$$\begin{aligned} \delta V_{lE} &= \delta V_l \sin K + V_l \cos K \cdot \delta K = V_E + V_{TE} + V_N \delta K \\ \delta V_{lN} &= \delta V_l \cos K - V_l \sin K \cdot \delta K = V_N + V_{TN} - V_E \delta K \end{aligned} \tag{4.100}$$

式中，V_E 和 V_N 分别为载体东向和北向的真实速度；V_{TE} 和 V_{TN} 分别为水流东向和北向速度；δK 为航向失准角误差。

5. 深度计误差模型

深度计是测量水深的仪器，深度计的误差方程

$$h = H + \delta h \tag{4.101}$$

式中，h 为深度计指示值；H 为真实水深值；δh 为深度计误差。

(二) 扩展卡尔曼滤波器

水下姿态仪组合系统的状态方程为

$$\dot{X} = F(X) + GW$$

状态变量为

$$X = \begin{bmatrix} \phi_E, \phi_N, \phi_U, \delta V_E, \delta V_N, \delta V_U, \delta L, \delta \lambda, \delta h, \delta G_x, \delta G_y, \delta G_z, \delta A_x, \delta A_y, \delta A_z, V_{TE}, V_{TN} \end{bmatrix}^T \tag{4.102}$$

式中，ϕ_E、ϕ_N、ϕ_U 分别为东向、北向和天向的平台误差角；δV_E、δV_N、δV_U 分别为东向、北向和天向速度误差；δL、$\delta \lambda$、δh 分别为纬度误差、经度误差和高度误差；δG_x、δG_y、δG_z 分别为陀螺零位漂移；δA_x、δA_y、δA_z 分别为加速度计 X、Y、Z 轴的零位偏置；V_{TE} 和 V_{TN} 分别为水流东向和北向速度。

噪声矩阵 W 为

$$W = \begin{bmatrix} w_{gx}, w_{gy}, w_{gz}, w_{ax}, w_{ay}, w_{az} \end{bmatrix}^T \tag{4.103}$$

$F = [f_{i,j}](i, j = 1, \cdots, 17)$，$f_{i,j}$ 非零项为

$f_{1,9} = n_N$, $f_{1,13} = C_{11}$, $f_{1,14} = C_{12}$, $f_{1,15} = C_{13}$, $f_{2,7} = -f_{1,8} = n_H$, $f_{3,8} = -f_{2,9} = n_E$

$f_{2,13} = C_{21}$, $f_{2,14} = C_{22}$, $f_{2,15} = C_{23}$, $f_{3,13} = C_{31}$, $f_{3,14} = C_{32}$, $f_{3,15} = C_{33}$, $f_{4,2} = \dfrac{1}{R}$

$f_{5,1} = \dfrac{1}{R\cos L}$, $f_{5,4} = \dfrac{V_E \sin L}{R \cos^2 L}$, $f_{6,3} = 1$, $f_{7,9} = -f_{9,7} = -\omega_N$, $f_{7,2} = -\dfrac{1}{R}$

$f_{7,8} = -f_{8,7} = \omega_H = (U + \dot{\lambda})\sin L = U\sin L + \dfrac{V_E}{R}\tan L$, $f_{8,9} = -f_{9,8} = \omega_E$

$f_{8,4} = -U\sin L$, $f_{8,10} = C_{21}$, $f_{8,11} = C_{22}$, $f_{8,12} = C_{23}$

$f_{9,1} = \dfrac{1}{R}\tan L$, $f_{9,4} = U\cos L + \dfrac{V_E}{R\cos^2 L}$

$f_{9,10} = C_{31}$, $f_{9,11} = C_{32}$, $f_{9,12} = C_{33}$, $f_{7,10} = C_{11}$, $f_{7,11} = C_{12}$, $f_{7,12} = C_{13}$

速度观测方程为

$$Z_v = \boldsymbol{H}_v \boldsymbol{X} + V_v \tag{4.104}$$

式中，$\boldsymbol{H}_v$ 为速度观测矩阵；V_v 为观测噪声；Z_v 为观测量，由 IMU 解算的水平速度（V_{IE}、V_{IN}）和测速仪输出的水平速度（V_{CE}、V_{CN}）之差构成，即

$$\boldsymbol{Z}_v = \begin{bmatrix} V_{IE} - V_{CE} \\ V_{IN} - V_{CN} \end{bmatrix} \tag{4.105}$$

深度观测方程为

$$Z_h = \boldsymbol{H}_h \boldsymbol{X} + V_h \tag{4.106}$$

式中，$\boldsymbol{H}_h$ 为深度观测矩阵；V_h 为观测噪声；Z_h 为观测量，由捷联惯导系统计算的深度 h_I 和深度计输出的深度 h_S 之差构成，即

$$Z_h = h_I - h_S \tag{4.107}$$

观测矩阵 $\boldsymbol{H}_{k+1} = [h_{i,j}](i = 1,\cdots,5, j = 1,\cdots,17)$ 中的非零项为

$$h_{1,1} = h_{2,2} = 1, \quad h_{1,9} = -V_N$$

$$h_{1,16} = -1, \quad h_{2,9} = V_E, \quad h_{2,17} = -1, \quad h_{3,4} = h_{4,5} = h_{5,6} = 1$$

卡尔曼滤波在捷联式重力测量系统测量中也有较广泛的应用，其测量与卡尔曼滤波反馈示意图如图 4.41 所示。

二、姿态测量系统试验研究

GNSS 罗经能够连续输出运载体的真航向，且没有累计误差、无须对准、精度高，因此可以用它来考核水中的光纤陀螺捷联姿态测量系统的定向精度。为了研究国产光纤陀螺捷联姿态测量系统在水中应用的航向精度（真航向精度），项目组研制了用于试验测

试的 GNSS 罗经和多通道数据采集、存储、计算和显控的一体化系统。

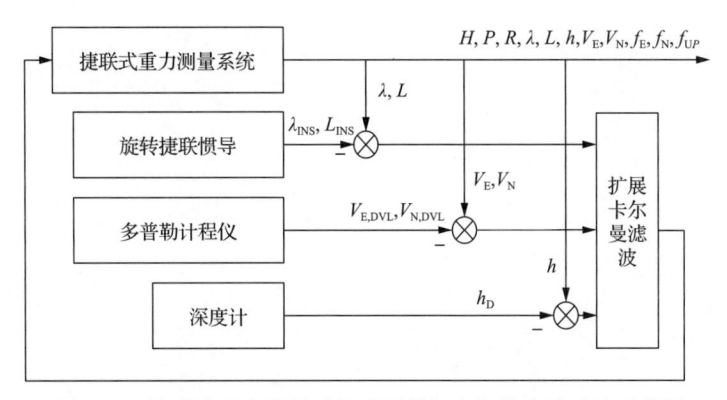

图 4.41 捷联式重力测量系统观测量与卡尔曼滤波反馈示意图

(一) 旋转 MIMU 定位定向算法

MIMU 被放置在旋转机构上，MIMU 的 z 轴与旋转机构的旋转轴重合，MIMU 随旋转机构绕旋转轴转动。旋转机构与载体固连，MIMU 坐标系 b 与载体坐标系 o 的转换矩阵 $\boldsymbol{C}_o^b$ 为

$$\boldsymbol{C}_o^b = \begin{bmatrix} \cos\theta & \sin\theta & 0 \\ -\sin\theta & \cos\theta & 0 \\ 0 & 0 & 1 \end{bmatrix} \tag{4.108}$$

式中，$\theta = \omega_c t + \theta_0$ 为旋转机构转过的角度，其中，θ_0 为初始角度；ω_c 为旋转机构旋转的角速度。

采用四元数 q 解算 MIMU 的姿态，姿态方程为

$$\dot{\boldsymbol{q}} = \frac{1}{2}\boldsymbol{W}\boldsymbol{q} \tag{4.109}$$

式中，

$$\boldsymbol{W} = \begin{bmatrix} 0 & -\omega_x & -\omega_y & -\omega_z \\ \omega_x & 0 & \omega_z & -\omega_y \\ \omega_y & -\omega_z & 0 & \omega_x \\ \omega_z & \omega_y & -\omega_x & 0 \end{bmatrix}$$

$$\boldsymbol{q} = \begin{bmatrix} q_0 & q_1 & q_2 & q_3 \end{bmatrix}^{\mathrm{T}}$$

假设地理坐标系 n 与 MIMU 坐标系 b 的转换矩阵为 $\boldsymbol{C}_b^n$，那么四元数 q_0、q_1、q_2、q_3 与姿态矩阵 $\boldsymbol{C}_b^n$ 的关系为

$$\boldsymbol{C}_b^n = \begin{bmatrix} q_0^2 + q_1^2 - q_2^2 - q_3^2 & 2(q_1q_2 + q_0q_3) & 2(q_1q_3 - q_0q_2) \\ 2(q_1q_2 - q_0q_3) & q_0^2 - q_1^2 + q_2^2 - q_3^2 & 2(q_2q_3 + q_0q_1) \\ 2(q_1q_3 + q_0q_2) & 2(q_2q_3 - q_0q_1) & q_0^2 - q_1^2 - q_2^2 + q_3^2 \end{bmatrix} \quad (4.110)$$

地理坐标系 n 与载体坐标系 o 的转换矩阵为

$$\boldsymbol{C}_o^n = \boldsymbol{C}_b^n \boldsymbol{C}_o^b = \begin{bmatrix} C_{11} & C_{12} & C_{13} \\ C_{21} & C_{22} & C_{23} \\ C_{31} & C_{32} & C_{33} \end{bmatrix} \quad (4.111)$$

载体的航向角、俯仰角和横滚角分别为

$$\begin{aligned} \psi &= \arctan(C_{12}/C_{22}) \\ \varphi &= \arcsin C_{32} \\ \gamma &= \arcsin(-C_{31}/C_{33}) \end{aligned} \quad (4.112)$$

与 MIMU 坐标系 b 固连的捷联惯导方程为

$$\dot{\vec{V}} = \vec{f} - (2\vec{\Omega} + \vec{\omega}) \times \vec{V} + \vec{g} \quad (4.113)$$

式中，$\dot{\vec{V}}$ 为 MIMU 相对地球的加速度；$\vec{f}$ 为 MIMU 加速度计输出比力在地理坐标系上的向量；$\vec{\Omega}$ 为地球角速度；$\vec{g}$ 为重力加速度。

对式 (4.113) 积分，去除有害加速度，就得到 K 时刻的对地速度 $\vec{V}$，在此基础上进一步积分，就得到载体的位置，其经纬度表达式如下：

$$\begin{aligned} L_k &= L_{k-1} + \frac{\Delta t \cdot V_{\mathrm{N},k-1}}{R_{\mathrm{N}} + h} \\ \lambda_k &= \lambda_{k-1} + \frac{\Delta t \cdot V_{\mathrm{E},k-1}}{(R_{\mathrm{E}} + h)\cos L} \end{aligned} \quad (4.114)$$

式中，L_k、λ_k 分别为载体 K 时刻的经度和纬度；$V_{\mathrm{E},k-1}$、$V_{\mathrm{N},k-1}$ 分别为载体 k 时刻的东向速度和北向速度。

(二) GNSS 罗经的卡尔曼滤波

GNSS 罗经的扩展卡尔曼滤波状态方程为

$$\bar{X}_{k+1} = \boldsymbol{\Phi}_{k+1/k} \bar{X}_k + \boldsymbol{\Gamma}_{k+1} W_K \quad (4.115)$$

式中，$\bar{X}_{k+1}$ 为系统状态转移向量；$\bar{X}_k$ 为系统状态向量；W_K 为噪声矩阵；$\boldsymbol{\Phi}_{k+1/k}$ 为状态转移矩阵；$\boldsymbol{\Gamma}_{k+1}$ 为系统的噪声转换矩阵；GNSS 罗经的状态向量为

$$\bar{X} = [\delta V_{\mathrm{E}}, \delta V_{\mathrm{N}}, \delta V_{\mathrm{U}}, \delta L, \delta \lambda, \delta h, \phi_{\mathrm{E}}, \phi_{\mathrm{N}}, \phi_{\mathrm{U}}, \delta G_x, \delta G_y, \delta G_z, \delta A_x, \delta A_y, \delta A_z, \delta D]^{\mathrm{T}} \quad (4.116)$$

式中，ϕ_{E}、ϕ_{N}、ϕ_{U} 分别为捷联惯导数学平台的 3 个误差；δV_{E}、δV_{N}、δV_{U} 分别为东

向、北向和天向速度误差;δL、$\delta \lambda$、δh 分别为经度、纬度和高度的误差;δG_x、δG_y、δG_z 分别为陀螺仪 X、Y、Z 轴的零位漂移;δA_x、δA_y、δA_z 分别为加速度计 X、Y、Z 轴的零位偏置;δD 为 GNSS 载波相位双差误差。W 噪声矩阵由陀螺仪和加速度计的白噪声组成:

$$W = \left[w_{gx}, w_{gy}, w_{gz}, w_{ax}, w_{ay}, w_{az} \right]^{\mathrm{T}} \tag{4.117}$$

状态转移矩阵:

$$\boldsymbol{\Phi}_{k+1/k} \approx \boldsymbol{E}_n + \boldsymbol{F}_k \cdot \Delta t \tag{4.118}$$

式中,$\boldsymbol{F}_k$ 为组合系统误差方程矩阵。

$F = [f_{i,j}](i,j = 1, \cdots, 16)$,$F_{i,j}$ 非零项为

$$f_{1,9} = -f_{3,7} = n_{\mathrm{N}}, \quad f_{1,13} = C_{11}, \quad f_{1,14} = C_{12}, \quad f_{1,15} = C_{13}$$

$$f_{2,7} = -f_{1,8} = n_{\mathrm{U}}, \quad f_{2,13} = C_{21}, \quad f_{2,14} = C_{22}, \quad f_{2,15} = C_{23}$$

$$f_{3,8} = -f_{2,9} = n_{\mathrm{E}}, \quad f_{3,13} = C_{31}, \quad f_{3,14} = C_{32}, \quad f_{3,15} = C_{33}$$

$$f_{4,2} = \frac{1}{R}, \quad f_{5,1} = \frac{1}{R\cos\varphi}, \quad f_{5,4} = \frac{V_{\mathrm{E}}\sin\varphi}{R\cos^2\varphi}, \quad f_{7,9} = -f_{9,7} = -\omega_{\mathrm{N}}$$

$$f_{7,2} = \frac{1}{R}, \quad f_{8,9} = -f_{9,8} = \omega_{\mathrm{E}}$$

$$f_{7,8} = -f_{8,7} = \omega_{\mathrm{U}} = (U + \dot{\lambda})\sin\varphi = U\sin\varphi + \frac{V_{\mathrm{E}}}{R}\tan\varphi$$

$$f_{8,4} = -U\sin\varphi, \quad f_{8,10} = C_{21}, \quad f_{8,11} = C_{22}, \quad f_{8,12} = C_{23}$$

$$f_{9,1} = \frac{1}{R}\tan\varphi, \quad f_{9,4} = U\cos\varphi + \frac{V_{\mathrm{E}}}{R\cos^2\varphi}, \quad f_{9,11} = C_{32}, \quad f_{9,12} = C_{33}$$

式中,C_{ij} 为姿态矩阵。

GNSS 罗经的观测方程为

$$\boldsymbol{Z}_{k+1} = \boldsymbol{H}_{k+1}\boldsymbol{X}_{k+1} + \boldsymbol{V}_{k+1} \tag{4.119}$$

式中,$\boldsymbol{Z}_{k+1}$ 为观测向量;$\boldsymbol{H}_{k+1}$ 为观测矩阵;$\boldsymbol{X}_{k+1}$ 为状态量;$\boldsymbol{V}_{k+1}$ 为观测噪声矩阵。GNSS 罗经的观测量为位置、速度和卫星载波相位双差,具体如下:

$$\boldsymbol{Z}(t) = \begin{bmatrix} V_{\mathrm{E,I}} - V_{\mathrm{E,GNSS}} \\ V_{\mathrm{N,I}} - V_{\mathrm{N,GNSS}} \\ V_{\mathrm{U,I}} - V_{\mathrm{U,GNSS}} \\ L_{\mathrm{I}} - L_{\mathrm{GNSS}} \\ \lambda_{\mathrm{I}} - \lambda_{\mathrm{GNSS}} \\ h_{\mathrm{I}} - h_{\mathrm{GNSS}} \\ S_{\mathrm{I}} - \nabla\Delta\varphi_{\mathrm{GNSS}} \end{bmatrix} \tag{4.120}$$

式中，$V_{E,I}$、$V_{N,I}$ 和 $V_{U,I}$ 分别为旋转捷联惯导计算得到的东向、北向和天向速度；$V_{E,GNSS}$、$V_{N,GNSS}$ 和 $V_{U,GNSS}$ 分别为 GNSS 双天线输出的东向、北向和天向速度；L_I、λ_I 和 h_I 分别为旋转捷联惯导计算得到的经度、纬度和高度；L_{GNSS}、λ_{GNSS} 和 h_{GNSS} 分别为 GNSS 双天线输出的经度、纬度和高度；S_I 为 2 个 GNSS 天线到 2 颗 GNSS 卫星连线的单位向量的双差在双天线基线上投影的计算值；$\nabla\Delta\varphi_{GNSS}$ 为两个 GNSS 天线接收到两颗 GNSS 卫星的载波相位双差与双天线基线的比值。

观测矩阵 $\boldsymbol{H}_{k+1}=[h_{i,j}](i=1,\cdots,7;j=1,\cdots,16)$ 中的非零项为

$$h_{1,1}=h_{2,2}=h_{3,3}=h_{4,4}=h_{5,5}=h_{6,6}=1$$
$$h_{7,7}=(\vec{b}\times\nabla s)_E,\quad h_{7,8}=(\vec{b}\times\nabla s)_N$$
$$h_{7,9}=(\vec{b}\times\nabla s)_U,\quad h_{7,16}=1$$

式中，∇s 为 2 颗 GNSS 卫星到双天线的单位矢量双差；$\vec{b}$ 为双天线基线单位矢量。

（三）GNSS 罗经硬件

GNSS 罗经实物图如图 4.42 所示，它主要由 MIMU、GNSS 天线、旋转机构、数据处理系统、数据记录模块等组成。MIMU/GNSS 双天线安装于单轴旋转平台的旋转平面上，并被转台带动旋转。数据处理系统具有多路数据实时采集和实时数据解算功能，它可对 MIMU、卫星导航板卡、旋转机构编码器等多种传感器数据完成实时同步采集，并完成导航算法运算。数据处理系统采用 FPGA+DSP+MCU 的硬件总体架构，如图 4.43 所示。

FPGA 作为数据预处理中心，连接着双天线/MIMU 组合导航系统外部传感器部分，由 FPGA 完成 MIMU 数据、卫星导航报文数据、旋转机构角度数据的实时采集解析和预处理，实现传感器数据的授时和转化，向 DSP 提供数据接口和数据准备完成通知。此外，在 FPGA 中还需接收 DSP 解算结果。DSP 与 FPGA 通过 EMIFA 接口完成数据交互，通过 GPIO 中断实现 FPGA 对 DSP 的数据预处理完成通知；在 DSP 中实现数据实时读取，

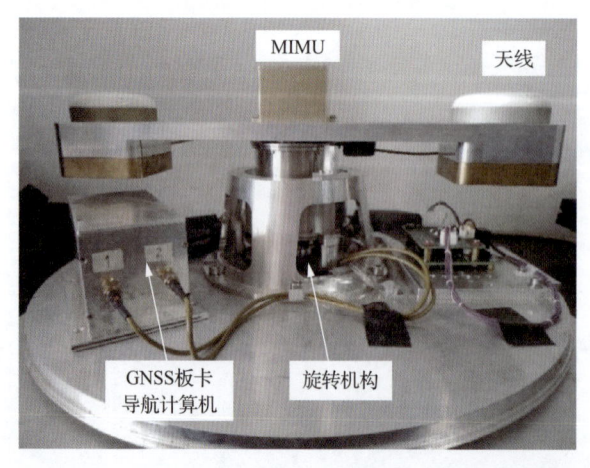

图 4.42 GNSS 罗经实物图

第四章 水下三分量磁力测量系统

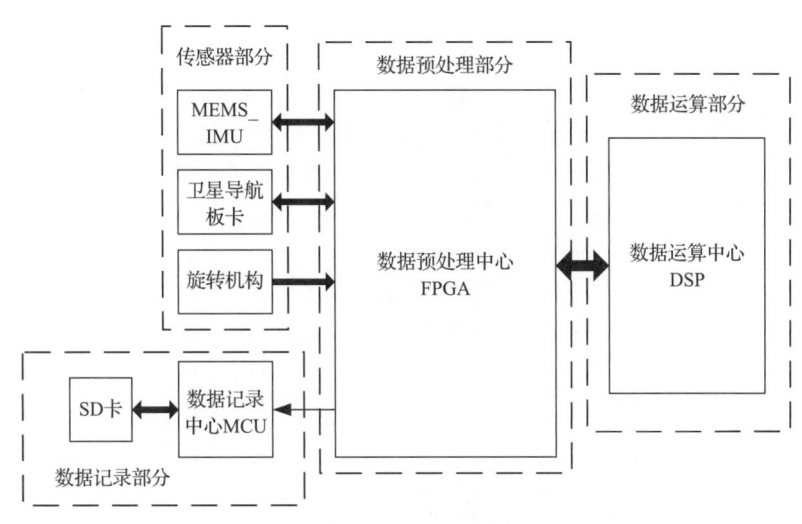

图 4.43 数据处理系统架构

向导航算法提供数据接口，为导航解算提供数据基础，以完成导航解算；MCU 与 FPGA 的各个数据出口相连，在 MCU 中实现数据记录功能，接收需要记录的数据，使用双缓冲模式 DMA 实现无 CPU 干预的数据传输，实现底层 SD 卡读写驱动设计并以此为基础完成 FATfs 文件系统移植，为 CPU 提供文件操作接口函数，实现记录数据的功能。

(四)光纤陀螺捷联姿态仪数据处理系统

三分量磁力仪使用航天科技集团 13 所生产的光纤陀螺捷联姿态仪，为了更好地了解该姿态仪的性能，项目组研制了多通道数据采集、存储、计算和显控一体化系统——数据处理系统，如图 4.44 所示，用它来采集光纤陀螺捷联姿态仪的原始数据，并用高精度姿态算法计算载体姿态。

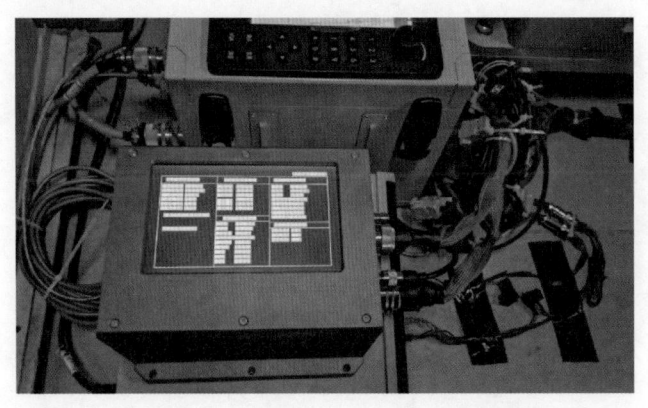

图 4.44 光纤陀螺捷联姿态仪数据处理系统

光纤陀螺捷联姿态仪数据处理系统主要由 FPGA、DSP 和 ARM 组成，它有以下功能：数据采集、数据存储、同步对齐、数据解码、导航解算、数据显示和控制。

FPGA 完成系统的数据采集、同步、解码及存储功能，DSP 完成系统的导航解算功能，固态硬盘 SSD 作为系统的存储介质，ARM 实现底层驱动协议及后续数据回收的访问协议，优化系统各个模块的功能实现，提升系统的整体数据处理性能。

数据处理系统总体架构如图 4.45 所示。FPGA 作为数据预处理中心，接收测速仪、惯导系统及 GPS 板卡的数据，与外扩存储器 SSD 和 Flash 相连，实现了数据采集、同步对齐、数据解码、数据存储与回收等功能，实现了与 DSP、ARM 的数据通信功能；DSP 作为系统的数据处理中心负责导航实时解算；ARM 作为辅助芯片，协助 FPGA 完成对 SSD 的底层驱动功能、利用文件系统管理原始数据及后续驱动 USB 实现数据的回收功能。

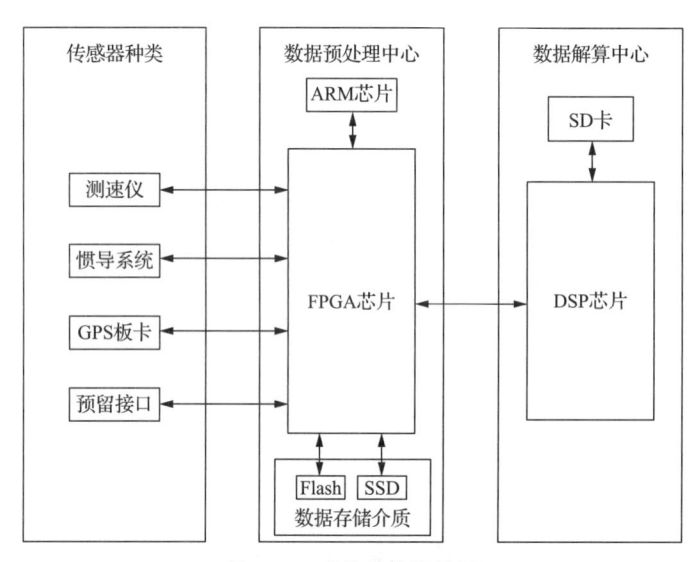

图 4.45　系统总体架构图

三、室内外试验姿态算法验证

姿态试验技术指标如下。

（1）航向精度优于 3 倍的陀螺仪随机漂移率/地球自转角速度/纬度的余弦。

（2）俯仰角和横滚角精度优于 3 倍加速度计零偏/重力加速度。

（一）室内转台试验

由于三分量磁力仪的姿态测量采用了航天科技集团 13 所生产的光纤陀螺捷联姿态仪，所以我们把该光纤陀螺捷联姿态仪安装在东南大学三轴转台上，如图 4.46 所示，进行室内转台试验。该光纤陀螺捷联姿态仪的陀螺仪随机漂移率为 $\varepsilon=0.01°/h$，

图 4.46　光纤陀螺捷联姿态仪与三轴转台

加速度计零位偏置为 $\nabla=0.001 m/s^2$，东南大学的地理纬度为 32.XXXX 度，所以在东南大学实验室内，技术指标如下。

（1）航向精度优于 0.13°。

(2)俯仰角和横滚角精度优于 0.017°。

当光纤陀螺捷联姿态仪在转台上静止时,航向角、俯仰角和横滚角的误差随时间的变化曲线如图 4.47 和图 4.48 所示。从这两个图上可以看出航向角、俯仰角和横滚角的精度满足此次的技术指标要求。

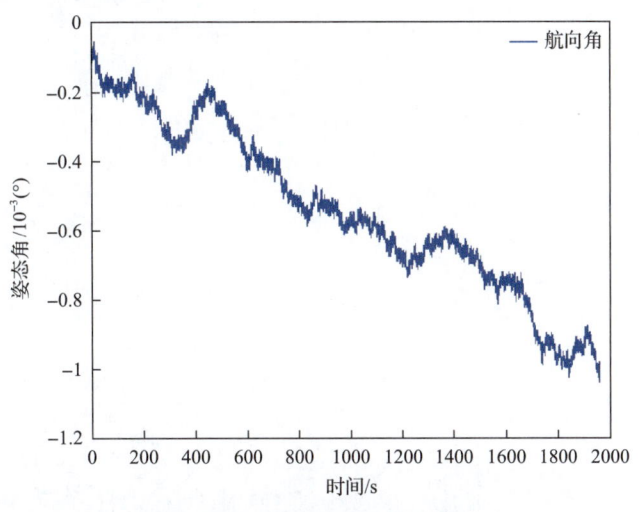

图 4.47 航向角误差随时间变化曲线

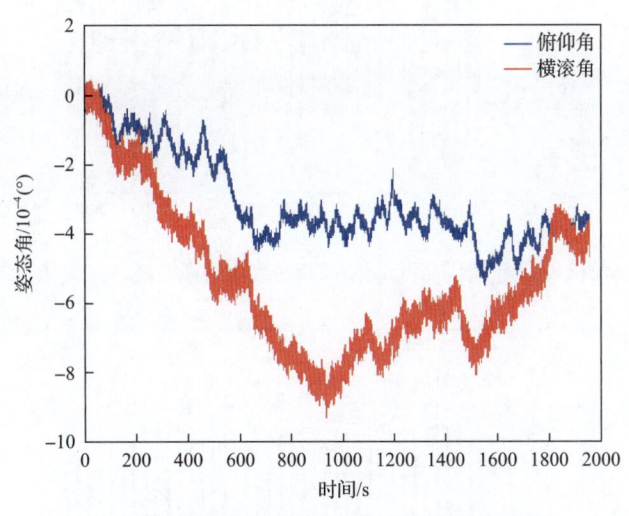

图 4.48 俯仰角和横滚角误差随时间变化曲线

当转台的内框做周期振动时,光纤陀螺捷联姿态仪航向角、俯仰角和横滚角随时间的变化曲线如图 4.49 和图 4.50 所示。

当转台的外框做周期振动时,光纤陀螺捷联姿态仪航向角、俯仰角和横滚角随时间的变化曲线如图 4.51 和图 4.52 所示。

计算 3 种情况下航向角、俯仰角和横滚角的误差均方差,见表 4.5。从表中可以看出,姿态仪的航向角、俯仰角和横滚角的精度较理想。

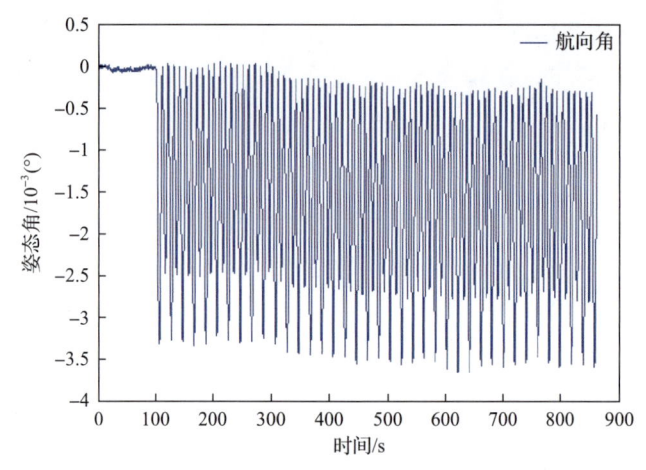

图 4.49　内框做周期振动时航向角误差随时间变化曲线

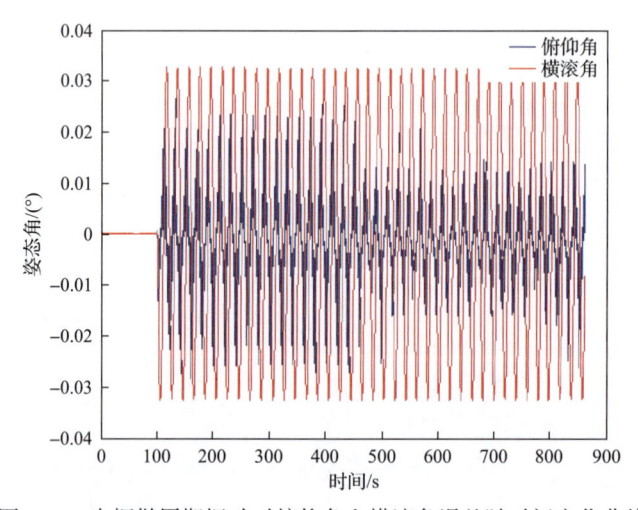

图 4.50　内框做周期振动时俯仰角和横滚角误差随时间变化曲线

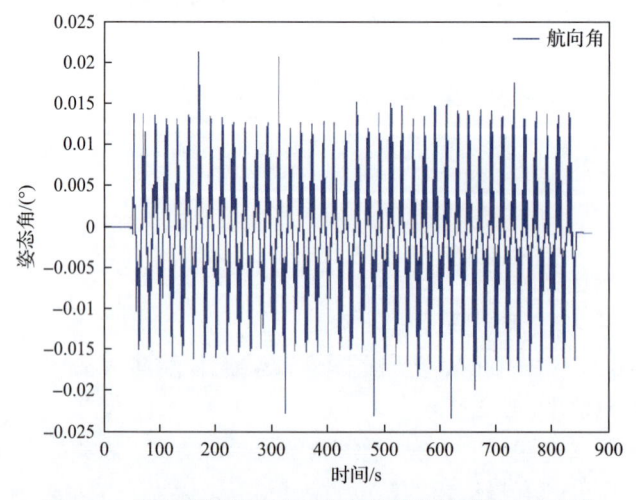

图 4.51　外框做周期振动时航向角误差随时间变化曲线

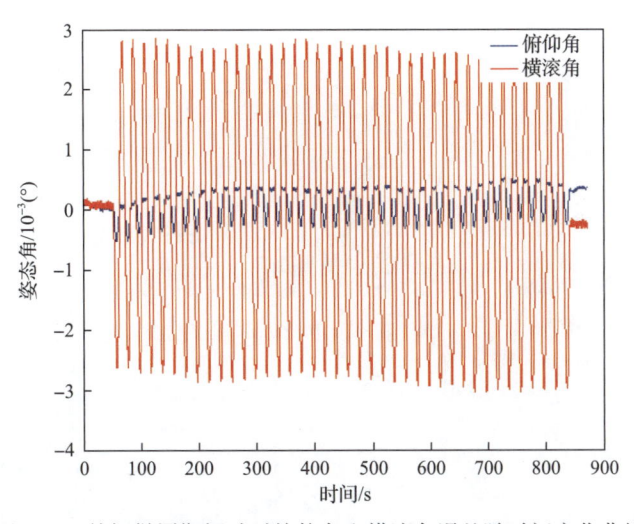

图 4.52 外框做周期振动时俯仰角和横滚角误差随时间变化曲线

表 4.5 航向角、俯仰角和横滚角的误差均方差

	航向角误差/(°)	俯仰角误差/(°)	横滚角误差/(°)
静止	0.0002	0.0001	0.0002
绕内框振动	0.001	0.0002	0.002
绕外框振动	0.006	0.0002	0.002

(二) 室外船载试验

2019 年 7 月，在南京玄武湖上进行了激光陀螺姿态系统与 GNSS 罗经船载试验，试验场景如图 4.53 所示。图 4.54 是激光陀螺姿态系统与 GNSS 罗经的航向角之差。由于 GNSS 罗经航向角的精度为 1°左右，所以激光陀螺姿态系统航向角是正确的，从而验证了激光陀螺姿态系统航向角输出结果的正确性。

图 4.53 激光陀螺姿态系统与 GNSS 罗经船载试验

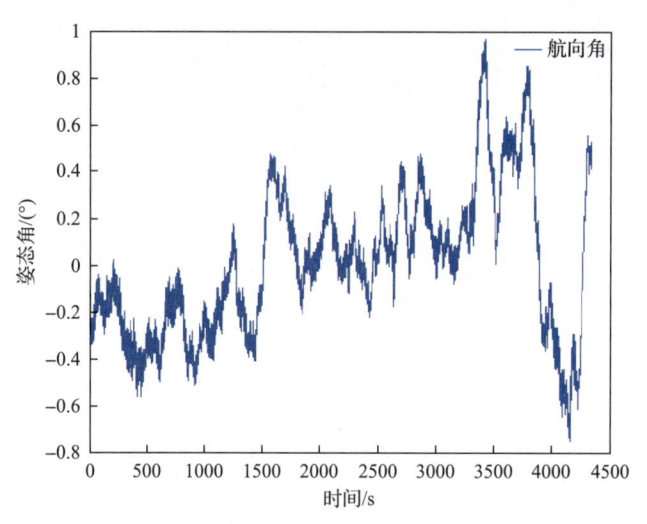

图 4.54　激光陀螺姿态系统与 GNSS 罗经的航向角之差

四、结论

三分量磁力传感器与高精度捷联姿态系统固连在一起构成一个三分量磁力仪，捷联姿态系统通过姿态算法为三分量磁力仪提供姿态信息，三分量磁力仪根据此姿态信息，得到近海底的磁力向量场。

为了验证长时间光纤陀螺捷联姿态仪的航向精度，项目组研制了 GNSS 罗经。该罗经能够连续输出运载体的真航向，没有累计误差、无须对准、精度高。同时，还研制了多通道数据采集、存储、计算和显控一体化系统。

在东南大学实验室进行了航天科技集团 13 所生产的光纤陀螺捷联姿态仪室内静态和动态试验，实验结果表明该姿态仪的航向角、俯仰角和横滚角的精度满足此次的技术指标要求。

第六节　水下三分量磁力探测系统的软件设计与开发

1. 系统概述

三分量磁力测量系统上位机软件在电脑上运行，主要实现电脑与其他仪器设备之间的通信和控制及数据的解算、显示、存储等功能。

2. 文档概述

文档是为三分量磁力测量系统上位机软件的设计和编码实现而编制的。它对软件的接口、内部结构、运行模式及软件中各个部分的组成和设计考虑进行说明。

3. 引用文件

本章主要引用的文件有《Q/710G 0407.7—2013 软件管理程序》《三分量磁力仪测量系统方案设计报告》。

一、软件需求

1. 描述

三分量磁力仪测量系统上位机软件运行于显控装置的 Windows 系统中，主要完成软件初始化、界面显示、发送和接收串口数据、解析串口数据、数据存储等功能。

2. 功能

1) 软件初始化功能

软件开启后，界面和相关参数进行初始化，初始化串口配置，并打开串口接收线程函数。

2) 界面显示功能

该软件为上位机软件，人机交互界面为用户与下位机沟通窗口，显示用户操作界面。

3) 接收数据功能

软件通过虚拟串口接收各个单元回传的数据。

4) 解析数据功能

计算机接口接收到的数据是原始数据，需要根据通信协议进行数据解析。

5) 发送命令功能

软件通过串口将控制命令发送到通信单元，再由通信单元发送到各个测量单元。

6) 存储功能

软件根据用户需要实时存储试验中产生的数据。

二、运行环境

1. 支持软件环境

Windows XP、Windows 7 等 Windows 系列操作系统。

2. 接口

三分量磁力仪测量系统上位机软件以计算机为运行平台，主要外部接口关系如图 4.55 所示。

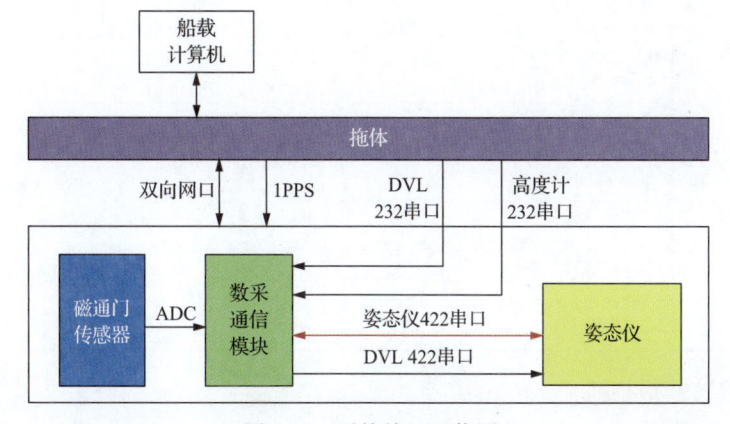

图 4.55　系统接口通信图

船载计算机通过光电复合缆与通信模块连接，实现与三分量磁力仪、高度计、DVL之间的通信。通信模块通过串口连接各个测量单元，整合数据后，再通过网口传输给电脑，电脑建立4个虚拟串口，将整合数据分别接收，并进行解析。

3. 数据格式

1) 磁力仪数据格式

磁力仪数据格式为"前导码 时间戳 磁场数据 状态字 校验和"。

前导码为"0xAA 0x55"55；时间戳为"年 月 日 时 分 秒 毫秒"，以十六进制表示；磁场数据为"XX XX XX YY YY YY ZZ ZZ ZZ"，以十六进制表示，各24位；状态字为一个字节；校验和为CRC8校验。

2) 姿态仪输入命令格式

姿态仪启动时需要船载计算机发送初始位置信息，该信息经由数采通信模块转发给姿态仪。

根据姿态仪厂家建议，采用"$set pos"命令，具体见表4.6。

表4.6 姿态仪输入命令格式

指令类型	指令格式	指令解析
导航参数设定	$set gpslever xx.xxx xx.xxx xx.xxx*	设置GNSS天线杆臂
	$set baseline xx.xxx xx.xxx xx.xxx*	设置GNSS基线参数
	$set misali xx.xxx xx.xxx xx.xxx*	设置定位定向导航设备
	$set odometer xx.xxx xx.xxx xx.xxx*	设置里程计参数
	$set odolever xx.xxx xx.xxx xx.xxx*	设置里程计杆臂
	$set gyro xx.xxx xx.xxx xx.xxx*	设置陀螺仪零位偏差
	$set acc xx.xxx xx.xxx xx.xxx*	设置加速度计零位偏差
	$set pos xx.xxx xx.xxx xx.xxx*	设置启动位置
对准指令	$align auto*	对准命令
导航指令设置	$nav odo*	自主导航命令
	$nav gps*	卫星组合导航命令
	$nav onlygps*	自主导航命令
保存指令	$saveset*	保存数据命令
标定指令	$cal odo*	标定里程计模式
	$cal imu*	标定惯性仪表模式
查询指令	$set ?*	查询参数设置命令

3) DVL接口数据格式

输入给姿态仪的DVL数据格式如图4.56所示。

第四章 水下三分量磁力测量系统

```
$PRTI01,sssssshh,nnnnnn,TTTT,XXXX,YYYY,ZZZZ,DDDD,xxxx,yyyy,zzzz,dddd,ABCD,S,N*FF<CR><LF>
Where:
PRTI01   = Identity string.
sssssshh = Start time of this sample in hundreds of seconds since power up or user reset.
nnnnnn   = Sample number
TTTT     = Temperature in hundreds of degrees Celsius. Measured at the transducer
XXXX     = Bottom track X velocity component mm/s.   -99999 indicates no valid velocity
YYYY     = Bottom track Y velocity component mm/s.   -99999 indicates no valid velocity
ZZZZ     = Bottom track Z velocity component mm/s.   -99999 indicates no valid velocity
DDDD     = Depth below transducer in mm.             Range to the bottom, 0 = no detection
xxxx     = Water mass X velocity component mm/s.     -99999 indicates no valid velocity
yyyy     = Water mass Y velocity component mm/s.     -99999 indicates no valid velocity
zzzz     = Water mass Z velocity component mm/s.     -99999 indicates no valid velocity
dddd     = Depth of water mass measurement in mm.    Position of bin in front of the transducer
ABCD     = Built in test and status bits in hexadecimal 0000 = OK.
S        = Sub System. See appendix B5 for description.
N        = Sub System index.
```

图 4.56 DVL 数据格式

姿态仪输出数据格式见表 4.7，绝对时间戳见表 4.8。数采通信模块通过串口转网口模块将该数据实时转发至船载上位机。

表 4.7 定位定向导航设备输出数据格式

序号	字段名称	字段长度/byte	类型	分辨率	范围	注释
1	起始标志	1			10H	
2	起始标志	1			2AH	
3	流水号	1			0~255	
4	东西经	1	UI			01H 东经；10H 西经
5	经度/(°)	1	UI	1	0~180	
6	经度/min	1	UI	1	0~60	
7	经度/s	1	UI	1	0~60	
8	经度/(秒小数位)	1	UI	0.004	0~249	0~0.996s
9	南北纬	1	UI			01H 北纬；10H 南纬
10	纬度/(°)	1	UI	1	0~90	
11	纬度/min	1	UI	1	0~60	
12	纬度/s	1	UI	1	0~60	
13	纬度/(秒小数位)	1	UI	0.004	0~249	0~0.009s
14~15	高度/m	2	I，补码	1m	±4500	
16~17	方位角/(°)	2	UI	360/32768	0~360	真北为 0，偏向正东为增量方向
18~19	俯仰角/(°)	2	I，补码	180/32768	±180	以大地水平面为基准面，沿车体前进方向顺时针为正，逆时针为负
20~21	横滚角/(°)	2	I，补码	180/32768	±180	以大地水平面为基准面，面向车体前进方向顺时针为正，逆时针为负

续表

序号	字段名称	字段长度/byte	类型	分辨率	范围	注释
22~23	X 轴角速率/[(°)/s]	2	I，补码	100/32768	±100	
24~25	Y 轴角速率/[(°)/s]	2	I，补码	100/32768	±100	
26~27	Z 轴角速率/[(°)/s]	2	I，补码	100/32768	±100	
28~29	东向速度/[(°)/s]	2	I，补码	100/32768	±100	
30~31	北向速度/[(°)/s]	2	I，补码	100/32768	±100	
32~37	时间戳	6				参考绝对时间戳格式
38	故障状态字	1			B0: 0/1 主机状态正常/故障 B5: 0/1 卫星接收机状态正常/故障 B6: 0/1 高度计状态正常/故障 B7: 0/1 里程计状态正常/故障	
39	工作状态字	1			B0-B2： 000：准备状态 001：对准状态 010：惯性/里程计导航状态 011：纯卫星导航状态 B3：1 为标定状态 B4：1 为时统有效 B5：1 为姿态有效 B6：1 为卫星定位有效 B7：1 为卫星定向有效	
40	校验和	1			从字节 0~39 共 40 个字节累加和低八位	
41	帧尾 1	1			10H	
42	帧尾 2	1			03H	

表 4.8 绝对时间戳格式

序号	字段名称	字段长度/byte	7	6	5	4	3	2	1	0
32~37	绝对时间戳	6	\multicolumn{8}{c	}{毫秒}
			\multicolumn{4}{c	}{秒}	\multicolumn{4}{c	}{毫秒}
			\multicolumn{4}{c	}{时}	\multicolumn{4}{c	}{分}
			\multicolumn{4}{c	}{日}	\multicolumn{4}{c	}{时}
			\multicolumn{4}{c	}{年}	\multicolumn{4}{c	}{月}
			\multicolumn{8}{c	}{年}

4) 高度计协议

具体协议以总体单位确定后为准。

三、三分量磁力测量软件系统设计

(一)软件运行过程

三分量磁力测量系统上位机显示控制软件开启后,首先进行界面初始化,显示操作界面,然后打开串口数据接收线程函数。初始化后操作人员通过界面选择各测量单元对应的串口号,然后打开串口。软件通过串口实时接收各个测量单元数据,并进行实时解析,将解析后的数据显示在界面中,用户可根据需要控制软件进行实时存储。

软件主流程图如图 4.57 所示。

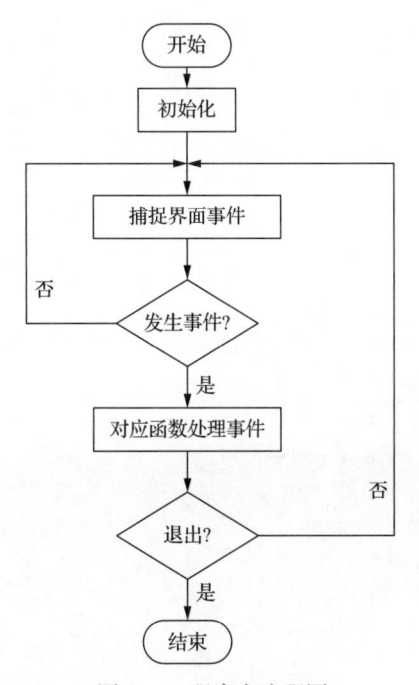

图 4.57　程序主流程图

(二)软件界面设计

软件界面主要包括串口设置、姿态仪设置、磁传感器设置、姿态仪数据、DVL 数据、磁传感器数据、高度计数据模块及图形显示模块。

软件界面如图 4.58 所示。

串口设置模块,软件开启后,界面初始化,扫描电脑中的串口号,将其添加在下拉框中,选择对应的串口后,软件则打开对应的串口。串口打开成功,则对应的指示灯变为绿色,打开失败则变为红色。

姿态仪设置模块,可对姿态仪进行对准设置,也可设置姿态仪启动时的初始位置,还可根据需要设置姿态仪数据获取的方式,包括自主导航、GPS 导航和组合式导航。

磁传感器设置模块,可设置或读取磁传感器的零点、灵敏度和正交度,还可设置数采中 SD 的启动、停止、删除和存储。

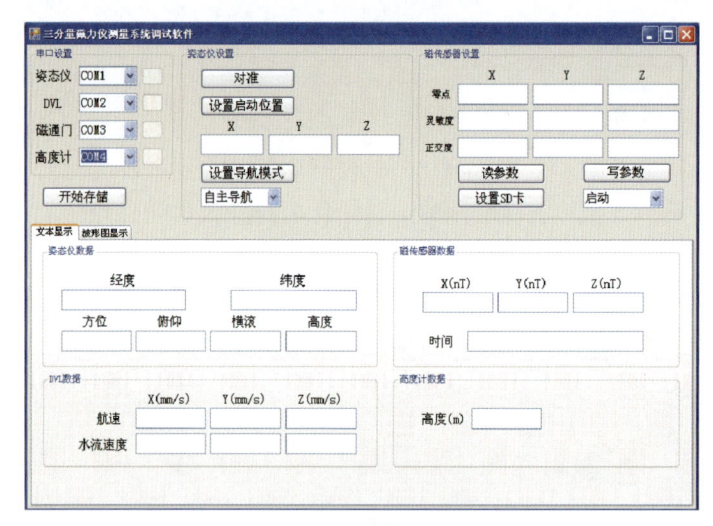

图 4.58 软件界面

姿态仪数据模块：显示姿态仪传输的经纬度、方位角、俯仰角、横滚角和高度数据。
DVL 数据模块：显示 DVL 传输的航速和水流速度。
磁传感器模块：显示数采采集得到的磁传感器三轴磁场数据及数采内部时钟的时间。
高度计模块：显示高度计测量的高度值。
波形图显示模块：界面如图 4.59 所示。

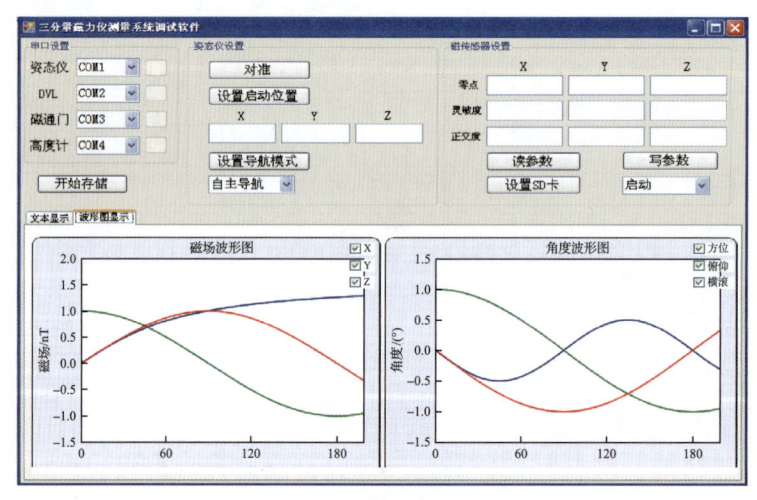

图 4.59 波形图界面

波形图模块可对三轴磁场和三个姿态角数据分别进行绘图，通过点击复选框选择显示的曲线，复选框文字颜色对应图中曲线颜色。

(三) 数据结构和函数

1. 全局变量定义

软件定义的全局变量见表 4.9。

表 4.9 软件全局变量表

序号	数据类型	变量名	含义
1	bool	Save_Flag	数据存储标识
2	string	filename1	姿态仪数据存储文件名
3	string	filename2	DVL 数据存储文件名
4	string	filename3	磁通门数据存储文件名
5	string	filename4	高度计数据存储文件名
6	int	dataCount1	磁场波形图曲线点数
7	double[]	x1data	磁场波形图横轴坐标数组
8	double[]	y1data1	磁场波形图纵轴 X 方向磁场数组
9	double[]	y1data2	磁场波形图纵轴 Y 方向磁场数组
10	double[]	y1data3	磁场波形图纵轴 Z 方向磁场数组
11	int	dataCount2	角度波形图曲线点数
12	double[]	x2data	角度波形图横轴坐标数组
13	double[]	y2data1	角度波形图纵轴方位角数组
14	double[]	y2data2	角度波形图纵轴俯仰角数组
15	double[]	y2data3	角度波形图纵轴横滚角数组

2. 函数声明

软件的函数声明见表 4.10。

表 4.10 软件函数声明表

序号	类名	函数名称	函数含义
1	Form1	public Form1 ()	主界面构造函数
2	Form1	private void Form1_Load (object sender, EventArgs e)	主界面载入初始化函数
3	Form1	private void comboBox1_SelectedIndexChanged (object sender, EventArgs e)	打开姿态仪串口
4	Form1	private void comboBox2_SelectedIndexChanged (object sender, EventArgs e)	打开 DVL 串口
5	Form1	private void comboBox3_SelectedIndexChanged (object sender, EventArgs e)	打开磁通门串口
6	Form1	private void comboBox4_SelectedIndexChanged (object sender, EventArgs e)	打开高度计串口
7	Form1	private void zty_datarec ()	姿态仪数据接收函数
8	Form1	private void DVL_datarec ()	DVL 数据接收函数
9	Form1	private void ctm_datarec ()	磁通门数据接收函数
10	Form1	private void gdj_datarec ()	高度计数据接收函数
11	Form1	private void button5_Click ()	姿态仪对准命令
12	Form1	private void button6_Click ()	姿态仪设置启动位置
13	Form1	private void button7_Click ()	姿态仪设置模式

续表

序号	类名	函数名称	函数含义
14	Form1	public button10_Click (object sender, EventArgs e)	读磁通门参数
15	Form1	public button11_Click (object sender, EventArgs e)	写磁通门参数
16	Form1	private void button9_Click (object sender, EventArgs e)	设置数采中 SD 卡状态
17	Form1	public button8_Click（object sender, EventArgs e)	开始或结束存储
18	Form1	byte checkdata (byte[] tmp_data, int index1, int len1)	和校验函数
19	Form1	public void drawChart1 (WinChartViewer viewer)	磁场波形图绘制函数
20	Form1	public void drawChart2 (WinChartViewer viewer)	角度波形图绘制函数
21	Form1	private void Form1_FormClosing (object sender, EventArgs e)	界面关闭操作

(四)软件各模块的详细设计

1. 初始化模块

初始化模块主要完成界面构造、控件初始化及串口初始化。

1)构造函数

各个窗体类的构造函数，进行界面初始化。

函数声明：`public Form1()`

2)界面载入函数

扫描电脑中的串口，将其赋值给串口下拉框，同时上机位程序进入串口数据接收线程函数。

函数声明：`private void Form1_Load(object sender, EventArgs e)`

输入参数：`object sender, EventArgs e`

返回结果：无

调用函数：`public void drawchart1(WinChartViewer viewer)`//画磁场波形图

`public void drawchart2(WinChartViewer viewer)`//画角度波形图

全局变量：`dataCount1`//磁场波形图曲线点数

`x1data`//磁场波形图横轴坐标数组

`y1data1`//磁场波形图 X 轴磁场数据

`y1data2`//磁场波形图 Y 轴磁场数据

`y1data3`//磁场波形图 Z 轴磁场数据

`dataCount2`//角度波形图曲线点数

`x2data`//角度波形图横轴坐标数组

`y2data1`//角度波形图方位角数据

`y2data2`//角度波形图俯仰角数据

y2data3//角度波形图横滚角数据

2. 通信模块

通信模块主要完成串口数据发送、接收。

1）串口数据发送

通过串口向姿态仪和数采发送命令。

软件向姿态仪发送对准命令。

函数声明：private void button5_Click(object sender, EventArgs e)

输入参数：object sender, EventArgs e

返回结果：无

调用函数：private byte checkdata(byte[] tmp_data, int index1, int len1)//和校验函数。

软件向姿态仪发送设置启动命令。

函数声明：private void button6_Click(object sender, EventArgs e)

输入参数：object sender, EventArgs e

返回结果：无

调用函数：private byte checkdata(byte[] tmp_data, int index1, int len1)//和校验函数。

软件向姿态仪发送模式设置命令。

函数声明：private void button7_Click(object sender, EventArgs e)

输入参数：object sender, EventArgs e

返回结果：无

调用函数：private byte checkdata(byte[] tmp_data, int index1, int len1)//和校验函数。

软件向磁通门发送读参数命令。

函数声明：private void button10_Click(object sender, EventArgs e)

输入参数：object sender, EventArgs e

返回结果：无

调用函数：private byte checkdata(byte[] tmp_data, int index1, int len1)//和校验函数。

软件向磁通门发送写参数命令。

函数声明：private void button11_Click(object sender, EventArgs e)

输入参数：object sender, EventArgs e

返回结果：无

调用函数：private byte checkdata(byte[] tmp_data, int index1, int len1)//和校验函数。

软件向磁通门发送设置 SD 卡状态命令。

函数声明:`private void button9_Click(object sender, EventArgs e)`

输入参数:`object sender, EventArgs e`

返回结果:无

调用函数:`private byte checkdata(byte[] tmp_data, int index1, int len1)`//和校验函数。

2)串口数据接收

接收各个测量单元的数据并进行解码,将解码数据进行文字显示或图形显示。

函数声明:`private void zty_datarec()`

`private void DVL_datarec()`

`private void ctm_datarec()`

`private void gdj_datarec()`

输入参数:无

返回结果:无

调用函数:`private byte checkdata(byte[] tmp_data, int index1, int len1)`//和校验函数。

`public void drawchart1(WinChartViewer viewer)`//画磁场波形图

`public void drawchart2(WinChartViewer viewer)`//画角度波形图

全局变量:`filename1`//姿态仪数据保存文件名

`filename2`//DVL 数据保存文件名

`filename3`//磁通门数据保存文件名

`filename4`//高度计数据保存文件名

`Save_Flag`//数据存储标识

`dataCount1`//磁场波形图曲线点数

`x1data`//磁场波形图横轴坐标数组

`y1data1`//磁场波形图 X 轴磁场数据

`y1data2`//磁场波形图 Y 轴磁场数据

`y1data3`//磁场波形图 Z 轴磁场数据

`dataCount2`//角度波形图曲线点数

`x2data`//角度波形图横轴坐标数组

`y2data1`//角度波形图方位角数据

`y2data2`//角度波形图俯仰角数据

`y2data3`//角度波形图横滚角数据

函数流程:当接收到串口数据时,首先将串口中的所有数据放入缓存,然后寻找帧头和帧尾,解析出对应的数据。串口数据接收分为两种模式,一种是数据有帧头和帧尾;一种是只有帧头,没有帧尾,但是数据个数确定。

第一种数据接收模式流程图如图 4.60 所示。

第二种数据接收模式流程图如图 4.61 所示。

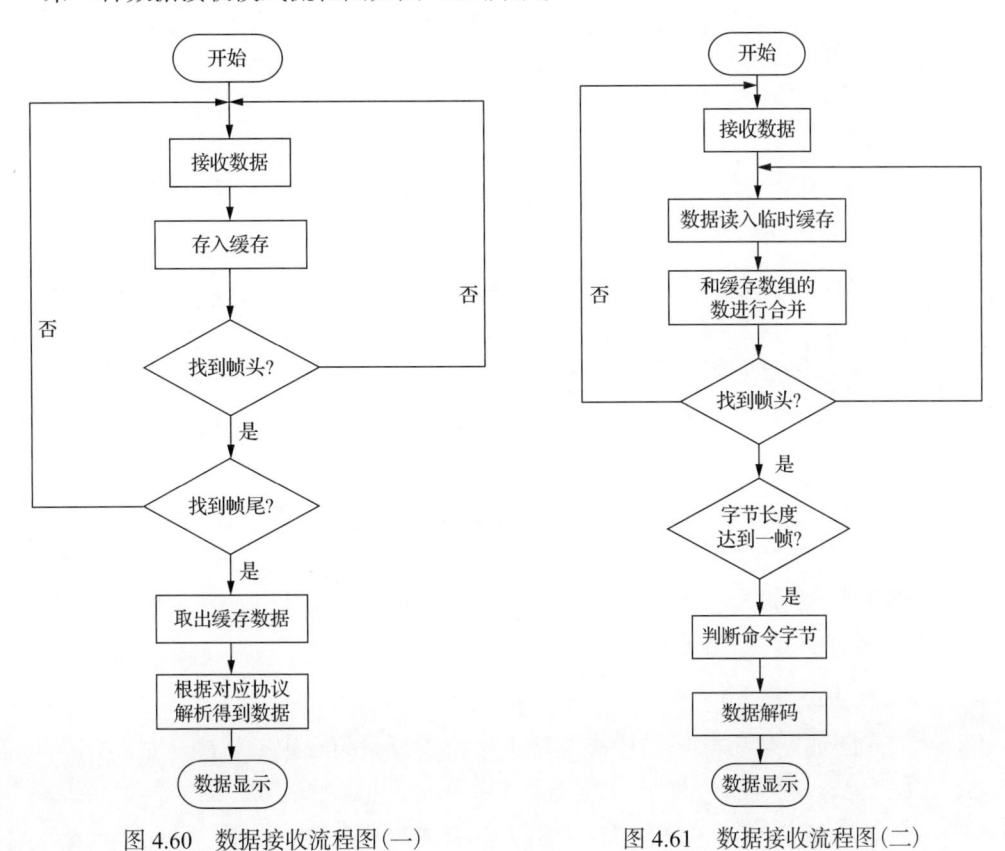

图 4.60　数据接收流程图（一）　　　　图 4.61　数据接收流程图（二）

3. 数据存储模块

数据存储模块主要完成数据的实时存储。

数据的存储在接收到数据时进行实时存储，可以避免数据丢失。

函数声明：`private void zty_datarec()`//姿态仪数据接收函数

`private void DVL_datarec()`//DVL 数据接收函数

`private void ctm_datarec()`//磁通门数据接收函数

`private void gdj_datarec()`//高度计数据接收函数

`private void button8_Click(object sender, EventArgs e)`//开始或结束存储

输入参数：`object sender, EventArgs e`//触发事件

返回结果：无

调用函数：无

全局变量：`filename1`//姿态仪数据保存文件名

　　　　　`filename2`//DVL 数据保存文件名

filename3//磁通门数据保存文件名
　　　　　　filename4//高度计数据保存文件名
Save_Flag//数据存储标识

点击"开始存储"按钮后，软件在显示解析后数据的同时进行存储，文件名根据开始时间进行创建。

第七节　方案评价及风险分析

本技术方案在中船重工七一〇所磁学研究中心已开发的多型磁场测量系统的技术基础上开展设计工作，重点实现高灵敏度磁通门传感器与姿态仪的坐标系对齐和数据同步处理。依据本方案开展研制工作，能够完成任务，达到项目协议要求。

本系统的主要风险点及应对措施如下。

1. 结构件加工进度

本系统拟采用的结构件无现成产品可供借用，主要通过自主设计与加工完成。由于设计工作量大，工厂加工进度不受控等因素的影响，可能出现延期等情况。项目组将通过优先保证设计人员投入、积极联系信誉度高的外协厂家、提前备料等措施，确保结构件设计加工一次成功，以满足项目进度要求。

2. 水密性封装

不管三分量磁力传感器还是姿态测量系统都需要封装在水密罐中，最终用于海洋2000m 近底探测，故设备的水面性存在一定的风险。因此在三分量磁力传感器与姿态系统封装前，需要对密封罐进行压力试验，确保水密性满足要求后，再进行设备的最终封装。

第八节　水下三分量磁力探测系统的质量范围

为了更好地规范水下三分量磁力测量系统的研制，项目组制定了相关的质量计划，规定了研制过程中所涉及的质量活动、职责、权限及相互关系，规定了产品质量保证的具体要求，提出了质量控制方法，确保设计、试制生产能达到要求的功能、性能和其他质量特性。

(一)质量目标和要求

确保研制的三分量磁力测量系统能达到主要技术指标的要求，零部(组)件加工装配质量及各项指标符合图纸、技术文件的要求，确保一次通过检验并交付。

(二)产品阶段划分和主要工作项目

该项目研制周期 54 个月，包括产品设计 12 个月，加工制造 12 个月，试验测试 18 个月，处理评估 6 个月，总结 6 个月。项目研制过程分为样机总体设计、样机加工试制、试验测试、处理评估和总结五个时期。

(三)产品验收准则

设计时期的主要验收内容为技术方案和设计输出文件。

样机加工时期的主要验收内容为样机,项目组在完成样机的最终装配、调试后,由所质量部组织对样机最终状态的检查。检验通过后视为加工试制期完成。

试验与评估时期主要参与项目承担单位组织的各项试验,试验完成后以试验小结或试验报告为验收准则。

(四)资源需求

1. 基础设施

产品研制中需要的保障条件如下。

(1)磁场复现系统,包括磁场线圈、配套电流源、电压和电流测量仪器等。若均匀区不小于5m,则产生磁场范围应不小于100000nT。用于测量拖体及其他设备的影响系数。

(2)磁场复现系统,若均匀区不小于50mm,则产生磁场范围应不小于80000nT,用于调试磁传感器参数。

(3)磁通门接收器校准装置,用于对三分量磁力测量系统进行校准。

2. 工作环境

在试制及调试工作中,需要调试、装配间。

(五)可靠性、维修性、保障性、测试性、安全性、环境适应性

在项目研制过程中,在设计之初即对六性设计进行了适当考虑,具体包括下列几方面"六性"设计,不再单独编写《可靠性、维修性、保障性、测试性、安全性、环境适应性工作计划》。

1. 可靠性设计

1)降额设计

(1)对系统瞬态最大工作电流采取降额处理,应小于锂电池额定输出电流、小于稳压芯片输出电流。

(2)应保证稳压芯片的散热性,并对温升上限进行降额设计。

(3)电感器件的工作电压小于额定电压,工作电流小于额定电流,并尽量减小工作电流,以减小电磁干扰的影响。

(4)电容、电阻器件的工作电压小于额定工作电压,功率小于额定功率。

(5)对接插件的实际工作电压及工作电流进行降额设计,应小于其额定指标。

(6)对导线及电缆负载电压、负载电流进行降额设计,应小于其额定指标。

(7)应选择满足测量范围的测试设备,对其灵敏度进行降额设计。

(8)对温度容限应进行限额设计,根据技术协议要求,应保证系统能适应60℃贮存试验环境的使用要求。

(9)在满足性能设计的前提下,尽量减少元器件的数量及种类。

2) 简化设计

(1) 对磁探头电路采用厚膜封装设计，以简化设计、装配、调试过程。

(2) 尽量选用集成芯片设计，如稳压芯片、多路开关、集成 A/D、集成运放等设计。

(3) 在满足设计指标的前提下，尽量采用成熟技术、工艺，减少新设计，简化设计。

(4) 机械零件(除非标外)应采用标准化、通用化零件。

3) 软件可靠性

(1) 软件采取模块化、子程序设计方法，尽量减少软件指令条数。

(2) 对软件预置参数、软件流程中的主要数据进行边界限定及容错处理。

(3) 设置软件看门狗及硬件看门狗，对单片机系统中未使用的软件地址空间设置软件陷阱，程序跑飞后看门狗能复位工作，提高软件的可靠性。

4) 元器件及机械结构可靠性

(1) 制定元器件大纲，装机用元器件均进行老化筛选，对部分无法进行老化筛选的元器件进行在线功能检测，合格后方能使用。

(2) 选取关键器件进行高低温试验及振动试验。

(3) 尽量选用模块化、芯片化、通用型电子元器件，机械零件选用标准件。

(4) 尽量简化设计方案，减少器件的品种和规格，提高复用率。

5) 电磁兼容设计

(1) 结构材料较厚，且形成密闭壳体，由计算可知，壳体对 10kHz 电磁干扰信号的屏蔽性能高达 90%，系统无高能量电磁辐射信号源，对外界的电磁干扰较小。

(2) 系统中电源选用开关电源，需使用电感器件，在 PCB 排板时尽量将其放置于远离模拟电路端，以减小电磁辐射的影响。

(3) 通信线缆选用屏蔽电缆，减小电磁干扰的影响。

(4) 电路系统中数字地与模拟地采用磁珠隔离，减小电路串扰。

6) 接插件可靠性

(1) 接插件选用中航光电的军品级接插件，其接触电阻较小，可靠性较高。

(2) 系统中，除检查孔(在试验前检查或是试验后回收数据)接插件为自锁紧固式外，其余接插件为锁紧式连接。

(3) 各个接插件均有防插错及防误插功能，可避免误操作。

2. 维修性

(1) 各分系统、传感器、电源系统的连接方式可采用接插连接，提高可换性。

(2) 应能方便地进行拆装、传感器更换。

(3) 尽量采用标准化零件、元器件，以便于维修更换。

(4) 将经常更换、拆装、调配的部件放置在易操作的位置，以便于对其进行维修操作。

3. 保障性

(1) 可达性设计，需经常拆装和维修的部件应安排在容易达到的地方。

(2) 对测试与调试接口做引出处理，提高并保障便利性。

4. 测试性

(1)在电源输入输出端、信号输入输出端设置测试点，各分系统需测试的关键参数位置也应设置测试点。

(2)测试点应便于操作。

(3)测试点的测试应不改变分系统的性能。

(4)测试点测试参数量值应尽量适应通用仪器，测试方法应具有可操作性。

(5)系统应能通过连接检查孔，从外部设置命令进行测试，并能反馈测试结果。

5. 安全性

系统内没有火工品，供电系统采用锂电池组合的形式，在研制过程中应重点关注锂电池的安全性。

(1)由于采用锂电池组进行调试，为保障其安全性，设计安全电池盒，将电池组放置于电池盒中，使用时仅通过外接连线对外部供电；同时，为了防充电，每组锂电池均设计了防充电二极管。在调试中，尽量不使用锂电池，采用直流稳压电源进行调试。

(2)加强锂电池的保管与使用管理，对使用的锂电池进行登记管理。

6. 环境适应性

(1)对电路板进行三防处理。

(2)结构材料、机械组部件应选取耐海水腐蚀的材料，并避免外壳与其他材料形成电化学效应。

(3)根据静水压力试验条件，对机械结构的设计和与海水直接接触的器件，其选型应满足试验要求且保留足够裕度。

(4)根据海上试验的要求，对机械结构的设计和与海水接触的器件，其选型应满足抗冲击要求。

(六)采购(含外购和外包)

1. 外购件的质量控制

外购件入所后，采购部门填写《外购(外包)件入所报检单》，连同实物、合同、采购信息、验收信息等向质量管理部门报检。检验员按照确定的检验项目、检验方法及要求对产品实施检验，填写《检验记录表》，对采购产品合格与否做出结论。检验合格后按规定程序审理，直接回用的外购件凭《检验记录表》可办理入库手续并投入使用。

2. 外包件的质量控制

外包合同的质量保证要求：对技术状态偏离，包括图纸、技术文件的更改，原材料、元器件的代用，不合格品回用等，必须经书面确认后方可实施。

A类外包产品编制签署完备的技术规格书作为申请表的附件，并提出明确的过程控制要求。

3. 外包过程控制

应按合同要求对外包厂家进行控制，过程跟踪可采用电话、函件或派质量代表下厂等方式进行。外包项目负责人到外包厂家进行技术协调时，同时承担质量监督的职责。

4. 外包产品的验收及入所复验

检验人员应根据外包采购资料、合同等文件中明确的技术要求、质量要求、验收要求编制《验收大纲》并附检验记录表格，经检验负责人审核、产品外包负责人会签、质量管理部门领导批准后作为对外包方验收的依据。

检验部门按照《验收大纲》的规定，组织有关人员进行对外包产品的验收，由验收人员提出产品符合性的《验收报告》。

对验收不合格的外包产品，按不合格品控制程序办理。

外包产品在试制(生产)使用前须进行复验。

(七) 样机试制

1. 试制准备

试制前做好准备，包括设备、仪器、设计图样、装配操作程序表等。

本系统在研制过程中，试制样机数量与交付数量相当，样机试制过程中的主要工作就是样机的加工与装配，而样机加工工作(如各组部件零件的加工)持续的时间较长，且均为组部件级，故在实际工作中试制过程与装配过程难以进行明确区分，因此拟将试制过程前的准备状态检查与装配前的准备状态检查合并在一起，即只进行装配前准备状态检查工作。

对生产设备的使用控制等按《科研生产设备管理程序》(Q/710G0406.2)进行检查。

对计量器具的使用管理按照《监视和测量装置管理程序》(Q/710G0407.28)执行。

检查试制(生产)所需成套技术资料完整、齐备。设计图样、装配操作程序表和质量控制文件应符合设计和合同要求，图文相符，现行有效。

检查产品质量的各项技术管理措施是否完善、可行。

2. 零件、器材、外购、外包件的控制

由于本系统研制、试制周期短，为了有效控制外购、外包件的质量，选择有质量保证的供方，外购、外包件均进行进货检验，检验合格后方可使用。确实需要紧急放行时，应做好标识并予以记录，履行严格的审批手续。电子元器件在使用前进行复验和老化筛选。

3. 试制(生产)过程的技术状态控制

现场所使用的图样、技术文件应现行有效、协调统一，试制(生产)、调试过程记录完整、正确，对完成阶段的质量记录应及时归档。

对部(组)件、设备、材料的设计更改，必须进行系统分析、论证和试验验证，并履行审批手续，确保生产的产品符合合同要求。

产品器材代用要按照《器材代用程序》(Q/710G0407.21)的规定执行。

检验人员应及时进行状态标识,产品检验后必须有适当的标识才能继续加工、装配。标识方法按《标识和可追溯性程序》(Q/710G0407.23)的有关规定执行。

4. 工序控制

操作人员严格按工序要求进行生产,上道工序合格后方可进行下道工序,认真做好生产过程的质量记录。

5. 特殊过程控制

特殊过程工艺文件中对设备、工装、计量器具、器材、操作环境均应有明确要求,操作和检验人员必须经过培训,掌握所要加工、检验对象的技术要求。本产品涉及的特殊过程中,三防过程的质量管理按所统一要求执行。

6. 关键过程控制

本系统在研制过程中,各相关技术均有比较成熟的应用,在前期同类型号产品研制中积累了丰富的经验,分析项目研制的主要任务,可知产品装配过程较为关键,根据所质量体系文件,对产品总装时制定详细的《装配操作程序表》,实行三岗制,并详细记录装配过程,严把装配关键过程。

7. 装配、调试质量控制

装配前应做好装配的准备工作,现场使用的装配图样、《装配操作程序表》及质量控制文件应齐全、协调、有效。由于研制周期极短,结合该项目的自身特性,在装配前不进行工艺文件的编制及评审,按《装配操作程序表》进行装配。

产品装配前要进行准备状态检查,由室填写《装配前准备检查申请表》报质量部,质量部按要求内容进行检查,检查通过后方可进行装配。

在装配过程中,实行三岗制,按《装配操作程序表》进行装配并记录。

产品调试前由室提出调试前准备状态检查申请,质量部组织有关人员进行调试前准备状态检查,符合要求方可进行调试。

调试人员按产品调试细则进行调试并做好调试记录,调试负责人根据调试记录组织编写调试报告。

8. 产品标识和可追溯性

在图样与技术文件中规定产品标识的具体形式和位置。

产品标志和标签应清晰,牢固耐久,并符合规范要求。

产品标识应具有唯一性,并与实物一致。

9. 产品防护

产品防护按《产品出厂检验规范》(Q710G0407.25)规定执行。

10. 产品交付

产品通过最终检验和试验后,由质量部门组织对出所交付的准备情况检查,并按有关规定办理交付手续。

产品交付后，对使用人员进行培训，并根据协议要求进行售后服务。

11. 文件和记录的要求

1) 研制过程所需的准则和方法

为了确保产品实现过程的有效运行，必须遵循相应的标准、设计规范、试验规范等。所用的标准及规范如表 4.11 所示。

表 4.11 参照标准

标准级别	标准类型	标准编号	标准内容
国家标准	机械制图	GB/T 4457.4—2002	图样画法 图线
		GB/T 4457.5—1984	剖面符号
		GB/T 4458.1—2002	图样画法 视图
		GB/T 4458.2—2003	装配图中零部件的序号及其编排方法
		GB/T 4458.4—2003	尺寸注法
		GB/T 4458.5—2003	尺寸公差与配合注法
		GB/T 4458.4—2002	图样画法 剖视图和断面图
		GB/T 4459.1—1995	螺纹及螺纹紧固件表示法
		GB/T 4459.4—2003	弹簧画法
		GB/T 4459.5—1999	中心孔表示法
	电气类	GB/T 4728.1~.5—2005	电气简图用图形符号
		GB/T 4728.7~.8—2000	电气简图用图形符号
		GB/T 4728.9~.10—1999	电气简图用图形符号
		GB/T 4728.11—2000	电气简图用图形符号
		GB/T 4728.12~.13—1996	电气简图用图形符号
		GB/T 5465.1~.2—1996	电气设备用图形符号
		GB/T 5489—1985	印制板制图
		GB/T 6988.1~.3—1997	电气技术用文件的编制
		GB/T 6988.4—2002	电气技术用文件的编制
		GB/T 7159—1987	电气技术中的文字符号制定通则
	技术制图	GB/T 14689~14691—1993	技术制图
		GB/T 16675.1~.2—1996	技术制图 简化表示法
企业标准	选材	Q/710J0002—2002	常用材料的选用范围及标注方法
	设计	Q/710J0003—2002	产品图样及设计文件
	技术文件	Q/710J0004—2002	技术文件编号规范

2) 文件的要求

现场使用的文件必须图文一致、完整清晰、现行有效、不得擅自涂改。输出文件应完整齐全。

3) 文件的标识和发放

(1) 所内加工用的图样和设计文件由项目负责人填写《图样、文件复制申请表》，经室领导审核、科技部领导批准后，由资料员负责复制，按《图样、文件发送清单》发至生产责任部门，用后统一收回。

(2) 外包加工所需图样和设计文件由室领导批准，室资料员负责复制，并加盖"外包"印章后，办理发放手续。

4) 文件的更改

图样和设计文件的更改按《图样修改清单》(Q/710G0404.2)执行。未履行审批手续，不得进行更改。

5) 图样和技术文件的签署

(1) 图样和技术文件按《图样签署规范》(Q/710J0003.1)的规定进行签署，质量活动过程中形成的文件按 Q/710G0404.3 的附录 B 及相关程序的规定进行签署。

(2) 一般每份文件每人只能签署一次，设计(编制)人员不能签署。

(3) 必须由本人亲自签署，不得打印和代签，签署包括姓名和年、月、日。

6) 记录的要求

(1) 在对质量活动进行策划时，应对所需的记录进行策划，确保所形成的记录能提供产品实现过程的完整质量证据，并能清楚地证明产品满足规定要求的程度。

(2) 记录的内容应完整、准确、清晰。

(3) 原始记录不得随意涂改。如系笔误或经证实原有记录不准确，可在原始记录上采用"划改"形式进行更改并签章。

(4) 非纸介质的原始记录应由记录人在标签纸上签署姓名和日期。

(5) 记录不允许用铅笔、圆珠笔和纯蓝墨水书写。

(6) 记录应进行标识，标识方法见 Q710G0404.4 中 4.2 节。形成的记录应及时归档，需要传递的按 Q710G0404.4 附录 A 的规定及时传递到相关部门。

第九节 水下三分量磁力测量系统的试验验证

水下三分量磁力测量系统完成传感器精度评估测试、密封承压舱加压试验、水池测量试验、湖泊测量试验、海试试验等试验，完成试验数据的分析与评估工作。

将水下三分量磁力测量系统的试验分为 6 个阶段，逐步对三分量磁力仪的性能进行验证。

(1) 传感器精度评估测试：无磁实验室静态条件下进行测试，分析精度能否达到指标要求。

(2) 密封承压舱加压试验：2018 年初，项目组在青岛海洋科学与技术试点国家实验室根据设计的入水深度大于 2000m 的指标，对设计的密封承压舱进行加压和水密试验。

结果表明密封舱的水密性好，可以满足工作需要。

（3）水池测量试验：2018年中，项目组在青岛海洋科学与技术试点国家实验室进行水池试验，验证三分量磁力仪能否正常采集数据。为了验证磁力功能，实验者将一铁质钩由远处缓慢靠近三分量磁力仪探头，并观察所记录数据的变化，磁力记录数据产生大幅变化，可见探头的灵敏度较高，功能正常。

（4）水库测量试验：在水布垭水库进行水面船载试验，验证三分量磁力仪能否正常采集数据，并对其测量精度进行评估。

（5）水下测量试验：在内湖进行水下试验，将三分量磁力仪安装于拖体后进行拖曳测量，验证水下测速、定位、加速度测量、姿态测量及拖体平稳性等精度是否达到设计指标。

（6）海试试验：按照设计深度进行水下三分量磁力测量试验，评估水下动态三分量磁力测量的精度指标。

一、水布垭湖试

（一）测试目的

在完成水下三分量磁力仪系统的实验室测试、水池测试后，对水下三分量磁力仪开展湖试测试，主要目的是实现对运动磁性目标的实时探测。为了评估磁传感器的性能指标，需选择地磁环境良好的区域开展测试。通过测量磁性目标在不同正横距离上的磁场矢量分布，并实时分析处理的测试数据，验证磁传感器的性能指标。

（二）测试内容

测量水下三分量磁力仪的水下运作性能，对DVL、姿态仪、深度计等传感器进行联调，为仪器的海试作业做准备。

测试内容包括以下方面。

1. 传感器联调

三分量磁力仪与拖体上的其他传感器通电联调，检查仪器工作状态、通信是否正常。

2. 水下测试

将拖体布放到水中，以拖曳式运动测量水下三分量磁力仪的运作性能，对DVL、姿态、深度计等传感器进行同步采集，为仪器的海试作业做准备。

（三）测试要求

采用两级拖体，第一级拖体通过水密线缆连接在试验船尾部，试验船拖动两级拖体，两级拖体间的间距不小于20m，三分量磁力测量系统固定在第二级拖体上，三分量磁力测量系统与试验船的距离不小于50m。

两级拖体按照设定的深度，在指定水域随着试验船航行逐步展开。试验船拖动两级拖体按照计划的航向、航速、航程来回航行。三分量磁力测量系统输出的数据通过以太网送到试验船上的电脑（上位机）里。上位机显示存储三分量磁力测量系统数据。每一航次的连续工作时间与数据记录时间不小于60min。

(四)测试过程

设备分别于 2018 年 8~9 月和 2019 年 10 月进行两次湖泊测试,每次测试的大致过程如下。

(1)将水下三分量磁力仪安装在拖体上,保证传感器之间的接线正确后,通电调试,检查三分量磁力仪工作是否正常,其他传感器与三分量磁力仪之间的通信是否正常。

(2)通电预热,使三分量磁力达到稳定工作状态。

(3)保证各传感器工作正常后,同步采集磁力仪与其他传感器的数据。然后将拖体放入水下,检查数据采集是否正常。

(4)拖体控制在深度 20m、50m 两个状态各跑一个航次,并记录试验数据。

(5)控制拖体在固定深度(50m)以 2~3kn 的速度匀速进行重复线测量。对数据进行分析研究,对水下三分量磁力仪系统的性能进行评估。

(五)试验数据

试验需达到的指标主要包括如下。

测量范围:-70000~+70000nT。

在无磁干扰下,运动过程中 5km 长度范围内三分量合成的总场变化小于 1000nT。

在 0.1km 长度范围内的总场变化量小于 200nT。

捷联惯性姿态测量系统在运动过程中的横滚角变化量小于 5°。

(六)测试结果

抽取 2018 年湖试采集三分量磁场的部分数据并绘图,如图 4.62 和图 4.63 所示。

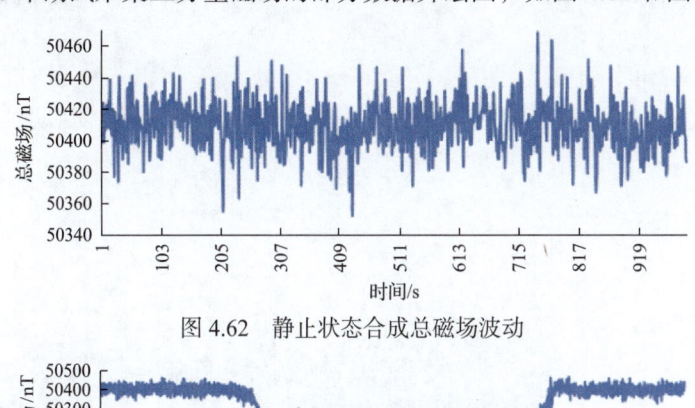

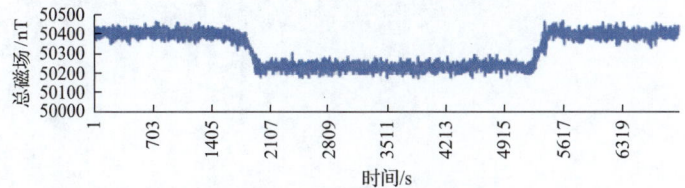

图 4.62 静止状态合成总磁场波动

图 4.63 运动状态合成总磁场波动

由图 4.62 可见,在 976s 内试验船舶在处于水中基本静止不动状态下,三分量磁力仪处于水下 50m 深度时的合成总磁场波动图。从图中可以看出,在水下 50m 处的磁环境比较理想,波动总量在 100nT 左右,达到设计指标的要求。

图 4.63 为试验船舶在行进过程中的合成总磁场波动图，试验船舶的行进路线包括直行、转弯、直行、转弯、直行五部分，磁力仪所处的水深为 50m。从图中可以看出，在船舶做直线运动时的合成总磁场波动约 100nT，但在转弯过程中合成总磁场出现了较大的波动，约为 200nT。

对获得的姿态仪数据进行分析，可知整个试验过程的俯仰角和横滚角的运动范围基本在 3°以内，满足试验要求。抽取部分采集的三分量磁场数据并绘图，如图 4.64 所示。

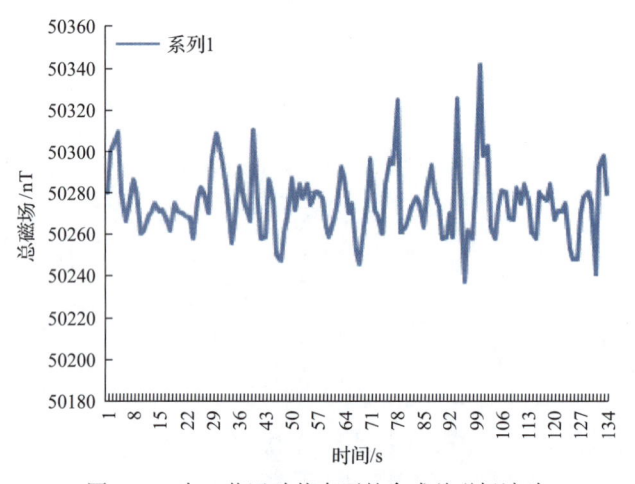

图 4.64　在 3 节运动状态下的合成总磁场波动

图 4.64 为船舶移动一段距离、三分量磁力仪处于水下 30m 深度时以 3kn 的速度在运动过程中的合成总磁场波动图。从图中可以看出，在水下 30m 处的磁环境还是很理想的，波动总量在 100nT 左右，满足设计要求。

图 4.65 为运行固定长度的距离、三分量磁力仪处于水下 30m 深度时以 1kn 的速度在运动过程中的合成总磁场波动图。从图中可以看出，在船舶做直线运动时的合成总磁场波动总量在 100nT 左右，满足指标要求。

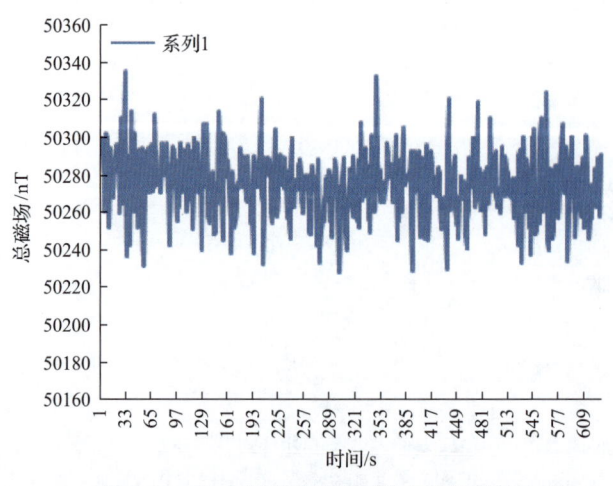

图 4.65　在 1 节运动状态下的合成总磁场波动

试验表明所获得的结果满足试验指标要求，仍可进一步提升磁力仪的性能，包括更低的噪声、更高的频响，把姿态仪的数据利用起来，作为对动态下三分量磁场的补偿和修正。

(七)测试结论

通过上述试验,水下三分量磁力仪在湖试条件下的测试结果表明:设备数据正常；试验结果满足试验指标的要求，水下三分量磁力测量系统满足海上试验的要求。

二、海上试验

设备系统经过湖泊试验后，需要进行海上测试，检验设备系统的各项功能和技术指标的情况。项目研制的水下三分量磁力测量系统经过两次海上测试，第一次海试分别在500m水深处进行了功能性、精度评估试验，在2000m水深处进行了环境适应性试验。合计完成了8条测线，约160km，过程设备工作正常，将三分量磁场合成总场与SeaSPY标准磁力仪总场测量曲线进行比较，两条曲线的变化趋势一致。第二次海试在2000m水深附近以走航方式采集水下动态重力，采集10条测线，共计120.7km，水下动态重力测量系统采集数据质量可靠，获得连续的水下三分量磁场数据，水下测线测量精度达到9.4nT。详细内容见第6章。

第五章　深水重磁勘探载体系统

第一节　概　　况

水下重力仪、三分量磁力仪要实现水下动态测量，就需要拖曳载体系统（以下简称拖曳系统）。而且在同等传感器精度的前提下，传感器越接近目标源，目标响应的强度就越强。这个拖曳系统在研制时需要解决水下自动定深、姿态稳定、测量设备合理搭载、数据采集传输等关键技术。

一、概述

为了实现高精度深海油气的重磁勘探，需要研究海洋水下环境重磁场特征及深海物理环境对水下重磁测量的影响，项目组建立的水下空间重磁场理论与方法技术奠定了硬件基础，研发了水下动态重力测量系统和水下三分量磁力测量系统，只有将这些系统安装到拖体平台上，才能实现近海底探测，因此需要研制适配搭载高精度水下动态重力测量系统及三分量磁力测量系统的深水重磁勘探拖曳系统（以下简称拖体系统）。该系统的主要技术包括研制近海底二级拖曳系统，实现拖体水下自动定深及姿态稳定技术；高精度重力仪及三分量磁力仪适配搭载技术的研究；水下重磁数据采集传输技术。

二、关键技术

1. 深水重磁勘探拖体水下自动定深及姿态控制技术

所研发的深水重磁勘探拖体的最大工作深度为水下 2000m，通过长距离光电复合缆进行通信及控制。拖体系统采用二级拖曳方式，目前一级拖曳系统的理论计算及工程应用较为成熟，而二级拖曳系统相对而言，其国内外技术基础均较为薄弱。因此需要对二级拖曳系统开展流体分析，根据拖体的流体外形、衡重参数及结构配置和拖曳水池试验等手段对拖体的流体动力参数进行精确测定，从而在拖曳探测状态下，实现探测拖体在水下的精确定深及姿态稳定。

2. 深水重磁勘探拖体的总体集成技术

高精度重磁探测拖体包括定深拖体及探测拖体，两种拖体均集成多种水下功能组件，各种仪器设备集成在深水重磁勘探拖体上，而并不是简单的拼接叠加，还需要根据实际需要合理布局，在各功能组件之间的通信控制上进行逻辑规划，既要保证拖体自身良好的运行状态，又要确保水下数据采集的配合合理，避免发生相互干扰。同时，由于深海环境下海水高压和腐蚀等的影响严重，因此对各个功能组件本身及相互之间的连接都提出了极高的要求，需要在研发过程中予以重点解决。

第二节 技术要求

一、工作原理

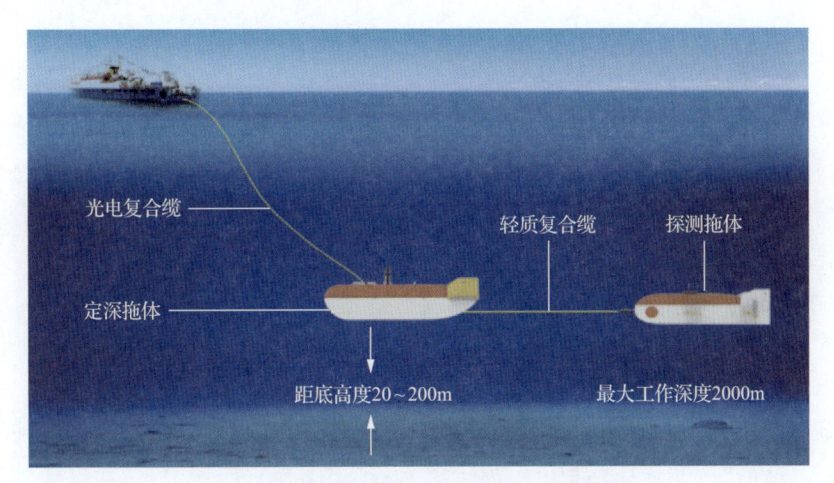

深水重磁勘探拖曳系统的工作原理：搭载高精度水下重力仪及三分量磁力仪的深水重磁勘探拖体在近海底(20～200m)高度范围内以稳定深度拖曳航行，通过甲板测控单元启动高精度水下重力仪及三分量磁力仪进行水下重磁探测。由于高精度重力仪及三分量磁力仪的搭载拖体在拖曳时的水下深度及姿态变化会对设备的探测精度产生严重影响，因此拖曳探测系统拟采用"拖船——一级拖缆——一级拖体—二级拖缆—二级拖体"形式的二级拖曳方式，如图 5.1 所示。其中一级拖缆为作业母船上的光电复合缆，一级拖体为定深拖体，二级拖缆为轻质复合缆，二级拖体为探测拖体。二级拖曳系统受拖船深度变化的影响较小，拖船的垂荡和航速变化对二级拖体运动的影响较小，因此有利于实现探测拖体的定深和姿态稳定，从而保证探测拖体在拖曳缆牵引下稳定前进的基础上，保持探测拖体与海平面的平行并减少偏移与晃动。

图 5.1 深水重磁勘探拖曳系统工作原理图

二、工作过程

深水重磁勘探拖曳系统的主要工作过程如下。

(1) 通过控制绞车及配套起吊设备依次将探测拖体、轻质复合缆、定深拖体、光电复合缆布放入水，同时通过水下定位信标实时监测探测拖体的水下位置。

(2) 释放光电复合缆直至探测拖体到达近海底作业的设计高度，启动高精度重力仪进行重力校准，校准结束后，通过控制绞车收起光电复合缆使探测拖体上升，作业母船按照航速 3～5kn 定速航行。

(3) 通过甲板测控单元实时监测并探测拖体的水下深度，当探测拖体到达水下设定深度且距海底高度为 20～200m 时，结束收缆并由甲板测控单元发出系统工作指令，启动高精度重力仪及三分量磁力仪进行重磁探测。

(4)定深拖体将水下重磁测量数据经光电复合缆实时上传至甲板测控单元,水下定位信标完成探测拖体相对于水面拖船的定位,甲板测控单元则对各种工况信息、探测信息及定位信息进行解算并完成探测拖体的定位解算。

(5)在深水重磁勘探拖曳系统作业的过程中,可根据高精度重力仪的测量需要,将探测拖体下放至海底进行坐底重力校准。

三、基本技术指标

深水重磁勘探拖曳系统的主要技术指标如下。

(1)研制低磁拖体,可实现重磁无干扰联合采集。

(2)拖曳系统满足安装水下重力仪和三分量磁力仪的要求,工作时探测拖体的俯仰角变化<1.5°,横滚角变化<2°。

(3)重磁拖曳探测过程中,拖曳速度在3~5kn,探测拖体深度变化<10m。

(4)拖曳系统的水下最大工作深度为2000m,海上试验深度>1000m。

(5)探测拖体的定位精度为目标距船体距离的2‰。

第三节　流体动力特性数值仿真

一、数值水洞技术简介

随着计算机技术的发展,大规模的数值计算成为可能,从而使计算流体动力学得到了前所未有的发展。时至今日,CFD方法与传统的理论分析方法、实验测量方法组成了研究流体流动问题的完整体系。

数值水洞技术是指利用先进的CFD技术搭建一个在功能上类似于真实流体的动力试验环境平台。数值水洞技术的物理模型就是真实的物理现象,数值模型就是计算流体动力学模型,环境平台可以选用通用的流体动力学软件。

利用数值水洞技术在计算机上进行数值实验,就好像在计算机上做一次物理实验,并且可以更加方便地获得比较精细的流场参量,形象地再现流动情景。在可预见的未来,这一技术的发展将逐步取代部分试验。

二、利用数值水洞进行黏性类流体动力参数数值仿真的方法

(一)基本方程

流体流动满足质量守恒定律、动量守恒定律和能量守恒定律,这些定律在流体力学中的体现就是相应的连续性方程和N-S方程。

连续性方程:在流场中任取一封闭空间,此空间称为控制体。按照质量守恒定律,控制体内流入质量与流出质量之差应该等于控制体内部流体质量的增量,由此可导出流体流动连续性方程的积分形式为

$$\frac{\partial}{\partial t}\iiint_{\text{Vol}}\rho \mathrm{d}x\mathrm{d}y\mathrm{d}z + \oiint_{A}\rho\vec{v}\cdot\vec{n}\mathrm{d}A = 0 \tag{5.1}$$

式中，ρ 为流体的密度；Vol 为控制体；A 为控制体的表面；$\vec{n}$ 为法向矢量；$\vec{v}$ 为速度矢量。等式左边第一项表示控制体 Vol 内部质量的增量；第二项表示通过控制体表面流入控制体的净通量。

对于不可压缩的均质流体，密度为常数，则有

$$\oiint_A \vec{v} \cdot \vec{n} \mathrm{d}A = u\frac{\partial u}{\partial x} + v\frac{\partial v}{\partial y} + w\frac{\partial w}{\partial z} = 0 \tag{5.2}$$

N-S 方程：黏性流体的运动方程首先由 Navier 在 1927 年提出，他只考虑了不可压缩流体的流动。Stokes 在 1845 年独立地提出黏性系数为一常数的形式，现在统称为 Navier-Stokes 方程，简称 N-S 方程。

对于不可压缩均质流体，N-S 方程的矢量形式为

$$\rho \frac{\mathrm{d}\vec{v}}{\mathrm{d}t} = \rho \vec{F} - \mathrm{grad} p + \mu \nabla^2 \vec{v} \tag{5.3}$$

N-S 方程比较准确地描述了实际的流动，黏性流体的流动分析均可归结为对此方程的研究。可以这么说，所有的流体流动问题都是围绕对 N-S 方程的求解进行的。

(二) 湍流模型

k-ω SST 方程模型是边界层内 k-ω 模型和远场 k-ω 模型的混合模型。该模型兼顾了两方面的优点：k-ω 模型中的壁面衰减函数对壁面附近湍流黏性系数的预测较好；k-ω 模型对来流条件不敏感，预测远场流动更为合适。其模型方程可以写为

$$\mu_\mathrm{t} = \frac{a_1 \rho k}{\max(a_1 \omega, f_2 \|\Omega\|)} \tag{5.4}$$

$$\frac{\partial \rho k}{\partial t} + \frac{\partial \rho v_j k}{\partial x_j} = \frac{\partial}{\partial x_j}\left[(\mu_1 + \sigma_K \mu_\mathrm{t})\frac{\partial k}{\partial x_j}\right] + \underbrace{\tau_{ij} S_{ij}}_{\text{生成项}} - \underbrace{\beta^* \rho \omega k}_{\text{耗散项}} \tag{5.5}$$

$$\frac{\partial \rho \omega}{\partial t} + \frac{\partial \rho v_j \omega}{\partial x_j} = \frac{\partial}{\partial x_j}\left[(\mu_1 + \sigma_K \mu_\mathrm{t})\frac{\partial \omega}{\partial x_j}\right] + \underbrace{\frac{C_\omega \rho}{\mu_\mathrm{t}}\tau_{ij}S_{ij}}_{\text{生成项}} - \underbrace{\beta \rho \omega^2}_{\text{耗散项}} + \underbrace{2(1-f_1)\frac{\rho \sigma_{\omega 2}}{\omega}\frac{\partial \omega}{\partial x_j}\frac{\partial \omega}{\partial x_j}}_{\text{交叉输运项}} \tag{5.6}$$

式(5.4)~式(5.6)中，μ_t 为涡黏性系数；k 为湍动能；ω 为比耗散率；Ω 为涡量；μ_1 为流体黏性系数；τ_{ij} 为雷诺应力；S_{ij} 为应变率张量。

(三) 数值方法

针对仿真计算的精度要求，可利用三维单精度、压力基分离式求解器进行求解。采用二阶隐式格式，按照定常流计算，压力速度耦合项用 SIMPLE 算法，压力离散采用二阶精度格式，二阶迎风格式离散动量方程，其他参数默认设置。

三、附加质量数值仿真方法

附加质量的数值仿真采用赫斯-史密斯(Hess-Smith)方法。

(一)单位速度势的定解条件和附加质量表达式

$$\nabla^2 \varphi_i = 0 \tag{5.7}$$

$$\frac{\partial \varphi_i}{\partial n} = n_i \tag{5.8}$$

$$\varphi_i = O(r^{-2}), \quad r \to \infty \tag{5.9}$$

式中,n_i 为单位速度势在法向方向的分量;r 为场点 p 到源点 q 的距离;$O(r^{-2})$ 为阶数,表示 φ_i 在 $r \to \infty$ 时与 r^{-1} 同阶(无穷小)。

用物面 s 上的分布源来表示 φ_i,则

$$\varphi_i(p) = \iint \frac{\sigma_i(q)}{r_{pq}} \mathrm{d}s_q \tag{5.10}$$

式中,

$$\sigma_i(q) = \frac{1}{4\pi}\left(\frac{\partial \varphi_i}{\partial n} - \frac{\partial \psi_i}{\partial n}\right)$$

式中,ψ_i 为相应的内部解,它在 s 内部适合拉普拉斯方程,在物面 s 上和解 φ_i 的值相等。求得分布源密度 σ_i 后,可以计算得到 φ_i 在物面上的值,进而得到附加质量,其公式为

$$m_{ji} = \rho \iint_s \varphi_i n_j \mathrm{d}s \tag{5.11}$$

(二)数值解法

分布源 σ 密度适合的线性积分方程为

$$2\pi \sigma(p) + \iint_{s-\varepsilon} \sigma(q) \frac{\partial}{\partial n_p}\left(\frac{1}{r_{pq}}\right) \mathrm{d}s_q = n_p \tag{5.12}$$

将式(5.12)在物面 s 上进行离散化后可以得到关于 σ 的 N 阶线性代数方程组:

$$\sum_{j=1}^{N} \sigma_{jk} a_{ij} = n_{ik}, \quad i = 1,2,\cdots,N; j = 1,2,\cdots,N; k = 1,2,\cdots,6 \tag{5.13}$$

式中,

$$a_{ij} = \frac{\partial}{\partial n_i} \iint_{\Delta s_j} \frac{1}{r_{ij}} \mathrm{d}s_j \,(j \neq i), \quad a_{ii} = 2\pi$$

速度势的离散方程为

$$\varphi_{ik} = \sum d_{ij}\sigma_{jk} \tag{5.14}$$

式中,

$$d_{ij} = \iint_{\Delta s_j} \frac{1}{r_{ij}} \mathrm{d}s_j$$

附加质量表达式为

$$m_{lk} = \rho \sum_{j=1}^{N} \varphi_{jk} n_l \Delta s_j \tag{5.15}$$

第四节　航行器外形及主要参数

一、流体动力外形

深海油气拖曳系统为二级拖曳,二级拖曳系统示意如图 5.1 所示。

探测拖体模型采用 tb1_a 和 tb1_b 两种方案,几何模型如图 5.2 所示。定深拖体模型采用 tb2 方案,几何模型如图 5.3 所示。

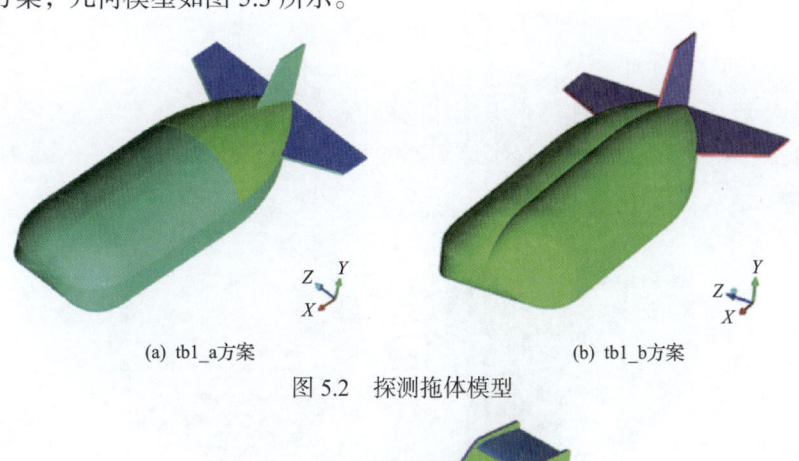

(a) tb1_a 方案　　(b) tb1_b 方案

图 5.2　探测拖体模型

图 5.3　定深拖体模型(tb2 方案)

二、主要外形参数

探测拖体和定深拖体的主要外形参数见表 5.1。

表 5.1　拖体的主要几何外形参数

名称	符号	模型	数值	备注
长度(参考长度)/m	L	探测拖体(tb1_a)	3	
		探测拖体(tb1_b)	3	
		定深拖体(tb2)	2.581	
拖体浮心位置/m	X_b	探测拖体(tb1_a)	1.359	距拖体头部
		探测拖体(tb1_b)	1.358	
		定深拖体(tb2)	1.109	
	Y_b	探测拖体(tb1_a)	−0.0354	
		探测拖体(tb1_b)	−0.0277	
		定深拖体(tb2)	0.0579	
拖体最大横截面积/m² (参考面积)	S	探测拖体(tb1_a)	0.523	
		探测拖体(tb1_b)	0.534	
		定深拖体(tb2)	0.311	

第五节　网　格　模　型

模拟无界流场中探测拖体和定深拖体的外流场，建立球形外流场计算域，如图 5.4 和图 5.5 所示。在真实的流域中这个球形曲面是不存在的，因此球形曲面原则上不能对

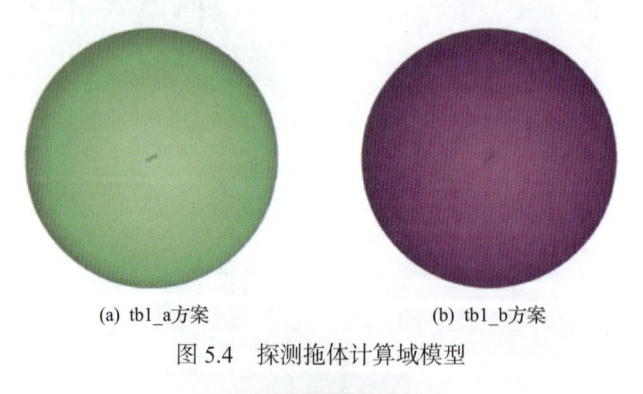

(a) tb1_a方案　　　　(b) tb1_b方案

图 5.4　探测拖体计算域模型

图 5.5　定深拖体计算域模型(tb2 方案)

流场的流动产生任何影响，因此球形流域要取的足够大，尽量减小其对流场的影响，设置球形外流场半径为 10 倍的拖体总长，球心与探测拖体的浮心位置重合。

目前，网格形式主要集中为结构化网格和非结构化网格。与结构网格相比，非结构网格的几何适应性好，适用于具有非常复杂外形如大曲率和尖锐边角的三维物体。为了更精确地模拟拖体的边界层流场，采用四面体/棱柱混合网格，网格总数均约为 220 万，模拟结果如图 5.6～图 5.11 所示。

(a) tb1_a方案　　　　　　　　　　(b) tb1_b方案

图 5.6　探测拖体模型的表面网格

图 5.7　定深拖体模型的表面网格(tb2 方案)

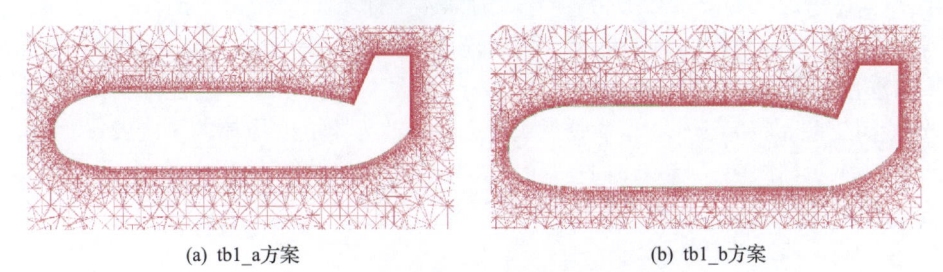

(a) tb1_a方案　　　　　　　　　　(b) tb1_b方案

图 5.8　探测拖体模型的壁面边界层网格

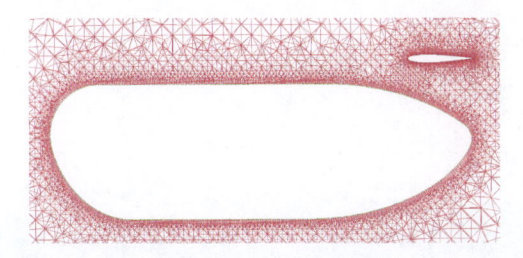

图 5.9　定深拖体模型的壁面边界层网格(tb2 方案)

(a) tb1_a 方案　　　　　　　　(b) tb1_b 方案

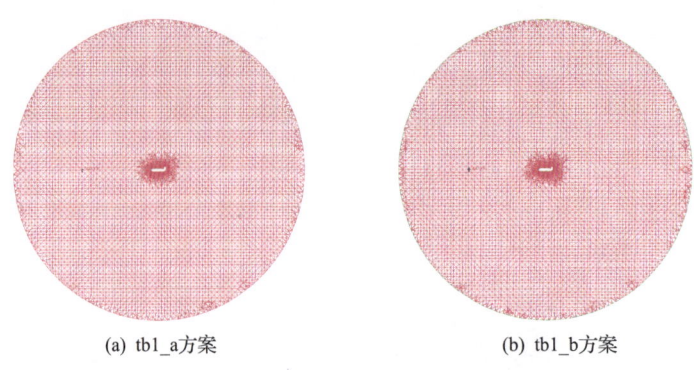

图 5.10　探测拖体计算流域网格剖面图

图 5.11　定深拖体计算流域网格剖面图(tb2 方案)

第六节　计算结果及分析

一、坐标系定义

拖体坐标系定义如图 5.12 所示，$Oxyz$ 为拖体坐标系，坐标系的原点取在拖体的浮心处，坐标系 Ox 轴与拖体的纵轴重合，指向拖体的头部；Oy 轴位于拖体的纵对称面内，与 Ox 轴垂直，且指向上方；Oz 轴垂直于 $Oxyz$ 平面，指向由右手直角坐标系确定。速度系 $Ox_1y_1z_1$ 的坐标原点与体坐标系原点重合，Ox_1 轴与原点处拖体的速度矢量重合，Oy_1 轴位于拖体纵对称面内，与 Ox_1 轴垂直并指向上方，Oz_1 轴垂直于 Ox_1y_1 平面，指向由右手直角坐标系确定。

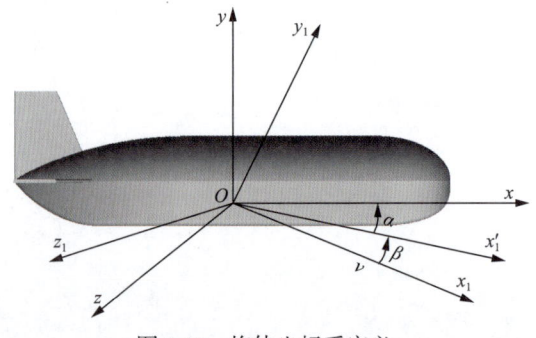

图 5.12　拖体坐标系定义

二、参数定义

拖体在水中运动时受到的流体动力可根据拖体的运动状态分为三种：位置力、阻尼力和惯性力。位置力是拖体做定常平移运动（攻角 α 常数或侧滑角 β=常数）时受到的流体动力，阻尼力是拖体做定常旋转（绕 X 轴、Y 轴、Z 轴旋转）时受到的流体动力，惯性力是拖体做非定常运动而受到的流体动力。

（一）无因次角速度

利用因次分析法，可以获得旋转导数，其需要满足的是以旋转半径（R）为特征量的航行器无因次长度相等，即

$$\frac{L}{R} = \frac{L\omega}{R\omega} = \frac{L\omega}{V} = \bar{\omega} \tag{5.16}$$

所以，可以通过改变旋转半径来改变航行器的无因次角速度（ω），并最终完成旋转导数的计算。

（二）流体动力无量纲因数

流体动力无量纲因数与流体动力各分量同名，称为流体动力因数。在体坐标系中拖体各流体动力因数的定义如下。

阻力因数 C_x：

$$C_x = \frac{X}{\frac{1}{2}\rho SV^2} \tag{5.17}$$

升力因数 C_y：

$$C_y = \frac{Y}{\frac{1}{2}\rho SV^2} \tag{5.18}$$

侧力因数 C_z：

$$C_z = \frac{Z}{\frac{1}{2}\rho SV^2} \tag{5.19}$$

横滚力矩系数 m_x：

$$m_x = \frac{M_x}{\frac{1}{2}\rho SLV^2} \tag{5.20}$$

偏航力矩系数 m_y：

$$m_y = \frac{M_y}{\frac{1}{2}\rho SLV^2} \quad (5.21)$$

俯仰力矩系数 m_z：

$$m_z = \frac{M_z}{\frac{1}{2}\rho SLV^2} \quad (5.22)$$

式(5.16)～(5.22)中，ρ 为流体密度；X、Y、Z 分别为流体动力主矢在体坐标系三个轴方向上的分量，分别称为阻力、升力和侧力；M_x、M_y、M_z 分别为流体动力主矩在体坐标系三个轴方向上的分量，分别称为横滚力矩、偏航力矩和俯仰力矩；ρ 为流体介质密度，kg/m³；S 为拖体最大横截面积，m²；L 为拖体的长度，m；V 为拖体航行的速度，m/s。

三、计算结果及数据处理

本次模拟的拖体航速 $V=2.0576$m/s。在求解位置力时，攻角 α 的取值范围为 $-90°\sim 90°$，鉴于探测拖体和定深拖体模型均左右对称，所以侧滑角 β 的取值范围为 $-90°\sim 0°$；在求解阻尼力时，拖体的无量纲角速度 $\bar{\omega}$ 的取值范围为 $0\sim 1$。

（一）网络收敛性

网格质量直接影响数值计算结果的准确性，增加网格节点数，有利于提高数值计算结果的准确性，但这是以更长的计算时间和更高端的计算机配置为依托。因此，如何在保证计算结果准确性的基础上，最大限度地减小网格节点数，是数值仿真计算工作中必须要解决的问题，目前最常用的方法是网格收敛性分析。研究网格收敛性时，保持网格节点数在坐标轴三个方向上按比例 r 等比例增大，选取比例 $r=\sqrt{2}$，即网格总节点数按等比例 $r^3=2\sqrt{2}$ 增大。由此对探测拖体 tb1_a 依次建立三种不同数量的网格 Grid-1、Grid-2 和 Grid-3，各网格的节点数分别为 Grid-1=1.07×10^6、Grid-2=2.14×10^6、Grid-3=6.6×10^6，分别进行数值仿真计算，计算出零攻角下的阻力系数见表 5.2。

表 5.2 三种网格的数值仿真结果

网格	网格节点数/10^6	C_x	$(\Delta C_x/C_{x3})$/%
Grid-1	1.07	−0.137	3.01
Grid-2	2.2	−0.134	0.75
Grid-3	6.6	−0.133	0

注：$\Delta C_x = C_x - C_{x3}$，其中，$C_{x3}$ 为 Grid-3 的阻力系数。

由表 5.2 可以看出，随着网格数量的增加，数值仿真结果越靠近网格最多（Grid-3）的模型的仿真结果，Grid-2 模型和 Grid-3 模型之间总阻力系数的计算结果只相差 0.75%，说明当网格数达到 2.2×10^6 时，继续加密网格节点，对数值仿真结果基本没影响。因此，

Grid-2 网格模型满足仿真计算的精确度要求,故本次研究中所有网格模型的节点数均取为 2.2×10^6。

(二) 位置力系数特性

探测拖体 tb1_a 和 tb1_b 在不同攻角 α 和不同侧滑角 β 的位置力系数(速度坐标系下)见表 5.3～表 5.6,tb1_a 和 tb1_b 拖体的流体动力无量纲因数随攻角 α 和侧滑角 β 的变化曲线如图 5.13～图 5.36 所示。

表 5.3　tb1_a 拖体攻角的计算工况及结果(速度坐标系)

攻角 $\alpha/(°)$	C_x	C_y	C_z	m_x	m_y	m_z
−90	−5.3150	−1.6760	−0.0775	0.0113	−0.0003	0.4839
−80	−5.9630	−2.8396	−0.0436	−0.0092	−0.0046	0.2801
−70	−5.8850	−3.6150	−0.1389	−0.0055	−0.0060	0.2401
−60	−5.4850	−4.2420	−0.1970	−0.0046	0.0173	0.2940
−50	−4.6690	−4.5790	−0.0211	0.0022	−0.0029	0.3890
−40	−3.1640	−4.0701	−0.0432	−0.0049	0.0001	0.2453
−30	−1.8510	−3.1880	−0.0317	−0.0048	−0.0003	0.1383
−20	−0.9215	−2.1495	−0.0132	−0.0004	−0.0012	0.0992
−10	−0.3643	−1.1030	−0.0044	−0.0004	−0.0003	0.0830
−8	−0.2930	−0.9298	−0.0026	0.0003	−0.0001	0.0909
−6	−0.2309	−0.7597	−0.0173	0.0002	−0.0041	0.0996
−4	−0.1694	−0.5606	0.0073	0.0025	0.0031	0.0891
−2	−0.1503	−0.3391	−0.0292	−0.0059	−0.0072	0.0803
0	−0.1340	−0.1473	−0.0020	−0.0003	−0.0003	0.0772
2	−0.1295	0.0257	−0.0152	−0.0006	−0.0052	0.0798
4	−0.1387	0.2279	0.0077	−0.0001	0.0026	0.0736
6	−0.1596	0.4367	0.0066	−0.0003	0.0019	0.0656
8	−0.2005	0.6667	−0.0107	0.0007	−0.0049	0.0490
10	−0.2619	0.8964	−0.0101	0.0002	−0.0047	0.0303
20	−0.7891	1.9425	−0.0040	0.0023	−0.0001	−0.0544
30	−1.6720	2.9650	−0.0104	0.0027	0.0013	−0.1625
40	−3.0934	4.0226	0.0124	−0.0103	0.0164	−0.3120
50	−4.5810	4.6606	−0.0643	−0.0371	0.0159	−0.3074
60	−5.9534	4.6787	−0.0842	−0.0315	0.0035	−0.2747
70	−6.2705	3.5923	−0.0509	0.0049	−0.0082	−0.1283
80	−5.8024	1.6167	0.0683	−0.0310	0.0006	−0.3895
90	−5.8903	0.5039	−0.1982	0.0502	−0.0051	−0.6529

表 5.4　tb1_a 拖体侧滑角的计算工况及结果（速度坐标系）

侧滑角 $\beta/(°)$	C_x	C_y	C_z	C_{m_x}	C_{m_y}	C_{m_z}
−90	−2.1786	0.0399	0.3110	−0.4577	0.2833	−0.1402
−75	−2.4181	1.0920	0.9707	−0.4458	0.1209	−0.0419
−60	−2.0267	1.0843	1.2280	−0.2839	0.1074	0.0280
−40	−0.9394	0.8838	1.0065	−0.0584	−0.0233	−0.0511
−30	−0.5902	0.3204	0.7974	−0.0360	−0.0294	0.0412
−20	−0.3490	−0.0679	0.5441	−0.0176	−0.0234	0.0971
−10	−0.1965	−0.1148	0.3110	0.0013	0.0018	0.0716
−8	−0.1687	−0.1287	0.2559	0.0020	0.0055	0.0753
−6	−0.1503	−0.1155	0.2092	0.0049	0.0064	0.0663
−4	−0.1383	−0.1048	0.1477	0.0046	0.0069	0.0609
−2	−0.1331	−0.1124	0.0800	0.0027	0.0050	0.0639
0	−0.1340	−0.1473	−0.0020	−0.0003	−0.0003	0.0772

表 5.5　tb1_b 拖体攻角的计算工况及结果（速度坐标系）

攻角 $\alpha/(°)$	C_x	C_y	C_z	m_x	m_y	m_z
−90	−5.3011	−1.5840	0.0519	0.0113	0.0067	0.4516
−80	−5.9951	−2.7249	−0.0430	0.0170	0.0061	0.2837
−70	−6.2284	−3.8349	0.3015	0.0047	0.0038	0.2068
−60	−5.7605	−4.5001	0.0877	0.0060	0.0116	0.2793
−50	−4.6497	−4.6230	0.0338	−0.0078	0.0131	0.3363
−40	−3.2917	−4.2333	0.0131	−0.0029	0.0052	0.3009
−30	−1.9759	−3.3941	0.0094	−0.0017	0.0065	0.2388
−20	−0.9331	−2.1936	−0.0036	−0.0030	0.0011	0.1327
−10	−0.3578	−1.1055	−0.0063	−0.0043	−0.0019	0.0936
−8	−0.2900	−0.9211	−0.0030	−0.0020	−0.0010	0.0972
−6	−0.2301	−0.7980	−0.0144	−0.0006	−0.0036	0.1204
−4	−0.1700	−0.5267	−0.0181	−0.0060	−0.0051	0.0837
−2	−0.1494	−0.3606	0.0172	0.0014	0.0033	0.0911
0	−0.1314	−0.1277	0.0081	0.0011	0.0027	0.0694
2	−0.1293	0.0440	−0.0095	−0.0005	−0.0035	0.0707
4	−0.1386	0.2226	−0.0061	−0.0005	−0.0031	0.0700
6	−0.1626	0.4332	0.0030	−0.0003	0.0003	0.0603
8	−0.2027	0.6617	0.0162	−0.0004	0.0053	0.0412
10	−0.2622	0.8942	−0.0161	0.0022	−0.0068	0.0193
20	−0.7841	1.9337	−0.0031	0.0055	0.0010	−0.0700

续表

攻角 $\alpha/(°)$	C_x	C_y	C_z	m_x	m_y	m_z
30	−1.5809	2.7829	−0.0034	0.0045	0.0010	−0.1299
40	−2.6532	3.5051	0.0022	−0.0046	0.0102	−0.1485
50	−4.3315	4.3266	−0.0546	−0.0067	0.0009	−0.2925
60	−5.8267	4.4963	−0.0680	−0.0009	0.0057	−0.3183
70	−6.0311	3.3804	−0.0256	−0.0175	0.0027	−0.1487
80	−5.6686	1.5340	0.2874	−0.0667	0.0064	−0.4210
90	−5.7752	0.4807	−0.0226	−0.0101	−0.0026	−0.6711

表 5.6　tb1_b 拖体侧滑角的计算工况及结果（速度坐标系）

侧滑角 $\beta/(°)$	C_x	C_y	C_z	m_x	m_y	m_z
−90	−2.2310	−0.7290	0.3026	−0.4333	0.2867	−0.1500
−75	−2.6930	1.3320	1.0607	−0.4840	0.1240	−0.0530
−60	−2.2120	1.1567	1.3520	−0.3184	0.1382	0.0417
−40	−0.9640	0.9670	1.0603	−0.0498	−0.0319	−0.0574
−30	−0.6067	0.3370	0.8420	−0.0346	−0.0354	0.0431
−20	−0.3600	−0.0380	0.5910	−0.0130	−0.0236	0.0867
−10	−0.1920	−0.0819	0.3450	0.0049	0.0064	0.0614
−8	−0.1714	−0.1142	0.2764	0.0039	0.0041	0.0707
−6	−0.1489	−0.0950	0.2078	0.0041	0.0020	0.0590
−4	−0.1437	−0.0887	0.1340	0.0058	−0.0011	0.0557
−2	−0.1309	−0.1169	0.0719	0.0020	0.0015	0.0647
0	−0.1314	−0.1277	0.0081	0.0011	0.0027	0.0694

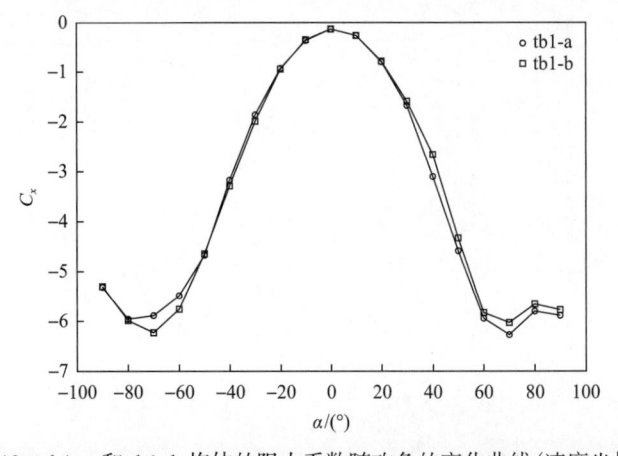

图 5.13　tb1_a 和 tb1_b 拖体的阻力系数随攻角的变化曲线（速度坐标系）

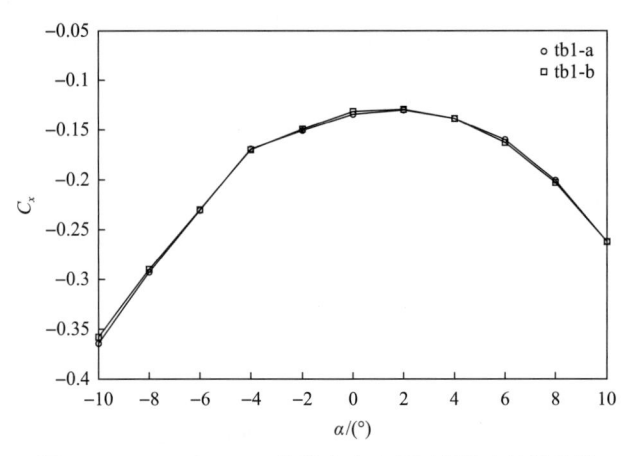

图 5.14 tb1_a 和 tb1_b 拖体在小攻角下的阻力特性曲线

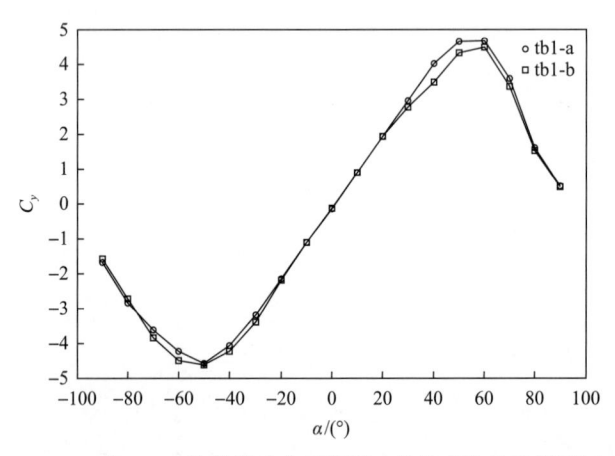

图 5.15 tb1_a 和 tb1_b 拖体的升力系数随攻角的变化曲线（速度坐标系）

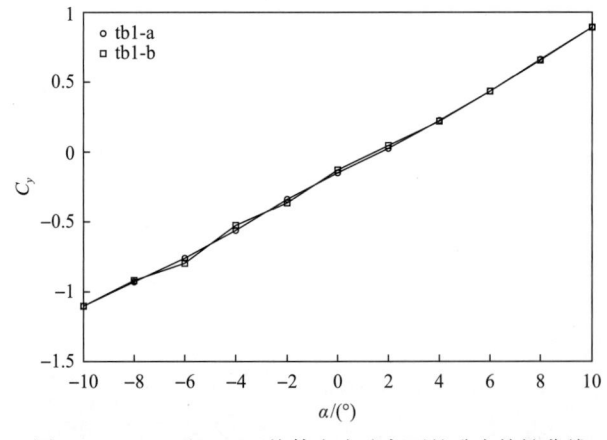

图 5.16 tb1_a 和 tb1_b 拖体在小攻角下的升力特性曲线

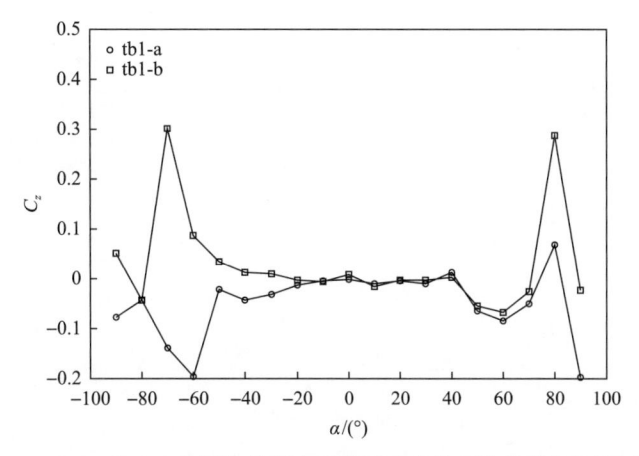

图 5.17　tb1_a 和 tb1_b 拖体的侧力系数随攻角的变化曲线（速度坐标系）

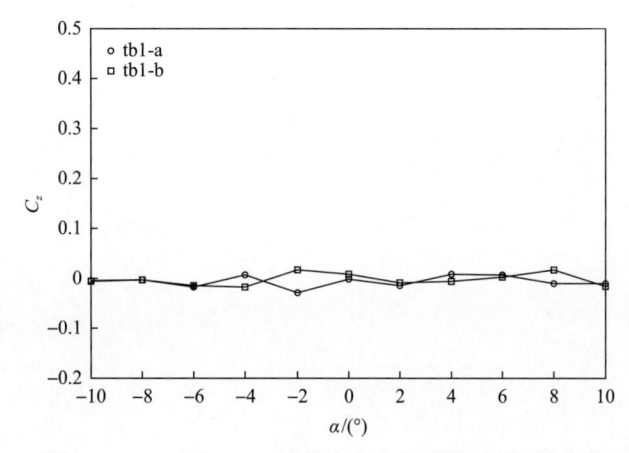

图 5.18　tb1_a 和 tb1_b 拖体在小攻角下的侧力特性曲线

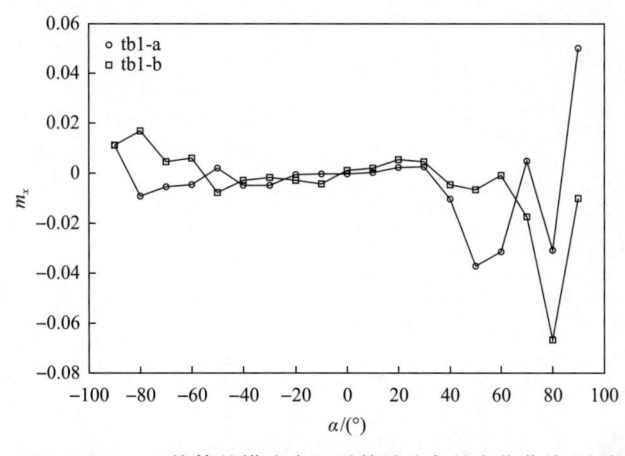

图 5.19　tb1_a 和 tb1_b 拖体的横滚力矩系数随攻角的变化曲线（速度坐标系）

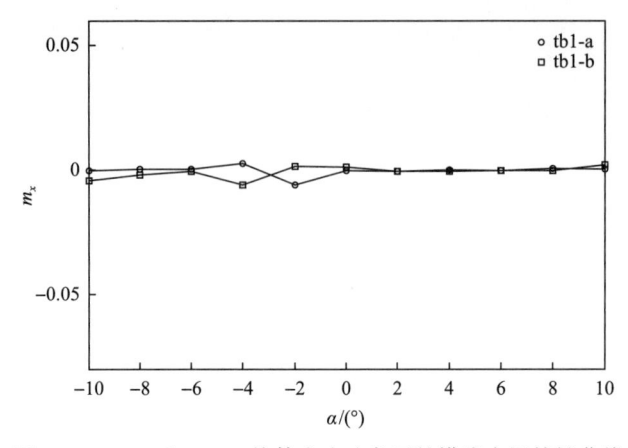

图 5.20　tb1_a 和 tb1_b 拖体在小攻角下的横滚力矩特性曲线

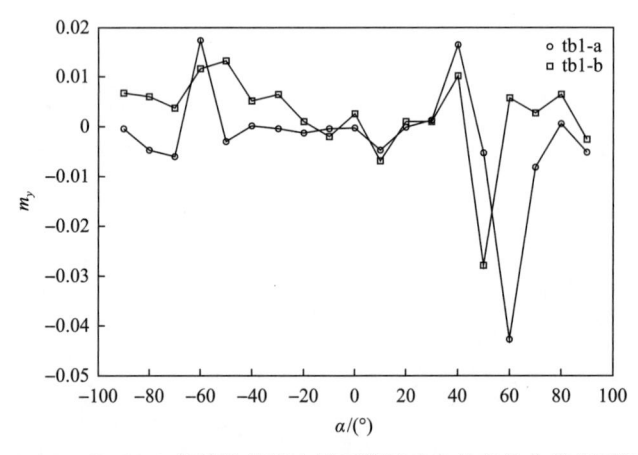

图 5.21　tb1_a 和 tb1_b 拖体的偏航力矩系数随攻角的变化曲线（速度坐标系）

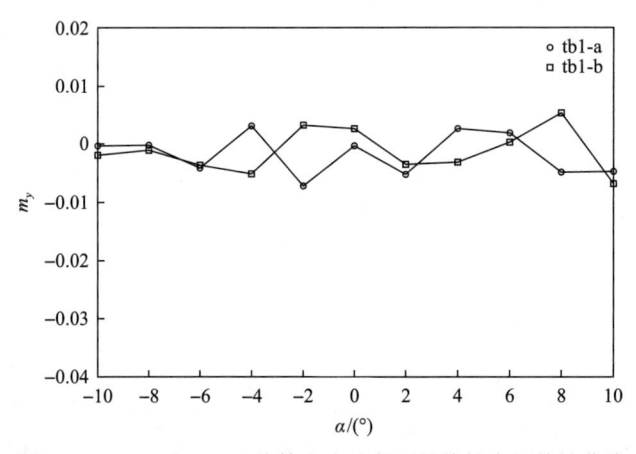

图 5.22　tb1_a 和 tb1_b 拖体在小攻角下的偏航力矩特性曲线

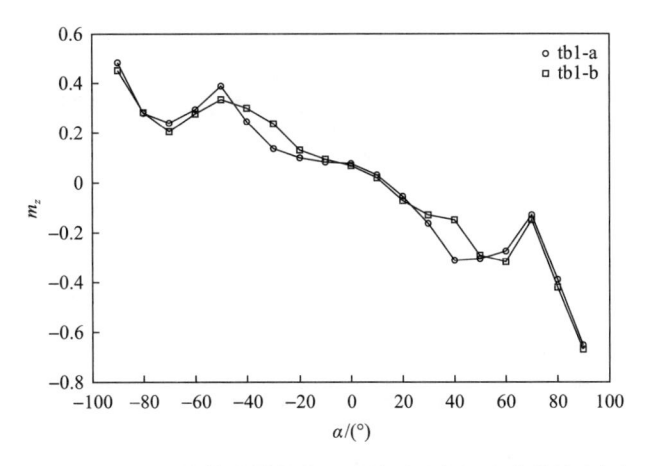

图 5.23　tb1_a 和 tb1_b 拖体的俯仰力矩系数随攻角的变化曲线（速度坐标系）

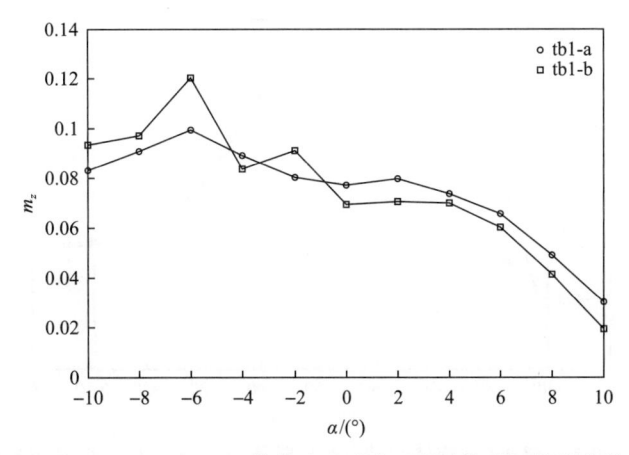

图 5.24　tb1_a 和 tb1_b 拖体在小攻角下的俯仰力矩特性曲线

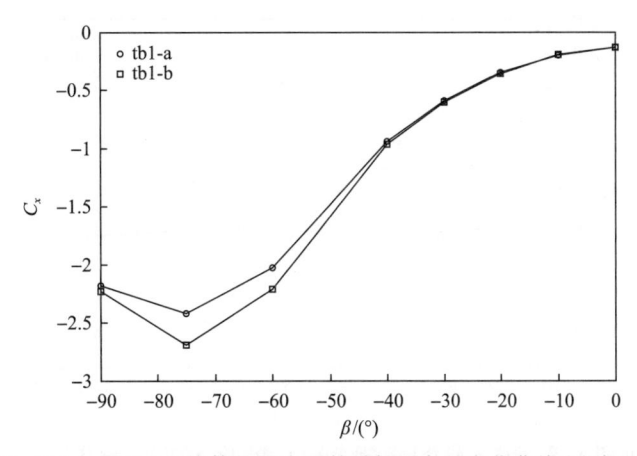

图 5.25　tb1_a 和 tb1_b 拖体的阻力系数随侧滑角的变化曲线（速度坐标系）

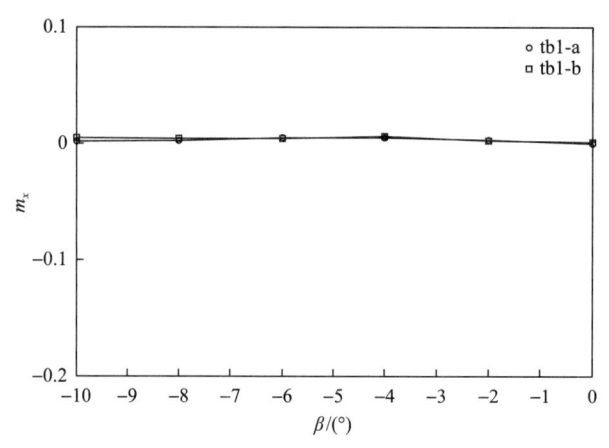

图 5.32　tb1_a 和 tb1_b 拖体的小侧滑角横滚力矩特性曲线

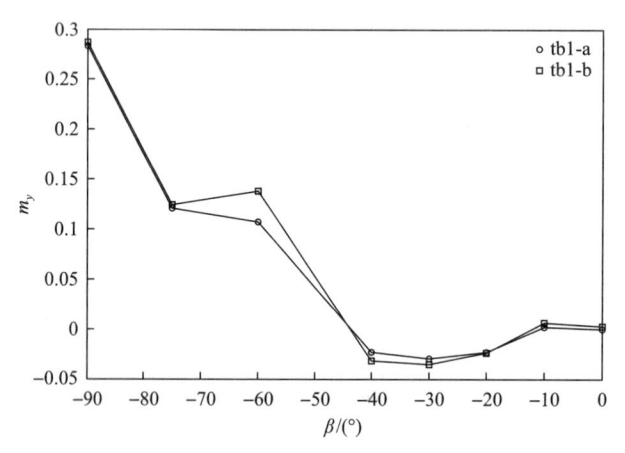

图 5.33　tb1_a 和 tb1_b 拖体的偏航力矩系数随侧滑角的变化曲线（速度坐标系）

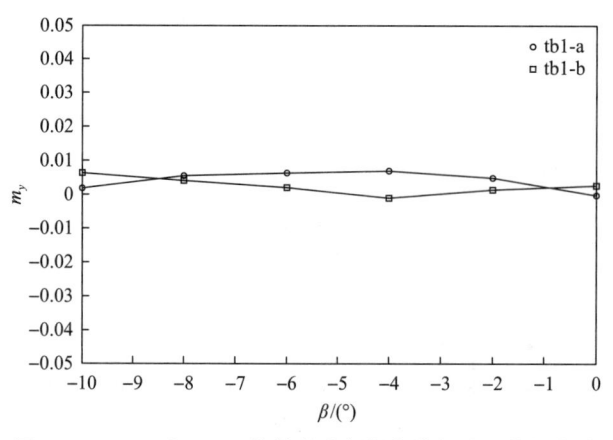

图 5.34　tb1_a 和 tb1_b 拖体的小侧滑角偏航力矩特性曲线

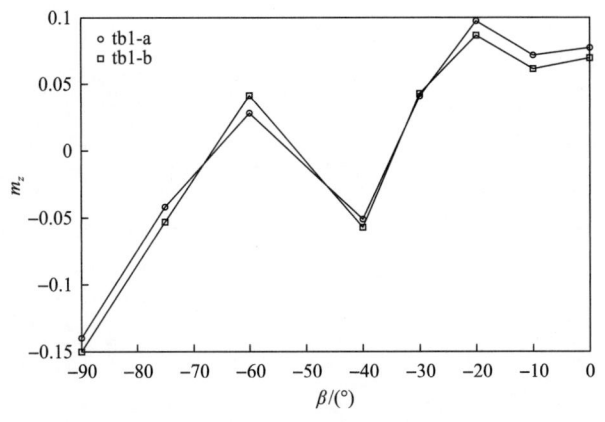

图 5.35　tb1_a 和 tb1_b 拖体的俯仰力矩系数随侧滑角的变化曲线（速度坐标系）

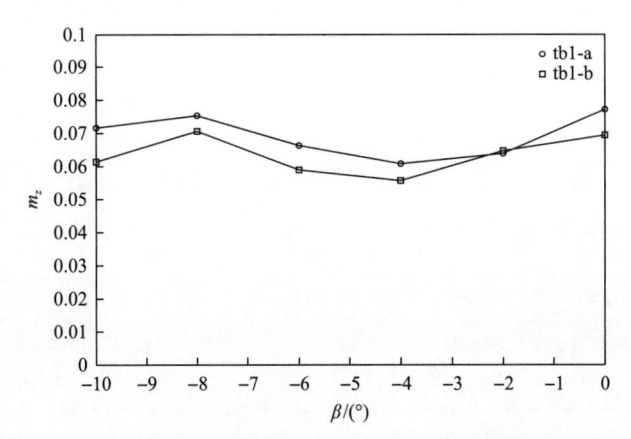

图 5.36　tb1_a 和 tb1_b 拖体在小侧滑角下的俯仰力矩特性曲线

定深拖体 tb2 在不同攻角 α 和不同侧滑角 β 的位置力系数（速度坐标系）见表 5.7 和表 5.8，其流体动力无量纲因数随攻角 α 和侧滑角 β 的变化曲线如图 5.37~图 5.48 所示。

表 5.7　tb2 拖体攻角的计算工况及结果（速度坐标系）

攻角 $\alpha/(°)$	C_x	C_y	C_z	m_x	m_y	m_z
−90	−1.4928	−0.2283	0.1554	0.0717	−0.0036	0.8828
−80	−1.5861	−0.4893	0.0232	0.0307	0.0039	0.9041
−70	−1.5390	−0.6646	−0.1408	−0.0729	−0.0211	0.8494
−60	−1.3795	−0.8568	−0.0902	−0.0469	−0.0266	0.7891
−50	−1.1784	−0.9229	−0.1666	−0.0693	−0.0691	0.7031
−40	−0.9335	−0.8596	0.0214	0.0204	0.0239	0.5715
−30	−0.6653	−0.6921	0.0154	0.0064	0.0117	0.3957
−20	−0.4578	−0.4377	0.0262	0.0081	0.0204	0.2165
−10	−0.3705	−0.3766	0.0886	0.0211	0.0776	0.2423

续表

攻角 $\alpha/(°)$	C_x	C_y	C_z	m_x	m_y	m_z
−8	−0.3811	−0.2937	−0.0121	−0.0031	−0.0100	0.1970
−6	−0.3656	−0.2168	0.0272	0.0065	0.0260	0.1459
−4	−0.3448	−0.2429	−0.0322	−0.0048	−0.0290	0.1883
−2	−0.3212	−0.1906	−0.0718	−0.0088	−0.0642	0.1488
0	−0.3199	−0.1045	−0.1112	−0.0082	−0.0944	0.0844
2	−0.3319	−0.1103	−0.0386	−0.0019	−0.0336	0.1211
4	−0.3105	−0.0400	0.0954	0.0001	0.0842	0.0657
6	−0.2936	−0.0334	0.0875	−0.0016	0.0761	0.0815
8	−0.2872	0.0434	0.0989	−0.0047	0.0862	0.0291
10	−0.3298	0.0403	0.0819	−0.0053	0.0687	0.0506
20	−0.3417	0.2606	0.0941	−0.0208	0.0778	−0.0436
30	−0.4576	0.4576	0.0167	−0.0098	0.0321	−0.1364
40	−0.5864	0.6173	−0.1368	0.0545	−0.0653	−0.2169
50	−0.7725	0.7043	−0.0134	0.0305	−0.0310	−0.3043
60	−0.9341	0.7140	−0.0413	−0.0247	0.0210	−0.3693
70	−0.9540	0.5512	0.0695	−0.0533	0.0220	−0.3147
80	−1.0144	0.4548	0.0540	−0.0444	0.0095	−0.3942
90	−1.2020	0.2559	0.0626	−0.0512	0.0007	−0.6533

表 5.8　tb2 拖体侧滑角的计算工况及结果（速度坐标系）

侧滑角 $\beta/(°)$	C_x	C_y	C_z	m_x	m_y	m_z
−90	−4.4340	−0.0173	−0.0006	−0.1780	2.4310	−0.0270
−75	−5.4400	0.8140	2.5580	0.1980	2.5970	−0.1690
−60	−4.9890	1.2300	3.8520	0.4187	2.5650	−0.3600
−40	−3.1630	0.4480	3.7540	0.0814	2.1100	−0.0366
−30	−1.7940	0.1710	2.9180	0.0731	1.3690	−0.0170
−20	−0.9430	−0.0193	1.6780	0.0299	0.6260	0.0398
−10	−0.4890	−0.0449	0.6667	0.0181	0.1530	0.0376
−8	−0.4579	−0.0668	0.5285	0.0131	0.1207	0.0624
−6	−0.4123	−0.0830	0.3616	0.0060	0.0605	0.0675
−4	−0.3723	−0.1256	0.2340	0.0019	0.0337	0.1029
−2	−0.3253	−0.1186	0.0751	−0.0017	−0.0200	0.0954
0	−0.3198	−0.1045	−0.1111	−0.0082	−0.0944	0.0844

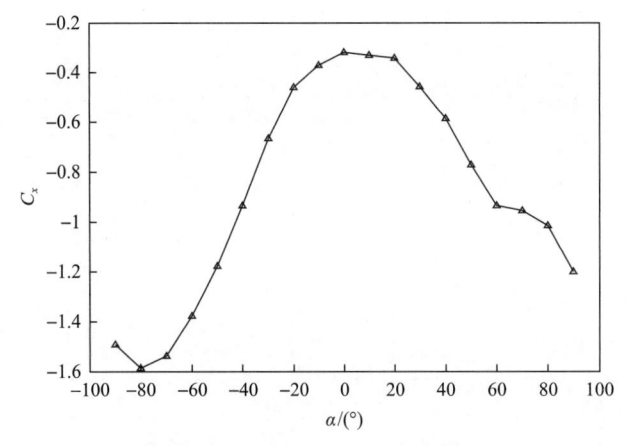

图 5.37　tb2 拖体的阻力系数随攻角的变化曲线（速度坐标系）

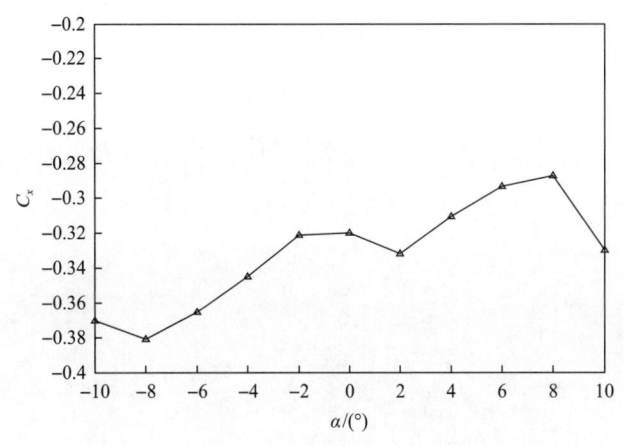

图 5.38　tb2 拖体在小攻角下的阻力特性曲线

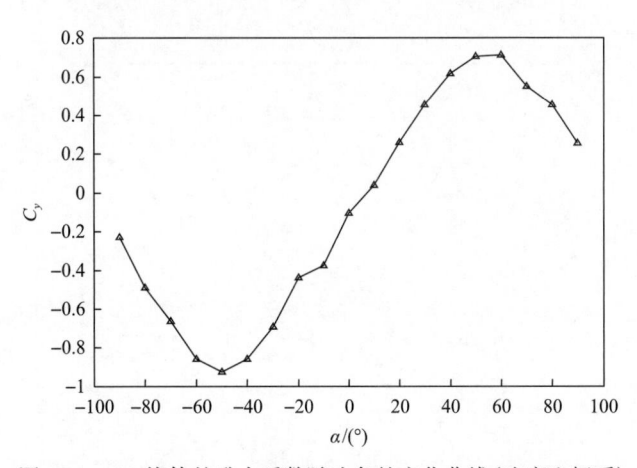

图 5.39　tb2 拖体的升力系数随攻角的变化曲线（速度坐标系）

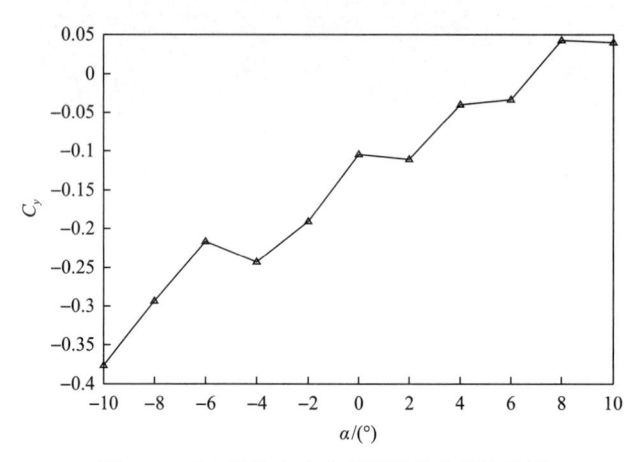

图 5.40　tb2 拖体在小攻角下的升力特性曲线

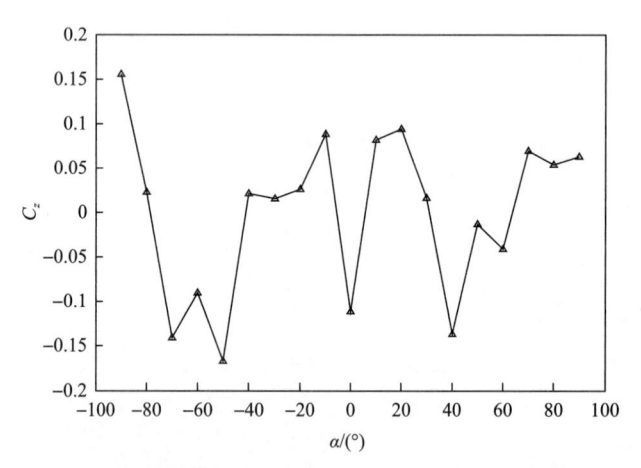

图 5.41　tb2 拖体的侧力系数随攻角的变化曲线（速度坐标系）

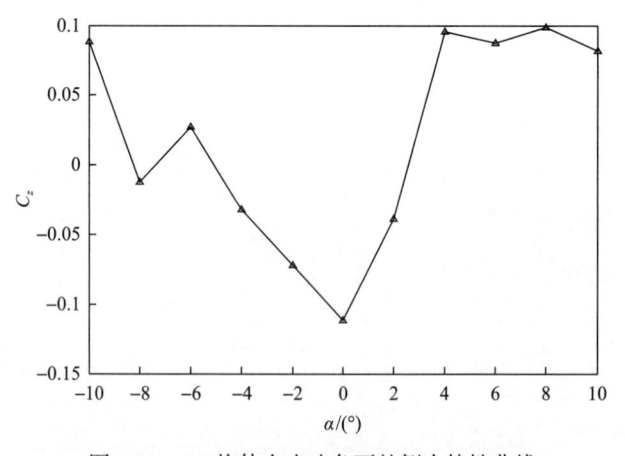

图 5.42　tb2 拖体在小攻角下的侧力特性曲线

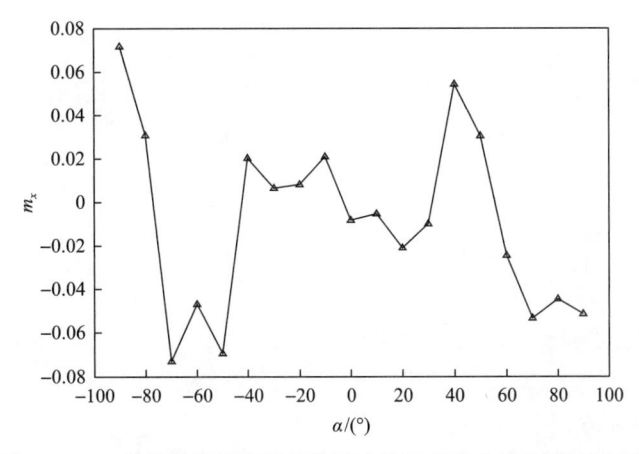

图 5.43　tb2 拖体的横滚力矩系数随攻角的变化曲线（速度坐标系）

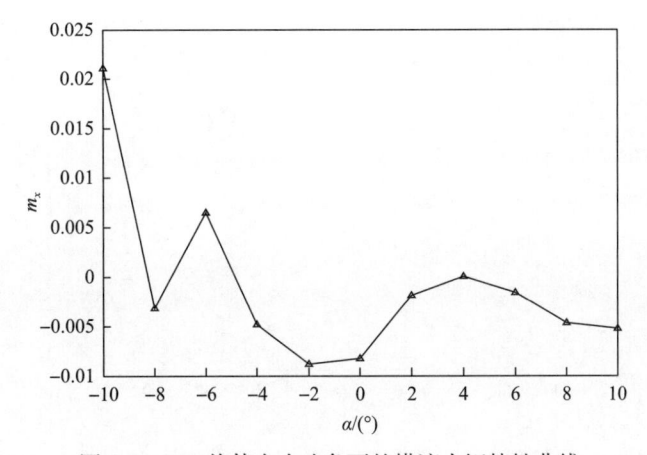

图 5.44　tb2 拖体在小攻角下的横滚力矩特性曲线

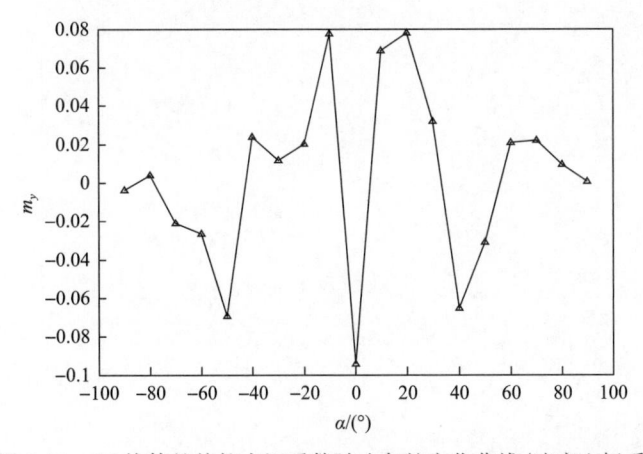

图 5.45　tb2 拖体的偏航力矩系数随攻角的变化曲线（速度坐标系）

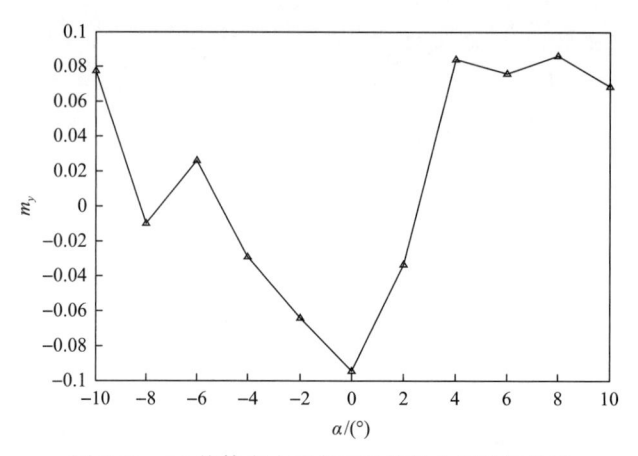

图 5.46　tb2 拖体在小攻角下的偏航力矩特性曲线

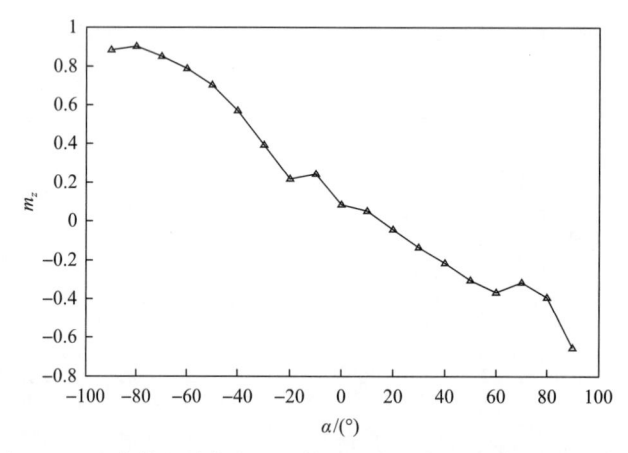

图 5.47　tb2 拖体的俯仰力矩系数随攻角的变化曲线（速度坐标系）

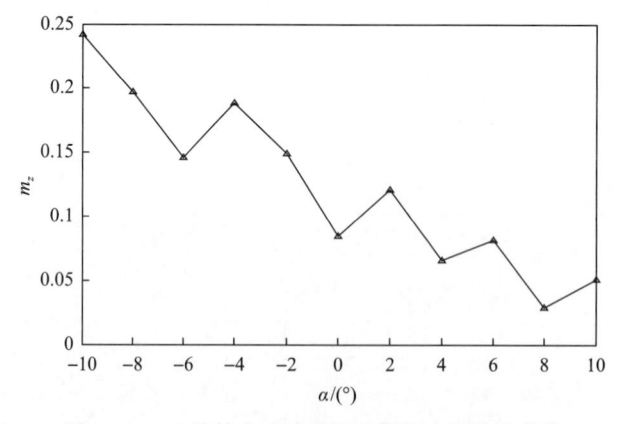

图 5.48　tb2 拖体在小攻角下的俯仰力矩特性曲线

拖体在不同攻角 α 和不同侧滑角 β 的位置力系数（体坐标系）见表 5.9～表 5.14。

表 5.9 tb1_a 拖体攻角的计算工况及结果(体坐标系)

攻角 $a/(°)$	C_x	C_y	C_z	m_x	m_y	m_z
−90	1.6760	−5.3150	−0.0775	0.0003	0.0113	0.4839
−80	1.7610	−6.3655	−0.0436	0.0030	−0.0099	0.2801
−70	1.3842	−6.7665	−0.1389	0.0038	−0.0072	0.2401
−60	0.9312	−6.8711	−0.1970	−0.0173	0.0047	0.2940
−50	0.5065	−6.5200	−0.0211	0.0036	−0.0002	0.3890
−40	0.1924	−5.1517	−0.0432	−0.0039	−0.0031	0.2453
−30	−0.0090	−3.6864	−0.0317	−0.0040	−0.0027	0.1383
−20	−0.1308	−2.3350	−0.0132	0.0000	−0.0013	0.0992
−10	−0.1672	−1.1495	−0.0044	−0.0003	−0.0004	0.0830
−8	−0.1607	−0.9615	−0.0026	0.0003	−0.0001	0.0909
−6	−0.1502	−0.7797	−0.0173	0.0006	−0.0041	0.0996
−4	−0.1299	−0.5711	0.0073	0.0023	0.0032	0.0891
−2	−0.1384	−0.3441	−0.0292	−0.0057	−0.0074	0.0803
0	−0.1340	−0.1473	−0.0020	−0.0003	−0.0003	0.0772
2	−0.1285	0.0302	−0.0152	−0.0008	−0.0052	0.0798
4	−0.1225	0.2370	0.0077	0.0001	0.0026	0.0736
6	−0.1131	0.4510	0.0066	−0.0001	0.0020	0.0656
8	−0.1058	0.6881	−0.0107	0.0000	−0.0049	0.0490
10	−0.1023	0.9283	−0.0101	−0.0006	−0.0047	0.0303
20	−0.0771	2.0952	−0.0040	0.0021	−0.0009	−0.0544
30	0.0345	3.4038	−0.0104	0.0030	−0.0002	−0.1625
40	0.2160	5.0699	0.0124	0.0027	0.0192	−0.3120
50	0.6256	6.5050	−0.0643	−0.0117	0.0387	−0.3074
60	1.0752	5.4951	−0.0842	−0.0127	0.0290	−0.2747
70	1.2310	5.1210	−0.0509	−0.0060	−0.0074	−0.1283
80	0.5846	5.9950	0.0683	−0.0048	0.0307	−0.3895
90	0.5039	5.8903	−0.1982	−0.0051	−0.0502	−0.6529

表 5.10 tb1_a 拖体侧滑角的计算工况及结果(体坐标系)

侧滑角 $β/(°)$	C_x	C_y	C_z	m_x	m_y	m_z
−90	0.3110	0.0399	2.1786	−0.1402	0.2833	0.4577
−75	0.3118	1.0920	2.5869	−0.1558	0.1209	0.4198
−60	0.0501	1.0843	2.3692	−0.1177	0.1074	0.2598
−40	−0.0727	0.8838	1.3748	−0.0775	−0.0233	−0.0016
−30	−0.1124	0.3204	0.9857	−0.0106	−0.0294	0.0537
−20	−0.1418	−0.0679	0.6306	0.0167	−0.0234	0.0973

续表

侧滑角 $\beta/(°)$	C_x	C_y	C_z	m_x	m_y	m_z
−10	−0.1395	−0.1148	0.3404	0.0137	0.0018	0.0703
−8	−0.1314	−0.1287	0.2769	0.0125	0.0055	0.0743
−6	−0.1276	−0.1155	0.2238	0.0118	0.0064	0.0654
−4	−0.1277	−0.1048	0.1570	0.0088	0.0069	0.0604
−2	−0.1303	−0.1124	0.0846	0.0049	0.0050	0.0637
0	−0.1340	−0.1473	−0.0020	−0.0003	−0.0003	0.0772

表 5.11　tb1_b 拖体攻角的计算工况及结果（体坐标系）

攻角 $\alpha/(°)$	C_x	C_y	C_z	m_x	m_y	m_z
−90	1.5840	−5.3011	0.0519	−0.0067	0.0113	0.4516
−80	1.6425	−6.3772	−0.0430	−0.0031	0.0178	0.2837
−70	1.4734	−5.1644	0.3015	−0.0019	0.0057	0.2068
−60	1.0170	−5.2388	0.0877	−0.0071	0.0110	0.2793
−50	0.5527	−6.5335	0.0338	−0.0151	0.0025	0.3363
−40	0.1995	−5.3588	0.0131	−0.0055	0.0021	0.3009
−30	−0.0141	−3.9273	0.0094	−0.0047	0.0048	0.2388
−20	−0.1266	−2.3804	−0.0036	−0.0031	0.0000	0.1327
−10	−0.1604	−1.1508	−0.0063	−0.0039	−0.0027	0.0936
−8	−0.1590	−0.9524	−0.0030	−0.0019	−0.0013	0.0972
−6	−0.1454	−0.8176	−0.0144	−0.0002	−0.0036	0.1204
−4	−0.1328	−0.5373	−0.0181	−0.0056	−0.0055	0.0837
−2	−0.1367	−0.3656	0.0172	0.0013	0.0033	0.0911
0	−0.1314	−0.1277	0.0081	0.0011	0.0027	0.0694
2	−0.1277	0.0485	−0.0095	−0.0006	−0.0034	0.0707
4	−0.1228	0.2317	−0.0061	−0.0007	−0.0030	0.0700
6	−0.1165	0.4479	0.0030	−0.0003	0.0003	0.0603
8	−0.1086	0.6834	0.0162	0.0004	0.0053	0.0412
10	−0.1029	0.9261	−0.0161	0.0010	−0.0070	0.0193
20	−0.0754	2.0853	−0.0031	0.0056	−0.0009	−0.0700
30	0.0224	3.2005	−0.0034	0.0044	−0.0014	−0.1299
40	0.2206	4.3905	0.0022	0.0030	0.0108	−0.1485
50	0.5301	6.0992	−0.0546	−0.0036	0.0056	−0.2925
60	0.9806	5.2942	−0.0680	0.0045	0.0037	−0.3183
70	1.1138	6.8235	−0.0256	−0.0035	0.0174	−0.1487
80	0.5264	5.8489	0.2874	−0.0053	0.0668	−0.4210
90	0.4807	5.7752	−0.0226	−0.0026	0.0101	−0.6711

表 5.12　tb1_b 拖体侧滑角的计算工况及结果(体坐标系)

侧滑角 $\beta/(°)$	C_x	C_y	C_z	m_x	m_y	m_z
−90	0.3026	−0.7290	2.2310	−0.1500	0.2867	0.4333
−75	0.3276	1.3320	2.8758	−0.1765	0.1240	0.4538
−60	0.0649	1.1567	2.5916	−0.1231	0.1382	0.2966
−40	−0.0569	0.9670	1.4319	−0.0750	−0.0319	−0.0120
−30	−0.1044	0.3370	1.0325	−0.0084	−0.0354	0.0546
−20	−0.1362	−0.0380	0.6785	0.0174	−0.0236	0.0859
−10	−0.1292	−0.0819	0.3731	0.0155	0.0064	0.0596
−8	−0.1313	−0.1142	0.2976	0.0137	0.0041	0.0694
−6	−0.1264	−0.0950	0.2223	0.0102	0.0020	0.0583
−4	−0.1340	−0.0887	0.1437	0.0097	−0.0011	0.0551
−2	−0.1283	−0.1169	0.0764	0.0042	0.0015	0.0646
0	−0.1314	−0.1277	0.0081	0.0011	0.0027	0.0694

表 5.13　tb2 拖体攻角的计算工况及结果(体坐标系)

攻角 $\alpha/(°)$	C_x	C_y	C_z	m_x	m_y	m_z
−90	0.2283	−1.4928	0.1554	0.0036	0.0717	0.8828
−80	0.2064	−1.6470	0.0232	0.0015	0.0309	0.9041
−70	0.0982	−1.6735	−0.1408	−0.0051	−0.0757	0.8494
−60	0.0523	−1.6231	−0.0902	−0.0004	−0.0539	0.7891
−50	−0.0505	−1.4960	−0.1666	0.0084	−0.0975	0.7031
−40	−0.1625	−1.2585	0.0214	0.0002	0.0314	0.5715
−30	−0.2301	−0.9320	0.0154	−0.0003	0.0133	0.3957
−20	−0.2805	−0.5679	0.0262	0.0007	0.0219	0.2165
−10	−0.2994	−0.4352	0.0886	0.0073	0.0801	0.2423
−8	−0.3365	−0.3439	−0.0121	−0.0017	−0.0103	0.1970
−6	−0.3409	−0.2538	0.0272	0.0037	0.0265	0.1459
−4	−0.3270	−0.2664	−0.0322	−0.0028	−0.0293	0.1883
−2	−0.3144	−0.2017	−0.0718	−0.0066	−0.0645	0.1488
0	−0.3199	−0.1045	−0.1112	−0.0082	−0.0944	0.0844
2	−0.3355	−0.0986	−0.0386	−0.0031	−0.0335	0.1211
4	−0.3125	−0.0182	0.0954	0.0059	0.0840	0.0657
6	−0.2955	−0.0025	0.0875	0.0064	0.0758	0.0815
8	−0.2784	0.0829	0.0989	0.0074	0.0860	0.0291
10	−0.3178	0.0970	0.0819	0.0067	0.0686	0.0506
20	−0.2320	0.3617	0.0941	0.0070	0.0803	−0.0436
30	−0.1675	0.6251	0.0167	0.0076	0.0327	−0.1364
40	−0.0524	0.8498	−0.1368	−0.0003	−0.0850	−0.2169
50	0.0430	1.0445	−0.0134	−0.0041	−0.0432	−0.3043

续表

攻角 $\alpha/(°)$	C_x	C_y	C_z	m_x	m_y	m_z
60	0.1513	1.1659	−0.0413	0.0058	0.0319	−0.3693
70	0.1917	1.0850	0.0695	0.0025	0.0576	−0.3147
80	0.2718	1.0779	0.0540	0.0017	0.0454	−0.3942
90	0.2559	1.2020	0.0626	0.0007	0.0512	−0.6533

表 5.14　tb2 拖体侧滑角的计算工况及结果（体坐标系）

侧滑角 $\beta/(°)$	C_x	C_y	C_z	m_x	m_y	m_z
−90	−0.0006	−0.0173	4.4340	−0.0270	2.4310	0.1780
−75	1.0629	0.8140	5.9167	−0.1120	2.5970	−0.2350
−60	0.8414	1.2300	6.2466	−0.1024	2.5650	−0.5426
−40	−0.0100	0.4480	4.9089	0.0388	2.1100	−0.0804
−30	−0.0946	0.1710	3.4241	0.0548	1.3690	−0.0513
−20	−0.3122	−0.0193	1.8993	0.0417	0.6260	0.0272
−10	−0.3658	−0.0449	0.7415	0.0244	0.1530	0.0339
−8	−0.3799	−0.0668	0.5871	0.0217	0.1207	0.0600
−6	−0.3722	−0.0830	0.4027	0.0130	0.0605	0.0665
−4	−0.3551	−0.1256	0.2594	0.0091	0.0337	0.1025
−2	−0.3225	−0.1186	0.0864	0.0016	−0.0200	0.0954
0	−0.3198	−0.1045	−0.1111	−0.0082	−0.0944	0.0844

（三）阻尼力系数特性

对探测拖体 tb1_a 和 tb1_b 方案进行阻尼力系数的分析，结果见表 5.15～表 5.20 和图 5.49～图 5.66。

表 5.15　tb1_a 拖体无量纲旋转 x 方向角速度 ϖ_x 的计算工况及结果

ϖ_x	C_x	C_y	C_z	m_x	m_y	m_z
0.01	−0.1380	−0.1530	−0.0185	−0.0039	−0.0053	0.0800
0.05	−0.1280	−0.1250	0.0012	−0.0036	−0.0011	0.0677
0.10	−0.1350	−0.1600	0.0140	−0.0051	0.0011	0.0820
0.20	−0.1380	−0.1360	0.0202	−0.0093	−0.0009	0.0735
0.30	−0.1334	−0.1287	0.0066	−0.0177	−0.0077	0.0691
0.40	−0.1343	−0.1290	0.0155	−0.0231	−0.0082	0.0683
0.50	−0.1342	−0.1572	0.0202	−0.0309	−0.0097	0.0776
0.60	−0.1332	−0.1353	0.0225	−0.0367	−0.0115	0.0679
0.70	−0.1382	−0.1361	0.0287	−0.0444	−0.0128	0.0681
0.80	−0.1439	−0.1771	0.0384	−0.0527	−0.0131	0.0818
0.90	−0.1442	−0.1554	0.0436	−0.0597	−0.0143	0.0710
1.00	−0.1502	−0.1748	0.0506	−0.0686	−0.0161	0.0763

表 5.16　tb1_a 拖体无量纲旋转 y 方向角速度 ϖ_y 的计算工况及结果

ϖ_y	C_x	C_y	C_z	m_x	m_y	m_z
0.01	−0.1306	−0.1333	−0.0154	−0.0015	−0.0058	0.0714
0.05	−0.1323	−0.1129	−0.0405	−0.0054	−0.0190	0.0625
0.10	−0.1357	−0.1189	−0.0912	−0.0090	−0.0420	0.0651
0.20	−0.1349	−0.0983	−0.1575	−0.0141	−0.0751	0.0583
0.30	−0.1289	−0.0907	−0.1860	−0.0156	−0.1081	0.0648
0.40	−0.1489	−0.0878	−0.2513	−0.0192	−0.1413	0.0579
0.50	−0.1493	−0.0728	−0.2895	−0.0186	−0.1693	0.0515
0.60	−0.1497	−0.0813	−0.3234	−0.0180	−0.1971	0.0602
0.70	−0.1537	−0.0749	−0.3574	−0.0182	−0.2198	0.0655
0.80	−0.1614	−0.0822	−0.3904	−0.0193	−0.2435	0.0706
0.90	−0.1624	−0.1177	−0.4357	−0.0206	−0.2756	0.0684
1.00	−0.1647	−0.1098	−0.4817	−0.0210	−0.3074	0.0686

表 5.17　tb1_a 拖体无量纲旋转 z 方向角速度 ϖ_z 的计算工况及结果

ϖ_z	C_x	C_y	C_z	m_x	m_y	m_z
0.01	−0.1335	−0.1187	−0.0205	−0.0026	−0.0056	0.0649
0.05	−0.1336	−0.0220	−0.0144	−0.0028	−0.0035	0.0235
0.10	−0.1352	0.0725	0.0029	−0.0002	0.0013	−0.0188
0.20	−0.1242	0.3169	0.0119	−0.0003	0.0050	−0.1251
0.30	−0.1068	0.4552	−0.0091	0.0000	−0.0037	−0.2330
0.40	−0.0943	0.6888	0.0128	0.0010	0.0044	−0.3470
0.50	−0.0863	0.9344	−0.0067	−0.0006	−0.0035	−0.4697
0.60	−0.0883	1.1079	−0.0126	0.0007	0.0000	−0.5656
0.70	−0.0979	1.3087	0.0031	0.0000	−0.0007	−0.6710
0.80	−0.0858	1.4001	−0.0208	−0.0005	0.0000	−0.7383
0.90	−0.0759	1.5309	−0.0483	−0.0011	0.0010	−0.8153
1.00	−0.0712	1.6900	−0.0888	−0.0017	0.0037	−0.8928

表 5.18　tb1_b 拖体无量纲旋转 x 方向角速度 ϖ_x 的计算工况及结果

ϖ_x	C_x	C_y	C_z	m_x	m_y	m_z
0.01	−0.1352	−0.1277	0.0110	0.0026	0.0016	0.0690
0.05	−0.1304	−0.1221	0.0097	−0.0014	0.0017	0.0665
0.10	−0.1328	−0.1479	0.0087	−0.0048	0.0002	0.0774
0.20	−0.1304	−0.1342	−0.0091	−0.0133	−0.0089	0.0711
0.30	−0.1353	−0.1495	−0.0109	−0.0204	−0.0123	0.0767
0.40	−0.1349	−0.1630	0.0090	−0.0255	−0.0104	0.0816
0.50	−0.1372	−0.1464	0.0242	−0.0289	−0.0096	0.0738

续表

ϖ_x	C_x	C_y	C_z	m_x	m_y	m_z
0.60	−0.1353	−0.1539	0.0258	−0.0372	−0.0119	0.0749
0.70	−0.1433	−0.1752	0.0407	−0.0435	−0.0104	0.0832
0.80	−0.1432	−0.1575	0.0446	−0.0494	−0.0112	0.0722
0.90	−0.1488	−0.1621	0.0561	−0.0571	−0.0117	0.0731
1.00	−0.1552	−0.1858	0.0683	−0.0675	−0.0112	0.0814

表 5.19　tb1_b 拖体无量纲旋转 y 方向角速度 ϖ_y 的计算工况及结果

ϖ_y	C_x	C_y	C_z	m_x	m_y	m_z
0.01	−0.1285	−0.1084	−0.0119	−0.0018	−0.0044	0.0604
0.05	−0.1329	−0.1372	−0.0529	−0.0051	−0.0266	0.0726
0.10	−0.1301	−0.1069	−0.0792	−0.0062	−0.0379	0.0606
0.20	−0.1303	−0.1008	−0.1358	−0.0090	−0.0704	0.0599
0.30	−0.1322	−0.0820	−0.1907	−0.0152	−0.1105	0.0592
0.40	−0.1337	−0.0720	−0.2688	−0.0204	−0.1549	0.0534
0.50	−0.1461	−0.0834	−0.3009	−0.0186	−0.1796	0.0575
0.60	−0.1471	−0.0644	−0.3455	−0.0199	−0.2100	0.0529
0.70	−0.1534	−0.0527	−0.3882	−0.0210	−0.2369	0.0546
0.80	−0.1571	−0.0737	−0.4224	−0.0203	−0.2621	0.0657
0.90	−0.1605	−0.0664	−0.4683	−0.0214	−0.2933	0.0640
1.00	−0.1641	−0.0301	−0.5355	−0.0206	−0.3259	0.0686

表 5.20　tb1_b 拖体无量纲旋转 z 方向角速度 ϖ_z 的计算工况及结果

ϖ_z	C_x	C_y	C_z	m_x	m_y	m_z
0.01	−0.1355	−0.1379	0.0078	0.0005	0.0021	0.0726
0.05	−0.1300	−0.0192	0.0099	0.0010	0.0027	0.0232
0.10	−0.1281	0.0659	0.0077	−0.0002	0.0026	−0.0170
0.20	−0.1200	0.3109	0.0104	−0.0004	0.0039	−0.1216
0.30	−0.1070	0.4446	−0.0134	0.0009	−0.0060	−0.2255
0.40	−0.0926	0.6865	−0.0090	0.0011	−0.0045	−0.3444
0.50	−0.0828	0.9169	0.0024	0.0017	0.0005	−0.4584
0.60	−0.0827	1.1195	−0.0174	0.0039	0.0007	−0.5617
0.70	−0.0931	1.2781	−0.0408	0.0080	−0.0001	−0.6515
0.80	−0.0936	1.3864	−0.0322	0.0051	−0.0024	−0.7249
0.90	−0.0835	1.5050	−0.0289	0.0051	−0.0031	−0.8039
1.00	−0.0755	1.6451	−0.0500	0.0036	−0.0017	−0.8880

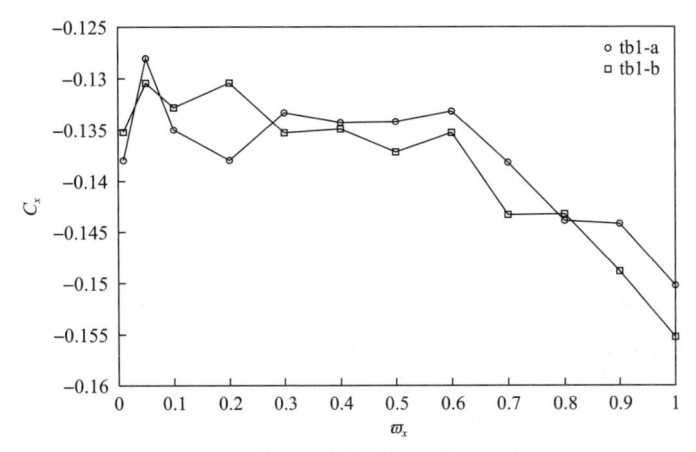

图 5.49 tb1_a 和 tb1_b 拖体的阻力系数随无量纲 x 方向角速度 ϖ_x 的变化曲线（体坐标系）

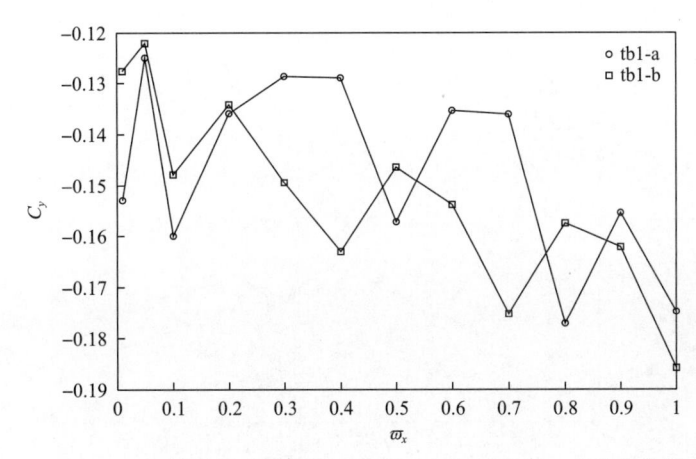

图 5.50 tb1_a 和 tb1_b 拖体的升力系数随无量纲 x 方向角速度 ϖ_x 的变化曲线（体坐标系）

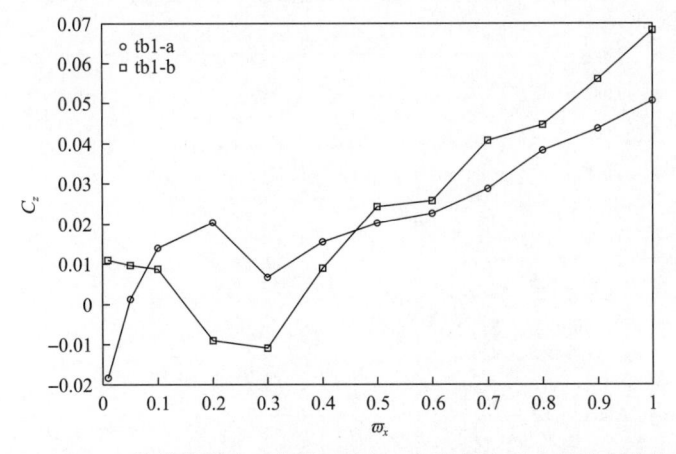

图 5.51 tb1_a 和 tb1_b 拖体的侧力系数随无量纲 x 方向角速度 ϖ_x 的变化曲线（体坐标系）

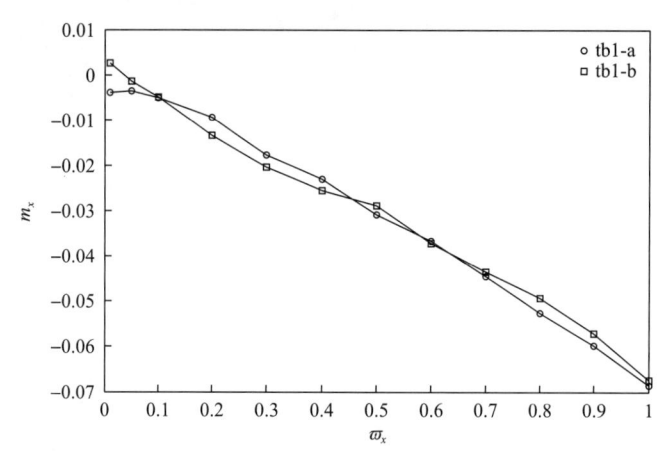

图 5.52 tb1_a 和 tb1_b 拖体的横滚力矩系数随无量纲 x 方向角速度 ϖ_x 的变化曲线(体坐标系)

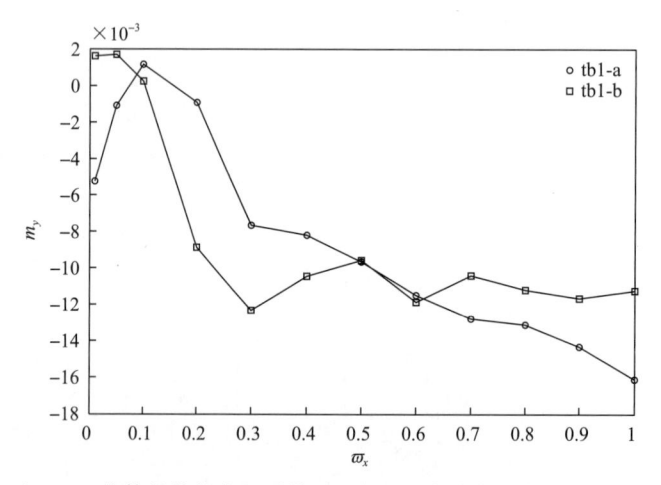

图 5.53 tb1_a 和 tb1_b 拖体的偏航力矩系数随无量纲 x 方向角速度 ϖ_x 的变化曲线(体坐标系)

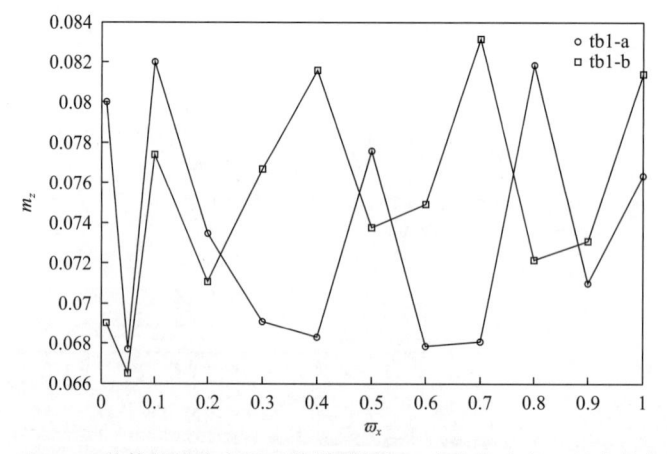

图 5.54 tb1_a 和 tb1_b 拖体的俯仰力矩系数随无量纲 x 方向角速度 ϖ_x 的变化曲线(体坐标系)

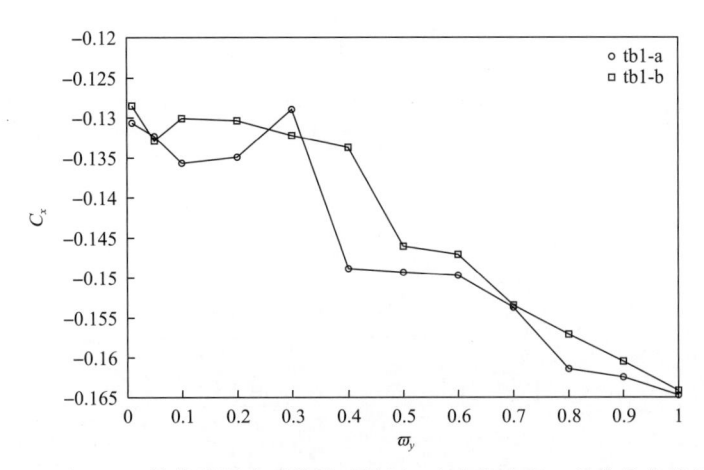

图 5.55 tb1_a 和 tb1_b 拖体的阻力系数随无量纲 y 方向角速度 ϖ_y 的变化曲线(体坐标系)

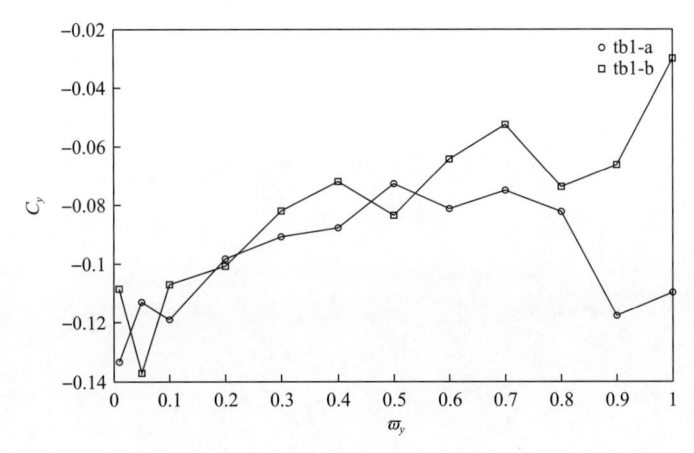

图 5.56 tb1_a 和 tb1_b 拖体的升力系数随无量纲 y 方向角速度 ϖ_y 的变化曲线(体坐标系)

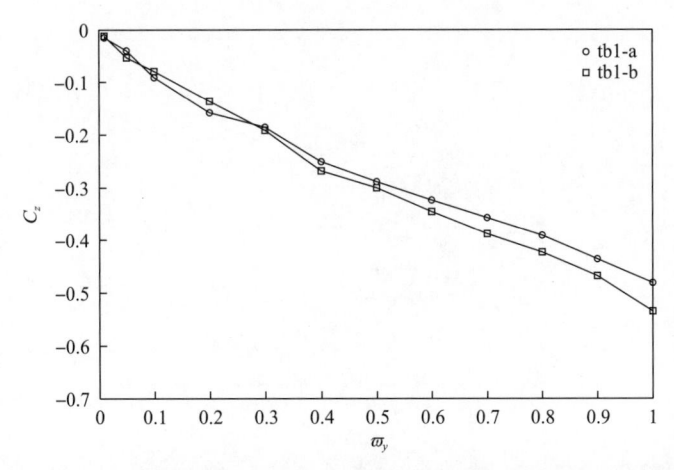

图 5.57 tb1_a 和 tb1_b 拖体的侧力系数随无量纲 y 方向角速度 ϖ_y 的变化曲线(体坐标系)

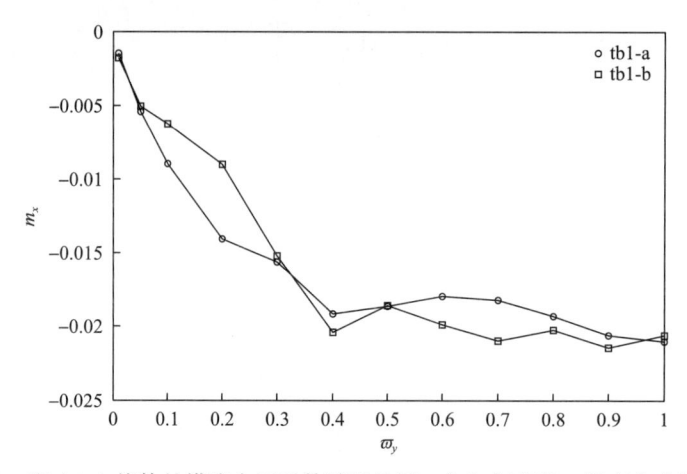

图 5.58　tb1_a 和 tb1_b 拖体的横滚力矩系数随无量纲 y 方向角速度 ϖ_y 的变化曲线（体坐标系）

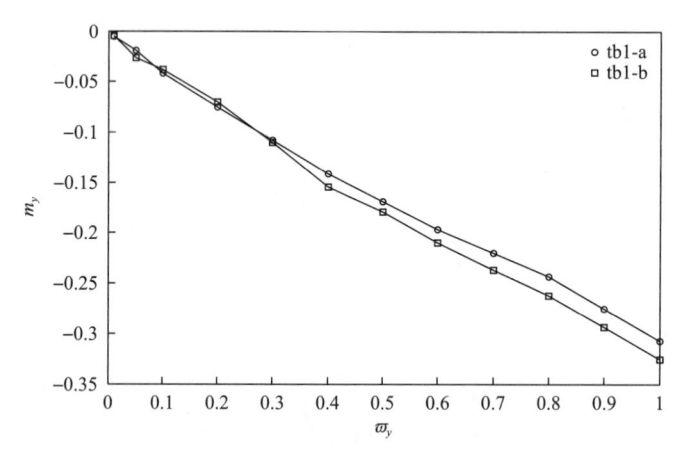

图 5.59　tb1_a 和 tb1_b 拖体的偏航力矩系数随无量纲 y 方向角速度 ϖ_y 的变化曲线（体坐标系）

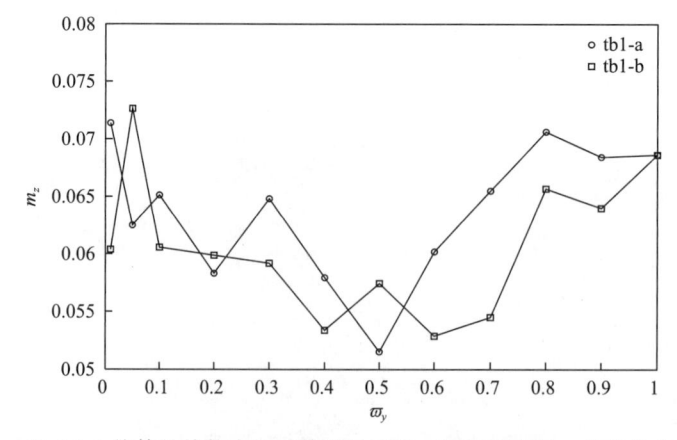

图 5.60　tb1_a 和 tb1_b 拖体的俯仰力矩系数随无量纲 y 方向角速度 ϖ_y 的变化曲线（体坐标系）

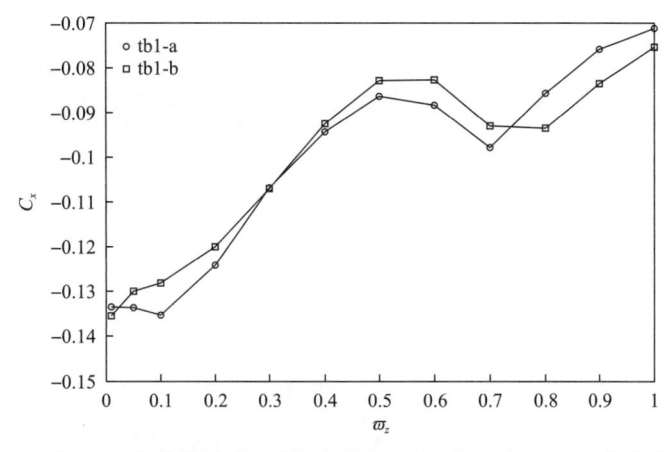

图 5.61 tb1_a 和 tb1_b 拖体的阻力系数随无量纲 z 方向角速度 ϖ_z 的变化曲线(体坐标系)

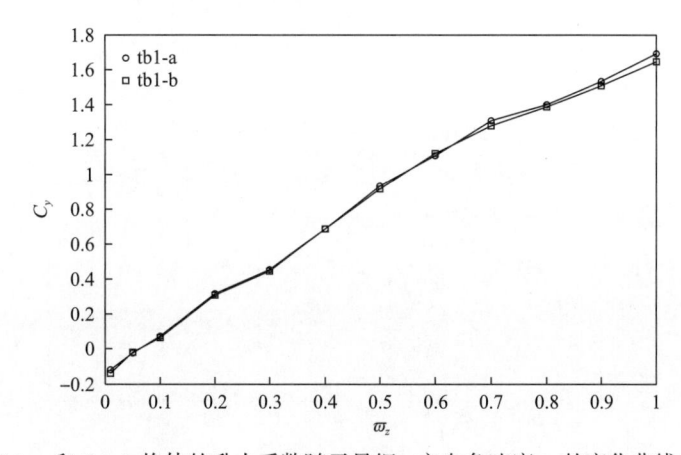

图 5.62 tb1_a 和 tb1_b 拖体的升力系数随无量纲 z 方向角速度 ϖ_z 的变化曲线(体坐标系)

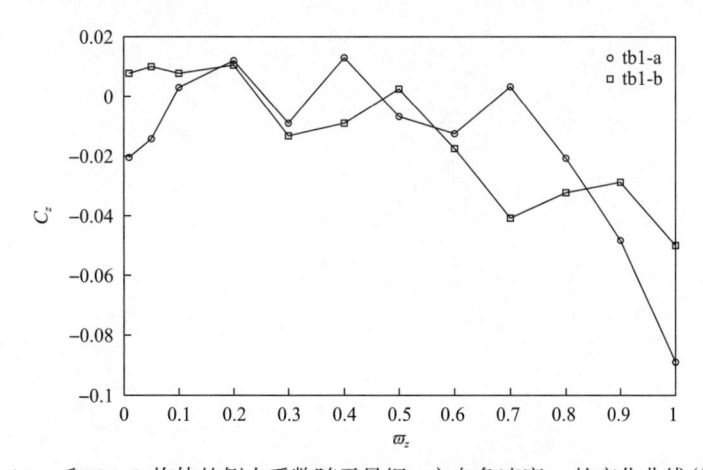

图 5.63 tb1_a 和 tb1_b 拖体的侧力系数随无量纲 z 方向角速度 ϖ_z 的变化曲线(体坐标系)

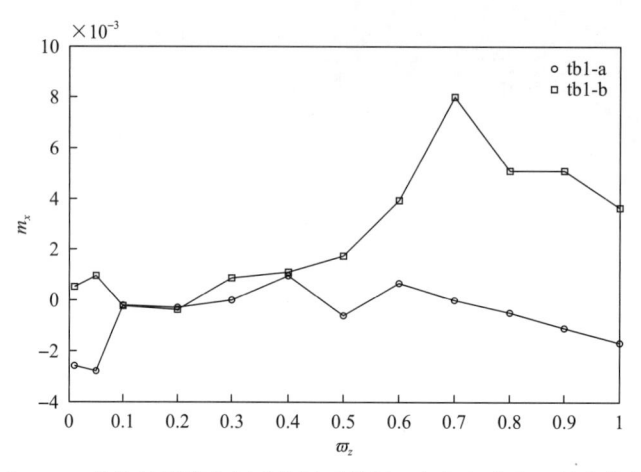

图 5.64 tb1_a 和 tb1_b 拖体的横滚力矩系数随无量纲 z 方向角速度 ϖ_z 的变化曲线（体坐标系）

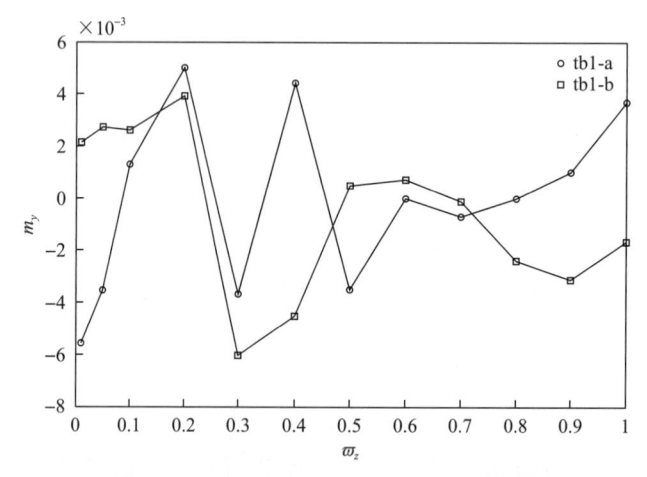

图 5.65 tb1_a 和 tb1_b 拖体的偏航力矩系数随无量纲 z 方向角速度 ϖ_z 的变化曲线（体坐标系）

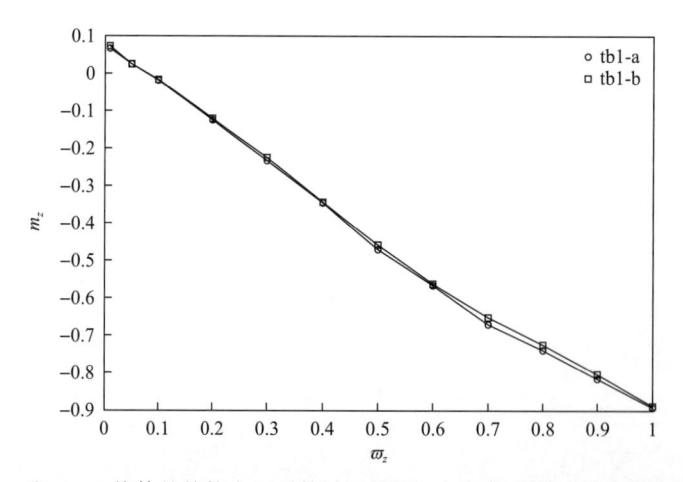

图 5.66 tb1_a 和 tb1_b 拖体的俯仰力矩系数随无量纲 z 方向角速度 ϖ_z 的变化曲线（体坐标系）

定深拖体 tb2 方案的阻尼力结果见表 5.21～表 5.23 和图 5.67～图 5.84。

表 5.21 tb2 拖体无量纲旋转 x 方向角速度 ϖ_x 的计算工况及结果

ϖ_x	C_x	C_y	C_z	m_x	m_y	m_z
0.01	−0.3469	−0.1489	−0.0209	−0.0045	−0.0143	0.1274
0.05	−0.3260	−0.1309	−0.0342	−0.0037	−0.0329	0.1194
0.10	−0.3364	−0.1257	−0.0166	−0.0022	−0.0275	0.1215
0.20	−0.3466	−0.1566	−0.0257	−0.0056	−0.0435	0.1441
0.30	−0.3419	−0.1392	0.0089	−0.0054	−0.0205	0.1265
0.40	−0.3208	−0.1071	−0.0493	−0.0126	−0.0810	0.0956
0.50	−0.3499	−0.1238	−0.0079	−0.0114	−0.0572	0.1069
0.60	−0.3291	−0.1080	−0.0772	−0.0217	−0.1266	0.0833
0.70	−0.3288	−0.1315	−0.0102	−0.0187	−0.0758	0.1059
0.80	−0.3351	−0.1003	−0.1503	−0.0311	−0.2090	0.0723
0.90	−0.3538	−0.2050	−0.1117	−0.0325	−0.1885	0.1510
1.00	−0.3735	−0.1871	−0.0867	−0.0316	−0.1786	0.1361

表 5.22 tb2 拖体无量纲旋转 y 方向角速度 ϖ_y 的计算工况及结果

ϖ_y	C_x	C_y	C_z	m_x	m_y	m_z
0.01	−0.3031	−0.1431	0.0286	0.0023	0.0366	0.1257
0.05	−0.3111	−0.1540	−0.0923	−0.0036	−0.0161	0.1313
0.10	−0.3702	−0.1273	−0.2448	−0.0116	−0.0837	0.1075
0.20	−0.434	−0.099	−0.605	−0.034	−0.268	0.079
0.30	−0.5302	−0.1307	−0.8919	−0.0466	−0.4461	0.1091
0.40	−0.5958	−0.1469	−1.2750	−0.0643	−0.6506	0.1098
0.50	−0.6944	−0.1770	−1.7175	−0.0834	−0.9020	0.1322
0.60	−0.8255	−0.2101	−2.2410	−0.1038	−1.2095	0.1557
0.70	−0.9645	−0.2367	−2.8630	−0.1266	−1.5894	0.1733
0.80	−1.1278	−0.2803	−3.5782	−0.1523	−2.0390	0.2066
0.90	−1.2710	−0.3147	−4.4336	−0.1715	−2.5886	0.2359
1.00	−1.4440	−0.2897	−5.4300	−0.1970	−3.2580	0.2154

表 5.23 tb2 拖体无量纲旋转 z 方向角速度 ϖ_z 的计算工况及结果

ϖ_z	C_x	C_y	C_z	m_x	m_y	m_z
0.01	−0.3475	−0.1341	0.0005	0.0009	0.0016	0.1261
0.05	−0.3287	−0.0821	−0.0275	−0.0028	−0.0238	0.0934
0.10	−0.3008	−0.0123	0.0904	0.0064	0.0791	0.0346
0.20	−0.2943	0.0330	0.0758	0.0059	0.0662	0.0243

续表

ϖ_z	C_x	C_y	C_z	m_x	m_y	m_z
0.30	−0.2873	0.1020	−0.0719	−0.0069	−0.0693	−0.0264
0.40	−0.2970	0.1943	−0.0428	−0.0038	−0.0399	−0.0695
0.50	−0.3267	0.2988	0.0459	0.0054	0.0465	−0.1217
0.60	−0.3698	0.4343	0.0365	0.0050	0.0371	−0.2051
0.70	−0.4314	0.5358	0.0807	0.0109	0.0756	−0.2639
0.80	−0.4494	0.7017	0.0607	0.0096	0.0632	−0.3666
0.90	−0.4788	0.9003	0.0105	0.0093	0.0204	−0.4958
1.00	−0.5526	1.1332	0.0096	0.0140	0.0302	−0.6505

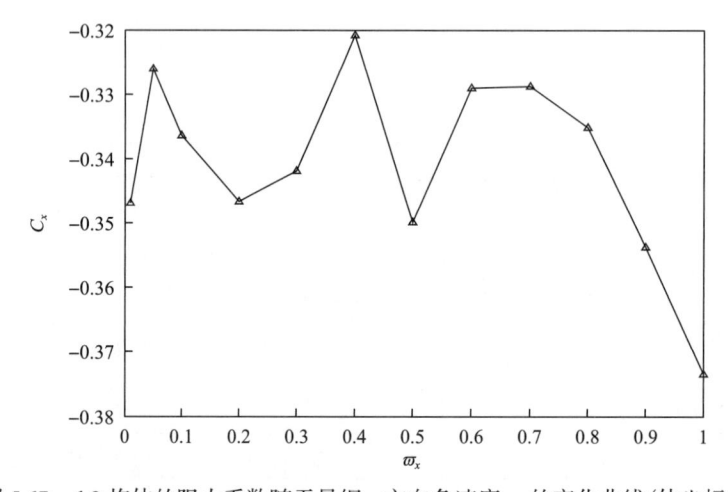

图 5.67　tb2 拖体的阻力系数随无量纲 x 方向角速度 ϖ_x 的变化曲线（体坐标系）

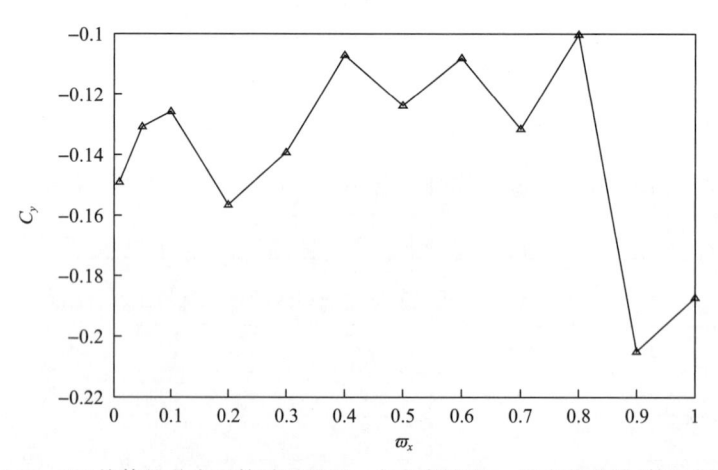

图 5.68　tb2 拖体的升力系数随无量纲 x 方向角速度 ϖ_x 的变化曲线（体坐标系）

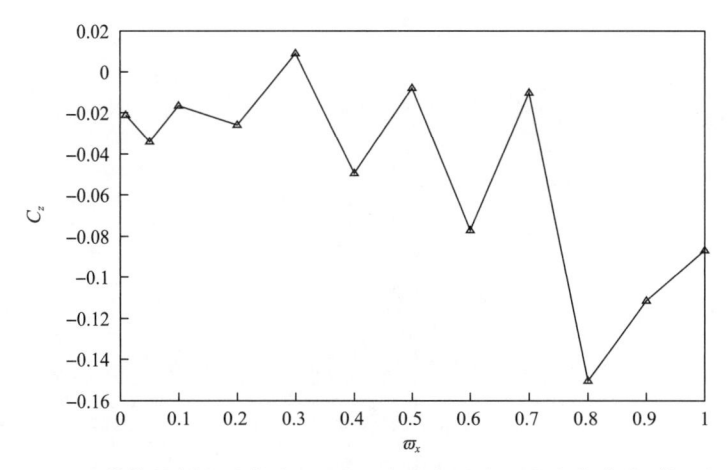

图 5.69　tb2 拖体的侧力系数随无量纲 x 方向角速度 ϖ_x 的变化曲线（体坐标系）

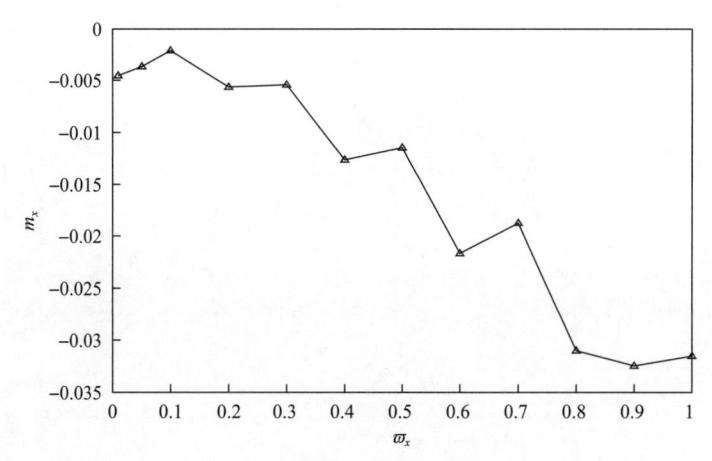

图 5.70　tb2 拖体的横滚力矩系数随无量纲 x 方向角速度 ϖ_x 的变化曲线（体坐标系）

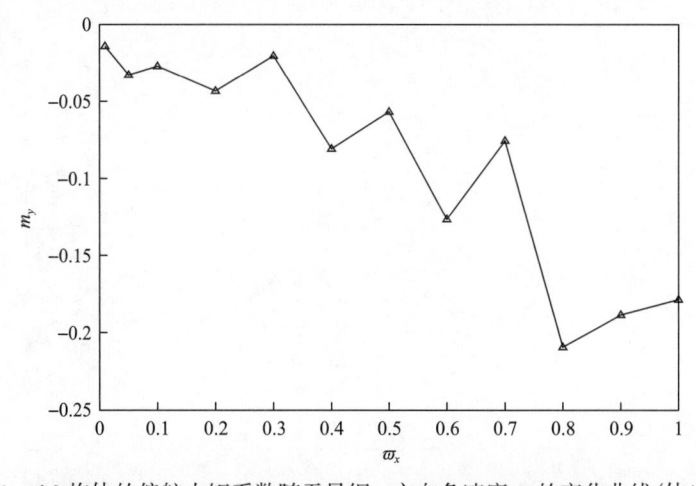

图 5.71　tb2 拖体的偏航力矩系数随无量纲 x 方向角速度 ϖ_x 的变化曲线（体坐标系）

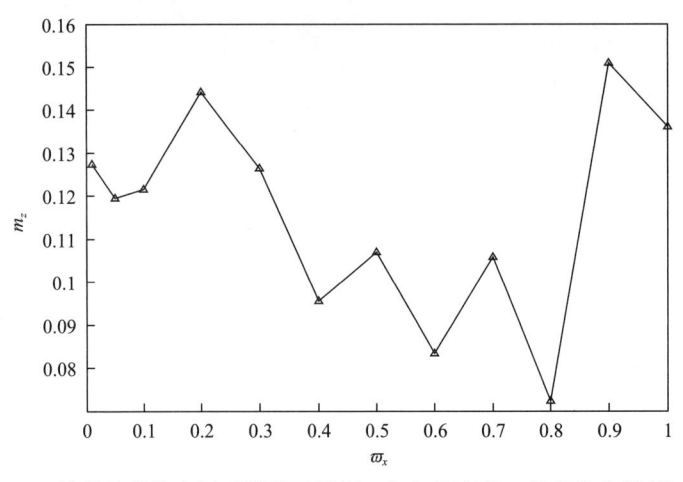

图 5.72　tb2 拖体的俯仰力矩系数随无量纲 x 方向角速度 ϖ_x 的变化曲线（体坐标系）

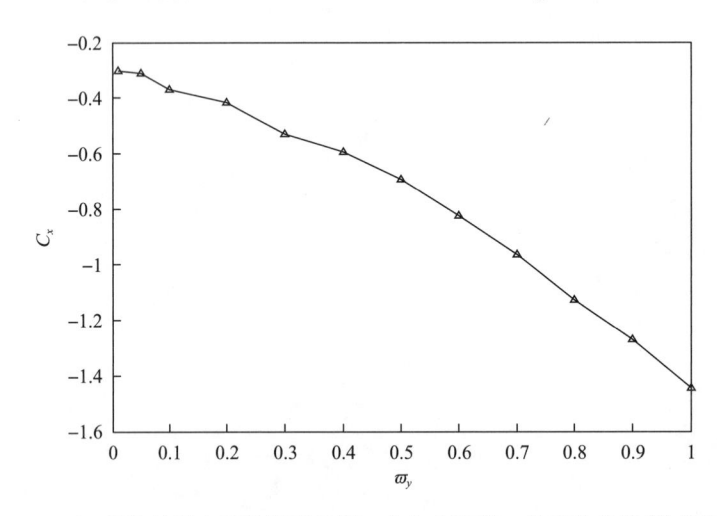

图 5.73　tb2 拖体的阻力系数随无量纲 y 方向角速度 ϖ_y 的变化曲线（体坐标系）

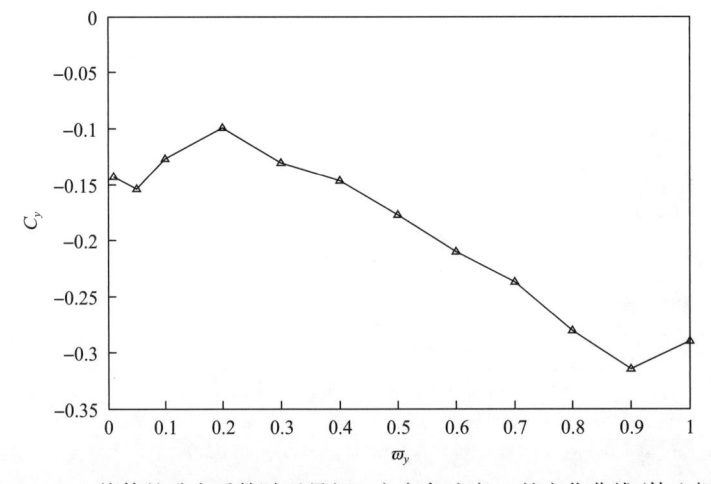

图 5.74　tb2 拖体的升力系数随无量纲 y 方向角速度 ϖ_y 的变化曲线（体坐标系）

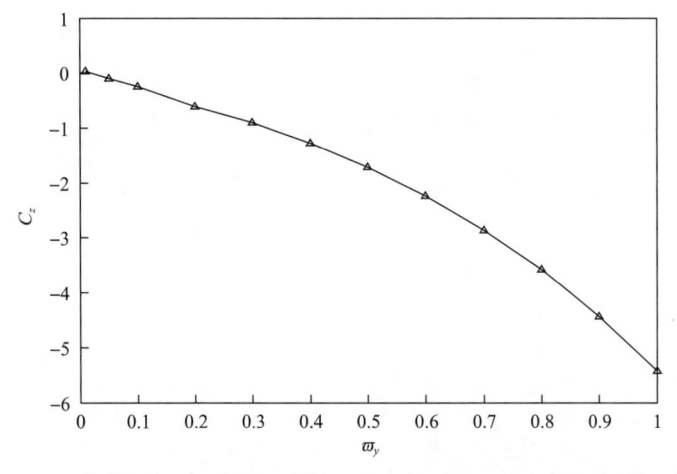

图 5.75　tb2 拖体的侧力系数随无量纲 y 方向角速度 ϖ_y 的变化曲线(体坐标系)

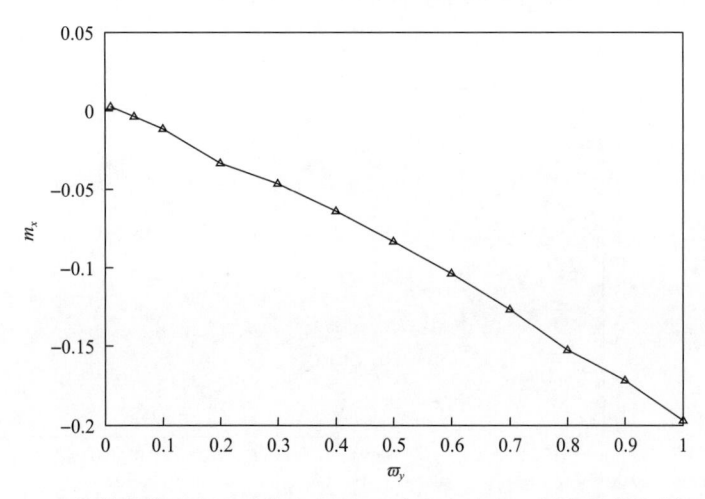

图 5.76　tb2 拖体的横滚力矩系数随无量纲 y 方向角速度 ϖ_y 的变化曲线(体坐标系)

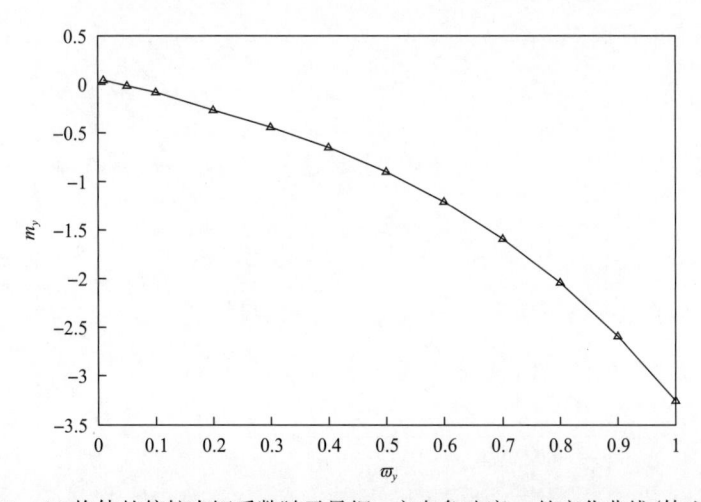

图 5.77　tb2 拖体的偏航力矩系数随无量纲 y 方向角速度 ϖ_y 的变化曲线(体坐标系)

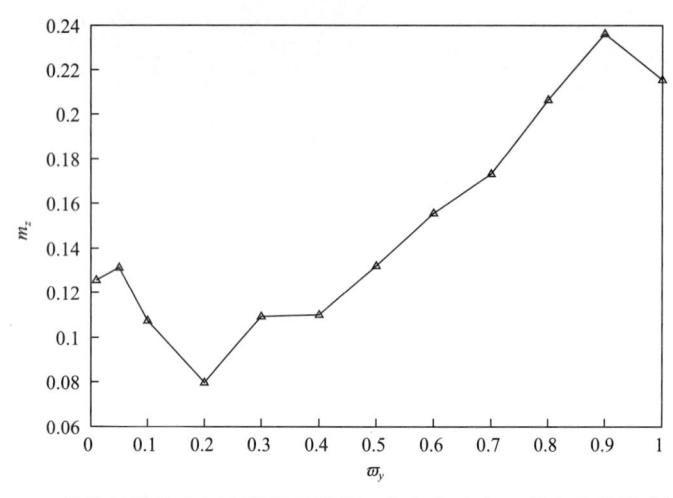

图 5.78　tb2 拖体的俯仰力矩系数随无量纲 y 方向角速度 ϖ_y 的变化曲线（体坐标系）

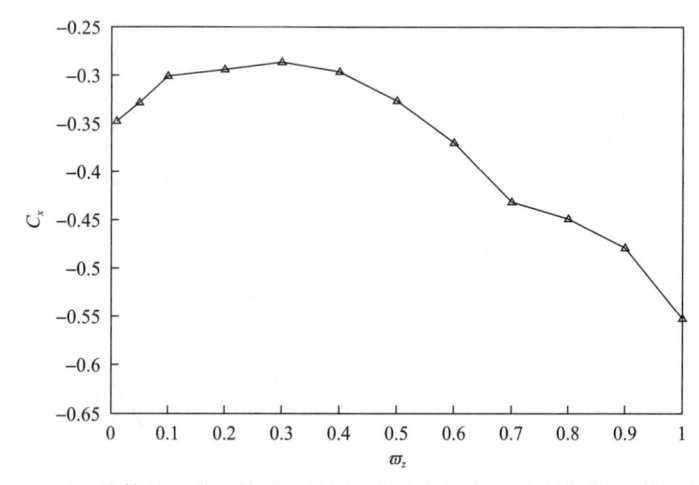

图 5.79　tb2 拖体的阻力系数随无量纲 z 方向角速度 ϖ_z 的变化曲线（体坐标系）

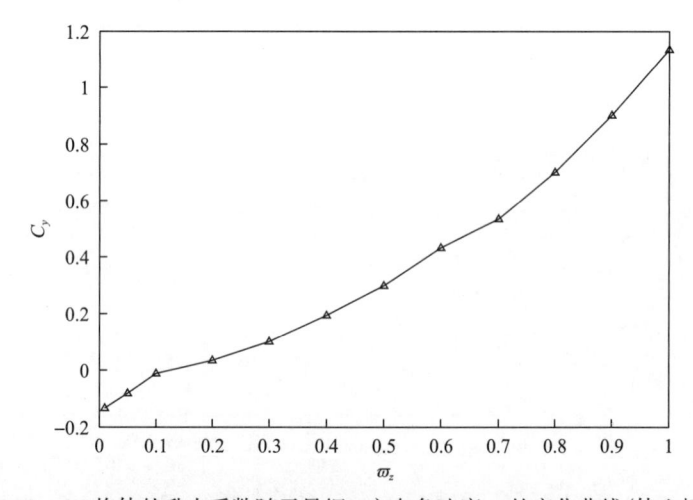

图 5.80　tb2 拖体的升力系数随无量纲 z 方向角速度 ϖ_z 的变化曲线（体坐标系）

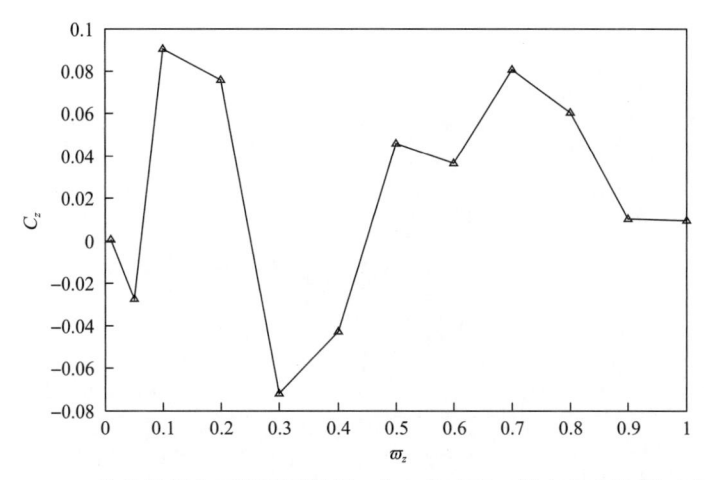

图 5.81　tb2 拖体的侧力系数随无量纲 z 方向角速度 ϖ_z 的变化曲线(体坐标系)

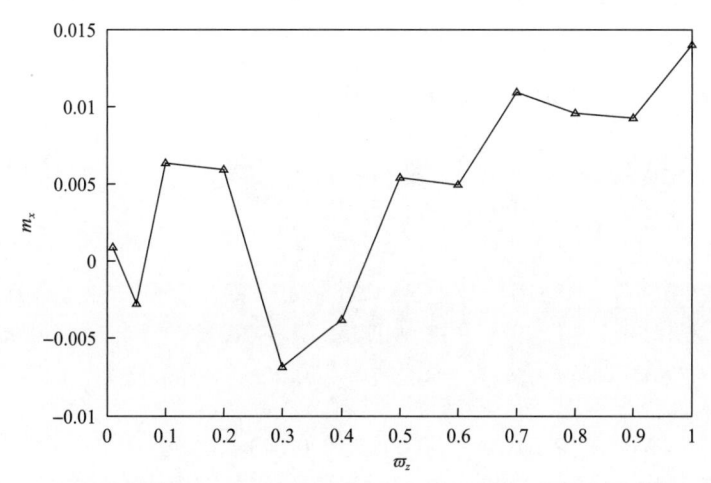

图 5.82　tb2 拖体的横滚力矩系数随无量纲 z 方向角速度 ϖ_z 的变化曲线(体坐标系)

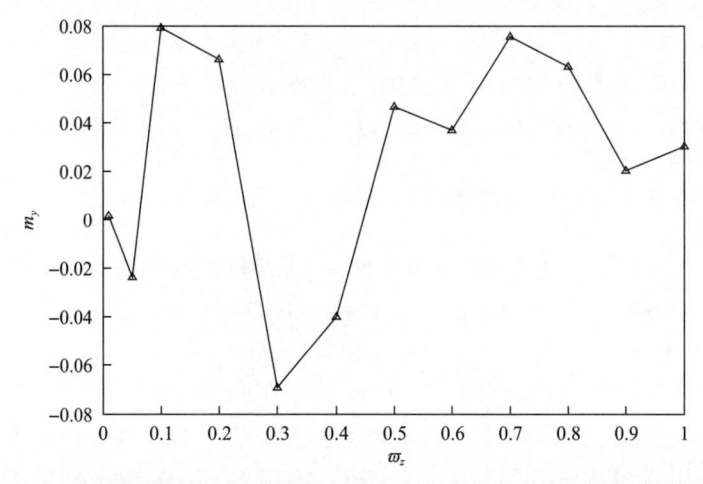

图 5.83　tb2 拖体的偏航力矩系数随无量纲 z 方向角速度 ϖ_z 的变化曲线(体坐标系)

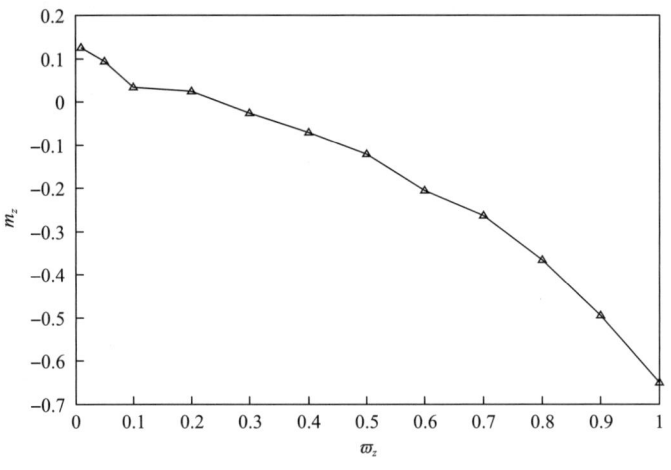

图 5.84　tb2 拖体的俯仰力矩系数随无量纲 z 方向角速度 ϖ_z 的变化曲线（体坐标系）

(四) 附加质量

(1) 探测拖体 tb1_a 和 tb1_b 方案的附加质量结果矩阵 A 和 B 如下。

$$A = \begin{bmatrix} 132.4346 & -2.1806 & -0.0818 & -0.0169 & -0.0117 & 1.7402 \\ -2.1796 & 1985.8962 & -0.2754 & 0.2052 & 0.2585 & -359.0505 \\ -0.0888 & -0.2701 & 769.3981 & -33.8681 & 120.9307 & -0.2504 \\ -0.0157 & 0.2154 & -33.8522 & 72.5716 & 25.3916 & 0.0137 \\ -0.1059 & 0.2498 & 120.9077 & 25.3936 & 376.6451 & -0.0806 \\ 1.7604 & -359.0425 & -0.2774 & 0.0069 & -0.0798 & 1082.6204 \end{bmatrix}$$

$$B = \begin{bmatrix} 135.4945 & -3.1038 & -0.0055 & 0.1404 & -0.0381 & 4.6906 \\ -3.1197 & 1964.7127 & 0.8962 & 3.9637 & 0.4656 & -375.2480 \\ 0.0020 & 0.8628 & 829.1125 & -38.0168 & 124.0644 & -0.6637 \\ 0.1423 & 3.9611 & -38.0158 & 72.6744 & 25.1855 & -4.5010 \\ -0.0330 & 0.4730 & 124.0454 & 25.1835 & 400.3193 & -0.5247 \\ 4.7171 & -375.2380 & -0.6343 & -4.4890 & -0.5255 & 1082.4308 \end{bmatrix}$$

(2) 定深拖体 tb2 方案的附加质量结果矩阵 C 如下。

$$C = \begin{bmatrix} 75.4488 & -1.6068 & -0.0580 & 0.0042 & 0.0929 & -12.7944 \\ -1.6168 & 400.7170 & 0.1065 & -0.0331 & 0.0118 & -48.7423 \\ -0.0692 & 0.0361 & 1223.4282 & 35.9250 & 125.5484 & -0.0432 \\ 0.0068 & -0.0227 & 35.9180 & 28.7940 & 46.1076 & 0.0061 \\ 0.0827 & -0.0033 & 124.9496 & 46.1076 & 475.9063 & -0.0248 \\ -12.7744 & -48.7423 & -0.0696 & 0.0796 & -0.0423 & 161.4035 \end{bmatrix}$$

第七节 系统组成

如图 5.85 所示为深水重磁勘探拖曳系统详细组成图,深水重磁勘探拖曳系统由甲板单元、定深拖体、探测拖体、铠装缆及轻质复合缆等组成,定深拖体主要用于将探测拖体控制在一定的深度范围,其前端连接光电复合缆,后端连接轻质复合缆,通过旋转调节水平舵板的角度,可控制定深拖体自动定深并在水下并设定深度。探测拖体用于测量水下动态重力和三分量磁力数据,它的前端通过轻质复合缆连接到定深拖体,与轻质复合缆之间通过滑环连接,用于消除缆系应力。探测拖体通过调节水平舵板的动作,自动控制拖体保持在设定深度范围内。系统构成如图 5.86 所示。

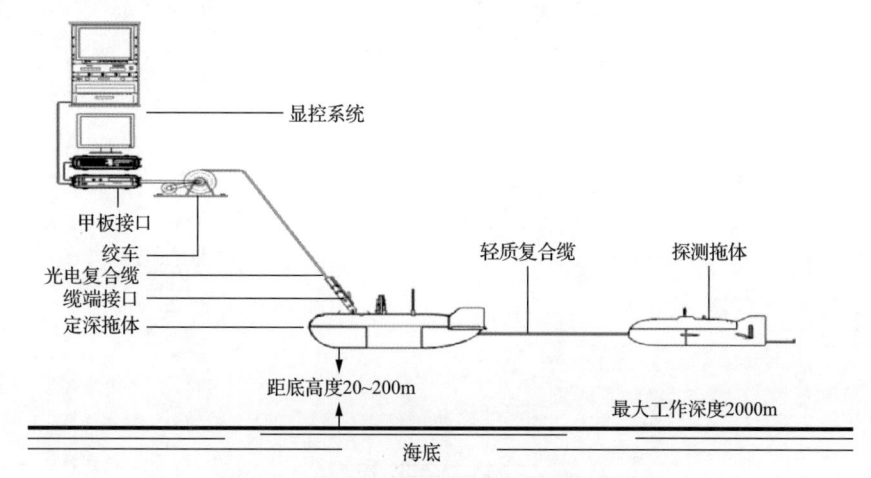

图 5.85 深水重磁勘探拖曳系统详细组成图

第八节 拖体结构设计

一、总体设计

定深拖体主要包括工程结构支架、浮力材料、配重底座及稳定尾翼,其上搭载有电控舱、深海电机、离底高度计、声学释放器、光信标机、无线电信标机等仪器设备。探测拖体主要包括定深拖体除释放器外的其他部件,另外该拖体还安装了高精度重力仪、三分量磁力仪、离底高度计、水下定位信标等仪器设备(图 5.87)。在进行拖体结构设计时要结合仿真结果,充分考虑拖体在水下的流体特性。

定深拖体和探测拖体均为拖曳载体,搭载多个仪器设备与密封舱,密封舱设计需满足水下 2000m 的工作需求,密封舱的水密接插件布置和内部电路板安装需由结构设计人员和电路设计人员共同确定。

主要有以下密封舱。

(1)重力仪密封舱:主要用来安装高精度水下重力仪。

图 5.86　系统详细组成图

图 5.87　系统总体设计分解图

(2) 磁力仪密封舱：主要用来安装水下三分量磁力仪。

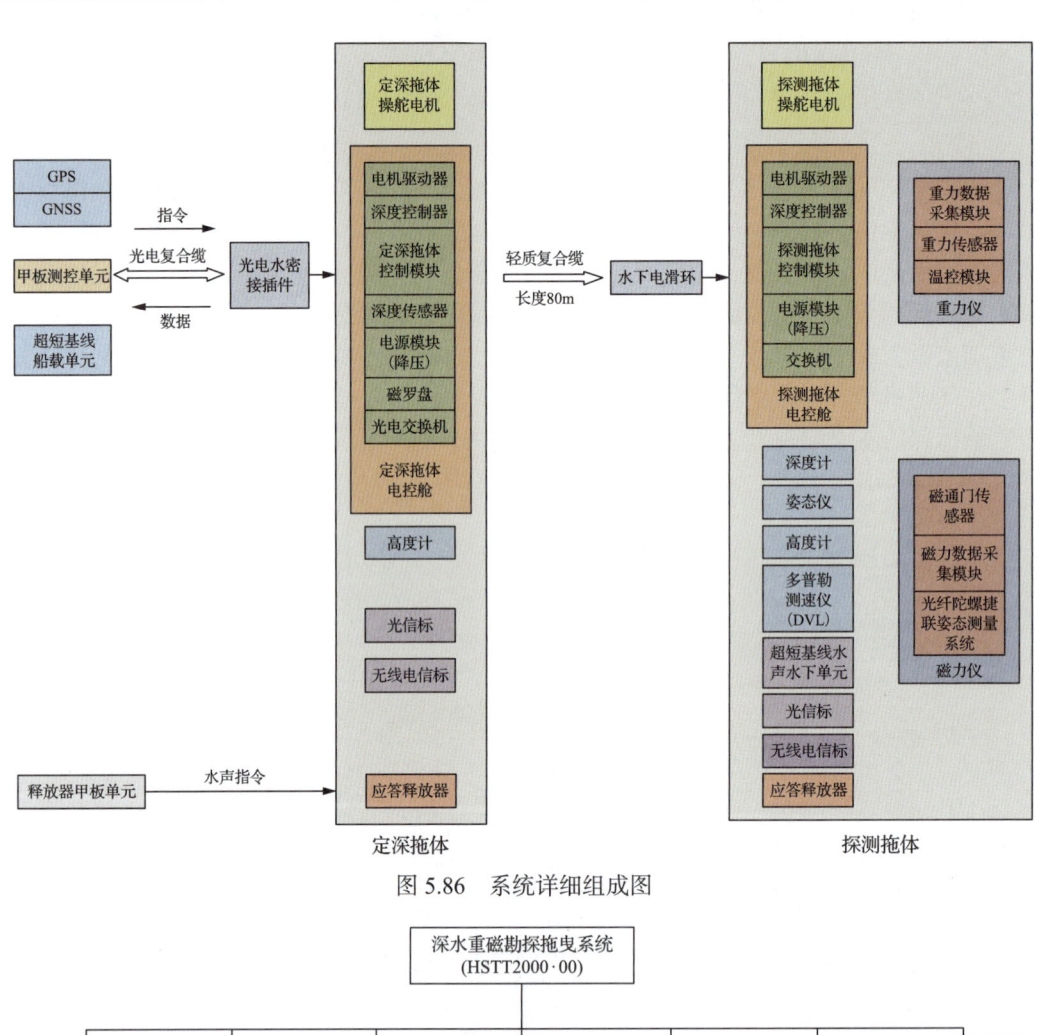

(3) 定深拖体密封舱：定深拖体密封舱搭载于定深拖体上，不仅要连接试验船上的铠装缆，还连接有轻质复合缆，用于拖曳探测拖体并进行通信与供电。定深拖体密封舱内部具有电源模块和控制模块；利用光端机、交换机、串口服务器等设备构建通信网络，从而实现各个数据实时传输到作业母船上；利用拖体上搭载的传感器实现对拖体姿态与深度的控制，使拖体拖行状态满足测量需求，保证拖体不会触碰到海底。根

据仪器远程控制仪器的上电要求，需要设计电源开关控制器；上位机软件用于对拖体状态进行实时观测，并能够根据需要操作拖体的运行状态，如远程深度控制、仪器上电控制等。

（4）探测拖体密封舱：探测拖体密封舱连接有各个仪器设备及轻质复合缆的电滑环，内部同样有电源模块和控制模块，控制模块功能与定深拖体基本相同，本密封舱的变电设备体积较小，故采用一个密封舱的结构形式。

尾翼舵机主要是用来驱动尾翼，此类水下舵机可作为模块化设备进行开发，样机可应用于其他水下设备，主要分为结构设计和电控系统设计，在设计时要使模块体积尽量小，并且要保证舵机的可靠性与稳定性。

二、定深拖体

定深拖体（图 5.88）主要用于稳定拖体所处深度，吸收船体振动以保证探测拖体的姿态。为保证定深拖体能够可靠回收，需在定深拖体上配置配重，当回收时通过应答释放器释放配重，拖体在浮力材料提供的浮力作用下上浮到海面。然后通过无线电信标机和光信标机确定拖体位置，实施回收操作。

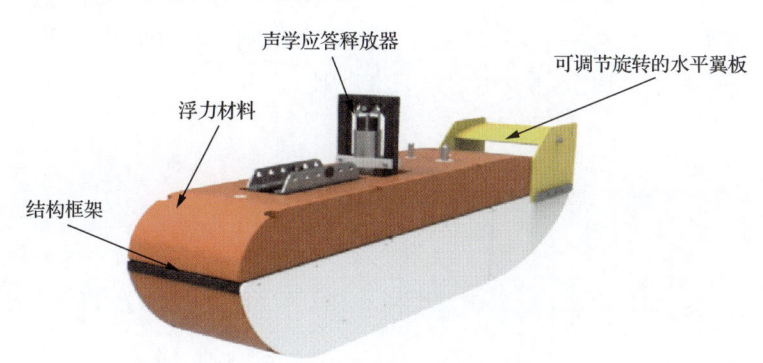

图 5.88　定深拖体效果图

定深拖体的具体规格如图 5.89 所示。
(1) 整体尺寸：3000mm×650mm×950mm（长×宽×高）。
(2) 空气中重量：2055.65kg。
(3) 水中重量：1291kg。

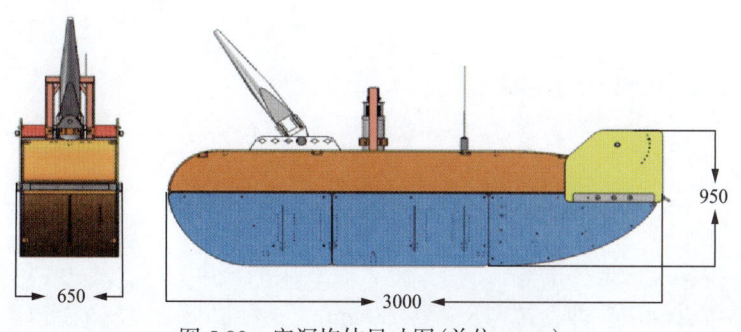

图 5.89　定深拖体尺寸图（单位：mm）

(一)定深拖体外形设计

定深拖体的迎流段与去流段采用椭圆簇曲线进行设计,如图5.90所示。

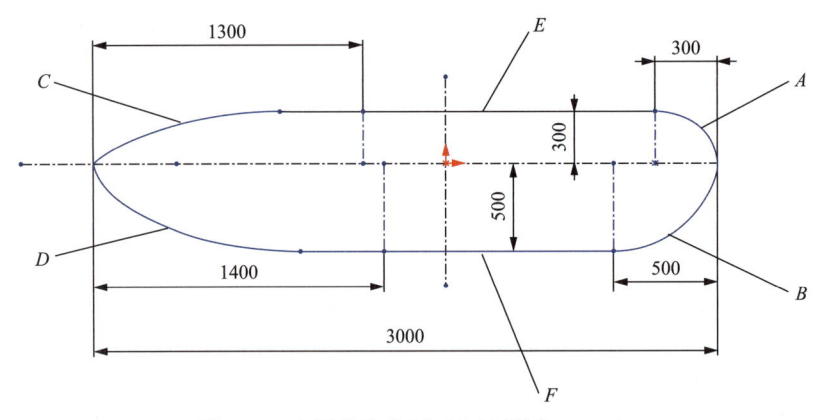

图5.90 定深拖体纵剖面曲线(单位:mm)

第一步,设计定深拖体的纵剖面,将其纵剖面划分为六段曲线,如图5.90所示,其中 A、B、C、D(A、B、C、D 表达的意思仅在本节适用)为椭圆簇函数曲线,E 和 F 为直线段。

曲线 A:2倍的 Y 坐标值 D_A=600,X 的坐标值 L_A=300

$$Y_A = \frac{D_A}{2}\left[1-\left(\frac{X_A}{L_A}\right)^2\right]^{0.5} \tag{5.23}$$

式中,$X_A = X - L_A$。

曲线 B:D_B=1000,L_B=500

$$Y_B = \frac{D_B}{2}\left[1-\left(\frac{X_B}{L_B}\right)^2\right]^{0.6} \tag{5.24}$$

曲线 C:D_C=600,L_C=1300

$$Y_C = \frac{D_C}{2}\left[1-\left(\frac{X_C}{L_C}\right)^2\right]^{0.8} \tag{5.25}$$

曲线 D:D_D=1000,L_D=1400

$$Y_D = \frac{D_D}{2}\left[1-\left(\frac{X_D}{L_D}\right)^2\right]^{0.6} \tag{5.26}$$

第二步,根据定深拖体的总长确定 E、F 直线段的长度。

第三步,将纵剖面拉伸,拉伸长度为600mm。

第四步,添加翼板和舵板,如图5.91所示。

舵板采用 NACA 翼形，弦长 $c=400$，有

$$y = 0.12 \times c \times 5(0.2969 \times \sqrt{x} - 0.126 \times x - 0.3516 \times x^2 \\ + 0.28433 \times x^3 - 0.1015 \times x^4) \tag{5.27}$$

最终定深拖体的外形结构如图 5.92 所示。

图 5.91　定深拖体翼板翼形　　　　图 5.92　定深拖体的外形结构

(二) 定深拖体的浮力计算

根据仿真计算，要保证拖体下潜到水下 2000m，需要定深拖体的水下配重不小于 1.4t。定深拖体的浮力计算如表 5.24 所示，定深系统在空气中的总重量为 2055kg，水下重量为 1291kg。当定深拖体释放压载配重时，系统具有 105kg 的正浮力。

表 5.24　探测拖体的浮力计算

名称	材料	体积/m³	密度/(g/cm³)	空气中重量/kg	水中重量/kg
浮力材料	高强度玻璃微珠固体浮力材料	0.5	0.42	160	−290.00
结构框架	316L		7.85	92.5	80.82
电池安装架	316L		7.85	10.5	9.16
应答释放器安装架	316L		7.85	19	16.58
应答释放器				30	22.00
电控舱	TC4	0.045	4.51	80	35.00
高度计				0.52	0..35
姿态仪				0.33	0.23
尾舵总装	PE	0.015	0.95	23	8.00
侧板	PE	0.025	0.95	24	−1.00
后导流罩	316L		7.85	15.8	13.79
系统净浮力总计				455.65	−105.18
配重	304 不锈钢		7.85	1600	1396.18
定深拖体系统总计				2055.65	1291.00

(三) 定深拖体的结构

定深拖体主要由结构框架、浮力材料、配重、尾舵、导流罩、侧板、传感器安装架和其上搭载的传感器组成,如图 5.93 所示。定深拖体的外形尺寸为长 3000mm,宽 600mm,高 800mm。具体结构如图 5.93 所示。

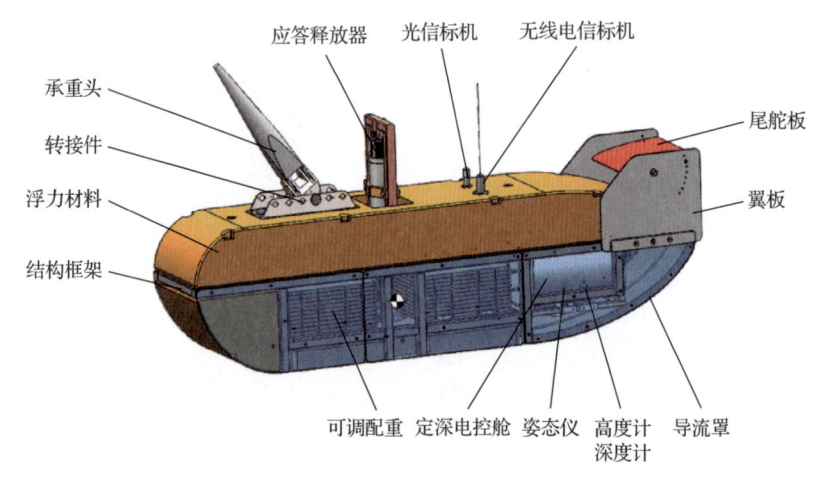

图 5.93 定深拖体的总体结构示意图

1. 光电复合缆承重组件

光电复合缆与定深拖体的连接部位由光电复合缆承重头和承重头转接件组成,如图 5.94 所示。

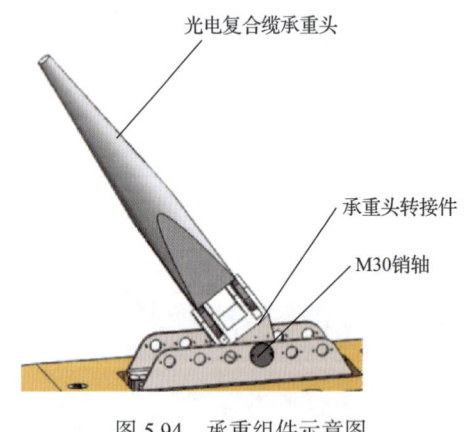

图 5.94 承重组件示意图

承重头采用不锈钢材料加工制作,绳端有效负载能力不小于 5t,并可通过现有 A 架(作业船舶上的设备)上的大滑轮。

转接件采用不锈钢材料制作而成,并用 M30 的销轴与承重头进行连接。

为保证安全拖曳,对转接件部分进行强度仿真分析。根据第一级拖曳运动仿真计算结果可知,一级缆越长,拖曳速度越大,缆索受到的拉力越大。当航速达到 5kn,一级缆长 5000m 时,缆索受到的拉力最大,为 43925N。按照 5t 的拉力对连接部件进行强度校核,结果如图 5.95 所示。

从仿真结果可以看出,在 5t 的拉力下,连接件的结构变形为 0.029mm,变形量很小。同时,连接件结构的最大应力为 120.89MPa,小于 316L 不锈钢的屈服极限 170MPa,因此该结构满足使用要求,如图 5.96 所示。

2. 浮力材料

采用适用于水下 2000m 的高性能浮力材料,密度为 $(0.42\pm0.03)\text{g/cm}^3$。将其安装在

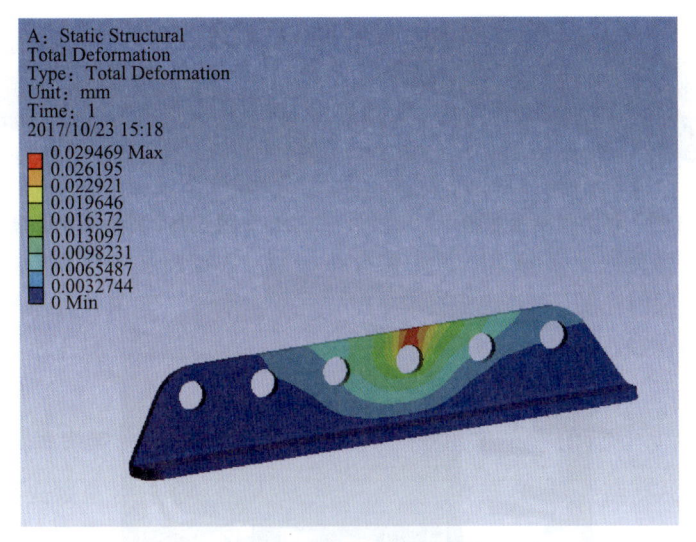

图 5.95　连接件变形云图

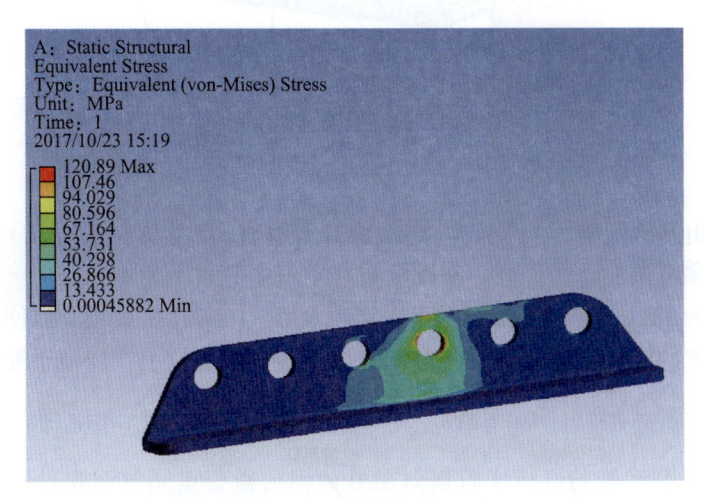

图 5.96　连接件应力云图

定深拖体上部，可起到调整定深拖体浮心和质心的作用，有效保证了在拖曳状态下的姿态稳定性，同时可在发生水下事故后为定深拖体的上浮提供正浮力，如图 5.97 所示。另外，还需要在浮力材料上进行切割、钻孔等操作，从而为光信标机、无线电信标机和应答释放器的安装预留位置。浮力材料与结构框架之间的固定方式可通过 M12 的内六角螺钉和螺杆进行上紧，同时在浮力材料上预埋螺母，通过吊耳进行浮力材料的吊装操作，如图 5.98 所示。

3. 传感器安装架

传感器安装架用于安装电池舱、高度计、姿态仪等设备。传感器安装架采用 316L 不锈钢材料制作，采用模块化设计，可以方便拆卸。传感器安装架的左右两侧各留有传感器安装孔位，以便于安装，如图 5.99 所示。

(a) 最小变形　　　　　　　　　　　　　　(b) 最大应力

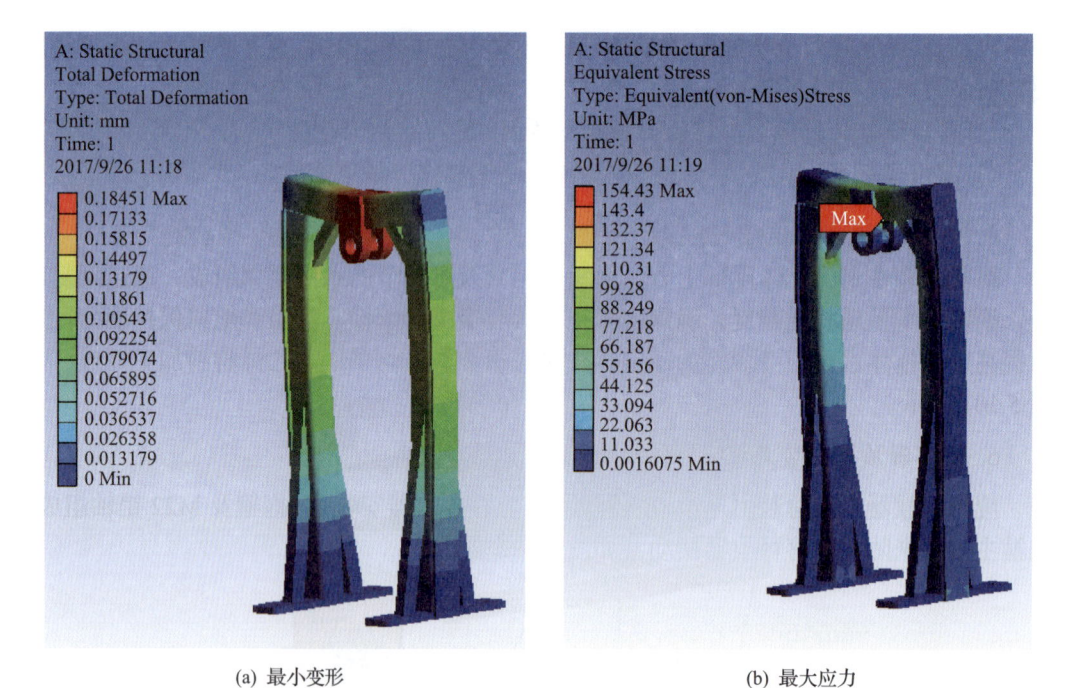

图 5.103　应答释放器安装架仿真结果

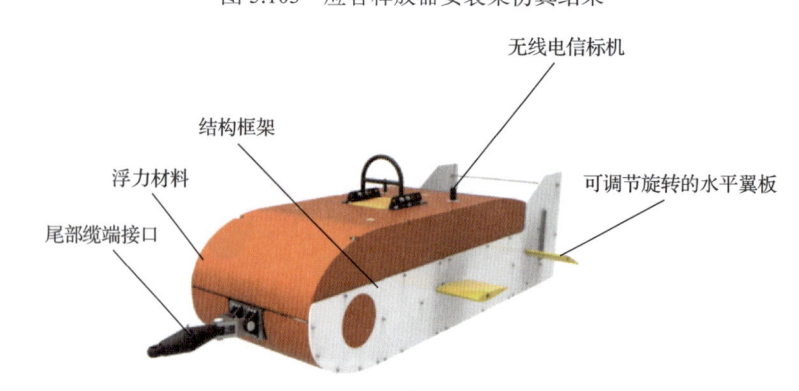

图 5.104　探测拖体效果图

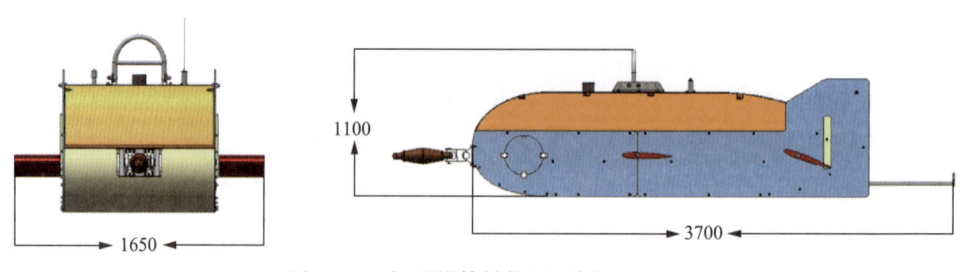

图 5.105　探测拖体结构图(单位：mm)

(一)探测拖体的外形设计

探测拖体头部迎流段和尾部去流段也由椭圆簇曲线生成。探测拖体的纵剖面曲线如图 5.106 所示。

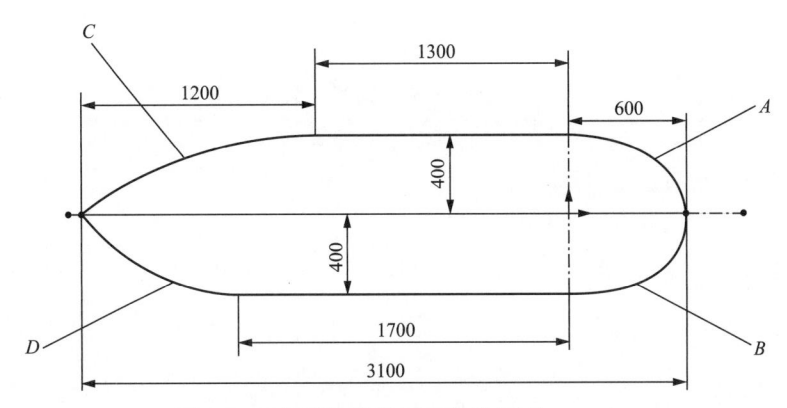

图 5.106 探测拖体纵剖面曲线(单位：mm)

曲线 A：$D_A=800$，$L_A=600$

$$Y_A = \frac{D_A}{2}\left[1-\left(\frac{X_A}{L_A}\right)^2\right]^{0.5} \tag{5.28}$$

曲线 B：$D_B=800$，$L_B=600$

$$Y_B = \frac{D_B}{2}\left[1-\left(\frac{X_B}{L_B}\right)^2\right]^{0.35} \tag{5.29}$$

曲线 C：$D_C=800$，$L_C=1200$

$$Y_C = \frac{D_C}{2}\left[1-\left(\frac{X_C}{L_C}\right)^2\right]^{0.9} \tag{5.30}$$

曲线 D：$D_D=800$，$L_D=800$

$$Y_D = \frac{D_D}{2}\left[1-\left(\frac{X_D}{L_D}\right)^2\right]^{0.9} \tag{5.31}$$

第一步，根据定深拖体的总长确定 E、F 直线段的长度。

第二步，将纵剖面拉伸，拉伸长度为 1000mm。

(二)探测拖体的浮力计算

探测拖体属于弱正浮力型拖体，一般具有 10～40kg 的水下正浮力。探测拖体系统的水下净浮力为 48.4kg，系统在空气中的重量为 797kg，见表 5.25。

(三)探测拖体的结构

探测拖体主要用于搭载各种水下观测仪器，通过轻质复合缆与定深拖体连接。其主要组成部分包括结构框架、浮力材料、电控舱、磁力仪、重力仪、高度计等传感器组件等，如图 5.107 所示。

表 5.25 探测拖体浮力计算

名称	材料	体积/m³	密度/(g/cm³)	空气质量/kg	水下质量/kg
浮力材料	高强度玻璃微珠固体浮力材料	0.7345	0.42	309	−426.01
结构框架	316L	—	7.85	146	127.40
磁力仪	—	0.02	—	92.3	72.30
电控枪	—	0.002	—	70	68.00
重力仪	—	0.008	—	50	42.00
DVL	—	—	—	15	10.40
姿态仪	—	—	—	0.33	0.23
高度计	—	—	—	0.52	0.35
舵机	—	—	—	20	15.00
传感器安装架	316L	—	7.85	6.25	5.45
重力仪、舵机安装架	316L	—	7.85	22	19.20
后舵机架	316L	—	7.85	12	10.47
起吊装置	316L	—	7.85	7.8	6.18
前后导流罩	聚乙烯	0.014	0.95	14	0.00
侧板	聚乙烯	0.032	0.95	32	0.00
系统总计	—	—	—	797.2	−48.40

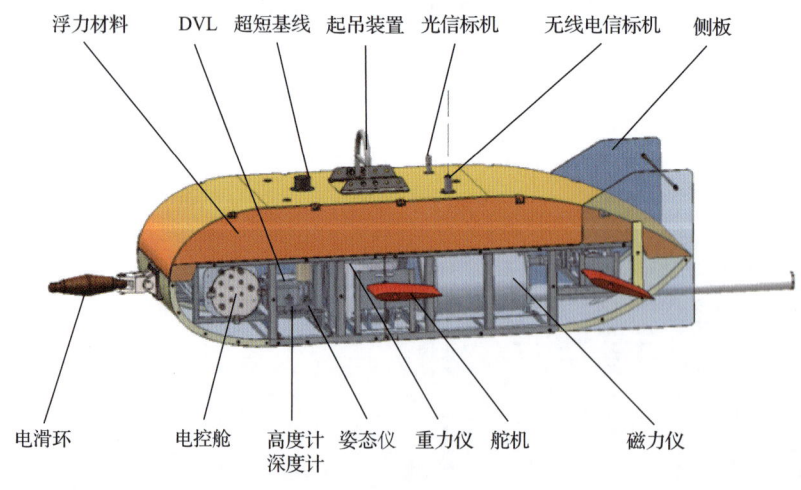

图 5.107 探测拖体结构示意图

1. 浮力材料

该材料与定深拖体的材料相同。浮力材料与结构框架之间的连接方式可通过 M12 螺杆进行装配，同时中间位置开有孔位，方便重力仪水密接插件的插拔操作，如图 5.108 所示。

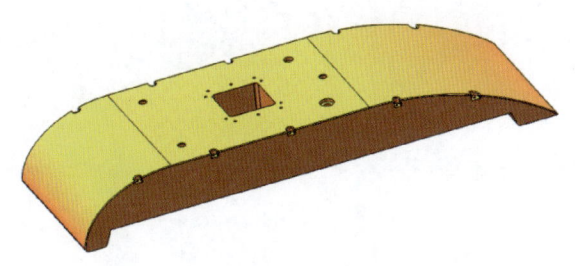

图 5.108　探测拖体浮力材料的外形

2. 传感器安装架

在各类传感器安装的结构设计上采用模块化设计，方便传感器的移动、拆卸和安装。在拖体结构框架上焊接有导轨，可将安装完毕的传感器整体用螺钉上紧在导轨上。模块化设计一方面可以方便传感器的安装与拆卸；另一方面也便于拖体实现多种传感器的搭载，以实现不同的测量功能，如图 5.109 所示。

传感器安装架 1 上安装有 DVL、姿态仪和高度计，同时预留位置便于今后搭载其他类型传感器。图 5.110 为传感器安装架 2 的结构。

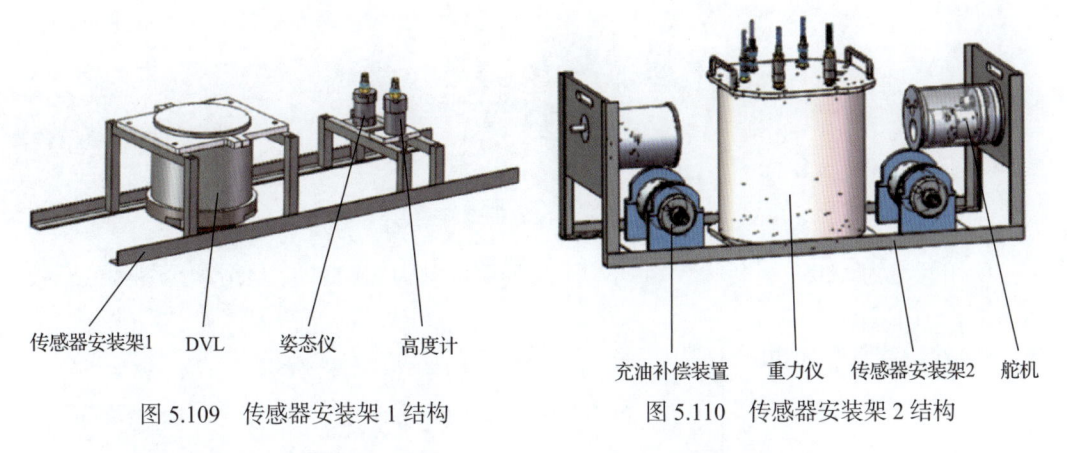

图 5.109　传感器安装架 1 结构　　　图 5.110　传感器安装架 2 结构

传感器安装架 2 上安装有重力仪、舵机充油补偿装置和舵机结构。

3. 起吊装置

1) 吊钩仿真计算

在拖体上方设置起吊装置，方便拖体在试验、回收等情况进行起吊操作。起吊装置结构材料采用 316L 不锈钢制作而成，为探测拖体上的主要承力部件，按照 5 倍放大系数对起吊装置吊钩进行仿真，仿真结果如图 5.111 所示。吊钩变形量为 0.15mm，变形量较小；最大应力为 191.83MPa，虽然超出了 316L 不锈钢的屈服强度，但结构最大应力点发生在焊缝位置；吊钩受力最大部位应力为 160.26MPa，小于材料的屈服强度。因此，此结构在实际应用中可以采用。

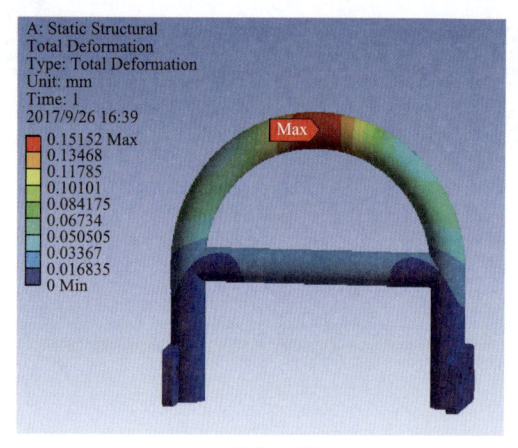

(a) 最小变形量　　　　　　　　(b) 最大应力

图 5.111　吊钩强度校核图

2) 起吊装置螺钉承载力计算

如图 5.112 所示，起吊装置中所用螺钉分别受拉力和剪切力。下面对其所用螺钉的承载力进行计算。

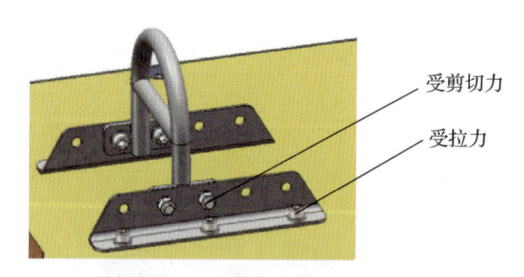

图 5.112　起吊装置的螺钉受力图

所用螺钉为 M16，材料为 316L 不锈钢，屈服强度为 205MPa。M16 粗牙螺纹的有效应力面积为 157mm^2。

(1) 螺钉能承受的拉力计算：

$$F = 205 \times 157 = 32185 \text{(N)}$$

说明单个 M16 螺钉可以承受 32185N 的拉力。

(2) 螺钉能承受的剪切力计算：对于塑性材料，剪切应力极限一般为 (0.6~0.8)×抗拉极限。

材料的抗剪力：

$$T = t \times A \tag{5.32}$$

式中，t 为抗剪强度；A 为受剪面积。

$$T = 205 \times 0.7 \times 157 = 22529.5 \text{(N)}$$

说明单个 M16 螺钉可以承受 22529.5N 的剪切力。

四、定深拖体密封舱

定深拖体密封舱内装有变压器、电源模块、控制模块等电子器件，同时需要能够承受 20MPa 的外部水压，故采用圆柱形外壳，其整体尺寸为直径 324mm，长度 550mm，如图 5.113 所示。

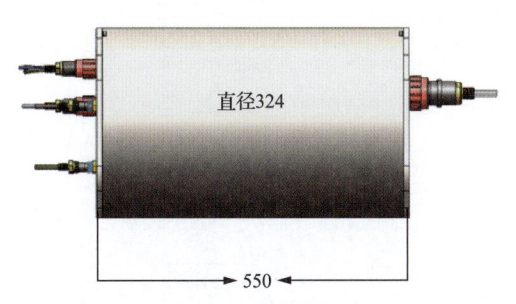

图 5.113 定深拖体密封舱外形图（单位：mm）

（一）定深电控舱壁厚计算

电控舱的壳体材料选用 TC4 钛合金，材料特性参数为：密度 4500kg/m³，抗拉强度 895MPa，屈服强度 825MPa，弹性模量 E 为 113GPa，泊松比 0.33。

设计强度 25MPa，R_0 为壳体外径，取 R_0=162mm。

壳体厚度 t 需满足以下条件：

$$t \geqslant \frac{K_2^0 p'_j R_0}{0.85\sigma_s - K_2^0 p_j} \tag{5.33}$$

式中，K_2^0 为修正系数，初始计算时取 $K_2^0 = 1.05$；R_0 为外径；σ_s 为屈服强度；p_j 为设计强度。

经计算得

$$t \geqslant 5.6\text{mm}$$

根据设计及加工工艺的实际情况，壳体厚度取 t=12mm。此时壳体内径 R 为 150mm，外径 R_0 为 162mm。

舱体稳定性的计算如下。

确定肋骨间距及肋骨截面，肋骨间距 l 满足

$$l \leqslant 0.6\left[\frac{Et^2}{p_j R^2} + 1\right]\sqrt{Rt} \tag{5.34}$$

$$l \leqslant 682\text{mm}$$

主壳体长度为 L=550mm，考虑端盖的厚度，不需要设置加强肋骨。

根据壳体的尺寸参数，稳定性校核按照短外压圆筒进行计算。壳体理论临界压力 p'_{cr} 可计算为

$$p'_{cr} = \frac{2.6E\left(\dfrac{t}{2R_0}\right)^{2.5}}{\dfrac{L}{2R_0} - 0.45\left(\dfrac{t}{2R_0}\right)^{0.5}} \tag{5.35}$$

$$p'_{cr} = 43.9\text{MPa} > 25\text{MPa}$$

由此可知，该壳体的稳定性满足要求。

(二)封头计算

封头按照周边固支的圆平盖进行计算，平板厚度满足以下条件：

$$t_b \geqslant D_G \sqrt{\frac{0.188 p_j}{[\delta]}} \tag{5.36}$$

式中，D_G 为圆平盖密封面的平均直径，取 D_G=186mm。

计算可得 t_b 为 9.8，考虑开口等因素，取平板厚度为 38mm。

(三)定深电控舱强度和稳定性的仿真分析

定深电控舱结构的材料为 TC4 钛合金，材料的特性参数为密度 4.5g/cm^3，抗拉强度 895MPa，屈服强度 825MPa，弹性模量 113GPa，泊松比 0.33。电控舱使用水深 2000m，按 1.25 倍的安全系数确定载荷条件为均布的静水压力为 25MPa。

1. 舱体仿真

采用 Ansys Workbench 进行强度分析，强度设计采用 Static Structural 进行仿真分析。最终得到定深电控舱壳体强度分析如下。

从图 5.114 和图 5.115 可以看出，定深电控舱强度校核在外压 25MPa 的压力作用下，

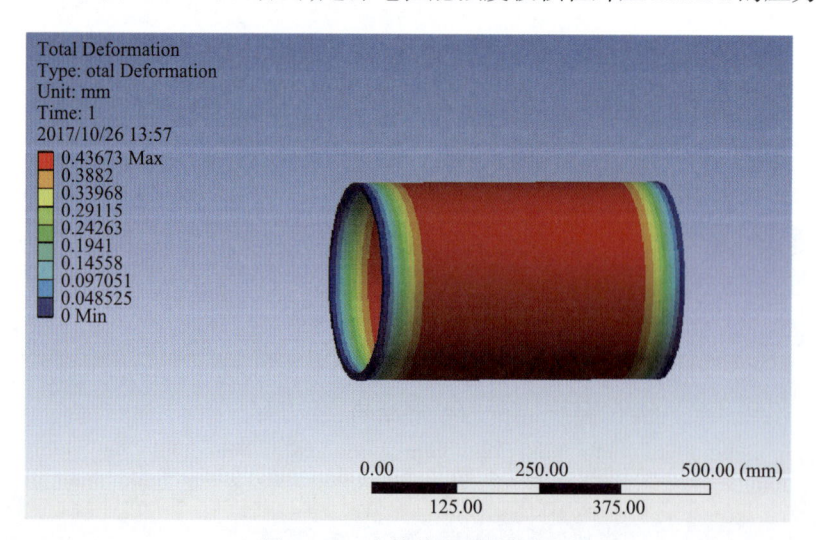

图 5.114　电控舱变形量分析

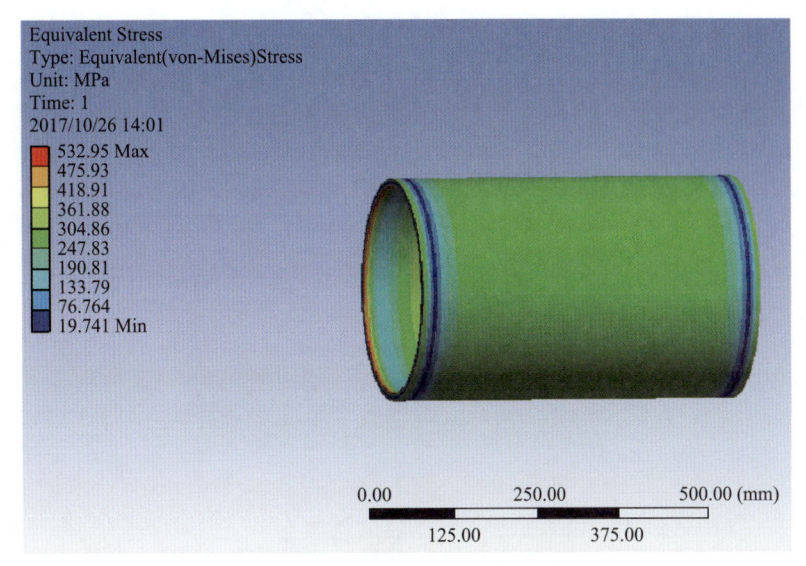

图 5.115 电控舱等效应力分析

壳体最大应力为 532.95MPa，最大应力小于 TC4 的屈服强度；最大变形量为 0.44mm，变形量较小。因此符合强度设计要求。

2. 封头仿真

根据设计经验，圆形平板封头在压力或周边径向弯矩的作用下，板中产生的应力均为弯曲应力（包括径向应力和周向应力），通常只有强度问题，不存在稳定性问题。因此，对端盖只进行强度校核分析。分析结果如图 5.116 所示。

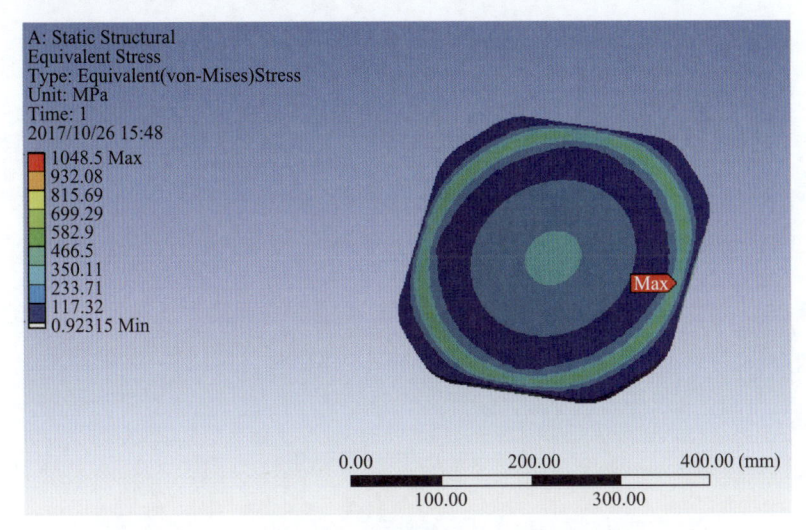

图 5.116 端盖等效应力云图

从图 5.116 中可以看出，在外压 25MPa 的压力下，超出材料屈服极限的应力点主要集中在端盖与舱体的接触部位，此位置为应力集中点。而变形量最大的中心位置应力小于材料屈服极限，因此端盖的设计强度满足使用要求。

五、探测拖体密封舱

探测拖体密封舱安装部件与设计要求和定深拖体密封舱相似，实际工作中需要其能够承受 20MPa 的外部水压，采用圆柱形外壳，其整体尺寸为直径 324mm，长度 680mm，结构图如图 5.117 所示。

图 5.117 探测拖体密封舱结构图（单位：mm）

（一）拖体电控舱壁厚计算

电控舱壳体材料和定深拖体密封舱一样。

设计强度 25MPa，壳体外径 R_0=162mm。壳体厚度 t 需满足式（5.33），初始计算时取 $K_2^0 = 1.05$。

计算得

$$t \geqslant 5.6\text{mm}$$

根据设计和加工工艺的实际情况，壳体厚度取 t =10mm。此时，壳体内径 R 为 150mm，外径 R_0 为 162mm。

（二）舱体稳定性计算

确定肋骨间距及肋骨截面，肋骨间距 l 满足式（5.34），即

$$l \leqslant 682\text{mm}$$

主壳体长度与定深拖体相同，即 L=680mm，考虑端盖的厚度，也不需要设置加强肋骨。

根据壳体的尺寸参数，稳定性校核按照短外压圆筒进行计算。壳体理论临界压力 p'_{cr} 可用式（5.35）计算，即

$$p'_{\text{cr}} = 43.9\text{MPa} > 25\text{MPa}$$

由此可知，该壳体的稳定性满足要求。

（三）封头计算

封头计算与定深拖体密封舱一样，平板厚度满足式（5.36）。圆平盖密封面的平均直径 D_G=186mm。计算出 t_b 为 9.8，考虑开口等因素，也取平板厚度为 38mm。

(四)拖体电控舱强度和稳定性仿真分析

现就探测拖体电控舱结构材料和使用要求进行仿真分析。

1. 舱体仿真

采用 Ansys Workbench 进行强度分析,强度设计采用 Static Structural 进行仿真分析。最终得到拖体电控舱壳体强度分析如图 5.118 和图 5.119 所示。

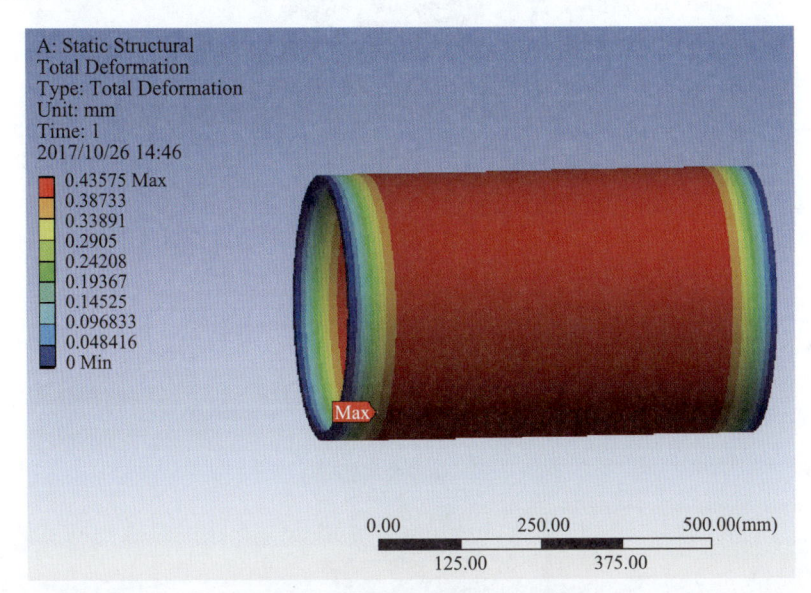

图 5.118　拖体电控舱变形量分析

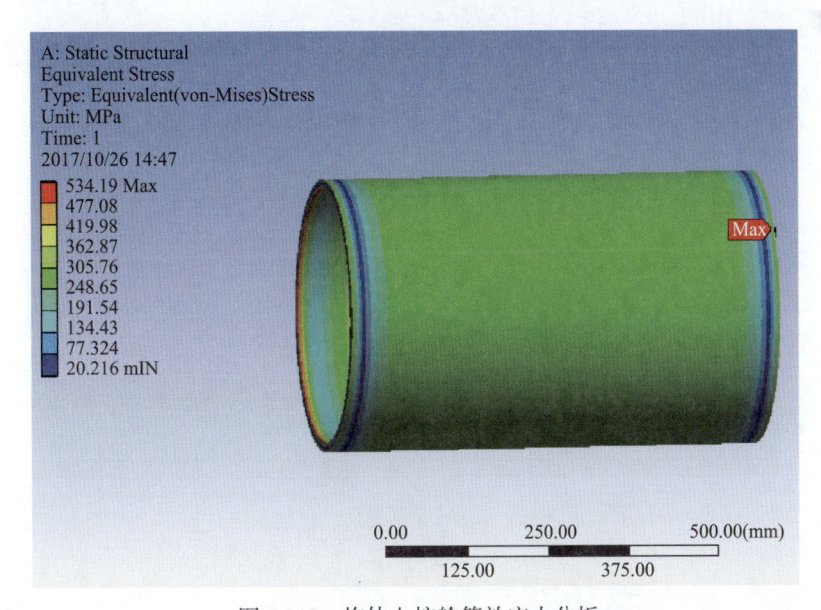

图 5.119　拖体电控舱等效应力分析

从图 5.118 和图 5.119 中可以看出,在外压 25MPa 的压力作用下,壳体最大应力为

534.19MPa，最大应力小于 TC4 的屈服强度；最大变形量为 0.44mm，变形量较小。因此符合强度设计要求。

2. 封头仿真

封头仿真和定深拖体密封舱相同，对端盖只进行强度校核分析。结果如图 5.120 所示。

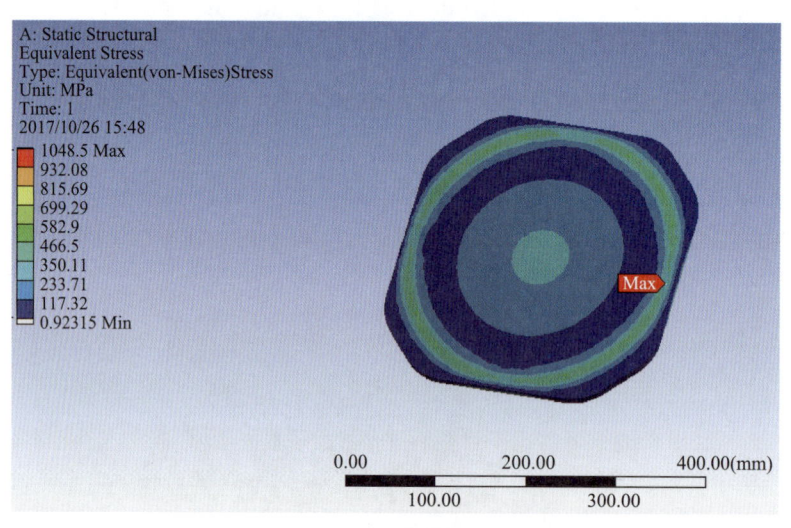

图 5.120　端盖等效应力云图

六、重力仪密封舱

重力仪密封舱内装有重力仪，可为重力仪提供可靠的运行环境。为保证重力测量的准确性，同样采用圆柱体结构形式，保证耐压强度，其整体外形尺寸为直径 330mm，高度 350mm，如图 5.121 所示。

图 5.121　重力仪密封舱

对重力仪承压舱壁厚的计算如下。

在深水环境下，壳体的破坏主要分为强度失效和稳定性失效两种。下面将分别计算两种情形下的受力。

壳体材料为 TC4 钛合金，材料的特性参数和其他密封舱相同。设计强度 25MPa。壳体厚度 t 需满足式(5.33)，初始计算时取 $K_2^0 =1.05$，R_0 取 165mm。

计算可得

$$t \geqslant 6.4\text{mm}$$

根据设计和加工工艺的实际情况，壳体厚度取 t =10mm。此时，壳体内径 R 为 155mm，外径 R_0 为 165mm。

(一)承压舱稳定性计算

确定肋骨间距及肋骨截面，肋骨间距 l 满足式(5.34)，即

$$l \leqslant 429\text{mm}$$

由于主壳体长度为 L=350mm，同时考虑端盖的厚度，因此不需要设置加强肋骨。

根据壳体的尺寸参数，稳定性校核按照短外压圆筒进行计算。壳体理论临界压力 p'_{cr}，可用式(5.35)进行计算。通过计算可得壳体理论临界压力为

$$p'_{\text{cr}} = 51\text{MPa} > 25\text{MPa}$$

由此可知，该壳体的稳定性满足要求。

(二)封头计算

封头设计和其他密封舱相同，按照可拆卸圆形平板封头来进行，按照薄板受力公式校核其强度，根据实际的受力情况，实心圆板的应力按照周边简支计算公式：

$$\sigma_{\max} = 1.24 \times q \times \left(\frac{R'}{t}\right)^2 \tag{5.37}$$

式中，R' 为圆板的半径，圆板直径为承压舱舱体内径，取 R=165mm；t 为板的厚度，取 t =10mm；q 为圆板的均布载荷，$q = pS = 25\times 10^6 \times \pi \times (0.165)^2 = 2137163(\text{N})$；$\sigma_{\max}$ 为圆板最大应力，$\sigma_{\max}$ =721MPa＜825MPa，因此封头最小厚度为 10mm。同时，考虑到开孔等因素的影响，最终取封头厚度为 42mm。

(三)承压舱强度和稳定性仿真分析

重力仪承压舱结构的材料为 TC4 钛合金，材料参数与实际应用要求和其他密封舱相同。

1. 舱体仿真

采用其他密封舱强度分析软件和设计软件进行仿真分析。最终得到重力仪承压舱壳体强度分析如下。

从图 5.122 和图 5.123 可以看出，重力仪承压舱强度校核在外压 25MPa 的压力作用

下，壳体最大应力为 631.8MPa，最大应力小于 TC4 的屈服强度；最大变形量为 0.32mm，变形量较小。因此符合强度设计要求。

图 5.122　承压舱变形量分析

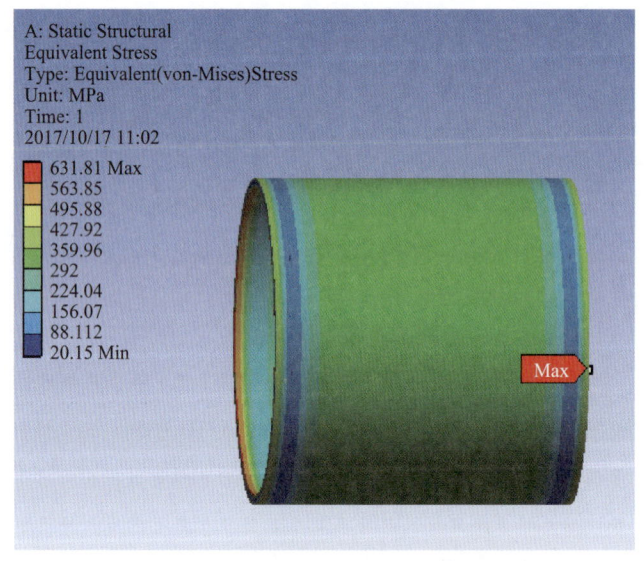

图 5.123　承压舱等效应力分析

基于重力仪承压舱壳体静力学强度的计算结果，在其变形和残余应力的基础上，保持边界条件不变，并施加静水压力(25MPa)，对壳体进行变形后的屈曲载荷因子进行计算，分析壳体变形后的屈曲稳定性。计算取结构的前 6 阶特征值，结果见表 5.26。重力仪壳体第一阶屈曲载荷因子对应的屈曲变形云图如图 5.124 所示。

2. 封头仿真

对重力密封舱端盖只进行强度校核分析。分析结果如图 5.125 所示。

表 5.26　重力仪承压舱壳体静力学变形后的屈曲载荷因子计算结果

阶数	1	2	3	4	5	6
屈曲载荷因子	5.0147	5.0147	5.6041	5.6042	5.1426	5.1429

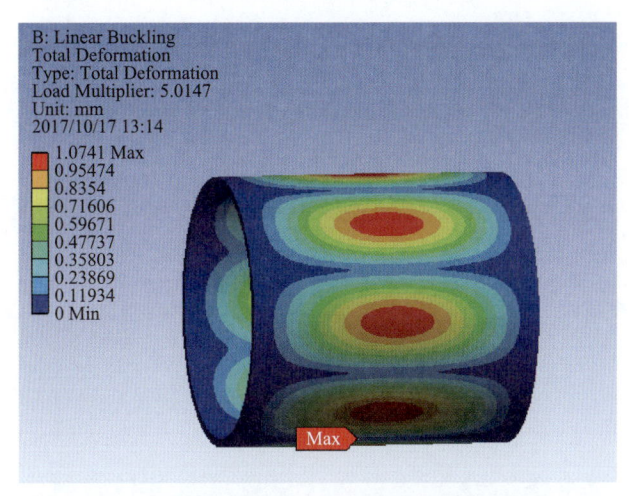

图 5.124　第一阶屈曲变形分析

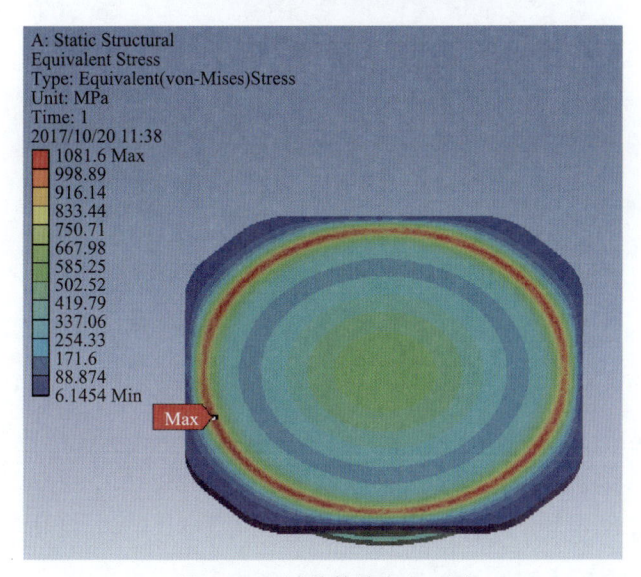

图 5.125　端盖等效应力云图

从图 5.125 中可以看出，在外压 25MPa 的压力下，重力仪密封舱超出材料屈服极限的应力点主要集中在端盖与舱体的接触部位，此位置为应力集中点。而变形量最大的中心位置应力小于材料的屈服极限。可见，端盖的设计强度满足使用要求。

七、磁力仪密封舱

(一)筒体结构设计

磁力仪密封舱主要用来安装磁力仪传感器及其配套设备，由于磁力仪要求磁通门探头与光纤陀螺及其他设备保持一定的距离，同时要保证探头与陀螺的固定连接，故设计变直径密封舱。其大直径筒体直径为 347mm，小直径筒体直径为 99mm，整体长度为 2146mm（图 5.126）。

图 5.126 磁力仪密封舱结构图（单位：mm）

1. 大直径筒体设计

1）壁厚设计

在深水环境下，壳体的破坏主要分为强度失效和稳定性失效两种。下面将分别计算两种情形下的受力。

壳体材料为 TC4 钛合金，参数和应用要求与其他密封舱相同。设计强度 p=20×1.4=28MPa。壳体厚度 t 需满足式(5.33)，初始计算时取 $K_2^0 = 1.05$；R_0 取 R_0=173.5mm。

计算得

$$t \geqslant 7.6\text{mm}$$

根据设计及加工工艺的实际情况，壳体厚度取 t=16mm。此时，壳体内径 R 为 155.5mm，外径 R_0 为 173.5mm。

2）舱体稳定性校核

临界长度 L_{cr}：

$$L_{cr} = 1.17 \times D \times \sqrt{D/t} \tag{5.38}$$

式中，D 为壳体的平均直径，D=331mm。计算可得 L_{cr}=1761.4mm，壳体长度 L=530mm＜L_{cr}，因此属于短圆筒。

按照短圆筒计算公式计算临界压力 p_{cr}：

$$p_{cr} = \frac{2.59 \times E \times t^2}{L \times D \times \sqrt{D/t}} \tag{5.39}$$

计算可得 p_{cr}=93.9MPa。

计算许用外压力 $[p]$：

$$[p] = \frac{p_{cr}}{m} \tag{5.40}$$

我国对压力容器设计规范规定，外压圆筒设计取 m=3.0。计算得 $[p]$=31.3MPa。设计

强度 $p<[p]$，因此设计壁厚 $t=16\text{mm}$ 满足要求。

3) 封头设计

封头设计和其他密封舱相同，可由公式(5.37)进行计算。圆板直径 R 为承压舱舱体内径，取 $R=155.5\text{mm}$；t 为板的厚度，取 $t=10\text{mm}$；$q=PS=28\times10^6\times\pi\times(0.1575)^2=2180965.5(\text{N})$；$\sigma_{\max}=670.86\text{MPa}<825\text{MPa}$，因此封头的最小厚度为 10mm。同时，考虑到开孔等因素的影响，取最终封头厚度为 40mm。

2. 小直径筒体设计

1) 壁厚设计

壳体材料为 TC4 钛合金，材料的特性参数和重力仪密封舱相同。设计强度 $p=20\times1.4=28\text{MPa}$。壳体厚度 t 需满足式(5.33)，初始计算时取 $K_2^0=1.05$；取 $R_0=49.5\text{mm}$。计算得

$$t \geqslant 2.2\text{mm}$$

根据设计及加工工艺的实际情况，壳体厚度取 $t=7\text{mm}$。此时，壳体内径 R 为 42.5mm，外径 R_0 为 49.5mm。

2) 舱体稳定性校核

临界长度 L_{cr}：

$$L_{\text{cr}}=1.17\times D\times\sqrt{D/t} \tag{5.41}$$

式中，$D=92\text{mm}$。计算可得 $L_{\text{cr}}=390\text{mm}$，壳体长度 $L=1621\text{mm}>L_{\text{cr}}$，因此属于长圆筒。

按照长圆筒计算公式计算临界压力 p_{cr} 的值，即

$$p_{\text{cr}}=2.2\times E\times\left(\frac{t}{D}\right)^3 \tag{5.42}$$

计算可得 $p_{\text{cr}}=109.5\text{MPa}$。

计算许用外压力 $[p]$：

$$[p]=\frac{p_{\text{cr}}}{m} \tag{5.43}$$

外压圆筒设计取 $m=3.0$。计算得 $[p]=36.5\text{MPa}$。计算可得，设计强度 $p<[p]$，因此设计壁厚 $t=7\text{mm}$ 可满足要求。

3) 封头设计

封头按照周边固支的圆平盖进行计算，平板厚度满足式(5.36)。

圆平盖密封面的平均直径 $D_{\text{G}}=85\text{mm}$，计算可得 t_b 为 2.9，考虑开口、密封等因素，取平板厚度为 35mm 即可满足要求。

(二) 强度与稳性分析校核

磁力仪承压舱的结构材料为 TC4 钛合金，材料的特性参数和其他密封舱相同，磁力

仪使用水深为 2000m，按 1.4 倍的安全系数确定载荷条件为均布的静水压力 28MPa。

采用 Ansys Workbench 进行强度和稳定性分析，强度设计采用 static structural 进行仿真分析，稳性分析结合 static structural 分析结果进行求解，最终得到磁力仪耐压壳体强度分析。

1. 总装仿真分析

从图 5.127 和图 5.128 可以看出，磁力仪整体承压舱强度校核在外压 28MPa 的作用下，最大应力点出现在法兰与小直径圆筒的连接位置，但并未超过所用材料 TC4 的屈服强度，此位置属于应力集中点，在安全设计范围之内。

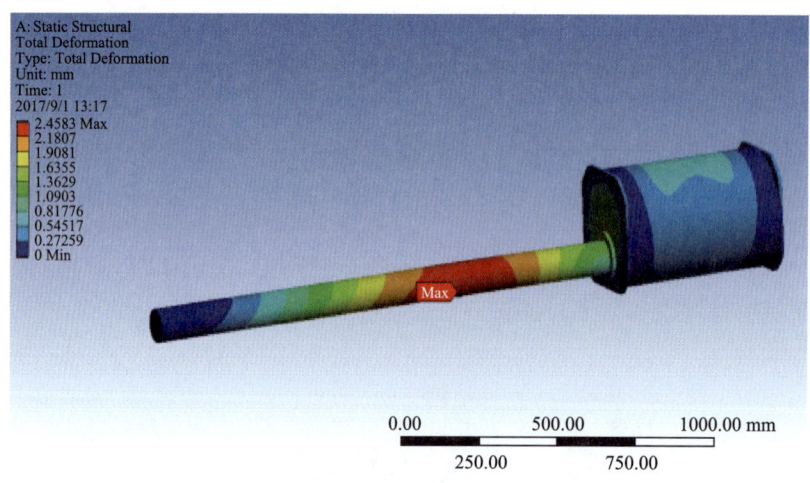

图 5.127　变形量云图

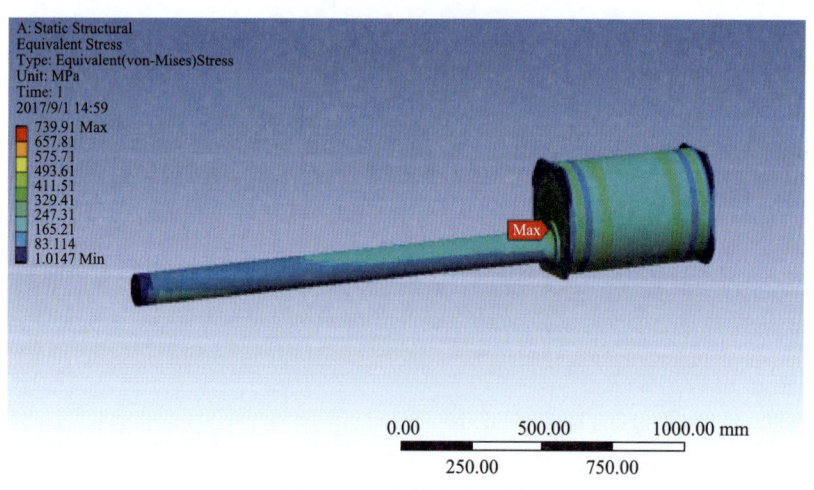

图 5.128　等效应力云图

2. 大直径圆筒仿真分析

从图 5.129 和图 5.130 可以看出，在外压 28MPa 的压力作用下，壳体最大应力为

430.27MPa，最大应力小于 TC4 的屈服强度；最大变形量为 0.48mm，变形量较小。因此符合强度设计要求。

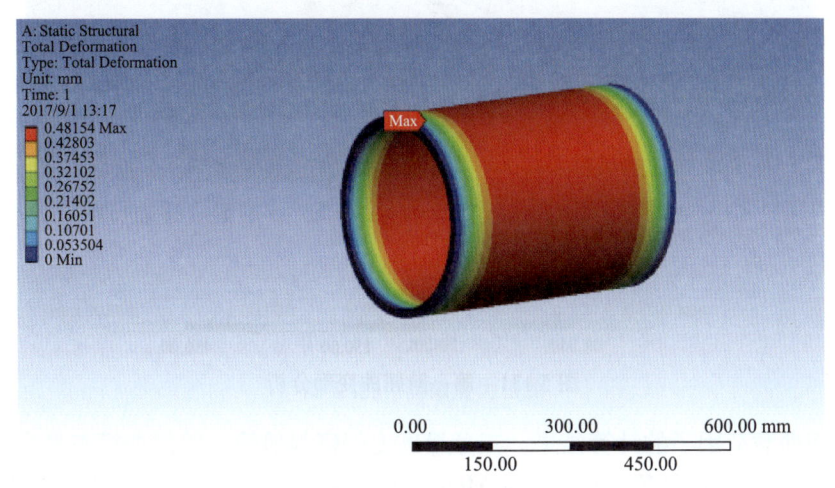

图 5.129 变形量云图

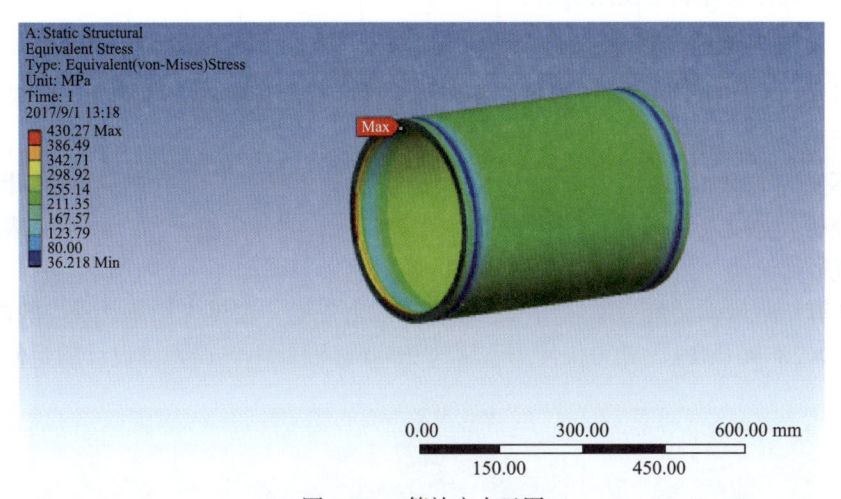

图 5.130 等效应力云图

基于大直径壳体静力学强度的计算结果，在其变形和残余应力的基础上，保持三分量磁力密封舱的边界条件不变，施加静水压力(28MPa)，对大直径壳体进行变形后的屈曲载荷因子进行计算，分析壳体变形后的屈曲稳定性。计算取结构的前 6 阶特征值，结果见表 5.27。屈曲变形云图如图 5.131 所示。

表 5.27 大直径壳体静力学变形后的屈曲载荷因子计算结果

项目	阶数					
	1	2	3	4	5	6
屈曲载荷因子	4.0469	4.0471	5.1414	5.406	5.4097	5.9768

密封舱内的数据采集系统将各个设备的数据通过通信网络实时传输到母船上，由母船设备进行数据的显示与处理。如图 5.135 所示。

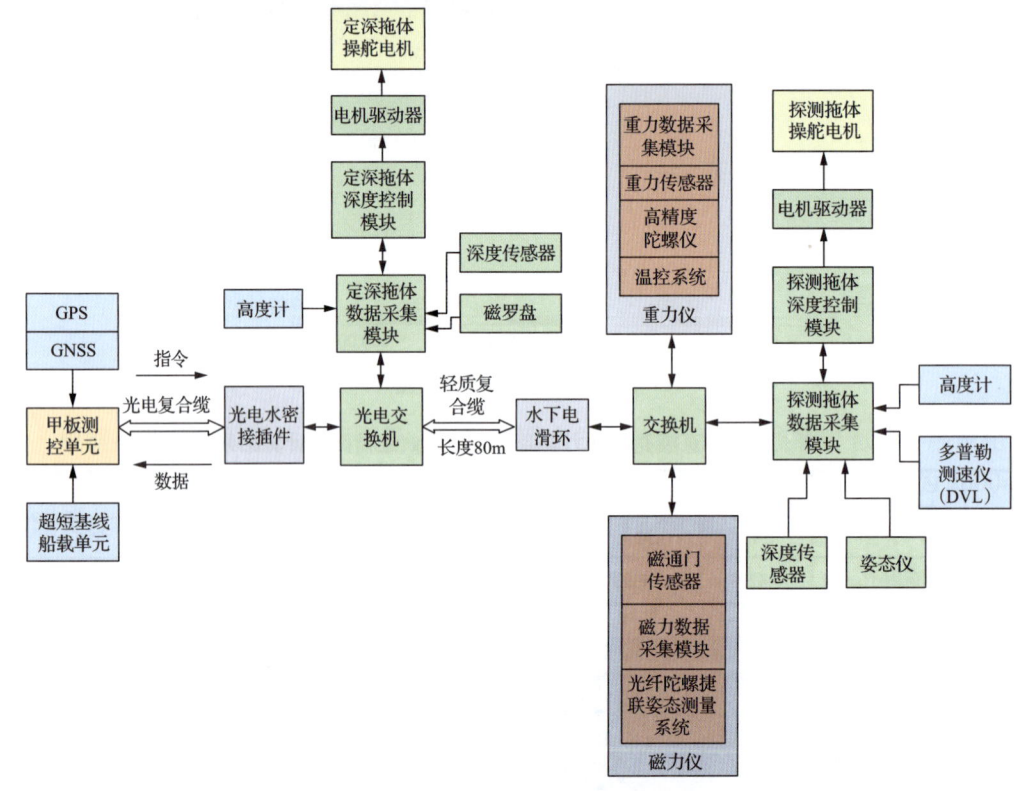

图 5.135　信息流图

二、母船设备

拖曳母船为整个拖曳系统提供动力，同时对数据进行显示、存储等操作，主要包括授时定位系统、供电系统、绞车系统、1PPS 信号转发设备，以及运行有拖曳系统显控软件的工控机等组成。其中授时定位系统可采用船上自带的定位系统，也可选用其他的定位系统，这里采用标准的定位数据信息，不对硬件型号进行相应的规定。绞车系统则使用海洋地质四号科考船上的万米光纤绞车，如图 5.136 所示。

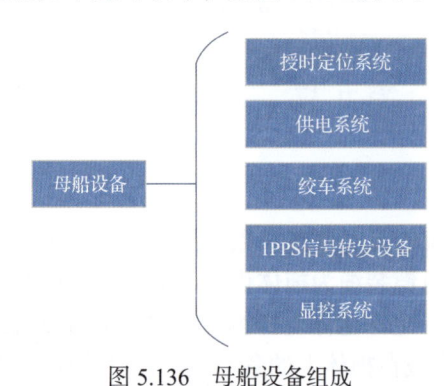

图 5.136　母船设备组成

(一) 1PPS 信号转发设备

1PPS信号转发模块(图5.137)主要是将卫星授时模块的1PPS时钟脉冲信号转发至拖体,并提供给各个仪器设备,在时钟脉冲信号的传输过程中,要求信号要保持频率的一致性,并尽量减少延迟。这里通过将1PPS电信号转换为光脉冲信号的方式,保证传输的实时性与可靠性,采用1×9光纤模块来完成光电信号的转换,主要参数如下。

(1) 工作波长:单模1310nm。
(2) 传输距离:15km。
(3) 速率:2Mbit/s。
(4) 电源电压:3.3V。
(5) 工作温度:−40~85℃。
(6) 封装:标准1×9管脚封装。

图 5.137 光电转换模块

(二) 显控系统

显控系统具有以下基本功能。

(1) 布放、工作、回收过程中实时监测两拖体及拖体搭载的各项设备的工作状况,显示拖体位置、姿态及各传感器参数。
(2) 设置拖体及搭载设备的工作参数,根据需要向拖体发送工作指令。
(3) 回收拖体及搭载设备保存的数据。

甲板测控单元的功能从逻辑上可分为操作接口、业务处理、协议解析和设备接入四层,如图5.138所示。

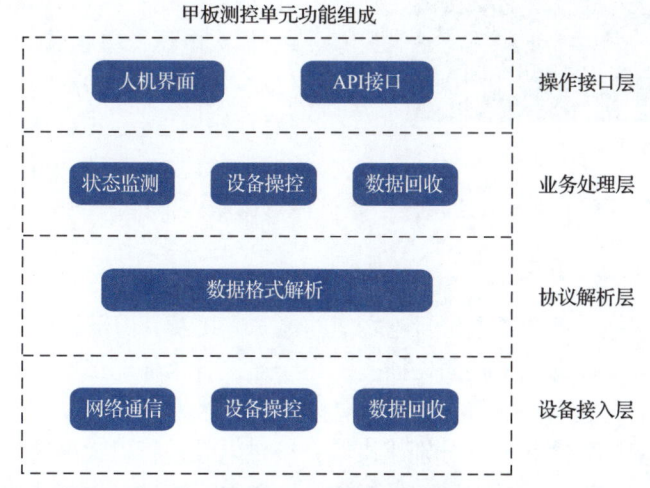

甲板测控单元功能组成

| 操作接口层: 人机界面, API接口 |
| 业务处理层: 状态监测, 设备操控, 数据回收 |
| 协议解析层: 数据格式解析 |
| 设备接入层: 网络通信, 设备操控, 数据回收 |

图 5.138 显控单元组成

1. 设备接入

显控系统通过工业交换机与拖曳系统组成一个工业以太网络,同时为实现拖体定位,通过串口接入超短基线船载单元、GPS 等设备。为了提高布放效率和精度,还计划接入绞车系统,形成闭环控制。

2. 协议解析

显控系统上位机软件按照各设备约定协议解析接收到的数据,并且可打包将要发送的指令,实现对拖曳系统的基本控制功能。

3. 业务处理

上位机软件负责解算船体、探测拖体的位置及各设备位置和工作状态,配置拖体及各设备工作参数,发送工作指令,回收拖体及搭载设备保存的数据等。

4. 操作接口

用于展示拖曳系统运行状态和人工发送控制指令的人机界面,向上层控制系统提供数据和接收指令的 API 接口。

(三)供电系统

母船除给拖曳系统提供数据处理、拖曳动力外,还要通过绞车与万米光电铠装缆为拖体进行远程供电,由于供电距离较远,所以必须采用高压输电的传输方式,同时供电系统配有过流过载保护、漏电保护等功能,以保护母船上的电源系统。这里采用环形升压变压器(图 5.139)对电源进行升压处理,具体技术参数如下:

(1)输入电压:单相 AC220V/7kVA。
(2)输出电压:单相 AC2500V/7kVA。
(3)工作温度:$-10\sim50℃$。
(4)存储温度:$-20\sim75℃$。
(5)尺寸规格:直径 310mm,高度 250mm。

图 5.139 升压变压器

(6)其他要求:通过安装吊耳安装,灌封环氧树脂以保证散热与安全。

三、密封舱电气连接与组成

深水重磁勘探拖曳系统各个密封舱之间的电气连接及其内部设备如图 5.140 所示。

各个密封舱都安装有水密接插件插座,用于连接各个外部仪器,此外为了便于调试与测试并进行湖上试验,每个密封舱都留有测试用的水密接插件。如图 5.141 所示,图中定深拖体的水密接插件 8 与 9 分别用来给系统供电并进行以太网通信,在进行实验室测试及湖上试验时,没有海洋地质四号船的铠装缆进行测试与供电,故预留两个连接器接口;探测拖体预留有一个微小型 8 芯水密接插件,若需要单独对探测拖体进行调试与测试,则可以通过探测拖体密封舱连接轻质复合缆的 6 和 7 接口进行供电与通信测试;

重力仪密封舱与磁力仪密封舱各留有一个 12 芯的调试接口和一个 6 芯的电源开关接口，如图 5.141 所示。

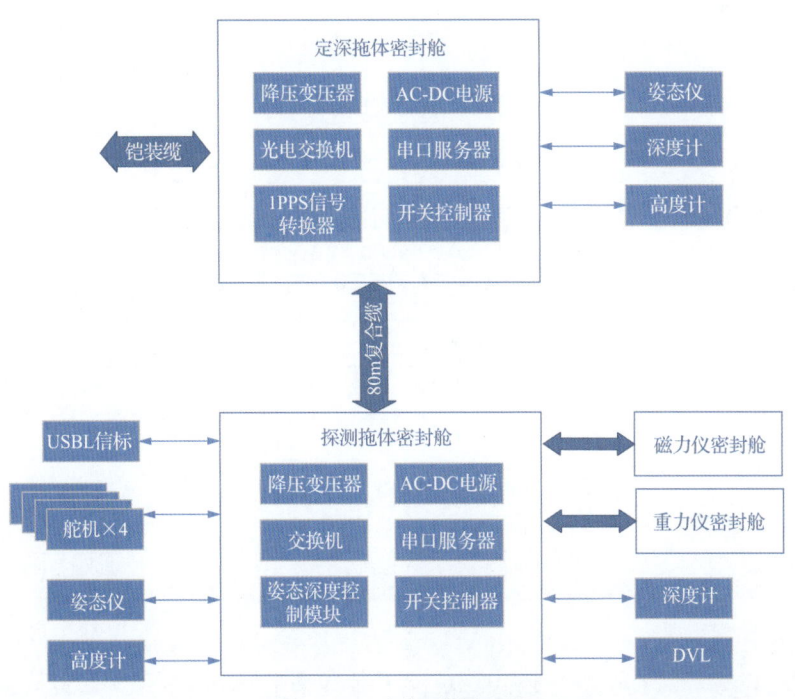

图 5.140　电气系统组成

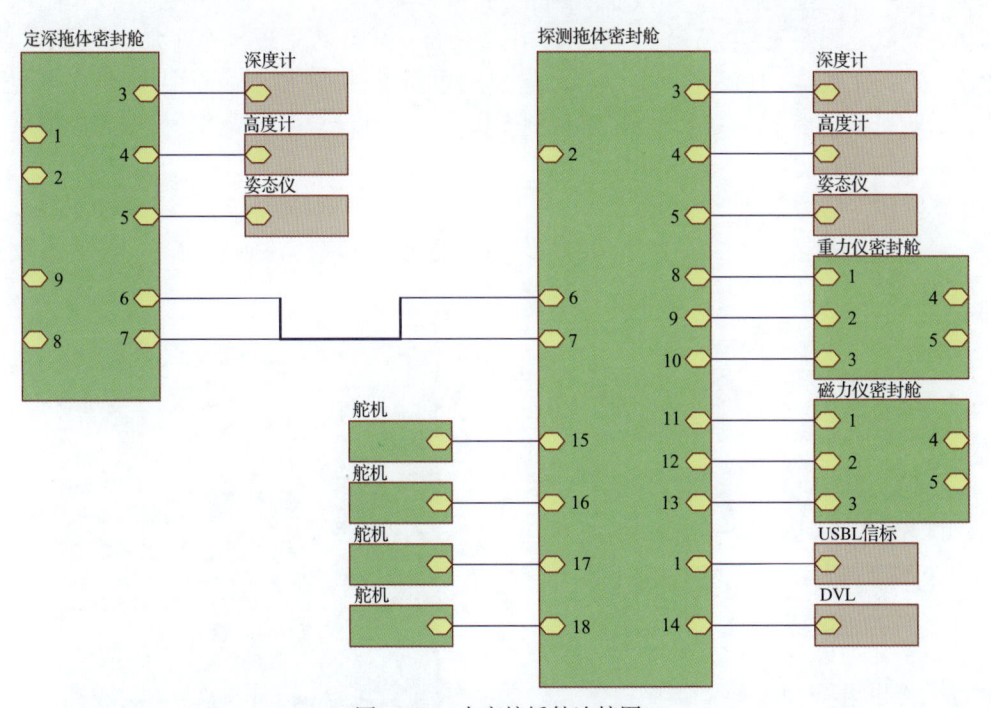

图 5.141　水密接插件连接图

图中数字为接插件芯线序号

(一)定深拖体密封舱

1. 水密接插件

水密接插件的选型见表 5.29。

表 5.29　水密接插件选型表

名称	型号	作用
4 芯高压插座	MSSM4#8BCR-HV	
4 芯光纤插座	Optolink A 04 BCR	
微小型 8 芯母座	MCBH8FTI	深度计
微小型 8 芯母座	MCBH8FTI	高度计
微小型 8 芯母座	MCBH8FTI	姿态仪
8 芯圆形网络母座	DBH8FTI + DLSA-M	以太网与 1PPS 信号
4 芯电源母座	HPBH4FTI + DLSC-M	轻质复合缆给探测拖体供电
8 芯圆形网络公座	DBH8MTI + DLSA-M	调试与测试口
4 芯电源公座	HPBH4MTI + DLSC-M	调试供电口

2. 综合控制模块

定深拖体密封舱内综合控制模块的主要功能包括电源变换以便于给探测拖体供电，桥接探测拖体与拖曳母船，组成通信网络，此外还要采集各个传感器的数据及控制传感器的通断电，如图 5.142 所示。主要由降压变压器、AC-DC 电源、光电交换机、串口服务器、开关控制器、1PPS 信号转换器等组成，同时可以根据实际调试测试效果在定深拖体密封舱里增加数据采集模块与姿态控制模块，具体设计与定深拖体的数据采集模块与姿态控制模块相同。

1) 降压变压器

降压变压器(图 5.143)的作用是将铠装缆上的 2500V 高压转换为 220V，技术参数要求如下。

图 5.142　定深拖体密封舱电气组成图

图 5.143　降压变压器

(1) 输入电压：单相 AC2500V/6kVA。
(2) 输出电压：单相 AC220V/6kVA。
(3) 工作温度：–10～50℃。
(4) 存储温度：–20～75℃。
(5) 尺寸规格：直径 280mm，高度 240mm。
(6) 其他要求：无安装吊耳，通过中轴固定，灌封环氧树脂以保证散热。

2) AC-DC 电源

AC-DC 电源模块是将降压变压器输出的 AC220V 电源转换为仪器设备及探测拖体所需要的直流电源，主要分为两组，一组为 AC220V 转 DC28V，容量为 700W；另一组为 AC220V 转 DC360V，DC360V 主要用于探测拖体与定深拖体之间的长距离电源传输。

AC220V 转 DC28V 电源模块采用日本 COSEL 的 TUNS700F28 型模块式电源，如图 5.144 所示，电路如图 5.145 所示，其技术参数如下。

图 5.144 电源模块

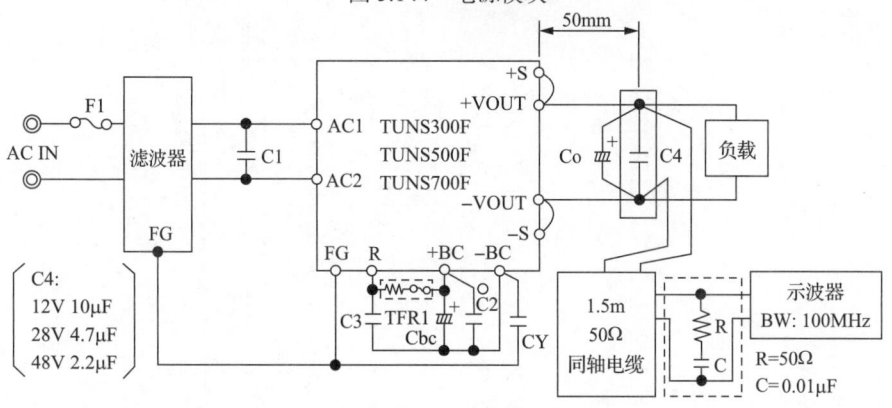

图 5.145 典型电路

(1) 输入电压：AC85～264V。
(2) 输出电压：DC28V。
(3) 输出电流：25A。
(4) 转换效率：96%。
(5) 工作温度：–40～100℃。

(6) 存储温度：–40～100℃。

AC220V 转 DC360V 电源模块采用日本 COSEL 的 SNDPF1000 型模块式电源，如图 5.146 所示，其技术参数如下。

(1) 输入电压：AC170～264V。
(2) 输出电压：DC360V。
(3) 输出功率：1500W。
(4) 转换效率：95%。
(5) 工作温度：–40+100℃。
(6) 存储温度：–40+100℃。

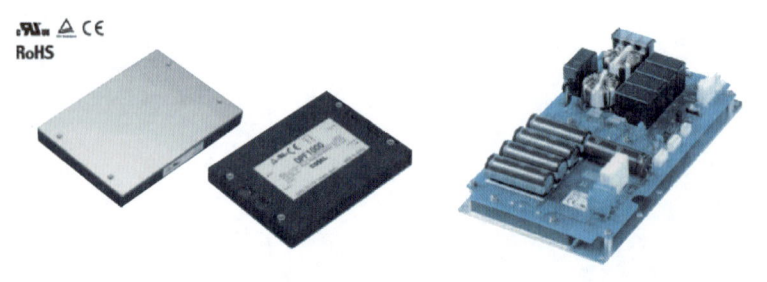

图 5.146　电源模块

单个电源模块的最大功率可达 1500W，为了满足探测拖体加装舵机的要求，采用四个模块并联的电源设计方式，最大功率可达 6000W，具体的典型应用电路如图 5.147 所示。

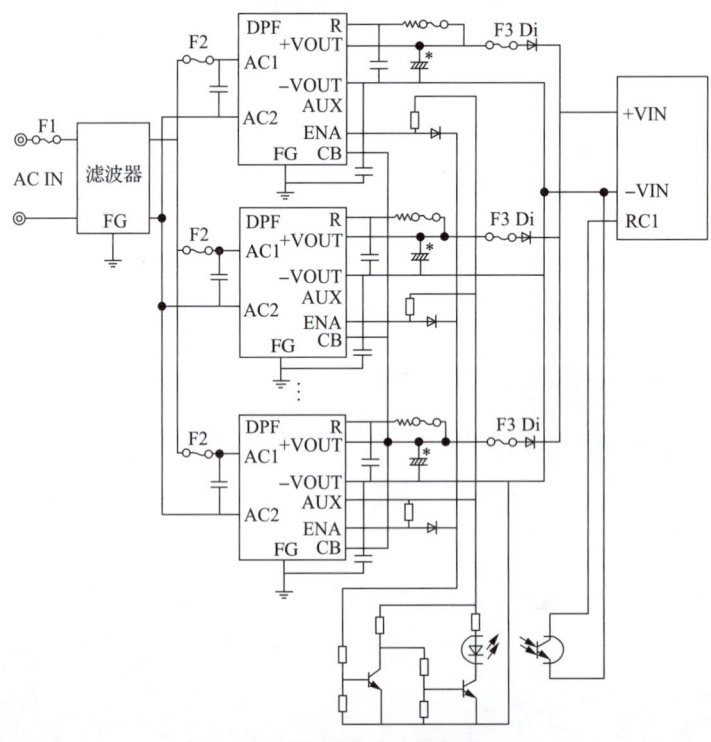

图 5.147　典型并联电路

3) 光电交换机

光电交换机用来将铠装缆的光纤信号转换为以太网信号,并将探测拖体和母船设备组成一个局域网络,用来进行数据信息交互,这里选用研华的 EKI-2725F,其规格参数如图 5.148 所示。

(1) 网络接口:1 路 SFP(100/1000Mbps)光纤接口,4 路 RJ45(10/100/1000Mbps)以太网接口。

(2) 传输距离:100m。

(3) 工作电压:DC12~48V。

(4) 功耗:2.5W。

(5) 工作温度:–10~60℃。

(6) 存储温度:–40~85℃。

(7) 尺寸:30×140×95mm。

4) 串口服务器

串口服务器可将串口信号转换为以太网信号,以便于串口设备的组网,从而可将深度计、高度计等仪器设备的测量数据通过网络传输到母船,且无须增加拖曳缆的信号线芯数。这里选用杭州杭途科技有限公司的 iHT-SCM60,串口服务器是基于成熟的 32 位 ARM9 嵌入式软硬件平台,实时性强、可靠性高。该设备结构紧凑,性能稳定,可实现 RS485、RS422、RS232 串口与 TCP/IP 网络接口数据的双向透明传输,能有效满足对串口数据采集的需求,如图 5.149 所示。其具体技术参数如下。

图 5.148 光电交换机

(1) 硬件配置:ARM9 400MHz、1Gbit DDR2、8Gbit Flash。

(2) 接口数量:2 路以太网、4 路串口。

(3) 供电电压:DC9~36V。

(4) 功耗:5W。

(5) 工作温度:–40~85℃。

(6) 尺寸:118×127×45mm。

5) 开关控制器

开关控制器用来控制各个外置仪器电源的通断,这里采用成品 4 路继电器控制模块,型号为 WB-R204D4-3,如图 5.150 所示。其主要技术参数如下。

图 5.149 串口服务器 　　　　　　图 5.150 开关控制器

(1) 供电电压：DC9～30V。
(2) 供电电流：2A 以上。
(3) 继电器通道数：4 路。
(4) 通流能力：10A。
(5) 控制接口：RS232。
(6) 工作温度：-20～60℃。
(7) 尺寸：106×80×30mm。

6) 1PPS 信号转换器

1PPS 信号转换器主要用来转换 GPS 模块的 1PPS 信号，分为水上部分和水下部分，水上部分将 1PPS 信号转换为光纤脉冲信号，水下部分重新将光纤脉冲信号转换为 1PPS 信号，从而实现 GPS 模块 1PPS 信号的远距离传输，为磁力仪和重力仪的测量提供时钟同步信号。这里主要选用 1×9 光纤模块来完成光电信号的转换，如图 5.151 所示。其主要参数如下：

(1) 工作波长：单模 1310nm。
(2) 传输距离：15km。
(3) 速率：2Mb/s。
(4) 电源电压：3.3V。

图 5.151　光电转换模块

(5) 工作温度：-40～85℃。
(6) 封装：标准 1×9 管脚封装。

(二) 探测拖体密封舱

1. 水密接插件

表 5.30 中的序号 6 和序号 7 用于连接电滑环，并通过电滑环和复合缆与定深拖体连接，是探测拖体系统的电源与通信接口。同时在实验室调试阶段，还可通过这两个接口对定深拖体进行单独的调试测试。

表 5.30　水密接插件选型表

名称	型号	作用
微小型 8 芯母座	MCBH8FTI	USBL
微小型 8 芯母座	MCBH8FTI	预留
微小型 8 芯母座	MCBH8FTI	深度计
微小型 8 芯母座	MCBH8FTI	高度计
微小型 8 芯母座	MCBH8FTI	姿态仪
8 芯圆形网络公座	DBH8MTI + DLSA-M	以太网与 1PPS 信号
4 芯电源母座	HPBH4MTI + DLSC-M	轻质复合缆，给探测拖体供电

续表

名称	型号	作用
微小型6芯母座	MCBH6FTI	
8芯圆形网络母座	DBH8FTI + DLSA-M	以太网数据
微小型16芯母座	MCBH16FTI + DLSA-M	串口数据
微小型6芯母座	MCBH6FTI	
8芯圆形网络母座	DBH8FTI + DLSA-M	以太网数据
微小型16芯母座	MCBH16FTI + DLSA-M	串口数据
微小型8芯母座	MCBH8FTI	
圆形8芯母座	BH8FTI + DLSB-M	舵机
圆形8芯母座	BH8FTI + DLSB-M	舵机
圆形8芯母座	BH8FTI + DLSB-M	舵机
圆形8芯母座	BH8FTI + DLSB-M	舵机

2. 综合控制模块

探测拖体的综合控制模块主要由电源模块、开关控制器、串口服务器、姿态深度控制模块、交换机、数据采集处理模块等组成，其主要作用是控制探测拖体的拖曳姿态与深度，采集各个传感器的数据并将数据传输至作业母船。其中，串口服务器采用与探测拖体相同的型号，硬件上姿态深度控制模块采用与数据采集模块相同的电路板。

1) 电源模块

电源模块(图5.152)的主要作用是将DC360V高压转换为直流低压，用于给传感器、磁力仪、重力仪、舵机等设备供电。这里采用日本COSEL的DC-DC降压模块进行转换，具体型号为SNDBS700B48和SNDBS700B28，前者输出电压为DC48V，后者为DC28V，前者的主要技术参数如下。

图5.152 电源模块

(1) 输入电压：DC200~400V。
(2) 输出电压：DC48V。
(3) 输出功率：700W。
(4) 转换效率：90%。
(5) 工作温度：–20~95℃。

(6) 存储温度：–20～96℃。

2) 开关控制器

开关控制器用来控制各个外置仪器电源的通断，这里采用赣州龙南中凯电子科技的 WB-R204D4-3 成品 4 路继电器控制模块，如图 5.153 所示。主要技术参数如下。

(1) 供电电压：DC9～30V。

(2) 供电电流：2A 以上。

(3) 继电器通道数：8 路。

(4) 通流能力：10A。

(5) 控制接口：RS232。

(6) 工作温度：–20～60℃。

(7) 尺寸：179×80×30mm。

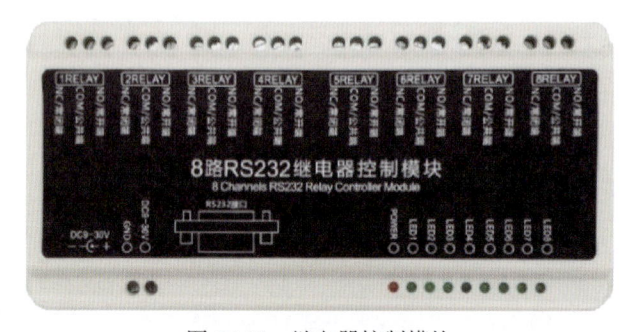

图 5.153　继电器控制模块

3) 数据采集处理模块

数据采集处理模块(图 5.154)的作用是采集 DVL、高度计、深度计、超短基线定位系统等传感器的数据，将各个传感器的数据进行解析并统一打包，采用一定的格式发送至串口服务器及姿态深度控制模块。同时，数据采集处理模块搭载有板载气压传感器、温湿度传感器等，可用来实时测量密封舱内的气压及温度情况。

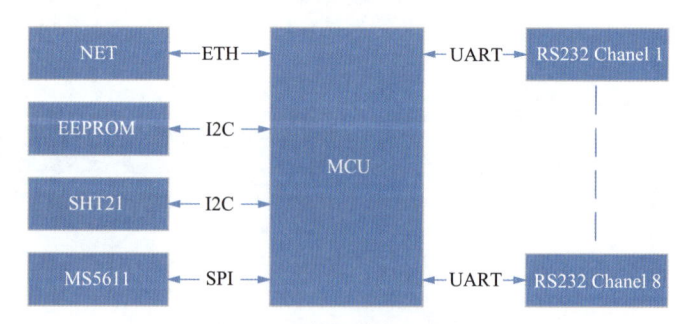

图 5.154　数据采集处理模块

这里主控芯片选用 STM32F429VET6，其采用 ARM Cortex-m4 内核，最高主频可达 180MHz，具有 8 路串口及 1 路以太网接口，可满足数据采集处理的使用要求。板载气压传感器选用 MS5611，采用 SPI 接口，其体积小、响应快，非常适合测量密封舱内的气压，主要技术参数见表 5.31。温湿度传感器采用 I2C 接口的 SHT21，其主要技术参数见表 5.32。

表 5.31 气压计的技术参数

气压计性能参数(V_{DD}=3V)				
压力范围	最小值	典型值	最大值	单位
	10		1200	mbar
ADC		24		bit
分率(1)		0.068/0.042/0.027/0.018/0.012		mbar
精度为 25℃,750mbar	−1.5		+1.5	mbar
误差棒,−20℃~+85℃ 450~1100 mbar	−2.5		+2.5	mbar
响应时间		0.5/1.1/2.1/4.1/8.22		ms
长期稳定性		±1		mbar/a
温度测量范围	最小值	典型值	最大值	单位
	−40		+85	℃
分辨率		<0.01		℃
精度	−0.8		+0.8	℃

表 5.32 温湿度传感器的技术参数

相对湿度				
参数	条件	最小	典型	最大	单位
分辨率	12bit		0.04		%RH
	8bit		0.7		%RH
精度误差	典型		±2		%RH
	最大		见图 2		%RH
重复性			±0.1		%RH
迟滞			±1		%RH
非线性			<0.1		%RH
响应时间	τ63%		8		s
工作范围		0		100	%RH
长时间漂移	正常		<0.5		%RH/a
温度				
参数	条件	最小	典型	最大	单位
分辨率	14bit		0.01		℃
	12bit		0.04		℃
精度误差	典型		±0.3		℃
	最大				℃
重复性			±0.1		℃
工作范围	Extended	−40		125	℃
响应时间	τ63%	5		30	s
长时间漂移			<0.04		℃/yr

4) 交换机

交换机用于将水下重力仪、磁力仪和串口服务器等设备与定深拖体、母船单元组成局域网络，以便于母船对各个仪器数据的采集与处理。这里选用研华的工业交换机，型号为 EKI-2725，如图 5.155 所示。主要技术参数如下。

(1) 网络接口：5 路 RJ45(10/100/1000Mbps)以太网接口。
(2) 传输距离：100m。
(3) 工作电压：DC12～48V。
(4) 功耗：2.5W。
(5) 工作温度：-10～60℃。
(6) 存储温度：-40～85℃。
(7) 尺寸：30×140×95mm。

图 5.155　交换机

5) 姿态深度控制模块

姿态深度控制模块在硬件上与数据采集处理模块采用相同的电路，只是在软件上有所不同。探测拖体控制系统主要由数据采集(主要包含深度、高度和拖体姿态数据)、定深拖体控制模块、通信接口、深海舵机、舵板(侧翼、尾翼)组成，如图 5.156 所示。

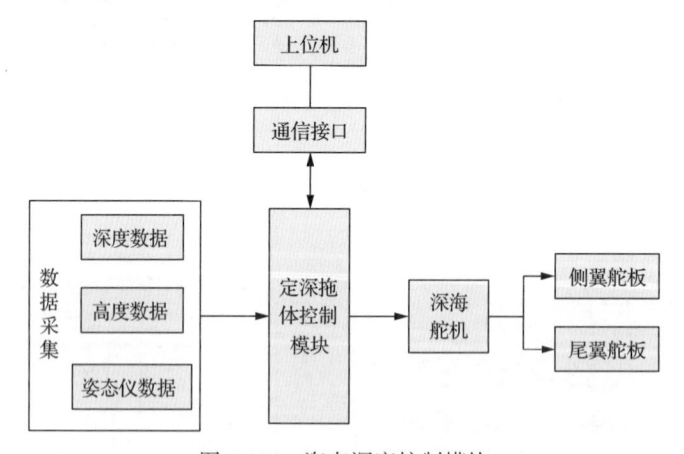

图 5.156　姿态深度控制模块

探测拖体定深控制系统的工作任务首先是采集深度计、高度计及姿态仪的数据，将其传送给中心处理器，然后根据设定深度值进行控制算法计算，根据计算结果控制电机驱动控制侧翼舵板的方向和角度，实现定深拖体的上浮、下沉及其响应速度，根据姿态仪数据控制尾翼舵板的旋转方向实现对拖体仰俯等姿态的控制，并实时向上位机发送数据。

控制算法可采用模糊 PID、神经网络等几种方法。传统 PID 控制器的控制效果其最关键部分在于对参数 KP、KI、KD 的确定,虽然上述研究能以相对简单的方式实现较好的控制性能,但是仍然无法避免常规 PID 的不足。现以模糊 PID 控制算法为首要研究方法,具体控制过程如图 5.157 所示。

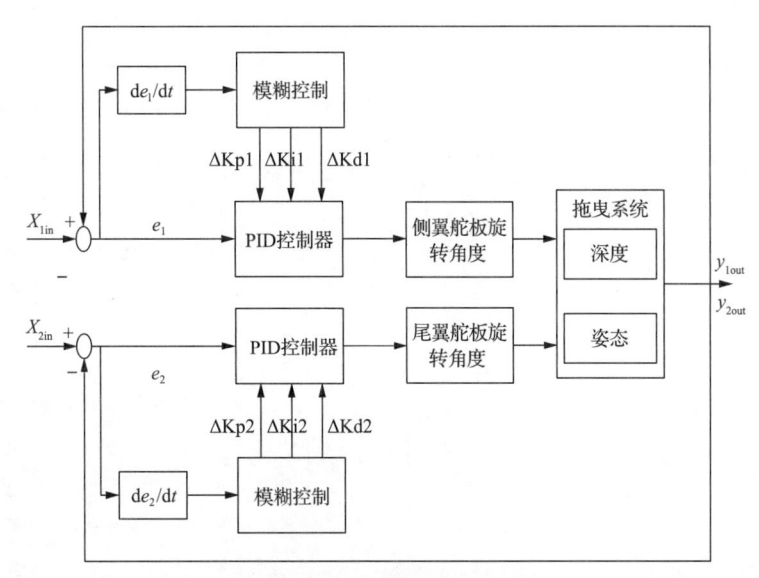

图 5.157 姿态控制算法示意图

通过水深设定值 X_{1in} 与输出反馈值 y_{1out} 的差值和差值变化率进行模糊控制,若当前水深与设定水深差值较大,则 PID 控制器将增大侧翼舵板的旋转角度,并加速达到设定的水深区域;若当前水深与设定水深差值较小,则 PID 控制器将减小舵板的旋转角度,并缓慢达到设定水深区域,同时以较小浮动稳定在水深设置值区域。

通过姿态设定值 X_{2in} 与输出反馈值 y_{2out} 的差值和差值变化率进行模糊控制。正常情况下,姿态设置值应为水平,若当前姿态与设定姿态不同,则 PID 控制器调整尾翼舵板的旋转角度,实现对姿态的调整,并以较小浮动保持水平姿态。

(三)重力仪密封舱水密接插件

重力仪密封舱水密接插件选型见表 5.33。

表 5.33 重力仪密封舱水密接插件选型表

名称	型号	作用
微小型 6 芯公座	MCBH6MTI	供电
8 芯圆形网络公座	DBH8MTI + DLSA-M	以太网数据
微小型 16 芯公座	MCBH16MTI + DLSA-M	串口数据
微小型 12 芯公座	MCBH12MTI + DLSA-M	调试接口
微小型 6 芯母座	MCBH6FTI	开关

(四)磁力仪密封舱水密接插件

磁力仪密封舱水密接插件选型见表 5.34。

表 5.34　磁力仪密封舱水密接插件选型表

名称	型号	作用
微小型 6 芯公座	MCBH6MTI	供电
8 芯圆形网络公座	DBH8MTI + DLSA-M	以太网数据
微小型 16 芯公座	MCBH16MTI + DLSA-M	串口数据
微小型 12 芯公座	MCBH12MTI + DLSA-M	调试接口
微小型六芯母座	MCBH6FTI	开关

四、供电系统

整个拖曳系统的电源网络如图 5.158 所示,所有设备均由甲板单元进行电源供给。母船供电系统通过绞车与光电复合缆给定深拖体进行供电,定深拖体将电源进行变换后,再通过轻质复合缆和水下电滑环给探测拖体进行供电。

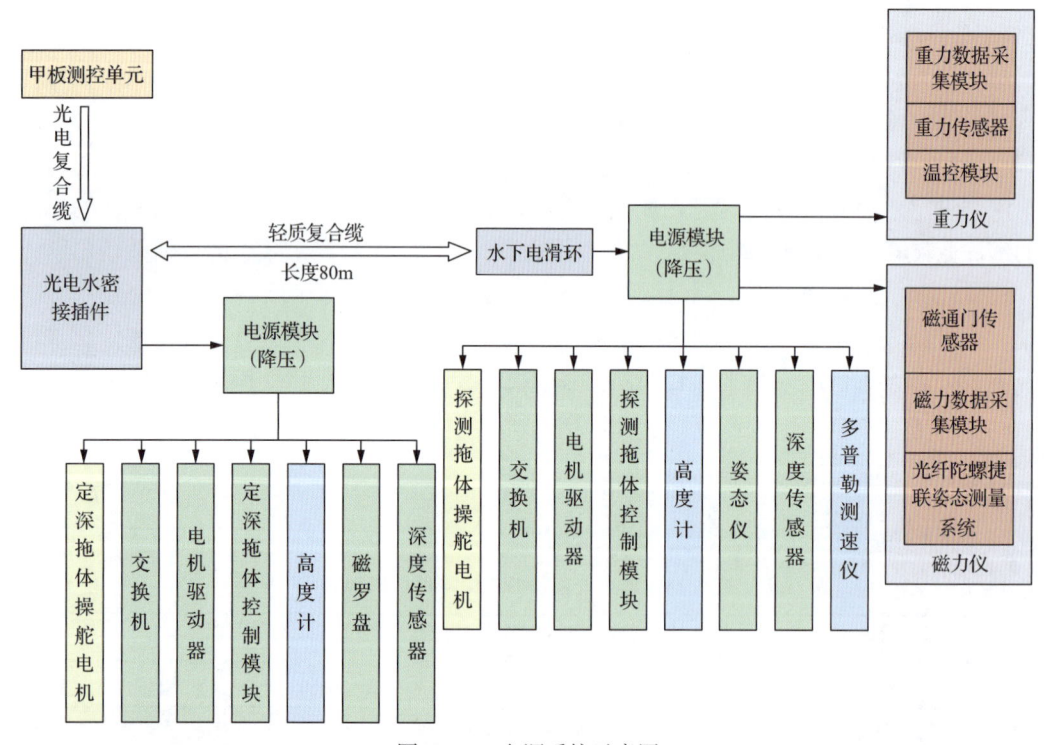

图 5.158　电源系统示意图

根据拖体上的仪器设备及其所需的功耗,列出电源功耗统计表,见表 5.35。表中的电源转换效率包含了变压器、AC-DC 电源模块及 DC-DC 电源模块的转换效率。

表 5.35　电源功耗统计表

所属拖体	用电部件	数量	工作电压/V	额定功耗/W	容量冗余/W	电源转换效率	总容量/W	备注
探测拖体	舵机	4	48	300	3	0.8	4500	与负载相关，3~5倍冗余
	磁力仪	1	28	100	1.2	0.8	150	
	重力仪	1	28	250	1.2	0.8	375	
	DVL	1	28	11	2	0.8	25.5	
	高度计	1	28	2	2	0.8	5	
	深度计	1	12	1	2	0.8	2.5	
	姿态仪	1	28	1	2	0.8	2.5	
	USBL 信标	1	28	20	2	0.8	50	预估
	串口服务器	2	28	5	1.2	0.8	15	
	交换机	1	28	5	1.2	0.8	5.5	
	开关控制器	1	28	30	1.2	0.8	45	
	数据采集模块	1	28	5	1.2	0.8	5.5	
	姿态深度控制模块	1	28	5	1.2	0.8	5.5	
	合计						5187	不考虑线缆损耗
定深拖体	高度计	1	28	2	2	0.85	4.71	
	深度计	1	12	1	2	0.85	2.35	
	姿态仪	1	28	1	2	0.85	2.35	
	串口服务器	1	28	5	1.2	0.85	5.06	
	交换机	1	28	5	1.2	0.85	5.06	
	开关控制器	1	28	30	1.2	0.85	42.35	
	数据采集模块	1	28	5	1.2	0.85	5.06	
	合计						66.94	
合计							5253.94	

根据统计表中的功耗统计，探测拖体满功率运行时的功率在 5200W 左右，根据磁力仪的无磁要求，探测拖体不适合有交流变压器，综合考虑直流高压功率模块的技术参数，采用直流 360V 电压进行配电，其电流预估为 14.4A，可选用 10AWG 的输电线，其内阻约为 3.36Ω/km，当考虑线路损耗时，可求得满载时探测拖体的电压为 350V，那么满载时的实际电流为 5200/350=14.86A，在线路上的功率损耗约为 150W，所需的降压变压器的容量约为 5418W，这里选用 6kVA 的降压变压器，万米铠装缆的内阻为 4.9Ω/km，同理可求得铠装缆上的功率损耗为 560W，这里选用 7kVA 的升压变压器，输入电压为 AC220V，输出电压为 AC2500V，其余参数与降压变压器基本一致。这样

在系统满载时就可以满足供电需求，在空载时也能满足使用要求。图 5.159 为电源传输示意图。

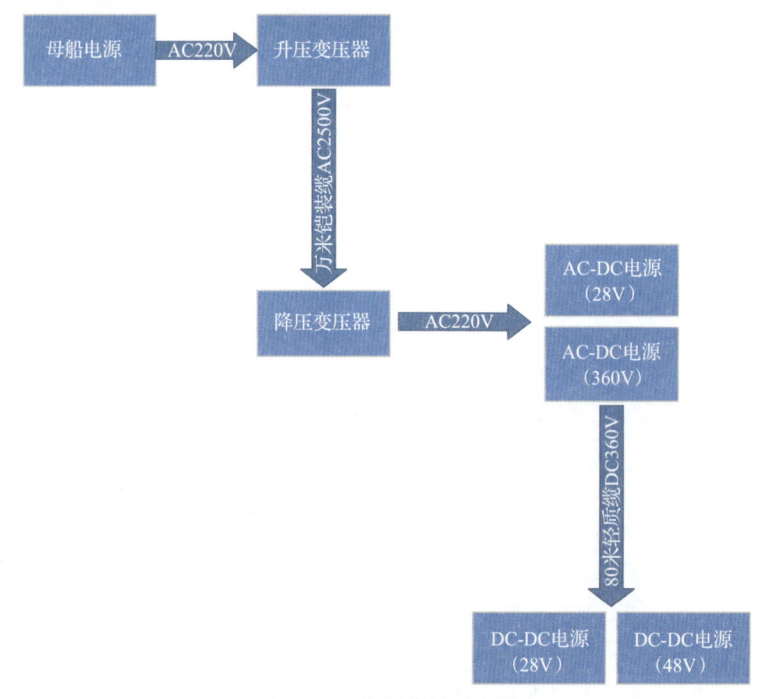

图 5.159　电源传输示意图

五、轻质复合缆与电滑环

轻质复合缆用来连接定深拖体和探测拖体，长度为 80m，其技术参数与要求如下。

(1) 电缆长度：80m。

(2) 水中浮力：零浮力。

(3) 电源芯数：3 芯。

(4) 电源线规格：10AWG，600V 耐压。

(5) 数据线芯数：4 对双绞线，可传输千兆以太网信号。

(6) 电缆外径：小于 20mm。

(7) 承受拉力：2000kg。

(8) 工作水深：2000m。

电滑环是为了防止探测拖体的横滚运动将复合缆扭断，如图 5.160 所示，参数如下。

(1) 电源芯数：3。

(2) 电源滑环规格：电流 50A、600V 耐压。

(3) 数据滑环规格：4 对双绞线，可传输千兆以太网信号。

(4) 轴向拉力：2000kg。

(5) 工作水深：2000m。

(6) 工作转速：0～30r/min。
(7) 工作温度：–4～60℃。
(8) 壳体材质：钛合金。

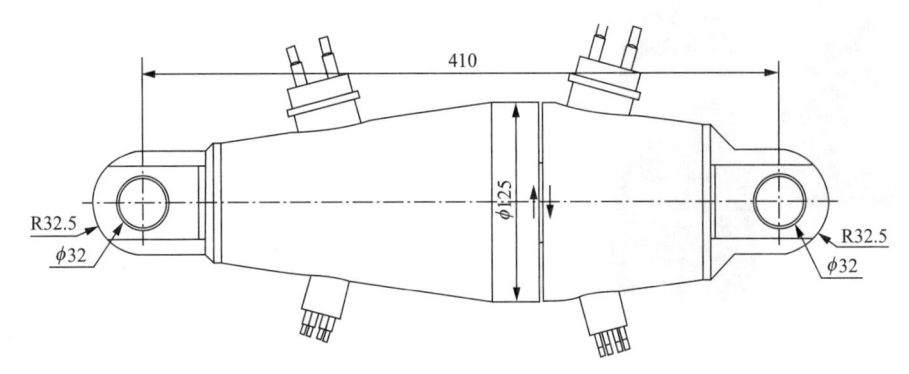

图 5.160　电滑环示意图(单位：mm)

第十节　传感器选型

拖体上的传感器较多，通常有光信标机、航向姿态仪配件等，如表 5.36 所示，以下将简要介绍主要传感器。

表 5.36　集成设备选型规格表

设备名称	型号
光信标机	MMF-7500
差分 GNSS 接收机传感器配件	Trimble BD930
离底高度计配件	ISA500
无线电信标机	RF-700A1
水密接插件	Subconn Micro Circular
声学应答释放器甲板单元	Oceano TT801
声学应答释放器配件	OCEANO 2500S
高精度深度传感器配件	Parosicentific 8CB Parosicentific 8CB4000-I(美国)
航向姿态仪配件	ISM3D
高精度深水多普勒测速传感器配件	SeaPILOT(定制)

一、离底高度计

离底高度计用于测量定深拖体和探测拖体相对于海底的距离，以便于实时监测

加速所需要的扭矩约为 0.5N·m。充分考虑水体的阻力及舵机的动态特性，舵板所受力矩与升力的安全系数皆取 3，因此舵板铰链设计力矩 $T=12$N·m，设计升力为 $F=500$N。

(二) 整体结构

根据基本分析中提出的要求，对舵机整体结构进行设计，设计结果如图 5.169 所示。

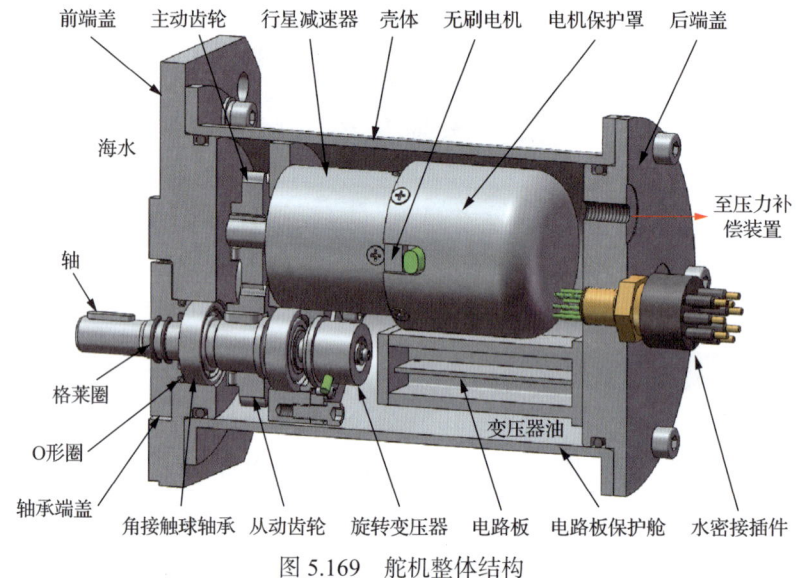

图 5.169　舵机整体结构

整个舵机主要由无刷电机、减速器及传动齿轮、旋转变压器、控制模块及外壳等组成，电机旋转经过减速器后，带动主动齿轮，主动齿轮与从动齿轮啮合，带动输出轴旋转，旋转变压器可精确地测量输出轴的角位置，以便于进行反馈控制。

二、零部件设计选型

(一) 电机

根据基本分析结果，考虑各级传动效率及动密封损耗，需要保证所选电机功率不低于 300W，这里所选电机为带霍尔传感器的直流无刷电机，如图 5.170 所示。

图 5.170　无刷电机

该电机的具体参数见表 5.38。电机充油需克服阻力，功率留有较大的余量，以保证舵板的响应速度。

表 5.38 舵机电机参数

型号	额定功率/W	额定转速/(r/min)	额定扭矩/(N·m)	额定电压/V	额定电流/A	效率/%	重量/g
X6350	500	5600	0.85	28	18	91.7	453

(二)减速器

由于电机的额定转速较高，额定输出扭矩较小，选择行星轮减速器以降低转速，提高输出扭矩，所选减速器结构如图 5.171 所示。

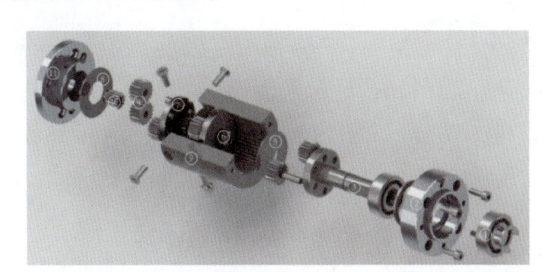

图 5.171 减速器结构

该减速器的具体参数见表 5.39。

表 5.39 舵机减速器参数

型号	减速比	额定扭矩/(N·m)	瞬时最大扭矩/(N·m)	效率/%	重量/g
马步崎 M60GXR55K12J	55:1	16	50	72	920

(三)旋转变压器

为了精确地对舵板的位置进行控制，轴的一端与旋转变压器相连，另一端与舵板相连，旋转变压器可精确检测出舵板转动角度的变化。旋转变压器相对于其他角位置传感器而言，具有稳定可靠、精度高等优点，可长期工作于恶劣工况下。所选择的变压器为多摩川公司的 TS2610N171E64，如图 5.172 所示，其电气精度误差可控制在 10′以内。

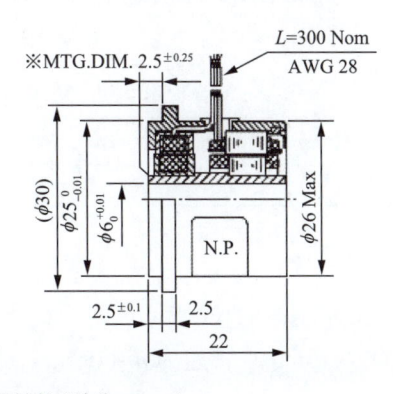

图 5.172 旋转变压器结构(单位：mm)

(四)轴的设计

轴的一端直接接触海水,材料选择为 316L 不锈钢,该材料的屈服极限为 σ_s=170MPa,抗拉强度极限为 σ_b=480MPa,弯曲疲劳极限为 $\sigma_{-1}\approx0.27(\sigma_s+\sigma_b)$=175.5MPa,许用扭转切应力 $[\tau_T]$=22.5MPa,许用疲劳应力 $[\sigma_{-1}]$=351MPa。

按照扭转强度计算轴的最小直径,轴的扭转强度条件为

$$\tau_T = \frac{T}{W_T} = \frac{9550000\frac{P}{n}}{0.2d^3} \leqslant [\tau_T] \tag{5.44}$$

式中,τ_T 为扭转切应力,MPa;T 为轴所受到的扭矩,N·mm;W_T 为轴的抗扭截面系数,mm³;n 为轴的转速,r/min;P 为轴传递的功率,kW;d 为计算截面处轴的直径,mm。

舵板铰链设计力矩 T=12N·m,轴的转速为 n=60r/min,代入公式,可计算出截面处轴的直径为

$$d \geqslant \sqrt[3]{\frac{9550000P}{0.2[\tau_T]n}} = 13.8\text{mm} \tag{5.45}$$

取计算截面处轴的最小直径为 d=15mm。

为了提高轴的表面硬度和耐磨性,对 316L 不锈钢的轴进行氮化处理,氮化方式为离子氮化,氮化后的硬度为维氏硬度(HV)为 650~850。

(五)齿轮选择

材料选用 45 钢,模数 2,齿数 24,调质后经表面淬火处理,齿面洛氏硬度(HRC)为 40~50。

(六)轴承设计

在舵机正常工作过程中,滚动轴承主要受到径向力的作用,但在实际的安装、使用过程中,其不可避免地会受到轴向力的作用。此外,轴的轴向定位也需要轴承来确定。鉴于此,轴承选择 HRB 哈尔滨角接触球轴承 7003C,安装方式为面对面安装,参数见表 5.40。

表 5.40 角接触球轴承 7003C 参数

型号	内径/mm	外径/mm	宽度/mm	接触角/(°)	基本额定动载荷 C_r/kN	基本额定静载荷 C_{0r}/kN
7003C	17	35	10	15	6.6	3.85

(七)密封设计

所有的静密封均为 O 形圈密封,材质为丁腈橡胶。舵机输出轴密封为旋转动密封,轴的直径为 d=15mm,转速为 n=60r/min,因此可计算输出轴的线速度为

$$v = \omega R = 2\pi n \frac{d}{2} = 0.047 \text{(m/s)} \tag{5.46}$$

输出轴的转速较低，所以此处动密封选择格莱圈，材质为增强聚四氟乙烯+氟橡胶。

(八) 充油密封介质

舵机壳体内部用变压器油进行充油密封，变压器油具有以下优点。
(1) 绝缘：变压器油具有比空气高得多的绝缘强度。
(2) 消弧：在有断路器和变压器的有载调压开关上，触头切换时会产生电弧。
(3) 散热：变压器油的比热大，常用作冷却剂。
(4) 清洁：具有保持清洁的特性，可减少系统沉淀物和油泥，帮助保护设备并延长设备寿命。

所选变压器油型号为长城45#，具体参数见表5.41。

表 5.41 长城 45#变压器油的属性

运动黏度(40℃)/(mm²/s)	闪点(闭口)/℃	击穿电压/kV	凝点/℃
9.59	144	45	<−48

(九) 压力补偿装置

体积为 V 的液体，当压力增大 Δp 时，体积减小 ΔV，则液体的体积模量 K 可表示为

$$K = \frac{V \Delta P}{\Delta V} \tag{5.47}$$

式中，K 为液体产生单位体积相对量所需要的压力增量。常温下，纯净变压器油的体积模量 $K=(1.4\sim2)\times10^3\text{MPa}$，数值很大，故一般认为变压器油是不可压缩的。若变压器油中混入空气，其抗压缩能力将显著下降，并严重影响变压器系统的工作性能。因此，在考虑变压器系统的可压缩性时，必须综合考虑变压器油本身的可压缩性、混在油中空气的可压缩性，以及盛放变压器油的密闭容器(包括管道)的容积变形等因素的影响，常用等效体积模量 K' 表示，$K'=(0.7\sim1.4)\times10^3\text{MPa}$，取 $K'=0.7\times10^3\text{MPa}$。

舵机工作水深为水下 2000m，压力为 20MPa，取安全系数为 1.2，则 Δp=24MPa。代入公式得

$$\Delta V = 0.034V \tag{5.48}$$

每个舵机内部体积大约为 1L，考虑管路的容积及油液中混入的空气，取每个舵机需补偿的体积为 V=2L，则从水上到 2000m 的水下，每个舵机的体积变化量为 $\Delta V_{单}=0.068\text{L}$。探测拖体共设计了 4 个舵机，用一个压力补偿装置进行压力补偿。4 个舵机的总体积变化量为 $\Delta V_{总}=0.272$。考虑泄漏的影响，最终选择 EV4002 压力补偿器，如图 5.173 所示。该压力补偿器具体参数见表 5.42。

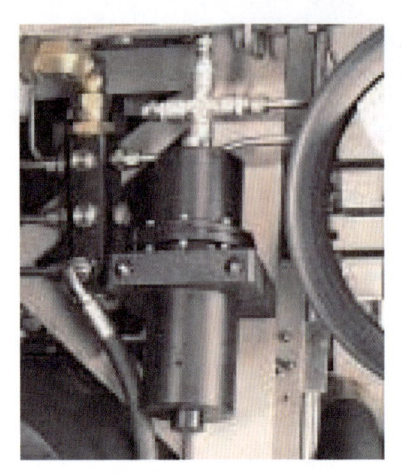

图 5.173　压力补偿装置

表 5.42　压力补偿装置参数

型号	体积/L	压力/MPa	最大工作水深/m	直径/mm	无油长度/mm	满油长度/mm
EV4002	0.57	0.07	3000	114	273	394

三、控制模块

舵机的控制模块(图 5.174)是其重要组成部分，控制模块通过 RDC 模块给旋转变压器提供激励电流，并采集其交变感应电压，转换为旋转变压器的角位置及角速度数据。微控制器(MCU)通过并行数据接口采集角位置数据，并根据角位置数据计算电机应有的转速与转向。霍尔传感器用来检测电机转子的位置，MCU 通过转子的位置来判断无刷电机线圈上电的顺序，以提高电机加减速的动态响应特性。同时，模块还具有电压采集及电

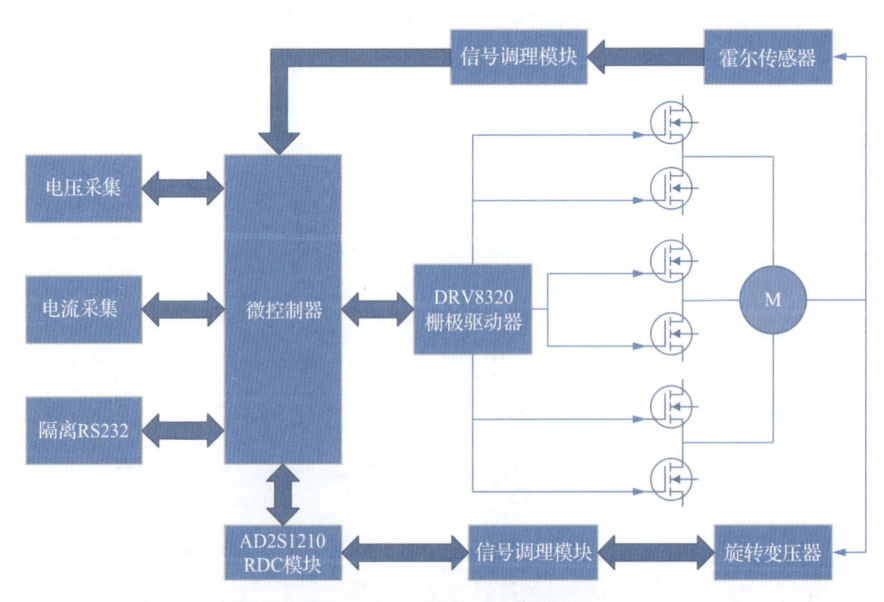

图 5.174　控制模块原理框图

流采集的功能,可以检测舵机的供电电压及工作电流。这里主控芯片选用 STM32F429VET6,采用 ARM Cortex-m4 内核,最高主频可达 180MHz,具有高级定时器接口和霍尔传感器接口,可用来进行电机控制,从而满足使用需求。

(一) 电机驱动桥

舵机控制模块中的栅极驱动器与驱动桥共同完成电机驱动的功能。本设计中栅极驱动器选用 DRV8320(图 5.175),其供电电压范围为 4~60V,可在 0~100%的范围内快速开关 MOS 管,可驱动 3 个高边 NMOS 管及 3 个低边 NMOS 管,是专用的直流无刷电机栅极驱动器,其典型应用电路如图 5.175 所示。6 个 NMOS 管组成全桥驱动桥,MOS 管型号为 AUIRFSL3107,最大工作电压可达 75V,最大连续工作电流可达 195A,满足本设计的使用需求。

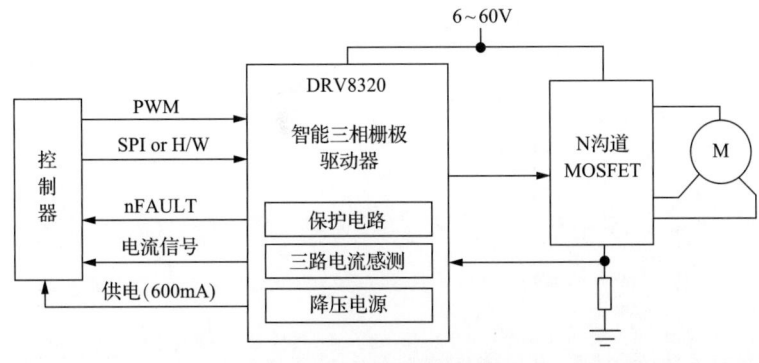

图 5.175 栅极驱动器电路

(二) RDC 模块

RDC 模块是旋转变压器正常工作必不可少的组成部分,可为旋转变压器提供正弦交变激励电流,并能解析感应产生的电压信号,再将其转换为数字信号。这里采用 AD2S1210 为 RDC 模块的解码芯片,该芯片具有 10~16 位的可调分辨率,角位置精度可达±2.5rad/min,最大跟踪速率可达 3125r/s,可通过串行或并行接口输出绝对位置和转速数据,是完整的单芯片旋转变压器数字转换器,其典型应用电路如图 5.176 所示。

(三) 电流测量

电机的控制及工作状态检测是至关重要的,由于本电机功率较大,所以常规的在线圈回路串联精密电流检测电阻的方式不再适用,这里选用 ACS781KLRTR-150U-T 芯片来进行电流检测。该芯片采用霍尔感应原理,可以检测 0~150A 的电流,采用 3~3.6V 供电,可满足本设计的电流测量需求,其典型应用电路如图 5.177 所示。

(四) 隔离 RS232

隔离 RS232 属于功率器件,为了减少舵机对上位装置的影响并提高舵机自身的抗干扰特性,这里采用隔离 RS232 接口作为舵机的通信控制接口。这里选用 ADI 公司的 ADM3251E 作为 RS232 的电平转换芯片,该芯片集成隔离 DC/DC 转换器,具有 2500V

电源与数据完全隔离功能，采用单电源 5V 进行供电，最高速率可达 460kb/s，能够有效降低 PCB 的面积，其功能框图如图 5.178 所示。

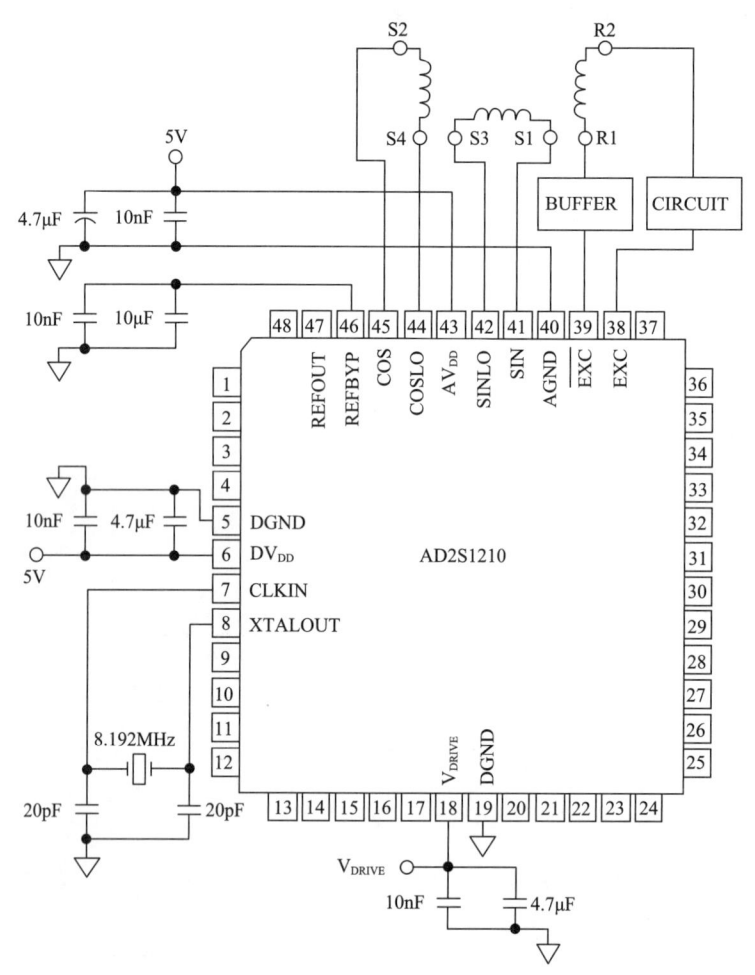

图 5.176 RDC 模块应用电路图

1~48 为引脚序号

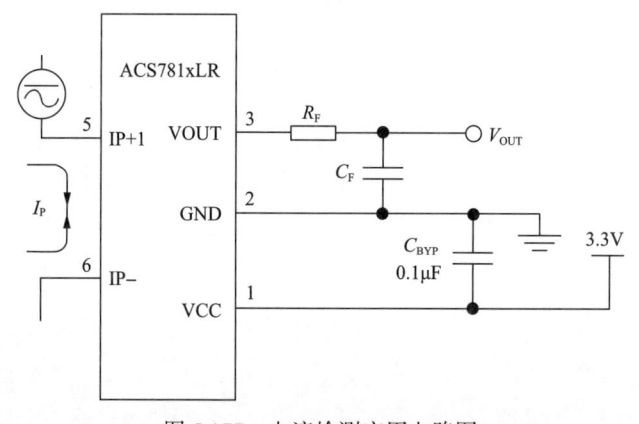

图 5.177 电流检测应用电路图

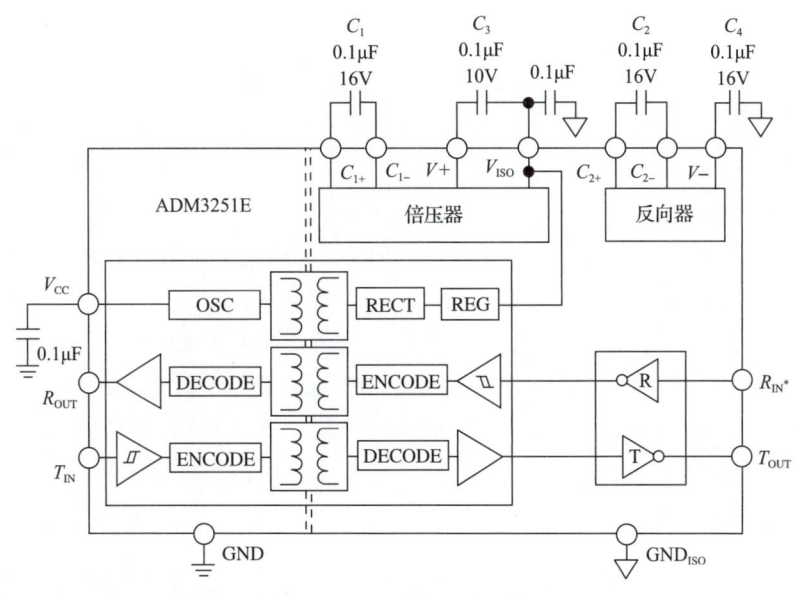

图 5.178　隔离 RS232 芯片框图

(五) 控制模块胶封保护

控制模块采用内置式设计，将整个电路板放置于舵机内部的充油环境下，在设计时采用无晶振设计，以保证整个模块的耐压能力，同时采用不锈钢外壳灌封环氧树脂胶的保护密封设计，以减小模块所受的外部压力，保证模块的散热且不被金属粉末污染，避免电路短路等故障，从而提高整个系统的可靠性。

(六) 控制软件

控制软件是指控制舵机运行的软件算法，针对无刷电机的控制，这里主要采用二级 PID 闭环控制算法，如图 5.179 所示。主要包含舵机输出轴位置环及电机速度环。舵机输出轴位置环的输入是舵机输出轴的目标角度与当前角位置的误差值，根据此误差通过 PID 计算后可得到电机转速的目标值。利用求得的目标转速与霍尔传感器检测的电机当前转速求转速误差，将此误差值作为电机速度环的输入参数，进行 PID 计算后得到 PWM 脉冲信号的占空比，以此来控制电机的旋转速度。

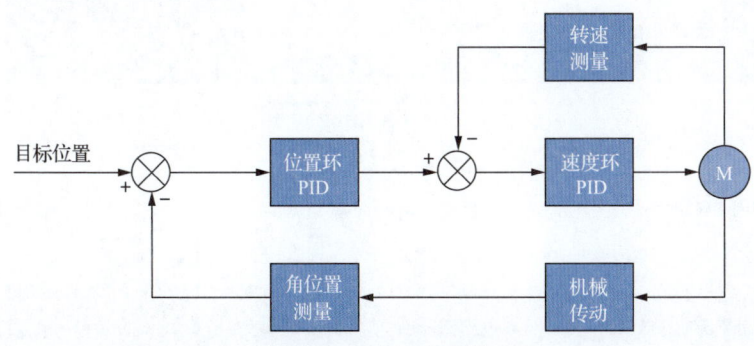

图 5.179　双闭环控制算法

第十二节 拖曳运动仿真

一、拖曳运动仿真目的

(1) 评估定深拖体能否下潜到水下 2000m。

(2) 若定深拖体能下潜到水下 2000m，评估第一级拖曳缆索的最大张力是否满足现有缆索工作强度的要求。

(3) 评估定深拖体在无控状态下，其拖曳俯仰角和横滚角是否满足要求。

(4) 评估定深拖体在无控状态下，其拖曳深度变化是否满足要求。

(5) 评估探测拖体在有控状态下，其拖曳俯仰角和横滚角是否满足要求。

(6) 评估探测拖体在有控状态下，其拖曳深度变化是否满足要求。

二、多学科联合仿真方法

该拖曳系统的运动涉及多体动力学、流体动力学和控制学科，因此在仿真过程中希望科学有序地组织和使用相应手段，使用多个计算平台分别对各分系统进行建模，然后进行多平台联合仿真计算，这样才能使各个计算平台尽量发挥各自的优势，使建模过程更加简单，解决问题的过程更加方便，解算结果更加准确可信。图 5.180 联合仿真方案

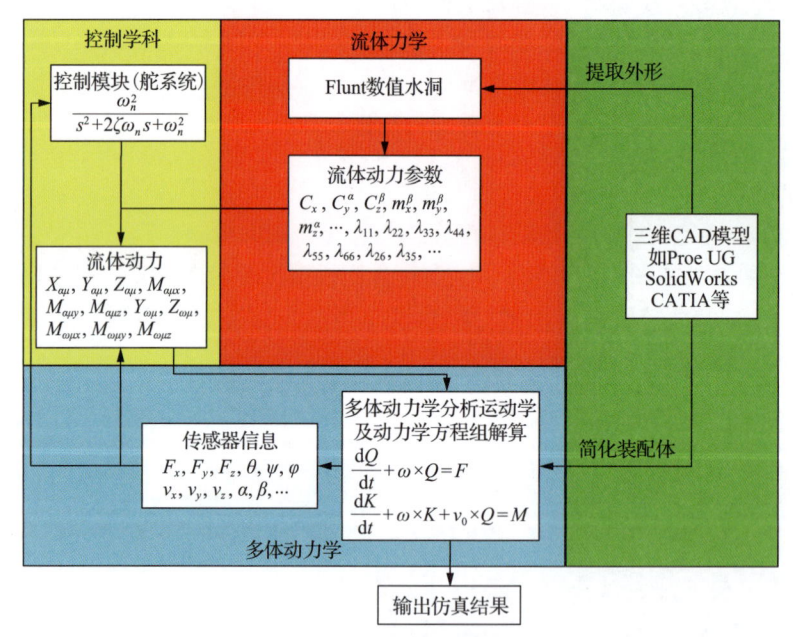

图 5.180 联合仿真方案示意图

C_y^α 为航行体升力因素对攻角 α 的位置导数；C_z^β 为航行体侧力因素对 β 的位置导数；m_x^β、m_y^β 为航行体横滚力矩和偏航力矩因数对 β 的位置导数；m_z^α 为俯仰力矩因素对 α 的位置导数；$X_{\alpha\mu}$、$Y_{\alpha\mu}$、$Z_{\alpha\mu}$、$M_{\alpha\mu x}$、$M_{\alpha\mu y}$、$M_{\alpha\mu z}$ 为流体黏性位置力；$Y_{\omega\mu}$、$Z_{\omega\mu}$、$M_{\omega\mu x}$、$M_{\omega\mu y}$、$M_{\omega\mu z}$ 为流体黏性阻尼力；F_x、F_y、F_z 分别为作用于航行体浮心处 x、y、z 方向的力；θ、ψ、φ 分别为航行体的俯仰角、偏航角及横滚角；v_x、v_y、v_z 为航行体 x、y、z 方向的速度；α、β 分别为航行体的攻角和侧滑角；$\lambda_{11} \sim \lambda_{66}$ 为航行体不为 0 的附加质量

示意图是拟采用的多学科多平台协同仿真的方案示意图。

针对该拖曳系统运动仿真，图 5.181 给出了联合仿真建模步骤示意图。首先，用 CAD 软件（Creo 2.0）进行三维实体建模，生成中间文件（.x_t）并导入 ADAMS 用以进行动力学建模，使用 CAD 软件（Creo 2.0）计算各零部件的质量特性参数，并对 ADAMS 中的动力学模型进行相关参数设置，使用自编软件导入缆索模型，建立拖曳系统完整的多体动力学模型。同时，在 MATLAB 中建立拖体流体力解算模型和拖体控制模型。最后，通过 ADAMS/Control 接口生成多体动力学计算模块，将生成的动力学模块加载到 Simulink 模型中，构成多学科联合仿真模型，最后经调试计算得到结果。

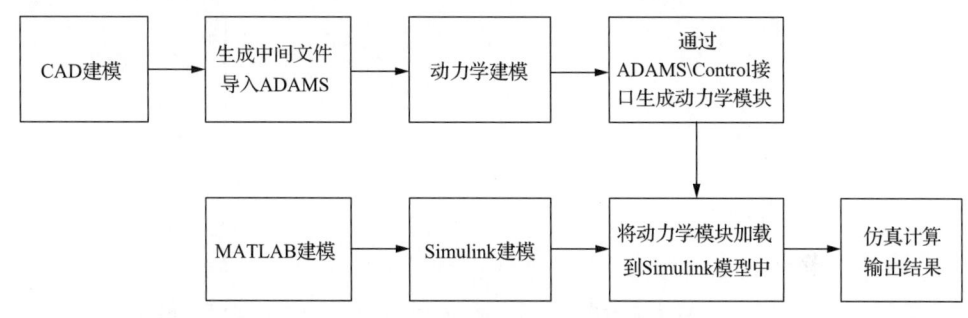

图 5.181 联合仿真建模步骤示意图

三、拖体流体参数计算

开展深水重磁勘探拖曳系统流体动力参数数值水洞实验，利用仿真手段获得拖曳系统中二级拖体的位置力系数、阻尼力系数及附加质量，为拖曳系统的操纵性分析、控制系统设计和半实物仿真试验的流体动力参数输入提供参考。拖体的流体参数也就是流体动力特性数值，在本章第三节已经描述。

四、缆索建模方法

将连续的柔性缆索分成若干段，每一段用直线刚体替代，段与段之间采用铰接方式连接，如图 5.182 所示。从图中可以看出，当分段数量较少时，获得的缆形将与原缆索形状有较大差异。但当分段数量增加时，简化后得到的缆形将逐渐接近原缆索的形状。

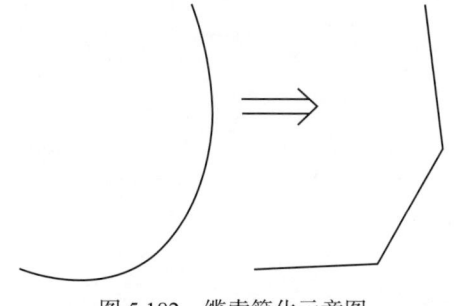

图 5.182 缆索简化示意图

建立缆索单元坐标系如图 5.183 所示。对简化后缆索的典型单元进行受力分析，如

图 5.184 所示。

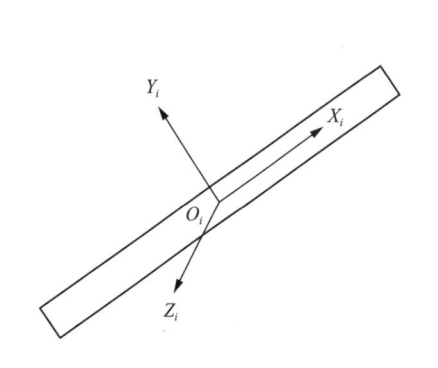

图 5.183　缆索单元坐标系

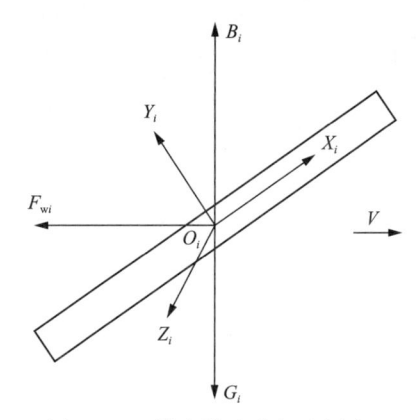

图 5.184　缆索单元受力示意图
F_w 为流体动力；B 为浮力；G 为重力

缆索单元在水下除受到两端的拉力外，还受到流体动力，浮力、重力。其中，缆索单元两端的拉力属于系统内力，浮力、重力的大小和方向均容易得到，现只需得到缆索单元所受到的流体动力，就能确定缆索单元所受到的所有外力的大小和方向。为了方便将流体动力加载到缆单元上去，将每个缆单元的流体动力集中到其浮心处考虑。

对拖缆流体阻力的研究，许多学者在不同方面进行了理论试验研究，但是他们的研究方法、试验条件、拖缆特性及运动情况各有差别，所以给出的结果并不完全一致。对于缆单元流体阻力的计算，一般形式如下：

$$\begin{cases} D_T = \dfrac{1}{2}\rho C_T v_T^2 \\ D_N = \dfrac{1}{2}\rho C_N v_N^2 \end{cases} \tag{5.49}$$

式中，v_N、v_T 分别为缆单元的法向和切向速度；D_T、D_N 分别为切向和法向流体阻力。

为了考虑缆单元超出水面的情况，采用如下函数对浮力和流体动力的大小进行控制，其中，x 为缆单元所处的水深。

$$f(x) = -\min(\max(-1,x),0) \tag{5.50}$$

当缆单元超出水面时，将失去浮力和流体动力，反之当缆单元进入水中时，将受到浮力和流体动力的作用。同时上述表达式隐含了一个假设，即当缆单元出水时，随着其质心在水深 $(-1,0)$ 区间缓慢爬升，其浮力和流体阻力是随之逐渐消失的，而不是猛然消失。

五、拖体受力分析

二级拖曳系统中，两个拖体除受缆索的拉力外，均只受到浮力、重力和流体动力，且分析和加载方法一样，现举例说明定深拖体的受力情况。以拖体浮心为原点建立拖体的体坐标系如图 5.185 所示。

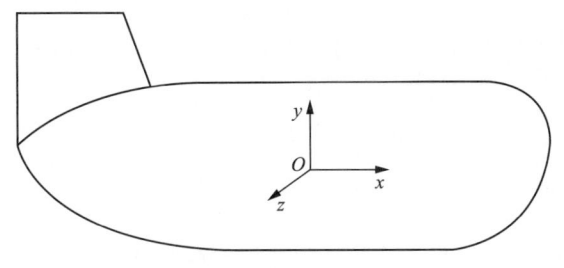

图 5.185　拖体坐标系示意图

将拖体受到的流体动力和浮力集中到浮心考虑，将重力集中到重心考虑，受力分析如图 5.186 所示。

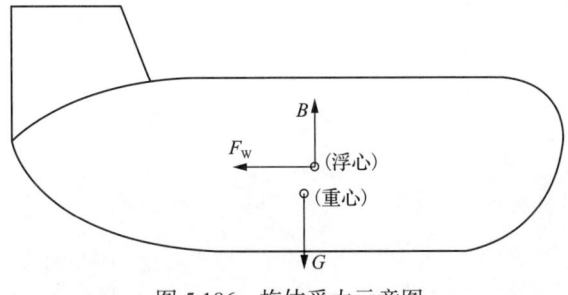

图 5.186　拖体受力示意图

六、拖曳系统多体动力学建模

多体动力学模型一般包括体、约束、力和驱动，如图 5.187 所示，本拖曳系统中的体有母船、一级拖曳缆索、定深拖体、二级拖曳缆索和探测拖体。

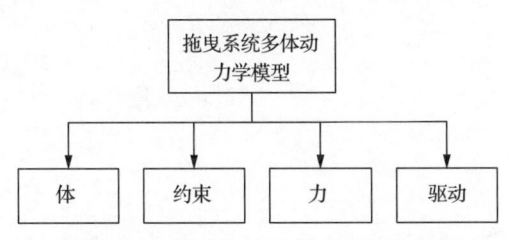

图 5.187　多体动力学模型构成示意图

对于体，需要设置其重心位置（相对浮心）、质量和转动惯量。

对于约束，有母船与一级缆索之间的约束、一级缆索与定深拖体之间的约束、定深拖体与二级缆索之间的约束、二级缆索与探测拖体之间的约束和缆索的缆单元连接约束。本拖曳系统在进行多体动力学建模时，上述约束均采用具有三个转动自由度的铰连接方式。

对于力，重力均分别加载在体的重心上，浮力均分别加载在体的浮心上，流体动力也加载在体的浮心上。其中，重力和浮力一般是常量，而流体动力是随时间变化的力，流体动力的计算需要实时获取体的速度和加速度信息,据此信息计算流体动力的大小和方向。在本次仿真计算中,流体动力的计算由数学计算软件 MATLAB/Simulink 完成,计算时需实时获取计算数据(速度和加速度信息),MATLAB/Simulink 计算的力和力矩也需要实时加载到多体动力学仿真软件 ADAMS 中对应体的浮心位置。

对于驱动,需要设置母船驱动的航行速度。

七、拖体受到的流体动力计算

理想流体作用力:

$$\begin{bmatrix} R_{\lambda ix} \\ R_{\lambda iy} \\ R_{\lambda iz} \\ M_{\lambda ix} \\ M_{\lambda iy} \\ M_{\lambda iz} \end{bmatrix} = -\boldsymbol{A}_\lambda \begin{bmatrix} \dot{v}_{0x} \\ \dot{v}_{0y} \\ \dot{v}_{0z} \\ \dot{\omega}_x \\ \dot{\omega}_y \\ \dot{\omega}_z \end{bmatrix} - \boldsymbol{A}_{v\omega} \boldsymbol{A}_\lambda \begin{bmatrix} v_{0x} \\ v_{0y} \\ v_{0z} \\ \omega_x \\ \omega_y \\ \omega_z \end{bmatrix} \tag{5.51}$$

流体黏性位置力:

$$\left.\begin{aligned} X_{\alpha\mu} &= \frac{1}{2}\rho V^2 S C_x \\ Y_{\alpha\mu} &= \frac{1}{2}\rho V^2 S(C_y^\alpha \alpha + C_y^{\delta_e}\delta_e) \\ Z_{\alpha\mu} &= \frac{1}{2}\rho V^2 S(C_z^\beta \beta + C_z^{\delta_r}\delta_r) \\ M_{\alpha\mu x} &= \frac{1}{2}\rho V^2 SL(m_x^\beta \beta + m_x^{\delta_r}\delta_r) \\ M_{\alpha\mu y} &= \frac{1}{2}\rho V^2 SL(m_y^\beta \beta + m_y^{\delta_r}\delta_r) \\ M_{\alpha\mu z} &= \frac{1}{2}\rho V^2 SL(m_z^\alpha \alpha + m_z^{\delta_e}\delta_e) \end{aligned}\right\} \tag{5.52}$$

流体黏性阻尼力:

$$\left.\begin{aligned} Y_{\omega\mu} &= \frac{1}{2}\rho VSLC_y^{\varpi_x}\omega_x \\ Z_{\omega\mu} &= \frac{1}{2}\rho VSLC_z^{\varpi_y}\omega_y \\ M_{\omega\mu x} &= \frac{1}{2}\rho VSL^2\left(m_x^{\varpi_x}\omega_x + m_x^{\varpi_y}\omega_y\right) \\ M_{\omega\mu y} &= \frac{1}{2}\rho VSL^2\left(m_y^{\varpi_x}\omega_x + m_y^{\varpi_y}\omega_y\right) \\ M_{\omega\mu z} &= \frac{1}{2}\rho VSL^2 m_z^{\varpi_z}\omega_z \end{aligned}\right\} \tag{5.53}$$

式(5.52)和式(5.53)中，ϖ 为角速度 ω 的无量纲角速度，下标 x、y、z 表示坐标系中三个分量；L 为拖体的长度；V 为拖体的航行速度；S 为拖体最大横截面积；δ_e、δ_r 和 δ_d 分别为水平、垂直和差动舵角。

八、探测拖体的设计

为探测拖体设计了控制俯仰通道的水平舵板，其位置和大小如图 5.188 所示，舵板面积大小为 540mm×266mm。

舵角范围可由 $-10°\sim +10°$ 连续打舵，如图 5.189 所示，打舵参数见表 5.43。

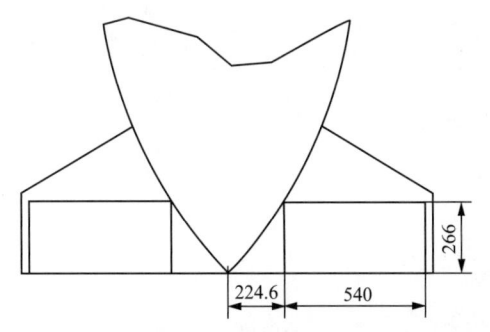

图 5.188　探测拖体水平舵尺寸(单位：mm)　　　图 5.189　打舵范围示意图

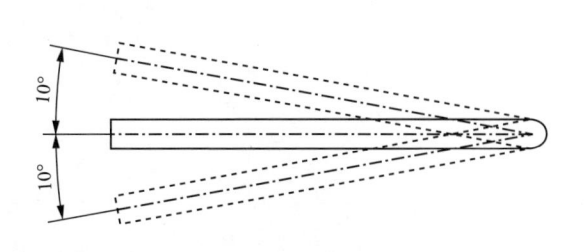

表 5.43　探测拖体水平舵角的俯仰力矩因数表

舵角/(°)	$m_z^{\delta_e}$
−10	−0.172
0	0.0
10	0.164

九、探测拖体的控制律

对于拖体的控制律，仅估计俯仰通道控制律。控制律方程如下：

$$\Delta e = k_\theta (\theta_0 - \theta) + k_{d\theta} \dot{\theta} \qquad (5.54)$$

式中，$k_\theta = -3.1$；$k_{d\theta} = 0.8$；θ_0 为目标俯仰角；θ 为实测俯仰角。

十、拖曳运动多学科联合仿真模型

拖曳系统多学科联合仿真模型主要包括多体动力学模型、模型初始化模块、流体动力计算模块、控制模块、数据观测模块及数据交换模块，如图 5.190 所示。其中，多体动力学模型在多体动力学软件平台 ADAMS 中建立，数据交换模块由 MATLAB 和 ADAMS 提供的数据交换功能模块生成，其他模块均在 MATLAB 中建立，联合仿真模型示意如图 5.191 所示。

图 5.190　联合仿真模型构成示意图

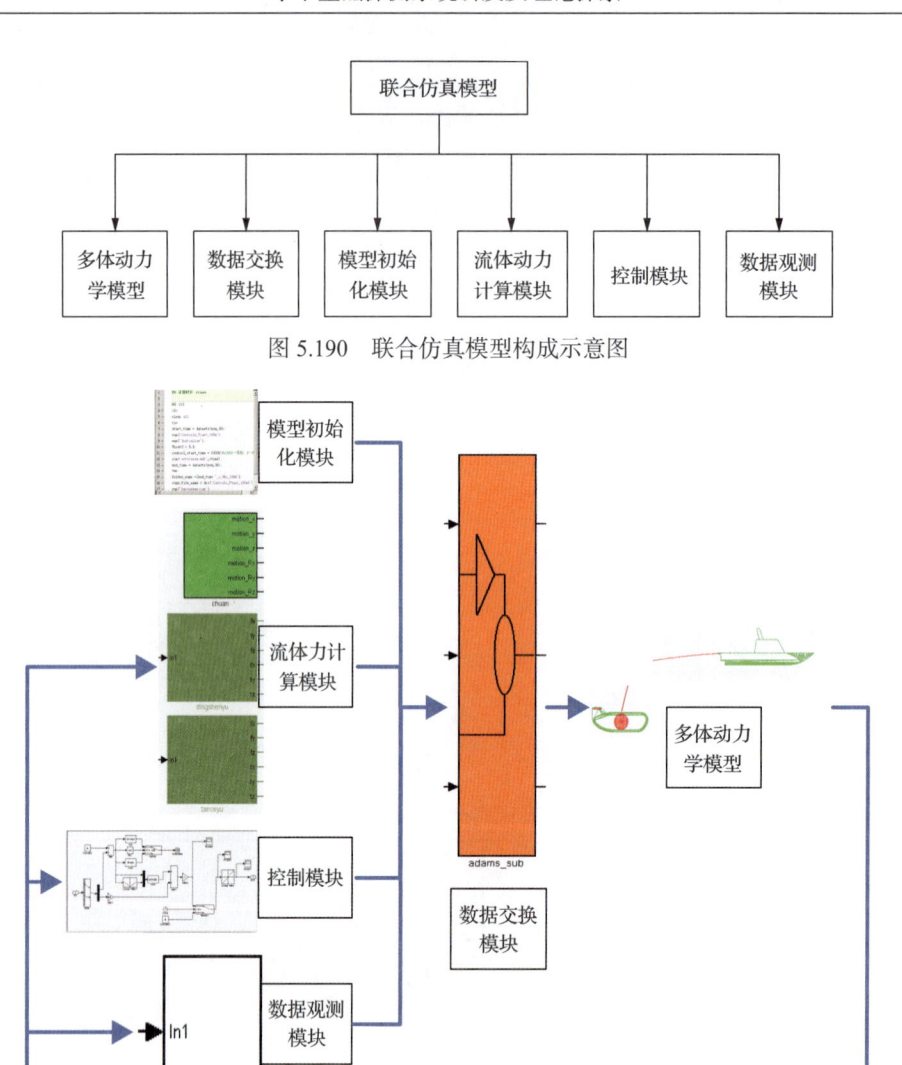

图 5.191　联合仿真模型示意图

十一、仿真步长选取

模型调试完成后，用一个工况作为算例，测试仿真的计算步长选取对计算结果的影响。

如表 5.44 所示，在计算步长影响统计表中，根据不同步长对同一个工况的计算结果可以看出，当计算步长为 0.5s 时，计算出错，无法得到正确的计算结果；当计算步长减小到 0.2s 时，计算能够收敛得到符合要求的结果；但随着计算步长的减小，计算耗时逐渐增加，结果文件大小也逐渐增加，因此综合考虑计算精度、计算耗时和后处理数据的方便性，选取计算步长为 0.1s 作为以下所有工况计算时的计算步长。

表 5.44 计算步长影响统计表

条次	母船航速/kn	一级缆长/m	定深拖体 俯仰/(°)	定深拖体 深度/m	步长/s	耗时/s	结果文件大小/KB
1	5	5000	20.21	2111	0.1	9593	3896
2	5	5000	20.21	2111	0.2	7451	2039
3	5	5000	计算发散	计算发散	0.5	计算发散	计算发散
4	5	5000	20.21	2111	0.05	14169	7593
5	5	5000	20.21	2111	0.02	19965	18354

十二、仿真试验规划

鉴于该拖曳系统的空间距离跨度太大，多体动力学模型中体的数量也很大，故计算规模较大，单次工况计算耗时很长（2.5h 左右）。因此，数值仿真试验时分两个部分进行（图 5.192），首先计算一级拖体，将定深拖体后面二级拖曳缆索及探测拖体对定深拖体的作用简化为一个大小和方向均不变的力，作用在定深拖体的挂点上。然后计算第二级拖体，二级缆索选择零浮力缆，根据前期的计算结果，给定深拖体施加驱动，模拟探测拖体在被拖曳时的运动情况，如图 5.192 所示。

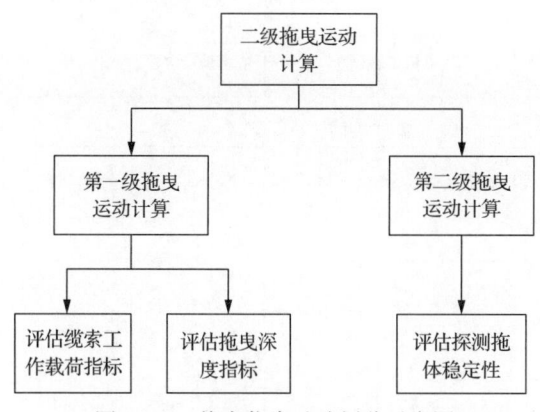

图 5.192 拖曳仿真试验划分示意图

第一级拖曳运动仿真计算主要进行计算步长研究、拖点敏感性研究、挂点敏感性研究、缆长影响研究和拖曳速度影响研究，第一级拖曳运动仿真的试验规划如图 5.193 所示。

第二级拖曳运动仿真计算主要进行缆长变化对拖曳系统影响研究、拖曳速度对拖曳系统影响研究，以及探测拖体是否采取控制算法对拖曳系统影响研究，以及假设定深拖体深度不稳定对拖曳系统影响研究。第二级拖曳运动仿真的试验规划如图 5.194 所示。

十三、仿真试验结果

第一级拖曳运动仿真计算中涉及的拖点与挂点说明如图 5.195 所示，拖点和挂点设置在定深拖体上，其位置是可以调整的。

图 5.193　第一级拖曳运动试验规划示意图

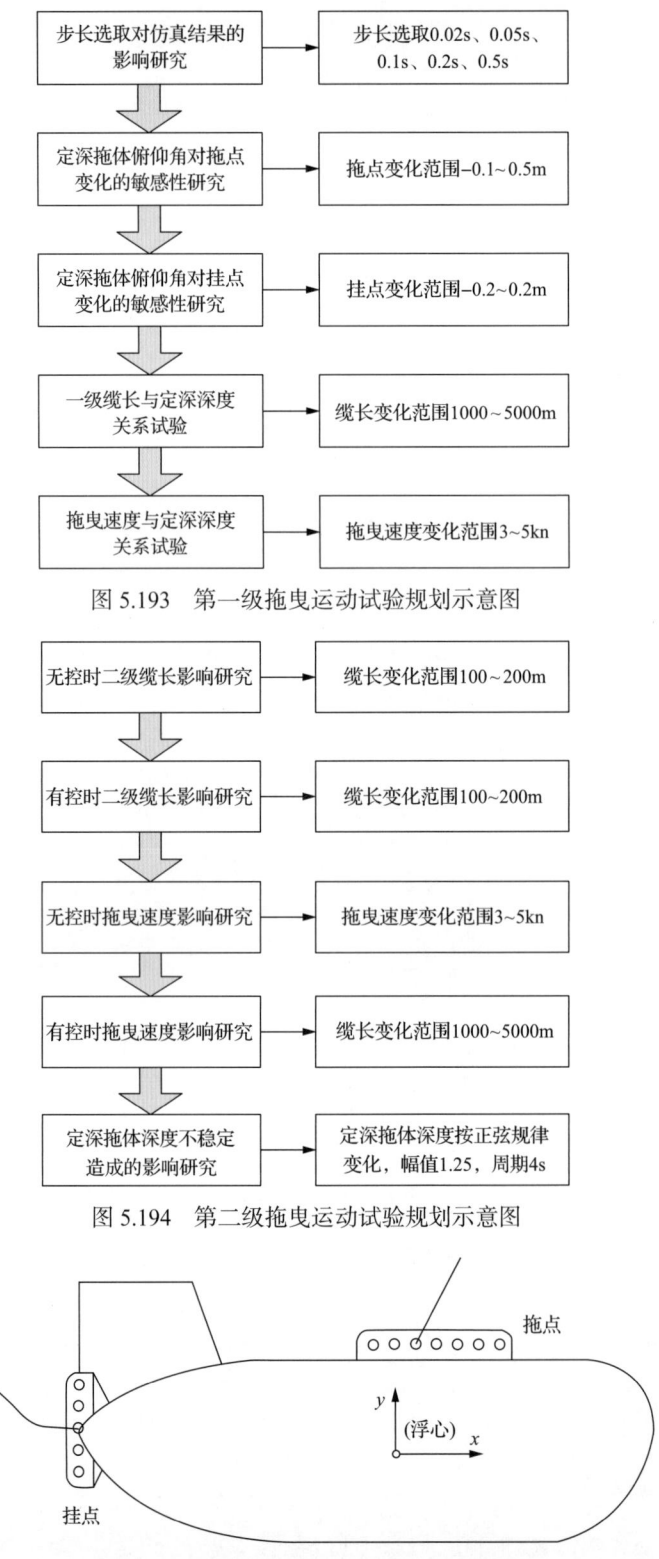

图 5.194　第二级拖曳运动试验规划示意图

图 5.195　定深拖体拖点与挂点位置示意图

第一级拖曳运动仿真计算结果见表 5.45。当定深拖体深度稳定时，进行第二级拖曳运动仿真(探测拖体 A)，计算结果见表 5.46。当定深拖体深度不稳定时，假设定深拖体深度按正弦规律变化，幅值 1.25m，周期 4s。进行第二级拖曳运动仿真计算，计算结果见表 5.47。第二级拖曳运动仿真计算(探测拖体 B)，结果见表 5.48 和表 5.49。

表 5.45 第一级拖曳运动的仿真计算结果

航次	母船航速/kn	一级缆长/m	拖点/m X	拖点/m Y	挂点/m X	挂点/m Y	定深拖体 俯仰/(°)	定深拖体 深度/m	一级缆索张力 船端	一级缆索张力 定深拖体端
1	5	5000	0.2	0.425	−1.316	0	20.21	2111	43123	13749
2	5	5000	0.2	0.425	−1.316	0	20.21	2111	43123	13749
3	5	5000	0.2	0.425	−1.316	0	计算发散	计算发散	计算发散	计算发散
4	5	5000	0.2	0.425	−1.316	0	20.21	2111	43123	13749
5	5	5000	0.2	0.425	−1.316	0	20.21	2111	43123	13749
6	5	5000	−0.1	0.425	−1.316	0	−13.14	2122	43925	14454
7	5	5000	0	0.425	−1.316	0	−1.55	2119	43648	14204
8	5	5000	0.1	0.425	−1.316	0	10.29	2115	43388	13979
9	5	5000	0.3	0.425	−1.316	0	28.22	2107	42924	13585
10	5	5000	0.4	0.425	−1.316	0	34.8	2104	42786	13470
11	5	5000	0.5	0.425	−1.316	0	40.11	2102	42687	13391
12	5	5000	0	0.425	−1.316	0.1	−1.44	2119	43642	14199
13	5	5000	0	0.425	−1.316	0.2	−1.32	2119	43636	14194
14	5	5000	0	0.425	−1.316	−0.1	−1.66	2119	43654	14210
15	5	5000	0	0.425	−1.316	−0.2	−1.77	2119	43659	14215
16	5	4500	0.02	0.425	−1.316	0	1.64	1931	40862	14149
17	5	4000	0.02	0.425	−1.316	0	1.57	1745	38135	14149
18	5	3500	0.02	0.425	−1.316	0	1.49	1557	35398	14148
19	5	3000	0.02	0.425	−1.316	0	1.42	1368	32652	14148
20	5	2500	0.02	0.425	−1.316	0	1.37	1178	29895	14148
21	5	2000	0.02	0.425	−1.316	0	1.34	987	27128	14148
22	5	1500	0.02	0.425	−1.316	0	1.31	793	24338	14148
23	5	1000	0.02	0.425	−1.316	0	1.3	593	21484	14148
24	4	4500	0.02	0.425	−1.316	0	1.77	2374	45656	14089
25	4	4000	0.02	0.425	−1.316	0	1.68	2148	39849	14091
26	4	3500	0.02	0.425	−1.316	0	1.83	1919	37026	14101
27	4	3000	0.02	0.425	−1.316	0	1.83	1688	34151	14102
28	4	2500	0.02	0.425	−1.316	0	1.79	1454	31245	14102
29	4	2000	0.02	0.425	−1.316	0	1.76	1217	28309	14102

续表

航次	母船航速/kn	一级缆长/m	拖点/m X	拖点/m Y	挂点/m X	挂点/m Y	定深拖体 俯仰/(°)	定深拖体 深度/m	一级缆索张力 船端	一级缆索张力 定深拖体端
30	4	1500	0.02	0.425	−1.316	0	1.74	974	25314	14102
31	4	1000	0.02	0.425	−1.316	0	1.74	717	22187	14102
32	3	4000	0.02	0.425	−1.316	0	1.85	2698	43735	14039
33	3	3500	0.02	0.425	−1.316	0	1.9	2418	40619	14050
34	3	3000	0.02	0.425	−1.316	0	1.93	2130	37446	14057
35	3	2500	0.02	0.425	−1.316	0	1.96	1833	34076	14062
36	3	2000	0.02	0.425	−1.316	0	1.98	1525	30670	14065
37	3	1500	0.02	0.425	−1.316	0	1.99	1202	27079	14066
38	3	1000	0.02	0.425	−1.316	0	1.99	856	23261	14066

表 5.46 第二级拖曳运动仿真的计算结果(探测拖体 A,1～18 航次)

航次	航速/kn	二级缆长/m	有/无控	探测拖体 深度/m	探测拖体 俯仰/(°)	探测拖体 横滚/(°)	二级缆索最大拉力/N
1	5	100	无	976	2.23	0	459
2	5	150	无	972	2.23	0	509
3	5	200	无	969	2.24	0	560
4	4	100	无	976	1.56	0	294
5	4	150	无	972	1.59	0	326
6	4	200	无	969	1.64	0	358
7	3	100	无	976	0.21	0	170
8	3	150	无	972	0.35	0	188
9	3	200	无	969	0.45	0	205
10	5	100	有	993	0.57	0	335
11	5	150	有	991	0.57	0	386
12	5	200	有	989	0.57	0	437
13	4	100	有	986	0.41	0	225
14	4	150	有	984	0.41	0	257
15	4	200	有	981	0.41	0	289
16	3	100	有	978	0.09	0	159
17	3	150	有	975	0.11	0	175
18	3	200	有	972	0.12	0	192

表 5.47 第二级拖曳运动仿真计算结果(探测拖体 A，19～36 航次)

航次	航速/kn	二级缆长/m	有/无控	深度/m 最大	深度/m 最小	俯仰/(°) 最大	俯仰/(°) 最小	横滚/(°) 最大	横滚/(°) 最小	二级缆索最大拉力/N 最大	二级缆索最大拉力/N 最小
19	5	100	无	977	977	2.54	1.56	0	0	613	369
20	5	150	无	973	973	2.44	1.77	0	0	632	447
21	5	200	无	970	970	2.39	1.87	0	0	669	499
22	4	100	无	977	977	1.89	0.76	0	0	420	233
23	4	150	无	973	973	1.01	0.36	0	0	427	274
24	4	200	无	970	970	1.86	1.16	0	0	455	358
25	3	100	无	977	977	0.77	−0.8	0	0	266	170
26	3	150	无	973	973	0.83	−0.41	0	0	264	151
27	3	200	无	970	970	0.89	−0.19	0	0	275	167
28	5	100	有	994	994	0.65	0.5	0	0	739	47
29	5	150	有	992	992	0.61	0.5	0	0	781	100
30	5	200	有	990	990	0.6	0.49	0	0	810	149
31	4	100	有	988	988	0.63	0.32	0	0	380	96
32	4	150	有	986	986	0.61	0.33	0	0	383	152
33	4	200	有	983	983	0.6	0.34	0	0	414	205
34	3	100	有	980	979	0.5	−0.39	0	0	228	89
35	3	150	有	976	976	0.46	−0.27	0	0	225	117
36	3	200	有	974	973	0.44	−0.22	0	0	232	142

表 5.48 第二级拖曳运动仿真的计算结果(探测拖体 B，1～18 航次)

航次	航速/kn	二级缆长/m	有/无控	深度/m	俯仰/(°)	横滚/(°)	二级缆索最大拉力/N
1	5	100	无	978	1.87	0	437
2	5	150	无	974	1.87	0	487
3	5	200	无	971	1.89	0	538
4	4	100	无	978	1.16	0	280
5	4	150	无	974	1.19	0	312
6	4	200	无	971	1.25	0	344
7	3	100	无	976	−0.04	0	166
8	3	150	无	973	0.06	0	183

续表

航次	航速/kn	二级缆长/m	有/无控	探测拖体 深度/m	探测拖体 俯仰/(°)	探测拖体 横滚/(°)	二级缆索最大拉力/N
9	3	200	无	970	0.16	0	201
10	5	100	有	992	0.48	0	333
11	5	150	有	990	0.48	0	383
12	5	200	有	987	0.47	0	435
13	4	100	有	985	0.31	0	222
14	4	150	有	983	0.31	0	254
15	4	200	有	980	0.31	0	287
16	3	100	有	978	0.04	0	160
17	3	150	有	974	0.06	0	175
18	3	200	有	971	0.08	0	192

表 5.49　二级拖曳运动仿真的计算结果（探测拖体 B，19～36 航次）

航次	航速/kn	二级缆长/m	有/无控	深度/m 最大	深度/m 最小	俯仰/(°) 最大	俯仰/(°) 最小	横滚/(°) 最大	横滚/(°) 最小	二级缆索最大拉力/N 最大	二级缆索最大拉力/N 最小
19	5	100	无	977	977	2.55	1.56	0	0	616	369
20	5	150	无	973	973	2.42	1.77	0	0	631	447
21	5	200	无	970	970	2.39	1.87	0	0	666	500
22	4	100	无	977	977	1.88	0.76	0	0	418	233
23	4	150	无	973	973	1.83	1.01	0	0	425	274
24	4	200	无	970	970	1.85	1.16	0	0	445	308
25	3	100	无	977	977	0.76	−0.8	0	0	266	129
26	3	150	无	973	973	0.81	−0.41	0	0	264	151
27	3	200	无	970	970	0.9	−0.19	0	0	275	166
28	5	100	有	994	994	0.65	0.49	0	0	739	44
29	5	150	有	992	992	0.61	0.49	0	0	781	98
30	5	200	有	990	990	0.6	0.49	0	0	809	151
31	4	100	有	988	988	0.63	0.32	0	0	376	96
32	4	150	有	986	986	0.61	0.33	0	0	387	152
33	4	200	有	984	984	0.6	0.34	0	0	417	205
34	3	100	有	980	980	0.5	−0.39	0	0	228	89
35	3	150	有	977	977	0.47	−0.27	0	0	225	117
36	3	200	有	974	974	0.45	−0.22	0	0	232	142

十四、试验数据分析

由表 5.48 第一级拖曳运动仿真的计算结果可以看出以下结论。

(1) 当航速为 5kn,一级缆长为 5000m 时,定深拖体稳定深度约为 2100m,表明该拖曳系统能达到最大拖曳深度 2000m 的要求。

(2) 一级缆长度越长,拖曳速度越快,缆索受到的拉力越大。当航速为 5kn,一级缆长为 5000m 时,缆索受到的最大拉力为 43925N,小于现有缆索最大工作拉力限度的 0.35% 即 44500N。

(3) 第 6～11 条次,当拖点位置从–0.1m 变化至 0.5m 时,定深拖体的俯仰角变化范围为–13°～40°,说明定深拖体最终的稳定姿态对拖点位置相当敏感,应慎重选择拖点位置。若以定深拖体稳定后的俯仰角略大于零为原则确定拖点位置,则可将拖点位置选择在 x =0.02m 处。

(4) 第 12～15 条次,当挂点位置从–0.2m 变化至 0.2m 时,定深拖体的俯仰角变化范围为–1.44°～–1.77°,说明定深拖体最终的稳定姿态对挂点位置不敏感,可选择最方便设置挂点的位置作为挂点。

(5) 当缆长不变,航速降低时,定深拖体的深度会迅速增大。

(6) 当航速不变,缆长变短时,定深拖体的深度会迅速减小。

根据表 5.46～表 5.49 第二级拖曳运动仿真的计算结果,可以得出以下结论。

(1) 当定深拖体深度稳定,探测拖体无控,航速不变,探测拖体的俯仰角将稳定于某个值,探测拖体的横滚角在无扰动的情况下将稳定于 0°。

(2) 同等条件下,二级缆长变长时,探测拖体会上升,俯仰角和横滚角基本不变,二级缆索受到的最大拉力有所增加。

(3) 当定深拖体深度稳定,探测拖体有控,航速不变,二级缆长变长时,探测拖体会上升,俯仰角和横滚角基本不变,二级缆索受到的最大拉力有所增加。

(4) 同等条件下,探测拖体俯仰角可以控制在小于 0.6°的范围。

(5) 当定深拖体深度稳定,探测拖体有控相对于无控时,探测拖体稳定的深度更深。

(6) 无论探测拖体有无控制,探测拖体的稳定俯仰角随航速的降低而减小。

(7) 当定深拖体深度不稳定,无论探测拖体有无控制,探测拖体的俯仰角都在一定范围变化,无控时的变化范围更大,最大时超过 1.5°(以 3kn 的较低航速拖曳时),不符合设计指标。有控时的变化范围较小,符合设计指标,但深度基本稳定在某一个值。

(8) 探测拖体无控时俯仰角的变化虽有可能超过 1.5°,但若控制航速,以较高航速拖曳,则探测拖体的俯仰角变化小于 1.5°。

(9) 鉴于以上(6)、(7)条,可根据使用情况决定探测拖体是否增加控制功能。

(10) 探测拖体 B 的拖曳仿真结果与探测拖体 A 基本一致。

(11) 因探测拖体 B 相对于探测拖体 A 更加丰满,但其浮心位置更高,浮力也比探测拖体 A 略大,当需要调高浮心位置和适当增大浮力时,可以考虑该方案。

十五、系统评估及设计建议

系统评估及设计建议见表 5.50 和表 5.51。

表 5.50 系统评估表

评估项目	参考指标	计算值	评估意见
拖曳深度/m	2000	2100	系统最大拖曳深度可达 2000m
一级缆索最大拉力/N	<44500	43925	缆索强度满足要求
探测拖体俯仰角/(°)	角度变化<1.5	<1.5	选择合适的工况，能满足使用要求
探测拖体横滚角/(°)	角度变化<2	<2	在保证外形加工误差、光洁度要求和对称质量配置要求时，能满足要求

表 5.51 设计建议表

拖拽系统	建议
定深拖体	(1)定深拖体比重应明显大于水，才能更容易地实现深拖 (2)定深拖体的最终拖曳稳定姿态与拖点的选择有很大关系，应慎重选择拖点位置，定深拖体设计后应进行仿真验算和拖曳试验 (3)定深拖体的最终拖曳稳定姿态对一定范围内挂点的变化不敏感，可选择便于布置的结构处作为挂点 (4)由于定深拖体比重较大，翼板较小，难以达到理想的控制效果，建议可在定深拖体拖点配置浮心配置、外形设计并在表面处理上下功夫，可不加控制系统
探测拖体	(1)探测拖体可根据重力仪和三分量磁力仪的安装需求，适当加长，最多加长 0.5m (2)为了使拖体有更好的流体阻力特性，翼板和舵板可采用 NACA 翼形
二级缆索	(1)二级缆索宜采用零浮力缆或微正浮力缆 (2)二级缆索太短容易受到定深拖体尾流的影响 (3)适当增加二级缆索长度可减小定深拖体深度不稳定带来的影响 (4)二级缆索长度越长，二级缆索受到的拉力越大，也不利于布放和回收，因此二级缆索不宜过长

第十三节 测 试 试 验

一、实验室检测的基本方案

(一)专用检测

专用检测主要用于适配深水重磁勘探拖曳系统各组部件的特定检测项目，包括耐压强度测试、密封测试及动作性能测试。

(二)耐压强度测试

按照总体技术指标要求，深水重磁勘探拖曳系统应能在最大 2000m 深度工作，因此需对各组部件进行 25MPa(1.25 倍安全系数)压力釜强度测试。主要测试方法是将系统各组部件包括购置设备放入压力釜内，首先加外压至 10MPa，保压 10min 后继续加压至 15MPa，保压 10min 后继续加压至 20MPa，保压 10min 后继续加压至 25MPa，然后保压1h后打开压力釜,取出被测样机,从外观检查是否存在破损及破坏现象,随后拆开组部件,检测是否进水,对于购置设备则检测其是否能正常工作。

(三)密封测试

主要测试方法是将系统各组部件包括购置设备放入压力釜内,加外压至10MPa,保压24h后打开压力釜,取出被测样机,拆开组部件,检测是否进水,对于购置设备则检测是否能正常工作。

耐压强度测试和密封测试可结合进行。

(四)动作性能测试

1. 舵机动作测试

向舵机供电,发送控制指令,舵机能按照设定要求正常启动。

2. 综合动作调试

将压力传感器放到压力调试台,改变压力传感器数值,控制系统能根据深度数值调整舵机的动作角度。

3. 综合测试

系统各组部件(含购置设备)进行组装后可控制各系统的上电启动工作,并将测量数据实时发送到甲板测控单元。

二、通用测试

通用测试主要是用来测试深水重磁勘探拖曳系统样机的环境适应性、可靠性、电磁兼容性等特性。

(一)环境适应性试验

环境适应性试验包括高温工作试验、低温工作试验、交变湿热试验、振动试验、冲击试验、盐雾试验、颠震试验等。环境工程是一门工程学科,它是为保证产品在规定的寿命周期内,在预期的运输、储存、使用和维修期内使产品的环境适应性达到规定要求所进行的一系列工作,主要包括环境管理、技术研究、条件分析、影响分析与防护技术四个方面。产品从出厂到退役的全寿命期内都处于各种自然环境和诱发环境中,在环境应力的作用下,很容易导致其性能降低甚至不能工作。

环境适应性试验的目的:验证深水重磁勘探拖曳系统各组部件在各种环境下工作、储存及运输的环境适应能力,为深水重磁勘探拖曳系统的海上实际应用考核提供依据。其中,数据传输控制模块为水下工作设备,甲板测控单元为露天工作设备。环境试验按照低温工作试验→低温储存试验→高温工作试验→高温贮存试验→恒定湿热试验→振动试验→颠震试验的顺序进行。考虑试验设备的使用情况,后两项试验的顺序可根据实际情况做出适当调整。霉菌试验、盐雾试验及温度冲击试验3项试验可根据试验的具体情况与其他项目同步进行。

(二)可靠性试验

可靠性试验是按照项目可靠性要求设计和进行的,它是在有可靠性目标并在典型环境条件下的试验,是验证产品在规定条件下和规定时间内能否实现预定功能而进行的试验,是可靠性增长试验、可靠性研制试验和可靠性验证试验的总称。可靠性工程是通过在产品的设计、研制和生产中采取一系列有序且互相联系的管理、设计、分析和试验措施,使产品在规定条件、规定时间完成规定功能的一门工程学科。可靠性工程主要包括可靠性管理、研制与生产试验、设计(及预计)3个方面。

可靠性试验目的:验证定量深水重磁勘探拖曳系统工作的可靠性,确定产品固有可靠性是否符合阶段目标要求。本项目的可靠性试验采用任务模拟试验,即真实地模拟使用中遇到的主要环境条件[如《可靠性鉴定和验收试验》(GJB 899A—2009)规定由任务剖面确定环境剖面,最后确定试验剖面]。

可靠性试验的时间取决于要求验证的可靠性指标和选用的统计试验方案及产品本身的质量。本项目考虑使用两套数据传输控制模块进行可靠性试验,试验结果进行到受试件试验的总台数达到规定值,并以一定的统计概率表示试验结果。

(三)电磁兼容性试验

电磁兼容性(electro magnetic compatibility, EMC)测试是指设备或系统在其电磁环境中符合运行要求且不对环境中的任何设备产生无法忍受的电磁干扰的能力。EMC设计与EMC测试是相辅相成的。EMC设计的好坏是要通过EMC测试来衡量的。只有在产品的EMC设计和研制的全过程中,进行EMC的相容性预测和评估,才能及早发现可能存在的电磁干扰,并采取必要的抑制和防护措施,从而确保系统的电磁兼容性。

本项目的电磁兼容性测试主要依托七一○所电磁兼容实验室进行,配备频谱分析仪为核心的自动检测系统,可以快捷、准确地提供EMC的有关参数。新型的EMC扫描仪与频谱仪相结合实现了电磁辐射的可视化。可对系统的单个元器件、PCB板、整机与电缆等进行全方位的三维测试,显示其真实的电磁辐射状况。

(四)软件测试

本项目的软件测试主要是用于验证数据传输控制模块和甲板测控单元中软件的正确性,以发现软件在整个设计过程中存在的问题并加以纠正。

按照开发阶段划分软件测试可分为单元测试、集成测试、系统测试、确认测试和验收测试。单元测试:单元测试又称模块测试,是针对软件设计的最小单位——程序模块进行正确性检验的测试工作。其目的在于检查每个程序单元能否正确实现详细设计说明中的模块功能、性能、接口和设计约束等要求,发现各模块内部可能存在的各种错误。单元测试需要从程序的内部结构出发设计测试用例。多个模块可以平行地独立进行单元测试。集成测试:也称组装测试,通常在单元测试的基础上,将所有的程序模块进行有序的、递增的测试。集成测试是检验程序单元或部件的接口关系,并逐步集成为符合概要设计要求的程序部件或整个系统。系统测试:它是为验证和确认系统是否达到其原始目标而对集成的硬件和软件系统进行的测试。系统测试是在真实或模拟系统运行的环境下，检查完整的程序系统能否(包括硬件、外设、网络和系统软件、支持平台等)正确配置、连接，并满足用户需求。确认测试：就是通过检验和提供客观证据，证实软件是否满足特定预期用途的要求。确认测试是检测与证实软件是否满足软件需求说明书中规定的要求。验收测试：按照项目任务书或合同、供需双方约定的验收，依据文档进行的对整个系统的测试与评审，决定是否接收或拒收系统。

本项目软件测试的具体实施由七一〇所仿真中心负责，按照测试准备→测试计划→测试需求→测试用例→测试执行→测试缺陷管理→测试报告总结的流程进行。首先，由项目组提供软件测试需求，测试单位编写测试计划并执行测试，最终形成软件测试总结，对项目中的重要软件进行测试。此过程参照国军标《可靠性和安全性设计准则》(GJB/Z 102—1997)软件可靠性和安全性设计准则。

第十四节 六性设计要求

一、可靠性设计

(一)可靠性设计策略

为确保新研设备达到规定的可靠性要求，采用研制单位成熟的可靠性设计的基本原则，采取了有利于保证可靠性的一系列技术措施，对可靠性进行了类比法预计。

设备的可靠性可以简单地划分为硬件的可靠性、软件的可靠性、传感器的可靠性和机械结构的可靠性，如图 5.196 所示。其中，硬件可靠性可以依据一定的标准进行预计计算。

硬件可靠性设计包括多个方面，主要设计技术包括元器件选择、降额设计、容差设计、冗余设计、热插拔设计、热设计、耐环境设计、安全设计和 EMC 设计、电路设计、结构设计、防振设计、可测性设计、接口保护设计，功能框图如图 5.197 所示。

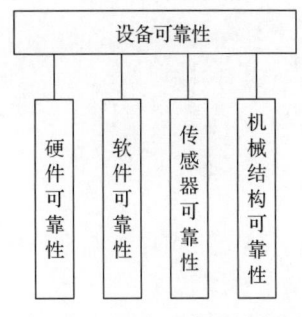

图 5.196 设备可靠性技术图

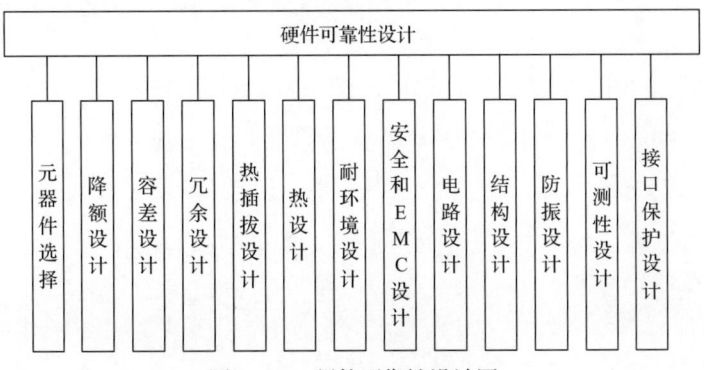

图 5.197 硬件可靠性设计图

软件可靠性设计包括先进的设计方法、分阶段控制、版本和文档管理、模块通用标准化、容错设计、接口关系设计、开发平台选择、软件生命周期控制,相互关系如图 5.198 所示。

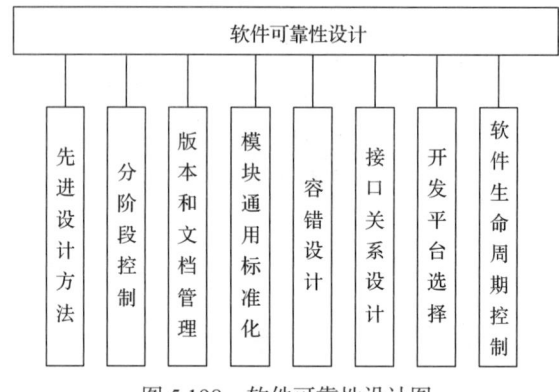

图 5.198　软件可靠性设计图

可靠性设计的基本原则。

(1)并行设计原则,将功能设计、性能设计和可靠性设计并行兼顾。在确保可靠性的前提下选择技术方案和元器件、原材料、软件算法。

(2)适当的集成化和模块化原则。

(3)综合采用多种可靠性设计技术原则,采用技术包括:采用成熟的技术和工艺;简化设计;合理选择、正确使用元器件、零部件和原材料;降额设计;容错、冗余和防差错设计;电路容差设计;防瞬态过应力设计;热设计;环境防护设计;与人为因素有关的设计;软件工程化等。

(4)预防为主、提前投入原则,通过设计提高设备的固有可靠性。

(5)技术设计兼顾工艺性、维修性和安全性原则,确保可靠性设计措施便于在工艺过程中顺利实施。

(6)采用有效的方法和控制程序,以减少制造过程对可靠性带来的不利影响。

(7)尽可能通过规范化的工程途径,利用有关标准和有效的工程经验,开展可靠性工作,其结果应形成报告。

(8)必须加强研制和生产过程中对可靠性的监督和控制,严格进行可靠性评审,为下阶段的决策提供依据。

(9)充分重视使用阶段的可靠性工作,尤其是初始使用阶段的工作。

(二)可靠性设计措施

1. 模块化设计

设备的电路模块全部采用独立的模块设计,降低了模块设计的难度和复杂性,也容易隔离故障。

2. 降额设计

系统主要关键部件都采用了一级降额设计,包括以下方面。

(1) MCU：保证 I/O 口及运行频率、内存等留有足够的余量。

(2) 电源模块：所有部件按照最大功率进行统计计算，同时留有一定的冗余量。

(3) 水密接插件：采用行业内认可度较高的水密接插件，其电流、电压等参数均低于额定标称值，满足使用需求，保证设备的可靠性。

(4) 电阻器：采用电子元器件选型目录内的产品。

(5) 耐压值：0805 系列 50V。降额系数：小于 0.15。

(6) 额定功耗：0805 系列的最大功耗点为 0.023W。降额系数：0.23。

(7) 关键部件属于选型目录内，符合《元器件降额准则》(GJB/Z35—1993) 一级降额设计要求。

(8) 钽电容：采用电子元器件选型目录内的产品。

(9) 耐压值：6.3～63V，电容型号选用可根据电路需要在 1.8～28V 电压选用。降额系数：小于 0.45。属于选型目录内，符合《元器件降额准则》(GJB/Z35—1993) 一级降额的设计要求。

3. 容错和冗余设计

在容错和冗余上采取了以下措施。

(1) 接口模块采用冗余设计，接口可使用"校验和"功能校验数据，提高了错误检出率。

(2) 电源设计上采取防反接、过压、过流、过热保护。

4. 热设计

通过热设计部分的计算可知，所使用温度满足使用指标和降额指标的要求。

5. 抗力学环境设计

(1) 设计时器件均采用扁平封装，尽量避免使用对振动和冲击敏感的封装器件，整机不能有分立的线圈电感、铝电解电容等器件。

(2) 连接器均采用具有线缆夹持和应力消除机构的航空等级连接器。

(3) 连接线缆尽量采用具有屏蔽层的航空用导线，采用航天要求的工艺进行设计。

(4) 根据整机结构设计和布局的情况，可以预见主要的力学敏感部位是机箱中部，由于其具有远离固定部位和自身刚性的特点，故使得振动可能会放大。

(5) 在选择抗力学环境性能较好的封装器件的基础上，采取如图 5.199 所示的设计措施，提高功能模块电路板抗力学环境的能力。

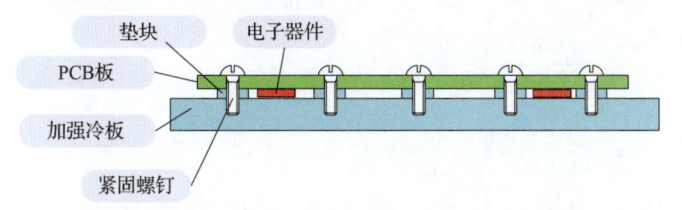

图 5.199 功能模块电路的抗力学环境设计示意图

(6) BGA 等封装的器件尽量分布在电路板靠近机箱壁的两侧。

(7)将导热板设计为加强底板的方式,将 PCB 电路板固定在加强导热板上,采用适当垫块实现堆叠,通过螺钉形成良好紧固,螺钉间距设计为 30~50mm。通过导热板的刚性设计来提高 PCB 的刚性,降低中心部位振动激励的放大作用。

(8)控制机械加工的表面质量和形位公差,保证装配质量。图 5.199 为功能模块电路的抗力学环境设计示意图。

整机抗力学环境设计的主要任务是保证整机的机械强度和刚性,采取的主要措施如下。

(1)整体机箱采用高强铝合金焊接而成,保证整体强度和刚性。

(2)机箱侧壁等部位采用平板加肋条的方式设计,保证机箱的刚性和轻量化。

(3)螺钉连接部位严格按照建造规范规定的间距和强度原则设计。

(4)整体设计尽量减少使用内部柔性线缆,若使用需采用适当的固定方式,特别是在接头、转弯、大跨距部位应分别进行固定。

(5)个别质量超过 3g 的分立器件采用黏固等方式分别固定。

6. 静电放电控制

研制单位长期从事加固型计算机设备的研制、生产,内部建立了完善的 ESD 控制规程,在元器件采购、研发、生产、仓储环节,通过专家指导正在逐步建立适合航天器产品要求的 EPA 制度和相应的操作程序。针对便携计算机的运行环境要求,采取专门的 ESD 防护措施。

(1)电源接口通道使用静电防护器件,另外还使用二极管、电感、电容进行保护。

(2)网络接口,采用具有 1500V 交流电压隔离功能的接口电路。

(3)机箱为整体连续导电金属箱体,设计有接地装置,以保证整机接地良好。

7. 元器件选用

1)元器件质量是整机可靠性的基础,在设计中要十分重视元器件的选用工作,选用元器件的基本原则如下。

(1)元器件的技术性能、质量等级、使用条件等应满足产品的要求。

(2)优先选用经实践证明质量稳定、可靠性高、有发展前途且供应渠道可靠的标准元器件,杜绝已淘汰元器件的使用。

(3)在产品设计时,应最大限度地压缩品种、规格和生产厂点,合理选择质量等级,严禁选用禁用、淘汰、废型、落后和即将停产的元器件。

(4)要严格控制新研制元器件的使用,未经技术鉴定的元器件不得使用。

2)元器件的检验、筛选、老化

(1)为剔除不符合使用要求的元器件,包括外观不合格、密封性能不合格、电性能参数不合格、稳定性差、早期失效、性能指标一致性超差等,我们对元器件应进行严格的入厂检验、筛选试验和必要的复检工作。

(2)由于设计需要,选择了部分工业级产品,为保证其性能满足实际使用的需要,均需要通过筛选试验进行筛选,剔除达不到使用要求的一部分。

(3)对于部分器件的一致性差和早期失效现象多发的情况,安排一定的老化试验,剔除早期失效产品,保证出厂产品的高可靠性。

(4)在符合标准规定时,将筛选合格的元器件进行标注,然后入专用库房供装机使用。

(5)如存在个别超过检验有效期限而继续使用的器件,将按照研制单位复检有关程序进行严格的复检工作,确保生产用件的质量。

8. "三防"设计

潮湿、盐雾、霉菌是电子设备中材料腐蚀失效的主要原因。由于三者实现的技术措施紧密相关,所以通常将防潮湿、防盐雾、防霉菌简称为"三防"技术,这是户外使用的电子设备必须实现的设计,对不同的使用环境有更进一步的详细要求,如海洋环境、车载环境、手持使用环境等。

本设备针对的是舰载使用环境,需要满足《舰船电子设备环境试验——恒定湿热试验》(GJB4.8—1983)、《舰船电子设备环境试验 霉菌试验》(GJB4.10—1983)、《舰船电子设备环境试验——盐雾试验》(GJB4.11—1983)中的规定,分三个层面进行处理。

1)电路板部分

所有非可拆电路,除连接器外,采用"三防"专用涂层处理,隔离腐蚀性介质,防止其与电路直接接触。

2)连接器部分

内部连接器采用镀金层军品级连接器,并要求有防松机构。

外部连接器采用军品级连接器,均具有三防设计,同时设计有各种专用防尘盖用于非连接状态下连接器的防尘、防腐。

3)结构件部分

外部非电连接和机械连接部位,除不锈钢等耐蚀材质外,均要求涂覆满足三防要求的有机涂料或进行适用的化学(电化学)、镀层保护等耐蚀处理。

4)箱体部分

采用密封式机箱,分型搭接面均设计有弹性材料导电橡胶条。

(三)可靠性管理

(1)对承制方和转承制方、供应方的监督和控制。

(2)可靠性评审工作。

(3)器件质量保证工作。

(4)应力筛选和可靠性增长。

(5)可靠性评估与改进:通过有计划地收集装备研制、试验、使用过程中出现的各种可靠性数据信息,为装备的可靠性改进、可靠性评估、完善、改进与维修工作及新装备的研制提供信息。

二、可维修性设计

根据武器系统的维修体制,一般采用更换故障部件来实现。根据这一思路,维修性设计指标 MTTR 包括自身故障的发现时间、故障隔离时间、拆装时间和检测时间4部分,其总时间不能超过 0.5h。

为了实现这个目标，主要采取以下两条措施。

1. 故障定位告知

每个部件都设置检测点和状态指示信息，而且具有自检测能力，当发生告警时，主控单元可以迅速判断设备是否工作正常，将故障定位到部件级并实时报警，从而缩短故障发现与处理时间。

2. 采用模块化结构设计

在结构设计上，各模块加固框应尽量设计成一致的外形尺寸，提高其通用性和互换性；减少加固螺钉的使用数量，在不降低固定应力的同时减少因螺钉数量带来的维修时间的增加；对于需要较大操作空间的模块，设计时应予以充分考虑，并在工艺上减少走线对维修操作造成的干扰；在航插型号的选择上，尽量做到唯一对应，并用标牌指示。

三、安全性设计

安全性设计满足《系统安全性通用大纲》（GJB900—1990）、《舰船危险部位及安全标志的一般要求》（GJB3843—1999）、《故障模式、影响及危害性分析程序》（GJB1391—2006）及其他相关要求。

系统电路板、功能模块、电连接器等具有防误插设计或有明显的防误插标识。系统的数字信号地和机壳地分开，接地处有明显标志。系统故障不产生对其他设备及人员的危害。

安全性设计方面，对 AC220V 电源进行保护处理，同时在电源和信号的输入输出方面引入防插错设计，采用不同型号的航插和出线方式进行安全性设计。本产品产生故障时，既不会发生人身责任事故，也不会影响其他设备的正常工作，不会引入安全性风险。

（一）人身安全因素设计

人身安全因素设计指可能危害到操作人员的安全事项。主要防止电气事故、机械棱角、误操作等情况下的人身安全。采取措施如下。

(1) 控制设备（包括适配器）的漏电流，确保满足《机动骨干通信系统程控交换机和数字电路倍增设备之间的通信协议》（GB4943—2003）和《军用通信设备通用规范》（GJB367A—2001）的要求。

(2) 采用传导散热，通过金属外壳统一散热，人体可触摸区域尽量避免高温积聚。

(3) 表面及操作人员接触到的部分进行抛光和阳极氧化处理，确保无棱角和毛刺。

(4) 所使用的原材料均为无毒、阻燃材料。

（二）设备安全设计

设备安全设计指可能危害到设备本身的安全事项，如电源短路、连接器误插接、耐电压不足、雷击、浪涌等因素。采取措施如下。

(1) 供电采用熔断器加限流电阻的过流保护电路设计，如在特殊情况下设备出现故障，熔断器随即将设备与一级电源断开，不会损伤设备的内部模块。

(2) 所有连接均为多点连接，无孤立金属外壳部分，不会造成静电电荷累积。

(3)液晶屏(触摸屏)采用高强度玻璃防护处理,对显示屏可起到很好的保护作用。

(4)采用军品级设备的加固措施,对温度、湿度、沙尘、电磁干扰、振动、冲击等环境应力有很好的耐受度。

四、环境适应性设计

(一)热设计措施

热设计分为低温设计和散热设计。低温指标的实现主要通过选用宽温电子元器件和筛选等方法得到满足低温工作环境的元器件,如选用宽温芯片、宽温模块电源等,因此终端的低温性能主要在器件选用时加以控制,在设计过程中主要考虑高温散热的情况。

现代研究表明,元器件过热是现代电子产品失效的最主要原因,控制电子设备内部所有电子元器件的温度是提高设备可靠性的重要手段。散热设计使其在设备所处的工作环境条件下不超过元器件的最高允许温度,保证电子元器件能够按预定参数正常、可靠地工作。在高温环境下,主要依靠电路板优化及导热散热的方式进行处理。终端内部各功能板卡模块全部采用成熟的热传导方式进行散热。为了提高机壳对外辐射和对舱壁传导散热的能力,采取如下措施。

(1)采用一体加工成型工艺,以保证机壳的热传导路径、低热阻性。

(2)采用有色阳极氧化的表面处理方法,以增强机壳表面吸收辐射的能力。

(3)在机壳的表面设计散热凹槽片,以增加对热沉散热的辐射面积。

(4)在设计印制板时,增加导电层的数量,从而提高印制板的含铜量和铜层覆盖面,增强其本身的导热能力。

(5)在设计印制板时,将高功耗芯片如 CPU、桥片等元件进行分散布置,使设备内部热量尽可能均匀,避免高功耗芯片间的相互热影响。

(6)利用机壳镁合金导热性能较好的特性,将部分热量迅速传导至背面壳体表面,通过自然对流散热,将热量导出。

(二)抗力学环境设计

在整机抗震动冲击设计中,主要从两方面考虑,一是提高设备自身的强度和刚度,提升固有频率;二是尽量减少抗震性较差的薄弱环节。电子设备的抗力学环境设计是完成整机结构设计和保证整机可靠性的重要设计要素。提高刚性、强度主要针对结构件自身及各模块间连接的刚性。主要设计如下。

1)拖体结构

采用 316L 不锈钢焊接而成,进行去应力处理,以保证整个系统的机构强度与刚性,关键部件如电滑环等,采用钛合金材料,从而有效保证系统的力学性能。

2)密封舱

密封舱全部采用钛合金材料,以保证密封特性及适应水下的高压环境,内部留有仪器安装位置。经过充分的理论计算与仿真分析以保证结构强度,同时留有充足的设计余量。

3) PCB 板及元器件

除板本身的固有频率外，它上面的元件都有各自的频率，在振动中将出现共振，从而破坏元器件之间的连接，引起直立元器件腿脚疲劳断裂或质量大、体积大的元器件的焊点开裂等故障。将直立元器件与 PCB 板灌封成为一个整体，加强了直立元器件腿脚的强度，且从根本上消除了元器件与 PCB 板之间的共振，使板卡上的元器件得到加固，提高了板卡的抗振动、抗冲击性能。

在元器件选型上，优选扁平封装器件，避免选用对振动和冲击敏感的封装器件，整机没有分立的线圈电感、铝电解电容等器件，器件均采用扁平封装。

个别质量超过 3g 的分立器件采用黏固等方式进行分别固定。对内部柔性线采用适当的固定方式，在接头、转弯、大跨距部位进行分别固定。

(三) 三防设计

潮湿、盐雾、霉菌是电子设备中材料腐蚀失效的主要原因。本设备针对的是船舶及水下应用环境，根据相关要求，按本节的"可靠性设计"三防要求处理。

(四) 电磁兼容性

通过周密的设计可实现有效的 EMC。在 EMC 设计中，设备和电路的 EMC 设计是系统 EMC 设计的基础。在舰面气象要素观测设备设计中采取的 EMC 设计方法包括以下方面。

(1) 电气功能性设计：选择符合国军标 EMC 要求的元器件、零部件；尽可能降低较大功率对外辐射干扰源的能量，尽可能增加器件的抗干扰能力。

(2) 预防性设计：在详细设计确定的功能电路中进行 EMC 分析预测，预测 EMC 指标能否满足要求，此时若不能满足要求，则需进行设计修改。

(3) 防护性设计：包括滤波、屏蔽、接地与搭接的设计，以及时空隔离、频率回避等实时的应用。除电路设计外，机箱也应采取防护性设计，如机箱采用密封式金属壳体、减少电磁场泄漏、保证结构件良好接地等。

(4) 结构性设计：对整机的布局进行合理安排，包括组件在印制板上的布局、印制板在机箱中的布局及电缆布线的装配等。

(5) 测试验证：EMC 测试虽然不能直接解决 EMC 问题，但却是发现 EMC 问题最有效的技术途径。对于系统中采用的重要器部件进行 EMC 测试，以便能够及时发现问题并解决问题，这是整个系统满足 EMC 要求的有力保证。

五、测试性设计

测试性设计的目的是评价系统或设备可能达到的测试性水平，保证测试性与其他诊断要素有效的综合与兼容。设计中采用以下测试性措施。

(1) 预留 2 个调试接口。

(2) 设备硬件和软件上设计有上电自检功能，加电期间可对主要拖体各个部件的状态进行检查。

(3)硬件和软件上支持 BIT 功能，在运行期间支持设备的故障检查功能。

(4)设备采用模块化设计思想进行设计，可将故障可隔离到具体模块或重要电路。

(5)软件、电气模块、结构件均为自主开发，拥有全部设计文件，对技术问题可追踪，可完成技术归零。

(6)软件设计按照相应标准和需方要求设计有测试接口函数，并提供全面说明资料。

六、保障性设计

(一)硬件资源保障

应用模块化、集成化、标准化、成熟化的器件，接口部分设计为通用标准型专用接口，这样能够做到设备可靠性高、稳定性强、容错性能好。尽量实施统一化设计。凡有可能均应用通用零件，以保证全部相同的可移动模块、组件和零件都能互换。尽量实施集成化设计。在设计中，尽量采用固体组件，使分立元器件减少到最低程度。其优选序列为：大规模集成电路—中规模集成电路—小规模集成电路—分立元器件。尽量减少元器件的规格品种，增加元器件的复用率，使元器件的品种规格与数量比减少到最低程度。

数字电路具有一致性好、抗干扰能力强、温度特性好等方面的优点，尤其是可靠性高。因此尽量采用数字电路。

外购件包含传感器、电源模块等，均为技术成熟且性能稳定的产品。以上部件的供货单位均在研制单位合格供方名录内，并且供货渠道畅通，货源有保障。

(二)软件设计保障

软件设计按照《军用软件开发通用要求》(GJB2786A—2009)、《军用软件安全性分析指南》(GJB/Z142—2004)要求执行。

软件采用模块化结构设计技术，采用标准和继承性好，易与其他设备进行友好链接。设备系统具有自检功能、复位功能、容错功能，具备一定的自保障功能；系统界面友好，对话简洁，提示明了，信息丰富，直观形象，操作简便；软件文档完整正确，可供软件维护使用，也可供软件改进升级使用。

无外购软件。设备正常运行时，无须人工干预，在各种传感器或内部系统发生故障时，设备会提示故障至主显示界面。

第十五节 工艺设计要求

深水重磁勘探拖曳系统主要采用外协加工，手工组装的生产方式，生产集中在研制单位内部，由项目组和生产组共同完成，其主要工艺特点如下。

(1)使用环境较恶劣，在耐压、震动及防止电磁辐射等方面的要求较高。

(2)采用模块化设计，对模块设计加工工艺的要求较高。

(3)外部接口主要采用水密接插件作为接口器件。

(4)可靠性指标高，对于结构硬件及加工工艺的要求严格。

一、工艺文件的编制原则

工艺文件的编制主要关注与产品的适合性、生产的可操作性与工艺的先进性，编制工艺文件的基本原则如下。

(1) 工艺文件编制要严格基于设备，随设备的改进而改进。

(2) 工艺文件要具有实际的可操作性，满足一般生产条件下对于生产的指导性。

(3) 工艺文件要对设备的外协加工具有指导性作用。

(4) 工艺文件编制要清楚，结合实际操作，采用图片形式指导实际操作。

(5) 工艺文件要严格版本控制，避免造成不必要的失误。

二、主要工艺流程

结构件加工和电路板加工由外协单位完成，采用通用的加工工艺流程。PCB 板加工由研制单位生产组自行完成，采用的加工流程为通用加工工艺流程，导线加工流程也采用通用加工流程。

三、主要工艺方法

主要的工艺方法：钛合金加工工艺、不锈钢焊接工艺、浮力材料加工工艺、导线加工工艺、机械箱体加工工艺、航插焊接工艺、PCB 加工工艺和装配工艺。

四、主要检测、试验项目和实施方案

深水重磁勘探拖曳系统主要通过实验室功能性试验、水池试验、湖上试验及海试试验等对其性能进行检测检验。

五、生产本产品需增添的主要设备

生产本产品的设备基本能够在原有基础上得到保障，无须增添新设备。

六、产品的工艺质量保证措施和特殊的安全、环保措施

在加工生产前经过有关部门主管和专业人员对加工工艺及其他配套工艺进行评审，评审通过方可进入加工阶段；在加工及组装过程中，严格按照工艺流程及方法对操作人员和操作步骤及质量进行监控，不符合工艺文件规定的一律退回，并对相关操作人员进行批评指导；生产过程中进行抽查评定；生产结束转入组装前要严格按照工艺文件要求进行验收，不合格率达到一定水平的全部退回进行重新加工；组装过程由工艺工程师全程指导完成。

七、关键工序的工艺措施

深水重磁勘探拖曳系统在装配过程中的关键工序采用以下措施保证工艺质量。

(1) 采用实物样品，增加工艺实施的参考性。

(2) 分解工艺流程，增加工艺操作步骤说明，用图片和文字加强说明的直观性，分解的工艺流程变化要适当，避免由于变化太大影响对操作步骤的理解。

(3) 所采用的材料必须经过严格的检验，保证关键工序的质量。
(4) 严格执行工艺操作环节的签署制度，提高操作人员的注意力度。
(5) 对更加合理、有效的操作工艺给予推广和肯定。

八、工艺准备完成的形式和要求

工艺准备完成的标准是：工艺文件齐套；参加生产与生产管理的相关部门对工艺文件认可，对相关人员进行培训；工艺中要求的设备工具已经到位。

九、工艺文件的标准化、通用化要求

工艺文件的标准化按照研制单位相关规定内容及要求进行。工艺文件要具有通用化，在设计工艺操作的步骤中，要考虑加工、制作所采用的工具设备是否通用，所要求的加工尺寸是否符合大多数产品的要求，所采取的加工步骤是否满足大多数产品的加工步骤，尽量提高工艺文件的通用指导意义。

十、工艺资料的管理和归档要求

工艺资料的管理属于质量部门专管，归档要求参考研制单位程序文件执行。

第十六节　标准化设计

一、尺寸

设备的外形与安装尺寸应符合产品的技术要求。在设计时充分考虑重力仪与磁力仪的使用需求，满足各个仪器的安装尺寸要求。

二、结构

结构总体设计时，对各功能的布局、元器件的排列、相互间的连接和机箱内的位置应安排合理、紧凑。接插件、模块应按模块化结构和要求进行设计。面板应满足显示清晰、操作简单、使用方便和美观大方的要求。

三、热设计

系统设计应按 GJB/Z 27 的规定，密封结构采用热传导的散热方式。密封装置中的印制板散热应采用导热条和导热板将热量传导至外壁。
对发热量大的元件和电源模块，应安装散热器并与外壁相连进行传导。

四、电气元件

(1) 元器件品种应力求简化和统一。
(2) 国内电子元器件应按《军用电子元器件优选目录》进行选择或选择经实际应用考察质量较好厂家的产品系列。
(3) 国外元器件应选用军用级或工业级电子元器件系列型谱内的产品。
(4) 电子元器件装机前按检验标准进行筛选。

五、屏蔽

(1) 交流线扎和直流线扎应分开走线。
(2) 易受干扰的小信号和长线传输的数字信号必须进行屏蔽。
(3) 屏蔽体与接地体的连接最好采用焊接和螺接。
(4) 屏蔽体应选用封闭壳体,并尽量少开孔和减少屏蔽体的接缝。
(5) 电缆屏蔽应规定统一的地线芯数、芯线位置及地线与电缆的连接形式。

六、印制板

(1) 印制板的设计、制造与检验应按产品的总体规定进行。要求线路板镀铅析合金,焊盘金属化孔,元件标出符号和涂阻焊剂保护。
(2) 印制板尺寸应按产品总体统一规定,印制板基材应尽量保持平整,不变形。

七、电源

(1) 产品主电源(电源、频率)应符合船总体对电源的规定。
(2) 电源电压和频率变化范围应符合海洋地质四号船的相关规定。

八、安全

(1) 设备电源应易于切断,并设置各种电源开关,以防意外且便于换接维修。
(2) 应设置自动故障保护装置,避免人员受伤和设备损坏。
(3) 系统的设计应保证操作人员不致接触到交流电压有效值或直流电压高于 36V 以上的电压部位。
(4) 设备外露件,特别是易接近的部位,不应有毛刺和锋利的尖角。

九、接口

全部采用数字接口,拖曳系统与母船之间通过工业以太网接口进行互联通信,采用标准的通信协议制式。

十、互换性

重要元部件应具有互换要求,功能相同的模块、插件应达到机械和功能的互换。

十一、环境条件

机械、电气等各个组部件均需要满足海洋船舶的恶劣工作环境,并能保证水下 2000m 的正常运行与重磁测量。

第十七节 水池测试

一、试验性质与目的

本次属于功能性考察测试,测试目的在于考察拖体样机是否符合设计要求,是否能满足湖试条件。

二、试验过程

(一)净浮力测试

在青岛海洋科学与技术试点国家实验室,研究团队针对探测拖体水下净浮力和姿态进行初步水池试验。

(1)由于探测拖体本身在水中为正浮力状态,因此先加挂配重,在探测拖体头部两侧各挂1块配重,尾部两侧各挂2块配重。每块配重在空气中的重量为32kg。系统总重量为1193kg,如图5.200所示。

图 5.200　系统空气中起吊

(2)将探测拖体放入水中,直至水没过拖体最上部。在配重的作用下,吊秤被拉紧,此时系统在水中的重量为58kg,如图5.201所示。

图 5.201　系统在水中的重量测试

(3)对探测拖体系统所挂配重及连接卸扣进行水下重量测试,测得其在水中的重量为

172kg，如图 5.202 所示。

图 5.202　所挂配重在水中的重量测试

（4）由于目前探测拖体系统中为装配尾部舵机安装架，通过测量得知尾部舵机安装架在水中的重量为 10kg。

因此，可以计算出目前系统的净浮力为 172–10–58=104（kg）。

（二）姿态测试

2018 年 9 月初，项目组在青岛海洋科学与技术试点国家实验室对探测拖体进行(除舵机、定位信标机和超短基线外，其余全部组装完成)水下净浮力和姿态的测试。

1. 拖体重量测试

首先使用电子秤将拖体吊起，并获得拖体的重力，然后将拖体放在水中，从电子秤的读数中获得其在水中的重量。本次试验中，拖体在水中的重量为 0kg，在空气中重量为 1157kg。图 5.203 为其在空气中的重量读数。

图 5.203　系统空气中的重量

2. 拖体姿态测量

将拖体放置于水中，观测并记录拖体的姿态情况。本次试验姿态较平稳，探测拖体俯仰角度变化<1.5°，横滚角度变化<2°，达到设计要求。

3. 拖体上的重磁测量功能试验

试验中，开启水下捷联重力仪和三分量磁力仪进行功能性测试，功能基本正常。其中，为了验证磁力功能，测试者将一铁质钩由远缓慢靠近三分量磁力探头，并观察记录数据的变化，发现磁力记录数据发生大幅变化，可见其灵敏度较高，功能正常。试验现场计算机记录如图 5.204 所示，铁器近三分量探测试验如图 5.205 所示。

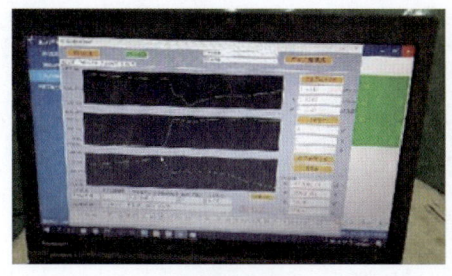

三分量磁力测试　　　　　　水下捷联式重力仪测试界面

图 5.204　探测系统重磁记录数据

图 5.205　探测系统磁力测量功能验证

三、试验结果

拖体在水中的浮力正常，姿态平衡度较好，基本达到湖泊试验要求。

第十八节　湖 上 试 验

湖上试验可以进一步检验、判断深水重磁勘探拖曳系统在水中的应用情况，通过实际湖上试验可以检验拖曳系统的水中工作模式、测量功能、通信与控制、姿态控制等功能是否正常，为海上试验提供参考。项目研发样机生产完成并经水池测试后，进行了湖泊测试。

一、试验性质与目的

（一）试验性质

本次试验为深水重磁勘探拖曳系统功能考核试验，主要用于测试深水重磁勘探拖曳系统是否能满足重磁联合测量的需求。

（二）试验目的

本次湖上试验主要考核深水重磁勘探拖曳系统的拖体拖曳及磁力仪和重力仪的数据测量工作情况。

(1) 通过重磁拖曳系统布放、拖曳运行、回收等湖上作业，验证整个拖曳系统在布放回收过程中的可实施性。

(2) 对二级拖体在拖曳过程中的姿态特性进行摸底测试，确保拖体的姿态角波动在可控范围内。

(3) 拖曳系统的供电、通信、软件等在拖曳过程中工作的可靠性与稳定性，确保各传感器的数据能进行实时显示并存储。

二、试验过程

（一）试验项目

深水重磁勘探拖曳系统包含定深拖体与探测拖体两大组成部分，定深拖体为系统提供水下负浮力，以保证系统定深。探测拖体上搭载重力仪、磁力仪、DVL、高度计、姿态仪等传感器，在拖曳过程中进行实时测量和数据传输。

1. 系统拖曳功能

技术考核指标：系统布放后能顺利进行拖曳，姿态可基本满足测量要求。

考核方式：通过将定深拖体与探测拖体放在动力船上，采用"先标后锚"的布放方式，首先用船吊将探测拖体放入水中，船开出一段距离后，再将定深拖体吊入水中，然后以 3~5kn 的船速进行拖曳操作，拖曳深度梯度为 10m、20m、30m、40m、50m，每个梯度拖曳至少一个航线往复，从而验证系统功能是否达到设计要求。

2. 数据传输及保存功能

技术考核指标：深水重磁勘探拖曳系统可通过拖曳电缆将设备上各个传感器的数据实时传输到甲板设备。

考核方式：定深拖体放入水中后，开启设备电源，检查控制模块的通信连接状态，依次给深度计、高度计、姿态仪、DVL 等传感器上电，观察数据的传输及显示情况。在设备上电、作业船只掉头等操作时记录该操作的时间，以便于后期分析数据。

（二）试验条件

水布垭试验场动力船：用于布放、回收及拖曳深水重磁勘探拖曳系统，具备 220V

第五章 深水重磁勘探载体系统

供电,配套甲板绞车、吊车等设备。

(三)主要测试、测量设备的名称、数量及状态

主要测试设备见表 5.52。

表 5.52 设备状态表

名称	数量	状态
定深拖体	1	控制舱、高度计、深度计、姿态仪等设备完成系统联调,调试合格
探测拖体	1	控制舱、高度计、深度计、姿态仪、DVL 均安装完成,并完成系统联调,调试合格
重力仪	1	设备测试完成且完成检验
磁力仪	1	

(四)试验情况

2018 年 9 月中旬,拖体进行第一次湖泊测试,9 月下旬进行三分量磁精准探测试验时同时进行第二次拖体湖泊测试。2019 年 10 月底进行系统优化后的湖泊测试。试验首先进行定深拖体和探测拖体的布放前检查及参数设置。根据图纸和技术条件对系统装配关键位置进行核查,确保装配正确。然后,在船舶甲板面上进行通电测试,确保系统连接正常,数据顺利传输。最后,将拖体放至船尾,按照拖体不同水深、不同速度进行拖曳试验。试验现场如图 5.206 所示。

图 5.206 探测拖体与定深拖体布放过程

三、试验结果

定深拖体与探测拖体的姿态较为稳定,各传感器数据传输正常,表明深水重磁勘探拖曳系统工作正常,系统工作状态正常。

从图 5.207 中可以看出,以航速 5kn 进行拖曳操作时,定深拖体处于水下 40m。从图 5.208 中可以看出,定深拖体倾角为 18°左右。从图 5.209~图 5.211 中可以看出,此时探测拖体水深基本稳定在 52m 左右,探测拖体倾角 7°,探测拖体航速基本与船速保持一致,在 2.5m/s 上下波动。

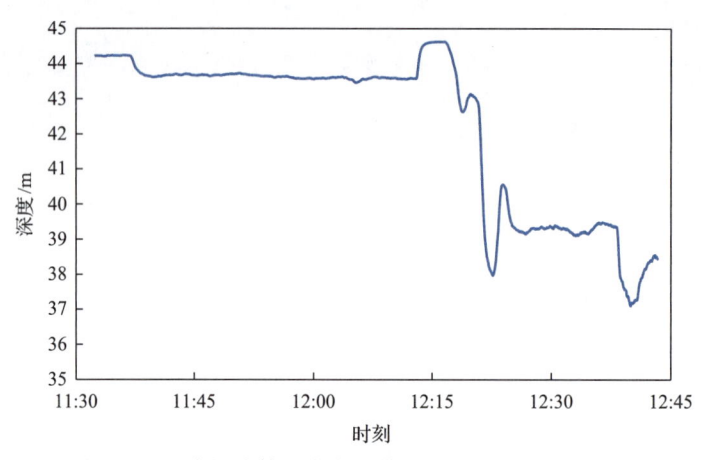

图 5.207　定深拖体深度变化曲线（2018 年 9 月 11 日）

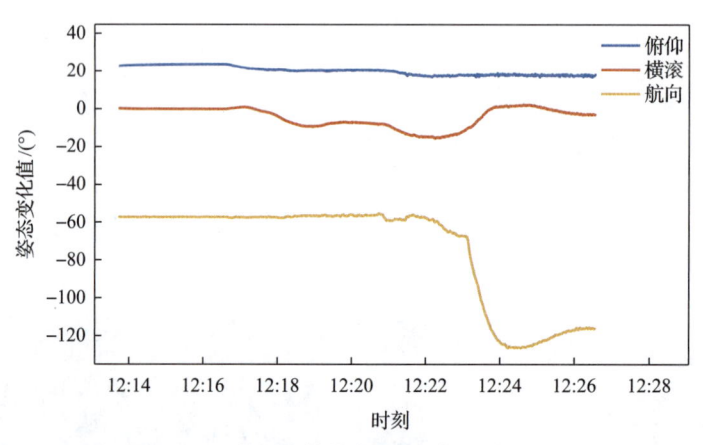

图 5.208　定深拖体倾角（2018 年 9 月 11 日）

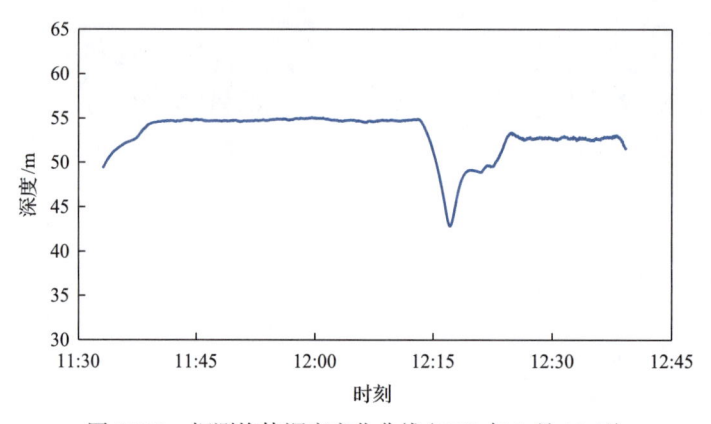

图 5.209　探测拖体深度变化曲线（2018 年 9 月 11 日）

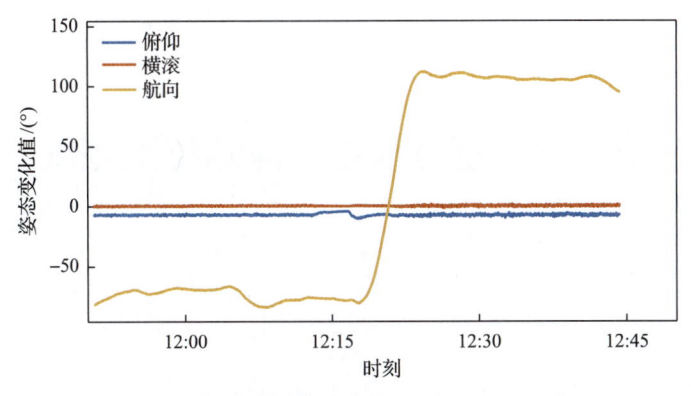

图 5.210　探测拖体倾角(2018 年 9 月 11 日)

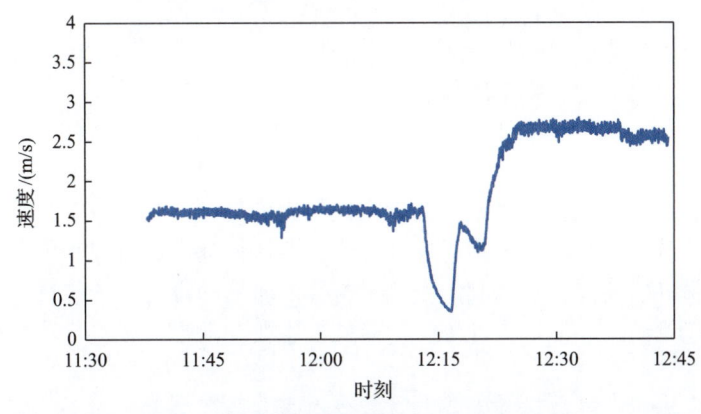

图 5.211　探测拖体航速(2018 年 9 月 11 日)

四、试验结论

通过多次试验验证了深水重磁勘探拖曳系统的功能，如定深拖体与探测拖体的拖曳功能，重力仪、磁力仪、高度计、深度计、DVL 等传感器的数据传输功能，并完成了对观测仪器的功能测试，表明此深水重磁勘探拖曳系统功能满足深水重磁勘探拖曳设计的技术要求。

第六章　近海底重磁探测海上测试

海上试验与数据采集由近海底深水重磁勘探拖曳系统"探海谛听"完成。"探海谛听"主要由前三章的水下动态重力测量系统、水下三分量磁力测量系统、拖体系统组成，分别于 2018 年和 2019 年完成了两次海上测试工作。

第一节　近海底重磁探测海上试验方案

海试方案主要包括试验性质、目的、设备状态与技术指标、试验方法、海区、人员、数据获取与评价、海上试验安全措施等内容。

一、测试性质和目的

海上测试的目的：检验拖曳系统的稳定性是否满足设计技术指标的要求；对水下动态重力测量系统进行功能性和环境适应性测试，并评估其作业流程和仪器精度；确认三分量磁力测量系统的性能，检验其海上测量特性。研发的设备系统经过两次海试，第一次主要偏重功能测试、环境适应性测试，第二次主要在深水区域进行功能和技术精度指标等测试。

二、测试内容

海上测试的设备包括水下动态重力测量系统、三分量磁力测量系统和拖体系统及这些系统的所有部件。

（一）传感器联合测试

水下动态重力测量系统、水下三分量磁力测量系统与拖体系统上的其他传感器进行通电联调，检查仪器通信、数据存储等工作状态是否正常。

（二）浅水区性能测试

在海上水深较浅的区域（通常指水深小于 500m 处），进行水下动态重力测量系统、水下三分量磁力测量系统、拖体系统功能测试，并初步评价测量精度。

（三）深水区性能测试

在海上水深大于 2000m 的区域，进行水下动态重力测量系统、水下三分量磁力系统和拖体系统耐压和性能测试，检验设备工作指标是否正常。

三、设备状态与指标

（一）海上测试设备

研发的设备系统经过实验室测试、水池测试和湖泊测试，工作正常，状态良好，方可进行海上测试。水下动态重力测量系统在国防科技大学进行了实验室测试,水下三分量磁力测量系统和拖体系统经过七一〇所实验室测试。以上三套系统经过组合安装后,在青岛海洋科学与技术试点国家实验室七一〇所水池进行了各项测试,并在宜昌水布垭水库进行了湖泊测试,各系统工作正常,性能良好。

(1)水下动态重力测量系统内符合测量精度要求达到2mGal,其核心硬件模块为重力传感器和姿态传感器。重力传感器采用三只正交安装的石英挠性加速度计,技术指标见表6.1。姿态传感器采用三只正交安装的光纤陀螺仪,性能指标见表6.2。

表 6.1 石英挠性加速度计技术指标

序号	项目	单位	指标值
1	测量范围	g	$-5\sim+5$
2	偏值(K_0/K_1)	mg	≤5
3	标度因数 K_1	mA/kHz	1.5～2.5
4	二阶非线性系数 K_2	g/g²	1×10^{-5}
5	失准角(σ_o、σ_p)	rad	1.5×10^{-4}
6	阈值	μg	1
7	偏值稳定性(3h)	μg	3
8	偏值稳定性(24h)	μg	5
9	偏值重复性(K_0)	μg	15
10	标度因数重复性 K_0/K_1	ppm	10
11	偏值温度系数(55～65℃)	μg/℃	20
12	标度因数温度系数(55～65℃)	ppm/℃	25
13	通断滞后误差	μg	20
14	电噪声	mV	12
15	超调量	%	40
16	半振荡次数	次	3
17	谐振频率	Hz	≥400

表 6.2 光纤陀螺的主要性能指标

序号	项目	指标
1	零偏稳定性/[(°)/h](1σ, 100s)	≤0.005
2	零偏重复性/[(°)/h]	≤0.002
3	标度因数不对称性/ppm	≤5
4	标度因数非线性度/ppm	≤5
5	标度重复性/ppm	≤5

(2)水下三分量磁力测量系统实验室检验测量误差补偿至20nT以内,系统主要由磁通门传感器、捷联惯性姿态传感器和通信模块组成。相关技术指标如下。

(1)测量范围：−70000~+70000nT。
(2)线性度：0.005%。
(3)灵敏度：100μV/nT。
(4)噪声：<10pT/√Hz @1Hz。
(5)频率范围：0~100Hz。

高精度数采通信模块的技术指标如下。
(1)4通道32bit ADC同步采集。
(2)支持0.1Hz、1Hz、10Hz、20Hz、100Hz采样频率。
(3)水上水下存储。

三分量磁力系统中捷联惯性姿态测量系统的测量精度<0.01°，运动过程中横滚角、俯仰角变化量小于5°。

拖体系统主要由定深拖体、探测拖体和甲板设备组成，具体部件及状态见表6.3。系统的设计技术指标如下：探测拖体俯仰角度变化<1.5°，横滚角度变化<2°，拖曳航速3~5kn，重磁拖曳探测过程中探测拖体深度变化<10m，探测拖体的定位精度为目标距船体距离的2‰。

表 6.3 拖体设备与部件

序号	样机名称		数量	状态
1	定深拖体	主浮体框架	1套	正常
		释放装置	1套	正常
		控制舱	1套	正常
		传感器系统	1套	正常
		拖曳缆与供电通信缆	1套	正常
2	探测拖体	主浮体框架	1套	正常
		电滑环	1套	正常
		控制舱	1套	正常
		重力仪	1套	正常
		磁力仪	1套	正常
		传感器系统	1套	正常
		零浮力复合缆	1套	正常
3	甲板设备	调试电脑	1台	正常
		拖体试验数据监控与记录电脑	1台	正常
		磁力仪试验数据监控与记录电脑	1台	正常
		重力仪试验数据监控与记录电脑	1台	正常
		释放器甲板单元	1套	正常
		交换机及网线	1套	正常
		辅助布放缆	5根	正常

(二)辅助设备

(1)需配套光电复合缆及绞车系统,而且复合缆长度不少于6000m。
(2)具有收放大型深拖系统的能力,工作母船起吊能力应大于3t。
(3)具有水下定位能力,水下定位探头向船后倾斜,便于拖体定位。
(4)海试具有船载重力和磁力测量能力、海底日变测量能力,以便进行试验数据的比对。
(5)海试具有船载多波束系统,以便确认试验区域的地形状况。

四、海上测试区域

根据设备测试要求,海上测试在南海北部进行。该区域水深自北向南逐渐变深,从地形特点来看,该区域具备大陆架平坦海底地形、陆坡缓坡地形、陆坡陡坡地形、深海盆地平原及海槽区域等。项目根据实际需要,选择适合的浅水区域(500m)和深水(2000m)区域分别进行不同测试。

南海北部受季风影响较大,需注意海上风浪对测试的影响。该区域5~9月为西南季风期,7~9月为热带风暴、强热带风暴和台风盛行期,10月到次年4月受东北季风的影响较大。海流的流向随季风变化,季风转换期流向不定。5~10月多为东北流,流速约1kn。

五、实施时间

海上测试不包括航渡时间,通常试验用时10天左右,现场负责人可以根据天气条件和海况设备等情况调整作业工作量和作业时间。第1~2天在测试工区内进行地形、磁方位、日变测量,摸清水下障碍物和海底地形状况。第3~4天进行设备收放测试,重、磁惯导系统标定(近匀速直线航行30km),水下定位探头重新安装后的校准与标定。第5~8天,在水深2000m处进行拖体近海底测量,重力、磁力近海底测量及精度检验,"井"形测线测量,每条测线长10km,重复4次,共160km。时间安排参照表6.4。

表6.4 时间安排表

日期	地点	项目
动员2天		走航到试验区
第1~2天	工区内	地形测量、磁方位测量、日变测量
第3~4天	测试点500m水深	设备检测标定(含水下定位)、拖体收放试验,重力、磁力设备检验测试,设备标定
第5~8天	测试点2000m水深	重力、磁力近海底测量及精度检验,"井"形测线测量
第8~9天	工区内	回收拖体,回收日变站,结束测试
复员2天		返航到广州

六、海上测试方法与步骤

(一)海试前准备

(1)将拖体系统放至母船甲板,检查各密封部件是否正常,连接绞车光电复合缆。

(2)在作业母船上将水下动态重力测量系统、三分量磁力测量系统安装到拖体平台,检测该系统与拖体系统是否通信正常。

(3)检测水下动态重力测量系统和水下三分量磁力测量系统通电运行检测系统是否正常工作,能否将数据传输给母船的数据记录计算机。

(二)海试方法

(1)母船到达试验区后,使用多波束系统、浅剖等调查技术手段,获得测试点地形地貌的特征信息,确保拖体在水下拖曳安全。

(2)母船低速航行,保持水下动态测量系统开启,将表面温控系统移去后,尽快将拖体布放下水,并逐步放置于水下近海底,确保水下DVL对海底跟踪良好。

(3)船舶以3~5kn的速度匀速往返一段距离(直航0.5h以上),对各类传感器的安装关系进行标定与设备初始化对准。

(4)通过光纤将水下拖体姿态、深度、重力数据及状态、磁力数据及状态等信息回传至母船计算机(上位机),上位机显示和存储这些数据。

(5)水下动态重力测量系统同步记录陀螺、加速度计、DVL、深度计等原始数据,通过光纤数据回传至母船计算机。

(6)水下三分量磁力测量系统输出的数据通过光纤数据回传至母船计算机(上位机),上位机显示和存储三分量磁力测量数据。

(7)控制拖体在某一固定深度以3~5kn的速度匀速进行重复线测量,单条测线长度不小于10km,每次连续工作时间不小于60min。

(8)尽量将测线设计为"井"字形,测线两两平行,重复测两次,以获取足够的数据精度评价。

(三)设备回收

(1)将拖体回收到母船,经淡水冲洗。

(2)水下动态重力测量系统重新加装温控系统,保持系统继续通电运作,直至船舶归航母港。

(3)水下动态重力测量系统停电。

七、测试结果

海上测试完成后,现场对采集数据进行初步分析,获得初步测试结果,对仪器设备运作情况做出合理评价。

统计水下重力数据和捷联惯性姿态仪姿态数据,去掉无效数据后,测量值进行内符合分析,该值在允许误差范围内,认为被测仪器达到技术指标要求。

统计分析三分量磁场数据，去掉无效数据，若三分量磁场测量值、总场值和捷联惯性姿态仪测量值在测量允许的误差范围内，认为被测仪器达到技术指标要求。

在水下工作过程中观察拖体上的深度计、高度计、姿态仪、DVL等传感器的数据传输及显示情况。对存储的数据进行分析，判断是否满足指标要求。

八、海上测试安全

（一）安全培训

安全培训包括业务技能与安全生产培训、作业风险培训、应急培训等。业务技能与安全生产培训包括业务岗位培训和救生衣、灭火器等安全器械的使用培训。风险培训包括船舶安全区域划分、后甲板作业安全、舷边作业安全、高空作业安全等区域作业存在的风险及其注意事项。应急培训包括消防救生演习、弃船演习等应急培训等内容。

（二）安全检查

依据海上试验船舶的实际情况开展安全联合检查。检查包括业务部门作业场所、轮机机舱、驾驶台、住舱等；检查内容包括防火、防爆、防意外伤害。

（三）风险识别与防范

对风浪、海上障碍物、过往船舶干扰等存在的危险因素进行分析，做好防范。对于本项目的海上试验，需注意以下事项。

(1)拖体系统个体较大，在船舶出航前，需对拖体进行固定。

(2)水下动态重力测量系统的发热量加大，建议在空调环境下进行安装测试，在母船甲板面作业时，需开启系统表面温控系统，以保障系统安全。

(3)水下动态重力测量系统、水下三分量磁力测量系统都有许多精密部件，在拖体布放过程中，注意使用止荡装置，避免拖体与母船产生激烈碰撞。

(4)拖体入水后，值班人员需观测水下动态重力测量系统各项工作指标是否正常，并做好记录。

(5)在拖体布放和回收时，做好人员安全防护和人员安全教育，让工作人员能各司其职；过程中需注意使用止荡装置，避免拖体与母船产生激烈碰撞。

第二节　近海底重磁探测海上试验规程

为了规范海上试验的操作行为，保障海试设备安全，确保海上试验顺利完成，作者研究团队编写了近海底重磁探测海上试验规程。主要包括规程适用范围、参考文件、总则、基本要求、海上作业、数据整理等内容。

一、范围

本规程规定了近海底重磁拖曳勘探海上作业的内容、方法、步骤和要求。本规程适用于近海底重磁拖曳勘探海上试验操作，可以为其他近海底拖曳作业提供参考。

二、引用与参考文件

下列文件中的有关条款通过引用而成为本标准的条款。凡注日期或版次的引用文件，其后的任何修改单(不包括勘误的内容)或修订版本都不适用于本规程，但提倡使用本规程的各方，探讨使用其最新版本的可能性。凡不注日期或版次的引用文件，其最新版本适用于本规程。

(1) 2016YFC0303004 国家重点研发计划《深水重磁勘探拖曳系统研制及海上应用试验》课题任务书。

(2) 广州海洋地质调查局作业文件《Teledyne Benthos 声学深拖系统操作规程》。

(3) 广州海洋地质调查局作业文件《海洋拖曳式可控源电磁发射机系统操作规程》。

(4) 广州海洋地质调查局作业文件《ROV 系统操作规程》。

三、总则

(一) 基本原则

近海底海洋重磁拖曳勘探海上作业遵循"安全可靠、科学合理、客观公正"的原则。

1) 基本内容

近海底海洋重磁拖曳勘探海上作业包括设备准备、海上作业、数据资料整理。

2) 设备准备

设备下水作业前的各项准备和测试工作，包括设备配备、测试、联调等。

3) 海上作业

设备下水作业操作过程控制。

4) 数据资料整理

海上作业完成后，电子数据、纸质记录资料整理。

(二) 基本要求

(1) 采用全球卫星导航定位系统进行海上导航定位，静态定位中误差应不大于±2m。

(2) 水下定位系统满足小于斜距 0.3%*的精度要求。

(3) 作业的最大船速不超过 5kn，每分钟的船速变化不超过 0.5kn。

四、海上作业

(一) 作业前准备

1. 航前准备

(1) 检查设备连接情况，确保拖体通电、数据通信正常。

(2) 检查拖体上重力仪和磁力仪的工作状态，确保其运作正常。

(3) 检查水下定位系统的工作状态，确保其运作正常。

(4) 进行重力仪基点比对。

(5)进行导航定位系统航前检查。

(6)对船载起吊系统进行检测，确保其工作正常，满足吊装负载要求。

2. 下水前准备

(1)检查拖体各水密连接头是否已经连接，密封性完好。

(2)检查连接电缆是否正常连接，电缆与探测拖体、定深拖体连接是否牢固，固定好接口处电缆的位置，防止设备收放或工作过程中连接锁扣对电缆造成损坏。

(3)检查浮力材料是否稳固。

(4)检查释放装置是否正常工作。

(5)检查数据通信是否正常。

(6)检查保护缆绳是否安装正确。

(二)海上作业

1. 拖体下水

(1)确保绞车操控、后甲板作业、仪器控制室三方通信畅通。

(2)合理配备后甲板人员，至少 7 人，一名总指挥、一人负责 A 架和吊机操控、一人负责绞车操控、左右两侧各配备设备起吊止荡人员 2 名。

(3)调整船艏向至顶风顶浪方向，船速控制在 1～2 节。

(4)使用吊装系统吊起探测拖体并将其放至海面，脱钩释放，此时探测拖体在水面应处于等浮状态，缓慢释放脐带缆，让探测拖体继续向船正后方移动，直至脐带缆全部释放且浮于海面。

(5)按同样方法将定深拖体放置于海中，然后以 20m/min 的速度放缆，放至 200m 水深，定深拖体受重力作用会向海底下沉，从而拉动脐带缆和后方探测拖体一起下沉。

(6)暂停绞车，测试水下定位系统，工作正常后，以 40m/min 速度将拖体放至工作深度。

2. 上线作业

(1)航速调节到作业航速(通常 2～3kn)。

(2)放缆速度小于 40m/min，确保上线记录前拖体下放到作业深度(通常离海底为 80～100m)。

(3)当拖到离底约 200m 时，放缆速度降至 20m/min。

(4)调整船舶航向，使得船舶的实际航线与设计测线偏移距在±50m 内。

3. 数据采集

(1)启动拖体监控软件，进行作业姿态监控。

(2)启动重力监控和记录软件，进行数据记录。

(3)启动磁力监控和记录软件，进行数据记录。

(4)按作业要求记录班报。

重力系统、水面磁力探测系统、磁力日变站；具有深海拖体收放能力的绞车和万米光纤缆，可以为拖体提供电源和设备数据通信，满足近海底重磁探测的要求。

该船为钢质、双层连续甲板，具有倾斜首柱，梨形球首，方型船尾，机舱位于舯部，动力装置为两台 6K45GF 增压低速柴油机，双可调螺距桨、双襟翼舵的海洋石油勘探船。主甲板尾部作业区安装有万米钢缆深海绞车，倒 L 架，万米光纤缆绞车，20t A 架，一台 5T 伸缩吊，两台 2T 旋转吊机等取样设备。船舶总长 104.210m，设计水线长 99.300m，垂线间长 92.100m，型宽 13.740m，型深 6.800m，设计吃水 5.000m，设计排水量 3450t，最大船速不小于 17kn，全船满员 58 人。

2. 需测试设备

本次海试设备系统包括水下动态重力测量系统、水下三分量磁力测量系统和拖体系统，三套系统经过实验室测试、水池测试和湖泊测试，状态良好，2018 年 10 月安装于海上地质四号船上后，工作正常，满足海试条件。主要测试设备及状态见表 6.5。

表 6.5 设备状态表

名称	数量	状态
定深拖体	1	完成系统联调且调试合格
探测拖体	1	控制舱、高度计、深度计、姿态仪、DVL 均安装完成，并完成系统联调且调试合格
重力仪	1	设备测试完成且完成检验
磁力仪	1	

(三)测线设计

为了更准确地分析内符合精度，测线设计时应尽量多设计交点。本次海试在西南-东北走向上设计了两条平行主测线，在这两条测线夹角约 30°的地方再设计两条检查测线，每条测线长度约 20km。测线的大致形状如图 6.1 所示。

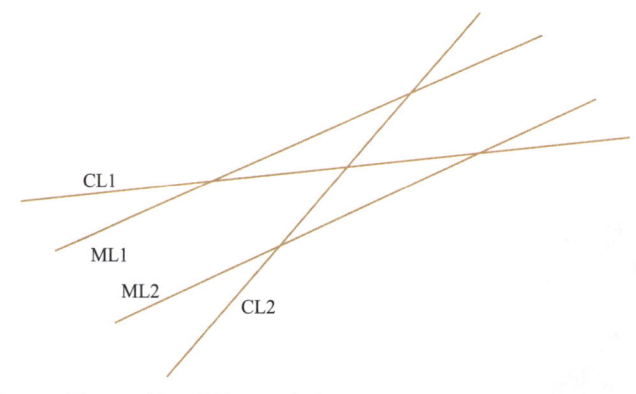

图 6.1 第一次海上近海底重磁探测设计测线示意图

(四)探测过程

根据海试方案的计划和要求,参试设备于 2018 年 10 月中旬安装在海洋地质四号调查船上,并在海洋地质码头进行系统联调,确认系统正常。10 月底项目组参试人员在海南省三亚市锚地登上海洋地质四号调查船参加海试,直至 11 月中旬返回广州海洋地质码头,历时 12 天。

10 月中旬,在广州海洋地质码头安装设备,项目组进行承重头安装,图 6.2 为所安装承重头示意图,安装水下三分量磁力系统、水下重力系统到拖体上,安装光纤复合缆接驳油盒,连接拖体与船舶万米光电复合缆,拖体连接船上 2500V 高压线路,进行光纤通信及全系统联调,确认重磁系统、通信、供电、甲板监控等正常工作;同时进行其他辅助设备的出航准备,如重力基点比对等工作。

图 6.2　安装承重头

10 月下旬,7 名项目组参试人员在海南省三亚市锚地登上海洋地质四号调查船参加海试,并对系统工作状态进行再次确认。

11 月初,到达预定 500m 水深试验点,首先进行 CTD/SVP 测量,获取试验点的声速和物理海洋有关数据;接着在该区域进行多波束测量,确认海底地形是否平坦,有无水下障碍物,以保障设备在水下工作安全;然后深拖重磁系统进行下水前检查及甲板通电测试,放下水后在 ML1 测线上进行一次往返测量,船速控制在 3kn 左右,光纤缆长度 450m,定深拖体、探测拖体离底 280~320m,超短基线水声定位系统(USBL)工作正常。图 6.3 为设备布放与回收图。

图 6.3　设备布放与回收

作业第二天，到预定点 500m 水深投放地磁日变观测和海流计锚系；布放拖体下水，施放 SeaSPY2 海洋磁力仪，进行 ML2 的两次往返测量和 CL1、CL2 的单次测量，船速控制在 2.5~3.0kn，光纤缆长度约 450m，定深拖体、探测拖体离底 270~340m，在测量过程中，USBL 时有跟踪不正常现象。但完成了多条测线工作，获取了重力和磁力测量的重复性和交叉点数据。

第三天，CL2 测量结束后进行了不同速度的拖曳试验，将缆长放到 500m，中午时分缓慢提速至 4kn，逐步提速至 4.5kn，最后提速至 5.0kn，测试速度对拖体的影响。重复线和交叉检查线测量完成后，傍晚结束测量任务，回收拖体。

第四天中午，调查船到达 2000m 试验点，在约 1500m 水深处时下放拖体，一直测量至 2100m 水深处，此时船速 2.8kn，缆长达到 3900m，拖体离底 100 多米，定深拖体深度 2050m，探测拖体深度 2015m；水下定位 USBL 在缆长超过 700 多米时失去跟踪信号，拖体在深水环境的适应性得到了验证，晚上结束海试任务，回收拖体，对拖体进行淡水冲洗与保养；船舶前往日变站投放点。

第五天早上，进行日变站和海流计锚系回收，海流计工作正常。

第六天上午，开始返航。

11 月中旬，船舶返航回到广州海洋地质码头，进行基点比对，完成重力基点闭合，本航次的试验任务结束。

（五）获得主要数据、资料清单

(1) 捷联式重力仪原始数据。
(2) 三分量磁力仪原始数据。
(3) 定深探测拖体原始数据。
(4) 其他数据(导航定位数据、SeaSPY2 水面磁力数据、班报记录等)。

三、探测结果

本次近海底重磁探测根据海试方案的计划和要求，分别在 500m 水深处进行了功能性、精度评估试验，在 2000m 水深处进行了环境适应性试验。合计完成了 8 条测线，约 160km。设备工作基本正常。

本次海试证明了本系统具备水下环境的适应能力，获取了重复线和交叉线的宝贵数据，为系统进一步做精度评估打下了基础，实现了我国水下重力和三分量磁力联合动态采集零的突破。

（一）拖曳系统试验结果

在测线测量过程中，在 3~5kn 拖曳速度测试和 2000m 深度拖曳测试中拖曳系统能够正常、稳定工作，获得了完整有效的测试数据，满足设备的设计要求，图 6.4 为 2000m 深度拖体姿态的示意图。

拖曳状态稳定后，在 3~4kn 航速下，探测拖体横滚角抖动<1°，在 4~5kn 航速下探测拖体横滚角抖动<3°；在 3kn 航速下，探测拖体俯仰角抖动<4°，满足设计技术的参数要求。

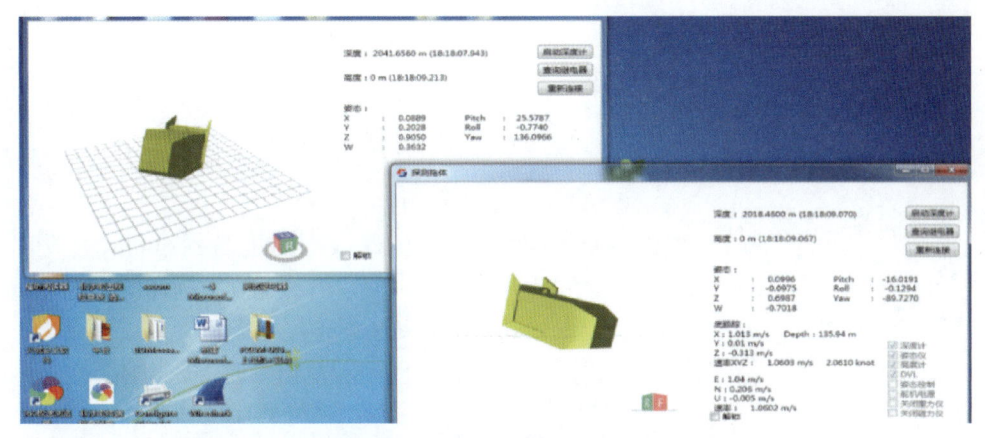

图 6.4 2000m 深度拖体的姿态

布放与回收时禁止带电操作，磁力仪静止校准后不允许断电，工作存在矛盾，本次海试布放后匀速直航一段时间为磁力仪校准，建议以后加装 UPS 以保持磁力仪供电。海试过程中出现水下定位信标信号不稳定的情况，初步判断可能与拖曳时信标对船底角度不合适，所以需结合拖体姿态进行分析，调整安装角度；也有可能由于信标换能器伸出探测拖体表面形成凸起，拖曳时产生气泡干扰水声信号，此时需要设法填充信标与浮力材料交线的空隙，使之具有流线形。

(二) 水下动态重力测量系统试验结果

从海试现场看，水下动态重力系统工作正常。图 6.5 和图 6.6 为拖体在深度 500m 和 2000m 处，母船重力系统记录数据的曲线图。图中数值随时间而变化，表明随着船舶和拖体移动，测得不同地方的重力异常值有所变化。图 6.7 为系统实时记录的重力仪陀螺数据图，图 6.8 为系统实时记录的重力仪加表数据，这些数据的获得可以用于重力异常值的计算，从侧面证明水下动态重力测量系统工作正常。海试试验数据经过后处理，去除各类客观影响因素，进行相应补偿后，可以获得测量内符合精度，数据处理与评价将在后续两章进行描述。

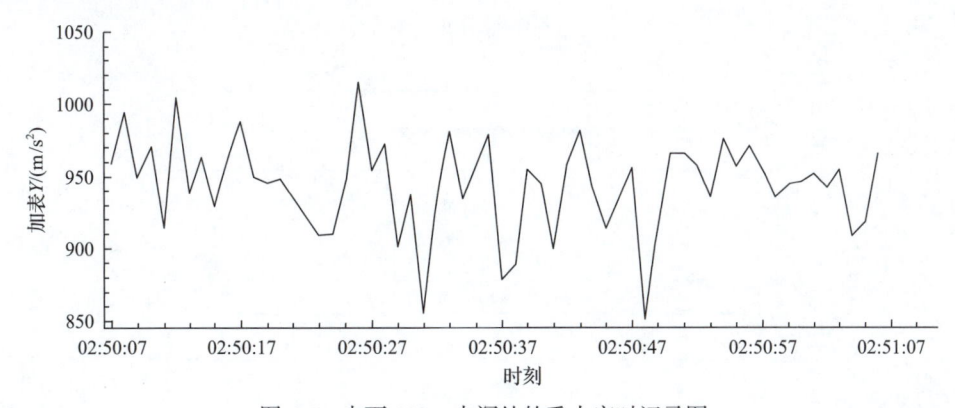

图 6.5 水下 500m 水深处的重力实时记录图

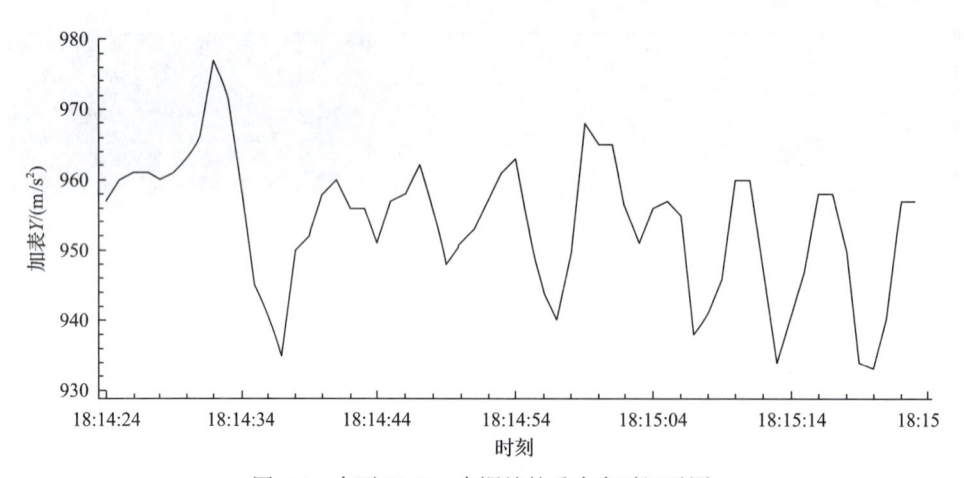

图 6.6　水下 2000m 水深处的重力实时记录图

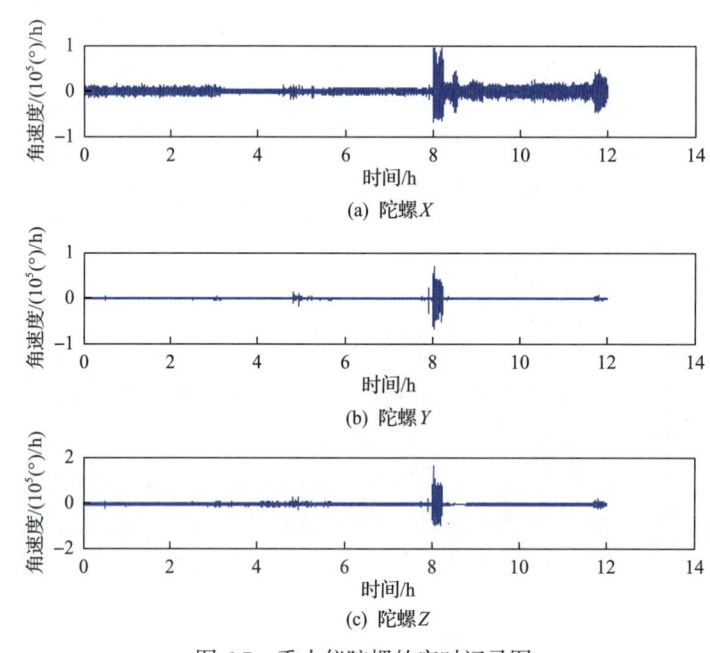

(a) 陀螺 X

(b) 陀螺 Y

(c) 陀螺 Z

图 6.7　重力仪陀螺的实时记录图

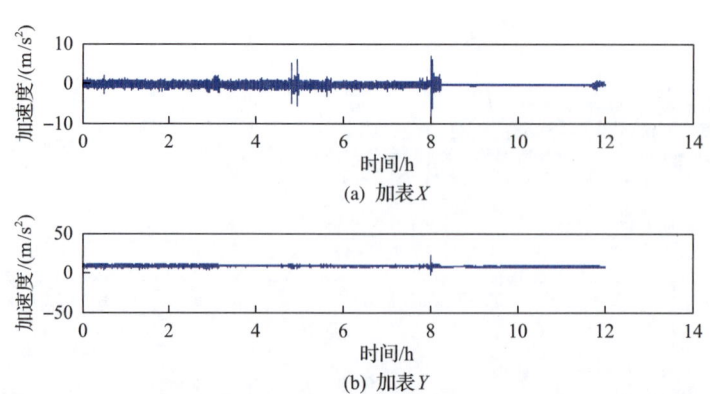

(a) 加表 X

(b) 加表 Y

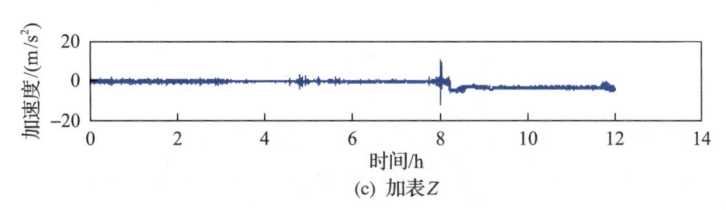

图 6.8　重力仪加表实时记录图

(三) 三分量磁力测量系统试验结果

从三分量磁力测量数据的初步分析看，所采集的数据有效。图 6.9 为实际测得的三分量及总场数据变化图，地磁场三分量信号均小于 45000nT，证明系统工作正常，数据有效。

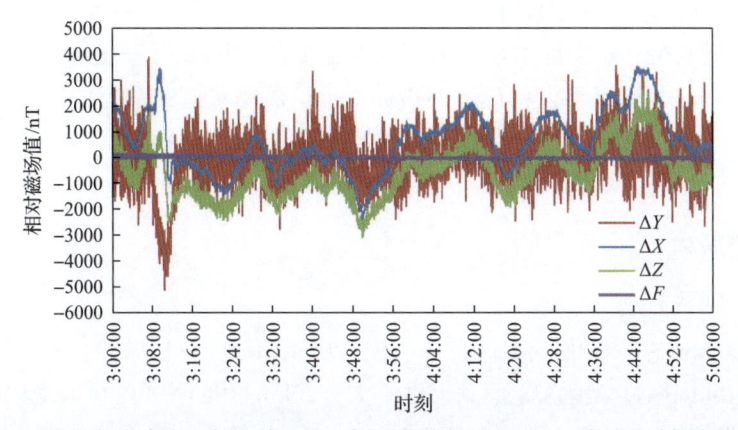

图 6.9　2018 年在南海北部海域 300m 水深沿测线上磁通门三分量及总场变化曲线

将三分量磁场合成的地磁总量与水面 SeaSPY 标准磁力仪总场测量曲线进行比较，两条曲线的变化趋势一致，如图 6.10 所示，近海底探测三分量磁场合成总场磁场的识别度更高，但噪声稍大，还需要后续的进一步处理。这种比对试验初步验证了本次测量数据的有效性，而更准确的数据比较，需要对三分量磁场及姿态仪数据进行处理、解析、补偿与改正解算后，再与标准磁力仪测量数据进行比较。

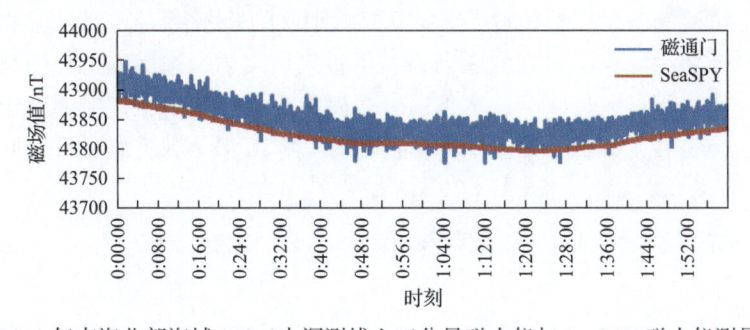

图 6.10　2018 年南海北部海域 300m 水深测线上三分量磁力仪与 SeaSPY 磁力仪测量值对比图

第四节　第二次海上近海底重磁探测

根据近海底重磁探测的总体要求，2019年完成研发的设备需进行海上验收工作。本次近海底重磁探测的主要任务：水下动态重力测量系统、水下三分量磁力探测系统和近海底重磁载体系统的深水海试验收及测量，也就是该系统的第二次海上近海底探测。

一、探测性质和目的

本次近海底重磁探测性质：在2000m水深处对拖曳系统及安装在拖体上的水下动态重力测量系统和水下三分量磁力测量系统的性能及技术指标进行检验，检验产品化设计样机的海上测量特性，并对仪器现场的环境适应性进行考察。本次海试为验收性海试，海试申请第三方见证及专家组评估。

本次海试的目的：检验深水重磁勘探拖曳系统在2000m近海底是否工作正常，能否采集到有效数据，是否满足设备设计的指标要求。需要对拖曳系统、水下动态重力测量系统和三分量磁力测量系统进行功能和性能指标测试，并评估测量的作业流程和仪器精度。

二、探测整体情况

(一)探测位置

在水深2000m左右的海域进行设备系统的功能和精度评估试验。该区域从地形特点来看，水深自北向南逐渐变深，但倾斜度不大，20km长的测区内水深变化约300m，符合本次海上试验的要求。

(二)海试参与单位与人员安排

试验过程中参加试验的单位和人员较多，主要有广州海洋地质调查人员和船员、山东省物化探勘查院、中国地质大学、国家海洋标准计量中心、航天科技十三所、国防科技大学、中国地质大学(北京)、中国船舶重工集团公司第七一〇研究所、青岛海山海洋装备有限公司人员、青岛海洋科学与技术试点国家实验室人员。

本次海上试验配备了项目负责、技术负责、副技术负责各1名，海试验收专家4名，导航定位人员2名，绞车操控人员3名，后甲板人员4名，水面磁力与船载重力测量人员1名，水下重力测量人员4名，水下三分量磁力测量人员3名，拖体工作人员2名，数据后处理人员2名，船舶驾驶、管理、轮机等人员26名。满足海上近海底重磁探测海上试验需要。

(三)船舶与设备

1. 海试船舶

本次近海底重磁探测使用船舶为海洋地质四号调查船，与第一次海试相同。

2. 海试设备

研发的三套设备系统经过实验室测试、水池测试、湖泊测试和 2018 年底的海上测试，2019 年完善和修正上次海试存在的问题后，再次经过湖泊测试，状态良好，满足海上测试与验收的要求。

经过 2018 年海试数据分析，水下动态重力测量系统重复测线评估统计结果误差为 1.33mGal，交叉点不符值统计的平均误差为 1.98mGal，2019 年湖泊测试工作正常，内符合精度为 0.37mGal。达到设计技术要求，达到海上测试验收要求。将水下三分量磁力测量系统合成总场与 SeaSPY 标准磁力仪总场测量曲线进行比较，两条曲线的变化趋势具有很强的一致性，2019 年将设备进行进一步优化，精确标定，有望减少干扰，提高精确度。2019 年湖泊试验，在船舶做直线运动时的合成总磁场波动总量在 100nT 左右，表明设备正常，工作稳定，满足海试要求。深水重磁勘探拖曳系统在 3~4kn 航速下，探测拖体横滚角抖动<1°，在 4~5kn 航速下探测拖体横滚角抖动<3°；在 3kn 航速下，探测拖体俯仰角抖动<4°，2019 年设备改良后，经过湖泊试验，定深拖体处于水下 37.5m，以航速 5kn 进行拖曳操作时，定深拖体倾角为 20°左右。此时，探测拖体水深基本稳定在 24m 左右，探测拖体倾角 8°，探测拖体航速基本与船速保持一致，在 1.7m/s 上下波动，各项指标达到设计要求，满足海上试验与验收要求。

总之，海试设备经过了实验室测试、湖泊试验、第一次海试，状态良好，适合海上验收测试。

（四）测线设计

为了获得更多的交点，以便能更准确地分析内符合精度，本次海试在西-东走向上设计了两条平行主测线，垂直这两条测线设计有两条平行联络线。另外，在主测线与联络测线相交的西南-东北两点量一测线，长度 15km，其他测线每条 10km。测线大致形状如图 6.11 所示。

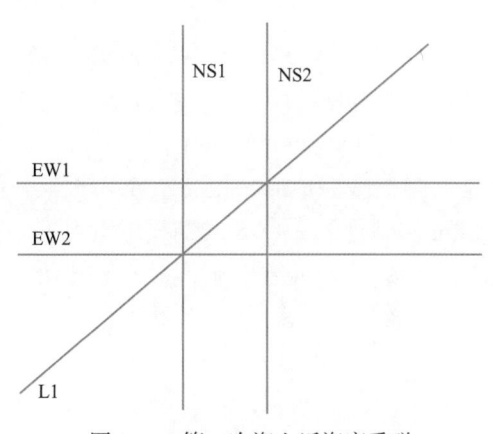

图 6.11 第二次海上近海底重磁探测设计测线示意图

（五）近海底重磁探测过程

2019 年 11 月上旬，深水重磁勘探拖曳系统包括水下动态重力测量系统、水下三分量磁力测量系统和深水拖曳系统，拖体到达广州海洋地质码头并安装到海洋地质四号调查船上，参加了该船的某航次海上测试。

11 月下旬深水重磁勘探拖曳系统开始在我国南海北部海域进行海上试验工作，到 12 月上旬结束，历时 13 天，完成了两航段，四次收放。其中，第一航段设备完成两次收放和水下重磁测线测量工作，以考验系统功能、性能指标为主。受恶劣天气的影响，试验过程中船舶回桂山岛避风。避风后，第二航段完成两次收放和水下测量工作，该航段天气恶劣，工区浪高 3.5m，风力 6~7 级，本次主要测验设备的环境适应性。

第一天，技术人员到达桂山岛并登船进行设备测试，各项测试正常。

第三天，设备调试完成，项目第二批相关人员和专家登船。天气好转后，船舶开往测试点。到达水深 700m 处的日变站投放点，完成日变站的布放。

第四天，船舶到达测试区附近，水深范围 1700~2300m，进行设备布放。此过程中，设备使用 UPS 供电运作，设备入水后，再使用光电复合缆供电，对设备运作情况进行监控，如图 6.12 所示。当设备到达 1014m 处，设备按测量状态工作。随后完成第一条测线 EW1 测量，约 16.5km。

图 6.12 拖体布放

项目组利用转弯时间，按规范化海试"需要完成两次收放"的规定，回收拖体，设备使用 UPS 供电，正常工作。

转换测线完成后，设备重新入水，开始第二次布放。继续进行测线试验，在水下 2000m 左右连续完成 5 条测线的近海底重磁探测，探测拖体最深到达 2120.2m。由于海况变差，无法继续作业，第五天开始回收设备，回收过程中，设备继续通电采集数据，设备到甲板后，船舶开始往桂山岛航行。第六天到达桂山岛避风，结束第一航段工作。

第十天，天气逐渐好转，船舶开往工区。航行过程中，船越往深水处去，风浪越大，第十一天到达工区，浪高 3.5m，风力 6~7 级。船舶在滞航状态下，相对平稳，为了考验设备对海洋恶劣环境的适应性，以及为了争取更多试验时间（往后几天天气会更恶劣，而且船舶需按时回港进行维修，试验时间非常紧迫），项目组决定布放设备进行测量。中午设备布放下水后，开启光电复合缆供电电源，对设备状态进行运作监控。随后进入 L2 测线，探测拖体到达深度 1054m 后，开始进行测线测量，拖体最深到达 1786m，下午海况较差无法作业，设备回收，船滞航。

傍晚天气稍好转，顶风浪，滞航模式，继续布放设备进行作业，拖体最深到达 2041.9m。第十二天凌晨完成 SHL2 测线后转向，风浪太大，船舶摇晃度加大，对设备威胁大，无法作业，收回设备，船向日变站投放点航行。第十三天早上到达日变站投放点，回收日变站到甲板。考虑设备已经历恶劣海况考验，且往后天气没有好转迹象，再加上船舶维修期限已定，开始返航。

(六)获得主要数据资料清单

获得的数据与资料和第一次海上测试相同。

三、探测结果

本次近海底重磁探测根据海试方案的计划和要求,在水深 2000m 处进行了功能性、精度评估试验。采集 10 条测线段,共计 120.7km,其中重复测线 4 条,共 63.7km。

本次近海底重磁探测精度评估的测线轨迹如图 6.13 所示,共有六条测线,EW1 和 EW2 为东西两条重复线。数据分析按有效作业线进行。

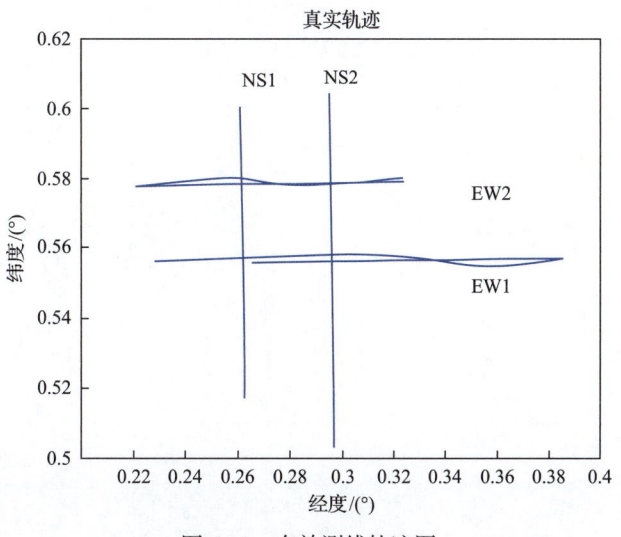

图 6.13 有效测线轨迹图

(一)深水拖曳系统(拖体)

定深拖体与探测拖体的姿态较为稳定,各传感器数据传输正常,深水重磁勘探拖曳系统工作正常。如图 6.14 所示,数据分析如图 6.15~图 6.17 所示。

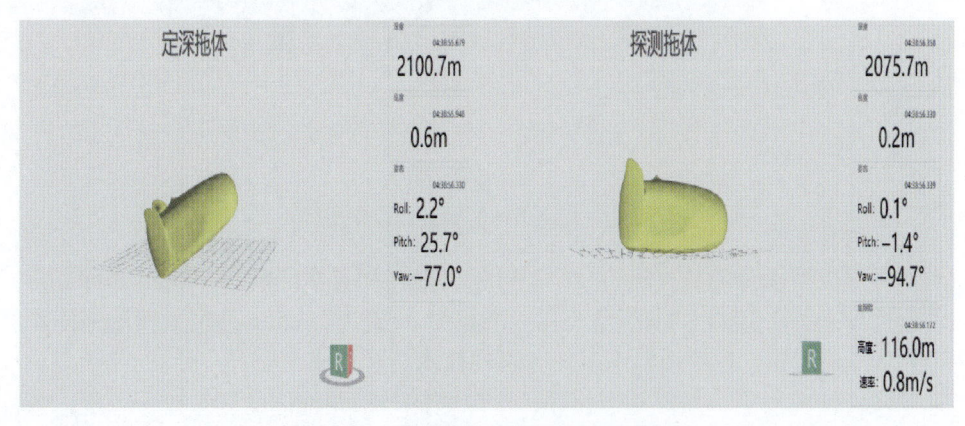

图 6.14 拖体拖曳过程的上位机截图

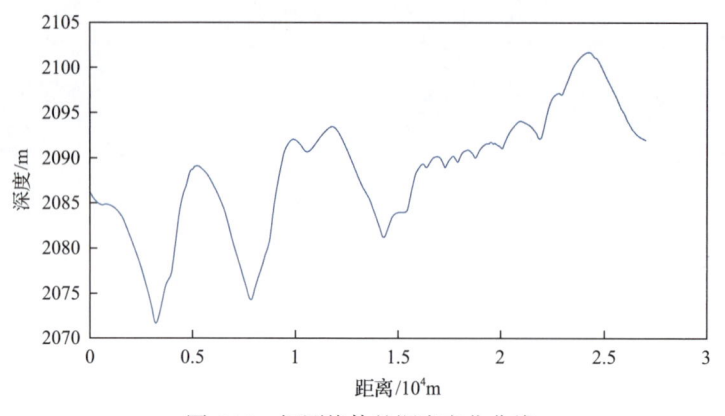

图 6.15 探测拖体的深度变化曲线

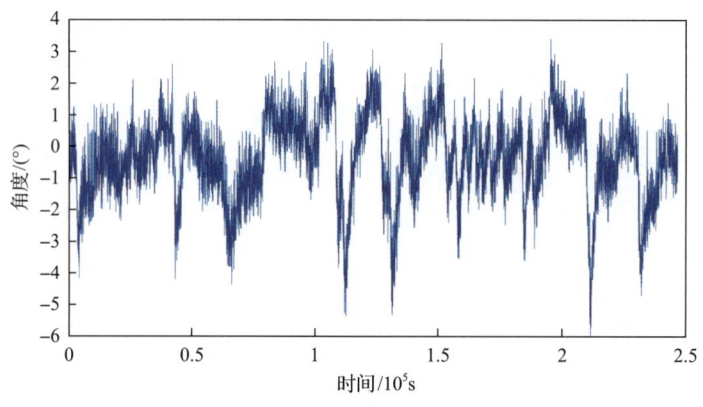

图 6.16 探测拖体的俯仰角变化曲线

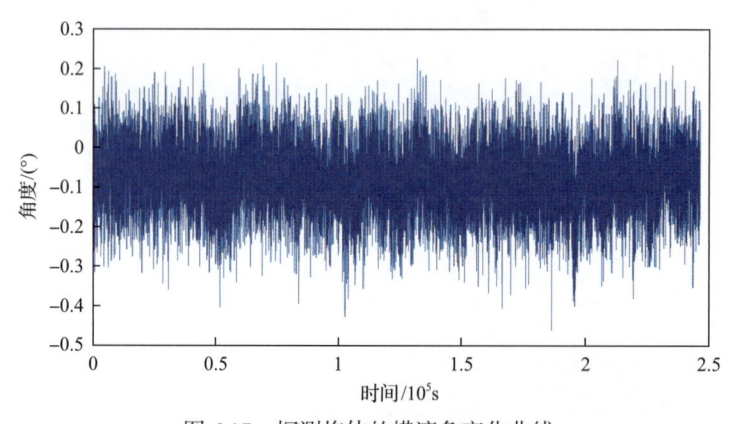

图 6.17 探测拖体的横滚角变化曲线

对第一航段所测量的数据进行分析,可得出拖体拖曳水深满足 2000m 水深要求,俯仰角变化标准差为 1.3004°,横滚角变化标准差为 0.5382°,3.5kn 速度下探测拖体深度变化标准差为 6.8286m,各项指标满足任务书的技术指标要求。

第二航段情况与第一航段基本相同,定深拖体与探测拖体的姿态较为稳定,各传感器数据传输正常,深水重磁勘探拖曳系统工作正常。数据分析如图 6.18～图 6.20 所示。

第六章　近海底重磁探测海上测试

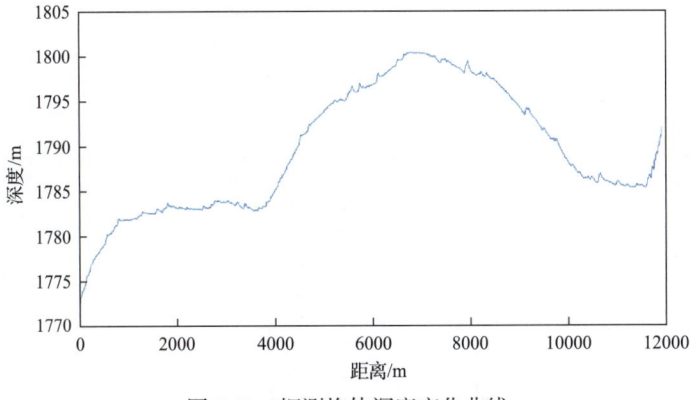

图 6.18　探测拖体深度变化曲线

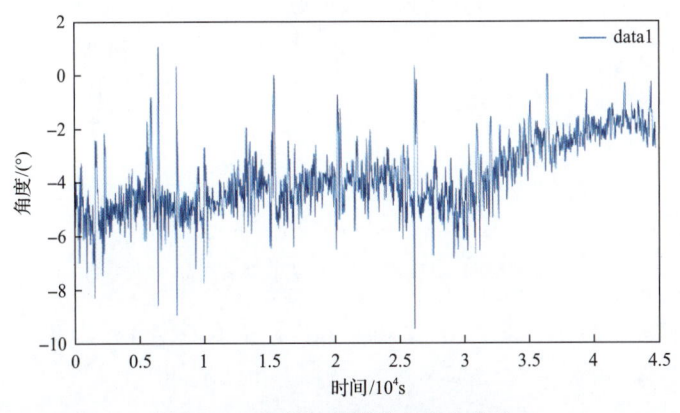

图 6.19　探测拖体俯仰角变化曲线

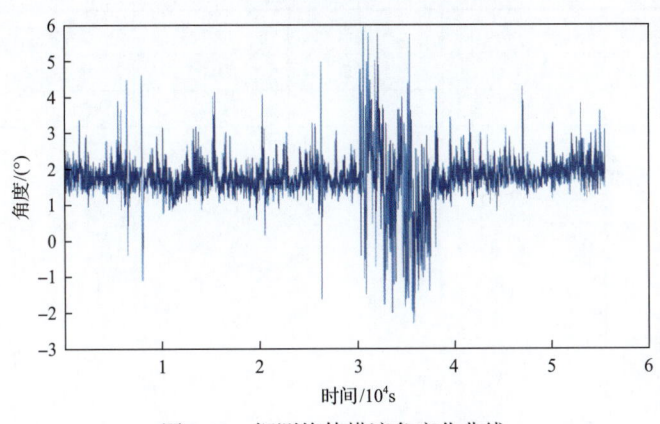

图 6.20　探测拖体横滚角变化曲线

对第二航段所测量的数据进行分析，可得出拖体拖曳水深满足 2000m 水深的要求，俯仰角变化标准差为 1.3302°，横滚角变化标准差为 0.6825°，3.5 节速度下探测拖体深度变化标准差为 6.9109m。各项指标满足任务书的技术指标要求。

(二) 水下动态重力系统数据初步分析

(1) 对 EW1 测线(两条反向的重复线)进行分析，从数据分析看，重力异常值的重复内符合精度为 0.97mGal。数据统计结果见表 6.6，数据图形如图 6.21 所示。

表 6.6　精度统计

测线	最大值	最小值	平均值	均方根	总均方根
EW1/mGal	2.36	−0.80	0.72	0.97	0.97
	0.80	−2.36	−0.72	0.97	

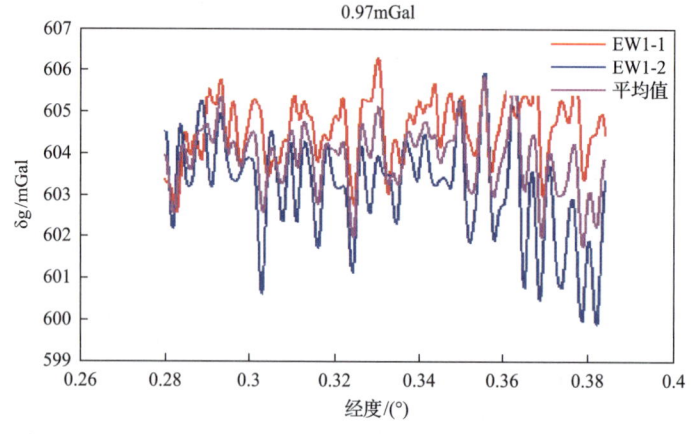

图 6.21　EW1 的重力提取结果

(2) 对另外两条反向的重复线 EW2 进行分析，从数据分析看，重力重复内符合精度为 1.13mGal。重复测线统计结果见表 6.7，数据分析图形如图 6.22 所示。

表 6.7　精度统计

测线	最大值	最小值	平均值	均方根	总均方根
EW2/mGal	3.14	−1.82	−0.67	1.13	1.13
	1.82	−3.14	0.67	1.13	

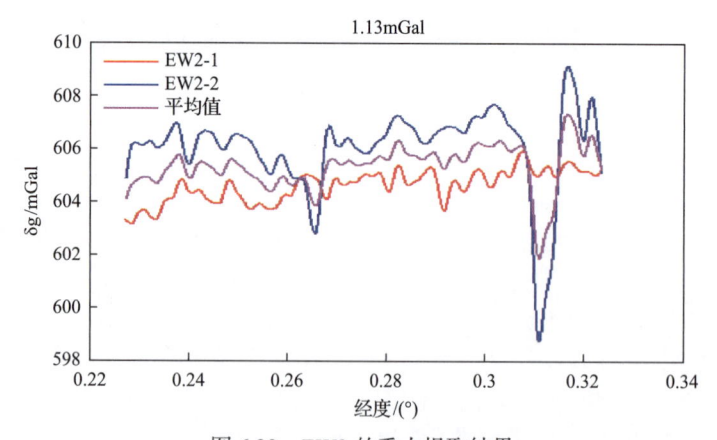

图 6.22　EW2 的重力提取结果

通过上述试验，水下动态重力仪在海试条件下的测试结果如下。

重力仪原始数据输出始终保持正常。在水下 2000m 时，重力仪工作正常，说明重力仪通过了 2000m 耐压试验。EW2 两条重复线内符合精度为 0.97mGal/350m，EW1 两条重复线内符合精度为 1.13mGal/350m。

(三) 水下三分量磁力测量系统数据分析

试验大纲规定在测量区域，地磁场三分量信号均不能大于 64000nT，地磁场总量变化量不大于 5000nT。航线的实际测量结果是地磁场三分量信号均小于 50000nT，选取其中一条测线，见图 6.23～图 6.25 中三分量 X、Y、Z 曲线，满足大纲规定不大于 64000nT

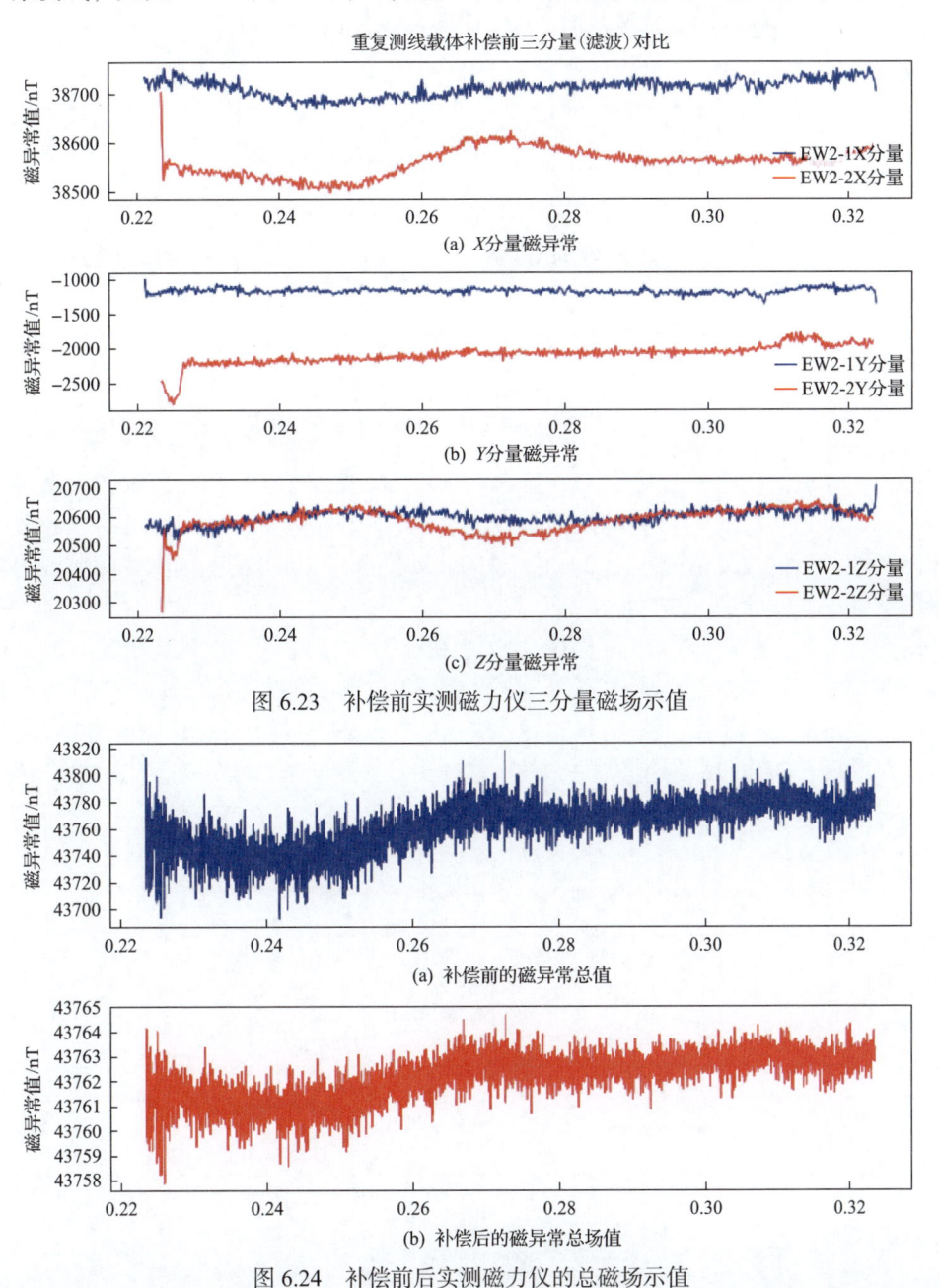

图 6.23 补偿前实测磁力仪三分量磁场示值

图 6.24 补偿前后实测磁力仪的总磁场示值

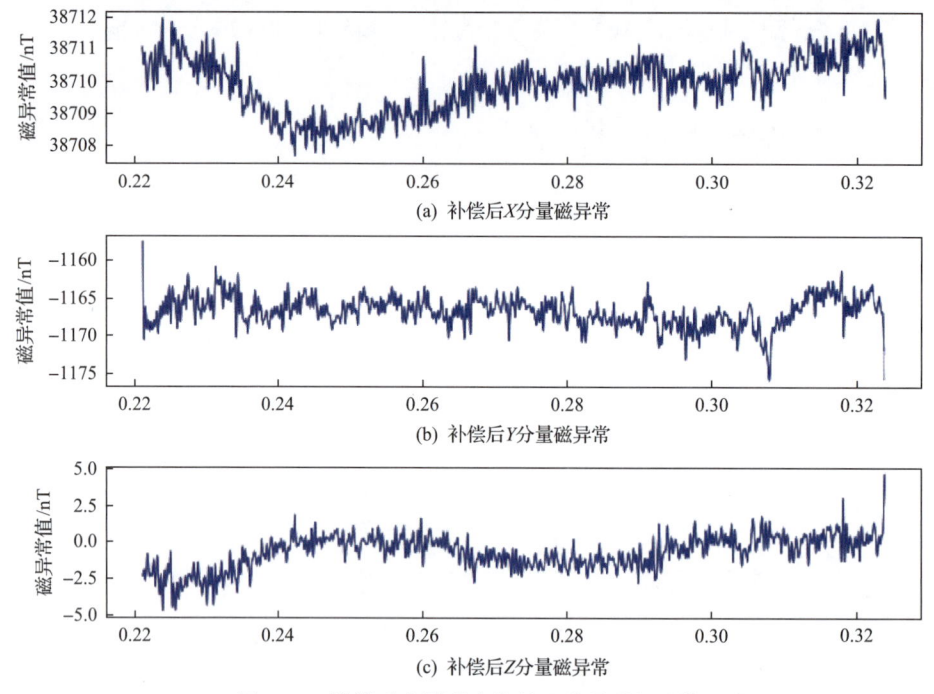

图 6.25 补偿后实测磁力仪的三分量磁场示值

的指标要求,地磁场总量变化量均小于 300nT,将实测磁场坐标值与实时的姿态仪数据相结合,再经过坐标转换将其转换到东-北-天的大地坐标系后,可知磁场的三分量在一固定航迹上投影的波动情况小于 20nT,总场波动值也在 20nT 的范围内。两航段的数据测量精度如图 6.26 和图 6.27 所示。

对两航段数据进行分析,可得第一次试验精度为 9.4nT;第二次试验精度为 13.2nT。

同时,将三分量磁场合成的地磁总量与标准磁力仪测量数据进行比较,发现其变化趋势是一致的,如图 6.28 所示。将三分量磁场合成总场与 SeaSPY 标准磁力仪总场测量曲线进行比较,发现两条曲线的变化趋势是一致的。这种比对试验验证了本次测量数据的有效性。

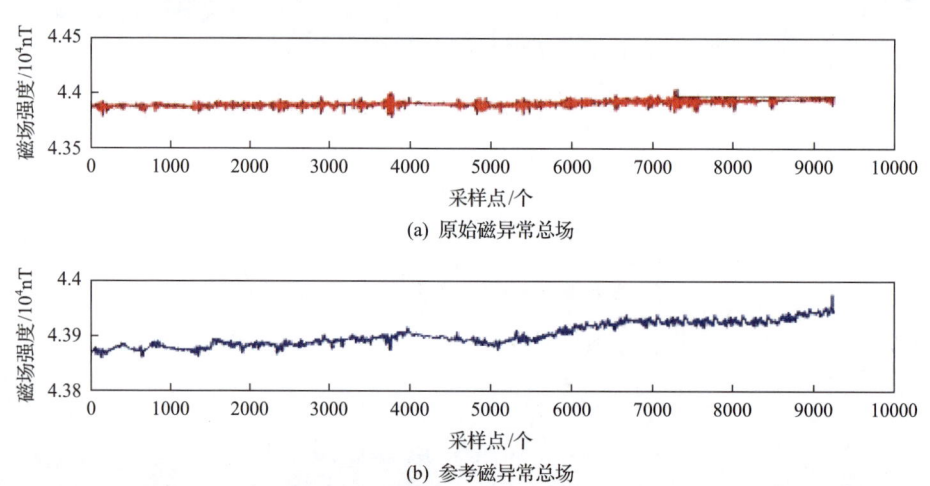

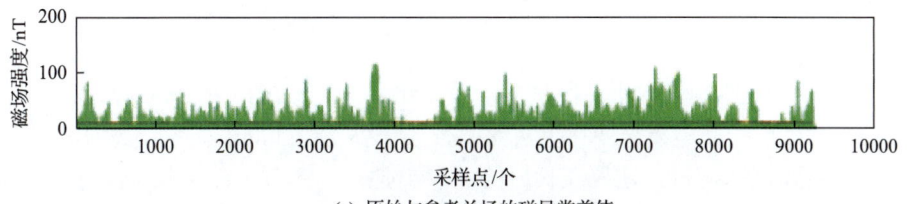

(c) 原始与参考总场的磁异常差值

图 6.26　第一航段数据精度分析

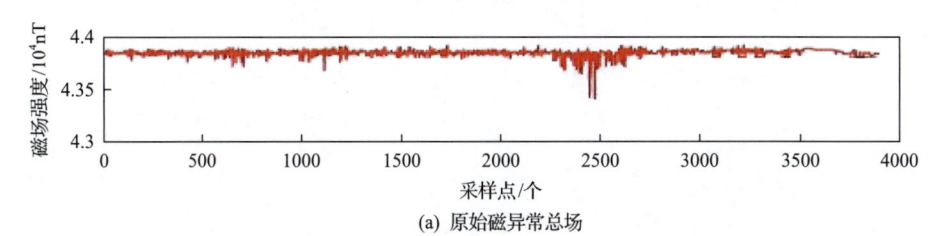

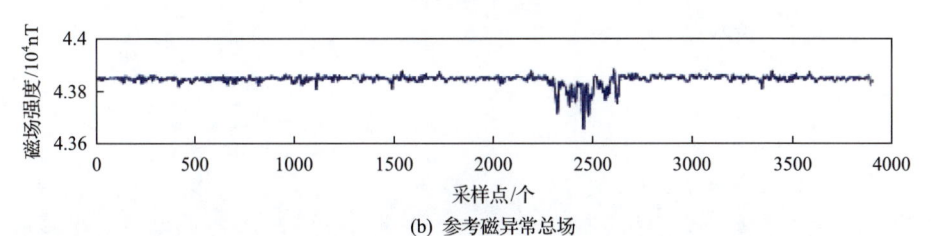

(a) 原始磁异常总场

(b) 参考磁异常总场

(c) 原始与参考总场的磁异常差值

图 6.27　第二航段数据精度分析

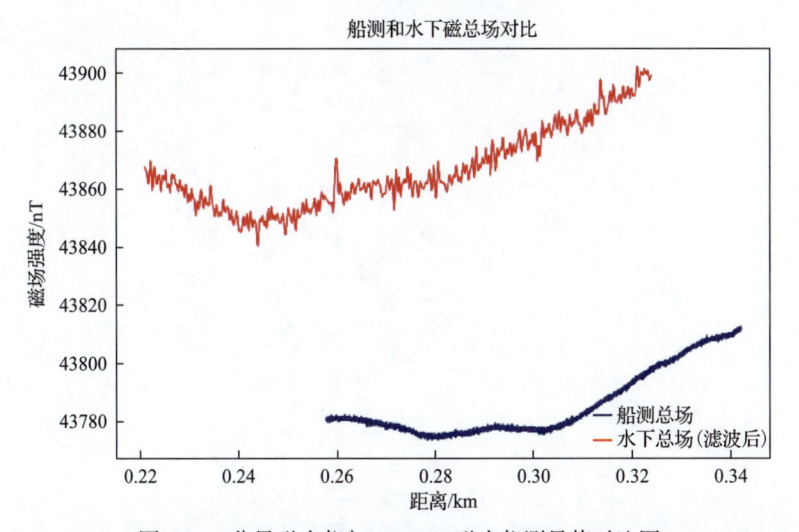

船测和水下磁总场对比

图 6.28　分量磁力仪与 SeaSPY 磁力仪测量值对比图

(四)海试存在的问题与建议

本次海试直接到 2000m 水深区域进行设备测试,相比 2018 年 500m 水深的测量,难度加大数倍,放出的光电复合缆比上次海试长数倍(放到 4300m 左右),对作业速度要求较高。船舶需要低速运行,建议在日后的深水作业时,密切注意光电复合缆放出的长度与瞬时拉力的关系,确保工作安全。本次测试了恶劣环境下设备的工作状态,拖体受到较大的冲击,收放拖体存在较高风险。建议以后设备在四级海况以下工作,以减轻海况对设备的损害。

第七章　近海底重磁场数据处理解释

水下重、磁数据通过两次海试采集获得,这是我国第一次获得水下动态重力、三分量磁力数据。这些数据如何整理和处理,形成具有原始创新的水下重磁数据处理技术,并将水下数据成果应用于地学信息提取、油气勘探、地质调查等领域,是本章描述的主要内容。

第一节　水上载体高分辨率磁测数据的去噪方法

一、水上高分辨率磁测数据的去噪方法

傅里叶变换、小波变换等分析方法通常被用来处理复杂信号,且取得了一定的效果,但具有一定的局限性。傅里叶变换对于线性、平稳信号而言,是一个强有力的工具,但对于非线性、非平稳信号,则具有一定局限性;而小波变换在本质上是一种窗口可调的傅里叶变换,并没有摆脱傅里叶变换的束缚,而且不具有分解的自适应性,其效果取决于小波基函数的选取,所以在信号的分析处理中仍然具有一定的局限性。

为了解决这一问题,有人提出了一种处理非线性、非平稳信号的分析方法,即经验模态分解(empirical mode decomposition,EMD),该方法将复杂的信号分解成为若干个由高频至低频排列的固有模态函数(intrinsic mode function,IMF)与一个剩余分量(residue)。EMD方法能够很好地刻画信号的局部特征,不仅具有多分辨率的特性,而且具有分解的自适应性,能够较好地保留信号中原有的各种特征。

EMD方法基于一种简单的假设:任何复杂的信号均是由简单的固有模态函数组成,每个模态函数可以是线性、平稳的,也可以是非线性、非平稳的。它们均具有一个共同的特点,即在整个信号长度内,模态函数对称于局部均值,直观地看,其波形为一个拟正弦波。局部均值通过信号的上、下包络线定义。基于此,通过信号的特征尺度参数即可区别不同的模态分量,而且任何两个模态函数之间是相互独立的。

EMD方法是根据信号本身的尺度特征进行的,因此能够较好地保留信号原有的各种特征。首先依据筛分准则对信号进行层层筛分,先将尺度小的高频分量分离出来,然后再将尺度大的低频分量分离出来,最后依据分解停止准则得到一个近似单调的剩余分量,因此可将其看作尺度滤波的过程。

对于所给定的任意一维信号种 $x(t)$,EMD分解具体步骤如下。

(1)初始化:

$$r_0(t) = x(t), \quad h_{K-1}(t) = r_{i-1}(t) \tag{7.1}$$

式中，i 为固有模态函数的个数；K 为分解过程中的筛分次数，初始值均取 1。

(2) 先查找信号 $h_{K-1}(t)$ 的局部极大值、极小值点，然后利用三次样条插值方法对局部极大值点进行插值计算得到上包络线 $E_{\text{up},K-1}(t)$，对局部极小值点进行插值计算得到下包络线 $E_{\text{low},K-1}(t)$ 并计算上、下包络线的均值 $E_{\text{mean},K-1}(t)$：

$$E_{\text{mean},K-1}(t) = \frac{E_{\text{up},K-1}(t) + E_{\text{low},K-1}(t)}{2} \tag{7.2}$$

(3) 信号 $h_{K-1}(t)$ 减去上、下包络线的均值，得到一个新的信号 $h_K(t)$：

$$h_K(t) = h_{K-1}(t) - E_{\text{mean},K-1}(t) \tag{7.3}$$

(4) 计算终止条件标准偏差 (SD)，则分解得到第一级固有模态函数 $C_i(t)$，记作 $C_i(t) = h_K(t)$，否则 $K = K+1$，重复步骤 (2)~(4)。

其中，

$$\text{SD} = \sum_{t=0}^{T} \frac{\left|h_{1,K-1}(t) + h_{1,K}(t)\right|^2}{h_{1,K-1}^2(t)} \tag{7.4}$$

式中，SD 取值范围为 0.2~0.3。

(5) 计算剩余值：将信号 $r_{i-1}(t)$ 减去分量得到剩余信号 $r_i(t)$：

$$r_i(t) = r_{i-1}(t) - C_i(t) \tag{7.5}$$

(6) $i=i+1$，重复步骤 (2)~(5)，直到 $r_i(t)$ 极大值和极小值点个数的小于 k (k 为较小的整数) 或极大值和极小值的数值近似相等，分解过程共进行 n 次外部循环，得到了第 n 个 IMF 分量，则有

$$r_n(t) = r_{n-1}(t) - C_n(t) \tag{7.6}$$

最后，一维信号 $x(t)$ 经 EMD 方法分解共得到 n 个固有模态函数和一个剩余项 $r_n(t)$，此时，信号的分解表达式为

$$x(t) = \sum_{i=1}^{n} C_i(t) + r_n(t) \tag{7.7}$$

该方法应用于高分辨率水下磁测数据中，取得了较好的应用效果。利用 Hum 滤波方法对同一数据进行滤波处理，将其处理结果同 EMD 处理结果进行对比可发现，Hum 滤波方法滤除噪声不够彻底，仍存有大量残余，而 EMD 滤波方法的去噪结果更加彻底，异常曲线较为平滑。

二、磁力测量系统误差来源

水下三分量磁力仪中磁通门传感器输出的模拟信号经信号调理电路和 A/D 转换电路处理后由微处理器输出数字信号。在硬件测量系统的设计过程中并不能确保在同一条件下三轴磁传感器输出的最终数字信号具有相同的零点误差和灵敏度。另外，硬件系统采用的是双轴磁传感器加单轴磁传感器组成的三轴测量系统，这样还会引入正交性误差。它们的修正表达式为

$$\begin{bmatrix} B_{\zeta''} \\ B_{\eta''} \\ B_{\xi''} \end{bmatrix} = \boldsymbol{KA} \begin{bmatrix} B_{\zeta'} \\ B_{\eta'} \\ B_{\xi'} \end{bmatrix} + \boldsymbol{KA\delta} \tag{7.8}$$

式中，$\boldsymbol{K}$ 为传感器的灵敏度系数矩阵；$\boldsymbol{A}$ 为非正交性误差矩阵；$\boldsymbol{\delta}$ 为零位误差矩阵。

$$\boldsymbol{K} = \begin{bmatrix} k_x & 0 & 0 \\ 0 & k_y & 0 \\ 0 & 0 & k_z \end{bmatrix}$$

$$\boldsymbol{A} = \begin{bmatrix} 1 & 0 & -\sin\gamma\cos\alpha \\ 0 & 1 & \sin r \\ 0 & 0 & \cos\gamma \end{bmatrix}$$

$$\boldsymbol{\delta} = \begin{bmatrix} \delta_{x1} \\ \delta_{y1} \\ \delta_{z1} \end{bmatrix}$$

将 $\boldsymbol{K}$、$\boldsymbol{A}$、$\boldsymbol{\delta}$ 代入式(7.8)可得

$$\begin{cases} B_{\zeta''} = k_x B_{\zeta'} + 0 - k_x B_{\xi'} \sin\gamma\cos\alpha + k_x \delta_x - k_x \delta_z \sin\gamma\cos\alpha \\ B_{\eta''} = 0 + k_y B_{\eta'} + k_y B_{\xi'} \sin r + k_y \delta_y + k_y \delta_z \sin r \\ B_{\xi''} = 0 + 0 + k_z \cos\gamma B_{\xi'} + k_z \delta_z \cos\gamma \end{cases} \tag{7.9}$$

为了达到最佳逼近或拟合的目的，最常用的一种做法是使测量值与真实值在各点间的残差在范数条件下达到最小。计算模型有两种，分别为

$$E = \min\left(\sum_{I=0}^{N} \left\| \boldsymbol{B} - f(B_{\zeta'}, B_{\eta'}, B_{\xi'}) \right\|_F \right) \tag{7.10}$$

$$E_1 = \min\left(\sum_{I=0}^{N} \left\| \frac{\boldsymbol{B} - f(B_{\zeta'}, B_{\eta'}, B_{\xi'})}{\boldsymbol{B}} \right\|_F \right) \tag{7.11}$$

这里取 $F=2$，求解的是向量的 2 范数，以式(7.11)的模型为例计算补偿系数。具体方法是在经过标定的亥姆霍兹线圈中加 12 组大小不同的电流，分别测试 GMR 磁传感器每个轴的输出值 $B_{\zeta''}$、$B_{\eta''}$、$B_{\xi''}$ 和对应的总磁场 B_T，得到 12 组磁场在 X、Y、Z 轴方向上的输出信号，将测得数据代入式(7.9)就可以计算出补偿后的磁传感器输出值 $B_{\zeta''}$、$B_{\eta''}$、$B_{\xi''}$。

结合式(7.9)和式(7.11)变形可得相对误差的通用模型：

$$E_1 = \min\left(\sum_{I=0}^{N}\left(1 - \frac{k_1 B_{\zeta'} + k_2 B_{\eta'} + k_3 B_{\xi'} + k_4}{B_T}\right)^2\right) \tag{7.12}$$

$$\frac{k_1 B_{1T} + k_2 B_{2T} + k_3 B_{3T} + k_4}{B_T} = 1 \tag{7.13}$$

式中，k_1、k_2、k_3、k_4 与式(7.9)中的系数存在对应关系；B_T 为加不同电流下的总磁场。

将式(7.13)变换为矩阵形式得式(7.14)，即

$$\boldsymbol{B}' \cdot \boldsymbol{K} = \boldsymbol{B}'' \tag{7.14}$$

式中，

$$\boldsymbol{B}'' = (\boldsymbol{F}^{\mathrm{T}}\boldsymbol{F})^{-1}\boldsymbol{E}$$

$$\boldsymbol{B}' = \begin{bmatrix} B_{\zeta'1} & B_{\eta'2} & B_{\xi'3} & 1 \\ \vdots & \vdots & \vdots & \vdots \\ B_{\zeta'12} & B_{\eta'12} & B_{\xi'12} & 1 \end{bmatrix}, \quad \boldsymbol{K} = \begin{bmatrix} k_1 \\ k_2 \\ k_3 \\ k_4 \end{bmatrix}$$

$$\boldsymbol{F} = \begin{bmatrix} 1/B_{t1} & 1/B_{t1} & 1/B_{t1} & 1 \\ \vdots & \vdots & \vdots & \vdots \\ 1/B_{t12} & 1/B_{t12} & 1/B_{t12} & 1 \end{bmatrix}, \quad \boldsymbol{E} = \begin{bmatrix} 1 \\ \vdots \\ 1 \end{bmatrix}$$

根据矩阵的逆矩阵求解方法可得补偿系数：

$$\boldsymbol{K} = (\boldsymbol{B}'^{\mathrm{T}}\boldsymbol{B}')^{-1}\boldsymbol{B}'^{\mathrm{T}}\boldsymbol{B}'' \tag{7.15}$$

将由解算模型计算后获得的校正值 $B_{\zeta''}$、$B_{\eta''}$、$B_{\xi''}$ 代入式(7.9)，经过一定的滤波算法后由 MATLAB 进行仿真，分别获得在式(7.12)和式(7.13)所代表模型下总磁场 B_T 的波动如图 7.1 所示。

由图 7.1(a)和图 7.1(b)可知，最小二乘法所绘出的总磁场强度有较大的波动，且与真实值相比有一定的误差。这种情况的产生是由于常规最小二乘法的评价依据是针对等精度数据而言的，即观察数据在不同等级时具有大体相同的绝对误差。但是，在磁传感

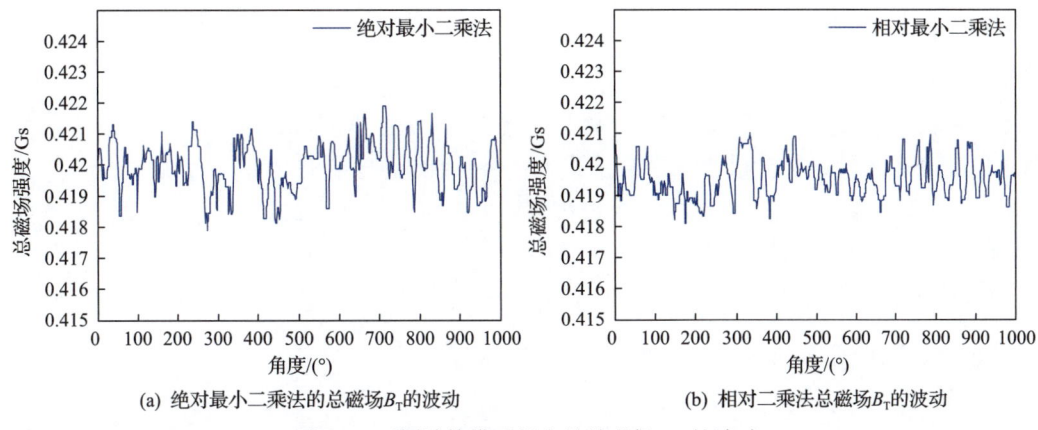

图 7.1 不同计算模型得出的总磁场 B_T 的波动

(a) 绝对最小二乘法的总磁场 B_T 的波动

(b) 相对二乘法总磁场 B_T 的波动

器输出的零点信号附近很容易产生相对大的干扰，而且在点集分布不规律的情况下，其拟合精度会进一步降低。

由于大量的科学研究和观测数据通常是按被观测量的相对误差进行评价，所以从相对误差的平方和最小出发，可以把最小二乘法进行改进，得到更符合实际情况的修正值。因此将基于相对误差的最小二乘法修正后所绘出的图形与常规最小二乘法相比，它具有较小的波动，这在一定程度上起到了很好的校正作用，但与理想的仿真结果相比仍存在一定的误差。

除此之外，对于线性方程组 $Ax=b$，常规最小二乘法的基本思路是利用各项残差的平方和最小的原理来获得最优系数，并且该系数需要作为定值代入方程中来解算未知量，但是多数情况下系数矩阵 A 和观测向量 b 会同时存在误差。常规最小二乘法只考虑了 $B_{\zeta'}$、$B_{\eta'}$、$B_{\xi'}$ 的变化，忽略了由测量值的不准确性而导致的系数矩阵 K 解算的不准确性。

三、全最小二乘求解算法

全最小二乘法的思想早在 20 世纪 90 年代就被提出了，它通过对式(7.15)超定方程中的系数矩阵 B' 的误差和测量值 B'' 的误差的整体分析来提高方程解的精度。经过近几十年的发展已经广泛用于统计分析、线性和非线性回归、系统辨识和参数估计等相关领域中。

对式(7.14)运用全最小二乘法，相当于寻找对测量值 B' 和 B'' 的最佳逼近 $\hat{B}'$ 和 $\hat{B}''$，使：

$$\hat{B}' \cdot K = \hat{B}'' \tag{7.16}$$

由此求出较准确的全最小二乘解 K。

设具有误差的超定方程的表达式为

$$(A+d)x = b+r \tag{7.17}$$

式中，$A \in \mathbf{R}^{m \times n}$，$b \in \mathbf{R}^m$，$x \in \mathbf{R}^n$，$\text{rank}(A) \in n < m$，$m$ 为观测值个数，n 为待估参数个数；d 和 r 分别为 A 和 b 的逼近误差。

这一模型称为 EIV 模型，它的最佳求解方法就是寻求 d 和 r 在满足条件 $\min \|[A\ b] - [\hat{A}\ \hat{b}]\|_F$ 下的最小二乘解。式中，$\hat{A} = A + d$，$\hat{b} = b + r$。

采用相对最小二乘法计算后的 b 是常数向量，但实质上它仍含有误差，因此并不能认为 $r = 0$。

将式(7.17)改写为

$$(C + \varDelta)\begin{bmatrix} x \\ -1 \end{bmatrix} = 0 \tag{7.18}$$

式中，$C = [A, b]$；$\varDelta = [d, r]$。

要求解 x，则要寻找对 $C + \varDelta$ 的最佳逼近，方程有非零解的条件是

$$\text{rank}(C + \varDelta) < n + 1 \tag{7.19}$$

对增广矩阵 C 做奇异值分解：

$$U^\mathrm{T} C V = \varSigma = \text{diag}(\delta_1, \cdots, \delta_{n+1}) \tag{7.20}$$

式中，$V = [V_1, \cdots, V_{n+1}]$；$\delta_1 \geqslant \delta_2 \geqslant \cdots \geqslant \delta_{n+1}$。

若存在对 C 的最佳逼近 C'，则 C' 存在这样的奇异值分解：

$$C' = U \begin{bmatrix} \varSigma' & 0 \\ 0 & 0 \end{bmatrix} V^\mathrm{T} \tag{7.21}$$

式中，$\varSigma' = \text{diag}(\delta_1, \cdots, \delta_r)$。

同时，还应满足 $\min \|\varDelta\|_F^2 = \delta_{n+1}^2$。此时方程的解可表示为

$$\begin{bmatrix} x_{\text{TLS}} \\ -1 \end{bmatrix} = \begin{bmatrix} V_{n+1} \\ V_{n+1,\ n+1} \end{bmatrix} \tag{7.22}$$

式中，V_{n+1} 为对应于 δ_{n+1} 的右奇异向量；$V_{n+1,\ n+1}$ 为它的第 $n+1$ 个值。

由于 $\delta_n > \delta_{n+1}$，故 $V_{n+1,\ n+1} \neq 0$。由于 V_{n+1} 是 $C^\mathrm{T} C$ 对应于其特征值 δ_{n+1} 的特征向量，故有

$$C^\mathrm{T} C V_{n+1} = \delta_{n+1}^2 V_{n+1} \tag{7.23}$$

将 C 的表达式代入式(7.23)得

$$\begin{bmatrix} A^\mathrm{T}A & A^\mathrm{T}b \\ b^\mathrm{T}A & b^\mathrm{T}b \end{bmatrix} V_{n+1} = \delta_{n+1}^2 V_{n+1} \tag{7.24}$$

将式(7.24)改写为

$$\begin{bmatrix} A^\mathrm{T}A & A^\mathrm{T}b \\ b^\mathrm{T}A & b^\mathrm{T}b \end{bmatrix} \begin{bmatrix} V_{n+1} \\ V_{n+1,\ n+1} \end{bmatrix} = \delta_{n+1}^2 \begin{bmatrix} V_{n+1} \\ V_{n+1,\ n+1} \end{bmatrix} \tag{7.25}$$

将式(7.22)和式(7.24)合并可得方程的解：

$$x_\mathrm{TLS} = (A^\mathrm{T}A - \delta_{n+1}^2 E)^{-1} A^\mathrm{T} b \tag{7.26}$$

设 $K = x_\mathrm{TLS}$，$B'' = b$，$B' = A$，则 δ_{n+1} 由 $C = [H, B']$ 的奇异值分解得到。因此，全最小二乘法修正后的 K 为

$$K = (B'^\mathrm{T} B' - \delta_{n+1}^2 E)^{-1} B'^\mathrm{T} B'' \tag{7.27}$$

全最小二乘法和常规最小二乘法的最大差别就在于全最小二乘法引入了增广矩阵的最小奇异值。系数矩阵和观测向量误差对增广矩阵最小奇异值有影响，但是二者对奇异值的影响是不同的。当系数矩阵的扰动对增广矩阵最小奇异值的贡献较大时，采用全最小二乘法比较合理，由于测量参数 B' 本身就存在较大的测量误差，故满足全最小二乘法的使用条件，因此本书采用这种方法将起到很好的参数修正作用。利用全最小二乘法修正参数后所获得的总磁场值 B_T 经 Matlab 仿真，结果如图 7.2 所示。

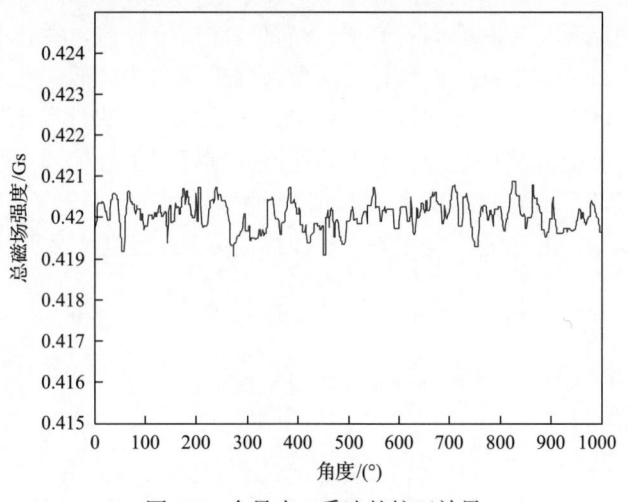

图 7.2　全最小二乘法的校正效果

经过上述方法处理后，重绘 X、Y 轴平面内的磁场如图 7.3 所示。由图 7.3 可知，该方法对磁场的零点、灵敏度和正交性误差起到了很好的修正。

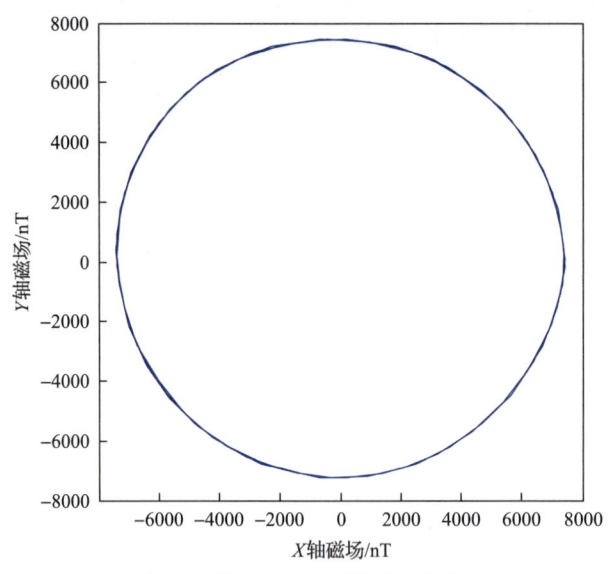

图 7.3 修正后 X、Y 轴平面内磁场

四、随机磁干扰补偿与校正

由于随机磁干扰的存在，磁传感器模块采集的信号会叠加周期或非周期的磁干扰，为了剔除混入地磁信号中的干扰，除硬件滤波外还需软件滤波。考虑飞行体在运行过程中的高速性和姿态角解算的实时性，复杂的滤波算法如卡尔曼滤波、小波变换等则不可行。常用的滤波方式有中位值滤波法、算术平均滤波法、滑动平均滤波法和去极值滤波法。对于中位值滤波法和算术平均值滤波法而言，它们都需要在采集多个数据点后才能进行滤波处理，满足不了实时控制的要求，而且滤波效果较差。滑动平均滤波法每采集一个数据点后即进行滤波处理，操作相对简单，处理速度快，但偶然出现的脉冲性干扰将作用于整个滑动滤波过程，直到该值被移走，因此在一定的时间范围内会导致误差不能被及时消除。去极值滤波法结合滑动平均滤波法则可以很好地解决这一问题，所以本书采用去极值的滑动平均滤波法来减小随机磁干扰。

动态测试数据 $y(t)$ 由确定性成分 $f(t)$ 和随机成分 $e(t)$ 组成，经离散化后可表示为

$$y_i = f_i + e_i, \quad i = 1, 2, \cdots, N \tag{7.28}$$

假设在 t 时间内的采样值为 $y_0, y_1, y_2, \cdots, y_{N-1}$，在下一时刻的采样值为 y_N，则去极值的滑动平均滤波法的算法模型为

$$y(n) = \frac{1}{N-2}\left[\sum_{k=1}^{N} y(k) - y_{\max} - y_{\min}\right] \tag{7.29}$$

假设 $f(t)$ 为正弦信号，$e(t)$ 为随机噪声干扰信号，规定 $e(t)$ 的幅值分别是 $f(t)$ 的 1/2 倍和 2 倍，采用去极值的滑动平均滤波法对其进行仿真，结果如图 7.4 所示。

(a) 信号受小噪声干扰的滤波曲线　　(b) 信号受大噪声干扰的滤波曲线

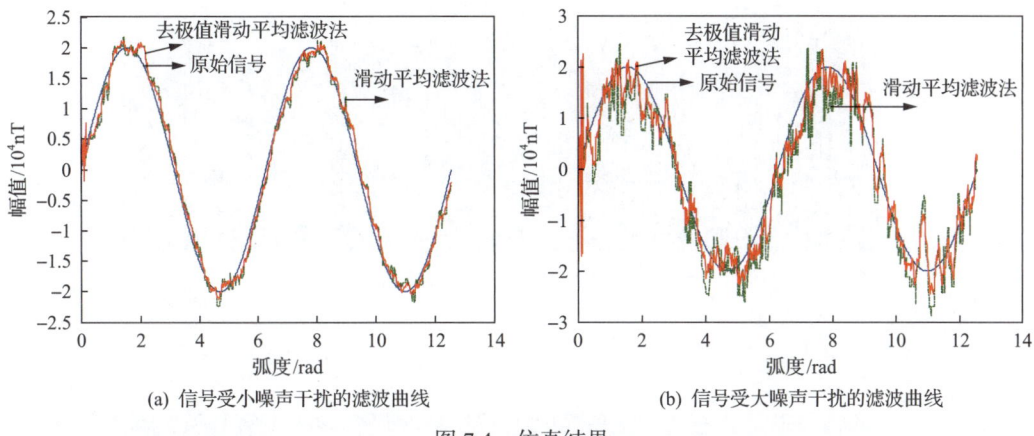

图 7.4　仿真结果

通过对仿真数据结果进行分析可知，对原始数据经过两种方法滤波并做出误差曲线，滑动平均滤波法和去极值的滑动平均滤波法求出的均值和方差分别为 0.0830、0.0623、0.1174、0.0642 和 0.0271、0.0298、0.0491、0.0364。对比可知，无论随机磁干扰信号大于还是小于真实信号，去极值的滑动平均滤波算法都优于滑动平均滤波算法，尤其是对偶然性误差去极值的滑动平均滤波法可起到较好的修正作用。

经三轴磁传感器参数修正和去极值的滑动平均滤波算法的处理，A/D 模块的输出噪声如图 7.5 所示，三轴磁传感器在实际环境中的噪声如图 7.6 所示。

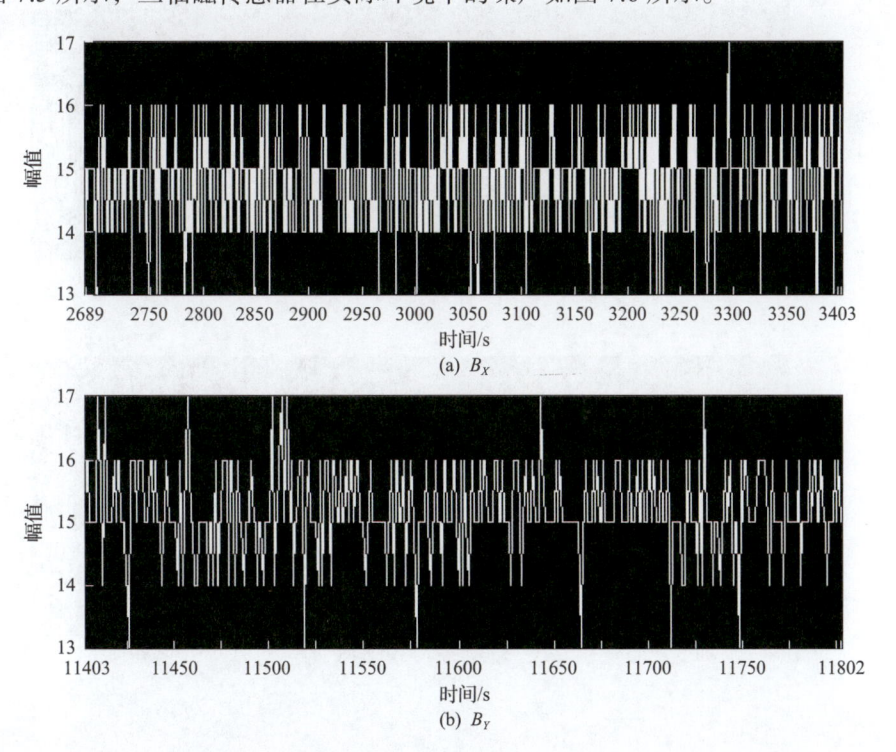

(a) B_X

(b) B_Y

(c) B_Z

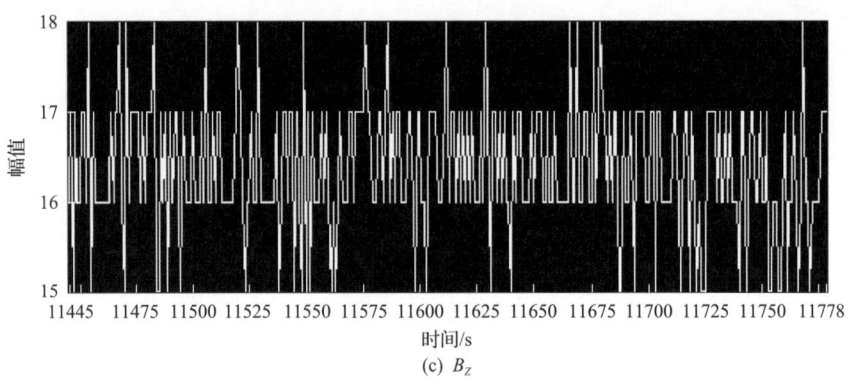

图 7.5 滤波后 A/D 信号处理电路的噪声

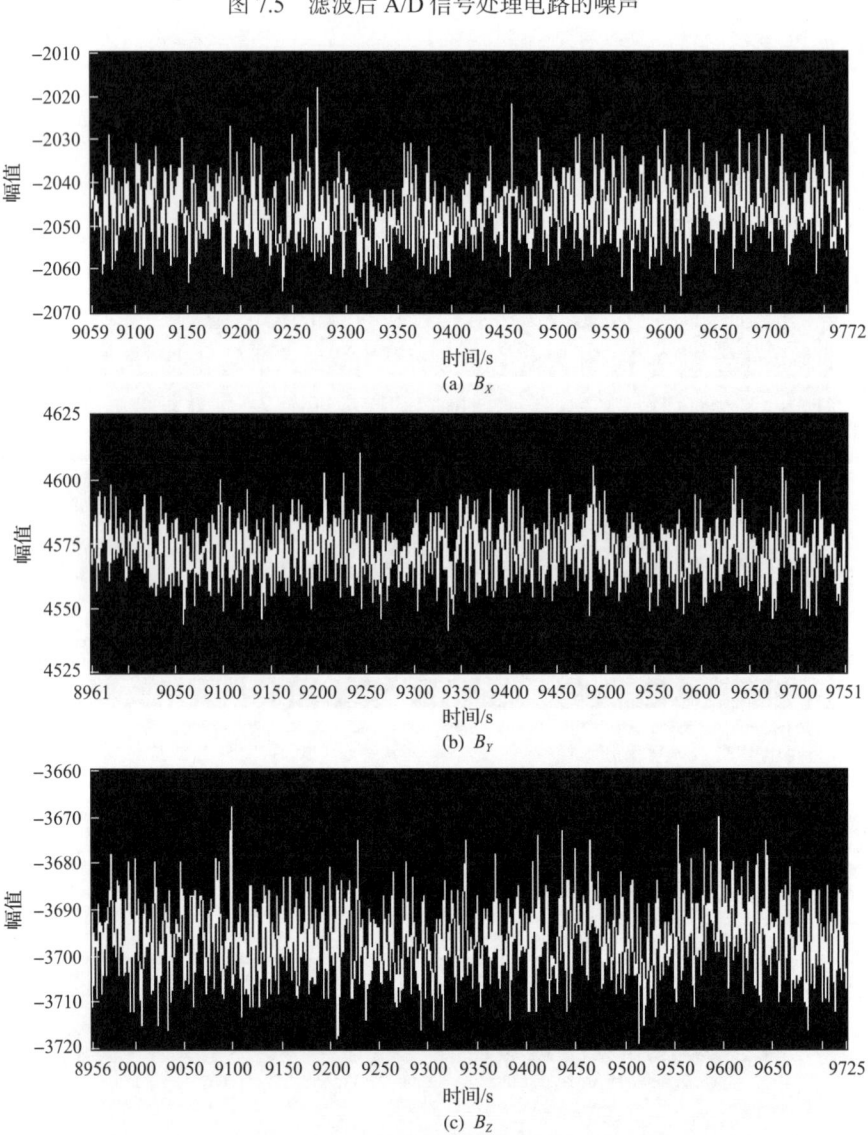

(a) B_X

(b) B_Y

(c) B_Z

图 7.6 滤波后磁传感器的噪声

五、姿态坐标系与磁场坐标系的归一化

如图 7.7 所示，OZ 指向铅垂线向上的方向，OY 在水平面内且指向磁北方向，OX 也在水平面内且垂直于 YOZ 面并形成右手坐标系。OA 指向姿态仪轴向，OA' 为其在 XOY 面上的投影。图中，θ 角为姿态仪俯仰角（定义向上为正，向下为负），ψ 为姿态仪的磁偏航角，定义顺时针从 OY 到 OA' 的方向为正，反之为负。

将地磁坐标系 $OXYZ$ 绕 OZ 轴顺时针旋转 ψ 角则得到发射坐标系 $OX_1Y_1Z_1$。

将发射坐标系 $OX_1Y_1Z_1$ 绕 OX_1 轴顺时针旋转 $(\pi/2-\theta)$ 得到弹轴坐标系 $OX_2Y_2Z_2$，使 θ 既是 OZ_2 轴和 OX_1Y_1 平面之间的夹角，也是 OZ_2 和 OY_1 之间的夹角。

另外注意：OY_2 轴与过 OZ 轴的铅垂面和过 O 点的姿态仪横截面的交线平行，OX_2 轴垂直于 OY_2Z_2 面，经水平面与过 O 点的姿态仪横截面的交线平行。

从 Z 轴正方向（弹尾方向）观看，姿态仪坐标系 $OX_3Y_3Z_3$ 相对于载体坐标系 $OX_2Y_2Z_2$ 绕 OZ_2 顺时针旋转了 α 角，即姿态仪的铅垂面 Y_2OZ_2 顺时针旋转到截面 Y_3OZ_3 时转过的角度，该角度定义为滚转角，滚转角的取值范围为 $[-180°, 180°]$，顺时针为正，逆时针为负。

如图 7.8 所示，当坐标系 $OXYZ$ 绕 X 轴逆时针转动 α 角后产生新坐标 $OXY'Z'$，则两坐标系之间的相互关系为

$$\begin{pmatrix} X_1 \\ Y_1 \\ Z_1 \end{pmatrix} = \begin{pmatrix} 1 & 0 & 0 \\ 0 & \cos\alpha & \sin\alpha \\ 0 & -\sin\alpha & \cos\alpha \end{pmatrix} \begin{pmatrix} X \\ Y \\ Z \end{pmatrix} = \boldsymbol{L}_1(\alpha) \begin{pmatrix} X \\ Y \\ Z \end{pmatrix} \tag{7.30}$$

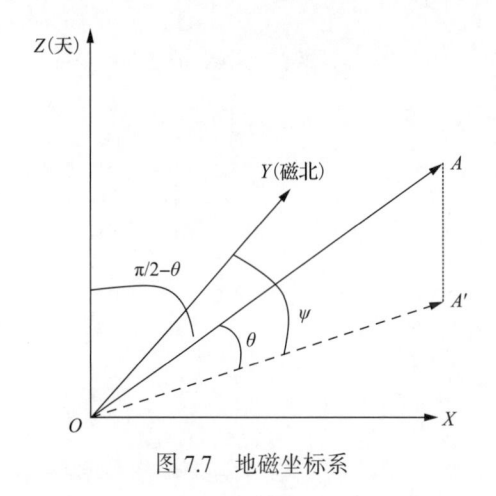

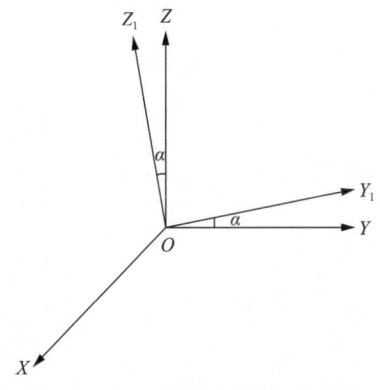

图 7.7 地磁坐标系

图 7.8 绕 X 轴旋转的坐标系变换

注意两点：①变换矩阵为左乘的形式；②变换矩阵中角度 α 的大小为 X 转过的角度，符号由 X 转动的方向确定，逆时针为正，顺时针为负。

如图 7.9 所示，当坐标系 $OXYZ$ 绕 Y 轴逆时针转动 α 角至 $OX'YZ'$ 时，两坐标系之间的相互关系变为

$$\begin{pmatrix} X_1 \\ Y_1 \\ Z_1 \end{pmatrix} = \begin{pmatrix} \cos\alpha & 0 & -\sin\alpha \\ 0 & 1 & 0 \\ \sin\alpha & 0 & \cos\alpha \end{pmatrix} \begin{pmatrix} X \\ Y \\ Z \end{pmatrix} = \boldsymbol{L}_2(\alpha) \begin{pmatrix} X \\ Y \\ Z \end{pmatrix} \tag{7.31}$$

如图 7.10 所示,当坐标系 $OXYZ$ 绕 Z 轴逆时针转动 α 角至 $OX'Y'Z$ 时,则两坐标系之间的相互关系为

$$\begin{pmatrix} X_1 \\ Y_1 \\ Z_1 \end{pmatrix} = \begin{pmatrix} \cos\alpha & \sin\alpha & 0 \\ -\sin\alpha & \cos\alpha & 0 \\ 0 & 0 & 1 \end{pmatrix} \begin{pmatrix} X \\ Y \\ Z \end{pmatrix} = \boldsymbol{L}_3(\alpha) \begin{pmatrix} X \\ Y \\ Z \end{pmatrix} \tag{7.32}$$

式(7.30)~式(7.32)中,$\boldsymbol{L}_1(\alpha)$、$\boldsymbol{L}_2(\alpha)$、$\boldsymbol{L}_3(\alpha)$ 是三个基本的坐标转换矩阵,直角坐标系间的任何转换关系都可以由它们的乘积得到。

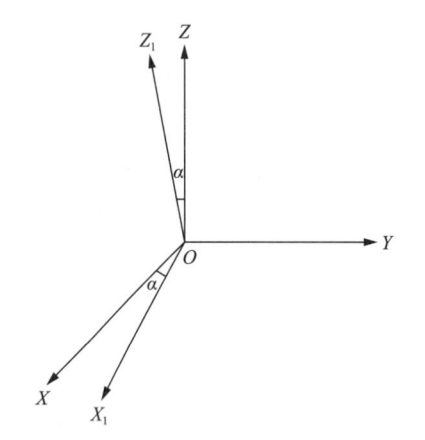

图 7.9 绕 Y 轴旋转的坐标系变换 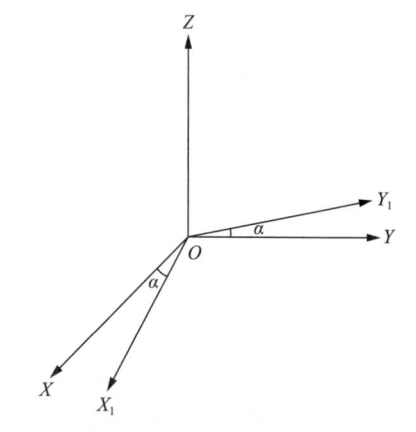 　　　图 7.10 绕 Z 轴旋转的坐标系变换

根据坐标系定义和基本变换矩阵可知,地磁坐标系到姿态仪坐标系的转换矩阵为

$$\begin{aligned} \boldsymbol{L} &= \boldsymbol{L}_1\left[-\left(\frac{\pi}{2}-\theta\right)\right] * \boldsymbol{L}_3(-\psi) = \begin{pmatrix} 1 & 0 & 0 \\ 0 & \sin\theta & -\cos\theta \\ 0 & \cos\theta & \sin\theta \end{pmatrix} \begin{pmatrix} \cos\psi & -\sin\psi & 0 \\ \sin\psi & \cos\psi & 0 \\ 0 & 0 & 1 \end{pmatrix} \\ &= \begin{pmatrix} \cos\psi & -\sin\psi & 0 \\ \sin\theta\sin\psi & \sin\theta\cos\psi & -\cos\theta \\ \cos\theta\sin\psi & \cos\theta\cos\psi & \sin\theta \end{pmatrix} \end{aligned} \tag{7.33}$$

设地磁倾角大小为 I(定义向上为正,向下为负)。在北半球,地磁坐标系下的磁场三分量为

$$\begin{bmatrix} B_x \\ B_y \\ B_z \end{bmatrix} = \begin{bmatrix} 0 \\ \cos(-I) \\ \sin(-I) \end{bmatrix} B_0 \tag{7.34}$$

载体坐标系下的地磁场三分量为

$$\begin{bmatrix} B_{x2} \\ B_{y2} \\ B_{z2} \end{bmatrix} = \boldsymbol{L} \begin{bmatrix} B_x \\ B_y \\ B_z \end{bmatrix} \quad (7.35)$$

可得以下公式：

$$\begin{aligned} B_{x2} &= -\cos I \sin \psi B_0 \\ B_{y2} &= (\sin\theta \cos I \cos\psi + \cos\theta \sin I) B_0 \\ B_{z2} &= (\cos\theta \cos I \cos\psi - \sin\theta \sin I) B_0 \end{aligned} \quad (7.36)$$

根据绕 Z 轴转动时的空间坐标变换矩阵，设姿态仪绕 Z 轴按顺时针方向旋转 α 角，则坐标变化矩阵为

$$\boldsymbol{L}_3(-\alpha) = \begin{pmatrix} \cos(-\alpha) & \sin(-\alpha) & 0 \\ -\sin(-\alpha) & \cos(-\alpha) & 0 \\ 0 & 0 & 1 \end{pmatrix} \quad (7.37)$$

得到姿态仪坐标系下地磁场三分量和载体坐标系下地磁场三分量的关系如下：

$$\begin{aligned} B_{x3} &= \cos\alpha B_{x2} - \sin\alpha B_{y2} \\ B_{y3} &= \sin\alpha B_{x2} + \cos\alpha B_{y2} \\ B_{z3} &= B_{z2} \end{aligned} \quad (7.38)$$

根据以上的理论分析，对第一次的海试数据进行仿真分析可获得如下的测试曲线。由图 7.11 经过修正后的总场波形面和由图 7.12 经过修正后的磁场三分量波形面的结果对比可知，将三轴磁场分量和总场经过适当的坐标系转换后并使其投影到大地的东-北-天坐标系后可近似为一条曲线，曲线的波动量在 100nT 以内，如果要进一步减小该值的波动量，那么还需要对磁力仪和姿态仪之间的同轴性偏差进行微调，使其处于同一坐标系。

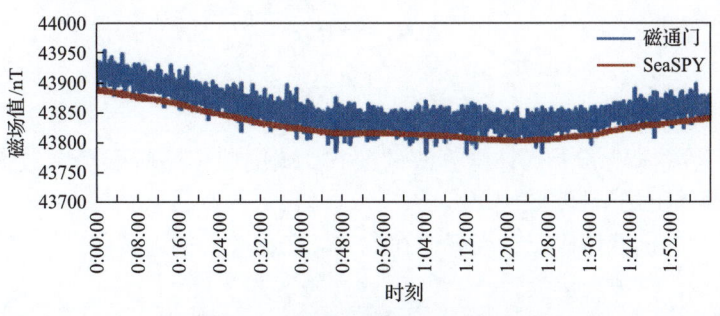

图 7.11　经过修正后的总场波形面

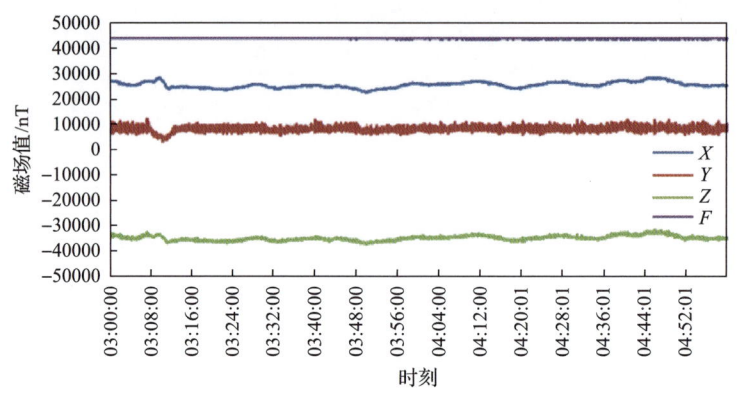

图 7.12　经过修正后的磁场三分量波形面
磁通门三分量及总场曲线

六、载体磁干扰补偿技术研究

当载体的状态发生改变时，载体的磁场特性会发生相应的变化，甚至是显著的改变。此时，之前的误差模型参数将不能够准确地描述改变后的干扰磁场分布。

在实际应用中，为了取得更好的误差补偿效果，通常需要对载体干扰磁场重新进行误差补偿。例如，磁测卫星在发射前已经对其测量误差进行了补偿，在发射升空后，卫星还需在轨进行周期性的标定以修正误差模型参数。航空磁测要求飞机在地磁变化缓和的区域重新进行补偿。小型无人机在引擎关闭和工作状态的磁场变化较大，同样需要在飞行时进行重新补偿。对于水下地磁导航而言，磁力仪周围的铁磁性器件，如载体 AUV 的惯性导航系统、电机推进系统、电气系统等分系统的工作状态对磁力仪测量精度的影响较大。因此，为了获得较好的测量误差补偿效果，就必须对这些系统的磁场特性进行深入分析，掌握其磁场的变化规律。

本书分析了载体固有磁场和感应磁场的干扰，地磁场当前观测值（H_m）的表达式为

$$H_m = H_e + H_s + H_h = (I_{3\times 3} + K)H_e + H_h \tag{7.39}$$

式中，H_e 为当前位置标准磁场；K 为载体感应系数矩阵；固有磁场 $H_h = (H_{hx}, H_{hy}, H_{hz})$。根据泊松方程，载体的感应磁场 $H_s = (H_{sx}, H_{sy}, H_{sz})$ 可以表示为

$$H_s = KH_e \tag{7.40}$$

$$M = (I_{3\times 3} + K)^{-1} \tag{7.41}$$

式 (7.39) 为载体磁场干扰补偿算法的公式，式中载体感应磁场系数 K 和固有磁场 H_h 可以作为载体磁场干扰补偿参数。

地磁场测量的椭球体假设：当载体在地磁场变化较小的地域内运动时，可将地磁矢量模值视为常量，具体表示为

$$\|H_e\|^2 = H_e^T H_e = (H_m - H_h)M^T M(H_m - H_h) \tag{7.42}$$

设矩阵 $\boldsymbol{A} = \boldsymbol{M}^{\mathrm{T}}\boldsymbol{M}/\|\boldsymbol{H}_{\mathrm{e}}\|^2$，则上式表示为

$$(\boldsymbol{H}_{\mathrm{m}} - \boldsymbol{H}_{\mathrm{h}})^{\mathrm{T}} \boldsymbol{A} (\boldsymbol{H}_{\mathrm{m}} - \boldsymbol{H}_{\mathrm{h}}) = 1 \tag{7.43}$$

式(7.43)为椭球方程的矩阵形式，椭球方程的一般形式为

$$aX^2 + bY^2 + cZ^2 + 2fXY + 2gXZ + 2hYZ + 2pX + 2qY + 2rZ + d = 0 \tag{7.44}$$

令 $I = a+b+c$，$J = ab+bc+ac-f^2-g^2-h^2$，定义与椭球系数对应的矢量为

$$\boldsymbol{\sigma} = [a,b,c,f,g,h,p,q,r,d]^{\mathrm{T}} \tag{7.45}$$

假设地磁传感器输出的一组地磁场矢量为 $\boldsymbol{H}_k = [X_k, Y_k, Z_k]^{\mathrm{T}}$，其中 $k=1,2,\cdots,n$，对于每组数据，定义对应的矢量：

$$\boldsymbol{\beta}_k = [X_k^2, Y_k^2, Z_k^2, 2X_kY_k, 2X_kZ_k, 2Y_kZ_k, 2X_k, 2Y_k, 2Z_k]^{\mathrm{T}} \tag{7.46}$$

那么整理后可得

$$\boldsymbol{r} = \boldsymbol{\xi}\boldsymbol{\sigma} \tag{7.47}$$

式中，$\boldsymbol{r}$ 为 $n \times 1$ 的矢量；$\boldsymbol{\xi}$ 为 $n \times 10$ 的矩阵，$\boldsymbol{\Sigma} = [\boldsymbol{\beta}_1, \boldsymbol{\beta}_2, \cdots, \boldsymbol{\beta}_n]^{\mathrm{T}}$。

式(7.47)的最小二乘拟合问题为 r 的最小化问题：

$$\begin{array}{c} \min(\boldsymbol{\sigma}^{\mathrm{T}} \boldsymbol{\xi}^{\mathrm{T}} \boldsymbol{\xi} \boldsymbol{\sigma}) \\ \text{约束条件为} \\ \alpha J - I^2 = 1 \end{array} \tag{7.48}$$

当 $\alpha = 4$ 时满足椭球条件，拟合可得到椭球方程系数。

通过最小二乘拟合法可以得到椭球方程的系数 a、b、c、d、f、g、h、p、q、r。设矩阵：

$$\boldsymbol{E} = \begin{bmatrix} a & f & g \\ f & b & h \\ g & h & c \end{bmatrix}$$

矢量 $\boldsymbol{F} = [p,q,r]^{\mathrm{T}}$，常数 $G = d$。

可以将式(7.43)变换成矩阵形式：

$$\boldsymbol{H}_i^{\mathrm{T}} \boldsymbol{E} \boldsymbol{H}_i + (2\boldsymbol{F})^{\mathrm{T}} \boldsymbol{H}_i + G = 0 \tag{7.49}$$

式中，地磁场传感器输出的地磁场矢量 $\boldsymbol{H}_i = [X_i, Y_i, Z_i]^T$。

对式(7.49)进行变换：

$$\boldsymbol{H}^T \boldsymbol{E} \boldsymbol{H} + 2\boldsymbol{F}^T \boldsymbol{H} + G = 0$$

其中，$\boldsymbol{F}$ 与 $\boldsymbol{H}$ 均为矢量转置后结果不变，且 $\boldsymbol{E}$ 为对称矩阵，则

$$\boldsymbol{E} = \boldsymbol{E}^{-1}, \quad \boldsymbol{E}^T = \boldsymbol{E}$$

设 $\omega = -\boldsymbol{E}^{-1}\boldsymbol{F}$，有

$$(\boldsymbol{H} - \omega)^T \frac{\boldsymbol{E}}{\omega^T \boldsymbol{E} \omega - G}(\boldsymbol{H} - \omega) = 1 \tag{7.50}$$

与 $(\boldsymbol{H}_m - \boldsymbol{H}_h)^T \boldsymbol{A}(\boldsymbol{H}_m - \boldsymbol{H}_h) = 1$ 进行对比，有

$$\boldsymbol{H}_h = \omega, \quad \boldsymbol{A} = \frac{\boldsymbol{E}}{\omega^T \boldsymbol{E} \omega - G}$$

对 $\boldsymbol{A}$ 进行奇异值分解，$\boldsymbol{A} = \boldsymbol{M}^T \boldsymbol{M}$ 为对称矩阵，可得

$$\boldsymbol{A} = \boldsymbol{U} \sum \boldsymbol{U}^T \tag{7.51}$$

假设

$$\sqrt{\sum} = \begin{bmatrix} \sqrt{\lambda_1} & & \\ & \sqrt{\lambda_2} & \\ & & \sqrt{\lambda_3} \end{bmatrix}, \quad \boldsymbol{N} = \boldsymbol{U}\sqrt{\sum}\boldsymbol{U}^T \tag{7.52}$$

所以地磁场传感器补偿方程式(7.49)可以改写为

$$\boldsymbol{H}_i = \boldsymbol{U}\sqrt{\sum}\boldsymbol{U}^T(\boldsymbol{H}_m - \boldsymbol{B}_b) \tag{7.53}$$

式中，$\boldsymbol{B}_b$ 为载体固有磁干扰。利用式(7.53)可以进行地磁场三分量补偿。

为了验证补偿算法的有效性，使用 COMSOL 软件对地磁场进行仿真并生成数据，并使用 labview 对数据进行解算。仿真背景场：H_e=[20000,10000,50000]，总场值为 54772.25nT，加入软磁材料产生干扰得到 100 组数据如图 7.13 和图 7.14 所示。经过补偿得到的结果可将误差控制在 5nT 以内。

将三分量进行总场合成，补偿前的总场误差最大值大于 300nT，补偿后总场误差在 5nT 以内，总场补偿效果如图 7.15 所示。

通过仿真试验可知上述方法是可行的，但在系数计算及矩阵分解方面仍存在很大的改进空间，预计可进一步减小误差。

(a) X分量

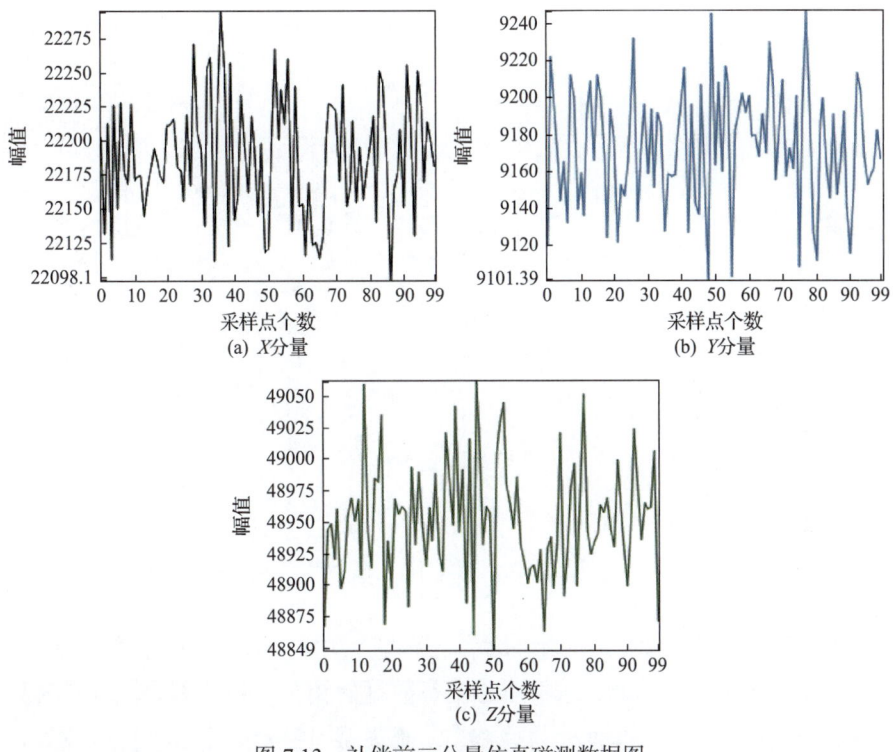

(b) Y分量

(c) Z分量

图 7.13　补偿前三分量仿真磁测数据图

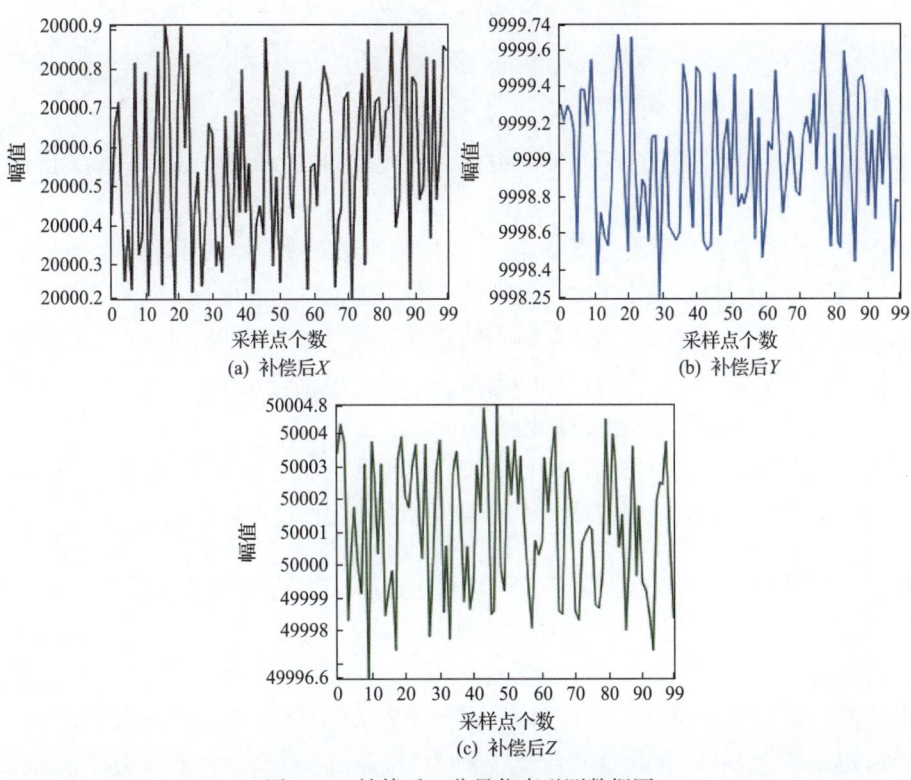

(a) 补偿后X

(b) 补偿后Y

(c) 补偿后Z

图 7.14　补偿后三分量仿真磁测数据图

(a) 补偿前仿真磁测总场数据图　　　(b) 补偿后仿真磁测总场数据图

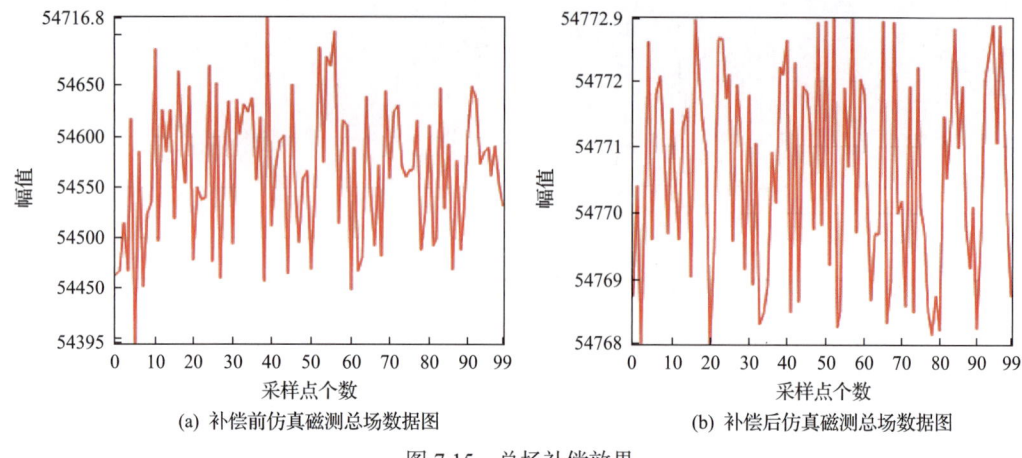

图 7.15　总场补偿效果

第二节　水下重磁数据校正技术研究与软件开发

由于水下重磁测量环境不同于水面及航空测量，在水下动态介质内的重磁测量需要消除水下各种干扰因素的影响，水下重磁测量数据的校正项目应不同于常规船测（或航测）的数据整理，项目组在开展水下重磁数据采集影响因素分析的基础上，确定了影响水下重力测量和磁力测量的影响因素及校正方案，给出了水下重磁测量常规校正项和重磁异常的计算公式。

一、水下重磁测量影响因素分析

海洋地区的重磁测量通常采用船测方式，重力仪和磁力仪（磁测探头拖在水中）安装在船上，同时通过导航定位系统确定船体位置、姿态、航速等相关参数。

水下拖曳式重磁测量具有如下特点：①因搭载重磁测量仪器的托体随船拖曳式航行，同时受海浪、洋流的流动使水下重磁观测的空间位置发生动态变化；②船、拖体、电缆及其他观测设备等本身的固有磁场对测点的磁场观测会产生影响，而且此影响随船和托体空间位置的改变而改变；③海洋中的潮汐、海浪、洋流等海洋作用也会带来重力场和磁场的变化，对水下重磁场的测量产生影响。

因此，水下实测重磁数据的整理校正比船测数据更加复杂，需要综合考虑水下的测量装置、测量方式、测量的动态环境等因素的影响来设置校正项目。

（一）水下重磁测量的装置与测量方式

1. 水下重力数据的采集装置与数据指标

捷联式航空重力仪置于水下二级拖曳式拖体上开展重力勘探，利用重力仪获取高精度重力数据，如图 7.16 所示。采用捷联式惯导设备（IMU）与多普勒测速仪联合获取实时速度，与超短基线水声定位系统联合获取实时位置，由水压深度计获取实时深度。

第七章 近海底重磁场数据处理解释

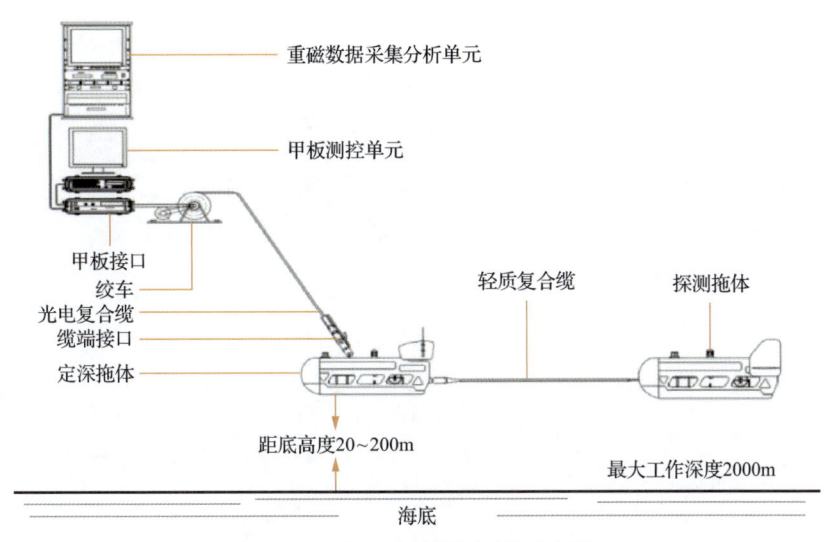

图 7.16 水下重磁勘探测量示意图

设备采集数据的相关指标如下。

载体指标如下。

(1) 探测拖体俯仰角变化＜1.5°。

(2) 探测拖体横滚角＜2°。

(3) 拖拽航速 3～5kn。

(4) 探测拖体深度变化＜10m。

测量指标如下。

(1) 水下重力异常测量精度＜2mGal。

(2) 动态测量范围：±2g。

(3) 深度测量精度：≤0.01%量程。

(4) 测速精度：0.4%±2mm/s。

根据水下重力测量装置与实时测量方法，在水下缺少 GNSS 数据支持的情况下，可通过超短基线水声定位系统、声学多普勒速度计和深度计来代替 GNSS 的功能，分别计算水下载体的位置、速度和深度信息，然后与惯导解算数据进行组合导航和重力信息提取。因此，水下重力测量与测量时间、位置等相关的各项校正可参考常规船测获取的重力数据(图 7.17)来设置。其中与时间数据相关的校正有滤波延迟校正；与位置和水深数

测线名	记录号	时间			儒略日	纬度			经度			高度/m	离海底/m	离海面/m	航向		航速/kn	观测重力值 10^{-5}m/s^2
		时	分	秒		度	分	秒	度	分	秒				度	分		
D454	0001	20	16	08	257	28	33	48	124	17	58.76	−1760	300	1780	300	41	12.8	−1677.93
		时间数据				位置数据						水深数据		航速数据			重力数据

图 7.17 海洋重力实测数据示意图

据相关的校正包括基点读数校正、零点漂移校正、正常重力值校正和布格重力校正；与航速数据相关的有厄特沃什改正。

2. 水下三分量磁力测量装置与技术指标

水下磁力测量采用三轴磁通门磁力仪，将其置于水下探测拖体上经拖拽式测量地磁场三分量，如图 7.18 所示。通过捷联式姿态系统与多普勒测速仪联合获取姿态数据（图 7.18），用于磁力测量数据的修正与补偿。

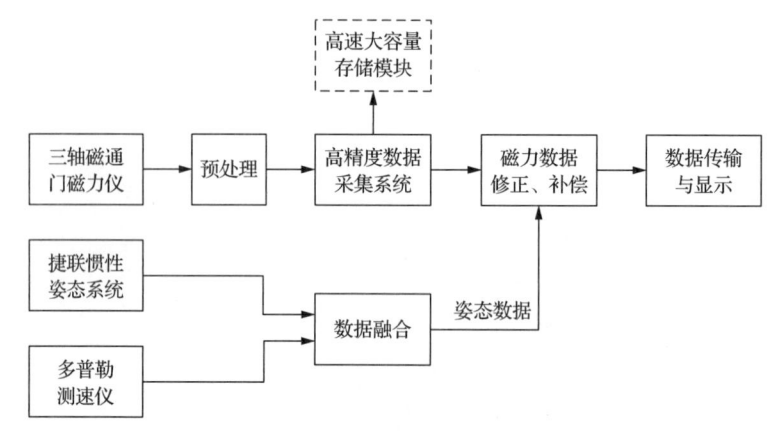

图 7.18　水下三分量磁力测量设备示意图

设备采集数据指标如下。

1) 载体指标

载体指标和"水下重力数据采集装置与数据指标"中的载体指标相同。

2) 测量指标

(1) 三分量磁力仪测精度＜20nT。

(2) 三分量磁力仪测线性度＜0.05%。

(3) 三分量磁力仪测频响范围 0～100Hz。

(4) 捷联惯性姿态测量系统精度＜0.01°。

(5) 数据采集精度＜0.001%。

水下磁力测量数据格式参考常规船测获取的三分量磁力数据格式（图 7.19）来设置磁

测线名	记录号	时间			儒略日	纬度			经度			航向		观测磁数据/nT		
		时	分	秒		度	分	秒	度	分	秒	度	分	B_X	B_Y	B_Z
D442	00001	20	33	43	257	28	27	14.96	124	14	43.04	302	24	24783.6	47348.8	56743.9
		时间数据				位置数据								磁测数据		

图 7.19　海洋三分量磁测数据示意图

测数据的校正项目。其中包括与载体相关的载体磁补偿校正，与时间数据相关的日变校正，与位置数据相关的正常场校正等。

(二)水下动态介质对重磁测量的影响

1. 海浪、洋流等动态水体对重力测量的影响

水下测量的重力场值受海洋动态水体环境的影响，海浪、洋流等海洋动态水体引起的重力场值变化会直接影响重力测量，因此对实测数据整理时需要消除动态测量环境影响带来的重力值变化。我们把海洋中的海浪、洋流等动态水体引起的重力值变化统称为水下环境影响值，为消除该影响的校正统称为水下环境校正。

2. 海浪、洋流等动态水体对磁力测量的影响

海洋中的磁场包括海洋背景磁场和海水中天然电磁场两部分，其中背景磁场是指由海水运动而产生的磁场，主要包括海浪、海流、内波等。天然电磁场是指海水在静止状态下的磁场，包括穿过海洋的地磁场及空间电流体系引起的磁场。因此海浪、洋流等动态水体对水下三分量的磁力测量会产生影响，我们把海洋中的海浪、洋流等动态水体引起的磁力值变化统称为水下环境影响值，为消除该影响的校正统称为水下环境校正。

二、水下重力数据的整理和校正

考虑到水下进行重力测量时重力仪所处位置、环境与船测不同，故重力数据校正项目和校正模型公式与船测也有所不同。船测重力数据改正包括滤波延迟校正、基点读数校正、零点漂移校正、厄特沃什校正、瞬时水体(潮汐)影响校正等。综合考虑水下重力观测的影响因素，设置与重力测量和动态环境因素相关的校正项目：滤波延迟校正、基点读数校正、零点漂移校正、潮汐校正、厄特沃什改正、水下环境影响校正。通过如上校正，才可获得测点的绝对重力值和各类重力异常数据。

(一)滤波延迟校正

目前高精度海洋重力仪为了抑制垂直加速度和高频噪声的影响，采用强阻尼加滤波的方法，由此导致输出的重力异常值并不是运载体所处位置的重力异常，而是一段时间前所处位置的重力异常值。根据实际测试，重力仪的延迟时间通常可达几十秒甚至上百秒。此项与船测重力校正相同。

一般情况下，重力仪在出厂时会标定不同海况下的阻尼延迟时间，例如，2级海况下的滤波时间为40s。

(二)基点读数校正

为了计算重力仪的零点漂移改正量与基点比对值，海洋重力测量要求在每一次作业开始前和结束后，都必须将海洋重力仪置于重力基准点附近进行测量比对。在海洋重力测量中，一般以码头的重力基准点作为测量的基点。水下重力测量时测量设备在进行基点读数时，是将水下探测设备放置在载船甲板上完成的，如图7.20所示。所以，在与基

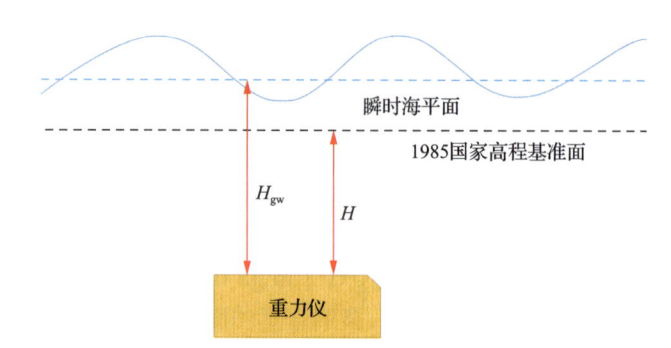

图 7.22 测点读数时重力仪位于水体下方示意图

潮汐校正公式：

$$g_{\text{潮}i} = 0.0419 \times \rho_{\text{水}} \times (H_{\text{gw}i} + H_i) \quad (7.58)$$

式中，$g_{\text{潮}i}$ 为测点瞬时水体（潮汐）影响值，10^{-5}m/s^2；$\rho_{\text{水}}$ 为水体密度，海水取 1.03，10^3kg/m^3；$H_{\text{gw}i}$ 为测点读数时重力仪至瞬时水面的垂直距离，m；H_i 为测点读数时重力仪至高程基准面的垂直距离，m。H_i 为高度值，此时为负数。

（六）水下环境影响校正

水下测量的重力场值受海洋动态水体环境的影响，该项校正的目的是消除海浪、洋流等海洋动态水体引起的重力场值变化，水下环境重力校正值需要根据海洋物理环境的重磁响应模型建立水下环境重力值校正模型。

（七）正常重力值校正

常规的正常重力场公式计算的是在参考椭球体表面产生的重力值。一般情况下这个值可视为大地水准面上的正常重力值。而在此次测量中，校正公式使用 Somigliana 闭合式，椭球系数选用 CGCS2000 国家大地坐标系地球椭球参数。

$$g_{\text{正}i} = 978032.53349 \times \frac{1 + 0.00193185297052 \sin^2 \varphi_i}{(1 - 0.0066943800229 \sin^2 \varphi_i)^{1/2}} \quad (7.59)$$

式中，φ_i 为 CGCS2000 大地坐标系的测点地理纬度，（°）；$g_{\text{正}i}$ 为正常重力值，10^{-5}m/s^2。

（八）测点绝对重力值计算

仪器设备测量值为重力异常值，若需要测点的绝对重力值，可使用以下公式进行计算。

$$g_i = G_{\text{始基}} + g_{\text{测}i} - g_{\text{始基}} + g_{\text{零}i} + g_{\text{厄}i} + g_{\text{环}i} + (g_{\text{潮}i}) \quad (7.60)$$

式中，g_i 为测点的绝对重力值，10^{-5}m/s^2；$G_{\text{始基}}$ 为始基点绝对重力值，10^{-5}m/s^2；$g_{\text{始基}}$ 为改正后始基点重力仪读数值，10^{-5}m/s^2；$g_{\text{零}i}$ 为测点零漂改正值，10^{-5}m/s^2；$g_{\text{厄}i}$ 为测点厄特沃什改正值，10^{-5}m/s^2；$g_{\text{环}i}$ 为测点环境改正值，10^{-5}m/s^2；$g_{\text{潮}i}$ 为测点潮汐影响值，10^{-5}m/s^2。

(九)测点自由空间重力异常计算

测点自由空间重力异常计算由正常场改正和高度改正共同完成。正常重力值计算公式计算时采用的是地球参考椭球体表面重力值，但一般将参考椭球面的正常重力值视为大地水准面上的正常重力场数值。

$$\Delta g_{fi} = g_i - g_{正i} + g_h \tag{7.61}$$

式中，

$$g_h = 3.086 \times H_i$$

式中，Δg_{fi} 为测点空间重力异常值，10^{-5}m/s^2；g_h 为测点高度改正值，10^{-5}m/s^2；g_i 为测点绝对重力值，10^{-5}m/s^2；$g_{正i}$ 为测点正常重力值，10^{-5}m/s^2；H_i 为测点读数时重力仪至高程基准面的垂直高度，m。H_i 为高度值，此时为负数。

(十)测点布格重力异常计算

测点布格重力异常计算由正常场校正、高度校正、中间层校正共同完成。海洋标准按欧美习惯，将中间层校正称为布格校正；而陆地标准按苏联习惯，将高度校正与中间层校正合称为布格校正。在这里按海洋标准称中间层校正为布格校正。

$$\Delta g_{bi} = g_i - g_{正i} + g_h + g_{布i} \tag{7.62}$$

式中，Δg_{bi} 为测点布格重力异常值，10^{-5}m/s^2；g_i 为测点绝对重力异常值，10^{-5}m/s^2；$g_{正i}$ 为测点正常重力值，10^{-5}m/s^2；g_h 为测点重力高度改正值，10^{-5}m/s^2；$g_{布i}$ 为测点布格改正值，10^{-5}m/s^2。

海洋布格校正(曾华霖，2005；吴太旗等，2009)旨在消除大地水准面以下海水水体的影响，并将其填充为岩石层，如图7.23所示。

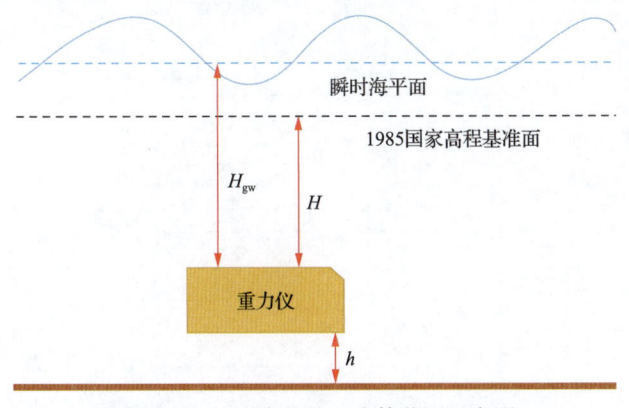

图 7.23 海洋布格校正水体范围示意图

由于高程基准面以上的水体在瞬时水体(潮汐)校正时已经减去，所以由上可得出布

格校正公式为

$$g_{布i} = 0.0419 \times \rho_{水} \times (H_i - h_i) + 0.0419 \times \rho_{岩} \times (h_i - H_i) \tag{7.63}$$

式中，$g_{布i}$ 为测点布格改正值，10^{-5}m/s^2；$\rho_{水}$ 为水体密度，海水取 1.03，10^3kg/m^3；$\rho_{岩}$ 为岩石密度，取 2.67，10^3kg/m^3；h_i 为测点读数时重力仪弹性系统至海底的垂直距离，m；H_i 为测点读数时重力仪弹性系统至高程基准面的高度，m。H_i 为高度值，此时为负数。

(十一)测点准完全布格重力异常计算

重力调查测量布格重力异常结果经过完善的海底地形校正获得的重力异常称为完全布格重力异常。而实际情况下经过海底地形校正的空间力异常会带有一定的误差，不同于完全布格重力异常称为准完全布格重力异常。

$$\Delta g_{zbi} = \Delta g_{bi} + \Delta g_{地i} \tag{7.64}$$

式中，Δg_{zbi} 为测点准完全布格重力异常值，10^{-5}m/s^2；Δg_{bi} 为测点布格重力异常值，10^{-5}m/s^2；$\Delta g_{地}$ 为测点重力地形校正值，10^{-5}m/s^2；$g_{地i}$ 为重力地形校正值计算。

借鉴航空重力地形校正的方法(徐璐平等，2015)，水下重力地形校正借鉴的是方形域剖分方法，将地形剖分成一系列小单元(图 7.24 和图 7.25)。每个微小单元体近似成方

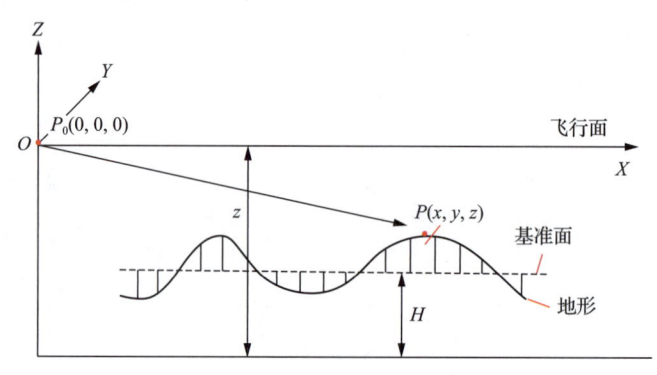

图 7.24　水下地形剖分块体影响示意图

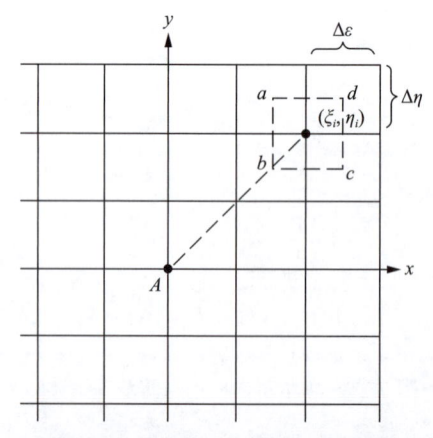

图 7.25　地形校正网格剖分示意图

柱体，每个方柱体底面和顶面都是平的，所有方柱体底面连接在一起构成基准面，所有方柱体顶面连接在一起则构成起伏地形。根据地面地形校正公式的推导思路，首先计算每个小方柱体对测点 $P_0(x_0, y_0, h_0)$ 的引力位，将该引力位沿 z 方向求导数即得到一个小柱体对测点的影响。然后将每个小方柱体对该测点的影响相加，所得到的结果就是整个地形对测点 P_0 的重力地形校正量。

每个剖分地形块体对测点的影响值：

$$\Delta g(x_P, y_P, h_P) = G\rho \int_{x_1}^{x_2} \int_{y_1}^{y_2} \int_{H}^{h(x,y)} \frac{(h_P - h)}{[(x_P - x)^2 + (y_P - y)^2 + (z_P - z)^2]^{3/2}} \mathrm{d}x\mathrm{d}y\mathrm{d}h \tag{7.65}$$

式中，G 为万有引力常数；(x_P, y_P, h_P) 为测点的空间坐标；$[x, y, h(x, y)]$ 为剖分小网格块体的中央坐标与高程；x_1、x_2、y_1、y_2 为小块体的范围；H 为地形起伏的起算基准面，在深水测量中，以海底面为地形起算基准面；ρ 为海底面以下的地层密度。

每一个测点的地形校正值等于地改半径内所有剖分小块体造成的影响值的和，即

$$\Delta g_{\text{地}i} = \sum_{x_P - r}^{x_P + r} \sum_{y_P - r}^{y_P + r} G\rho \int_{x_1}^{x_2} \int_{y_1}^{y_2} \int_{H}^{h(x,y)} \frac{(h_P - h)}{[(x_P - x)^2 + (y_P - y)^2 + (z_P - z)^2]^{3/2}} \mathrm{d}x\mathrm{d}y\mathrm{d}h \tag{7.66}$$

三、水下磁测三分量数据校正

考虑到水下磁力测量时磁力仪所处位置、环境与船测不同，故磁力数据校正项目和校正模型公式与船测有所不同。传统船测磁测数据改正包括电缆长度改正、载体磁补偿校正、日变校正、正常场校正等。传统拖拽式船测的定位系统安装在船上，磁测传感器拖拽在水中，一般需要进行电缆长度改正。而在本次水下测量中，由于探测系统与定位系统安置在同一拖体上，所以不需要进行电缆长度改正。水下磁测三分量数据校正设置如下：载体磁补偿校正、日变校正、正常场校正、水下环境影响校正等。

(一) 载体磁补偿校正

水下三分量磁力仪在工作过程中会受到拖体及附属部件产生的固有磁场和感应磁场的干扰，为了保证磁测精度，需要研究实时、高效和稳定的磁补偿系统以消除磁干扰。为此，通过测量和分析拖体的磁干扰类型和性质，建立磁干扰数学模型，在此基础上利用补偿测量数据计算模型中的磁干扰系数，建立磁补偿算法，实现三分量磁测数据的实时补偿方法。

一般在船载磁测中会进行船磁方位影响试验，以消除船体磁场的影响。而在本次测量中，通过仪器试验获得的初始值经计算机解算给出了不同姿态下的载体磁干扰，同时输出时直接进行补偿，如图 7.26 所示。

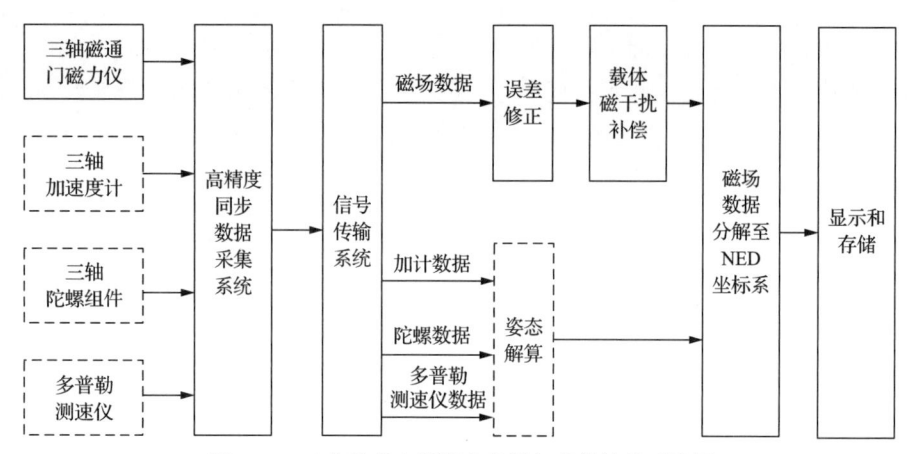

图 7.26 三分量磁力仪姿态补偿与载体补偿系统图

测量中通过仪器试验获得的初始值经计算机解算给出不同姿态下的载体磁干扰,同时输出时直接进行补偿。

(二)日变校正

远海海域日变校正是个难题,由于海洋磁测的测量环境限制,尤其在远海地区,通常很难获取磁测时间段的地磁台站数据。基于日变场源的理论研究,我们收集了国内外多个地磁台站长期连续的地磁观测数据,研究地磁日变随经度与纬度的变化规律,通过构建海域的地磁日变校正模型进行日变校正。基于海域地磁日变模型所描述的日变场源与日变规律之间的定量关系,通过收集海域附近多个地磁台站在工作时间段内的地磁观测数据,可以计算出海域在工作时段内不同时刻的地磁日变校正量,从而完成海域在工作时段内的日变校正。

(三)水下环境影响校正

水下测量的地磁场值受海洋动态水体环境的影响,该项校正的目的是消除海浪、洋流等海洋动态水体引起的磁场值变化。水下环境磁场校正值 $T_{环i}$ 需要与海洋物理环境的重磁响应分析来配合完成,可参考海洋物理环境的重磁响应模型建立水下环境磁场校正模型。

(四)正常场校正

测点的正常地磁场值 $T_{正i}$ 可依据测点位置、观测时间,采用国际地磁和高空大气物理协会(IAGA)五年一度公布的国际地磁参考场 IGRF 计算获取,单位为纳特(nT)。

$$\Delta T_{正xi} = \sum_{n=1}^{N}\sum_{m=0}^{n}\left(\frac{R}{r}\right)^{n+2}[g_n^m\cos(m\lambda)+h_n^m\sin(m\lambda)]\frac{\mathrm{d}}{\mathrm{d}\theta}\overline{P}_n^m(\cos\theta) \tag{7.67}$$

$$\Delta T_{正yi} = \sum_{n=1}^{N}\sum_{m=0}^{n}\left(\frac{R}{r}\right)^{n+2}\frac{m}{\sin\theta}[g_n^m\cos(m\lambda)-h_n^m\sin(m\lambda)]\overline{P}_n^m(\cos\theta) \tag{7.68}$$

$$\Delta T_{\text{正}zi} = -\sum_{n=1}^{N}\sum_{m=0}^{n}(n+1)\left(\frac{R}{r}\right)^{n+2}[g_n^m\cos(m\lambda)+h_n^m\sin(m\lambda)]\overline{P}_n^m(\cos\theta) \tag{7.69}$$

式中，$\overline{P}_n^m(\cos\theta)=\left[\dfrac{C_m(n-m)!}{(n+m)!}\right]^{1/2}(\sin\theta)^m\dfrac{\mathrm{d}^m}{\mathrm{d}(\cos\theta)^m}P_n(\cos\theta)$ 为施密特准归一化缔合勒让德函数，$P_n(\cos\theta)$ 为勒让德多项式；g_n^m 与 h_n^m 为 n 阶 m 次高斯球谐系数，由国际地磁和高空大气物理协会（IAGA）五年一度公布的国际地磁参考场 IGRF 提供；R 为国际参考球半径，$R=6371.2$km；r 为测点至地心的距离，一般计算为 $r=R+h$，其中 h 为本点的海拔高度；$\theta=90°-\varphi$，φ 为测点的地理纬度；λ 为以格林尼治 0°经线向东起算的测点地理经度。

(五) 测点三分量异常值计算

$$\Delta T_i = T_{\text{测}i} - T_{\text{载}i} - T_{\text{日}i} - T_{\text{环}i} - T_{\text{正}i} \tag{7.70}$$

式中，ΔT_i 为测点三分量磁异常值，nT；$T_{\text{测}i}$ 为磁力仪观测记录值，nT；$T_{\text{载}i}$ 为载（船）体影响校正值，nT；$T_{\text{日}i}$ 为日变校正值，nT；$T_{\text{环}i}$ 为水下环境影响校正值，nT；$T_{\text{正}i}$ 为正常地磁场值，nT。

四、水下重磁数据校正软件研发

(一) 功能需求分析与编程语言选择

水下重磁数据校正，尤其是重力数据校正，之前并未有成熟的校正方案，通过对现有船测校正方案的研究与发展提出了一整套完整的水下重磁数据校正方案，并进行了相应的软件开发与相关算法的实现。

水下重磁数据采集环境特殊，参与计算的各类参数种类较多，相关仪器设备提供的数据格式各异，参与运算的数据量大，各项校正计算复杂。为了在计算机平台上实现对各项数据的校正，同时改善重磁数据校正的可操作性，简化操作步骤，针对性地开发了水下重磁数据校正软件，现阶段暂命名为"水下重磁数据校正软件 v1.0"。

本软件实现了重磁原始数据录入、重磁数据奇异点筛选及剔除、重磁数据整合标准化、重力数据校正等功能。可以计算获得测点绝对重力值、测点自由空间重力异常、测点布格重力异常、测点准布格重力异常、磁测数据校正等数据。

软件开发选用 c++语言进行编写，图形用户界面应用程序框架为 Qt5.8。该软件可以实现人机交互式的数据处理，但功能性和容错性还有待进一步改进与完善。

(二) 软件结构与交互界面

项目组研发的水下重磁数据校正软件界面如图 7.27 所示，图 7.28 为水下重磁数据校正软件菜单栏选项。

"水下重磁数据校正软件 v1.0" 菜单栏分为 5 个选项，"文件"选项用来设置数据保存的默认文档与路径，并可以由此退出本软件（图 7.28）。

图 7.27 水下重磁数据校正软件主界面

图 7.28 水下重磁数据校正软件菜单栏选项

"数据整理"选项用来分别录入重力与磁测原始数据,并在此对原始数据进行标准化整合与数据的奇异值筛选与剔除(图 7.29)。

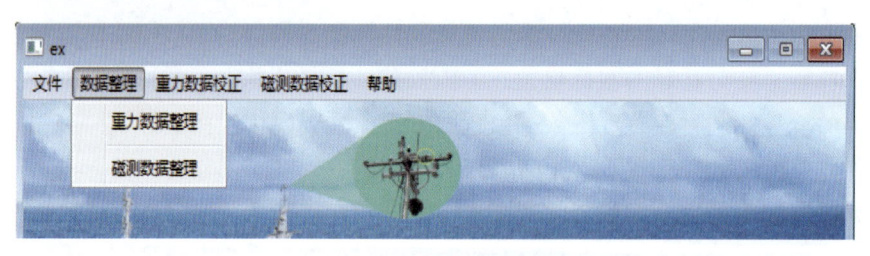

图 7.29 重磁数据整理选项

"重力数据整理"选项下有三个子栏目"重力数据标准化""奇异值剔除""基点数据标准化",每个界面上部为数据表格可视化界面,下部为操作界面(图 7.30)。

"磁测数据整理"与"重力数据整理"相似,选项下也有三个子栏目,分别为"磁测数据标准化""奇异值剔除""日变观测数据处理",每个界面上部为数据表格可视化界面,下部为操作界面(图 7.31)。操作细节将在项目实现中详细展现。

"重力数据校正"选项用来对已经整理好的重力标准化数据进行各项校正,并制表输出保存(图 7.32)。

第七章 近海底重磁场数据处理解释 ·493·

图 7.30 重力数据整理界面

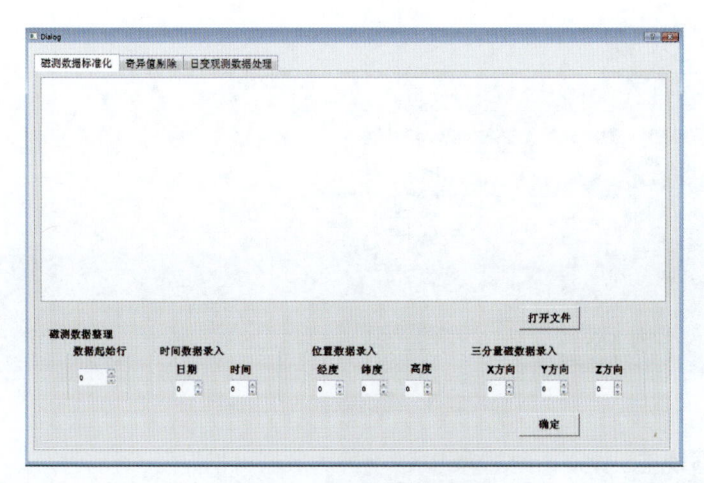

图 7.31 磁测数据整理界面

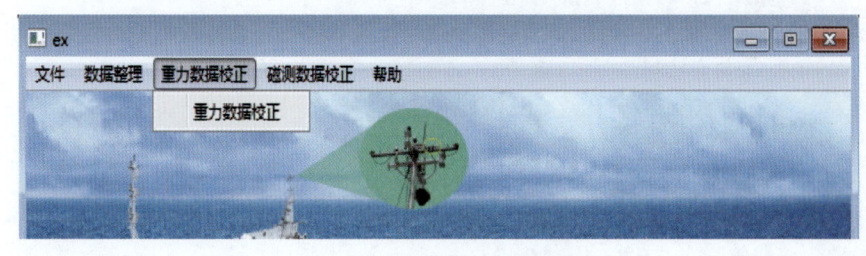

图 7.32 重力数据校正选项

"重力数据校正"选项下有两个子栏目——"重力数据校正"和"准完全布格重力异常",每个界面上部为数据表格可视化界面,下部为操作界面(图 7.33)。操作细节将在项目实现中详细展现。

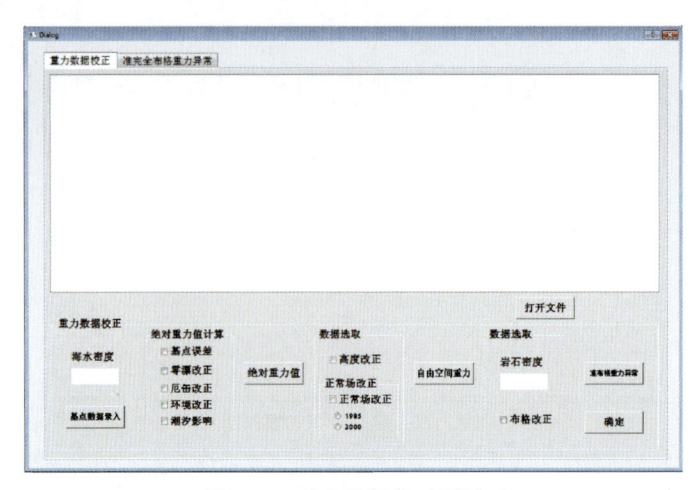

图 7.33 重力数据校正项界面

"磁测数据校正"选项用来对已经整理好的磁测标准化数据进行各项校正，并制表输出保存（图 7.34）。

图 7.34 磁测数据校正选项

"磁测数据校正"界面由两部分组成，上部为数据可视界面，下部为操作界面（图 7.35）。操作细节将在项目实现中详细展现。

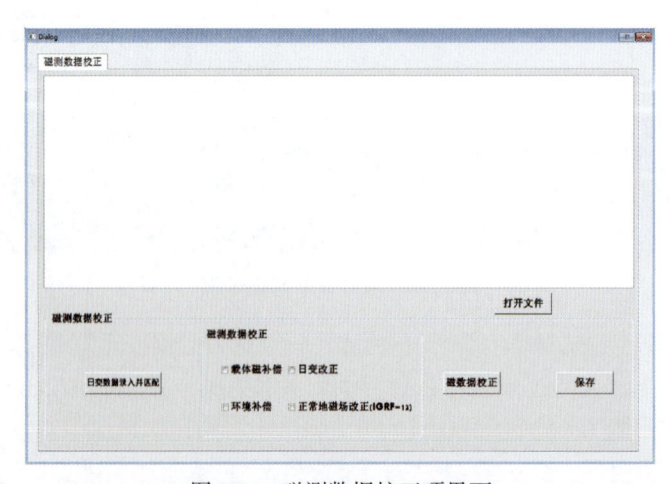

图 7.35 磁测数据校正项界面

"帮助"选项可提供一些关于软件中算法的基本信息。

五、重力数据校正项目的实现

(一)原始数据录入整理及标准化

水下重力及相关参数的测量各自依托相关仪器设备,如位置数据来自 GPS,水深数据来自水压深度计,航向航速数据又来自惯导设备等,各项参数测量后首先需要进行统一,其共有变量为时间,故先通过时间数据将各项参数综合起来。除重力数据外,各项参数的测量都是实时的,而重力数据因海洋重力仪的强阻尼滤波,其测量数据有延后,故应对重力数据先进行滤波延迟校正,再将数据依照时间整合起来。

当数据整合成表后,就可对其进行软件操作,本软件支持原始数据格式(.txt)与(.xlsx)两种文件类型的录入(图 7.36)。

图 7.36 重力数据校正的原始数据标准化格式

选择"打开文件",在弹出的文件选取界面选择原始数据进行录入,通过下方操作面板将所需相应参数数据的行列输入,以形成标准化文件。正确录入后按"确定",选择的数据会出现在"奇异值剔除"的子栏类(图 7.37)。

图 7.37 重力数据奇异值剔除前

在"奇异值剔除"的子栏类会出现刚才进行选取录入后的参数，可以在下方操作面板左侧选取需要检测奇异点的参数类别，并设定奇异值要求，从而进行筛选，判断是否需要删除该数据，如果删除异常数据，需选择"保存文件"，至此重力数据形成标准化数据(图 7.38)。

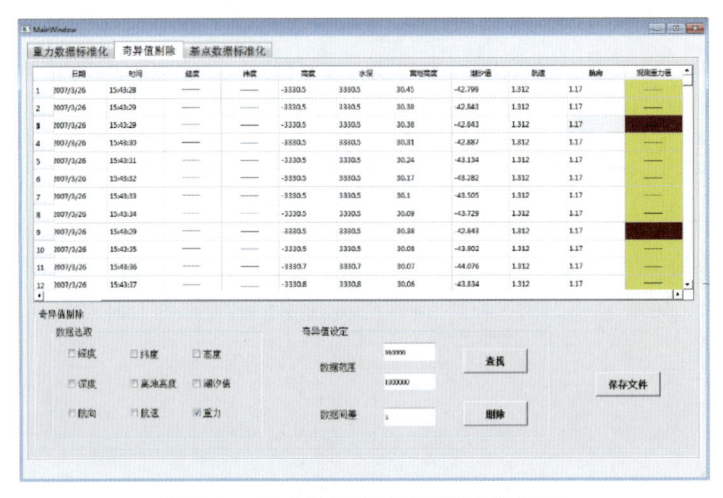

图 7.38　重力数据奇异值剔除参数设置

类似地，在"基点数据标准化"一栏中，打开原始数据，选取并输入基点的相应参数，按"确定"，形成基点标准化数据格式并保存文件，如图 7.39 和图 7.40 所示。

图 7.39　重力基点数据标准化操作界面

至此，所需的重力标准化数据与重力基点标准化数据整理完毕。

(二) 重力数据校正项目的实现

重力数据校正是为了获得测点绝对重力值、测点自由空间重力异常、测点布格重力异常和测点准布格重力异常这些数据。其中依靠整理好的数据可以直接计算前三项，而准布格重力异常值则需要输入地形网格数据参数，并且其位置坐标需转换为大地坐标系，故软件中为其单独设立了一个模块。

第七章 近海底重磁场数据处理解释 ·497·

图 7.40 重力基点数据标准化结果输出

首先将重力标准化数据与基点标准化数据录入，显示在数据界面上。勾选校正单项计算单项数据校正量大小，最终计算可得：①测点绝对重力值；②测点自由空间重力异常；③测点布格重力异常。校正项勾选及计算结果输出见图 7.41。

图 7.41 重力数据校正界面

在"准完全布格重力异常"的子栏类，录入大地坐标为位置参数的布格重力异常值，再录入相应的网格化地形数据，在左侧数据面板中会显示地形网格数据的范围与网格密度，同时也会显示录入布格重力异常值的位置，输入相应的地形改正参数，包括岩石密度、地形网格大小与地形改正半径，即可计算地形改正值，进而得出准完全布格重力异常值(图 7.42)。

至此重力数据校正所得到的四项校正结果都已获得。

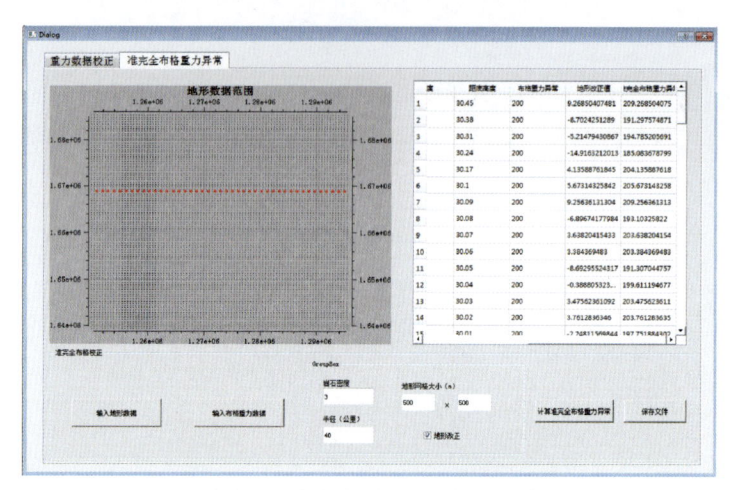

图 7.42 准完全布格重力异常计算界面

六、磁力数据校正项目的实现

（一）原始数据录入整理及标准化

水下磁测校正相关参数较重力校正相对较少，校正项为载体补偿校正、水环境校正、日变校正与地磁正常场校正。其中前两项暂未确立相关的数据关系，软件中仅实现了对后两项的校正。磁测原始数据的录入与整理与重力模块相似（图 7.43）。

图 7.43 磁测数据标准化处理

在"奇异值剔除"的子栏类，与重力数据校正相同（图 7.44）。

类似地，在"日变观测数据处理"一栏中，打开原始数据，选择相应的差值方法，计算出每秒的日变改正量，按"确定"，形成日变改正标准化数据格式，并保存文件（图 7.45）。

（二）磁测数据校正项目的实现

磁场测量数据校正为了获得三分量磁异常，其中需要录入覆盖数据时间范围的日变差值数据,并通过原始数据的时间匹配相对应的日变改正量,同时通过数据的经纬度坐标及高度数据计算正常地磁场值(软件中录入并计算的是 IGRF12 高斯球谐系数,使用年限 2015~2020),最终获取该测点的磁异常数据(图 7.46)。

图 7.44　磁测数据奇异值剔除处理

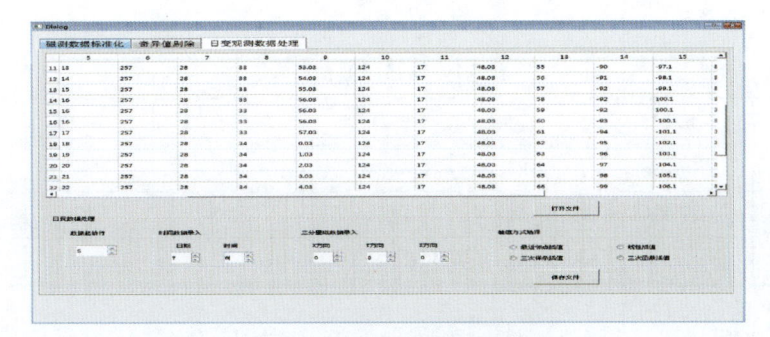

图 7.45　磁测日变观测数据处理

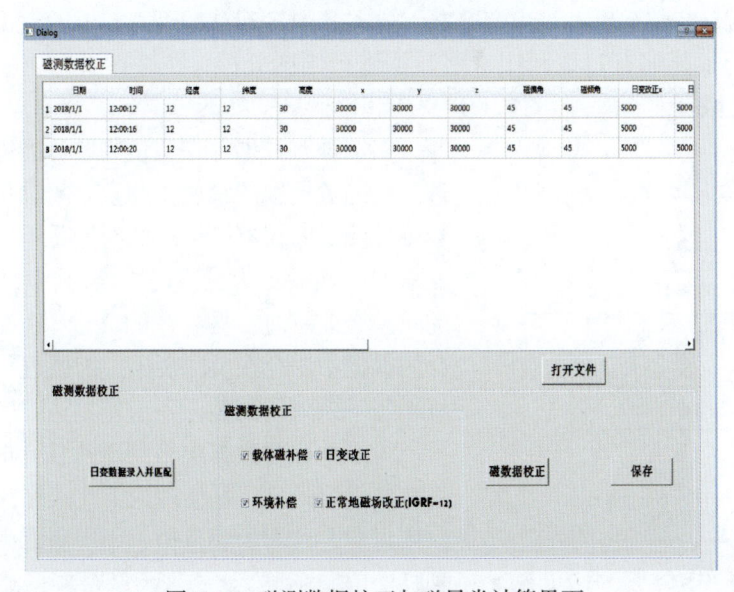

图 7.46　磁测数据校正与磁异常计算界面

第三节 地磁日变校正方法研究与模型构建

一、地磁台站日变观测数据分析

(一)数据基本信息

从中国地震局地磁台网收集 2014 年 1 月(冬季)、4 月(春季)、7 月(夏季)、10 月(秋季)每月 7 天共 28 天,分布在全国范围的 145 个地磁台站的实测地磁数据。根据国际地磁静日列表,在这 28 天(1 月 1~7 日、4 月 10~16 日、7 月 15~21 日、10 月 20~26 日)中有 4 天磁静日,9 天磁扰日。

数据有分数据(采样间隔 1min)和秒数据(采样间隔 1s),其格式均为 IAGA-2002 格式,内含台站基本信息及各地磁分量数据[多为 F(地磁场总强度)、H(地磁场总强度水平分量)、Z(地磁场总强度垂直分量)、D(磁偏角)],这些数据值大多是相对测量值,分别是由 GM4 型、FHD-2B 型、FHDZ-M15 型、GSM-19FD 型、FGM-01 型、GSM-19F 型磁力仪测量(表 7.1)。

表 7.1 仪器测量参数表

仪器	FHDZ-M15	GM4	FHD-2B	GSM-19FD	FGM-01	GSM-19F
测量值	相对	相对	相对	相对	相对	绝对
采样率	1次/s	1次/s	1次/min	1次/s	1次/s	1次/s
分量	D、H、Z、F	D、H、Z	D、H、F	D、I、F	D、H、Z	F

(二)预处理

地磁台站日变数据量大且内容繁杂,要在其中找到符合研究需求的数据是一件费时费力的事。为了能够有效地利用这些数据进行绘图分析,在进行研究前应首先编写程序,并对这些数据进行管理(图 7.47)。

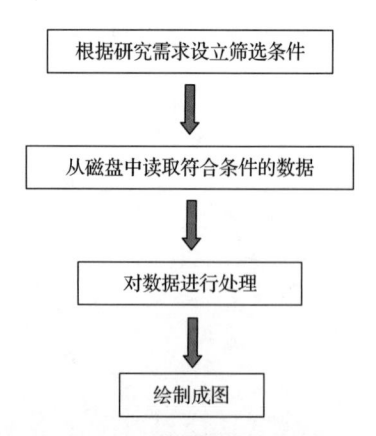

图 7.47 数据管理流程图

实测地磁数据存在质量问题,需进行一些预处理。剔除数据中的跳值;调整时间轴:分数据和秒数据在测量时仪器所记录的时间是不同的,前者是北京时,而后者为世界时,需要将秒数据调整 8h 的时差至北京时;调整 D 的反号:在测得的磁偏角 D 的数据中,存在反向现象,需要进行正负号上的修正等一系列的调整。

为了从这些数据中得到地磁日变信息,需要设立基值进行处理。基值理论上代表在没有外部电流因素影响时仪器的测量值,用实测值减去基值即得到日变值。

选取 00:00～03:00 和 21:00～24:00 两个夜间时段共 6h 的观测值再取平均值作为基值(边刚等,2003)。在进行基值处理后,F 为日变总强度,H、Z 分别为日变的水平分量和垂直分量,D 为因日变影响而产生的磁偏角的变化值。

考虑到研究对象是作用在地球磁场上的,为了更容易、合理地发现规律,需在地磁坐标系下进行规律分析。地磁坐标系的种类有很多,选用地心倾斜偶极坐标系,将各个台站的地理经纬度转换为地磁经纬度(徐文耀,1994;陈鸿飞等,2000)。

二、定性规律分析

(一) 经度规律

理论上,Sq 电流体系与太阳的位置是近似相对静止的,由于地球自转,地球上某台站与太阳是相对运动的,因此可以认为经度差异引起的时差会对日变曲线带来相位上的差异(管志宁,2005;徐文耀等 1994)。

纬度链是指由纬度相近、经度各不相同的台站组成的一条台站链。在纬度链上进行分析,因纬度相近可以消除纬度对日变曲线的影响,所以对比不同经度台站的日变曲线可以得到日变曲线随经度的变化规律。

在 145 个台站的地磁数据中,有些数据并不是有效数据(没有测量或测量中断),因此拥有 F(地磁场总强度)有效数据的台站不足 145 个。以 1° 为纬度区间,0.1° 为步长进行纬度链的筛选可以得到 41 条 F 纬度链。

对比各条纬度链在北京时间和调整时差至地方时的日变曲线的规律,可以发现各个纬度链具有相同的规律,在此选择磁静日的 4 条纬度链展示(图 7.48)。台站详细信息见表 7.2。

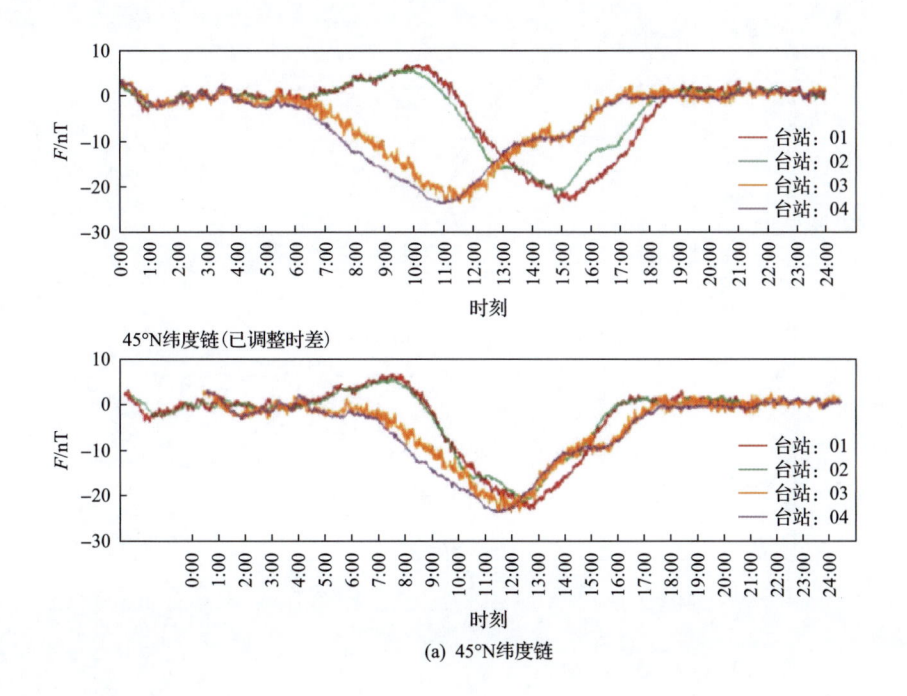

(a) 45°N纬度链

(b) 41°N纬度链

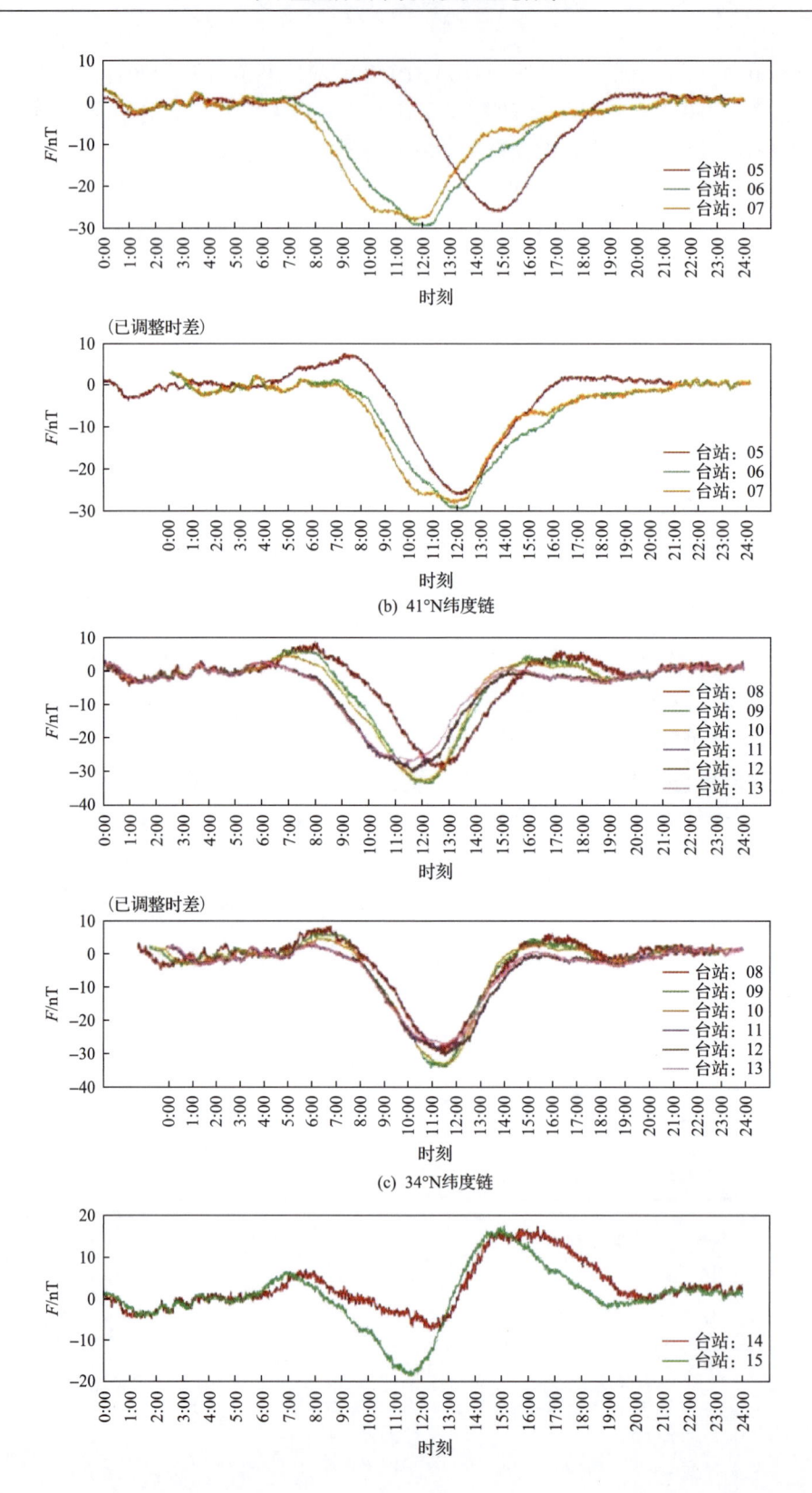

(c) 34°N纬度链

(已调整时差)

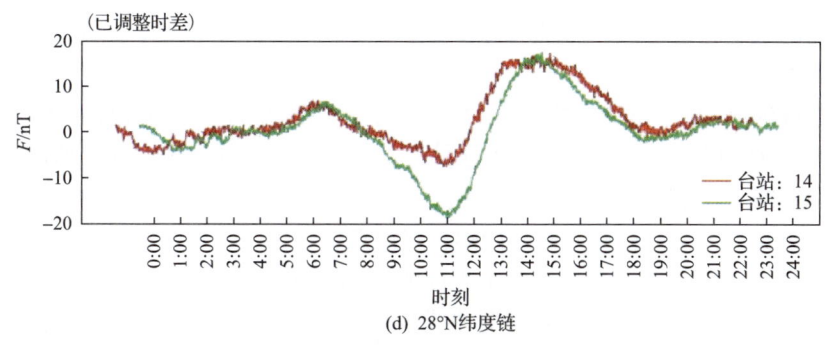

(d) 28°N纬度链

图 7.48　纬度链的 F 日变曲线对比图

表 7.2　纬度链台站的基本信息表

纬度链	台站	地理经度/(°E)	时差/h
45°	01	K	−2.6
	02	K+3.78	−2.35
	03	K+45.42	0.43
	04	K+47.24	0.56
41°	05	K−1.79	−2.72
	06	K+39.5	0.03
	07	K+41.6	0.17
34°	08	K+19.25	−1.32
	09	K+27.07	−0.80
	10	K+30.04	−0.60
	11	K+37.31	−0.11
	12	K+37.39	−0.11
	13	K+38	−0.067
28°	14	K+16.47	−1.50
	15	K+30.5	−0.567

注：K 指第一个台站的精度。

图 7.48 中，横坐标为北京时间，图例为地磁台站与编号。45°纬度链上的红色、绿色日变曲线的经度接近，橙色、紫色日变曲线的经度接近，时差将近 3h。在北京时间下，两组曲线间存在明显的相位差(约 3h)，在调整时差后，四条曲线波谷所在位置明显收敛到一起，即相位差被消除。

图 7.48(b) 的 41°纬度链、图 7.48(c) 的 34°纬度链、图 7.48(d) 的 28°纬度链也都发现了相同的规律：在北京时间下，各个台站的日变曲线间存在着相位差，表现为波谷分散；在调整台站间的时差后，相位差被消除，表现在波谷收敛至同一位置。

各条纬度链在调整时差前后的明显差异验证了经度差会引起相位差这一理论分析。因此，无论从实际地磁资料的分析还是从理论分析来说，都可以认为经度影响着日变曲线的相位，且两者间存在着线性关系。

(二) 纬度规律

基本地磁场水平分量的方向大致向北，如果日变值 H 的分量为正值，那么日变的影

续表

经度链	地磁台站	磁纬度/(°N)
118°	19	L+9.62
	20	L+9.95
	21	L+13.55
	22	L+15.57
114°	23	L−0.85
	24	L+7.6
	25	L+11.13
	26	L+13.69
111°	27	L+4.33
	28	L+7.96
	29	L+9.44
	30	L+11.51
106°	31	L+8.39
	32	L+11.37
101°	33	L+6.45
	34	L+12.12
	35	L+14.24

在图 7.49(b)～图 7.49(e)的日变曲线中，横坐标为北京时间，图例为地磁台站与编号。从图中可以发现相同的规律：日变值随磁纬的递增而递减。考虑 H 分量的方向，日变的纬度规律可以表示为：在焦点南侧时(即 H 分量为正值)，日变值 H 分量的数值随磁纬度的增大而减小，即与焦点的距离成正比；在焦点北侧时(即 H 分量为负值)，日变值 H 分量的数值随磁纬度的增大而增大，即与焦点的距离成正比。由焦点向南北两侧，H 值递增。

三、定量规律分析

为在南海地区进行日变校正提供计算依据，补充了越南 DLT 和 PHU 台站的数据(共 62 个台站)，并在定性规律的基础上进行定量分析。

对比未校正时差[图 7.50(a)]和已校正时差[图 7.50(b)]的曲线图，横坐标为北京时间，从图中可以看出，图 7.50(b)中各个台站的日变曲线聚拢，相位差被显著消除，这说明经度效应的影响可以按照 1h/15°经度差的方式来进行校正。

在纬度效应对幅值的影响上，夜间电离层 E 区的电导率极大地降低，电流极其微弱，对地磁场几乎不产生影响，各个台站在夜间的日变值相近且接近零(徐文耀，2014)。日间在 Sq 电流体系的控制下，同一时刻日变场的总强度 F 的绝对值由电流焦点向南北两侧递增。考虑到方向(符号)后，某一时刻日变场的总强度 F 值随纬度的递减而递增(限定在北半球中低纬地区)。从日间 9:00～15:00 的 F 时刻值-磁纬度散点图(图 7.51)可以看出磁纬度对 F 值的控制作用。其中，横坐标为磁纬度，红色线为二次拟合曲线，蓝色线为三次拟合曲线。由对 t 时刻的散点回归分析可以得到磁纬度与日变值的函数关系。在此需要注意的是在实际应用时，由于高空电流随时发生变化，所以此规律逐日变化，因此需实时计算规律(高玉芬，1986；高玉芬和周耕，1990；Alex and Jadhav，2007)。

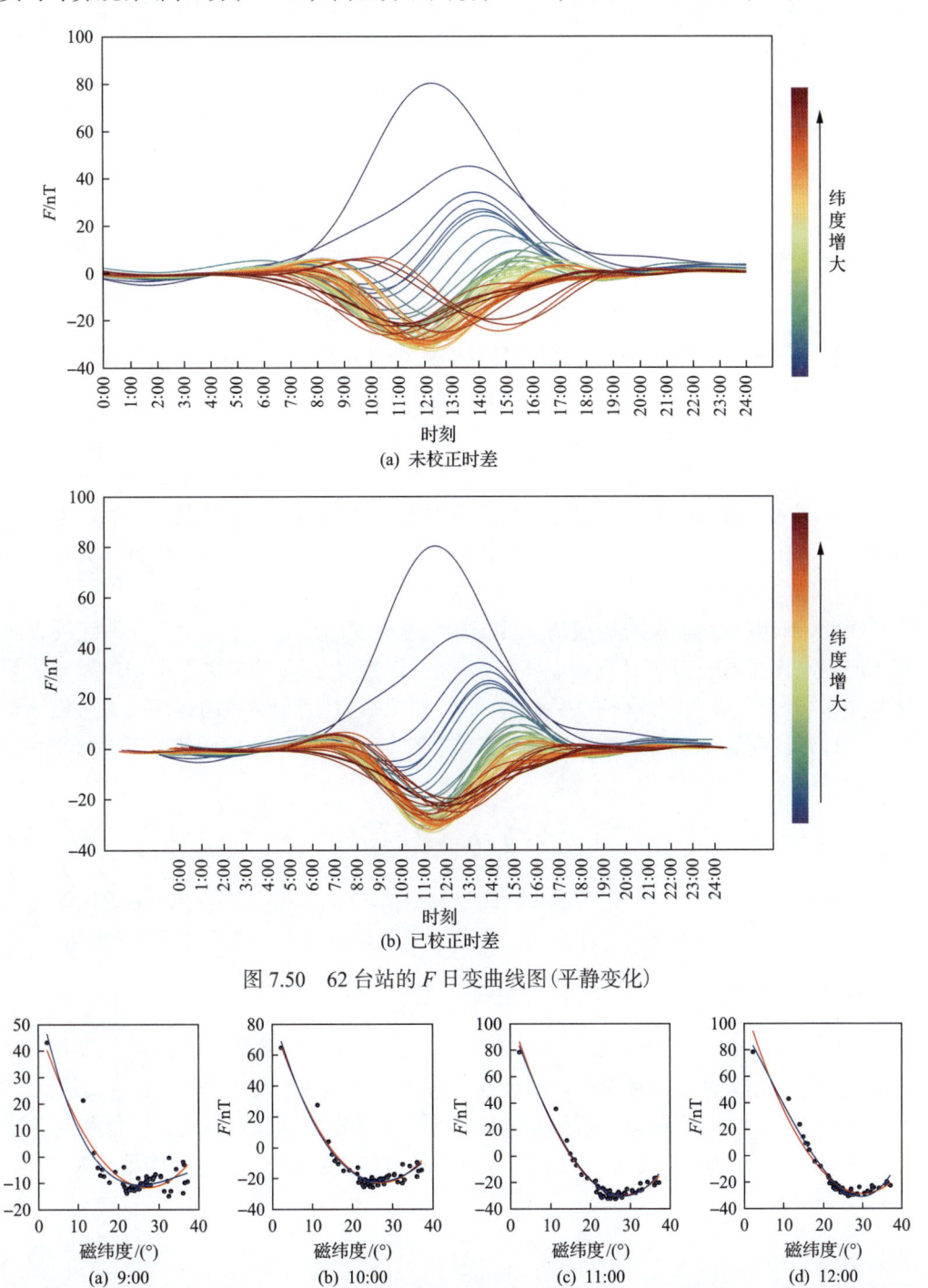

(a) 未校正时差

(b) 已校正时差

图 7.50　62 台站的 F 日变曲线图(平静变化)

(a) 9:00　　(b) 10:00　　(c) 11:00　　(d) 12:00

(e) 13:00	(f) 14:00	(g) 15:00	(h) 16:00

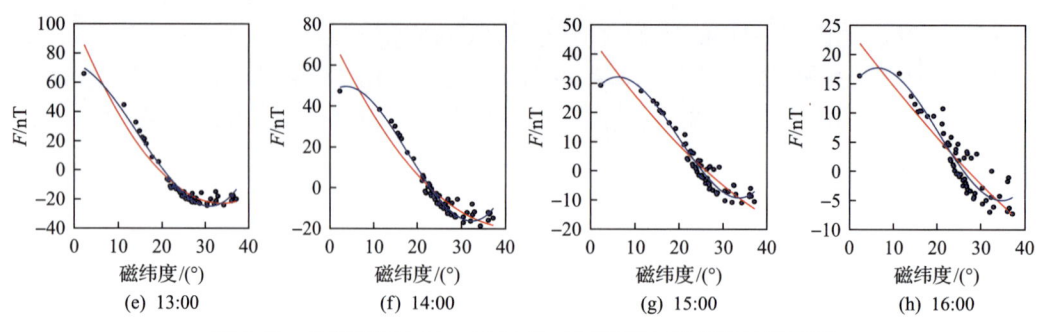

图 7.51　北京时间 9:00～16:00 的 F 时刻值与磁纬度的关系图

四、地磁日变校正方法研究

通过对多个台站地磁数据的处理分析，得到以下结论。

不同台站间的经度差会给它们的日变曲线带来相位差异，这一规律来源于 Sq 电流体系与地面台站的相对运动，且此相对运动与地球自转近似同步。因此，理论上由经度差所引起的相位差可以通过经度差为 15°时的时差为 1h 来进行调整。

台站在 Sq 电流体系焦点南侧时，日变 H 分量方向向北，为正值且与焦点纬度差越大，H 值越大；台站在焦点北侧时，日变 H 分量方向向南，为负值且与焦点纬差越大 H 值越大。即由焦点向南北两侧，H 值递增。可利用多个位于不同纬度地台站的日变观测数据，用回归分析方法，给出磁纬度与日变值的定量函数关系。

因此，日变校正模型的构建基于日变场与经纬度的定量关系。日变场沿经度方向，每 15°调整 1h 的相位差；日变场沿纬度方向，其强度与磁纬度的关系可用定量函数关系来描述，该函数关系可利用研究区附近多个已知基站的日变观测数据获得。为量化计算，利用 t 时刻日变值与纬度经回归分析得到纬度 θ_i 与日变值 $F_i(t)$ 的函数关系，可得第 i 个计算站在 t 时刻的日变校正值，即

$$F_i(t) = f_t(\theta_i) \tag{7.71}$$

海域日变校正方法：首先利用基站确定日变值-纬度的拟合函数，将测点纬度代入上式求得日变值，并以 1h/15°对计算的日变曲线进行相位校正，最终完成日变校正。

五、数据测试分析

我们选取 138°E～150°E 经度区间的 8 个地磁台站进行数据测试，其中选取经度链上的 5 个台站作为基站，计算南海附近 3 个台站(A1、A2、A3 台站)的日变曲线。

我们用观测值与计算值差值的均方误差来衡量地磁日变校正精度，计算得到各站的日变校正精度，作为对日变校正方法的评价标准。地磁日变校正精度计算见公式(7.72)：

$$r = \sqrt{\frac{\sum_{i=1}^{n} \delta_i}{n}} \tag{7.72}$$

式中，δ_i 为 i 时刻的实测值与计算值之差；n 为参加统计的总时刻数；r 为均方根误差。

表 7.4 列出了计算台站的校正精度。对比各个台站计算和实际观测的日变曲线，由图 7.52 可以看到曲线形态基本一致。图中横坐标为地方时间，黑线为实测日变曲线，蓝线为计算日变曲线，红线为实测与计算日变曲线的差值。

利用由实际地磁资料分析得到的定量规律，基于经度链台站的日变曲线计算与其经度差有 35° 的台站仍能得到较好的校正效果。以上工作为实现海洋磁日变改正技术打下了良好的基础，以期更好地服务于海域磁测的日变改正工作。

表 7.4 计算站日变校正精度

台站	日变校正精度/nT
A1	7.36
A2	4.96
A3	4.66

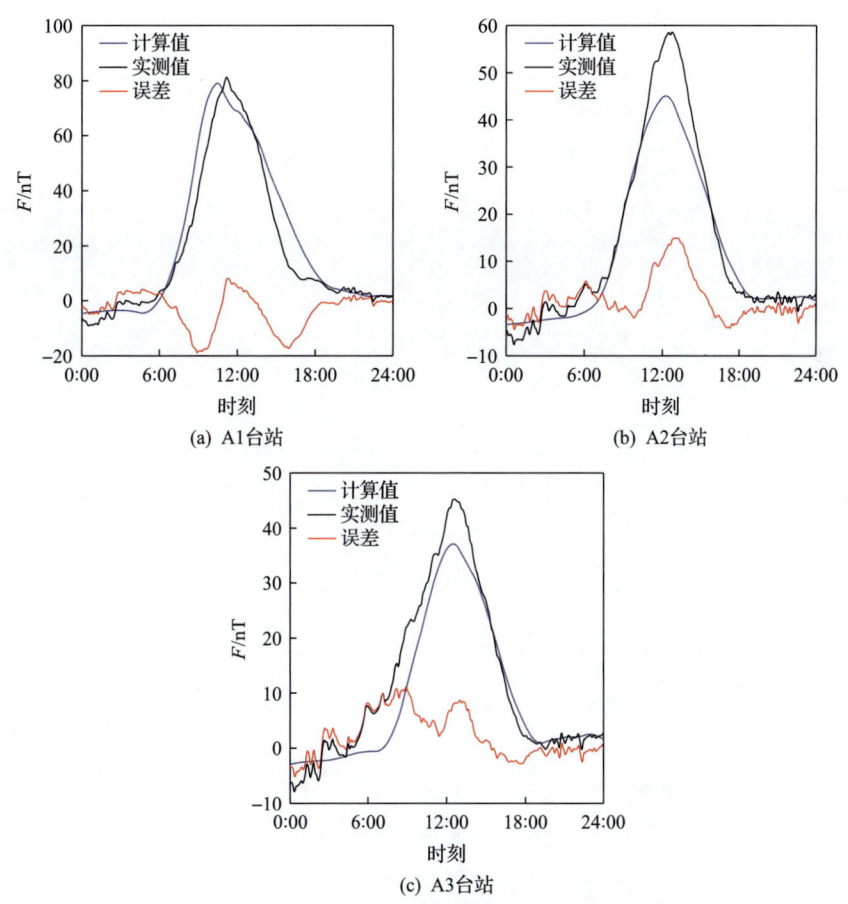

(a) A1台站

(b) A2台站

(c) A3台站

图 7.52 计算与实测日变曲线对比图

第四节 重磁弱信号提取与增强方法研究

一、弱信号提取方法

弱信号提取的目的是将重磁数据中规模和幅值比较小的重磁异常信息提取出来，针对该需求，研究了空间域的插值切割法、频率域的匹配滤波法、小波域的小波多尺度分析法。

(一)插值切割法

插值切割法是以多次切割法为基础转变而来的，同时国内研究人员使用此方法也取得了一定的效果。我们研究的方法是在插值切割法的基础上对其进行改进的一种新方法，原理如下。

设测区内的重磁测量数据 $G(x,y)$ 由区域场 $R(x,y)$ 和局部场 $L(x,y)$ 组成，即

$$G(x,y) = R(x,y) + L(x,y) \tag{7.73}$$

令插值切割算子 $A(x,y)$ 为这一点周围八个点的平均值(图 7.53)，即

$$A(x,y) = \frac{1}{8}[G(x-r,y-r) + G(x-r,y) + G(x,y+r) + G(x+r,y) + G(x,y-r) \\ + G(x+r,y+r) + G(x-r,y+r) + G(x+r,y-r)] \tag{7.74}$$

式中，r 为切割半径。其次令重力区域场为 $G(x,y)$ 与 $A(x,y)$ 的加权和，即

$$R(x,y) = aA(x,y) + bG(x,y) \tag{7.75}$$

其中，a 与 b 为加权系数，$a \geq 0$，$b \geq 0$，且 $a+b=1$。

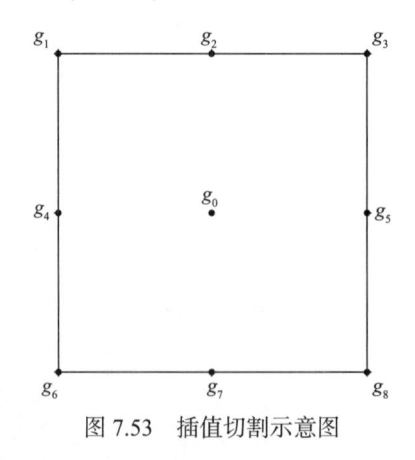

图 7.53 插值切割示意图

对于加权系数 a、b 可以通过下列算法求出：

$$B'_x = G(x,y) - \frac{1}{2}[G(x+r,y) + G(x-r,y)] \tag{7.76}$$

$$B'_y = G(x,y) - \frac{1}{2}[G(x,y+r) + G(x,y-r)] \tag{7.77}$$

$$B'_{xy} = G(x,y) - \frac{1}{2}[G(x+r,y+r) + G(x-r,y-r)] \tag{7.78}$$

$$B'_{yx} = G(x,y) - \frac{1}{2}[G(x-r,y+r) + G(x+r,y-r)] \tag{7.79}$$

$$B_x = G(x+r,y) - G(x-r,y) \tag{7.80}$$

$$B_y = G(x,y+r) - G(x,y-r) \tag{7.81}$$

$$B_{xy} = G(x+r,y+r) - G(x-r,y-r) \tag{7.82}$$

$$B_{yx} = G(x-r,y+r) - G(x+r,y-r) \tag{7.83}$$

$$c = \frac{(B'_x)^2}{(B'_x)^2 + (B_x)^2} \quad (\text{其中 } 1 \geqslant c \geqslant 0;\ \text{当 } B'_x = B_x \text{ 时},\ c=1) \tag{7.84}$$

$$d = \frac{(B'_y)^2}{(B'_y)^2 + (B_y)^2} \quad (\text{其中 } 1 \geqslant d \geqslant 0;\ \text{当 } B'_y = B_y \text{ 时},\ d=1) \tag{7.85}$$

$$e = \frac{(B'_{xy})^2}{(B'_{xy})^2 + (B_{xy})^2} \quad (\text{其中 } 1 \geqslant e \geqslant 0;\ \text{当 } B'_{xy} = B_{xy} \text{ 时},\ e=1) \tag{7.86}$$

$$f = \frac{(B'_{yx})^2}{(B'_{yx})^2 + (B_{yx})^2} \quad (\text{其中 } 1 \geqslant f \geqslant 0;\ \text{当 } B'_{yx} = B_{yx} \text{ 时},\ f=1) \tag{7.87}$$

令 $g = c + d + e + f$，$4 \geqslant g \geqslant 0$，并取

$$a = 1 - \frac{1}{4}g,\quad b = \frac{1}{4}g \tag{7.88}$$

利用上述方法得到的区域场称为第一次切割的区域场，用 $R_1(x,y)$ 表示，对 $R_1(x,y)$ 重复使用上述方法得到二次切割场 $R_2(x,y)$。重复迭代使得

$$\lim_{n \to \infty} R_n(x,y) - R_{n-1}(x,y) \to 0 \tag{7.89}$$

认为最终切割得到的场值趋于稳定，由此得到区域场 $R(x,y)$。

图 7.54 显示了组合立方体理论模型试验的异常特征，图中色标单位为 mGal。模型中我们设置了四个立方体，其中包含一个大立方体以及三个小立方体，设置大小为 128×128 的网格，x、y 方向变化范围都为 1 到 128km，点距都为 1km，其中，图 7.54(a) 为四个组合立方体的正演重力异常，图 7.54(b) 为三个小立方体模拟的局部异常，图 7.54(c) 为大立方体模拟的区域异常。

(a) 模型正演重力异常

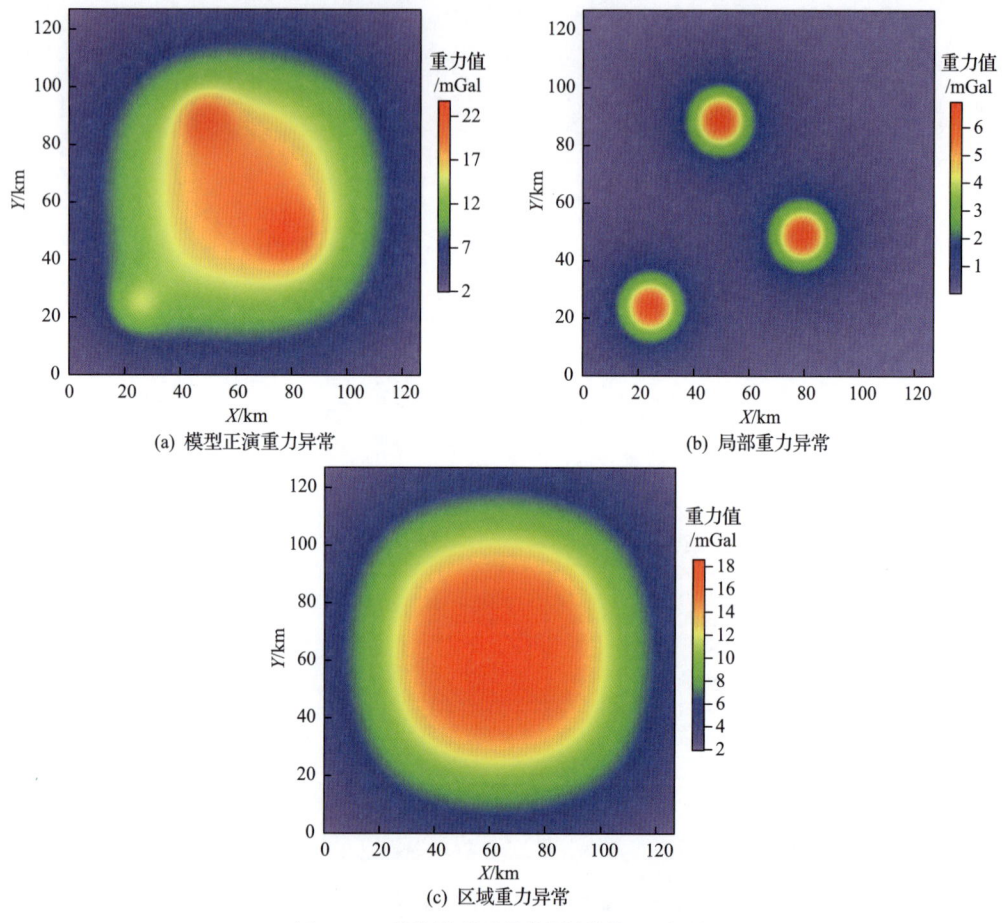

(b) 局部重力异常

(c) 区域重力异常

图 7.54　理论模型磁异常图（单位：mGal）

图 7.55 是利用插值切割法提取的局部重力异常与区域重力异常。切割半径为 1 个点距，切割次数为 1000 次。

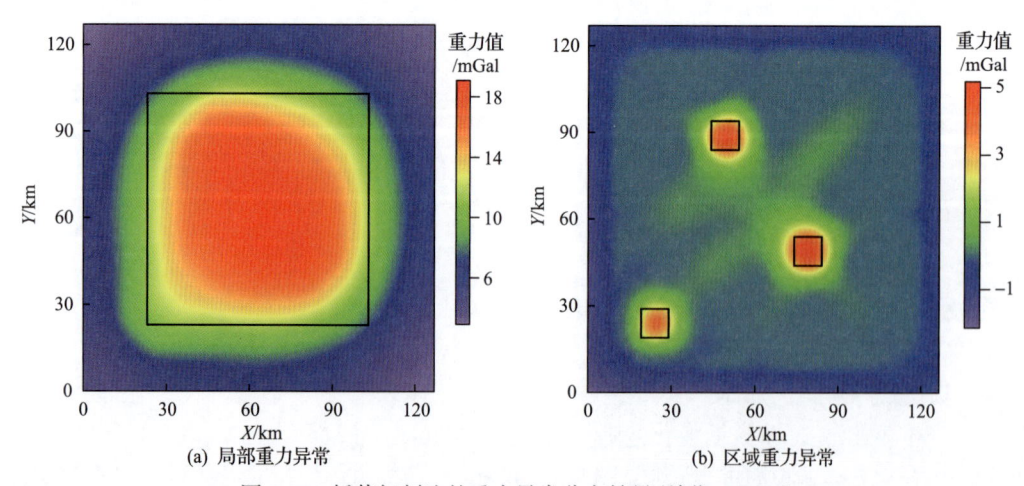

(a) 局部重力异常

(b) 区域重力异常

图 7.55　插值切割法的重力异常分离结果（单位：mGal）

利用上述模型试验改进插值切割方法，发现这种方法的计算速度比较快，同时能够有效地压制部分局部场得到区域场，但是这种方法对于切割半径和次数的选择要求较高，选择不好会使区域场失真，得到的区域场误差较大。

(二) 匹配滤波法

匹配滤波法是分离区域场与局部场的关键技术之一，对准确反演重磁异常体的深度及对异常的解释有重要意义。叠加的地质体及其重磁异常具有不同的特点，首先浅部地质体产生的异常比深部的强，其具有高频的特点，深部的异常表现比较宽缓，起伏较小，其具有低频的特性，所以可以通过选取不同频段来获得不同深度的信息。Spector 于 1975 年提出的匹配滤波方法有效分离出了垂向叠加场。现简述其原理：设化极后的磁异常值为 $T(x,y)$。其频谱为 $S(u,v)$，其中 u、v 为 x 和 y 方向的角频率，能谱为 $E(r)$，其中 $r = \sqrt{u^2 + v^2}$，方位角 $\theta = \arctan\left(\dfrac{u}{v}\right)$，那么 $E(r) = \dfrac{1}{2\pi}\displaystyle\int_0^{2\pi} E(r,\theta)\mathrm{d}\theta$，其中 r 为径向频率。

由于正弦函数的周期作用使能谱随 θ 的变化不定，为了研究对数能谱随径向频率 r 的变化情况，实践中利用径向平均能谱消除 θ 的影响。设观测场的频谱是浅部和深部地质体异常的叠加之和：

$$S(u,v) = A_{深}(r) + A_{浅}(r) \tag{7.90}$$

则

$$A_{深}(r) \approx T_{深}(r)\mathrm{e}^{-Hr}\left|(1-\mathrm{e}^{-t_1 r})\right| \tag{7.91}$$

$$A_{浅}(r) \approx T_{浅}(r)\mathrm{e}^{-hr}\left|(1-\mathrm{e}^{-t_2 r})\right| \tag{7.92}$$

式中，$T_{深}$、$T_{浅}$ 与磁化强度和磁性体的水平尺度有关，与径向频率 r 无关；H、t_1 为深部磁性体的埋深和厚度；h 与 t_2 为浅部磁性体的埋深和厚度。对于深部磁性体不妨认为 t_1 趋于无穷，那么 $A_{深}(r) \approx T_{深}(r)\mathrm{e}^{-Hr}$，所以可以得到

$$E(r) \approx [T_{深}(r)\mathrm{e}^{-Hr} + T_{浅}(r)\mathrm{e}^{-hr}|(1-\mathrm{e}^{-t_2 r})|]^2 \tag{7.93}$$

公式(7.93)为浅、深部磁性体叠加的磁异常的总能谱。现分两种情况，r 特别大与特别小分别进行讨论。

当处于高频段时，径向频率较大。

$$E(r) \approx \left[T_{深}(r)\mathrm{e}^{-Hr} + T_{浅}(r)\mathrm{e}^{-hr}\right]^2 \approx T_{深}(r)\mathrm{e}^{-Hr}\left[1 + \dfrac{T_{浅}(r)}{T_{深}(r)}\mathrm{e}^{(H-h)r}\right]^2 \approx \left(A_{深}\dfrac{1}{W_1}\right)^2 \tag{7.94}$$

则

$$W_1 = \left[1 + \dfrac{T_{浅}(r)}{T_{深}(r)}\mathrm{e}^{(H-h)r}\right]^{-1} \tag{7.95}$$

当处于低频段时，径向频率较小。

$$E(r) \approx \left[T_{深}(r)\mathrm{e}^{-Hr} + T_{浅}(r)\mathrm{e}^{-hr} \right]^2 \approx T_{浅}(r)\mathrm{e}^{-hr}\left[1 + \frac{T_{深}(r)}{T_{浅}(r)}\mathrm{e}^{(h-H)r} \right]^2 \approx \left(A_{浅}\frac{1}{W_2} \right)^2 \quad (7.96)$$

则

$$W_2 = \left[1 + \frac{T_{深}(r)}{T_{浅}(r)}\mathrm{e}^{(h-H)r} \right]^{-1} \quad (7.97)$$

上述 W_1、W_2 为匹配滤波的分离浅部场与深部场的两个匹配滤波算子。其中，H、h、$T_{深}$、$T_{浅}$ 可以通过径向能谱计算。其滤波因子也可以写成

$$H(\omega) = \frac{|S(\omega)|}{|S(\omega)| + |N(\omega)|} \ \text{或} \ H(\omega) = \frac{|N(\omega)|}{|S(\omega)| + |N(\omega)|} \quad (7.98)$$

$$S(\omega) = a\mathrm{e}^{-\omega H}, \quad N(\omega) = b\mathrm{e}^{-\omega h} \quad (7.99)$$

具体实现步骤如下。
(1) 利用快速傅里叶变换求得实测异常的频谱。
(2) 利用频谱求其径向对数功率谱。
(3) 根据对数功率谱曲线 $\ln[E(r)]$–r 求 H、h、$T_{深}$、$T_{浅}$ 等参数。
(4) 将实测异常的频谱乘以相应的滤波因子就可以得到浅部、深部场的频谱。
(5) 利用反傅里叶变换得到对应的场值。

图 7.56 是组合模型异常的径向对数功率谱图。图 7.57 为匹配滤波分离出的区域场（深部球体场源异常）和局部场（浅部球体场源异常）。

通过方法的具体实现和模型试验，发现匹配滤波选取的波段具有人为选取的影响，并且在复杂情况下匹配滤波会使一些异常消失，当频段较为明显时应用匹配滤波具有很好的效果。

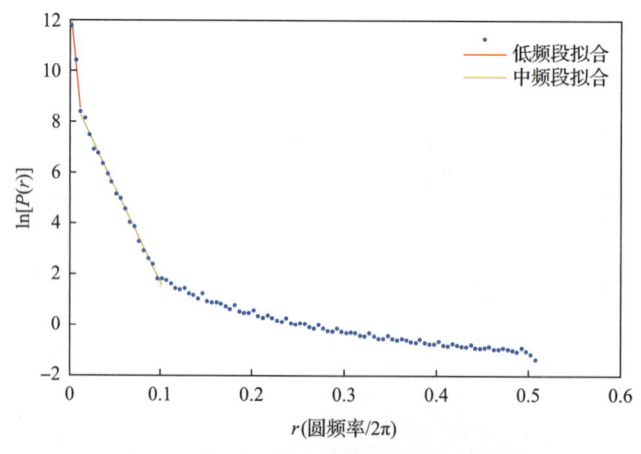

图 7.56 径向对数功率谱曲线与频段拟合

(a) 区域场   (b) 局部场

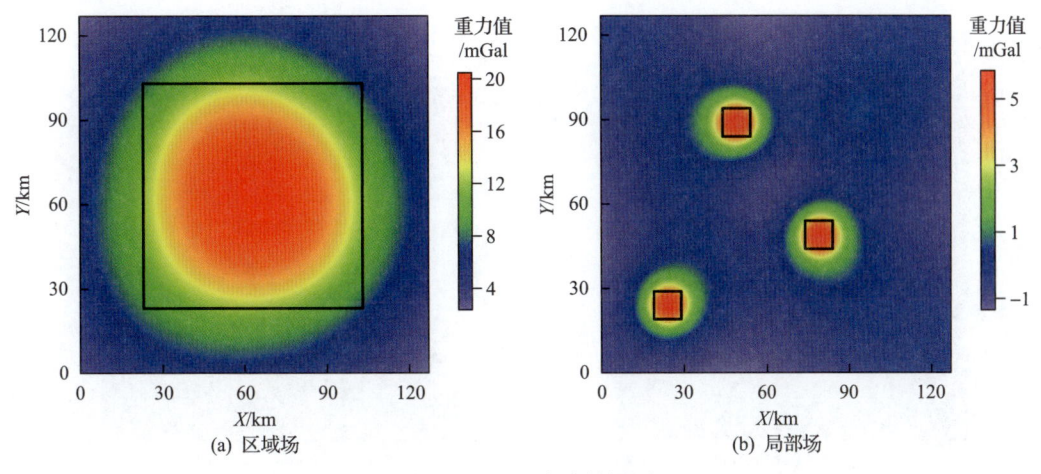

图 7.57 匹配滤波结果图

(三) 小波多尺度分析

小波变换是近些年来兴起的一门新技术。它是通过小波变换来对位场信号处理和转换的。该方法最初由 Haar 于 1910 年提出，后来经过一系列学者对这种方法进行改进研究，从而形成的一种完整的技术。其核心与傅里叶变换类似，但是傅里叶变换是利用正弦函数将信号分解成不同频段的成分，小波变换则是利用多种函数分解信号，这些函数称为小波基，小波基拥有很多种类，如常用的 Daubechies(db N)小波、Coiflets(coif)小波、Symlets(sym N)小波及 Biorthgonal(biorNr.Nd)小波。小波多尺度分析就是 Mallat 建立在小波变换基础上的一种新方法，通过对函数空间的逐步分离剖分，将信号在不同层次的函数空间进行分解展开，得到小波分析与多尺度分析的联系。小波变换过程等效于信号通过一系列低通、高通滤波器的输出结果，如图 7.58 所示。图中 S 为输入，A_1 为一层低频部分，D_1 为一层高频部分，再将 A_1 进行分解为 A_2(二层低频部分)、D_2(二层高频部分)以此类推。

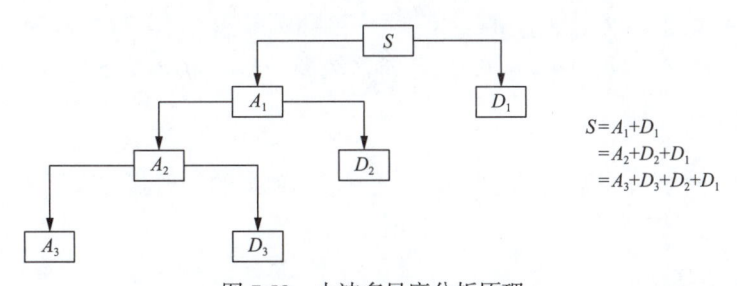

$$S = A_1 + D_1 \\ = A_2 + D_2 + D_1 \\ = A_3 + D_3 + D_2 + D_1$$

图 7.58 小波多尺度分析原理

小波多尺度分析方法具有多分辨率的优点，在位场数据处理中，用小波变换可以实现重磁异常的多尺度分离，利用不同尺度的异常信息进行地质解释。小波分析中小波基的选取非常关键，不同的小波基具有不同的时频特性，不同的小波基得到的异常分离效果不同。

图 7.59 为采用 sym6 小波基的多尺度分析结果。其中，图 7.59(a)为 4 阶区域场，

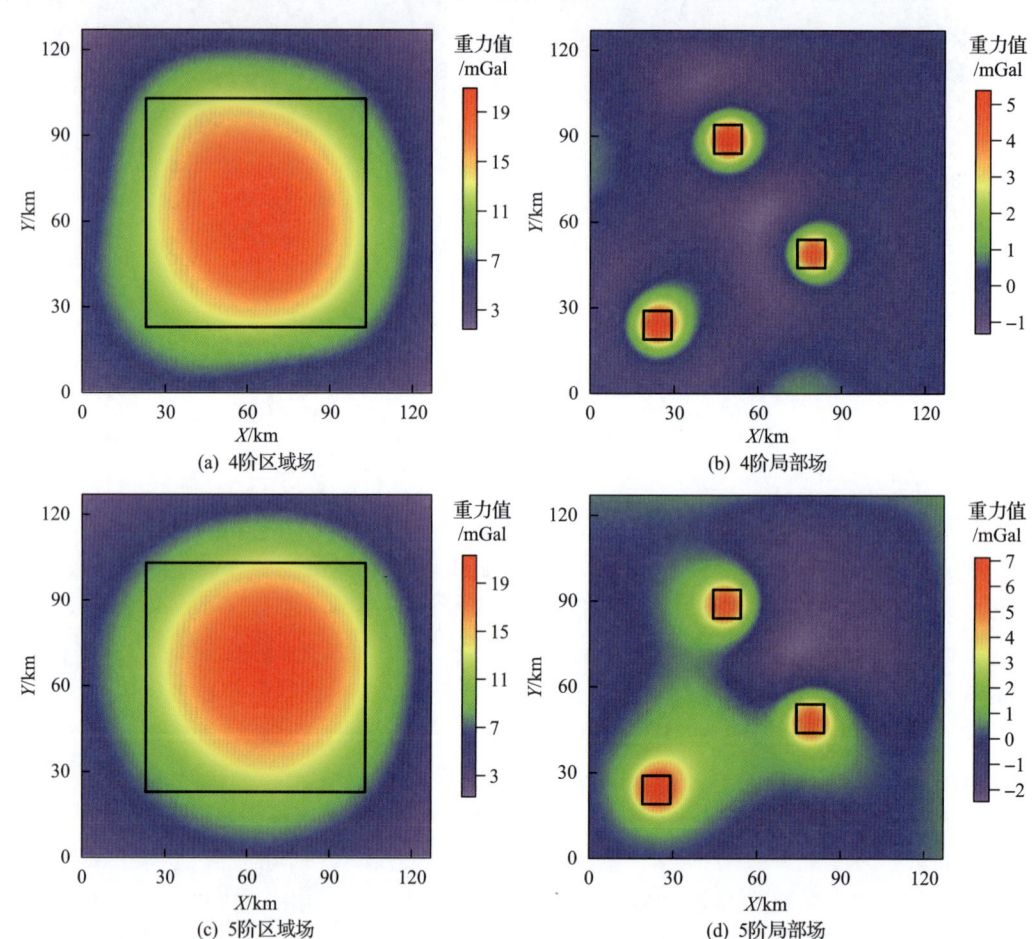

图 7.59(b)为 4 阶局部场,图 7.59(c)为 5 阶区域场,图 7.59(d)为 5 阶局部场。

(a) 4阶区域场

(b) 4阶局部场

(c) 5阶区域场

(d) 5阶局部场

图 7.59　采用 sym6 小波基的多尺度分析结果

图 7.60 为采用 coif6 小波基的多尺度分析结果。其中,图 7.60(a)为 4 阶区域场,图 7.60(b)为 4 阶局部场,图 7.60(c)为 5 阶区域场,图 7.60(d)为 5 阶局部场。

二、构造增强技术

构造增强技术的目的就是通过对某一区域位场数据的处理获得该区域的构造信息,能够凸显一些构造体(断裂、断层、物性突变)的位置。

(一)总水平导数法

总水平导数法(total horizontal derivative,THDR)是一种应用比较广泛的传统边界探测方法,由位场数据水平梯度异常取极大值来确定边界位置的计算公式为

$$\text{THDR} = \sqrt{\left(\frac{\partial T}{\partial x}\right)^2 + \left(\frac{\partial T}{\partial y}\right)^2} \tag{7.100}$$

式中，T为位场数据。

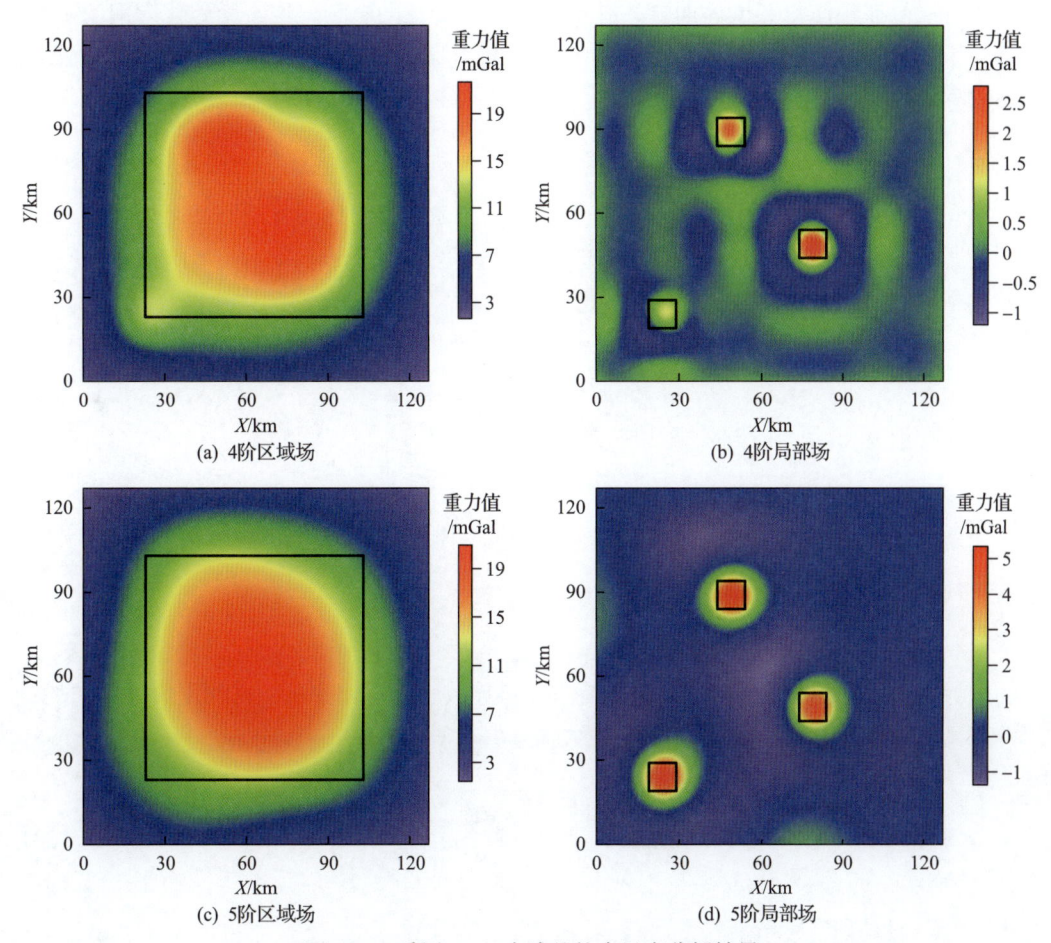

(a) 4阶区域场

(b) 4阶局部场

(c) 5阶区域场

(d) 5阶局部场

图 7.60　采用 coif6 小波基的多尺度分析结果

通过研究，总水平导数法是一种简单的且可通过计算结果的极大值来获取地质体边缘的识别方法。如果地质体的埋深较浅，那么可以获得良好的边缘突出作用，但随着地质体的埋深增加，计算得到的极大值会逐渐偏离地质体的边缘，而且处理倾斜的地质边缘时，该方法得到的极大值会偏向地质体倾向的一侧。对于磁数据来说，要通过化极处理或磁源重力异常转换才能够适用该方法。

(二) 解析信号振幅法

解析信号振幅法 (analytic signal amplitude, ASM) 实质是计算重力或者磁异常在 3 个方向的导数均方和，按照计算结果中的数值较大的位置来确定地质体边界位置。该方法对重磁数据都适用，其计算公式为

$$\mathrm{ASM} = \sqrt{\left(\frac{\partial T}{\partial x}\right)^2 + \left(\frac{\partial T}{\partial y}\right)^2 + \left(\frac{\partial T}{\partial z}\right)^2} \tag{7.101}$$

式中，T 为位场数据。

解析信号振幅法对二度体而言，并不受磁异常分量的影响，也不受磁化方向的影响。但是对于三度体而言，虽然同样受磁分量及磁化方向的影响，但是其所受到的影响比其他的边缘识别方法少。

(三) 倾斜角法

倾斜角法(TA)又称为斜导数法，于 20 世纪 90 年代的两位学者提出，为了解决埋深不同且倾角不同的多场源物体的边界问题，其计算公式为

$$\text{TA} = \tan^{-1}\left(\frac{\dfrac{\partial T}{\partial z}}{\sqrt{\left(\dfrac{\partial T}{\partial x}\right)^2 + \left(\dfrac{\partial T}{\partial y}\right)^2}}\right) \tag{7.102}$$

倾斜角法对场源深度不敏感，能够较好地探测深层源和浅层源的边界，其缺点是只适合于探测倾角为 0°或 90°的场源边界。

(四) 斜导数的水平梯度法

斜导数的水平梯度法(TA-THDR)是基于斜导数法而提出来的，它利用斜导数法的结果并对其求取总水平梯度所得结果的最大值，其计算公式为

$$\text{TA-THDR} = \sqrt{\left[\frac{\partial(\text{TA})}{\partial x}\right]^2 + \left[\frac{\partial(\text{TA})}{\partial y}\right]^2} \tag{7.103}$$

式中，TA 为斜导数法的结果。

该方法有效增强了斜导数法的横向分辨率，比斜导数法能够使获取的边界更加突出，同时能够消除虚假边界的现象。

(五) 归一化标准差法

归一化标准差法(normalization standard deviation, NSTD)采用窗口模式，对以重磁异常沿 x、y、z 方向的一阶导数标准差和垂向一阶导数的标准差进行归一化处理，结果中的极大值反映了地质体边界的平面位置。其计算公式为

$$\text{NSTD} = \frac{\sigma\left(\dfrac{\partial T}{\partial z}\right)}{\sigma\left(\dfrac{\partial T}{\partial x}\right) + \sigma\left(\dfrac{\partial T}{\partial y}\right) + \sigma\left(\dfrac{\partial T}{\partial z}\right)} \tag{7.104}$$

归一化标准差法对于不同深度、不同埋深、不同倾角的地质体都有比较好的识别效果，但是对于选取的窗口大小有一定要求，要求窗口大小一定要合适。

(六) θ 图法

该方法是由 Wijns 于 2005 年提出的一种新方法,通过利用总水平导数与总梯度模量法的比值,寻求结果中的极大值,从而确定地质体的边缘位置,其计算公式为

$$\cos\theta = \sqrt{\frac{\left(\frac{\partial T}{\partial x}\right)^2 + \left(\frac{\partial T}{\partial y}\right)^2}{\sqrt{\left(\frac{\partial T}{\partial x}\right)^2 + \left(\frac{\partial T}{\partial y}\right)^2 + \left(\frac{\partial T}{\partial z}\right)^2}}} \tag{7.105}$$

该方法对于不同深度地质体边缘的识别具有很好的效果,但是 θ 图法在一定程度上也受磁异常分量与磁化方向的影响,其所受影响与倾斜角法相当,该方法确定的边界与倾斜角法类似,同时该方法的数值稳定性较弱,在计算中可能存在解析奇点的问题。

对于上述几种方法,我们可以通过频率域与空间域分别计算其相应的导数,通过研究发现频率域求导数具有不稳定性,其导数求解结果有一些小的畸变,从而使相应的位场识别方法结果具有很大的差异。虽然空间域求导数的方法计算较慢,但是结果比较稳定,所以在求导数的过程中利用空间域中的方法。

(七) 小子域滤波方法

小子域滤波方法是杨高印于 1995 年提出来的,该方法是基于滑动平均法原理改进的。滑动平均法是用一给定窗口范围内的数据进行平均,并将该平均值作为窗口中心点的滤波结果。在小子域滤波法中,将窗口分解成位于中心点不同侧面的八个子域。滤波时,不进行全窗口的简单加权平均,而是首先检测八个子域内异常的变化情况,并且以平缓系数 σ_i 进行衡量,然后以平缓系数为最小子域的平均值作为滤波输出,故称为小子域滤波法,如图 7.61 所示。

$$\Delta g_i = \frac{1}{n}\sum_{j=1}^{n} g_i(j) \tag{7.106}$$

$$\sigma_i = \sqrt{\frac{1}{n-1}\sum_{j=1}^{15}[\Delta g_i - g_i(j)]^2} \tag{7.107}$$

式中,g_i 为每个小区域内的每个点的重力异常值;Δg_i 为计算出来的平均值。

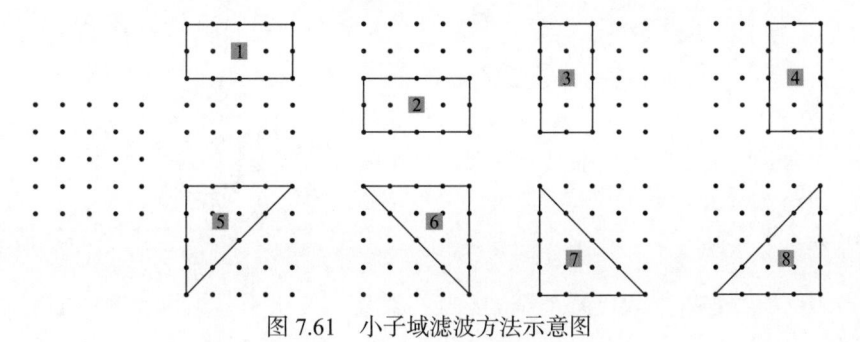

图 7.61 小子域滤波方法示意图

对该方法的理论模型试验证明，这种方法配合总水平导数法能够很好地识别出构造信息。

第五节　重磁界面反演方法研究

重磁界面反演是利用重磁数据对深部主要密度和磁性界面的埋深及形态进行反演成像，其可以有效揭示海洋深部的地质结构和地质构造。这里主要讲述重震联合变密度界面反演研究和频率域变磁性界面反演研究，与常规的重磁界面反演方法相比，反演模型更符合地下密度与磁性变化的特点，反演结果更符合实际地质情况。

一、复杂构造区三维变密度约束反演

海洋深部油气通常富存于构造复杂的海域，因此复杂的深部结构和地质构造的研究是必不可少的工作。针对复杂构造海域的壳幔结构的研究需求，研究了三维变密度约束界面反演方法技术。该方法充分利用地震剖面的速度结构，建立更符合实际地质情况的三维密度精细模型，并利用重震联合实现地下密度界面的高精度反演成像。该方法的模型试验和实际数据反演试算结果表明，该法可有效提高复杂构造环境下的深部界面反演精度，为深部构造（密度）界面（如含油气盆地的基底、油气构造的顶底界面等）埋深及形态的精细刻画提供了技术支持。

（一）指数变密度模型的构建

通常海洋地区的地质情况复杂、地壳结构类型多样。例如，南海的洋壳、陆壳和洋陆过渡壳共存的特征为密度界面（如莫霍面）反演提出了很大的挑战，反演中需要考虑地下密度界面两侧的密度差在纵横向的变化，故采用常密度差或仅随深度变化的单一变密度模型进行界面反演显然是不合理的。本书采用三维变密度模型可以更好地模拟符合实际地层岩石密度的空间分布。

指数变密度模型可以通过密度与深度离散点用最小二乘拟合得到，其中地表密度可以通过实测得到，而深部密度可根据地震测深剖面用速度与密度经验公式转换得到，这为利用指数变密度界面反演奠定了坚实的基础。

（二）基于变密度模型的重震联合反演

密度界面的重震联合正反演计算在频率域采用迭代方法，密度界面的频率域重力正演公式如下：

$$F[\Delta g(r_0)] = -2\pi G e^{-|\omega|z_0} \sum_{n=1}^{\infty} \frac{|\omega|}{n!} F[\rho(r) h^n(r)] \tag{7.108}$$

式中，F 为傅里叶变化算子；r_0 为场点失径；ω 为波数矢量；r 为源点失径在 x-y 平面上的投影；$\rho(r)$ 为界面上下的密度差；h 为相对界面起伏。

1. 地震测深点约束

在界面反演过程中加入已知地震测深点的约束，能够有效减少反演的多解性，提高反演的准确性。将约束信息用于区域软约束，可控制反演结果的整体趋势。当控制点处的反演结果与已知深度偏差小于一定限度时接受该模型；当控制点处的反演结果与已知深度偏差大于一定限度时，对模型进行整体调整，这样可有效避免硬约束引起的局部畸变。

约束修正项如下：

$$\Delta m^c = A + B \times (\Delta g_{obs} - \Delta g_{cal}) \tag{7.109}$$

$$A = \frac{\sum \Delta g^2 \sum \Delta h - \sum \Delta g \sum \Delta h \Delta g}{n \sum \Delta g^2 - (\sum \Delta g)^2} \tag{7.110}$$

$$B = \frac{n \sum \Delta g \Delta h - \sum \Delta g \sum \Delta h}{n \sum \Delta g^2 - (\sum \Delta g)^2} \tag{7.111}$$

$$\Delta g = dg^c_{obs} - dg^c_{cal} \tag{7.112}$$

$$\Delta h = m^c_{obs} - m^c_{cal} \tag{7.113}$$

式(7.112)和式(7.113)中，dg^c_{obs}、dg^c_{cal}分别为约束点处的观测异常值和计算异常值；m^c_{obs}、m^c_{cal}分别为约束点处的约束深度值和计算深度值。通过约束点处的重力异常及其深度可以求出系数和A和B，通过A和B可利用剩余重力异常计算模型深度修改量。

2. 深度加权

重力数据随深度的加深迅速衰减，引入深度加权函数的作用就是为了平衡不同深度界面起伏对观测数据的权重，从而使反演结果能更真实地反映地下的地质情况，有效纠正反演界面的畸变，使反演方法适用于界面起伏较为剧烈的情况。

界面反演中的深度加权函数如下：

$$k(m_j) = \left(\frac{z_0 - m_j}{z_0} \right)^\beta \tag{7.114}$$

式中，k为m_j深度对应的加权系数；z_0为平均深度；m_j是界面相对于平均深度z_0的起伏；β为可调参数。

3. 三维变密度界面反演的实现过程

(1)输入观测点和约束点数据：给出网格节点处界面引起的重力异常值Δg_{obs}，已知约束点平面坐标和深度值(x_j, y_j, z_j)、基准面深度z_0、界面密度差$\Delta \rho_0$、密度差随深度的衰减系数μ、界面上下界约束m_{up}和m_{down}等参数。

(2)建立初始模型m_0：若已经存在初始模型，则输入初始模型；若没有初始模型数据，则根据约束点信息按照多项式回归方式建立初始模型。

(3)模型正演：根据界面密度差$\Delta \rho_0$、衰减系数μ和初始模型m_0，用变密度Parker

公式计算观测面上的重力异常响应 Δg_{cal}。

(4) 修改模型：根据 Δg_{obs}、Δg_{cal} 和约束点信息，按照如下公式修改模型参数。

$$m^{n+1} = m^n + \omega \cdot \frac{\Delta g_{\text{obs}} - \Delta g_{\text{cal}}}{2\pi G \rho_0} \cdot \left(\frac{z_0 - m^n}{z_0}\right)^{\beta} + \lambda m^{\text{cons}} \tag{7.115}$$

式中，$\dfrac{\Delta g_{\text{obs}} - \Delta g_{\text{cal}}}{2\pi G \rho_0}$ 为无限平板修正公式；ω 为收敛加速因子；$\left(\dfrac{z_0 - m^n}{z_0}\right)^{\beta}$ 为深度加权系数；m^{cons} 为约束修正项；λ 为约束项权重系数。

(5) 判断迭代是否终止：计算重力异常均方差 (RMS)，即

$$\text{RMS} = \sqrt{(\Delta g_{\text{cal}} - \Delta g_{\text{obs}})^2} \tag{7.116}$$

采用如下三个迭代终止条件：①重力异常均方差 RMS 小于给定误差限 eps；②均方差 RMS 不再减小；③迭代次数达到最大值 $n_{\max}$。满足其中任何一个条件迭代终止，转步骤 6。若上述三个条件均不满足，则转步骤 (3)～(5)。

(6) 输出反演结果，退出程序。

(三) 理论模型试验研究

采用理论模型试验检验约束变密度反演技术的有效性。

图 7.62 为模拟的深部界面埋深，图中色标为深度，十字点位为已知的测深约束点，用于后续的界面反演约束。

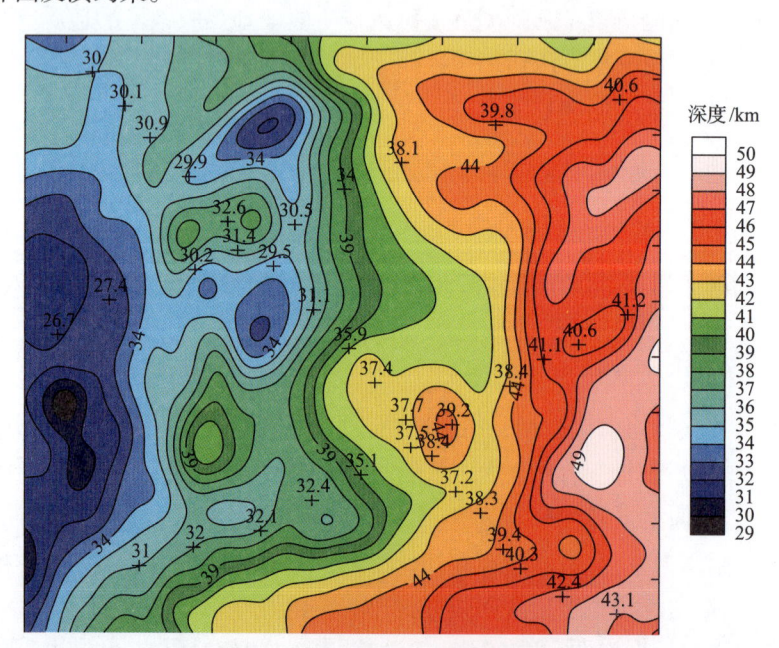

图 7.62　界面埋深与约束点位置

图 7.63 显示区域内的三维变密度特征,其中图 7.63(a)为密度差的水平分布;图 7.63(b)为密度随深度的衰减规律。

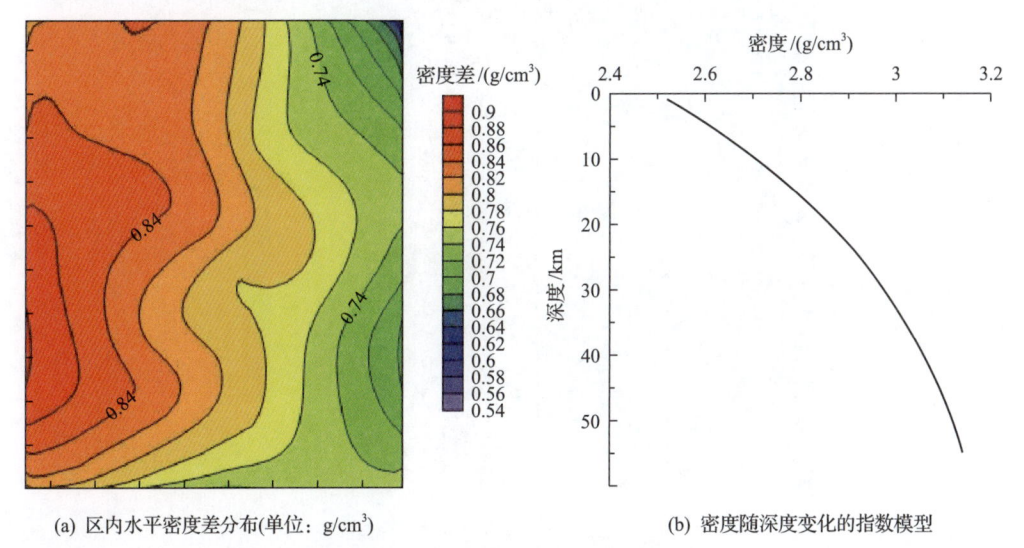

(a) 区内水平密度差分布(单位:g/cm³)

(b) 密度随深度变化的指数模型

图 7.63 变密度界面的三维密度分布

如上变密度界面模型的理论(正演)重力异常图 7.64 所示。利用带测深约束的变密度指数模型开展重力界面反演,反演结果见图 7.65。

为了进一步评价反演结果,我们截取了一条过多个约束点的北西向剖面,反演深度与已知深度吻合很好(图 7.66)。

如上理论模型的试验效果良好,则据此在地壳结构和地质构造复杂的南海海域开展了应用试验。

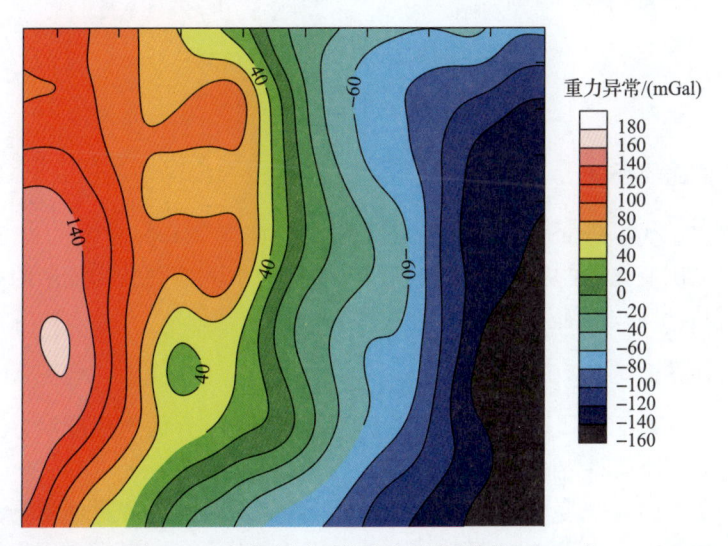

图 7.64 变密度界面的重力异常(单位:mGal)

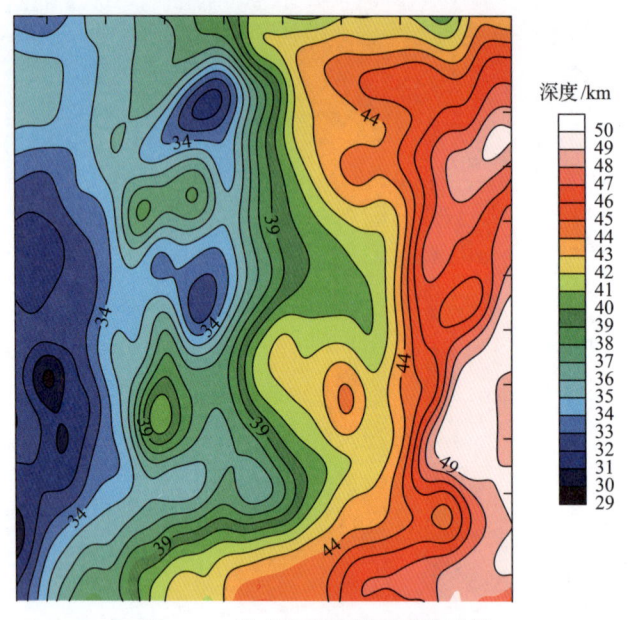

图 7.65 约束变密度界面反演结果

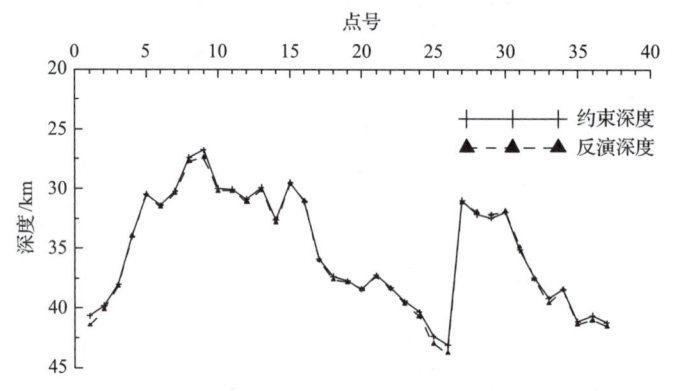

图 7.66 约束点处的反演结果对比

二、变磁性界面迭代反演

基于空间域迭代思想的变磁性磁界面反演方法(张向宇和吴健生，2013)，通过对迭代法的改进，采用变磁性的界面差模型进行反演，为水下地壳结构复杂的海洋地区的磁性界面(基底和居里面)反演研究提供了改进的方法技术。

(一)变磁性界面迭代反演的原理

空间域变磁性界面迭代反演方法是基于空间域常磁性界面迭代反演方法的一种延伸性方法。首先介绍常磁性界面迭代反演方法。

设界面以下的磁化强度恒定，以上为无磁性的底层，通过取界面平均深度的水平面为起算平面，如图 7.67 所示。根据引力位公式及位场关系式，考虑界面起伏远小于平均深度，得到垂直磁化的磁异常正演公式(7.117)。

$$Z_a = \frac{\mu_0 M_z}{4\pi} \iint \frac{[(x-\xi)^2 + (y-\eta)^2 - 2h_0^2]\Delta h}{[(x-\xi)^2 + (y-\eta)^2 - 2h_0^2]^{\frac{5}{2}}} d\xi d\eta \tag{7.117}$$

式中，h_0 为正演界面的平均深度；$\Delta h = h - h_0$ 为界面相对平均深度的起伏；M_z 为磁化强度 M 在垂直方向上的分量；μ_0 为真空磁导率。

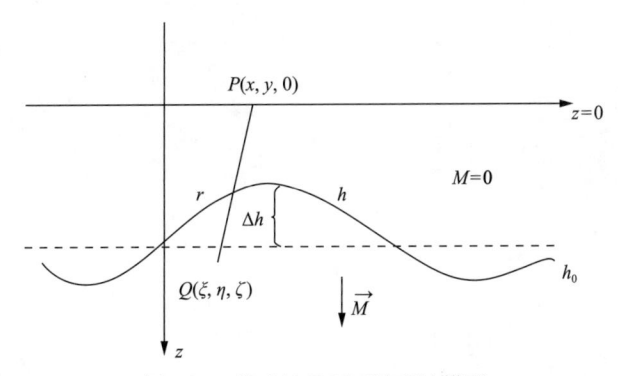

图 7.67 常磁性界面正演理论模型

式 (7.117) 中的积分量可以写成累加形式，即

$$Z_a = \frac{\mu_0 M_z}{4\pi} \sum_{j=-m}^{j=m} \sum_{i=-n}^{i=n} \Delta h_{ij} \frac{[(x-i\Delta\xi)^2 + (y-j\Delta\eta)^2 - 2h_0^2]}{[(x-i\Delta\xi)^2 + (y-j\Delta\eta)^2 - 2h_0^2]^{\frac{5}{2}}} \Delta\xi\Delta\eta \tag{7.118}$$

式 (7.118) 表示将反演区域划分成 $2m \times 2n$ 个不同高度的有限延伸垂直磁化的棱柱体，其中某一点的磁异常为反演区域有限延伸的棱柱体所产生的磁异常的和。所以，当已知研究区域的极化磁异常时就可以通过解线性方程组得到 Δh，实际计算时采用迭代法进行多次计算。

变磁性界面反演方法假设每个棱柱体的磁化强度不同，公式如下：

$$Z_a = \frac{\mu_0}{4\pi} \sum_{j=-m}^{j=m} \sum_{i=-n}^{i=n} M_{ij} \Delta h_{ij} \frac{[(x-i\Delta\xi)^2 + (y-j\Delta\eta)^2 - 2h_0^2]}{[(x-i\Delta\xi)^2 + (y-j\Delta\eta)^2 - 2h_0^2]^{\frac{5}{2}}} \Delta\xi\Delta\eta \tag{7.119}$$

式中，M_{ij} 为每个棱柱体的磁化强度。

其反演步骤与常磁性界面反演类似，通过迭代求解线性方程组得到每个棱柱体的深度。

如果将所有数据一起进行解矩阵运算，运算量将变得非常庞大，因此取恒定窗口滑动，在每个窗口内进行解矩阵运算，当窗口滑动遍历整个测区时，就能够得到区域内的居里面深度，通过这样的计算能够极大地减少计算时间，提高效率。同时为了能够减小边界效应，还进行了数据拓边处理。

(二) 理论模型试验

首先利用简单界面模型进行了不同情况下的正演，这个是窗口大小为 15 个点位，预设深度为4km的结果对比，如图7.68所示。

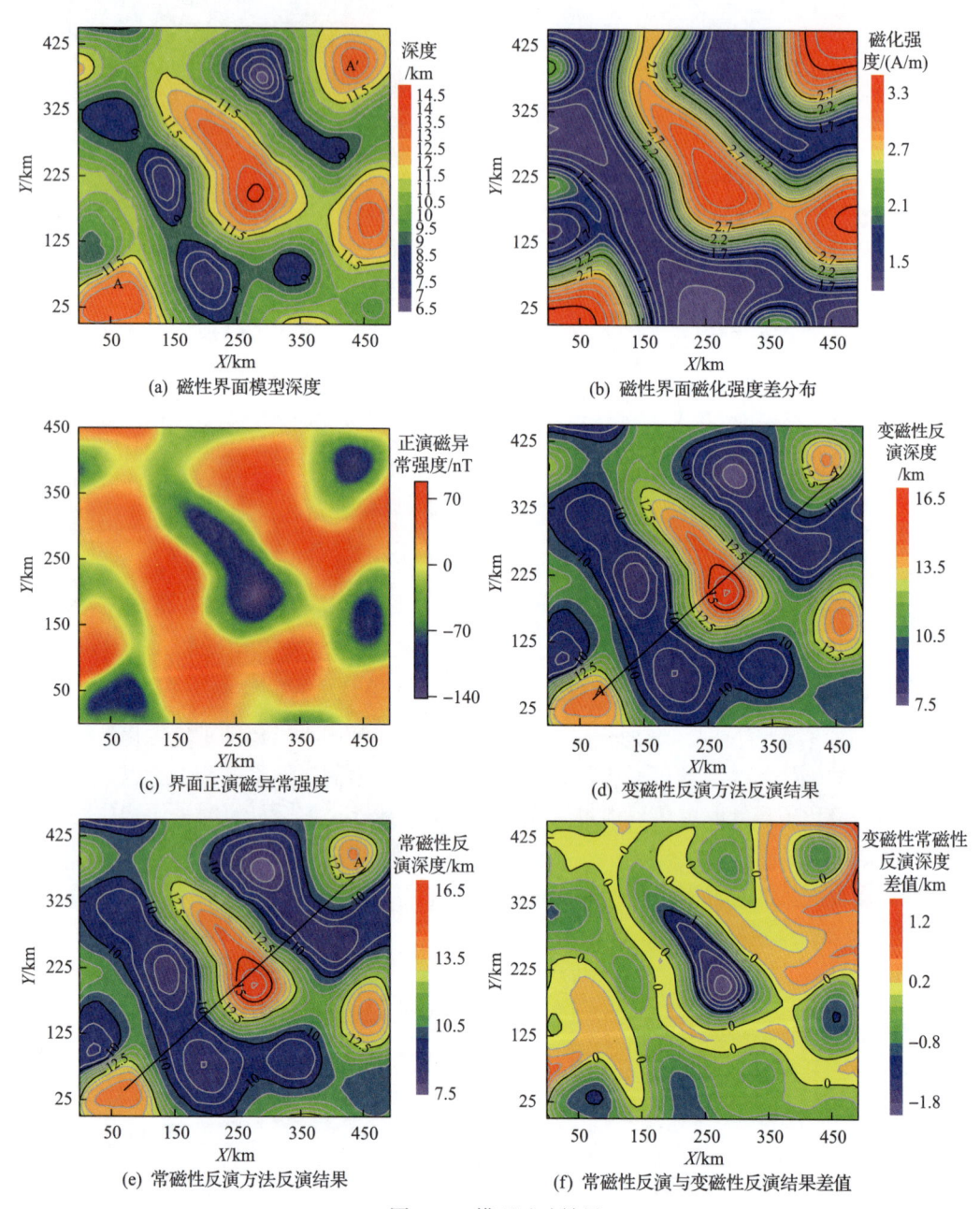

(a) 磁性界面模型深度

(b) 磁性界面磁化强度差分布

(c) 界面正演磁异常强度

(d) 变磁性反演方法反演结果

(e) 常磁性反演方法反演结果

(f) 常磁性反演与变磁性反演结果差值

图 7.68 模型试验结果

反演结果与理论值的均方差为 0.535km，从图 7.69 中可以发现，本书的计算结果基本能够吻合趋势，后续工作将对此方法继续进行多组不同模型的对比试验，同时探究在不同参数条件下的计算结果与理论值最接近的情况。

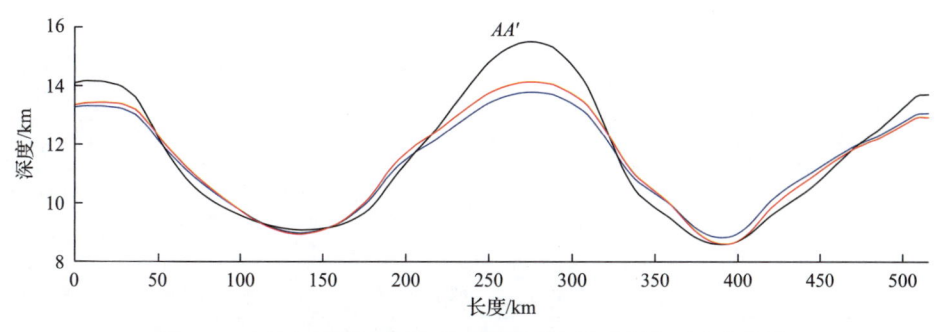

图 7.69　图幅对角线剖面上的反演深度与理论深度对比曲线图

三、全球海表与海底主磁场分布特征及两者之间的差异性

首先，采用全球陆地表面与海底起伏模拟主磁场解算点的空间位置，所用数据来源于 ETOPO1（Ice Surface Version）模型（Amante and Eakins, 2009），点位水平位置采用大地坐标（即大地纬度与大地经度），分辨率为 1′×1′，但是高程与水深相对于平均海平面，若忽略稳态海面地形（在全球范围不会超过±2m）（万晓云和于锦海，2013），实际上 ETOPO1 的高程与水深误差约 10m，已经远大于该起伏幅度，因此可以利用大地水准面作为 ETOPO1 的高程基准面［为了减少计算量，利用球冠滑动平均法（杜劲松等，2012）将 ETOPO1 数据的分辨率降低为 7.5′×7.5′］。

采用 IGRF12（Thébault 等，2015）计算了 2017 年 5 月 1 日全球海洋表面与海底主磁场（包括主磁场强度、主磁场倾角和主磁场偏角）的分布统计结果，见表 7.5~表 7.7。

表 7.5　全球海表主磁场分布统计表

地磁要素	最小值	最大值	平均值	标准方差
北向分量/nT	−16772	41646	15724	±12893
东向分量/nT	−17533	16772	−691	±6886
垂向分量/nT	−66421	60850	5687	±45566
水平分量/nT	1527	41647	19676	±8615
磁场强度/nT	22289	66455	49619	±10390
磁场倾角/(°)	−88.2	88.5	7.8	±64.2
磁场偏角/(°)	0	180	31.3	±43.5

表 7.6　全球海底主磁场分布统计表

地磁要素	最小值	最大值	平均值	标准方差
北向分量/nT	−16742	41645	15718	±12886
东向分量/nT	−17518	16742	−688	±6877
垂向分量/nT	−66420	60836	5695	±45538

续表

地磁要素	最小值	最大值	平均值	标准方差
水平分量/nT	1527	41646	19664	±8614
磁场强度/nT	22289	66455	49591	±10380
磁场倾角/(°)	−88.2	88.5	7.8	±64.2
磁场偏角/(°)	0	180	31.3	±43.5

表 7.7　全球海表与海底主磁场差值分布统计表

地磁要素	最小值	最大值	平均值	标准方差
北向分量/nT	−113	33	−5	±13
东向分量/nT	−32	49	2	±11
垂向分量/nT	−148	109	8	±36
水平分量/nT	−113	1	−12	±14
磁场强度/nT	−174	0	−28	±31
磁场倾角/(°)	−0.022	0.022	−0.002	±0.005
磁场偏角/(°)	−0.07	0.02	−0.0009	±0.008

随着深度的增加，主磁场强度逐渐增大。由表 7.7 可以看出，海底与海面主磁场强度差异的最大值为 174nT，相比主磁场强度值很小，可以忽略其随海水深度的变化。磁化倾角随深度的变化也比较微弱，但是在磁极附近随海水深度的增加，磁化偏角的变化比较强烈。

第六节　海试数据整理与处理试验

一、海试数据的总体情况

广州海洋地质调查局通过海洋地质四号船分别在 2018 年和 2019 年组织实施了两次近海底重磁探测试验，本节将以第一次海上试验为例讲述近海底重磁探测的数据整理和处理。本次参试设备包括研发的定深拖体和探测拖体，探测拖体上安装了水下三分量磁力仪和水下捷联式重力仪。此外，还配备了船载海洋重力仪、海洋磁力仪、水下定位系统、地磁日变观测站、海流计、温盐深、声速计和多波束系统等辅助设备。本次海试合计完成 8 条测线，长度约 160km。海试过程中定深拖体、探测拖体、捷联式重力仪、三分量磁力仪等均基本正常工作，在 300～2000m 深度处获得了一批宝贵的海试原始数据。

项目组对海试获取的 8 条测线上的水下拖曳测量所获得的重力与三分量磁测数据、船载重力与磁总场测量数据分别进行整理、处理及对比分析，从而为进一步完善"探海谛听"的海上测量特性提供信息。其中对海试获得的 4 类重磁数据逐条、逐点地进行了整理与分析。首先，对实测的水下重力数据、船载重力数据、水面及水下定位数据、时间数据等系列数据进行系统梳理，整理成重磁数据校正软件可调用的数据格式，包括时间、测点经度(大地坐标)、测点纬度(大地坐标)、高度、船速、重力实测值等。此后，对重力数据进行载体加速度校正、厄特沃什改正、正常场校正、高度校正等各项校正处理，可以计算出水下各测点处的绝对重力值、空间重力异常值和布格重力异常值。此外，基于对海浪、洋流等水下动态环境的仿真模拟研究结果，动态海洋环境对重力测量的影响较小，因此未设置水下环境影响校正。

下面仅以测线 ML1 和 ML2 为例展示海试重磁数据的整理、处理流程及部分分析对比结果。图 7.70 中的 ML1 与 ML2 测线为北东向的 2 条重复测线，其中 ML1 测线重复测量 2 次，ML2 测线重复测量 4 次。下面简要介绍 ML2 测线实测重力数据(水下与船载)的校正处理及对比分析，以及 ML1 测线水下磁测三分量数据的校正处理与分析。

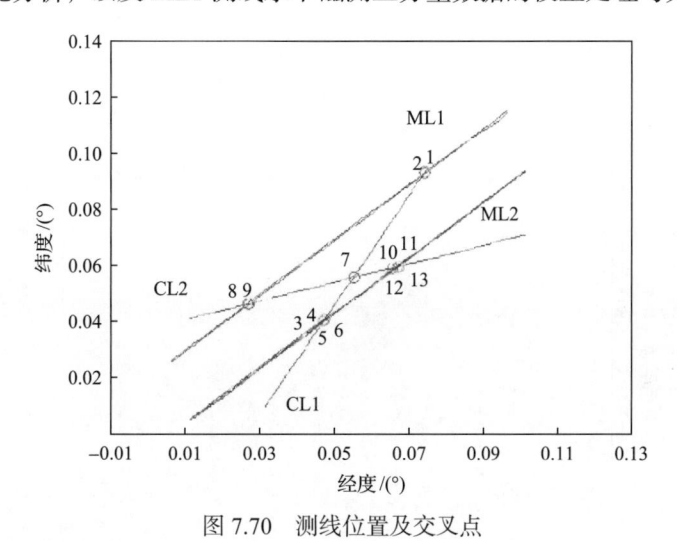

图 7.70 测线位置及交叉点

二、重力数据整理与处理

对 ML2 测线 4 次重复测量分别编号为 ML2-1、ML2-2、ML2-3、ML2-4，ML2 测线第一次测量时水下测点的空间位置与实测重力值见图 7.71，测点深度在−220～−340m，实测重力值的变化幅度为 24mGal。

该测线重复测量获得了 4 组船测水面重力数据与 4 组水下重力数据，利用本条测线上的 8 组重力测量数据进行了各项校正试验，包括载体加速度校正、厄特沃什改正、正常场校正、高度校正、布格校正等处理，计算了各测点上的绝对重力值、空间重力异常值和布格重力异常值，并对水下测量与船载测量结果进行了对比分析。图 7.72 为第一次测量(ML2-1)获得的水下与船载绝对重力值对比曲线，图 7.73 为经过校正获得的水下与水面空间重力异常对比曲线，图 7.74 显示了该次测量水下测点位置及布格校正后的布格重力异常。

(a) ML2-1 测线水下重力值

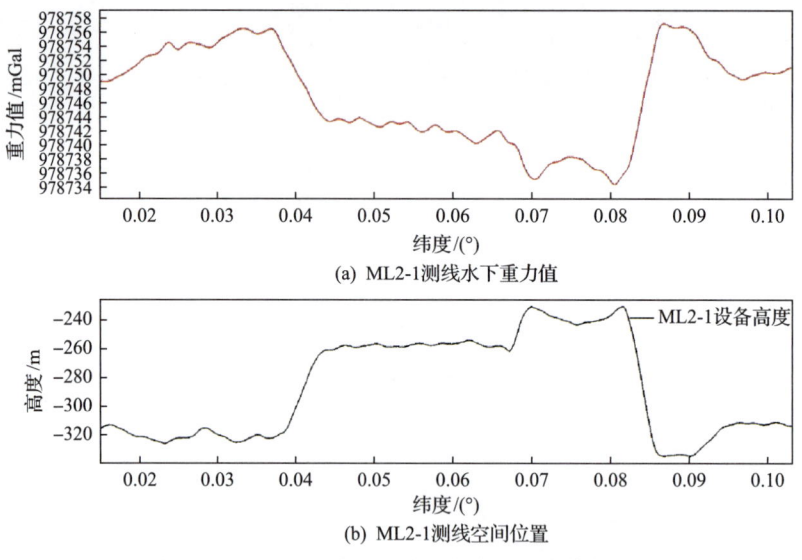

(b) ML2-1 测线空间位置

图 7.71　ML2-1 测线空间位置与实测重力值剖面图

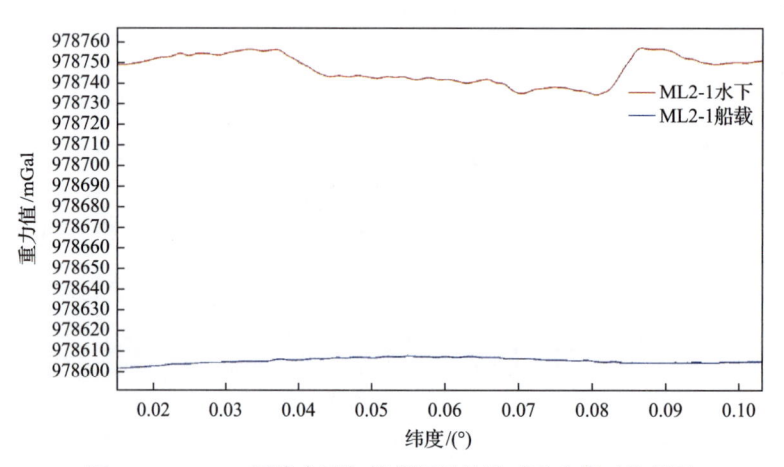

图 7.72　ML2-1 测线水下与船载测量的绝对重力值对比剖面

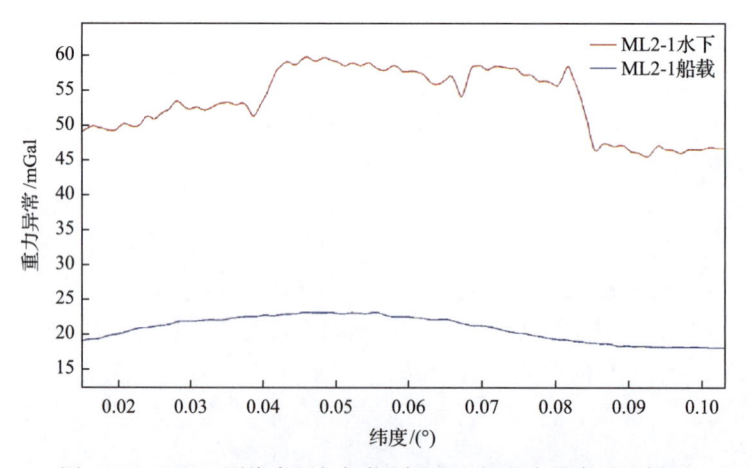

图 7.73　ML2-1 测线水下与船载(水面)空间重力异常对比剖面

(a) ML2-1测线水下布格重力异常

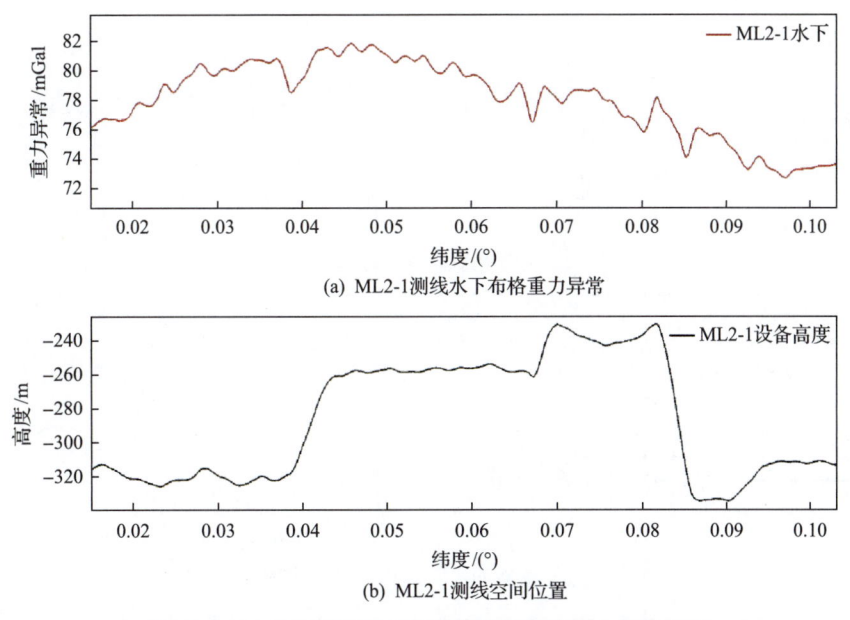

(b) ML2-1测线空间位置

图 7.74　ML2-1 测线水下测点位置及布格重力异常剖面

充分利用 4 次重复测量获得的水下重力与船载重力测量数据，对绝对重力值、空间重力异常与布格重力异常进行了综合对比，分别见图 7.75～图 7.77。ML2 测线水下与船载重复测量获得的绝对重力值对比结果显示于图 7.75，图中的 8 条曲线对应 4 组水下重力测量与 4 组船载重力测量的重力数据。计算的空间重力异常的总体趋势一致，显示出重复测量的可对比性。图 7.77 中的曲线同时显示了测点的空间位置，该组对比表明该测线重复测量获得了较为一致的结果，重复性较好。

由于本次试验开始时并没有进行基点读数比对，所以无法进行基点绝对值传递与零漂改正。同时，由于测区内未获得满足精度需求的海底地形数据，故没有进行地形改正，未计算完全布格重力异常值。

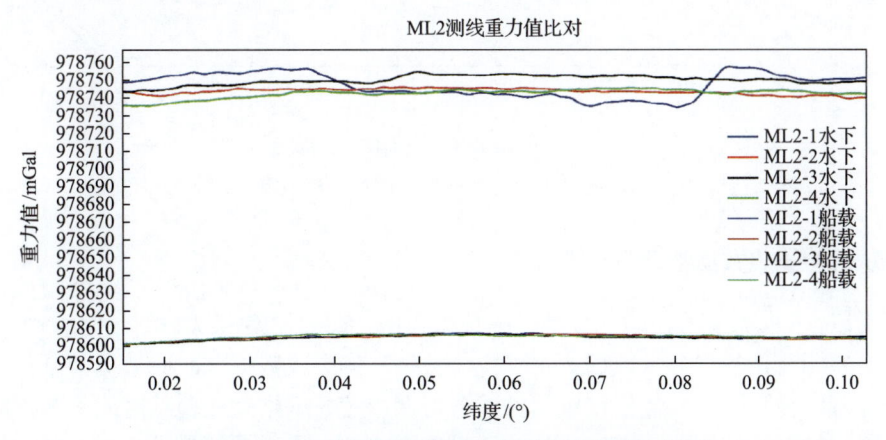

图 7.75　ML2 测线重复测量的绝对重力值对比剖面

(a) ML2测线重复测量获得的空间重力异常

(b) ML2测线重复测量的空间位置

图 7.76　ML2 测线重复测量的水下测点位置与空间重力异常对比剖面

(a) ML2测线重复测量获得的布格重力异常

(b) ML2测线重复测量的空间位置

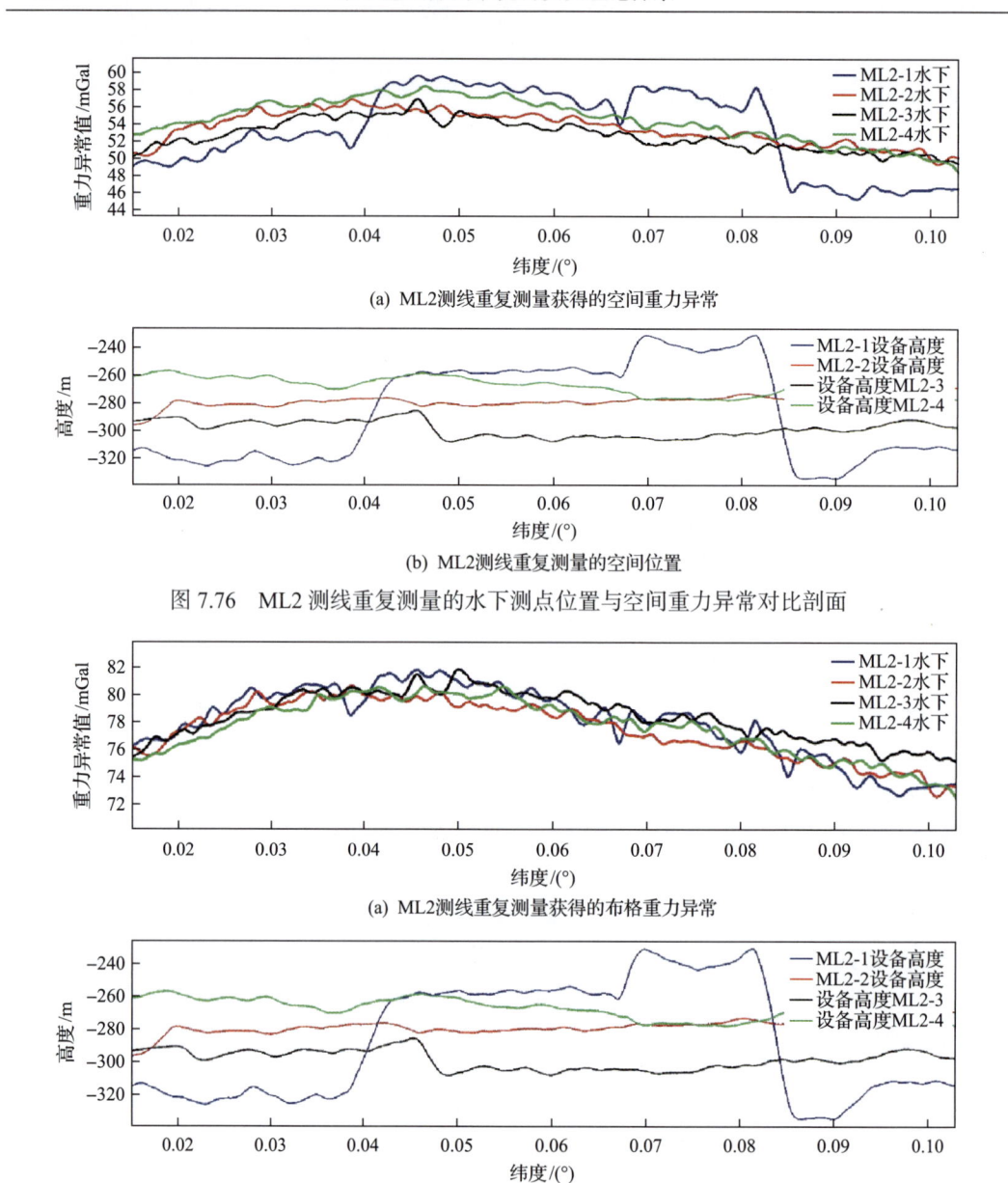

图 7.77　ML2 测线重复测量的水下测点位置与布格重力异常对比剖面

三、海试三分量磁数据整理与处理

下面以 ML1 测线采集的三分量磁测数据为例，简要说明海试磁测数据的整理流程。首先，对磁测获得的三分量数据、水下定位数据、姿态仪数据、时间数据等系列数据进行系统梳理，为水下磁测数据校正软件准备可调用的数据格式，包括时间、测点精度、测点纬度、航向、俯仰角、横滚角、三分量实测值、合成磁总场值等。在此基础上，对水下磁力仪采集的三个分量值进行姿态解算，换算出直角坐标系下的三分量(X、Z、Y)磁测值。由于磁测三分量数据受高频干扰严重，故采用平滑滤波处理。

图 7.78 为 ML1 测线两次测量的三分量磁测值，图中显示的为平滑滤波后的磁测曲线。

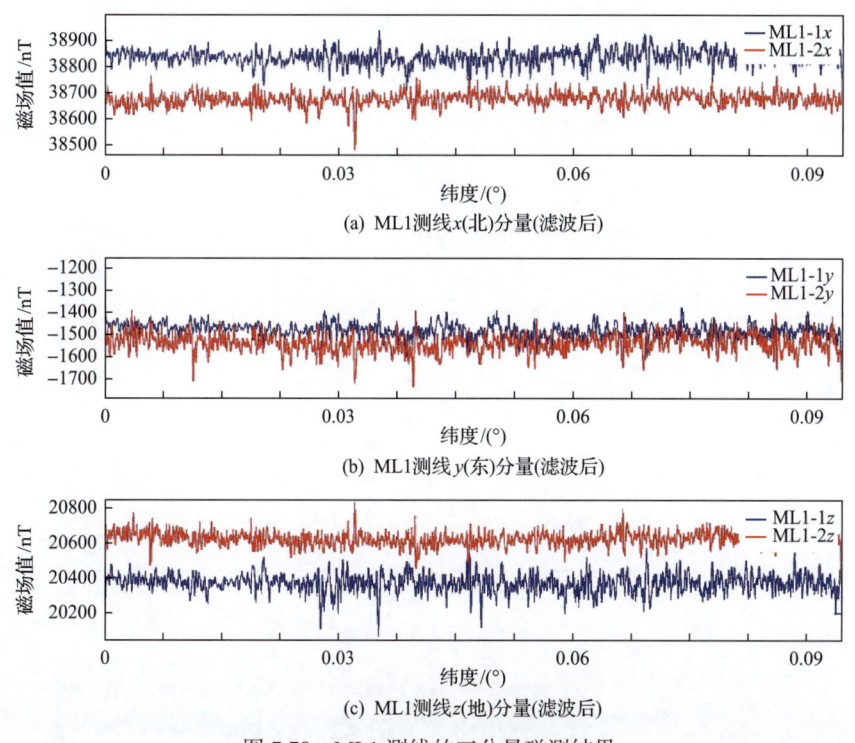

(a) ML1测线x(北)分量(滤波后)

(b) ML1测线y(东)分量(滤波后)

(c) ML1测线z(地)分量(滤波后)

图 7.78 ML1 测线的三分量磁测结果

利用水下三分量磁测值合成的磁总场见图 7.79，图中显示了两次重复测量的设备高度与磁总场的对比结果。由于两次测量的设备高度控制较好，在高度差异较小的区段，两次测量的总场异常幅度吻合较好。

此后，对解算出的三分量磁测数据进行日变校正和正常场校正，这两项校正均采用本书提及的方法进行，校正后可计算出测点的三分量磁异常和三分量合成总场的磁异常，如图 7.80 和图 7.81 所示。由于海试前未开展载体补偿标定试验，故本次海试磁测数据未做载体补偿校正。此外，基于对海浪、洋流等水下动态环境的仿真模拟研究结果，动态海洋环境对磁测影响较小，可通过滤波来消除，因此未设置水下环境影响校正。

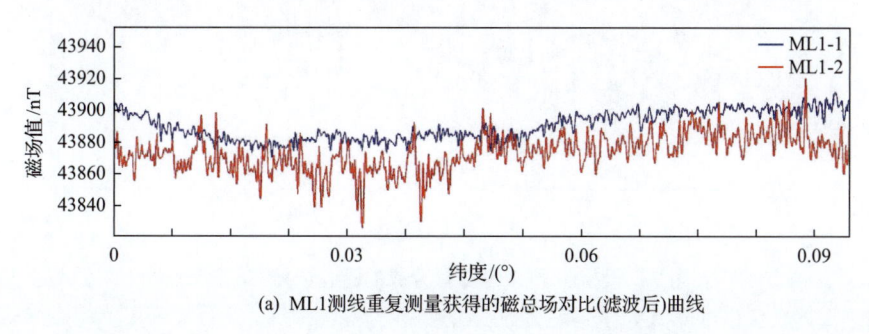

(a) ML1测线重复测量获得的磁总场对比(滤波后)曲线

(b) ML1测线重复测量的空间位置

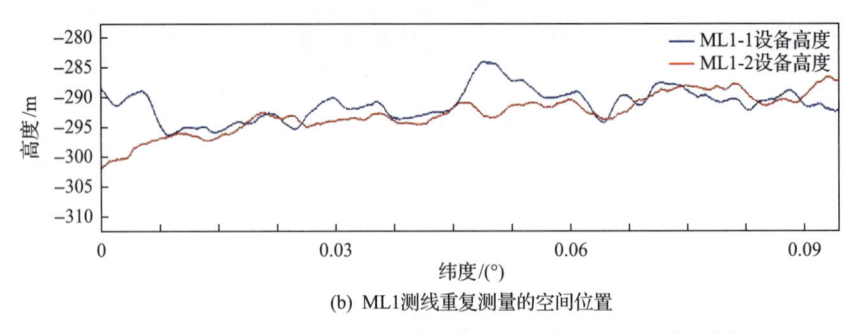

图 7.79　ML1 测线的水下三分量合成的磁总场与测点空间位置剖面图

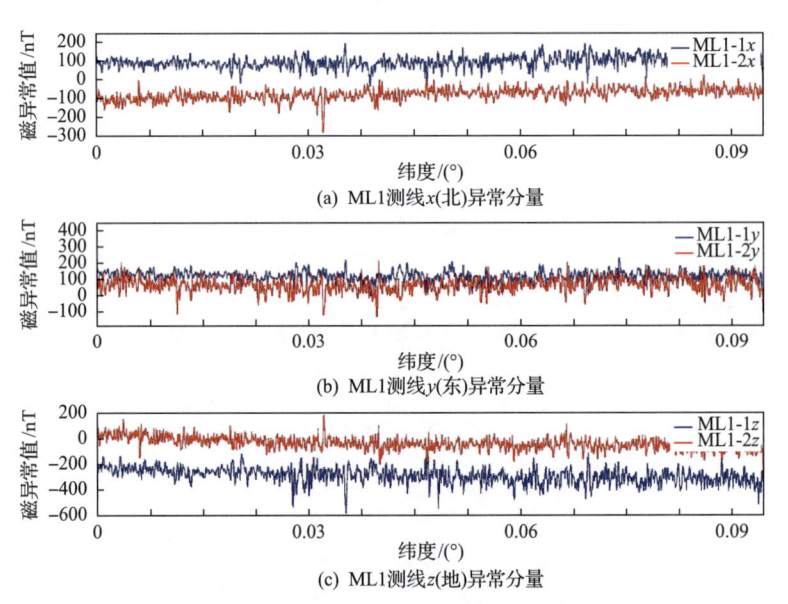

(a) ML1测线x(北)异常分量

(b) ML1测线y(东)异常分量

(c) ML1测线z(地)异常分量

图 7.80　ML1 测线三分量的磁异常剖面图

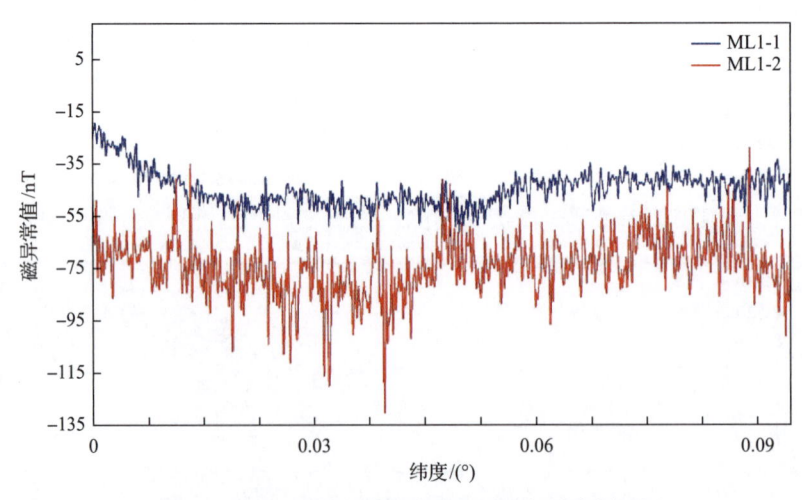

图 7.81　ML1 测线三分量合成的磁总场异常剖面图

第八章 数据分析评估与应用

第一节 数据质量评价的误差分析

一、近海底重磁各项误差分析与改正

为了更合理、更客观地评价数据质量,需明确测量中存在的误差,并对误差进行分析和改正,从而减少误差的影响。

(一)近海底磁力测量数据的误差改正

1. 高斯正常场改正 T_{Gauss}

1839 年,高斯采用适当的数学表达式将地球表面的地磁要素表示为地理坐标的函数,为地磁学的发展奠定了基础,称为地磁场的高斯理论。1885 年施密特又发展了这一方法,这种数学分析方法也称为高斯-施密特理论。由高斯数学公式计算而得的地球磁场反映了地球磁场的基本特征,称为地磁正常场。地磁正常场占地球磁场的绝大部分,所以应首先在观测值中减去地磁正常场。

计算地磁正常场采用国际地磁和高空物理协会(IAGA)公布的国际地磁参考场模型(IGRF),以测量点的经度、纬度为参数,并做相应的年变校正。

IGRF 高斯系数每 5 年更新一次,计算地磁正常场应选择最新的 IGRF,计算中还需要地球的几何参数,采用国际大地测量和地球物理学会(IUGG)1971 年通过的国际椭球体参数,如下所述。

赤道半径:$a = 6378.160\text{km}$。

极半径:$b = 6355.775\text{km}$。

扁率:$f = 1/298.25$。

国际地磁正常场是用地心球坐标的球谐级数及导数表达的,地磁位为

$$U = r_0 \sum_{n=1}^{n=10}\sum_{m=0}^{m=n} \left(\frac{r_0}{r}\right)^{n+1} \left[g_n^m \cos*(m\lambda) + h_n^m \sin(m\lambda)\right] P_n^{(m)}(\cos\theta) \tag{8.1}$$

地磁场总强度模量的 3 个分量:

$$\begin{cases} X = \sum_{n=1}^{n=10}\sum_{m=0}^{m=n} \left(\frac{r_0}{r}\right)^{n+2} \left[g_n^m \cos(m\lambda) + h_n^m \sin(m\lambda)\right] \cdot \dfrac{\mathrm{d}P_n^{(m)}(\cos\theta)}{\mathrm{d}\theta} \\ Y = \sum_{n=1}^{n=10}\sum_{m=0}^{m=n} \left(\frac{r_0}{r}\right)^{n+2} \left[g_n^m \sin(m\lambda) - h_n^m \cos(m\lambda)\right] \cdot \dfrac{m}{\sin\theta} \cdot P_n^{(m)}(\cos\theta) \\ Z = -\sum_{n=1}^{n=10}\sum_{m=0}^{m=n} \left(\frac{r_0}{r}\right)^{n+2} \left[g_n^m \cos(m\lambda) + h_n^m \sin(m\lambda)\right] \cdot (n+1) \cdot P_n^{(m)}(\cos\theta) \end{cases} \tag{8.2}$$

式中，r_0 为地球平均曲率半径(6371.2km)；r 为从地心至测点的径向距离，计算公式为 $r = \dfrac{a\sqrt{1-e^2}}{\sqrt{1-e^2\cos^2\phi}}$，其中，$\phi$ 为球心纬度，$\tan\phi = (1-e^2)\tan B$；θ 为余纬，地球短轴与测点向径之间的夹角，首先根据地球纬度计算球心纬度 ϕ，再计算余纬 $\theta = \dfrac{\pi}{2} - \phi$；$\lambda$ 为测点经度，向东为正；g_n^m、h_n^m 为 IGRF 模型提供的 n 阶 m 次高斯球谐系数，要根据年变率进行年变校正，$n=1\sim10$，$m=0\sim n$；$P_n^{(m)}(\cos\theta)$ 为 n 阶 m 次施密特正规化(Smitch-normalized)伴随勒让德函数。对 $P_n^{(m)}(\cos\theta)$ 的计算应经过以下两步。

X、Y、Z 分别为地心球坐标系中地磁总强度的北向分量、东向分量和垂直分量，由此得地磁正常场改正数为

$$T_{\text{Gauss}} = -\sqrt{(X^2 + Y^2 + Z^2)} \tag{8.3}$$

(1) 首先计算伴随勒让德函数 $P_n^{(m)}(\cos\theta)$：

$$P_n^{(m)}(\cos\theta) = \sin^m\theta \cdot \dfrac{d^m P_n(\cos\theta)}{d(\cos\theta)^m}$$

式中，$P_n(\cos\theta)$ 为著名的勒让德多项式，最高次幂为 n，所以当 $m>n$ 时，伴随勒让德函数 $P_n^{(m)}(\cos\theta) = 0$。

计算高斯正常场时，首先要以测量点的余纬为参数，计算各阶伴随勒让德函数 $P_n^{(m)}(\cos\theta)$，其中要用到下面三个递推公式：

$$\begin{cases} P_{n+1}^{(m)}(\cos\theta) = \dfrac{2n+1}{n-m+1} \cdot \cos\theta \cdot P_n^{(m)}(\cos\theta) - \dfrac{n+m}{n-m+1} \cdot P_{n-1}^{(m)}(\cos\theta) \\ P_n^{(n)}(\cos\theta) = (2n-1) \cdot \sin\theta \cdot P_{n-1}^{(n-1)}(\cos\theta) \\ \dfrac{dP_n^{(m)}(\cos\theta)}{d\theta} = m \cdot \cot\theta \cdot P_n^{(m)}(\cos\theta) - P_n^{(m+1)}(\cos\theta) \end{cases} \tag{8.4}$$

以及下面两个初始条件：

$$\begin{cases} P_0^{(0)}(\cos\theta) = 1 \\ P_1^{(0)}(\cos\theta) = \cos\theta \end{cases}$$

由式(8.4)及初始条件可以推出：

$$\begin{aligned} P_1^{(1)}(\cos\theta) &= \sin\theta \\ P_2^{(0)}(\cos\theta) &= 1.5\cos^2\theta - 0.5 \\ P_2^{(1)}(\cos\theta) &= 3\cos\theta\sin\theta \end{aligned} \tag{8.5}$$

(2) 对各阶次伴随勒让德函数进行施密特正规化处理。

$$\begin{cases} P_n^m(\cos\theta) = \sqrt{k(m)\cdot\dfrac{(n-m)!}{(n+m)!}}\cdot P_n^{(m)}(\cos\theta) \\ \dfrac{dP_n^m(\cos\theta)}{d\theta} = \sqrt{k(m)\cdot\dfrac{(n-m)!}{(n+m)!}}\cdot \dfrac{dP_n^{(m)}(\cos\theta)}{d\theta} \end{cases} \quad (8.6)$$

式中，

$$\begin{cases} k(m) = 1, & m = 0 \\ k(m) = 2, & m \neq 0 \end{cases}$$

施密特正规化的目的是避免 n 相同而 m 不同的各个高斯系数在数量上相差太大。将施密特正规化后的各阶次伴随勒让德系数代入地磁正常场改正数公式 $T_{\text{Gauss}} = -\sqrt{(X^2+Y^2+Z^2)}$，即可计算测量点的正常场。

2. 日变对磁场的分析与改正 ΔT_{Diur}

太阳产生的射线辐射到地球，对磁场将产生较大的影响。日变改正是磁力测量对误差修订的必要步骤。在太阳的影响下，地磁曲线以 24h 为周期在基值附近波动。日变的特点是白天(6~18h)的变化较大，而夜间较平静；夏季的变化幅度比冬季大。为了消除太阳对地磁场的影响，必须在测区附近建立日变站记录测量期间的地磁日变。野外实地测量时，日变站要同时工作，采样频率为 1Hz；测区范围较大时，可建立两个或几个日变站，但必须取其中一个作为总基点(总站)，以此作为整个测区地磁数据的起算零点；相邻两个日变站的控制范围要部分重叠，以便根据重叠区同化两个日变站控制区的数据，并确定各个日变站相对总站的基值差，最后对所有测量数据进行归算，使所有测量数据都以总站基准值为基准。

1) 日变站地方太阳时归化

日变依赖于地方太阳时，日变站数据的时间标识必须是日变站的地方太阳时，而一般日变站的记录以北京时间为准，所以需要根据日变站的经度，对日变数据的时间进行整体平移，称为"日变站的地方太阳时归化"。北京时间的经度为 120°，设日变站的经度为 L，则日变站的地方太阳时归化公式为

$$\Delta t = +\frac{24\times 3600\text{s}}{360°}\cdot(L_d - 120°) \quad (8.7)$$

2) 磁静日与磁扰日

在磁干扰方面，磁静日和磁扰日的日变改正方法有所不同，在做磁改正时必须区分磁静日和磁扰日。一般认为，如果一天中磁场变化的幅度大于 100nT，那么认为是磁扰日。

3) 确定日变站基值

根据磁静日数据确定日变站基值。每个磁静日可确定一个日变基值，以日变站地方太阳时为准，取每个磁静日开始时刻的 0 时读数作为早基读数，取该日结束时刻 24 时的

读数作为晚基读数，取早基读数与晚基读数平均值作为该日的日变基值，取所有磁静日日变基值的算术平均值作为该日变站基值，单个磁静日的时间跨度要满 24 小时。

总基点的日变基值应尽量接近该站的地磁总场，其他日变站的基值则不必太准确，因为以后还需将各个重叠区的数据进行同化，统一以总基站为准调平。

4) 磁静日的日变改正

日变观测值减去基值就是某时刻的日变改正值：

$$\Delta T_{\mathrm{Diur}} = -(T_{\mathrm{Diur}} - T_{\mathrm{Base}})$$

根据日变站数据为海上磁力数据线性内插日变改正值。磁静日日变改正的原则：确保日变站与海上测点的地方太阳时相对应。因日变依赖于地方太阳时，如果两点的地方太阳时相同，那么日变改正量也相同。所以也需要对海上数据进行地方太阳时归化，即将海上数据的时间进行整体平移，即

$$\Delta t = +\frac{24 \times 3600\mathrm{s}}{360°} \cdot \Delta l(°) \tag{8.8}$$

式中，Δl 为测点与日变站之间的经差。

5) 磁扰日的日变改正

首先为磁扰日内插平静日变改正：对磁扰日前后 2 天磁静日的日变曲线取平均，作为磁扰日期间的磁静日日变改正。根据"地方太阳时相对应"的原则进行平静日变改正。然后进行磁扰改正：将磁扰日的数据减去拟合的磁静日日变作为磁扰改正。因磁扰是全球同时爆发的，所以磁扰改正不需要进行地方太阳时归化，用统一的北京时间即可。

6) 多站日变改正

当测区范围较大时，为更好地消除日变影响，可建立两个或几个日变站进行同步观测。多站日变改正的需分两步进行。

(1) 日变基值确定。根据同步观测数据进行相关分析，可确定各站之间的日变基值之差。

(2) 日变改正量的计算。基本思想是通过日变观测值减去基值计算出每个日变站的日变改正量，然后根据日变站与测点的经度差进行时差平移，并把日变改正量投影到测点所在经线上，最后根据各个投影点的日变改正量拟合得出纬度方向日变变化曲线，根据纬度值可截取测点处的日变改正量。当日变站仅为两个站时，选择距离测点最近的两个日变站的数据进行距离加权平均。

7) 纬向日变改正

对于经度方向的日变影响，可以通过时差平移方法进行有效消除，但对于纬度方向的日变影响，目前仍没有成熟的模型。为此，在测区的南北两端分别建立两个日变站进行同步观测，通过多站日变改正法可消除纬向的日变影响。

3. 船磁改正 ΔT_{boat}

测量船以不同航向通过同一点时，船载磁力仪所得测量值的差异就是船磁影响。为此必须事先测定船磁方位改正曲线：在测量海区，选择某一点作为基点，测量船以 8 个

不同方向(间隔 45°)通过基点,由船载磁力仪获得 8 个测量值,根据 8 个改正值可以拟合一条曲线。在数据处理时,根据每个测点的实时航向为每个数据线性内插船磁改正量。

曲线拟合公式为

$$x_i = a_0 + a_1 \cos\alpha_i + b_1 \sin\alpha_i + a_2 \cos(2\alpha_i) + b_2 \sin(2\alpha_i) \tag{8.9}$$

式中,x_i 为方位 α_i 对应的观测值,并已经过日变改正;a_0 为船磁试验基准点的磁场值;a_1、b_1、a_2、b_2 为所需要的船磁改正系数。

对海上测量数据进行船磁改正,安排在拖鱼位置归算的应同时进行。因为在拖鱼位置归算中,需要实时计算拖鱼与测量船连线的方位 α,此时船磁改正公式为

$$\Delta T_{\text{boat}} = -[a_1 \cos\alpha + b_1 \sin\alpha + a_2 \cos(2\alpha) + b_2 \sin(2\alpha)] \tag{8.10}$$

(二)近海底重力测量数据的误差分析与改正

1. 基点比对计算公式

测量前后重力基准点的比对是对重力测量数据质量评价的重要环节,比对值的大偏差说明设备或测量过程出现了较大异常,分析这些异常可以明确数据的质量情况。

根据重力基点比对时量取的重力仪到重力基点的距离和方位角,计算两者在南北向的距离,按以下公式计算重力仪与重力基点之间因纬度差(ΔB)引起的正常重力变化:

$$\Delta B = \frac{d_B}{30} \tag{8.11}$$

式中,d_B 为重力仪到基点的南北向距离。

$$\delta g_B = 4.741636224[0.01060488\sin B \cos B - 0.0000234\sin(2B)\cos(2B)]\Delta B \tag{8.12}$$

式中,δg_B 为正常重力变化;B 为大地纬度。

2. 零点漂移分析与改正

零点漂移表明测量设备稳定性与误差的情况,检查零点漂移情况才能明确数据质量问题。

$$\delta g_K = C(t - t_1) \tag{8.13}$$

式中,δg_K 为重力仪零点漂移改正值,mG;t 为测点时间,h;t_1 为出测前基点比对时间,h;C 为零点漂移率,mGal/h。C 的计算公式为

闭合同一基点

$$C = -K\frac{S_2 - S_1}{t_2 - t_1} \tag{8.14}$$

闭合不同基点

$$C = -\frac{K(S_2 - S_1) - (g_2 - g_1)}{t_2 - t_1} \tag{8.15}$$

式(8.14)和式(8.15)中，S_1、S_2 为出测前后基点比对的重力仪读数；t_1、t_2 为出测前后基点比对时间，h；g_1、g_2 为出测前后基点比对的绝对重力值，mGal。

3. 厄特沃什分析改正

按以下公式计算航向、航速：

$$A_i = \arctan\frac{(L_i - L_{i-1})\cos B_i}{B_i - B_{i-1}} \tag{8.16}$$

$$V_i = \frac{10800}{\pi(t_i - t_{i-1})}\sqrt{(L_i - L_{i-1})^2\cos^2 B_i + (B_i - B_{i-1})^2} \tag{8.17}$$

式(8.16)和式(8.17)中，A_i 为测点方位角(航迹向)，rad；B_i 为测点大地纬度，rad；L_i 为测点大地经度，rad；t_i 为测点时间，h；V_i 为测点航速，kn。

按以下公式计算厄特沃什改正。

航速 V 以 m/s 为单位时

$$\delta g_E = 14.58 V \sin A \cos B + 0.0155 V^2 \tag{8.18}$$

航速 V 以 kn 为单位时

$$\delta g_E = 7.5 V \sin A \cos B + 0.004 V^2 \tag{8.19}$$

4. 正常重力计算

采用 WGS-84 椭球所对应的正常重力公式：

$$\gamma = 978032.67714\frac{1 + 0.00193185138639\sin^2 B}{\sqrt{1 - 0.00669437999013\sin^2 B}} \tag{8.20}$$

式中，γ 为正常重力值，mGal；B 为计算点大地纬度。

5. 空间重力异常计算公式

$$\Delta g_F = g - \gamma \tag{8.21}$$

式中，Δg_F 为测点空间重力异常值，mGal；g 为测点绝对重力值，mGal；γ 为测点正常重力值，mGal。

二、近海底重磁测量数据滤波技术分析

数字滤波是近海底重磁测量数据质量评价的重要环节，重磁数据在野外采集过程中，受涌浪、风流等海洋环境及船舶速度、仪器内部电子元器件等因素的影响，采集的数据存在许多类似"毛刺"等干扰数据或误差，处理人员为了获得更好的结果使用了不同的滤波方法，不同滤波器的使用会产生不同的数据质量，太多的滤波会出现失真，太少的滤波则达不到滤除干扰信号的目的，分析和正确使用滤波方法是对数据资料评价的关键步骤。

由于在重力传感器输出的总加速度中除有要求的重力加速度信号外,还包含因载体运动、动态环境等因素引起的扰动加速度,其中一部分是能用解析式表示的有规则影响,如厄特沃什效应、空间改正等;另一部分是与载体非匀速运动有关的无规则影响,如垂直和水平扰动加速度等。为了消除或减弱观测噪声的影响以获得实际的重磁信息,必须对观测量进行滤波处理。

(一) FIR 滤波器的工作原理

FIR 滤波器的系统差分方程为

$$y(n) = \sum_{m=0}^{N-1} b(m)x(n-m) = b(n) \otimes x(n) \tag{8.22}$$

式中,$x(n)$ 和 $y(n)$ 分别为系统的输入序列和输出序列;$b(n)$ 为输出响应的系统算子;N 为滤波器的阶数。

FIR 滤波器因此又称为卷积滤波器。FIR 滤波器的传递函数为

$$H(z) = \frac{Y(z)}{X(z)} = \sum_{n=0}^{N-1} h(n)z^{-n} \tag{8.23}$$

式中,$H(z)$ 为传递函数;$X(z)$ 和 $Y(z)$ 分别为系统的输入序列 $x(n)$ 和输出序列 $y(n)$ 的 z 变换响应;$h(n)$ 为脉冲响应序列;z^{-n} 为 z 变换函数。

FIR 滤波器的系统频率响应为

$$H(e^{j\omega}) = \sum_{n=0}^{N-1} b(n)e^{-jn\omega} \tag{8.24}$$

式中,$H(e^{j\omega})$ 为系统频率函数;ω 为频率。

FIR 滤波器在通带内具有恒定的幅频特性和线性相位特性,信号通过 FIR 滤波器不失真,即滤波器在逼近平直幅频特性的同时,还能获得严格的线性相位特性,线性相位 FIR 滤波器的相位滞后与群延迟在整个频带上是相等且不变的。对于一个 N 阶线性相位 FIR 滤波器,群延迟为常数,即过滤波后的信号延迟步长为常数,这一特性使通带频率内的信号通过滤波器后仍保持原有波形且无相位失真。

(二) FIR 滤波器的设计指标

如图 8.1 所示,图中实线部分表示理想的低通滤波器,其幅频特性和相频特性分别为

$$\begin{aligned} \left|H(e^{j\omega})\right| &= 1 \\ \varphi(\omega) &= 0 \end{aligned} \tag{8.25}$$

该滤波器的单位抽样函数为

$$h_d(n) = \frac{1}{2\pi}\int_{-\omega_c}^{\omega_c} e^{-jn_0\omega}e^{jn\omega}d\omega = \frac{\sin[\omega_c(n-n_0)]}{\pi(n-n_0)} \tag{8.26}$$

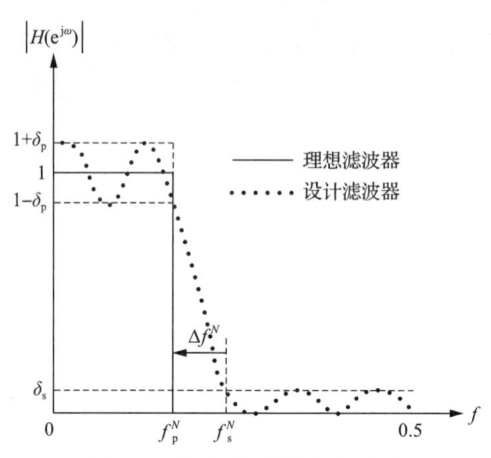

图 8.1 低通滤波器的幅频响应

N 为滤波器长度；f_p^N 归一化通带截止频率；f_s^N 为归一化阻带截止频率；δ_p 为通带与"1"的偏差；δ_s 阻带与"0"的偏差

可见，理想低通滤波器的单位脉冲响应 $h_d(n)$ 是无限长的非因果序列。为了构造物理上可实现的长度为 N 的因果线性相位滤波器，必须将 $h_d(n)$ 截取长度为 N 的一段，由于起点位置取在 $n=0$ 处，故它的中心点位置应取在 $n_0 = (N-1)/2$，从而保证截取的那段序列与 $(N-1)/2$ 呈对称分布。

用 $h(n)$ 表示被截取部分的脉冲响应，把它作为实际滤波器的系数向量，截取相当于和一个窗相乘，即

$$h(n) = h_d(n) f_N(n) \tag{8.27}$$

式中，$f_N(n)$ 为一个长度为 N 的序列。其中心位置对准 $h_d(n)$ 的中心点，截取的一段 $h(n)$ 关于 $(N-1)/2$ 点对称，保证所设计的滤波器具有线性相位。实际滤波器的系统函数 $H(z)$ 用一个有限长的序列 $h(n)$ 代替 $h_d(n)$ 肯定会引起误差，表现在频域就是通常所说的吉布斯（Gibbs）效应。该效应可引起通带和阻带内的波动性，吉布斯效应是由 $h_d(n)$ 直接截断引起，因此也称为截断效应。

为了得到物理上可实现的 FIR 低通滤波器，必须容许其与理想低通滤波器间存在偏差。FIR 低通滤波器的设计指标由以下 5 个参数表示：①滤波器长度 N；②归一化通带截止频率 f_p^N；③归一化阻带截止频率 f_s^N；④通带与"1"的偏差 δ_p；⑤阻带与"0"的偏差 δ_s。

其中，δ_p、δ_s 一般以通带允许的最大衰减 α_p 和阻带应达到的最小衰减 α_s 给出，α_p、α_s 分别定义为

$$\alpha_p = -20 \lg \left| H(e^{j\omega_p}) \right| \tag{8.28}$$

$$\alpha_s = -20 \lg \left| H(e^{j\omega_s}) \right| \tag{8.29}$$

上述 5 个参数间的关系为

$$N = \frac{-20\lg\sqrt{\delta_p \delta_s} - 13}{14.6\Delta f^N} + 1 \tag{8.30}$$

式中，Δf^N 为过渡带宽度，$\Delta f^N = f_s^N - f_p^N$。

或为

$$N = \frac{2}{3}\lg\left(\frac{1}{10\delta_p \delta_s}\right) \cdot \frac{1}{\Delta f^N} \tag{8.31}$$

式(8.30)~式(8.31)中，$\Delta f^N = f_s^N - f_p^N$ 为过渡带宽度。通常，衰减 δ_p 和 δ_s 的程度取决于待滤波数据的幅度，过渡带的位置由 f_p^N 和 f_s^N 确定，滤波器长度则按式(8.30)或式(8.31)估算。

(三) 设计 FIR 滤波器的窗函数法

FIR 数字滤波器的设计有窗函数法、频率采样法和等波纹法等。窗函数法是设计 FIR 滤波器的主要方法，在海空重力测量数据处理中得到了广泛的应用。

由于 $H_d(\omega) = \sum h_d(n) e^{-j\omega n}$ 可以看成把频谱函数展开成傅里叶级数，其各个分量的系数为 $h_d(n)$，也就是对应的单位脉冲序列。因此设计 FIR 滤波器的任务可描述为：找到有限个傅里叶级数系数 $h(n)$，以有限傅里叶级数近似代替无限项傅里叶级数。这样在一些频率不连续的点附近会引起较大误差，这种误差的效果就是截断效应。为了减小这一效应，一般都尽可能多地选取傅里叶级数的项数，但 $h(n)$ 长度的增加会使运算速度降低、成本加大。所以实用的做法是，在满足技术要求的条件下，尽量减少 $h(n)$ 的长度；同时，不应该只是简单截断，可以对取出的系数进行加权修正，就是用适当的窗函数形状来加权，所以窗函数法也因此称为傅里叶级数法。

对式(8.27)进行傅里叶变换，根据复卷积定理可得

$$H(e^{j\omega}) = \frac{1}{2\pi}\int_{-\pi}^{\pi} H_d(e^{j\theta}) A_N\left[e^{j(\omega-\theta)}\right] d\theta \tag{8.32}$$

式中，$H_d(e^{j\theta})$ 和 $A_N\left[e^{j(\omega-\theta)}\right]$ 分别为 $h_d(n)$ 和 $R_N(n)$ 的傅里叶变换。将频率特性写成线性相位形式：

$$\begin{cases} H_d(e^{j\theta}) = |H_d(\omega)| e^{-j\tau\theta} \\ A_N(e^{j(\omega-\theta)}) = |R_N(\omega-\theta)| e^{-j(\omega-\theta)\tau} \end{cases} \tag{8.33}$$

将式(8.33)代入式(8.32)得

$$\begin{aligned} H(e^{j\omega}) &= \frac{1}{2\pi}\int_{-\pi}^{\pi} H_d(\theta) e^{-j\tau\theta} R_N(\omega-\theta) e^{-j(\omega-\theta)\tau} d\theta \\ &= e^{-j\omega\tau} \frac{1}{2\pi}\int_{-\pi}^{\pi} H_d(\theta) R_N(\omega-\theta) d\theta \end{aligned} \tag{8.34}$$

式(8.34)也将线性相位部分和符幅特性部分分开，故实际滤波器的符幅特性为理想滤波器符幅特性和窗函数符幅特性的卷积：

$$H(\omega) = \frac{1}{2\pi}\int_{-\pi}^{\pi} H_d(\theta) R_N(\omega - \theta) d\theta \tag{8.35}$$

调整窗函数长度 N 可以有效地控制过渡带的宽度，但对减少带内波动及加大阻带的衰减并没有作用。人们从窗函数的形状上寻找解决办法，力求找到适当的窗函数形状，使其符幅函数的主瓣包含更多的能量，以减小其旁瓣幅度。旁瓣的减小可以使通带、阻带波动减小，从而加大阻带衰减。常用的窗函数有矩形（rectangular）窗、三角形（bartlett）窗、汉宁（hanning）窗、哈明（hamming）窗和布莱克曼（Blackman）窗等，具体表达式如下：

（1）矩形窗：

$$f_R(n) = R_N(n) = \begin{cases} 1, & 0 \leqslant n < N \\ 0, & n < 0, n \geqslant N \end{cases} \tag{8.36}$$

式中，n 为序列代号。

（2）三角形窗：

$$f_{Br}(n) = \begin{cases} 2n/(N-1), & 0 \leqslant n \leqslant (N-1)/2 \\ 2 - 2n/(N-1), & (N-1)/2 < n \leqslant N-1 \end{cases} \tag{8.37}$$

（3）汉宁窗：

$$f_{Hn}(n) = \frac{1}{2}\left[1 - \cos\left(\frac{2\pi n}{N-1}\right)\right] R_N(n) \tag{8.38}$$

（4）哈明窗：

$$f_{Hm}(n) = \left[0.54 - 0.46\cos\left(\frac{2\pi n}{N-1}\right)\right] R_N(n) \tag{8.39}$$

（5）布莱克曼窗：

$$f_{Bl}(n) = \left[0.42 - 0.5\cos\left(\frac{2\pi n}{N-1}\right) + 0.08\cos\left(\frac{4\pi n}{N-1}\right)\right] R_N(n) \tag{8.40}$$

各个窗函数的形状见图 8.2；其中窗函数的长度取 21。各个窗函数的幅频特性见图 8.3。其中，窗函数的长度取 21，滤波点为 512。从图中可以看出，各种窗函数都有明

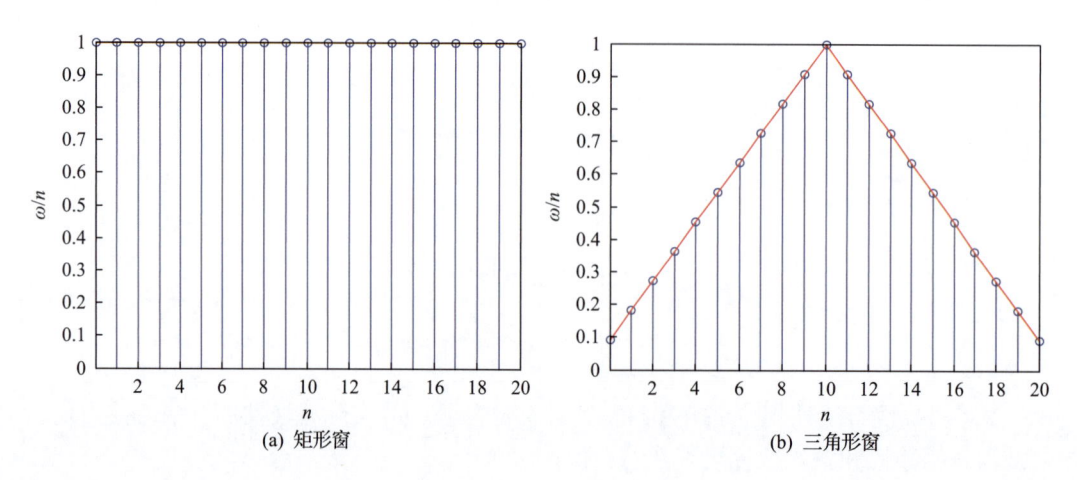

(a) 矩形窗

(b) 三角形窗

(c) 汉宁窗　　　　　　　　　　　　(d) 哈明窗

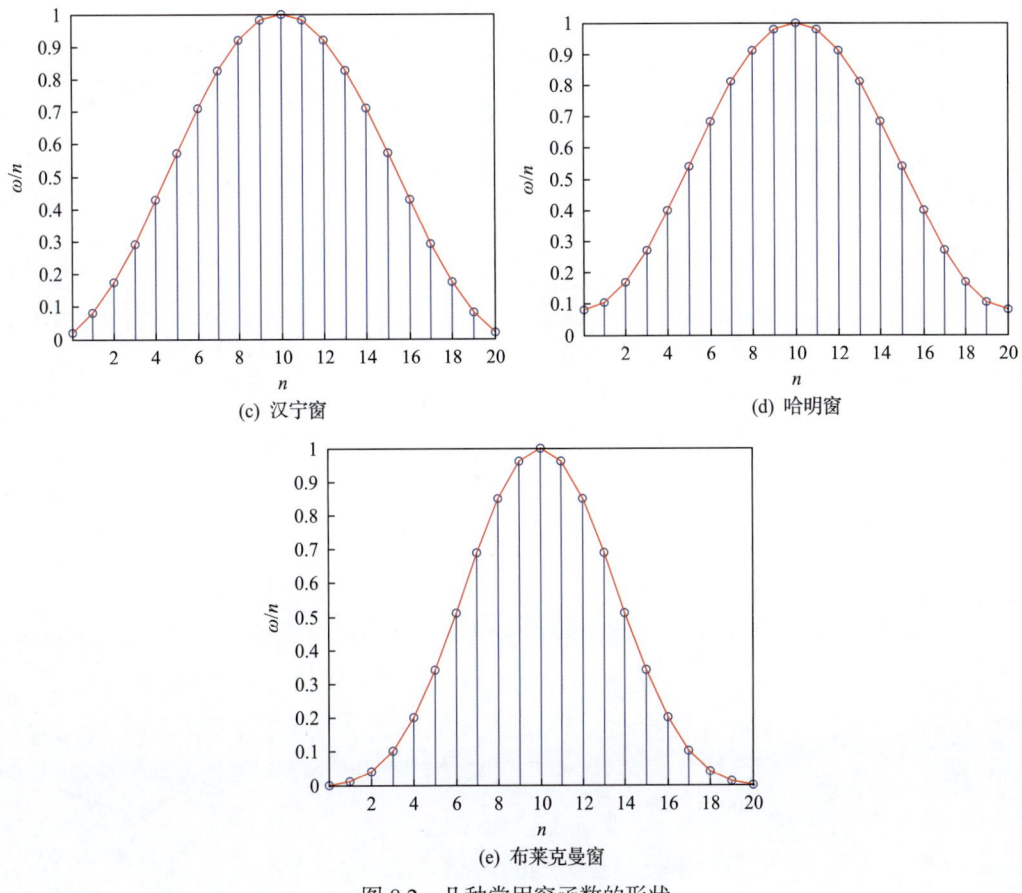

(e) 布莱克曼窗

图 8.2　几种常用窗函数的形状

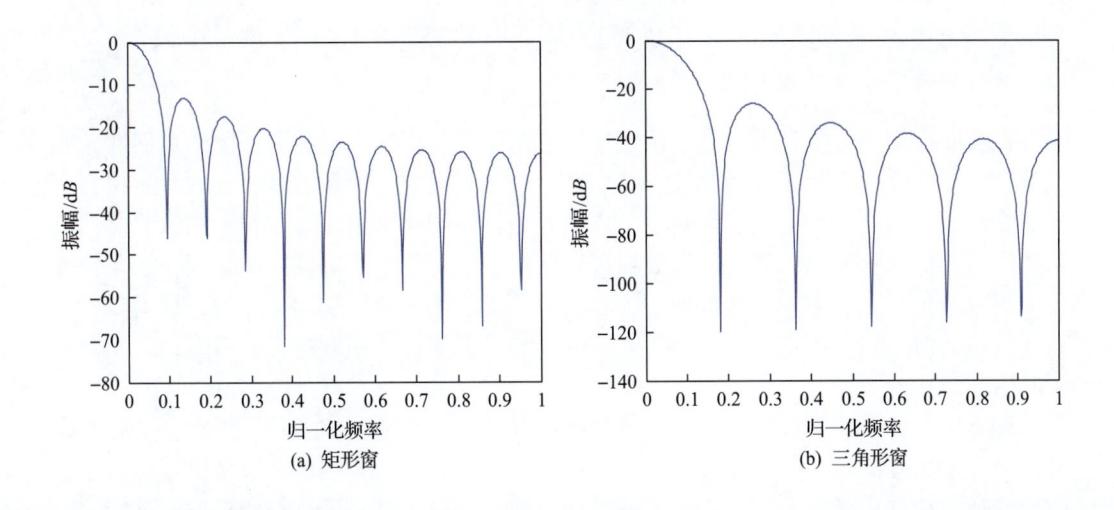

(a) 矩形窗　　　　　　　　　　　　(b) 三角形窗

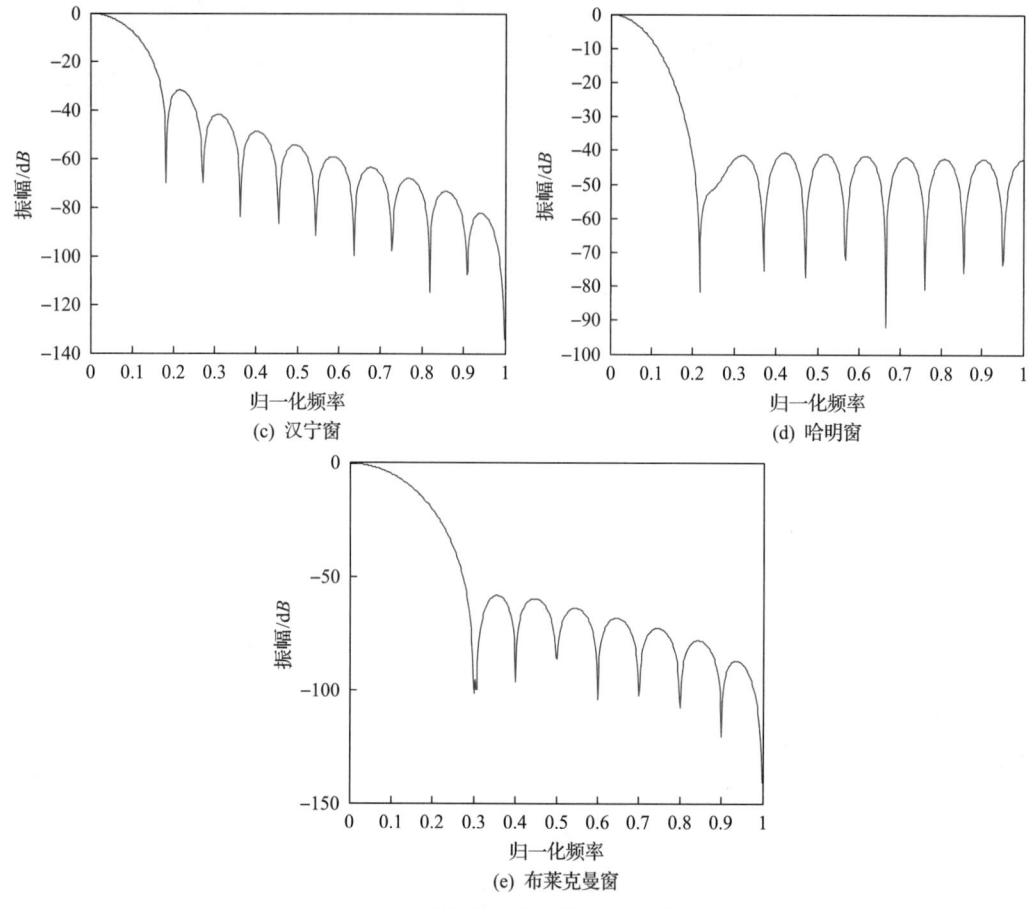

图 8.3 几种常用窗函数的幅频特性

显的主瓣和旁瓣，主瓣频宽和旁瓣的幅值衰减特性决定了窗函数的应用场合。矩形窗具有最窄的主瓣，最大的旁瓣峰值；布莱克曼窗具有最大的旁瓣衰减，最宽的主瓣宽度。

(四)滤波器长度的确定

在实际应用中，滤波器长度的确定应考虑两个因素。一是滤波器长度的奇偶性。偶数长度的滤波器比奇数长度的滤波器具有更好的幅频响应，但是偶数长度的滤波器会产生非整数的时间延时，滤波后需要进行内插处理，因此通常采用奇数长度的滤波器；二是滤波器的绝对长度。长度长的滤波器可以获得更精确的幅频响应，但长度太长会导致较大的时间延迟，且会增加边界效应的影响，使因边界效应影响而舍弃的数据增多。反之，较短的滤波器长度能够减弱边界效应的影响，但降低了幅频响应的精度，因此在应用时应该选择合适的滤波器长度。

对于用窗函数法设计的滤波器，其长度可以通过主瓣宽度来进行估算，令主瓣宽度的一半等于实际的归一化截止频率就可以估算出滤波长度，并以该数值来指导滤波器长度的选择。依据窗函数及其主瓣宽度获取的滤波长度只是其估值，需要根据实际情况进行逐步修正，原则是在保证阻带衰减满足要求的情况下，尽量选择较小的滤波长度。几种主要窗函数的基本参数见表 8.1。

表 8.1　几种常用窗函数的基本参数

窗函数	主瓣宽	第一旁瓣相对于主瓣的衰减/dB	精确过渡带宽	阻带最小衰减/dB
矩形窗	$2\pi/N$	−13	$1.8\pi/N$	21
三角形窗	$4\pi/N$	−25	$6.1\pi/N$	25
汉宁窗	$4\pi/N$	−31	$6.2\pi/N$	44
哈明窗	$4\pi/N$	−41	$6.6\pi/N$	53
布莱克曼窗	$6\pi/N$	−57	$11\pi/N$	74

(五) 数值计算与分析

以某航次实际船测重力数据为例进行数值计算与分析。该航次测量的航行速度约为 10kn，即 5.14m/s，共获取测线数据 21 条，其中南北测线 2 条，东西测线 19 条，采样率 f_c =1Hz。由测线交叉点不符值统计量来评价窗函数的选择、滤波长度和截止频率的确定的效果。

根据表 8.1 给出的基本参数可计算得到矩形窗、三角形窗、汉宁窗、哈明窗和布莱克曼窗所对应的滤波长度。考虑采用奇数长度的滤波器，如果滤波器长度为偶数，则加 1，具体见表 8.2。

表 8.2　几种窗函数对应的滤波长度

窗函数	主瓣宽	滤波长度
矩形窗	$2\pi/N$	39
三角形窗	$4\pi/N$	79
汉宁窗	$4\pi/N$	79
哈明窗	$4\pi/N$	79
布莱克曼窗	$6\pi/N$	117

基于表 8.2 给出的窗函数及其相对应的滤波长度，对该航次船测重力测线数据进行滤波处理，以测线交叉点不符值的统计量作为评价标准，分析比较不同类型的窗函数在船测重力数据滤波处理中的适用性。对应于不同滤波窗函数的重力测线交叉点不符值的统计量见表 8.3，交叉点不符值分布示意图和直方图见图 8.4。

表 8.3　对应不同滤波窗函数的船测重力交叉点不符值统计表　　（单位：mGal）

窗函数	最大值	最小值	平均值	标准差	中误差	个数
矩形窗	7.54	−12.00	−1.43	2.63	2.82	38
三角形窗	7.29	−12.00	−1.41	2.56	2.75	38
汉宁窗	7.29	−12.02	−1.41	2.56	2.74	38
哈明窗	7.30	−12.02	−1.41	2.56	2.74	38
布莱克曼窗	7.21	−12.03	−1.42	2.55	2.74	39

(a) 矩形窗(N=39)交叉点

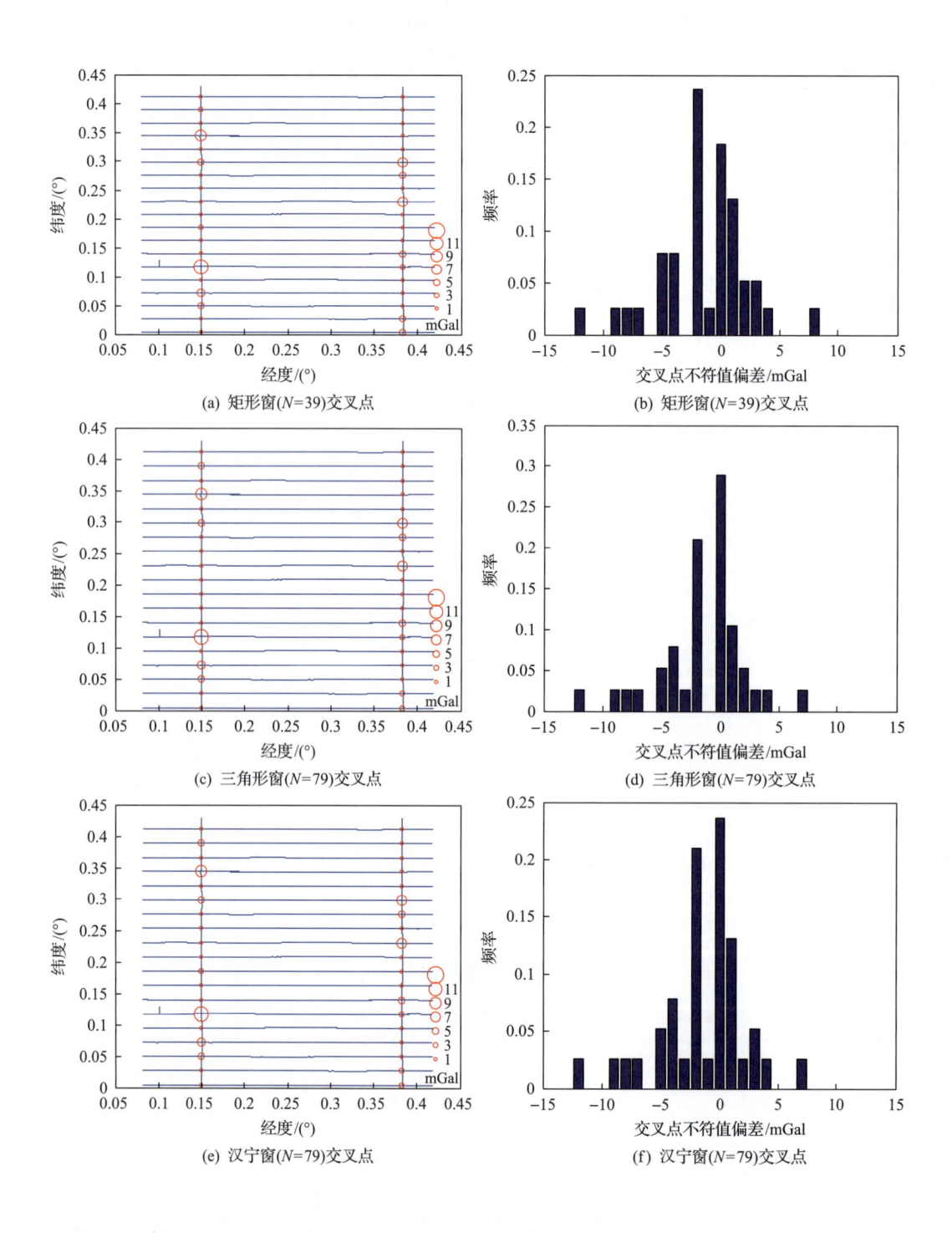

(b) 矩形窗(N=39)交叉点

(c) 三角形窗(N=79)交叉点

(d) 三角形窗(N=79)交叉点

(e) 汉宁窗(N=79)交叉点

(f) 汉宁窗(N=79)交叉点

(g) 哈明窗($N=79$)交叉点

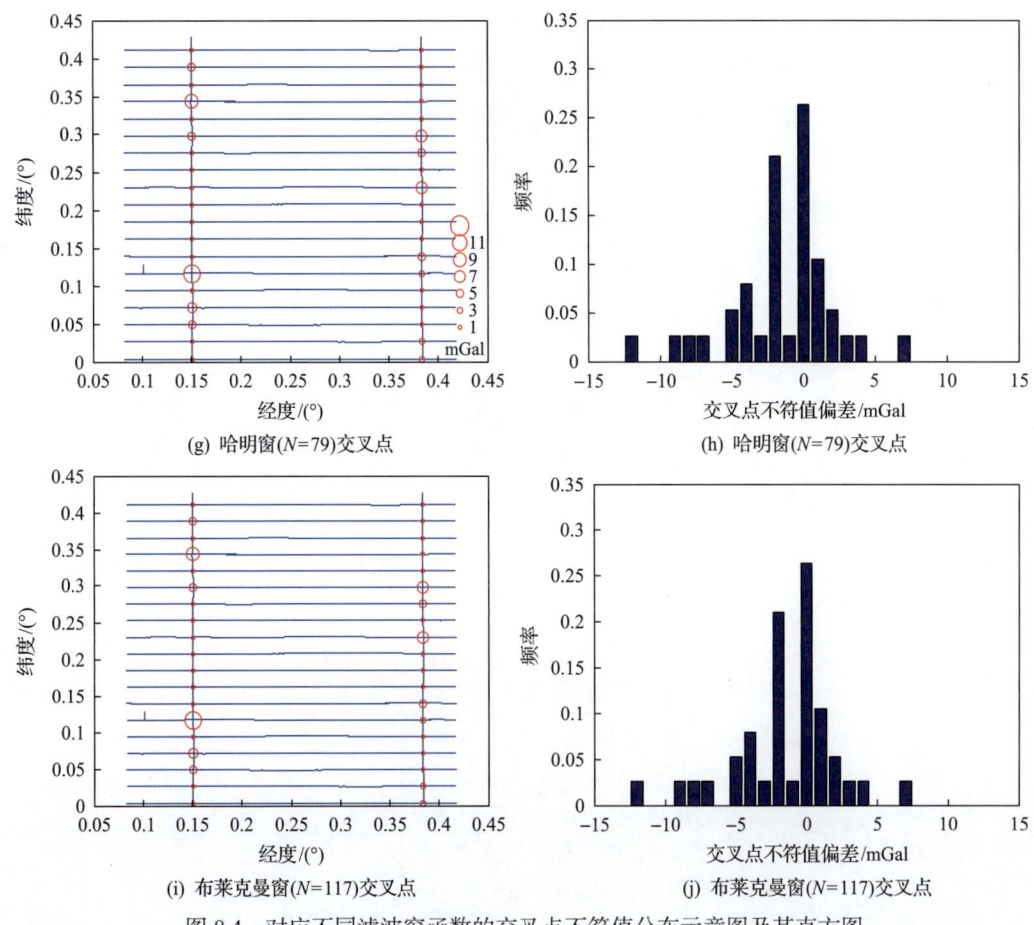

(h) 哈明窗($N=79$)交叉点

(i) 布莱克曼窗($N=117$)交叉点

(j) 布莱克曼窗($N=117$)交叉点

图 8.4 对应不同滤波窗函数的交叉点不符值分布示意图及其直方图

从表 8.3 和图 8.4 可以看出,基于矩形窗滤波器对船测重力数据进行滤波处理效果相对较差,其交叉点不符值中的误差为 2.82mGal;基于三角形窗、汉宁窗、哈明窗滤波器的处理效果相当,其中误差都在 2.74mGal 左右;基于布莱克曼窗滤波器所对应的误差虽然也是 2.74mGal,但测线始末舍弃的数据比其他滤波器多一个滤波周期,即 39 个数据,相当于 200m 的测线长度,这在无形中降低了测量效率。

第二节 近海底重磁测量数据内符合质量评估

测线网模式测量是海洋重磁测量区别于其他专业测量活动的主要特征之一。地面重磁测量是一种离散式的点状测量,可按实际需要布设测点,以达到均匀布点的要求。海洋重磁测量是一种离散式的线状测量,可按实际需要布设测线网,测线上的测点密度由仪器设备的数据采样频率决定,但在测线与测线之间无测点,这样很难满足均匀布点的要求。地面重磁测量可以在测点上建立固定的标志,重磁测量和测点位置测量无须同时进行,也不需要同时处理重磁观测和点位观测数据。海洋重磁测量无法在每个测点上建立固定的标志,因此重磁测量与测点定位必须同步进行,资料处理时也必须将两部分观测数据一起分析处理。尽管海洋重磁测量无法在同一测点上进行严格意义的第二次观测，但当测量模式构成测线网时，在主检测线的相交点处能产生一次多余观测；当测量模式构成重复线时，在重复测线处也可产生多余观测。故可基于交叉点多余观测或重复线多余观测进行内符合质量评价。

一、交叉点不符值质量评估

取有效交叉点个数为 k，对应的交叉点处的差值 $d_i(i=1,2,\cdots,k)$，则可评价交叉点内符合精度。

最大值：

$$\varepsilon_{\max} = \text{Max}(d_i) \tag{8.41}$$

最小值：

$$\varepsilon_{\min} = \text{Min}(a_i) \tag{8.42}$$

平均值：

$$\varepsilon_{\text{mean}} = \frac{\sum_{i=1}^{k} d_i}{k} \tag{8.43}$$

测量中误差：

$$\sigma_{\text{RMS}} = \sqrt{\frac{\sum_{i=1}^{k} d_i^2}{2k}} \tag{8.44}$$

标准差：

$$\sigma_{\text{STD}} = \sqrt{\frac{\sum_{i=1}^{k} (d_i - \varepsilon_{\text{mean}})^2}{2k}} \tag{8.45}$$

二、重复测线质量评估

取重复测线数为 m，每条重复测线的测点个数均为 n，每一测点观测值为 g_{ij}；各重复测线观测值的平均值为 g_i，即

$$\Delta g_i = \frac{\sum_{j=1}^{m} \Delta g_{ij}}{m}, \quad i=1,2,\cdots,n \tag{8.46}$$

取 δ_{ij} 为第 j 条重复测线上的第 i 个测点观测值 g_{ij} 与该点各重复测线观测的平均值 g_i 之差，即

$$\delta_{ij} = \Delta g_{ij} - \Delta g_i \tag{8.47}$$

σ_i 代表第 i 个测点观测值的均方根误差，即

$$\sigma_i = \pm\sqrt{\frac{\sum_{j=1}^{m}\delta_{ij}^2}{m-1}}, \quad i=1,2,\cdots,n \tag{8.48}$$

重复线内符合精度的如下。

最大值：

$$\varepsilon_{\max} = \mathrm{Max}(\delta_{ij}) \tag{8.49}$$

最小值：

$$\varepsilon_{\min} = \mathrm{Min}(\delta_{ij}) \tag{8.50}$$

平均值：

$$\varepsilon_{\mathrm{mean}} = \frac{\sum_{i=1}^{n}\sum_{j=1}^{m}\delta_{ij}}{nm} \tag{8.51}$$

测量中误差：

$$\sigma_{\mathrm{RMS}} = \pm\sqrt{\frac{\sum_{i=1}^{n}\sigma_i^2}{n}} = \pm\sqrt{\frac{\sum_{i=1}^{n}\left(\sum_{j=1}^{m}\delta_{ij}^2\right)}{n\times(m-1)}} = \pm\sqrt{\frac{\sum_{i=1}^{n}\left(\sum_{j=1}^{m}\delta_{ij}^2\right)}{n\times m-n}} \tag{8.52}$$

对于海空重力测量而言，实施重复测线测量的主要目的是检测重力测量仪器设备的可靠性和稳定性，即仪器的一致性，公式(8.52)的计算结果虽然能够反映重复测线测量结果的整体离散度这一基本特性，但还不能真实反映不同重复测线测量结果之间的系统性偏差，而这一偏差参数对于合理评定测量仪器设备的稳定性至关重要。因此，在实际应用中，即使实施了多条($m>2$)重复测线测量，建议仍采用两条重复测线的误差计算公式评估内符合精度，即对多条重复测线进行两两组合，按下式计算每个组合重复测线观测值的系统性偏差：

$$\bar{d}_{12} = \frac{\sum_{i=1}^{n}d_{i12}}{n} \tag{8.53}$$

式中，d_{i12} 为两条重复测线观测值的互差；$\bar{d}_{12}$ 为两条重复测线观测值的系统性偏差。并按下式计算每个组合重复测线观测值互差的标准差：

$$\sigma_{\mathrm{std}} = \pm\sqrt{\frac{\sum_{i=1}^{n}(d_{i12}-\bar{d}_{12})^2}{2n}} \tag{8.54}$$

式(8.52)~式(8.54)就构成一组能够比较全面评估每个组合重复测线观测值内符合

精度的计算公式。

根据该组公式可计算得到 $C_m^2 = m!/[(m-2)! \times 2!] = [m \times (m-1)]/2$ 组对应于 m 条 ($m>2$) 重复测线测量的精度评估参数包括均方根误差 (σ_{rms})、系统偏差 ($\bar{d}_{12}$)、标准差 (σ_{std})。显然,由 (σ_{rms}, $\bar{d}_{12}$, σ_{std}) 多组计算结果构成的多参数评估系统要比由式(8.52)计算得到的 (σ_{rms}) 单一参数更能全面反映测量仪器设备的可靠性和稳定性。因此,推荐使用上述公式组合作为评估重复测线观测值内符合精度的计算公式。当采用主、检(副)测线观测不符值进行精度评估时,也宜增加计算 $\bar{d}_{12}$ 和 σ_{std} 两个统计参数,并将其作为精度评估指标的组成部分。

这里以 3 条 ($m=3$,$n=6182$) 重复测线测量为例,给出两组由某型号航空重力仪实际观测数据计算得到的精度评估结果如下。

第一组:由公式(8.52)计算得到单一指标:$\sigma_{rms} = \pm 2.66 \text{mGal}$。

第二组:由公式(8.52)~式(8.54)计算得到多参数指标,依次如下。

第1和第2重复线组合结果:$\sigma_{rms12} = \pm 2.42 \text{mGal}$,$\bar{d}_{12} = 3.02 \text{mGal}$,$\sigma_{std12} = \pm 1.13 \text{mGal}$;

第1和第3重复线组合结果:$\sigma_{rms13} = \pm 1.80 \text{mGal}$,$\bar{d}_{13} = -1.51 \text{mGal}$,$\sigma_{std13} = \pm 1.45 \text{mGal}$;

第2和第3重复线组合结果:$\sigma_{rms23} = \pm 3.48 \text{mGal}$,$\bar{d}_{23} = -4.58 \text{mGal}$,$\sigma_{std23} = \pm 1.28 \text{mGal}$。

可见,第二组结果包括 3 种组合,每种组合又包含 3 种参数,从 (σ_{rms12},σ_{rms13},σ_{rms23}) 和 ($\bar{d}_{12}$,$\bar{d}_{13}$,$\bar{d}_{23}$) 比较大的变化幅度可以看出,该型号重力测量设备的可靠性和稳定性还有待提高。

第三节　近海底重磁测量数据的外符合质量研究

为了与海面重磁观测数据进行比对,需要将近海底重磁测量数据进行向上延拓处理。目前在实施重力向下延拓的计算中,更多地采用"移去-恢复"技术,即首先移去地形质量对空中重力异常的影响,然后使用 Poisson 积分完成向下延拓计算,最后在计算结果中恢复地形质量的影响。显然,在实施重力向上延拓计算时,也可以完全采用类似的思路来考虑地形效应的影响。但值得注意的是,移去地形引力对地面重力的影响后,仍需要将地面重力异常残差向下延拓到海平面才能应用 Poisson 积分计算,这一过程又涉及不规则地形面处理的问题。为了规避此问题,研究将 Bjerhammar 边值置换理论中的点质量方法应用到重力向上延拓计算中,同时提出利用超高阶位模型加地形改正信息将地面重力向下延拓到海平面,然后通过 Poisson 积分实现向上延拓的稳定解算,并对不同计算模型的适用性进行分析和检验,达到地形效应对重力向上延拓的影响量值分析及不同延拓模型计算结果差异性分析的目的。

一、球面解向上延拓模型

由 Dirichlet 边值问题的球面解可直接写出重力向上延拓的 Poisson 积分公式如下:

$$\Delta g_P = \frac{R^2(r_P^2 - R^2)}{4\pi r_P} \iint_\sigma \frac{\Delta g}{D^3} d\sigma \tag{8.55}$$

式中，Δg_P 为空中待求计算点 P 处的重力异常；R 为地球平均半径；$r_P = R + H$，H 为计算点 P 的海拔高度；$D^2 = r_P^2 + R^2 - 2r_P R\cos\psi$，$\psi$ 为 r_P 和 R 之间的夹角；Δg 为地面重力异常(指混合重力异常，下同)；$\mathrm{d}\sigma$ 为单位积分面积元。式(8.55)把积分面视为球面，忽略了地形高度的影响，因此只是近似的球面解模型(以下简称模型一)。在实际计算中，一般选用位场模型作为参考场以减弱积分远区效应的影响，即事先使用 $\delta\Delta g = \Delta g - \Delta g_w^c$（$\Delta g_w^c$ 为基于位场模型计算的参考重力异常）替代式(8.55)中的 Δg 进行数值积分计算，事后在计算结果中恢复计算高度上的位场模型重力异常。

二、考虑地形高一阶项影响的延拓模型

针对 Poisson 积分模型的球近似问题，Moritz 基于格林(Green)恒等式导出了考虑地形高一阶项影响的地球外部重力场扰动位解，并据此推出了相应的由地面重力异常向上延拓到一定高度的空中重力异常精密计算公式，其在平面直角坐标表示下的具体形式为

$$T = T_0 + T_1 \tag{8.56}$$

$$\Delta g_P = \Delta g_{0,P} + \Delta g_{1,P} \tag{8.57}$$

$$\Delta g_{0,P} = \frac{H}{2\pi}\iint \frac{\Delta g}{D^3}\mathrm{d}x\mathrm{d}y \tag{8.58}$$

$$\begin{aligned}\Delta g_{1,P} = &-\frac{1}{4\pi}\iint\left(\frac{1}{D^3} - \frac{3H^2}{D^5}\right)T_1\mathrm{d}x\mathrm{d}y + \frac{H}{4\pi}\iint \frac{g_1}{D^3}\mathrm{d}x\mathrm{d}y \\ &-\frac{3H}{4\pi}\iint\left(\frac{3}{D^5} - \frac{5H^2}{D^7}\right)T_0\cdot h\mathrm{d}x\mathrm{d}y + \frac{3H}{4\pi}\iint \frac{s}{D^5}T_0\cdot\tan\tau\mathrm{d}x\mathrm{d}y \\ &-\frac{1}{4\pi}\iint\left(\frac{1}{D^3} - \frac{3H^2}{D^5}\right)\Delta g\cdot h\mathrm{d}x\mathrm{d}y\end{aligned} \tag{8.59}$$

式中，T_0 和 T_1 分别为对应于莫洛金斯基(Molodensky)边值问题解的地面扰动位 T 的零阶项和一阶项；$\Delta g_{0,P}$ 和 $\Delta g_{1,P}$ 分别为空中待求计算点重力异常的零阶项和一阶项；h 为积分流动点 Q 的地形高；$g_1 = -\gamma(\xi\tan\beta_1 + \eta\tan\beta_2)$，$\gamma$ 为正常重力，ξ 和 η 分别为垂线偏差的南北向和东西向分量，β_1 和 β_2 分别为地形倾斜角的南北向和东西向分量；$s^2 = x^2 + y^2$；$\tan\tau = \partial h/\partial x$；其他符号意义同前。由式(8.59)可知，$\Delta g_{1,P}$ 不仅与对应的一阶项 g_1 和 T_1 有关，还与 $T_0\cdot h$、$T_0\cdot\tan\tau$ 和 $\Delta g\cdot h$ 三个乘积项相关联，其计算过程相当复杂，计算精度很难得到保证，因此在实际应用中受到了很大制约。为此，Moritz 建议应用时还是应优先考虑使用向下延拓方法，将地面重力异常延拓到海平面，然后采用球面解模型完成向上延拓计算，这里将其简称为"先向下后向上延拓"方法。其中，向下延拓计算采用以下迭代公式。

取初值：

$$\Delta g^h(0) = \Delta g^d \tag{8.60}$$

第 k 次迭代：

$$\Delta g_P^h(k) = \Delta g_P^d - \frac{t^2(1-t^2)}{4\pi} \iint_\sigma \frac{[\Delta g^h(k-1) - \Delta g_P^h(k-1)]}{D^3} d\sigma \tag{8.61}$$

式中，Δg^d 和 Δg^h 分别为相对应的地面和海平面重力异常；$t = R/r$，$r = R + h_P$。由公式(8.60)、式(8.61)和式(8.55)联合组成的模型称为基于迭代向下延拓过渡中的向上延拓模型(以下简称模型二)。

三、基于移去-恢复技术考虑地形效应的延拓模型

由前面的论述得知，球面解模型即公式(8.55)的主要缺陷是未能顾及地形效应的影响。解决此问题有两种途径，一种就是前面提及的"先向下后向上延拓"方法，另一种是"移去-恢复"方法。后者中的"移去"是指：从地面重力异常 Δg^d 中扣除地形质量引力的作用，即求 $\delta \Delta g^d = \Delta g^d - \Delta g^{dg}$，$\Delta g^{dg}$ 为地形质量对地面点的影响；"恢复"是指：将重力异常残差 $\delta \Delta g^d$ 代入球面式(8.55)完成向上延拓计算后，在延拓结果 $\delta \Delta g_P^K$ 中再加上地形质量引力的作用，即求 $\Delta g_P^K = \delta \Delta g_P^K + \Delta g^{Kg}$，$\Delta g^{Kg}$ 为地形质量对空中计算点重力异常的影响。虽然从形式上看，上述"移去-恢复"计算流程已经完全顾及了地形质量的影响，但实质上其中仍有一个技术环节是欠严密的。这就是将重力异常残差 $\delta \Delta g^d$ 代入球面公式(8.55)进行向上延拓计算的中间环节，计算模型为

$$\delta \Delta g_P^K = \frac{R^2(r_P^2 - R^2)}{4\pi r_P} \iint_\sigma \frac{\delta \Delta g^d}{D^3} d\sigma \tag{8.62}$$

因 $\delta \Delta g^d$ 仍属于地形面上的重力异常，故直接将其代入球面公式进行计算也不严密。要想得到更精确的延拓结果，必须在积分计算之前将 $\delta \Delta g^d$ 向下延拓到海平面求得相应的 $\delta \Delta g^h$，然后使用 $\delta \Delta g^h$ 完成球面积分公式(8.62)的运算。在式(8.62)中使用 $\delta \Delta g^h$ 替代 $\delta \Delta g^d$ 所对应的球面公式称为基于移去-恢复技术和迭代向下延拓过渡的向上延拓模型(以下简称模型三)。

四、基于超高阶位模型考虑地形改正的延拓模型

如前所述，可通过两种途径解决向上延拓计算中的地形效应影响问题，"先向下后向上延拓"方法是其中之一。前端的向下延拓既可以采用传统的迭代计算方法，也可以采用如下的梯度法：

$$\Delta g^h = \Delta g^d - \frac{\partial \Delta g}{\partial h} h = \Delta g^d - \delta g \tag{8.63}$$

式中，δg 为延拓改正数。由于重力异常梯度未知，故只能通过地面重力异常求积分得到，但需要比较密集的重力观测量，同时需要考虑重力异常梯度随高度变化的问题，因此要想精确求得延拓改正数 δg 也并非易事。考虑当今国际上发布的超高阶位模型，例如目前广泛使用的 EGM2008 模型，在逼近全球重力场的精度和分辨率两个方面都达到了较高

的水平，为此建议采用超高阶位模型替代重力观测值计算向下延拓改正数，即可按下式计算 δg：

$$\delta g = \Delta g_w^d - \Delta g_w^h \tag{8.64}$$

然后将其代入式(8.63)，可计算得到所需要的海平面重力异常 Δg^h，即得

$$\Delta g^h = \Delta g^d - (\Delta g_w^d - \Delta g_w^h) \tag{8.65}$$

进一步将 Δg^h 代入球面解公式(8.55)，即可完成最后的向上延拓计算。由于这里使用的延拓改正数计算模型即公式(8.64)是求两个相关参量的互差，计算参量中的系统性干扰因素会在求差过程中得到消除或削弱。因此，即使计算参量自身的绝对精度不是很高，也可望通过求差方式获得较高精度的延拓改正数，从而能够保证后续向上延拓计算结果的可靠性。

前面已述及，为了减小积分远区效应的影响，一般选用位模型作为参考场进行数值积分计算，即以 $\delta \Delta g^h = \Delta g^h - \Delta g_w^c$ 替代式(8.55)中的 Δg，完成计算后再恢复计算高度上的位模型重力异常。将式(8.65)代入得

$$\delta \Delta g^h = \Delta g^d - (\Delta g_w^d - \Delta g_w^h) - \Delta g_w^c \tag{8.66}$$

可见，如果选择参考场位模型及其阶次与用于计算向下延拓改正数的位模型完全一致，即如果取 $\Delta g_w^h = \Delta g_w^c$，那么就有

$$\delta \Delta g^h = \Delta g^d - \Delta g_w^d \tag{8.67}$$

公式(8.67)说明，如果以地形面上的超高阶位模型计算值作为重力异常参考场，那么在效果上就等同于使用超高阶位模型将地面重力异常向下延拓到了海平面。为了进一步提高向下延拓的计算精度，在利用超高阶位模型计算向下延拓改正数的基础上，增加地形改正信息的作用，即使用下式代替公式(8.65)计算海平面上的重力异常：

$$\Delta g^h = \Delta g^d - (\Delta g_w^d - \Delta g_w^h) - \delta C_{Q0} \tag{8.68}$$

$$\delta C_{Q0} = (C_0 - \bar{C}_0) - (C_Q - \bar{C}_Q) \tag{8.69}$$

式中，δC_{Q0} 为由地形信息计算得到的延拓改正数；C_Q 为地面点 Q 的局部地形改正数；$\bar{C}_Q$ 为一定网格大小范围内 C_Q 的平均值；C_0 为与地面点相对应的海平面投影点 O 的局部地形改正数；$\bar{C}_0$ 为一定网格大小范围内 C_0 的平均值。使用公式(8.69)计算海平面重力异常完全避开了传统方法的弊端，不受向下延拓不适定问题解算过程固有的不稳定性的影响，可获得比较稳定可靠的解算结果。由式(8.68)和式(8.69)联合组成的模型称为基于超高阶位模型和地形改正信息实施向下延拓过渡的向上延拓模型(以下简称模型四)。

五、基于点质量方法顾及地形效应的延拓模型

点质量模型是对应于 Bjerhammar 理论的离散边值问题解之一，其原理是在 Bjerhammar 球面上构造一个点质量集合的虚拟扰动场源，使在地球外部产生的扰动位与真实扰动位一致，由此得到的 Bjerhammar 离散边值问题解即为所要求的点质量模型。这种以扰动质点表征外部扰动位解的方法，实际上就是用质点位的线性组合来逼近地球外部扰动位，公式形式为

$$\begin{cases} T(P) = \sum_{j=1}^{m} \dfrac{G \cdot \delta M_j}{D_{Pj}}, & P \in \Omega \\ BT(P) \cdot \sum = F(Q), & Q \in \sum \end{cases} \quad (8.70)$$

式中，B 为边界算子；$\sum$ 为地球表面；Ω 为 $\sum$ 所界的闭点集关于三维 Euler 空间 R^3 之补；$G \cdot \delta M$ 为万有引力常数与扰动点质量的乘积；$F(Q)$ 为地面已知观测量；D_{Pj} 为计算点 P 与流动点 j 之间的空间距离。对应于重力异常的边值条件方程为

$$\Delta g_i = \sum_{j=1}^{m} \left(\dfrac{r_i - R_B \cos\psi_{ij}}{D_{ij}^3} - \dfrac{2}{r_i D_{ij}} \right) G \cdot \delta M_j = \sum_{j=1}^{m} a_{ij} G \cdot \delta M_j \quad (8.71)$$

式中，$(r_i, \varphi_i, \lambda_i)$ 为第 i 个观测量的球坐标；$(R_B, \varphi_j, \lambda_j)$ 为第 j 个质点的球坐标；$R_B = R - d$ 为 Bjerhammar 球半径，其中 R 为地球平均半径，d 为质点层的埋藏深度；m 为质点的个数；D_{ij} 和 ψ_{ij} 分别为第 i 个观测量与第 j 个质点之间的空间距离和球心角。

当已知地面重力异常的个数 n 等于质点个数 m 时，通过直接解算由式(8.71)组成的线性方程组，即可求得待定的点质量大小 $G \cdot \delta M$。当 $n > m$ 时，可采用最小二乘平差方法求解 $G \cdot \delta M$。求得点质量后，可按下式计算地球外部空间任意 P 点的重力异常：

$$\Delta g_P = \sum_{j=1}^{m} \left(\dfrac{r_P - R_B \cos\psi_{Pj}}{D_{Pj}^3} - \dfrac{2}{r_P D_{Pj}} \right) G \cdot \delta M_j \quad (8.72)$$

式(8.71)和式(8.72)共同组成基于点质量方法实施重力异常"先向下后向上延拓"的计算模型（以下简称模型五）。点质量方法除具有模型结构简单、能精确顾及地形、能综合处理多种观测等优点外，在计算效果上，这种模式巧妙地将向下和向上延拓与函数插值进行了自然的结合，因此对低空外部扰动引力场具有较强的恢复能力。更重要的是，点质量方法不强求对地面观测数据做网格化处理，同时又能够对不同飞行高度的测点进行点对点的向上延拓计算，相比其他积分计算方法具有更大的灵活性。

六、数值计算与分析

1. 试验数据与参数设置说明

为了考察地形质量对重力向上延拓计算结果影响量值的大小及其变化规律，这里选

用美国本土一个 4°×4° 区块（36°～40°N，248°～252°E）作为试验区开展地面重力向上延拓的数值计算和对比分析。之所以选择美国地区的数据做试验，是考虑 EGM2008 位模型在美国地区具有更高的逼近度，有利于提高相应延拓计算结果的可靠性。该区块属于地形变化比较剧烈的大山区，同时拥有相对应的 2′×2′ 网格地面重力异常和 30″×30″ 地形高数据，两组数据的变化特征见表 8.4，重力异常和地形高的等值线图分别见图 8.5(a)和图 8.5(b)，不难看出，两者之间具有很强的相关性。

表 8.4 试验区块重力和地形数据变化特征统计

参量	最小值	最大值	平均值	均方根
重力异常/mGal	−96.1	167.2	5.5	40.5
地形高/m	1056	4116	1987	2035

(a) 重力异常等值线图　　　　(b) 地形高等值线图

图 8.5　重力与地形等值图

考虑到不同计算模型之间的可比性，这里统一取 $r_i = R + h_i$，$r_P = R + H$；计算地形改正数时，首先采用 30″×30″ 地形高数据计算相同网格的局部地形改正数，然后取平均形成 2′×2′ 地形改正数；由 2′×2′ 网格地面重力异常向下延拓计算相对应的 2′×2′ 网格点质量，埋藏深度取 $d = 3$km；位模型统一采用 EGM2008。

2. 计算结果对比分析

由于在 5 个向上延拓模型中，只有模型一是不考虑地形效应的近似模型，故这里首先计算模型二~模型五在不同高度的延拓值与模型一解算值的互差，以检验地形质量对重力向上延拓计算结果的影响效果。具体对比结果统计情况见表 8.5。

由表 8.5 得知：首先，地形效应对向上延拓结果的影响随计算高度的增加而减小，这是符合预期的结论，不必做更多的解释；其次，地形效应对向上延拓结果的影响最大可达几十个毫伽，即使在 10km 的计算高度，此项影响也超过 3mGal，因此在陆部开展向上延拓计算一般都应顾及地形质量的作用；最后，模型二~模型五计算结果之间的

表 8.5　模型一与其他模型的对比结果统计　　　　　　（单位：mGal）

延拓高度 /km	模型二 互差均值	模型二 均方根	模型三 互差均值	模型三 均方根	模型四 互差均值	模型四 均方根	模型五 互差均值	模型五 均方根
1	−3.45	43.37	−3.47	43.38	−2.15	22.58	−2.58	29.35
3	−1.57	8.63	−1.58	8.59	−0.99	7.01	−1.45	8.66
5	−1.49	5.88	−1.51	5.85	−0.95	5.18	−1.40	5.91
10	−1.38	3.49	−1.39	3.85	−0.88	3.11	−1.30	3.48

互差也随计算高度的增加而减小，在 5km 以上高度，不同模型之间的差异不超过 1mGal。此结果说明，在这样的高度段上，前述四类延拓方法的模型精度基本处于同一个水平。但值得注意的是，在较低的延拓高度上，不同模型之间的差异较大，在 1km 高度上两者的最大差异超过 20mGal。这说明在这样的高度段上，有些模型的计算结果是不"真实"的，此问题主要与前端的向下延拓过程有关。

由前面的论述得知，考虑地形效应的模型二～模型五都涉及了"先向下后向上延拓"的过程，即都必须通过将地面重力异常向下延拓到海平面作为过渡环节。而由物理大地测量学可知，位场向下延拓过程在数学上属于不适定反问题，虽然向下延拓解的存在性、收敛性和等价性均可由著名的 Runge-Krarup 定理作保证，但其等价性的适用范围只限于地球表面及其外部空间，即只能保证由延拓解正演形成的位场在地球表面及其外部空间保持一致，并不能保证其在地球表面内部空间的等价性。这说明延拓至海平面的重力异常及以其为基础的数学模型与物理意义上的现实性是不对应的，它只是一组虚拟的重力异常。根据 Newton 逆算子的非唯一性原理，可通过不同的数学形式构造不同的等效场源，使其产生等效位函数并能够任意逼近地球外部真实位函数。由此得知，分布在地球表面的一组重力异常观测值可对应于地球内部无穷多个不同的虚拟重力异常场源。表 8.6 列出了由模型二～模型五构造得到的在海平面（即对应 0m 高度）上的虚拟重力异常统计量。

表 8.6　不同模型计算 0m 高度面上的重力异常　　　　　　（单位：mGal）

模型二 均值	模型二 均方根	模型三 均值	模型三 均方根	模型四 均值	模型四 均方根	模型五 均值	模型五 均方根
7.14	56.06	7.15	57.21	6.52	49.25	6.22	232.07

从表 8.6 可以看出，由不同模型确定的虚拟重力异常虽然均值相差不大，但其变化形态差异非常显著，这样的结果与前面的理论分析相吻合。由表 8.4 得知，选用试验区的最小地形高度为 1056m，最大高度为 4116m，平均高度为 1987m。可见，5km 高度面完全包围试验区的地球表面，3km 高度面只部分包围试验区的地球表面，1km 高度面则完全被地球表面所包围。根据前面关于向下延拓等价性适用范围的论述，由不同模型确定的不同重力场源可确保在 5km 高度面以上与地球真实重力场的一致性，而在 1km 高度面以下，相对应的向上延拓计算结果将完全失去真实性。这些都为表 8.5 所展现的比对

结果从显著差异到基本一致的变化趋势提供了非常恰当的物理解释。这里需要补充说明的是，由于模型四是通过计算超高阶位模型和局部地形改正各自在两个高度面的差分来实现地面重力异常向海平面延拓的，其延拓过程不涉及 Newton 逆算子运算，这就完全避开了传统向下延拓解算过程的不适定性问题。因此，相对于其他延拓模型，模型四的延拓计算结果在全高度段上都具有较好的稳定性，特别是在低空高度段，其延拓结果更具合理性，更接近地球重力场的实际分布，这一点可从表 8.4 和表 8.6 的对比分析中得到验证。

为了考察数据观测误差对向上延拓计算结果的影响，人为地在地面重力异常中分别加入 2mGal 和 4mGal 白噪声干扰，然后按照前面的设计模型重新完成"先向下后向上延拓"计算，最后对加入误差干扰前后的计算结果进行对比分析。表 8.7 列出了 5 种模型在 3km 和 5km 高度面上计算结果的对比情况。

表 8.7 数据误差对延拓计算结果的影响估计　　　　　　　　（单位：mGal）

误差量/mGal	延拓高度/km	模型一 均值	模型一 均方根	模型二 均值	模型二 均方根	模型三 均值	模型三 均方根	模型四 均值	模型四 均方根	模型五 均值	模型五 均方根
2	3	−0.02	0.48	−0.02	1.00	−0.01	1.59	−0.02	0.48	−0.02	1.09
	5	−0.02	0.27	−0.02	0.37	−0.01	1.01	−0.02	0.27	−0.02	0.43
4	3	−0.02	0.94	−0.02	1.97	−0.01	3.11	−0.02	0.93	−0.02	1.99
	5	−0.03	0.52	−0.03	0.72	−0.02	1.98	−0.03	0.51	−0.03	0.84

从表 8.7 可以看出，数据误差对向上延拓计算结果的影响随计算高度的增加而减小，虽然前端的向下延拓过程对数据误差有放大作用，但由于后端的向上延拓过程等效于一个低通滤波器，其有抑制高频干扰信号的作用，因此数据误差在向上延拓过程中的传播总是逐步减弱，其影响量大小一般不会超过数据误差本身。需要指出的是，模型三在做向下延拓之前首先做了移去地形效应的处理，在完成向上延拓后又恢复地形效应的影响，虽然从理论上讲，这样的处理方式可在一定程度上起到增强向下延拓解算稳定性的作用，但由于地形效应计算不可避免地存在一定误差，这种误差必然会作为数据误差的一部分，通过向下和向上延拓过程传播给最终的延拓计算结果，同时由于"移去"和"恢复"运算引起的误差具有不对等性，无法得到有效抵消。所以，表 8.7 出现模型三的计算效果反而不及其他模型的情况，这是完全符合预期的。

第四节　近海底海洋重磁实测数据评估

利用以上近海底海洋重磁评估方法，对海上实测近海底重磁成果数据进行质量评估。

一、2018 年近海底重磁实测成果数据分析与质量评估

2018 年底近海底重磁探测设备搭载广州海洋地质调查局的海洋地质四号调查船在南海北部进行了第一次海上测试。如图 8.6 所示为测线分布图，布设有 4 条测线，其中 ML1 重复测量 2 次，ML2 重复测量 4 次。

图 8.6 测线分布图

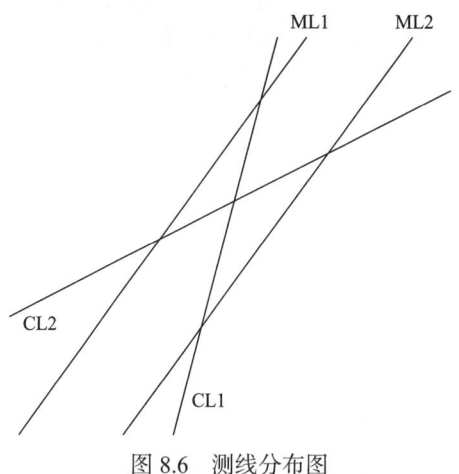

(一)水下动态重力测量数据的分析与评价

1. 水下重力数据预处理流程

在进行水下重力数据处理之前,需对各传感器的数据进行预处理,具体处理方法的结构框图如图 8.7 所示。

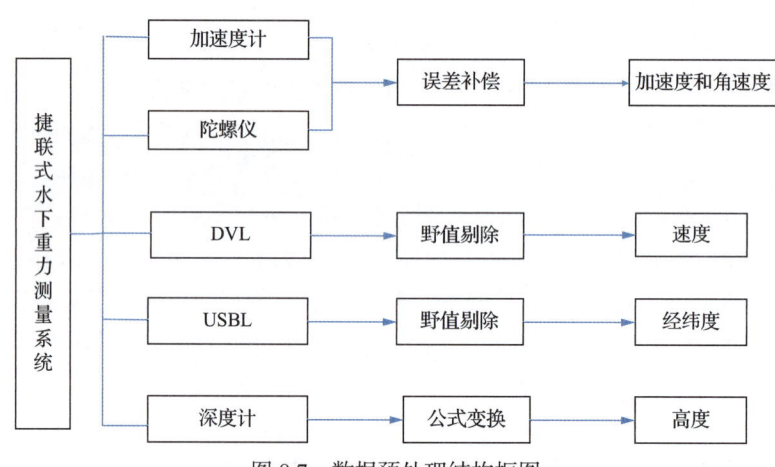

图 8.7 数据预处理结构框图

捷联式水下动态重力测量数据预处理方法框图如图 8.8 所示。由图可知,捷联式水下重力测量数据处理分为两个部分:组合导航和重力提取。具体步骤如下。

(1)陀螺、加速度计的原始测量值经误差补偿得到加速度和角速度,利用加速度和角速度在导航系中进行惯导解算,得到惯导输出的位置、速度、姿态和导航系下的比力测量值。

(2)利用 USBL 的原始观测信息进行定位,得到高精度的位置信息;将 DVL 的速度投影到导航系下得到速度信息;利用深度计测量得到深度信息。

第八章 数据分析评估与应用

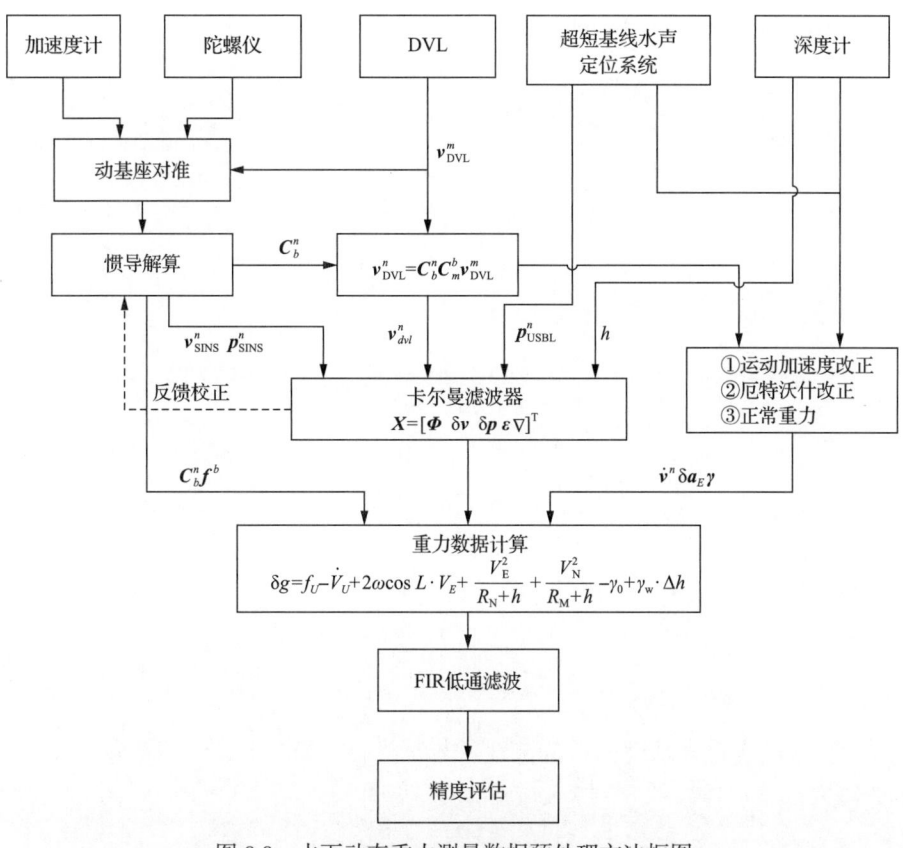

[流程图：水下动态重力测量数据预处理方法框图，包含加速度计、陀螺仪、DVL、超短基线水声定位系统、深度计等模块，经动基座对准、惯导解算、卡尔曼滤波器、重力数据计算、FIR低通滤波，最终到精度评估]

卡尔曼滤波器
$X = [\boldsymbol{\Phi}\ \delta\boldsymbol{v}\ \delta\boldsymbol{p}\ \boldsymbol{\varepsilon}\ \nabla]^{\mathrm{T}}$

重力数据计算
$\delta g = f_U - \dot{V}_U + 2\omega\cos L \cdot V_E + \dfrac{V_E^2}{R_N + h} + \dfrac{V_N^2}{R_M + h} - \gamma_0 + \gamma_w \cdot \Delta h$

图 8.8 水下动态重力测量数据预处理方法框图

(3) 以 USBL 的载体位置、DVL 的速度及深度计的深度作为观测量对卡尔曼滤波进行更新，得到惯导系统的位置误差、速度误差、姿态误差及对加速度计零偏的估计，同时利用估计出来的位置误差、速度误差和姿态误差对惯导解算进行反馈校正。

(4) 对深度计的深度进行两次差分可得到载体的运动加速度；利用组合导航的位置、速度信息可计算出哥氏加速度、离心加速度和正常重力值；通过水下重力测量的数学模型公式得到原始重力扰动值。

(5) 经 FIR 低通滤波后得到有效重力异常值。

2. 数据预评估方法

精度评估一般采用交叉点或重复线内符合精度来评估。
重复线内符合精度评估方法：

$$\sigma_{\mathrm{RMS}} = \pm\sqrt{\dfrac{\sum\limits_{i=1}^{n}\left(\sum\limits_{j=1}^{m}\delta_{ij}^2\right)}{n\times(m-1)}}$$

式中，σ_{RMS} 为重复测线测量观测值的均方根误差；δ_{ij} 与前面意义相同。

两条重复测线观测值的系统性偏差为

$$d_{i12} = F_{i1} - F_{i2}$$

$$\bar{d}_{12} = \frac{\sum_{i=1}^{n} d_{i12}}{n}$$

两条重复测线观测值互差的标准差为

$$\sigma_{\text{std}} = \pm \sqrt{\frac{\sum_{i=1}^{n}(d_{i12} - \bar{d}_{12})^2}{2n}}$$

交叉点内符合精度计算公式：

$$\varepsilon = \pm \sqrt{\frac{\sum_{i=1}^{N} v_{ij}^2}{N}} \tag{8.73}$$

式中，ε 为测线网内符合精度；v_{ij} 为测线 i 与测线 j 在交叉点处的不符值；N 为测线网交叉点的总数。

3. 测试结果

试验轨迹如图 8.9 所示，ML1 为两条重复线，ML2 为四条重复测线，CL1 和 CL2 为两条交叉测线。

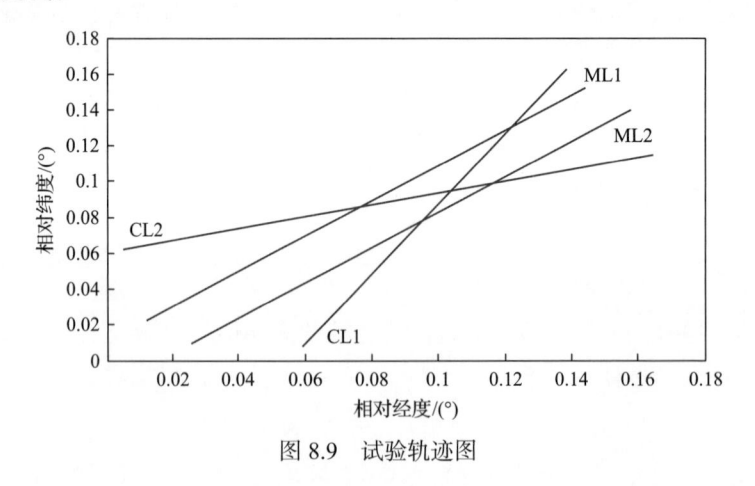

图 8.9 试验轨迹图

ML1 两条重复线的姿态、速度对比如图 8.10 所示，深度对比如图 8.11 所示（红线为 ML1-1，蓝线为 ML1-2）。

(a) ML1两条重复线测量的姿态对比

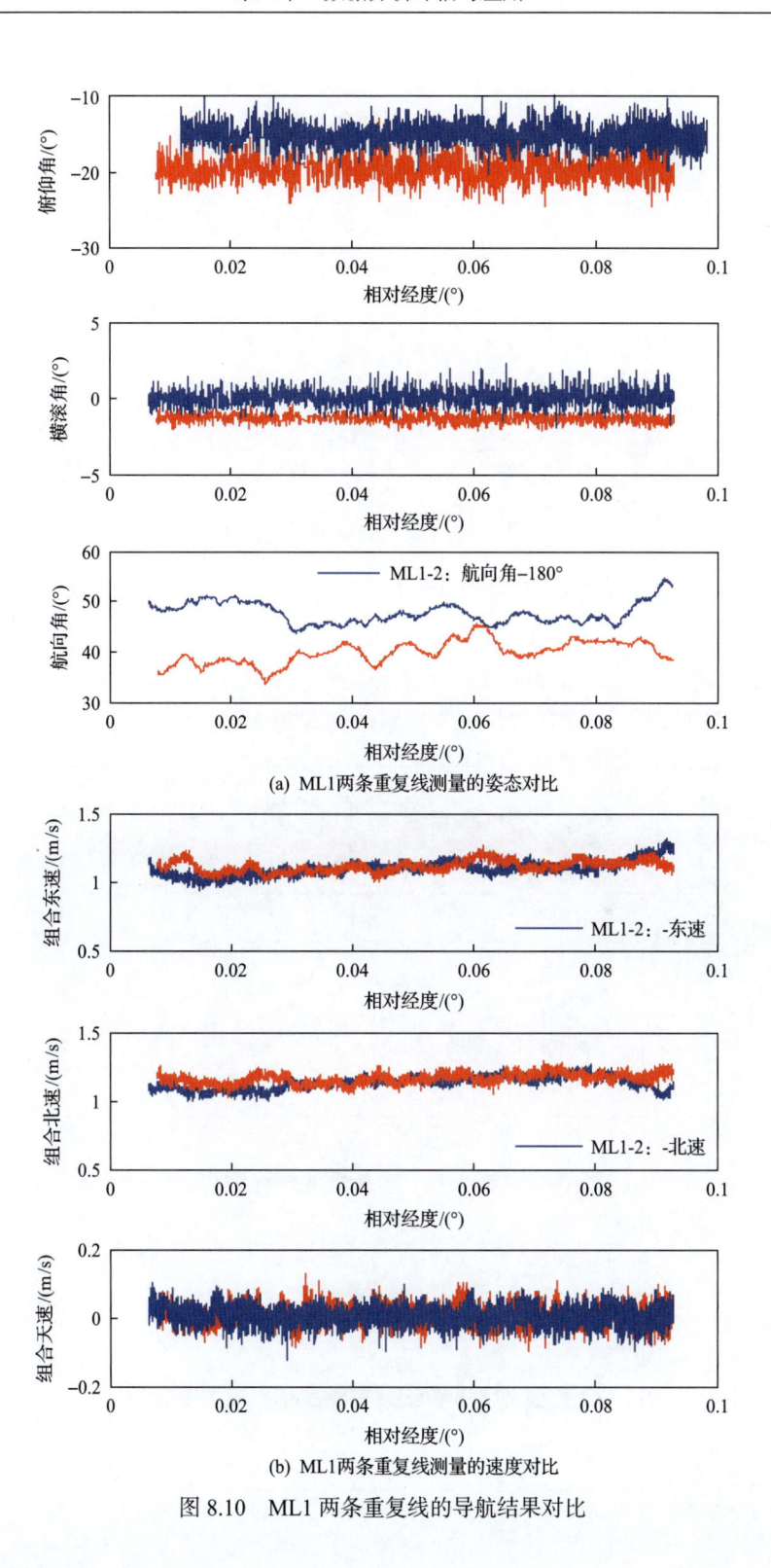

(b) ML1两条重复线测量的速度对比

图 8.10　ML1 两条重复线的导航结果对比

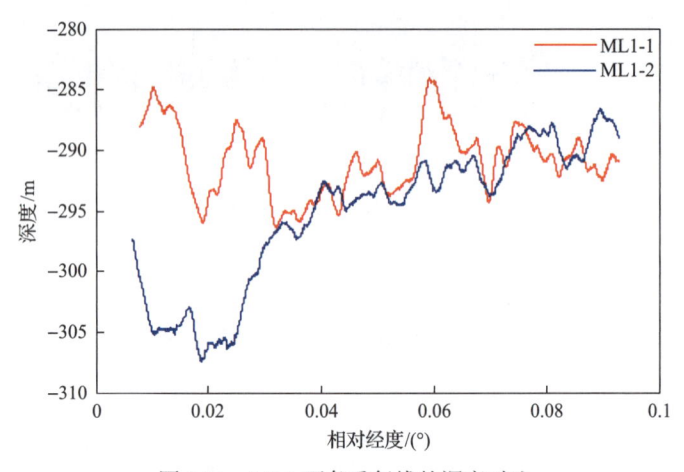

图 8.11　ML1 两条重复线的深度对比

ML2 四条重复线的姿态、速度对比如图 8.12 所示，深度对比如图 8.13 所示（绿线为 ML2-1，红线为 ML2-2，蓝线为 ML2-3，黑线为 ML2-4）。

ML1 重力测量内符合结果如图 8.14 所示，内符合精度为 1.33mGal/250m。ML2 重力测量结果如图 8.15 所示，内符合精度为 0.97mGal/250m。

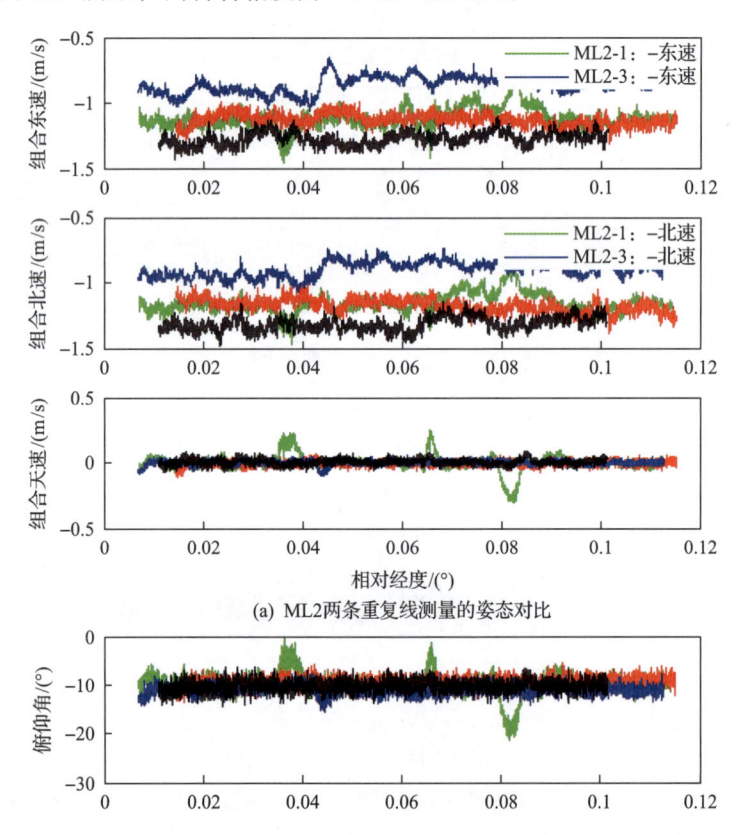

(a) ML2两条重复线测量的姿态对比

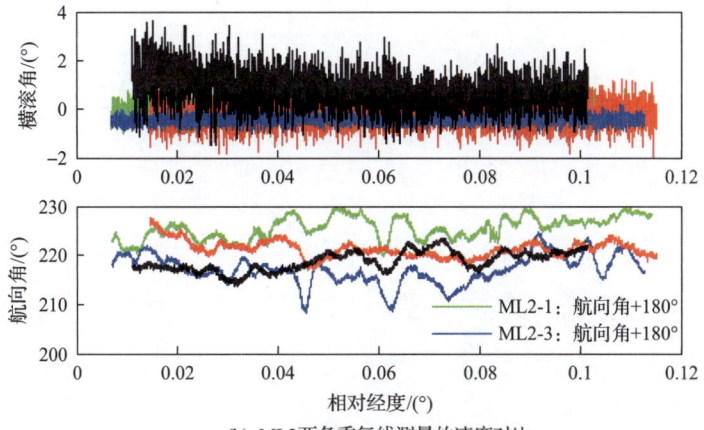

(b) ML2 两条重复线测量的速度对比

图 8.12　ML2 四条重复线的姿态、速度对比

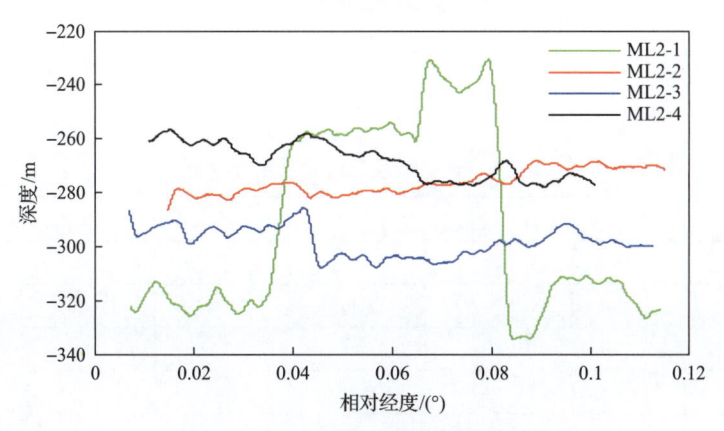

图 8.13　ML2 四条重复线的深度对比

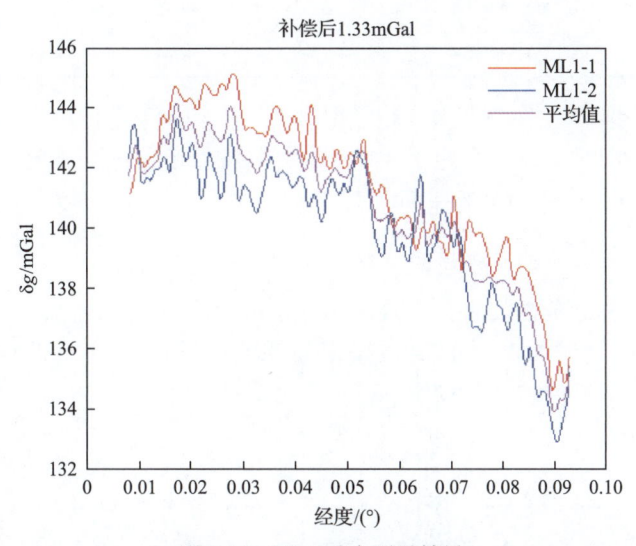

图 8.14　ML1 重力测量结果

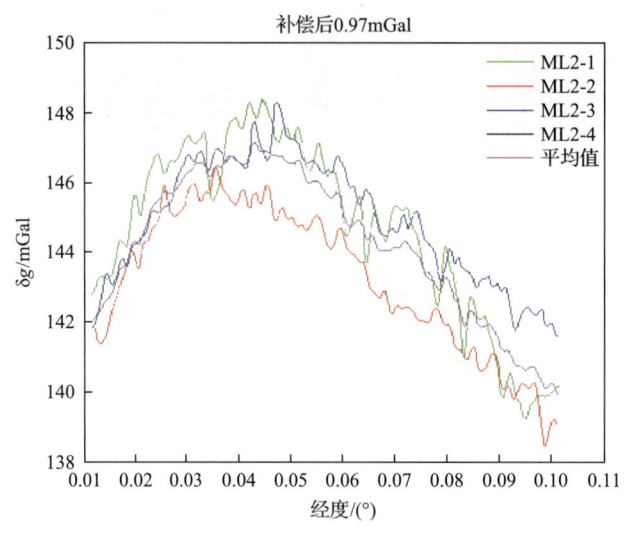

图 8.15 ML2 重力测量结果

重复测线评估方法 1 的统计结果见表 8.8。

表 8.8 重复测线评估方法精度统计

项目	测线	均方差	系统差	标准差	总均方差
ML1/mGal	ML1-1—ML1-2	1.33	1.43	0.86	1.33
ML2/mGal	ML2-1—ML2-2	1.19	1.41	0.65	0.97
	ML2-1—ML2-3	0.88	−0.28	0.85	
	ML2-1—ML2-4	0.71	0.46	0.63	
	ML2-2—ML2-3	1.34	−1.69	0.61	
	ML2-2—ML2-4	0.83	−0.95	0.48	
	ML2-3—ML2-4	0.69	0.74	0.45	

试验中发现：拖体的平稳性、DVL 数据的连续性和水下定位信号的稳定性将直接影响捷联重力仪的数据采集，建议在正式作业时保持拖体的稳定，以保障水下定位信号连续，DVL 同时提供对海底和水的速度数据。

(二) 水下三分量磁力测量数据的分析与评价

在使用测量数据之前需要将其与载体坐标系进行统一。设定地理坐标系为基准坐标系，其 X 轴、Y 轴、Z 轴的正向分别指向正东、正北和正上方，这一坐标系固定不变。载体坐标系至基准坐标系的转换公式如下：

$$\boldsymbol{H}_g = \begin{bmatrix} H_g^x \\ H_g^y \\ H_g^z \end{bmatrix} = \begin{bmatrix} \cos\alpha & -\sin\alpha & 0 \\ \sin\alpha & \cos\alpha & 0 \\ 0 & 0 & 1 \end{bmatrix} \begin{bmatrix} 1 & 0 & 0 \\ 0 & \cos\beta & -\sin\beta \\ 0 & \sin\beta & \cos\beta \end{bmatrix} \begin{bmatrix} \cos\gamma & 0 & \sin\gamma \\ 0 & 1 & 0 \\ -\sin\gamma & 0 & \cos\gamma \end{bmatrix} \begin{bmatrix} H_c^x \\ H_c^y \\ H_c^z \end{bmatrix} \quad (8.74)$$

$$= \boldsymbol{T}_{\alpha,\beta,\gamma} \boldsymbol{H}_c$$

式中，α、β 和 γ 分别为航偏角、俯仰角和横滚角。

地理坐标系至载体坐标系的转换公式如下：

$$\boldsymbol{H}_c = \begin{bmatrix} H_c^x \\ H_c^y \\ H_c^z \end{bmatrix} = \begin{bmatrix} \cos\gamma & 0 & -\sin\gamma \\ 0 & 1 & 0 \\ \sin\gamma & 0 & \cos\gamma \end{bmatrix} \begin{bmatrix} 1 & 0 & 0 \\ 0 & \cos\beta & \sin\beta \\ 0 & -\sin\beta & -\cos\beta \end{bmatrix} \begin{bmatrix} \cos\alpha & \sin\alpha & 0 \\ -\sin\alpha & \cos\alpha & 0 \\ 0 & 0 & 1 \end{bmatrix} \begin{bmatrix} H_g^x \\ H_g^y \\ H_g^z \end{bmatrix} \quad (8.75)$$

能够产生磁场的干扰源有很多，这些干扰场按照其特性可以分为固定磁场、感应磁场、涡流磁场等。拖体磁场主要包括固有磁场和感应磁场两部分，固有磁场由组成拖体的硬磁材料受外磁场磁化而产生，由于硬磁材料具有高矫顽力和剩磁值，所以一经磁化可以保留较长时间不易消失。磁传感器和硬磁材料都是固连在拖体上的，所以无论拖体姿态如何变化，固有磁场在磁传感器三个轴上的分量是恒定的，在载体坐标系下，可将其视为一个常量，用 $\boldsymbol{H}_p$ 来表示：

$$\boldsymbol{H}_p = \begin{bmatrix} H_p^x + H_p^y + H_p^z \end{bmatrix}^T \quad (8.76)$$

式中，H_p^x、H_p^y、H_p^z 分别为固定磁场在载体坐标系三个坐标轴上的投影。

感应磁场主要是由载体上的软磁材料在地磁场中被磁化而产生的，由于软磁材料具有较低的矫顽力和较窄的磁滞回线，所以当外磁场改变时感应磁场也随之变化，因此在载体坐标系下，感应磁场的大小与方向将随着载体的姿态而变化。该磁场的大小与引起它的外加磁场成比例关系，用 $\boldsymbol{H}_i$ 来表示：

$$\boldsymbol{H}_i = \begin{bmatrix} H_i^x \\ H_i^y \\ H_i^z \end{bmatrix} + \begin{bmatrix} M_{11} & M_{12} & M_{13} \\ M_{21} & M_{22} & M_{23} \\ M_{31} & M_{32} & M_{33} \end{bmatrix} \begin{bmatrix} H_i^x \\ H_i^y \\ H_i^z \end{bmatrix} = \boldsymbol{M}\boldsymbol{H}_e \quad (8.77)$$

式中，$\boldsymbol{H}_e$ 为地磁场真实矢量值；H_i^x、H_i^y、H_i^z 分别为感应磁场在载体坐标系三个坐标轴的投影；$\boldsymbol{M}_{3\times3}$ 为感应磁场系数矩阵，当载体一定时，该矩阵中的各元素为常数。

由于磁性材料的摇摆运动和旋转运动会切割地磁场，在金属导体内部产生涡流电流，该涡流电流在载体空间中产生相应的磁场，称为涡流磁场。由于涡流磁场具有不规则的随机特性而难以建模表达，且在本研究对象中相较于其他干扰数值极小，所以在目前研究中可将其忽略。

由上述分析，我们可以将传感器输出的三分量磁测数据用以下数学表达式表示：

$$\boldsymbol{H}_m = \boldsymbol{H}_e + \boldsymbol{H}_p + \boldsymbol{H}_i = (\boldsymbol{I} + \boldsymbol{M})\boldsymbol{H}_e + \boldsymbol{H}_p \quad (8.78)$$

式中，$\boldsymbol{I}$ 为 3×3 的单位矩阵；$\boldsymbol{H}_m$ 为传感器测量的地磁三分量矢量值。

由式(8.78)进行变形：

$$\boldsymbol{H}_e = (\boldsymbol{I} + \boldsymbol{M})^{-1}(\boldsymbol{H}_m - \boldsymbol{H}_p) = \boldsymbol{K}(\boldsymbol{H}_m - \boldsymbol{H}_p) \quad (8.79)$$

式中，
$$K = (I+M)^{-1} = \begin{bmatrix} K_{11} & K_{12} & K_{13} \\ K_{21} & K_{22} & K_{23} \\ K_{31} & K_{32} & K_{33} \end{bmatrix}$$

将地磁三分量 $H_0 = \begin{bmatrix} H_0^x & H_0^y & H_0^z \end{bmatrix}^T$ 转换至基准坐标可由下式表达：

$$H_e = R_{\alpha_m,\beta_m,\gamma_m} T_{\alpha_0,\beta_0,\gamma_0} H_0 \tag{8.80}$$

式中，R 为惯性导航系统输出姿态矩阵；T 为安装误差姿态角矩阵；α_m、β_m、γ_m 为 H_m 的修正角度；α_0、β_0、γ_0 表示 H_0 的修正角度。

由式(8.79)和式(8.80)可得

$$R_{\alpha_m,\beta_m,\gamma_m} T_{\alpha_0,\beta_0,\gamma_0} H_0 = K(H_m - H_p) \tag{8.81}$$

对式(8.81)进行变形：

$$H_0 = T^{-1}_{\alpha_0,\beta_0,\gamma_0} R^{-1}_{\alpha_m,\beta_m,\gamma_m} K(H_m - H_p) \tag{8.82}$$

则误差模型可以表示为

$$F = T^{-1}_{\alpha_0,\beta_0,\gamma_0} R^{-1}_{\alpha_m,\beta_m,\gamma_m} K(H_m - H_p) - H_0 = PKH - H_0 \tag{8.83}$$

式中，

$$H = H_m - H_p, \quad P = T^{-1}_{\alpha_0,\beta_0,\gamma_0} R^{-1}_{\alpha_m,\beta_m,\gamma_m}$$

将 n 组数据与其姿态信息代入可得

$$F_n = P_n K H_n - H_0, \quad n=1,2,3,\cdots,N \tag{8.84}$$

式中，

$$H_n = H_{m,n} - H_p, \quad P_n = T^{-1}_{\alpha_0,\beta_0,\gamma_0} R^{-1}_{\alpha_m,n,\beta_m,n,\gamma_m,n}$$

绝对误差之和可表示为

$$\varepsilon = \sum_{n=1}^{N} \sqrt{F_n^T F_n} \tag{8.85}$$

则将求取补偿系数 K 与 H_p 转化为了最小值求取问题，通过 CS 仿生算法进行计算。

CS 算法是一种新的仿生类算法。此算法使用了基于莱维飞行机制的搜索机制，通过模拟杜鹃的寄生性行为来解决问题。CS 算法具有对迭代初始值不敏感、强大的全局搜索能力和更少的参数，并且具有可同时解决多目标问题的强大能力和良好普遍性的优点。

CS 算法主要基于以下三个理想化的规则。

(1) 每只杜鹃一次只生一个蛋，然后在一个随机选择的巢穴中把它的蛋存起来。

(2) 拥有最高品质鸟蛋的最佳巢将会延续给下一代。

(3) 可用宿主巢的数量是固定的，而一只布谷鸟的蛋被宿主发现的概率为 $P_a(0,1)$。

基于这三个规则，待估参数的求解规则如下：

$$x_i^{(t+1)} = x_i^{(t)} + \alpha \times \text{rand}(m,1) \tag{8.86}$$

式中，α 为迭代步长，由解决实际问题需求给定；m 为待估参数维数。

利用莱维飞行机制确定步长 α，由下式计算：

$$\alpha = 0.01 \times (u/|v|^{1/\beta}), \quad \beta = 3/2 \tag{8.87}$$

式中，u、v 为正态分布，且 $u \sim N(0,\sigma_u^2)$，$v \sim N(0,\sigma_v^2)$；方差 $\sigma_u = \left\{ \dfrac{\Gamma(1+\beta)\sin(\pi\beta/2)}{2^{(\beta-1)/2}\Gamma[(1+\beta)/2]\beta} \right\}^{1/\beta}$，其中 Γ 为伽马函数；方差 $\sigma_v = 1$。

运用 CS 仿真算法进行补偿系数计算的主要步骤如下。

步骤 1：设置初始参数，如迭代补偿参数的初始值，维度 m，发现概率 P_α，迭代精度 c 和最大的迭代次数 t。

步骤 2：设置绝对误差总和的目标函数式 (8.85)，然后用 n 组测量数据与它们对应的姿态角计算函数值。

步骤 3：使用等式 (8.87) 计算步长。

步骤 4：决定是否更新迭代值补偿参数。比较随机数 $R(0,1)$ 与 P_α，如果 $R > P_\alpha$，则更新迭代方程使用的补偿参数值式 (8.86)。

步骤 5：用新的迭代函数值重新计算补偿参数的值。

步骤 6：将当前的功能值与前面的函数值进行比较选择一个更优的，并记录最优的函数值及其对应的补偿参数。

步骤 7：如果迭代次数大于 t 或最小误差小于 c，结束迭代，否则返回步骤 3。

为了验证算法的有效性，在条件限制无法进行水下实验的情况下，采取了利用有限元分析软件 comsol 对地磁场及载体运动状况进行仿真的方法获取实验数据，并对其进行磁矢量补偿验证，仿真实验设置如下。

壳体：5m, 5m, 3m。

计算域：20m×20m×10m。

测点位置：(10m, 0m, 0m)。

背景磁场：(40000nT, 10000nT, 30000nT)。

姿态：±20°。

姿态误差：±0.003°。

数据数量：500 组。

参数估计迭代过程图见图 8.16~图 8.27，是 CS 仿真算法在估计过程中参数由迭代次数逐渐稳定的过程，磁感应矩阵 K 的值在约 500 次迭代后参数趋于稳定，恒定磁场干扰值在约 1300 次迭代后参数已经趋于稳定，体现了该算法迭代次数少、计算速度快的优势。

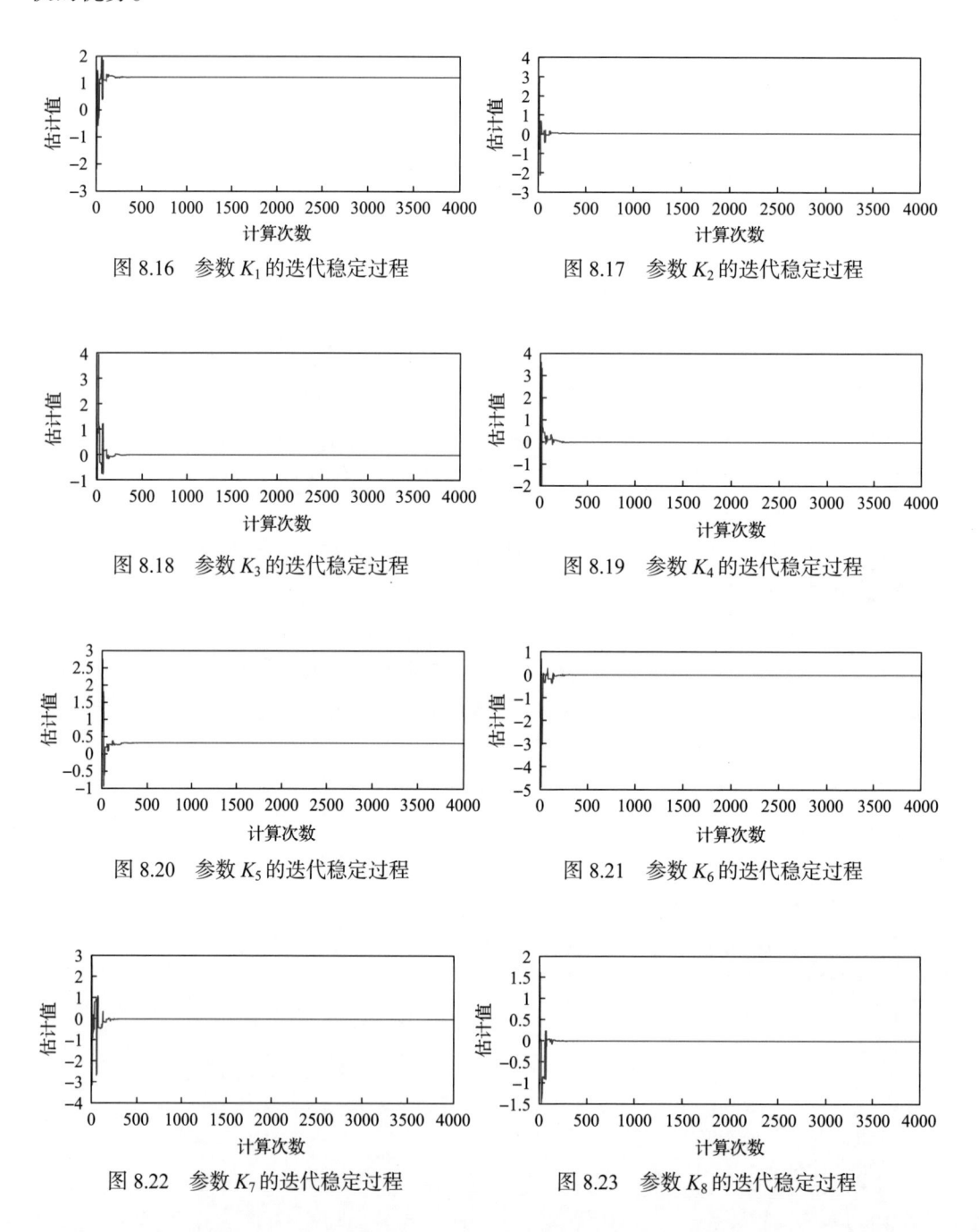

图 8.16　参数 K_1 的迭代稳定过程

图 8.17　参数 K_2 的迭代稳定过程

图 8.18　参数 K_3 的迭代稳定过程

图 8.19　参数 K_4 的迭代稳定过程

图 8.20　参数 K_5 的迭代稳定过程

图 8.21　参数 K_6 的迭代稳定过程

图 8.22　参数 K_7 的迭代稳定过程

图 8.23　参数 K_8 的迭代稳定过程

图 8.24 参数 K_9 的迭代稳定过程

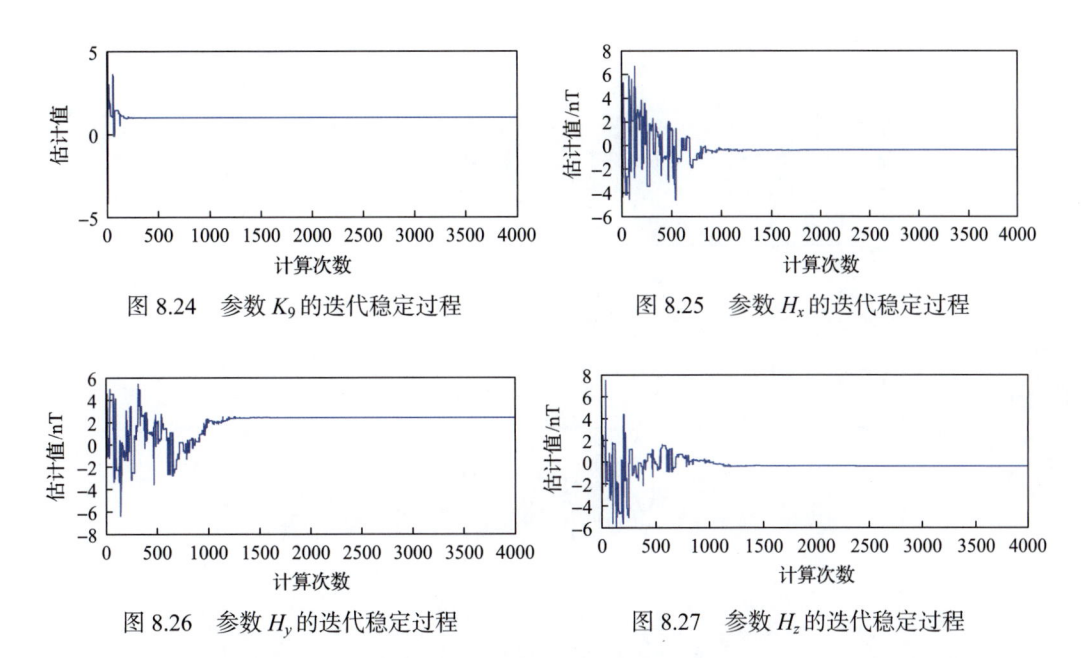

图 8.25 参数 H_x 的迭代稳定过程

图 8.26 参数 H_y 的迭代稳定过程

图 8.27 参数 H_z 的迭代稳定过程

补偿效果对比如下。X 分量的磁矢量补偿效果如图 8.28 与图 8.29 所示，磁矢量补偿精度达到了 5nT 以内。

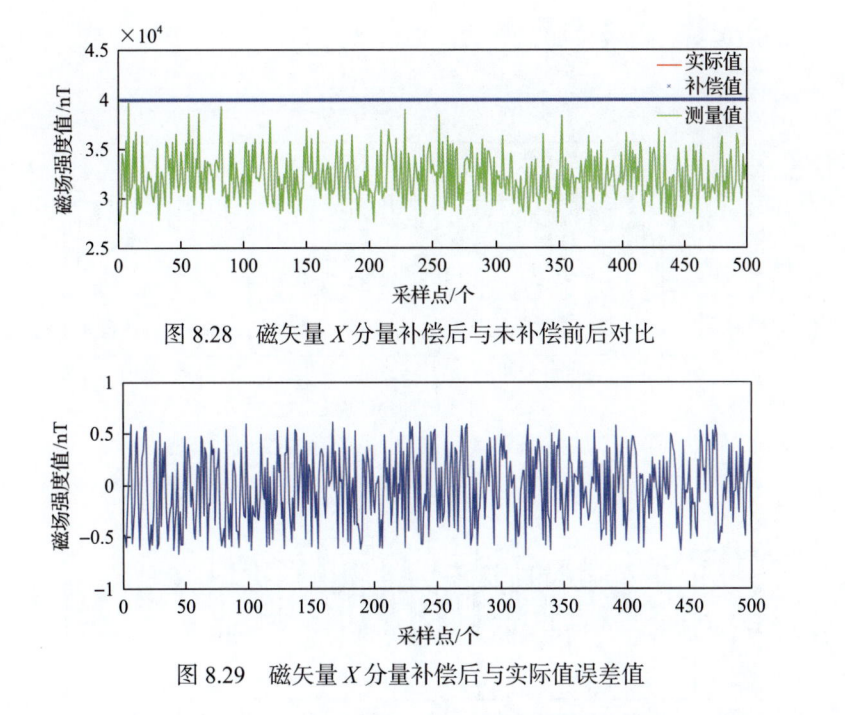

图 8.28 磁矢量 X 分量补偿后与未补偿前后对比

图 8.29 磁矢量 X 分量补偿后与实际值误差值

Y 分量的磁矢量补偿如图 8.30 与图 8.31 所示，磁矢量补偿精度达到了 5nT 以内。

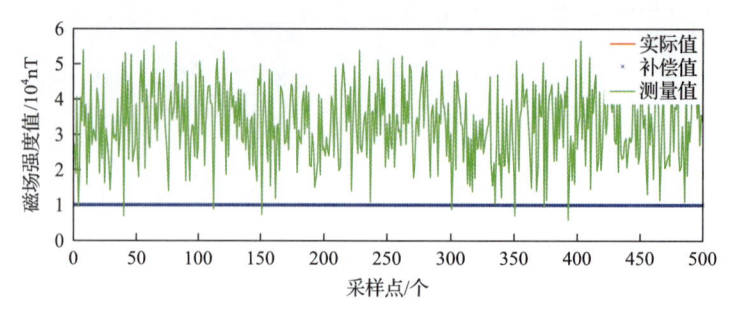

图 8.30　磁矢量 Y 分量补偿后与未补偿前后对比

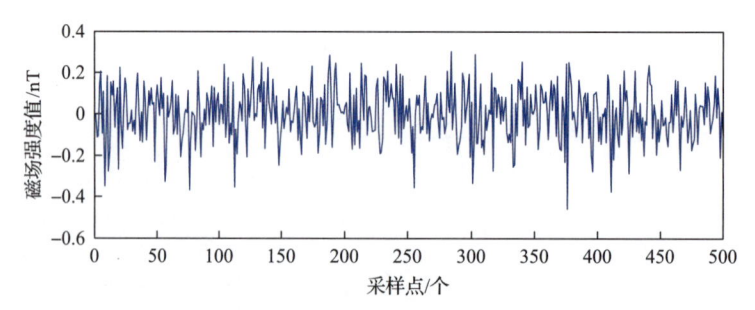

图 8.31　磁矢量 Y 分量补偿后与实际值误差值

Z 分量的磁矢量补偿效果如图 8.32 与图 8.33 所示，磁矢量补偿精度也达到了 5nT 以内。

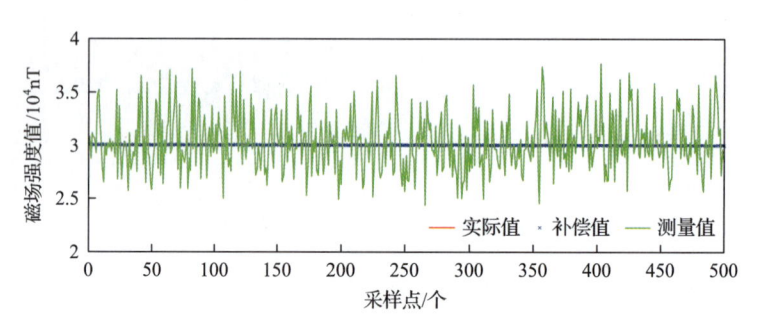

图 8.32　磁矢量 Z 分量补偿后与未补偿前后对比

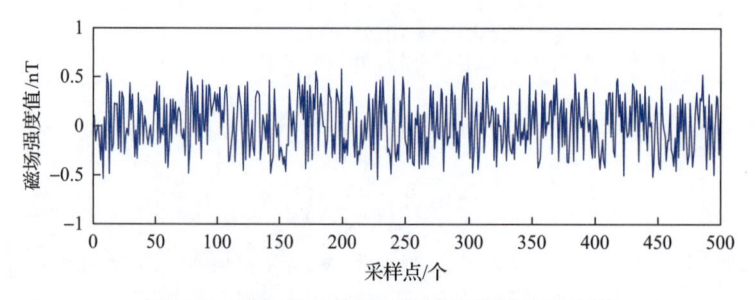

图 8.33　磁矢量 Z 分量补偿后与实际值误差值

图 8.29~图 8.33 为仿真实验中磁矢量补偿前后的对比及补偿前后误差对比，体现出了此算法具有较高的精确度，X、Y、Z 三个分量的补偿精度均可达到 5nT 以内。

试验大纲规定在测量区域，地磁场三分量信号均不能大于 64000nT，地磁场总量变化量不大于 5000nT。9 条航线实际测量结果为地磁场三分量信号均小于 45000nT，图 8.34 为磁通门三分量及总场曲线中三分量 X、Y、Z 的曲线，满足大纲规定不大于 64000nT 的指标要求，地磁场总量变化量均小于 300nT，见图 8.35 中总场 F 的变化量 ΔF，满足大纲规定的不大于 5000nT 的指标要求。

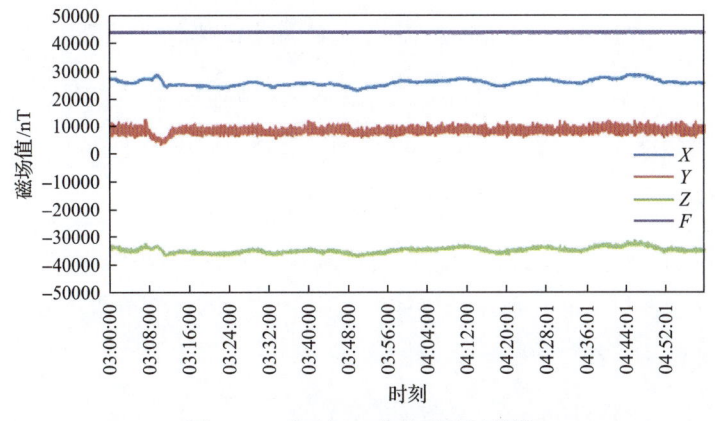

图 8.34　磁通门三分量及总场曲线

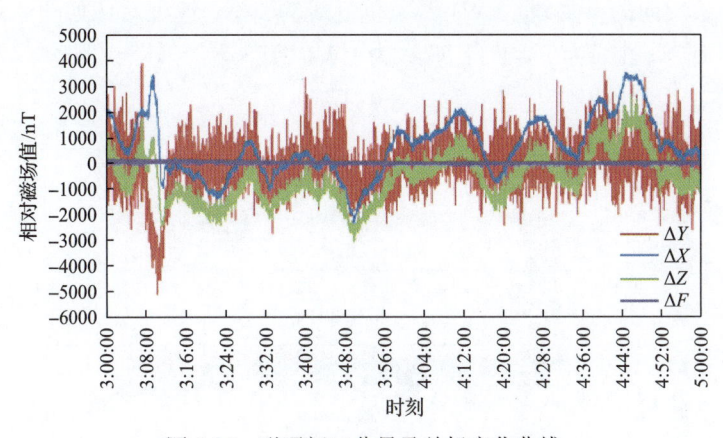

图 8.35　磁通门三分量及总场变化曲线

将三分量磁场合成的地磁总量与标准磁力仪测量数据比较，它们的变化趋势一致，如图 8.36 所示。将三分量磁场合成总场与 SeaSPY 标准磁力仪总场测量曲线进行比较，两条曲线的变化趋势是一致的，只是三分量磁场合成总场的噪声要大一些，这还需要后续进一步处理。

比对试验初步验证了本次测量数据的有效性。更准确的数据比较，需要对三分量磁场及姿态仪数据进行解析、补偿与改正解算后才能完成。

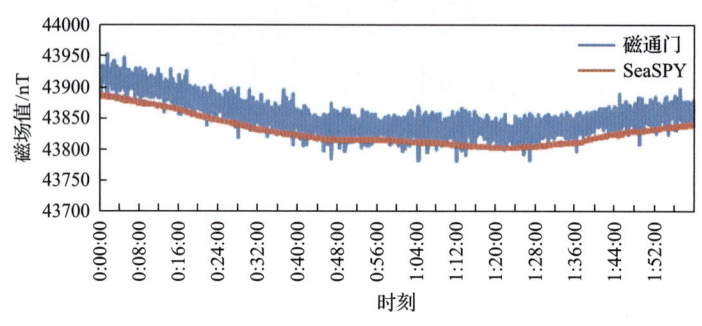

图 8.36 三分量磁力仪与 SeaSPY 磁力仪测量值对比图

保障拖体上的连续供电，对惯导系统尤为重要，哪怕是在收放过程中，都需要保持电力供应，建议在拖体上安装 UPS，以保障三分量磁力供电连续。

二、2019 年近海底重磁实测成果的数据质量评估

2019 年底研制的设备搭载广州海洋地质调查局的海洋四号调查船在南海北部海域进行了第二次海上测试。布设有 4 条测线，其中 EW1 和 EW2 分别重复测量 2 次。

（一）水下动态重力测量数据的分析与评价

1. EW1 测线数据分析

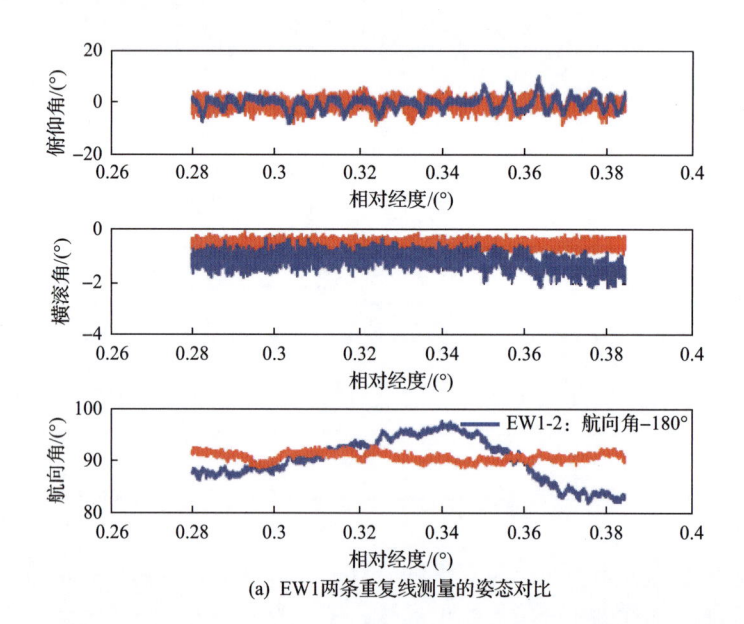

1) 完成两条反向的重复线。EW1 两条重复线的姿态、速度对比如图 8.37 所示，深度对比如图 8.38 所示（红线为 EW1-1，蓝线为 EW1-2）。

EW1 的姿态、速度及深度变化如表 8.9 所示。

(a) EW1 两条重复线测量的姿态对比

第八章 数据分析评估与应用

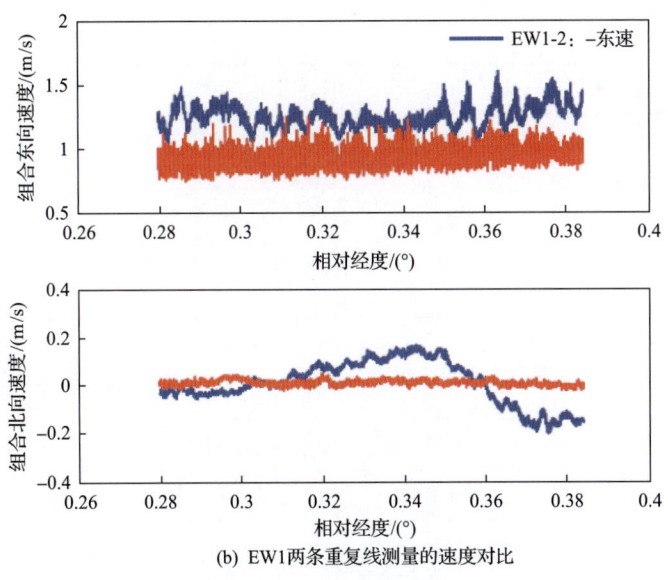

(b) EW1两条重复线测量的速度对比

图 8.37 EW1 两条重复线的姿态速度对比曲线

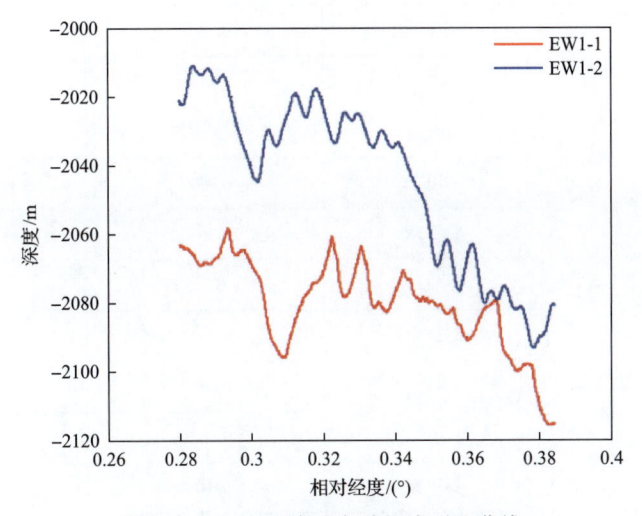

图 8.38 EW1 两条重复线深度对比曲线

表 8.9 EW1 两条重复线的姿态、速度及深度变化统计

测线		EW1-1	EW1-2
俯仰角/(°)	最小值	−6.5087	−6.2573
	最大值	5.8547	10.1465
	极差	14.3634	16.4038
	均值	−0.9932	−0.3232
	标准差	2.2304	2.4614

续表

测线		EW1-1	EW1-2
横滚角/(°)	最小值	−1.0695	−2.1848
	最大值	−0.1000	−0.3175
	极差	0.9696	1.8672
	均值	−0.5517	−1.1855
	标准差	0.1211	0.2755
航向角/(°)	最小值	86.5128	261.7560
	最大值	92.8941	276.4152
	极差	4.3814	15.6591
	均值	90.8427	270.2641
	标准差	0.7681	4.1242
东向速度/(m/s)	最小值	0.7428	−1.5855
	最大值	1.2350	−1.0401
	极差	0.4922	0.5454
	均值	0.9348	−1.2400
	标准差	0.0672	0.0836
北向速度/(m/s)	最小值	−0.0253	−0.2037
	最大值	0.0481	0.1618
	极差	0.0734	0.3654
	均值	0.0076	0.0085
	标准差	0.0107	0.0906
深度/m	最小值	−2116.1	−2093.5
	最大值	−2056.8	−2011.4
	极差	56.3	82.1
	均值	−2080.3	−2044.1
	标准差	12.8	24.4

EW1 两条重复线轨迹对比如图 8.39 所示，两条重复测线内符合结果如图 8.40 所示，其中半波长分辨率约为 350m。

2)重复线精度统计

重复测线统计结果见表 8.10。

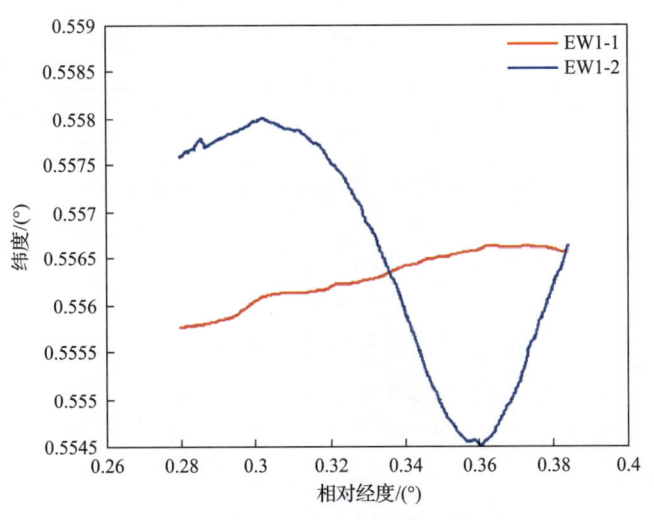

图 8.39　EW1 两条重复线轨迹对比图

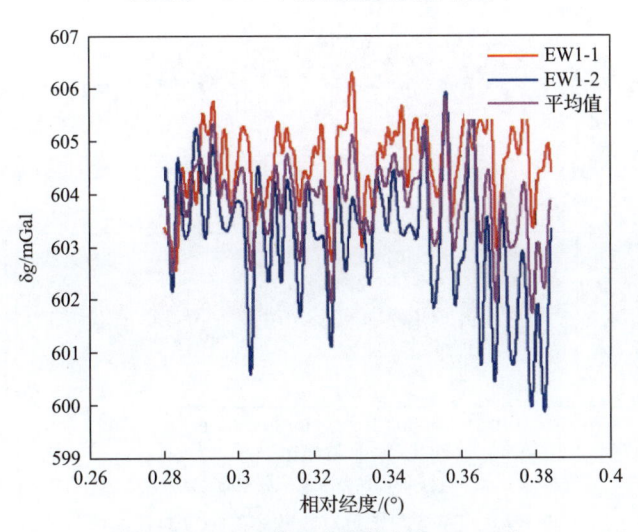

图 8.40　EW1 的重力内符合（0.97mGal）

表 8.10　精度统计

测线	最大值	最小值	平均值	均方差	总均方差
EW1/mGal	2.36	−0.80	0.72	0.97	**0.97**
	0.80	−2.36	−0.72	0.97	

2. EW2 测线数据分析

1）完成两条反向的重复线

EW2 两条重复线的姿态、速度对比如图 8.41 所示，深度对比如图 8.42 所示（红线为 EW2-1，蓝线为 EW2-2）。EW2 的姿态、速度及深度变化见表 8.11。

(a) EW2两条重复线测量的姿态对比

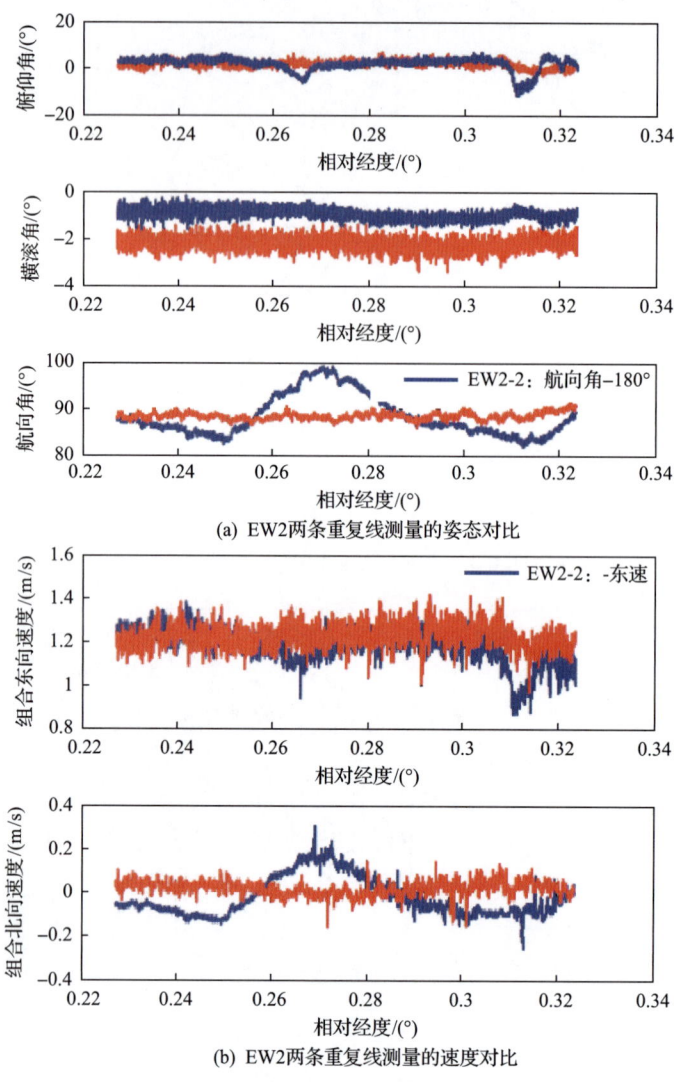

(b) EW2两条重复线测量的速度对比

图 8.41 EW2 两条重复线的姿态速度对比曲线

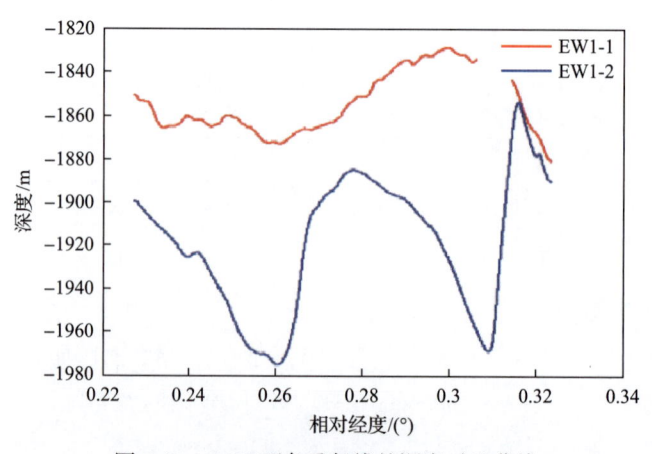

图 8.42 EW2 两条重复线的深度对比曲线

表 8.11　EW2 两条重复线的姿态、速度及深度变化统计

测线		EW2-1	EW2-2
俯仰角/(°)	最小值	−3.0106	−11.9189
	最大值	6.8862	6.1965
	极差	9.8969	19.1154
	均值	1.8123	1.9886
	标准差	2.2987	3.1170
横滚角/(°)	最小值	−3.3947	−1.6048
	最大值	−1.3121	−0.1599
	极差	2.0826	1.4449
	均值	−2.2163	−0.9570
	标准差	0.2790	0.2020
航向角/(°)	最小值	85.7153	261.8276
	最大值	91.6193	279.1408
	极差	5.9040	16.3132
	均值	86.3895	266.3158
	标准差	0.7877	4.4716
东向速度/(m/s)	最小值	0.9693	−1.3750
	最大值	1.4285	−0.8630
	极差	0.4592	0.5121
	均值	1.2200	−1.1708
	标准差	0.0472	0.0794
北向速度/(m/s)	最小值	−0.1596	−0.2538
	最大值	0.1418	0.3045
	极差	0.3014	0.5583
	均值	0.0203	−0.0214
	标准差	0.0308	0.0886
深度/m	最小值	−1881.5	−1975.3
	最大值	−1826.7	−1853.5
	极差	54.8	121.8
	均值	−1853.7	−1919.5
	标准差	15.0	31.4

EW2 两条重复线轨迹对比如图 8.43 所示。可以得到 EW2 两条重复测线内符合的结果，如图 8.44 所示，其中半波长分辨率约为 350m。

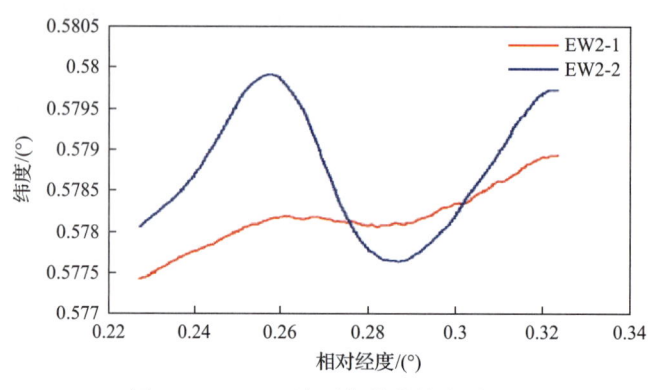

图 8.43 EW2 两条重复线的轨迹对比图

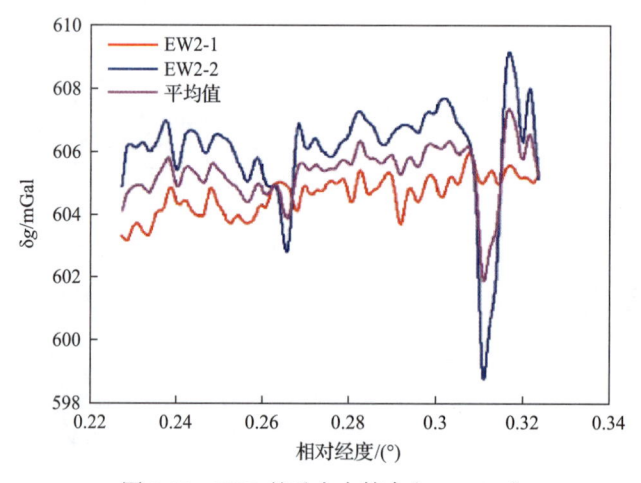

图 8.44 EW2 的重力内符合(1.13mGal)

2)重复线精度统计

重复测线统计结果见表 8.12 所示。

表 8.12 精度统计

测线	最大值	最小值	平均值	均方根	总均方根
EW2/mGal	3.14	−1.82	−0.67	1.13	1.13
	1.82	−3.14	0.67	1.13	

3. NS1 测线数据分析

该线为南北测线，未进行重复测量。该测线姿态、速度曲线如图 8.45 所示，深度曲线如图 8.46 所示。姿态、速度及深度变化如表 8.13 所示。

(a) NS1两条重复线测量的姿态对比

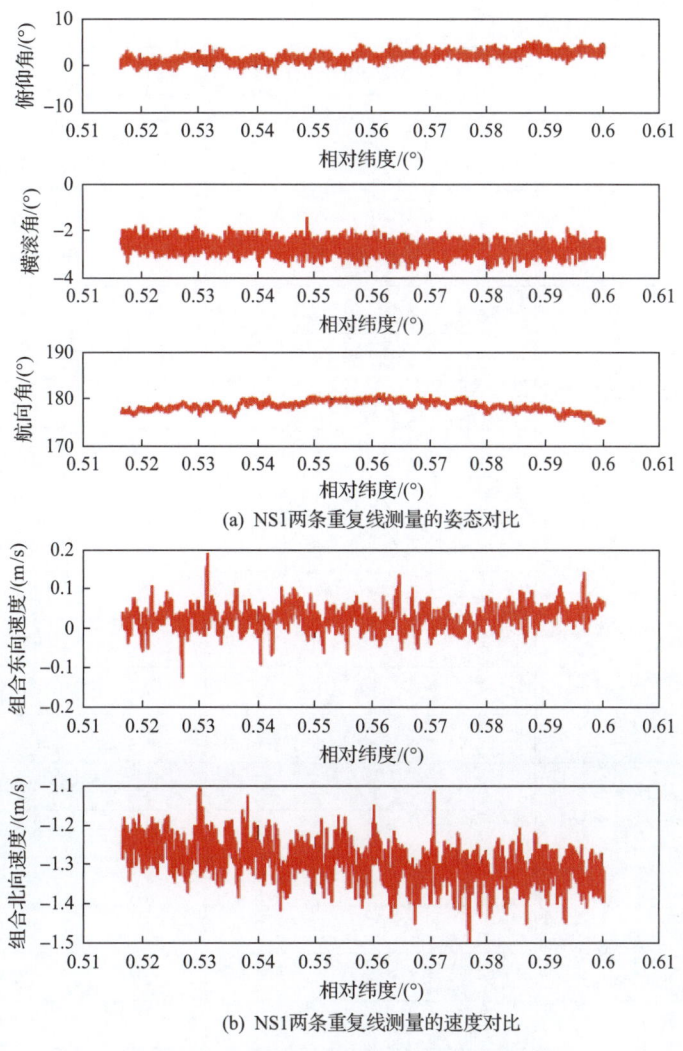

(b) NS1两条重复线测量的速度对比

图 8.45 测线 NS1 的姿态、速度变化曲线

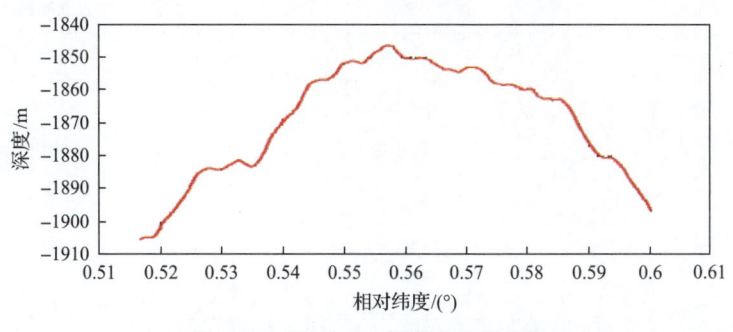

图 8.46 测线 NS1 的深度变化曲线

表 8.13　NS1 的姿态、速度及深度变化统计

测线		NS1
俯仰角/(°)	最小值	−1.6100
	最大值	5.3105
	极差	6.9204
	均值	1.9709
	标准差	2.2557
横滚角/(°)	最小值	−3.6770
	最大值	−1.4218
	极差	2.2552
	均值	−2.6896
	标准差	0.2828
航向角/(°)	最小值	174.3031
	最大值	181.1817
	极差	6.8786
	均值	176.4563
	标准差	1.1738
东向速度/(m/s)	最小值	−0.1262
	最大值	0.1897
	极差	0.3159
	均值	0.0276
	标准差	0.0277
北向速度/(m/s)	最小值	−1.4995
	最大值	−1.1082
	极差	0.3913
	均值	−1.2953
	标准差	0.0463
深度/m	最小值	−1905.5
	最大值	−1846.2
	极差	59.2
	均值	−1866.9
	标准差	16.7

NS1 的轨迹如图 8.47 所示。重力提取结果如图 8.48 所示，波长分辨率约为 350m。

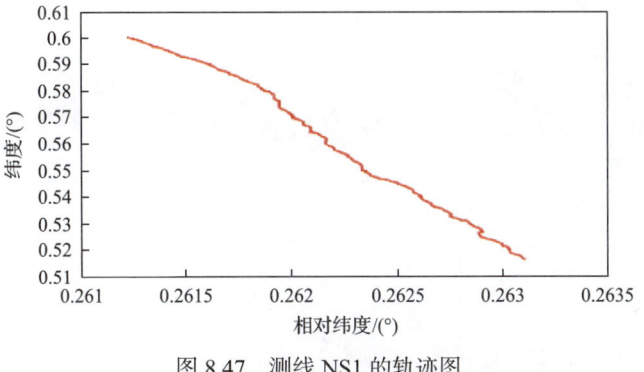

图 8.47 测线 NS1 的轨迹图

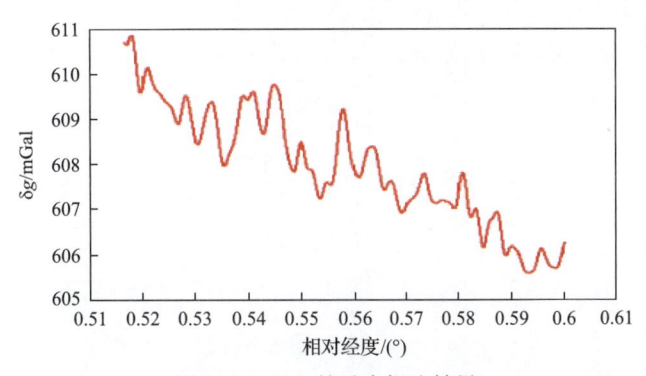

图 8.48 NS1 的重力提取结果

4. NS2 测线数据分析

该测线为南北方向的第二条测线，探测时未进行重复测量。测线的姿态、速度如图 8.49 所示，深度如图 8.50 所示。姿态、速度及深度变化见表 8.14。

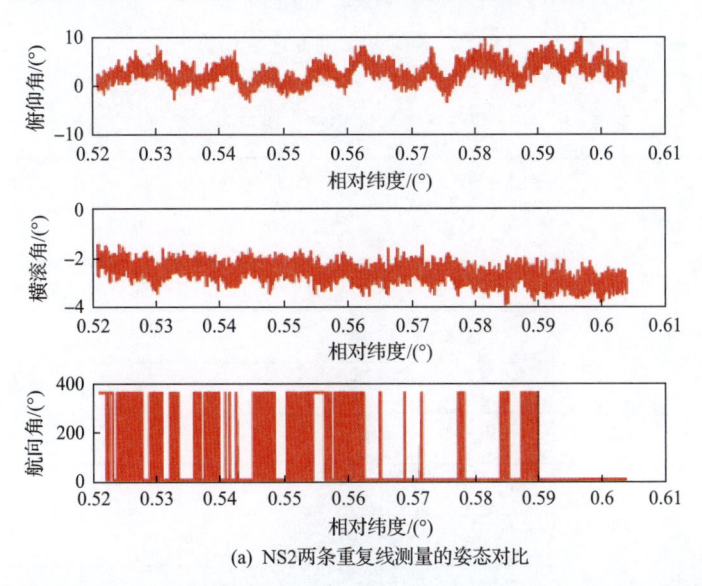

(a) NS2 两条重复线测量的姿态对比

(b) NS2 两条重复线测量的速度对比

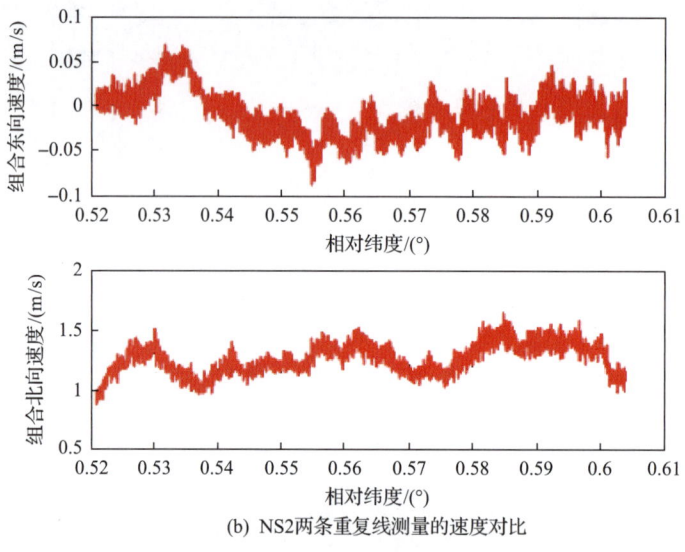

图 8.49　测线 NS2 的姿态、速度曲线

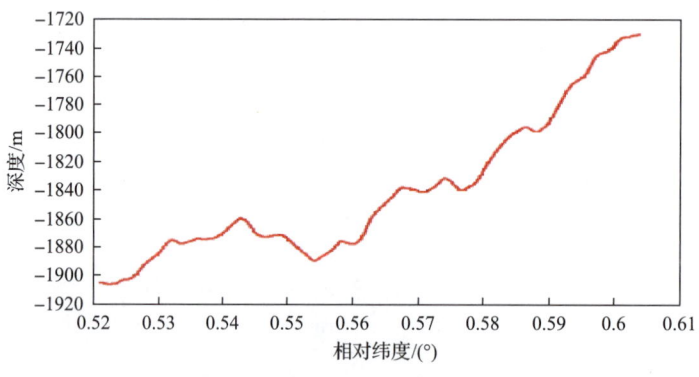

图 8.50　测线 NS2 的深度变化曲线

表 8.14　NS2 两条重复线的姿态、速度及深度变化统计

测线		NS2
俯仰角/(°)	最小值	−3.5739
	最大值	9.5402
	极差	13.1142
	均值	2.6197
	标准差	3.3158
横滚角/(°)	最小值	−3.9176
	最大值	−1.4846
	极差	2.4330

续表

测线		NS2
横滚角/(°)	均值	−2.6367
	标准差	0.3765
东向速度/(m/s)	最小值	−0.0886
	最大值	0.0677
	极差	0.1562
	均值	−0.0089
	标准差	0.0244
北向速度/(m/s)	最小值	0.8782
	最大值	1.6403
	极差	0.7622
	均值	1.2525
	标准差	0.1213
深度/m	最小值	−1906.2
	最大值	−1730.2
	极差	176.0
	均值	−1841.1
	标准差	50.0

NS2 的轨迹如图 8.51 所示，重力异常值提取结果如图 8.52 所示，半波长分辨率约为 350m。

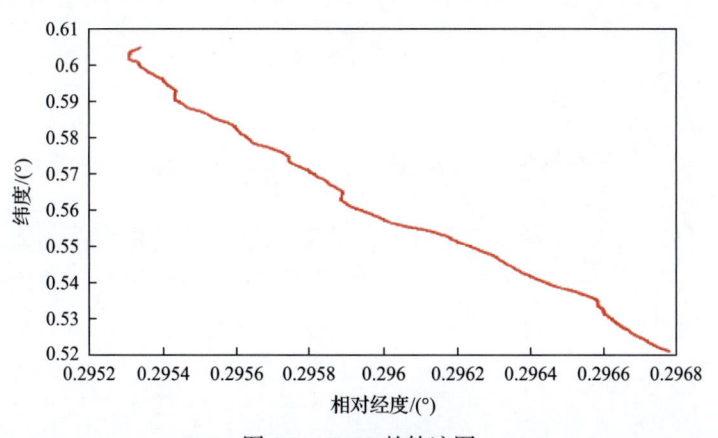

图 8.51 NS2 的轨迹图

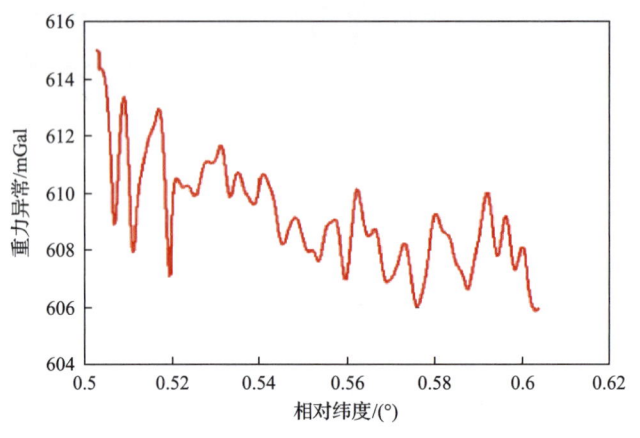

图 8.52　NS2 的重力提取结果

水下动态重力仪在海试条件下的测试结论如下。

在水下 2000m 时，重力仪正常工作，说明重力仪通过了 2000m 的耐压试验。EW2 两条重复线内符合精度为 0.97mGal/350m，EW1 两条重复线内符合精度为 1.13mGal/350m。

(二) 水下三分量磁力测量数据的分析与评价

1. EW1 测线数据分析

图 8.53 为 EW1 测线数据进行姿态归算后的原始数据，由上至下分别为 X、Y、Z 分量的数据及合成总场数据。EW1 测线补偿前后的三分量数据及合成总场数据见图 8.54。

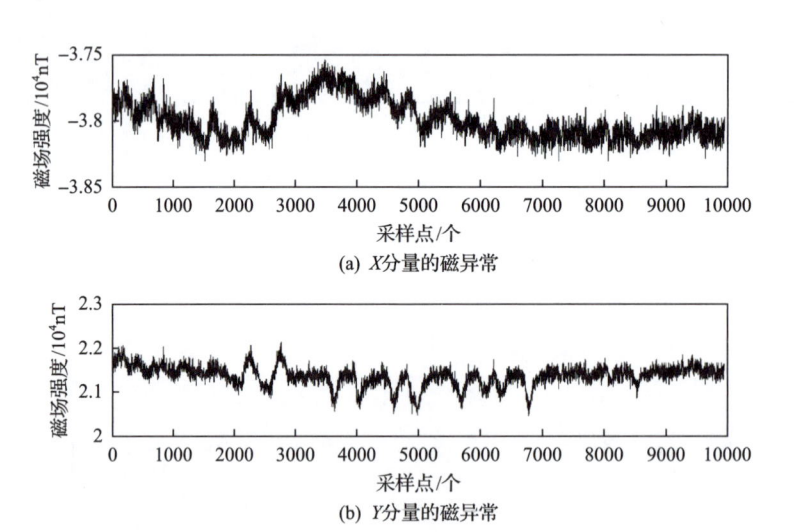

(a) X 分量的磁异常

(b) Y 分量的磁异常

(c) Z 分量的磁异常

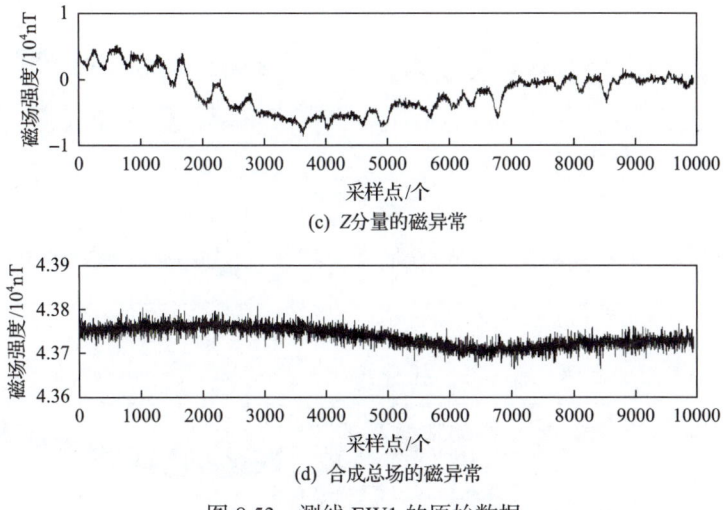

(d) 合成总场的磁异常

图 8.53 测线 EW1 的原始数据

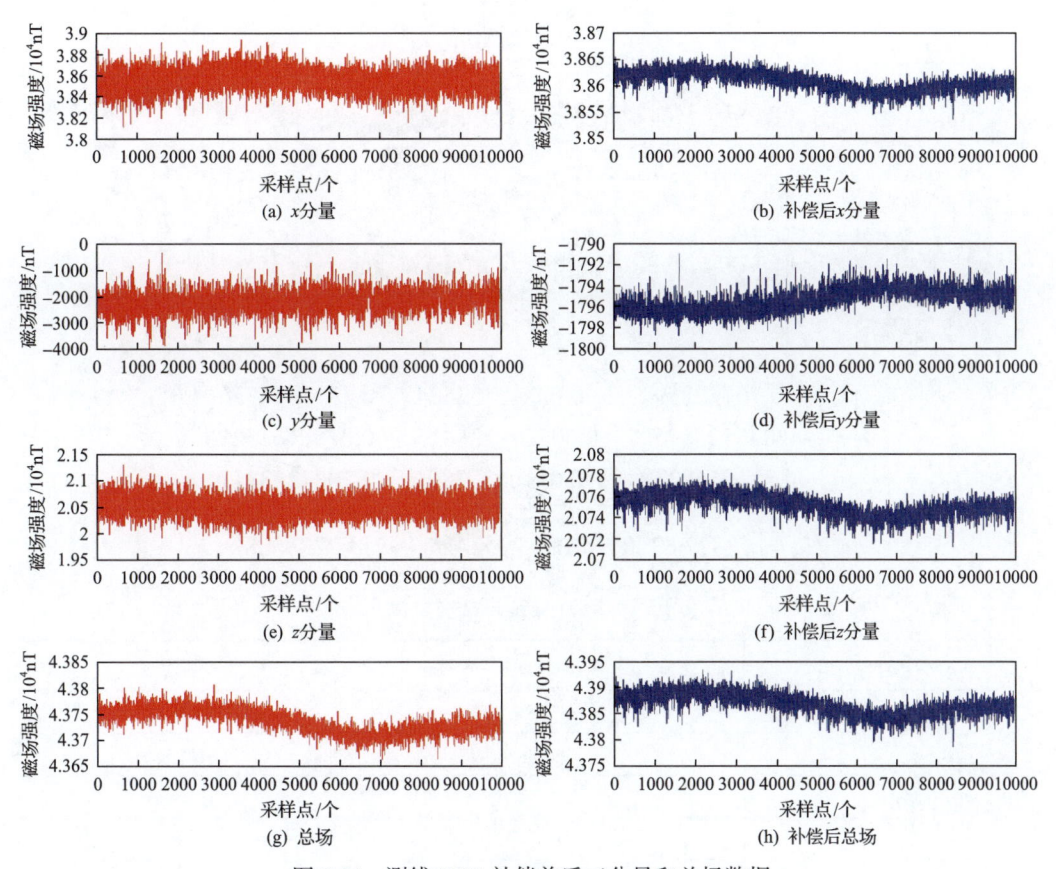

(a) x 分量

(b) 补偿后 x 分量

(c) y 分量

(d) 补偿后 y 分量

(e) z 分量

(f) 补偿后 z 分量

(g) 总场

(h) 补偿后总场

图 8.54 测线 EW1 补偿前后三分量和总场数据

该测线补偿前后数据与国际地磁场模型数据之差，如图 8.55 所示，红线为补偿前数据之差，蓝线为补偿后数据之差。补偿效果评估见表 8.15。

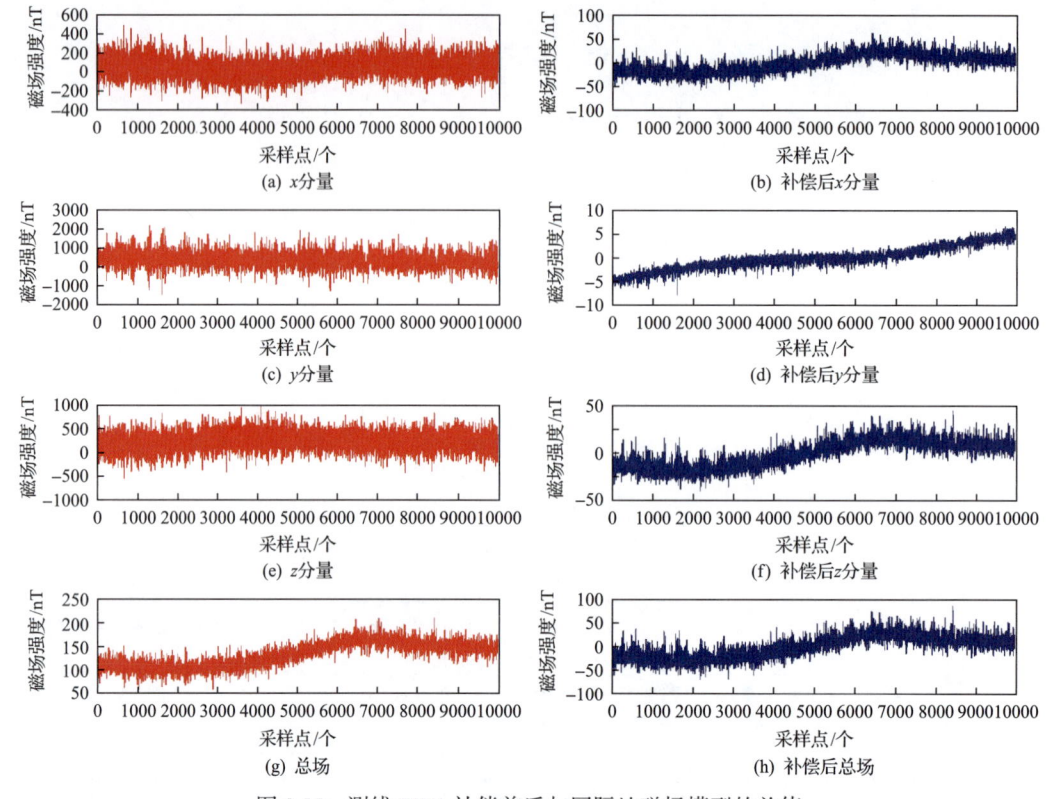

图 8.55 测线 EW1 补偿前后与国际地磁场模型的差值

补偿系数为

$$K = \begin{bmatrix} 0.70722259 & -0.02842532524 & 0.3913548736 \\ -0.03312587507 & 0.003207128816 & -0.01684615216 \\ 0.3819610229 & -0.01106377801 & 0.2084263817 \end{bmatrix}$$

$$H_p = \begin{bmatrix} -3827.637063 & 6393.873425 & -913.2273508 \end{bmatrix}$$

表 8.15 EW1 测线补偿效果评估

项目		最大误差/nT	平均误差/nT
补偿前	x	487.38	90.07
	y	2202.58	471.94
	z	957.63	254.80
	T	209.55	131.69
补偿后	x	74.14	16.13
	y	6.66	1.91
	z	44.41	11.94
	T	85.9	19.73

2. EW2 测线数据分析

图 8.56 为该测线数据进行姿态归算后的原始数据，由上至下分别为 X、Y、Z 分量数据及合成总场数据。补偿前后的三分量数据及合成总场数据如图 8.57 所示，左侧小图为补偿前数据，右侧小图为补偿后数据。

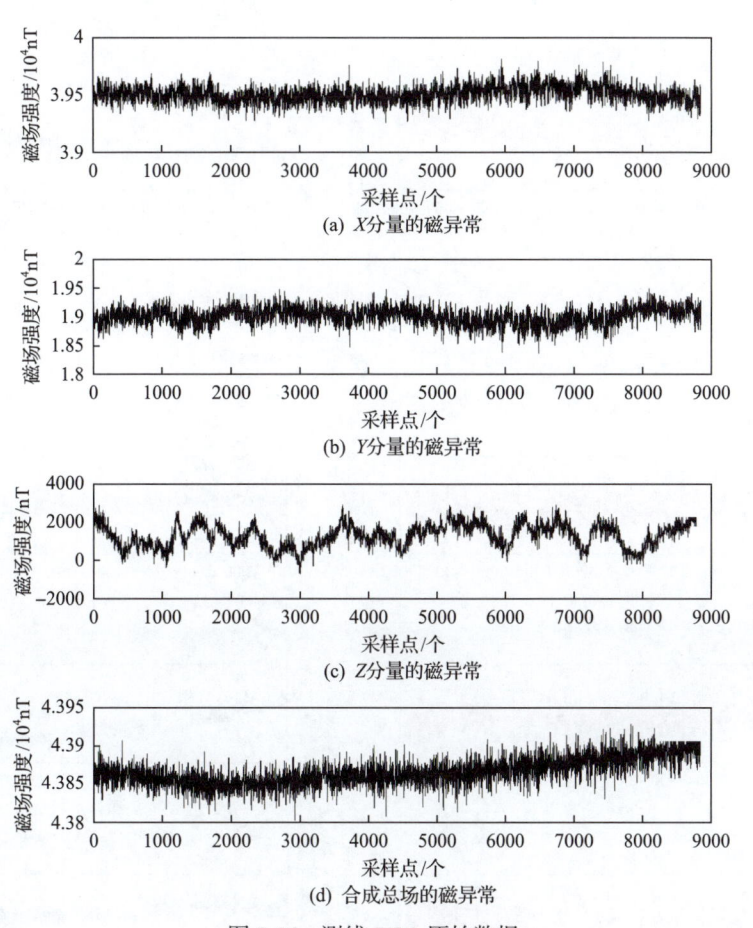

(a) X 分量的磁异常

(b) Y 分量的磁异常

(c) Z 分量的磁异常

(d) 合成总场的磁异常

图 8.56 测线 EW2 原始数据

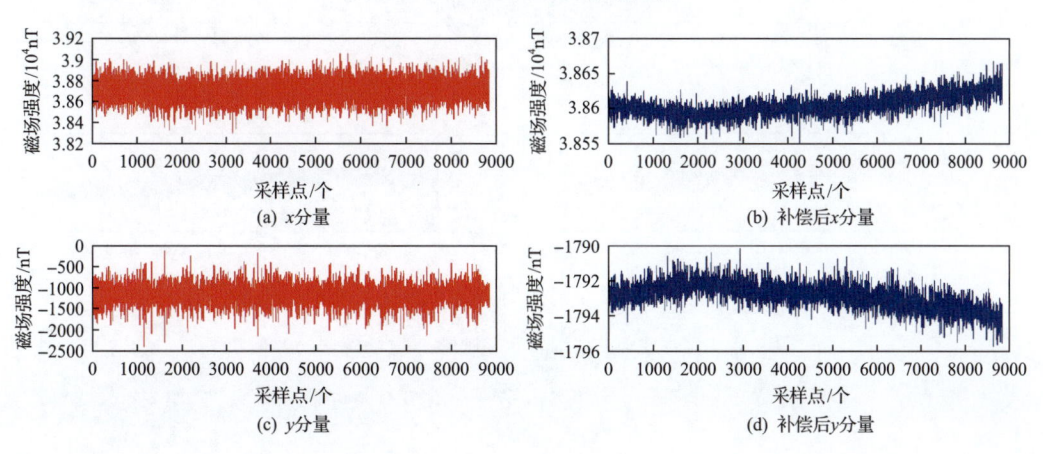

(a) x 分量

(b) 补偿后 x 分量

(c) y 分量

(d) 补偿后 y 分量

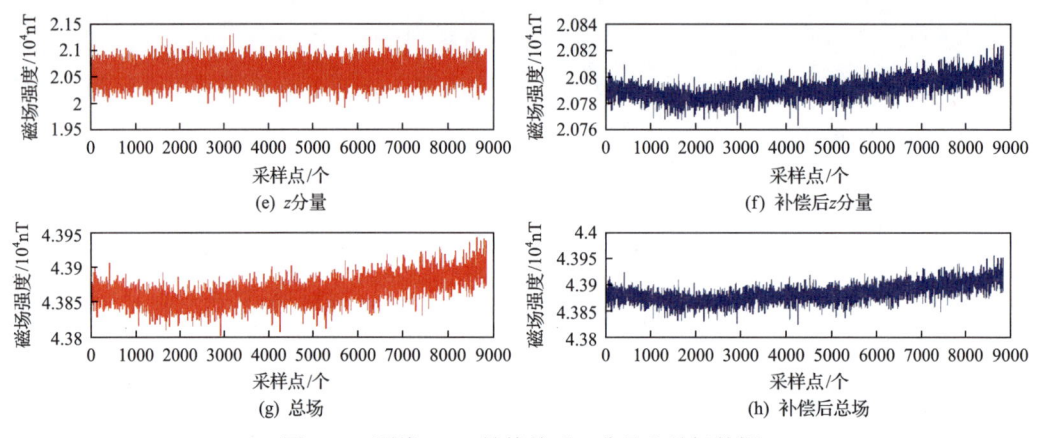

图 8.57　测线 EW2 补偿前后三分量和总场数据

该测线补偿前后数据与国际地磁场模型数据之差如图 8.58 所示，其中左侧小图为补偿前数据之差，右侧小图为补偿后数据之差。

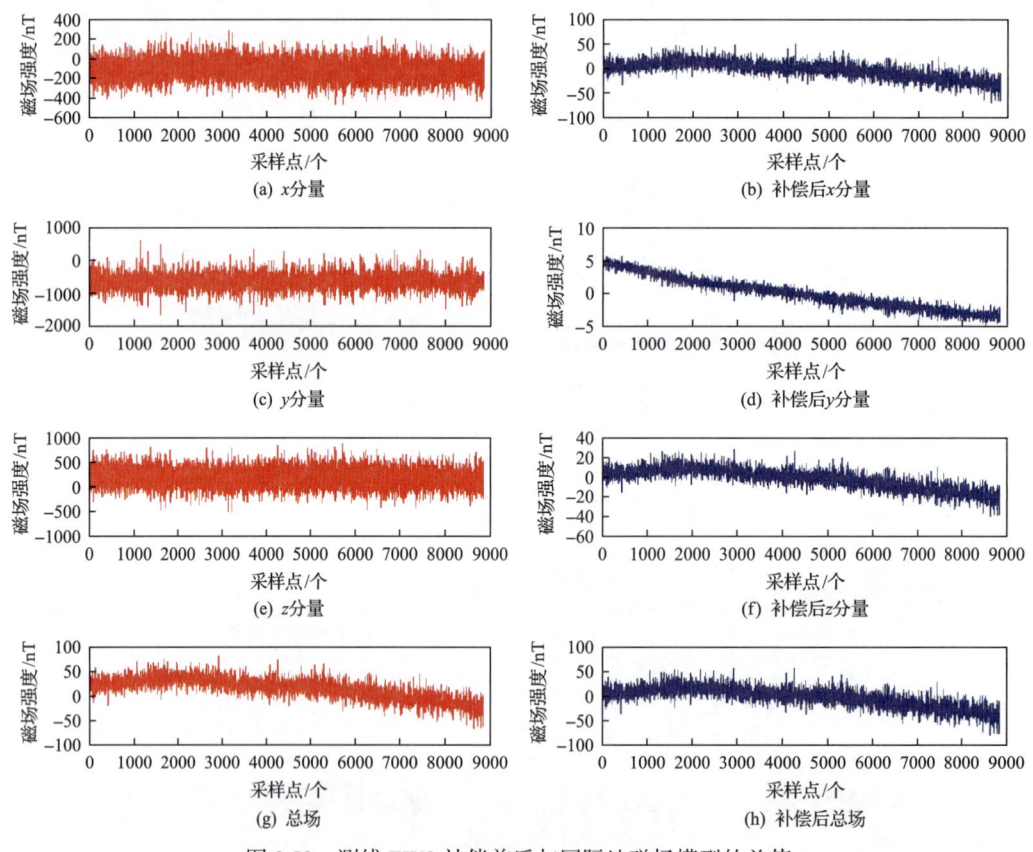

图 8.58　测线 EW2 补偿前后与国际地磁场模型的差值

补偿系数为

$$K = \begin{bmatrix} 0.7056254361 & -0.0282577593 & 0.3775100112 \\ -0.03319815129 & 0.001268109204 & -0.01684615216 \\ 0.3804385875 & -0.01329620748 & 0.2031253308 \end{bmatrix}$$

$$H_p = \begin{bmatrix} -2278.669992 & 5253.592337 & -4568.68239 \end{bmatrix}$$

EW2 测线补偿效果评估见表 8.16。

表 8.16　EW2 测线补偿效果评估

项目		最大误差/nT	平均误差/nT
补偿前	x	466.80	121.96
	y	1669.53	628.11
	z	881.74	271.15
	T	82.15	40.78
补偿后	x	50.82	16.13
	y	5.70	1.914
	z	28.18	11.949
	T	57.59	15.30

3. NS1 测线数据分析

图 8.59 为 NS1 测线数据进行姿态归算后的原始数据，由上至下分别为 X、Y、Z 分量数据及合成总场数据。图 8.60 为该测线补偿前后的三分量数据及合成总场数据，左侧小图为补偿前数据，右侧小图为补偿后数据。

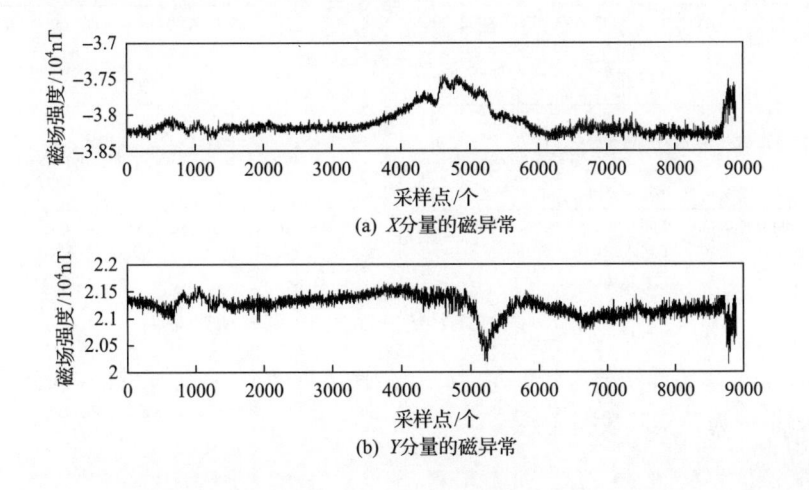

(a) X 分量的磁异常

(b) Y 分量的磁异常

(c) Z分量的磁异常

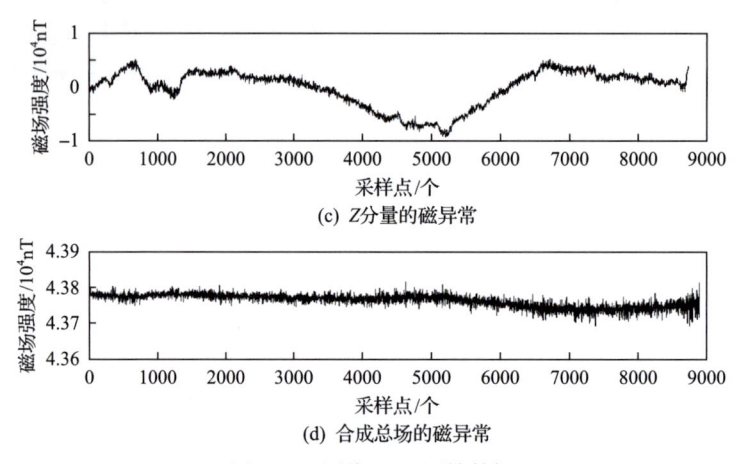

(d) 合成总场的磁异常

图 8.59　测线 NS1 原始数据

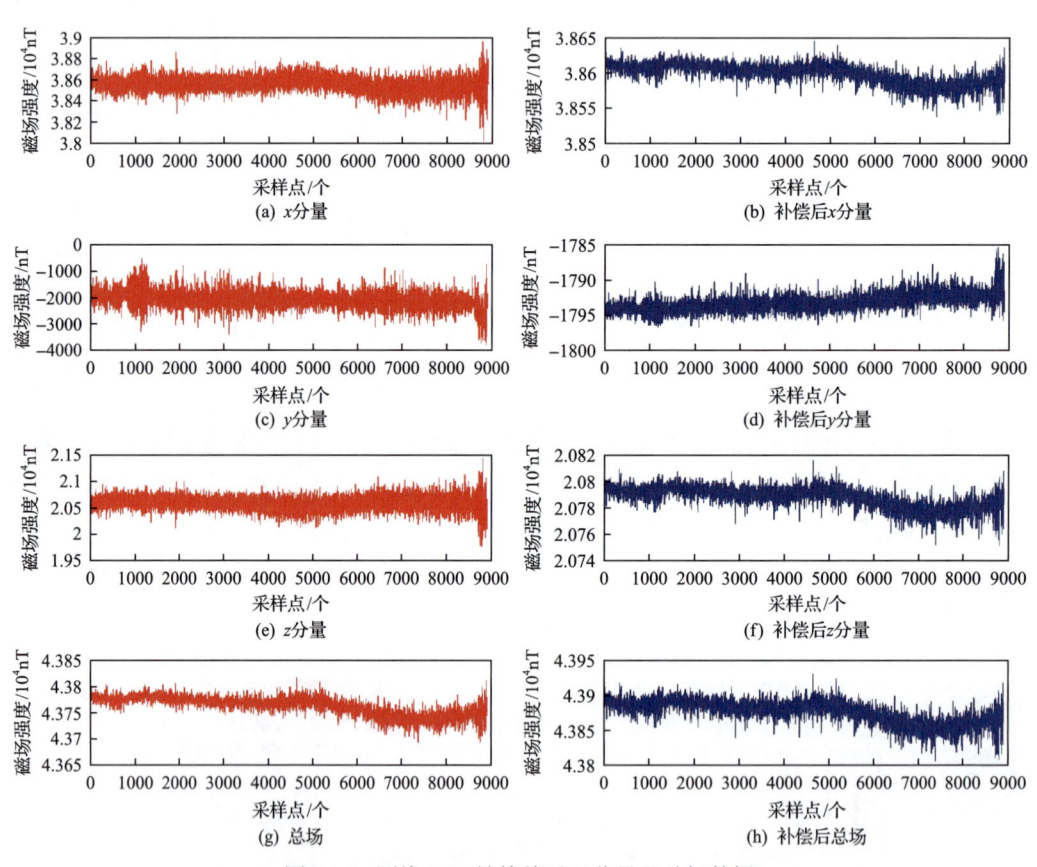

(a) x分量

(b) 补偿后x分量

(c) y分量

(d) 补偿后y分量

(e) z分量

(f) 补偿后z分量

(g) 总场

(h) 补偿后总场

图 8.60　测线 NS1 补偿前后三分量和总场数据

图 8.61 为该测线补偿前后数据与国际地磁场模型数据之差，左侧小图为补偿前数据之差，右侧小图为补偿后数据之差。

第八章 数据分析评估与应用

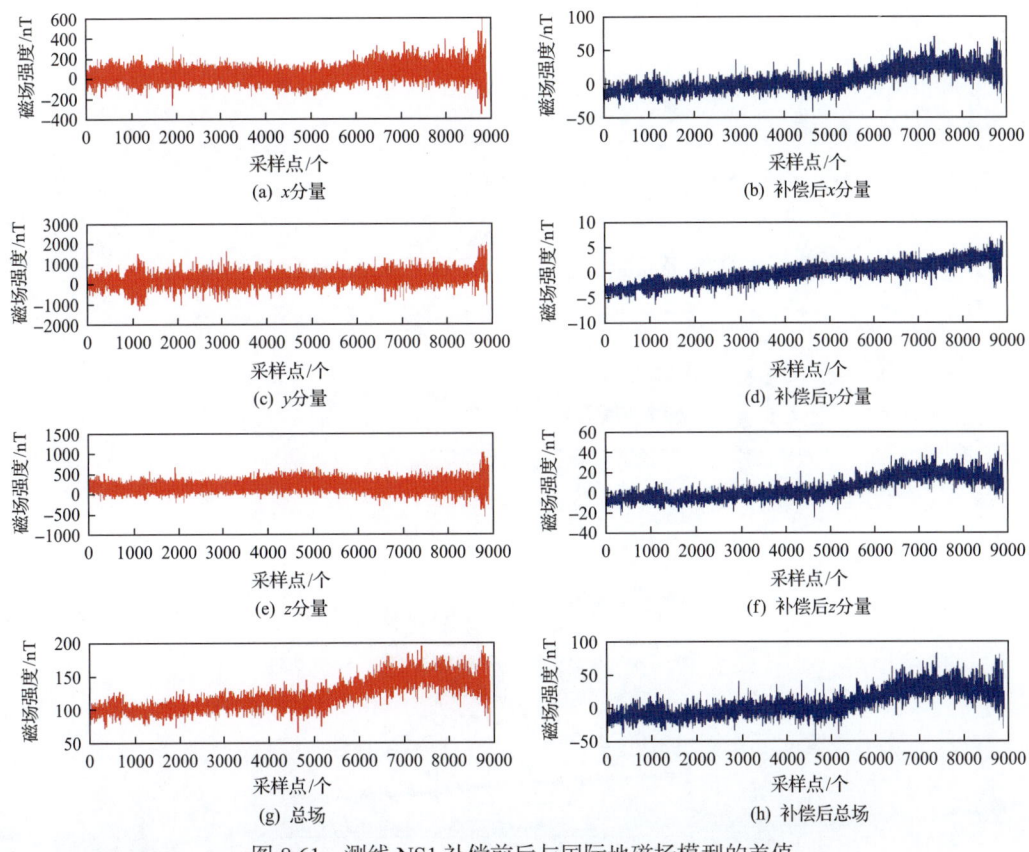

图 8.61 测线 NS1 补偿前后与国际地磁场模型的差值

补偿系数为

$$K = \begin{bmatrix} 0.7250591049 & -0.04659164004 & 0.3809611991 \\ -0.03256784883 & -0.0008183548335 & -0.01916335723 \\ 0.3929683705 & -0.02619918901 & 0.2002307335 \end{bmatrix}$$

$$H_p = \begin{bmatrix} -4461.498246 & -8250.470602 & 395.6331121 \end{bmatrix}$$

NS1 测线补偿效果评估见表 8.17。

表 8.17 NS1 测线补偿效果评估

项目		最大误差/nT	平均误差/nT
补偿前	x	587.54	64.06
	y	2019.91	359.99
	z	1022.71	208.54
	T	194.34	119.11
补偿后	x	69.19	12.99
	y	7.19	1.71
	z	44.55	8.95
	T	57.59	15.30

4. NS2 测线数据分析

测线 NS2 数据进行姿态归算后的原始数据如图 8.62 所示，由上至下分别为 X、Y、Z 分量数据及合成总场数据。

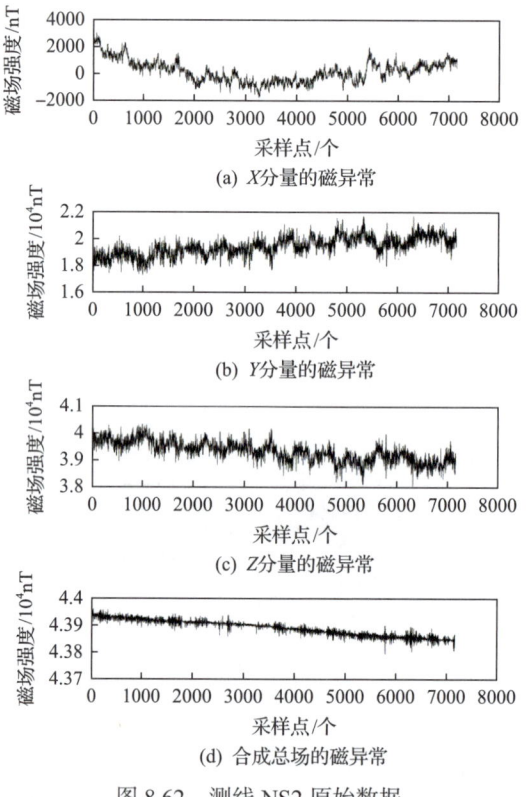

(a) X 分量的磁异常

(b) Y 分量的磁异常

(c) Z 分量的磁异常

(d) 合成总场的磁异常

图 8.62　测线 NS2 原始数据

图 8.63 为该测线补偿前后的三分量数据及合成总场数据，左侧小图为补偿前数据，右侧小图为补偿后数据。图 8.64 为测线补偿前后数据与国际地磁场模型数据之差，左侧小图为补偿前数据之差，右侧小图为补偿后数据之差。

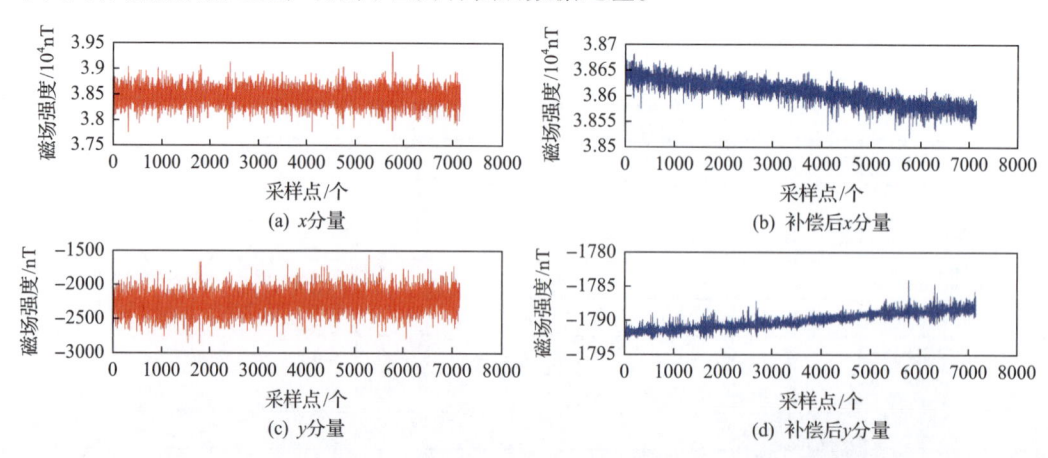

(a) x 分量

(b) 补偿后 x 分量

(c) y 分量

(d) 补偿后 y 分量

图 8.63 测线 NS2 补偿前后三分量和总场数据

图 8.64 测线 NS2 补偿前后与国际地磁场模型的差值

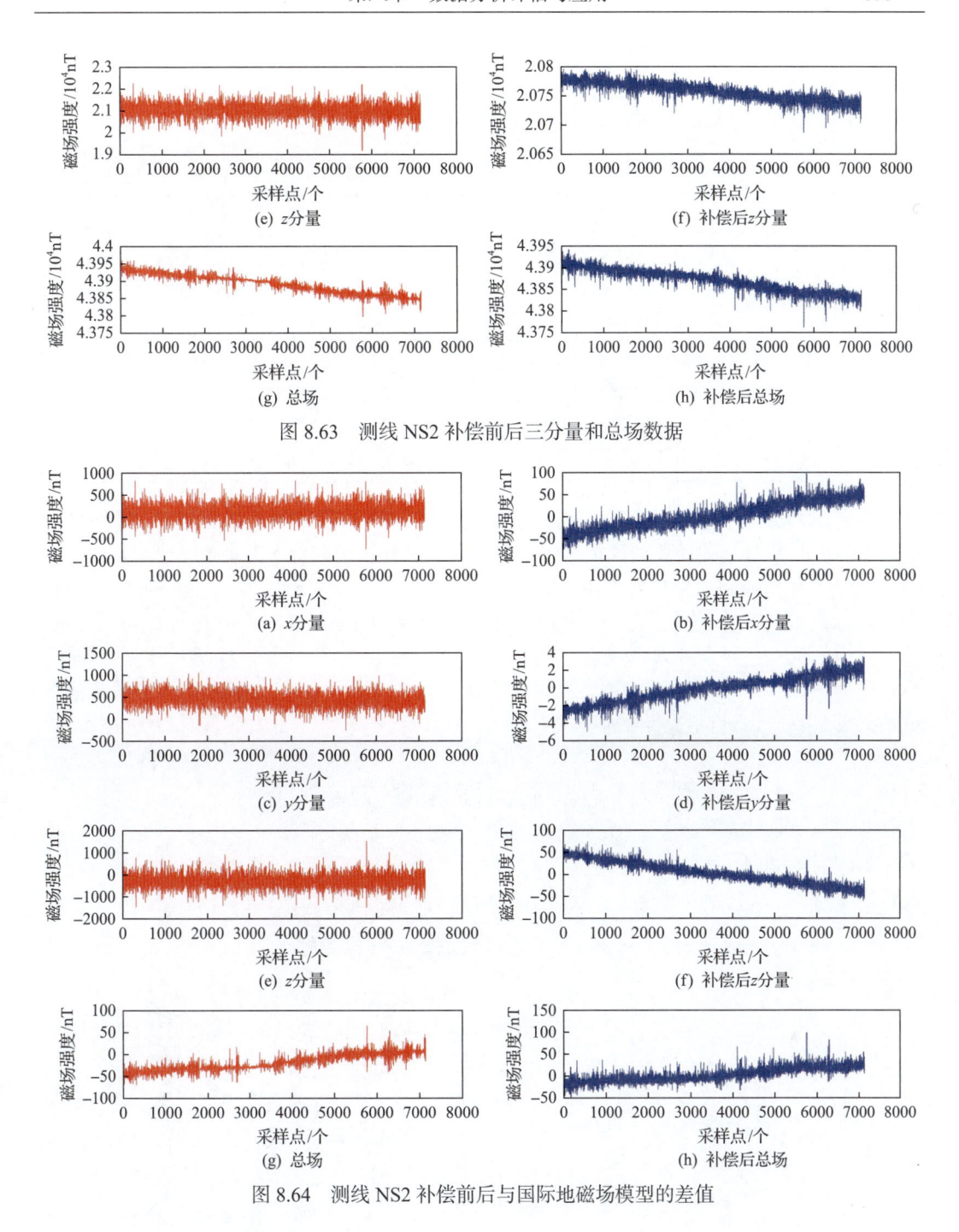

测线 NS1 的补偿系数为

$$K = \begin{bmatrix} 0.7314291569 & 0.01926049401 & 0.3911830659 \\ -0.03324147142 & 0.003734607336 & -0.01886929387 \\ 0.3853985517 & -0.06173261048 & 0.2169085121 \end{bmatrix}$$

$$H_p = \begin{bmatrix} -2629.861536 & 228.205909 & -957.8183662 \end{bmatrix}$$

NS2 测线的补偿效果评估见表 8.18。

表 8.18　NS2 测线补偿效果评估

项目		最大误差/nT	平均误差/nT
补偿前	x	829.77	185.01
	y	1058.14	452.05
	z	1568.98	333.27
	T	168.15	41.90
补偿后	x	98.68	25.65
	y	3.91	1.19
	z	75.34	21.31
	T	100.73	13.29

本次试验完成了水下三分量磁力测量系统对 2000m 水下磁场环境的测量。在一固定航向上测得的实时总磁场波动比湖试更理想，在未经修正的前提下波动量小于 100nT，经过后期处理并转换到大地坐标系下的总场波动小于 20nT。三分量磁场经过姿态仪转换到大地坐标系下的三分量数据在一固定航向上的波动均小于 20nT，总场波动值也在 20nT 的范围内，第一次试验精度 9.4nT，第二次试验精度 13.2nT。同时也证明了姿态仪对三分量磁力仪在实时动态测量中进行高精度坐标转换是可行的，三分量磁力测量系统的海试结果满足系统设计的技术指标要求。

第五节　近海底重磁探测数据的应用

数据采集整理、处理和评估后，中国地质大学(北京)应用这些数据进行了"海洋水下位场转换理论与方法技术"研究，并获得了较为理想的结果，海试数据也得到了充分的应用。

一、近海底重磁探测数据一

本节使用的水下近海底重磁数据为 2018 年底广州海洋地质调查局海洋地质四号船组织实施的第一次海上试验采集数据。数据为 500m 水深区进行 2.5～5kn 船速的以往返重复性测量和交叉线测量获得的数据，合计完成了 8 条测线，长度约 160km。采用此系统测量图 8.65 范围中的水面与水下相互对应的四条测线——CL1、CL2、ML1、ML2。

其中测线 ML1 与 ML2 测线有多条重复测线，如图 8.66 所示，图中上半部分异常值偏大的为水下数据，下半部分异常值偏小的为水面实测数据，选取重复测线中水面、水下对应关系较好的测线 ML1-1

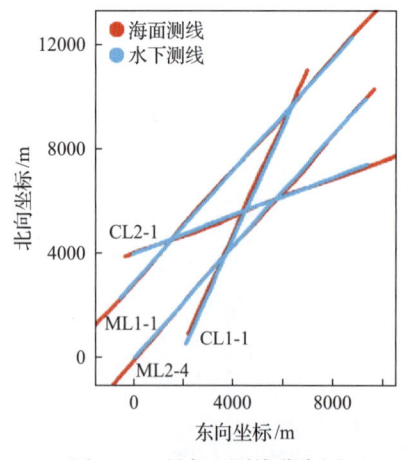

图 8.65　研究区测线分布图

与 ML2-4 进行后续处理。

第八章 数据分析评估与应用 ·597·

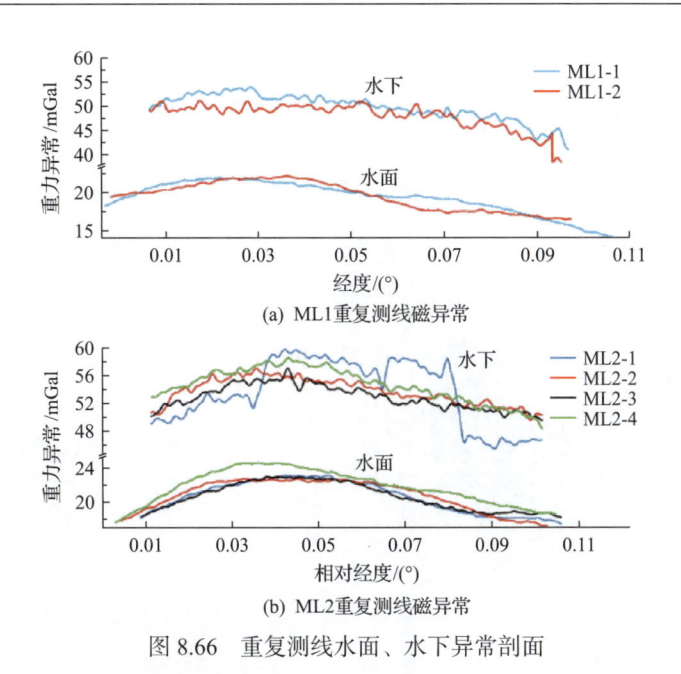

(a) ML1重复测线磁异常

(b) ML2重复测线磁异常

图 8.66 重复测线水面、水下异常剖面

各条测线深度分布如图 8.67 所示，CL1-1(蓝线)在 280～320m 浮动；CL2-1 除部分

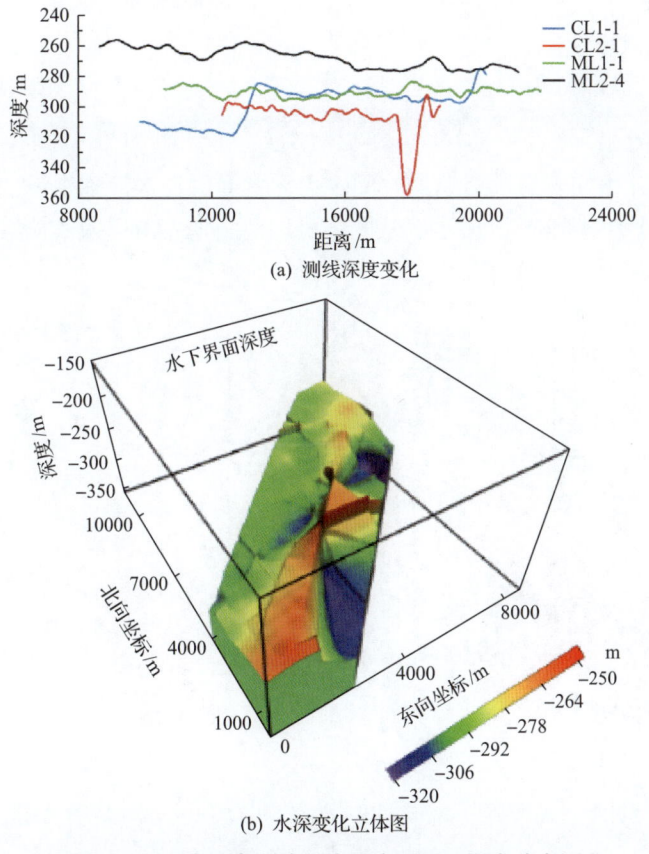

(a) 测线深度变化

(b) 水深变化立体图

图 8.67 研究区各测线深度及水下界面深度分布图

区域陡增到360m外，其余在300～320m浮动；ML1-1较为平稳，在280～300m浮动；ML2-4（蓝线）呈现变浅的趋势，从32m变化到280m，结合其深度进行后续的曲面延拓。

图8.68(a)和图8.68(b)分别为仪器测量所得水面和水深下300m处的空间重力数据，将水面处数据按测线深度曲面向下延拓与此水深处数据进行对比，以此来验证向下延拓技术的可靠性。

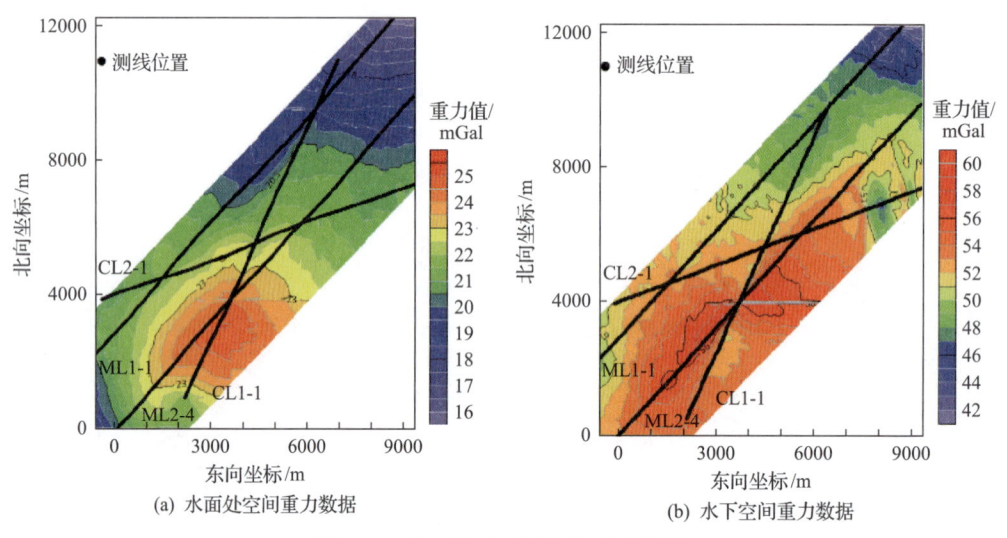

(a) 水面处空间重力数据　　(b) 水下空间重力数据

图8.68　水面和水下的空间重力数据

利用上述去除中间岩层填充后的空间重力异常并进行水面到水下的约束向下延拓，结果如图8.69(b)和图8.69(c)所示。从图中可以清晰地看出引入实测数据约束后的等效源延拓结果在异常形态与幅值上都更加接近真实值。

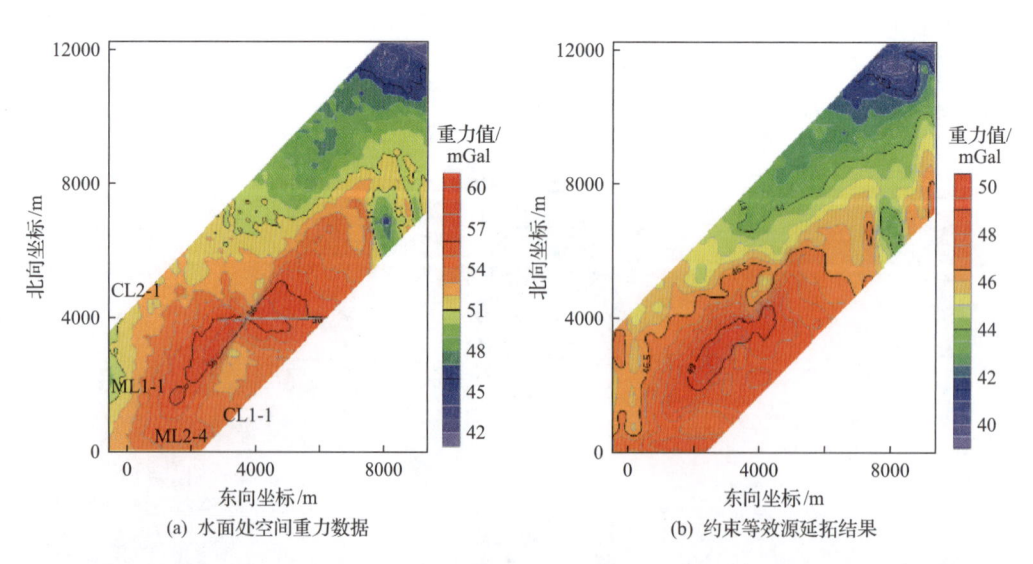

(a) 水面处空间重力数据　　(b) 约束等效源延拓结果

第八章 数据分析评估与应用

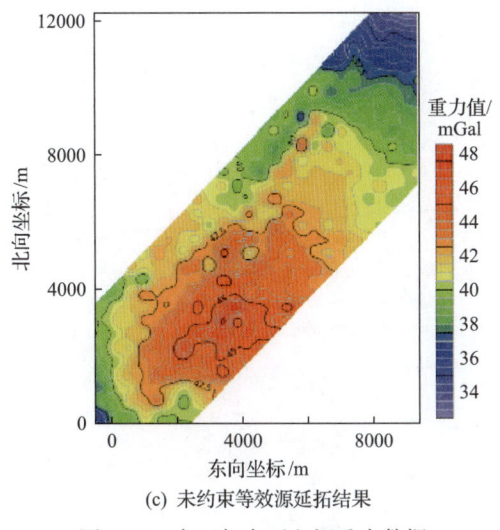

(c) 未约束等效源延拓结果

图 8.69 水面与水下空间重力数据

测线结果如图 8.70 所示，图 8.70(a)~(d) 依次对应测线 CL1、CL2、ML1-1 与 ML2-4 的结果。从图中可以发现经过约束向下延拓后测线的空间重力值与实际水下测线数据虽然部分趋势有所差异，但能较好地拟合实测数据，大部分偏差都在 –3~3mGal 浮动。

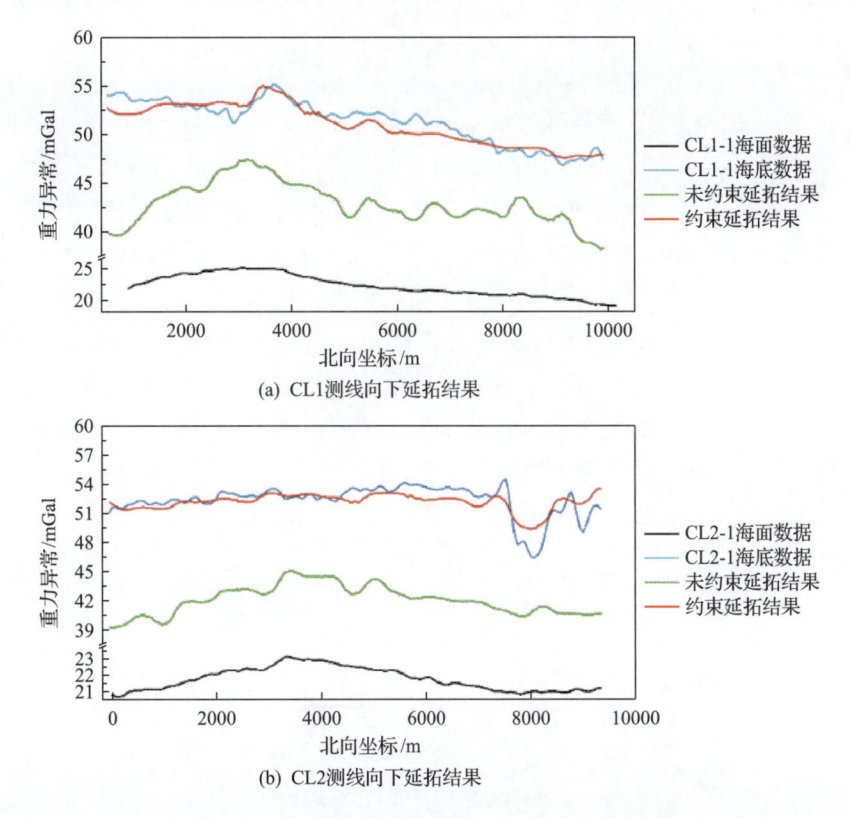

(a) CL1测线向下延拓结果

(b) CL2测线向下延拓结果

(c) ML1-1测线向下延拓结果

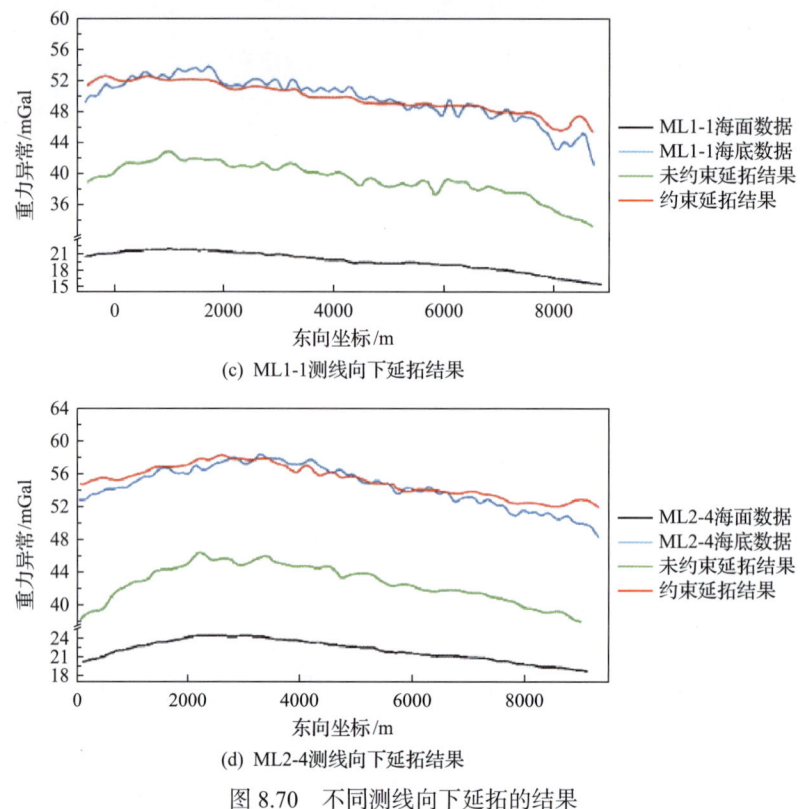

(d) ML2-4测线向下延拓结果

图 8.70 不同测线向下延拓的结果

图 8.71 是每条测线的实测数据与延拓结果的差值占实测值的百分比，百分比曲线是每点延拓结果与其对应位置的水下实测值的差值绝对值占该实测点的百分比。从图中可以看出每条测线误差均小于要求的 30%（黑线），每条测线误差百分比的具体数值如图 8.72 所示，图中每个饼状图颜色由浅到深依次对应误差百分比增大，误差占比饼状图是将每条测线上的误差分段，每段对应相应的误差占比。例如，在 CL1-1 测线误差中，3.254%～4.061%的误差占整条测线误差的 7%，以此类推。

最终，采用约束等效源延拓法，再结合观测面的起伏数据对该研究区的数据进行多次延拓，理论上可以得到任意所需深度处的重力异常，在此以 100m 为间隔进行曲面延拓后得到研究区水下重力异常数据体，如图 8.73 所示。

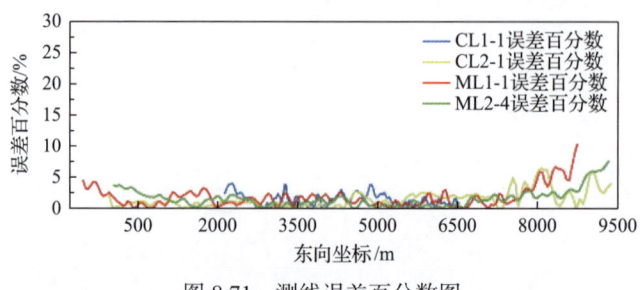

图 8.71 测线误差百分数图

第八章　数据分析评估与应用　　·601·

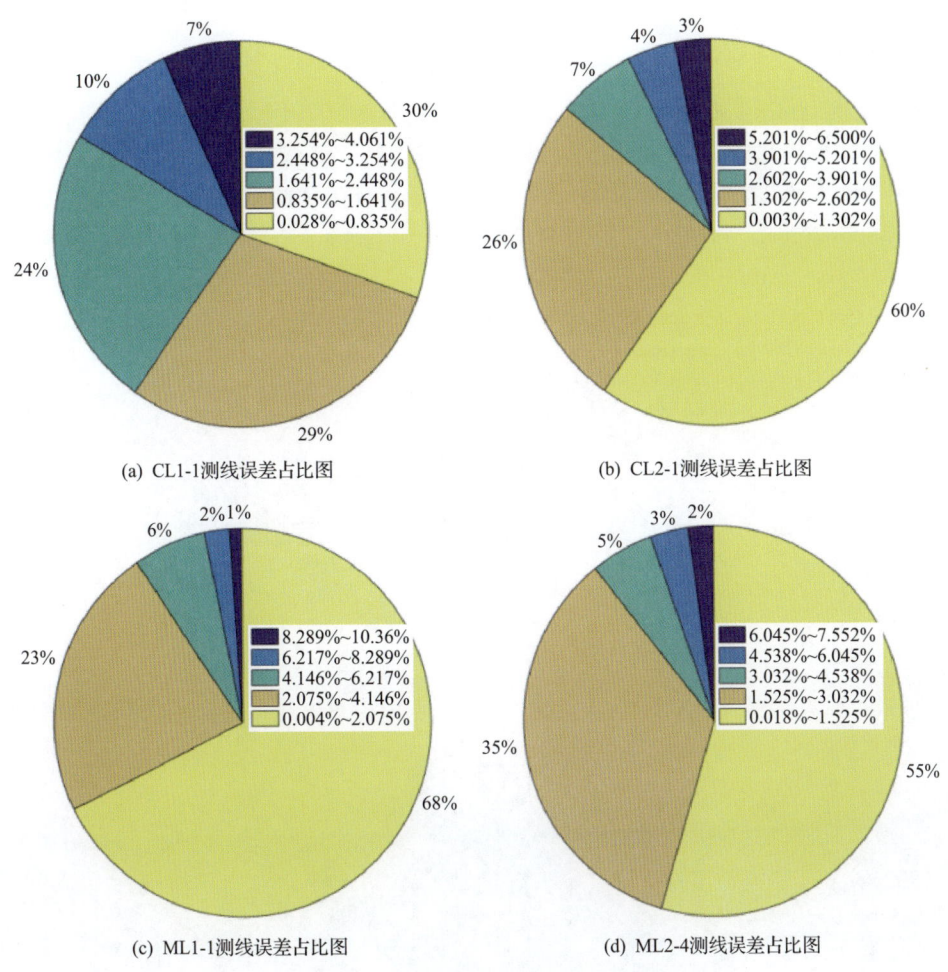

(a) CL1-1测线误差占比图

(b) CL2-1测线误差占比图

(c) ML1-1测线误差占比图

(d) ML2-4测线误差占比图

图 8.72　每条测线误差百分数饼状图

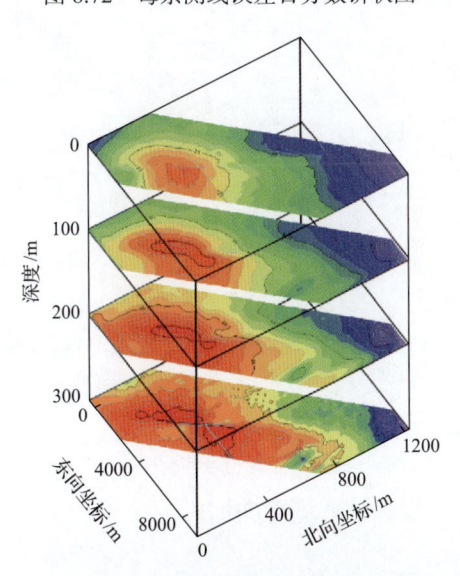

图 8.73　测区重力异常数据体图

二、近海底重磁探测数据二

本数据为广州海洋地质调查局的海洋地质四号调查船 2019 年在南海北部水深 2000m 海域采集的数据。采集 10 条测线段，共计 120.7km，其中重复测线 4 条，共计 63.7km。

研究区测线深度如图 8.74 所示，除 EW1-1（蓝线）在 2000~2200m 深处，其他测线平均在 1850m 深度处浮动。

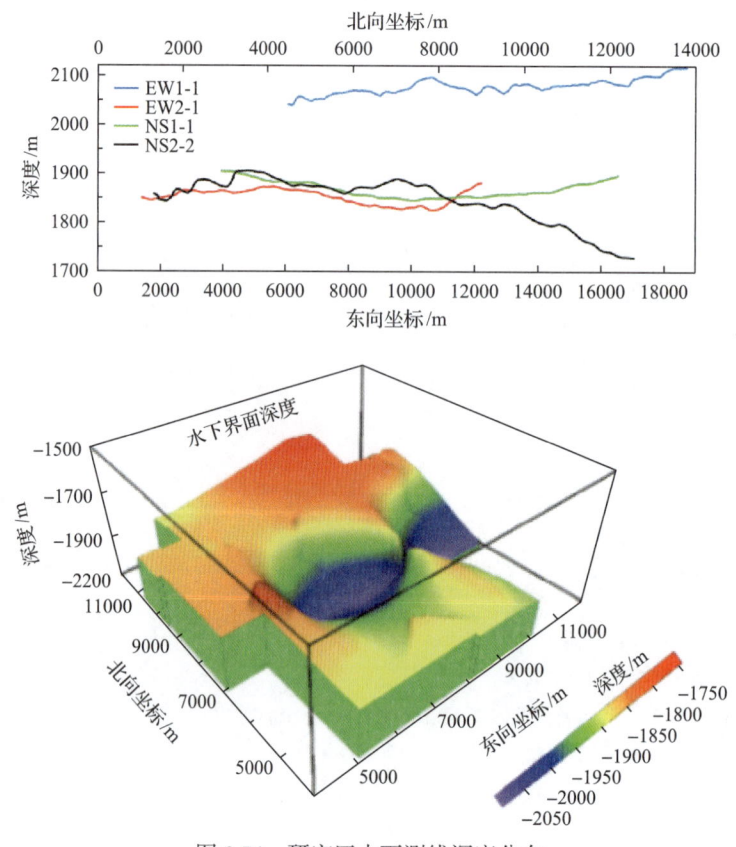

图 8.74 研究区水下测线深度分布

（一）重力数据

由于水面、水下测线有部分并未对应，所以截取其相同区域的数据点进行后续处理，截取结果如图 8.75 所示。

采用此系统测量图 8.75 范围中的水面与水下相互对应的四条测线——EW1、EW2、NS1-1、NS2-1，其中 EW1 与 EW2 测线有多次测量的情况，选取其中质量较好的 EW1-1 与 EW2-1 进行处理，如图 8.76 所示。

图 8.77(a) 是水面处空间重力数据，图 8.77(b) 为水下处空间重力数据，该数据均为仪器测量所得，将水面处数据按测线深度曲面向下延拓并与此水深处数据进行对比。

第八章 数据分析评估与应用

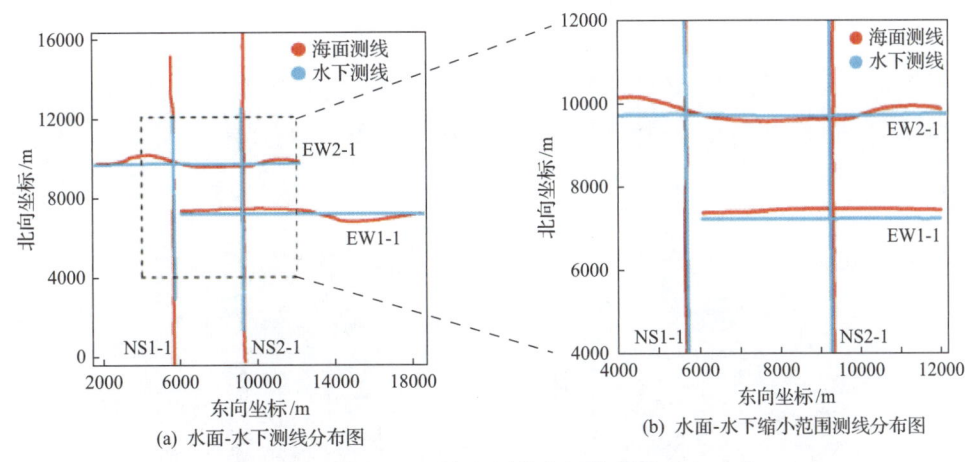

(a) 水面-水下测线分布图　　　(b) 水面-水下缩小范围测线分布图

图 8.75　研究区测线位置分布图

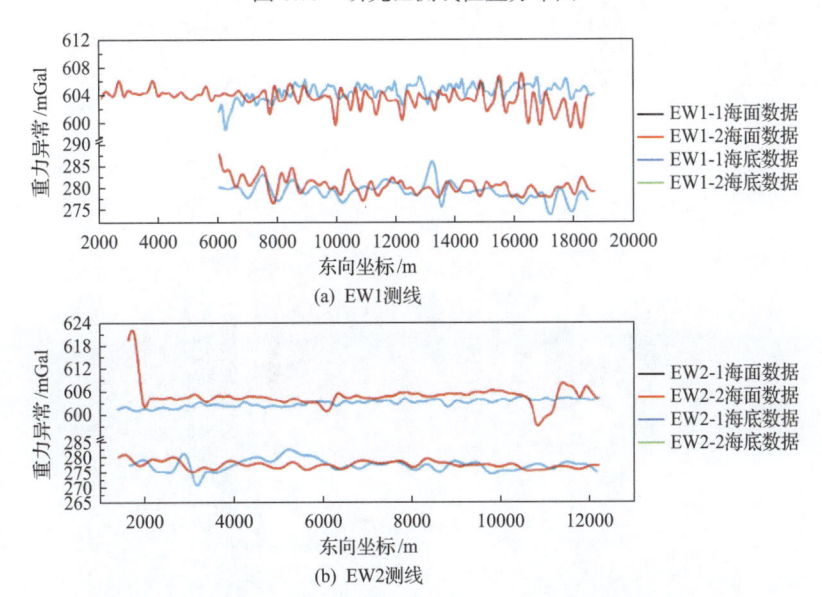

(a) EW1测线

(b) EW2测线

图 8.76　重复测线水面、水下异常剖面

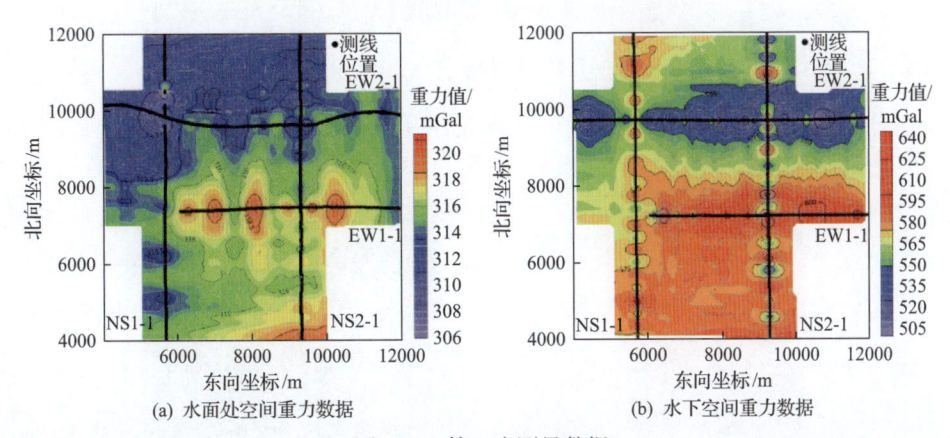

(a) 水面处空间重力数据　　　(b) 水下空间重力数据

图 8.77　第二次测量数据

利用上述去除中间岩层填充后的空间重力异常并进行水面到水下的约束向下延拓，结果如图 8.78(b) 和图 8.78(c) 所示。相比未约束的结果，加入约束后的延拓结果在趋势上呈现出与真实值相同的北低南高的形态，北东处的低值异常得以体现，异常形态与幅值也更加接近实测值。

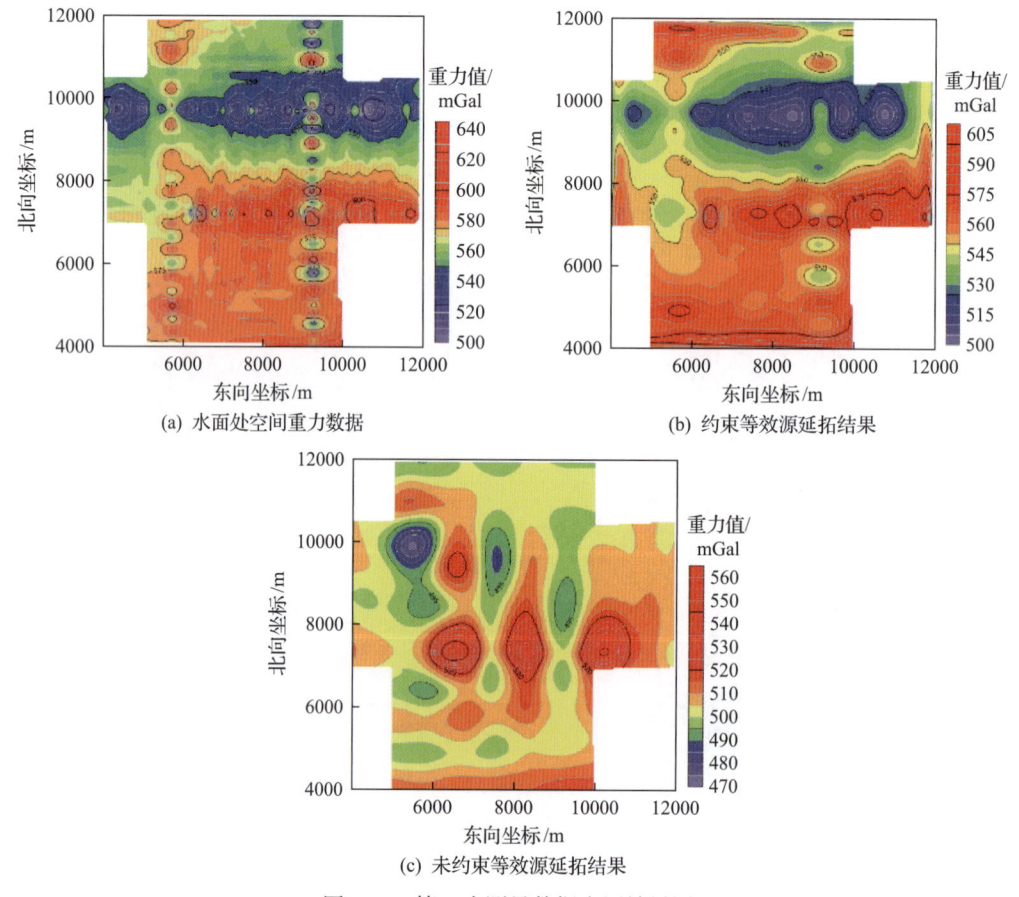

(a) 水面处空间重力数据

(b) 约束等效源延拓结果

(c) 未约束等效源延拓结果

图 8.78　第二次测量数据应用效果图

提取水面与水下相同点位处的数据剖面进行对比，如图 8.79 所示。约束延拓后的数据不仅能更好地拟合实测值，还能体现出更多在水面测量时未能体现出的异常信息。

图 8.80 是每条测线的实测数据与延拓结果的差值占实测值的百分数，从图中可以直观地看出每一条测线的误差值均未超过 30%（黑线），幅值均在 10% 左右波动。每条测线误差百分数的具体数值见图 8.81，图中每个饼状图的颜色由浅到深依次对应误差百分数增大，每个颜色图例所对应的误差范围占比为该图例颜色部分旁边的对应数值。

第八章 数据分析评估与应用

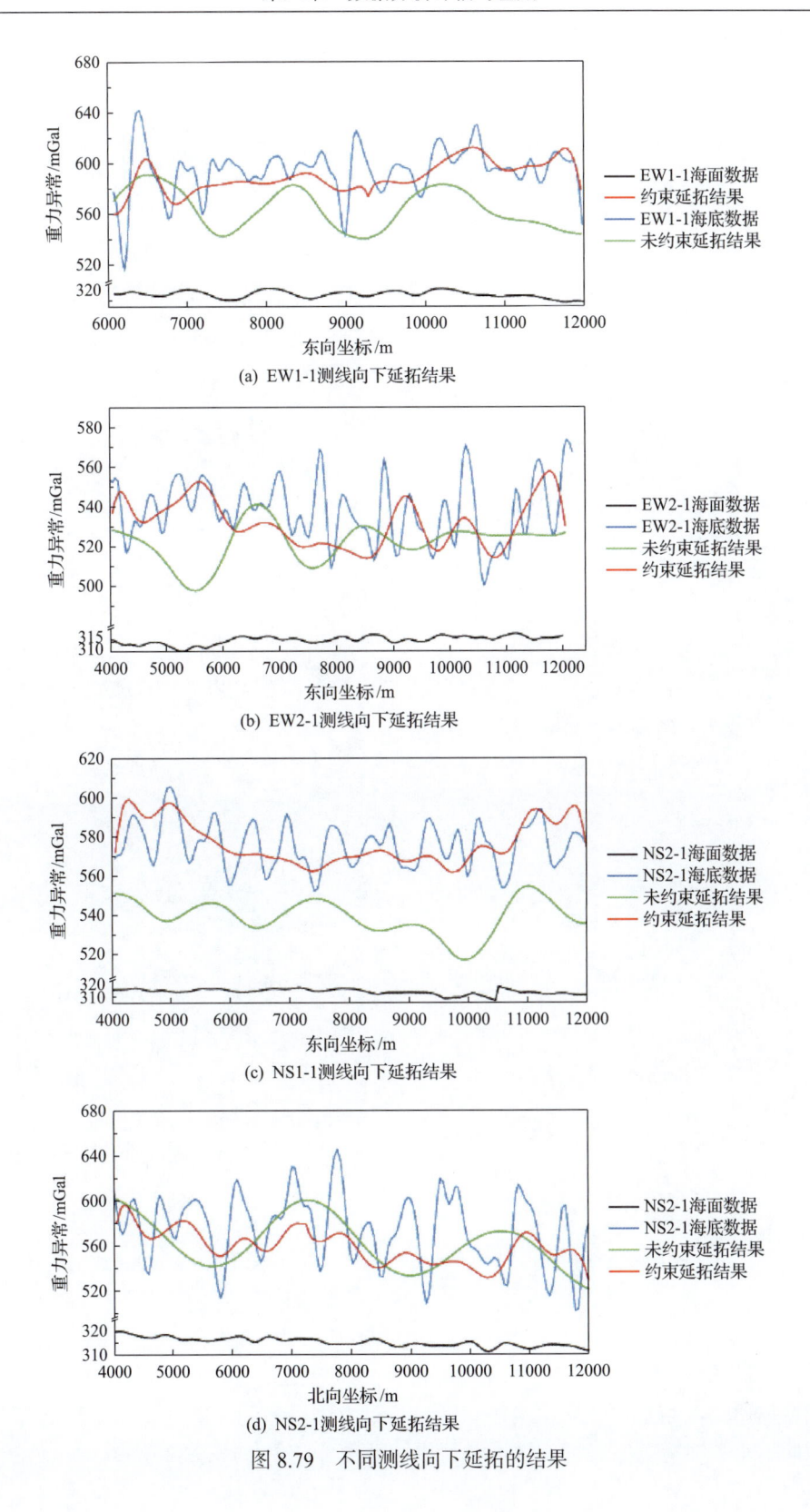

(a) EW1-1测线向下延拓结果

(b) EW2-1测线向下延拓结果

(c) NS1-1测线向下延拓结果

(d) NS2-1测线向下延拓结果

图 8.79 不同测线向下延拓的结果

图 8.80 测线误差百分数图

(a) CL1-1测线误差占比图

(b) CL2-1测线误差占比图

(c) ML1-1测线误差占比图

(d) ML2-4测线误差占比图

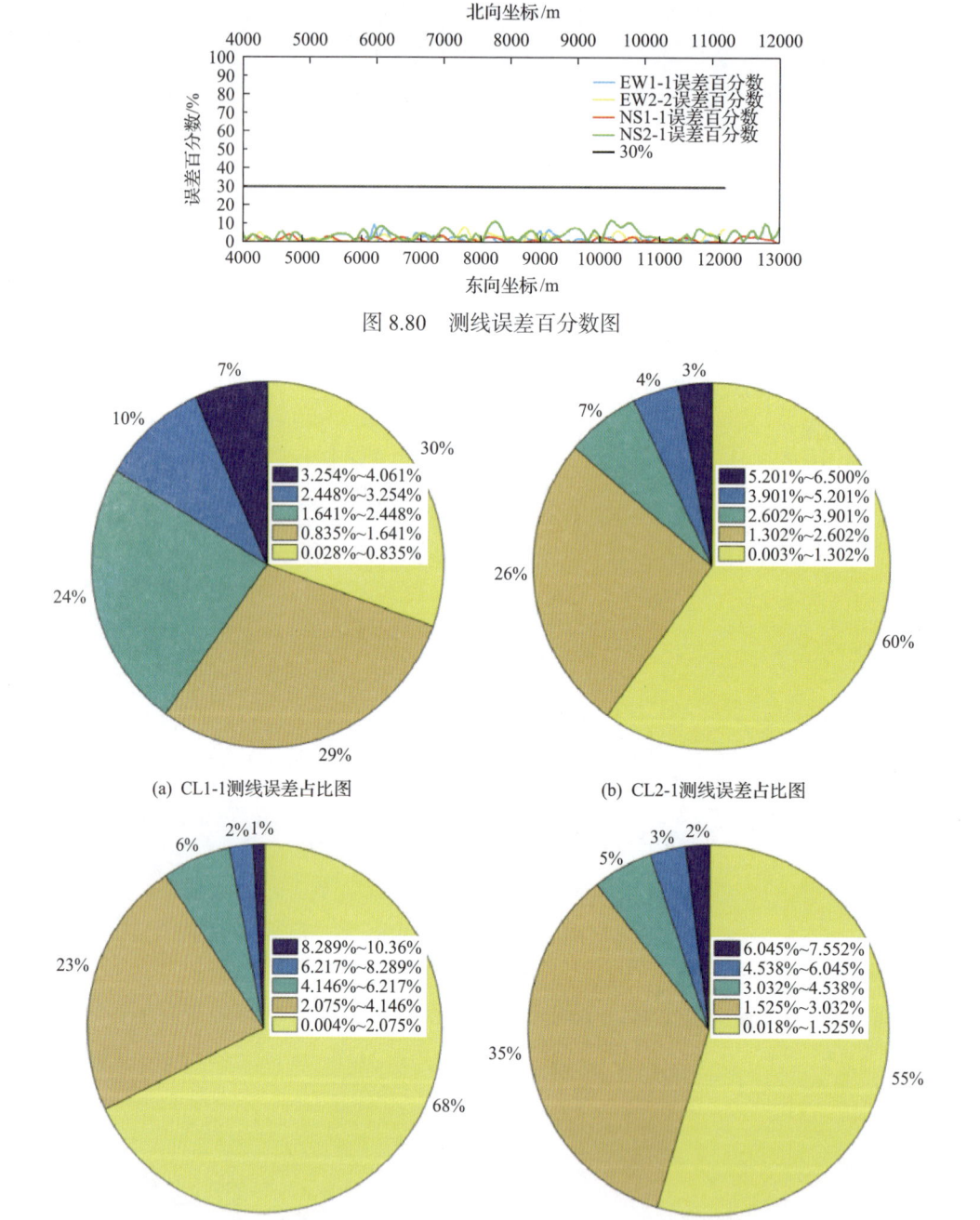

图 8.81 每条测线误差百分数饼状图

(二) 磁数据

磁数据研究区与重力相同，测线深度均与重力测量相同，但分布与长度稍有不同，截取水面、水下对应关系较好的区域进行后续处理，结果如图 8.82 所示。

第八章 数据分析评估与应用

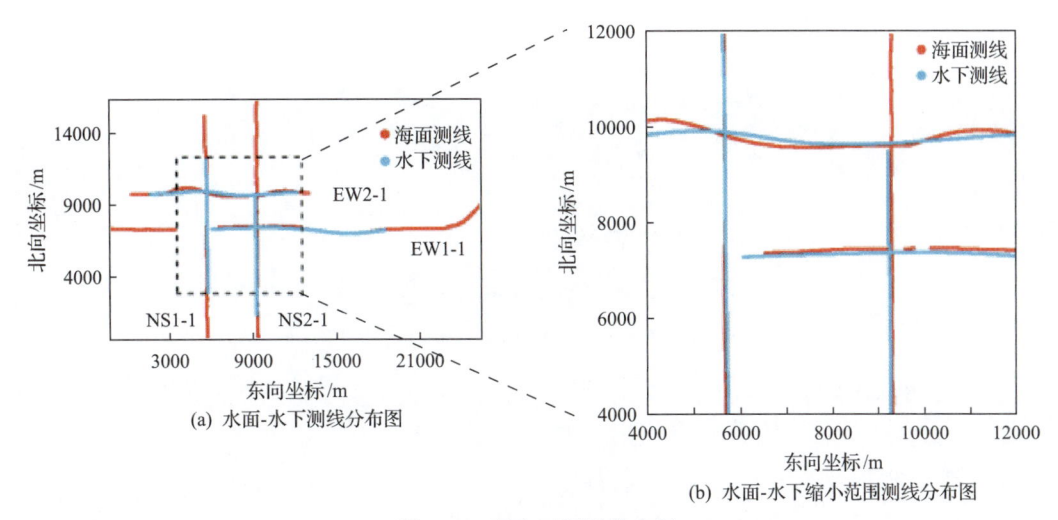

(a) 水面-水下测线分布图

(b) 水面-水下缩小范围测线分布图

图 8.82 研究区测线分布图

由于水下磁数据探测本身的性质，故测量结果噪声较多，所以需要先对各测线数据进行滤波，结果如图 8.83 所示。

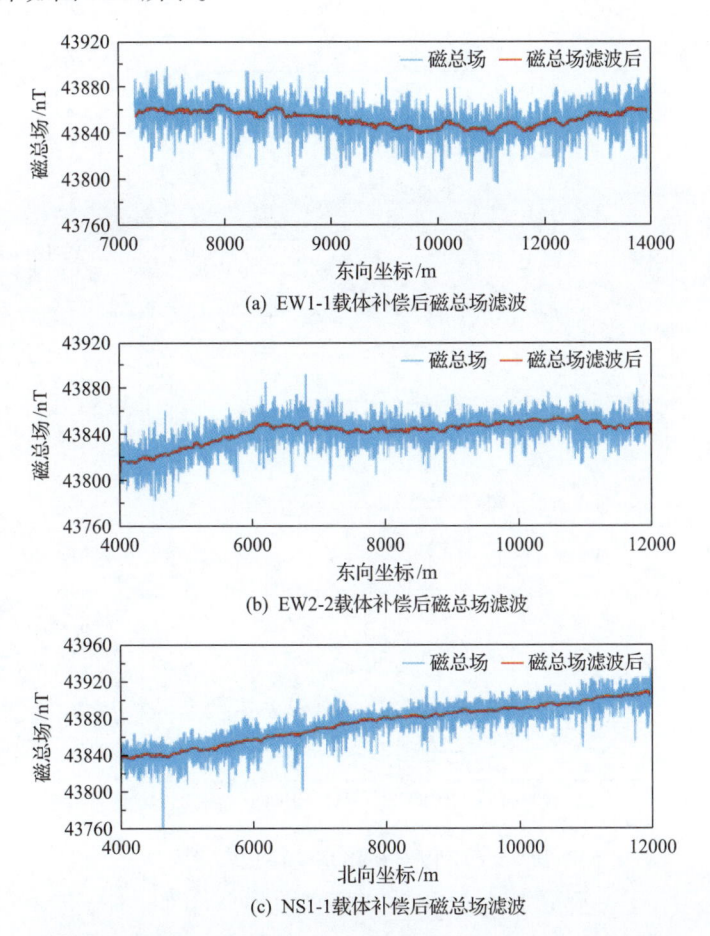

(a) EW1-1载体补偿后磁总场滤波

(b) EW2-2载体补偿后磁总场滤波

(c) NS1-1载体补偿后磁总场滤波

(d) NS2-1载体补偿后磁总场滤波

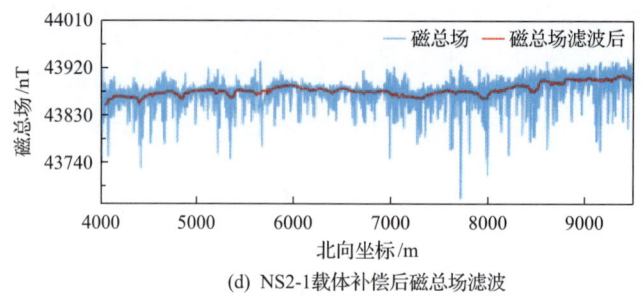

图 8.83 磁总场数据滤波结果

由图 8.84(a)可以得出，图中绿线所对应的 NS2-1 测线，水面(下)数据与其他测线的相对值及其在水下(上)数据与其他测线的相对值匹配度较差。

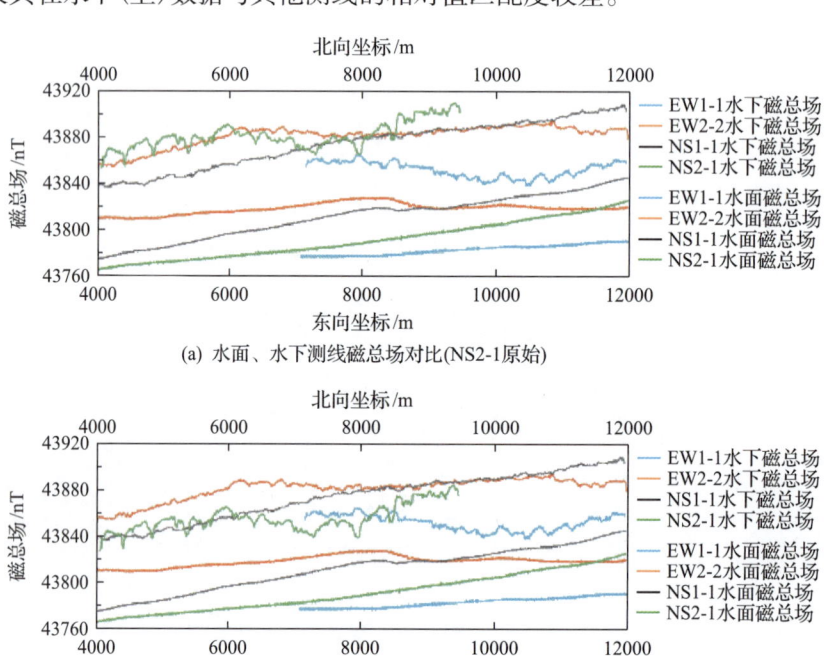

(a) 水面、水下测线磁总场对比(NS2-1原始)

(b) 水面、水下测线磁总场对比(NS2-1调平后)

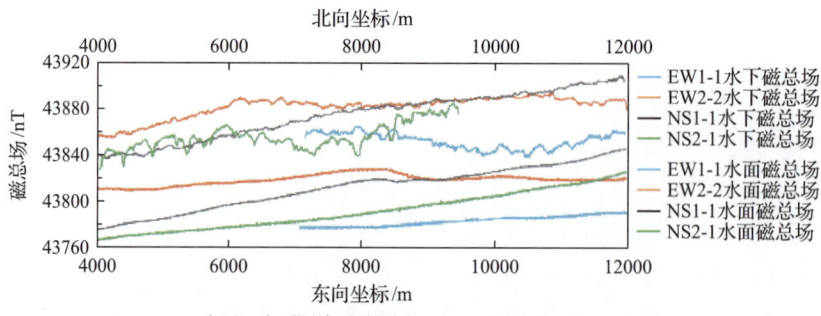

(c) 水面、水下测线磁总场对比(NS2-1调平后)

图 8.84 水下测线 NS2-1 调平剖面对比

第八章 数据分析评估与应用

在水面时 NS2-1（绿线）数据比 EW1-1（蓝线）大，小于 EW2-2（橙线）与 NS1-1（灰线），但在水下数据中 NS2-1 却是数据最大的测线。从图 8.85(b) 中也能看出，在 NS2-1 处，异常出现了不符合趋势的高值变化。对 NS2-1 水下数据进行调平处理，结果如图 8.84(b) 所示，NS2-1（绿线）水下相对值与水面相对值匹配。从图 8.85(c) 也能得出，调平后 NS2-1 处恢复正常趋势。

经过滤波和调平后的水下磁总场数据如图 8.85 所示，图 8.85(a) 为原始数据，经过滤波后得到图 8.85(b)，相比原始数据明显平滑，调平后得到图 8.85(c)，异常趋势明显。滤波后磁数据进行正常场校正后的水面、水下实测磁异常如图 8.86 所示。利用图 8.86(b) 中水下测线实测数据作为约束点，以图 8.74 中测线深度分布作为延拓曲面，对图 8.86(a) 中数据进行约束向下延拓，结果如图 8.87 所示。

延拓结果如图 8.87 所示，加入约束后的延拓结果图 8.87(b) 相比未约束的延拓结果图 8.87(c) 能更好地拟合中心处的低值异常，且异常幅值更接近实测值。提取与水下数据相同点位处的数据剖面进行对比，结果如图 8.88 所示。

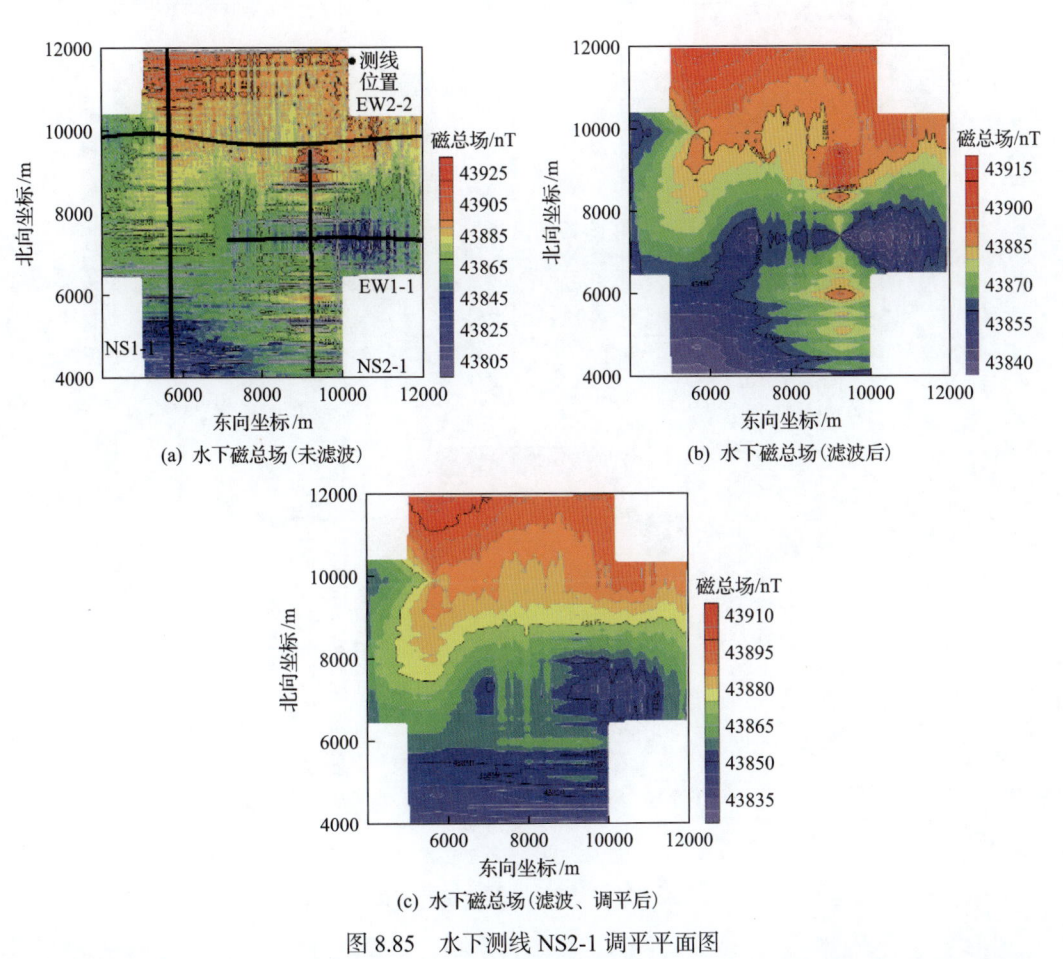

图 8.85 水下测线 NS2-1 调平平面图

(a) 水面实测磁异常

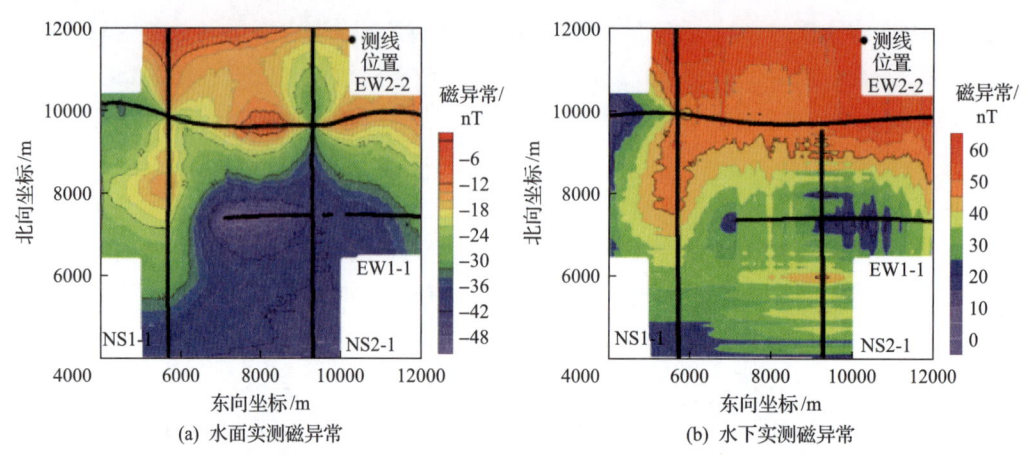

(b) 水下实测磁异常

图 8.86 滤波后磁数据进行正常场校正后的水面、水下实测磁异常

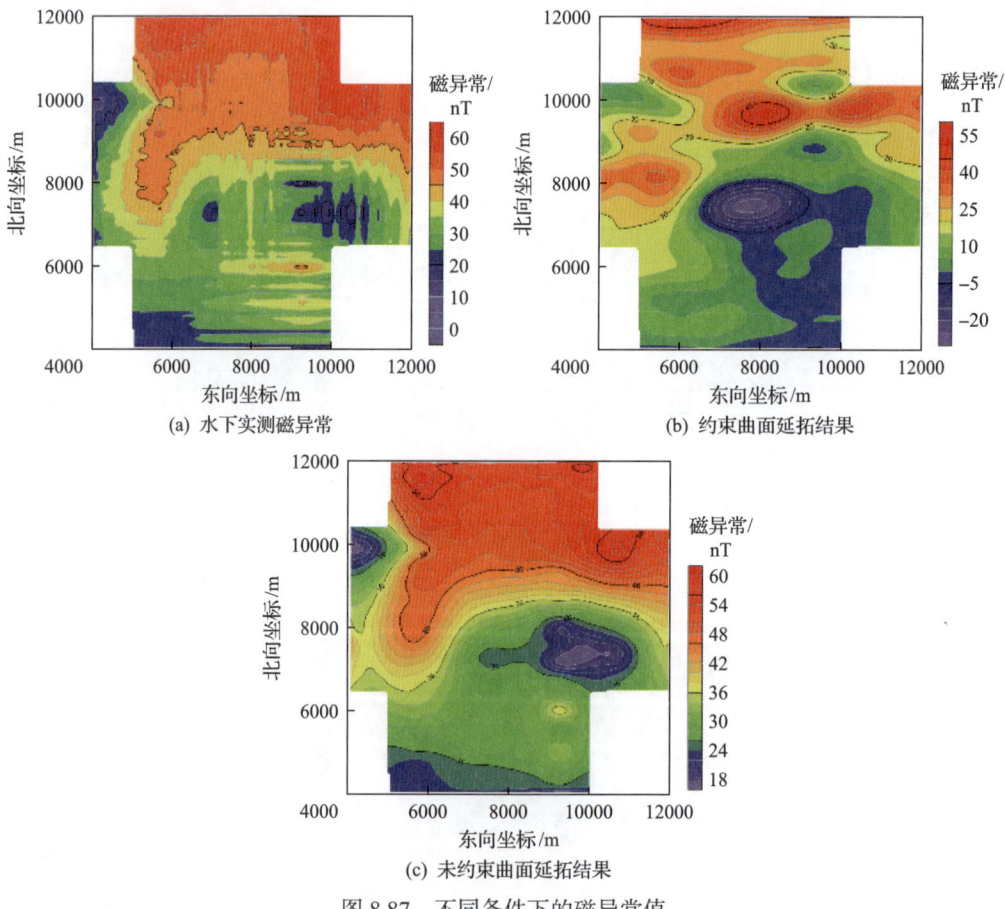

(a) 水下实测磁异常

(b) 约束曲面延拓结果

(c) 未约束曲面延拓结果

图 8.87 不同条件下的磁异常值

图 8.88 不同测线向下延拓的结果

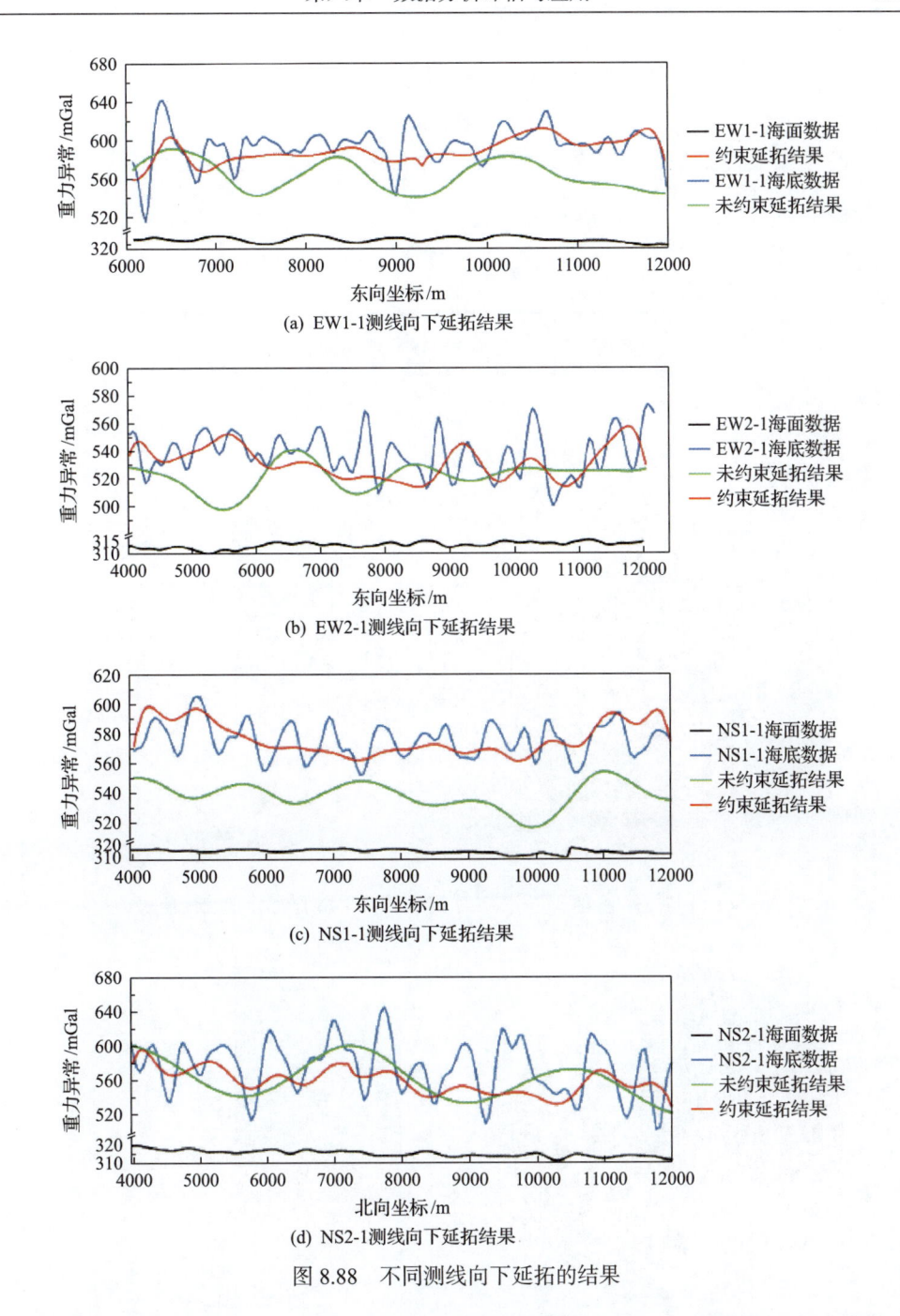

四条测线的约束延拓结果都能较好地拟合实测数据,但由于实测数据波动较大,延拓过程无法约束到波动的点上,所以结果只能拟合其趋势,但相较海面数据增加了未能探测到的异常信息。

图 8.89 是每条测线的实测数据与延拓结果的插值占实测值的百分数,由于磁数据本身的波动较大,导致误差相比重力数据的误差较大,但大部分数据误差都满足 30% 以内。每条测线误差百分数的具体数值为图 8.90 所示,NS2-1 超出 30% 的误差占比最多为

14%，EW2-2 测线超出 30%的误差占比最小为 5%。

图 8.89　测线误差百分数图

(a) EW1-1测线误差占比图

(b) EW2-2测线误差占比图

(c) NS1-1测线误差占比图

(d) NS2-1测线误差占比图

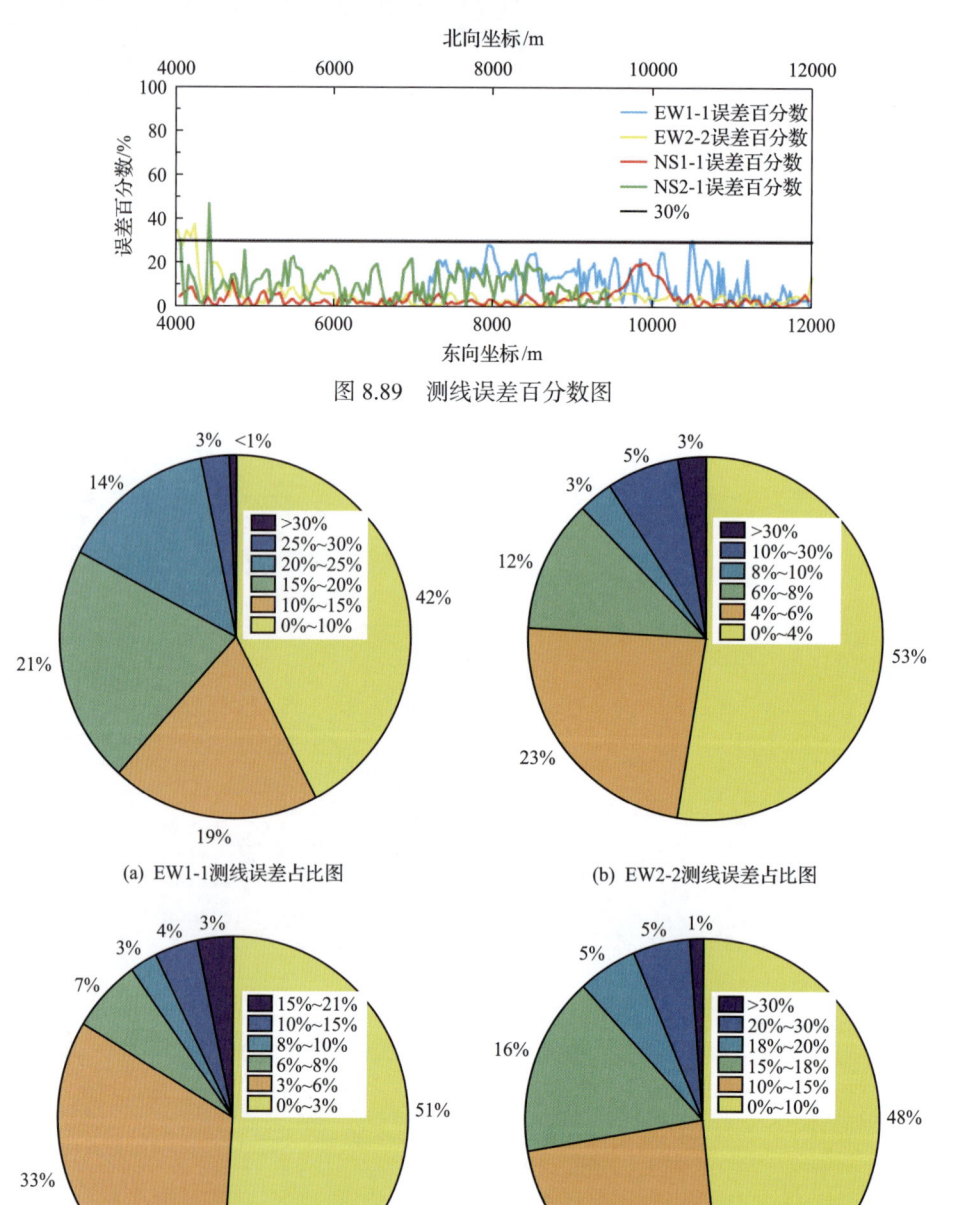

图 8.90　每条测线误差百分数饼状图

利用向下延拓技术与水下测线的约束，以一定距离进行多次向下延拓，便可以得到该测区的重力异常与磁总场的数据体，如图 8.91 和图 8.92 所示，理论上可以构建任意深度起伏界面的数据，以此得到三维重磁数据体。

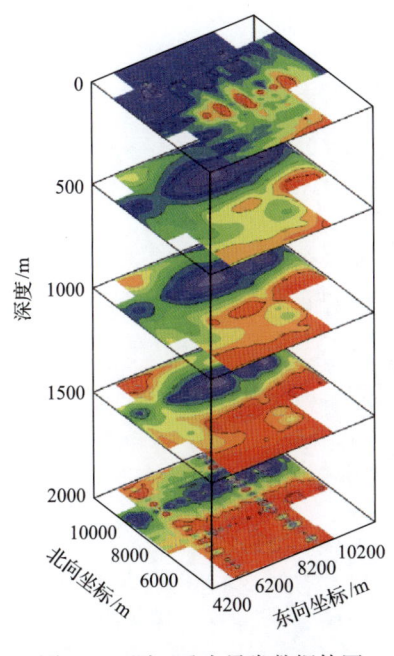

图 8.91　测区重力异常数据体图 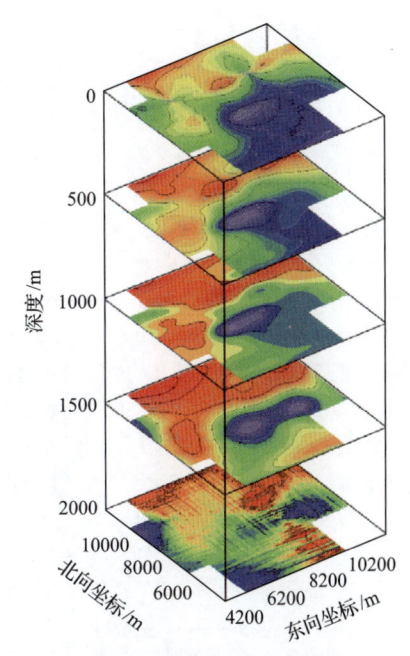　　　　图 8.92　测区磁总场数据体图

　　与直接构建延拓算子的方法相比，约束等效源向下延拓法是通过上界面重力异常构建一个等效的源，下延的本质是利用源在目标深度的一个正演过程，不像波数域迭代的下延方法，需要构建一个滤波算子通过放大信号的方式来放大高频信息，所以该法几乎不会受到噪声的影响。

　　当下延距离过大时，地下空间的密度异常体所产生的高频信息会因衰减距离过大而导致在观测面上难以被分辨，所以无论是利用滤波算子放大还是等效源构建正演的方式向下延拓，结果都会与真实值有一定偏差。将地下空间的实测值作为约束点，在解算等效源模型参数的过程中进行约束，可使最终的延拓结果更加接近真实值，采用该方法构建的测区重磁模型与水下实测重力异常进行比较，获得了良好的匹配效果，误差均小于要求的30%。

主要参考文献

安玉林, 郭良辉, 张明华. 2015. 169km 以远地壳质量的重力校正高精度计算及其数值特征. 物探与化探, 39(1): 1-11.

边刚, 刘雁春, 翟国君. 2003. 一种确定地磁日变改正基值的方法. 海洋测绘, 23(5): 9-11.

蔡烽, 沈泓萃, 缪泉明. 2008. 海浪非线性行为的参数化表征. 船舶力学, 12(2): 157-165.

陈汉宝. 2003. 单方向不规则波模拟与统计中的几个问题. 水道港口, 24(4): 167-173.

陈鸿飞, 耿雄, 丰林, 等. 2000. 在改正地磁坐标下比较平静期极区电集流. 中国科学(A 辑), 30(S1): 88-91.

陈芸, 吴晋声. 1992. 海洋电磁学及其应用. 海洋科学, 16(2): 19-21.

迟铖, 王丹, 陈晓露. 2014. 基于文氏方向谱的海浪感应磁场仿真. 四川兵工学报, 35(5): 146-148.

代佳龙, 杜爱民, 区家明, 等. 2017. 海浪引起的地磁场波动的观测与初步分析. 地球物理学报, 60(4): 1521-1526.

邓鹏, 林春生. 2009. 基于 LMS 算法的自适应滤波器在海浪磁场噪声中的应用. 电子测量技术, 32(12): 58-60.

丁平兴, 侯伟. 1992. 海浪非线性的实验研究——I 波面高度分布的非正态性. 海洋学报, 14(6): 25-33.

丁绍洁. 2008. 虚拟海洋环境生成及场景特效研究. 哈尔滨: 哈尔滨工程大学.

董浩. 2013. 基于有限差分法正演的大地电磁测深带地形三维反演研究. 北京: 中国地质大学(北京).

杜劲松, 陈超, 梁青, 等. 2012a. 基于球冠滑动平均的球冠重力异常分离方法. 武汉大学学报(信息科学版), 37(7): 864-868.

杜劲松, 陈超, 梁青, 等. 2012b. 球冠体积分的重力异常正演方法及其与 Tesseroid 单元体泰勒级数展开方法的比较. 测绘学报, 41(3): 339-346.

冯春明, 董胜. 2006. 规范法深水风浪要素计算图的修正. 港工技术, (2): 1-2.

高胜峰, 朱海, 郭正东, 等. 2015. 基于三维海浪模型的海浪感应磁场模型研究. 海洋技术学报, 34(6): 19-22.

高玉芬. 1986. 地磁静日变化场 Sq 的逐日变异性. 地震地磁观测与研究, (4): 1-9.

高玉芬, 周耕. 1990. 中国东部地区地磁台站 Sq(H)的季节变化. 地震学报, 90(2): 159-165.

管长龙. 2000. 我国海浪理论及预报研究的回顾与展望. 青岛海洋大学学报: 自然科学版, 30(4): 549-556.

管志宁. 2005. 地磁场与磁力勘探. 北京: 地质出版社.

还迎春, 胡海滨, 方石. 2009. 海浪磁场噪声的仿真与消除. 船电技术, 29(11): 61-63.

李洪平, 张海滨. 2008. 海洋背景磁场模拟计算及东中国海表层磁场分布. 海洋技术学报, 27(3): 70-74.

李苏军, 杨冰, 吴玲达. 2008. 海浪建模与绘制技术综述. 计算机应用研究, 25(3): 666-669.

罗玉. 2008. 3D 海浪动画模拟技术研究. 武汉: 武汉理工大学.

吕金库. 2012. 海浪对有限深海水磁场影响的研究. 哈尔滨: 哈尔滨工程大学.

皮学贤, 杨旭东, 李思昆. 2007. 近岸水域的波浪与水面仿真. 计算机学报, 30(2): 324-328.

祁燕琴, 高玉芬, 冯忠孝, 等. 1984. 1979—1980 年中国地区地磁日变场幅度的空间分布及其逐日变化. 空间科学学报, (3): 222-231.

邱之云. 2007. 频率域直立六面体重、磁异常正演问题. 西安: 长安大学.

史政. 2009. 基于船舶运动状态的波浪外力研究. 武汉: 武汉理工大学.

孙华. 2013. LMS 算法在舰船磁场信号检测中的应用. 舰船电子工程, 33(6): 150-152.

唐劲飞, 龚沈光, 王金根. 2001. 基于 Neumann 谱和 PM 谱的海浪感应磁场能量分布计算. 海军工程大学学报, (4): 82-86.

唐劲飞, 龚沈光, 林春生, 等. 2002a. 经典海浪谱下运动飞行器接收到的海浪磁场的噪声. 海军工程大学学报, 14(6): 54-58.

唐劲飞, 龚沈光, 王金根. 2002b. 海浪产生磁场的能量分布计算. 海洋学报(中文版), 24(3): 45-51.

万晓云, 于锦海. 2013. 由 GOCE 引力场模型和 CNES-CLS2010 平均海面高计算的稳态海面地形. 地球物理学报, 56(6): 1850-1856.

王志刚. 2011. 舰船磁场动态测量中的小波效噪技术研究. 舰船电子工程, 31(4): 158-160.

吴晋声, 陈芸. 1991. 利用海浪在地磁场中感生的电磁场研究海浪. 海洋科学, 15(6): 26-86.

吴太旗, 王克平, 金际航, 等. 2009. 水下实测重力数据归算. 中国惯性技术学报, 17(3): 324-327.

熊雄, 杨日杰, 王鸿吉. 2015. 海浪噪声背景中动目标航空磁异常检测算法. 华中科技大学学报(自然科学版), (3): 100-106.

徐璐平, 张贵宾, 李皎皎, 等. 2015. 航空重力地改最大半径的研究及地改快速计算方法比较. 物探与化探, 39(S1): 113-118.

徐文耀. 2014. 地磁活动性概论. 北京: 科学出版社.

徐文耀, 李卫东. 1994. 地磁场 Sq 的经度效应和 UT 变化. 地球物理学报, 37(2): 157-166.

闫晓伟, 闫辉, 肖昌汉. 2011. 海浪感应磁场矢量的模型研究. 海洋测绘, 31(6): 8-11.

严卫生. 2005. 鱼雷航行力学. 西安: 西北工业大学出版社.

叶安乐, 李凤岐. 1992. 物理海洋学. 北京: 科学出版社.

张海滨. 2008. 海洋背景磁场数值模拟及东中国海上层海流磁场分布. 青岛: 中国海洋大学.

张向宇, 吴健生. 2013. 变磁性磁界面迭代反演方法模型计算[J]. 工程地球物理学报, 10(3): 306-312.

张杨, 康崇, 吕金库. 2012. 有限深海域的海浪感应磁场. 中国惯性技术学报, 20(5): 593-595.

张自力. 2006. 短周期海面波动产生的磁场噪声研究. 物探化探计算技术, 9(28): 84-87.

张自力. 2009. 海洋电磁场的理论及应用研究. 北京: 中国地质大学(北京).

张自力, 魏文博, 刘保华, 等. 2008. 海浪感应电磁场的理论计算. 海洋学报, 30(1): 42-46.

赵旭东, 杜爱民, 陈化然, 等. 2010. Sq 电流体系的反演与地磁日变模型的建立. 地球物理学进展, 25(6): 1959-1967.

曾华霖. 2005. 重力场与重力勘探. 北京: 地质出版社.

周聪, 杜劲松, 梁青, 等. 2010. 基于球冠域的月球重力地形校正方法. 地球物理学进展, 25(2): 486-493.

朱晓建. 2015. 海浪和舰艇尾迹产生的弱磁信号分析. 成都: 电子科技大学.

朱兴乐, 肖昌汉, 姚振宁. 2014. 舰艇动态磁性检测中有限深海浪磁场的噪声消除. 海军工程大学学报, (3): 48-51.

Accerboni E, Mosetti F. 1967. A physical relationship among salinity, temperature and electrical conductivity of sea water. Bollettino di Geofisica Teorica ed Applicata, 34(9): 87-96.

Alex S, Jadhav M M. 2007. Day-to-day variability in the occurrence characteristics of Sq focus during D-months and its association with diurnal changes in the Declination component. Earth Planets & Space, 59(11): 1197-1203.

Amante C, Eakins B W. 2009. ETOPO1 1 Arc-Minute Global Relief Model: Procedure, Data Sources and Analysis. NOAA: National Geophysical Data Center.

Banner M L, Gemmrich J R, Farmer D M. 2002. Multiscale measurements of ocean wave breaking probability. Journal of Physical Oceanography, 32(12): 3364-3375.

Chase J, Cote L J, Marks W, et al. 1957 .The directional spectrum of wind-generated sea as determined from data obtained by the stereo wave observation project. New York: New York University, College of Engineering, Research Division, Department of Meteorology and Oceanography and Engineering Statistics Group.

Doyle J. 2002. Coupled atmosphere-ocean wave simulations under high wind conditions. Monthly Weather Review, 130(12): 3087-3090.

Grombein T, Seitz K, Heck B. 2013. Optimized formulas for the gravitational field of a tesseroid. Journal of Geodesy, 87(7): 645-660.

Heiskanen W A, Moritz H. 1967. Physical Geodesy. San Francisco: W. H. Freeman and Company.

Hinze W J, Aiken C, Brozena J, et al. 2005. New standard for reducing gravity data: The North American gravity database. Geophysics, 70(4): 25-32.

Hitchman A P, Lilley F E M, Milligan P R. 2000. Induction arrows from offshore floating magnetometers using land reference data. Geophysical Journal International, 140(2): 442-452.

Kuvshinov A. 2008. 3-D global induction in the oceans and solid Earth: recent progress in modeling magnetic and electric fields from sources of magnetospheric, ionospheric and oceanic region. Surverys in Geophysics, 29: 139-186.

Lemoine F G, Kenyon S C, Factor J K, et al. 1998. The Development of the Joint NASA GSFC and NIMA Geopotential Model EGM96. Maryland: NASA Goddard Space Flight Center.

Lewis E L. 1980. The practical salinity scale 1978 and its antecedents. IEEE Journal of Oceanic Engineering, 5(1): 3-8.

Lilley F E M, Hitchman A P, Milligan P R, et al. 2004. Sea-surface observations of the magnetic signals of ocean swells. Geophysical Journal International, 159(2): 565-572.

Maclure K C, Hafer R A, Weaver J T. 1964. Magnetic variations produced by ocean swell. Nature, 204: 1290-1291.

Marotta A M, Barzaghi R. 2017. A new methodology to compute the gravitational contribution of a spherical tesseroid based on the analytical solution of a sector of a spherical zonal band. Journal of Geodesy, 91(1): 1207-1224.

Matsushita S. 1968. Sq and L current systems in the ionosphere. Geophysical Journal of the Royal Astronomical Society, 15(15): 109-125.

Nagy D. 1966. The gravitational attraction of a right rectangular prism. Geophysics, 31(2): 361-371.

Parker R L. 1973. The rapid calculation of potential anomalies. Geophysical Journal International, 31(4): 447-455.

Petrovskaya M S, Vershkov A N. 2013. Optimizing expansions of the Earth's gravity potential and its derivatives over ellipsoidal harmonics. Solar System Research, 47(5): 376-385.

Podney W. 1975. Electromagnetic fields generated by ocean waves. Journal of Geophysical Research, 80(21): 2977-2990.

Rapp R H. 1997. Use of Potential Coefficient Models for Geoid Undulation Determinations using a Spherical Harmonic Representation of the Height Anomaly/Geoid Undulation Difference. Journal of Geodesy, 71(5): 282-289.

Roussel C, Verdun J, Cali J, et al. 2015. Complete gravity field of an ellipsoidal prism by Gauss-Legendre quadrature. Geophysical Journal International, 203(3): 2220-2236.

Thébault E, Finlay C C, Beggan C D, et al. 2015. International geomagnetic reference field: The Twelfth generation. Earth, Planets and Space, 67: 158.

Tontini F C, Cocchi L, Carmisciano C. 2009. Rapid 3-D forward model of potential fields with application to the Palinuro Seamount magnetic anomaly (southern Tyrrhenian Sea, Italy). Journal of Geophysical Research, 114: B02103.

Weaver J T. 1965. Magnetic variations associated with ocean waves and swell. Journal of Geophysical Research, 70(8): 1921-1929.

Wieczorek M A, Phillips R J. 1998. Potential anomalies on a sphere: Applications to the thickness of the lunar crust. Journal of Geophysical Research, 103(E1): 1715-1724.

Wijns C, Perez C, Kowalczyk P. 2005. Theta map: Edge detection in magnetic data. Geophysics, 70(4): L39-L43.

Wu M, Wu Y, Hu X, Hu D. 2011. Optimization-based alignment for inertial navigation systems: Theory and algorithm. Aerospace Science and Technology, 15: 1-17.